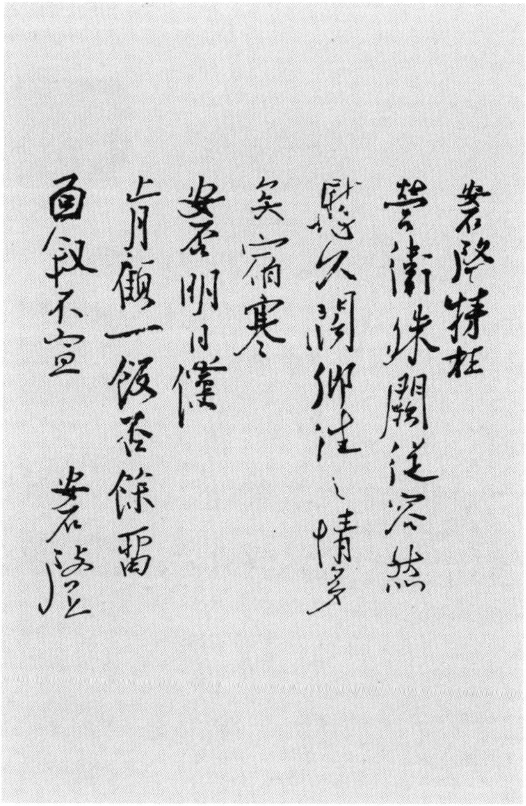

王安石手迹

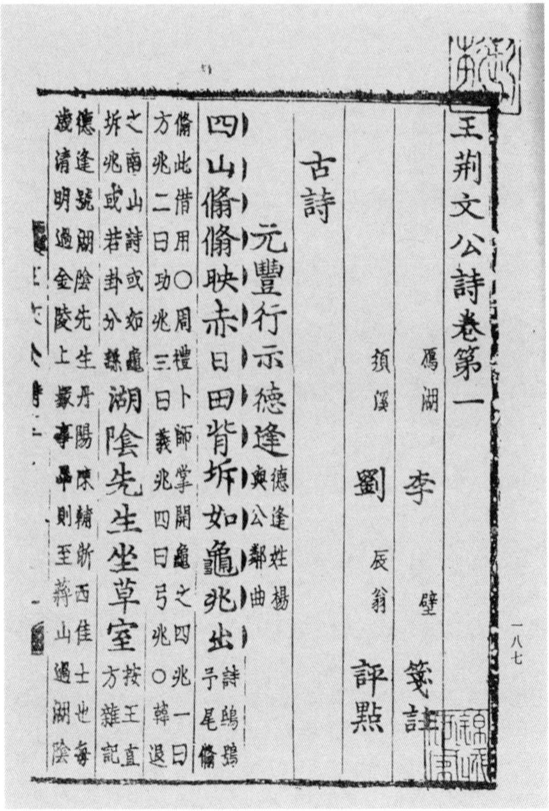
王荆文公詩卷第一

鴈湖 李 壁 箋註

須溪 劉 辰翁 評點

古詩

元豐行示德逢 德逢姓楊與公鄰曲

四山翛翛映赤日田背坼如龜兆出 詩予尾翛翛鴟鴞 翛此借用○周禮卜師掌開龜之四兆一曰方兆二曰功兆三曰義兆四曰弓兆○韓退之南山詩或如龜坼兆或若卦分繇

湖陰先生坐草室 按王直方雜記德逢號湖陰先生丹陽陳輔浙西佳士也每歲清明過金陵上冢事畢則至蔣山過湖陰

朝鮮活字本李壁注《王荆文公詩》書影

南京半山園

前言

王安石是北宋著名的政治家、思想家、文學家，他不僅以其文學成就彪炳千秋，而且更以其政治革新的劇烈和思想學説的創新而影響當時。王安石首先是作爲一位政治家、思想家而出現在北宋的歷史舞臺上。他曾兩任執政，倡導變法，權傾天下，在當時的地位及對後世的影響都是歷代文人難以望其項背的；也正因如此，他在生前和身後都受到了大相徑庭的評價。九個多世紀以來，人們對他的政績聚訟紛紜，争論不休；但是，對於作爲一位文學家的王安石及其傑出的文學成就，却幾乎是衆口一詞地給予了高度評價。

王安石，字介甫，晚號半山，封荆國公，撫州臨川（今屬江西）人，生於宋真宗天禧五年（一〇二一），卒於宋哲宗元祐元年（一〇八六）。他從事政治、學術和文學創作的年代，主要在仁宗、英宗、神宗三朝，也正是北宋王朝開始陷於積貧積弱境地的時候。當時，宋朝開國已近百年。自從結束了五代十國分裂割據的混亂局面之後，宋朝潛在的内外矛盾便開始暴露。國内，官僚隊伍臃腫腐敗，軍隊驕横而缺乏戰鬥力，土地兼併越來越嚴重，這一切加重了人民的苦難，導致社會矛盾日趨激化。同時，宋朝還面臨着遼和西夏兩個少數民族政權的侵擾。宋朝每年要向遼、西夏輸納大量銀絹作爲「歲幣」，以換得邊陲的暫時安定。作爲一個政治家，王安石從青年時代踏上仕途開始，就把自己的一生同宋王朝的命運密切地聯繫在一起。執政之後，他更是把全部精力傾注在政治活動之中，其進退也隨着他倡導的變法運動的發展而變化。有意味的是，當新法被推翻時，王安石也走完了他的人生道路。在中國古代歷史上，幾乎没有一個文學家像王安石那樣，與政治的關係如此密切。

王安石步入仕途之際，正值「慶曆新政」實行之時。以范仲淹等爲代表的革新派，爲了緩和北宋王朝面臨的危機，在宋仁宗的支持下改革弊政，史稱「慶曆新政」。雖然這次改革由於遭到保守派的反對，不到一年就告失敗，但是改革思潮仍在繼續發展，對於改革的内容和方法等問題的認識也逐步深化，改革已成爲社會的普遍要求。青年王安石深受改革思潮的影響，並與范仲淹、歐陽修等改革派領袖交往。當時的王安石，勤於學習，敏於政事。從慶曆二年（一〇四二）中進士起，到至和元年（一〇五四）入京爲官前，他轉宦州縣，先後擔任過簽書淮南節度判官廳公事、鄞縣知縣、舒州通判等職務。在地方官任上，他力圖有所作爲。如在鄞縣任上，他「起堤堰，決陂塘，爲水陸之利；貸穀與民，立息以償，俾新陳相易，邑人便之」（宋史本傳）。十餘年的地方官生活，鍛煉了王安石的才幹，爲他贏得了聲譽，也爲他後來執政時推行新法積纍了經驗。

王安石的詩文創作也是從這一時期發軔的。在四十多年的創作生涯中，他創作了一千五百餘首詩、三百餘篇文，以及大量的學術著作和内外應制文等。在北宋文壇上，王安石的創作數量是名列前茅的，内容也是極其豐富的。作爲以政治家立命的王安石，耻以文士自名，其文學思想也表現出政治家的色彩，宗旨在於經世致用，重道崇經。他強調「文章合用世」（送董傳），「務爲有補於世而已矣」（上人書），把文學的内容囿於「禮教治政」的範圍，但並不輕視藝術形式，主張「文貴自得」（同前），以盡其志。因此，王安石的詩文創作實踐，雖然與他的文學主張之間存在有不盡相符之處，但總的説來還是後者的具體表現。其顯著特點是，題材和數量隨着政治活動的發展變化而呈現出相應的發展變化。這一特點在他發軔期的詩文創作中就得到了顯明的體現。這一時期，他開始了詩文創作，其中散文創作相當活躍，其二十餘篇記叙文的大半都作於這一時期。揭露現實黑暗，抨擊弊政，關心國事，要求改革，是王安石這一時期詩文的重要内容，反映了他對現實生活的觀察和思考。同時，他這一時期的詩文，也初步形成了自己的藝術風格。其記叙文偏於議論，叙事簡略，文字樸素，説理透闢，風格顯得峭直而又簡潔。

從至和二年（一〇五五）入京爲群牧判官起，至嘉祐八年（一〇六三）因母喪離京丁憂訖，其間除了嘉祐二年（一〇五七）由群牧判官出知常州、嘉祐三年（一〇五八）調爲江南東路提點刑獄外，王安石一直在京爲官。中央和地方的官宦生活，使他對當時社會的經濟、政治狀況有了更深入廣泛的瞭解，同時也使他十多年來關於改革的思考更爲成熟清晰。嘉祐三年冬，他寫成了一篇長達萬言的雄文，這就是次年入京所獻的上仁宗皇帝言事書。書中提出了一整套改革方案，表明王安石已形成了比較完整的改革思想。王安石的改革方案雖然未能爲宋仁宗所采納，却使他在北宋政壇上嶄露頭角。這一時期，是王安石詩歌創作的豐收期，其詩在内容上仍然保持前一時期那種密切聯繫現實、充滿改革要求的特點，在藝術風格上則有了顯著的發展。他這時期的詩，在體裁上從前一時期的多爲古體，轉變爲古體、近體詩創作並駕齊驅；風格上也從直陳其意、惟意所向，開始漸趨含蓄，往往用比較平婉、含蓄的表達代替純然以議論爲詩，描寫亦更趨精細。這一時期的散文創作則相對不够活躍，但仍保持了前一時期説理周詳、議論風生的特點而又有所發展。

嘉祐八年（一〇六三）秋，王安石因母喪回江寧。治平二年（一〇六五）服闋後，他因病未能赴京應召，遂在江寧設幄講學。通過講學，王安石宣傳了他的改革思想，並在周圍聚集了一批青年知識分子，形成以他爲代表的新學學派，爲後來推行新法準備了輿論與人才。治平四年（一〇六七）正月，年僅二十歲的青年皇帝神宗即位。他鋭意進取，起用王安石，先是任命他知江寧府，不久便召他入京爲翰林學士，由此揭開了熙寧變法的帷幕。在這四年的居喪講學時期，王安石的詩文創作都不甚活躍，但却不乏可取之作。其近體詩更注重對偶和用典，詩藝顯得更爲純熟。他這時期的散文主要是一些書信和幾篇學記，内容主要是討論學術，宣傳改革，議論色彩更趨强烈，寫作上善於引經據典，依經立論，風格上由峭刻拗折漸趨平婉温醇。值得一提的是，王安石這時還嘗試詞的創作，著名的咏史詞桂枝香金陵懷古就作於此時。

從治平四年（一〇六七）秋入京爲翰林學士起，至熙寧九年（一〇七六）第二次辭相回江寧訖，是王安石在北宋政壇上大顯身手的時期。在宋神宗的支持下，王安石從經濟、政治、軍事和教育科舉制度幾方面，開始進行大刀闊斧的改革。熙寧二年（一〇六九），他被任命爲參知政事（副宰相），次年拜相。從此，王安石處於北宋王朝的權力中心，傾注全部精力於變法運動之中。因此，他這一時期的詩文創作雖不甚活躍，而內容則和變法運動密切關聯，反映了變法運動的進程，表現了王安石在急劇變動的政治風雲中的複雜感情。

從熙寧十年（一〇七七）回到江寧起，至元祐元年（一〇八六）逝世爲止，這十年王安石一直在鍾山過着隱居生活。由於脱離了繁重的政治活動，王安石這時專力於詩歌創作，詩詞數量也以這時期爲最多；但散文創作日見減少，主要是一些序文和書信。由於新法的推行遭受挫折，以及愛子王雱的早夭，脱離政壇的王安石對世事開始産生一種超然的態度，思想也發生了一些顯著變化。這一時期，他由早年的「以佛濟儒」，即從佛教經典中吸取可以爲儒家學説所利用的觀點，轉變爲試圖向佛教尋求解脱，創作了不少充滿釋氏説教意味的詩文，帶有虛無的色彩，反映了他這一時期的思想變化。然而，作爲一個曾經執著於世事的政治家，王安石畢竟未能全然遺世獨立，他雖過着隱居生活，但仍心憂國事。在隱居生活的初期，他還繼續修訂三經新義，撰寫字説，爲新法提供理論根據。對政治的關注，一直貫穿到他生命的結束。值得一提的是，王安石這時的詩風出現了引人注目的變化。他更注重藝術推敲，講究修辭技巧，重視詩的韻味，創作了大量雅麗精絶、脱去流俗的小詩，詩風已從充滿「逋雄峭直之氣」（梁啓超王安石傳）變爲表現「深婉不迫之趣」（葉夢得石林詩話），對後代詩人産生了重大的影響。

王安石的文學成就主要表現在詩文創作方面。其詩題材廣泛，體裁多樣，藝術上達到了很高的成就。從題材上來説，有現實題材、歷史題材，也有咏物詩和大量的田園風景詩。其中，現實題材和歷史題材的詩，是王安石詩中最富於政治色彩的部分，突出地表現了其詩議論風生的特點。他的現實詩中，固然不乏如河北民、感事一類描寫生動、語言質樸之作，但更多的是如兼併省兵一類以文爲詩、不甚注意修辭的作品。這些作品多作於前期。相比之下，他的咏史詩的藝術成就似略高一籌。其咏史詩通過對歷史事件和人物的評述，總結歷史經驗，努力還歷史人物的本來面目。尤可稱許的是一些咏史絶句，議論精警，獨具隻眼。他的咏物詩中，也有不少託物言志、借物議論之作，寫得頗有情致。王安石的田園風景詩，多數是他晚年的作品，是其詩中藝術成就較高的部分。他的這類詩，善於體察大自然的細微變化，細緻地描繪出大自然的美麗景色，還善於將一己融入大自然之中，達到人與自然和諧的境界。

王安石的詩，從體裁上來看，各體皆工，尤以古體詩和絶句成就更高，集中地表現出長於議論和精於修辭的特點。王安石的古體詩學韓愈，以七言古詩爲主，以文爲詩，風格奇崛，表現爲一方面以古文的章法、句法入詩，另一方面以古文中常見的議論入詩，以形象的語言發表議論，以議論的方法補充形象。以文爲詩的長處在於增強詩歌的表現能力，獲得渾灝古茂的藝術效果；而其失誤在於將以文爲詩推之極端，一味以議論行之，毫無形象可言，則詩成了押韻之文。王安石詩的精於修辭主要表現爲對偶和用典，以及善用比喻、借代等修辭手法，這一特點在他大量的律詩和絶句中表現得尤爲充分。用典和對偶是我國古典詩歌的傳統手法，可以增強詩歌的表現深度，具有一種含蓄的美和韻律的美。王安石詩在用典和對偶方面作了大量的探索和努力，取得了很高的成就，但有時也失之於用典過甚，和一味追求工整而不顧及詩的内容，這同樣也會影響詩的表現力。

王安石詩取得的成就，固然是他在藝術道路上努力探索的結果，也是和他在藝術上轉益多師、博采衆長分不開的。其詩初學杜甫、韓愈，晚年潛心於此，更力摹陶淵明、謝靈運和王維之詩。同時，王安石的詩，也是北宋自梅堯臣、歐陽修等開始確立到蘇軾、黄庭堅等完成的「以文字爲詩，以才學爲詩，以議論爲詩」（滄浪詩話）的宋詩風格這一進程中的重要一環。王安石的詩，在以杜甫爲學習的楷模和講究修辭技巧（主要是用典和化用前人詩句）這兩方面，尤其給黄庭堅及江西派詩人以很大影響。誠如梁啓超所説：「荆公之詩，實導江西派之先河，而開有宋一代之風氣。」（王安石評傳）

王安石的散文創作較之其詩影響更大。他的散文在寫作上同樣有着多方面的特色，不僅體裁多樣，題材廣泛，而且結構謹嚴，析理透闢，語言簡潔，筆力雄捷，風格鮮明而有變化，由峭直剛勁漸趨深婉温醇。

此外，王安石的詞作雖然數量不多，但却值得一提，所謂「瘦削雅素，一洗五代舊習」（劉熙載藝概詞曲概）。其詞不僅在内容上擴大了詞的傳統題材，其咏史懷古詞、農村詞、禪理詞都爲後人開了先河；而且還豐富了詞的表現手法，如以詩爲詞，將詩中常用的用典等手法用於詞中，并且以議論入詞，做了不少獨創性的努力，從而突破五代以來詞爲艷科的樊籬，在詞史上赢得了一席之地。

王安石一生著述繁富，其内容涵蓋經學、史學、文學、佛學等方面。由於北宋末年的黨派之争，以及後世的毁譽之論，其著作散佚頗夥。

王安石的詩文集有兩個版本系統，一是臨川先生文集，一是王文公文集。王安石詩文，其生前未及結集。宋徽宗重和元年（一一一八），薛昂等承詔編集王安石遺文，是爲王集有刊本之始，惜未傳世。南渡後，杭州、龍舒、臨川、麻沙等地都有刻本。紹興十年（一一四〇），撫州知州詹大和刻臨川先生文集一百卷，詹本原刻不傳。紹興二十一年（一一五一），王安石曾孫王珏在杭州刻臨川王先生文集，今有北京圖書館藏本。明嘉靖年間，臨川知縣應雲鸑據詹本翻刻，爲明清兩代王集的通行本。應本與王珏本大致相同，僅數首詩編次略異。一九五九年一月，中華書局上海編輯所編輯出版的臨川先生文集，即用明嘉靖三十九年（一五六〇）撫州覆紹興十年詹大和刊本爲底本，並用鐵琴銅劍樓舊藏宋紹興刊本、繆氏小岯山館刊本，及清綺齋本王荆文公詩箋注、嘉業堂本沈欽韓王荆文公詩文集注、宋文鑒、宋詩紀事、四庫全書考證等校勘，校語附記在每卷之末。該本還將日本漢學家島田翰以日本宫内省圖書寮藏殘宋本王文公文集取校今本所得佚詩佚文，和陸心源、朱孝臧、唐圭璋諸家所輯王氏詩、文、詞佚篇，編爲臨川集補遺一卷附於卷末。是爲迄今爲止臨川先生文集版本系統的最佳整理本。

王文公文集爲現存王安石文集的最早刊行本。清末，日本宫内省圖書寮發現此書的宋槧本。一九六二年，中華書局上海編輯所用江安傅氏從食舊德齋原藏本（現藏上海博物館）攝存玻璃片影印，缺卷以北京圖書館藏日本宫内省圖書寮藏本照片補足。趙萬里先生撰有宋龍舒本王文公文集題記，於此書的版本源流等情况叙述頗詳。書中避宋高宗趙構諱。又，王珏本跋文稱「比年龍舒版行，尚循舊本」。皆可證龍舒在紹興年間刻過王集，而且時間先於王珏本。此本與臨川先生文集一樣同爲百卷，但編次迥異，並互有缺漏。此本先文後詩，與臨川先生文集編次正相反。此本古詩部分五、七言古詩，律詩部分各體律詩和絶句，都雜厠在一起。目録和正文題目有不一致的情况。而臨川先生文集則經過一番加工，整齊劃一，不少詩巧立名目，不如龍舒本尚存舊題。龍舒本缺後者所收詩一八〇餘篇；而後者亦缺龍舒本中所收詩七十二首，此七十二首詩又見於南宋李壁的王荆文公詩箋注中。兩本文章互相缺漏者亦有數十篇之多。兩本對勘，除篇題和字句間的異文層見疊出之外，兩本脱文可互爲校補，兩本佚篇亦可互爲補輯。相較之下，龍舒本重出舛亂較多，其中重出詩達十七首；又誤收一些他人詩作。一九七四年七月，上海人民出版社出版了唐武標校的王文公文集。

除上述兩個版本系統的王安石詩文集外，王安石詩集尚有宋人李壁箋注的王荆文公詩箋注，是現存宋人詩注中富有史料價值的一種。李壁（一一五九—一二二二），字季章，號雁湖，眉州丹稜（今屬四川）人，爲南宋著名史學家、續資治通鑑長編的作者李燾之子。南宋開禧三年（一二〇七）至嘉定二年（一二〇九），李壁謫居撫州（今屬江西）。撫州是王安石的故鄉。李壁在撫州，因愛好王安石之詩，遂核對版本，訪閲墨迹，搜尋石刻，爲之作箋注，由其門人李西美於嘉定七年（一二一四）刊行，是爲王荆文公詩箋注（以下簡稱李注）一書。是書向以注釋詳備，重視石刻、墨迹等實物資料，以及輯佚補遺了王安石的不少詩文等特點，爲學林所推重。四庫全書總目稱其「大致捃摭蒐採，具有根據。疑則闕之，非穿鑿附會者比」。李壁此書出後，元大德五年（一三〇一），劉辰翁將此書評點、删略，由門人王常予以刊行。劉辰翁删略的目的在於使注釋簡明，但有的地方删略過甚，致使一些注文上下不連貫，違失原意，尤其是不少注文出處被删，難以檢索。元刊本今北京圖書館有藏本。以後明清刊行之本皆出於此。其中最著名者爲張宗松於清乾隆六年（一七四一）重刊的清綺齋本，後由其裔孫張元濟影印。一九五八年，中華書局出版的汪東先生整理本（以下簡稱「通行本」），即以此爲底本。一九八四年秋，復旦大學中文系教授王水照先生應日本東京大學文學部邀請，赴日本講學，在日本名古屋市蓬左文庫發現一部南宋李壁箋注、劉辰翁評點的王荆文公詩箋注（朝鮮活字本，以下簡稱「蓬左本」）。經核對研究，發現該本不僅附載有宋人詹大和撰王荆文公年譜，而且注詩較爲詳細，注文較通行本多出一倍左右，並附有「補注」和「庚寅增注」兩個部分（關於該本的版本研究及注釋特點，詳見王水照先生爲該書影印本撰寫的前言及補記，已收入本書，此處不贅）。其實，通行本也保留了「補注」和「增注」的部分內容。有的已與李壁注合刊於注文中，如卷九和王微之登高齋補注「發揮春秋名玉杯」條、卷十六平甫歸飲「補注」「識字真未博」條等。有的在卷末另列，如卷二十七卷末专列「補注」和「增注」，「補注」部分除蓬左本的三條注外，還有卷中删略的李壁注數條，而「增注」部分内容全同蓬左本「庚寅增注」，只是省略了「庚寅」二字而已。卷二十八卷末、卷三十五卷末等亦如此，「增注」部分内容亦全同蓬左本「庚寅增注」。但也有不一致者，如通行本卷四十六卷末所列的「補注」，是被删略的内容；而「增注」兩條注文，則全同蓬左本的「補注」。在王水照先生之前，日本京都大學博士高津孝先生對該本作了精密的調查研究，撰寫了關於蓬左文庫本王荆文公詩箋注，發表於日本東方學第六十九輯，並以此榮獲日本第四届（一九八五）「東方學會賞」。鑒於該本的學術價值，王水照先生遂將其書複印携回國内，並交上海古籍出版社以王荆文公詩李壁注之名於一九九三年影印出版。一九九一年，臺北故宫博物院入藏王荆文公詩李壁注宋刻殘本（目録三卷、正文十七卷）。已有學者將此本與蓬左本等對勘，發表研究文章。由於整理者未有獲讀此本的機會，所以無法參校。有興趣的讀者，可以參閲有關論文。

此次整理，即以上海古籍出版社影印出版之王荆文公詩李壁注（朝鮮活字本）为底本，參校明嘉靖應雲鸑刻臨川先生文集（以下簡稱「嘉靖本」）、宋龍舒本王文公文集（以下簡稱「龍舒本」）、清綺齋本王荆文公詩箋注（以下簡稱「清綺齋本」）。由於「蓬左本」錯訛甚多，爲省篇幅，遇明显錯字徑行改正，不出校記。注中引文除佛道兩典外，多據出處之通行版本予以校核，爲保持原貌，除明顯錯訛脱漏外，一般不作更改；同時，避諱字、異體字也多予保留，不作統一。目録不出校記，校改内容參見正文校記。在整理過程中，參考並吸取了清沈欽韓王荆公詩集李壁注勘誤補正（收入中華書局上海編輯所一九五九年編輯出版之王荆公詩文沈氏注，以下簡稱「沈注」）、汪東和唐武等先生的部分標校成果，爲省篇幅，書中亦未一一標明，謹此一併致謝。限於學力和條件，本書的整理工作一定存在着不足和闕誤之處，敬請讀者指正。

高克勤

二〇一〇年五月於上海

修訂版説明

本書初版於二〇一〇年。當時由於相關的王文公文集、臨川先生文集、王荆文公詩箋注的早期刊本或其影印本一時難覓，遂以這幾種書的近人整理本參校。應該説，這幾種整理本的整理質量是不錯的，代表了當時古籍整理的水平。由於是排印整理本，難免出現一些編校和排印之誤，本書參校時未能用原刊本或其影印本覆核，亦承其誤，産生了一些錯誤的校記，在此深表歉意。

近年來，多種王安石文集和王安石詩李壁注早期刊本的影印本出版，多種中國古典文獻數據庫産生，爲王安石著作的整理提供了極大的便利。值本書再次重版之機，對本書作了全面修訂，重新參校了幾種王安石文集和王安石詩李壁注早期刊本的影印本。其中宋龍舒本王文公文集（以下簡稱「龍舒本」）用中華書局上海編輯所一九六二年影印本（其中卷一至卷七十又有上海古籍出版社二〇一二年出版的日本宫内廳書陵部藏宋元版漢籍選刊本）；臨川先生文集用宋本臨川先生文集（國家圖書館出版社二〇一八年版，底本爲中國國家圖書館藏宋紹興二十一年王珏刻、元明遞修本臨川先生文集，以下簡稱「宋本」），和商務印書館四部叢刊初編影印明嘉靖三十九年何遷刻臨川先生文集（以下簡稱「叢刊本」）；王安石詩李壁注用日本宫内廳書陵部藏王荆文公詩（收入上海古籍出版社二〇一二年出版的日本宮内廳書陵部藏宋元版漢籍選刊，以下簡稱「宮内廳本」）。「宮内廳本」有李壁箋注、劉辰翁評點，爲元大德十年（一三〇六）毋逢辰刻本。「宮内廳本」保留的注、評不如「蓬左本」豐富，但也有「蓬左本」不存的注、評，此次參校除録「宮内廳本」異文外，也酌録了一些「蓬左本」不存的注、評。楊忠先生所撰王荆文公詩影印説明云：「清代張宗松清綺齋購得毋逢辰刻本王荆文公詩，删去劉辰翁評，而重刊印行，使毋逢辰版本系統廣爲流傳。」清綺齋本做了不少校勘工作。本書凡吸取該本校勘成果處，仍據汪東先生整理本予以揭出。

承友人見示臺北「故宫博物院」所藏王荆文公詩李壁注宋刻殘本電子文件（目録三卷，正文卷一至卷三、卷十五至卷十八、卷二十三至卷二十九、卷四十五至卷四十七共十七卷，以下簡稱「臺北本」），又與本書作了校核。臺北本不僅可以多處校正蓬左本之錯訛，而且也保存了「補注」和「庚寅增注」，有的爲蓬左本不存，故特據臺北本抄補。

本書出版後，陸續發現了一些排印和點校錯誤，在各次重印時已做了一部分改正。此次修訂，又改正了一些訛誤，做了一些補校。在此，感謝師友和讀者的指正，也深感前人「校書如掃塵」之語不虚。希望能繼續得到讀者的指正，使本書盡可能地减少失誤。

謹以本書紀念王安石誕生一千周年。

高克勤

二〇二一年四月於上海

記蓬左文庫所藏王荆文公詩李壁注（朝鮮活字本）*

南宋李壁箋注的王荆文公詩和施元之、顧禧、施宿合編的注東坡先生詩是公認的兩部重要宋代詩歌箋注本，前人所謂「李氏之注王詩，猶施氏之注蘇詩」（清張宗松語），却遭到了同樣的厄運：前者被南宋末劉辰翁所删節，後者被清人邵長蘅等人所删改，而其原本或沉晦難覓，或殘缺不全，引起不少版本學者的扼腕太息。一九八四年秋，我在日本名古屋市蓬左文庫得見這部朝鮮活字本王荆文公詩李壁注[注]，即與通行本對勘，發現注文多出一倍左右，且附有「補注」和「庚寅增注」，保存了宋刻李注本的原貌，對研究王安石詩歌及宋代文學和歷史具有重要的參考價值。至於施、顧注蘇詩，今存四部殘本，在日本和我國台灣學者近年來努力的基礎上，再加上我在日本搜集到的一些新資料，也可基本復原了。長期缺憾，得以彌補，忭喜何似！

* 本文爲王荆文公詩李壁注（據朝鮮活字本影印）之前言，由上海古籍出版社出版，一九九三年十二月；曾先刊載於文獻一九九二年第一期。

〔注〕本書書名歷來著録有小異。宋刊本大都作王荆文公詩注，如郡齋讀書志附志作王荆公詩注、藏園羣書經眼録作王荆文公詩注、嚴元照書宋版王荆文公詩注殘卷後（庚午）等。元刊本作王荆文公詩箋注。張元濟影印本作王荆文公詩李雁湖箋注。蓬左本扉頁無正式書名，今擬名王荆文公詩李壁注，取其簡明醒豁。

一、李壁注本的評介

李壁（一一五九——一二二二），字季章，號雁湖，又號石林，謚文懿，眉州丹棱人（今四川丹棱）。宋史卷三百九十八有傳。寧宗時官至參知政事，後又兼知樞密院事。開禧三年（一二〇七）至嘉定二年（一二〇九），他謫居撫州期間，「嗜公（王安石）之詩，遇與意會，往往隨筆疏於其下。涉日既久，命史纂輯，固已粲然盈編」（魏了翁本書序），遂完成此書。

李壁是南宋著名史家李燾的第六子。宋史本傳説他「嗜學如飢渴，羣經百氏搜抉靡遺，於典章制度尤綜練」。與父燾、弟𡌴著名於世，蜀人比之「三蘇」。生平著述甚豐，達八百餘卷。他又沉浸王詩，用力頗劬。劉克莊後村詩話續集卷四評云：「雁湖注半山詩甚精確。其絶句有絶似半山者，已采入詩選矣（指中興絶句續選）。」真德秀也説他的詩作，「知詩者謂不減文公」（故資政殿學士李公神道碑，真西山文集卷四十一）。都可説明他對王安石詩歌藝術的學習和傾倒。

李壁的學力和所用的工力，使本書見稱藝林，頗得好評。四庫全書總目提要卷一五三評云：「大致捃摭蒐採，具有根據，非穿鑿附會者比。」張宗松重刊王荆公詩箋注序以此書與通行臨川集對勘，發現「篇目既多寡不同，題字亦增損互異，乃嘆是書之善，不獨援據該洽，可號王氏功臣也」。大致説來，本書有以下幾個優點：一是注釋詳備。從典故、詞語出處、所涉人物、作詩背景乃至詩句含義等五個方面詳加箋注和探索。這點爲學界所共許，連專門替李注「勘誤補正」的沈欽韓也嘆其「贍博」。二是重視實物資料。李壁不僅網羅異本，詳勘詩句文字的異同，而且重視當時尚存的墨本、石刻。尤爲可貴的，他所見的墨本、石刻，常有序跋，爲理解王詩提供了切實可靠的依據。如卷三白鶴吟示覺海元公詩，李壁親於臨川得此詩石刻本，有跋於後，謂詩中以白鶴、紅鶴、長松，分喻覺海、行詳、普覺三僧，而王士禎池北偶談卷十四「王介甫詩」條，却以白鶴喻争新法者，紅鶴喻吕惠卿之流，對照之下，其附會穿鑿，至爲顯然。三是輯佚補遺。本書所收王詩比通行臨川先生文集多出七十二首，這已爲許多學者所指明，具體篇名見張宗松重刊王荆公詩箋注略例。其實，在注文中還有一些王安石亡佚的詩文。如卷三十九初去臨川題下注引王安石再宿金峰詩，卷四十六書陳祁兄弟屋壁注引王安石與陳君柬文（此文蔡上翔王荆公年譜考略卷四誤爲張宗松「補注」所引，張實未作「補注」），皆爲本集失收。李注常引王安石同時人或後人詩以注王詩，其中也不乏宋人佚詩。翁方綱借抄宋本李雁湖注王荆文公詩足本喜而有賦六首之四「自注」已指出：「雁湖注中附詩，厲樊榭宋詩紀事頗有失者。」

但由於王安石詩歌取資宏富，交游廣泛，足蹟又遍布半個中國，李壁漏注誤注之處亦復不少。不少學者對本書都有糾謬訂補之作。稱贊李注「甚精確」的劉克莊也指出其引用出處不當（見後村詩話前集卷二）。以後重要者有清姚範援鶉堂筆記卷五十「王荆公詩集」條糾補約百條；沈欽韓王荆公詩集李壁注勘誤補正四卷，大都允當；今人錢鍾書先生談藝録（增訂本）糾補約四十條，精當尤超邁前人，都有助閲讀李注。此外，在詩目編次上，李注本也有一些失誤之處。如「北風吹人不可出」一詩，既見卷四古詩類對棋與道源至草堂寺，又見卷四十八絶句對棋呈道原；卷四十一長干釋普濟坐化與卷五十哭慈照大師實爲一詩等。

總的説來，李壁注本儘管有未盡如人意之處，但仍然是迄今最爲詳備、最有價值的王詩注本。

二、李壁注本的版本系統

李壁箋注王詩五十卷，宋史本傳和宋史藝文志皆失載，宋時刻本亦稀。今宋刻本已不可見（參見本文補記），但從其他一些材料仍可探知宋本的歷次刊行情況和它的内容特點。

南宋趙希弁郡齋讀書志附志、陳振孫直齋書録解題卷二十始著録本書。陳振孫云：

> 注荆公集五十卷。參政眉山李壁季章撰，謫居臨川時所爲也。助之者曾極景建，魏鶴山爲作序。

魏了翁序作於嘉定七年（一二一四），謂是李壁門人「李西美醇儒，必欲以是書板行」而請他作序的。這當是本書的最初刊本。

清嚴元照於嘉慶十五年所寫書宋版王荆文公詩注殘卷後（庚午）（悔庵學文卷八）中，説他曾得到宋刻殘本，原爲明宗室朱鍾鉉「晉府」所藏，其書「并有嘉定甲申中和節胡衍跋，知是撫州刻本。每一卷後有庚寅補（應作「增」）注數頁，卷内修版，版心亦有『庚寅換』三字」。嘉定甲申爲十七年（一二二四），庚寅爲紹定三年（一二三〇）。這説明在嘉定七年之後，又有嘉定十七年的胡衍跋本和紹定三年的庚寅增注本。以上三種是今天所知的本書宋刻本。

到了元大德五年（一三〇一），此書經劉辰翁評點，又删略李注，由劉的門人王常予以刊行。書有宋詹大和所編王荆文公年譜，目録後有王常刊記。今北京圖書館藏有一部。劉辰翁之子劉將孫於大德五年作序云：

李箋比注家異者，間及詩意；不能盡脱窠臼者，尚襲常眩博，每句字附會，膚引常言常語，亦跋涉經史。先君子須溪先生於詩喜荆公，嘗點評李注本，删其繁，以付門生兒子。

這裏透露出一個重要事實，劉辰翁已將李注作了删節；其删節的原意似爲便於「門生兒子」的誦讀，非是公開版行，不料此删節本後世却廣爲流傳，原本幾成絶蹟了。

隨後，在大德十年（一三〇六）又有毋逢辰序刊本。今存毋逢辰寫於該年的序云：「方今詩道大昌，而建安兩書坊竟缺是集（指李注本），予偶由臨川得善本，鋟梓於考亭。」

以上兩種是元本系統，以後明清兩代諸刻，皆出於此，特别是張宗松的「清綺齋本」和張元濟的影印本最爲流行。張宗松據華山馬氏元刻本，删去劉氏評點，於乾隆六年（一七四一）重刊於世，即所謂「清綺齋本」（後又有補刻本），四庫所收即此本。他的六世孫、當代版本學家張元濟先生得季振宜舊本，於一九二二年以所謂「影印元大德本」問世。但張宗松因未見劉將孫序，他以爲删去劉氏評點，即已恢復李注原貌，徑以「宋李雁湖先生原本」標首，實際上已是删節本。季振宜舊本（今存臺灣）實非元大德原本，與今存北京圖書館的元大德本行款格式不同（前者十一行，行二十一字；後者十行，行十九字，且間架宏寬，參看中國版刻圖録圖版三〇九、三一〇），故中國版刻圖録的編者説：「近年張氏涉園印本，所據實明初刻本，即據此本（指北京圖書館所藏元大德本）重刻。」張元濟先生却把季氏舊本（明初刻本）當作元大德本，并以「據元本重印」標首，一般圖書目録亦以此著録，也是不確的。

宋刻和元刻兩個系統有很大的不同。第一，宋刻本保存李注原貌，并有「補注」、「庚寅增注」。元刻本對李注大加删節，且無「補注」、「庚寅增注」。嚴元照曾得三部殘宋本（各爲七卷），以其中十一卷與張宗松所刻馬氏本對勘，結果是：「馬所闕者，不特庚寅之補注，與胡衍之跋也。書中注語大篇長段悉被删落。五十卷哭張唐公詩，馬本失之。四十五卷八公山詩注引宋子京抵（應作「詆」）仙賦、四十七黄花詩注引劉貢父芍藥譜序、四十八題玉光亭詩引鄭軺記尼真如事，皆録其全篇，纍纍千百言者，馬本各存一二語耳。其它注語繁重删去一二百字者往往有之。計此十一卷以之補馬闕者，無慮萬餘字，宋元刻之相懸乃如此。」（書宋版王荆文公詩注殘卷後（庚午））可見劉辰翁删削之甚。鮑廷博知不足齋也藏有宋刻殘本。據吴騫拜經樓詩話卷二云：「宋李雁湖箋注王半山詩集，海鹽張氏所雕者，乃元劉辰翁節本，失雁湖本來面目。曾見知不足齋所藏宋刻半部，箋注并全，每卷後又有庚寅補注，不知出自誰手。」此本後張燕昌亦曾寓目，知僅存十七卷，并云：「每卷有庚寅增注，又注中每有較近日刻本多出數條者。」（見翁方綱跋李雁湖注王半山詩二首其二，復初齋文集卷十八）後繆荃孫得見此本，詳論它與元本之異，「方知宋元刻之不同：凡解詩意者均在，引書注釋者或留或不留，如整篇文字即均無有，并有元有而宋無者，是元本另一本，非從宋本删節矣」（注王荆文公詩殘宋本跋，藝風堂文漫存乙丁稾卷四）。從上窺見删節的大概是：删節的文字頗多；解釋詩意的保留，殆即劉將孫序所謂「意與事確者」；引書注釋者或留或不留，「不留」即指所謂「句字附會」、「常言常語」者；尤於整篇引文大都删削。第二，宋刻本多有擠版挖補者，元刻本則版式整齊劃一。傅增湘藏園羣書經眼録卷十三著録宋刊殘本十七卷云：「注語間有刓補擠寫者，每卷後有庚寅增注及抽換之葉，即曾極景建所補也。」第三，宋刻本有魏了翁序（另有胡衍跋），元刻本則有劉將孫序、毋逢辰序、詹大和年譜（另有王常刊記）。

宋元刻本的這種相異之處，爲研究和弄清朝鮮古活字本（我們此書即據以影印）的性質和特點，指明了可靠的途徑。

三、本書所據朝鮮活字本的性質和特點

日本所藏朝鮮古活字本也有兩個版本系統：一是元刻本系統，今尊經閣文庫等所藏，楊守敬所得者亦是（見日本訪書志卷十四）；二是宋、元兩本的合編重刻，既保留宋本的原貌，又加入元本的内容。據我所知，只有蓬左文庫藏有一部，似是人間孤本了。

此本係「駿河御讓本」，有「御本」圖印。江户時代德川幕府第一代將軍德川家康在駿府（今静岡市）設有藏書庫，稱爲駿河文庫。他於元和二年（一六一六）去世時，遺命將藏書分讓給在尾張等地的三個兒子。尾張的德川義直得到一百七十七部，建立尾張文庫。今蓬左文庫就是尾張文庫的後身。這些圖書即稱爲「駿河御讓本」，屬於蓬左文庫的貴重書。

此本凡五十卷，目録上、中、下三卷。有劉辰翁評點，劉將孫、毋逢辰兩序，又有詹大和王荆文公年譜，此爲元刻本所有（僅無王常刊記）；又有李注全文、「補注」、「庚寅增注」、魏了翁序（僅無胡衍跋），此爲宋刻本所有。故知此本是宋元兩本的合刻。今就李注、「補注」、「庚寅增注」的情況作一些説明。

李注。與元刻本相較，此本多出注文一倍左右。例如開卷兩詩元豐行示德逢、後元豐行，元本共有李注二十二條，此本却有五十條，多出二十八條。卷一招約之職方并示正甫書記，元本僅二十四條，此本六十六條，一首詩就被删去四十二條之多。這跟嚴元照以十一卷殘宋本與元本對勘的印象是一致的。統觀所删的注文，一類是有關詞語的出處，有的確近乎「襲常眩博」、「常言常語」，删不足惜；也有的是不宜删却的。即以開卷兩首詩爲例，如「龜兆」引周禮語，「秀發」引詩生民語，「龍骨」引蘇軾龍骨車詩，「酒斗許」引杜詩、曹植詩，都不爲無助；他如解釋王安石「夜半載雨輸亭皐，旱禾秀發埋牛尻」句，引杜甫雨詩：「敢辭茅葦漏，已喜黍豆高。」寫喜雨心情頗相類，率然削砍，頗嫌唐突。卷二題晏使君望雲亭「望雲纔喜雨一犂」，原注引「孟子：『若大旱之望雲霓。』耡之所及，膏潤止數寸，故云纔喜。又東坡詞：『江上一犁春雨。』」同卷四皓詩，原注引李白、蘇軾、蘇轍咏四皓詩加以比較，頗有啟發，亦被刊落，如此等等，不一而足。個別卷所删注文較少，但亦有重要内容被删者。如卷二十一衆人詩，原注引曾子固南軒記，説明不以他人之毁譽爲懷，以示王、曾見解一致，應屬佳注，却被删去。有的注文因删節而造成疏漏，復遭後人詬病。如卷十六次韻酬微之贈池紙并詩「竊學又耻從師宜」句，李注引衛恒傳，元刻本作：「……而師宜官爲最，每書，輒削而焚其柎。遂以書名。此言竊學，謂鵠也。」句頗費解。姚範援鶉堂筆記卷五十指摘説：「當具梁鵠事，而注無之。」實則李注在「輒削而焚其柎」下，原作「梁鵠乃益爲版，飲之酒，候其醉而竊其柎，遂以書名」。叙述清楚、完整。姚範所摘之病乃劉辰翁删削不當所致。另一類是「大篇長段」。前述嚴元照曾舉三例，第二例黄花詩注，除删劉貢父芍藥花譜序外，還删去孔常甫叙維揚芍藥長文。第一例宋祁詆仙賦確被删，但第三例題玉光亭引鄭輅記尼真如事，馬氏元刻本未删。此外被删的「大篇長段」還不少。如卷二聞望之解舟詩，删去李壁對屈原自投汨羅事的辨正詩及文各一首，就是著例。以上兩類情况都跟清人所記殘宋本的情况相符。

另外，有關詩意的闡發也有被删者，繆荃孫所言「凡解詩意者均在」，并不全都如此。如卷一兩首題畫詩純甫出僧惠崇畫要予作詩和題徐熙花，前首「流鶯探枝婉欲語，蜜蜂掇蘂隨翅股」句下原注：「甚言其似也。」後首「借問此木何時果」句下原注：「言花態如生，不知其爲畫也。」奉酬約之見招「伐翳取遥岑」句下原注：「比少陵『開林出遠山』語益工矣。」均被删，頗可惜。

順便説明，沈欽韓因未見宋本，故其所補者，往往有此本李注原有的。如卷二游土山示蔡天啟祕校「踠足僅相躡」句，此本李注原引「後漢李南傳：馬踠足是以不得速。注，踠，屈損也」。被删。沈氏不知，爲之補注云：「玉篇：踠，馬跌足也。」但檢玉篇卷七「足部」，原文爲：「踠，於阮切，生曲脚。」與李注同，無跌足之解，沈氏反致舛誤。又如卷三再用前韻寄蔡天啟「始見類欺魄」，李注原引「列子音義曰：字書作欺頼，大面醜也。」被删。沈氏補注引列子仲尼篇、集韻，内容相同。同詩「誰珍壇山刻」，李注引歐陽修集古録，原有「壇山在縣南十三里」八字被删，沈氏引一統志「壇山在正定府贊皇縣北十里」補之。檢集古録跋尾卷一「周穆王刻石」條，李注引文不誤。卷五酬王濬賢良松泉二詩「蒼官受命與舜同」，李注原引莊子德充符，沈氏亦引此。卷十一山田久欲拆釋「鴻蒙」，李注原指出「見莊子」，沈氏不過引出莊子原文而已。對沈氏的「勘誤補正」，學術界歷來多予推崇，以上的例證適足再次説明劉辰翁删節的不當。

補注。除卷十九、卷二十、卷三十七等外，全書各卷都有補注，但刊刻的格式十分紊亂。有的在卷末，有的在卷内；有的在詩末，也有在詩句之下或題下加補注的；有的用陰文「補注」兩字標明，有的僅標出詞條之目；更有前一首詩的補注，刻在後一首詩題下空白處的，等等。跟清人所見宋殘本「多有擠版挖補者」完全一致，這爲其他古籍所罕見，反證此朝鮮活字本非常忠實地保存了宋刻本的原式。李壁此書成書的方式是：由他「隨筆疏於其下，涉日既久，命史纂輯」的，即他先在王安石詩集上隨時加上注疏，後由書吏整理而成。姚範在援鶉堂筆記中屢次從内容上判斷「蓋書草創而未經修飾校訂」，「以是知季章於此尚有未及修改」云云，似是符合實況的。如是，則補注的作者仍是李壁本人。這些補注或是書吏整理遺漏的，或是他後來修訂的。從補注的内容上似也透露此中消息。如卷四獨歸釋「陂農」，「補注」云：「諸本皆作疲農，余於臨川見公真蹟，乃知是陂字。」「余於臨川見公真蹟」之類的語句，在李注正文中指不勝屈，此條補注當出李壁之手。

庚寅增注。此本每卷之後皆有「庚寅增注」（除卷十九、卷二十、卷三十二、卷四十外）。庚寅爲紹定三年（一二三〇），而李壁死於嘉定十五年（一二二二），故知非李壁所爲。翁方綱、傅增湘認爲是曾極（景建），吴騫疑是「或其（李壁）門人如魏鶴山序中所謂李四（當作西）美之流爲之，則未可知耳」（拜經樓詩話卷二）。李西美之説原係吴騫推測之詞，暫置不論；曾極之説大概是根據陳振孫所謂「助之者曾極景建」一語。曾極與李壁確有交往，後村詩話續集卷四即記有李壁酬景建詩。考李壁原注也有數處提到曾極爲他提供材料，如卷三十二次韻酬宋玘六首題下注引「曾景建言，宋玘是……」，卷四十七送陳景初注引「曾極載其叔祖裘父所記云……」，都是例證。這大概是陳振孫所説「助之」的一種表現。但「庚寅增注」却非曾極所作。「庚寅增注」中有引用曾極之語者，如卷四十三重陽余婆岡市「魯叟」條，「增注」有「魯叟，字，後見曾景建言此人姓魯名趙宗」云云，是爲「增注」非曾極之作的明證，此其一；史載曾極因江湖詩案謫道州即卒。考詩案起於理宗寶慶二年（一二二六），在紹定三年前有四年之久，曾極當時謫道州「即」卒，因此他很可能死於紹定三年之前，此其二；又，繆荃孫注王荆文公詩殘宋本跋云：「卷後補注有與庚寅補（當作「增」）注犯複者。」所言甚是。如卷二寄蔡氏女子釋「横逗」條引張衡思玄賦、郭璞注，卷五酬王濬賢良松泉二詩釋「白皂」條引韓愈與崔羣書，卷六桃源行釋「戰塵」條引杜甫、吴融、張衡三詩，卷八李氏沅江書堂對「無以私智爲公卿」句的評論等，都兩者犯複，則「增注」作者似未見過「補注」，不可能是像曾極這樣與李壁及本書關係甚密之人，此其三。

「庚寅增注」的内容大都爲詞語出處，也有補充李壁原注的。如卷一元豐行示德逢釋「屋敖」，原注云：「屋敖，恐謂屋之倉敖。漢有敖倉，乃即敖山爲名，後人因以名倉屋爾。」「庚寅增注」云：「酈食其傳：據敖倉之粟。敖本地名，在滎陽，秦置倉貯，後人因通謂倉爲敖。」又如卷二十二贈上元宰梁之儀承議「能詩如紫芝」句，原注僅「元紫芝也」四字，致使姚範質疑云：「按，元魯山不聞有詩。」（援鶉堂筆記卷五十）「庚寅增注」却補出元德秀曾作于蒍于之歌等。還有評析詩義的，如卷一己未耿天騭著作自烏江來……「而我方渺然，長波一歸艇」句，「庚寅增注」云：「公詩妙處如此等句，皆前人所未道，十字通義格。」又如卷六對嘆息行一詩的有無譏諷，「增注」作了長篇考論等。此外，「庚寅增注」亦間有引同時人詩以注王詩者。如卷四十八釣者詩云：「亡友譚季壬之大父勉翁亦有詩：漁翁何事亦從戎，變化神奇抵掌中。莫道直鈎無所取，渭州一釣得三公。」據陸游青陽夫人墓誌銘（渭南文集卷三十三），譚望字勉翁，此當爲譚望佚詩。譚季壬，字德稱，爲蜀中名士，陸游文中説：「予與季壬，實兄弟如也。」可見交誼之深。譚季壬大約死於慶元元年（一一九五）以前，因該年陸游所作正月十一日夜夢與亡友譚德稱相遇於成都小東門外既覺慨然有作（劍南詩稿卷三十一），已稱他爲「亡友」了。慶元元年離紹定庚寅已三十多年，「庚寅增注」的作者回憶三十多年前的老友，説明他當時年事頗高了。

總之，此朝鮮活字本最爲可貴之處，在于保存了被劉辰翁删節的大量李注（約佔全部李注的一半），保存了「補注」和「庚寅增注」，得見已佚宋本的原貌，提供了大量有用的研究資料。但此本恐亦非李注足本。如宋王應麟困學紀聞卷十八曾舉明妃曲、日出堂上飲、君難託三詩李注對王詩的批評，其第二例云：「日出堂上飲之詩，『爲客當酌酒，何預主人謀』，則引鄭氏考槃之誤以寓其貶。」即不見此本。個別卷李注與元刻本全同，有的卷無「補注」、「庚寅增注」，説明此本似有殘缺。但它是李壁注本中迄今最佳的版本，他本無奪其席，則又是無疑的。

此本字大悦目，楮墨精良，基本完好。個別地方有缺字，如卷十九始皇馳道缺「得期修」三字，卷十九華亭谷缺「無」一字，卷十九太白巖缺「白」一字，卷二十一靈山寺缺「萬」一字。卷五十哭慈照大師注文引傳燈録亦有缺字多處，查景德傳燈録卷二十四，此段引文應爲：「漳州報劬院玄應定慧禪師……仍示一偈曰：今年六十六，世壽有延促。無生火熾然，有爲薪不續。出谷與歸源，一時俱備足。」又，卷十三末缺兩頁，卷三十三中亦缺兩頁，今據張元濟先生影印本抄補。但卷十三末尾「庚寅增注」（或尚有「補注」）的缺頁，已無法補全。

本書得以影印出版，首先要感謝東京大學原主任教授伊藤漱平先生，承他親自專程陪我從東京去名古屋市蓬左文庫查訪此書，又爲我辦理複印事宜。蓬左文庫正式同意此書在中國出版，盛情可感。後又承京都大學研究生高津孝先生寄贈大作關於蓬左文庫本王荆文公詩箋注（東方學第六十九輯，一九八五年一月出版），本文也吸收了他的一些研究成果。他實是最早發現此本者。上海古籍出版社積極支持影印出版，又蒙顧廷龍先生爲本書題簽，在此一併表示衷心的謝忱。

王水照
一九八六年七月

補　記

王荆文公詩李壁注從一九九三年由上海古籍出版社影印問世以來，頗受國内學術界關注，已成爲研究王安石詩歌的基本文獻，對其成書過程、内容價值、箋注特點、版本源流諸方面，也出現了不少有分量的研究成果，加深了對此書的認識。我也繼續留心於此，對相關問題作了調查和思考。今謹作補記，略述於下。

一、宋刊殘本的追索

已知此書在宋代有過三次刊刻，今均已佚。據清人記載，尚存少許殘本，其中尤以傅增湘、劉承幹等人曾寓目的宋刻十七卷殘本，最爲重要。我在當年（一九八六年）到處查訪，却茫然無踪。在研讀汪東整理的王荆文公詩箋注（中華書局上海編輯所，一九五八年版）時，發現其中有六卷的卷尾，刊有補注和增注，這引起我的注意。補注和增注是此書宋刊本特有的版式標誌，汪東本是以清張宗松清綺齋本爲底本的，而清綺齋本又是依據元刊大德本而翻刻的，汪東本又明云：「宋刻殘本今未見」（見該書出版説明），因何有此六卷之補注和增注？而一般通行的清綺齋本是無此内容的。此或可成爲尋訪宋刻殘本的一絲綫索。我於一九八六年七月往訪此書責任編輯胡道静先生，詢問究竟。由於歷時已久，胡先生也不能確切説明，推測是從傅增湘所刊蜀賢叢書中之宋刻殘本迻録而來，因傅氏藏園群書經眼録卷十三著録此書，謂：「此書宋槧孤本，今藏南潯劉氏嘉業堂，繆藝風（荃孫）曾假影摹，余即以之覆刻，爲蜀賢叢書之一。」我即轉而尋訪蜀賢叢書，一時却無收穫。

其實，汪東本所據之清綺齋本，乃是乾隆四十一年補刻本，而非初刻本。張宗松於乾隆六年（一七四一）刻印王荆公詩箋注，即清綺齋本，原缺魏了翁序，後族人張燕昌在乾隆四十年（一七七五）於鮑廷博知不足齋得觀宋刊殘本十七卷（卷一—三、十五—十八、二十三—二十九、四十五—四十七）「每卷尾有庚寅增注」，且有魏序，録以贈予張宗松之弟張載華，張載華即於次年（乾隆四十一年）囑侄張廷一補刻於清綺齋本。此一清綺齋補刻本，國内較爲少見，日本京都大學圖書館藏有一部。此補刻本之可注意者，不僅存有魏序，而且有六卷之尾刊有「補注」或「增注」（卷二十七、二十八、三十五、四十六之卷尾，各有補注和庚寅增注，卷三十六、四十七之卷尾，僅有補注）。

汪東本這六卷「補注」或「增注」，不僅與清綺齋乾隆四十一年補刻本内容完全相同，且連缺字、錯字都一致，如汪東本卷三十五之補注，引李義山詩「斜倚緑窗□□□」，汪東校云：「義山詩未見有此句，無從臆補」，清綺齋補刻本此處亦是三個墨丁（朝鮮活字本第一五九六頁此處作「斜倚緑紗窗夜坐」，不缺）。又如汪東本卷四十六之補注，引王安石「與陳君一柬」：「安石頓首，還弊廬，幸數對按。」「對按」不詞，清綺齋補刻本亦錯作「按」。（朝鮮活字本第二〇三二頁作「對接」，是，均見出朝鮮活字本之優長處。）凡此皆可説明，汪東本此六卷之補注、增注均來源於清綺齋補刻本，他確實未曾見過「宋刻殘本」。

一九九二年二月，台灣學者昌彼得於故宮文物月刊（九卷十一期）發表連城寶笈蝕無嫌——談宋版李壁注王荊公詩一文，首次披露「故宫博物院」於一九九一年十月獲贈一部宋版李壁注王荊公詩殘本十七卷、目録三卷，宋刻殘本終於重現於學界。南京大學鞏本棟教授於二〇〇七年訪台時，目驗此書，撰著論王荊文公詩李壁注——從宋本到朝鮮活字本一文（見宋集傳播考論，中華書局，二〇〇八年），對此書編撰、刊刻、流傳等情況作了細緻考辨，特别是用宋殘本與朝鮮活字本進行對勘，發現前者有而後者無的情形頗爲不少，推斷朝鮮活字本中的宋刊部分當爲另一宋刊本。鞏本棟又提出「庚寅增注」的作者仍應爲李壁，也值得重視。我原來依據李壁死於「庚寅」前八年，因而他不可能再作「庚寅增注」，自是合乎邏輯的推論；但忽略了此注的産生過程，即先有李壁「隨筆疏於其下」，再「命史纂輯」的兩道工序。「庚寅增注」雖不可能由李壁親作，但不妨礙他的助手們根據他積累的遺稿資料，代其整理「纂輯」，當然也不排除助手們自己勞作的羼入。如此，本注、補注、庚寅增注皆屬李壁之著作權，全書署以「眉山李壁注」也可謂實至名歸。庚寅增注中有三處引及「余使燕」時之事（卷二十九將次相州、卷四十四斜徑、卷四十五涿州)，正與李壁以賀金主生辰使出使北國事吻合，當爲李壁手筆之確證。

二、「朝鮮活字本」諸問題

至於「朝鮮活字本」本身，尚待解決的問題仍然不少。一是它所據底本之來源。朝鮮活字本是由宋刻本和元刻本合編而成的，此合編之舉，是中國元明人所爲抑或出於朝鮮國士人之手？如是中土原刻，又是何時傳入朝鮮的？此一問題，目前限於材料，尚未找到確切答案，只能待諸來日。二是它刊印的時間。經韓國學者研究，此書所用活字乃是「甲寅字」體，即一四三四年所鑄造的銅活字字體系統。韓國是世界上最早發明金屬活字的國家。據朝鮮王朝實録之太宗實録，其銅活字的歷史始於太宗三年(一四〇三年，即明成祖永樂元年)，稱癸未字。而甲寅字於世宗十六年(一四三四年，即明宣德九年)改鑄，歷時兩個月而成二十餘萬個字。字體乃仿明永樂十八年内府所刻之孝順事實，具有趙子昂筆意，俗稱「衛夫人字」，以其精美尊爲「韓國萬世之寶」，被譽爲朝鮮銅活字之花。甲寅字以後被一再仿製。日本蓬左文庫所藏之李壁注本是用哪一次「甲寅字」來印刷的呢？承韓國慶星大學金致雨教授見告，從板式、魚尾和個別字體來判斷，大概刊印於中宗初(一五〇六年)至宣祖六年(一五七三年)或宣祖十三年(一五八〇年)之間。三是韓國現今庋藏本書情況。蓬左文庫所藏本書，中缺四頁能否補全？經查韓國各著名圖書館書目，以及我兩次訪韓的尋找，僅首爾大學奎章閣和延世大學圖書館藏有少許甲寅字本殘卷，已不見完帙踪影。韓國另存有李壁注本，用「甲辰字」（一四八四）印刷，那是以劉辰翁删節本爲底本的，屬元刻本系統，與「甲寅字」本不同。

三、再説書名緣由

據名古屋市蓬左文庫漢籍分類目録（昭和五十年出版），本書著録爲：「王荆文公詩五十卷年譜一卷目録三卷，宋王安石撰　李壁箋注　劉辰翁評點，朝鮮古活字印板九行本，有御本印記，駿河御讓本」。我請顧廷龍先生題籤時，暫擬書名爲「王荆文公詩注（據朝鮮古活字本影印）」，並附寄有關版本資料，請顧先生酌定。不久，他寄回題籤，徑作「王荆文公詩李壁注（據朝鮮活字本影印）」，加了「李壁」二字，删去「古」字。我體會顧先生的用意，大概認爲此朝鮮本刊印於我國明代，稱不得「古」；突出注者姓名則爲了强調此書的主要貢獻所在，也能與其他王詩注本在書名上區别開來，正如張元濟影印本題作王荆文公詩李雁湖箋注，書名也是張氏自擬的。承蒙有的學者好意，代擬本書書名爲王荆文公詩雁湖李壁箋注須溪劉辰翁評點，自與此書内容名實相符，嚴絲合縫，但此代擬之書名適合現在通行的元刊系統即各類劉辰翁評點本，反而不能達到命名的目的，不如顧先生擬定的「簡明醒豁」，也避免了同名化的含混：物固有名，一物一名，不得不殊。

此外，本書除我已指出的存在錯字、缺頁外，尚有錯簡多處，有的僅是前後顛倒，在景印時隨手置換，有的却非單純由裝訂錯亂引起，不易改换，如卷二十三將次洺州憩漳上至和栖霞寂照庵僧雲渺平甫同作諸詩，其頁碼順次應爲一〇八三、一〇八六、一〇八七、一〇八四、一〇八五、一〇八八，也順便說明。

王水照

二〇一〇年七月十五日

序

國朝列局修書，至崇觀政宣而後，尤爲詳備。其書則經史、圖牒、樂書、禮制、科條、詔令、記注、故實、道史、内經。而臣下之文，鮮得列焉。時惟臨川王公遺文，獲與編定。薛肇明諸人寔董其事，以至張官置吏，咸軼故常。是雖曰出於一時之好尚，然其鍛鍊精粹，誠文人之巨擘。以元祐諸賢，號與公異論者，至其爲文，則未嘗不推許之。然肇明諸人所編，卒以靖康多難，散落不全。今世俗所傳，已非當時善本。故其後先舛差，簡帙間脱，亦有他人之文淆亂其間。雖然，是猶未足多辨者。而公博極羣書，蓋自經子百史，以及於凡將、急就之文，旁行敷落之教，稗官虞初之説，莫不牢籠搜攬，消釋貫融。故其爲文，使人習其讀而不知其所由來，殆詩家所謂秘密藏者。石林李公，曩寓臨川，嗜公之詩，遇與意會，往往隨筆疏於其下。涉日既久，命史纂輯，固已粲然盈編，特未書出以示人也。了翁來守眉山，得與寓目，見其闕奇摘異，抉隱發藏，蓋不可以一二數。則爲之舍然嘆曰：是固異乎世所謂箋訓者矣。箋訓之病，黨枯護朽，守缺保殘，有不非服鄭之陋，無是正左班之忠。今石林之於公，則有不然。其豐容有餘之詞，簡婉不迫之趣，既各隨義發明；若博見彊志，瘦詞險韻，則又爲之證辯鉤析，俾覽者皆得以開卷瞭然。然公之學，亦時有專己之癖焉。石林於此，蓋未始隨聲是非也。明妃曲之二章曰：「漢恩自淺胡自深，人生樂在相知心。」則引范元長之語以致其譏。君難託之詩曰：「人事反復那得知，讒言入耳須臾離。」則明君臣始終之義以返諸正。自餘類此者尚衆，姑摘其一二以明之。則詩注之作，雖出於肆筆脱口，若不經意之餘，而發揮義理之正，將以迪民彝，厚世教，夫豈箋訓云乎哉？石林嘗參預大政，今以洞霄之禄里居，其爲文章，固已施諸朝廷，編之金鐀。此殆公得之游戲者。而其門人李西美醇儒，必欲以是書板行，而屬了翁叙所以作，迺書以授之。嘉定七年十一月庚午，臨邛魏了翁謹序。

序

詩學盛於唐，理學盛於宋，先儒之至論也。其論諸賢大家數，甚而有五言七言散文之誚，獨於臨川王文正公〔一〕之詩，莫有置其喙者。及觀文正公選唐百家詩序有云：「廢日力於此，良可悔也。然欲觀唐詩者，觀此足矣。」公於選詩廢日力且如此，况作詩乎？又楊蟠後序云：「文正公〔二〕道德文章，天下之師。於詩尤極其工，雖嬰以萬務，而未嘗忘之。」則知公之作詩，坐費日力，而未始以爲悔，宜其法度嚴密，音律諧暢，而無異時五七言散文之弊。予故謂公之詩非宋人之詩，乃宋詩之唐者也。後之學詩者，能作如是觀，當自有得於吾言之外。方今詩道大昌，而建安兩書坊竟缺是集。予偶由臨川得善本，鋟梓于考亭，輒摭所聞者以繫其集端云。大德丙午仲秋，龍門毋逢辰序。

【校記】

〔一〕「王文正公」，宫内廳本作「王文荆公」。

〔二〕「文正公」，宫内廳本作「文荆公」。

序

洛學盛行，而歐蘇文如不必作。江西派接，而半山詩幾不復傳。諸老心相服各有在，而世俗剽耳附聲者往往可歎也。開禧參政鴈湖李氏，獨箋臨川詩於共懲荆舒之後，與象山記祠堂磊磊恨意相似。文章行義，固各有必不可槩揜者。然東南僅刻兩本，看久廢，撫亦落，士大夫或白首不及見。以是藏本極少，亦牽聯没没至此。李箋比注家異者，間及詩意。不能盡脱窠臼者，尚襲常眩博，每句字附會膚引，常言常語亦跋涉經史。先君子須溪先生，於詩喜荆公，嘗點評李注本，删其繁，以付門生兒子。安成王士吉，往以少俊，及門有聞。日以書來訂，請曰：刻荆公詩，以評點附句下，以鴈湖注意與事確者類篇次，願序之。於是荆公詩當粲然行世矣。公詩爲宋大家，非文人詩，而具用文法，抑光耀以樸意，融制作爲裁體，陶冶古今，而呼吸如今，精變塵秕，而形神俱妙。其覈也，如老吏之約三尺。其麗也，又如一笑之可千金。歷選百年，亦東京之子美也。獨其不得如子美之稱於唐者，相業累之耳。嗚呼！使公老翰林學士，韙然一代詞宗，亦何必執政耶？論詩文與論人物異，論行事意見又異。鴈湖箋此詩，尚以明君怨置議論。盖共正之。然彼詠明君耳，何與大節，而刺劂玼之。因士吉刻本，記先君子所嘗爲荆公感歎者於此，而非敢評公詩也。

大德辛丑冬至，嗣子將孫謹書于汀泮之如舟軒。

王荆文公年譜

桐廬詹大和甄老譜

真宗皇帝天禧五年辛酉

公生於是年。

仁宗皇帝慶曆二年壬午

公二十二歲。楊寘牓中甲科，以祕書郎簽書淮南節度判官廳公事。時韓魏公作鎮。公後有入瓜步望揚州詩：「白頭追想當時事，幕府青衫最少年。」又，魏公挽詞亦有述。

慶曆三年癸未　四年甲申

在揚州。有憶昨示諸外弟等詩。

慶曆五年乙酉

有與徐兵部書。

慶曆六年丙戌

馬漢臣墓誌曰：「慶曆六年，漢臣從余入京待進士舉。」盖揚州官滿，是年方趨京師。尋授明州鄞縣宰。

慶曆七年丁亥

曾子固作喜似贈黄御史曰：「五年時，送别介父於洪州。」又曰：「介父時爲縣於鄞。」盖慶曆七年也。公有「自縣出，屬民使浚渠川」等語，及經游記、鄞女墓誌并詩。

慶曆八年戊子

作縣齋詩：「收功無路去無田，竊食窮城度兩年。」又：「到得明年官又滿，不知誰見此花開。」

皇祐元年己丑

二月二十八日，刻善救方，立之縣門外。

皇祐二年庚寅

别鄞女詩：「年登三十已衰翁。」公生辛酉，是歲庚寅，三十矣。

皇祐三年辛卯

改殿中丞、通判舒州。是年召試館職，有狀免試，發赴舒州。

皇祐四年壬辰

到舒。有答平甫等詩：「只愁地僻經過少，舊學從誰得指南？」晚封舒國，謝表亦云：「惟兹邦土之名，昔者宦游之壤。」

皇祐五年癸巳

是年，歐陽文忠公奏：「伏見殿中丞王安石德行文學爲衆所推，守道安貧，剛而不屈，久更吏事，兼有時材。曾召試館職，久而不就。乞用此人充補諫官。」公以祖母年高辭之。是年祖母吴氏卒，曾子固誌其墓亦載此。

至和元年甲午

免試特除集賢校理。公有狀，以私計辭。歐陽公言：「羣牧司領内外坊監判官，比他司俸入最優。」乃以公兼羣牧司判官。

至和二年乙未

王逢原寄公詩：「借使牛羊雖有責，獨於鳳鳥豈無嗟。」是年有酬答等詩。

嘉祐元年丙申

公上執政書曰：「方今仁聖在上，而安石得以此時被使畿内，而有不樂於此」云云。王逢原有送公行畿縣詩，公亦有酬答。

嘉祐二年丁酉　三年戊戌

改太常博士、知常州。謝表云：「比在羣牧，常求外官。伏蒙朝廷改職畿縣，未試賢勞之力，已纏悸眩之痾。區區本懷，懇懇自訴。」遂承優詔，特與便州。

嘉祐四年己亥

有酬提刑邵學士詩：「曾詠常州送主人，豈知身得兩朱輪。」蓋先曾有詩送沈康知常州也。

嘉祐五年庚子

改江東提刑。有寄沈鄱陽，并度麾嶺寄孫莘老等詩。

嘉祐六年辛丑

除三司度支判官。尋除直集賢院。

嘉祐七年壬寅

除同修起居注，力辭不許。尋除工部郎中、知制誥，糾察在京刑獄，管幹三班院。

嘉祐八年癸卯

仁宗皇帝登遐。

英宗皇帝即位。是年八月，丁母憂，事見送陳和叔詩引。

治平元年甲辰　二年乙巳

公持服。

治平三年丙午

十一月，有狀辭赴闕，乞分司於江寧府居住。

治平四年丁未

英宗皇帝登遐。

神宗皇帝即位。起以故官知江寧府。狀辭赴闕，且乞分司。又狀辭江寧府，若未許分司，則乞一留臺宮觀差遣。不許，冬方就職。謝表云：「先帝登遐，既不獲奔馳道路。陛下即位，又未嘗瞻望闕廷」云云。

熙寧元年戊申

除翰林學士。

熙寧二年己酉

以右諫議大夫參知政事。

熙寧三年庚戌

十月，自參知政事拜同中書門下平章事、史館大學士。

熙寧四年辛亥　五年壬子　六年癸丑

作相。

熙寧七年甲寅

以觀文大學士知江寧府。

熙寧八年乙卯

自金陵復拜平章事、昭文館大學士。是年以經義成，進加左僕射兼門下侍郎。未幾，喪子雱，復求去位。

熙寧九年丙辰

以使相再鎮金陵。到任未幾，納節與平章事。懇請數四，乃改右僕射。未幾，又求宮觀，累表得會靈觀使。

熙寧十年丁巳

是年，大禮加恩，特授開府儀同三司、舒國公。再恩，方改特進，封荆國公。

元豐元年戊午

食觀使禄，居鍾山。有示蔡元度詩、寄吴氏女等詩。

元豐二年己未

有半山園即事、歌元豐等詩。

元豐三年庚申　四年辛酉

元豐五年壬戌

是年，字説成，進表繫銜「觀文殿大學士、集禧觀使、特進、上柱國、荆國公」。

元豐六年癸亥

是年冬，公被疾。

元豐七年甲子

公引病，奏乞以住宅爲寺，有旨，賜名「報寧」。既而疾愈，税城中屋以居，不復别造。

元豐八年乙丑

神宗皇帝登遐。

哲宗皇帝即位。

覃恩，公守司空，謝表曰：「居竊萬鍾，初未知於辭富；坐彌九載，方有俟於黜幽。」蓋自熙寧十年至是食觀使禄，適九年矣。又有寄吴氏女子等詩。

元祐元年丙寅

是年四月，公薨，贈太傅。

目録

卷第二　古詩

卷第三　古詩

卷第四　古詩

卷第五　古詩

卷第八　古詩

卷第九　古詩

卷第十　古詩

卷第十一　古詩

卷第十二　古詩

卷第十三　古詩

卷第十四　古詩

卷第十五　古詩

卷第十六　古詩

卷第十七　古詩

卷第十八　古詩

卷第十九　古詩

卷第二十　古詩

卷第二十一　古詩

卷第二十二　律詩

卷第二十三　律詩

卷第二十四　律詩

卷第二十五　律詩

卷第二十七　律詩

卷第二十八　律詩

卷第二十九　律詩

卷第三十　律詩

卷第三十一 律詩

卷第三十二　律詩

卷第三十三　律詩

卷第三十四　律詩

卷第三十五　律詩

卷第三十六　律詩

卷第三十七　律詩

卷第三十八　律詩

卷第三十九　律詩

卷第四十　律詩

卷第四十一　律詩

卷第四十二　律詩

卷第四十三　律詩

卷第四十四　律詩

卷第四十五　律詩

卷第四十六　律詩

卷第四十七　律詩

卷第四十八　律詩

卷第四十九　律詩

卷第五十　律詩

王荊文公詩卷第一

古詩

元豐行示德逢

德逢姓楊，與公鄰曲。

四山翛翛映赤日，田背坼如龜兆出。詩鴟鴞：「予尾翛翛。」此借用。○周禮「卜師掌開龜之四兆：一曰方兆，二曰功兆，三曰義兆，四曰弓兆」。○韓退之南山詩：「或如龜坼兆，或若卦分繇。」湖陰先生坐草室，按：王直方雜記：「德逢號湖陰先生。丹陽陳輔，浙西佳士也。每歲清明，過金陵上塚。事畢，則至蔣山，過湖陰先生之居，清談終日。歲率以爲常。元豐辛酉、癸亥，頻歲訪之不遇，題一絶於門云：『北山松粉未飄花，白下風輕麥脚斜。身似舊時王謝燕，一年一度到君家。』湖陰歸，見其詩，吟賞久之。曾稱於舒王，聞之笑曰：『此正戲君爲尋常百姓耳。』湖陰亦大笑。」○今不詳其所。看踏溝車望秋實。魏邢顒爲平原侯家丞，防閑以禮，由是不合。庶子劉楨諫曰：「楨禮遇殊特，顒反疎簡，恐觀者謂君侯採庶子之春華，忘家丞之秋實。」○虞喜曰：「世人奇諸葛恪之英辯而哂吕岱之無對，是樂春藻之繁華，而忘秋實之甘口也。」雷蟠電掣雲滔滔，夜半載雨輸亭臯。司馬相如子虛賦：「亭臯千里。」師古曰：「爲亭候於臯隰之中。」梁柳惲詩：「亭臯木葉下。」旱禾秀發埋牛尻，言久旱得雨，禾皆怒長，其高可沒牛尻也。〇詩生民：「實發實秀。」〇禮記內則：「兔去尻。」〇少陵雨詩：「敢辭茅葦漏，已喜黍豆高。」〇東方朔傳：「聲謷謷，尻益高。」豆死更蘇肥莢毛。倒持龍骨掛屋敖，月令：「孟夏之月，靡草死。」龍骨所以車水，既得雨，則無用，故掛之屋敖。東坡有龍骨車詩。屋敖，恐謂屋之倉敖。漢有敖倉，乃即敖山爲名，後人因以名倉屋爾。買酒澆客追前勞。王孝伯問王大：「阮籍何如司馬相如？」王大曰：「阮籍胸中壘塊，故須酒澆之。」王大，王忱小字。三年五穀賤如水，孟子盡心：「使有菽粟如水火。」今見西成復如此。書：「平秩西成。」元豐聖人與天通，李白上之回：「樓臺與天通。」千秋萬歲與此同。梁孝王傳：「千秋萬歲後傳於王。」先生在野固不窮，擊壤至老歌元豐。評曰：田翁隣並得雨歌呼，人情自不能不爾，第歸之帝力。引用湖陰，政似避嫌。〇論衡曰：「堯時百姓無事，有五十之民，擊壤於塗。觀者曰：『大哉堯之德也。』擊壤者曰：『吾日出而作，日入而息，鑿井而飲，耕田而食，堯何力於我也？』」〇帝王世紀亦載擊壤事。〇在野，出孟子。

補注 尻 苦〔一〕刀切。 前勞 漢武帝以書敕責楊僕爲其伐前勞。〔二〕

【校記】

〔一〕「苦」，原作「吾」，據臺北本改。

〔二〕上兩注原闕入詩注末，無「補注」二字。

後元豐行〔一〕

介甫熙寧七年罷政，作此歌，正居鍾山時。或謂公欲以此徼神考之聽，冀復相，此繆論也。

歌元豐，十日五日一雨風。評曰：只此兩語豈可及？不可謂無其事也。亦怪他自詫不得。○鹽鐵論：「周公之時，風不鳴條，雨不破塊，五日一風，十日一雨。」○京房易飛候：「太平之時，十日一雨，凡歲三十六雨。此休徵時若之應。」○王充論衡亦云：「五日一風，十日一雨。」麥行千里不見土，連山沒雲皆種黍。水秧綿綿復多稌，秧，禾秧也。詩載芟：「綿綿其麃。」○「豐年多黍多稌。」注：「稌，稻也。」龍骨長乾掛梁梠。爾雅釋宮：「楣謂之梁，檐謂之樀。」注：「屋梠也。」說文云：「梠，齊謂之檐，楚謂之梠。」樀，丁狄反。梠，音呂。鰣魚出網蔽洲渚，荻筍肥甘勝牛乳。孟子：「爲肥甘不足於口歟？」杜詩：「莫看江揔老，猶被賞時魚。」○太平寺泉眼詩：「香美勝牛乳。」百錢可得酒斗許，杜詩：「速來相就飲一斗，恰有三百青銅錢。」○曹子建詩：「歸來燕平樂，美酒斗十千。」今百錢斗酒，言時豐也。雖非社日長聞鼓。評曰：上句自好，又著兩句分疎。吳兒踏歌女起舞，張說、劉禹錫皆有踏歌行，神仙藍采和常醉踏歌云云。但道快樂無所苦。老翁塹水西南流，楊柳中間杙小舟。爾雅云：「樴，謂之杙。」注云：「橜也。」說文：「樴，之弋反，弋也。从木，戠聲。杙，逸即反，从木，弋聲。橜，巨月反，弋也。从木，厥聲。」○漢地志云：「牂柯，繫舡杙也。」華陽國志云：「楚頃襄王時，遣莊蹻伐夜郎，軍至且蘭，椓舡於岸而步戰。既滅夜郎，以且蘭有椓舡牂柯處，乃改其名爲牂柯。」杙，音弋。乘興欹眠過白下，逢人歡笑得無愁。晉王徽之乘興而來，興盡而返。○韓詩：「欹眠聽新詩。」○白下，見題半山寺壁注。

補注 踏歌 唐則天時，默啜使閻知微招喻趙州將軍陳令英，謂曰：「尚書位任非輕，乃爲虜蹋歌，獨無慚乎？」知微微吟曰：「不得已，萬歲樂。」〔二〕 時魚 本草：「時字單使。」〔三〕

【校記】

〔一〕龍舒本卷三十七題作「歌元豐」。

〔二〕本注原闌入題下，無「補注」二字。

〔三〕本注原闌入詩注末，無「補注」二字。

夜夢與和甫別如赴北京時和甫作詩覺而有作因寄純甫

和父名安禮，行第三十六。純父〔一〕最幼，名安上，行第三十七。

水菽中歲樂，鼎茵暮年悲。評曰：只是古人語，寫入老少，無限凄緊。○檀弓：「孔子曰：『啜菽飲水，盡其歡，斯謂之孝。』」○莊子寓言：「曾子再仕而心再化，曰：『吾及親仕，三釜而心樂；後仕，三千鍾不洎，吾心悲。』」同胞苦零落，會合尚凄其〔二〕。東方朔傳：「同胞之徒，無所容居。」注：「親兄弟也。」○詩：「凄其以風。」况乃夢乖闊，傷懷而賦詩。詩言道路寒，乃似北征時。評曰：十字婉轉都盡。叔兮今安否？季也來何遲。禮記文王世子：「今日安不？何如？」○詩旄丘：「叔兮伯兮。」箋云：「叔、伯，字也。」○檀弓：「爾來何遲也。」中夜遂不眠，展轉涕流離。詩柏舟：「耿耿不寐，如有隱憂。」○澤陂：「寤寐無爲，展轉伏枕。」老我孤主恩，結草以爲期。李陵答蘇武書：「陵雖孤恩，漢亦負德。」○謝希逸月賦：「昧道懵學，孤奉明恩。」注：「虛奉明主之恩。」○宣公十五年：「魏顆敗秦師于輔氏，見老人結草以亢杜回，杜回躓而顛。」○沈括筆談：「歐陽文忠有奉使回寄劉原甫詩云：『老我倦鞍馬，誰能事吟嘲？』王荊公贈弟和甫詩云：『老我孤主恩，結草以爲期。』言『老我』則語有情，上下句皆惜老之意。若作『我老』，與『老我』雖同，而語無情，詩意遂頹惰。此文章佳語，獨可心喻。」冀叔善事國，有知無不爲。詩北山：「或盡瘁事國，或靡事不爲。」○左氏：「荀息曰：『公家之利，知無不爲，忠也。』」千里永相望，昧昧我思之。秦誓：「我皇多有之，昧昧我思之。」幸唯季優游，歲晚相攜持。純甫晚以管勾江寧府集禧觀家居。於焉可晤語，水木有茅茨。詩白駒：「所謂伊人，於焉逍遙。」○東門之池：「可與晤語。」○古詩：「水木湛清華」。○今人以古語采椽土堦對茅茨，遂以茨爲屋，其實茨亦草也。○詩：「牆有茨。」○又按韋忠傳：「吾茨簷賤士，本無宦情。」然太史遷傳：「茅茨不翦。」注則云：「屋蓋曰茅茨，茨以茅覆屋。」據此，則茨又爲屋蓋也。兩存之。畹蘭佇歸憩，遶〔三〕屋正華滋。楚詞：「既滋蘭之九畹兮。」○詩：「召伯所憩。」注：「息也。」○詩：「孟夏草木長，遶屋樹扶疏。」〔四〕○白詩：「清和四月初，樹木正華滋。」

【校記】

〔一〕「和父」、「純父」，宮内廳本作「和甫」、「純甫」。王安石兄弟名字，諸本多「父」、「甫」混用，以下不再出校。

〔二〕「淒其」，宋本、叢刊本作「悽其」，龍舒本作「棲遲」。

〔三〕「遶」，龍舒本作「遠」。

〔四〕此詩出陶淵明讀山海經。「詩」，應作「陶詩」。

純甫出僧〔一〕惠崇畫要予作詩

純甫，公季弟也。惠崇，建陽人，工畫鵝鴈鷺鷥，尤工小景。善爲寒汀煙渚，蕭灑虛曠之象，人所難到也。

畫史紛紛何〔二〕足數，評曰：起得突兀。○畫史，見虎圖注。○杜甫貧交行：「紛紛輕薄何須數。」惠崇晚出吾最許。崇非特善畫，又工詩。今十僧詩集，崇其一也。○世說：「冀州刺史楊準二子喬與髦，並爲後出之儁。」旱雲六月漲林莽，移我翛然墮洲渚。杜詩：「和風引桂楫，春日漲雲岑。」○退之桃源圖詩：「異境恍惚移於斯。」黃蘆低摧雪〔三〕翳土，鳧鴈靜立將儔侶。退之盆池詩：「一聽暗來將伴侶。」說蛙也。又鳴鴈詩：「徘徊反顧羣侶違，哀鳴欲下洲渚非。」又云：「草長沙軟無網羅，閑飛靜集鳴相和。」○張華情詩：「不有遠別離，安知慕儔侶？」往時所歷今在眼，評曰：增入鄉思，藹然。○選詩：「薜荔若在眼。」沙平水澹西江〔四〕浦。暮氣沈〔五〕舟暗魚罟，欹眠嘔軋如鳴〔六〕一作「聞」。櫓。李義山詩：「湖光不受月，暮氣欲沉山。」○杜詩：「氣沉全浦暗。」○李涉詩：「櫓聲軋軋搖不前。」頗疑道人三昧力，異域山川能斷取。維摩經：「舍利弗住不可思議解脫菩薩，斷取三千大千世界，如陶家輪，著右掌中，擲過恒河世界之外。其中衆生，不覺不知。」方諸承水調幻藥，周禮司烜氏：「以鑒取明水於月。」注：「鑒，鏡屬也，世謂之方諸。」○淮南子：「方諸見月，則津而爲水。」高誘注：「方諸，陰燧大蛤也。熟摩拭令熱，以向月，則水生也。」許慎注：「諸，珠也。方，石也。」楞嚴經第三卷：「諸大幻師，求太陰精，用和幻藥。是諸師等，手執方諸，承月中水。」洒落生綃變寒暑。評曰：從「旱雲六月」至此，收拾變化，楚楚有情。○韓文桃源圖云：「生綃數幅垂中堂。」金坡巨然山數堵，粉墨空多真漫〔七〕與。評曰：兩語似羨，政是過度處。○江南中主時，建業僧巨然祖述董源〔八〕筆法，尤工秋嵐遠景，不爲奇峭。源及巨然畫筆，皆宜遠觀。其用筆甚草草，近視之，幾不類物象。遠觀則景物粲然，幽情遠思，如覩異境。

○金坡遺事：「玉堂後北壁兩堵，董羽畫水；正北一壁，吳僧巨然畫山水，皆有遠思，一時絶筆也。有二小壁畫松，亦奇妙。」○據畫譜言，巨然用筆甚草草，此可見其真趣，不應有「粉墨空多」之譏。反覆詩意，本謂巨然畫格最高，而拙工事彩繪者，乃爲世俗所與也。按唐制，翰林院在右銀臺門内。開元時，又置學士院，在翰林院之南，始改供奉爲學士。至德後，隨上所在而遷。駕在大内，則明福門内置院；駕在興慶宮，則金明門内置院。德宗時，又移院於金鑾坡上。今詩云「金坡」，本此。○杜詩畫鶴行：「粉墨日瑟。」

蕭濠〔九〕一作「大」。梁崔白亦善畫，曾見桃花靜初吐。評曰：題畫亦是衆意，此獨寫到同時，不惟蕭散，襟度又不可及，比杜老韓幹又高，真宰相用人意也。故結語極佳，有風有歎。○崔白字子西，濠梁人。攻〔一〇〕畫花竹翎毛，體製清贍，雖以敗荷鳧鴈得名，然尤精於鬼神人獸。熙寧初，與艾宣、丁貺、葛昌畫垂拱殿御扆，竹、鶴各一扇，白爲首出。弟愨畫亦佳。酒酣弄筆起春風，便恐漂零作紅雨。王建詩：「弄筆書墻壁。」○劉禹錫詩：「搖落繁英墜紅雨。」○李賀詩：「况是青春日將暮，桃花亂落如紅雨。」流鶯〔一一〕探枝婉欲語，蜜蜂掇蘂隨翅股。甚言其似也。○杜詩：「囀枝黃鳥近。」又：「花蘂上蜂鬚。」一時二子皆絶藝，裘馬穿羸久羇旅。華堂豈惜萬黃金，苦道今人不如古。杜詩：「恐懼棄捐忍羇旅。」○又贈曹霸詩：「途窮返遭俗眼白，世上未有如公貧。」豈絶藝類坎壈如此耶？

【校記】

〔一〕「僧」，宋本、叢刊本作「釋」。

〔二〕「何」，宋本作「莫」。

〔三〕「雪」，龍舒本作「雲」。

〔四〕「西江」，龍舒本作「江西」。

〔五〕「沈」，龍舒本、宮内廳本作「沉」。

〔六〕「鳴」，宋本、叢刊本作「聞」。

〔七〕「漫」，龍舒本作「謾」。

〔八〕「董源」，原本與宫内廳本作「黄源」，據清綺齋本改。

〔九〕「濠」，宋本、叢刊本作「大」。

〔一〇〕「攻」，宫内廳本作「工」。

〔一一〕「流鶯」，宋本、叢刊本作「鸎流」。

題〔一〕徐熙花

黄筌父子畫花，妙在賦色，用筆極細，殆不見墨迹，但以輕色染成，謂之「寫生」。江南徐熙以墨筆畫之，殊草草，略施丹粉而已，神氣迥出，別有生意。筌惡其軋己，言其畫麤俗不入格，罷之。熙之子乃效諸黄格，更不用墨筆，直以彩色圖之，謂之「没骨圖」。筌等不復能疵瑕，遂得齒院品。然其氣韻，皆不及熙遠甚。

徐熙丹青蓋江左，杏枝偃蹇花婀娜。一見真爲〔二〕值芳時，安知有人槃礴羸。評曰：苦心狹韻，然此畫豈須「槃礴羸」耶？○槃礴，見虎圖注。同朝衆史共排媢，亦欲學之無自可。謂黄筌輩也。三蒼解詁：「丈夫妬爲媢。」錦囊深貯幾春風，李賀小傳：「恒從小奚奴騎距驢，背一古破錦囊，遇有所得，即書，投囊中。」借問此木何時果。評曰：語含譏而未達。○説文：「在木曰果，在草曰蓏。」○達摩偈：「一花開五葉，結果自然成。」言花態如生，不知其爲畫也。○尚書：「媢嫉以惡之。」

【校記】

〔一〕宋本、叢刊本無「題」字。

〔二〕「爲」，宋本、叢刊本作「謂」。

題燕侍郎山水圖〔一〕

燕名肅，以禮部侍郎致仕。

往時濯足瀟湘浦，評曰：造意如畫。○孟子離婁：「滄浪之水濁兮，可以濯我足。」○太白遠別離：「古有皇〔二〕、英之女，乃在洞庭之南，瀟湘之浦。」獨上九疑〔三〕尋二女。評曰：恍惚入玄。○湘中記：「九疑山在營道北，九山相似，行者疑惑，故曰九疑。」○山海經：「蒼梧之川，其中有九疑山。漢武巡狩，祀舜於此。」○餘見望夫石注。蒼梧之野煙漠漠，斷隴〔四〕連岡散平楚。謝朓詩：「寒城一以眺，平楚正蒼然。」暮年傷心波浪阻，不意畫中能更睹。評曰：收拾不易，它人六句三折則促矣，此獨有餘。燕公侍書燕王府，燕，青州人，寇準客，嘗以工部郎中直昭文館，爲定王府〔五〕記室參軍。○仁宗即位，元儼自涇王徙王定，後王燕。○宋劉儒宗爲竟陵王誕子，景祥侍書，後又爲東宮侍書。○唐有翰林侍書學士，柳公權嘗爲之。○本朝嘗以蜀人王著爲翰林侍書，而不加學士。王求一筆終不與。奏論讞死誤當赦，全活至今何可數？國史：「燕公判刑部，奏：『天聖三年，天下斷大辟二千四百三十六，豈無法可疑、情可憫者？而州郡無所奏讞，蓋畏罪也。請自今奏而不應奏者，不科以罪。』自是，奏讞者歲踰千人，無不貸免。自始至今，所活無慮幾千萬人矣。」仁人義士埋黄土，秖有粉墨歸囊褚〔六〕。評曰：忽盡黯然，亦是起語已絶，付之瀟洒，少不爲乏。○許遵事亦可附注於此，可見公素論。左氏：「取我衣冠而褚之。」

【校記】

〔一〕宋本、叢刊本無「題」字、「圖」字。
〔二〕「皇」，原作「黄」，據分類補注李太白詩改。
〔三〕「九疑」，龍舒本作「九嶷」。
〔四〕「隴」，宋本、龍舒本、叢刊本作「壠」。
〔五〕「定王府」，宮内廳本作「燕王府」。
〔六〕「褚」，龍舒本作「楮」。

陶縝菜示德逢〔一〕

江南種菜漫〔二〕阡陌，紫芥緑菘何所直？漢灌夫傳：「夫罵灌賢曰：『平生毁程不識不直一錢。』」陶生畫此共言好，一幅往往黄金百。韓文畫記：「百金不願易也。」北山老圃不外慕〔三〕，一作「慕此」。但守荒畦斸荆棘。論語：「吾不如老圃。」陶生養目渠養腹，各以所長〔四〕爲物役。老子：「是以聖人爲腹不爲目，故棄彼取此。」注：「爲腹者，以物養己。爲目者，以物役己〔五〕。」○荀子正名篇：「心平愉則色不及傭而可以養目。」又：「前有錯衡以養目。」

補注

得黃金百，不如季布一諾。〔六〕

【校記】

〔一〕宋本、叢刊本無「示德逢」三字。

〔二〕「漫」，龍舒本作「謾」。

〔三〕「外慕」，龍舒本作「慕此」。

〔四〕「長」，宋本、叢刊本作「能」。

〔五〕宮内廳本「以物養己」作「以爲物養己」，「以物役己」作「以爲物役己」。

〔六〕本注原闌入詩注末，無「補注」二字。

己未耿天騭著作自烏江來予逆沈氏妹于白鷺洲遇雪作此詩寄天騭〔一〕

辛酉冬，天騭復來。誦此〔二〕，遂書于壁，請天騭書所酬于右。

朔風積夜雪，明發洲渚淨。鮑明遠詩：「胡風吹朔雪。」○詩小宛：「明發不寐。」○杜詩：「朔風吹桂水，大雪夜紛紛。」開門望鍾山，松石皓相映。宋文帝登鍾山，蕭思話坐盤石彈琴，帝賜酒曰：「相賞有松石間意。」故人過我宿，未盡躋攀興。杜詩：「緩步有躋攀。」而我方渺然，長波一歸艇。欸段庶可策，柴荊當未暝。欸段，見和王勝之借馬注。○謝靈運詩：「促裝反柴荊。」與子出東岡，墻西掃新徑。評曰：無一句可點，而情景皦然；無一字剩，故不俗。○孟浩然詩：「之子期宿來，攜琴候蘿徑。」

【校記】

〔一〕龍舒本題下有小字「云云」，無題注。

〔二〕「此」，宋本、叢刊本作「之」。

招約之職方并示正甫書記

約之，姓段，亦家金陵，與公居止接近。

往時江揔宅，近在青溪曲。江揔，陳人也，仕至尚書令。陳亡，入隋，爲上開府。開皇中卒。○劉禹錫詩：「江揔宅池臺竹樹三畝餘，至今人道江家宅。」青溪寔連秦淮。○按建康志：「江揔宅在青溪大橋北，與孫瑒宅對，夾青溪。」○又金陵故事：「南朝鼎族，多夾青溪，江令宅尤占勝地。至國朝，爲段約之宅。王荊公詩有『昔時江令宅，今日段侯家』。段氏有割青亭，公詩又有『割我鍾山一半青』是也。今上元縣丞廳南青溪上，有割青亭舊基尚存。」井滅非故桐，臺傾尚餘竹。江令尋宅詩：「見桐猶識井，看柳尚知門。」池塘三四月，菱蔓芙蕖馥。蒲柳亦競時，冥冥一川緑。方坻最所愛〔一〕，意謂可穿築。梁昭明太子性愛山水，於玄圃穿築，更立亭館。○又，阮孝緒性沈静，恒以穿池築山爲樂。欲往無舟梁，莊子：「至德之世，山無蹊隧，澤無舟梁。」長年寄心目。長年，謂終年也。故人晚得此，心事付草木。消摇櫩宇新，攬結〔二〕蹊隧熟。檀弓：

「負手曳杖，消摇於門。」○晉書五行志：「草生可攬結，女兒可攬擷〔三〕。」更能適我願，詩：「野有蔓草，適我願兮。」中水開茅屋。鬼營誅荒梗，評曰：鬼營，似謂古塚耳。○

馬祖居山，山鬼爲築垣，馬自謂脩行不至，爲鬼所識，乃捨去。人境掃喧黷。陶詩：「結廬在人境，而無車馬喧。」濠魚淨留連，海鳥暖追逐。濠魚、海鳥，出莊子。豈

無方外客，莊子：「孔子曰：『彼游方之外者也，而丘游方之内者也。』」桓温號謝弈爲方外司馬。於此停高躅。憶初桑落時，詩氓：「桑之未落，其葉沃若。」要我

豈非夙。鼃眠忽欲老，一个〔四〕未言速。左傳：「亦不使一个行李告于寡君。」當緣東門水，尚澀南浦舳。吾廬雖隱

翳，陶詩：「吾亦愛吾廬。」賞眺還自足。横陂受後澗，直塹輸前瀆。跳鱗出重錦，白詩：「雪迸起白鷺，錦跳驚紅鱣。」○左傳：「重錦

三十兩。」舞羽墜〔五〕輭一作「煖」。玉。書：「舞干羽于兩階。」○玉藻篇：「士佩瓀玟。」司馬相如子虚賦：「碝石、武夫，皆玉類也。」音儒兖反。王吉傳：「數以耎脆之玉體，犯勤勞之煩毒。」○天寶中，異國獻軟玉

鞭。屈之，首尾相就。舒之，則勁直如繩。乃以聯蟬綉爲袋，碧蚕絲爲鞘。○日本國王子入貢，善弈，宣宗令待詔顧師言與之對。王子不勝，問曰：「此第幾手？」答曰：「第三手。」王子嘆曰：「小國之一，不及大國之三。」因獻玉棊局、冷暖玉棊子。玉

性冬則暖，夏則冷。○又，岐王有暖玉鞍，乘之温温如火氣。○軟、暖二義，今注皆存之。碧筩遞舒卷，魏慤守濟南，以大蓮葉酌酒，以簪剌其心，令與柄通，屈柄飲之，名碧筩杯。紫角聯出縮。紫角，

菱也。退之城南聯句云：「菱翻紫角利，荷折碧圓傾。」又云：「蔓涎角出縮。」千枝孫嶧陽，萬本母淇奥〔六〕。書：「嶧陽孤桐。」言「千枝孫嶧陽」，則桐可知也。杜子美賦云：「桐花未吐，孫枝之

鸞鳳相鮮。」○詩：「瞻彼淇奥，緑竹猗猗。」「萬本母淇奥」，謂竹也。○漢溝洫志下：「淇園之竹。」周禮大司樂：「孫竹之管。」注：「竹之枝根未生者。」疏：「言孫若子孫然。」○今世俗謂慈竹爲子母竹。滿門陶令株，謂柳也。彌

岸韓侯蔌。韓奕詩：「其蔌維何？維筍及蒲。」〇爾雅：「蔌，菜之摠名。」〔七〕尚復有野物，劉言史詩：「還拈野物贈傍人。」與公新聽矚。金鈿擁蕪菁，韓詩：「黃黃蕪菁花。」花黃，故比金鈿。〇魏野菊詩：「幾多珠淚濕金鈿。」翠被敷苜蓿。昭公十二年：「楚使蕩侯、潘子帥師圍徐，以懼吳。王次于乾谿。翠被豹舄。」注：「以翠羽飾被。」公以翠被形容苜蓿之青。苜蓿，草也。本草附菜部，以其可食故也。〇唐薛令之詩：「盤中何所有，苜蓿長闌干。」〇陶隱居云：「長安中多有苜蓿園，北人甚重之。」〇西京雜記：「苜蓿，一名懷風。或謂光風在其間，嘗肅然照其光彩，故曰苜蓿懷風。」蝦蟇能作技，神仙傳：「葛玄指蝦蟇使舞，皆應絃節，使止乃止。」作技，見抱朴子。文選陸機弔魏武文：「輒向帳作伎。」科斗似可讀。爾雅：「科斗，蝦蟇子也。」〔八〕〇書序：「於壁中得先人所藏古文虞夏商周之書及傳，論語、孝經，皆科斗文字。」〇爾雅：「科斗，一名活東，頭圓尖而尾細，古文似之。」檽軒俯北渚，羊士諤詩：「檽軒一樽泛。」花氣時度谷。王韶之神境記：「九疑山半，其路皆行松竹下，夾路有青澗，澗中生黃色蓮華，花氣盈谷。」耕鋤〔九〕一本作「耘耡」。聊効顰，評曰：「効顰」字收拾一篇。〇効顰事，出莊子。締構行可續。左太冲招隱詩：「巖穴無結構。」〇杜詩：「新亭結構罷。」荒乘儻不倦，一晝敢辭卜。韓詩：「荒乘不知疲。」〇莊二十二年：「臣卜其晝。」雖無北海酒，孔融字文舉，仕爲北海太守，故世號爲孔北海。嘗歎曰：「坐上客常滿，尊中酒不空，吾無憂矣。」乃有平津肉。公孫弘身食一肉，脱粟飯。翛翛仙李枝，杜詩：「仙李蟠根大。」城市久煩促。張茂先答何劭詩：「恬曠苦不足，煩促每有餘。」〇顔延年作陶公誄云：「簡棄煩促，就成省曠。」寄聲與俱來，蔭我臺上穀。趙廣漢傳：「界上亭長寄聲謝我，何以不爲致問？」穀，工木反。

【校記】

〔一〕「愛」，原作「受」，據諸本改。

〔二〕「結」，龍舒本作「繬」。

〔三〕「擷」，原作「抱」，據晉書五行志、宮内廳本改。

〔四〕「一个」，龍舒本、宋本作「一介」。宮内廳本作「一个」，下注：「一介。」

〔五〕「墜」，龍舒本、宋本、叢刊本作「墮」。

〔六〕「奥」，叢刊本作「澳」。

〔七〕此條引文不見於爾雅。

〔八〕此條與下引「科斗」條引文，均出自爾雅邢昺疏。

〔九〕「耕鋤」，龍舒本、宋本、叢刊本作「耘鋤」。

同王濬賢良賦龜得升字〔一〕

世傳一尾龜百齡，龜百歲一尾，千歲則十尾。此龜逮〔二〕見隋唐興。雖然天幸免焦灼，想屢〔三〕縮頸愁嚴凝。霍去病傳：「常有天幸，不至乏絕。」○龜策傳：「縮頸而却，欲亟去也。」○洞冥記：「黄安坐一大神龜，云：『此蟲畏日月之光，三千歲一出頭。』」○張衡思玄賦：「寒風凄其永至兮，拂穹岫之騷騷。玄武縮於殼中兮，騰蛇宛而自糾。」○退之月蝕詩：「烏龜怯姦，怕寒縮頸，以殼自遮。」前年赴海不量力，欲替鼇負三崚〔四〕嶒。隱公十一年：「不度德，不量力。」○列子湯問：「帝命禺彊，使巨鼇十五舉首而戴之。」注云：「大荒經曰：『地極之神名禺彊，靈龜爲之使。』」番禺使君邂逅見，番禺，廣州也。知困簸蕩因嗟矜。疾呼豫且〔五〕設網取，以組系首鼊穿繩。豫且，龜筴傳、莊子作「余且」。鼊，或作䲜，而三切，龜甲邊也。○前漢食貨志：「元龜岠冉，長尺二寸。」冉，無音。北歸與俱度大庾，大庾，嶺名，五嶺之一也。兩夫贔屭苦不勝。左太冲吴都賦：「巨鼇贔屭，首冠蓬山。」注：「贔屭，用力之皃。」艤舡秦淮擔〔六〕送我，云此一可當十朋。艤舡，出項羽傳。○易損卦：「十朋之龜，弗克違。」馬鄭解謂：「一曰神龜，二曰靈龜，三曰攝龜，四曰寶龜，五曰文龜，六曰筮龜，七曰山龜，八曰澤龜，九曰水龜，十曰火龜。」昔人寶龜謂神物，書大誥：「寧王遺我大寶龜。」太史公曰：「自古聖王將建國受命、興動事業，何嘗不寶卜筮以助善？」○易：「是興神物，以前民用。」奉事槁骨尤兢兢。龜筴傳：「孔子曰：『神龜知吉凶而骨直空枯。』」○月令孟冬：「命太史釁龜筴，龜人上春釁龜。」殘民滅國遞争奪，有此乃敢司靈〔七〕烝。或作「黎烝」。○靈烝，猶言黎蒸，謂生靈也。於時睹甲別貴賤，爾雅：「前弇果，謂甲前長。後弇獵，謂甲後長。」太卜〔八〕藏法傳昆仍。周禮春官有太卜。○玄孫之子爲昆孫，昆孫之子爲仍孫。此言太卜世職。豈知〔九〕元君須見夢，莊子外物篇：「宋元君夜半夢人被髮闚阿門，曰：『予自宰路之淵，予爲清江使河伯之所，漁者余且得予。』元君覺，使人占之曰：『此神龜也。』君問余且：『漁何得？』對曰：『且之網得白龜焉，其圓五尺。』龜至，君再欲殺之，再欲活之，心疑，卜之，曰：『殺龜以卜吉。』乃刳龜，七十二鑽無遺筴。仲尼曰：『神龜能見夢於元君，而不能避余且之網；知能七十二鑽無遺筴，不能避刳腸之患。知有所困，神有所不及也。』」初如〔一〇〕歡喜得未曾。龜筴傳：「元王曰：『神至如此乎？不可久留。』趣駕送龜。相衛平曰：『龜者，天下之寶也。侯王有德，乃得當之。今王有德而當此寶，恐不敢受。王若遺之，悔無及已。』元王大悦而喜。」自從九江罷納錫，衆漁賤棄秋不登。書禹貢：「九江納錫大龜。」注：「尺二寸曰大龜。龜不常用，錫命而納之。」○龜人：「凡取龜用秋時。攻龜，用春時。」注：「秋取龜，及萬物成也。」○食貨志：「工商能登龜取貝者。」如淳注曰：「登，進也。龜有靈，故言登。」○

月令：「命漁師伐蛟取鼉，登龜取黿。」注：「四者甲類，秋乃堅成。言登者，尊之也。」卜人官廢亦已久，果獵誰復知殊稱？春官龜人：「東龜曰果，南龜曰獵。」注：「前弇果，後弇獵，是其體也。」今君寶此〔一一〕世莫識，寶，與書旅獒「所寶惟賢」之「寶」義同。我亦坐視心瞢瞢。搘床纔堪比瓦礫，搘床，出龜筴傳。燕文貞公女嫁盧氏，嘗爲舅盧公求官，候公下朝，問焉。公但指搘床龜視之。女拜而歸室，告其夫曰：「舅得詹事矣。」當粟孰肯捐斗升？當粟，謂典當之當。其事未詳。糝頭腥臊何足嗜，禮記內則：「和糝，不蓼。」注：「米屑之糝。」○博物志：「東南之人食水産龜蛤螺蚌，以爲珍味，不覺其腥臊。」曳尾污穢適可憎。莊子：「此龜者，寧其死爲留骨而貴乎？寧其生而曳尾於塗中乎？」盛溲除聾豈必驗，評曰：自「支床」至此，疊用出處對字，頗嫩。○北夢瑣言：「南人採龜溺，以其性妒，而與虵交。或雌虵至，有相趂鬬噬，力小致斃者。採時，取雄龜置瓷盌及小盤中，於龜後以鏡照之，既見鏡中龜，即淫發而失溺。又以帋炷火上令熱，點其尻，亦致失溺。然不及鏡照也。得於道士陳釗。專以入藥，治聾尤妙。」○本草「秦龜」條附注云：「今按，陳藏器本草云：『龜溺主耳聾，滴耳中差。』」本草又載：「炙生龜溺，甚療久嗽及斷虐。」蹈背出險安敢憑？本草：「山龜之大者，人立背上，可負而行。」續搜神記：「黃赭入山迷道，見大龜，祝之曰：『汝是靈物，今騎汝背，示吾路。』」毛寶在武昌，軍人於市買得白龜，放江中。邾城之敗，放龜人自投於水，如墮一石上，視之乃先所養白龜，長六七尺許。送至東岸，遂得免。刳腸以占幸無事，卷殼而食病未能。淮南子道應訓：「盧敖游于北海，至蒙穀之上，見一士焉，深目而玄鬢，淚注而鳶肩，豐上而殺下，軒軒然方迎風而舞。顧見盧敖，慢然下其臂，遯逃乎碑，匿於碑陰。盧敖就而視之，方倦楚人謂倨爲倦。龜殼而食蛤蜊〔一二〕。」如聞翕息可視效，往乃〔一三〕有墮崖千層。仰窺朝陽俯引氣，亦得難老如岡陵。諒能學此真壽類，抱朴子：「郗儉行獵，墮空塚中，見大龜張口吞氣，或俛或仰，乃試隨龜所爲，遂不復飢。」○博物志：「人有出行墜深泉澗者，見龜虵甚多，朝暮引頸向東方。人因伏地學之，不飢。」○魯頌：「永錫難老。」又：「三壽作朋，如岡如陵。」世論妄以蟲疑冰。莊子秋水：「夏蟲不可以語於冰。」嗟余老矣倦呼吸，起晏光景難瞻承。內則：「孺子蚤寢晏起，唯所欲。」○楚辭：「漱正陽而飡〔一四〕朝霞。」注：「陽陵子明經〔一五〕：『朝霞，日始出赤氣。』今起晏，則不及呼吸之矣。」但知故〔一六〕人所玩惜，每戒異物相侵陵。惟憂盜賊今好卜，夜半刦請無威懲。春秋：「盜竊寶玉大弓。」公羊傳曰：「寶者何，龜青純。」昭公二十五年：「臧昭伯如晉，臧會竊其寶龜僂句，以卜爲信與僭。」○莊子大宗師：「藏舟於壑，藏山於澤，謂之固矣。夜半有力者負之而走，昧者不知也。」○盜跖篇：「內則疑刦請之賊。」刦，許業反。復恐饞夫負之走，并竊老木爲薪蒸〔一七〕。異苑：「孫權時，永康有人入山，遇一大龜，即束之歸。龜便言曰：『游不良時，爲君所得。』人甚怪之，載出，欲上吳王。夜泊越里，纜船於大桑樹。宵中，樹呼龜曰：『勞乎元緒，奚事爾耶？』龜曰：『我被拘縶，方見烹臛，雖盡南山之樵，不能潰我。』樹曰：『諸葛元遜博識，必致相苦，令求如我之徒，計將安出？』龜曰：『子明無多詞，禍將及汝。』樹寂而止。既至，權命烹之，焚柴萬車，語猶如故。諸葛恪曰：『然以老桑乃熟。』獻者仍說龜樹共言。權登使伐樹，烹龜立爛。今烹龜猶用桑樹，野人故呼龜爲元緒。」淺樊荒圃不可保，守視且寄鍾山僧。詩東方未明：「折柳樊圃，狂夫瞿瞿。」注：「折柳以爲藩園，無益於禁矣。」

補注　比瓦礫　荆軻傳：「軻拾瓦投龜，太子捧金丸進之。」〔一八〕

【校記】

〔一〕龍舒本題「得升字」爲小注。

〔二〕「逮」，龍舒本作「殆」。

〔三〕「屢」，宮内廳本作「見」。

〔四〕「崚」，龍舒本作「崩」。

〔五〕「豫且」，宋本、叢刊本作「余且」。

〔六〕「舡」，宮内廳本作「舟」。「擔」，龍舒本、宮内廳本、臺北本作「檐」。

〔七〕「靈」，龍舒本、宋本、叢刊本作「黎」。
〔八〕「卜」，龍舒本作「上」。
〔九〕「知」，龍舒本、宋本、叢刊本作「如」。
〔一〇〕「如」，龍舒本、宋本、叢刊本作「知」。
〔一一〕「寶此」，龍舒本作「此寶」。
〔一二〕「蜊」，原本、宫内廳本作「梨」，據清綺齋本改。
〔一三〕「往乃」，宋本、叢刊本作「乃往」。
〔一四〕「飡」，楚辭遠游作「含」。
〔一五〕「陽陵」，王逸楚辭章句作「陵陽」。
〔一六〕「故」，龍舒本作「古」。
〔一七〕「蒸」，宋本、叢刊本作「烝」。
〔一八〕本注原闌入詩注末，無「補注」二字。

示元度[一]

蔡卞字元度，興化軍仙游人，熙寧三年進士甲科，爲常州江陰縣主簿。公以女妻之。參知政事張璪薦其才，由是浸用。元符中，爲尚書左丞。卞託繼述之説迷誤主聽。紹聖以來竄斥善類，皆卞密進劄子，請哲宗親批付外。章惇雖兇暴，而闇在卞術内而不自知，一切奉行。卞使蹇序辰建看詳訴理之議，惇猶豫未應，卞即以「相公二心」之言迫之。惇懼，亟差官置局。惇元祐初與司馬光争役法，其疏嘗及保馬之害。卞每以此劫惇，故每爲所制伏。范祖禹、劉安世元祐中嘗論禁中求乳母，卞指以爲宣仁后有廢立意，乞廢爲庶人，哲宗不從。紹聖二年，掖庭厭勝事作，哲宗召大臣謀之。惇請召禮官、法官共議。卞曰：「既犯法，何用禮官？乞掖庭置獄，差宦者推治。」遂廢元祐皇后。鄒浩以諫册元符皇后忤旨，卞即奏吕公著嘗薦浩，浩以此詆譏朝廷。哲宗愈怒，浩遂編管嶺南。卞雖以紹述爲名，而實訕薄神宗，推尊安石。薦常秩之子立上殿，立以父秩行狀上史院，有云「秩與安石既去，生民如坐塗炭，識者知政事必敗」等語。哲宗指「塗炭」、「必敗」四字曰：「尊戴安石至此，則以神考爲何如主乎？」即竄立遠方。卞懼，取神宗獎諭京東漕臣吴居厚詔，榜朝堂外，示贊美元豐之政，而陰欲彰居厚横斂，以符其歸過之誣。其嶮巇至此。

今年鍾山南，隨分作園囿。白樂天答劉和州詩：「隨分笙歌聊自樂。」鑿池溝[二]吾廬，孟子梁惠王：「鑿斯池也。」碧水寒可漱。溝西雇丁壯，漢高紀：「丁壯苦於軍旅。」擔土爲培塿。華陽國志：「武都有一丈夫化爲女子，蜀王納爲妃。無幾，物故，王哀之，遣五丁之武都擔土爲妃作冢。」○襄公二十四年：「子太叔曰：『部婁無松柏。』」注：「部婁，小阜。」部，扶苟反。婁，或作塿。○謝安爲土山，亦公意。扶疎三百株，孔明傳：「成都有桑八百株。」蒔楝[三]最高茂。不求鵷鶵實，但取易成就。莊子秋水篇：「南方有鳥，其名鵷鶵。」注：「鵷鶵，鸞鳳之屬。」鳳凰非梧桐不棲，非竹實不食，鵷鶵實，言梧桐竹之類。○杜詩：「種榆水中央，生長何容易。」楝亦最易長。中空一丈地，斬木令結構。周禮夏官：「山虞，仲冬斬陽木，仲夏斬陰木。」○結構，見招約之職方注。五楸東都來，退之詩：「我已自頑惰，重遭五楸牽。客來尚不見，肯到權門前？」斸以遶簷溜。老來厭世語，陶詩：「厭聞世上語，結交到臨淄。」深卧柴〔四〕門竇。襄公十年：「篳門圭竇之人。」注：「篳門，柴門。圭竇，小户也，上鋭下方，狀如圭形。」贖魚與之游，竇犨放魚詩：「金錢贖得免刀痕。」餧鳥見如舊。陳餘謂張耳：「今俱死，如以肉餧虎，何益？」餧，於厲反。○楚辭：「驥不驟進而求服兮，鳳亦不貪餧而安食。」○左襄公二十九年：「季札見子產，如舊相識。」獨當邀之子，商略終〔五〕宇宙。阮步兵與蘇門異人箕倨相對，商略終古。○孫興公、許玄度共在白亭樓商略先往名達。○陶詩：「俛仰終宇宙，不樂復何如。」更待春日長，黄鸝哢清晝。評曰：轉入爲情，收結根短。

【校記】

〔一〕宋本、龍舒本、叢刊本題下有注：「營居半山園作。」

〔二〕「溝」，宋本、龍舒本作「御名」，即「構」；叢刊本作「搆」。

〔三〕「楝」，龍舒本作「揀」，叢刊本作「棟」。

〔四〕「柴」，諸本均作「塞」。

〔五〕龍舒本篇末注：「終，一作『經』」。

張明甫〔一〕至宿明日遂行

初登張公門，公子始冠幘。張公，恐是唐公。於今見公子，與我皆〔二〕鬢白。韓詩：「憶昔始及第，各以少年稱。君頤始生鬚，我齒清如冰。」○李白去婦詞：「憶昔初嫁君，小姑纔倚床。今日妾辭君，小姑如妾長。」山林坐笑語〔三〕，宛然〔四〕一作「宛我」。在公側。豈惟貌如之，侃侃有公德。鄉黨：「侃侃如也。」憶公營瀨鄉〔五〕，許我歸作客。袁彦伯爲謝安安南司馬，都下諸人送至瀨鄉。將別，既自悽惘，歎曰：「江山遼落，居然有萬里之勢。」別本「瀨」作「懶」，初疑如康節安樂窩之類，後乃知瀨鄉乃金陵地名，距公所居不遠，故末章復有「裹飯治城」之約。我歸公既逝，惆悵難再得。漢書：「佳人難再得。」得子如得〔六〕公，交懷我欣戚。評曰：每語出一「公」字，懇欵至盡，自不爲厭。陶公時運詩序：「偶影獨逝，欣慨交心。」漂摇將安往？稅駕止一昔。詩鴟鴞：「風雨所漂摇。」○定之方中：「星言夙駕，稅〔七〕于桑田。」○史記：「李斯曰：『吾未知所稅駕。』」○哀公四年：「爲一昔之期。」注：「夜結期也。」寤言且勿寐，庶以永今夕。詩終風：「寤言不寐，願言則嚏。」白駒：「以永今夕。」何時復能還，裹飯治城宅〔八〕。治城，本吴治鑄之所，今建康天慶觀即其地。案寰宇記：「晉元帝太興初，以王導疾久，方士戴洋云：『君本命在申，而申地有治，金火相鑠，不利。』遂移治城於石頭城東，以其地爲西園。晉成帝幸司徒府，游觀西園，徐廣謂之治城園是也。」又案建康實録：「晉孝武太元十五年，於城中立寺，以治城爲名。至安帝元興三年，以寺爲苑，廣起樓榭，飛閣複道，延屬宫城。謝安每與王羲之登治城，悠然遐想，有高世志。」又案金陵故事：「導疾，遷治於縣東七里。六朝有東西治〔九〕，每遇警急，出二治囚徒。又有東治亭，晉太元七年立，在縣東八里，爲士大夫餞別之所。」疑導疾時以古治遷東、西爲二，故公詩又云：「欲望鍾山岑，因知治城路。」此謂東治城也。金陵故事又有南治六所：少府一，司徒二，揚州二，鎮軍府一。○莊子：「裹飯而往食之。」

【校記】

〔一〕「張明甫」，宋本、叢刊本作「仲明父」。
〔二〕「皆」，宋本、叢刊本作「偕」。
〔三〕「笑語」，龍舒本、宋本、叢刊本作「語笑」。
〔四〕「宛然」，宋本、叢刊本作「宛我」。
〔五〕「瀨鄉」，龍舒本、宋本、叢刊本作「懶鄉」。
〔六〕「得」，龍舒本作「我」。
〔七〕「税」，詩鄘風定之方中、臺北本作「説」。
〔八〕「宅」，龍舒本作「側」。
〔九〕「西」，原作「面」，據宫内廳本改。

杏花

石梁度空曠，評曰：楚楚有來歷。○爾雅：「石絶水爲梁。」韓詩：「石梁平侹侹。」茅屋臨清炯。漢許后傳：「幸得免，離茅屋之下，備後宫〔一〕掃除。」俯窺嬌饒杏，未覺身勝影。言花影倒水中尤佳。嫣如景陽妃，含笑墮宫井。陳後主避隋軍，同張麗華、孔貴嬪入景陽宫井中，故此稱「景陽妃」。○杜詩：

「含笑看吴鉤。」怊悵有微波，殘粧壞難整。評曰：初看身影甚樸，末意風情殊別，殆是絶唱。○言水波而花影亂。○錢起詩：「惆悵曉鶯啼，孤雲還絶巘。」

【校記】

〔一〕「宫」，原作「官」，據臺北本改。

奉酬約之見招

君家段干木，爲義畏人侵。馮軾信厚禮，踰垣終褊心。孟子：「段干木踰垣而避之，泄柳閉門而不納，是皆已甚迫，斯可以見矣。」史記：「魏文侯客段干木，過其閭，未嘗不軾也。」○詩葛屨：「維是褊心，是以爲刺。」注：「褊，急也。」此言干木亦未爲得中道者。○汲黯傳：「黯褊心，不能無少望。」溪山〔一〕一作「川坻」。寧有此，園屋諒非今。雨過梅柳浄，潮來蒲稗深。韓詩：「來往再逢梅柳新。」○謝靈運詩：「蒲稗相因依。」種芳彌近渚，伐翳取遥岑。比少陵「開林出遠山」語益工矣。清節亦難尚，曠懷差易尋。子猷怜水竹，王徽之字子猷，性好竹。寄居空宅，便令種竹，曰：「不可一日無此君。」逸少愜山林。王羲之字逸少，徽之父也。既去會稽，與東土人士盡山水之游，以弋釣爲娱。況復能招我，親題漢上衿〔二〕。唐段成式與温庭筠等唱和并往來書，目之爲漢上題衿，大抵多閨閫中情昵事。公用主人同姓事，疑必出妾御佐酒。○黄魯直詞：「昨夜燈前見，重題漢上襟。」

【校記】

〔一〕「溪山」，宋本、叢刊本作「川坻」。

〔二〕「衿」，宋本、叢刊本作「襟」。

寄吴氏女子一首〔一〕

伯姬不見我，乃今始七齡。家書無虚月，襄公二十九年：「魯之於晉也，史不絶書，府無虚月。」豈異常歸寧？詩葛覃：「歸寧父母。」汝夫綴卿官，介父二女，長適吴安持，寶文閣待制。汝兒亦搢綎〔二〕。諸本皆作「搢珽」，非也。玉藻：「天子搢珽。」非人臣所當用。據蔡邕傳云：「多士搢綎。」公蓋本此。説文：「綎，系綬也。」綎，音他丁切。兒已受師學，出藍而更青。荀子勸學篇：「學不可以已。青，出於藍而青於藍。冰，水爲之而寒於水。」女復知女功，詩：「志在於女功之事。」婉嫕有典刑。平帝王后傳：「爲人婉瘱。」師古曰：「婉，順也；瘱，静也，烏計反。」自吾捨汝東，中父繼在廷。退之祭老成文：「吾念汝從于東，東亦客也，不可以久圖，故捨汝而旅食京師。」○書多方：「朕迪簡在王庭。」中父，謂和父也。○公熙寧八年再相，當年以子雱卒，復求去位。和甫自潤州移湖州，未幾，召爲開封府推官。所言「繼在庭」，蓋指此。或言恐是平父。按公再相，平父已得罪，何云在廷乎？小父數往來，小父，當是純甫。純甫嘗自三司判官提點江西刑獄、知湖州。所言「數往來」，又稱「小父」，必是純甫。吉音汝每聆。既嫁可〔三〕願懷，詩載馳：「女子善懷，亦各有行。」孰如汝所丁？詩雲漢：「寧丁我躬。」○司馬相如封禪書：「逢吉丁辰，景命也。」而吾與汝母，湯熨幸小停。扁鵲傳「毒熨」注：「以毒藥熨搭病處。」此公自言舊疾稍平瘳。○湯熨，見巢氏病源。柳子非國語：「和安人也，非診視攻熨，而苟及國家。」丘園祿一品，周易：「賁于丘園。」○公以左僕射、大觀文食會靈觀使祿，故云「一品」。吏卒給使令。孟子梁惠王：「便嬖不足使令於前歟？」○殷中軍有常所給使，忽叩頭流血，求爲母一脉。膏粱以晚食，「願得晚食以當肉，安步以當車，無罪以當貴，清淨以自娛。」戰國策王歜〔四〕。安步而輜〔五〕軿。楚王英傳：「使伎人、奴婢、鼓吹悉從，得乘輜軿。」注：「軿，猶屏也，自隱蔽之車。」山泉皐壤間，莊子外篇：「山林與皐壤，使我欣欣然而樂歟？樂未畢也，哀又繼之。」適志多所經。莊子：「自喻適志歟？」韓詩：「歷歷余所經。」汝何思而憂？書每說涕零。詩小明：「涕零如雨。」吾廬所封殖，昭公二年：「季武子曰：『宿也敢不封殖此樹？』」歲久愈華菁。豈特茂松竹？梧楸亦冥冥。芰荷美花實，瀰漫爭溝涇。諸孫肯來游，誰謂川無舲？王羲之傳：「頃東游還，脩植桑果，今盛敷榮，率諸子，抱弱孫，游觀其間。」云云。○杜詩：「岸樹共紛披，渚牙相緯經。」姑示汝我詩，知嘉此林坰。魯頌駉：「在坰之野。」注：「坰，遠野也。邑外曰郊，郊外曰野，野外曰林，林外曰坰。」末有擬寒山，覺汝耳目瑩〔六〕。公有擬寒山詩，晚歲作，深造佛理。○齊物論：「是皇帝〔七〕之所聽瑩也。」注：「聽瑩，疑惑也。又不光明貌。」人間世篇：「而目將瑩之。」注：「其言辨捷，使人眼眩。」因之授汝季，季也亦淑靈。公次女適蔡卞，今所稱季是也。○班婕妤賦：「承祖考之遺德兮，何性命之淑靈。」

補注

輜軿　張敞傳：「禮君母出〔八〕門，則乘輜軿。」注：「音步千切，又步丁切。」人言公在半山常騎驢。據此語，則亦有持而乘車矣。

【校記】

〔一〕宋本、叢刊本、宮内廳本題無「一首」二字。

〔二〕「綎」，龍舒本作「紳」。

〔三〕「可」，宮内廳本作「所」。

〔四〕「王歜」，戰國策齊四作「顔斶」。

〔五〕「輜」，龍舒本、宋本、叢刊本作「車」。

〔六〕「瑩」，龍舒本、宋本、叢刊本作「熒」；宮内廳本、臺北本亦作「熒」，下注同。

〔七〕「皇帝」，宮内廳本作「黄帝」。

〔八〕「出」，原作「山」，據臺北本改。

庚寅增注第一卷

元豐行示德逢

秋實　左氏：「歲之秋矣，我落其實而取其材。」　敖倉　酈食其傳：「據敖倉之粟。」敖本地名，在滎陽，秦置倉廥，後人因通謂倉爲敖。

後元豐行

梁梠　韓元和詩：「視瞻梁梠。」選：「棲梠緣邊。」　白下　公爲會靈觀使，築第於白下門外，去城七里，蔣山亦七里。

夜夢與和甫別

爲期　詩：「秋以爲期。」李陵詩云：「努力崇明德，皓首以爲期。」

純甫出僧惠崇畫要予作詩

畫史　莊子田子方篇：「宋元君將畫圖，衆史至，受揖而立，舐筆和墨，在外者半。有一史後至，儃儃不趨，受揖不立，因之舍。公使人視之，則解衣槃礴贏〔一〕。公曰：『可矣，是真畫者也。』」　林莽　杜詩：「長歌激越梢林莽。」　移我　「悄然坐我天姥下。」　沙平水澹　韓詩：「沙平水息聲影絶。」　方諸　論衡曰：「陽燧取火，方諸取水，二物皆當以形勢得。燧若偃月，方諸若坏杯，若二器如板狀，安能得水火也？鑄陽燧用五月丙午日午時，鍊五色石爲之，形如圓鏡，向日即得火。方諸以十一月壬子夜半時，鍊五色石爲之，狀如坏杯，向月即得津水。今取大蚌蛤向月，亦有津潤。」○淮南子云：「陽燧見日熯而爲火，方諸見月津而爲水。」注：「皆五色石之精。陽燧圓，以仰日得火；方諸坏，而面月得水。」又云：「陽燧取火於日，方諸取露於月。天地之間，玄微忽恍，巧曆所不能推其數。然以掌握之中，引類於太極之上，而水火可立致者，陰陽感動然也。」　變寒暑　退之詩云：「芒端變寒暑。」　流鷺　石本作「鷺流」，尤妙。　今人不如古　白樂天詩：「嗟嗟今人耳，好今不好古。所以北窗琴，日日生塵土。」

題徐熙花

一值芳時（言花態如生，不知其爲畫也。唐朱灣詩：「安知草木性，變在畫師手？」）無自可（莊子：「苟得於道，無自而不可；失焉者，無自而可。」又：「不通於道者，無自而可。」）何時果（此亦譏華而不實之意。）

陶縝菜示德逢

不外慕（韓文：「樂之終身不厭，奚暇外慕？」）爲物役（荀子傳曰：「君子役物，小人役於物。」）

己未寄耿天騭遇雪

天騭事迹不甚著於世，但其姓名屢見公集。又，郭功父有寄天騭雜言一首，稱其已懸車，則天騭蓋亦老人也。又公送天騭詩有「四十餘年心莫逆」之句，則公之厚騭亦既久矣。然方公盛時，騭略不聞進用，意必澹於榮利，不爲容悦者。觀功父與騭詩，亦可想見其人。今節附於此：「耿夫子，聞懸車，齒清髮紺殊未老。璨璨滿腹懷明珠，恥隨黄雀啄官粟。矯翼直與冥鴻俱，東城之下，言還舊廬，田有秫稻，池有嘉魚。林有美木，圃有青蔬。笑傲樽俎，俯仰琴書。與其折腰以屈辱，孰若潔身而自娱？」

而我方渺然長波一歸艇（公詩妙處，如此等句，皆前人所未道。十字，通義格。）

招約之職方并示正甫書記

舟梁（韓詩：「欲濟無舟梁。」）喧黷（石崇序引：「困於人間煩黷，常思歸而永嘆。」）花氣（杜詩：「花氣渾如百和香。」）

同王濬賢良

邂逅（詩：「邂逅相遇。」）

示元度

贖魚（唐中宗遣使者分道詣江淮贖李生。李乂諫曰：「江南之人，採捕爲業，魚鼈之利，黎元所資，雖雲雨之私有沾於末利，而生成之惠未洽於平人。未若迴救贖之錢物，減貧無之徭役，活國愛人，其福勝彼。」）

杏花〔二〕含笑宮井 李白詩：「妾如井底桃，開花向誰笑？」

寄吴氏女子 七齡 詩：「自我不見，于今三年。」左思贈妹：「自我不見，于今二齡。」 典刑 詩：「尚有典刑。」 所丁 韓退之詩：「零落甘所丁。」 湯熨 又，扁鵲傳：「疾之居腠理，湯熨之所及也；在腸胃，酒醪之所及也；其在骨髓，雖司命，無柰之何。」 諸孫 詩：「來游來歌。」杜詩：「且復尋諸孫。」詩所稱孫，即外孫也。退之作盧法曹妻銘云：「歲時之嘉，嫁者來寧。累累外孫，有携有嬰。扶床坐膝，嬉戲歡争。」

【校記】

〔一〕「羸」，原作「嬴」，據浙江書局本莊子改。

〔二〕題原缺，據詩注補。

王荊文公詩卷第二

古詩

贈約之

君胸寒而痞，我齒熱以搖。無方可捄藥，相值久無憀。說文：「憀，賴也。」○吴王濞傳：「計乃無聊。」欲尋秦越人，扁鵲也。魂逝莫能招。楚宋玉作九辯、招魂。且〔一〕當觀此身，不實如芭蕉。維摩經：「是身如芭蕉，中無有堅。」

【校記】

〔一〕「且」，宋本、叢刊本作「但」。

寄德逢〔一〕

山樊老憚暑，莊子則陽：「公閱休，冬則擉鼈于江，夏則休于山樊。」○詩雲漢：「我心憚暑，憂心如熏。」憚，丁佐反。注：「勞也。」獨寤無所適。湖陰宛在眼，曠若千里隔。王戎傳：「今日視之雖近，邈若山河。」湖陰，見元豐行注。遥聞青秧底，復作龜兆坼。陳後山謂公詩「似聞青秧底，復作龜兆坼」，乃前人所未道。然退之南山詩，已有「或如龜坼兆」之句。占歲以知子，將勤而後食。孟子：「許子必種粟而後食乎？」○退之賦：「嫉貪佞之汙濁兮，曰吾將既勞而後食。」穿溝取西港，此計當未獲。倏倏兩龍骨，豈得長掛壁？晤言久不嗣，作苦何時息？楊惲傳：「田家作苦。」炎天不可觸，淮南子：「南方曰炎天。」○杜詩：「觸熱生病根。」○韓賦：「觸白日之隆景。」悵望新舂白。杜詩：「糟鑿傳白粲。」又：「落杵光輝白。」

【校記】

〔一〕諸本「德逢」上有「楊」字。

次前韻寄德逢〔一〕

一雨洗炎蒸〔二〕，曠然心志適。如輸浮幢海，滅火十八〔三〕隔。華嚴經：「浮幢王香水海，即花藏海也。」○楞嚴經：「月光童子脩習水觀，見自身中，與世界外浮幢王刹、諸香水海等無差别。」○佛書有十八鬲子地獄。鬲音歷，釜也。○佛告阿難：「阿鼻地獄七重鐵城，七層鐵網，下十八鬲，周匝七重，皆有刀林。七重城内，復有劍林鬲八萬四千里，於其四角，有四大銅狗，眼如掣電，一切身毛皆出猛火。其煙臭惡，世有臭物，無以爲比。如是流火，燒阿鼻城，令阿鼻城赤如融銅。」俯觀風水涌，仰視電雲坼。知公開霽後，普門品：「雲雷鼓掣電，降雹澍大雨。」○退之詩：「能令暫開霽，過是吾無求。」過我言不食。書湯誓：「朕不食言。」○襄公二十七年：「叔向曰：『食言者不病，非子之患也。』」注：「不病者，單斃於死。」翻愁〔四〕陂路長，泥淖困臧獲。成公十五年：「有淖於前，乃皆左右相違於淖。」注：「淖，泥也。」○風俗通：「古制無奴婢，即犯事者也。臧者，贓罪没入官。獲者，逃亡獲得。皆爲奴婢者也。」○方言：「海岱之間罵奴曰臧，罵婢曰獲。」司馬遷傳：「臧獲婢妾。」○鄭玄怒撻其婢，婢陳述不已，玄怒，使曳著泥中。一婢語之曰：「胡爲乎泥中？」明明〔五〕吾有懷，如日照東壁。涅槃經：「佛心在迦葉，如初日之照東壁。」暮〔六〕逢田父歸，倚杖問消息。杜詩：「倚杖即溪邊。」○「歸來倚杖自嘆息。」渠來那得度？南蕩今已白。公有南蕩絶句。

【校記】

〔一〕題，龍舒本、宋本、叢刊本「德逢」上有「楊」字，宋本、叢刊本「次」上有「再」字。
〔二〕「蒸」，宋本、叢刊本作「烝」。
〔三〕「十八」，龍舒本作「忽相」。
〔四〕「愁」，龍舒本、宋本、叢刊本作「然」。
〔五〕「明明」，宫内廳本作「明朝」。
〔六〕「暮」，宋本、叢刊本作「莫」。

示張祕校

名軒民，字仲明父。〔一〕

月出映溝坻，煙升隱墟落。寒魚占窟聚，暝鳥投枝泊。杜詩：「寒魚依密藻。」○「禪枝宿衆鳥。」亭皋閉晚市，隴〔二〕首歸新獲。佇子終不來，青燈耿林壑。劉滄詩：「天寒絶塞聞歸鴈，葉盡孤村見夜燈。」○杜牧詩：「客舟耿孤燈，萬里人夜語。」

【校記】

〔一〕題，宋本、叢刊本作「仲明父不至」，下有注：「張名軒民，仲明父其字也。」
〔二〕「隴」，龍舒本作「壠」。

與呂望之上東嶺

望之，嘉問也。市易諸法，悉其建明，誤公多矣，而公終厚之不替也。

靖節愛吾廬，陶詩：「吾亦愛吾廬。」猗玗樂吾耳。元結傳：「天下兵起，逃入猗玗之洞，始自稱猗玗子。洞在商餘山西南八十里。」〇元次山集有心規，云：「元子病游世，歸于商餘山中，以酒自肆，有醉歌。里夫公聞之，𨠋多音。元子之酒，請歌之。歌曰：『元子樂矣，我鼻我目，我口我耳。』歌已矣，夫公曰：『自樂山林可也，自樂耳目，何哉？人誰無此？』元子引酒當夫曰：『勸君此杯酒，緩飲之。』」適野無世〔一〕喧，詩：「叔適野，巷無服馬。」吾今亦如此。紛紛舊可厭，俗子今掃軌。後漢杜密傳：「同郡劉勝，亦自蜀告歸鄉里，閉門掃軌，無所干及〔二〕。」注云：「軌，車迹也。言絶人事。」〇方公盛時，俗子紛沓而至，徒使人厭之。今居閑，自無一迹，公更以爲愜也。使君氣相求，易：「同氣相求。」眷顧未云已。追隨上東嶺，俯仰多可喜。何以況清明，朝陽麗秋水。微雲會消散，豈久污塵滓。據嘉問熙寧十年十月知江寧府，元豐元年秋改知潤州，三年四月罷，旋落職衝替，免勒停。此云「微雲」，後云「黯黮」，必是自京口過金陵見公時也。次年正月，即起知臨江，意公尚能爲之力耶？是時公雖居閑，而朝廷故多門下士也。所懷在分襟，藉草淚如洗。杜詩：「憂來藉草坐，浩歌淚盈把。」

【校記】

〔一〕「世」，宫内廳本作「市」。

〔二〕「干及」，原作「平反」。據後漢書黨錮列傳及宫内廳本改。

與望之至八功德水

鍾山之東有八功德水，在悟真庵後。梅摯記云：「梁天監中，有胡僧寓錫于此。山中乏水，時有庬眉叟相謂曰：『予，山龍也，知師渴飲，措之無難。』俄而一沼沸出。後西域僧繼至，云：『本域八池已失，其一即此是也。』」

念方與子違，惝恍夜不眠。起視明星高，曹植秋思賦：「遥思惝恍兮若有遺。」詩：「女曰雞鳴，士曰昧旦。子興視夜，明星有爛。」整駕出東阡。詩定之方中：「星言夙駕，説于桑田。」聊爲山水游，以寫我心悁。詩泉水：「駕言出游，以寫我憂。」澤陂：「中心悁悁。」注：「悁悁，猶悒悒也。」知子不餔糟，屈原傳：「衆人皆醉，何不餔其糟而啜其醨？」相與酌雲泉。

邀〔一〕望之過我廬

念子且行矣，邀子過我廬。汲我山下泉，煮我園中蔬。陶詩：「歡言酌春酒，摘我園中蔬。」知子有仁心，不忍鉤〔二〕我魚。鉤，一作「釣」。「子釣而不綱。」○王維白黿渦詩：「主人之仁兮，不網不釣，得遂性以生成。」我池在仁〔三〕一作「人」。境，不與獱獺居。仁境，猶仁里也，里仁爲美。○揚雄甘泉賦：「蹈獱獺。」注：「獱獺，小獺也。」○淮南子兵略訓：「養池魚者，必去猵獺；養禽獸者，必去豺狼。」亦復無虫蛆，出没争腐餘。韓詩：「我有一池水，虫魚沸相嚼。」○莊子秋水篇：「鴟得腐鼠，鵷鶵過之，仰而眎之曰：『嚇！』」食罷往游觀，鱍鱍藻與蒲。詩碩人：「鱣鮪發發。」魚藻：「魚在于藻，或依于蒲。」波清〔四〕映白日，擺尾揚其鬚。豈魚有此樂，而我與子無？莊子秋水：「惠子曰：『子非魚，安知魚之樂？』莊子曰：『子非我，安知我不知魚之樂？』」擊壤謠聖時，自得以爲娛。君子無入而不自得，所以自娛，何必同世俗之樂？

【校記】

〔一〕「邀」，宋本、叢刊本作「要」，下同。

〔二〕「鈎」，宋本作「釣」。

〔三〕「仁」，宋本、叢刊本作「人」。

〔四〕「波清」，宋本、叢刊本作「清波」。

聞望之解舟

子來我樂只，子去悲如何？詩周南：「樂只君子，福履綏之。」謂言少淹留〔一〕，大舸已凌波。前漢禮樂志：「奄留臨須搖。」注：「奄，音淹。」○韓詩：「謂我此淹留。」○隋煬帝幸江都，有凌波舸。黯黮雖莫測，皇明邁羲娥。楚詞：「彼日月之昭明兮，尚黯黮而有瑕。」注：「黯，烏感切。黮，徒感切。」○韓詩：「掎摭星宿遺羲娥。」言天子之明過於日月也。

倏門歸有期〔二〕，京水非汨羅。

評曰：以爲解舟之贈，甚非佳語。○屈原自投於汨羅之水。○宋玉招魂章句：「魂兮歸來，入倏門些。」注：「倏門，郢城門也。宋玉設呼屈原之魂歸楚都，入郢門，欲以感激懷王，使還之也。」○予嘗謂原自投汨羅，此乃祖來傳襲之誤。往過秭歸，謁清烈〔三〕廟，嘗題詩辨正一事，漫附于此：「檥舟石門步，敬款三閭祠。三閭楚同姓，竭節扶顛危。雖抱流放苦，愛君終不衰。烏乎義之盡，永世垂忠規。子胥固激烈，籍館鞭王尸。於吴實貔虎，於楚乃梟鴟。大夫眎國賊，剸刃理則宜。詎忍形詠歎，黼藻嚴彰施。陋儒暗倫紀，解釋紛乖離。奢尚置弗稱，翻以胥爲詞。捨順而取逆，無寧汩民彝。高賢動作則，此道渠不思。回風惜往日，音韻何悽其。追弔屬後來，文類玉〔四〕與差。愚竊懷此久，聊抉千載疑。玄猨爲我吟，青兕爲我悲。徘徊廟門晚，寒日下〔五〕中坻。」按子胥挾吴敗楚，幾墟其國。三閭同姓之卿，義篤君親，決不稱胥以自況也。離騷泛論太康五子，孟堅未見，尚書全文指爲伍胥，士固哂之。九章涉江言：「賢不必用兮，忠不必以。五子逢殃兮，比干葅醢。」此正引奢、尚而言。王逸陋儒，顧以爲胥，又繆矣。悲回風章云：「吴信讒而弗味兮，子胥死而後憂。」吴之憂，楚之喜也。置先王之積怨深怒而憂仇敵之憂，原豈爲此哉？又言「遂自忍而沉流」，遂，已然之詞，原安得先沉流而後爲文？此足明後人哀原而弔之之作無疑也。且世傳原沉流，殆與稱太白捉月無異，蓋平懷沙既作之後，文詞尚多，豈真絶筆於此哉？所言「吾將從彭咸之所居」，漁父章句所載「吾寧葬江魚之腹中」，此亦乘桴浮海之意耳。孔子豈遂入海不返？太白亦何嘗有捉月事乎？

【校記】

〔一〕「少淹留」，宋本、叢刊本作「且少留」。

〔二〕「期」，宋本、叢刊本作「時」。

〔三〕「烈」，原作「列」，據臺北本改。

〔四〕「玉」，原作「王」，據臺北本改。

〔五〕「下」，原作「不」，據臺北本改。

法雲

建康志：「法雲寺，舊在城外東北十里。圖經云：本齊集善寺，齊世祖時，爲豫章文獻王造也。唐初，因輔公祏〔一〕之亂毀廢，後復置爲章義院，又改爲法雲院。建炎兵火後，寺廢。今徙置城内上元縣北。」

法雲但見脊，細路埋桑麻。扶輿渡谿水，評曰：度陽谿猶可，谿水却未喻，亦未見其工耳。○誌公十二時頌：「陽谿空花不肯抛，作意修行轉辛苦。」古宿〔二〕語「渴鹿奔陽谿」，蓋誤以爲水也。後山云：『扶輿度陽谿，窈窕一川花。』雖前人未易道，然學三謝失於巧耳。」○大安禪師云：「忽忽如渴鹿趂陽谿，何時得相應去？」○子虚賦：「扶輿猗靡。」窈窕一川花。一川花好泉亦好，杜詩：「鳥好人亦好。」初晴漲緑濃〔三〕於草。言水緑如草色之緑。○岑參詩：「溪水碧於草。」汲泉養之花不老，花底幽人自衰槁。評曰：只如此最好。○元微之詩：「年年秖是人空老，歲歲何曾花不開？」亦此意也。○然花以泉養而不老，人可不思所以自養哉？

補注

谿水 誌公讚云：「陽谿本非真水，渴鹿狂趂忽忽。」〔四〕

【校記】

〔一〕「祏」，原本、宫内廳本作「祐」，據臺北本及新、舊唐書輔公祏傳改。
〔二〕「古宿」，原作「方宿」，據宫内廳本、臺北本改。
〔三〕「濃」，宋本、叢刊本作「深」。
〔四〕本注原闌入題下，無「補注」二字。

彎碕

殘暑安所逃？彎碕北窗北。吳都賦：「左稱彎碕，右號臨硎。」闤闠名也，正在建康南山之南，北山之北。蜀志法真傳。伐翳作清曠，培芳衛岑寂。評曰：却似三謝。○伐翳，芟去灌莽也。培擁芳華，爲岑寂之輿衛。投衣掛青枝，敷簟取一息。書：「敷重篾席。」○王褒傳：「千里一息。」涼風過碧水，俯見游魚食。說苑：「呂望年七十，釣于渭渚，三日三夜，魚無食者。」永懷少陵詩，菱葉淨如拭。少陵渼陂行：「菱葉荷花淨如拭。」誰當共新甘，紫角方可摘。評曰：似贅。○王羲之傳：「有一味之甘，割而分之，以娛目前。」○紫角，見招約之職方注。

補注 伐翳 詩皇矣：「其菑其翳。」注：「木自斃曰翳。」〔一〕

【校記】

〔一〕本注原闌入詩注末，無「補注」二字。

步月二首〔一〕

山泉墮清陂〔二〕，陂月臨浄〔三〕路。惜哉此佳景，獨賞無與晤。埭口哆陂陰，詩巷伯：「哆兮侈兮。」○韓集贈張十八：「哆口疎眉厖。」○玉篇：「哆，處紙、尺寫二切，張口也。」要予水西去。呼僮擁草垡，韓詩：「謝病老耕垡。」復使一作「改」。東南注〔四〕。評曰：癡欲更絶。

【校記】

〔一〕龍舒本題「步月」，僅第一首。宋本、叢刊本題作「月夜二首」。

〔二〕「墮清陂」，宋本作「隨涓陂」。

〔三〕「浄」，宋本、叢刊本作「静」。

〔四〕龍舒本注云：「一云：復改東南注。」

其二

蹋月看流水，水明蕩摇〔一〕月。草木已華滋，古詩：「庭前有奇樹，緑葉發華滋。」山川復清發。褰裳伏檻處，緑净數毛髮。詩：「褰裳涉溱。」○楚詞：「坐堂伏檻，臨曲池些。」○韓詩：「緑净不可唾。」誰能挽姮娥，俯濯凌波韈。姮娥，羿妻。○洛神賦：「凌波微步，羅襪生塵。」○李白詩：「盈盈漢水若可越，可惜凌波步羅韈。」○劉禹錫馬嵬詩：「不見嵒畔人，空見凌波韈。」

【校記】

〔一〕「蕩摇」，宋本、叢刊本作「摇蕩」。

兩山間

自予營北渚，數至兩山間。臨路愛山好，韓退之詩：「山僧愛山出無期。」出山愁路難。言世路之難，不若山中之樂也。古樂府有行路難。○盧仝詩：「出山忘掩山門路。」山〔一〕花如水净，山鳥與雲閑。我欲抛山去，山仍勸我還。秖應身後塚，便〔二〕是眼中山。評曰：甚達。○公叔文子升於瑕丘，曰：「樂哉斯丘，死則我欲葬焉。」且復依山住，歸鞍未可攀。

【校記】

〔一〕「山」，宋本作「此」。

〔二〕「便」，宋本、叢刊本作「亦」。

題〔一〕晏使君望雲亭

南康父老傳使君，疾呼急索初不聞。子美兵車行：「縣官急索租。」○退之曹成王碑：「府中不聞，急步疾呼。」未曾遺汲谷簾水，谷簾在康王谷，有水簾飛泉，被巖而下者二三十派，其深不可計，其廣七十餘尺。陸鴻漸茶經第其水爲天下第一。三載〔二〕秖望香爐雲。廬山記：「香爐峯，山南、山北皆有之。其形圓聳，常出雲氣，故名香爐。」雲徐無心澹〔三〕無滓，淵明：「雲無心而出岫。」○杜詩：「雲在意俱遲。」○世說：「司馬道子夜坐，天月明淨，道子以爲佳。謝重曰：『不如微雲點綴。』道子曰：『卿居心不淨，乃欲滓穢太清耶？』」使君恬靜亦如此。圃蔬園果欻〔四〕然一去掃遺陰，便覺煩歊漲〔五〕一作「悵」。千里。歸田負載〔六〕一作「戴」。子與妻，易：「見豕負塗，載鬼一車。」西山西。蜀法眞傳：「南山之南，北山之北。」西山西，亦類此。出門亭皋百頃緑，望雲纔喜雨一犂。孟子：「若大旱之望雲霓。」耡之所及，膏潤止數寸，故云「纔喜」。○東坡詞：「江上一犂春雨。」我知新亭望雲好，欲斸比鄰成二老。漢孫寶傳：「祭竈請比鄰。」○曹子建詩：「丈夫四海志，萬里猶比鄰。」○杜詩寄贊上人：「一昨陪杖錫，卜隣南山幽。」又：「與子成二老，來往亦風流。」莫嫌雞黍數往來，爲報襄陽德公嫂。評曰：嫂韻可備笑談。○語：「殺雞爲黍。」○襄陽記：「司馬德操嘗詣龐德翁，值其上冢，徑入其室，呼德翁妻子，使速作黍。須臾，德翁還，直入相就，不知何者是客也。」

補注 負載 嵇康高士傳：「石户之農，夫妻負載，男女入海，終身不返。」〔七〕

【校記】

〔一〕宋本、叢刊本「題」下有「南康」二字，「使君」作「史君」。
〔二〕「截」，宋本、叢刊本作「歳」。
〔三〕「澹」，龍舒本作「静」。
〔四〕「欻」，宋本、叢刊本作「飆」。
〔五〕「煩歊」，宋本、叢刊本作「歊煩」。「漲」，龍舒本作「悵」。
〔六〕「截」，龍舒本作「戴」。
〔七〕本注原闌入詩注末，無「補注」二字。

洊亭

金陵志：「洊亭在蔣山，廢久矣。余嘗過之。公詩又云：『西崦水泠泠，沿崗有洊亭。』」

朝尋東郭來，西路歷洊亭。衆山若怨思，慘澹長眉青。詩：「周人怨思焉。」○相如賦：「長眉連娟。」○韓退之華山女詩：「白咽紅頰長眉青。」迸水泣幽咽，復如語丁寧。杜詩：「夜久語聲絶，如聞泣幽咽。」又：「便覺鶯語太丁寧。」豈予久忘之，而欲我小停？歇鞍松柏間，李白詩：「歇鞍憩古木，解帶掛樹枝。」坐起俯軒櫺。秋日幸未暮，柰何雨冥冥。韓文：「幸年歲之未暮。」○楚詞：「雷填填兮雨冥冥。」○杜詩：「冥冥甲子雨。」

光宅寺〔一〕

翛然光宅淮之陰，按建康志，光宅寺本梁武故宅，天監六年，捨宅作寺。昔雲光法師講法華經于光宅，每有華如飛雪，滿空而下。講訖，即升空而去。○秦淮之陰也。扶輿獨來坐〔二〕一作「止」。中林。子虛賦：「飛纖垂髾，扶輿倚靡。」注：「言美人等被麗服，扶楚王之輿也。」千秋鍾梵已變響，十畝桑竹空成陰。詩：「十畝之間兮，桑者閑閑兮。」昔人倨堂有妙理，高座翳遶天花深。高座寺，亦載雲光講法華，天花散落。今講經臺遺迹尚存。○須菩提尊者燕坐中，聞空中雨花贊歎。尊者問：「是何人？」應云：「我是梵天，聞尊者善説般若，故來雨花贊歎。」尊者云：「我於般若未曾説一字。」梵天云：「尊者無説，我亦無聞〔三〕。無説無聞，是真般若。」紅葵紫莧復滿眼，往事無跡難追尋。

【校記】

〔一〕龍舒本卷四十八題作「光宅寺二首」，此爲第一首，第二首爲本書卷二十二光宅寺。

〔二〕「坐」，龍舒本、宋本、叢刊本作「止」。

〔三〕「聞」，原作「間」，據下文改。

春日晚行〔一〕

門前楊柳二三月，枝條緑煙花白雪。呼童羈我果下騮，霍光傳：「皇太后御小馬車。」張晏曰：「漢厩有果下馬，高三尺，以駕果樹下乘之，故號果下馬。」○魏志：「濊南出果下馬，漢桓帝時獻之。」又見博物志、魏都賦。○歐陽永叔詩：「緑陰深處聞啼鳥，猶得追閑果下騮。」○陳無己詩：「借子翩翩果下駒，春原隨處小踟躕。」欲尋南岡一散愁。緣岡初日溝港浄，與我門前緑〔二〕相映。隔淮淮謂秦淮。仍見裊裊垂，佇立悄悵去年時。杏花園西光宅路，草暖沙晴正好渡。興盡無人檝迎我，古樂府王獻之：「但度無所苦，我自檝迎汝。」却隨倦鴉歸薄暮。戚夫人歌：「終日春薄暮。」

【校記】

〔一〕龍舒本卷五十一重出，題作「散愁」，字詞稍異，八句「悄」作「惆」；十句「沙」作「花」，「渡」作「度」。

〔二〕「緑」，龍舒本作「渌」，散愁同。

新花〔一〕

老年無〔二〕一作「少」。忻豫，田畫〔三〕承君云：頃爲金陵酒官，有荆公處老兵時來沽酒，必問公之動止。兵云：「相公每日只在書院中讀書，時時以手撫牀而嘆，人莫測其意也。」況復病在牀。汲水置新花，取慰以〔四〕一作「此」。流芳。流芳不〔五〕一作「秖」。須臾，吾〔六〕亦豈久長。新花與故吾，已矣可兩忘〔七〕。評曰：短絶可誦。○莊子田子方篇：「雖忘乎故吾，吾有不忘者存。」○別本有「絶筆」二字注詩後。「兩忘」之句，其超然無累，又欲出莊生右矣。

【校記】

〔一〕此首見龍舒本卷四十九。龍舒本卷五十一重出，題作「絶筆」，字詞稍異，首句「無」作「少」，「忻」作「懽」；四句「以」作「此」；五句「不」作「秖」；六句「吾」作「我」；八句「可兩忘」作「兩相忘」。

〔二〕「無」，宋本、叢刊本作「少」。

〔三〕「田畫」，「畫」應作「晝」。晝字承君，臨川先生文集卷九一有田公墓誌銘。

〔四〕「以」，宋本、叢刊本作「此」。

〔五〕「不」，龍舒本作「在」，宋本、叢刊本作「秖」。

〔六〕「吾」，宋本、叢刊本作「我」。

〔七〕「可兩忘」，龍舒本、宋本、叢刊本作「兩可忘」。

四皓二首〔一〕

公詩雖云爾，然少陵謂「知名未足〔二〕稱，局促商山芝」，又別一説也。東坡讀此，云：「乃知子美詩外〔三〕尚有事在。」○園公、綺里季、角〔四〕里先生、夏黄公，鬚眉皓白，所以謂之四皓。顔師古注云爾。

四皓秦漢時，招招莫能致。詩：「招招舟子。」注：「招招，號召之皃。」紫芝可以飽，粱肉非所嗜。高士傳：「四皓歌曰：『莫莫高山，深谷逶迤。曄曄紫芝，可以療飢。唐虞世遠，吾將何歸？駟馬高蓋，其憂甚大。富貴之畏人，不如貧賤之肆志。』」○南史陶潛傳：「潛抱疾，江州刺史檀道濟候之，饋以粱肉，麾而去之。」谷廣水渙渙，山長雲泄泄。詩：「溱與洧，方渙渙兮。」注：「渙渙，水盛也。」○鮑照詩：「泄雲已漫漫，夕雨亦凄凄。」〔五〕注：「泄，猶舒也。」與其貴而拘，不若賤而肆。揚子五百篇：「周之士也貴，秦之士也賤；周之士也肆，秦之士也拘。」○魯仲連傳：「吾與富貴而屈於人，寧貧賤而輕世肆志焉。」○白樂天詩：「秦磨利刃斬李斯，齊燒沸湯烹酈其。可憐黄綺入商洛，閑卧白雲歌紫芝。」

【校記】

〔一〕龍舒本卷三十八題「四皓」，僅第二首，無第一首。

〔二〕「足」字原缺，據杜甫幽人詩補。

〔三〕「外」字原缺，據臺北本補。

〔四〕「角」，原作「角」，據清綺齋本改。

〔五〕此詩，文選卷二十七作謝朓敬亭山詩，「泄雲」作「渫雲」，「夕雨」作「多雨」。

其二

秦歐〔一〕九州逃，知力起經綸。重利誘衆策，頗知聚秦民。頽然此四老，上友千載魂。采芝商山中，一視漢與秦。始〔二〕以避秦，隱商山；終以高祖嫚士，義不爲之臣，故云「一視」也。靈珠在泥沙，光景不可昏。曹子建與楊德祖書：「人人自謂握靈蛇之珠。」○李白詩：「羣沙穢明珠。」道德雖避世，餘風迴至尊。嫡孽一朝正，留侯果知言。始上欲易太子，見四人者至，大驚，乃曰：「煩公幸卒調護太子。」太子竟不易者，良本招此四人之力也，故云「回至尊」。出處但有禮，廢興豈所存？評曰：真世外之言。當其來時，不知將易太子也。使其爲太子故，豈不自量非力所及，又豈足以動老人之心哉？語短味長如此。○太白詩：「陰虹濁太陽，前星遂淪匿。一行佐明兩，欻起生羽翼。功成身不留，舒卷在胸臆。」○東坡詩：「夷齊恥周粟，高歌誦虞軒。産祿彼何人，能致綺與園。」○蘇子由和陶詩云：「飄然感漢德，投足復踐塵。出處蓋有道，豈爲諸呂勤？」○蓋自二蘇，於四皓始明及諸呂事。

【校記】

〔一〕「歐」，宋本、叢刊本作「毆」。

〔二〕「始」字與下「嫚」字原缺，據宮内廳本、臺北本補。

真人

予嘗[一]值真人，能藏毒而寧。莊子列禦寇篇：「彼所小言，盡人毒也。」能納穢若淨，能易羶使馨。列子天瑞篇：「能甘能苦，能羶能香。」○莊子徐無鬼篇：「舜有羶行。」○晉隱逸傳：「公孫鳳夏則并食于器，停令臭敗，然後食之。」能解身赫赫，列子：「聖人潛行不空，蹈火不熱，是純氣之守也。」○莊子田子方篇：「至陽赫赫。」能逆知冥冥。莊子天地篇曰：「冥冥之中，獨見曉焉。」知北游篇又曰：「昭昭生於冥冥。」又曰：「視之無形，聽之無聲，於人之論者，謂之冥冥。」在宥篇曰：「至道之精，窈窈冥冥。」○伍被傳：「聰者聽於無聲，明者見於未形。」日唯汝心攖，而汝耳目熒。在宥篇：「老聃曰：『汝慎無攖人心，人心排下而進上。』」耳目熒，見寄吳氏女注。廓然而無營，其孰攖汝靈？達磨答梁武云：「廓然無聖。」○庚桑楚篇：「無使汝思慮營營。」神奇實主汝，厥通莫之令。知北游篇：「臭腐復化爲神奇。」嘻予豈不知，黄帝覺[二]焦螟。死心而廢形，乃可少聞霆。列子湯問篇：「江浦之間生麽蟲，其名曰焦螟。羣飛而集於蚊睫，弗相觸也。栖宿去來，蚊弗覺也。離朱子羽方晝拭眦，揚眉而望之，弗見其形；䚦俞師曠方夜擿耳，俛首而聽之，弗聞其聲。唯黄帝與容成子居崆峒之上，同齋三月，心死形廢，徐以神視，塊然見之，若嵩山之阿；徐以氣聽，砰然聞之，若雷霆之聲。」顧今親遘之，於吾獨剽聆。刳心事斯語，自儆以書銘。評曰：採集爲詩，欲時時誦之耳。○莊子天地篇：「君子不可不刳心焉。」○論語：「請事斯語。」

【校記】

〔一〕「嘗」，宋本、叢刊本作「常」。

〔二〕「覺」，宋本、叢刊本作「與」。

寄蔡氏女子二首

建業東郭，望城西堠。揚雄解嘲：「今大漢東南一尉，西北一堠。」後漢和帝紀：「舊南海獻龍眼、荔枝，十里一置，五里一堠。」千嶂〔一〕承宇，漢樂歌：「帝臨中壇，四方承宇。」○楚詞：「霰雪紛其無垠兮，雨霏霏而承宇。」○易：「上棟下宇。」○左氏云：「況衛在君之宇下。」百泉遶霤。五祀有中霤。王莽傳：「繞霤之固，南當荆楚。」師古曰：「谿谷之水，回繞而霤也。」謝惠連雪賦：「流滴垂冰，緣霤承隅。」青遥遥兮纚〔二〕屬，司馬相如傳：「輦道纚屬。」注：「纚，力爾反。」緑宛宛兮横逗。退之南山詩：「或羅若星離，或蓊若雲逗。」二字未全見。積李兮縞夜，韓集李花詩：「白花倒燭天夜明。」○西清詩話云：「元豐中，王文公在金陵，東坡自黄北遷，日與公游，盡論古昔文字。又以近製示坡，坡云：『若「積李兮縞夜，崇桃兮炫晝」，自屈、宋没，曠千餘年無復離騷句法，乃今見之。』公曰：『非子瞻見諛，自負亦如此，然未嘗爲〔三〕俗子道也。』」○據東坡推公與公自許如此，而晁無咎續楚詞，乃獨取公歷山、思歸賦，書山石詞，顧遺此不録，又何也？崇桃兮炫晝。蘭馥兮衆植，竹娟兮常茂。柳蔫〔四〕綿兮含姿，松偃蹇兮獻秀。九歌云：「靈偃蹇兮姣服。」注云：「偃蹇舞皃。」鳥跂兮下上，魚跳兮左右。顧我兮適我，有斑〔五〕

兮伏獸。禮記：「貍首之斑然。」司馬相如傳：「般般之獸。」注：「般音斑，斑文貌。」感時物兮念汝，遲汝歸兮携幼。陶公携幼入室。○選詩：「臨江遲來客。」退之詩：「家國遲雨榮。」

補注　横逗　張衡思玄賦：「亂弱水之潺湲，逗華陰之湍渚。」注云：「郭璞注：『亂，横渡也。逗，止也。』」恐公合二字而用之。〔六〕

【校記】

〔一〕「嶂」，原本、臺北本皆作「障」，據諸本改。

〔二〕「纚」，龍舒本作「灑」。

〔三〕「爲」，宫内廳本作「與」。

〔四〕「薦」，龍舒本、宫内廳本作「蔿」。

〔五〕「斑」，宋本、叢刊本作「班」。

〔六〕本注原闌入「其二」題下，無「補注」二字。

其二

我營兮北渚，九歌云：「夕弭節兮北渚。」○仲長子光結廬北渚，凡三十年，非其力不食。王績愛其人，徙居與相近。○又李白詩：「北渚既蕩漾，東流自潺湲。」有懷兮歸〔一〕女。

石梁兮以苫蓋，襄十四年：「范宣子數戎子駒支曰：『乃祖吾離披苫蓋，蒙荆棘，以來歸我先君。』」注：「蓋，苫之別名。」○爾雅：「白蓋謂之苫。」釋曰：「白蓋，茅苫也。又白茅苫也，今江東呼爲蓋，然則蓋即苫也。以白茅爲之，故曰白蓋。」○石梁，見杏花注。綠陰陰兮承宇。仰有桂兮俯有蘭，九歌：「沅有芷兮澧有蘭。」嗟汝〔二〕歸兮路豈難。望超然之白雲，狄仁傑登太行山，見白雲孤飛，曰：「吾親舍其下。」瞻悵久之，雲移乃去。此殆指蔡氏女之念己也。臨清流而長嘆。楚詞九章：「望北山而流涕兮，臨流水而太息。」○陶公言：「臨清流而賦詩。」

【校記】

〔一〕「歸」，龍舒本作「婦」。

〔二〕「汝」，龍舒本作「女」。

夢黄吉甫

夢傳失之妄〔一〕，晝冀見而想。列子周穆王篇：「晝想夜夢，神形所遇，故神凝者於夢自消。」○衛玠揔角時嘗問樂廣夢，廣云：「是想。」玠曰：「神形所不接而夢，亦豈想耶？」廣曰：「因也。」豈伊不可懷，而使我心往？詩東山：「伊可懷也。」○揚雄美新文：「臣嘗有顛眴疾，恐一旦先犬馬。」眴，音縣。山林老顛眴，數日占黄壤。孫皓曰：「瞑目黄壤，當復何顏見四帝乎？」舟輿來何遲，古詩：「軒車來何遲。」北望屢戃怳。西城薺花時，落魄隨兩槳〔二〕。酈生傳：「落魄無衣食業。」魄，音薄。歲晚洲渚淨，水消煙渺莽。柳詩：「日出洲渚淨，澄明晶無垠。」躊躇壁上字，期我無乃迂。評曰：皆情鍾之語。○詩揚之水：「無信人之言，人實迂汝。」左氏：「子無我迂。」

【校記】

〔一〕「妄」，宋本、叢刊本注：「一作『悲』」。龍舒本詩末注：「妄，一作『悲』。」

〔二〕「槳」，原作「漿」，據諸本改。

游土山示蔡天啓祕校〔一〕

王直方詩話云：「夏畸道言，蔡天啓初見荆公，荆公坐間偶言及盧仝月蝕詩人難有誦得者，天啓誦之終篇，遂爲荆公所知。」

定林瞰土山，近乃在眉睫。土山在上元縣南三十里。按丹陽記云：「晉太傅謝安舊隱會稽東山，築此象之，無巖石，故謂土山。有林木臺觀，娱游之所，安就帝請朝中賢士子姪親屬會土山。」○列子仲尼篇：「亢倉子曰：『雖遠在八荒之外，近在眉睫之内，來干我者，我必知之。』」誰謂秦淮廣？正可藏一艓。詩：「誰謂河廣？一葦航之。」○揚雄方言：「艓，小舟，音葉。」切韻、玉篇不載此字。○王智深宋記曰：「司空劉休範舉兵，潛作艦艓。」朝予欲獨往，扶憊強登涉。蔡侯聞之喜，喜色見兩頰。呼鞍追我馬，亦以兩黥挾。范雎傳：「坐須賈堂下，令兩黥徒夾而馬食之。」斂書付衣囊，裹飯隨藥笈。裹飯，見仲明父至宿注。翛翛阿蘭若，土木老山脅。阿蘭若，一名法菩提場，見華嚴經。鼓鍾卧空曠，簨簴雕捷業。檀弓：「有鍾磬〔二〕而無簨簴。」簴，詩有瞽注：「捷業如鋸齒，所以飾栒爲縣也。」升〔三〕堂廓無主，考擊誰敢輒。語：「由也升堂矣。」詩山有樞：「子有鐘鼓，弗鼓弗考。」坡陀謝公冢，藏槨久穿劫。陳始興王叔陵傳：「晉世王公貴人多葬梅嶺。及叔陵所生母彭氏卒，啓求梅嶺，乃發故太傅謝安舊墓，棄去安柩，以葬其母。」○藏槨，見烘蝨注。百金置〔四〕酒地，野老今行饁。謝安傳：「土山游集，肴饌亦屢費百金。」○僖公三十三年：「冀缺耨，其妻饁之，敬，相待如賓。」注：「野饋曰饁。」○詩良耜注云：「五穀畢入，婦子則安。無行饁之事，於是殺牲報祭社稷。」紆懷起東山，安傳：「高崧戲安曰：『卿高卧東山，諸人相與言，安石不出，其如蒼生何？蒼生今亦將如卿何？』」勝踐此〔五〕一作「比」。稠疊。於時國累卵，安傳：「時苻堅強盛，疆埸多虞，諸將敗退相繼。安遣弟石及兄子玄等，應機征討，所在剋捷。」又云：「時強敵寇境，邊書續至。梁、益不守，樊、鄧陷没。安每鎮以和靖，御以長筭。文武用命，威懷外著，人皆比之王導，謂文雅過之。」○劉向說苑：「晉靈公造九層臺，曰：『敢有諫者斬！』荀息上書求見，曰：『臣能累十二博碁，加九雞子其上。』公曰：『子爲寡人作之。』息即正顔色，以碁子置下，加九雞子其上。靈公扶伏，氣息不續，曰：『危哉！危哉！』息曰：『復有危於此者！』公曰：『願復見之。』息曰：『九層之臺，三年不成。男不得耕，女不得織。國家空虚，社稷亡滅，君欲何望？』靈公曰：『寡人之過，乃至於此？』即壞九層之臺。」楚夏血常喋。庾翼病，表子爰之行荆州刺史，委以後任。何充曰：「荆楚，國之西門，地勢險阻。得人，則中原可定；失人，則社稷可憂，豈可以白面少年當之哉？桓温英略過人，有文武器幹，西夏之任，無出桓温者。」覩此，則西夏即荆州之地。○按寰宇記：「鄂州江夏郡，春秋時謂夏汭，爲楚地。傳謂吴伐楚，沈尹射奔命于夏汭。○世本云：「楚子熊渠封中子紅於鄂。」今武昌縣地是也。戰國末猶屬楚。○漢志應劭注云：「沔水自江別至南郡華容爲夏水，過郡入江，故曰江夏。」○晉志云：「荆州統郡二十二，江夏其一也。」○漢文紀云：「今已誅諸吕，新喋血京師。」師古注：「本當作『蹀』，謂殺人流血，履涉之耳。」外實備艱梗，中仍費調爕。公能覺如夢，自喻一蝴蝶。費調爕者，謂桓温逆節漸著。○莊子齊物論云：「莊周夢蝶，栩栩然蝴蝶也，自喻適志歟？」桓温適自斃，苻堅方天厭。左氏隱十一年：「天而既厭周德矣。」語雍也篇：「予所否者，天厭之。」注：「於琰切。」今公作入聲使。且可緩九錫，寧當快一捷。溫病篤，風朝廷加九錫，使袁宏具草。安見，輒改之，歷旬不就。會溫死，遂已。安彼哉斗筲人，語：「問子西曰：『彼哉！彼哉！』」又：「斗筲之人，何足筭也？」得喪易矜怯。安言屐齒折，評曰：折自是折，不以喜故入内，而亟爲欲誰語？○謝玄破苻堅〔六〕，捷書至，安了無喜色，棊如故。既罷，還内，過户限，心喜，不覺其屐齒之折。吾欲列〔七〕史牒。傷心新城埭，歸意終難愜。安傳：「會稽王道子專權而奸諂，頗相煽構。安出鎮廣陵之步丘〔八〕，築壘曰新城以避之。盡室而行，造汎海之裝，欲經略粗定，自江道還東。雅意未就，遂遇疾篤，上疏請量宜旋旆云云。入西州門，自以本志不遂，深自慨失。」又：「安先築埭於新城北〔九〕。後人追思之，名曰召伯埭。」「傷心新城埭，歸意終難愜。」指上所陳事也。漂摇五城舟，尚〔一〇〕想浮河檝。杜子美塞蘆子詩：「五城何迢迢，迢迢隔河水。延州秦北户〔一一〕，關防猶可倚。」案，元和郡國志：「蘆子關屬延州。」〔一二〕沈存中筆談云：「延州今有五城，説者以爲舊有東、西二城，夾河對立。高方〔一三〕典郡，始展南、北、東三關城。即詩以觀，則知天寶中已有五城矣。」而唐德宗時，浙江觀察使韓滉亦於建康石頭築五城。不知公詩所指，謂延州五城耶，抑石頭五城耶？細考上下文意，疑是荆公觀石頭舟師，遐想劉牢之渡河之檝而云耳。千秋隴東月，長照西州堞。隴東謂漢三輔，隴西謂天水諸郡。隴者，所以限東、西也。今特指隴東者，言公志在掃清關輔，困於讒詖，遠圖未就而死。所稱「月照西州堞」，其旨深，其詞悲矣，亦猶杜詩「江流石不轉，遺恨失吞吴」之意也。豈無華屋處，亦捉蒲葵箑。安鄉人有罷中宿縣者，還詣安，安問其歸貲，答曰：「有蒲葵扇五萬。」安迺取其中者捉之，價增數倍。碎金諒可惜，安作簡文謚册，桓溫以示坐人，曰：「此是安石碎金。」零落隨秋葉。羊曇追思安，誦曹子建詩：「生存華屋處，零落歸山丘。」因慟哭而去。好事所傳玩，空殘法書帖。廣記載，安學正書於右軍，右軍云：「卿是解書者。」王僧虔云：「安正書入能品，隸、行、草並入妙品。」清談眇不嗣，安傳：「善行書。」閣帖中亦有公尺牘。安謂王羲之：「秦任商鞅，二世而亡，豈清談致患耶？」陳迹怳如接。東陽故侯孫，少小同鼓篋。禮記學記：「入學鼓篋。」一官初嶺海，仰視飛鳶跕。馬援傳：「仰眎飛鳶跕跕墮水中。」窮歸放欵段，欵段，馬援事。高卧停遠蹀。牽襟肘即見，莊子讓王：「曾子緼袍無表，捉襟而肘見。」著帽耳纔壓。唐代宗時，禁民皂衫、壓耳帽，以異官健。數椽危敗屋，爲我炊陳浥。雖無膏污鼎，尚有羹濡筴。曲禮：「羹之有菜者，用梜。」注云：「梜，箸也。」字林作「筴」。縱言及平生，相視開笑靨。杜牧詩：「笑靨還須待我開。」邯鄲枕上事，異聞集：「開元中，道人呂翁常往來邯鄲。有書生姓盧，與翁同止逆旅。主人方煮黃粱，共待其熟。盧生不覺長嘆，翁問之，具言生世之困。翁取囊中枕以授盧，曰：『枕此，當榮適如願。』生〔一四〕俛首，即夢入枕穴中，遂見其家，未幾登第，歷臺閣，出入將相五十年，子孫皆顯仕。忽欠伸而寤，黃粱猶未熟也。謝曰：『先生以此窒吾欲耳。』自此不復求仕。」且飲且田獵。或昏眠委翳，或妄走超躐。或叫號而寤，或哭泣而魘。莊子齊物論：「夢飲酒者，旦而哭泣。夢哭泣者，旦而田獵。」幸哉同聖時，田里老安帖〔一五〕。易牛以賣劍，龔遂傳：「賣劍買牛，賣刀買犢。」擊壤勝彈鋏。「彈鋏歸來兮食無魚」，馮驩事。追憐衰晉末，此土方岌業。强偷須臾樂，撫事終愁慄。予雖天戮民，有械無接槢。莊子天運篇：「是天之戮民也。」注：「意其知進而不知止，則性命喪矣，所以爲戮。」○在宥篇：「吾未知聖智之不爲桁楊接槢也。」翁今貧而静，内熱非復葉。莊子：「葉公子高朝受命而夕飲冰，我其内熱也歟？」葉，音攝。予衰極今歲，儻與雞夢協。謝安夢乘桓温輿行六十里，見一白雞而止。委蜕亦何恨？吾兒已長鬣。列子天瑞篇：「孫子非汝有，是天地之委蜕也。」○左傳：「使長鬣者相。」翁雖齒長我，未見白可鑷。齊書：「高祖恒令左右拔白髮。隆昌王，高祖之孫，年五歲，戲於床前。帝曰：『兒言我是誰？』答曰：『太翁。』帝曰：『豈有爲人曾祖拔白髮乎？』即擲去鏡鑷。」祝翁尚難老，生理歸善攝。老子道德論下：「善攝生者，陸行不遇虎兕。」○左思吴都賦曰：「土壤不足以攝生。」注：「攝，持也。」久留畏年少，譏我兩呫囁。漢灌夫罵竇嬰：「今曰長者爲壽，乃効女兒曹〔一六〕呫囁語。」〇五代史：「郭崇韜之死也，李紹琛謂董璋曰：『公復欲呫囁誰門乎？』璋深懼罪。」束火扶路還，羊曇嘗因大醉扶路唱樂，不覺至西州門。宵明狐兔懾。蔡侯雄俊士，心憭形亦諜。莊子：「形諜成光。」注：「謂舉動便辟成光儀，令人敬己也。」異時能飛鞚，快若五陵俠。杜詩：「黄門飛鞚不動塵。」〇前漢游俠傳：「原涉亡命，逢赦出。郡國諸豪及長安、五陵諸爲氣節者，皆歸慕之。」注：「五陵，謂長陵、安陵、陽陵、茂陵、平陵也。」西都賦曰：「南望杜、霸，北眺五陵。」是知霸陵、杜陵非此五陵之數。胡爲阡陌間，踠足僅相躡。韓信傳：「張良、陳平居後，躡漢王足。」〇後漢李南傳：「馬踠足，是以不得速。」注：「踠，屈損也。」〇班固東都賦：「馬踠餘足，士怒未洩。」諒能〔一七〕交讋語，呿予〔一八〕不能噆。噆，許劫反，合也。玉篇：「張口皃。呿音祛，開也。」莊子秋水篇：「公孫龍口呿而不合，舌舉而不下。」天運篇：「子口張而不能噆，子又何規乎老聃哉？」

補注

五城　葉石林論金陵形勢奏：「禮之至於所以夾輔建康者，又環之以五城，曰石頭城，曰冶城，曰臺城，曰苑城，曰新城。蓋大江之險，特可爲之限隔，而殆以守江者，必爲之捍禦。今惟新城在揚州之境，利害所係差輕，其餘四城皆不可廢。韓滉鎮浙西，當朱泚之亂，僭修石頭城，人疑其異志，亦可知石頭城之爲利。」〔一九〕

累卵　枚乘傳：「以居太山之安，而欲乘絫卵之危。」

游土山詩　「妄言屐齒折，吾欲刊史牒。」宋子京東晉詩：「氣鋭燒桁戰，心歡折屐書。」前人之論多爾。公乃云「妄言折屐，欲刊史牒」，始異此。〔二〇〕

【校記】

〔一〕「祕校」，宋本、叢刊本無此二字。
〔二〕「磬」，原本、臺北本作「罄」，據宫内廳本改。
〔三〕「升」，宋本、叢刊本作「外」。
〔四〕「置」，龍舒本、宋本、叢刊本作「買」。

〔五〕「此」，龍舒本、宋本、叢刊本作「比」。

〔六〕「破苻堅」，原作「彼破堅」，據宮內廳本、臺北本改。

〔七〕「列」，諸本作「刊」。

〔八〕「丘」，原作「江」；下「築」，原作「宗」；下文「遂遇」，原作「遠過」；「上疏」，原作「此」，均據宮內廳本、臺北本改。

〔九〕「北」，宮內廳本作「外」。

〔一〇〕「尚」，原作「向」，據諸本改。

〔一一〕「户」，原作「尺」；下「關」，原作「門」，均據杜工部集塞蘆子及臺北本改。

〔一二〕「元和郡國志」，原作「元在郡國志」，據臺北本改。「元和郡國志」，今多稱元和郡縣圖志，元和郡縣圖志卷三「延州延昌縣」條下：「塞門鎮，在縣西北三十里。鎮本在夏州寧朔縣界。開元二十年，移就蘆子關南金镇所安置。蘆子關，屬夏州，北去鎮一十八里。」

〔一三〕「高方」，應作「高萬興」，説見胡道靜夢溪筆談校證卷二十四。又，上文「東西二城」，原作「東西五城」；下文「南、北、東三關城」，原作「南、北、東、西關城」，均據胡本改正。

〔一四〕「生」，原作「作」，據宮內廳本、臺北本改。

〔一五〕「帖」，龍舒本作「怗」。

〔一六〕「兒曹」，原作「曹兒」，據宮內廳本乙。

〔一七〕「能」，諸本作「欲」。

〔一八〕「予」，龍舒本、宋本、叢刊本作「子」。

〔一九〕本注原闌入題注下，無補注二字。「葉石林」，原本、臺北本作「葉石枕」，據沈欽韓注改；「韓滉」，原作「韓混」，據臺北本、沈欽韓注改。

〔二〇〕以上二注，原闌入詩注末，無「補注」二字。

庚寅增注第二卷

贈約之　**捄藥**　毛詩：「多將熇熇，不可救藥。」　**秦越人**　後漢趙壹傳：「秦越人還太子結脈，世著其神。」黄帝難經，勃海秦越人之所作也。秦越人洞明醫道，以其與軒轅時扁鵲相類，乃號爲扁鵲。又家於盧國，因命曰盧醫，世謂盧扁爲二人，誤矣。

寄德逢　**獨寤**　毛詩：「獨寐寤言。」　**千里隔**　謝希逸月賦：「美人邁兮音塵闕，隔千里兮共明月。」　**占歲**　周禮：「社之日，涖卜來歲之稼。」

次前韻寄德逢〔一〕　**過我**　揚子：「孟子疾，過我門而不入我室。」温公音平聲。　**有懷**　毛詩：「有懷于衛。」　**今已白**　白詩：「淼茫千里白。」又：「寒浪連天白。」又：「東海一片白。」

與呂望之上東嶺　**分襟**　杜詩：「還對欲分襟。」又崔興宗詩：「駐馬欲分襟。」

至八功德水　**雲泉**　陳子昂詩：「雲泉既已矣。」

法雲　**餤水**　誌公讚：「癡猿捉月，渴鹿馳餤。無而横計，枉入苦輪。」江揔詩：「空花豈得兼求果，陽餤何如更覓魚？」

彎碕　**北窗北**　白樂天詩：「卧愛北窗北。」又：「日下西窗西，風來北窗北。」　**青枝**　李太白詩：「解帶掛樹枝。」

題晏使君 載子與妻 退之詩：「便當提携妻與子。」

洊亭 幽咽 聶夷中詩：「空餘嗚咽聲，聲中疑是言。」

光宅寺 光宅寺，梁武帝宅。其北齊安寺，隔淮齊武帝宅也，宋興又在其北。齊安，今爲妙静寺，在城東門外，前臨宫路。後徙置高隴，面秦淮，南唐昇元中建。

春日晚行 緑煙白雪 白詩：「大業末年春暮月，柳色如煙花白雪。」 果下騮 廣州有果下牛，亦以其卑小，可行樹下，今以㹀牛是也。

新花 流芳 劉休玄詩：「誰謂客行久？屢見流芳歇。」 兩忘 莊子：「不若兩忘而化於道。」

四皓 貴而拘 公詩雖云爾，然少陵謂：「知名未足稱，局促商山芝。」又别一説也。東坡讀此，云：「乃知子美詩外尚有事在。」

其二 誘衆策 此言秦爲無道，羣雄皆起。所稱「誘衆策」者，漢高祖也。 一視 公素喜莊周齊物之説，故云「一視」，然此恐非聖賢扶義救世之法。 靈珠 李白詩：「靈珠産無種。」

寄蔡氏女子 横逗 張衡思玄賦：「亂弱水之潺湲，逗華陰之湍渚。」注云：「郭璞注：『亂，横渡也。逗，止也。』」恐公合二字而用之。 顧我適我 詩：「顧我復我。」又：「適我願兮。」 斑斑 虎首之類也。

其二〔三〕 苦蓋 廣絶交論：「刎頸至於苦蓋。」蓋，胡臘反。謂貧賤之交也。

夢黄吉甫 兩槳 古詩：「艇子打兩槳。」 無乃廷 左氏定公十年：「是我廷吾兄也。」注：「廷，欺也。」又：「子無我廷。」

游土山示蔡天啓祕校

土山　魏明帝時，已起土山於芳林園，則土山之名尚矣。　夢覺　言安能忘身，僅以夢境視之耳。　屐齒折　楊龜山語録：「或問：謝安屐齒折事，識者不信，是否？曰：此事未必無，但史於此亦失之臆度，安知其非偶然乎？若破賊而喜，在謝安固不足恠，然屐齒必不爲一時遑遽而致折也。」　史牒　韓詩：「收績開史牒。」　華屋　曹子建詩：「生存華屋處。」　蒲葵　唐韻椶字注：「大蒲葵也。今人不曉蒲葵何物，乃椶扇耳。」　窮歸　漢書：「窮而歸我。」　膏污鼎　易鼎卦：「雉膏不食。」石鼎聯句：「幸未污羊羹。」　縱言　禮：「縱言至於禮。」　鑷白　李白詩：「長吁望青雲，鑷白坐相看。」　難老　詩：「永錫難老。」　阡陌相躡　過秦論：「躡足行伍之間，崛起阡陌之中。」　交轡語　韓退之詩：「落日已曾交轡語。」

【校記】

〔一〕題原缺，據詩注補。

〔二〕「其」字以下原缺，據臺北本補。

王荆文公詩卷第三

古詩

再用前韻寄蔡天啓

蔡侯東方來，取友無所挾。萬章問曰：「敢問友。」孟子曰：「不挾長，不挾貴，不挾兄弟而友。友者，友其德，不可以有挾也。」又盡心：「孟子曰：『挾貴而問，挾賢而問，挾有勳勞而問，挾故而問，皆所不答也。』」翛翛一囊衣，偶以一書笈。李固負笈，追師三輔。定林朝自炊，有匕或無筴。詩：「有捄棘匕。」時時羹藜藿，鑊大苦難爕。驕頑遂敢侮，有甚觀駢脅。僖公二十三年：「重耳及曹，曹共公聞其駢脅，欲觀其裸浴，薄而觀之。」澮然山谷中，韓王信傳曰：「僕亡匿山谷間。」變色未嘗輒。論語：「有盛饌，必變色而作。」始見類欺魄，列子：「見南郭子果若欺魄焉，而不可與接。」注：「欺魄，土人也。一說欺魄，神凝形喪，外物不能閡之。」列子音義曰：「字書作『欺䫉』，大面醜也。䫉，片各反。」寒暄粗酬接。從容與之語，爛熳無不涉。奇經可治疾，祕祝〔一〕可解魘。漢文帝除祕祝。巫醫之所知，瞽史之所業。載車必百兩，獨以方寸攝。歸宗語李渤：「身如椰子大，何處著萬卷書？」微言歸易悟，言雖微奧，理則洞然。疾若髭赴鑷。天機信卓越，莊子：「今予動吾天機，而莫知其所以然。」學等何足躐？禮記學記篇：「幼者聽而弗問，學不躐等也。」縱談及既往，每與唐許協。莊子列禦寇：「三命而名諸父，孰協唐許？」注：「協，同也。唐堯、許由。」揚雄尚漢儒，韓愈真秦俠。李翺答韓退之書：「還示云，於賢者汲汲，唯公與不材耳，云云。此秦、漢間尚俠行義之一豪雋耳，與鄙人似同而其實不同也。」好大人謂狂，知微迺如諜。繫辭：「知微知彰。」惟初〔二〕造文字，人惑鬼愁懾。淮南子：「昔倉頡造書而天雨粟，鬼夜哭。」高誘曰：「自書契作，詐僞萌生，去本趨末，棄耕𤛇之業，而務錐刀之利。天知其將餓，故爲雨粟；鬼恐爲文所劾，故哭也。鬼，或作兔，兔恐有取毫作筆之害及之，故哭。」秦愚既〔三〕改辠，辠，説文：「从辛，从自。辠人蹙鼻，苦辛之狀。秦以辠似皇字，改爲罪。」臣鉉曰：「同古者以爲鼻字，故以『自』。罪捕魚竹同从門非。余謂使民自辛，欲其不犯秦人，故非不失有罪也。辠，古文也，説文不當篆寫之。」新旺仍易疊。揚雄説，以爲古之理官決罪三日，得其宜，乃行之。從晶，從宜。亡新以爲疊字從三日太盛，而改之爲三田。臣鉉曰：「周禮有三宥、三刺之法，故曰三日也。」莽疑圖書漢有再受命之象，惡重疊字有三日太盛，改爲田，則失六書之義，所謂忌則多怨，又何能克？」六書遂失指，前漢藝文志：「六體者，古文、奇字、篆書、隸書、繆篆、蟲書。」師古云：「古文謂孔壁中書；奇字即古文而異者也；篆書謂小篆，秦始皇使程邈作；隸書，亦程邈作，主於徒隸，從簡易也；繆篆，謂其文屈曲纏繞，所以摹印章；蟲書，謂爲蟲鳥之形，所以書播信也。」〇餘見吳長文新得顏公碑注。隸草矜敏捷。晉衛常云：「漢興而有草書，不知作者姓名。至章帝時，齊相杜度號善作篇，後有崔瑗、崔寔，亦皆蔕王，弘農張伯英者因而轉精，謂之草聖文。」崔瑗草書勢曰：「草書之法，蓋又云略應待諭指，用於卒迫，兼功并用，愛日省力。」

云云。誰珍壇山〔四〕刻，歐陽文忠公集古録有周穆王刻石，跋語云：「右周穆王刻石，曰『吉日癸巳』，在今贊皇壇山上。壇山在縣南十三里。穆天子傳云：『穆王登贊皇以望臨城，置壇此山，遂以爲名。』癸巳，誌其日也。圖經所載如此。而又別有四望山者，云是穆王所登僊。穆天子傳但云登山，不言刻石，然字畫亦奇怪。土人謂壇山爲要蹬山〔五〕，觀其『巳』字，形怪也。慶曆中，宋尚書在鎮，遂遣人於壇山取此字，而趙州守將，武臣也，遂命工壇山取其字，龕于公廨之壁間，聞者爲之嗟惜也。」共賞蘭亭帖。蘭亭帖，晉右將軍王羲之所作并書，其字以蠒紙書之。唐太宗薨，以其帖隨葬入昭陵。後温蘊〔六〕伐昭陵，復出人間。東京一祭酒，收拾偶予愜。退之作〔七〕石鼓歌，時在東都，歌云：「濯冠沐浴告祭酒，如此至寶存豈多？」又曰：「繼周八代戰爭罷，無人收拾理則那。」蔡邕嘗正定六經文字，刻石太學。然邕時爲議郎，非祭酒也。觀石鼓歌所謂「告祭酒」，乃韓自言爲博士時，非指蔡邕也。少嘗妄思索，老懶因退怯。侯方習篆籀，寸管靜嘗壓。深原道德意，助我耕且獵。司馬遷曰：「老、莊、申、韓皆原於道德之意，而老子深遠矣。」揚子：「耕道而得道，獵德而得德。」又介甫字説序，謂字聲、形「皆有義，皆出於自然，非人私智所能爲」。又云：「教必自此始，能知此者，則於道德之意已十九矣。」○天啓，嘗助公檢閱脩字説者。昔功恐唐捐，「福不唐捐。」普門品經。唐捐，虛設也。異味今得饁。左氏：「鄭子公云：『他日我如此，必嘗異味。』」京口〔八〕媢學子，追師嘗劫劫。陸贏淮汴糧，莊子：「南榮趎贏糧，七日七夜。」賈生過秦論：「贏糧而景從。」水餓湖海艓。杜詩：「貧窮取給行艓子。」遠求而近遺〔九〕，如目不見睫。莊子庚桑楚：「老子曰：『向吾見若眉睫之間，吾因以得汝矣。』」○史記越世家：「齊使者説越王曰：『幸矣越之不亡也，吾不貴其用智，如目之見毫毛而不見其睫也。』」僞鳳易悦楚，尹文子：「楚人握山雉，路人問：『何鳥？』欺之曰：『鳳凰也。』路人曰：『我聞鳳凰，今始見矣。汝販之乎？』請買千金，弗與。請加倍，乃與之。方欲獻之楚王，經宿死。路人不遑惜其千金，惟歎不得獻。王聞之，感其欲獻己，召厚賜之，過買鳥之金十倍。」○李白詩：「楚人不識鳳，重價求山雞。」○「遼東慚白豕，楚客羞山雞。」真龍反驚葉。家語：「葉公好龍，壁皆畫龍形。真龍爲降，葉公見而喪魄。」○十二國史：「葉公子高好畫龍，於是天龍聞之，降於庭，窺於牖，拖尾於堂，葉公驚走。」聞子〔一○〕再三嘆，往往心不厭。或自逸而走，或呿而不嚼。或嗤元郎漫，元結傳：「結自稱浪士。及有官，人以爲『浪者亦漫爲郎乎？』呼爲漫郎。」或訕白翁囁。雲溪友議：「李吉甫〔一一〕嘗謂白樂天爲囁嚅翁。」○廣韻注：「囁，謂多言也。」鑠金徒欲消，鄒陽傳：「衆口鑠金，積毀消骨。」論衡曰：「衆口鑠金者，五行二曰火，五事二曰言，與火宜，故曰鑠金。」風俗通曰：「衆口鑠金，俗説有美金欲售，衆人咸共毀訛，言其不純。賣金者恐不售，因取鍛燒，以見其真，此爲衆口鑠金也。」韞玉豈愁涅？〔一二〕韞，藏也。子罕篇：「有美玉於斯，韞匵而藏諸？」言玉無涅之理。○白樂天詩：「廩粟陳生醭。」涅，即醭也。賢愚有定分，咄汝無喋喋。張釋之傳：「豈効嗇夫，利口喋喋。」跨鞍隨我游，曳屐聯我跕。莊子：「曳屐而歌商頌。」○地理志：「趙地倡優女子彈弦跕躧。」注：「躡跟爲跕，掛指爲躧。」照泉挹清泚，跂石緣嵬業。蘇子美謝郡守訪滄浪詩：「跂石已行庖，臨流聊褫帶。」東陂數儵魚，西崦追蛺蝶。翳林窺搏黍，郭璞注爾雅云：「黄鳥，俗名黄離留，亦名搏黍。」藉草聽批頰。唐人詩：「婌咨批頰鳥，壁剥扣頭虫。」黄尋遠蓮鬚，紅閲鄰杏靨。荏苒光景流，楊園忽無葉。巷伯詩：「楊園之道。」注：「園名也。」扶痾歸未久，吾見喜寧帖〔一三〕。褰裳告我去，禄仕當隨牒。康衡傳：「但以無階，朝廷故隨牒在遠方。」注：「謂隨補選之常牒，不被超擢也。」○褚淵傳：「承平隨牒，取此非叨。」蕭晨抹〔一四〕欵段，殷仲文詩：「哲匠感蕭晨。」歸騎得追躡。謂言循東路，復〔一五〕一作「覆」。出西城堞。行矣忍羈旅，無魚勿彈鋏。天閑久索驥，周禮：「天子十有二閑。」駿足方騰蹀。長驅勿驕矜，小踠亦勿惵。退之贈元協律詩：「何人識章甫，而知駿蹄踠。」鵬飛九萬里，勿借風一箠。莊子逍遥篇：「鵬之徙於南溟也，摶扶摇而上者九萬里。」溟波浩難窮，勉自養鱗鬣。爵禄實天械，功名爲接槢。天械，出莊子。寧能復與我，摇漾秦淮檝。附書勿辭頻，隔歲期滿篋。韓退之送侯參謀：「寄書惟在頻，無恡簡與繒。」

補注

說文：「⿸厭齒，頰輔也。」〔一六〕

【校記】

〔一〕「祝」，宫内廳本作「呪」，下注同。

〔二〕「初」，龍舒本、宋本、叢刊本作「知」。

〔三〕「既」，宫内廳本作「初」。

〔四〕「壇山」，龍舒本、宋本、叢刊本作「檀山」。

〔五〕「要蹬山」，臺北本作「馬蹬山」。下文「覩其『已』字形怪也」，臺北本作「以其『已』字形類也。」

〔六〕「温藴」，臺北本作「温韜」。

〔七〕「作」，原作「行」，據宫内廳本、臺北本改。

〔八〕「京口」，宫内廳本作「京師」。

〔九〕「遺」，龍舒本作「違」。

〔一〇〕「子」，龍舒本、宋本、叢刊本作「予」。

〔一一〕「李吉甫」，原作「李林甫」，據宫内廳本改。

〔一二〕臺北本、宫内廳本注曰：「浥，𤁋也。」

〔一三〕「帖」，龍舒本作「怗」。

〔一四〕「抹」，龍舒本、宫内廳本作「秣」。

〔一五〕「復」，龍舒本、宋本、叢刊本作「覆」。

〔一六〕本注原闌入詩注末，無「補注」二字。

用前韻戲贈葉致遠直講

葉侯越著姓，胄出實楚葉。楚有葉公諸梁，食采於葉，僭稱公。縉雲雖窮〔一〕遠，冠蓋傳累葉。心大有所潛，揚子：或問神，曰：「或請問之，曰：『潛天而天，潛地而地。』」肩高未嘗脅。莊子：「肩高於頂。」孟子：「脅肩諂笑。」飄飄凌雲意，司馬相如奏大人賦，武帝讀之，飄飄有凌雲氣散天地之間意。強禦莫能懾。「不侮鰥寡，不畏強禦。」烝民言仲山甫之德也。辟雍海環流，班孟堅賦：「辟雍海流，道德之富。」○辟雍，四方環之以水，圓如璧〔二〕。用汝作舟檝。出書說命。開胷出妙義，可發矇起魘。汲黯傳：「如發矇振落耳。」詞如太阿鋒，誰敢觸其鋏？盧藏用嘗謂李邕如干將、莫邪，難與争鋒，但虞傷缺耳。○豐城寶劒，一曰龍泉，一曰太阿。聽之心凛然，難者口因噆。搏飛欲峩峩，搏，取「搏扶摇」之義。○詩棫樸：「奉璋峩峩。」○宋玉招魂：「增冰峩峩。」○韓詩：「峩峩進賢冠。」鎩墮今跕跕。選五君詠：「鸞翮有時鎩。」忘情塞上馬，說苑：「塞上之人，其馬亡入胡中，人皆弔之，其父曰：『此安知不爲福？』居數月，其馬將胡中馬而歸，人皆賀之，其父曰：『此何知不爲禍？』其後子墮馬折髀，人皆弔之，其父曰：『此何知不爲福？』居一年，胡大入，丁壯皆死，此子獨以跛故，父子相保。」適志夢中蝶。若金靜無求，在冶惟所挾。董仲舒：「若金之在鎔，惟冶者之所鑄。」載醪但彼惑，饋漿非我謀。莊子：「吾食於十漿，而五漿先餽。」陶詩：「時賴好事人，載醪祛所惑。」經綸安所施，漢書：「雖有繒繳，尚安所施？」有寓聊自愜。碁經看在手，博物志：「堯造圍碁，丹朱善之。」邯鄲淳撰碁經。碁訣傳滿篋。坐尋〔三〕碁勢打，側寫碁圖貼。魏應瑒有弈勢賦。宋文帝世，羊玄保製碁局圖。攜持山林屐，山林屐，謝靈運事。○爰盎傳：「屐步行三十里。」刺擿溝港艓。一枰〔四〕嘗自副，吳志：「然其所志，不出一枰之上。」當熱寧忘箑。反嗤禙襶子，言溺於棋間，忘寒暑也。但守一經笈。集韻：「禙，乃代反。襶，丁代反。訓不曉事也。」初學記載程曉伏日詩云：「今世禙襶子，觸熱向人家。」言嗤彼觸熱向人者，而但自守一經笈也。亡羊等殘生，朽筴何足摺〔五〕。莊子：「臧與穀牧羊，而俱亡其羊。問臧奚事，則挾筴讀書。問穀奚事，則博塞以游。事業不同，其亡羊均也。」歡然值手敵，謝安傳：「是日玄懼，便爲敵手，而又不勝。」便與對匕筴。遇敵而喜，遂同食飲。縱横子墮局，膈膊聲出堞。梁徐陵兩頭纖纖歌：「膈膈膊膊鷄初鳴。」○楞嚴經：「隔垣聽聲響，遐邇俱可聞。」樵夫弛遠擔〔六〕，牧奴停晏饁。旁觀各技癢，當局者迷，袖手旁觀者勝之。竊議兒女囁。所矜在得喪，聞此更心惵。熟視籠兩手，徐思撚長鬣。唐人詩：「吟安一個字，撚斷數條鬚。」微吟靜愔愔，昭公十二年：「祈招之愔愔，式昭德音。」堅坐高帖帖。杜牧之送冀處士詩：「壇宇寬帖帖，符采高酋酋。」未快巖谷叟，斧柯常〔七〕爛浥。晉王質入山斫木，見二童圍棋，坐觀之。及起，斧柯已爛矣。趨邊恥局縮，穿腹愁危棄。或撞關以攻，或覷眼而壓。或羸行伺擊，或猛出追躡。碁經有邊、腹、關、眼。○牧之送國碁詩：「羸形暗出春泉長，猛勢横來野火燒。」垂成忽破壞，王衍傳：「石勒語衍：『破壞天下，正是君罪。』」中斷俄連接。遯齋閑覽：「荊公碁品殊下。每與人對局，未嘗致思，隨手疾應。覺其勢將敗，便斂之，曰：『本圖適性忘慮，反苦思勞神，不如且已。』與葉致遠敵手，嘗贈葉詩，有『垂成』、『中斷』之句。是知公棊不甚高。詩又云『諱輸』、『悔誤』，是又未能忘情於一時之得喪也。」〇苕溪漁隱曰：「介甫有絕句云：『莫將戲事擾真情，且可隨緣道我贏。』則圖適性忘慮之語，信有證矣。若魯直於棊則不然，如『心似蛛絲游碧淮，身如蜩甲化枯枝。』則苦思忘形，較勝負於一着，與介甫措意異矣。」或外示閒暇，伐事先和燮。或冒突超越，鼓行令震疊。或粗見形勢，驅除令遠蹀。或開拓疆境，欲并包摠攝。或僅殘尺寸，如黑子着靨。賈誼傳：「淮陽王之比大諸侯，僅如黑子之着面。」或橫潰解散，如尸僵血喋。或慙如告亡，或喜如獻捷。襄公十四年：「告亡而已，無告無罪。」莊公三十一年：「齊侯來獻戎捷。」陷敵未甘虜，司馬遷傳：「李陵，彼之不死，欲得當以報漢也。」報仇方借俠。游俠傳：「郭解以軀藉友報仇。」注：「藉，謂借助也。」諱輸寧斷頭，蜀志：「嚴顏：『有斷頭將軍，無降將軍。』」悔誤乃批頰。評曰：十字頗得情態。〇五代優人敬新磨戲批莊宗頰。終朝已罷精，既夜未交睫。漢爰盎傳：「太后嘗病三年，陛下不交睫。」翻然悟且嘆，此何宜劫劫。孟軻惡妨行，孟子離婁：「博弈好飲酒，不顧父母之養，二不孝也。」陶侃懲廢業。陶侃傳：「諸參佐或以談戲廢事，乃命取其酒器、蒱博之具，悉投于江。」〇又曰：「樗蒱者，牧猪奴戲耳。」揚雄有前言，揚子：「或問：『侍君子博乎？』曰：『侍坐則聽言，有酒則觀禮，焉事博乎？』」韋曜存往牒。吳韋曜傳：「時蔡穎亦在東宮，性好博弈。太子和以爲無益，命曜論之。」云云。今世之人，多不務經術，好玩博弈，廢事棄業，忘寢與食，窮日盡明，繼以脂燭。晉臣抑帝手，杜預傳：「晉武帝與中書令張華圍棋間，預表適至，華推枰斂手，曰：『陛下聖明神武，國富兵強，吳之荒淫驕虐，宜亟討之。』」捘〔八〕侯何啻涉。定公八年：「晉侯盟于鄟澤。趙簡子曰：『羣臣誰敢盟衞君者？』涉佗、成何曰：『我能盟之。』衞人請執牛耳。成何曰：『衞，吾溫、原也，焉得視諸侯？』將歃，涉佗捘衛侯之手，及腕，衛侯怒。」注云：「捘，擠也。血至捥。捘，子對反。」治城子争道，王導常共子悦弈棊争道，導歎曰：「相與有瓜葛，那得爾耶？」拒父乃如輒。衛出公輒拒其父莊公。蒯聵事，見哀公十五年。争也實逆德，論語：「其争也君子。」○越語：「范蠡云：『勇者，逆德也；争者，事之末也。』」豈如私鬬怯？商君傳：「民勇於公戰，怯於私鬬，鄉邑大治。」藝成況窮苦，此殆天所厭。德成而上，藝成而下。如今劉與李，倫等安可躐。試令取一毫，亦乏寸金鑷。四分律云：「比丘鼻毛被俗譏嫌，白佛，佛令畜鑷，使金銀作，佛制不許，唯用銅鐵。」以此待君子，未與回參協。操具投諸江，道耕而德獵。

【校記】

〔一〕「窮」，宫内廳本作「云」。

〔二〕「圓如璧」，臺北本作「故曰『環流』」。

〔三〕「尋」，宫内廳本作「看」。

〔四〕「枰」，宋本、龍舒本、叢刊本作「抨」。

〔五〕「摺」，龍舒本作「挾」。

〔六〕「擔」，原本、臺北本作「檐」，據宋本、叢刊本改。

〔七〕「常」，龍舒本作「嘗」。

〔八〕「捘」，原本、臺北本作「梭」，據左傳改，注同。

白鶴吟示覺海元公

白鶴聲可憐，紅鶴聲可惡。白鶴静無匹，紅鶴喧無數。白鶴招不來，紅鶴揮不去。鄧侯挽不來，謝令推不去。○汲黯傳：「麾之不去。」揮，與麾同。長松受穢死，乃以紅鶴故。北山道人曰：美者自美，吾何爲而喜？惡者自惡，吾何爲而怒？列子云：「楊朱過宋，舍於逆旅。逆旅人有妾二人，其一人美，一人惡。惡者貴而美者賤。楊子問故，曰：『美者自美，吾不知其美也；惡者自惡，吾不知其惡也。』」左太冲詩：「貴者雖自貴，視之者輕塵。賤者雖自賤，重之若千鈞。」此即句法。去自去耳，吾何闕而追？來自來耳，吾何妨而拒？何休公羊傳録：「戎來者勿拒，去者勿追。」吾豈厭喧而求静，吾豈好丹而非素？江淹傳：「好丹而非素。」論文章也。汝謂松死吾無依邪？吾方捨陰而坐露。評曰：無味。○韓退之詩：「青天露坐始此迴。」○余於臨川，得公此詩刻本。有跋在後，今附見篇末：「白鶴吟，留鍾山覺海之詩也。先是，講僧行詳與公交舊，公延居山中。詳有經論，每以善辯爲名，毁訾禪宗。先師普覺奄化西庵，而覺海孤立，詳益驕傲，師弗之争，屢求退庵席，公固留不可。悟詳譎妄，遂逐詳而留師，乃作是詩焉。白鶴，譬覺海也；紅鶴，行詳也；長松，普覺也。覽是詩者，即知公與二師方外之契不爲不厚矣。景齊久藏其本，今命工刻石，兼書其所以云。」

示安大師

道人深北音背。山爲家，宴坐白露眠蒼霞。韓退之詩：「攝身凌蒼霞。」手扶棁杖雖老矣，禰衡傳：「手持三尺棁杖，以杖箠地，大駡曹操。」棁，他活切。走險尚可追麏麚。文公十七年：「不德，則其鹿也，鋌而走險，急何能擇？」○麏，一作「麇」，又作「麚」，鹿屬也。麚，牡鹿。○楚詞：「白鹿麏麚兮，或騰或倚。」踞堂俯視何所有？窈窕樛木垂榠樝。樛木詩注：「木下曲，曰樛。」廣志曰：「榠樝，其子甚酢。出西方。」内則〔一〕云：「柤、棃曰攢之。」榠樝，一名蠻樝。本草云：「與木瓜相類，看蔕間別有重蔕如乳者爲木瓜，無此者爲榠樝也。」○歐公歸田録：「唐、鄧間多大柿，其初生澀，堅實如石，九百十柿，以一榠樝置其中，則紅熟如泥而可食。」按，此榠樝，一物也。○爾雅釋果：「樝似棃而酢澀。」王敬則執榠查，以刀子削之。到撝曰：「此非元徽頭，何事自契之？」深尋石路仍有栗，持以饋我因烹茶。

補注 有栗 杜詩：「山家蒸栗暖。」〔二〕

【校記】

〔一〕「内則」，原作「玉藻」，據禮記及清綺齋本改。

〔二〕本注原闌入題下，無「補注」二字。

示寶覺

宿雨轉歊煩，朝雲擁清迴。蕭蕭碧柳輭，樂天柳詩：「嫩如金色輭如絲。」脉脉紅蕖靚。選詩：「盈盈一水間，脉脉不得語。」○子虛賦：「青琴、宓妃之徒，妖冶閑都，靚糚刻飾。」退之詩：「桃李晨糚靚。」靚字施於芙蕖，尤妙。默卧如有懷，荒乘豈無興？荒乘，見招約之注。幽人適過我，共取墻陰徑。杜詩：「冥冥子規叫，微徑不復取。」

定林示道原

昨登定林山，俯視東南陔。束皙補亡詩：「循彼南陔。」但見一方白，莫知所從來。瀉銀注寒晶，李賀溫湯詩：「瀉銀注鏡井口平，鸞釵映月寒錚錚。」奩以青培堆。杜牧詩：「一鏡奩曲堤。」迢迢晻靄中，疑有白玉臺。是夕清風興，煩雲豁然開。常娥攀桂枝，顧景久徘徊。淮南子曰：「羿請不死之藥於西王母，常娥竊之而奔月。」虞喜安天論曰：「俗傳月中仙桂樹，今視其初生，見仙人之足漸已成形，桂樹乃生。」杖藜忽高秋，陳迹與子陪。壯觀非復昔，平蕪夜莓苔。

我所思寄黃吉甫

我所思兮在彭蠡，張衡四愁詩每章首言：「我所思兮。」一奩寒晶徑千里。一奩，言鏡奩也。○退之月蝕詩：「徑圓千里納汝腹。」此言湖之闊也。天低紺滑風静止，月澹星渟尤可喜。亦復可憐波浪起，琉璃崩嵌湧巔緣。少陵渼陂行：「天地黯慘忽異色，波濤萬頃堆琉璃。」萬斛之舟簸一葦，盛言水之大也。○退之送鄭尚書序：「飄風一日，棹數千里。」超邑越都如歷指。王褒聖主得賢臣頌云：「過都越國，蹶如歷塊。」岸沙雪積山雲委，瀕彭蠡湖有堆阜連延，沙積所成，遠望如白雪。或言龍所運也。山，謂廬山。○沈約作謝靈運贊：「波濤雲委。」注：「積也。」○甘泉賦：「瑞穰穰兮委如山。」雲半飛泉掛龍尾。跳空散作平地水，牛乳芳甘那得比。牛乳，見後元豐行注。蘿蔦冥冥蔭演迤，詩：「蔦與女蘿，施于松柏。」演迤，謂水也。退之藍田丞壁記：「泓涵演迤，日大以肆。」稍上尋源出奇詭。像圖釋迦祠老子，釋迦，佛名，净飯王太子，入雪山，修道證果。老子，即周柱史老聃也。臺殿晻靄相重累。石槽環除逗清泚，松竹靚深無虎兕。其徒翛然棄塵滓，白樂天言：「自遺愛草堂歷東、西二林，抵化成，憩峯頂，登香爐峯，宿大林寺。大林窮遠，人跡罕到。環寺多清流、蒼石、短松、瘦竹，寺中唯板屋木器，其僧皆海東人。山高地深，時節絶晚，于時孟夏，如正、二月天。梨桃始華，澗草猶短，人物風候與平地聚落不同。初到，恍然若別有世界者。」余嘗親至此處，疑詩所指，即大林也。○王維藍田山石門精舍詩：「捨舟理輕策，果然愜所適。老僧四五人，逍遥蔭松柏。朝梵林未曙，夜禪山更寂。」雖未應真終適己。天台賦：「應真飛錫以躡虛。」注：「謂得真道之人。」莊周傳：「其言汪洋自恣以適己。」其書又云：「適人之適而不自適其適。」又：「吾所謂聰者，非謂其聞彼也，自聞而已矣，非謂其見彼也，自見而已矣。夫不自見而見彼，不自得而得彼者，是謂得人之得而不自得其得，此適己之意也。」黃侯可與談妙理，視棄榮宦〔一〕猶弊屣。「嗟乎！使吾得如黃帝，眎棄天下猶弊屣也。」漢武帝語。○孟子：「舜視棄天下如棄弊屣也。」每採紫芝求石髓，紫芝，用四皓事。又晁无咎言：盧山有紫芝田百畝，人莫之見。晁嘗於棲賢林中得一枝。公詩或指此也。○神仙傳：「王烈入太行山，見石孔中有青泥流出，烈取之摶之，隨手堅凝，氣味如粳米飯。」○按，神仙經云：「此石髓，服之，壽與天齊。」我欲從之勸游徙。語：「雖欲從之，末由也已。」○司馬相如傳：「長卿故倦游。」穀城公孫能若此，穀城公孫，謂黃也。五老聞之當啓齒。郭璞游仙詩：「靈妃顧我笑，粲然啓玉齒。」○王子年拾遺記：「舜時有五老人游行，舜乃作五老星祠祭之。是夜，五大星出。」寄聲五老吾念爾，相見無時老將死。盧山有五老峯。

【校記】

〔一〕「宦」，龍舒本、宮内廳本作「官」。

寄朱昌叔

楚公有三女，皆公女弟也。次適朱明之，仕至大理少卿。昌叔，其字也。此必是公卿使時所寄。

西安春風花幾樹，花邊飲酒今何處。一盃塞上看黃雲，郎士元詩：「春色臨邊盡，黃雲出塞多。」萬里寄聲無鴈去。世事紛紛洗更新，老來空得滿衣塵。青山欲買江南宅，歸去相招有此身。李白晚歲至姑熟，悅謝家青山，有終焉之志。○竇鞏詩：「莫驚此度歸來晚，買得西山正值春。」言晚歲欲相依也。下又有寄昌叔七言詩云：「買宅相招亦本謀。」指此句也。

與僧道昇二首

昇也初見我，膚腴仍潔白。今何苦而老，手脚皴以黑。皴，音逡。趙充國傳：「手足皸瘃。」皸，音軍。聞有道人者，於今號禪伯。嬲汝以一句，嵇康書：「足下嬲之不置，不過欲爲官得人，以益時用耳。」○隋史志：「釋迦之苦行也，諸外道邪人並來嬲惱，以亂其心，而不能得。」嬲，奴了切，惱也。西歸瘦如腊。楊王孫云：「欲化不得，鬱爲枯腊。」○又，古有人腊，長三寸許，百體皆具，云是僬僥國人。汝觀青青枝，歲寒好顏色。此松亦有心，豈問庭前柏。禮記：「如松柏之有心。」庭前柏樹子，趙州事。

其　二〔一〕

梵語跋陀婆羅，此云賢守。自守護賢德，復守護衆生。

跋陀羅師能幻物，幻穢爲淨持幻佛。列子：「老成子學幻於尹文先生，三年不告。老成子請其過而求退，尹文告之曰：『昔老聃云：有生之氣，有形之狀，盡幻也。造化之所始，陰陽之所變者，謂之生，謂之死。窮數達變，因形移易者，謂之化，謂之幻。造物者，其巧妙，其功深，固難窮難終。因形者其巧顯，其功淺，故隨起隨滅。知幻化之不異生死也，始可與學幻矣。吾與汝亦幻也，奚須學哉！』」佛幻諸天以戲之，佛書：「幻人興幻，幻輪圍幻。業能招幻，所持不了幻，空遭幻苦了。知爲幻，幻何爲？」幢幡香果助設施。茫然悔欲除所幻，還爲幻佛力所持。佛天與汝本無間，汝今何恭昔何慢。佛謂如來，天謂帝釋。○史記：「蘇秦笑其嫂曰：『何前倨而後恭？』」十方世界〔二〕本來空，受記豈非遭佛幻。維摩受記事。楞嚴經第五卷：「不取無非幻，非幻尚不生。幻法云〔三〕何立？是名妙蓮華。」

【校記】

〔一〕此首見於龍舒本卷四十三。龍舒本卷五十一重出，題作「佛幻」，字詞稍異，四句「果」作「花」，九句「世界」作「三世」。

〔二〕「世界」，龍舒本、宋本、叢刊本作「三世」。

〔三〕「云」，字原脱，據宮内廳本補。

贈彭器資

器資，名汝礪，饒州鄱陽人。治平二年進士第一，公早所厚。晚立朝風節彌卲，無所左右。贈詩時，器資未入朝，後以公薦而用。

鄱水滔天竟東注，堯典：「湯湯洪水方割，浩浩滔天。」○詩文王有聲：「豐水東注，維禹之績。」氣澤所鍾賢可慕。文章浩渺足波瀾，杜詩：「文章曹植波瀾闊。」行義迢迢有歸處。中江秋浸兩崖間，莊子：「秋水時至，涇流之大，兩涘渚涯之間不辨牛馬。」遡洄與我相往還。詩蒹葭：「遡洄從之。」注云：「逆流而上曰遡洄。」我挹其清久未竭，郭林宗云：「奉高之器，譬諸汎濫，雖清而易挹。」復得縱觀於波瀾。孟子：「觀水有術，必觀其瀾。」○縱觀，出項羽傳。放言深入妙雲海，示我僊聖本所寰。列子湯問：「仙聖爲之臣。」○韓退之谷湫詩：「幽暗鬼所寰。」○楞嚴經：「佛告阿難：『汝應諦聽，今當示汝無所還地。』」楞迦〔一〕我亦見髣髴，楞迦乃海上山，下瞰大海。佛説此經時，指海爲諭。歲晚所悲行路難。言從善如登也。又「知之非艱，行之惟艱」，恐亦此意。古樂府有行路難，然此詩意不指此。佛書言：「難行能行，難忍能忍。」

【校記】

〔一〕「楞迦」，臺北本同，餘本作「楞伽」。

贈王居士

武林王居士，與子俱學佛。以財供佛事，不自費一物。經言：「布施汝者，不名福田。供養汝者，墮三惡道。」意謂以財作佛事，止爲有漏之因耳，又疑財本身外之物，取其了此理而不吝。

贈李士雲

李子山水人，而常寓城郭。毫端出窈窕，心手初不着。莊子：「不疾不徐，得之於手而應於心。」我聞大梵天，擎跨雞孔雀。執鈴揚赤幡，浩劫浄無作。佳哉子能圖，可以慰寂寞。相與驗其真，他年在寥廓。太平廣記洪昉禪師傳：「天中物皆自然化生。若念食時，七寶器盛食即至。若念衣時，寶衣亦至。無日月光，一天人身光踰於日月。須至遠處，飛空而行，如念即到。昉既睹奇異，備言其所見。乃畫爲屏風，凡二十四扇。觀者驚駭。」

補注　山水人　晉史李太后傳：「有道士許邁，帝從容問之，答曰：『是好山水人，本無道。』」〔一〕

【校記】

〔一〕本注原闌入詩注末，無「補注」二字。

補注　用前韻戲葉直講　刺牒　陳平傳：「佐刺舡。」　何足搯　謂陳蠹不必苦耽。　牧奴　陶侃取博具投之江中，曰：「此牧猪奴戲耳！」　竊議　言側耽者不能自默，必謂某將勝，某將負。　心惵　棊者既怵於喪，聞旁人呫囁，心更殞穫。　邊腹　邊、腹、關、眼，皆棋訣也。康節詩云：「腹心受害誠堪懼，脣齒生憂尚可醫。」又禪家説禪爲喻云：「有一般底，只解閉門作活，不會奪角衝關。硬節與虎口齊張，局破後徒勞掉斡，所以道『肥邊易得，瘦肚難求』，息行則往往失黏，心麄則時時頭撞。」　諱輸　常人之情則諱輸，上智大度之人不然也，不獨棋爲然。本朝太宗時，有待詔賈玄者，常侍上棋。太宗饒玄三下，玄常輸一路。太宗知玄挾詐，不盡其藝也，乃謂之曰：「此局汝復輸，我當榜汝。」既而滿局不生不死。太宗曰：「汝亦詐也！更圍一局，汝勝，賜汝緋；不勝，當投汝於泥中。」既而局平，不勝不負。太宗曰：「我饒汝子，今而局平，是汝不勝也。」命左右抱投之水中。玄至水厓，乃呼曰：「臣握中尚有一子。」太宗大笑，賜以緋衣。蘇子云云。

悟歎 言思之苦也。俚語有云：「從前十九路，迷悟幾多人？」

劉李 劉與李，未詳，豈當時善棋者如李重恩等類乎？○仁廟時，有李重恩，善弈碁，冠絕當世，然形神昏懵，時人謂之「李懵」，弈碁之外，一無所曉。與人對弈，坐而昏睡。人精思久之，方下一子。重恩開目，隨手應之，皆出人意表。善品碁者，以爲重恩在王積薪之上、賈玄之下。

庚寅增注第三卷

寄蔡天啓

方寸攝　永嘉禪師證道歌：「一月普現一切水，一切水月一月攝。」

好大　揚子：「好大而不爲大，不大矣。」

遠求近遺　近捨皇甫湜，遠取白居易。又，韓文：「小學而大遺。」

跂石　唐人詩：「跂石聊長歗，攀松作短歌。」

彈鋏　孟嘗君傳：「馮驩彈其劍而歌曰：『長鋏歸來乎，食無魚！』」

用前韻戲贈葉致遠直講

有寓　姑託物以遺興，如阮孚蠟屐、元德之結髮耳。

争道　晉書：「胡貴嬪嘗與武帝博，争道，傷帝指，帝怒曰：『真將種也。』」

白鶴吟

吾何闕　闕，猶欠也。

厭喧求静　達者喧寂一致。

示安大師

北　當從背音。

定林示道原

玉臺　杜詩：「下有鬱藍天，垂光抱瓊臺。」

莓苔　白詩：「月照青苔地。」又：「漠漠闇苔新雨地。」

贈彭器資

歸處　白詩：「海山不是吾歸處。」

妙雲海　華嚴經：「有世界名曰清浄光，金剛摩尼王爲體，形如樓閣，衆寶妙雲以爲其際，住於一切寶纓絡海。」

行路難　又疑詩意謂世道之艱，晚而欲學佛。

贈李士雲

梵天　公梵天畫讚：「梵天尚實，厥乘孔雀。雞知時語，鈐戒沉濁。皜身黄衣，於浄無着。乃持赤幡，歸趣正覺。」

王荆文公詩卷第四

古詩

題半山寺〔一〕壁二首

半山報寧禪寺，公故宅也。由東門至蔣山，此爲半道，故以半山爲名。其地亦名白塘，舊以地卑積水爲患。公卜居，乃鑿渠決水，以通城河。元豐七年，公以病聞，神宗遣國醫診視，既愈，乃請以宅爲寺，因賜額爲報寧禪寺。寺西有培塿，乃荆公決渠積土之地。又按續建康志：「半山寺，即公故宅也。公再罷政，以使相判金陵。到任，即納節，固辭同平章事，改左僕射。未幾，又懇求宫觀。累表，得會靈觀使，築第於白下門外，去城七里，去蔣山亦七里。平日乘一驢，從數僮，游諸寺。欲入城，則乘小舫，泛潮〔二〕溝以行。蓋未嘗乘馬與肩輿。所居之地，四無人家，其宅僅蔽風雨。又不設垣墻，望之若逆旅之舍。有勸築垣，輒不答。元豐之末，公被疾，奏捨此宅爲寺，有旨賜名報寧。既而疾愈，税城中屋以居，不復造宅。父老曰：今江寧縣治後廢惠民藥局，其地即公城中所税之宅也。」

我行天即雨，我止雨還住。雨豈爲我行？邂逅與相遇。姚崇傳：「行與壞會。」○詩野有蔓草：「邂逅相遇。」

【校記】

〔一〕「寺」，龍舒本作「亭」。

〔二〕「潮」，宮內廳本作「湖」。

其二

曹司封脩睦詩：「翠筠織簟寄禪齋，半夜秋從枕底來。若也此時人問道，涼天卷却暑天開。」曹最好禪，此詩即公首聯之意。

寒時暖處坐，熱時涼處行。衆生不異佛，佛即是衆生。評曰：甚善甚善。○華嚴經：「心、佛與衆生是三，無差別。」

定林寺

按，定林有上、下二寺。上定林寺舊基在蔣山應潮井後。按建康實録：「上定林寺，宋元嘉十六年，禪師竺法秀造，在下定林寺之後。乾道間，僧善鑑重建。」下定林寺在蔣山寶公塔西北。按塔寺記：「宋元嘉元年，又置下定林寺，東去縣一十五里。」南史：何嗣「入鍾山定林寺閱內典。」齊東昏侯嘗至定林寺，有沙門老病不能去，命左右射之，「百箭俱發」。二事但云定林寺，不云上、下。

衆木凜交覆，孤泉静横分。楚老一枝筇，於此傲人羣。王維詩：「吾師久禪寂，在世超人羣。」○公詩又云：「定林脩木老糸天。」城市少美蔬，想今困惔焚。詩雲漢：「如惔如焚。」且憑東南〔二〕一作「北」。風，韓退之效盧仝子月蝕詩：「寄牋東南風，天門西北祈風通。」持寄嶺頭雲。談藪：「陶弘景隱居華陽，高祖問之曰：『山中何所有？』弘景賦詩答之曰：『山中何所有？嶺上多白雲。但可自怡悦，不堪持寄君。』」

【校記】

〔一〕「南」，龍舒本、叢刊本作「北」。

題定林壁

定林又有菴，公嘗讀書於此。此詩必題菴壁也。

定林自有主，我爲林下客。客主各有心，還能共岑寂。

移桃花示俞秀老〔一〕

潘子真詩話云：「俞紫芝字秀老，喜作詩，人未知之。荆公愛焉，手寫其一聯『有時俗事不稱意，無限好山都上心』於所持扇，衆始異焉。弟清老，亦脩絜可喜，俱從山谷游。」

舍南舍北皆種桃，東風一吹數尺高。杜詩：「舍南舍北皆春水，但見羣鷗日日來。」枝柯蔫綿花爛熳，美錦千兩敷亭皋。閔公二年：「重錦三十兩。」注：「以二丈雙行，故曰兩。三十兩，三十匹也。」晴溝漲春緑周遭，劉禹錫詩：「山圍故國周遭在。」俯視紅影移漁舠。山前邂逅武陵客，水際髣髴秦人逃。淵明桃花源記：「武陵人捕魚，忽逢桃花林，夾岸繽紛。山有小口，彷彿若有光，便捨船，從口入。初極狹，纔通人。復行數十步，便豁然開朗。土地平曠，屋舍儼然。男女衣着悉如外人。自云先世避秦時亂來此，遂與外人間隔，問今是何世。」**攀條弄芳畏晼晚，**劉夢得玉蘂花詩：「攀枝弄雪時回顧，驚怪人間日易斜。」**已見黍雪盤中毛。**家語：「孔子侍宴於魯哀公，賜之桃與黍。仲尼先飯黍，而後噉桃。哀公曰：『黍以雪桃也。』對曰：『丘知之矣。夫黍，五穀之長，而桃爲下，君子以賤雪貴，不聞以貴雪賤也。』」○禮記内則：「桃曰膽之。」注：「桃多毛，拭治去毛，令色青滑如膽，不聞以黍雪，宜孔子之不然之也。」**仙人愛杏令虎守，百年終屬樵蘇手。**樵，取木也。蘇，取草也。○韓信傳：「樵蘇後爨。」○葛洪神仙傳：「董奉居廬山，治人疾，不取貲，使愈者人植杏五株。數年成林，奉乃作倉，宣言：人買杏者，不須來報，但一器杏償一器稻。人有欺者，猛獸輒逐之。所積稻，復以施人。」余嘗至杏林故地，即今太一觀是也。○唐人張景嘗有詩云：「桃花漫説武陵源，誤殺劉郎不得仙。争似蓮花峯下客，栽成紅杏上青天。」○王維詩：「虎賣杏兮收穀。」**我哀[二]此果復易朽，蟲來食根那得久？**李白詩：「桃生露井上，李樹生桃傍。虫來嚙桃根，李樹代桃殭。」○桓譚新論：「劉子駿信方士虚言，爲神仙可學。余見其庭下大榆樹久而剥折，指謂曰：『彼樹無情，然猶朽蠹；人雖欲愛養，何能使之不衰？』」**瑶池紺絶誰見有？更值花時且追酒，**瑶池，謂蟠桃，言其説荒唐也。○古詩言：「服藥求神仙，多爲藥所誤。不如飲美酒，被服紈與素。」亦此意也。○唐楊巨源詩：「免令杯酒負花時。」**君能酩酊相隨否？**

【校記】

〔一〕龍舒本卷七十九題作「移桃花」。

〔二〕「哀」，諸本作「衰」。

對碁與道原至草堂寺〔一〕

北風吹人不可出，清坐且可與君碁。明朝投局日未晚，投，博，具見戲贈葉致遠注。從此亦復不吟詩。白公詩：「詩多聽人吟，自不題一字。」

【校記】

〔一〕龍舒本卷四十八題同；「道原」，原作「道源」，據龍舒本、宋本和叢刊本目録改。道原即沈季長，王安石妹婿。曾鞏元豐類稿仁壽縣太君吴氏墓誌銘：「女二人：……次適揚州沈季長。」王安禮王魏公集故朝奉郎權發遣秀州軍州兼管内勸農事輕車都尉借紫沈公墓誌銘：「公諱季長，字道原。」上海博物館藏王安石書楞嚴經墨蹟，卷末記曰：「余歸鍾山，道原假楞嚴本，手自校正。」亦作「道原」。本書卷四十八、龍舒本卷七十七重出，題作「對棊呈道原」，第三句「日」作「亦」。

書八功德水庵 詳見八功德水注。

幽獨若可厭，真實爲可喜。見山不礙目，聞水不逆耳。翛然無所爲，自得而已矣。言見山聞水，默與意會，豈復有礙哉！○莊子大宗師篇：「古之真人翛然而往，翛然而來而已矣。」○孟子：「欲其自得之也。」

放魚

捉魚淺水中，投置最深處。退之：「投閑置散，乃分之宜。」當暑脱煎熬，翛然泳而去。豈無良庖者，莊子：「良庖歲更刀，割也。」可使供匕箸。檀弓：「杜蕢曰：『蕢也，宰夫也，唯刀匕是供。』」物我皆畏苦，捨之寧啖茹。陸璣草木蟲魚疏：「遼東梁水，魴時〔一〕美。曰：『居就糧，梁水魴。』」鱮似魴而頭大，魚之不美者也，故里諺曰：「網魚得鱮，不如啖茹。」○叔孫通傳：「呂后與陛下攻苦食啖。」注：「食無菜茹曰啖。」師古曰：「啖，當作淡。」○史記循吏傳：「食茹。」又，王梵詩雖俚，言亦可取。其詩云：「我肉衆生肉，形殊性不殊。元同一性命，只是别形軀。苦痛教他死，將來濟己須。莫教閻老斷，自想意何如？」又云「勸君莫殺命」云云。「喫他他喫你，輪環作主人。」此即物我皆畏苦之意。

【校記】

〔一〕「陸璣」，原作「陸機」。「時」，原缺，據宫内廳本補。

霾　風

霾風摧萬物，暴雨膏九州。「終風且霾。」注：「雨土也。」○詩：「陰雨膏之。」○老子：「驟雨不終日。」○戰國策：「趙襄子曰：『江河之大，不過三日，飄風暴雨不終朝，日中不須臾。』」卉花何其多，天闕亦已稠。爾雅：「卉，草也。」○杜詩：「紅稠屋角花。」○天闕，建康山名，即牛首山，詩或指此。白日不照見，乾坤莽悲愁。杜詩：「皇天未省見白日。」又：「乾坤莽回玄。」時也獨奈何，我歌無有求。詩黍離：「知我者謂我心憂，不知我者謂我何求。」

偶　書

惠施說萬物，莊子：「惠施多方，其書五車。」槃特忘一句。楞嚴經：「周利盤特迦，此云蛇奴，善見律又翻爲『路傍生』。有長者女，淫奔他國，思唁父母，中路生子，因以爲名。或云：過去世曾生蛇中，其身隱然有文如蛇。或云：禱于蛇神而生，故云蛇奴。曾爲大法師，有五百弟子，祕吝佛法，不肯教人，得暗鈍報，以宿善故，遇佛出家。五百比丘，同授一偈，經九十日，不記隻字。又說，其兄盤伽先已得度，而盤特賦性愚鈍，爲兄所逐，出門涕泣。如來知其根熟，付與掃箒，日使掃地，教誦『掃箒』二字，得前忘後，得後忘前。思惟日久，因有發明，曰：『掃除喻八正道，塵糞喻三毒垢。掃箒義者，正謂是矣。』乃令住閑静處，端坐正意，調出入息。由心散亂，一句伽陁不能記憶。且數鼻中出入息風，入息爲首，曰：『入息一，出息二。』從一至十，周而復始，先入後出，順生數，先出後入，順死數。一生一滅，循環無端。微細窮盡，生滅無從。息風亦空，心亡分別。豁然開悟，見息實相本一妙明圓常之性，乃成無學。」○雜阿含云：「世典外道，見盤特辭義鈍拙，爲曰：『我今欲與汝論義。』盤曰：『我常與國王大臣等論義，況汝盲無目人。』外道曰：『盲無目何殊？』特無語對，飛身在空，現大神通。外曰：『我不問汝，通舍利佛在定觀，見化身爲？』盤特從空而下，問外道曰：『汝是何人？』曰：『我是男兒大丈夫。』曰：『男兒與大丈夫何別？』外道無答。」寄語讀書人，呶呶非勝處。

即事二首

雲從鍾山起，却入鍾山去。借問山中人，雲今在何處？

其　二

雲從無心來，還向無心去。無心無處尋，莫覓無心處。禪歌：「莫道無心便爲道，無心猶隔一重關。」又：「大智發於心，心於何處尋？」

擬寒山拾得二十首〔一〕

其一

牛若不穿鼻，豈肯推人磨？馬若不絡頭，隨宜而起卧。

莊子秋水篇：「河伯曰：『何謂天？何謂人？』北海若曰：『牛馬四足，是謂天；絡馬首，穿牛鼻，是謂人。故曰：無以人滅天，無以故滅命。』」○莊子馬蹄篇：「齕草飲水，翹足而陸，此馬之真性也。雖有義臺路寢，無所用之。及至伯樂，曰：『我善治馬。』燒之，剔之，刻之，雒之，連之以羈馽，編之以皁棧，馬之死者十二三矣！飢之，渴之，馳之，驟之，整之，齊之，前有橛飾之患，後有鞭筴之威，而馬之死者已過半矣！」

乾地終不涴，平地終不墮。

乾地、平地，説境。不涴、不墮，説自心也。○心經疏云：「本圓自性，體同大虛，垢本何依？淨從何立？」

擾擾受輪迴，秖緣疑這箇。

寒山詩：「不省這箇意。」

【校記】

〔一〕「二十首」，原作小字，據目録改；又，龍舒本作「十九首」，缺「其二十」一首。

其　二

我曾爲牛馬，見草豆歡喜。莊子天運篇：「昔者，子呼我牛也而謂之牛，呼我馬也而謂之馬。」○太平廣記：「唐劉三復能記三生事，云曾爲馬，馬常患渴，望驛而嘶，傷其蹄，則連心痛。後三復乘馬磽确之地，必爲緩轡，有石必去之。其家不施門限，慮傷馬也。」○揚子：「羊質而虎皮，見草而悅。」又曾爲女人，歡喜見男子。此言衆生結習易染，雖宿命所好，今生猶戀着也。我若真是我，秖合長如此。若好惡不定，應知爲物使。堂堂大丈夫，莫認物爲己。小人役於物，爲物使也。故楞嚴經云：「若能轉物，即同如來。」○論語：「堂堂乎張也。」○圓覺經：「譬如有人，認賊爲子，其家財寶，終不成就。」

其　三

凡夫當夢時，眼見種種色。此非作故有，亦非求故獲。不知今是夢，道我能蓄積。貪求復守護，嘗怕水火賊。既覺方自悟，本空無所得。圓覺經：「善男子，此無明者，非實有體，如夢中人，夢時非無，及至於醒，了無所得。」死生如覺夢，此理甚明白。生猶夢也，死猶覺也。○退之祭柳子厚文：「人之生世，如夢一覺，其間利害，竟亦何校？」○圓覺經：「生死涅槃，猶如昨夢。善男子如昨夢故，當知生死及與涅槃，無起無滅。」○淮南子曰：「方其夢也，不知其夢也，覺而後知其夢也。今將有所大覺，乃知此之爲大夢也。」○邵康節夢詩：「水成流處豈無聲，花到盡時安有色？」俗人夢覺，始知其空，而不知世間諸緣，亦皆夢也。

其四

風吹瓦墮屋，正打破我頭。瓦亦自破碎，豈但我血流。我終不嗔渠，此瓦不自由。莊子達生篇：「復讎者不折鏌干，雖有忮心者，不怨飄瓦。」注：「由瓦無情故。」衆生造衆惡，亦有一機抽。見境即動，亦不自由也。渠不知此機，不悟此機，是妄也。○楞嚴經：「雖見諸根動，要以一機抽。」又：「一處成休復，六用皆不成。」謂息機也。故自認愆尤。此但可哀憐，忠國師心經注：「恒沙妙教，只爲攀緣。一念不生，諸緣頓息。無邊病本，隨念消除。歷劫罪山，一時摧倒。」勸令真正脩。寶積經：「煩惱性是佛境界，觀煩惱性空是正脩行。」豈可自迷悶，與渠作冤讎？迷悶，謂不識自心也。

補注

僧問慶諸禪師西來意，師曰：「空中一片石，會麽？」曰：「不會。」師曰：「賴汝不會，會即打破你頭。」〔一〕

【校記】

〔一〕本注原闌入詩注末，無「補注」二字。

其　五

若言夢是空，覺後應無記。若言夢非空，應有真實事。燔燒陽自招，沉溺陰自致。令汝嘗驚魘，豈知安穩睡？

列子：「一體之盈虛消息，皆通於天地，應於物類。故陰氣壯，則夢涉大水而恐懼；陽氣壯，則夢涉大火而燔焫。」〇又：「浮虛爲疾者，則夢揚；沉實爲疾者，則夢溺。」然詩意非列子所指也。〇遺教經云：「黑蛇藏汝室睡，當以持戒之鉤早併除之，即可安眠。」

其　六

馬祖語亮坐主曰：「從生從死，只是這箇。」南泉語黃蘗運曰：「長老身才没量大，笠子大小生。」

人人有這箇，這箇没量大。坐也坐不定，走也跳不過。鋸也解不斷，鎚也打不破。作馬便搭鞍，作牛便推磨。

僧問南泉：「只如亡僧遷化，向甚麽處去？」答云：「東家作牛，西家作馬。」又問：「意旨如何？」答云：「遇騎即騎，遇下即下。」

若問無眼人，這箇是什〔一〕麽？便遭伊纏繞，鬼窟裏忍餓。

認着依前還不是，後四句即此意。

【校記】

〔一〕「什」，龍舒本、宋本、叢刊本作「甚」。

其七

我讀萬卷書，識盡天下理。智者渠自知，愚者誰信爾。不信吾說也。奇哉閑道人，跳出三句裏。禪宗論雲門有三種語：其一爲「隨波逐浪」句，謂隨物應機，不主故常；其二爲「截斷衆流」句，謂超出言外，非情識所到；其三爲「函蓋乾坤」句，謂泯然皆契，無間可伺。其深淺以是爲序。獨悟自根本，不從他處起。評曰：華嚴經云：「不由他悟。」○即聖人反求諸己，反身而誠。

其八

幸身無事時，種種妄思量。張三袴口窄，李四帽簷長。失脚落地獄，將身投鑊湯。誰知受熱惱，却不解思涼。詩言人不能破妄歸真，滅去衆念，死受諸苦，皆由此也。是猶執熱而不以濯也。

其九

有一即有二，有三即有四，一二三四五，有亦何妨事。莊子齊物篇：「一與言爲二，二與一爲三。自此以往，巧曆不能得，而況其凡乎！故自無適有，以至于三，而況自有適有乎！」○白雲端禪師云：「一二三四五，剩得太多；六七八九十，却少些子，作磨生向定盤星上秤得恰好去。大衆，到頭霜夜月，任運落前溪。」如火能燒手，要須方便智。若未解傳薪，何須學鑽燧？莊子：「指窮於爲薪，火傳也，不知其盡也。」○鑽燧，出論語。

其十

昨日見張三，嫌他不守己。歸來自悔責，分別亦非理。今日見張三，分別心復起。若除此惡習，佛法無多子。評曰：説得有悟處。○用烏窠事。○大業拾遺：「煬帝爲張麗華賦詩：『見面無多子，聞名爾許時。』」

其十一

傀儡秖一機，楞嚴經：「如世巧幻師幻作諸男女，息機歸寂然，諸幻成無性。」○樂府雜録：「傀儡起漢平城之圍。陳平訪知閼氏妬忌，造木偶，運機關舞埤間。閼氏望見，謂是生人，慮下城，冒頓必納之，遂退軍。」後黐爲戲。舊唐書樂志又有窟儡子等戲。種種没根栽。道書：「青童君：『欲植滅度根，先拔生死栽。』」被我入棚中，昨日親看來。方知棚外人，擾擾一場敳。心役於五根，亦猶傀儡爲人牽掣。僧問：「如何是第三句？」臨濟師曰：「看取棚頭弄傀儡，抽牽全藉裏邊人。」終日受伊謾，更被索錢財。評曰：切近。樂府雜録：「傀儡起漢平城之圍。」

其十二

李生〔一〕坦蕩蕩，李生，指士雲也。○論語：「君子坦蕩蕩。」所見實奇哉。問渠前世事，答我燒炭來。炭成能然火，火過却成灰。灰成即是土，隨意立根栽。圓覺經：「譬如鑽火，兩木相因，火出木盡，灰飛煙滅。以幻修幻，亦復如是。」○偈云：「如木中生火，木盡火還滅。覺即無漸次，方便亦如是。」

【校記】

〔一〕「李生」，龍舒本、宋本、叢刊本作「季生」。

其十三

衆生若有我，我何能度脱？衆生若無我，已死應不活。衆生不了此，便聽佛與奪。我無我不二，維摩經：「加旃延問疾，維摩云：『於我無我而不二，是無我義。』」注：「小乘以封我爲累，故尊於無我，無我既尊，則於我爲二。大乘是非齊旨，二者不殊，爲無我義也。」四天王獻鉢。四天王各獻一鉢於佛，佛以手疊鉢曰：「一即四，四即一。」○諸經要集云：「佛將成道，無食器，四天王各獻一鉢，即石鉢。佛揔受之，以表平等。佛以四鉢按之爲一，四楞〔一〕仍現。比丘不許用此，恐與佛等。石鉢，帝青寶鉢也。」又，央掘經云：「四天王以無上妙鉢施央掘，央掘不受，謂天王曰：『汝小蚊蚋耳，令我受鉢，我自有瓦鉢。』」央掘，魔王也。

【校記】

〔一〕「楞」，宮内廳本作「鉢」。

其十四

莫嫌張三惡，莫愛李四好。既往念即晚，未來思又早。見之亦何有，欻然如電掃。惡既是磨滅，好亦難長保。若令好與惡，可積如財寶。子由夢齋頌：「忽寐所遇，執寤所遭。積執成堅，如丘山高。若見法身，寤寐皆非。」自始而至今，有幾許煩惱？

其十五

失志難作福，得勢易造罪。佛書言：「世間凡富貴人，及諸天龍鬼神、具大威力者，脩無上道難，造種種業易。所發菩提心，旋發旋忘，如飽滿人厭棄飲食。所作福業，舉意便成。如一滴水，流入世間，即爲江河。是故佛說此等，深可畏怖。」苦即念快樂，樂即生貪愛。無苦亦無樂，無明亦無昧。不屬三界中，亦非三界外。志公歌：「任縱横，没忌諱，長在人間不居世。運用不離聲色中，歷劫何曾暫抛棄？」

其十六

打賊賊恐怖，看客客喜歡。古宿語：「客來則接，賊來則打。」亦有客是賊，切莫受伊謾。瑞巖常自呼：「主人翁，惺惺着，莫受人謾。」樂哉貧兒家，「賊不打貧兒家」，祇林和尚語。無事役心肝。既無賊可打，豈有客須看？評曰：快！

其十七

佛語五通仙人：「今時有一種弄泥團漢，多在那一通，錯認定盤星。」

有一種貧兒，不能自營生。若不作客走，即須隨賊行。寒巖子詩：「世有一種人，不惡又不善。不識主人公〔一〕，隨客處處轉。因循過時光，渾是癡肉臠。雖有一靈臺，何殊客作漢。」復有一種貧，常時腹彭亨。漳州羅漢和尚歌：「袒膊當胷打一拳，直至如今常快活。只聞肚裏飽彭亨，更不東西去持鉢。」○易大有九四爻注：「彭亨，驕滿貌。」退之石鼎聯句：「家腹漲彭亨。」若有亦不畜，若無亦不營。

【校記】

〔一〕「公」，宮內廳本作「翁」。

其十八

汝無名高者，以見利貪叨。汝無行實者，以取著名高。汝見利貪叨，故無名高。汝取著名高，故無行實。行實尚非實，利名豈堅牢？一朝投土窟，陳思王賦鬬死牛詩：「二敵不俱剛，一肉卧土窟。」魂魄散逃逃。

其十九

勇有孟施舍，能無懼而已。孟子公孫丑篇：「孟施舍之所養勇也，曰『視不勝猶勝也』云云，『能無懼而已矣』。」若人學佛法，勇亦當如此。馬祖問龐緼：「來此擬須何事？」曰：「來求佛法。」祖曰：「自家寶藏不顧，拋家散走作什麽？我遮裏一物也無，求什麽佛法？」○蘇子由和陶詩：「松依白露上，歷坎幽泉鳴。功從猛士得，不取兒女情。」白露、幽泉，説養生事，大抵皆貴猛烈，割去情累，非勇者不能也。休來講下坐，莫入禪門裏。但能一切捨，管取佛歡喜。能斷一切愛，即捨也。人惟愛即不能捨，而不知諸苦以愛爲本，故曰：「愛盡苦滅，得安樂處。」○圓覺經：「一切衆生，能捨諸欲及除憎愛，永斷輪回，勤求如來圓覺境界，於清淨心，便得開悟。」○尊宿云：「佛大醫王對病設藥，惟有一捨，更無餘法。」

其二十

利瞋汝刀山，濁愛汝灰河。汝癡分别心，即汝琰〔一〕一作「澹」。魔羅。心不離癡，即是魔境。琰魔，即閻羅之類也。見地藏十輪經。○瞋，譬則刀山也。愛，譬則灰河也。圓成但一性，一切法依他。佛經：「三性：圓成實性，依他起性，偏計性。」○又有五性差别。不如且頭陁。文選李善注：「頭陀，斗藪也。言斗藪煩惱也。」○白詩：「賴學空王治苦法，且抛煩惱入頭陁。」

【校記】

〔一〕「琰」，宋本、叢刊本作「澹」。

自遣

閉户欲推愁，愁終不肯去。底事春風來，留愁愁不住。勝愁以天和，託言春風耳。庾信集：「攻許愁城終不破，盪許愁城終不開。」「閉户欲推愁，愁終不肯去。深藏欲避愁，愁已知人處。」

自喻

岸凉竹娟娟，水浄菱帖帖。鰕摇浮游鬚，魚鼓嬉戲鬣。釋杖聊一愒，褰裳如可涉。詩：「褰裳涉洧。」自喻適志歟，翻〔一〕然夢中蝶。夢蝶，見游土山注。

【校記】

〔一〕「翻」，龍舒本、宋本、叢刊本作「翩」。

古意

采芝天門山，寒露浄毛骨。帝青九萬里，華嚴經：「帝青珠，帝釋所寶玩。」此言天九萬里，盡爲帝青色也。○度人經：「始青。」亦以言天。○莊子：「摶扶摇而上者九萬里。」空洞無一物。周顗傳：「指腹謂王導曰：『此中空洞無物，足容君輩數百人。』」傾河略西南，陸士衡詩：「天漢東南傾。」注：「天漢，天河也，東南西北，各當時所轉。」晶射河鼓没。晶，精光也。天文志云：「牽牛之北爲河鼓。河鼓六星。」蓬萊眼中見，人世歎超忽。麻姑云：「接侍〔二〕以來，已見東海三爲桑田。向到蓬萊，水又淺於往者。會時啓半也，豈將復還爲陵陸乎？」方平笑曰：「聖人皆言海中復揚塵也。」當時棄桃核，聞已撐月窟。白詩歎老：「前年種桃核，今已成花樹。」○王母傳：「命侍女取桃，以玉盤盛七枚，四與武帝食，母自食三。帝欲收核種之，母曰：『此桃三千歲一實，中土地薄，種之不生。』」○揚雄長楊賦：「西厭月蜎。」注：「窟，月所生也。」且當呼阿環，乘興弄溟渤。王母降漢宮，遣侍女與上元夫人書，云云。客主對坐，悒悒不樂。「夫人可暫來否？若能屈駕，當停相須。」一時頃，侍女回，上元答云：「阿環再拜，上問起居。遠隔絳河，擾以官事，遂替顔色近五千年。」世多指阿環爲王母。今據此，則上元夫人亦名阿環也。

【校記】

〔一〕「侍」，宮内廳本作「待」。

吾心

吾心童稚時，不見一物好。意言有妙理，獨恨知不早。知慧禪師宗鏡録：「且如現見青、白物時，物本自處，不言我青、我白，皆是眼識分與同時意識計度，分別爲青爲白。以意辨爲色，以言辨爲青，皆是意言自妄安置，以六塵鈍，故體不自立名，不自呼一色。既然萬法咸爾，皆無自性，悉是意言。」初聞守善死，頗復吝肝腦。中語：「守死善道。」○詩意若悟萬法本空，形骸肝腦，非所吝也。稍歷艱危，悟身非所保。猶然謂俗學，有指當窮討。晚知童稚心，自足可忘老。評曰：展轉發明，甚有警，發他人不到。○逍遥游篇：「而宋榮子猶然笑之。」○白詩：「是故臨老心，冥然合玄造。」

補注

傳燈録：「作青見，作黄見，作不青不黄也。」〔一〕

【校記】

〔一〕本注原闌入題下，無「補注」二字。

無營

無營固無尤，多與亦多悔。嵇康傳：「仰慕嚴、鄭，樂道閑居，與世無營，神氣晏如。」〇唐人詩：「不欲多相識，逢人懶道名。」此亦畏於多與者也。物隨擾擾集，道與翛然會。虚者，道之所集。老子曰：「道集虚。」〇翛然，見書八功德水庵字。墨翟真自苦，莊周吾所愛。墨子之説貴儉、上賢、明鬼，其弊溺兼愛之説，而不知别親疏，故云自苦也。萬物莫足歸，此言猶有在。

病起

稚金敷新凉，老火灺〔二〕殘濁。韓詩納凉聯句：「金柔氣尚低，火老候愈濁。」桃枝熛〔三〕淟涊，散髮晞曉捉。揚雄反騷：「紛纍以其洟涊兮。」應劭注云：「洟涊，穢濁也。」晉灼云：「俗謂水漿不寒爲洟涊。」陸機賦：「故洟涊而不鮮。」注：「洟涊，垢濁也。」别本作「軟」字，未詳，疑是「煗」字，暖桃枝以爲湯也。○禮記玉藻：「髮晞用象櫛。」注：「晞，乾也。」○楚詞：「晞汝髮兮陽之阿。」煩痾脱然醒〔三〕，浄〔四〕若遺身覺。移榻欹獨眠，欣佳恐難數。評曰：此等語不厭舉似。○孫休詔：「諸家禮書，可共咨度，務取便佳。」公所爲「欣佳」，亦類此。○王建詩：「自向山間房，惟鋪獨卧床。」

【校記】

〔一〕「炧」，宋本、叢刊本作「弛」。

〔二〕「煗」，龍舒本作「軟」，宋本、叢刊本作「煖」。

〔三〕「醒」，宋本、叢刊本作「愈」。

〔四〕「浄」，宋本、叢刊本作「静」。

獨歸

鍾山獨歸雨微冥，稻畦夾岡半黄青。陂〔一〕農心知水未足，看雲倚木車不停。謂踏龍骨車。悲哉作勞亦已久，書：「不昏作勞。」暮歌如哭難爲聽。而我官閑幸無事，杜欽傳：「官閑無事，欽所好也。」○公時奉祠，故曰「官閑」。北窗枕簟風冷冷。列子御風而行，冷然喜也。○杜詩：「老身古寺風冷冷。」於時荷花擁翠盖，細浪嬲雪千娉婷。小杜晚晴賦：「復引舟于深灣，忽八九之紅芰，姹然如婦，斂然如女。」前人固以荷花比婦人，但不若公語之清婉也。○嬲字，見與僧道昇注。誰能欹眠共此樂，秋港雖淺可揚舲。評曰：知慚知足語。

補注 陂農 諸本皆作「疲農」，余於臨川見公真迹，乃知是「陂」字。〔二〕

【校記】

〔一〕「陂」，龍舒本、宋本、叢刊本作「疲」。

〔二〕本注原闌入詩注末，無「補注」二字。

獨卧有懷

午鳩鳴春陰，獨卧林壑静。微雲過一雨，淅瀝生晚聽。孟浩然詩：「松月生夜涼，風泉滿清聽。」紅緑紛在眼，流芳與時競。有懷無與言，佇立鍾山暝。評曰：看似容易。○唐人詩：「美人來不來，前山看向夕。」

無動

無動行善行，無明流有流。華嚴經起信抄中：「善行、非福行、不動行。無明流、煩惱流、欲有流。」種種生住滅，馬鳴起信論：「四相生住滅。」念聞思修。首楞嚴經：「觀世音菩薩白佛言：『世尊憶念我，昔無數恒河沙劫，於時有佛出現於世，名觀世音。我於彼佛發菩提心，彼佛教我從聞思修入三摩地。初於聞中入流亡所，所入既寂，動、静二相了然不生，如是漸增聞。所聞盡，盡聞不住，覺所覺空，空覺極圓，空所空滅，生滅既滅，寂滅現前，忽然超越世出世間，十方圓明。獲二殊勝，一者上合十方諸佛，本妙覺心，與佛如來同一慈力；二者下合十方一切六道衆生，與諸衆生同一悲。仰世尊由我供養觀音如來，蒙彼如來授我如幻聞薰聞，修金剛三昧。』」終不與法縛，圓覺經：「不與法縛，不求法脱。」亦不着僧裘。

夢

知世如夢無所求，無所求心普空寂。首楞嚴：「浄極光通圓，寂照含虚空。却來觀世間，亦如夢中事。」還似夢中隨夢境，成就河沙夢功德。言姑應緣而已，其實皆幻也。

車載板二首 鬼車，不祥鳥也，一名車載板。

荒哉我中園，珍果所不産。朝暮惟有鳥，自呼車載板。楚人聞此聲，莫有笑而莞。語：「夫子莞爾而笑。」○韓詩：「薄暮歸見君，迎我笑而莞。」而我更歌呼，與之相往返。曹參傳：「聞吏醉歌呼，從吏幸相國召，按之，乃反取酒張坐飲，亦歌呼與相應和。」視遇若摶黍，好音而睍睆。摶黍，黃鸝也。詩：「睍睆黃鳥，載好其音。」壤壤生死夢，久知無可揀。法雲秀公云：「平生生、死、夢三者無可揀，然要推知先後。」○古宿語：「無可揀擇心地平。」○魯直亦有「無可揀擇眼界平」之句。物弊則歸土，吾歸其不晚。禮記：「骨肉歸復于土，命也。」歸歟汝隨我，可相蒿里挽。崔豹古今注：「薤露、蒿里，並喪歌，出田橫門人。橫自殺，門人傷之，爲之悲歌，言人命如薤上之露，易晞滅；亦謂人死，魂精歸于蒿里，故有二章。至李延年，方分二章爲二曲，薤露送王公貴人，蒿里送士大夫、庶人，使挽柩者歌之。」

其二

鳥有車載板，朝暮嘗一至〔一〕。世傳鵩似鴞，而此與鴞似。賈誼傳：「有服飛入誼舍。服似鴞，不祥鳥也。」異物志曰：「有鳥非鷄，體有人色，土俗因形名之曰服。不能遠飛，行不出域也。」唯能預人死，以此有名字。疑即賈長沙，當時所遭值。洛陽多少年，擾擾經世意。粗聞方外語，便釋形骸累。誼賦所稱：「達人大觀，物無不可。」又云：「真人恬漠，獨與道息。釋智遺衆，超然自得。」智，方外語也。吾衰久捐書，放浪無復事。語述而：「吾衰也久矣。」○捐書，出莊子。○蘭亭帖：「放浪形骸之外。」尚自不見我，安知汝爲異？關尹子上篇：「尚自不見我，將何爲我所？」○陶詩：「不覺知有我，安知物爲貴？」憐汝好毛羽，言音亦清麗。胡爲太多知，不默而見忌。杜詩：「紅觜謾多知。」楚人既憎汝，彈射將汝利。且長隨我游，吾不汝羹胾。荀子：「今夫猩猩亦二足而毛也，然而君子啜其羹，食其胾。」又韓文：「皆不造其堂，不嚌其胾者也。」

【校記】

〔一〕「至」，龍舒本作「志」。

跋黃魯直畫

江南黃鷂飛滿野，徐熙畫此何爲者？百年幅紙無所直，公每玩之常在把。評曰：不作復何欠？○玉篇：「鶹，鶹鶔也。鴈含〔一〕。」説文：「鶹，鶔屬也。一曰牟母，一曰鴽。」呂氏春秋注：「田鼠化鴽，幽州謂之鶹。」

【校記】

〔一〕宫内廳本「含」下有「切」字。

過楊德逢莊

携僧出西路，日晏昧所投。循河望積穀，一飽覺易謀。稚子舉桉出，後漢：「梁鴻妻爲具食，舉案齊眉。」咄嗟見盤羞。飯新秔有香，煮菜旨且柔。禮記內則：「旨甘柔滑。」暮從秀巖歸，秣蹇得少留。捧腹笑相語，詩：「言秣其馬。」○史記：「司馬季主捧腹大笑。」果然無所求。莊子逍遥篇：「適莽蒼者，三飡而反，腹猶果然。」注：「莽蒼，近郊之邑。果然，飽貌。果，音顆。」○白詩：「飯訖盥漱已，捫腹方果然。」

補注 車載板詩 粗聞方外語 太史公讀〔二〕服賦，嘆其「同死生，輕去就，爽然自失」。余又嘗觀其惜誓賦云：「黄鵠之一舉兮，知山川之紆曲。再舉兮，睹天地之圓方〔二〕。」此言居身益高，所見益遠也。推此，則誼之所造深矣。今詩稱「粗聞」，似少貶云。〔三〕

【校記】

〔一〕「讀」字原脱，據朱熹楚辭集注卷八服賦序補。又，引文原出史記屈原賈生列傳。

〔二〕「圓方」，楚辭集注卷八惜誓作「圜方」。

〔三〕本注原次於右詩注，無「補注」二字。

庚寅增注第四卷

移桃花示俞秀老　酩酊

韓詩：「遇酒即酩酊。」

書八功德水庵　八功德水

阿彌陀經：「極樂國土有七寶池，八功德水充滿其中。」長阿含起世經云：「大海初廣八萬四千由旬，有八功德水。」順正論注云：「一甘，二冷，三耎，四輕，五清淨，六不臭，七飲時不損喉，八飲已不傷腹。」又稱讚淨土經云：「水有八功德：一澄清，二清冷，三甘美，四輕軟，五潤澤，六安和，七飲時除飢渴，八飲已長養諸根。四大增重，種種勝喜，多福有情，常樂受用。」或云：蔣山明慶寺前別有小嶺，碧石青林，幽邃如畫，世人呼爲屛風嶺。有僧曇隱游行於此，忽聞金石絲竹之音，俄有清泉一泓，瑩澈甘滑，有積年疾者，飲之皆愈。梁代以前，取給御厨，呼爲八功德水。

放魚　畏苦

酉陽雜俎：「越山有盧冊者，舉秀才，家貧，未及入京，在山陰縣顧頭村知堰與表兄韓確同居。自幼嗜鱠，嘗憑吏求魚。韓方寐，夢身爲魚在潭，有相忘之樂，見二漁人乘艇張網，不覺身入網，被取擲桶中，覆之以葦，復睹所憑吏，即揭腮貫綆，楚痛殆不可忍。及至舍，歷認妻子奴僕。有頃，置楫斮之，苦若脱膚，首落，方覺神癡。良久，盧驚問之，具述所夢。遽呼吏訪所市魚處泊，魚子形狀，與夢不差。韓後入釋，住祇園寺，時開成二年也。」

擬寒山拾得其十四　自始

道經：「自無始以來，至于今日。」

其十五　三界中外

陳圖南自在歌：「不修福，不造罪，不居中間及内外。」大抵老、釋雖異，至微妙處，無有不合，如誌公、圖南之説皆是也。

其二十　刀山灰河　瞋譬則刀山，愛譬則灰河也。釋氏云：「瞋心懷一切善，慈心降一切魔。」見唐一行□楞嚴經云：「是故十方一切如來色目，瞋恚、名利、刀劒。菩薩見瞋，如避誅戮。色目多求，同名貪水。菩薩見貪，如避障海。」

古意　眼中見　杜詩：「茅茨眼中見。」

吾心　意言　劉劭人物志：「部析人情物理，曲盡其妙。以禪觀明之，則是意識。」意識，猶意言也。　童稚心　孟子所謂「大人者不失其赤子之心」也。公詩意近之。

無營　自苦　墨子稱道曰：「昔者禹之湮洪水，決江河而通四夷九州也。」云云。禹，大聖也，而形勞天下如此。使後世之墨者多以裘褐爲衣，以跂蹻爲服，日夜不休，以自苦爲極，曰：「不能如此，非禹之道，不足謂墨。」　莊周所愛　莊子雜篇：「寂寞無形，變化無常。死與生與，天地並與，神明往與。芒乎何之？忽乎何適？萬物畢羅，莫足以歸。古之道術有在於是者，莊周聞其風而悅之。以繆悠之説、荒唐之言、無端厓之詞，時恣縱而不儻，不以觭見之也。」

病起　散髮　左氏：「叔武新沐，聞君至，喜，捉走出。」宋玉：「認然汗出，霍然病已。」　欣佳　黄庭第十五篇：「心意常和致欣昌。」世説：「王逸少作會稽，初至，支道林在焉。孫興公謂王曰：『支道林拔新領異，胷懷所及，乃自佳。卿欣見否？』王遂披襟解帶，留連不能已。」

無動　僧裘　東陽夜怪録：「王殊避雪佛廟，見一老僧着皂裘，背及肋有搭白補處。明旦視之，乃橐駞也。」

車載板其二　尚自不見我安知我爲異　薛廣文詩：「醉卧白雲閑入夢，不知何處是吾身。」舍利弗謂天女曰：「何故不轉女身？」天女謂舍利弗：「我三十年來女人身了不可得，當何所轉？」　不默　汝不懲耶，而嘵嘵以害其生。　羹胾　肉不切曰胾。禮記：「士不貳羹胾。」

跋黃魯直畫　黃鶬諺曰：「黃鶬口噤，喬麥滿斗。」夏中候黃鶬不鳴，則喬麥可廣種也。　常在把杜詩：「孝經一通常在手。」

過楊德逢莊　果然王維詩：「捨舟理輕策，果然愜所適。」張朝詩：「巴東有巫山，窈窕神女顏。常恐游此方，果然不知還。」二子皆唐人。

王荆文公詩卷第五

古詩

秋熱

余在臨川，得此詩石本。一僧跋云：「元豐末，公居金陵秦淮小宅，甚熱中，折松枝架欄禦暑，因有此作。」按，元豐末，公以〔一〕前宰相奉祠，居處之陋乃至此。今之崇飾第宅者，視此得無愧乎？

火騰爲虐不可摧，屋窄無所逃吾骸。織蘆編竹繼欄〔二〕宇，詩雲漢：「旱魃爲虐。」○絳侯傳：「織薄曲爲生。」詩傳云：「曲，葦薄也。」架以松櫟之條枚。詩：「伐其條枚。」注：「枝曰條，榦曰枚。」豈惟賓至得清坐？因有餘地蘇陪臺。昭公七年：「申無宇曰：『人有十等。王臣公，公臣大夫，大夫臣士，士臣皁，皁臣輿，輿臣隸，隸臣僚，僚臣僕，僕臣臺，以待百事。今有司〔三〕，是無所執逃臣也。逃而舍之，是無陪臺也。』」愆陽陵秋更暴横，昭公四年：「申豐曰：『冬無愆陽，夏無伏陰。』」焮我欲作昆明灰。昭公十八年：「行火所焮。」注：「炙也。」昆明灰，見寄國清處謙注。金流玉熠何足怪，莊子：「大旱，金石流，土山焦。」○盧仝月蝕詩：「金爍水銀流，玉熠丹砂焦。」子厚解崇賦：「金流玉爍兮，曾不自比於流沙。」

烏焚魚爛爲可哀。易：「鳥焚其巢。」○公羊：「魚爛而已。」憶我少年〔四〕亦值此，倏然但以書自埋。張祜詩：「萬卷書中死便埋。」○巖頭聞觀音卷却經言句，乃云：「這个老師，我將謂被故紙埋却，元來猶在。」老衰奄奄氣易奪，評曰：語則則無一字閑闕。○晉書李令伯陳情表云：祖母「劉日薄西山，氣息奄奄」。撫卷豈復能低回？西風忽送中夜濕，六合一氣窰新開。盧仝詩：「憶昔堯爲天，十日燒九州……六合烘爲窰。」簾窗幕户便防冷，且恐霰雪相隨〔五〕來。評曰：比之「桃笙」、「葵扇」之句更是深遠，真書生白髮之見也。○韓詩苦寒歌：「填牕塞户慎勿出，暄風暖景明年日。」

【校記】

〔一〕「公以」，原作「以公」，據宮内廳本乙。

〔二〕「欄」，宋本、叢刊本、宮内廳本作「櫚」。

〔三〕「今有司」，左傳昭公七年及宮内廳本均作「若從有司」。

〔四〕「年」，宋本、叢刊本作「時」。

〔五〕「隨」，宋本、叢刊本作「尋」。

秋早

暮尋蔡墩西，按建康志載，境内有蔡伯喈讀書臺。吴顧雍傳云：「邕以内寵惡之，慮卒不免，乃亡命江海，遠跡吴會，積十二年。」抱朴子云：「伯喈到江東，得論衡。」則伯喈讀書於此，理或有之。公所稱蔡墩，恐即蔡讀書臺也。獨覺秋尚早。山路葩卉繁，野田風日好。李白詩：「今朝風日好，宜入未央游。」禪林烏未泊，經屋塵初〔一〕掃。蠻藤五花簟，宋尚書令王儉嘗集才學之士，揔校虛實，類物以隸之，謂之隸事〔二〕。多者賞之，唯盧江何憲爲勝，乃賞以五花簟、白團扇。坐簟執扇，容氣甚自得。秣陵令王摛後至，儉以所隸示之，摛操筆便成，舉坐賞擊。摛乃命左右抽憲簟，自掣取扇，登車而去。復足休吾老。

【校記】

〔一〕「初」，宮内廳本作「未」。

〔二〕「隸事」，原作「麗事」，據南史卷四十九改。

同沈道原〔一〕游八功德水

寒雲静如癡，寒月〔二〕慘如戚。解鞍寒山中，李廣傳：「解鞍縱馬卧。」共坐寒水側。新甘出短綆，韓詩：「汲古得脩綆。」〇東坡詩：「垂瓶得清甘。」一酌煩可滌。仰攀青青枝，木醴何所直？建康志：「陳後主時，覆舟山、蔣山松柏林冬月常出木醴，後主以爲甘露之瑞。」俗呼爲雀餳。今功德水亦在蔣山。此言新甘可貴，木醴不足道也。

【校記】

〔一〕「道原」，原作「道源」，據宫内廳本、龍舒本目録改。

〔二〕「月」，龍舒本、宋本、叢刊本作「日」。

望鍾山

佇立望鍾山，陽春更蕭瑟。宋玉九辯：「悲哉秋之爲氣也，蕭瑟兮草木摇落而變衰。」陽春而蕭瑟，言時令偶乖耳。暮尋北郭歸，故遶東岡出。評曰：其詩每欲爲蕭然者，更勝思索。

思北山

日日思北山，而今北山去。北山即鍾山，周顒隱處。孔稚圭作北山移文，指此山也。韓退之詩：「終日思歸此得歸。」寄語白蓮庵，建康志：「宋熙寺西百餘步，有白蓮庵，庵前有白蓮池，乃策禪師退居之所。」又，廬山有遠公白蓮社。迎我青松路。

上南岡

暮塢屋荒凉，寒陂水清淺。捐書息微倦，委轡隨小蹇。偶攀黃黃柳，（韓詩：「黃黃蕪菁花。」）却望青青巘。幽尋復有興，未覺西林緬[一]。（王右丞詩：「山月隨客來，主人興不淺。今宵竹林下，誰覺花源遠？」）

【校記】

[一]「緬」，叢刊本作「晚」。

謝公墩

都昆切。平地有堆者。○墩在公所捨宅報寧禪寺後。余嘗至其處，特一土骨堆耳。

走馬白下門，投鞭謝公墩。（苻堅欲伐晉，曰：「以吾之衆旅，投鞭於江，足斷其流。」）昔人不可見，故物尚或存。（王孝伯在京，行散至其弟王睹[二]户前，問：「古詩中何句爲最？」睹思未答。孝伯詠「所遇無故物，焉得不速老」，此句爲佳。睹，王爽小字。）問樵樵不知，問牧牧不言。（韓文秋懷詩：「問我我不應，饋我我不餐。」○列子：「問之朝而朝不知也，問之野而野不知也。」）摩挲蒼苔石，（僧清順詩：「摩挲青莓苔，莫教驚着汝。」）點檢屐齒痕。（屐齒，見游土山注。）想此絓長檣，（左氏：「驂絓於木而止。」）想此倚短轅。王導傳：「惟有短轅犢車。」想此玩雲月，狼藉盤與罇。韓集盛山詩序：「追逐雲月，不足爲事。」〇史記淳于髠傳：「杯盤狼藉。」井逕亦已没，漫然禾黍村。鮑照蕪城賦：「井逕滅兮丘壟殘。」〇李白亦有謝公墩詩：「冶城訪古迹，猶有謝安墩。憑覽周地險，高標絶人喧。想像東山姿，緬懷右軍言。梧桐識嘉樹，蕙草留芳根。地古雲物在，臺傾禾黍繁。」摧藏羊曇骨，羊曇，太山人，知名士，謝安甥也，特爲安所愛重。放浪李白魂。李白晚歲度牛渚，至姑孰，悦謝家青山，有終焉之志。没葬當塗。范傳正廉問宣、池，按圖得其處，令禁樵採。訪公子孫，止有孫女二人。因言先祖遺言：「宅兆青山，今殯於龍山東麓，地近而非本意。」范因屬當塗諸葛縱迁之於青山之陽，距舊墳六里。時元和十二年正月，二十三日也。據此則非在建康，以其地近而言之耳。亦已同山丘，謝靈運詩：「生存華屋處，零落歸山丘。」〔二〕緬懷蒔蘭蓀。小草戲陳迹，桓温嘗問安：「遠志又名小草，何以一物而有二名？」郝隆曰：「處則爲遠志，出則爲小草。」隆語似譏安也。甘棠詠遺恩。安至新城，築埭於城北，後人追思之，名爲召伯埭。萬事付鬼籙，魏文帝與吴質書：「昔年疾疫，親故多罹其災。昔日游處，零落略盡。頃選其遺文，都爲一集，觀其姓名，已爲鬼籙。」杜子美：「訪舊半爲鬼。」恥榮何足論？天機自開闔，人理孰畔援。詩大雅：「無然畔援。」注：「無是畔道，無是援取。」又云：「畔援，猶跋扈也。」公色無喜懼，儻知禍福根。本傳：「桓温陳兵新亭，將移晉祚。呼安及王坦之，欲於坐害之。坦之甚懼，問計於安，安神色不變，曰：『晉祚存亡，在此一行。』既見温，坦之流汗沾衣，倒執手板。安從容就席坐定，謂温云云。」涕淚對桓伊，暮年無乃昏。評曰：不多不淺，造次名言。〇帝嘗召伊飲，安侍坐。帝命伊吹笛，伊又撫箏，歌怨詩曰：「忠信事不顯，乃有見疑患。」爲安發也。安泣下沾衿，越席就之，捋其鬚曰：「使君於此不凡。」帝甚有愧色。詩言安不懾於元温〔三〕，而垂涕於讒者，似未能一視禍福也。

補注　牧不言　漢郊祀志：「問上上不言，問下下不言。」〔四〕

【校記】

〔一〕「睹」，原作「睹」，據世説新語文學第四改。

〔二〕此詩，文選卷二十七作曹植箜篌引，「生存」作「生在」。

〔三〕「元温」，宫内廳本作「元桓」。

〔四〕本注原闌入題注末。

秋夜泛舟

池塹秋水浄，扁舟遡凉飈〔一〕。的皪荷上珠，靈光賦：「緑房紫的，窋咤垂珠。」○唐人詩：「欲知游泛久，花露漸成珠。」俯映疎星摇。深尋畏魚淰，禮運：「龍以爲畜，故魚鮪不淰。」注：「淰之言閃也。魚鮪，從龍者。龍既來爲人之畜，故其屬見人不淰然驚走也。」中路且回橈。冥冥菰蒲中，乃復有驚跳。回橈，不欲魚之驚也。乃自有跳於菰蒲者，書一時之適。○退之叉魚詩：「波間或自跳。」

補注

淰，韻書：「淰，乃點切，濁也。」〔二〕

【校記】

〔一〕「遡凉飈」，宋本作「凉飆飆」。

〔二〕本注原闌入題下。

和耿天騭同游定林寺〔一〕

道人深閉門，二客來不速。需：「上六，入於穴，有不速之客三人來，敬之終吉。」攝衣負朝暄，一笑皆捧腹。負暄，見朝日一曝背注。○捧腹，見過楊德逢莊注。逍遥煙中策，放浪塵外躅。顏延年詩：「肅此塵外軫。」〔二〕晤言或世間〔三〕，誰謂非絶俗？評曰：近陶。

【校記】

〔一〕宋本、龍舒本、叢刊本無「寺」字。

〔二〕此詩，文選卷二十二作殷仲文南州桓公九井作。

〔三〕「間」，宋本、叢刊本作「聞」，龍舒本作「閒」。

次韻約之謝惠詩

魚跳桑柳陰，鳥落蒲葦側。韓詩：「一鳥落城市。」已無谿姑祠，何有江令宅？谿姑對江令，公於古詩亦求工如此。○按輿地志言：「青谿岸側有神祠，世謂青谿姑，南朝時有靈異。舊傳隋平陳，張麗華、孔貴嬪死於此。今祠像有三婦人，蓋谿姑與二妃也。」建康志遂指谿姑爲麗華，誤矣。故人耽田里，老脱尚方舄。王喬傳：「自縣詣臺朝，輒有雙鳧從東南來，帝令舉羅張之，但得一隻舄焉。乃詔尚方診視，則四年中所賜尚方官屬履也。」開亭捐百金，百金，見漢文帝注。於此掃塵迹。杜詩：「山林迹如掃。」地偏人罕至，心遠境常寂。陶詩：「心遠地自偏。」公析而用之，似爲之疏解也。我行西州旋，西州，見游土山注。税駕候顔色。相隨望南山，水際因一息。公時指岸木，謂〔一〕此可尋尺。伐之營中沚，詩：「宛在水中沚。」持用自怡懌。杜詩：「卜築聊遣懷。」懽言俟其成，邀我堂上食。百憂每多違，詩：「逢此百憂。」一諾還自惕。季布傳：「得黃金百，不如季布一諾。」春風櫚〔二〕楹新，坐久膝前席。史記：「商鞅見秦孝公，公與語，不自知膝之前於席也。」○賈誼傳：「至夜半，文帝前席。」注：「漸促近也。」翛然忘故約，北郭疑有適。列子仲尼篇：「有自楚來者，問子列子曰：『先生與南郭子奚敵？』子列子曰：『南郭子貌充心虛，耳無聞，目無見云云，往將奚爲？』」○呂惠卿與公書有云：「溢言皆達，茀氣並生。既莫知其所終，兹不疑於有敵。」亦用此事。長謡舒永懷，韓詩：「長謡坐北牕。」○詩：「維以不永懷。」○「仲山甫永懷。」佇想對以臆。賈誼鵩賦：「口不能言，請對以臆。」音億。擒辭甚有理，竊比書石鷁。僖公十五年：「隕石於宋五。六鷁退飛，過宋都。」傳曰：「隕石于宋五，隕星也。六鷁退飛過宋都，風也。」知公不我欺〔三〕，把玩果心惻。易井卦：「井渫不食，使我心惻。」嘉肴既夙設，左太沖魏都賦：「置酒文昌，高張宿設。」麗藻仍虛擲。左車公自迎，信陵君遺侯生，不受，乃置酒大會，公子從車騎，虛左迎侯生。侯生坐於公子上，不讓，欲以觀公子，公子執轡愈恭。右券吾敢責。曲禮：「獻粟者執右契。」注：「契，券要也。」○高紀：「折券棄責。」○史記田敬仲世家：「蘇代説陳軫：『公常執右券以責於秦、韓。』」又平原君傳：「事成，操古券以責。」聞説芼羹臛，禮記内則：「芼羹菽麥蕡稻黍粱秫，惟所欲。」○説文：「臛，肉羹。」楚詞招魂：「臛蠵炮羔，有招漿。」又，大招：「煎鮪臛爵。」陳思七啓：「臛江界之潛黿。」芬香出鄰壁。婦休機杼事，詩瞻卬篇：「婦無公事，休其蚕織。」兒失刀槧職。漢禮樂志：「削則削，筆則筆。」師古曰：「削者，以刀削簡牘。」○揚子：「古之槧人也。」又，揚雄采異國殊語歸，以鉛摘次之於槧板。○韓詩：「以余經摧挫，固請〔四〕發鉛槧。」皆謂著述事也。何膠膠擾擾，莊子天道篇：「堯曰：『膠膠擾擾乎？』」而紛紛藉藉〔五〕。退之讀荀子：「好事者，公以其說干時君，紛紛藉藉，相亂六經。」攜持欲一往，繼此方如織。元龍但高眠〔六〕，元龍卧，見次韻鄧子儀注。司馬勿親滌。相如傳：「與傭保雜作，滌器於市中。」幾能孩童舊，握手皆鬢白。韓詩：「主人孩童舊，握手乍欣悵。」有興即扳聯〔七〕，一作「聯軈〔八〕」。東阡與南陌。漢食貨志：「商君開阡陌。」師古曰：「阡陌，田間之道。南北曰阡，東西曰陌。」○盧象詩：「何事與時人，東城復南陌。」

【校記】

〔一〕「謂」，宋本、叢刊本作「謁」。

〔二〕「櫚」，龍舒本、宋本、叢刊本作「欄」。

〔三〕「我欺」，龍舒本、宋本、叢刊本作「欺我」。

〔四〕「請」字原脱，據韓愈喜侯喜至贈張籍張徹詩補。

〔五〕「藉藉」，諸本作「籍籍」。

〔六〕「眠」，宫内廳本作「卧」。

〔七〕「扳聯」，龍舒本、宋本、叢刊本作「聯軈」。

〔八〕「軈」，宫内廳本作「鏕」。

次韻舍弟江上

岸紅歸欲稠，渚緑合猶晚。晴沙上屐輕，近出李侍郎彌遜詩：「睡起方牀日未斜，旋移屐齒破晴沙。石欄獨立數歸鳥，高樹無風落柹花。」亦佳句也。暖水隨帆遠。吹波戲魚動，杜子美：「魚戲新荷動。」〔一〕掠葉飛禽返。着意覓幽蹊，桃花悮劉阮。搜神記：「劉晨、阮肇入天台，迷不得返。經十三日，飢甚。遥望山上有桃熟，遂躋險援葛至其下，噉數枚，飢止體充。下山取水，見一杯流下，有胡麻焉，乃相謂：『此近人矣。』遂度山。見一大谿，溪邊有二女子，色甚美，見二人持杯，便笑曰：『劉、阮二郎，投向杯來。』劉、阮驚，二女欣然曰：『來何晚耶？』因邀還家。至十日，求還，苦留半年。女遂相送，指示還路。鄉邑零落，已七世矣。」據事，止是桃實，非花也。又，幽明録載此尤詳，云二人是剡縣人，漢明帝永平五年事也。

【校記】

〔一〕此詩出自謝朓遊東田，見文選卷二十二。

酬王濬賢良松泉二詩[一]

此即萬宗泉也。公嘗作記云：「僧道光得泉之三年，直歲善端治屋龍井之西北。發土，得汍泉二，萬宗命溝井而合焉。東爲二池，池各有溝，注于南池。而東南其餘水，以溉山麓之田。既甃，善端請名，余爲名其泉曰『萬宗』云。熙寧十年十二月十二日，臨川王某記。」時公以會靈觀使家居。

世傳壽可三松倒，下元夫人語封陟：「能使君壽倒三松」，見太平廣記。[二] 此語難爲常人道。司馬遷云：「此事未易一二爲俗人言也。」 人能百歲自古稀，古詩：「人生不滿百，常懷千歲憂。」○杜詩：「人生七十古來稀。」 松得千年未爲老。我移兩松苦不早，豈望見渠身合抱？老子：「合抱之木，生於毫末。」○晉孫綽：「楓柳雖合抱，亦何所成？」 但憐衆木摠漂摇，顔色青青終自保。兔絲茯苓會常[三]有，邂逅食之能壽考。不知篝火定何人，且看森垂覆荒草。史記龜筴傳：「茯苓者，在兔絲之下，狀似飛鳥之形。新雨已，天清静無風，以夜捎兔絲去之，即以篝火燭此地。火滅，即記其處，以新布四尺[四]環置之。明即掘取之，入地四尺至七尺，得矣。」 君詩愛我亦古意，秀眉昔比南山栲。詩：「南山有栲，北山有杻。樂只君子，遐不眉壽。」毛氏曰：「栲，山樗也。眉壽，秀眉也。」 復謂留侯不及我，人或笑君無白皂。晉天文志：「庾翼與兄冰書曰：『此復是天公憒憒，無皂白之徵也。』」 求僊辟穀彼誠悮，未見赤松飢已槁。張良傳：「願棄人間事，欲從赤松子游耳。」乃學道，欲輕舉。」○辟穀字，見史記本傳。 豈如強飯適志游，封植蒼官蔭華皓。樊宗師絳州園林記云：「松曰蒼官。」 赤松復自無特操，上下隨煙何慅慅。莊子齊物論篇：「何其無特操歟？」○劉向列仙傳：「赤松子嘗止西王母石室中，隨風雨上下。」詩言煙，必别有出處。積火自燒，隨煙氣上下，乃甯封子。○范彦龍傳：「懷倚從慅慅。」音草。**蒼官受命與舜同，真可從之忘髮縞。**莊子德充符篇：「受命於地，惟松柏獨也在，冬夏青青。受命於天，惟舜獨也正，在萬物之首。」**詩雖祝我以再黑，積雪已多安可掃？**神仙傳：「髮白再黑，齒白更生。」杜詩：「會須掃白髮。」**試問蒼官值歲寒，戴白孰與蒼然好？**語：「歲寒，然後知松柏之後彫也。」

補注 白皂 退之與崔羣書：「懼足下以爲吾不置黑白於胷中。」〔五〕

【校記】

〔一〕本書目録作「酬王濬賢良松泉詩」，下有分題「松」、「泉」。龍舒本、臺北本目録、宋本、叢刊本總題下，二詩有分題「松」、「泉」。

〔二〕「下元夫人」，太平廣記卷六十八封陟條作「上元夫人」；「能使君壽倒三松」，封陟條作「能遣君壽例三松」。

〔三〕「常」，諸本作「當」。

〔四〕「四尺」，宫内廳本作「四丈」。

〔五〕本注原闌入題注下，無「補注」二字。

其二 泉

宋興古刹今長干，宋興，寺名。長干，見次韻酬朱昌叔注。**靈曜〔一〕臺殿荒檀欒。**左思吴都賦：「檀欒嬋娟，玉潤碧鮮。」○謝玄暉詩：「擅欒蔭脩竹。」

注：「皆竹美貌。」二泉相望棄不渫，易井卦：「九三，井渫不食。」西泉尚累三石槃。其流散漫爲沮洳，詩：「彼汾沮洳。」稍集小礫生微瀾。東泉土梗久蔽塞，穿治乃見甃甓完。道人慈哀波汲〔二〕遠，憐汲者之遠。溝蕩取土合兩山〔三〕。一作「溝蕩兩取合土山」。山前灌輸各自足，前漢食貨志：「令遠方各以其物與商賈轉販者爲賦相灌輸。」轆轤罷轉井口閑。枚乘傳：「單極之統斷幹。」孟子曰：「西人名屋梁曰極。」一説梁謂井鹿盧也。○盧仝詩：「轆轤無繩井百尺。」取遥比甘見〔四〕近美，與舊争洌知新寒。詩：「洌彼寒泉。」爁爁〔五〕夏秋百源乾，詩雲漢：「旱既太甚，蘊隆蟲蟲。」注：「爾雅作爁，熏也。」抱甕復道愁蹣跚。莊子天地篇：「漢陰丈人方將爲圃畦，鑿隧而入井，抱甕而出灌〔六〕。」疾傾横逗勢未足，「横逗」字，公兩用之。嗟此善利何時殫。慮長易脆有大檀，大檀，謂施者〔七〕。伐堅光〔八〕廬窟孱顔。即廬山也。大人賦驤以孱顔。金多匠手肯出巧，蘇秦傳：「季子位高金多。」言匠以厚利，故盡其技也。風水千里焉〔九〕一作「安」。知難。謂自羌廬至也。没羽之虎行林間，宋景公使弓工爲弓，東向而射矢，踰西山，集彭城之東，其餘力逸勁，飲羽於石梁。○李廣出獵，見草中石，以爲虎而射之，中石，没矢。子建七啓：「機不妄發，中必飲羽。」○韓詩外傳：「楚熊渠子夜行，見寢石，以爲伏虎，彎弓而射之，没金飲羽，下眎，知其石也。因復射之，矢摧無迹。」籜龍失職因藏跧。高帝記：「竹皮冠。」注：「謂笋所解之籜耳。」○盧仝寄男詩云：「竹林吾最惜，新笋好看竹。萬籜包龍兒，攢迸溢林藪。」又云：「籜龍正稱冤，莫殺入汝口。丁寧屬記汝，汝活籜龍否。」以籜爲龍，亦取竹杖投葛陂化龍事。循除静投悲瑟瑟，韓退之藍田丞廳壁記：「水灖灖循除鳴。」映瓦微見清潺潺。三年營之一日就，有口共以成爲懽。論功信可侈〔一〇〕後觀，何似

當年〔一二〕萬竹蟠？杜詩：「白帝城西萬竹蟠，接筒引水喉不乾。」

補注　溝蕩　周禮地官稻人「以溝蕩水」。〔一三〕

【校記】

〔一〕「靈曜」，宋本、叢刊本作「靈躍」。

〔二〕「汲」，龍舒本、宋本、叢刊本作「及」。

〔三〕「取土合兩山」，龍舒本作「兩取合土山」。

〔四〕「見」，諸本均作「覺」。

〔五〕「爞爞」，龍舒本作「蟲蟲」。

〔六〕「灌」，原作「淮」，據浙江書局本莊子改。

〔七〕「施者」，原作「迺者」，據宮内廳本改。

〔八〕「光」，宮内廳本作「匡」，龍舒本、宋本、叢刊本作「羌」。

〔九〕「焉」，龍舒本作「安」。

〔一〇〕「侈」，宋本、叢刊本作「多」。

〔一一〕「年」，龍舒本、宋本、叢刊本作「時」。

〔一二〕本注據宮内廳本補。本詩題「其二泉」下原有「溝蕩」二字，無注。

答俞秀老

諸偶緣安有，實相非相偶。雖神如季咸，終亦失而走。莊子應帝王篇：「鄭有神巫曰季咸，知人之死生禍福，期以歲月旬日，若神。鄭人見之，皆棄而走。」○列子以告壺子云云。明日又與之見，壺子立未定，自失而走。壺子曰：「追之。」列子追之不及。

清涼寺送王彥魯

空懷誰與論？夢境偶相值。退之寄皇甫湜詩：「昏昏還就枕，惘惘夢相值。」莫將漱流齒，三國志：「漢彭羕薦同郡秦宓，枕石漱流，吟詠縕袍。」○晉孫楚與同郡王濟友善。楚少時欲隱居，謂濟曰：「常欲枕石漱流。」誤云：「漱石枕流。」濟曰：「流非可枕，石非可漱。」楚曰：「所以枕流，欲洗其耳；所以漱石，欲厲其齒。」欲掛功名事。

送惠思上人

黄鶴撫四海，漢書：「鴻鵠高飛，一舉千里。羽翼已就，橫絶四海。」翩〔一〕然落中州。退之雙鳥詩：「雙鳥海外來，飛飛到中州。」一聽笙與鏞，低徊如有求。書壁鋪以間一。揚雄河東賦：「汨低回而不能去。」師古曰：「低徊，猶能祠也。」飛鳴阿閣上，好與鳳凰游。尚書中候：「黃帝時，鳳凰巢於阿閣。」注：「阿，榮名也。」伍舉謂莊王曰：「有鳥在于阜，三年不飛，三年不鳴。」顧憐魯東門，無事反悲愁。文公二年：「臧文仲祀爰居，不智也。」注：「海鳥曰爰居，集於魯東門外。文仲以爲神，命國人祀之。」莊子至樂篇：「昔者海鳥止於魯郊，魯侯御而觴之于廟，奏九韶以爲樂，具太牢以爲膳。鳥乃眩視憂悲，不敢食一臠，不敢飲一杯。」〔二〕太公謝亞表有：「去使壇陸有鳥，無眩視之悲；豪梁之魚，有從容之樂。」歲晏忽騫矯，問胡不少留。孫綽天台山賦：「整翛翮以輕矯。」因知網羅外，猶有稻粱謀。魏邴原自遼東歸，公孫度知不可追也，因曰：「邴君如雲中白鶴，非鶉鷃之網能羅。譬之於人，雖已遠去俗氛，而生理猶資於世。若如顏氏瓢飲，則亦無許營矣。」

補注　撫四海　莊子：「俛仰之間，再撫四海。」〔三〕

【校記】

〔一〕「翮」，宋本、叢刊本作「翻」。

〔二〕「具太牢」，原作「其大也」，據浙江書局本莊子改。「飲一杯」，原作「食一杯」。

〔三〕本注原闌入題下，無「補注」二字。

老　景〔一〕

石林詩話云：「荆公有『老景春可惜』詩，以古人姓名藏句中，蓋以文爲戲。或者謂前無此體，自公始見之。余讀權德輿集，其一篇云：『藩宣秉戎寄，衡石崇勢位。言〔二〕紀信不留，弛張良自愧。樵蘇則爲愜，瓜李斯可畏。不顧榮宦尊，每陳農畝利。家林類巖巘，負郭躬斂積。忌滿寵生嫌，養蒙恬勝利。疎鍾皓月曉，晚景丹霞異。澗谷永不變，山梁冀無累。論自王符肇，學得展禽志。從此直不疑，支離疎世事。』則權德輿已嘗爲此體。乃知古今文章之變，殆無遺蘊。德輿在唐，不以詩名，然詞亦雅暢。此篇雖主意在別立體，然不失爲佳製也。」

老景春可惜，景春，戰國時人。無花可留得。宗正劉德，漢人。繞屋褚先生，褚先生，武帝時人。蕭蕭何所直？蕭何，漢相。每嫌柳渾青，柳渾，唐人。追恨〔三〕李太白。李白字太白，唐人。多謝安石榴，謝安字安石，晉人。向人紅蘂拆。劉向，連前句「榴」字。

【校記】

〔一〕龍舒本題下有注：「裝古人名。」叢刊本題下注「裝」作「哀」。

〔二〕「言」，宮内廳本作「年」。

〔三〕「恨」，宋本、叢刊本作「悵」。

雜詠八首

其一

萬物余一體，莊子天下篇：「汜愛萬物天地，一體也。」內篇：「天地一指也，萬物一馬也。」又天地篇：「不樂壽，不哀夭，不榮通，不醜窮。萬物一府，死生同狀。」九州余一家。聖人以天下爲一家，以中國爲一人。秋毫不爲小，莊子知北游篇：「秋毫爲小，待之成體。」齊物論：「天下莫大於秋毫，莫小於太山。」徼外不爲遐。漢鄧通傳：「人有告通盜出徼外鑄錢。」師古曰：「徼，猶塞也。東北謂之塞，西南謂之徼。塞者，以障爲名。徼者，以徼遮之義。」又，食貨志：「或千里無亭徼。」晉灼曰：「徼，塞也。」○司馬相如傳：「至牂牁爲徼。」張揖曰：「徼，謂以木、石、水爲界者。」不識壽與夭，不知貧與奢〔一〕。即莊子「不樂壽，不哀夭」等語也。忘心乃得道，道不去紛華。言道無喧寂之異。老子：「雖有榮觀，燕處超然。」○史記禮書：「子夏出見紛華盛麗而悅，入聞夫子之道而樂。」近迹以觀之，堯舜亦泥沙。莊周謂如此，而世以爲夸。二篇大抵言齊物之意。

【校記】

〔一〕「奢」，宋本、叢刊本作「賒」。

其　二

神龍豢可致，「古有豢龍氏。」昭公七年。猛虎擾亦留。周禮：「服不氏掌猛獸而教擾之。」注：「猛獸，虎豹之屬。擾，馴也。」○列子：「周宣王之牧正有梁鴦者，能養野禽獸，委食於園庭之内，雖虎狼鵰鶚之類無不柔馴者。王令毛丘園傳之，梁鴦曰：『何以教爾，且一言我養虎之法：夫食虎者，不敢以生物與之，爲其殺之之怒也；不以全物與之，爲其碎之之怒也。時其饑飽，達其怒心。虎之與人異類而媚養己者，順也。』」〔一〕變生父子間，上聖不能謀。謂如瞽瞍欲得舜牛羊倉廩之類。常情在欲得，義養或成仇。唐末五代諸將，皆以異姓爲養子，號曰「義兒」。他人恩更輕，患禍信難周。

【校記】

〔一〕「殺之之怒」、「碎之之怒」，原文均脱一「之」字，據浙江書局本列子黄帝補。

其　三

古風知〔二〕遜悌，憲問篇：「原壤夷俟。子曰：『幼而不遜悌。』」班白見尊優。孟子梁惠王：「斑白者不負戴於道路矣。」薄俗謬爲恭，司馬相如傳：「臨卭令謬爲恭敬。」獨在勢權尤。莊子徐無鬼：「權勢不尤，則夸者悲。」○左氏：「公見棄也，而視之尤〔二〕。」伏波迷俯仰，愛禮坐成仇。馬援傳：「援嘗有疾，梁松來候之，獨拜床下，援不答。松去後，諸子問曰：『梁伯孫，帝壻，貴重朝庭〔三〕，公卿已下莫不憚之，大人奈何獨不爲禮？』援曰：『我乃松父友也。』松由是恨之。」梁松父名統。○語：「我愛其禮。」斷斷洙泗間，「魯道衰，洙泗之間，斷斷如也。」史記。豈是老者羞？此陳恕笑面如韓之感也。

【校記】

〔一〕「知」，宋本、叢刊本作「致」。

〔二〕「而視之尤」，「而」字原缺，據左傳襄公二十六年補。

〔三〕「庭」，宮內廳本作「廷」。

其四

羔豚窘虎豹，戰國策：「如虎豹之搏羔豚，必無幸矣。」鳩雀窮鷹鸇。文公十八年：「見無禮於其君者，如鷹鸇之逐鳥雀也。」巧者具機弋，鷙猛還拘攣。鄒陽傳：「以其能越拘攣之語。」論功莫如神，論大莫如天。悲哉區區人，乃欲逃其間。逃其間者，謂不有神與天者也。

補注

豚窘虎　東方朔傳：「狐豚之咋虎。」〔一〕

【校記】

〔一〕本注原闌入「其四」下。

其五

黃雀死彈丸，厥罪在啄粟。 家語：「黃口從大爵者不得。」○吴王欲伐荆，有諫者死。孺子曰：「樹有蟬，高居飲露，不知螳螂在其後。螳螂委身曲附欲取蟬，不知黃雀在其傍。黃雀延頸欲啄螳螂，不知彈丸在其下。臣挾彈欲取黃雀，不知露沾衣。此皆務欲得於前，不顧後患。」○詩小雅：「黃鳥黃鳥，無啄我粟。」○又，莊辛謂楚王：「夫雀，俯啄白粒，仰栖茂樹，鼓翅奮翼，自以爲無患，不知公子王孫左挾彈，右握丸，以加其頸。」**翠鷸不近人，何爲亦窮辱。** 范雎傳：「且夫翠鷸犀象，其處勢非不遠死也，而所以死者，惑於餌也。」○陳子昂翡翠詩：「殺身炎洲裏，委羽玉堂陰。旖旎光首飾，葳蕤爛錦衾。豈不在遐遠？虞羅忽見尋。多才信爲累，歎息此珎禽。」公詩意頗類此。**材爲世所利，高下同僵仆。能逃天地間，蠛蠓無不足。** 評曰：自次篇至此，耿耿如有恨事。○莊子：「孔子與老聃語，出，告顏回曰：『丘之於道也，其猶醯鷄歟？』」注：「甕中蠛蠓是也。」列子云：「生於朽壤之上，因雨而生，得陽而死。一名醯鷄。」蠛蠓，猶焦螟之謂。

其六

公虔州學記言周、裴「武夫之所道，鄙人之所守，有後世豪傑名士之所憚而愧之者也」。此詩指其盛時。

關雎后之淑，關雎，后妃之德也。又「樂得淑女，以配君子。」棫樸王之明。棫樸，能官人。詩中雖無「明」字，而能官人，則明在其中。易曰：「王明，並受其福。」兔罝尚好德，兔罝，鄙賤之人猶知好德，况於公卿之貴乎？况乃公與卿？所以彼行葦，敦然遂其生。誰能絃且歌，爲我發古聲？「敦彼行葦。」敦，聚貌，徒端切。末聯似譏時人稽古不至三代以上也。

其七

召公方伯尊，材亦聖人亞。自陜以西，召公主之。自陜以東，周公主之。周公大聖，召公大賢，亦如孟子亞聖之才也。農時憚煩民，聽訟甘棠下。韓詩外傳曰：「昔周道之隆，召伯在朝，有司請召民，召伯曰：『以一身勞百姓，非吾先君文王之志也。』乃暴處於棠下而聽訟焉。詩人見召伯休息之棠，美而歌之曰：『蔽芾甘棠，勿翦勿伐』云云。」〇公嘗作撫州通判廳見山閣記，乃云：「此殆非召公之實事，詩人之本旨，特墨子之餘言贅行，吝細褊迫者之所好。」則記又與詩意異矣。嗟今千室長，論語：「求也，千室之邑，百乘之家，可使爲之宰也。」已恥問耕稼。彈琴高堂上，韓詩外傳云：「宓子賤治單父，彈鳴琴，不下堂而單父治。」欲以世爲化。

其八

任公蹲海濱，一釣飽千里。用力已云多，鈎緡亦難理。莊子外物篇：「任公子爲大鈎巨緇，五十犗以爲餌，蹲乎會稽，投竿東海，旦旦而釣，期年不得魚。已而，大魚食之，牽巨鈎，錎没而下，騖揚〔一〕而奮鬐，白波若山，海水震蕩，聲侔鬼神，憚赫千里。任公子得若魚，離而腊之，自淛河以東、蒼梧以北，莫不厭若魚者。已而，後世輇才〔二〕諷説之徒，皆驚而相告也。夫揭竿累，趣灌瀆，守鯢鮒，其於得大魚難矣。飾小説以干縣令，其於大達亦遠矣。是以未嘗聞任氏之風俗，其不可與經於世亦遠矣。」巨魚暖更逃，鶴鳴詩：「魚潛在淵，或在於渚。」注云：「此言魚之性寒，則逃於淵；温則見於渚。」今乃言暖而逃。壯士飢欲死。東方朔傳：「臣朔飢欲死。」游鯈不可數，空滿滄浪水。莊子：「鯈魚出游從容，是魚樂也。」○説苑：「陽書謂宓子賤曰：『夫投綸餌，迎而吸之者，陽橋也，其爲魚也，薄而不美。若存若亡，若食不食者，魴也，其爲魚也，薄而厚味。』」詩言賢才白重難致，惟樸樕小能，志於欲得，雖充斥而實無用，如游鯈陽橋之類是也。○孟子：「滄浪之水清兮。」

【校記】

〔一〕「騖揚」，原作「鶩楊」，據浙江書局本莊子改。

〔二〕「輇才」，原作「輕才」，據浙江書局本莊子改。

張　良

留侯美好如婦人，漢贊：「聞張良之智謀，以爲其貌魁梧奇偉，反若婦人女子。」五世相韓韓入秦。良大父開地相韓昭侯、宣惠王、襄哀王，父平相釐王、悼惠王。從昭侯至悼惠王，凡五君。傾家爲主合壯士，博浪沙中擊秦帝。脱身下邳世不知，舉世〔二〕大索何能爲？秦滅韓，良年少，未宦，家僮三百人，弟死不葬，悉以家財求客刺秦王，爲韓報仇。良嘗東見滄海君，得力士，爲鐵錐，重百二十斤。秦皇帝東游至博浪沙中，良與客狙擊秦皇帝，誤中副車。秦皇帝大怒，大索天下，求賊急甚。良乃更名姓，亡匿下邳。○李白詩：「子房未虎嘯，破産不爲家。滄海得壯士，椎秦博浪沙。報韓雖不成，天地皆震動。潛匿游下邳，豈曰非智勇？」素書一卷天與之，穀城黄石非吾師。良傳：「圯上有一老父，出一編書，謂良曰：『讀是則爲王者師，後十三年，見我濟北穀城山下，黄石即我已。』遂去不見。」○揚子：「一卷之書，必立之師。」○神仙傳：「王烈入河東抱犢山中，見一石室，有素書兩卷。」○趙嘏詩：「仙翁歸袖拂雲霓，一卷素書還獨携。」○胡曾詩：「逡巡不進泥中履，争得先生一卷書？」觀公「天與之」之句，與曾意殊異也。張樂全有讀素書之作，云：「孺子圯橋跪履年，七章得自穀城仙。所言道德帝王事，不比盤盂長短篇。」固陵解鞍聊出口，捕取項羽如嬰兒。漢五年冬，漢王追楚至陽夏南，戰不利，壁固陵。諸侯期不至。良説漢王，漢王用其計，諸侯皆至，卒以滅羽。秦誓：「不啻如自其口出。」從來四皓招不得，爲我立棄商山芝。評曰：它口語毒，「立棄」二字有疑，便如「天發一矢胡無酉」不動聲色。○高帝欲廢〔三〕太子，呂后使建成侯呂澤劫良：「爲我畫計。」良曰：「此難以口舌争也。上有所不能致者四人，四人年老矣，皆以上嫚侮士，故逃匿山中，義不爲漢臣，然上高此四人。今公誠能無愛金玉璧帛，令太子爲書，卑辭安車，因使辯士固請，宜來；來以爲客，從入朝，令上見之，則一助也。」四人果至，客建成所。洛陽賈誼才能薄，擾擾空令絳灌疑。評曰：能評能誚，一語已多。○誼傳：「天子議以誼任公卿之位，絳、灌、東陽侯、馮敬之屬盡害之，乃毀誼，於是天子亦疎之，以誼爲長沙王太傅。」

【校記】

〔一〕「世」，龍舒本、宋本、叢刊本作「國」。

〔二〕「廢」，宮内廳本作「棄」。

司馬遷

孔鸞負文章，司馬相如子虛賦：「鵷鶵孔鸞。」不忍留枳棘。後漢：「王渙謂仇覽曰：『枳棘非鸞鳳所栖，百里豈大賢之路耶？』」嗟子刀鋸間，悠然止而食。遷答任安書：「夫中才之人，事關於宦豎，莫不傷氣，況忼慨之士乎？如今朝雖乏人，奈何令刀鋸之餘薦天下賢俊哉？」詩言遷之高才，顧低徊於中令，尊寵任職也。成書與後世，憤悱聊自釋。蔡邕傳：「昔武帝不殺司馬遷，使作謗書，流於後世。」○論語：「不憤不悱。」○遷書云：「所以隱忍苟活，函糞土之中曾不辭者，恨私心有所未盡，鄙没世而文采不表於後也。詩三百，大抵聖賢發憤之所爲作。此皆意有所鬱結，不得通，故述往事，思來者。僕竊不遜，近自託於無能之辭。」領略非一家，高辭殆天得。太史公論六家之旨要，遷自序：「協六經異傳，齊百家雜語。」○韓文紹述，無所不學，於辭於聲，天得也。雖微樊父明，論語：「微管仲，吾其被髮左衽矣。」○樊父，仲山父也，「既明且哲」。譏遷被刑，昧於明哲之道也。不失孟子直。評曰：其意深有感於子長重交，雪李陵之事而得罪，甘心焉。磊磊落落，用意不變。○孟子，謂寺人孟子。遷爲宦者令，故亦以寺人比之。馮參贊：「伯奇放流，孟子宮刑。」○孟子：「不直則道不見。」或指此謂遷白李陵事也。彼欺以自私，豈啻相十百？評曰：欺以自私謂隱情，惜己也。語意甚厚。○孟子：「或相倍蓰，或相十百。」○世人竊自汙之迹以屈其身如馬遷者，亦有之。而求其實如遷者，蓋鮮也。

諸葛武侯

漢日落西南，中原一星黃。魏武紀：「威帝時，有黃星見於楚、宋之分。殷馗言：『後五十載，當有真人起於梁、沛之間，其鋒不可當。』」至建安五年，年恰五十，而曹公破紹，天下無敵矣。公用「一星黃」事，甚妙。○曹子建詩：「白日西南馳。」西南，蜀分也。羣盜伺昏黑，聯翩〔一〕各飛揚。言魑魅，乘夜爭出，見日自消。武侯當此時，龍卧獨摧藏。劉昆詩：「慷慨窮林中，抱膝獨摧藏。」掉頭梁甫吟，羞與衆爭光。本傳云：「亮躬耕隴畝，好爲梁甫吟。身長八尺，每自比於管、樂，時人莫之許也。」魏略曰：「亮在〔二〕潁川，石廣元、徐元直、汝南孟公威等俱游學，三人務於精熟，而亮獨觀其大略。每晨夜從容，嘗抱膝長嘯，而謂三人曰：『卿三人仕進，可至郡守、刺史也。』三人問其所志，亮但笑而不答。」○莊子：「鴻蒙爵躍掉頭曰：『吾不知。』」○杜詩：「巢父掉頭不肯住。」○李詩：「世人聞此皆掉頭。」又盛弘之荆州記云：「鄧城西七里有獨樂山，諸葛亮常登此山，作梁甫吟。」又古傳梁甫吟云：「步出齊東門，遥望蕩陰里。里中有三冢，纍纍正相似。問是誰家墳？田強古野氏。力能排南山，足能絶地理。一朝被讒言，二桃殺三士。誰能爲此謀？相國齊晏子。」曹操既殺孔融、楊脩，又送禰衡於荆州，假手黃祖。三子者，天下之望也。武侯梁甫吟，殆爲此設。邂逅得所從，幅巾起南陽。謂從先主，得討賊興漢之誼。崎嶇巴漢間，屢以弱攻強。暉暉若長庚，孤出照一方。長庚，太白也。夜將既，其光始著，以喻孔明之於漢云。○韓詩：「東方未明火星没，獨有太白配殘月。嗟爾殘月勿相疑，同光共影須臾期。」勢欲起六龍，東迴出扶桑。太白集：「吾欲攬六龍，回車持扶桑。北斗酌美酒，勸龍各一觴。」惜哉淪中路，怨者爲悲傷。武侯卒，年五十四。怨者爲李平、廖立，皆以罪爲亮所廢。亮薨，立泣曰：「吾終爲左衽矣。」平亦發病死。平嘗冀亮當自補，復策後人不能，故以激憤也。習鑿齒言：「水鏡之所以能窮物而無怨者，以其至平無私也。法行於不可不用，刑加乎自犯之罪，爵之而非私，誅之而不怒，天下有不服者乎？諸葛亮可謂能用刑矣！自秦、漢以來，未之有也。」豎子祖餘策，猶能走強梁。評曰：只杜子美數詩後，豈復可着手？此獨以節度勝，亦如八陣，首尾情勢俱極，有傳有贊，無一字欠剩，包括衆作。○亮死旋軍，宣王追焉。姜維令楊儀反旗鳴鼓，若將向宣王者，乃不敢逼。百姓諺曰：「死諸葛走生仲達。」

【校記】

〔一〕「翩」，叢刊本作「翻」。

〔二〕「亮在」下脱數字。三國志蜀書諸葛亮傳注引魏略曰：「亮在荊州，以建安初與潁川石廣元、徐元直、汝南孟公威等俱游學。」

庚寅增注第五卷

秋熱 火騰 唐書：「鳶肩火色，騰上必速。」 清坐 韓文崔羣墓誌：「客至，清坐相看，竟不設食。」 自埋 莊子：「是自埋於民，自藏於畔。」 便防冷 白詩：「外強火未退，中銳金方戰。一夕風雨來，炎涼隨數變。」意同公詩，似譏炙手可熱者之不能久也。

秋早 休吾老 莊子：「皆嬔可以休老。」

同沈道源游八功德水〔二〕 青青枝 王昌齡詩：「仰攀青青枝，慟哭愁心肝。」

上南岡 捐書 莊子：「絶學捐書。」 委轡 管子：「敷者，馬之委轡。」

謝公墩 禍福根 莊子：「物已死生方員，莫〔三〕知其根也。」

次韻約之 把玩 柳子厚：「後所得者，其不足把玩，亦已審矣。」 孩童舊 言少而交游、老而相遇爲難得也。

酬王濬賢良 無白皂 退之與崔羣書：「懼足下以吾不致黑白於胷中。」白詩：「洛陽有愚叟，白黑無分別。」

清涼寺 唐王維得宋之問輞川別業，山水勝絶，即今之清涼寺。

送惠思上人 稻粱謀　白樂天鶴詩：「未應再舉磨霄漢，只合相隨覓稻粱。」

雜詠其一 忘心　大抵釋氏之説，心以空諸念爲貴，併心而忘之，尤爲拯則。懷惲禪師云：「心境俱空，照覽無惑名慧。」慧能所謂「本來無一物，何處有塵埃」，亦忘心也。

其三 洙泗間　朱文公云：「漢書：『魯有聖人之教化，瀕洙、泗之水，其民涉渡，幼者扶老而代，其任俗既益薄，長老不自安，與幼小相遜。』」

其四 機弋　莊子：「神而不可不爲者，天也。」又云：「神動而天隨。」注：「神順物而動，天循理而行。」又云：「物不勝天，久也。」　逃其間　莊子：「無所逃於天地之間。」文中子：「天地之間，吾得逃乎？」

其六 彼行葦　公上相府書：「古者極治之時，君臣施道以業天下之民，匹夫匹婦有不與其澤者，爲之焦然恥而憂之。瞽聾、侏儒，亦各以其才，食之有司。其誠心之所化，至於牛羊之踐，不忍不仁於草木，今行葦之詩是也。況其所得士夫也哉？」

其七 甘棠　又王吉傳：「召公述職，當民事時，舍於棠下而聽斷焉。是時，人皆得其所。後世思其仁恩，至乎不伐甘棠。甘棠之詩是也。」　世爲化　漢許后傳曰：「世俗歲殊，時變日化。」

司馬遷 彼欺自私　公文云：「執筆者陰挾翰墨，以裁前人之善惡，疑可以貸褒，似可附毀。往者不能訟當否，生者不能論曲直。賞罰謗譽，又不施其間，以彼私獨，安能無欺於真昧之間耶？」

【校記】

〔一〕題原缺，據詩注補。

〔二〕「莫」字原缺，據浙江書局本莊子知北遊補。

王荆文公詩卷第六

古詩

讀墨

友人宜黄李郛嘗云：「介父讀墨詩，終篇皆如散文，但加押韻爾。」意以爲詩益散，古無此體，然如韓公謝自然、誰氏子詩已如此。

誰爲堯舜徒？孔子而已矣。人皆是堯舜〔一〕，未必知孔子。退之云：「儒、墨同是堯舜，同非桀紂，不相用，不足爲孔、墨。」孟子闢楊墨，退之排釋老。韓每自比孟子，今其言乃爾，宜公之云云也。伯夷不辱身，微子篇：「子曰：『不降其志，不辱其身，伯夷、叔齊歟？』」柳下援而止。公孫丑篇：「柳下惠不羞汙君，不卑小官；進不隱賢，必以其道；遺佚而不怨，阨窮而不憫。故曰：『爾爲爾，我爲我，雖袒裼裸裎於我側，爾焉能浼我哉？』故由由然與之偕而不自失焉，援而止之而止。援而止之而止者，是亦不屑去已。」孔子尚有言，我則異於是。微子篇：「我則異於是，無可無不可。」兼愛爲無父，排斥固其理。滕文公曰：「墨氏兼愛，是無父也。我欲正人心，息邪說，距詖行，放淫辭，以承三聖。」孔墨必相用，自古寧有此？退之嘲魯連，固〔二〕一作「顧」。未知之耳。退之嘲魯連子詩：「獨稱唐虞賢，顧未知之耳。」如何蔽於斯，獨有見於彼？「如何蔽於斯」，言孔墨相用也。「獨有見於彼」，謂嘲魯連也。凡人工自私，翟也信奇偉。漢志論：「諸子十家，其可觀者，九家而已。其言雖殊，譬猶水火，相滅亦相生也。使其遭明王聖主，得其所折中，皆股肱之材。」墨翟之奇偉，亦此類也。惜乎不見正，遂與中庸詭。退之讀荀子：「考其辭，時有不醇粹；要其歸，與孔子異者鮮矣。抑其猶在軻雄之間乎？孔子删詩書，筆削春秋，合于道者著之，離于道者黜之，故詩書春秋無疵。」又原道：「嗚呼？其亦不幸而不出於三代之前，不見正於禹、湯、文、武、周公、孔子也。」公詩意正類此。儒者之道，理一而分殊，親親而仁民，仁民而愛物。老吾老，以及人之老；幼吾幼，以及人之幼。固自有等差之辨。墨翟蓋似是而非也。退之醇孟軻，而駁荀揚氏。退之言：「孟子，醇乎醇者也。荀與揚，大醇而小疵。」至其趣舍間，亦又蔽於己。言韓雖駁荀、揚而已，乃自言孔、墨必相爲用，是韓亦未免蔽而不自知也。賈生過秦篇：「仲尼、墨翟之賢。」蓋已對孔子言之矣。化而不自知，此語孰云俚？詠言以自警，吾詩非好詆。公詩詆墨，蓋本於孟子，然孟子不云乎：「歸，斯受之。」又云：「今之與楊、墨辯者，如追放豚，然既入其笠〔三〕，又從而招之。」此足見聖人忠厚之至，於異端未嘗終絶之也。招，如國武子好盡言以招人過之招。言彼既歸於儒，不應追咎其既往也。

補注

孟子云：「逃墨必歸於楊，逃楊必歸於儒。」是墨又不逮楊矣。古云孔、墨，亦所未詳。

【校記】

〔一〕「舜」，原作「舞」，據諸本改。

〔二〕「固」，龍舒本、宋本、叢刊本作「顧」。

〔三〕「笠」，孟子盡心下作「苙」。

讀秦漢間事

秦徵天下材，入作阿房宮。漢書：「吾以羽檄徵〔一〕天下兵。」○秦本紀〔二〕：「三十五年，作朝宮渭南上林苑中。先作前殿阿房，東西五百步，南北五十丈，上可以坐萬人，下可以建五丈旗。」注：「此以形名宮也，言其宮四阿旁廣也。」「隱宮徒刑者七十餘萬人。蜀荊地材皆至關中。」宮成非一木，山谷爲窮空。大厦非一木所支。王通云：「林木盡矣。帝省其山，其將何辭以對？」子羽一炬火，驪山三月紅。杜牧阿房賦：「楚人一炬，可憐焦土。」○燒秦宮室，火三月不滅。能令掃地盡，言秦因此遂滅。豈但焚人功？

補注 紅 杜詩：「干宵焚九廟，銀漢爲之紅。」〔三〕

【校記】

〔一〕「檄徵」，原作「徵召」，據漢書高帝紀改。

〔二〕「秦本紀」，當作「秦始皇本紀」，見史記。

〔三〕本注原闌入題下。

幽谷引

雲翳翳兮谷之幽，杜詩：「翳翳桑榆日。」天將雨〔一〕兮田者之稠。詩大田：「雨我公田。」有繩于防兮有畚于溝，周禮冬官：「九溝治因水勢，防必因地勢。」注：「築防若墻者，以繩縮其板。」○詩緜之什曰：「其繩則直，縮板以載。」我公不出兮誰省吾憂？「吾王不游，吾何以休？」日暉暉兮山之下，歲則熟兮收者舞。吾收滿車兮棄者滿筥，淳于髡傳：「污邪滿車。」棄者，謂遺秉滯穗，猶滿筐筥也。誰吾與樂兮我公燕語。山有木兮谷有泉，用九歌句法。公與客兮醉其間。芳可搴兮甘可漱，離騷云：「朝搴阰之木蘭兮。」注：「搴，取也。」無壯無穉兮環公以笑。詩泮水：「無小無大，從公于邁。」公醉而歸〔二〕兮人則喜，公好我州兮殆其肯止。公歸不醉兮我之憂，豈其不懌兮將舍吾州？韓文公送陸歙州詩：「歙此大惠兮施于一州，今其去矣胡爲不留？」公一朝兮去我，我歲歲兮來游。完公亭兮使勿毀，以慰吾民〔三〕兮歲歲之愁。評曰：意者爲滁人作也，非醉翁莫能稱。諄至往復，比羅池詞更暢，與「攘旨否，聽鼓樂」同意。

【校記】

〔一〕龍舒本、宋本、叢刊本「雨」下有「我」字。

〔二〕「醉而歸」，龍舒本作「歸而醉」。

〔三〕龍舒本、宋本、叢刊本無「民」字。

明妃曲二首〔一〕

明妃初出漢宮時，淚濕春風鬢脚垂。評曰：太嫩。低徊顧影無顏色，尚得君王不自持。後漢南匈奴傳：「呼韓臨辭，大會，帝召五女以示之。昭君豐容靚飾，光明漢宮，顧影徘徊，竦動左右。帝見大驚，意欲留之而難於失信。」○樂天詩：「六宮粉黛無顏色。」歸來却怪丹青手，入眼平生未〔二〕曾有。意態由來畫不成，當時枉殺毛延壽。評曰：此「歸來」二字，轉換迎送不覺，已極老手。其下一句一折，無限哀怨，有長篇所不能叙。又極風致，如「意態由來畫不成」是也。○南匈奴傳：「王昭君，南郡人，元帝以良家子選入掖庭。時呼韓邪來朝，帝敕以宮女五人賜之。昭君入宮數歲，不得見御，積悲怨，乃請掖庭令求行。與匈奴生二子。」據此，乃無毛延壽事。而古今詞人相傳如此，必別有據也。○西京雜記曰：「元帝後宮既多，不得常見，乃使畫工圖其形，按狀幸之。諸宮人皆賂畫工，多者十萬。王嬙不肯，遂不得見。後匈奴求美女，帝按圖，以昭君行。及召見，貌爲第一。帝悔之，而名籍已去。乃按其事，畫工棄市。」○白樂天詩：「白黑既可見，丹青不足論。」語意亦佳。

一去心知更不歸，可憐着盡漢宮衣。古樂府明妃曲：「一上玉關道，天涯去不歸。」○歐公詩：「上馬即知無返日，不須出塞始堪悲。」○顧朝陽昭君怨詩：「影消胡地月，衣盡漢宮香。」寄聲欲問塞南事，秪有年年鴻鴈飛。李嶠詩：「不見秪今汾水上，惟有年年秋鴈飛。」家人萬里傳消息，好在氈城莫相憶。君不見，咫尺長門閉阿嬌，人生失意無南北。評曰：一樣。「君不見」，樂府常語耳，此獨從家人寄聲得之。讀者墮淚，但見藹然，無嫌南北。○阿嬌，武帝陳皇后也。以嬌妬失寵，退居長門宮。○山谷跋公此詩云：「荆公作此篇，可與李翰林、王右丞並驅爭先矣。往歲道出潁陰，得見王深父先生，最承教愛。因語及荆公此詩，庭堅以爲詞意深盡，無遺恨矣。深父獨曰：『不然。孔子曰：「夷狄之有君，不如諸夏之亡也。」「人生失意無南北」非是。』庭堅曰：『先生發此德言，可謂極忠孝矣。然孔子欲居九夷，曰：「君子居之，何陋之有？」恐王先生未爲失也。』明日，深父見舅氏李公擇曰：『黃生宜擇明師畏友與居，年甚少而持論知古血脉，未可量也。』」

【校記】

〔一〕龍舒本卷四十題下注：「續入。」

〔二〕「未」，叢刊本作「幾」。

其二

明妃初嫁與胡兒，氈車百兩皆胡姬。含情欲説〔二〕獨無處，傳與琵琶心自知。評曰：淺淺處亦有情。○歐公詩：「身行不遇中國人，馬上自作思歸曲。推手爲琵却手琶，胡人共聽亦咨嗟。」黃金捍撥春風手，李賀春懷引云：「蟾蜍碾玉挂明弓，捍撥裝金打仙鳳。」○元微之琵琶歌：「淚垂捍撥琵琶濕，冰泉嗚咽流鶯澀。」○按國史纂異：「貞觀中，彈琵琶裴洛兒始廢撥用手，今俗所謂搊琵琶是也。然長吉、微之皆言用撥，則亦不皆用手也。」○白樂天詩：「沈吟放撥插絃中。」彈看飛鴻勸胡酒。評曰：七字俯仰何堪！嵇叔夜送秀才入軍詩：「目送飛鴻，手彈五絃。」勸胡酒而目屬飛鴻，言意不在胡也。漢宮侍女暗垂淚，沙上行人却回首。漢恩自淺胡自深，人生樂在相知心。評曰：正言似反，與小弁之怨同情。更千古孤臣出歸，有口不能自道者，乃從舉聲一動〔二〕出之。謂爲背君父，是不知怨也。三復可傷，能令腸斷。○楚詞：「樂莫樂兮新相知。」李陵答蘇武書：「人之相知，貴相知心。」○范冲對高宗嘗云：「臣嘗於言語文字之間，得安石之心，然不敢與人言。且如詩人多作明妃曲，以失身胡虜爲無窮之恨，讀之者至於悲愴感傷。安石爲明妃曲，則曰：『漢恩自淺胡自深，人生樂在相知心。』然則劉豫不是罪過，漢恩淺而虜恩深也。今之背君父之恩，投拜而爲盜賊者，皆合於安石之意。此所謂壞天下人心術。孟子曰：『無父無君，是禽獸也。』以胡虜有恩而遂忘君父，非禽獸而何？」公語意固非，然詩人一時務爲新奇，求出前人所未道，而不知其言之失也。然范公傳致亦深矣。可憐青冢已蕪沒，昭君死，單于葬之，胡中地多白草，而此冢獨青。○杜詩：「一去紫臺連朔漠，獨留青冢向黃昏。」○太白詩：「生乏黃金枉圖畫，死留青冢使人嗟。」尚有哀絃留至今。評曰：却如此結，神情俱斂，深得樂府之體。惟張籍唐賢間或知此。○歐公詩：「玉顏流落死天涯，琵琶却傳來漢家。」○余嘗愛李朴先之此曲云：「犬馬猶懷報主心，妾身不恨丹青誤。春風掩淚別明光，萬里煙沙從此去。胡笳一曲塞塵清，何似尊前侍歌舞。」李語忠厚，意在國家，不以遠嫁爲苦，得詩人之意。

補注 青冢 杜牧之詩：「青冢前頭隴水流，燕山山上暮雲秋。」〔三〕

【校記】

〔一〕「説」，宮内廳本作「語」。

〔二〕「動」，宮内廳本作「慟」。

〔三〕本注原闌入「其二」題下。

桃源行

望夷宮中鹿爲馬，評曰：稱二世死處曰望夷，猶稱楚細腰、吴館娃，何必鹿馬之地。○二世夢白虎齧其左驂馬殺之。卜曰：「涇水爲祟。」二世乃齋於望夷宮。宮在長陵西北，臨涇水作之，以望北夷。始，趙高欲爲亂，恐羣臣弗聽，乃先設驗。持鹿獻於二世，曰：「馬也。」二世笑曰：「丞相誤邪，謂鹿爲馬。」問左右，左右或默，或言馬以順高。言鹿者，高因陰中以法。方高設此驗時，二世猶未至望夷宮也。秦人半死長城下。評曰：正在不分時代莽莽，形容世界之所以不可處者。兩語慨然。○高齋詩話云：「荆公桃源行『指鹿爲馬』，乃二世事，而長城之役乃始皇。又指鹿事，不在望夷宮中。荆公此詩追配古人，惜乎用事失照管，爲可恨耳。」據公詩意，槩言秦事，實探禍亂之始末而互著之。如詩話所言，亦幾狹矣。避世[一]不獨商山翁，評曰：題外題，事外事。亦有桃源種桃者。淵明詩：「嬴氏亂天紀，賢者避其世。黄綺之商山，斯人亦云逝。」此來[二]種桃經幾春？採花食實枝爲薪。評曰：七字盡自足之趣。兒孫生長與世隔，桃源記：「遂與外人間隔。」雖有父子無君臣。評曰：閑處着褒貶，用古語得新意。漁郎漾舟迷遠近，牧之：「苔磯空屬釣魚郎。」花間相見驚[三]相問。世上那知古有秦，山中豈料今爲晉？評曰：兩語互换，且喜且悲。○「又問云今是何世，乃不知有漢，無論魏晉。」亦見陶記。○退之桃源詩：「嬴顛劉蹶了不聞。」聞道長安吹戰塵，春風回首一沾巾。重華一去寧復得？舜名重華。天下紛紛經幾秦。評曰：此雖世外語，却屬議論，書生之極致也。○公虔州學記：「周道微，不幸而有秦。」云云。「然是心非特秦也，當孔子時，既有欲毁鄉校者矣。」○魯直詩：「百年才一炊，六籍經幾秦。」○山谷又云：「自古非一秦，六籍蓋多難。」

補注　戰塵　杜詩：「遠山回白首，戰地有黃塵。」〔四〕

【校記】

〔一〕「世」，龍舒本、宋本、叢刊本作「時」。

〔二〕「此來」，原作「此宋」，據諸本改。

〔三〕「驚」，龍舒本、宋本、叢刊本作「因」。

〔四〕本注原闌入題下。

食黍行

周公兄弟相殺戮，書：「周公位冢宰，正百工。羣叔流言。乃致辟管叔于商，囚蔡叔於郭鄰。」李斯父子夷三族。史記李斯傳：「二世二年，具斯五刑，論腰斬咸陽市，與其中子俱執，夷三族。」富貴常多患禍嬰，貧賤亦復難爲情。晉書：「諸葛長民曰：『貧賤常思富貴，富貴必履兇機。今日欲爲丹徒布衣，寧可得也？』」○石季倫昭君辭：「遠嫁難爲情。」身隨衣食南與北，至親安能常在側？謂言黍熟同一炊，歘見壠〔一〕上黃離離。游人中道忽不返，從此食黍還心悲。評曰：本無富貴，亦失情愛，語甚選甚悲。○詩：「無食我黍」，「彼黍離離」。

【校記】

〔一〕「攏」，龍舒本、宋本、叢刊本作「隴」。

歎息行

官驅羣囚入市門，刑人於市，與衆棄之。梅福變姓名，爲吳市門卒。○貨殖傳：「刺繡文不如倚市門。」妻子慟哭白日昏。市人相與説囚事，破家劫錢何處村？朝廷法令亦寬大，後漢禮儀志：「春日下寬大之書。」汝罪當死誰云冤？路傍年少歎息汝，正觀元元之子孫。評曰：語深厚有俯仰。○末聯亦傷民俗之異於昔，皆系上之化。其詞微矣。

補注

杜詩：「不過行儉德，盜賊本王臣。」此意尤佳。〔一〕

【校記】

〔一〕本注原闌入題下。

送　春

詞氣疑非公詩。又公未嘗至武陵，然亦詩人之作也。

武陵山下朝買船，風吹宿霧山花鮮。萬家笑語横青天，綺窗羅幕舞嬋娟。小鬟折花叩舡舷，玉琖寫酒醻金錢。朱甍飛動浮雲巘，天外筦簫來宛轉。斷橋人行夕陽路，樓觀瑠璃影中見。酡顔未分騂騮催，燭入坐客猶徘徊。豈知閶闔門邊住？春盡不見芳菲開。日月紛紛〔一〕車走坂，東坡詩：「歲月翩翩下坂輪。」少年意氣何由挽？退之詩：「少年意氣不再得。」洞庭浪與天地白，塵昏萬里東浮眼。退之詩：「洞庭汗漫，粘天無壁。」○杜詩：「乾坤萬里眼。」又：岳陽樓：「吳楚東南坼，乾坤日夜浮。」黑貂裘弊歸幾時，蘇季子事。想〔二〕見綠樹啼黃鸝。榮華俯仰憂患隨，北齊史：「王晞曰：『我少年以來，閱要人多矣。充詘少時，鮮不敗績。且性實疎緩，不堪時務。人主恩私，何由可保？萬一披猖，求退無地，非不愛作熱官，但思之熟爛耳。』」命駕吾與高人期。評曰：信非公詩，有得有失。

【校記】

〔一〕「紛紛」，宮内廳本作「紛紜」。

〔一二〕「想」，宮内廳本、宋本、叢刊本作「相」。

兼并

蘇文定公云：「能使富民安其富而不横，貧民安其貧而不匱，貧富相恃以爲長久，而天下定矣。王介甫，小丈夫也，不忍貧民而深疾富民，以惠貧民，不知其不可也。方其未得志也，爲兼并之詩。及其得志，專以此爲事。設青苗法以奪富民之利，民無貧富，兩税之外，皆出重息，公私皆病矣。吕惠卿繼之，作手實之法，私家一毫以上皆籍於官。民知其有奪取之心，至於賣田殺牛以避其禍。朝廷覺其不可，中止不行，僅乃免於亂。然其徒世守其學，刻下媚上，謂之『饗上』，有一不饗上，皆廢不用，至於今日，民遂大病。源其禍，出於此詩。蓋昔之詩病，未有若此酷者也。」

三代子百姓，公私無異財。禮記中庸：「子庶民則百姓勸。」○家語賢君第十三：「哀公問政於孔子，孔子曰：『薄賦歛則民富矣。』公曰：『寡人欲行夫子之言，恐吾國貧矣。』孔子曰：『豈弟君子，民之父母。未有子富而父貧也。』」○論語：「百姓足，君誰與不足？」人主擅操柄，如天持斗魁。賈山傳云：「富貴者，人主之操柄也。令民爲之，是與人主共操柄，不可長也。」賦予皆自我，兼并乃姦回。評曰：說未有敝，因其行事，遂疑其說之都非，儒者之反覆也。使他人賦此，爲有志，爲名言。姦回法有誅，勢亦無自來。漢貨殖傳云：「郡國富民兼業專利，以貨賂自行，取重鄉里，上爭王者之利，下錮齊民之業，皆犯軌奢僭之惡。」後世始倒持，黔首遂難裁。倒持太阿，授人以柄。秦王不知此，更築懷清臺。秦寡婦清，其先得丹穴，而專其利數世。清能守其業，用財自衛，人不敢犯。始皇以爲貞婦而客之，築女懷清臺。注：「以其行潔，故號曰清。」禮義日已偷，聖經久堙埃。法尚有存者，欲言時所咍。此公異日引國服爲息之證，以行青苗之張本也。俗吏不知方，掊克乃爲材。俗儒不知變，兼并可〔一〕無摧。賈誼傳：「信兼并之法。」利孔至百出，小人私闔開。有司與之爭，民愈可憐哉。語出納之吝，謂之有司。○史記貨殖傳：「善者因之，其次利道之，其次教誨之，其次整齊之，最下者與之爭。」

【校記】

〔一〕「可」，龍舒本作「豈」。

補注 見卷末。

和吳御史汴渠詩〔一〕

鄭國欲弊秦，渠成秦富強。韓聞秦之好兵事，欲罷之，毋令東伐，乃使水工鄭國間說秦。令鑿涇水，自中山西抵瓠口爲渠，並北山東注洛三百餘里，欲以漑田。中作而覺，秦欲殺鄭國，鄭國曰：「始臣爲間，爲韓延數歲之命。然渠成，亦秦之利也。」秦以爲然，卒使就渠。於是關中爲沃野，無凶年，秦以富強，卒并諸侯。本始意已陋，末流功更長。維汴亦如此，浚源在淫荒。歸作萬世利，誰能弛其防？水經：「大禹塞滎陽澤，開渠以通淮、泗，名莨若渠，即汴渠也。漢平帝時，河、汴決壞，後明帝遣使者修治汴渠。至隋大業中，更令開導，名通濟渠。引河水入汴，曰自大梁之東引入泗，連于淮，至江都宮入于海，亦謂之御河。河畔築御道，植柳。煬帝巡幸，乘龍舟而往江都。自揚、益、湘南至交、廣、閩中，公私漕運、商旅舳艫相接。」○隋書：「大業元年，以汴水迂曲迴復稍難，自大梁城西南鑿渠，引汴水入，號通濟渠。」○唐人汴河詩：「煬帝功成只此河，至今千里賴通波。若無錦纜龍舟事，共禹論功不較多。」夷門築天都，史記：「大梁城有十二門，東門曰夷門，侯嬴所隱處。」橫帶國之陽。皇宋事實：「錢俶進寶犀帶，太祖顧謂曰：『朕有三條帶，與此不同。』俶請宣示，太祖笑曰：『汴河一條，惠民河一條，五丈河一條。』俶大愧服。」漕引天下半，豈云獨荆揚。貨入空外府，租輸陳太倉。前漢食貨志：「太倉之粟紅腐，陳陳相因。」東南一百年，寡老無殘粻。自宜富京師，乃亦窘蓋藏。月令：「命百官謹蓋藏。」注：「謂府庫囷倉所藏物。」此言雖竭東南之力，京師亦不富也。征求過夙昔，機巧到筳芒。評曰：「筳芒」似是錞于所用之法，兩字方得合。○猶言錐刀之末將盡爭之也。說苑：「子路言：『孔子說七十君而無所通，曰：建天下之鐘而撞之以挺，豈能發其聲乎哉？』」東方朔客難：「以筳撞鐘。」則朔乃以挺爲筳也。筳，音庭，莛也。集韻又音艇。韓詩：「有如寸筳撞巨鐘。」○班固叙傳言：「律曆間不容翲忽。」「翲」字，當作「杪」。杪，禾芒刺也。又離騷：「經索瓊茅，以筳篿兮。」又柳子天對：「折篿剡筳，午施旁竪。」御史閔其然，志欲窮舟航。此言信有激，此水存何傷。揚子：「捨舟航而濟乎瀆者，末矣。」又：「彼將有激也。」救世詎無術，習傳自先王。念非老經綸，豈易識其方。我懶不足數，君材宜〔二〕自強。退之送李尚書詩：「富貴由身致，誰教不自強？」他日聽施設，無乃棄篇章。評曰：其自負經濟可見，甚言汴河之利也。○班固傳：「啓發篇章，校理秘文。」

【校記】

〔一〕宋本、叢刊本題末無「詩」字。

〔二〕「宜」，龍舒本、宋本、叢刊本作「仍」。

酬王詹叔奉使江東訪茶法利害見寄〔一〕

嘉祐三年九月初，官既榷茶，民私畜販者皆有禁。又，茶屢變，歲課日削。至和中，歲市茶淮南、江南、兩浙、荆南，歲售錢并本息計之，才百六十七萬二〔二〕千餘緡。官茶所在陳積，縣官獲利無幾，論者皆謂宜弛禁便。景祐中，葉清臣嘗議弛禁。至是，著作郎何鬲、三班奉職王嘉麟上書，請罷給茶本錢，縱園户貿易，而官收税租錢，與所在征筭歸榷貨務，以償邊糴。○嘉祐四年二月，三司言：「茶課緡錢，歲當二百四十四萬八千。嘉祐二年，才及二十八萬。又募人入錢，皆有虚數，實爲八十六萬，而三十九萬有奇是爲本錢，才得子錢四十六萬九千而已。其輦運糜費喪失，與官吏兵夫〔三〕廪給雜費，又不與焉。至於園户輸納，侵擾日甚。小民趨利犯法，刑辟益蕃。獲利至小，爲弊甚大。宜約至和之後一歲之數，以所得息錢均賦茶民〔四〕，恣其買賣。所在收筭，請遣官詢察利害以聞。」詔遣司封員外郎王靖等分行六路。及還，皆言如三司議便。詔曰：「自唐建中始有茶禁，民被誅求之困，日惟咨嗟，官受濫惡之入，歲以陳積。歷歲之弊，一旦以除。尚慮喜於立異之人、緣而爲奸之黨妄陳奏議，以惑官司，必寘明刑，無或有貸。初以三司歲課均賦茶户，凡爲緡錢六十八萬有奇，吏歲輸縣官，比輸茶時其出幾倍。朝廷難之，爲損其半，歲輸緡錢三十三萬八千有奇，謂之租錢，與諸路本錢，悉儲以待邊糴。」自是惟臘茶禁如舊，餘茶肆行天下矣。此韓魏公相業，君子謂此舉爲然。其時富公亦爲相。

余聞古之人，孟子梁惠王：「古之人有得之者，文王是也。」措法貽厥後。書五子之歌：「有典有則，貽厥子孫。」命官惟賢材，職事又習狃。咸有一德：「任官惟賢材，左右惟其人。」止能權輕重，王府則多有。五子之歌：「關石和鈞，王府則有。」豈嘗榷其子，揚子：「爲人父而榷其子縱利，如子何？」言先王之時仁，設九府，權輕重，未嘗專利，榷民時也。而爲民父母。孟子：「爲民父母，使民盻盻然，將終歲勤動，不得以養其父母」云云，「烏在其爲民父母也」？當時所經營，今十已毀九。漢宣紀：「畜産大耗什八九。」[五]師古曰：「言十損其八九也。」其一雖幸在，漂揺亦將朽。公卿患才難[六]，語：「才難，不其然乎？」州縣固多苟。詔令雖數下，紛紛誰與守？漢紀：「古詔書數下，歲勸民種樹而功未興。」○孟子：「子思曰：『如伋云，君誰與守？』」官居甚傳舍，位以聲勢受。蓋寬饒傳：「此如傳舍，所閲多矣。」既不責施爲，安能辨賢不？區區欲救[七]弊，萬謗不容口。爰盎傳：「稱之不容口。」師古曰：「稱美其德，口不能容也。」天下大安危，誰當執其咎？詩：「發言盈庭，誰敢執其咎？」勞心適有罪，孟子：「勞心者治人，勞力者治於人。」養譽終天醜。漢朱博傳：「齊部舒緩養名。」韓文送孟東野序：「將天醜其德，莫之顧耶？何爲乎不鳴其善鳴者也。」豈惟祖[八]子孫？教戒及朋友。貴者大其領，詩人歌四牡。小雅節南山：「駕彼四牡，四牡項領。」注：「項，大也。」箋云：「四牡，人君所乘駕。今但養大其領，不肯爲用也。」至尊空獨憂，不敢樂飲酒。詩：「飲酒樂衎。」哿矣富阡陌，哀哉此無糗。正月詩：「哿矣富人，哀此惸獨。」言富民專利，而貧弱者愈困矣。又恐謂富人尚可，而貧弱者尤可哀耳。鄉閭人所懷，今或棄而走。鄭玄周禮注云：「閭，里門也。」○語：「小人懷土。」○人情懷土，今棄而他適者，亦見其無聊賴之甚也。豈無濟時術，使爾安畎畝？故今二三公，戮力思矯揉。時富、韓並爲相，王堯臣、曾公亮爲參知政事，嘉祐四年也。非仁宗在上，四公之賢同處廟堂，豈能有此盛舉乎？永惟東南害，茶法蓋其首。私藏與竊販[九]，犴獄常紛糾。漢刑法志：「犴獄不平。」師古曰：「詩云：『宜岸宜獄。』」輸將一不足，往往死鞭杻。晁錯傳：「輸將之費益寡。」如淳注云：「將，送也，或曰資也。」敗陳被[一〇]雜惡，強賣曾非誘。已云困關市，孟子：「關市譏而不征。」且復搔林藪。杜詩：「哀猿啼一聲，客淚迸林藪。」○石崇思歸引：「篤好林藪。」將更百年弊，謂民知可否。出節付羣材，元和聖德詩：「出節少府。」詢謀欲經久。書：「詢謀僉同。」朝廷每如〔一一〕此，自可躋仁壽。王吉傳：「驅一世之民，躋之仁壽之域。」因知從今始，漸欲人財阜。詩：「自今以始，歲其有。」阜財，舜南風歌。吾宗恢奇士，選使自朝右。聰明諒多得，爲上歸〔一二〕析剖。王程雖薄遽，嚴助傳：「事薄遽。」師古曰：「薄，迫也。遽，速也。」○柳詩：「王程有餘暇。」邦法難鹵莽。顧君博諮諏，無擇壯與耆。莊子則陽：「君爲政焉勿鹵莽。」○詩皇皇者華：「周爰諮諏。」謂老若少者，皆宜詢之。余知茶山民，不必生皆厚。書：「惟民生厚。」此借用。獨當征求任，尚恐難措手。語子路：「刑罰不中，則民無所措手足。」注：「錯，亦作措。」孔稱均無貧，此語今可取。語季氏：「蓋均無貧，和無寡。」注：「政教均平，則無貧矣。」譬如〔一三〕輕萬鈞，當令衆人負。禮記王制：「輕任并，重任分。」○李伯紀與魏公書云：「今有人於此，力足以舉百鈞，而益之以萬鈞，則力必不勝矣。然有可勝之理者，與人分之。」強言豈宜當，聊用報瓊玖。詩：「投我以木李，報之以瓊玖。」○退之詩：「大懼失宜當。」○按，公集有議茶法一篇，與詩意多同，今附注於此：「國家罷榷茶之法，而使民得自販，於方今實爲便，於古義實爲宜。而有非之者，蓋聚斂之臣，將盡財利於毫末之間，而不知與之爲取之過也。夫茶之爲民用，等於米鹽，不可一日以無。而今官場所出皆麤惡不可食，故民之所食大率皆私販者。夫奪民之所甘，而使不得食，則嚴刑峻法有不能止者，故鞭朴流徙之罪未嘗少弛，而私販、私市者亦未嘗絶於道路也。既罷榷之法，則凡此之爲患，皆可以無矣。然則雖盡充歲入之利，亦爲國者之所當務也，況關市之入，自足侔昔日之利乎？昔桑弘羊興榷酤之議，當時以爲財用待此而給，萬世不可易者，然至霍光不學無術之人，遂能屈其論而罷其法，蓋義之勝利久矣。今朝廷之治，方欲剗百代之弊，而復堯舜之功，而其爲法度，乃欲出於霍光之所羞爲者，則可乎？以今之勢，雖未能盡罷榷貨，而能緩其一，亦所以示上之人恤民之深而興治之漸也。彼區區聚斂之臣，務以求利爲功，而不知與之爲取，上之人亦當斷以義，豈可以人人合其私説然後行哉？揚雄曰：『爲人父而榷其子，縱利，如子何？』以雄之聰明，其講天下之利害宜可信，然則今雖國用甚不足，亦不可以復易已行之法矣。是以國家之勢，苟修其法度，以使本盛而末衰，則天下之財不勝用，庸詎而必區區於此哉？」

【校記】

〔一〕宋本、叢刊本題作「酬王詹叔奉使江南訪茶利害」。

〔二〕「二」，宮内廳本作「三」。

〔三〕「夫」，原作「大」，據宮内廳本改。

〔四〕「民」，宮内廳本作「户」。

〔五〕「漢宣紀」及引文，原作「域當經玄涯，大耗什八九」，據宮内廳本改。

〔六〕「才難」，宮内廳本作「難才」。

〔七〕「救」，宋本、龍舒本、叢刊本作「捄」。

〔八〕「祖」，龍舒本作「詔」。

〔九〕「敗」，諸本作「販」。

〔一〇〕宋本、叢刊本「敗」作「販」，「被」作「彼」。龍舒本「被」作「彼」。

〔一一〕「如」，宋本、龍舒本、叢刊本作「若」。

〔一二〕「歸」，龍舒本作「爲」。

〔一三〕「如」，宋本、龍舒本、叢刊本作「欲」。

酬王伯虎

按公集有答王伯虎書，論聖人君子之行，即此人也。

吾聞人之初，好惡尚無朕。莊子帝王篇：「體盡無窮，而游無朕。」注：「兆也。」帝與鑿耳目，賢愚遂殊品。帝王篇：「人皆有七竅，以視聽食息。此獨無有。嘗試鑿之，日鑿一竅，七日而渾沌死。」〇班固作古今人表，有上、中、下九等。〇退之原性有三品。爾來百千年，轉化薄愈甚。父翁相販賣，浮詐誰能審？睢盱猴纓冠，孟子：「被髮纓冠而往救之。」〇莊子寓言：「老子曰：『睢睢盱盱，而誰與居？』」〇史記：「人謂楚人沐猴而冠。」狼藉鼠穴寢。說文：「草編狼藉也。」〇左氏：「夫鼠晝伏夜動，不穴於寢廟，畏人故也。」滄海恐值到，恐是「到植」。〇莊子：「草木之到植者過半。」注：「植，又音值，立也。」〇賈誼賦：「賢聖逆曳兮，方正倒植。」亦音值。〇杜甫：「四海之水皆立。」誰念〔一〕魚鼈淰？魚淰，見秋夜泛舟注。鴞聲雖云惡，革去在食葚。魯頌：「翩彼飛鴞，集于泮林。食我桑黮，懷我好音。」注：「鴞，惡聲之鳥也。謂食黮之故，改其鳴，就我以善音。」〇又，張天錫謂晉公卿云：「桑葚甘甜，鴟鴞革響。乳酪養性，人無妬心。」嗟誰職教化，獨使此風稔。恬觀不知救，坐費太官廩。賈誼傳：「因恬而不知怪。」〇漢淮陽王傳：「恬有博言。」〇前漢：「少府屬官有太官令、丞。」後漢百官志：「太官令一人，六百石，掌御飲食。」不言廩稍之事。惟貢禹傳：「禹上書曰：『臣家貲不滿萬錢，陛下過意徵臣，拜爲諫大夫，奉錢月九千二百，廩食太官。』」公所用當本此。予生少而〔二〕戇，好古乃天稟。高紀：「王陵可〔三〕，然少戇；陳平可以佐之。」〇語：「我非生而知之者，好古敏以求之者。」念此俗衰壞，何嘗敢安枕？黥布傳：「薛公曰：『陛下安枕而卧矣。』」有時不能平，悲吒失食飲。唯子同〔四〕

我病，亦或涕沾衽。謂予可〔五〕告語，密以詩來諗。四牡詩：「是用作歌，將母來諗。」注：「念也。」箋云：「諗，告也。」爛然辭滿帋，秋水濯新錦。孫興公云：「潘文爛若披錦，無處不善。」窮觀何〔六〕拳拳，静念復凜凜。賤貧欲救世，無寧猶拾瀋。哀公三年：「火，富父槐至，曰：『無備而官辦者，猶拾瀋也。』」注〔七〕：「瀋，汁也。」説窮且版築，書：「説築於傅巖之野。」尹屈唯烹飪。孟子萬章曰：「吾聞其以堯舜之道要湯，未聞以割烹也。」呂氏春秋曰：「伊尹説湯以至味。」逢時豈遽廢？李廣傳：「惜廣資不逢時。」避俗聊須噤。徂年幸未暮，退之此二鳥賦：「幸年歲之未暮，庶無美於斯類。」此意可勤恁。恁，思也。

【校記】

〔一〕「念」，龍舒本、宋本、叢刊本作「論」。

〔二〕「而」，宋本、龍舒本作「小」。

〔三〕「王陵可」，原作「爲正陳乇」，據漢書高帝紀下改。

〔四〕「同」、宋本、龍舒本作「自」。

〔五〕「予」，龍舒本、宋本、叢刊本作「子」。「可」，宋本、龍舒本作「何」。

〔六〕「何」，龍舒本作「可」。

〔七〕「也注」，原作「曲江」，據左傳及杜預注、宮内廳本改。

答虞醇翁

輟學以從仕，仕非吾本謀。語：「學而優則仕。」欲歸諒不能，非敢忘林丘。臨餐恥苟得，曲禮：「臨財無苟得。」冀以盡心醻。萬事等畫墁，雖勤亦何收？孟子滕文公曰：「士無事而食，不可也。……有人於此，毁瓦畫墁，其志將以求食也，則子食之乎？曰：否。曰：然則子非食志也，食功也。」注：「人但破碎瓦畫地，則復墁滅之，此無用之爲也。」揚揚古之人，彼職乃無憂。詩：「君子陽陽，閔周也。」[一]注：「陽陽，無所用其心也。」又：「職思其憂。」○退之復志賦：「抱關之阨陋兮，有肆志之揚揚。」感子撫我厚，欲言秪慙羞。詩蓼莪：「撫我畜我。」

【校記】

〔一〕語出詩序。

送潮州吕使君

韓君揭陽居，退之别趙德詩：「我遷於揭陽，子先揭陽居。」廣州記云：「大庾、始安、臨賀、桂陽、揭陽，爲五嶺。」戚嗟與死鄰。韓至潮州謝表：「戚戚嗟嗟，與死日迫。」歐文忠坐責諫官，貶夷陵令，與尹師魯書云：「每見前世有名人當論事時，感激不避誅死，真若知義者。及到貶所，則戚戚怨嗟，有不堪之窮愁形於文字。其心懽戚，無異庸人。雖韓文公，不免此累。」呂使揭陽去，笑談面生春。當復進趙子，詩書相討論。韓別趙德詩：「心平而行高，兩通詩與書。」不必移鱷魚，詭怪以疑民。先王驅龍蛇而放之菹，驅虎豹犀象而遠之。鱷魚固當驅也，但以文告，近於駭俗，故公以爲詭怪。○韓公瀧吏詩：「鱷魚大於船，牙眼怖殺儂。」潮州謝表云：「颶風鱷魚，患禍不測。」至是，則爲文以逐之。新舊傳皆載此文。初，愈至潮，問民疾苦，皆曰：「惡谿有鱷魚，食民畜産且盡，民以是窮。」數日，愈往觀之，令其屬秦濟以一羊、一豚投谿水而祝之。祝之夕，暴風震雷起湫水中，數日水盡涸，西徙六十里，自是潮無鱷魚患。世有陳文惠在潮所圖鱷魚，尾束一羊，鱷回視羊，欲啖，羊作懼狀，蓋鱷魚力在尾也。有若大顛者，材高[一]能動人。韓與孟簡書：「潮州時，有一老僧，號大顛，頗聰明，識道理。遠地無可與語者，故自山召至州郭，留十數日，實能外形骸，以理自勝，不爲事物所侵亂。與之語，雖不盡解，要自胷中不滯礙。」亦勿與爲禮，聽之汩彝倫。韓寄盧仝詩：「潔身亂倫安足擬？」同朝叙朋友，異姓接婚姻。公孫丑下：「得侍同朝，甚喜。」恩義乃獨厚，懷哉余所陳。韓符讀書城南詩：「恩義有相奪。」詩揚之水：「懷哉懷哉，曷月予旋歸哉。」

【校記】

［一］「材高」，龍舒本、宋本、叢刊本作「高材」。

寄曾子固二首

疑此詩公在館中時作也。「巖巖中天閣」，爲指祕閣而言。

巖巖中天閣，靄靄〔一〕層雲樹。爲子望江南，蔽虧無行路。沈約詩：「蔽虧崐山樹。」平生湖海士，陳元龍湖海之士，豪氣不除。心迹非無素。老矣不自知，低回如有慕。傷懷西風起，心與河漢注。杜詩：「猶有淚成河，經天復東注。」哀鴻相隨飛，去我終不顧。

【校記】

〔一〕「靄靄」，龍舒本、宋本、叢刊本作「藹藹」。

其二

崔嵬天門山，江水遶其下。九域志：「明州東門山，漢地理志所謂天門山也。」○子固以元豐元年十二月差知明州，未幾改亳，兼公時在鍾山。此詩必子固未第游學至明時。寒渠已膠舟，欲往豈無馬？莊子逍遥篇：「覆杯水於坳堂之上，則芥爲之舟，置杯焉則膠。」時恩繆拘綴，私養難乞假。

低回適爲此，含憂何時寫？吾能好諒直，世或非詭詐。言世以諒直爲詭詐，如指正論爲沽名買直之類也。陸龜蒙詩：「奴顔婢膝直乞丐，反以正直爲狂癡。」安得有一廛？孟子：「願受一廛而爲氓。」周禮：「上地夫一廛。」又揚雄傳：「有田一廛。」相隨問耕者。語：「長沮、桀弱耦而耕。孔子過之，使子路問津焉。」

補注　讀墨　惜乎不見正遂與中庸詭。公答陳梠書亦云：「墨翟非亢然詆聖人而立其説於世，蓋由學聖人之道而失之爾，雖莊周亦然。韓氏作讀墨，而又謂子夏之後流而爲莊周，則莊、墨皆學聖人，而失其源者也。」

桃源行〔一〕　聞道長安吹戰塵，春風回首一沾巾。吴融梅詩：「今來獨傍荆山看，回首長安落戰塵。」張平子詩：「側身北望涕沾巾。」

【校記】

〔一〕「桃源行」，原作「明妃曲」，據詩改。

庚寅增注第六卷

讀墨　中庸詭　公答陳梠書亦云：「墨翟非亢然識聖人而言其説於世，蓋由學聖人之道而失之耳。」

讀秦漢間事　三月紅　詩：「咸陽宫殿三月紅，霸業已隨煙燼滅。」　焚人力　言不特焚人之力，天實爲之之意。

幽谷引　去我來游　醉翁吟：「水潺潺兮，翁忽去而不顧；山岑岑兮，翁復來其幾時。」

明妃曲　不自持　非煙詩：「緑慘雙蛾不自持。」陸雲感離詩：「髣髴想容儀，歔欷不自持。」

其二　捍撥　撥以金爲飾，所以捍護其撥也。

桃源行　指鹿　賀蘭晉明詩：「秦庭初指鹿，羣盜滿山東。忤意皆誅死，所忠誰爲忠？」　半死　劉長卿詩：「簟愴孤生竹，琴亡半死桐。」　爲薪　劉希夷詩：「已見松柏摧爲薪。」

回首戰塵　吴融梅詩：「今來獨傍荆山看，回首長安落戰塵。」○杜詩：「遠山回白首，戰地有黄塵。」　沾巾　張衡詩：「側身西望涕沾巾。」　桃源行　有天台余易和篇頗工，今附見于此：「驚湍奔注如白馬，玄光洞天在其下。南障種桃避秦人，花裏俄逢捕魚者。挽歸具黍傾甕春，老妻汲溪兒拾薪。常時蓺秫役童孺，此外儲蜜煩蜂臣。酒闌移藤几相近，人間時代猶能問。五胡扛鼎失中原，一馬化龍造東晉。仙家瞬息隔幾塵，痛飲不顧淋衣巾。中峯琳宫許同住，何須六印誇蘇秦？」

食黍行　南與北

王琚詩：「疾風吹飛帆，倏忽南與北。」

歎息行

或謂荆公晚年詩多譏誚神考處，若下注脚，儘做謗訕宗廟，他日亦拈得出。曰：「君子作事，只是循一箇道理不成。」荆公之徒箋注人詩文，陷人以謗訕之罪，吾輩也便學他。昔王文正在中書，寇萊公在密院。中書偶倒用了印，萊公須勾吏人行遣。他日，密院亦倒用了印，中書吏人呈覆，亦欲行遣。文正問吏人：「汝等且道密院當初行遣倒用印者是否？」曰：「不是。」文正曰：「既是不是，不可學他不是。」遂更不問。如今日所罪謗訕宗廟、毀謗朝政者，自是先王之時，惟恐不聞其過，故許人規諫。至如舜求言，乃立謗木，是直欲人之謗己也。書曰：「小人怨汝詈汝，則皇自敬德。」蓋聖人之於天下，常懼夫在己者有所未至，故雖小人怨詈，亦使人主自反。詩三百篇，經聖人删過，皆可以爲後王法。今其所言譏刺時君者，自出於後世無道之君，不是美事，何足爲法？若祖宗功德，自有天下後世公議在，豈容小己之所抑揚？名之曰幽厲，雖孝子慈孫，百世不能改也。夫爲人子孫，豈不欲聖賢其祖考？但公議以惡名歸之，則雖欲改之，不能得也。其曰名之曰幽厲，當時誰實名之？兹豈獨其子孫之不孝乎？若人主前開陳，乃是正理。今之君子，但見人言繼述，亦言繼述；見人罪人謗訕，亦欲求人謗訕之迹罪人。如此只是相把持，正理安在？如元祐臣僚章疏論事，今乃以爲謗訕，此理尤非。君子得志，須當理會，令分明。今反謂他門亦嘗謗訕，不唯效尤，兼是使元祐賢人君子愈出脱不得，濟甚事？

和吳御史　汴渠

按後漢紀：「永平十二年，修汴渠隄，自滎陽東至河口千餘里，十里立一水門，役費以億計。」據此，則汴渠之開，所從來遠矣。胡明仲言：世謂隋煬帝開汴渠以幸揚州。文士考禹都，言堯都冀州，居河下流，而八州貢賦重於用民力，故每州必記入河之水，獨淮與河無相通之道，求之故迹而不得，乃疑汴水自禹來有之，不起於隋。世既久遠，或名鴻溝，或名官渡，或云汴渠。大抵皆自河入淮，故淮河引江湖之舟以達于冀也。今據後漢書，則平帝時亦有汴渠。曰河渠決壞，則謂輸受之所也。至於發卒數十萬修渠隄，則平地起兩岸，而汴水行其中也。十里立一水門，更相洄注，則以節度上流，恐河溢爲患也，是正與今之汴渠無異，未有導洛之事爾。史曰渠隄自滎陽而東，則上疑其爲鴻溝，下疑其爲官渡者，恐未得其要。官渡直黄河也，故袁、曹相拒，沮授曰：「悠悠黄河，吾其濟乎？」汴渠自西而東，鴻溝乃横亘南北，故曰未得其要也。獨所謂「自禹以來有汴」者，則不易之論也。

酬王詹叔　祖子孫韓文：「誌見其祖，子孫三世。」濟時術杜詩：「豈無濟時策？終竟畏羅苦。」

答虞醇翁　盡心疇鬼詩：「感君一顧重，願以盡節疇。」乃無憂又，詩云：「樂哉何所憂？所憂非我力。」

寄曾子固其二　問耕者孟子：「耕者皆欲耕於王之野。」韓退之詩：「偶尋蹤跡問耕人。」

王荊文公詩卷第七

古詩

虎圖 或言：公作此詩譏韓忠獻，恐無此。

壯哉非羆亦非貙，評曰：此句最難起。○周文王出獵，卜之曰：「非虎非羆。」○爾雅曰：「羆如熊，黃白文。」郭璞注曰：「似熊而長頭高脚。猛憨多力，能拔木。關西呼爲猳羆。」又曰：「貙似貍。」郭璞曰：「今貙虎大於虎豹，文如貍。山民呼貙虎大者爲貙犴。」目光夾鏡當坐隅。顏延年赭白馬賦：「雙瞳夾鏡。」李善注云：「相馬經曰：『目成人者行千里。』注云：『成人者，視童子中人頭足皆見，言目中清明如鏡。或云：兩目中央旋毛爲鏡。』」橫行妥尾不畏逐，顧眄欲去仍躊躇。卒然我見心爲動，熟視稍稍摩其鬚。評曰：它説虎處不過三兩句，却有許多雍容調度。○「孟子見梁襄王，卒然問曰。」莊子：「料虎頭，編虎鬚。」固知畫者巧爲此，此物安肯來庭除？杜詩：「臨軒忽覺無丹青。」想當槃礴欲畫時，莊子田子方篇：「宋元君將畫圖，衆史至，受揖而立，舐筆和墨，在外者半。有一史後至，儃儃然不趨，受揖不立，因之舍。公使人視之，則解衣槃礴羸。公曰：『可矣，是真畫者也。』」睥睨衆史如庸奴。張耳傳：「外黄富人女庸奴其夫。」神閑意定始一掃，功與造化論錙銖。悲風颯颯吹黄蘆，上有寒雀驚相呼。槎牙死樹鳴老烏，向之俛噣如哺雛。言虎出，而風從之，老烏俛而噪虎，狀如哺雛也。○韓集猛虎行：「烏鵲從噪之，虎不知所爲。」山牆野壁黄昏後，馮婦遥看亦下車。評曰：自然知是畫虎。〔一〕○孟子盡心章：「虎負嵎，莫之敢攖，望見馮婦，趨而迎之。馮婦攘臂下車，衆皆悦之。其爲士者笑之。」○或言，王介甫、歐陽永叔、梅聖俞與一時聞人，坐上分題賦虎圖。介甫先成，衆服其敏妙，永叔乃袖手。或曰：此體杜甫畫鶻行耳。大抵前輩多模取古人意，以紓急解紛，此其一也。

【校記】

〔一〕宫内廳本評曰：「凡賦，亦欲有譏，妙入想像，語見事外，何必爲何人作，皆是淺論。」

次韻歐陽永叔端溪石枕蘄竹簟〔二〕

一作「次韻信都公」。

端溪琢枕緑玉色，端州高要縣有溪出焉，匠人於此鑿石，其色正紫而微青。或云：水中石，其色青；山半石，其色紫。蘄水織簟黄金紋〔三〕。退之鄭羣贈簟詩：「蘄州笛竹天下知，鄭君所寶尤瑰奇。携來當晝不得卧，一府傳看黄琉璃。」翰林所寶此兩物，笑視金玉如浮雲。述而：「子曰：『不義而富且貴，於我如浮雲。』」都城六月招客語，地上赤日流黃塵。燭龍中天進無力，退之月詩：「孤質不自憚，中天爲君拖。」古書：「燭龍，岷山神也，嘗啣燭以照九陰。」〇山海經：「赤水之北有山，其神人面蛇身，其瞑乃晦，其視乃明，是謂燭龍。」〇淮南子：「燭龍在鴈門北，蔽于委羽之山不見日，其神人面龍身而無足。」注云：「委羽，北方山名也。」乃知燭龍在北。而五臣注謝惠連雪賦云：「燭龍，岷山神。」〇李賀：「天東有若木，下置啣燭龍。」一云在西，一云在東，未知孰是。客主欹然各疲劇。形骸直欲坐棄忘，劉長卿詩：「調嘯寄踈曠，形骸坐棄捐。」〇莊子大宗師：「顏回曰：『回益矣。』仲尼曰：『何謂也？』曰：『回坐忘矣。』仲尼蹵然曰：『何謂坐忘？』顏回曰：『墮肢體，黜聰明，離形去知，同於大通，此謂坐忘。』」冠帶安能強修飾。恃公寬貸更不疑，箕倨豈復論官職？馬援傳：「公孫述修飾邊幅，如偶人形。」〇曲禮：「坐無箕倨。」〇陸賈傳：「尉佗魋結箕倨。」謂伸兩足而坐，其形如箕。笛材平瑩家故藏，硯璞坳清此新得。掃除堂屋就陰翳，公不自眠分與客。觀此，則客對主人眠，不但箕倨而已。人言介甫嗜睡，夏月常用方枕。或問何意，公云：「睡久，氣蒸枕熱，則轉一方冷處。」此真知睡者。歐公端石枕，其形製疑亦方者。知公用意每如此，真能與物同其適。與衆樂之之謂適。豈比法曹空自私，却願天日長炎赫。退之謝鄭羣贈簟詩：「法曹貧賤衆所易，腰腹空大何能爲？倒身甘寢百疾愈，却願天日長炎曦。」公材卓犖人所驚，久矣四海流聲名。陳後山詩云：「異人間出駭四方。」〇東坡云：「歐陽公天人也。」曾子固醒心亭記云：「若公之賢，韓子没數百年而始有之。今同游之賓客，尚未知公之難遇也；後百千年，有慕公之爲人而覽公之迹，思欲見之，有不可及之歎，然後知公之難遇也。」據二公所言，則公當時聲名之盛可知矣。天方選取欲扶世，豈特使以文章鳴？退之送孟東野序：「夔弗能以文辭鳴。」又：「自假韶以鳴。」深探力取常〔三〕不寐，言公勤力於學，至忘寢也。思以正議〔四〕排縱橫。奈何甘心一榻上，欲卧潁尾爲潔清。此詩歐公爲翰苑時，已有歸潁之意。賢愚勞佚非一軌，韓詩：「浮生雖多塗，趨死惟一軌。」顧我病昏惟未死。心於萬事久蕭〔五〕然，身寄一官真偶爾。便當買宅歸偃休，退之畫記：「偃寢休者二人。」白髮青〔六〕山如願始。陸士龍〔七〕詩：「銜恩非望始。」○成公十八年：「周子曰：『孤始願不及此。』」○退之祭張員外文：「相見京師，過願之始。」看公勠力就太平，却上青天跨箕尾。莊子大宗師篇：「傅説得之，以相武丁，奄有天下，乘〔八〕東維，騎箕尾，而比於列星。」

【校記】

〔一〕宋本、叢刊本題作「次韻信都公石枕蘄簟」。

〔二〕「紋」，龍舒本作「文」。

〔三〕「常」，龍舒本作「當」。

〔四〕「議」，宋本作「論」。

〔五〕「蕭」，宋本、叢刊本作「翛」。

〔六〕「青」，龍舒本、宋本、叢刊本作「溪」。

〔七〕「士」字原脱，據文選卷二十五陸士龍爲顧彦先贈婦二首補。

〔八〕「乘」，原作「秉」，據宫内廳本、浙江書局本莊子改。

和吳沖卿雪〔一〕

陽回力能〔二〕邅，陰合勢方鞏。填空忽汗漫，造物誰慫慂。退之：「歲盡道苦邅。」漢衡山王傳：「日夜縱臾王謀反事。」如淳曰：「臾，讀曰勇。縱臾，猶言勉強也。」師古曰：「縱，子勇反。縱臾，謂奬勸也。」輕於擘絮紛，細若吹毛氄。韓詩：「晴雲如擘絮。」○書：「鳥獸氄毛。」雲連晝已瞀，風助霄〔三〕仍洶。韓詩：「助留風作黨。」又：「宿雲寒不卷。」憑陵雖一時，變態〔四〕亦千種。簾深卷或避，户隘闗尤擁。滔天有涷痕〔五〕，匝地無荒隴〔六〕。言雪所模糊，不辨丘壠也。高駢詩：「蓋盡人間惡路岐。」○韓詩：「浩蕩乾坤合。」又：「匝澤荷平施。」又：「悠悠匝九垓。」飛揚類挾富〔七〕，委翳等辭寵。陸機豪士賦：「引禍積起於寵盛，而不知辭寵以招福。」○孟子有「挾貴」、「挾長」字。穿幽偶相重，值險輒孤聳。韓詩：「穿細時雙透，乘危忽半摧。舞深逢坎井，集早值層臺。」亦此意。積慘〔八〕會將舒，劉琨〔九〕詩序：「排終身之積慘，求數刻之暫歡。」羣輕那久重。中山王勝傳：「羣輕折軸。」此句似有所譏者。紛華初〔一〇〕滿眼，消釋不旋踵。韓詩：「歡華不滿眼。」○吳起傳：「往年吳公吮其父，戰不旋踵，遂死於敵。」槁樹散飛花，空簷落懸〔一一〕湩。匈奴傳：「得漢食物，皆去之，以視不如重酪之便美也。」注：「重，乳汁也，竹用反。字本作湩。」○佛書：「付法傳商那，手出香乳，懸泉流注。」何〔一二〕當困炎熱，以此滌煩壅。共約市南人，收藏不爲冗。昭公四年：「日在北陸而藏冰，西陸朝覿而出之。」注：「謂夏三月。」又云：「輿人納之，隸人藏之。」皆謂賤者，市南人之類也。又藏冰事，首見七月詩。

【校記】

〔一〕龍舒本、宫内廳本題末有「詩」字。

〔二〕「能」，宋本、龍舒本、叢刊本作「猶」。

〔三〕「霄」，宋本、宫内廳本、叢刊本作「宵」。

〔四〕「態」，宫内廳本作「化」。

〔五〕「痕」，宋本、叢刊本作「浪」。

〔六〕「隴」，龍舒本作「壠」。

〔七〕「富」，龍舒本作「雷」。

〔八〕「慘」，龍舒本作「㥮」。

〔九〕「劉琨」，原作「劉昆」，據文選改。引文出文選劉琨答盧諶書。

〔一〇〕「初」，宋本、叢刊本作「始」。

〔一一〕「懸」，龍舒本作「寒」，宋氏、叢刊本作「縣」。

〔一二〕「何」，宋本、叢刊本作「還」。

和冲卿雪并示持國〔一〕

地卷江海浮，天吹河漢湧。杜詩：「高浪蹴天浮。」又：「江間波浪兼天湧。」北風散作花，巧麗世無種。霾昏得照曜，塵滓歸掩擁。韓詩：「萬屋汗漫合，千株照曜開。松篁遭挫折，糞壤獲饒培。」荒林無空枝，幽瓦有高壠。韓詩：「庭前鋪瓦隴。」分纔一毛細〔二〕，聚或千鈞重。飛揚目〔三〕一作「窺」。已眩，摧壓聽還兇。韓詩：「謫夢意猶兇。」漁舟平繫舷，樵屩没歸踵。退之送侯參謀詩：「雪徑抵樵叟。」空令物象瑩，豈免川塗壅？争光常娥〔四〕妬，李義山：「此時雪月交光夜，身在瑶臺第一層。」○常娥，見定林示道原注。失色羲和恐。退之苦寒詩：「羲和送日出，恇怯煩窺覘。」羲和，日官也。賴逢陽氣蒸〔五〕，轉作水波溶。舞庭稱賀嚴，唐韋斌，宰相安石子也。每朝會，不敢離立笑言。嘗大雪，在廷者皆振裾更立。斌不徙足。雪甚，幾至韡，亦不失恭。掃〔六〕路傳呼寵。唐開元遺事：「王元寶，每大雪之際，令僕夫自門巷掃雪爲徑路，以迎賓客，具宴飲之會，爲煖寒。」○韓詩：「聚庭看嶽聳，掃路見雲披。」○傳呼，見和王勝之雪霽注。衝游謝少壯〔七〕，避卧甘閑冗。袁安偃卧，見讀眉山集雪詩注。吴侯絶俗唱，韓子當敵勇。吴侯指沖卿，韓子謂持國。○光武見大敵勇。勝負觀兩豪，晉劉伶傳：「二豪之在側焉，如蜾蠃與螟蛉。」吾衰但陰拱。評曰：豈以前韻爲未足展驥，廣之使暢，因亦曰和邪？○黥布傳：「陰拱而觀其孰勝。」師古曰：「斂手曰拱，言不動摇，坐觀成敗也。」

【校記】

〔一〕宋本、叢刊本「雪」下有「詩」字。龍舒本目録題作「和吴冲卿雪示韓持國」。

〔二〕「細」，宫内廳本作「輕」。

〔三〕「揚目」，宋本、叢刊本作「颺窺」。

〔四〕「常娥」，宋本、叢刊本作「姮娥」，宫内廳本作「嫦娥」。

〔五〕「蒸」，龍舒本、宋本、叢刊本作「烝」。

〔六〕「掃」，龍舒本作「埽」。

〔七〕「衝游」，龍舒本作「游衝」。「少壯」，龍舒本作「壯小」，宋本、叢刊本作「壯少」。

送石賡歸寧

虛名誤長者，邂逅肯經過？所操十餘篇，浩蕩決江河。虛名，公自指也。操，猶持也。漢書：「良問曰：『大王來何操？』」側身朝市間，樂少悲慙多。東坡詩：「我昔憧軒冕，毫釐真市廛。歸來卧重茵，憂愧夜不眠。」前輩所存多爾，豈以位爲樂者？文章舊所好，久已廢吟哦。開編喜有得，一讀瘳沉痾。陳琳檄，愈頭風。○韓集古意：「一片入口沉痾痊。」裹飯北城陰，永懷從晤歌。裹飯，見仲明父至宿〔二〕注。○詩考槃：「獨寐晤歌。」又欲及歲晚，空堂掃絲窠。韓詩聯句：「絲窠掃還成。」稍出平生言，道藝相琢磨。詩淇奥：「如琢如磨。」忽隨鴈南飛，當此葉辭柯。韓詩：「林柯有脱葉。」去去棃嶺高，想見青坡陀。棃嶺，在建州浦城縣。○子虛賦：「罷池陂陀。」罷，音疲；陂，音婆。黄花一盃酒，爲壽樂如何？孫皓云：「上汝一盃酒，令汝壽萬春。」微詩等瓦礫，持用報隋和。評曰：亦不多少。○隋侯之珠，卞和之璧，皆至寶也。

【校記】

〔一〕「仲明父至宿」，當作「張明甫至宿明日遂行」，見卷一。

送張拱微出都

歸卧不自得，出門無所投。評曰：送人以此，可見慨然。○杜詩：「行邁心多違，出門無與適。」獨尋城隅水，送子因遠游。屈原有遠游章句。荒林纏悲風，慘慘吹驪裘。杜詩：「歲晏風破肉，荒林寒可回。」○薛據詩：「寒風吹長林，白日原上没。」○歐公詩：「輕寒漠漠侵驪褐。」捉手共笑語，顧瞻中河舟。詩：「汎彼柏舟，在彼中河。」嗟人皆行樂，而我方坐愁。楊惲傳：「人生行樂耳。」○古樂府鮑照云：「人生亦有命，安能行歎復坐愁？」腸胃繞鍾山，形骸空此留。韓集聯句：「腸胃繞萬象，精神驅五兵。」○韓南溪詩：「謂我此淹留。」念始讀詩書，豈非亦有求？孟子萬章：「頌其詩，讀其書。」一來裹青衫，觸事自悔尤。唐制：七品以下衣青衫。○白樂天詩：「江州司馬青衫濕。」誤爲世所容，榮禄今白頭。塞責以區區，一毛施萬牛。不足助時治，但爲故人羞。司馬遷答任安書：「若九牛亡一毛。」○退之庭楸詩：「九牛亡一毛，不在多少間。」猶言涓埃不足裨海嶽之意。寬恩許自劾，終欲東南流。子今涉冬江，船必泊蔡洲。蔡洲非汝蔡之蔡。蔡洲在建康城西南一十二里，周迴五十五里，隔岸即吴之客館。晉成帝時，陶侃討蘇峻，與溫嶠、庾亮等率舟師四萬，旗鼓百里，次于蔡洲。六日，諸軍盡會石頭城西北。後盧循舉兵將至，劉裕曰：「賊自新亭直上，且將避之，若回泊蔡洲，此成擒爾。」時徐道覆請於新亭焚舟而戰，循曰：「不然，不如按甲蔡洲以待之。」初，劉裕望見船向新亭，有懼色，及見回泊蔡洲，喜曰：「賊落吾下也。」遂率兵進戰，縛以大筏，因風逼之，大破循軍於江中，循遁走。侯景次臺城，裴之高援兵至後渚，結陣于蔡洲，景分軍屯南岸[一]。大寶三年，陳霸先討侯景。二月，大軍進姑熟，先鋒次蔡洲，即此也。

寄聲冶城人，爲我問一丘。

評曰：悠然不自得之意，非強點綴林下風景者。○冶城，見仲明父至宿[二]注。徐廣晉記云：「成帝幸司徒府，觀冶城園。」即是。○前漢班嗣報桓譚書曰：「栖遲於一丘，則天下不易其樂。」謝鯤傳：「一丘一壑，自謂過之。」

【校記】

〔一〕「分」下原脱字，據梁書卷五十六侯景傳補「軍屯」二字。

〔二〕「仲明父至宿」，當作「張明甫至宿明日遂行」，見卷一。

寄題睡軒

劉侯少忼慨，天馬脱馽羈。一官不得意，州縣老委蛇。劉侯，不詳爲誰。新居當中條，墻屋稍補治。疏軒以睡名，從我遠求詩。朝廷法令具，百吏但循持。吏道以法令爲師。又况佐小邑，有才安所施？賦租如簿領，獄訟了鞭笞。儵然即高枕，於此樂可知。王官有空〔一〕谷，司空圖天祐末隱居中條山王官谷，公必指斯人也。隱者常棲遲。拂榻夢其人，亦足慰所思。詩：「可以棲遲。」○杜詩：「足以慰所思。」圖雖高曠，有忠義大節。始不污黃巢，奔僖宗，又不污朱粲。世居中條，遂隱不出，名亭曰「休休」。王重榮饋之，拒弗受。哀帝弒，圖不食而卒。嗟予久留連，竊食坐無爲。浩歌臨西風，更欲往從之。張平子四愁詩：「欲往從之梁甫艱。」

【校記】

〔一〕「空」，龍舒本作「容」。

冲卿席上得昨字〔一〕

嗟〔二〕予乏時才，始願乃丘壑。強走十五年，朱顏已非昨。退之詩：「明朝視顏色，與故不相似。」低回大梁下，屢歎風沙惡。所欣同舍郎，同舍郎，字出直不疑傳。誘我文義博。夫子循循然善誘人，博我以文，約我以禮。古聲無慆淫，書：「無即慆淫。」○左氏：「於是有煩手淫聲，慆堙心耳。」真味有淡泊。追攀風一作「歲」。月久，貌簡非心略。君恩忽推徙，所望頗乖錯。尚憐得經過，未比參辰各。揚子學符篇：「吾不睹參、辰之相比也。」注：「言參、辰出沒，不相比列。」杜詩：「人生不相見，動如參與商。」留連惜餘景，從子至日落。明燈照親友，環坐傾杯杓。別離寬後悲，但作別時苦，勿作別後思。笑語盡今樂。論詩知不如，興至亦同作。

【校記】

〔一〕「昨」，宋本、叢刊本作「作」。龍舒本目録題作「冲卿席上」，注：「得昨字。」

〔二〕「嗟」，宋本、叢刊本作「咨」。

塞翁行

塞翁事，注見下。

塞翁少小壟上鋤，陳勝傳：「輟耕之壟上。」塞翁老來能捕魚。胡人獵而不漁。熙寧中，官軍復熙河，洮水之魚浮，取之如拾，久而魚潛。魚長如人水滿眼，杜詩沙苑行：「泉出巨魚長比人。」桑柘死盡生芙蕖。家家〔一〕一作「漢家」。新堤廣能築，謝玄暉和王著作八公山詩：「春色良已凋，秋場廣能築。」胡兒壯馬休南牧。賈誼過秦論：「胡人不敢南下而牧馬，吏士不敢彎弓而報怨。」北風卷却波浪聲，秖放田車行轣轆。

【校記】

〔一〕「家家」，宋本、叢刊本作「漢家」。

白溝行

白溝在安肅北十五里，闊纔丈餘，古亦名巨馬河，本朝與遼人分界處。○公此詩，必作於使北時也。竊味全篇，已微見經理之意。君臣之間，志迄弗遂，其卒乃爲政宣之禍，豈非天哉？余頃因使燕，亦嘗過所謂白溝者，河甚淺狹，可涉。地屬涿州。○歐公歸田録：「太祖討平諸國，收其府藏，貯之別庫，曰封樁庫，每歲國用之餘皆入焉。嘗語近臣曰：『石晉割幽燕諸郡以歸契丹，朕憫八州之民久陷夷虜，俟所畜滿五百萬緡，遣使遺北虜，以贖山後諸郡。如不我從，則散府財，募戰士，以圖攻取。』後改曰左藏庫，今爲内藏庫。」○林希野史云：「太祖、神宗皆有平燕之志，至神廟，嘗作内藏庫銘云：『五季失國，玁狁孔熾。藝祖造邦，思有懲艾。爰設内府，基以募士。曾孫保之，敢忘厥志？』右三十二字，各名一庫，庫皆在崇政東、西廡。」○張芸叟言：「神考諸路分將，置都作院，河北設五都倉，講好高麗，皆以謀燕。功未施而上賓，是天未欲幽、薊之民歸中國乎？」

白溝河邊蕃塞地，送迎蕃使年年事。蕃使〔一〕常來射狐兔，漢兵不道傳烽燧。賈誼傳：「斥候望烽燧不得息。」文頴曰：「邊方備胡寇，作高土櫓，櫓上作桔皋，桔皋頭兜零，以薪草置其中，常低之，有寇即燃火舉之以告，曰烽。又多積薪，寇至燃之，望其煙，曰燧。」師古曰：「晝燔燧，夜舉烽。」

萬里鉏耰接塞垣，幽燕桑葉暗川原。古之塞垣，漢、唐之世，東自遼海、碣石、榆關、漁陽、鴈門、馬邑，西抵五原、朔方諸郡。遇盛秋寇至，各據險出兵，持重待寇。自晉高祖以幽、薊山後報邪律之恩，關東無復險隘。契丹入寇，徑度常山，直入全魏，澶淵之役是也。詩云「萬里鉏耰接塞垣」，詞不迫而意則深切矣。○「鉏耰」字，出賈誼過秦論。**棘門灞上徒〔二〕兒戲，李牧廉頗莫更論。**評曰：謂通國以和好爲久可恃，不復越白溝一步也。○周亞夫傳：「文帝曰：『嗟乎，此真將軍矣！鄉者灞上、棘門，如兒戲耳，其將固可襲而虜也。至於亞夫，可得而犯耶？』」兒戲，謂劉禮、徐厲也。○揚子重黎篇：「或問：馮唐面〔三〕文帝，得頗、牧而不能用也，諒乎？曰：『彼將有激也。親屈帝尊，信亞夫之軍，至頗、牧曷不用哉？』」又見馮唐傳。○蒙恬北逐匈奴，收河南地，築長城，自臨洮屬遼東，延袤萬餘里，渡河據陽山，迤邐而北。秦亂，匈奴復取故地。每入，候騎至雍，文帝就長安西細柳、棘門、灞上三軍以備胡。並在今京兆府界内。詩意又似言幽燕之地本如此其廣，而漢初疆理之狹、將帥之謬若此，蓋欲借此以明當時合經理之意。李牧大破殺匈奴，滅襜襤，破東胡，降林胡，言如此等人，漢文必不能用。不勞更言也，意亦有託。○又，公賦此詩，實昭陵時。按：當時從臣歐陽公奏疏有云：「兵法曰：『將者，民之司命，國家安危之主也。』今外以李昭亮、王克基輩當契丹，内以曹琮、李用和等衛天子，如當今之事勢，而以民之司命、國之安危繫此數人，安得不取笑四夷，爲其輕侮？」詩所稱棘門、灞上，或亦歐公之意也。

【校記】

〔一〕「使」，宋本、龍舒本作「馬」。

〔二〕「徒」，宋本、龍舒本作「從」。

〔三〕「面」，原作「曰」，據揚子法言改。下「諒乎」，「諒」字原脱，據揚子法言補。

河　間

河間，今屬河北瀛州防禦郡。

北行出河間，千歲想賢王。此言諸侯王多不循理道，獻王獨以賢稱，所謂「大雅卓爾不羣」也。**胡麻生蓬中，詰曲終自傷。**荀子：「蓬生麻中，不扶而直。」言王性本直，因武帝之忌而縱酒自晦，所以爲「詰曲」也。○獻王世家：「孝武問以五策，獻王輒對無窮，帝色難之，謂王曰：『湯以七十里，文王以百里，王其勉之。』王知其意，歸即縱酒聽樂，因以終。」介父所稱「詰曲終自傷」，及「陰自修」，皆指此也。**好德尚如此，**書洪範：「予攸好德。」**恃才〔一〕宜見戕。**恃才，指淮南王安之類。**乃知陰自修，彼不爲傾商。**評曰：十字不特未盡，更自有病。○「陰自修」，謂周文王爲諸侯時。○周本紀云：「崇侯譖西伯於紂，紂囚之羑里。後得出，乃獻洛西之地，以請去炮烙之刑，紂許之。西伯陰行善，諸侯皆來決平。」○横渠張氏曰：「文王之於天下，都無所與，惟正己而已。後世多疑文王行善以傾紂之天下，正猶曹丕語禪讓之事曰：『舜、禹之事，吾知之矣。』觀文王一篇，便知文王之德性。」**區區三世家，**史記三王世家：「燕、齊之事，無足采者，然封立三王，天子恭讓，羣臣守義，文辭爛然，甚可觀也。」**廟册富文章。教子以空言，得祚果不長〔二〕。**評曰：老人語。○武帝立三王，皆有制册，見武五子傳。言武帝不以躬行化其子，徒以空言勉之，宜三王之後皆不長也。齊懷王閎立八年薨，無子，國除。燕刺王旦、廣陵厲王胥皆以綬自絞死。

【校記】

〔一〕「才」，龍舒本、宋本、叢刊本作「材」。

〔二〕「長」，龍舒本、宋本、叢刊本作「良」。

陳橋

余嘗過陳橋，今改爲郭橋。

走馬黃昏渡河水，夜争歸路春風裏。指點韋城太白高，韋城，滑州屬縣。太白高，將曉也。投鞭日午陳橋市。楊柳初回陌上塵，煙脂洗出杏花勻。杜子美詩：「林花着雨燕脂落。」紛紛塞路堪追惜，失却新年一半春。評曰：爲它來處自然，輕輕便足。〇程明道詩：「祇應風雨梅臺上，已減前時一半春。」

澶州

去都二百五〔一〕十里，評曰：以見當日危甚亡具。〇九域志：「澶州，南至東京二百五十里，西京六百七十里，長安一千五百里。」河流中間兩城峙。寰宇志：「澶州本漢頓丘縣地，當兩河之驛路，取古澶泉爲名。唐武德四年置，貞觀中廢，田承嗣奏復之。晉天福三年，夾河造舟，爲鎮寧軍節度。漢乾祐元年，移就得勝寨故基。周世宗又移今地。」據志云「夾河造舟」，則爲欲兩城相通也。南城草草不受兵，北城樓櫓〔二〕如邊城。據寰宇志、九域志等書，皆不載兩城，獨國史云：「車駕初次南城，寇準固請幸北城，高瓊亦同請。上乃命進輦登城。」又據皇朝事實云：「景德初，匈奴寇澶，車駕議巡幸。時曹武公瑋及秦翰爲澶州駐泊，詔許便宜軍事，不由中覆。二將議曰：『戎輅不過河則已，萬一度橋，奈北澶州素不設備？』遂督士卒深開渠以遶城，旋開旋以枯蒿雜草覆渠面，使虜不測其深淺。駕至澶，臣僚乞駐蹕澶南，宣靈誅以滅之也。唯高殿前瓊力挽鑾駕以進，揚其聲曰：

『儒人之言多二三，願陛下莫遲疑，不過河，無以安六軍心。』駕方渡橋，士卒不山呼，左右頗異之，瓊曰：『乞急張黃屋，使遠近認之。』既張，果齊聲呼萬歲，士氣歡振。是夕，車駕次北澶，匈奴毳帳前一黑星殞，若巨石，其聲鳴吼，移刻始盡。」○據此所載，澶州有二城甚明，事實所記，乃湘山野録。

城中老人爲予語，契丹此地經鈔虜。黃屋親乘矢石間，胡馬欲踏河冰渡。天發一矢胡無酋，河冰亦破沙水流。歡盟從此至今日，丞相萊公功第一。

評曰：語如不着褒貶，熟味最高。○續鑑：「上謂輔臣曰：『契丹已入寇，朕當親征決勝，卿等共議何時可以進發？』畢士安曰：『順動之事，更望徐圖。』寇準曰：『大兵在外，進發之期，不可稽緩。』冬，車駕北巡。及駐蹕韋城，虜益南侵。羣臣復有以王欽若南幸金陵之謀告，上意稍惑。準入對曰：『今虜寇迫近，四方危心，陛下惟可進尺，不可退寸。若回輦數步，則萬衆瓦解，雖金陵，亦不可得而至矣！』殿前都指揮使高瓊亦奏曰：『寇準言是，願陛下亟幸澶州。』上意遂決。行次衛南，謂輔臣曰：『虜率腥羶深入吾土，又河冰且合，戎馬可渡，宜過爲之防。可督諸將嚴飭戎備，便宜從事。』虜率衆抵澶州，直犯大陣，圍合，李繼隆等整軍成列以禦之，分伏勁弩，控扼要害。虜統率異其旗幟，躬出督戰。威虎軍頭張循守床子弩，弩濳發，撻攬中額隕。其徒數千百輩競前輿曳至寨。是夜，撻攬死。虜大挫衄，退却不敢動。駕自南城幸北城。虜退，和議成，皆寇準之功也。」

【校記】

〔一〕「五」，龍舒本、宋本、叢刊本作「四」。

〔二〕「櫓」，龍舒本作「鹵」。

北客置酒

紫衣操鼎置客前，巾鞲稻飯隨粱饘。東方朔傳：「董君緑幘傳鞲，隨主伏殿下。」○杜詩：「紫衣將炙緋衣走。」○漢書：「攟粟之食。」引刀取肉割啖客，樊噲使，項羽賜噲卮酒彘肩，噲既飲酒，拔劍切肉食之。○東方朔拔劍割肉。銀盤臂〔一〕臑蕘與鮮。禮記少〔二〕儀：「其禮，太牢則以牛左肩、臂、臑折九个。」注：「奴報反。又，奴則反。」疏：「臂臑，謂肩脚。」○曲禮下：「槀魚曰商祭，鮮魚曰脡祭。」周禮天官庖人：「凡其死、生、鱻、蕘之物，以共王之膳。」鄭司農云：「鮮〔三〕謂生肉，蕘謂乾肉。」鱻，與鮮同。殷勤勸侑邀一飽，卷牲歸舍一作「飽」。觴〔四〕更傳。山蔬野菓雜飴蜜，獾脯豕腊〔五〕加炰煎。呂氏春秋曰：「肉之美者，猩猩之脣，獾獾之炙。」○爾雅：「狼，牡名貛，牝名狼。其鳴能小能大，善爲小兒啼聲以誘人，去數十步。其猛健者，雖善用兵者不能免也。」〔六〕按：此則貛，此狼將其牡耳。○炰煎，見內則。酒酣衆吏〔七〕稍欲起，小胡捽耳争留連。晉載記：「劉耀問曰：『大胡來耶？小胡來耶？』」捽耳，胡人以爲重禮。○金日磾傳：「日磾捽胡。」爲胡止飲且少安，一杯相屬非偶然。

【校記】

〔一〕「臂」，宋本、叢刊本作「擘」。

〔二〕「少」，原作「文」，據禮記、宫内廳本改。

〔三〕「鮮」，原作「蕘」，據周禮注疏、宫内廳本改。

〔四〕「舍」，宋本、叢刊本作「館」。「觴」，龍舒本作「長」。

〔五〕「腊」，龍舒本作「膌」。
〔六〕此出爾雅注疏邢昺疏。「牝名狼」，原作「也名」，脱「狼」字，據爾雅注疏補正。
〔七〕「酣」，龍舒本作「酬」。「吏」，宋本、叢刊本作「史」。

寄育王山長老常坦〔一〕

道人少賈海上游，海舶破散身波〔二〕一作「沉」。浮。抱金滿篋人所寄，吹簸偶得還中州。羸身歸來〔三〕不受報，陳平羸而佐刺舡。秖取斗酒相獻酬。歡娛慈母終一世，脱去〔四〕妻子藏巖幽。蒼煙寥寥池水漫〔五〕，白玉菡萏吹高秋。爾雅：「芙蕖，荷之揔名。其花菡萏，其實蓮，其根藕。」夜燃柏子煑山藥，真仙感遇記：「楊泰明者，唐長安縣令。永泰元年，棄官遁入廬山，峯頂結庵，燃柏子香，禱于九天使者，求長生之道。」〇退之詩：「僧還相訪來，山藥煑可掘。」憶此東望無時休。塞垣春枯積雪留〔六〕，沙礫盛〔七〕怒黃雲愁。春枯，言雖春至而草枯也。〇衛青傳：「會日且入，大風起，沙礫擊面。」注：「礫，小石也，音歷。」〇杜詩：「朔風吹胡雁，慘慘帶沙礫。」〇韓詩：「衰草際黃雲，感嘆愁我神。」言風起沙礫簸揚，狀如怒也。字書：「熛怒，風擊物貌。」〇裴行儉傳：「風礫晝冥。」公不用風字，尤妙。五更疋馬隨鴈起，子美病馬詩：「天寒遠放鴈爲伴。」想見鄮郭花稠稠〔八〕。一作「花今稠」。〇鄮郭，在明州。百年夸奪終一丘，楊惲傳：「古與今如一丘之貉。」〇退之雜詩：「向者夸奪子，萬墳壓其巔。」世上滿眼真悠悠。寄身萬里心綢繆，莫道異趣無相求。易：「同氣相求。」言不可以儒、釋之異而相忘。

右詩公自注云：「奉使道中寄。」

【校記】

〔一〕宋本、叢刊本「寄」字上有「奉使道中」四字。「坦」，龍舒本作「垣」。

〔二〕「波」，宋本、叢刊本作「沈」。

〔三〕「羸」，宋本作「羸」，龍舒本作「羸」，叢刊本作「羸」，宫内廳本作「羸」。「來」，宋本、叢刊本作「金」。

〔四〕「去」，龍舒本、宋本、叢刊本作「弃」。

〔五〕「煙」，龍舒本作「燈」。「漫」，龍舒本作「慢」。

〔六〕「留」，宋本、叢刊本作「溜」。

〔七〕「盛」，龍舒本作「感」。

〔八〕「鄭郭」，龍舒本作「郊郭」。「稠稠」，宋本、叢刊本作「今稠」。

補注〔一〕

作畫圖張屋壁，空令壯士老朱顔。」沈亦公所善。想當時諸賢皆有興復意，如此等詩皆是，不獨公云爾。

白溝行詩

萬里鋤耰接塞垣幽燕桑葉暗川原　注 按：沈文通和王微之漁陽圖云：「燕山自是漢家地，北望分明掌股間。休

蕃使常來射狐兔　自五代來，契丹歲壓境，及中國徵發，即引去。遣問之，曰：「吾校獵爾。」以是困中國。

虎圖

神閑意定始一掃　不獨畫爲然爾。曹公與虜對陣，意思安閑，如不欲戰。及至決機乘勝，氣勢盈溢，故每戰必克。蓋同此一機也。田子方篇注：「内足者神閑而意定。」

次韻枕簟

公不自眠分與客　范太史布衾銘記：「温公以圓木爲警枕，小眠則枕轉而覺，即起讀書。」荆、温好□，獨於睡不同，亦可怪也。

白溝行　補注　邵康節聞人在廳上議事，問知，戲曰：「我將爲收却幽州也。」孫奭諫西祀曰：「先帝欲北取幽州，西平靈夏，臣下不能進一言，畫一策，但務佞諛，欺天罔民。」

【校記】

〔一〕「補注」二字原缺，校補。宮内廳本白溝行二注在正文詩下。

庚寅增注第七卷

虎圖　馮婦　馮婦非謂婦人，其名爾。

次韻歐陽永叔　文章嗚　莊子：「天選子之形，子以堅白鳴。」　買宅　南史：「宋季稚市宅與吕僧珍爲鄰，或問宅價幾何，曰：『一千一百萬。』復問其故，曰：『一百萬買宅，千萬買鄰。』」

和冲卿雪　没踵　舟得雪而重，故舷與岸平，屩没於雪，淹至踵也。

寄題睡軒　隱者棲遲　陽城亦隱中條，謙恭約素，遇人長幼如一，遠近慕其德，來學者接迹於道。不知詩所指或司空，或陽也，兩存之。

澶州　初，晉高祖置德清軍於故澶州。契丹入寇澶州、鄴都之間，城戍俱陷。議者之澶州、鄴都，相去百五十里，宜於中塗築城以應接南北。從之。

王荊文公詩卷第八

古詩

送李屯田守桂陽二首

泊船香爐峯，始與子相識。孟浩然詩：「泊舟潯陽郭，始見香爐峯。」寄書邗江上〔一〕，詒我峯下石。寰宇志：「揚州合瀆渠，本吴掘邗溝，以通江、淮之水路。昔吴王夫差將伐齊，北〔二〕霸中國，自廣陵城東南築邗城，下掘深溝，謂之邗江，亦曰邗溝。」緣以湘水竹，携持與南北。古詩：「緣以結不解。」永懷故人歡，不願百金易。竹枯歸樵蘇，石爛棄沙礫。杜牧詩：「一丸五色成虛語，石爛松薪更莫疑。」夷門忽一作「得」。邂逅，緑髮皆半白。夷門，今汴都。追思少時事，俛仰如一夕。追記揚州僉幕時事。○蘭亭序：「俛仰之間，已爲陳迹。」老矣無所爲，空知念疇昔。語：「齊景公曰：『吾老矣，不能用也。』」○左氏注：「碏云：『老夫耄矣，無能爲也。』」○檀弓上：「夫子曰：『予疇昔之夜，夢坐奠於兩楹之間。』」注：「疇，發聲。昔，猶前也。」常思一杯酒，要子相解釋。張季鷹云：「使我有身後名，孰若生前一杯酒？」出門事紛紛，歸卧意還谻〔三〕。谻，音劇，倦也。子虛賦：「與其窮極倦谻，驚憚讋伏，不被創刃而死者，它它藉藉。」聞當上溢水，持詔出〔四〕一作「守」。嶺阨。商君傳：「魏居嶺阨之西，都安邑。」五嶺，謂大庾、始安、臨賀、桂陽、揭陽。今用「嶺阨」字於桂陽，尤切。秦本紀：「汝軍即敗，必於殽阨矣。」周亞夫傳：「必置間人於殽黽阨陿之間。」○退之衛引君誌：「遂踰嶺阨南也。」方爲萬里別〔五〕，執手先慘戚。詩王風：「遵大路兮，摻執子之手兮。」茲游信浩蕩，山水多所得。爲我謝香爐，風塵每相憶。評曰：首尾語。

【校記】

〔一〕「邗江上」，龍舒本作「向江山」。「邗」，原誤作「刊」，注中亦誤，據宫内廳本改。

〔二〕「北」，原作「此」，據宫内廳本改。

〔三〕「谻」，龍舒本作「迫」，宋本、叢刊本作「𧮫」。

〔四〕「出」，宋本、叢刊本作「守」。

〔五〕「別」，龍舒本作「州」。

其二 此詩逐句藏鳥名，亦如藥名詩〔一〕。

倉黃離家問南北，杜詩：「黃昏胡騎塵滿城，欲往城南望城北。」黃離，黃栗留也。中路思歸歸不得。韓集城南：「忘南歸跡歸不得。」路思，謂鷺斯也。○零陵記亦有思歸鳥，其音云「不如歸去」是也。○杜詩：「中原無書歸不得。」風濤何處不驚人？雨雪前村更欺客。劉禹錫詩：「峽水秋來不恐人。」○唐人詩：「前村深雪裏。」濤河，謂淘河子，今江湖間多有之。又謂之魚鸚子。舊交旌旆此盤桓，見我即令兒解鞍。李廣傳：「廣令曰：『皆下馬解鞍。』」交旌，爲鵁鶄；即令，爲鶺鴒。荒山樂官歌舞拙，提壺沽酒聊一歡。山樂官、提壺，皆鳥名。○梅宛陵四禽言有提壺蘆詩。行藏欲話〔二〕眉不展，互歎別離心繾綣。昭公二十五年：「臧昭伯曰：『繾綣從公，無通內外。』」注：「繾綣，不離散。」畫眉，雀。行年半百勞如此，南畝催耕未宜晚。古詩：「生年不滿百，常懷千歲憂。」○退之寄鄂岳李大夫詩：「年皆過半百，來日苦無多。」又感春詩：「春田可耕時已催。」○歐公詩：「陂田遶郭白水滿，戴勝布穀催春耕。」伯勞、催耕，皆至春而鳴。○耿緯詩：「華堂舉杯莫歎晚，龍鍾相見誰能免？」○「君今已及我正來，朱顏宜笑能幾回？」

【校記】

〔一〕「詩」，宮內廳本作「體」。

〔二二〕「話」，龍舒本、宋本、叢刊本作「語」。

和仲庶出守潭州〔一〕

吴公治河南，名出漢庭〔二〕右。賈生傳：「文帝初立，聞河南守吴公治平爲天下第一。」田叔傳：「趙王敖得出，乃進言叔等十人，上召見，與語，漢廷臣無能出其右者。」高才有公孫，相望千載〔三〕後。平明省門開，吏接堂上肘。説苑：「魏宣子肘韓康子，康子履宣子之足。肘足接於車上，而智氏分。」〇仲庶自三司户部副使，以天章待制知潭。三司事劇，吏猥衆，故云「接肘」。指撝〔四〕談笑間，静若在〔五〕林藪。連墻畫山水，隱几詩千首。莊子齊物篇：「南郭子綦隱几而坐。」〇杜牧詩：「誰人得似張公子？千首詩輕萬户侯。」浩然江湖思，果得東南守。沈傳師詩：「乞得湘守東南奔。」傳鼓上清湘，旍旗蔽牛斗。漢宣紀：「鳴鐘傳鼓，朝匈奴於渭上。」〇白詩：「兩片紅旌數聲鼓，使君艛艓上巴東。」視此陋矣。方今河南治，復在荆人口。自古楚有材，酃渌多美酒。襄公二十六年：「雖楚有材，晉實用之。」〇酃渌，見和微之登高齋。不知尊〔六〕前客，更得賈生否？誼先爲河南吴公客，後謫長沙。今公言「尊前客」，又施之吴姓，用事精切如此。

【校記】

〔一〕題，龍舒本「和」下有「吴」字，宋本、叢刊本作「送吴仲庶出守潭州」。

〔二〕「庭」，諸本作「廷」。

〔三〕「載」，宋本、叢刊本作「歲」。

〔四〕「撝」，龍舒本作「麾」。

〔五〕「在」，龍舒本作「入」。

〔六〕「尊」，宋本、龍舒本、叢刊本作「樽」。

即事六首〔一〕

我起影亦起，我留影逡巡。我意不在影，影長隨我身。莊子齊物論：「罔兩問景曰：『曩子行，今子止；曩子坐，今子起。何其無特操歟？』」又寓言：「衆罔兩問於影曰：『若向也留而今也起，向也行而今也止，何也？』」○列子説符篇：「列子顧而觀影，形枉則影偏，形直則影正，然則枉直隨形而不在影。」○淵明賦：「願在晝而爲影，常依形而西東。」〔二〕又篇影形神詩。交游義相好，骨肉情相親。記交游，稱其信也。吕氏春秋：「父母之於子，此謂骨肉之親。」○杜詩：「義均骨肉地。」退之詩：「愛如親骨肉。」○蘇子卿詩：「骨肉連枝葉，結交亦相因。四海皆兄弟，誰能爲路人？」○曹子建贈白馬王彪詩：「倉卒骨肉情。」如何有乖睽，不得同苦辛！評曰：古意。○杜詩：「哀哉兩决絶，不復同苦辛。」

【校記】

〔一〕宋本、叢刊本六首分兩題：「懷王」、「先生」、「商陽」在前，爲雜詠三首；「我起」、「昏昏」、「日月」次後，爲即事三首。

〔二〕「淵明賦」，原作「淵默賦」，據以下引文改，語出陶淵明閑情賦。「願」，原作「顯」；「西東」，原作「東西」，均據閑情賦改。

其　二

昏昏白日卧，皎皎終〔一〕夜愁。明月入枕席，凉風動衾幬。幬，襌帳也。詩小星：「抱衾與幬。」蛬〔二〕蟬相鳴悲，上下無時休。徒能感我耳，顧〔三〕爾安知秋？評曰：如此寫景復勝，如古詩十九首，以其意不在景也。

【校記】

〔一〕「終」，龍舒本、宋本、叢刊本作「中」。

〔二〕「蛬」，龍舒本作「巷」。

〔三〕「顧」，龍舒本作「故」。

其　三

懷王自墮馬，賈傅至死悲。梁王勝墜馬死。誼自傷爲傅無狀，常哭泣。後歲餘，亦死。賈生之死，年三十三。古人事一職，豈敢苟然爲？哭死非爲生，禮記：「弔死而哀，非爲生者也。」吾心良不欺。滔滔聲利間，絳灌亦何知！王自墮馬死，豈必生之過？而生自剋責如此，言古人不苟其官也。韋處厚爲近臣，當敬宗初，每入見，即自陳有罪，願前死以謝。帝曰：「何哉？」對曰：「臣昔爲諫官，不能死爭，使先帝因畋與色而至不壽，於法應誅。然所以不死者，陛下在春宮十有五矣。今皇子方襁褓，臣不敢避死亡之誅。」〔一〕以處厚之事觀之，誼之責已不爲過也。〇余嘗愛王逢原一詩，與荆公詩意類，今録於此：「古人重非道，飢不苟豆羹。有爲非其心，或不脱冕行。如何後世人，以官業其生？鄙哉欒欺人，猶以學自名。」

【校記】

〔一〕宮内廳本評曰：「忠愛婉惻。」

其　四

「豈不得禄賜，歸卧自欷歔。」此言從俗而有合於心，終不安也。

先生善皷瑟，齊國好吹竽。操竽〔二〕入齊人，雅鄭亦復姝。介父真迹「皷」、「姝」二字，與俗書不同，蓋皷字本合如此寫，世俗從支、從皮，皆非。姝字尤然。○楊惲傳：「雅善鼓瑟。」○韓子：「齊宣王使人吹竽，有三百人。南郭處士請爲王吹，粟食與三百人等。宣王死，文王即位，一一聽之，處士走。」或云：「韓昭侯田巖使一一聽之，乃知其濫吹也。○退之答陳商書：「齊王好竽，有求仕於齊者，操瑟而往，立王之門，三年不得入。叱曰：『吾瑟鼓之，能使鬼神上下，吾〔二〕鼓瑟合軒轅氏之律吕。』客駡之曰：『王好竽，而子鼓瑟。瑟雖工，如王不好何？』」豈不得禄賜，歸卧自欷歔。寥寥朱絲絃，老矣誰與娱？鮑照詩：「直如朱絲絃。」

【校記】

〔一〕「竽」，宫内廳本作「瑟」。

〔二〕「吾」，原作「一」，據宫内廳本及四部叢刊本朱文公校昌黎文集改。

其　五

商陽殺三人，每輒不忍視。檀弓下：「工尹商陽與陳棄疾追吴師，及之，棄疾謂商陽曰：『王事也，子手弓而可。』手弓。『子射諸。』射之，斃一人，韔弓。又及，謂之，又斃二人。每斃一人，揜其目。止其御曰：『朝不坐，燕不與，殺三人，亦足以反命矣。』孔子曰：『殺人之中，又有禮焉。』」亦均〔一〕食君食，史記衛世家：「子路曰：『食焉不辟其難。』」○章茂憲侍郎所藏真跡，乃作「亦云食君實」。報禮當如此。禮記：「體羣臣則士之報禮重。」波瀾吹九州，金石安得止。古詩：「飄風從東來，雨足盡西靡。萬物逐波流，金石終自止。」永懷南山阿，慷慨中夜起。曹操與孔融書：「聞之憮然，中夜而起。」○韓詩：「愁憂無端來，感歎成坐起。」

【校記】

〔一〕「均」，宋本、叢刊本作「云」。

其六

日月隨天旋，疾遲與天侔〔一〕。晉書天文志：「天旁轉如推磨而左行，日月右行，隨天左轉。故日月實東行而天牽之以西没，譬之於蟻行磨石之上，磨左旋而蟻右去，磨疾而蟻遲，故不得不隨磨而左迴。」寒暑自有常，不顧萬物求。荀子天論：「天不爲人之惡寒也而輟冬。」亦此意。蜉蝣蔽朝夕，蟪蛄疑春秋。詩：「蜉蝣之羽，衣裳楚楚。」注：「渠略也，朝生夕死。」○莊子：「蟪蛄不知春秋。」眇眇萬〔二〕古曆，回環今幾周？韓詩：「天星回環數纔周。」

補注

「試問蜉蝣熏，要知龜鶴年。」選詩。〔三〕

【校記】

〔一〕「侔」，宋本、叢刊本作「謀」。

〔二〕「萬」，龍舒本、宋本、叢刊本作「上」。

〔三〕本注原闌入詩注末，無「補注」二字。

送鄭叔熊歸閩

鄭子喜論兵，魁然萬人敵。柳子厚蝜蝂傳〔一〕：「雖其形魁然大者也，其名人也，而智則小虫也。」○漢書項羽傳：「劍，一人敵，不足學，學萬人敵。」嘗持〔二〕一尺箠，跨馬河南北。莊子天下篇：「一尺之箠，日取其半。」○鄧禹傳：「光武曰：『赤眉東來，吾折箠笞之，即退之也。』」張道士詩：「恨無一尺箠，爲國笞羌夷。」方今邊利害，口手能講畫。柳子厚墓誌：「其經承子厚口講指畫，爲文詞者，悉有法度可觀。」疑師穀城翁，方略已自得。張良傳：「穀城山下黄石，即我也。」○趙充國傳：「願至金城，圖上方略。」天兵卷甲老，長楊賦：「天兵四臨，幽都先加。」壯士不肉食。言士不素飽。低回向詩書，文字鋭〔三〕鐫刻。退之詩：「若使乘酣騁雄怪，造化何以當鐫劖？」科名又齟齬，棄置非人力。古詩：「棄置勿重陳。」黄塵彫罽裘，杜詩：「黄塵翳沙漠，念子何當歸？」○小杜詩：「贈以蜀馬箠，副以胡罽裘。」罽賓裘、日本裘，皆以外國得名。逆旅同傴仄。左氏：「今號爲不道，保於逆旅。」○杜子美傴仄行。秋風吹殘汴，霰雪已驚客。杜詩：「朔風吹桂水，大雪夜紛紛。」○詩頍弁：「如彼雨雪，先集維霰。」箋云：「將大雨雪，始必微温，雪自上下，遇温氣而搏，謂之霰，久而寒勝，則雪慘。」○賈島詩：「秋風吹渭水，落葉滿長安。」浩歌隨東舟，別我無慘惻。杜詩：「浩歌淚盈把。」閩生今好游，往往老妻息。孟子謂宋勾踐曰：「子好游乎？」杜詩：「遠游長妻子。」南陔子所慕，天命豈終塞？南陔，逸詩篇名。晉束皙嘗作補亡三章。○退之駑驥詩：「孰云時與命，通塞皆自由。」

【校記】

〔一〕「蝂」，原作「蝦」，據宋世綵堂本河東先生集改。

〔二〕「嘗持」，龍舒本作「當時」。

〔三〕「鋭」，龍舒本作「鑱」。

寄二弟 時在臨川。〔一〕

蕭條冬風高，吹我冠上霜。李白詩：「勸爾一杯酒，拂爾裘上霜。」我行歲已寒，悲汝道路長。持此〔二〕犬馬心，千里不能〔三〕一作「得」。將。語：「至於犬馬，皆能有養。」使汝身百憂，辛勤冒川梁〔四〕。青燈照詩書，仰屋涕數行。屈原遠游章句：「思發故以想像兮，長太息而掩涕。」注：「慕戀朋友，念兄弟也。」○項羽傳：「羽泣數行下。」○□設詩：「人生無離別，誰□願愛重。」

【校記】

〔一〕題，龍舒本作「寄二弟時在臨川」，宋本、叢刊本作「寄二弟時往臨川」。

〔二〕「此」，宋本、叢刊本作「以」，注云：「一作『此』。」

〔三〕「能」，宋本、叢刊本作「得」。

〔四〕「辛勤」，龍舒本、宋本、叢刊本作「辛苦」。「冐」，原作「胃」，據諸本改。

李氏沅江書堂

沅江水有梁與罶，周禮𩰫人注：「梁，水堰也。」詩：「毋逝我梁。」楚詞：「罶何爲兮木上。」〇陸龜蒙漁具詩序云：「大凡結繩持網者，揔謂之網罟。網罟之流，曰罛，曰罾，曰罺。緡而竿者，揔謂之筌。筌之流，曰筒曰車。横川曰梁，承虚曰笱。」〔一〕沅田桑樹〔二〕可蠶耕。君於其間恥射利，公猶以耕釣爲科乎？獨岸清泚留朱莧。退之送鄭尚書序：「其南州皆岸大海。」詩書當前日開闔，冠帶滿坐相逢迎。勉求高論出〔三〕施設，無以私智爲公卿。

補注　開闔　退之：「簡編可卷舒。」〔四〕

【校記】

〔一〕「漁具詩序」，原作「漁具詩牢」，又序文有錯訛脱漏，均據四部叢刊初編本唐甫里先生文集及全唐詩改正。

〔二〕「桑樹」，宋本、叢刊本作「樹桑」。

〔三〕「出」，龍舒本作「坐」。

〔四〕本注原闕入題下。

休假大佛寺

罷憊得休假，衣冠倦趨翔。退之答殷侍郎書：「八月益涼，時得休假。」○曲禮：「堂上不趨，室中不翔。」挾書聊自娱，解帶寺東〔一〕廊。韓詩：「解帶圍新竹。」六龍高徘徊，郭景純詩：「六龍安可頓，運流有代謝。」○杜詩：「六龍寒急高裴回。」光景在我裳。冬屋稍暄暖，病身更強梁。「強梁者必遇其敵。」金人三緘銘。從我有不思，捨我有不忘。王令詩：「來即令我煩，去即我來思。」不若公詩之婉。○謝太傅言：「安北見之，乃不使人厭。然出户去，不復使人思。」安北，謂王坦之。問誰可與言？携手此徜徉。婉婉吾所愛，新居乃鄰墻。寄聲能來游，維用寫愁傷〔二〕。

【校記】

〔一〕「寺東」，龍舒本作「步寺」。

〔二〕「傷」，宋本、叢刊本作「腸」。

別謝師宰

閶闔城西地如水，雞鳴黄塵波浪起。評曰：句自好。○塵頭之高如波浪掀湧，盛言車馬奔馳之衆。窮年一馬望扶桑，東得省門身輒止。日浴於虞淵，拂於扶桑。○馬援傳：「伏波類西域賈胡，到一處輒止。」簿書期會老紛紛，邂逅論心喜有君。賈誼傳：「以簿書不報、期會爲大故。」數日未多還捨我，相看愁思亂於雲。謝景山詩：「野思到春如亂雲。」景山，閩人，以詩知名。天聖、景祐間，歐公和之云：「參軍愁思亂如雲，白髮題詩愁送春。」

解使事泊棠陰時三弟皆在京師二首〔一〕

始吾泊棠陰，三子不在舟。今當捨之去，三子還遠游。茫然千里水，今見荻花洲。俛仰换春冬，紛紛空百憂。介甫嘉祐三年二月自常州移提點江東刑獄。此言「换春冬」，去官時當是明年。自是入爲三司判官，獻萬言書，深言當世之故。所謂「百憂」，皆書中所論者。懷哉山川異，往矣霰雪稠。登高一涕泗，寄此寒江流。

【校記】

〔一〕龍舒本、臺北本目録題無「二首」二字。

其二

泊船棠陰下，灘水清且淺。回首望孤城，隋文苑孫萬壽傳：「回首望孤城，愁人益不平。」浮雲一何緬。久留非吾〔一〕意，欲去猶繾綣。馳心故人側，一望三四反。蕭蕭東堂竹，異日留息偃。無恩被南國，疑此行當翦。詩：「召伯之教，明於南國。」「蔽芾甘棠，勿翦勿伐，召伯所茇。」〔二〕

【校記】

〔一〕「吾」，龍舒本作「可」。

〔二〕「召伯之教」二句，出毛詩序；「蔽芾甘棠」三句，出詩召南甘棠。

驊騮

龍德不可係，賈生賦：「使麒麟可係而羈兮，豈云異夫犬羊？」○顏延年五君詠：「龍性誰能馴？」變化誰能謀〔一〕？驊騮亦駿物，卓犖地上游。言驊騮雖駿物，視神物則有間矣。此似言聖賢之辨。北史齊顯祖紀：「李集諫帝，帝縛置流中，沉没久之，又令引出，帝笑曰：『天下有如此癡漢，方知龍逄、比干，非是俊物。』」○杜詩：「近聞下詔喧都邑，肯使騏驎地上行。」怒行追疾風，忽忽跨九州。退之駑驥詩：「借問行幾何，咫尺視九州。」○李羣玉驄馬詩：「當思八荒外，逐日向瑶池。」怒行，猶言怒飛。○柳子厚文：「夫白蟻、緑耳之得康莊也，逐奔星，先飄風。」○杜詩：「須公櫪上追風驃。」轍迹古所到，山川略能周。鴻蒙無人梯，沆漭遶天浮。言元氣也，事見莊子。○子厚詩：「披霄抉漢出沆漭，瞥裂左右遺星辰。」巉巖拔青冥，仙聖所止留。列子：「渤海之東有大壑焉，中有五山，曰蓬萊。蓬萊所居之人，皆仙聖之種。」○白詩：「忽聞海上有三山，山在虚無縹緲間。」亦「拔青冥」之意。欲往輒不能，視龍乃知羞。評曰：來處平凡，甚不可測。

【校記】

〔一〕宋本、叢刊本「謀」字下注云：「一本無此二句。」

寄朱氏妹

朱明之也。

昔來高郵居，我始得朱子。從容談笑間，已足見奇偉。行尋城陰田，坐釣渠下沚。詩蒹葭注：「小渚曰沚。」歸來同食眠，左右皆圖史。退之雜詩：「古史散左右，圖書置後前。」入視爾諸幼，歡言亦多祉。詩：「既多受祉。」當時獨張倩，遠在廬山趾。廣雅：「婿謂之倩。」方言云：「東齊之間，婿謂之倩。」朱邑傳：「陳平須魏倩而後進。」師古曰：「倩，士之美稱。」○張倩謂張奎，仕至工部侍郎。○豫章舊志：「廬俗字君孝，本姓匡，夏禹苗裔，東野王之子。秦末，百越君長與吳芮助漢定天下，野王亡軍中。漢八年，封俗鄡陽男，食邑兹部，印曰廬君，俗兄弟七人皆好道術，遂寓于洞庭之山，故世謂廬山。孝武元封五年，封俗爲大明公，四時秩祭焉。」沈君未言昏，名已習吾耳。杜詩：「昔別君未昏，兒女忽成行。」沈君，季長也。安知十年來，乖隔非願始。願始，見次韻信都公石枕注。相逢輒念遠，悲吒多於喜。今兹豈人力，所念皆聚此。諸甥昔未有，滿眼秀而美。左氏：「子太叔美秀而文。」低回吾親側，亦足慰勞止。詩民勞：「民亦勞止，訖可小康。」嗟予迫時恩，一傳日千里。漢平帝紀：「所在駕一封軺傳。」○史記：「田光曰：『騏驥盛壯之時，一日而馳千里。』」據「一傳日千里」之句，公時爲江東提刑。爾舟亦已戒，五兩翻〔一〕然起。郭璞江賦：「爾乃隸雰祲於清旭，覘五兩之動静。」注：「五兩，鳥毛爲之，置檣竿之上，以候風也。」淮南子：「若綄之候風也。」許慎曰：「綄，候風扇也，楚人謂之五兩。」○王昌齡詩：「北風吹五兩，誰是潯陽客？」○李端詩：「下江帆勢速，五兩遥相逐。」○顧况五兩歌：「竿頭五兩風裹裹，水上雲帆逐飛鳥。」

蕭蕭東南縣，望爾何時已。空知夢爲魚，逆上西江〔二〕水。大宗師篇：「且汝夢爲鳥而戾乎天，夢爲魚而沒於淵。」

補注

温公朔記：「王存辭檢詳官，以朱明之代之，介父妹婿也，時熙寧四年。」〔三〕

【校記】

〔一〕「翻」，龍舒本、宋本、叢刊本作「翩」。

〔二〕「江」，龍舒本、宋本、叢刊本作「安」。

〔三〕本注原闌入題注下，無「補注」二字。

贈陳君景初

景初本末，注見別篇。

吾嘗奇華佗，腸胃真割剖。神膏既傅之，頃刻活殘朽。昔聞今則信，絶技世常〔一〕有。列子湯問篇：「扁鵲飲魯公扈、趙齊嬰二人毒酒，迷死三日，剖胸探心，易而置之，投以神藥。既悟，如初。」注：「言恢誕，乃書記少有。」魏華佗傳：「若病結積在內，鍼藥所不及，當須刳割者，飲以麻沸散，須臾如醉，死無所知，因破取。病若在腸中，便斷腸湔洗，縫腹膏摩，四五日差，人亦不自寤。一月之間，即平復矣。」

堂堂潁川士，察脉極淵藪。珍丸起病瘠，鱠蟲隨泄嘔。潁川士，謂陳君也。佗傳：「陳登病懣，佗曰：『使君胃中有蟲數升，欲成內疽，食腥物所爲。』飲以藥，吐出三升許蟲，半身是生魚鱠。」

攣足四五年，下針使之走。佗傳：「若當針，亦不過一兩處。下針言『當引某許』。拔針，病亦行差。」一言儻不合，萬金莫可誘。又復能賦詩，往往吹瓊玖。詩木瓜：「投我以木李，報之以瓊玖。」注：「玉名。」卷紙誇速成，語怪若神授。墨子居山，遇神人，授以素書，未央圓長生不死。名聲動京洛，蹤跡晦莨莠。相逢但長笑[二]，一作「嘯」。遇飲輒掩口。獨醒竟[三]何如？無乃寡俗偶。顧非避世翁，疑是壁中叟。列子：「趙襄子率徒十萬狩于中山，藉芿焚林，扇赤百里。有一人從石壁中出，隨煙燼上下，衆謂鬼物。火過，徐行而出。子夏曰：『大同於物，物無得傷，閡者，游於金石，蹈水火，皆可也。』」壁中叟或指此，但疑無叟字。○廣記神仙孫博傳：「遇山間石壁，地上盤石，博入其中，漸見背及兩耳，良久都没。又能吞刀劒十數枚。及壁中出入，如孔穴也。」杜詩：「陶潛避俗翁。」安得斯人術，付之經國手？魏文帝典論：「蓋文章，經國之大業。」魏徵傳：「徵拜諫議大夫，太宗訪以得失，徵雅有經國之才，性又抗直，無所屈撓。」

補注　神授　言其怪奇，不類人間語。又：「沛公殆天授。」[四]

【校記】

[一]「常」，宋本、龍舒本、叢刊本作「嘗」。

[二]「笑」，龍舒本、宋本、叢刊本作「嘯」。

[三]「竟」，宮内廳本作「意」。

[四]本注原闌入題注下，無「補注」二字。

贈張康

昔在歷陽時，

歷陽，今和州。

得子初江津。手中紫團參，

林日中言：「紫團山屬潞州壺關縣，之形奇絶，雖東南亦少比。山有二華表峯、翠微洞，無一凡草，所生皆參。」

一飲寬吾親。

介甫嘗云：「平生不服紫團參，亦活到今日。」卒辭餽者。今此取於醫，爲親故也諸〔一〕。

捨舟城南居，杖屨日相因。百口代起伏，呻吟〔二〕聒比鄰。

比鄰，見上。「有一蘇才翁，語酸入四鄰。」

叩門或夜半，屢費藥物珍。欲報恨不得，腸胃盤車輪。

韓詩：「別腸〔三〕車輪轉。」

今逢又坎坷，令子馳風塵。顛倒車馬間，起先冰雪晨。嗟我十五年，得禄尚辭貧。所讀漫累車，豈能蘇一人？

言讀書雖多，無補於時，曾不如醫之猶能活人。此公謙言。

無求愧子義，

中説王道篇：「廉者〔四〕常樂無求。」

有施慚子仁。

僖公二十八年：「楚有三施。」

逝將收桑榆，

詩碩鼠：「逝將去汝。」○馮異傳：「光武璽書報異曰：『可謂失之東隅，收之桑榆。』」

邀子寂寞濱。

退之答崔立之書：「猶將耕於寬閑之野，釣於寂寞之濱。」

【校記】

〔一〕宮内廳本無「諸」字。

〔二〕「吟」，龍舒本、宋本、叢刊本作「呼」。

〔三〕「腸」，原作「輪」，據韓愈孟郊遠遊聯句改。

〔四〕「道」，原作「通」；「者」，原作「有」，據中説王道篇改。

送程公闢之豫章〔一〕

畫舡插幟摇秋光，韓信傳：「拔趙幟，立漢幟。」師古曰：「旌旗之屬。」鳴鐃伐〔二〕鼓水洋洋。采芑：「鉦人伐鼓。」注：「伐，擊也。」衡門：「泌之洋洋。」注：「廣大也。」豫章太守吴郡郎，師孟字公闢。本傳：「吴郡人。」故稱吴郡郎。行指斗牛先過鄉。斗牛，屬吴分。晉雷焕爲豐城令，掘獄屋，得寶劒二。其夕，斗、牛間氣不復見。豐城正屬豫章吴城。鄉人出郭航酒漿，木蘭詩：「父母聞女歸，出郭相扶將。」杜詩：「兒女羅酒漿。」炰鱉膾魚炊稻粱。詩六月：「炰鱉膾鯉。」○韓奕：「炰鱉鮮魚。」箋云：「炰鱉，以火熟之。鮮魚，中膾者。」芡頭肥大菱腰長，芡頭，鴻頭也，一名雞頭。○城南聯句：「鴻頭排刺芡。」又：「菱翻紫角利。」退之陸渾山火詩：「熙熙釂醻笑語言。」釂醻喧呼坐滿床。怪君三年滯〔三〕瞿塘，又驅傳馬登太行。漢〔四〕：「律，四馬高足爲置傳，四馬中足爲馳傳，四馬下足爲乘傳，一馬二馬爲軺傳。」纓旄脱盡歸大梁，飜然出走天南疆。蘇武仗漢節，卧起操持，節旄盡落。○公闢先爲夔州路提點刑獄，夷數犯渝州邊，公闢自夔乞徙治渝州，大賑民饑。旋徙節河東路，入爲三司判官、刑部郎中，出知洪州，時嘉祐七年五月。九江左投貢與章，史記：「武涉説韓信曰：『足下右投則漢王勝，左投則項王勝。』」○貢水、章水，二水名，在今虔州。揚〔五〕瀾吹漂浩無旁。老蛟戲水風助狂，盤渦忽拆〔六〕千丈強。杜詩：「坐久風頗愁，晚來山更碧。相對十丈蛟，欻翻盤渦拆。」○韓文聽潁師彈琴：「失勢一落千丈強。」君聞此語悲慨慷，迎吏乃前持一觴。鄙州歷選多俊良，蜀志秦處傳云云：「此便鄙州之阡陌。」鎮撫時有諸侯王。諸侯王，謂滕王。○本朝〔七〕第六子元偓亦嘗爲鎮南節度、洪州管内觀察處置等使。拂天高閣朱鳥翔，小雅斯干：「如鳥斯革，如翬斯飛。」西山蟠繞鱗鬣蒼。子厚馬退山茅亭記：「是山崒然起於莽蒼之中，亘數百里，尾蟠荒陬，首注大溪。」亦言鱗鬣之類。下視城塹真金湯，蒯通傳：「皆爲金城湯池。」師古曰：「金以喻堅，湯以喻涕熱不可近。」洪州州城之西爲大江，大江之外爲西山，西山特高，雖隔江，下視州城如金湯。雄樓傑屋鬱相望。杜牧鍾陵詩：「垂樓萬幕青雲合。」可見其盛。○鍾陵，即豫章。中户尚有千金藏，漢文謂：「百金，中人十家之産。」此言中户尚藏千金。漂田種秔出穰穰。江西人謂淤田爲漂田。○商頌烈祖：「豐年穰穰。」○滑稽傳：「穰田者穰。」穰，衆多也。沉檀珠犀雜萬商，大舟如山起牙檣〔八〕，輸瀉交廣流荆揚。杜牧鍾陵詩：「連巴控越知何有，珠翠沉檀處處推。」又：「破浪千帆陣馬來。」○牙檣，埤蒼云〔九〕：「颿柱也。」今之掛帆木。輕裾〔一〇〕利屣列名倡，貨殖傳：「趙女鄭姬，褕長袖，躡利屣。」○韓文送李愿序：「飄輕裾，翳長袖。」春風踏謡能斷腸。踏謡，踏歌也。唐人詩：「高髻雲鬟宫様粧，春風一曲杜韋娘。司空見慣渾閑事，斷盡蘇州刺史腸。」〔一一〕平潮〔一二〕灣塢煙渺茫，樹石珍怪花草香，幽處往往聞笙簧。杜牧：「十頃平湖堤柳合，岸秋蘭芷緑纖纖。一聲明月採蓮女，四面朱樓卷畫簾。」皆言鍾陵之盛。○杜詩：「春風花草香。」地靈人秀古所臧〔一三〕，滕王閣記：「人傑地靈。」正本郡事。勝兵可使酒可嘗。○晉人語：「北府酒可飲，兵可用。」十州將吏隨低昂，談笑指揮〔一四〕回雨暘。豫章爲鎮南軍節度，所領江南西路十州。非君才高力方剛，小雅北山：「膂力方剛，經營四方。」豈得跨有此一方？孔明傳：「跨有荆、益。」無爲聽客欲霑裳。古樂府傷歌行：「感物懷所思，涕泣忽霑裳。」使君謝吏趣治裝，曹參傳：「蕭何薨，參聞之，告舍人趣治行。」師古曰：「趣，讀曰促，謂修治行裝。」○退之瀧吏詩：「扣頭謝吏言。」我行樂矣未渠央。評曰：只如此結合，何用商量？○未渠央，見少狂喜文章注。

【校記】

〔一〕「之豫章」，宋本、叢刊本作「守洪州」。

〔二〕「伐」，宋本、叢刊本作「傳」。

〔三〕「滯」，叢刊本作「寓」。

〔四〕「漢」下引文出漢書高帝紀下五年「乘傳詣雒陽」注引如淳語。

〔五〕「楊」，龍舒本、宋本、叢刊本作「揚」。

〔六〕「拆」，宋本、叢刊本作「坼」。

〔七〕宮內廳本「本朝」下有「太宗」二字。

〔八〕宋本、叢刊本「牙檣」下注云：「一本無此句。」

〔九〕「云」，原作「太」，據宮內廳本改。

〔一〇〕「裾」，龍舒本、宋本、叢刊本作「裙」。

〔一一〕詩出唐孟棨本事詩情感，謂劉禹錫詩。

〔一二〕「潮」，諸本均作「湖」。

〔一三〕「秀」，宮內廳本作「傑」。「臧」，龍舒本作「藏」。

〔一四〕「揮」，龍舒本、宋本、叢刊本作「麾」。

鳳凰山二首[一]

驅馬信所適，落日望九州。退之秋懷詩：「驅馬適所願。」青山滿天地，何往爲吾丘？貧賤身祇辱，富貴道足羞。漢贊：「依世則廢道，違俗則危殆。」此古人所謂難受爵位也。詩意蓋類此。涉世諒如此，惜哉去無由。評曰：賴其能言，尚可想見。

【校記】

〔一〕宋本、叢刊本題無「二首」兩字，僅第一首。

其　二

歡樂欲與少年期，人生百年常苦遲。白頭富貴何所用？氣力但爲憂勤衰。杜詩：「可惜歡娛地，都非少壯時。」公詩意尤高，必已任事貴達時所作。願爲五陵輕薄兒，五陵，見游土山注。馬援傳：「效季良不得，陷爲天下輕薄子。」○後漢李賨勸劉嘉且觀成敗。光武問告鄧禹曰：「孝孫素謹專，是長安輕薄兒誤之耳。」○白詩：「結交杜陵輕薄子。」生在正觀開元時。鬬雞走犬過一生，爰盎傳：「與閭里浮湛，相隨行鬬雞走狗。」天地安危兩不知。評曰：怨達。

夢中作

青門道北雲爲屋，三輔黃圖曰：「長安城東出南頭第一門霸城門，民見門色青，名曰青城門，或曰青門。門外舊出佳瓜。廣陵人邵平，爲秦東陵侯。秦破，爲布衣，種瓜青門外，瓜美，故時謂之東陵瓜。」廟記曰：「霸城門，亦曰青綺門，王莽更曰仁壽門。」○曹子建七啓曰：「閑宮顯敞，雲屋皓旰。」注云：「雲屋，言高若雲也。」班婕妤自悼賦：「仰眎兮雲屋，雙涕兮橫流。」大壚貯酒千萬斛。阮籍聞步兵廚楚人善釀，有貯酒三百斛。○退之碑：「大甕行酒。」燭〔一〕龍注雨如車軸，不畏不售畏不續。「燭」字，當是「獨」字。○華嚴經：「龍王於彼大海中，一一雨滴如車軸。」○漢書：「河伯許兮不屬。」

【校記】

〔一〕「燭」，宋本、叢刊本作「獨」。

彭蠡

茫茫彭蠡春無地，「春無地」者，言春漲渺然皆水。白浪春風濕天際。東西捩拖〔二〕萬舟回，水遠與天接，疑其濕也。○杜詩：「捩拖開頭捷有神。」千歲〔二〕老蛟時出戲。獨孤及招北客文：「瞿塘無底，淺處萬尺。啼猿哀哀，腸斷過客。復有千歲老蛟，能變其身，好飲人血。化爲婦人，衒服靚粧，游于水濱。」○杜詩：「蛟螭時作橫。」少年輕事鎮南來，鎮南，謂豫章。觀此詩，公必嘗見彭蠡龍。水怒如山帆正開。中流蜿蜒見脊尾，觀者膽慴余方咍。衣冠今日龍山路，廟下沽酒山前住。老矣安能學佽飛？吕氏春秋：「荆有佽飛者，得寶劍。涉江中流，有蛟繞其舡，佽飛拔劍，赴江刺蛟，殺之，舟中之人皆活。楚王聞之，位以執圭。」○漢宣紀：「應募佽飛射士。」注：「引楚人事，因以名勇力之官。」許慎〔三〕云：「佽，便也。」詩曰：「决拾既佽。」許説與如淳異。買田欲棄江湖去。言捨危而就安。

【校記】

〔一〕「拖」，龍舒本作「柂」。

〔二〕「歲」，宮内廳本作「載」。

〔三〕「許慎」，原作「許謹」，據宮内廳本改。

牛渚

宣城舊志：「牛渚山突出江中，世謂之牛渚圻，古津渡處也。」輿地志：「牛渚山首有人潛行，云：此處連洞庭，旁達無底。見有金牛狀異，乃驚怪而出。牛渚山北謂之採石，太平興國二年，置太平州，此地割屬當塗。」

歷陽之南有牛渚，一風微吹萬舟阻。李白詩：「一風鼓羣有，萬籟各自鳴。」華戎蠻蜀支百川，合爲大江神所躔。江自蜀來，衆水所匯，以成其大，四瀆皆有神司之。山盤水怒不得泄，到此乃有無窮淵。老蘇文：「蓋水之行，常與山俱，山止而泉洌，則山之精氣勢力自遠而至者，皆蓄於此而不去。」即此詩意。朱衣乘車作官府，操制生殺非無權。陰靈秘怪不欲露，燬犀得禍却〔一〕一作「豈」。偶然。退之詩：「凝湛閟陰嘼。」温嶠自都旋〔二〕于武昌，至牛渚磯，水深不可測。世云其下多怪物，遂燬犀角照之。須臾，見水族覆火，奇形異狀，或乘馬車著赤衣者。嶠其夜夢人謂己曰：「與君幽明道別，何意相照？」意甚惡之，尋卒。

【校記】

〔一〕「却」，宋本、叢刊本作「豈」。

〔二〕「旋」，宮内廳本作「徙」。

東門

東門白下亭，寰宇記：「白下縣故城在金陵上元縣西，本江乘縣白石壘。齊武帝移琅琊，居之。」摧甓蔓寒葩。王昌齡詩：「紫葛蔓寒花。」淺沙杙素舸，李白詩：「乘君素舸泛涇西，宛似雲門對若溪。」又：「我乘素舸同康樂，浪詠清川飛夜霜。」○杙舟，見後元豐行注。一水宛秋蛇。杜詩柴門：「衆水爲長蛇。」○王羲之贊：「字字若綰秋蛇。」漁商數十室，門巷隱桑麻。翰林謫仙人，往歲酒姥家。翰林，謂太白。白嘗有白下亭詩，魏灝作白集序，載白携金陵之妓。裴敬作白碑，載白嘗游上元蔣山，讚誌公。則白下，公嘗所游歷處。酒姥家，借用王方平事。調笑此水上，應瑒詩：「調笑輙酬答。」〔一〕能歌楊白花。古樂府：「楊白花，風吹渡江水。坐令宮樹無顔色，摇蕩春光千萬里。」楊花飛白雪，枝裊綠煙斜。舞袖卷煙雪，綺裘明紫霞。太白詩：「綺裘明紫霞。」又云：「身披翠雲裘，袖拂紫煙去。去時應過嵩少間，相思爲折三花樹。」風流翳蓬顆，賈山傳：「蓬顆蔽冢。」師古曰：「顆，謂土塊也。蓬顆，言土上生蓬。」故地使人嗟。迢迢陌頭青，空復可藏鴉。陌頭青，謂柳。古詩：「楊柳可藏烏。」

【校記】

〔一〕此詩，文選卷三十作謝靈運擬魏太子鄴中集詩八首之應瑒。

補注

送李屯田

石爛　契丹德光謂趙德鈞使者曰：「吾已許石郎矣，石爛可改也。」

李氏書堂

私智爲公卿　詩言居公卿大夫之任者，當以至公爲心。凡好惡任情，違衆自用，盜國威福，怙□植黨，皆私也。賈誼云：「小智自私，凡如是者，謂之小人。」又疑公所謂「私智」者，謂士大夫既得位，任一己之見，不本於唐虞三代、詩書之傳，故上云「勉求高論」也。

寄朱氏妹

朔記：「熙寧四年，選人沈季長特令上殿。介父妹夫也。」溫公再言妹夫，似譏介父私其親。然苟賢而才，□親疎廢不用，亦非公道也。

庚寅增注第八卷

即事其二　枕席　陶詩：「風來入房戶，夜中枕席冷。」　感秋耳　韓詩：「危辭苦語感我耳。」又：「蛙黽鳴無謂，閤閤秪以亂人。」　知秋　韓詩：「一葉落知天下秋。」

其三　梁王墮馬賈傅死悲　公有書云：「河役之罷，以轉運賦功本狹，與雨淫不止，督役者以病告，故止爾。昔梁王墜馬，賈生悲哀；泔魚傷人，曾子涕泣。今勞人〔二〕費財於前，而利不遂於後，此某所以愧恨無窮也。若夫事求遂，功求成，而不量天時人力之可否，此某所不能，則議某者之紛紛，豈敢怨哉？」反復此書，與詩意脗合。

寄二弟　不能將　韓退之詩：「我時留妻子，倉卒不及將。」

李氏沅江書堂　無以私智爲公卿　公所謂「私智」者，謂士大夫既得位，多蔽於小己之私見，不能遠迹唐虞三代、詩書之傳，故勸以「勉求高論」乎？

寄朱氏妹　五兩　唐魏萬詩：「五兩掛淮月，扁舟隨海風。」　爲魚逆上　史記：「始皇八年，河魚逆流上。」唐殷遥詩：「游魚逆水上，宿鳥向風棲。」東齋記事：「子陽宅東有池，歲買魚數百千養之，五六月，大雨暴至，由官渠注水入，魚皆遡流而上，人往往得之。」

鳳凰山其二　常苦遲　白詩：「人生待富貴，歡樂常苦遲。」

彭蠡　佽飛　淮南子亦有佽飛，乃是非之非，非飛走之飛。今明州有佽飛廟。

東門　陌頭　唐人詩：「忽見陌頭楊柳色，悔教夫壻覓封侯。」

【校記】

〔一〕「涕泣」，原作「湧泣」；「今勞人」，原作「人勞人」：據王安石與劉原父書改，見臨川先生文集。

王荊文公詩卷第九

古詩

和王微之登高齋二首〔一〕

按，胡公宿集康定辛巳爲葉公清臣作高齋記，其略云〔二〕：「子城東北，趨鍾山爲便，南唐李氏嘗因城作臺，臺上望月，人相呼爲月臺。下臨濬濠，正面覆舟山，南對長干，西望冶城。立齋其上，高侔麗譙，廣容燕豆。我作是齋，始欲榜之佳名，而絕境難模，了不可得。今採謝宣城宴坐之意，直題曰高齋云。」

寒雲沈屯白日埋，列子周穆王篇：「望之若屯雲焉。」莊子外物篇：「慰暋沈屯。」○杜詩：「落景聞寒杵，屯雲對古城。」河漢蕩坼天如簁。韓詩：「春雪墜如簁。」衡門兼旬限泥潦，詩：「衡門之下，可以棲遲。」卧聽窾木鳴相挨。莊子齊物論：「大木百圍之竅穴，似鼻，似口，似耳，似枅，似圈，似臼〔三〕，似洼者，似污者。泠風則小和，飄風則大和。」窾，一作「竅」。詩言「窾木」，蓋取諸此。○漢書楊王孫傳：「帝堯之葬，窾木爲匵。」注：「窾，空也。」蕭晨〔四〕忽掃纖翳盡，殷仲文桓公九井詩：「哲匠感蕭晨。」李善注：「蕭晨，秋晨也，言秋晨蕭索。」李周翰注：「謂秋風蕭瑟之辰。辰，一作晨。」北嶺初出青嵬嵬。微之新詩動我目，爛若火齊金盤堆。韓詩：「磊落火齊金盤堆。」想携諸彥眺平野，高論歷詆秦以來。「息夫躬上疏，歷詆公卿大臣。」師古曰：「詆，謂毁呰也。」艤船淋浪始快意，忽憶歸雲〔五〕胡爲哉。小杜詩：「艤船一掉百分空。」○詩：「胡爲乎泥中？」念君少壯輟游衍，詩板：「昊天曰旦，及爾游衍。」注：「游行衍溢也。」謝玄暉詩：「于役儻有期，鄂渚同游衍。」○杜詩：「高齋坐林杪，信宿游衍閒。」發揮春秋名玉杯。董仲舒傳：「説春秋事得失，所著書有玉杯、繁露之屬。」書成不得斷國論，谷永薦薛宣經術文雅，足以謀王體，斷國論。但比〔六〕一作「此」。空語傳八垓。八垓，八極也。莊周傳：「皆空語無實事。」登臨興罷因感觸，更欲遠引追宗雷。莊子：「感周之顙而集於栗林。」注：「感，觸也。」東林蓮社十八人，宗炳，南陽人；雷次宗，豫章人。君知富貴亦何有，諂譽未足償譏排。退之文：「與其有譽於其前，孰若無毁於其後？」風豪雨横費調燮，唐楊再思居相位，時水沴，閉坊門以禳。再思入朝，有車陷於濘，叱告不前，恚曰：「癡宰相不能和陰陽而閉坊門，遣我艱于行。」坐使髮背爲黄台。詩閟宫：「黄髮台背，壽胥與試。」留賓往往夜參半，「夜參半而不寐。」見王仲宣賦。○吴王濞傳：「寡人金錢在天下者，往往而有。」雖有罇俎無由開。江南佳麗非一日，謝玄暉鼓吹曲：「江南佳麗地，金陵帝王州。」况乃故國〔七〕名池臺。能招過客飲文字，韓詩：「不解文字飲，惟能醉紅裙。」山水又足供歡咍。剩留官屋貯酒母，説文：「酴，酒母也。」廣記女仙傳有酒母事，然非此。取醉不竭當如淮。昭公十二年：「有酒如淮，有肉如坻。」

【校記】

〔一〕龍舒本卷四十目録「和王微之登高齋二首」下注：「續添一首，附四十一卷末。」宋本、叢刊本題作「和王微之登高齋三首」，其一「寒雲」，其二「六朝」，即本卷下篇「和王微之登高齋」，其三「干戈」。
〔二〕「云」，原作「太」，據宫内廳本改。
〔三〕「圈」、「曰」，原脱，據莊子齊物論補。
〔四〕「晨」，宋本、叢刊本作「辰」。
〔五〕宫内廳本「雲」字下有注：「恐是『去』字。」
〔六〕「比」，龍舒本、宋本、叢刊本作「此」。
〔七〕「國」，宋本、叢刊本作「園」。

其二

干戈六代戰血埋，雙闕尚指山崔嵬。南朝宫苑記：「晉元帝於宫前立闕，衆議未定。王導指牛頭山爲天闕，不別立闕。」山謙之丹陽記曰：「大興中，議者皆言漢司徒許彧墓闕，可徙施之，王茂洪弗欲，陪駕出宣陽門，南望牛頭兩峯曰：『天闕也，豈煩改作？』帝然之。」梁書：「何胤曰：『世傳晉室欲立雙闕，王丞相指牛頭山云：此天闕也。』」是則未明立闕之意。闕者，謂之象魏，縣治象於其上，挾日而收之。象者，法也。魏者，當塗而高大貌。當時君臣但兒戲，把酒空〔一〕勸長星杯。晉武帝云：「長星勸爾一杯酒，自古寧有萬歲天子耶？」○兒戲，借用灞上、棘門事。臨春美女閉黃壤，陳後主至德二年，於光昭殿前爲三閣，後主自居臨春閣，張麗華居結綺閣，龔、孔二貴妃居望仙閣。此言「臨春美女」，統之於主公。○禹貢：「厥土惟黃壤。」○杜詩玉華宮：「美人爲黃土。」玉枝白〔二〕蘂繁如堆。退之李花詩：「照耀萬樹繁如堆。」後庭新聲變〔三〕樵牧，後主每引狎客江揔等同後宮游燕，賦詩相贈答，采其尤艷麗者，被以新聲，習而歌之，如玉樹後庭花等，大抵皆美張、孔之姿色。興廢倏忽何其哀。咸陽龍移九州坼，「咸陽龍移」，謂唐末造，朱全忠迫遷昭宗於雒陽。遺種變化呼風雷。唐主李昪，欲祖吳王恪。或曰：「恪誅死，不若祖鄭王元懿。」唐主命有司考二王苗裔，以吳王孫禕有功，禕子峴爲宰相，遂祖吳王。自峴五世至父榮，其名率皆有司所撰。而周世宗亦謂鍾謨：「爾王自謂唐室苗裔，宜知禮義。」然則徐知誥祖唐，亦牽強附合者。然其姓李則明甚。據通鑑，楊行密克濠州，得李氏子於兵間，命大將徐温育之，曰：「此兒風骨非凡，吾度渥終不能容，今以賜汝。」渥，行密子也。○吳越史又言：「李昪本徐氏，湖州安吉人，爲安吉令。先是，其家有梨樹，結一實，大如升。其父異之，將獻郡守。有謂其父曰：『此果非常年所有。即上獻，來年是徵，安知復有此物？不如勿獻。』其父然之，因會鄰里，將共食，即席割之，有赤蛇在實中，割者大驚，投刃於地。俄而赤蛇走其母榻下，尋之，了無所見。未幾，其母遂孕知誥。」疑公所謂「遺種」者，或指赤蛇也。又據九國志：「天祐中，金陵有狂僧，每在衢路中自言求飛龍天子。及昪來爲刺史，僧乃不復言。」又，童謡云：「東海鯉魚飛上天。」蓋昪養於徐氏之應。蕭條中原碭無水，莊子庚桑楚篇：「吞舟之魚，碭而失水。」碭，薄也。崛強又此憑江淮。唐主初欲都江都，以水淺，漕運不給，復還金陵。○陸賈傳：「屈強於此。」師古曰：「屈，其勿反，不柔服也。」廣陵衣冠掃地去，史稱李昪始相僞吳，居廣陵。大和元年，出鎮金陵，後遂僭僞，以揚州爲東都。○唐祝欽明五經掃地。穿鑿〔四〕一作「築」。隴畝爲池臺。吳儂傾家助經始，吳人自可爲儂。○靈臺詩：「經始勿亟。」尺土不借秦人篩〔五〕。孟子：「尺地莫非其有也。」○賈山傳：「篩土築阿房之宮。」師古曰：「篩，以竹篾爲之。篩，音師。又山爾、山皆反。」珠犀磊落萬艘入，史記：「黃金珠璣犀象，楚産也，吾何求於晉？」賈爵之云：「又非獨朱崖有珠犀玳瑁。」金璧照曜千門開。漢武帝建章宮，千門萬户。建隆天飛跨兩海，南發交廣東温台。兩海交、廣爲南，温、台爲東。〇開寶四年春，王師入廣州，滅南漢，以帛係劉鋹，獻之宗社，尋釋之。温、台屬錢氏，時已歸本朝。中間業業地無幾，漢原涉傳：「至官無幾。」師古曰：「無幾，言無多時也。居豈反。」欲久割據誠難哉。靈旗指麾盡貔虎，漢武伐南越，禱太一，以牡荊畫幡，日、月、北斗等爲靈旗。遇出兵則舉，又奉以指所伐國。史記：「黄帝教熊羆貔貅、貙虎，以與炎帝戰于阪泉〔六〕之野。」談笑力可南山排。古樂府梁甫吟：「力能排南山，足能絶地理。」〇李白詩：「力排南山三壯士，齊相救豪費二桃。」〇開寶六年，盧多遜使回，言江南有必可取狀，上始有南伐意，命曹彬等討之。樓船蔽川莫敢動，扶伏但有謀臣來。漢人澤置車，霸山□□竇，水置樓船，故楊僕爲樓舡將軍。秦索有樓舡。〇開寶八年，煜命盧絳自金陵引所部舟師救京口，而劉澄已降，始遣周維等。徐鉉赴闕，乞緩兵。鉉自以江南謀臣，欲以口舌馳説存其國。既至，升殿，詞累數百。上曰：「爾謂父子爲兩家，可乎？」百年滄洲自潮汐，郭璞江賦：「呼吸萬里，吐納靈潮，自然往復，或夕或朝〔七〕。」事往不與波争迴。黄雲荒城失苑路，白草廢時空壇垓〔八〕。史記「三垓」注：「垓，重也。三重壇也。」使君新篇韻險絶，登眺感悼隨嘲咍。嗟予愁憊氣已竭，對壘每欲相劘挨。莊公十年：「曹劌曰：『戰，勇氣也。一鼓〔九〕作氣，再而衰，三而竭。』」〇宣公十二年：「吾聞致師者，御靡旌劘壘而還。」揮毫更想能一戰，僖公二十七年：「一戰而霸，文之教〔一〇〕也。」數窘乃見詩人才。漢書：「數窘沛公。」

【校記】

〔一〕「空」，龍舒本作「究」。

〔二〕「白」，宋本、叢刊本作「自」，注：「一作『白』。」

〔三〕「變」，宋本、叢刊本作「散」，龍舒本作「歎」。

〔四〕「鑿」，龍舒本、宋本、叢刊本作「築」。

〔五〕「篩」，諸本作「簁」。

〔六〕「阪泉」，原脱，據史記五帝本紀補。

〔七〕「或夕或朝」，原作「或洺或潮」，據文選改。

〔八〕「垓」，龍舒本作「埃」。

〔九〕「一鼓」，原作「一兢」，據左傳改。

〔一〇〕「教」，原作「數」，據左傳改。

和微之登高齋

六朝人物隨煙淡〔一〕，金輿玉几安在哉？李白詩：「金陵昔時何在哉？席卷英豪天下來。冠蓋散爲煙霧盡，金輿王坐成寒灰。」鍾山石城已寂寞，鍾山，山名。石城，石頭城。諸葛亮云：「鍾山龍盤，石城高峯，真帝王之宅。」秪見江水雲端來。太白金陵詩：「江水九道流，雲端遥明浮。」百年故老有存者，尚憶世宗初伐淮。周顯德二年十一月，世宗始命李穀、王彦超督韓令坤十二將伐唐，爲浮〔二〕梁，自正陽濟淮。三年，太宗詔親征。魏王兵馬接踵出，旗纛千里相搪挨。據符彦卿在周世宗時已封魏王，然據傳，止是立功北方，不曾遣征江南。又，世宗七子，其一爲恭帝，餘六人曰吳王誠、韓王諴、曹王熙讓、紀王熙謹、蘄王熙誨、越王誼，皆幼，且無封魏王者。〇按通鑑，世宗以顯德三年正月親征淮南，至五月北歸。四年二月乙亥，帝再幸淮上，三月丙辰北還。四月己巳至大梁。十月己巳，以王朴留守東京。壬申，發大梁。十一月丙戌，夜五鼓，濟淮。五年正月，荆南高保融遣指揮使魏璘將鐵舡百艘東下，會伐唐，至鄂州。三月後，奏奉表獻江北四州，於是江北炎平。四月乙卯，帝自揚州北還。當時魏王大臣既無封魏者，唯魏璘一人，乃高保融將，所止偏裨耳，不如此詩所會。或刺有守史可據。列子第一：「既而狎之，欺詒攩搪挨枕。」

當時謀臣非不衆，李陵答蘇武書：「當此之時，猛士如雲，謀臣如雨。」上國拔取多陪臺。昭七年：「是無陪臺也。」開寶三年，鍾謨、孫晟以唐王表來上，世宗皆留之。四年，唐濠州團練使郭廷謂〔三〕降，以爲亳州防禦使。五年，歸馮延魯、許文稹、邊鎬、周廷構于唐，唐主以文稹等皆〔四〕敗軍之俘，棄不復用。太祖開寶五年，上既平廣南，漸欲經理江南。鄭王從善入貢，遂留之。七年五月，以從善掌書記江直木爲司門員外郎，僚佐悉推恩。七月以樊若水爲贊善大夫。初，若水在江南，舉進士不中第，上書言事，不報，遂北歸。江南國主復遣江國公從鎰、水部郎中龔謹脩入貢，皆留之不報。

龍飛〔五〕九天跨四海，一水欲阻真堪〔六〕一作「爲可」。咍。周世宗謂鍾謨：「與朕止隔一水，未嘗遣一介修好。」○太祖令潘美副曹彬南伐。初次秦淮，美下令曰：「美提驍騎數萬人，戰必勝，攻必取，豈限此一衣帶水而不徑度乎！」

降王北歸樓殿拆〔七〕，降王，謂後主。棄屋尚鎖黄一作「殘」。金堆〔八〕。李煜平後，賈黄中知昇州，案行府廨，見一室扃鐍甚固，命發鑰視之，得金寶數十匱，價直數萬萬，乃李氏宮閤中遺物未著於籍者，即表上之。上曰：「非黄中廉恪，則亡國之寶，幾污法而害人矣。」賜錢二十萬。詩所言「殘金」，必指此。

神靈變化自真主，將帥何力求〔九〕公台？始，曹彬伐江南，上許以使相爲賞。及還，語彬曰：「今方隅尚有未服者，汝爲使相，品位極矣，肯復力戰耶？更爲我取太原。」止賜錢五十萬，彬怏怏。

山川清明草木静，天地不復屯雲雷。屯卦：「雲雷屯，君子以經綸。」

使君登高一訪古〔一〇〕，傷此陳迹聊持盃。蘭亭序：「已爲陳迹。」劉伶〔一一〕右手持酒盃。

因留佳〔一二〕客坐披寫，醽醁〔一三〕笑語傾如簁。盛弘之荆州記：「淥水出豫章康樂縣，其間烏程鄉有酒官，取以〔一四〕爲酒，極香美，與湘東酃湖酒侔。嘗釀之，世稱酃淥酒。」○西清詩話：「王師弔伐江左，城將破，或夢丱角女子行空中，以巨簁簁物，散落如豆，著地皆成人。問其故，曰：『此當死于難者。』後見一貴人，盛冠服，繼墮之地，云：『此徐舍人也。』既寤，聞謀營死關城〔一五〕中。王文公兄弟在金陵，和王微之晳〔一六〕登高齋詩，押簁字韻。平甫云：『當時徐氏擅筆墨，夜圍夢墮空中簁。』此事奇譎，而盤屈就〔一七〕強韻，可謂工矣。」

酒酣重惜功業晚，老矣萬卷

徒兼該。攢峯列壑剩〔一八〕歸輿，想見北山移文。憂端落〔一九〕筆何崔嵬！餘年無懽易感激，亦愧莊叟能安排。杜詩：「終施適荆蠻，安排同莊叟。」青燈明滅照不寐，但把君詩闔且開。評曰：三詩牽強，皆未精。又時時多一韻，如第二篇「才」字，第三「該」字。

【校記】

〔一〕「淡」，諸本作「埃」。

〔二〕「浮」，原作「溪」，據宮内廳本改。

〔三〕「郭廷謂」，原作「郭解未」，據資治通鑑卷二九三後周紀四改。

〔四〕「許文稹」，原作「楚文史」；「周廷構」，原作「用廷搆」；「文稹等皆」，原作「文鎮濟淮」，均據資治通鑑卷二九四後周紀五改。

〔五〕「飛」，龍舒本、宋本、叢刊本作「騰」。

〔六〕「真堪」，宋本、叢刊本作「爲可」。

〔七〕「拆」，宋本、叢刊本作「坼」。

〔八〕「黄」，龍舒本作「殘」。「堆」，宮内廳本作「臺」。

〔九〕「求」，龍舒本作「登」。

〔一〇〕「一訪古」，宋本、叢刊本作「訪古昔」。

〔一一〕「劉伶」當爲「畢卓」，事見晉書畢卓傳。

〔一二〕「佳」，宋本、叢刊本作「嘉」。

〔一三〕「醽醁」，宋本、叢刊本作「酃渌」。

〔一四〕「以」，宮内廳本作「水」；下兩「鄂」字，宮内廳本均作「酃」；「醽」，宮内廳本作「獻」。

〔一五〕「謀營」，宮内廳本作「徐鍇」；「闕城」，宮内廳本作「圍城」。

〔一六〕「晳」，原作「晢」，據宮内廳本改。

〔一七〕「盤屈就」，原作「深屈説」，據宮内廳本改。
〔一八〕「列」，龍舒本作「刻」。「剩」，諸本作「動」。
〔一九〕「落」，龍舒本作「前」。

和董伯懿詠裴晉公平淮西將佐題名〔一〕

元和伐蔡何危哉，朝廷百口無一諧。退之平淮西碑：「萬口附和，并爲一談。」即指此。按：憲宗元和四年，彰義軍節度使吴少誠薨，其子元濟匿喪，自領軍事。元和九年冬，以忠武節度副使李光顔爲節度使，嚴綬爲中武招討使〔二〕，督諸道兵討元濟。裴度得于時，討蔡數不利，羣臣争請罷兵，錢徽、蕭俛尤確。度奏：「病在心腹，不能去，爲大患。不然，兩河亦將視此爲逆順。」十二年，宰相李逢吉、王涯建言：「餉億煩匱，宜休師。」唯度請身督戰。〔三〕盗傷中丞偶不死，利劍白日投天街。度傳：「度爲御史中丞。王承宗、李師道謀緩蔡兵，乃伏盗京師，刺用事大臣。已害宰相武元衡，又擊度，刃三進，斷鞾刜分勿切。背，裂中單，又傷首。度冒氊，得不死。」裹瘡入朝議軍國〔四〕，度傳：「度病瘡，一再旬，分衛兵護第。有候踵路。詔無須正衙，即對延英。」國火一再更檀槐。燧人氏始用火，春取榆柳之火，夏取棗杏之火，秋取柞楢之火，冬取槐檀之火。○張景陽詩：「離居幾何時？鑽燧忽改木。」九年，思命光顔等討元濟。十年正月，又削元濟官爵，命宣武第十六道進軍討之。十一年，討淮西諸軍近九萬。上怒諸將久無功。上前慷慨語發涕，誓出按〔五〕撫除睽乖。度傳：「度請身督戰，帝獨目度曰：『果爲朕行乎？』度俯伏流涕曰：『臣誓不與賊偕存。』即拜門下侍郎、平章事、彰義軍節度使、淮西宣慰招討處置使。度入對延英曰：『主憂臣辱，義在必死。賊未授首，臣無還期。』帝壯之。」指撝光顔戰洄曲，李光顔傳：「裴度築赫連城於沲口，率輕騎觀之，賊以奇兵自五溝至，大呼薄戰，城爲震壞。度危甚，光顏力戰却之。先是光顏知賊必至，密遣田布伏精騎溝下，扼其歸路。賊敗，棄騎去，填死溝中者千餘。由是賊悉精鋭士當光顏，李愬得乘虚入蔡矣。董重質棄洄曲軍降愬。光顏躍馬入賊營大呼，衆萬餘人投甲請命。」○李愬傳：「李光顏戰數勝，元濟悉鋭卒屯洄曲，以抗光顏。」

闞如怒虎搏虺豺。 詩常武：「闞如虓虎。」○退之祭張徹文：「虺豺發舋，閩府屠剥。」

愬能捕虜取肝膈〔六〕，護送密乞完形骸。 李愬傳：「吴秀琳爲愬策曰：『必破賊，非李祐無與成功者。』祐，健將也，守興橋栅。其戰常易官軍。愬遣史用誠以壯騎三百伏其旁。見羸卒，祐果輕出，用誠禽以還。諸將素苦祐，請殺之，愬不聽，以爲客。軍中多諫此人不可近。將吏雜然不解。愬力不能獨完，乃持以泣曰：『天不欲平蔡乎？何見奪者衆也。』乃械而送之朝，表言：『必殺祐，無與共誅蔡者。』詔釋還愬，署六院兵馬使。」

箝〔七〕兵夜半投死地， 箝兵，猶御枚之誼。漢異姓諸侯王表：「箝語燒書。」師古曰：「箝其口，不聽其言。」箝兵，亦此義。韓信傳：「投之死地然後生。」

雪濕不敢燃薪䕸。 切韻：「䕸，麻稈〔八〕。」音：「皆。」字書：「䕸，禾藁。亦作楷。」李愬傳：「元和十一年十月己卯，師夜起，祐以突將三千爲先鋒，李忠義副之。愬率〔九〕中軍三千，田進誠以下軍殿。會大雨雪，天晦，凛風，偃旗裂膚，馬皆縮慄，士抱戈凍死于道十一二。張柴之東，陂澤阻奥，衆未嘗蹈也，皆謂投不測，然業已從愬，人人不敢自爲計。行七十里，夜半至懸瓠城，雪甚，城旁皆鵝鶩池。愬令擊之，以亂軍聲，祐等坎墉先登，衆從之。黎明，雪止，愬入駐元濟外宅，蔡吏驚曰：『城陷矣！』元濟率左右登牙城，田進誠兵薄之。火南門，元濟請罪，梯而下，檻送京師。申、光諸屯尚二萬衆，皆降，愬不戮一人。」

空城堅守〔一〇〕 一作「堅子」。**已可縛，中使尚作兒號〔一一〕** 一作「號兒」。**哇。** 通鑑：「李祐言於愬曰：『蔡之精兵，皆在洄曲，及四境杜守。守州城者，皆羸老之卒，可以乘露直抵其城。比賊聞之，元濟已成擒矣。』愬然之。」○李愬傳：「愬師夜起，令曰：『引而東。』六十里止，襲張柴，殲其戍。勑士少休，益治鞍鎧，發刃彀弓。會大雨雪，天晦，凛，吏請所向，愬曰：『入蔡州取吴元濟。』士失色，監軍使者泣曰：『果落於奸計。』」

退之道此尤儁偉，當鏤玉板〔一二〕東燔柴。 續漢書：「建武二十二年，上議封禪，有司奏玉版方五寸。」

欲編詩書播後嗣，筆墨雖巧終類俳。 退之潮州謝表：「臣於當時之文，亦未有過人者。至於論述陛下功德，與詩書相表裏，作爲歌詩，薦之郊廟。紀泰山之封，鏤白玉之牒，鋪張對天之宏休，揚厲無前之偉蹟，編之乎詩書之策而無愧，措之乎天地之間而無虧。雖使古人復生，臣亦不肯多讓。」云云。余嘗以淮西碑誠所謂「編之詩書之册而無愧」。類俳之説，殆非至公，豈公別有説耶？○退之答崔立之書：「雖云自取所試讀之，乃類於俳優者之辭。」此言少年場屋之文耳。

唐從天寶運中圮，廊廟往往非忠佳。諸侯縱横代割據，疆土豈得無離佤？周禮夏官形方氏：「正其封疆，無有華離之地。」[一三]鄭玄謂：「華，讀爲佤哨之佤。佤，苦哇反，謂正之，使不佤邪離絶。」德宗末年懲戰禍，一矢不試塵蒙靫。德宗自經朱泚、李懷光之變，姑息藩鎮太甚，每節度使死，先遣中使詣軍，觀軍心之嚮背者，因而立之，朝廷不敢一自除授。字書：「鞴靫，箭室。」釋名曰：「步叉，人所帶，以箭叉其中。馬上曰鞬。叉，亦作靫，音釵。」嚴助傳：「不勞一矢，不煩一戟。」憲皇初起衆未信，意欲立掃除昏霾。追還清明救[一四]薄蝕，屢勑主府拘窮蛙。退之詩：「弊蛙拘送主府官，帝箸下腹嘗其皤。」王師傷夷征賦窘，千里亦忌毫釐差。「差之毫釐，繆以千里。」今易無此，乃易緯之詞。小夫偷安徒自計[一五]，長者遠慮或可懷。語：「人無遠慮，必有近憂。」桓桓晉公忠且壯，時命適與功名偕。書：「尚桓桓，如虎如貔。」○樂書：「事與時並，名與功偕，樂之器也。」是非末世主成敗，烜赫今古誰譏排？賢哉韋純議北赦，倉卒兩伐尤難皆。韋貫之傳：「本名純，避憲宗諱，以字行。爲中書侍郎。討吴元濟也，貫之請釋鎮州，專力淮西，且言：『陛下豈不知建中之事乎？始於蔡急而魏應也，齊、趙同起，德宗引天下兵誅之，物力殫屈，故朱泚乘以爲亂。此非它，速於撲滅也。今陛下獨不能少忍，俟蔡平而誅鎮耶？』時帝業已討鎮，不從，終之蔡平，鎮乃服。」重華聲明彌萬國，服苗干羽舞兩階。宣王側身内修政，常德立武能平淮。書：「帝乃誕敷文德，舞干羽于兩階。七旬，有苗格。」○宣王側身，見雲漢。内修政，事見車攻。有常德以立武，事見常武。平淮夷，見江漢。昔人經綸初若緩，欲棄此道非吾儕。千秋事往蹤跡在，嶽石欵記如湘崖。湘崖浯溪碑，元結所作中興頌。文嚴字麗皆可喜，黄埃蔽没蒼蘚埋。唐雜史：「裴晉公赴敵淮西，題名華岳廟之闕門。大順中，户部侍郎司空圖以一絶紀之曰：『岳前大隊赴淮西，從此中原息戰鼙。石闕莫教苔蘚上，分明認取晉公題。』」當時將佐盡豪傑，想此兵〔一六〕禱陪祠齋。史記：「太一靈旗，爲兵禱也。」晉公初過華，時有華岳金天三祠石闕題名曰：「淮西宣慰處置使、門下侍郎、平章事裴度，副使、刑部侍郎兼御史大夫馬總，行軍司馬、太子右庶子兼御史中丞韓愈，判官司勳員外兼侍御史李正封，都官員外郎兼侍御史馮宿，掌書記、禮部員外郎兼侍御史李宗閔，都知兵馬使、左驍衛將軍、威遠軍使兼御史大夫李文悦，左廂都押樂兼都虞候、左衛將軍兼御史中丞梁希逸，右廂都押樂、嘉王傅兼御史中丞、密國公高丞簡。元和十二年八月，丞相奉詔平淮右，八日，東過淮陰，禮于岳廟，揔等八人，實備將佐以從。」君曾西遷爲拓本，濡麝割蜜親劘揩。韋應物石鼓歌：「今人濡紙脱其文，既擊既掃白黑分。」新篇波瀾特浩蕩，把卷熟讀迷津涯。褒賢樂善自爲美，當掛廟壁爲詩牌。張祜詩：「聊當因興玩，更爲表詩牌。」

【校記】

〔一〕宋本、叢刊本題作「董伯懿示裴晉公平淮右題名碑詩用其韻和酬」。

〔二〕「中武招討使」，舊唐書憲宗紀作「申光蔡招討使」。

〔三〕「餉億煩匱宜休師」，原作「謫作河匱〇休師」；「唯度請身督戰」，原作「唯度請曾督鐵」，均據新唐書裴度傳改。

〔四〕「朝」，宋本、叢刊本作「相」。「國」，龍舒本、宋本、叢刊本作「旅」。

〔五〕「按」，龍舒本作「安」。

〔六〕「膈」，宋本、叢刊本作「鬲」。

〔七〕「箝」，宋本、叢刊本作「笞」。

〔八〕「稈」，原作「穲」，據宮内廳本改。

〔九〕「率」，原作「卒」，據新唐書李愬傳改。以下引文亦多誤，均據李愬傳改正。
〔一〇〕「堅守」，宋本、叢刊本作「豎子」。
〔一一〕「兒號」，龍舒本作「號兒」，宋本、叢刊本作「唬兒」。
〔一二〕「板」，龍舒本作「版」，宋本、叢刊本作「牒」。
〔一三〕「形方氏」，原作「職方氏」，據周禮及宮内廳本改。「華離」，「華」原作「夾」，乃「華」之古字。
〔一四〕「救」，龍舒本作「捄」。
〔一五〕「徒自計」，龍舒本、宋本、叢刊本作「自非計」。
〔一六〕「兵」，龍舒本作「共」。

用王微之韻和酬即事書懷

秦惜逝者耋，晉嘉良士休。古人皆好樂，哀此歲月遒。秦詩車鄰：「今者不樂，逝者其耋。」○晉詩蟋蟀〔一〕：「今我不樂，日月其慆。無已太康，職思其憂。好樂無荒，良士休休。」嗟我抱愁毒，殘年自羈囚。但爲兔得蹄，非復天上鷗。易略例：「猶蹄者所以在兔，得兔而忘蹄。」○退之田氏廟碑：「吏戎愁毒，莫保首領。」雖知林塘美，欲往輒回輈。杜詩：「主人爲卜林塘幽。」○退之別知賦：「遂駕馬以迴輈。」名園一散策，笑語隨觥籌。探題遶梅花，高詠接應劉。宿雨洗荒壍，寒蛟沉老湫。王建詩：「賦字詠新泉，探題得幽石。」應、劉，在建安七子之數。○韓詩：「其下澄湫水，有蛟寒可罾。」沿洄信晝舸，順水曰沿，逆水曰洄，言往來任舟行也。歸路子城幽。冬風不改緑，忽見新陽浮。歡事去如夢，嘉時念難留。明發得君句，詩：「明發不寐。」謂將續前游。語我飲倡樂，不如詩獻酬。比之賢於醉紅裙者遠矣。淮洲奏〔二〕鍾鼛，雅刺德不猶。「鼓鍾伐鼛，淮有三洲，憂心且妯。淑人君子，其德不猶。」文墨有真趣，陶詩：「此間有真趣。」荒淫何足收？來篇若淑女〔三〕，窈窕衆所求。關雎：「窈窕淑女，寤寐求之。」玆理儻可詣，華簪爲君抽。

【校記】

〔一〕「晉詩蟋蟀」，一般作「唐風蟋蟀」。

〔二〕「奏」，宋本、叢刊本作「秦」。

〔三〕「若淑女」，宋本、叢刊本作「信時女」。

和吴仲庶〔一〕

中復也。

刀筆漫無營，曹參起刀筆吏。圖書紛不御。平生携手人，邂逅賞心處。名卿邵朱邑〔二〕，揚子淵騫篇：「或問近世名卿」云云。朱邑守北海，以治行第一，入爲大司農。傳稱邑身爲列卿，居處儉節，性公正，不可干以私。膚〔三〕使超嚴助。揚子淵騫篇：「雖古之膚使，其猶劣諸？」○嚴助舉賢良，獨擢爲中大夫。閩越舉兵圍東甌，迺遺助以節發兵會稽，浮海救東甌。後三歲，閩越復興兵擊南越，漢兵遂出，踰嶺，會閩越王弟殺王以降之。嘉淮南王安之諫，美將子之功，復令助諭意風指於南越，南越遣太子隨助入侍。助還，又諭淮南云云。歸奏之，大說。都官富篇章，劉公幹詩：「賦詩連篇章。」博士熟經據。豈特好微言，又多知大慮。前漢藝文志：「仲尼没而微言絶。」○後漢王常傳：「今諸劉起兵，觀其來議者，皆有深計大慮，王公之才。」從容故天幸，李廣數有天幸。倜儻盡人譽。諸賢皆集，故所稱各不同，而皆一時之望。千艘來交荆，杜詩：「海胡來千艘。」○説文曰：「艘，舡之揔名。」萬舸去揚〔四〕豫。良無此嘉客，式燕〔五〕吾所庶。小雅車舝：「雖無旨酒，式燕庶幾。」○韋應物詩：「終罷斯結廬，慕陶真可庶。」

【校記】

〔一〕宋本、叢刊本題作「和仲求即席分題得庶字」。

〔二〕「邵朱邑」，龍舒本作「等邵朱」。

〔三〕「膚」，龍舒本作「邑」。

〔四〕「揚」，原作「楊」，據宋本、叢刊本改。

〔五〕「燕」，龍舒本、宋本、叢刊本作「飲」。

出鞏縣

昭陵落月煙霧昏，篝火度谷行山根。投鞭委轡涉數村，寤出鞏縣城東門。昭陵，仁宗陵也。按林希朝陵記：「自滎陽過洪溝，食武牢關，憩任村鋪，始見洛水入黄河。循洛而行，過鞏五里，入昭陵路，即下視昭、厚二陵，宫闕森然，不覺想慕。行人指昭陵以相告曰：『此四十一年官家陵也。』涕泗潸然。」向來宫闕不可見，但有洛水流渾渾。向來，恐謂漢、唐時也。晏丞相嘗有題鞏縣西門周襄王廟詩云：「人來人去市朝變，山後山前煙霧凝。縈帶二川河洛水，寂寥千古帝王陵。」

書任村馬鋪

兒童繫馬黄河曲，近岸河流如可掬。宣公十二年：「舟中之指可掬。」任村炊米朝食魚，日暮滎陽驛中宿。滎陽，屬鄭州。投老經過身獨在，當時洲渚今平陸。詩：「高岸爲谷，深谷爲陵。」秫黍冥冥十數家，仰視荒蹊但喬木。柳詩：「黄葉覆溪橋，荒村惟古木。」冰盤鱠美客自知，起看白水還東馳。爾來百口皆年少，歸與何人共此悲！評曰：俯仰情景如見，極人事所不能言。○退之過始興詩：「憶昨兒童隨伯氏，南來今只一身存。目前百口還相逐，舊事無人可共論。」

葛藴作巫山高愛其飄逸因亦作兩篇

巫山高，十二峯，上有往來飄忽之猿猱，下有出没瀺灂之蛟龍。評曰：三語便不可羈。○高唐賦：「巨石溺溺之瀺瀯兮。」瀺瀯，以言水石，今用之蛟龍，尤宜。中有倚薄縹緲之神宮。神人處子冰雪容，吸風飲露虛無中。千歲寂寞無人逢，莊子：「藐姑射之山，有神人焉，肌膚若冰雪，綽約若處子，不食五穀，吸風飲露。」邂逅乃與襄王通。丹崖碧嶂深重重，白月如日明房櫳。評曰：不必珠自佳。○白月，指珠也。子虛賦：「明月珠子，的皪江靡。」杜詩：「大珠脱玷翳，白月當空虛。」象牀玉几來自從，岱宗石室中，上下懸絶，中有金牀玉几。今言「來自從」者，神女攜以俱也。錦屏翠幔金芙蓉。退之詩：「雲窗霧閣事慌惚，重重翠幔深金屏。」○太白詩：「廬山東南五老峯，青天削出金芙蓉。」陽臺美人多楚語，秖有纖腰能楚舞。爭吹鳳管鳴鼉鼓，李白將進酒：「吹龍笛，擊鼉鼓。」那知襄王夢時事，言楚王細腰纖麗之多，不知王又自夢神女。但見朝朝暮暮長雲雨。評曰：直是脱洒。○雲華夫人傳：「禹嘗詣之於崇巘之巔，顧眄之際，化而爲石，或倏然飛騰，散爲輕雲，油然而止，聚爲夕雨，千態萬狀，不可親也。禹疑其狡獪怪誕，非真仙也。問諸童律，律曰：『真人凝氣成真，與道合體，隱見變化，蓋其常也。大苞造化，細入毫髮，在人爲人，在物爲物，豈止於雲雨哉？』」據此，所稱雲雨，蓋事涉道真，理該變化。後世乃以喻情欲之事，其褻瀆甚矣。高唐賦：「妾在巫山之陽，高丘之阻。旦爲朝雲，暮爲行雨。朝朝暮暮，陽臺之下。」

其二

巫山高，偃薄江水之滔滔。水於天下實至險，山亦起伏爲波濤。柳子厚賦：「楚越之郊，環萬山兮，勢騰踊夫波濤。」高唐賦：「登巉巖而下望兮，臨大坻之稸水。」其巔冥冥不可見，崖岸斗絶悲猿猱。赤楓青櫟生滿谷，山鬼白日樵人遭。杜詩：「杳藹深谷攢青楓。」又：「山精白日藏。」〇沈佺期巫山高：「暗谷疑風雨，陰崖若鬼神。」窈窕陽臺彼神女，朝朝暮暮能雲雨。以雲爲衣月爲褚，乘光服暗無留阻。崐崘曾城道可取，方丈蓬萊多伴侣。塊獨守此嗟何求？廣記：「神女，王母女，名瑶姬。嘗游東海還，過江上，有巫山焉，峯巖挺拔，林壑幽麗，巨石如壇，留連久之。兼夫人所領雲華〔一〕上宮，理在玉英之臺，崐崘、蓬萊，蓋不足道。」今公所云，第本宋玉之説。〇楚詞：「塊獨守此無澤兮，仰浮雲而永歎。」況乃低回夢中語。評曰：怪愈怪，奇愈奇，而正大切實，隱然破千古之惑。其飄然天地間意，陋視能賦。〇高唐賦：「昔者先王嘗游高唐，怠而晝寢，夢見一婦人，曰：『妾，巫山之女也，爲高唐之客。聞君游高唐，願薦枕席。』王因幸之。」〇王建詩：「美人別來無處所，巫山明月湘江雨。千回相見不分明，井底看星夢中語。」〇公此詩體制，頗類歐公廬山高，皆一代之傑作。

【校記】

〔一〕「雲華」原作「雲葉」，下「玉英」原作「玉映」，據太平廣記卷五十六雲華夫人改。

西風

少年不知秋，言年少氣盛時，未知秋之可悲。喜聞西風生。老大多感傷，古詩：「老大空悲傷。」畏此蟋蟀鳴。爾雅：「蟋蟀，蛬。」釋曰：「蟋蟀，一名蛬，今促織也，亦名青蛚。」詩唐風：「蟋蟀在堂，歲聿其莫。」○陸璣疏云：「蟋蟀，似蝗而小，正黑，有光澤如漆月。角翅。一名蛬，一名蜻蛚。楚人謂之王孫，幽州人謂之趨織。里語『趨織鳴，懶婦驚』是也。」況乃捨親友，抱病獨遠行。中夜卧不周，惻惻感我情。韓詩：「秋氣日惻惻。」起視天正黑，弱雲亂縱横。杜集江雨有懷鄭典設：「弱雲狼籍不禁風。」似有霰雪飄，不復星斗明。時節忽如此，重令壯心驚。諒無同憂人，樽酒安可傾？言同志者少，無與爲樂。

久雨

煤炲著天無寸空，玉川子月蝕詩：「摧環破壁眼前盡，當天一搭如煤炲。」白沫上岸吹魚龍。羲和推車出不得，河伯欲取山爲宫。羲和，日官。河伯姓馮，名夷，華陽潼鄉人。○漢武帝歌：「爲我謂河伯兮何不仁，泛濫不止兮愁吾人。」取山爲宫，懷山是也。○杜詩：「鑿冰恐侵河伯宫。」城門晝開眠百賈，飢孫得糟夜餔[二]翁。魯直對酒歌：「南陽城門雪三日，城門晝開眠賈客。」疑用公語。歐公有食糟民詩，言艱食也。老人慣事少所怪，看屋箕倨歌南風。評曰：謂世道必至重思舜時。○歌南風，欲晴也。○程伊川云：「風從東北來則雨，自南、自西則不雨。何者？自東、自北皆屬陽，坎卦本陽，陽唱而陰和，故雨。自西、自南陰也，陰唱則陽不和，故不雨。」

【校記】

〔一〕「餔」，龍舒本、宋本、叢刊本作「哺」。

補注 登高齋　欲久割據誠難哉　方曹彬伐江南，太祖潛謂曰：「但只要他歸服，謹勿殺，是他無罪過，自是自家著他不得，卿切會取。」曹曰：「謹奉詔旨，不敢違越。」丁晉公曰：「今國家享無疆之休，良由是耳。」〔一〕

【校記】

〔一〕本注原闌入久雨詩注末，無「補注」二字。「登高齋」，題應全作「和王微之登高齋二首其二」。

補注 和王微之登高齋　發揮春秋名玉杯　董仲舒傳：「説春秋事得失，玉杯、繁露、清明、竹林之屬數十篇。」顏師古注：「皆其所注書名。」今繁露中有玉杯、竹林二篇。繁露之名，按逸周書王會解：「天子南面立絻，無繁露。」注云：「繁露，冕之所垂也，有聯貫之象。」春秋屬辭比事，仲舒立名，或取諸此。然玉杯之名，亦必有所義也。

補注 其二〔一〕　碭無水　新序：「晉文公出田逐獸，碭入大澤，迷不知所在。」又：「君獨不聞海大魚能激水，能牽碭□□水。陸居，則螻蟻得志焉。」

平淮西題名　余嘗喜洪覺範李愬詩云：「淮陰北面師廣武，其氣豈止吞項羽？君得李佑不肯殺，便知元濟在掌握。」殊無僧氣象。又云：「君看鞬櫜見丞相，此意與天相終始。」又，鞬字從革，意用牛皮。不謂僧詩乃能及革爲之。後見沈存中筆談，果云：「古法以牛革爲矢服，卧則以爲所枕，其中虛。附地枕之，數里内有人馬聲，皆聞之，蓋虛能納聲也。」

和吴仲庶 不御 洛神賦：「芳澤無加，鉛華不御。」 邵朱邑 邵，或作「紹」，謂繼其封也。 經據 貢禹傳：「守經據古，不阿當世。」柳子論左氏六逆，以新間舊者爲不可，曰：「上智固不惑〔二〕於是矣。中人以降，守是爲大，據而致敗亂者，固不乏。」詩言熟者，謂淹該而□□折衷者也。 人譽 左氏：「以官之長，皆民譽也。」

【校記】

〔一〕題原缺，據詩注補。

〔二〕「惑」，原作「感」；下文「中」原作「争」，「守」原作「以」。均據柳河東集六逆論改。

庚寅增注第九卷

和王微之登高齋　酒母　集韻：「酒滓謂之酪母。」

其二　崛強　伍被傳：「東保會稽，南通勁越。屈強江淮間，可以延歲月之壽耳。」　廣陵　又，唐明宗長興三年，徐知誥廣金陵城，周圍二十里。又，宋齊丘勸知誥自廣陵徙吴主於金陵，始營宫城。昪即知誥也。

事往　水一去不返，不同人事之有迴復也。

和微之登高齋　憂端　杜詩：「憂端齊終南。」　安排　莊子：「獻笑不及排，安排而去化，乃入於寥天一。」

和董伯懿詠裴晉公　欲棄此道非吾儕　公作仲詢墓誌云：「當寶元、康定間，言者喜論兵，其計不過攻、守而已。君獨推書所謂『食哉惟時，柔遠能邇，惇德允元，而難任人，蠻夷率服』，爲禦戎議二篇。嗟丁此流俗所羞，以爲迂而弗言者也，非明於先王之義，則孰知夫中國安富尊強之爲必出於此？」

葛藴作巫山高愛其飄逸　瀺灂之蛟龍　嵇叔夜：「魚龍瀺灂，山鳥羣飛。」注：「魚龍游水聲。」潘岳閑居賦：「游鱗瀺灂。」注：「出没之貌。」　白月如日明房櫳　郭况家富，懸明珠於四壁，晝視如星，夜視如日。時人語曰：「洛陽多錢郭氏室，夜日晝星世無匹。」又據廣記陽平謫仙傳：「二十四化各有一大洞，或方千里、五百里、三百里，其中音有日月飛精，謂之伏晨之根，下照洞中，與世間無異。」白日，或指此，然恐只指珠也。

其二　以雲爲衣月爲褚

「漢文帝遺尉佗上褚五十衣、中褚五十衣、下褚五十衣。」注：「以綿裝衣曰褚。」成三年：「荀罃在楚，鄭賈人有將寘諸褚中以出。」則褚又囊橐之類，不專指衣也。「子產取我衣冠而褚之。」

王荊文公詩卷第十

古詩

和王勝之雪霽借馬入省

泥水填馬不受轍，瓦雪得火猶藏溝。韓文：「泥水滑馬弱而以書。」〔一〕〇白詩：「倏如瓦溝霜。」宿霧紛紛度城闕，朔氣凜凜吹衣裘。詩：「在城闕兮。」窮閻閉門無一客，剥啄驚我有前騶。韓詩：「剥剥啄啄，有客扣門。」〇齊王融傳：「車中乃可無七尺，車前豈可乏八騶？」強隨傳呼出屋去，鼻息凍合髭繆繆。蕭望之傳：「仲翁出入從倉頭，廬兒傳呼甚寵。」投轡馬鬣任攲側，欲出操箠手還抽。史記：「張耳、陳餘，杖馬箠下趙數十城。」投轡不操箠，謂畏寒縮手也。攲側，言身兀兀然。行思江南悲故事，溪谷冬暖花常流。前年臘歸三見白，霽色嶺上班班留。西人語：「要宜麥，對三白。」朝野僉載：「臘前三白，田翁笑赫赫。」杖藜此時將邑子，登眺置酒身優游。朱買臣傳：「會邑子嚴助貴幸。」○漢高紀：「置酒前殿。」豈如〔二〕都城今日事？秖恐一蹶爲親憂。杜詩：「當時歷塊誤一蹶，委棄非復能周防。」因〔三〕知田里駕款段，昔人豈即非良謀。馬援言：「吾從弟少游嘗哀吾慷慨多大志，曰：『士生一世，但取衣食裁足，乘下澤車，御款段馬，爲郡掾吏，守墳墓，鄉里稱善人，斯可矣。』」○杜詩今夕行：「邂逅豈即非良圖。」君家洛陽名實大，談笑枯槁回春柔。平生意氣故應在，勝之，王曉之子。曉，萊公婿，嘗爲樞密使。勝之嘗預蘇子美祠神會，爲傲歌者，踈俊人也。白髮未敢相尋求。從容退食想佳節，詩：「退食自公。」豈無歌舞〔四〕相獻酬？奈何亦作苦〔五〕寒調，魏武帝有苦寒行，清調。注云：「因行遇寒而作也。」古曲有清調，退之亦有苦寒歌。歎息朝夕無驊騮。「朝夕于君所，無名馬以乘。」朝音潮。○左氏：「右尹子革夕。」超然遂有江湖意，滿紙爲我書窮愁。李德裕有窮愁志。太史公曰：「虞卿非窮愁，亦不能著書。」相如正應居客右，「相如末〔六〕至，居客之右。」謝惠連雪賦。子路且莫乘桴浮。語：「道不行，乘桴浮于海。從我者，其由與之。」

【校記】

〔一〕原文出韓愈與李秘書論小功不税書：「泥水馬弱不敢出，不果鞠躬親問而以書。」

〔二〕「如」，宫内廳本作「知」。

〔三〕「因」，龍舒本作「困」。

〔四〕「舞」，宋本、叢刊本作「聲」。

〔五〕「苦」，龍舒本作「居」。

〔六〕「未」，原作「末」，據文選謝惠連雪賦、宮内廳本改。

和吴冲卿鵶〔一〕樹石屏 此詩歐公、蘇子美亦同作。

寒林昏鵶相與還，下有跂石蒼孱顔。杜詩：「獨鶴歸何晚，昏鴉已滿林。」○淵明詩：「飛鳥相與還。」孱顔，見酬王賢良松泉注。曾於古圖見髣髴，已怪筆力〔二〕一作「刀筆」。非人間。韓詩：「筆力可獨扛。」君家石屏誰爲寫？古圖所傳無似者。杜詩：「今之畫圖無乃是。」鵶飛歷亂止且鳴，林葉慘慘風煙生。高齋日午坐中見，意似落日空山〔三〕行。君詩雄盛付君手，云此非人乃天巧。退之答孟郊詩：「文字覷天巧。」○盧仝詩：「箜篌歷亂五六絃。」嗟哉渾沌死，渾沌死，見酬王伯虎注。乾坤生〔四〕，造作萬物醜妍巨細各有理。問此誰主何其精，恢奇譎詭多可喜。人於其間乃復雕鑱刻畫出智力，欲與造化追相傾。杜詩：「乃知畫師妙，巧刮造化窟。」拙者婆娑尚欲奮，工者固已窮夸矜。吾觀鬼神獨與人意異，雖有智〔五〕一作「至」。巧無所争。所以號山間，埋没此寶千萬歲，不爲見者驚。蘇子美石月屏歌亦云：「胡爲號山石，留此皎月痕？」吾又以此知〔六〕妙偉之作不在百世後，造始乃與元氣并。評曰：三反五折，如出不窮。○蘇子美又云：「物有無情自相感，不間幽微與高邈。老蚌向月月降胎，海犀望星星入角。」子美詩意與公雖異，而皆佳作。畫工粉墨非不好，評曰：看他收。歲久剥爛空留名。能從太古到今日，獨此不朽由天成。襄公二十四年：「此之謂不朽。」世人尚奇輕貨力，山珍海怪採掇今欲索。將盡也。此屏後出爲君得，胡賈欲著價〔七〕不識。伏波類西域賈胡。吾知金帛不足論，當與君詩兩相直。評曰：如此結甚佳，不是鼠尾。○歐詩：「吾嗟人愚不見天地造物之初難，乃云萬物生自然，豈知鐫鑱刻畫醜與妍？千狀萬態不可殫，神愁鬼泣晝夜不得閑。不然，安得巧工妙手憊精竭思不可到，若無若有縹緲生雲煙。鬼神功成天地惜，藏在號山深處石。乃知人爲天地賊，天公有物藏不得。」

【校記】

〔一〕宋本、叢刊本「鴉」下有「鳴」字。

〔二〕「筆力」，龍舒本、宋本、叢刊本作「刀筆」。

〔三〕「山」，宋本、叢刊本作「上」。

〔四〕「生」，龍舒本、宋本、叢刊本作「至」。

〔五〕「智」，龍舒本、宋本、叢刊本作「至」。

〔六〕龍舒本「知」下有「工」字。

〔七〕「著價」，龍舒本、宋本、叢刊本作「價著」。

送李宣叔倅漳州

閩〔一〕山到漳窮，地與南越錯。漳，故閩越王地。郡國志云：「梁山有漳浦水。」唐垂拱二年，析長樂郡置漳州，去大海百餘里。山川鬱霧毒，瘴癘春冬作。荒茅篁竹間，蔽虧有城郭。嚴助傳：「越非有城郭邑里也，處溪谷之間，篁竹之中。」○子虛賦：「日月蔽虧。」注：「山高壅蔽，日月虧缺，半見也。」居人特鮮少，退之送李愿歸盤谷序：「草木叢茂，居人鮮少。」市井宜蕭索。樂天忠州詩：「吏民生梗渾如鹿，市井蕭條一似村。」野花開無時，退之嶺外詩：「所見草木多異同。」又云：「才開還落瘴霧中。」漳近嶺，氣候亦類之。蠻酒持可酌。窮年不值〔二〕客，誰與分杯杓？張良曰：「沛公不勝杯杓，不能辭。」朝廷尚賢俊，磊砢充臺閣。庾子嵩目和嶠：「森森如千丈松，雖磊砢有節目，施之大厦，有棟梁之用。」君能喜節行，文藝又該博。超然萬里去，識者爲不樂。予聞君子居，語：「君子居之，何陋之有。」自可救民瘼。苟能禦外物，得地無美惡。韓集：「無入而不自得，固前脩之所以禦外物。」似聞最南方，北客今勿藥。退之文：「唐有天下，南越之地，民俗既遷，風氣亦隨，雪霜時降，癘疫不興。瀕海之饒，固加於初。是以人之於南海者，若東西州焉。」又，詩：「南方本多毒，北客常懼侵。」林麓换風氣，獸蛇凋毒蠚。韓集聯句：「小夷施毒蠚。」淮南王安疏：「南方暑濕，蝮蛇蠚生。」注：「蠚，毒也，音壑。」如漳猶近州，氣冷又銷鑠。珍足海物味，其厚不爲薄。古詩：「斗酒相娛樂，聊厚不爲薄。」章舉馬甲柱，退之初南食詩：「章舉馬甲柱，鬬以怪自呈。」○章舉有八脚，亦曰章魚。馬甲柱，今江瑶柱。固已輕羊酪。烏孫公主歌曰：「以肉爲食兮酪爲漿。」通俗文曰：「煴羊乳曰酪。」蕉黄荔子丹，羅池碑：「荔子丹兮蕉葉黄。」又勝樝〔三〕梨酢。爾雅：「樝似梨而酢澁。」唐本草云：「樝似木瓜，大而黄，可進酒去痰。」○柳詩：「傖父餽酸樝。」縫衣比多士，往往在丘壑。縫衣，逢掖之衣。列子黄帝篇：「痀瘻丈人曰：『汝縫衣徒也。』」從容與笑語，豈不慰寂寞？太守好觴詠，蘭亭序：「一觴一詠。」嘉賓應在幕。謝安與王坦之嘗詣桓温論事，温令郗超臥帳中聽之。風動帳開，安笑曰：「郗生可謂入幕之賓。」想即有新詩，流傳至京洛。晉左思三都賦成，豪貴之家競相傳寫，洛陽爲之紙貴。

【校記】

〔一〕「閩」，龍舒本、宋本、叢刊本作「闕」。

〔二〕「值」，龍舒本、宋本、叢刊本作「用」。

〔三〕「樝」，龍舒本作「柤」，宋本、叢刊本作「楂」。

送裴如晦宰吴江

如晦已見別注。

震澤〔一〕與天杳，旁臨無地形〔二〕。禹貢：「三江既入，震澤底定。」古文以爲震澤是吴南太湖名。傳云：「自彭蠡江分爲三，入震澤，遂爲北江而入海。」是孔意江從彭蠡而分爲三，又共入震澤，從震澤復分爲三而入海。鄭云：「三江分於彭蠡，爲三孔，東入海。」其意言三江既入，入海耳，不入震澤。○杜詩：「尚書氣與秋天杳。」他時散髮處，最愛垂虹亭。散髮，謂游衍處也。嵇康詩：「散髮巖岫。」○垂虹亭，在吴江縣。飄然平生游，捨我戴吴星。韓詩外傳：「巫馬期爲單父，戴星而出，戴星而入，單父亦治。」欲往獨不得，都門看揚舲。楚詞：「乘舲舡余上沅兮，齊吴榜以擊汰。」王逸注：「舲，舡牕牖。或曰舲，舡名也。」江文通雜體詩：「肅舲出郊際。」到縣問疾苦，爲予〔三〕求所經。當知種收〔四〕地，往往茭蒲青。言可耕之田爲水所漫。三江斷其二，洚水何由寧？評曰：不可解，疑是八州水未盡入太湖，故云。與後送洛倅〔五〕説引漳，可見素志。○孟子滕文公章：「書曰：『洚水警余。』洚水者，洪水也。」注：「水逆行，洚洄無涯，洪大也。」三江，見首句注。微子好古者，左氏：「微子則不及此。」此歌尚誰聽？退之答張徹詩：「辱贈不知報，我歌爾其聆。」

【校記】

〔一〕「震澤」，龍舒本、宋本、叢刊本作「霜澤」。宋本、叢刊本「霜」下注云：「一作『震』。」

〔二〕「地形」，宋本、叢刊本作「限情」。

〔三〕「予」，龍舒本、宋本、叢刊本作「子」。

〔四〕「種收」，龍舒本、宫内廳本作「種牧」，宋本、叢刊本作「耕牧」。

〔五〕「送洛倅」，題全作「送宋中道通判洛州」，見卷十三。

送裴如晦即席分題三首

以「黯然銷魂惟别而已」爲韻，擬「而」、「惟」字韻作。

飄然五湖長，昨日國子師。桓玄傳：「父爲九州伯，兒爲五湖長。」○范雲表：「且去歲冬初，國學之老博士耳。今兹首夏，將亞冢司。」緑髮約略白，青衫欲成緇。韓文：「兩鬢半白，頭髮五分亦白。」白詩：「好相收拾爲閑伴，年齒官班約略同。」〇選詩：「素衣已成緇。」牽舟推河冰〔一〕，去與山水期。春風垂虹亭，一盃湖上持。戎昱詩：「送客春風湖上亭。」傲兀河濱〔二〕客，兩忘我與而。能復記此飲，詩成酒淋漓。莊子大宗師：「不如兩忘而化其道。」

【校記】

〔一〕「冰」，宋本、叢刊本作「水」。

〔二〕「河濱」，宋本、叢刊本作「何賓」。

其二 「吾不能爲五斗米折腰」，謂縣令也。

十月潁水〔一〕冰，問君行何爲？行不顧斗米，自與五湖期。平生湖上游，幽事略能知。此後君最樂，窮年得游嬉。彩鯨抗波濤，風作鱗之而。評曰：牽強不足貴。〇別本「之而」作「文披」，誤甚。按周禮冬官考工記：「梓人爲筍虡，小首而長，摶身而鴻，若是者，謂之鱗屬，以爲筍。凡攫閷〔二〕援簭之類，必深其爪，出其目，作其鱗之而。」鄭氏云：「謂筍虡之獸也。深，猶藏也。作，起也。之而，頰頷也。」後人讀書不多，妄以意改前輩之作，如此者不一，可歎也。鳴鼓上洞庭，杜詩：「挂席上南斗。」洞庭，太湖之山。笑看紅橘垂。漠漠大梁下，黃沙吹酒旗。應憐故人意〔三〕，回首一相思。

【校記】

〔一〕「潁水」，宋本、叢刊本作「款水」。

〔二〕「罔」，原作「稛」，據周禮及宮内廳本改。

〔三〕「意」，宋本、叢刊本作「愁」。

其三

邂逅君子堂，一杯相與持。便應取酩酊，萬事不足惟。杜詩：「安知二十載，重上君子堂。」○王仲宣詩：「高會君子堂。」○韓詩：「破除萬事無過酒。」○漢史：「夙夜永帷，萬事之統。」平明蔡河風，回首成差池。獨我漫浪者，尚得行相追。磨刀鱠嚴冬，宿昔少陵詩。差池，詩燕燕。漫浪，元次山傳。○子美贈姜少府詩：「姜侯設鱠當嚴冬，昨日今日皆天風。」又云：「饔人受魚蛟人手，洗魚磨刀魚眼紅。」還當捕鱸魚，載酒與我期。晉張翰辟爲齊王冏大司馬東曹掾，因見秋風起，乃思吴中菰菜、蓴羹、鱸魚鱠，遂命駕而歸。松江今有鱸鄉亭。又，皮日休，襄陽人，遭亂居吴中，有詩云：「如鈎得貴非吾事，合向煙波爲玉魚〔二〕。」自注云：「松江有玉魚。」甫里松菊盛，一本作「盡」。陸龜蒙居于甫里，自號甫里先生，集有杞菊賦。洞庭柑橘垂。洞庭山，在太湖心。韋應物答鄭騎曹贈青橘詩：「書後欲題三百顆，洞庭須待滿林霜。」文章爲我唱，不數陸與皮。皮日休有松陵唱和集，謂陸龜蒙也。又，日休爲吴從事日，龜蒙以其業造焉，日休云：「近代稱温飛卿、李義山爲最，俾生參之，未知其孰爲先後也。」

【校記】

〔一〕「玉魚」，全唐詩載皮日休寒日書齋即事三首作「五魚」，自注同。

韓持國從富并州辟

韓維字持國，潁昌人，篤志問學。嘗以進士薦禮部。父億任執政。不就廷試，乃以父任守將作監主簿。丁外艱，服除，闔門不仕。仁宗患搢紳奔競，諭近臣曰：「恬退守道者旌擢，則躁求者自當知恥。」於是宰相文彥博、宋庠等言：「維好古嗜學，安於静退，乞加甄録，以厚風俗。」召試學士院，不赴，除國子監主簿。富弼安撫河東，辟維管勾機宜文字。按：持國猶辭館閣，今乃爲富公始起家，至和二年春也。

韓侯冰玉人，衛玠總角乘羊車入市，見者皆以爲玉人。又：「婦翁冰清，女壻玉潤。」謂玠及樂廣。不可塵土雜。官雖衆俊後，名字久訇磕。子虛賦：「沈沈隱隱，砰磅訇磕。」皆水流鼓怒之聲。并州天下望，撫士威愛匝〔一〕。千金棄不惜，賓客常滿閤。公孫弘爲丞相，起客館，開東閣，以延賢人。遥聞餘風高，爲子置一榻。陳蕃爲樂安太守，郡人周璆，高潔之士，唯蕃能致之，特爲置一榻，去則懸之。親交西門餞，百馬驕雜遝。子材宜用世，談者爲嗚唈。漢中山靖王勝傳：「孟嘗君爲之於邑。」師古曰：「於邑，短氣皃。於，音烏。邑，一合反。」矧今名主人，氣力足呼欱〔二〕。一作「呵欱」。班固東都賦：「吐爓生風，欱野歕山。」注：「欱，啜也。歕，吹氣也。」推賢爲時輔，衛鞅傳：「推賢而戴者進，聚不肖而王者退。」勢若朽易拉。評曰：謂薦賢如拉朽，似不切。會當薦還朝，立子在閶闔。説文：「閶闔，天門也。天有紫微宫，王者象之。紫微宫門名閶闔。」惜哉秣騏驥，賦以升龠合。退之雜説：「馬之千里者，一食或盡粟一石〔三〕。今食馬者不知其能千里而食也，是馬雖有千里之能，食不飽，力不足，才美不外見，且欲與常馬等不可得，安求其能千里也？」咨〔四〕予栖栖者，氣象已摧塌。憲問篇：「微生畝謂孔子曰：『丘何爲是栖栖者？』」他年佐方州，説將尚不納。評曰：此語却如有憾。○第五倫傳：「每讀詔書，常歎息曰：『此聖主也，一見決矣。』等輩笑之曰：『爾説將尚不下，安能動萬乘乎？』」況於聲勢尊，豈易取酬答。有如持寸筳，未足撼〔五〕鞺鞳。韓詩：「有如寸筳撞巨鐘。」淮南子兵略訓：「若聲之與響，若鏜之與鞳。」注：「鞳，鼓鞞〔六〕聲。」江揔横吹曲：「鏜鞳漁陽摻，怨抑胡笳斷。」顧於山水間，意願多所合。評曰：一轉至此，殊抱耿耿。羌廬〔七〕與韶石，少小已嘗蹋。韶石，見別注。公嘗侍楚公爲韶州，故云「少小已嘗蹋」。「羌」字本作「匡」，以本朝諱，避焉。按：廬山山北有匡君廟。潯陽記：「漢武帝南巡，祠名山，問廬君何神也，博士對曰：『昔匡俗得道於此。』乃賜號大明公。」李衛公有望匡廬賦，序云：「滄湖口北望匡、廬二山，影入匡溪，峯連青漢。江水無際，煙景相鮮。」則匡、廬乃兩山。今揔言廬山，以其顯者傳耳。風游會稽春，雪宿天柱臘。嚴延年傳：「毋欲從延年臘。」師古曰：「建丑之月爲臘祭，因會飲。若今之蜡節。」天柱，在舒州。淮湖江海上，慣食鰕蟹蛤。西南窮岷嶓，東北盡濟漯〔八〕。身雖未嘗歷，魂夢已稠沓。滕文公上：「瀹濟、漯而注諸海。」爾雅釋名云：「濟，濟也，言源出河北濟河而南。」水經注及山海經，濟水出河東垣縣王屋山。○楚公嘗入蜀爲新繁宰，公幼，侍行。今云「未嘗歷」者，指山而言。荊溪最所愛，映燭多廟塔。韓詩：「若不妬清妍，却成相映燭。」荊溪，在常州宜興縣南二十步，又有罨畫溪，二溪皆相連。溪果點丹漆，子美北征詩：「或紅如丹砂，或黑如點漆。雨露之所濡，甘苦齊結實。」溪花團綉罨。杜牧之詩：「竹崗森羽林，花塢團宮纈。」扁舟信所過，行不廢樽榼。一從捨之去，霜雪行滿頷。思之不能寐，蹙若蚊〔九〕蚋噆。莊子天運篇：「蚊䖟噆膚，則通昔不寐矣。」方將築其濱，畢景謝噂嗒。鮑明遠詩：「畢景逐前儔。」注：「畢景，落日也。」○小雅十月之交：「噂杳背憎。」注：「噂，猶噂噂。杳，猶沓沓。」安能孤此意，顛倒就衰颯。惟子予〔一〇〕所嚮，嗜好比〔一一〕鶼鰈。韓退之遺文暢北游詩：「況逢舊相識，無不比鶼蟨。」〇爾雅釋地：「東方有比目魚，一眼，兩片相合，兩目相比，乃得行，其名爲鰈。」又：「南方有比翼鳥，狀如鳧，名曰鶼，一翼一目，相得乃飛。色青赤，不比不能飛。」何時歸相過？游屐尚可蠟〔一二〕。阮孚傳：「孚好著蠟屐，或有詣阮，正見蠟屐，因歎曰：『未知一生當著幾兩屐！』」

補注　蹋　蹋、踏，皆踐也，音同。〔一三〕

【校記】

〔一〕「匝」，龍舒本、宋本、叢刊本作「愜」。

〔二〕「呼敆」，龍舒本作「吁敆」，宋本、叢刊本作「呵欱」。

〔三〕「石」，原作「碩」，據昌黎先生集及宮内廳本改。

〔四〕「咨」，宮内廳本作「嗟」。

〔五〕「撼」，龍舒本、宋本、叢刊本作「感」。

〔六〕「鞞」，原作「鞞」，據淮南子高誘注及宮内廳本改。

〔七〕「羌廬」，宋本、叢刊本作「匡廬」。

〔八〕龍舒本「北」作「南」，「濟」作「洛」。

〔九〕「蚊」，龍舒本、宋本、叢刊本作「蚉」。

〔一〇〕「予」，龍舒本作「命」，宋本、叢刊本作「余」。

〔一一〕「比」，叢刊本作「此」。

〔一二〕宮内廳本評曰：「送人赴并門，乃多説江湖間趣微，意似爲主人俗也。」

〔一三〕本注原闌入題下，無「補注」二字。

寄吴冲卿

李白詩：「回薄萬古心，攬亡不盈掬。」即一曲之意。

物變極萬殊，心通纔一曲。穀梁曰：「心志不通，身之罪也。」借用。莊子天下篇：「不該不徧，一曲之士也。」讀書謂已多，撫事知不足。學記：「學，然後知不足；教，然後知困。」與君語承華，陸士衡詩：「昔與二三子，游息承華南。」注云：「承華，太子門名。」念此非不夙。恨無數頃田，蘇秦曰：「且使我雒陽負郭二頃田，吾豈能佩六國相印乎？」歸講〔一〕使成熟。韓文：「故設問以觀吾子，其已成熟乎？將以爲友也。其未成熟耶？將以講云其非而趨其是耳。」當官拙自計，易用忤〔二〕流俗。窮年走區區，得謗大如〔三〕屋。侯君集語：「我平一國來，觸天子如屋嗔。」〔四〕歸來污省舍，又繼故人躅。至和二年，公召爲羣牧判官。相逢秖數步，吏案常填目。前漢刑法志：「文書盈於几閣，吏不能徧省。」〇劉公幹雜詩：「職事煩填委，文墨紛消散。」注：「言事煩，填積於目前。文墨，謂案牘。」秦秀言：「賈充文按小才，乃居□國大任。」切磋非無朋〔五〕，阻闊嗟何速。孤危失所助，把卷常恨獨。虚名終日〔六〕誤，古詩：「虚名復何益？」繆〔七〕恩何見蹙。子厚賦：「遭任遇之猝迫。」亦見蹙之意。清明有冲卿，冲卿，謂吴公充。按：充爲吴王宫教授。他官多與宗室狎，無誨導之誼，充獨以嚴見憚。爲館職時，歐陽公知同州，充上言：「脩以忠直蒙奬擢，不宜用讒棄。」知太常禮院。張貴妃薨，大臣希旨，欲隆其禮。王洙爲院長，院吏以印紙行文書，而僚屬不知。充即移開封府治吏罪。觀此，則充之清明可知矣。國史稱充「神彩秀徹，辭氣温厚，内行脩飭，仕孤立無與」。然余每怪晦叔將召試，終謙避不進所業。朝廷知其意，不復索，徑令試，而充乃自獻所爲文，除集賢校理。然當時獻文得試者，例皆然，不足害充之賢也。**奥美如晦叔。** 晦叔，謂呂公公著，皆公平生之交。據晦叔家傳：「公自單州歸，益研精講學，無進趨之意。嘗與王介甫相對而歎曰：『今天下雖小康，然堯舜之道，知不可復行。』以故求閑局，將以遂其志。公初列館閣，與安石友善。安石博辯有文，同舍莫敢與之亢，獨公以精識約言服之。安石出守常州，求贈言，公告以四言曰：『莊重靖密。』安石至郡，寓書於公，曰：『備官京師二年，疵吝積於心，每不自勝。一詣長者，即廢然而反。夫所謂德人之容，使人吝意已消，吾於晦叔見之矣。』又謂人：『晦叔爲相，吾輩可以言仕矣。』」**時謂當選升，屈指尚五六。揆才最不稱，饕寵寧無恧？殷勤故人書，紙尾又見勗。** 退之藍田丞廳記：「右手摘紙尾。」晉蔡廓曰：「我不能爲徐干木署紙尾。」**君雖好德言，** 仲虺之誥：「矧予之德，言足聽聞。」注：「謂道德善言。」**我自望忠告。** 顔淵第十二：「忠告而善道之，不可則止。」告，古讀功。**易稱動不括，傳論大明服。** 退之詩：「禮稱獨學陋，易貴不遠復。」公倣此。易繫：「動而不括。」○僖公二十三年：「楚共王〔八〕：『周書有之：「乃大明服。」己則不明，殺人以逞。』」**進爲非成材，罪恐不容贖。** 思齊：「肆成人有德。」夫是之謂成材。伊川言：「道非大成，不苟於用。」謂顔、曾之徒也。後世之士以未成之才輕試之者，皆罪人也。○書：「金作贖刑。」**歲殘東風生，陝樹塵翳麴。** 顧況詩：「楚客停橈欲問誰？白沙江草麴塵絲。」○楊巨源詩：「江邊楊柳麴塵絲。」○劉夢得楊柳枝詞：「龍池遥望麴塵絲。」**何緣一杯酒，談笑相追逐？** 白詩：「何當一杯酒，開眼笑相親？」

補注　蹙　字書注：「迫也。」　恧　慙也，與忸同。〔九〕

【校記】

〔一〕「講」，宋本、叢刊本作「耕」。

〔二〕「忤」，龍舒本作「許」。

〔三〕「如」，龍舒本、宋本、叢刊本作「於」。

〔四〕「侯君集語」下二句，舊唐書侯君集傳作：「我平一國來，逢屋許大嗔。」

〔五〕「磋」，龍舒本作「瑳」。「朋」，宋本、叢刊本作「傷」。

〔六〕「日」，諸本作「自」。

〔七〕「繆」，宋本、叢刊本作「謬」。

〔八〕據左傳僖公二十三年，「周書」諸語出卜偃，非楚共王。

〔九〕上二注原闌入詩注末，無「補注」二字。

韓持國見訪

余生非匏瓜，（陽貨：「吾豈匏瓜也哉？焉能繫而不食？」孟浩然詩：「枳棘君尚棲，匏瓜吾豈繫？」○李白詩：「荆人泣美玉，魯叟非匏瓜。」匏瓜，星名。）於世不無求。弱力憚耕稼，衣食當周流。（以禄代耕。）起家始二十，南北今白頭。（劉歆以病免官，起家復爲安定屬國都尉。）愁傷意已敗，罷病恐難瘳。江湖把一節，屢乞東南州。（沈傳師詩：「乞得湘守東南奔。」）治民豈吾能？閒〔一〕僻庶可偷。（公上富公書與詩語略同，今掇附於此。書云：「某竊自度，守一州尚不足以勝任，任有大於一州者，固知其不勝也。自被使江東，夙夜震恐，思得脱去，非獨爲私計，凡以此也。三司判官，尤朝廷所選擇，出則被使漕運，而金穀之事，某生平所不習，此所以蒙恩反側而不敢冒也。誠望閤下哀其至誠，裁賜一小州，幽閒之區，寂寞之濱。其於治民，非敢謂能也，庶幾地閒事少，夙夜悉心力，易以塞責，而免於官謗也。」〔二〕

謬恩當徂冬，黽勉始今秋。豈敢事高蹇，茫然乖本謀。撫心私自憐，仰屋竊歎愀。樂天烹葵詩：「撫心私自在，何者是榮襄？」○寒朗傳：「及其歸舍，口雖不言，而仰屋竊歎。」○蓋寬饒傳：「印前屋而歎。」強騎黃飢馬，欲語將誰投？賴此城下宅，數蒙故人留。攬衣坐中庭，仰視白雲浮。傅休奕詩：「運衣步前庭，仲觀南鴈非過。」〔三〕高適詩云：「攬〔四〕衣出户一相送，唯見歸雲縱復横。」白雲御西風，一一向滄洲。白雲終歸滄洲，言己不能如雲，猶眷禄仕也。故前有「豈敢事高蹇」之句。安得兩黃鵠，跨之與雲游？翟義〔五〕傳：「誰云者？兩黃鵠。」○阮嗣宗詩：「寧與燕雀翔，不隨黃鵠飛。黃鵠游四海，中路將焉歸？」〔六〕○杜詩：「舉頭向蒼天，安得騎鴻鵠？」

【校記】

〔一〕「閒」，原作「間」，據諸本改。

〔二〕「上富公書」，宋本、叢刊本作「上富相公書」，文字略異。「竊」，原作「切」；「幽閒」、「地閒」，「閒」原作「間」，均據宋本、叢刊本改。「至誠」，宋本、叢刊本作「忠誠」。「一小州」，宋本、叢刊本無「小」字。宋本、叢刊本「幽閒」上有「處」字。

〔三〕文選卷二十九傅休奕雜詩作「攝衣步前庭，仰觀南雁翔。」此處當有衍誤。

〔四〕「攬」字原闕，據明活字本高常侍集補。

〔五〕「義」，原作「箋」，據漢書翟義傳改。

〔六〕「歸」字原脱，據文選卷二三阮嗣宗詠懷詩補。又，「焉」，文選作「安」。

思王逢原

自吾失逢原，（逢原諱令，廣陵人，卒時年二十八。）觸事輒愁思。豈獨爲故人？撫心良自悲。我善孰相我？孰知我瑕疵？我思誰能謀？我語聽者誰？（退之與孟郊書：「余言之而聽者誰與？余唱之而和者誰與？」○樂天哭崔常侍詩：「風月共誰賞？詩篇共誰吟？花開共誰看？酒熟共誰斟？」此猶訶人之作。今公詩則學者切磋之事。）朝出一馬驅，暮〔一〕歸一馬馳。（退之感春詩：「朝萬馬出，暝就一方。」）馳驅不自得，談笑強追隨。仰屋卧太息，起行涕淋漓。念子冢上土，草茅已紛披。（曾子曰：「朋友之墓有宿草而不哭焉。」宿草，凍根也。○樂天哭元稹詩：「蒼蒼露草咸陽壟，此是千秋第一枝。」）婉婉婦且少，（逢原之妻吴氏，有賢行。韓退之元和聖德詩：「婉婉弱子。」○漢蘇武傳：「子卿婦年少，聞已更嫁矣。」）煢煢一兄嫠〔二〕。（有姊孀居也。○魏文帝燕歌行：「賤妾煢煢守空房。」）高義動閭里，尚聞致財貲。嗟我衣冠朝，略能具饘糜。葬祭無所助，衰〔三〕一作「哀」。顔亦何施？（逢原卒於嘉祐四年九月，時公自羣牧判官奉使畿縣，將乞常州。又，歐公云：「羣牧司領内外坊監判官，比他司俸入最優。」豈不能略助葬祭耶？）聞婦欲北返，跂予常望之。（河廣詩：「誰謂宋遠？跂予望之。」）寒汴已閉口，（口，水分支處。）此行又參差。又説當産子，産子知何時？（據公作逢原誌：「夫人方娠也，未知其子之男女。」然逢原之後，卒亦無聞焉。天其真不可恃乎？）賢者宜有後，固當夢熊羆。（張湯贊：「湯雖酷烈，及身蒙咎，其推賢揚善，固宜有後。」○斯干詩：「維熊維羆，男子之祥。」天方不可恃，我願適在茲。我疲學更誤，與世不相宜。誤，謂與俗好酸鹹耳，非學果誤也。宿昔心已許，同岡結茅茨。史記：「季子掛劍於徐君之家。從者曰：『尚誰與乎？』季子曰：『不然。始吾心已許之矣。』」○周燮傳：「有草廬結于岡畔，下有陂田，常肆勤以自給。宗族勸之曰：『君獨何爲守東岡之陂乎？』」此事今已矣，已矣尚誰知？渺渺江與潭，茫茫山與陂。安能久竊食，終負故人期？〔四〕詩：「豈不欲往？畏我友朋。」○謝宣遠詩：「量已畏友朋，勇退不敢進。」皆指當時而言。今「竊食」之詩，作於逢原既亡之後，尤見公篤於友義，不忘平生切磨之言。

【校記】

〔一〕「暮」，龍舒本、宋本、叢刊本作「暝」。

〔二〕「兄」，宋本、叢刊本作「女」。「嫠」，原作「婺」，據諸本改。

〔三〕「衰」，宋本、叢刊本作「哀」。

〔四〕宮內廳本評曰：「沉著慷慨，真肝鬲之悲也。」

登景德塔

放身千仞高，評曰：五字便別。北望太行山。左太沖詠史詩：「振衣千仞崗。」邑〔一〕屋如蟻冢，莊子胠篋篇：「治邑屋州閭鄉曲者，曷嘗不法聖人哉？」聊□□邑屋不見敬。李白詩：「女媧戲塵團作下，愚人散在六合間。」□□塵，此即邑屋蔽虧塵霧之意。詩東山：「鸛鳴於垤。」注：「蟻冢也。」蔽虧塵霧間。念此屋中人，當復幾人閑？戴叔倫詩：「如何百年内，不見一人閑。」○晚唐□栖蟾詩：「身得幾時活，眼開終日忙。」亦此意也。雞鳴起四散，李白詩：「擾擾季華人，雞鳴趨四關。」暮夜〔二〕相與還。物物各自我，誰爲賢與頑？賤氣即易淩，貴氣即難攀。評曰：乃有低視一世，下侶漁樵之意。第語不自遂而止。○韓承碬□貴驕氣。○韓詩：「幾欲犯嚴出薦口，氣象硉矹不可攀。」愧予心未齊，俛首一破顔。

【校記】

〔一〕「邑」，叢刊本作「巴」。

〔二〕「暮夜」，宮内廳本作「日暮」。

和貢父燕集之作〔一〕

馮侯名京。天馬壯不羈，韓侯名維。白鷺下清池。唐僧行肇詩：「雲去竹堂空，鷺下秋池静。」○王建詩：「可憐白鷺滿緑池，不如戴勝知天時。」劉侯名攽。羽翰秋欲擊，吴侯名充。葩蕚春争披。沈侯名遘。玉雪照人潔，瀟洒已見江湖姿。昔人以鳥獸、草木、玉石喻人物之秀穎，多矣。世説：嚴仲弼「九皋之鴻鵠，空谷之白駒」；顧彦先「八音之琴瑟，五色之龍章」；張威伯「歲寒之茂松，幽夜之逸光」；陸士龍「鴻鵠之徘徊，懸鼓之待槌」。其後少陵、謫仙詩中，如此體極多。唯予貌醜駭公等，自鏡亦正如蒙倛。荀子非相篇：「仲尼之狀，面如蒙倛。」唐楊倞注：「倛音欺，方相也。其首蒙茸然。」韓侍郎云：「四目爲方相，兩目爲倛。」○周禮夏官：「方相氏黄金四目。」注：「如今魌頭。魌，音欺。」忘形論交喜有得，杯酒邂逅今良時。心親不復異新舊，杜詩：「忘形到爾汝。」○韓文：「心親則千里晤對。」便脱巾屨相諧嬉。空堂無塵小雨定，濃緑翳水浮秋曦。韓詩：「升堂坐階新雨足，芭蕉葉大支子肥。」高談四坐掃炎熱，杜詩：「高談雄辯驚四筵。」○班婕妤詩：「涼颸奪炎熱。」○唐文宗曰：「人皆苦炎熱。」木末更送涼風吹。離騒：「搴芙蓉於木末。」此歡不盡忽分散，明月照屋空參差。杜詩：「落月照屋梁，猶疑見顔色。」平明餘清在心耳，韓詩：「天明獨去無道路。」洗我重得劉侯詩。劉侯未見聞已熟，吾友稱誦多文辭。才高意大方用世，自有豪俊相攀追。咨予後會恐不數，魂夢久向東南馳。言欲歸江南也。晉五行志：「白馬素羈西南馳。」何時扁舟却顧我，還欲迎子游山陂。張籍詩：「明朝行更遠，回望隔山陂。」

【校記】

〔一〕龍舒本目録、宋本、叢刊本題作「和劉貢甫燕集之作」。宮内廳本題下有注：「馮京、韓維、吳充、沈遘，皆同席。」

寄王逢原

北風吹雲埋九垓，司馬相如封禪書：「上暢九垓。」孟康曰：「垓，重也。言漢德上達於九重之天。」草木零落空池臺。楚詞：「惟草木之零落，恐美人之遲暮。」六龍避逃不敢出，淮南子曰：「爰止羲和，爰息六螭。」注：「六螭，六龍也。」地上獨有寒崔嵬。披衣起行愁不愜，歸坐把卷闔且開。永懷古人今已矣，感此近世何爲哉？莊一作「申」。韓百家蓺天〔一〕起，韓詩：「居然妄推讓，見謂蓺天焰。」孔子大道寒於灰。董仲舒言：「今師異道，人異論，百家殊方，指意不同，是以上亡以持一統，法制數變，下不知所守。臣愚以爲諸不在六藝之科、孔子之術者，皆絶其道，勿使並進。」○蓋寬饒傳：「方今聖道寖廢，儒術不行，以刑餘爲周、召，以法律爲詩書。」自漢來已有是言矣。○杜牧詩：「堯舜禹湯文武周孔皆爲灰。」○韓詩：「孔丘殁已遠，仁義路久荒。紛紛百家起，詭怪相披猖。」儒衣紛紛欲滿地，無復氣焰空煤炱。煤炱，見久雨注。力排異端誰助我？韓文：「觝排異端。」憶見夫子真奇材。楩楠〔二〕豫章槩白日，秖要匠石聊穿裁。淮南子脩務訓：「楩楠豫章之生也，七年而後知。」子虛賦：「其北則有陰林巨樹，楩柟豫章。」注：「豫章，大木。楩，步田切，即今黄篇楩木。柟，音南，即今楠木。」○莊子人間世：「匠石之齊，見櫟社樹。」○司馬彪注：「匠石字伯。」○韓詩和張十一憶昨行：「嵩山東頭伊洛岸，勝事不假須穿裁。」我方官拘不得往，子有閑〔三〕暇宜能來。詩子衿：「縱我不往，子寧不來。」公作同學一首別曾子固，末云：「噫！官有守，私有繫，合不可以常也」云云，「以相警且相慰云」。晤言相與入聖處，一取〔四〕萬古光芒迴。韓詩：「不到聖處寧非癡。」又：「李杜文章在，光艷萬丈長。」又：「古道顔色。」

【校記】

〔一〕「莊」，宋本、叢刊本作「申」。「天」，宋本、叢刊本作「火」。

〔二〕「楠」，宋本、叢刊本作「枏」。

〔三〕「閑」，宮内廳本作「餘」。

〔四〕「取」，宮内廳本作「洗」。

思古

古之士方窮，材行已云貴。身雖窮阨未遇，不害其材行之可貴。大臣公聽采，左右不得蔽。或從蒿藜間，入據廊廟勢。伊、傅之徒，皆自匹夫登宰輔。小夫不敢望，云我非其彙。董仲舒策：「小才雖累日，不離於小官。賢才雖未久，不害爲輔佐。」又云：「量才而授官，録德而定位，則廉恥殊路，賢不肖異處矣。」朝游觀〔一〕者羞，暮出逢者避。所以後世愚，人人願高位。評曰：只一「羞」字暎前，注得明暢。○言始之貧賤，游於途而人羞與之爲伍；暮而忽貴，逢者避之。言其進猝暴，非有其素，所以啓浮躁之風，而使三尺童子，皆斐然有公卿之心也。

【校記】

〔一〕「觀」，宋本、叢刊本作「儁」。

寄孫正之〔一〕

正之名侔，字少述，吴興人。文甚奇古，内行孤峻。少許可，非其所善，雖鄰不與通也。慶曆、皇祐中，與王安石、曾鞏游，名聞江淮。屢舉進士，不中。母病革，因嗚咽自誓，終身不求仕。客居吴門、吴興、丹陽、揚子間，士大夫敬畏之。知揚州劉敞薦之曰：「侔之爲人，求之朝廷，吕公著、王安石之流也。」授校書郎、揚州州學教授。王陶、韓維等薦侔可備侍從，朝廷除官，並不赴。安石少與侔友善，兄事侔。及安石爲宰相，道過真州，侔待之如布衣時。然侔晚年性卞急，至於罵坐怒鄰，論者以爲年耆而德衰也。初，王回、常秩、王令與侔皆有盛名，令行能尤異，諸公稱述之。令最早死，回亦不壽，秩仕差顯，惟侔以不仕終始。

少時已感韓子詩，東西南北俱欲往。退之感春詩：「東西南北皆欲往，千江隔兮萬山阻。」新年尤覺此語悲，恨無羽翼超惚恍。肺肝欲絶形骸外，涕洟自落衣巾上。退之詩：「我願生兩翅，捕逐出八荒。」又寄皇甫湜詩：「涕與淚垂泗。」又：「悲哉無奇術，安得生兩翅？」皆傷時憂道之意。此憂難與世共知，憶子論心更惆悵。評曰：皆非兒女間意。

【校記】

〔一〕宋本、叢刊本題無「孫」字。

惜日

白日照四方，當在中天留。春風地上行，當與〔一〕時周游。和氣所披拂，槁乾却濕柔。愛欲傳萬物，勢難停一州。棲棲孔子者，惜日此之由。退之猗蘭操：「我行四方，以日以年。」不能使此邦，利澤施諸侯。豈若駕以行，使我遇者稠。史記：「老子云：『君子得其時則駕，不得其時則蓬累而行。』」當時三千人，齊宋楚陳周。小者傳吾粗，大能〔二〕傳奧幽。孔子世家云：「孔子以詩、書、禮、樂教，弟子蓋三千焉，身通六藝者七十有二人。」○太史子與謂南宮敬叔曰：「夫子所謂『自行束脩以上』三千餘人，或者天將啓素王之業歟？」道散學以〔三〕聖，「以」字誤。衆源〔四〕乃常流。吾初如匏瓜，彼亦孰知丘。家語六本第十四：「孔子：『自吾適於齊君，未之有行，而賜吾邑，其不知丘亦甚矣。』」唯士欲自達，窮通非外求。達非富貴之達，論是聞也，非達也。夫達也者，質直而好義。○與記：「知頻通達，強立而不及，是謂大成。」豈必相天〔五〕子，乃能經九疇。行雖恥強勉，中庸或勉強而行之。閉戶非良謀。此詩言君子之施，貴周四海，不可扃於一隅。苟不得位，當傳其道於學者，是亦救時之意。○孟子謂：「君子居是國也，其子弟從之，則孝弟忠信。」○國史戚綸傳〔六〕：「士子謁見，必詢所業，訪其志尚，隨才誘誨之。嘗云：『歸老後，得十年在鄉閭講習，亦可以恢道濟世。』」○張子厚嘗語正叔：「今日之往來俱無益，不如閒居，與學者講論，資養後生，却成得事。」○程伯淳亦云：「治天下者，不患法度之不立，而患人材之不成。善修身者，不患器質之不美，而患師學之不明。人材不成，雖有良法美意，孰與行之？師學不明，雖有受道之質，孰與成之？」吕公本中嘗與徐東湖書云：「前輩言論風旨，無復傳聞，杜撰禪和，如麻似粟，汲日降意誘納，痛爲剖析，有大功於名教。」

【校記】

〔一〕「與」，宫内廳本作「欲」。

〔二〕「能」，宫内廳本作「者」。

〔三〕「以」，宫内廳本作「堙」。

〔四〕「源」，原作「須」，據諸本改。

〔五〕宫内廳本注曰：「天，一作『夫』。」

〔六〕「戚綸」，原作「戚給」，據宋史卷三百六戚綸傳改。

庚寅增注第十卷

和王勝之雪齋借馬入省

鼻息凍合　言息氣呼呵成水，遂凝結也。

和吴冲卿鵶樹石屏

跂石　跂，謂石之昂者。裴迪詩：「跂石復臨水。」

送李宣叔倅漳州

荒茅篁竹間　韓退之文：「夾江荒茅篁竹之間，小吏十餘家。」　毒蠚　漢刑法志：「孝惠高后時，百姓新免毒蠚。」　縫衣　儒行篇：「丘少居魯，衣逢掖之衣。」注：「逢，大也，大掖之衣。」大袂禪衣，此君子有道德所衣也。

送裴如晦即席分題三首

如晦自國子監直講出知吴江，歐陽永叔會介甫、平甫、聖俞、明允、姚子張、焦伯強分韻送行，以「黯然銷魂惟别而已」爲韻。公得「然」字，歐陽永叔得「已」字，姚子張得「惟」字，蘇明允得「而」字。公更擬「而」字韻二首、「惟」字韻一首。永叔詩：「雞鳴車馬馳，夜半聲未已。皇皇走名利，與日争寸晷。而我獨何爲？閑宴奉君子。京師十二門，四方來萬里。顧吾坐中人，暫聚浮雲爾。念子一扁舟，片帆如鳥起。文章富千箱，吏禄求斗米。白玉有時玷，青衫豈須恥？人生足憂患，合散乃常理。惟應當歡時，飲酒如飲水。」

我與而　莊子：「我果是也？而果非也耶？」○左氏隱公十一年：「鄭伯謂公孫獲曰：『凡而器用財賄，無寘於許。』」○韓元和碑：「弘，汝以卒二萬二千屬而子公武往討之。」[一]

其二

大梁下　如稷下、許下、洛下之類。

韓持國從富并州辟 威愛匝 韓元和聖德詩：「贈官封墓，周匝宏溥。」 淮湖江海上 柳子南霽雲碑：「江漢淮湖，羣生皆育。」○老杜詩：「緬通淮湖稅。」 信所過 杜詩：「少人慎勿逢，多虎信所過。」

寄吴冲卿 心通 張横渠有大才，其心則能體天下之物；物有未體，則心爲有外。似足以廣公之説。 常恨獨 謂獨行而無徒也，是非無與朋也。

思王逢原 寒汴已閉口 周顯德五年四月，浚汴口，導河流，達於淮，於是江淮舟楫始通。又，六年二月，命王朴如河陰桉行河隄，立斗門於汴口。○魏泰東軒録：「汴渠舊例十月閉口，則舟楫不行。王荆公當國，欲通冬運，遂不令閉口。水既淺澁，舟不可行，而流冰頗損舟楫。於是以舡踋數十前設巨碓，以搗流冰，而役夫苦寒，死者甚衆。京師有諺語云：『昔有磨，去磨冰，漿水今見，碓搗冬凌。』」○韓詩：「三江滅其口。」 産子知何時 逢原竟無子，有遺腹一女實生。吴説傳：「朋曾仕荆南，以母亡故，乞官襄陽。」

登景德塔 暮夜相與還 史記：「君獨不見夫趍市朝者乎？明旦側肩，争門而入。日暮之後，過市朝者，掉臂而不顧。」 誰爲賢與頑 唐人詩：「世上何人肯自知？須憑精鑒定妍蚩。」即此意也。 易淩難攀 賈誼傳：「高者難攀，卑者易淩，其勢然也。」

和貢父燕集之作 玉雪 韓退之張徹銘：「爲彼不清，作玉雪也。」 蒙倛 字書「魌」注：「醜也。漢逐疫有『魌頭』。」 木末 杜詩：「涼風起天末。」 餘清 唐姚係詩：「幽思隱餘清。」 洗我 莊子：「不知夫子洗我以善耶？」 未見聞已熟稱誦多文辭 韓退之詩：「昔我未識子，孟君自南方。自言有所得，言子有文章。」

寄孫正之　惚恍運命論：「其道微密，寂寥惚恍。」惜日　勢難在一州言君子之道得行，如元氣之於萬物，遠近高深，無不被也。又，禮記：「丘也，東西南北之人也。」注：「謂東西南北游，以行其道，不得專在本邦。」當時三千人漢書：「有司言：『孔子布衣，養徒三千人。今天子太學弟子少於是。』增弟子員三千人。歲餘，復如故。」豈必相夫子乃能經九疇「夫」，或作「天」。子王通子：「安得皇極之主，與之共敘九疇哉！」然「相夫子」義尤美，言夫子不必須得相位而後其道行也。

【校記】

〔一〕「韓元和碑」，即韓愈平淮西碑。「卒二萬二千」，一本作「卒萬二千」。

王荆文公詩卷第十一

古詩

兩馬齒俱壯

據此古詩二十八首，雖無歲月可考，然第七首有「邂逅亦專城」之句，當是嘉祐元年、二年之間知常州時作。又第十首有「行觀蔡河上，負土知力弱」之句，按嘉祐三年，開京城西葛家岡新河，直城南，疑即指此。又二十三首詠麒麟，按交趾貢獸號麒麟，亦是嘉祐三年事。則公賦此詩二十八篇，嘉祐初年作無疑矣。今兩馬齒俱壯詩，一以指方爲時用而自喜欲前者，一以指困於羈束而恨不獲騁力者。是時文、富並相，賈文元時爲樞使，不知意竟屬何人？或別有所謂也。〔一〕

兩馬齒俱壯，自驕千里材。生姿何軒軒，或是龍之媒。漢神馬歌：「今安疋兮龍爲友。」龍媒，古駿馬名。○杜詩：「龍媒去盡鳥呼風。」

韓退之有雙鳥詩，亦嫩意。一馬立長衢，顧影方徘徊。韓馬詩：「嘶鳴當大路，志氣若有餘。」○春秋後語：「人有駿馬，欲賣之，比三具立於市，人莫之知。」蘇代語。○何晏行步顧影。○杜詩：「顧影驕嘶自矜寵。」一馬裂銜轡，犇嘶逸風雷。荀子：「騏驥，古之良馬也，然必有銜轡之制。」○莊子：「詭銜竊轡。」立豈飽芻豆？戀棧常思迴。唐史：「仗下馬飫三品芻豆。」○桓範出赴曹爽，蔣濟謂司馬懿曰：「範則智矣。駑馬戀棧豆，爽必不能用也。」犇豈欲野齕？久羈羨駑駘。莊子：「騏驥不盡其用，反有羨於駑駘心。」韓詩：「人皆劣騏驥，共以駑駘優。」齕草，見上注。兩馬不同調，選詩：「異代可同調。」各爲世所猜。問之不能言，使我心悠哉。口不能言，見次韻約之惠詩注。此詩與退之駑驥詩優劣較然者異矣。

【校記】

〔一〕宮内廳本評曰：「公詩豈爲文，富輩貴人哉。其一慷慨求用，其一斂退方自重。求用者不知所指，自重則公是也。語極瀟然，有可想見。」

春從沙磧底

春從沙磧底，轉上青天際。杜詩：「春從沙際歸。」李白〔二〕詩：「蜀道難，難於上青天。」○韓詩：「月形如白盤，貌貌上天東〔三〕。」靄靄桑柘墟，浮雲變姿媚。杜詩：「天上浮雲似白衣，須臾忽變爲蒼狗。」○陶詩：「曖曖遠人村，依依墟里煙。」姿媚，言春雲之多態度。○韓詩：「羲之俗書趁姿媚。」游人出暄煖，鳥語辭陰翳。

心知歸有日，我亦無愁思。所嗟獨季子，尚客江湖澨。楚詞九歌：「夕濟乎西澨。」秋興賦：「菊揚芳乎崖澨。」澨，水厓也。○禹貢：「三澨。」乃水名。萬里卜鳳凰，飄飄何時至？莊公二十四〔三〕年：「初，懿氏卜妻敬仲，其妻占之，曰：『吉。是謂鳳凰于飛，和鳴鏘鏘。』」詩意指婚姻事，當是純甫。

【校記】

〔一〕「李白」，「李」字上原衍一「白」字，删。

〔二〕「貌貌上天東」，出韓愈月蝕詩效玉川子作，一本作「完完上天東」。

〔三〕「四」，当作「二」，事載左傳莊公二十二年。

晨興望南山

晨興望南山，不見南山根。陶詩：「悠然見南山。」○退之秋懷詩：「清曉卷書坐，南山見高稜。」草樹露顛頂，樛枝空復繁。木之下曲曰樛。銅缾取井水，已至尚餘温。天風一吹拂，的皪成璵璠。評曰：此井亦是實境，第言在嚴凝中尚自如玉，有以自見。○杜詩：「陰井敲銅缾。」○爾雅釋水：「井，清也，泉之清潔者也。」○世本云：「伯益作缾。」○杜詩：「童兒汲井華，慣捷瓶在手。」○東坡詩：「井花入腹清而暾。」魯定公五年：「季平子行東野，還，未至，卒于房。陽虎將以璵璠斂，仲梁懷弗與。」注：「璵璠，美玉，君所佩也。」○李白詩：「魚目高太山，不如一璵璠。」詩意悼俗學不究本根，徒尋枝葉，如人於井，必汲而後得清甘也。末聯似言學能變化氣質，猶水得風，凝結爲冰，如美玉然。〔二〕又，詩人詠南山朝隮：「南山有臺」，多以與朝廷。今公所謂「南山」，疑亦指裳佩而言也。

【校記】

〔一〕宮內廳本評曰：「詩無此意，與拄笏西山清曉卷書同意。」

結屋山澗曲

結屋山澗曲，掛瓢秋樹顛。杜詩〔一〕：「結廬在人境。」○逸士傳：「許由隱箕山，以手捧水飲之。人遺一瓢，得以取飲。飲訖，掛於樹上，風吹歷歷作聲，尚以爲煩，遂去之。」鳴不中律呂，時時驚我眠。言瓢得風而鳴。吾兒亦惡聒，勠力事棄捐。止我爲爾歌，不如恣其然。秋〔二〕風動地至，樂天詩：「漁陽鞞鼓動地來。」萬竅各啾喧。莊子：「作則萬竅怒號。」一瓢雖易除，豈在有無間。柳詩：「萬籟俱緣生，窅然喧中寂。」知此，不復除瓢矣。○「賢哉回也，一簞食，一瓢飲。」注：「瓢，瓠也。」○唐汪遵詩：「一瓢風入猶嫌鬧，何況人間萬種人。」皪皪山下石，泠泠手中弦。臨流寫所愛，坐聽以窮年。評曰：儘不相妨。○皪皪，言石之白，兼水石而言。

補注　掛瓢　□□□詩：「雨仕皆生鮮，風嫌樹有瓢。」〔三〕

【校記】

〔一〕「杜詩」，應爲「陶詩」，出陶淵明飲酒二十首之五。

〔二〕「秋」，宋本、叢刊本作「狂」。

〔三〕本注原闌入題下，無「補注」二字。按，引詩出錢惟演懷天台進禪師。全宋詩據宋林師蒧天台續集收録此詩，上句作「雨任階生蘚」。

朝日一曝背

朝日一曝背，欣然忘夜寒。列子楊朱篇云：「昔宋國有田夫，常衣緼黂，僅以過冬。暨春東作，自曝於日，不知天下之有廣厦隩室、綿纊狐貉，顧謂其妻曰：『負日之暄，人莫知者，以獻吾君，將有重賞。』」○淵明語：「開卷有得，便欣然忘食。」樵松煮澗水，既食取琴彈。樵松，以松爲樵。彈作南風歌，歌罷坐長歎。評曰：俯仰自足而有憂世之心，非爲己饑己寒也。○樂記：「舜作五絃之琴，以歌南風。」家語載南風之歌曰：「南風之薰兮，可以解吾民之愠兮。南風之時兮，可以阜吾民之財兮。」公意在厚民，不與隱者之獨善也。○退之燕太學序有云：「一儒生魁然其形，抱琴而來，歷堦而升，鼓有虞氏之南風，賡之以文王宣父之操，優游怡愉，廣厚高明。」寤彼栖栖者，遺世良〔二〕獨難。評曰：語不多而怨長。語：「丘何爲是栖栖者與？」○曹子建集怨歌行：「爲臣良獨難。」又美女篇：「求賢良獨難。」

【校記】

〔一〕「良」，龍舒本、宋本作「長」。

黄菊有至性

團團城上日，秋至少光輝。薛令力詩：「朝日上團團。」韓詩：「秋日苦昏暗。」積陰欲滔天，況乃草木微。積陰至於滔天，草木之微，安能自保？月令：「季秋，天氣揔至，草木黄落。」故云積陰。黄菊有至性，孤芳犯羣威。采采霜露間，亦足慰朝飢。東坡言：「菊性介烈，不與百卉並盛衰，須霜露乃降。嶺南也暖，百卉送作無時，獨菊冬至霜後始開。余嘗以十一月望與客泛菊，以此知其天性高潔如此，宜其通仙靈也。」〇「至性」字，多以言孝。晉謝尚傳亦有之。又，南史：謝藺母疾，畏驚，一家感藺至性，咸納屨行、屏氣語。如此者十餘年。又：江泌〔一〕有至性，母喪，終身膳老菜，去其心不食。即此，少言草木，取其性類耳。〇杜詩：「未知天下士，至性有此不？」韓退之詩：「異質忌處羣，孤芳獨寄林。」詩：「惄如朝飢。」又：「采采卷耳。」

【校記】

〔一〕「泌」，原作「秘」，據南齊書江泌傳改。

少狂喜文章

少狂喜文章，頗復好功名。稍知古人心，始欲老鹽耕。子由和陶詩：「少年喜文章，中年慕功名。自從樂江湖，一意事養生。」前輩晚年意，率類此。介父作此詩時，必在常州，時年三十七。低回但忘〔一〕食，忘食，見上注。邂逅亦專城。古詩：「四十專城居。」仰慙冥冥士，俯愧擾甿。鴻飛冥冥，指高世之士。俯愧，言無德以與民。良夜未遽央，詩庭燎：「夜如何其？夜未央。」箋云：「夜未央，猶言夜未渠央。」○陶詩：「枯悴未遽央。」渠、遽同。青燈數寒更。撥書置左右，仰屋慨平生。評曰：無論相業如何，此豈志富貴者？每誦，慨然傷懷。

【校記】

〔一〕「忘」，龍舒本、宋本、叢刊本作「志」。

涓涓乳下子 詩中雖無此句，而實言人子之事。別本作「三戰敗不羞」。〔二〕

三戰敗不羞，左氏：「三敗，及韓。」管仲曰：『吾嘗三戰三北，鮑叔不以我爲怯，知我有老母也。』」一官遷輒喜。廬江毛義家貧，以孝稱。南陽人張奉往候義，府檄適至，以義守令，義捧檄而喜。奉者，志尚士，心賤之。及義母死，去官行服。後舉賢良，公車徵，不至。奉歎曰：「賢者固不可測。往日之喜，乃爲親屈也。」古人思慰親，愧辱寧在己。此詩似爲孫侔正之輩發。於陵避兄食，織屨仰妻子。仲子織屨避兄事，出孟子滕文公下。恩義有相權，退之詩：「恩義有相奪，作詩勸躊躕。」絜〔二〕身非至理。子路曰：「不仕無義。長幼之節，不可廢也。君臣之義，如之何其廢之？欲絜其身而亂大倫。」○韓贈玉川子詩：「故知忠孝生天性，潔身亂倫安足擬？」

【校記】

〔一〕宋本、叢刊本題與別本同。

〔二〕「絜」，宋本、叢刊本作「潔」。

少年見青春

少年見青春，萬物皆嫵媚。韓詩：「少年意真狂，有意與春競。」○太宗曰：「人言魏徵舉動疎慢，我但見其嫵媚耳。」身雖不飲酒，樂與賓客醉。「樂與」字，出詩南有嘉魚。○疏廣傳：「樂與宗族鄉黨共享其賜。」一從鬢上白，百不見可喜。心腸非故時，更覺日月駛〔一〕。陶集雜詩：「昔聞長者言，掩耳每不喜。奈何五十年，忽已親此事。求我盛年歡，一毫無復意。」又，詩：「傾家時作樂，竟此歲月駛。」○柳子厚云：「長來覺日月益速。」聞歡已倦往，得飽還思睡。春歸只如夢，不復悲憔悴。寄言少年子，努力作春事。評曰：政是妙寄。亦勿怪衰翁，衰強自然異。評曰：語不深，傷而悲，動左右。○元微之詩：「昔在痛飲場，憎人病辭醉。病來身怕飲，始悟他人意。怕飲豈不閒？悲無少年氣。傳語少年兒，盃盤莫迴避。」臧洪云：「本同末異，努力努力。」

【校記】

〔一〕「駛」，龍舒本作「駃」。

白日不照物

白日不照物，浮雲在寥廓。言日爲雲所蔽。風濤吹黃昏，屋瓦更紛泊。史記：「秦軍武安西，鼓譟勒兵，武安屋瓦盡震。」行觀蔡河上，負土知〔一〕一本作「私」。力弱。蔡河，屬開封祥符縣。按：蔡河之始自建隆元年，始命右領軍衛將軍陳承昭，督丁夫導閔水，自新鄭與蔡水合，貫京師，南歷陳、潁，達壽春，以通淮右。舟楫相繼，商賈畢至，都下利之。於是以西南爲閔河，東南爲蔡河。至開寶六年三月，始改閔河爲惠民河。隋堤散萬家，亂若春蠶箔。言堤決倉卒，居民徙避，如蠶箔然。仍聞決數道，且用寬城郭。疏河流以分水力，使不嚙州縣。婦子夜號呼，西南漫爲壑。孟子：「白圭以鄰國爲壑。」○歐公記：「江出峽，漫爲平流。」此詩疑在嘉祐初年所作。按嘉祐三年正月，有司言：「至和中大水，京城罹其患。請自祥符縣界葛家岡穿河，直城南好草陂，北入惠民河，分注魯溝，以紓京城之患。」於是發官卒，調民丁鑿河，凡九月而成，號爲永濟河。今詩「且用寬城郭」、「西南漫爲壑」者，往往指此。

【校記】

〔一〕「知」，龍舒本、宋本、叢刊本作「私」。

草端無華滋

草端無華滋，陰氣已盤固。暄妍却如春，歲晚曾不痦。華滋，見上注。○李文饒蓀詩：「葉抽清淺水，花照暄妍節。」言偶值暄妍，不痦歲之已晚。一裘可以暖，晏子一狐裘三十年。貧士終難豫。揚子：「大寒而後索衣裘，不亦晚乎？」詩言一裘雖微，貧者亦不能蚤具。忽忽遠枝空，寒虫欲坏〔一〕户。月令：「仲秋，蟄虫坏户，殺氣浸盛。」注：「坏，益也，謂稍小之也。」「季秋乃墐其户。」注：「謂塗閉之，辟殺氣。」

【校記】

〔一〕「欲坏」，龍舒本作「欲坯」，宫内廳本作「已坯」。

一日不再飯

一日不再飯，日但一食，言其僊也。○再飯，出記文王世子篇。飯已八九眠。韓五楸詩：「朝暮無日時，我且八九旋。」○杜詩：「一飯四五起。」忽忽〔一〕返照間，頓羸不可遷。劉公幹詩：「起坐失次第，一日四五遷。」此則言羸劣，卧不能興。筋骸徽纆〔二〕束，禮運篇：「夫禮者，所以固肌膚之會，筋骸之束也。」○賈誼傳：「禍之與福，何異糾纆？」注：「音默。纆，索也。」○揚雄解嘲：「徽以糾墨〔三〕。」注云：「徽、糾、墨，皆繩也。」○退之送歐弘詩：「落以斧斤引墨徽。」○魯直：「永脱世糾纆。」以纆爲纏，誤。肺腑鼎鐺煎。長往理不惜，高堂思所牽。以親在，重於死。○韓詩：「腸肚□煎炒。」

【校記】

〔一〕「忽忽」，龍舒本作「怱怱」。

〔二〕「纆」，宋本、叢刊本作「纏」。

〔三〕「墨」，宫内廳本作「纆」，下注同。

秋枝如殘人

秋枝如殘人，顔色先憔悴。此詩言盛衰消息之理。○屈原既放，行吟澤畔，顔色憔悴。○杜周傳：「許商被病殘人。」注：「殘，癃也。」微寒吹已空，性命一何脆。李令伯表：「人命危淺。」寧當記疇昔，葩葉相嫵媚。陶詩：「灼灼嫵媚花，不久當如何？」歲行雖使然，好殺豈天意？言天至秋，雖肅殺，豈天意如物之意〔一〕？

補注　雖使然　作「誰雖一」。〔二〕

【校記】

〔一〕「豈天意」句，宫内廳本作「而實寓生物之意」。

〔二〕本注原闌入題下，無「補注」二字。

青青西門槐〔一〕

人情甘阿諛，我獨倦請謁。張湯傳：「造請諸公，不避寒暑。」尤於權門踈，萬事亦已拙。平生江湖期，夢寐不可遏。退之詩：「客來尚不見，肯到權門前？」晉人語：「吾少無宦情，兼拙於人間。」○韓偓詩：「塵土每尋行止處，煙波長在夢魂間。」青青西門槐，少解馬上喝。淮南子：「武王蔭暍人於樹下。」○此詩意雖高而語淺露，恐非公作。

【校記】

〔一〕龍舒本無此首。

天下不用車〔一〕

天下不用車，人人乘馬馳。王良雖善御，攬轡欲從誰？王良，古之善御者。言車既不用，則王良雖以善御名，亦無所施其巧矣。漢武伐大宛，殺人若京坻。詩：「如京如坻。」○漢西域傳：「大宛多善馬，馬汗血。張騫始爲武帝言之，上乃遣使者持千金以請。」孝文却走馬，獨行先安之。

宛王愛其馬，不與。於是遣貳師將軍李廣利將兵十餘萬人伐宛。連四年，殺宛王，得馬三千匹。」賈捐之傳：「孝文帝時，有獻千里馬者，詔曰：『鸞車在前，屬車在後，吉行日五十里，師行三十里。朕乘千里馬，獨先安之？』於是還馬，與道里費。」

萬物命在天，取舍各有時。書：「我生不有命在天。」○此言武帝以一馬之故，疲斃中國，文帝得千里，絶足麾而去之。言物之遇否，各有時命。○老子：「天下有道，却走馬以糞。」陰陽更用事，冬暖豈所宜？京房傳：「分卦更直日用事。」○左氏：「天反時爲災。」卞氏強獻玉，兩刖亦已癡。幸終遇良工，已剖得不疑。新序：「荆人卞和得玉璞而獻之，荆厲王使玉尹相之，曰：『石也。』王以和爲謾，而斷其左足。武王即位，和復奉玉璞而獻之，武王使玉尹相之，曰：『石也。』又以爲謾，而斷其右足。共王即位，和乃奉玉璞而哭於荆山中，三日三夜，泣盡而繼之以血。共王使人問之，曰：『寶玉而名之曰石，貞士而戮之以謾，此臣所以悲也。』共王乃使理其璞，而得寶焉，故名之曰『和氏之璧』。」

【校記】

〔一〕龍舒本無此首。

山田久欲拆

山田久欲拆，秋至尚求雨。公羊定公元年〔一〕：「雩者，爲旱求者也。求者，請也。古之人重請。何重乎請？人之所以爲人者，讓也。請道去讓也，則是捨其所以爲人也，是以重之。」婦女喜秋涼，踏車多笑語。朔雲卷衆水，慘淡吹平楚。杜詩：「衆水會涪萬。」平楚，見上注。橫陂與直塹，疑即没洲〔二〕

渚。霍霍反照中，散絲魚幾縷。木蘭行：「磨刀霍霍向豬羊。」○韋應物詩：「昨别今已春，鬢絲生幾縷。」鴻蒙不可問，且往知何許？鴻蒙，見莊子。欹眠露下舸，側見星月吐。評曰：老成無所不見。○言舸在露下，非露坐之露也。故側視始見星月。韋詩：「流雲吐華月。」龍骨已嘔啞，田家真作苦。杜牧阿房宮賦：「管絃嘔啞，多於市人之言語。」

【校記】

〔一〕「公羊定公元年」，應作「穀梁定公元年」。

〔二〕「洲」，原作「州」，據諸本改。

聖賢何常施

聖賢何常施，所遇有伸屈。曲士守一隅，聖人不凝滯於物，而能與世推移。曲士拘拘，不足語此。○莊子：「可用於天下，不足以用天下。」此之謂辯士一曲之人也。語舉一隅，不以三隅反。欲以齊萬物。程明道言：「命之曰易便有理，若安排定，則更有甚理？天地陰陽之變，陽常盈，陰常虧，故物之不齊，物之情也，而莊周強要齊物，然而物終不齊也。」邵堯夫言：「海空終是著，齊物到頭爭。」喪非不欲富，言爲南宮出。世無子有子，誰能救其失？喪，謂仕而失位，非死喪之喪也。○檀弓上：「南宮敬叔反，必載寶而朝。夫子曰：『若是其貨也，喪不如速貧之愈也。』喪之欲速貧，爲敬叔言之也。曾子以子游之言告有子，有子曰：『然。吾固曰，是非夫子之言也。』』

散髮一扁舟

散髮一扁舟，夜長眠屢起。史記「扁舟」注：「特舟也。」○爾雅：「天子造舟，諸侯維舟，大夫方舟，士特舟〔一〕，庶人乘桴。」○太白詩：「何如鴟夷子，散髮操扁舟。」又：「人生在世不稱意，明朝散髮弄扁舟。」秋水瀉明河，迢迢藕花底。評曰：自是好語。○言明河瀉出秋水中，迢迢然也。宋之問擬明河篇。○陸韓卿詩：「秋水落芙蓉。」○許彥周詩話云：「荊公愛看水中影，此乃公所好。如『秋水寫明河，迢迢藕花底』；又，桃花詩：『晴溝漲春綠周遭，俯視紅影移漁舠』，皆觀其影也。」愛此露的皪，復怜雲綺靡。文賦：「詩緣情而綺靡。」此借用說雲，甚妙。諒無與絃歌〔二〕，幽獨亦可喜。

【校記】

〔一〕「舟」，原作「用」，據爾雅釋水改。

〔二〕「絃歌」，龍舒本、宋本、叢刊本作「歌絃」。

道人北山來

道人北山來，問松我〔一〕東崗。舉手指屋脊，云今如此長。「我」字，別本作「栽」，此俗人誤改。○杜詩：「四松初移時，大抵三尺強。別去忽三歲，離立如人長。」公在政府，與沈道原書曰：「上聰明日躋，然流俗險膚，未有已時，亦安能久自〔二〕困苦於此？北山松柏，聞修雅説已極長茂。一兩日，令俞遜往北山，因欲漸治垣屋矣。」開田故歲收，種果今年嘗。告叟去復來，耘耔尚康強。死狐正首丘，檀弓：「古人有言曰：狐死正丘首，仁也。」游子思故鄉。嗟我行老矣，墳墓安可忘？高帝紀：「謂沛父兄曰：『游子悲故鄉。吾雖都關中，萬歲之後，吾魂魄猶思樂沛。』」蘇子卿詩：「征夫懷〔三〕遠路，游子戀故鄉。」

【校記】

〔一〕「我」，龍舒本作「栽」。

〔二〕「自」，原作「日」，下「往北山」，原作「往此山」，均據宋本、叢刊本與沈道原舍人書及宮内廳本改。「長茂」，宋本、叢刊本作「茂長」。

〔三〕「懷」字原脱，據文選卷二十九蘇子卿詩四首補。

今日非昨日

今日非昨日，昨日已可思。明日異今日，如何能勿悲？楞嚴經云：「豈惟年變？亦兼月化。何直月化〔一〕，兼又日遷。」當門五六樹，上有蟬鳴枝。朝聽尚壯急，暮聞已衰遲。仰看青青葉，詩：「有杕之杜，其葉青青〔二〕。」亦復少華滋。萬物同一氣，固知當爾爲。「爾非臧洪儔，空復爾爲。」後漢書〔三〕。我友南山居，笑談解人頤。匡衡傳：「匡說詩，解人頤。」注：「使人笑不能止。」分我秋柏實，莊子列禦寇篇：「鄭人緩既爲秋柏之實。」問言歸何時。衣冠污窮塵，苟得猶苦飢。低回歲已〔四〕晚，古詩：「歲月忽已晚。」恐負平生期。

【校記】

〔一〕「化」，原作「七」，據宮内廳本改。

〔二〕「青青」，詩唐風杕杜作「菁菁」。

〔三〕「臧」，原作「戎」；「漢」，原作「之」，據後漢書臧洪傳改。

〔四〕「已」，龍舒本作「忽」。

秋日不可見

秋日不可見，林端但餘黄。黄，謂黄落也。桑之落矣，其黄而隕。杖藜思平野，俛仰畏無光。栗栗澗谷風，吹我衣與裳。杜詩：「翳翳桑榆日，照我征衣裳。」娟娟空山月，照我冠上霜。評曰：隨分自然，不著一語。○如便絶〔一〕，人以爲未盡，未悟已〔二〕。○黄蓬石詩：「松風泠泠清，山月娟娟明。」○李白詩：「徒霜鏡中髪。」又恐或指冠上所著之霜耳。

【校記】

〔一〕「如便絶」，宫内廳本作「遂如哽絶」。

〔二〕「已」，宫内廳本下有「多」字。

騏驥在霜野

騏驥在霜野，低回向衰草。入櫪聞秋風，悲鳴思長道。慕容垂載紀：「每聞風飆之起，常有凌霄之志。」○少陵胡馬行「側身」注：「目長風生。」○古詩：「迴車駕言邁，悠悠涉長道。」**黃金作鞭轡，粲粲空外好。人生貴得意，不必恨枯槁。**杜詩：「驄馬新鑿蹄，銀鞍被來好。」又詠陶翁詩云：「觀其著詩集，頗亦恨枯槁。」又：「勸爾衡門士，勿悲尚枯槁。」○唐崔顥詩：「種荷玉盆裏，不及溝中水。養雞黃金籠，見草心歡喜。」此言人生貴得適意耳。枯槁之中，亦有可樂，何必富貴！

悲哉孔子没

悲哉孔子没，千歲無麒麟。蚩蚩盡鉏商，此物誰能珍？哀公十四年：「春，西狩於大野。叔孫氏之車子鉏商獲麟，以爲不祥，以賜虞人。仲尼觀之，曰：『麟也。』然後取之。」○嘉祐三年，交趾貢異獸二，其國自稱爲麒麟。或疑爲非麟，或疑爲山犀，或疑爲豹牛。及回詔，但稱「得異獸」。今詩未知指此事否。味公之意，疑其因以託興，謂世之識真者鮮耳。**漢武得一角，燔烹誣鬼神。更以黃金鑄**〔一〕，一作「鑄黃金」。**傳誇後世人。**漢郊祀志：「武帝元狩元年，郊雍，獲一角獸，若鹿然。有司曰：『陛下肅祇郊祀，上帝報享，錫一角獸，蓋麟云。』於是以薦五時，時加一牛以燎。」此謂「燔烹誣鬼神」也。本紀直作「獲白麟」。書：「太始二年，又詔更鑄黃金爲麟趾，褭蹏，以叶瑞。」

【校記】

〔一〕「黃金鑄」，宋本、叢刊本作「鑄黃金」。

秋庭午吏散

秋庭午吏散，予亦歸息偃。詩：「或息偃在床。」豈無佳〔一〕賓客，欲往〔二〕心獨懶。北窗古人篇，淵明言：「五六月中，北牕下卧。」一讀三四反。悲哉不早〔三〕計，失道行晼晚。韓詩：「退坐西壁下，讀書盡數編。作者非今士，相去時已千。其言有感觸，使我復悽酸。」長歌行：「少壯不努力，老大乃悲傷。」

【校記】

〔一〕「佳」，宋本、叢刊本作「嘉」。

〔二〕「往」，龍舒本作「住」。

〔三〕「早」，龍舒本、宋本、叢刊本作「蚤」。

秋日在梧桐

秋日在梧桐，轉陰如急轂。冥冥蔽中庭，下視今可曝〔一〕。日如車行之速也。向苦桐陰之繁，今則踈而可暴矣。高蟬不復嘒，退之秋懷詩：「高蟬暫寂寞。」〇詩小弁：「菀彼柳斯，鳴蜩嘒嘒。」稍得寒鴉宿。百遶有詩〔二〕一作「哀」。翁，行歌待春緑。杜牧詩：「三年得歸去，知遶幾千回。」

【校記】

〔一〕「曝」，宋本、叢刊本作「暴」。

〔二〕「詩」，龍舒本、宋本、叢刊本作「哀」。

我欲往滄海

我欲往滄海，客來自河源。張騫傳贊曰：「禹本紀言，河出崑崙。崑崙高二千五百里餘，日月所相避隱爲光明也。自張騫使大夏之後，窮河源，惡睹所謂崑崙者乎？」手探囊中膠，我救此千載渾。抱朴子：「寸膠不能理黄河之濁，尺水不能却蕭丘之火。」又，潘尼傳：「譬猶投盈寸之膠，而欲使江海易色。」〇爾雅釋云：「河出崑崙之虚，源高色白，所受之渠并水千七百。水既多沙壤，混淆雜亂，故水濁且黄。」語客徒爾，當還治崑崙。此正本澄源之意，謂不當徒治其末。歎息謝不能，相看涕黐盆。杜詩：「白帝城下雨黐盆。」〇退之雜詩：「淚如九河黐。」客止我且往，濯髮扶桑根。楚詞：「朝濯髮於陽谷〔一〕兮，夕晞余身兮〔二〕九陽。」扶桑根，即暘谷也。春風吹我舟，萬里空目〔三〕存。評曰：客是親見其言如此，無所奈何，直相

與浮沉末流而已。○退之弔畫佛文：「晢晢兮目有，丁寧兮耳言。」〔四〕

補注 言己亦不能往也。〔五〕

【校記】

〔一〕「陽谷」，洪興祖楚辭補注遠游作「湯谷」。

〔二〕「兮」，原作「手」，據楚辭補注改。

〔三〕「目」，龍舒本作「自」。

〔四〕「弔畫佛文」，題全爲「弔武侍御所畫佛文」。「目有」，一作「目存」。

〔五〕本注原闌入詩注末，無「補注」二字。

前日石上松〔一〕

前日石上松，斸移沙水際。退之詩：「柏生兩石間，萬歲終不大。」又云：「柏移就平地，千丈日以至。」青青折釵股，俯映幽人砌。韓偓詩：「長松夜落釵千股，小港春流水半腰。」○張籍古釵歎：「蘭膏已盡股半折。」蟠根今鬱茂，落子還蒼翠。唐人詩：「坐看落子成棟樑。」三年一楮葉，世事真期費。列子說符篇：「宋人有爲其君以玉爲楮葉，三年而成。鋒殺莖柯，毫芒繁澤，亂之楮葉中，不可別也。此人遂以巧食宋國。子列子聞之，曰：『使天地之生物，三年而成一葉，則物之有葉者寡矣。故聖人恃道化而不恃智巧。』」○莊子：「券外者志乎期費。」

【校記】

〔一〕龍舒本無此首。

日出堂上飲

日出堂上飲，日西未云休。主人笑而歌，客子歎以愀。指此堂上柱，始生在巖幽。雨露飽所滋，凌雲亦千秋。所託願永〔二〕久，何言值君收。乃今〔三〕卑濕地，百蟻上窮鏤。丹青空外好，鎮壓已堪憂。襄公三十一年：「鄭子産曰：『子於鄭國，棟也。棟折榱崩，僑將厭焉？』」班孟堅東都賦：「禽相鎮壓，獸相枕藉。」爲君重去之，不使一蟻留。蟻力雖云小，能生萬蚍蜉。言自微至著也。○爾雅：「蚍蜉大，螘小。」釋曰：「螘，通名也。其大者別名蚍蜉。齊魯之間謂之蚼蟓。梁益之間謂之玄蚼。其場謂之坻，或謂之垤。蚼蟓，讀曰駒養。」此詩意有所比喻，而其詞甚微。又能高其礎，不爾繼者稠。語客且勿然，百年等浮漚。楞嚴經第二卷：「唯認一浮漚體。」○金剛經偈：「如夢如泡。」影、泡，即浮漚也。○陳瑩中與曾子宣書則云：「人生世間，如大海之一漚耳。計一漚之起滅，而忘天下之安危者，必見笑於大方之家。」瑩中之言，比公爲得之。爲客當酌酒，何豫主人謀。此詩主以喻君，客以喻臣。』堂以喻君，柱以喻臣。堂上主人居安而忘危。爲客者，視其蠹壞已甚，將有鎮壓之憂，爲主人圖所以弭患。此臣不忘君卷卷之義。更張之念，疑始於此。○公弟平甫有詩，亦云：「堂上有遺氊，堂下無聚螘。但知嗜欲求，不必風雨至。浸淫蚍蜉生，穴柱從此始。」莊生亦知言，信矣常棄智。」

補注

楊文公詩：「漚生復漚滅，二法本來齊。」〔三〕

【校記】

〔一〕「永」，宋本、叢刊本作「求」。

〔二〕「令」，龍舒本、宋本、叢刊本作「令」。

〔三〕本注原闌入詩注末，無「補注」二字。

庚寅增注第十一卷

晨興望南山　露巔頂樛枝繁　若傷人才之瑣碎不足也。井水，以諭側陋之賢，言汲引而用之，足有蘊藉，乃國家之寶也。

結屋山澗曲　動地至　杜詩：「西南天風動地至。」　山下石水中弦　似言末俗文章競勝，啾喧強聒，不足爲損益，世蓋有自然之文章也。

白日不照物　隋堤散萬家　韓詩：「河堤決東郡，老弱隨驚湍。」

一日不再飯　頓羸　晉帖：「弟常患羸頓，遇寒進口物多少。」

秋枝如殘人　一何脆　佛書：「世實危脆，無牢強者。」

悲哉孔子没　言大賢固難得，有亦未易識。後世爲庸材所詆，各賢其臣耳。

我欲往滄海　治崐崙　言理源頭也。　春風吹我舟　歎不得近君也。

前日石上松　期費　莊子庚桑楚篇：「券外者志乎期費，唯賈人也。」注：「期費，言雖己所無，猶借彼而販賣也。」

日出堂上飲　不爾繼者稠　元稹有蟻詩三篇，序云：「巴蟻衆而善攻欒棟，往往木容完具而心節朽壞。居者不省其微而禍成傾壓。」詩云：「蟻子生處無，元因濕處生。」又云：「時術功雖細，年深禍亦成。攻穿漏江海，咂食因蛟鯨。敢憚褱欒蠹，深藏柱石傾。寄言持重者，微物莫全輕。」

【校記】

〔一〕「何」，宮内廳本作「豈」。

揚雄三首〔一〕

孔孟如日月，委蛇在蒼旻。光明所照曜〔二〕，萬物成冬春。語：「仲尼，日月也。」言聖人之道大如日月，行乎天而萬物以成，四時以遂。揚子出其後，仰攀忘賤貧。李白詩：「杳出霄漢上，仰攀日月行。」山谷詩：「誰知藍縷底，明月弄寒江。」衣冠眇〔三〕塵土，文字爛星辰。歲晚天禄閣，强顔爲劇秦。雄劇秦美新，見於文選。注云：「雄仕莽朝，見莽數害正直之臣，恐己見危，故著此文，以秦酷暴之甚，以新室爲美，將悦莽意，求免於禍，非本情也。」曾南豐論雄云：「至於美新之文，則非可已而不已者。若可已而不已，則鄉里自好者不爲，况若雄者乎？且較其輕重，辱於仕莽爲重矣。雄不得而已，則於其輕者，其得已哉？箕子至辱於囚，奴而就之，則於美新，安知其不爲而爲之？亦豈有累哉？不曰堅乎？磨而不磷。」曾之言如此，君子不皆以爲是也。○程明道云：「漢儒之中，吾必以揚子爲賢。然於出處之際，不能無過也。其言曰：『明哲煌煌，旁燭無疆。孫于不虞，以保天命。』『孫于不虞』則有之，『旁燭無疆』則未也。光武之興，使雄不死，能免誅乎？觀朱泚之事可見矣。古之所謂言遜者，迫不得已，如劇秦美新之類，非得已者乎？」趨捨迹少邇，「邇」字，恐是「遠」字，或「苟」字。又謂迹若淺近然。行藏意終隣。壤壤外逐物，紛紛輕用身。貨殖傳：「天下壤壤，皆爲利往。」往者或可返，吾將與斯人。檀弓下：「趙文子曰：『死者如可作也，吾誰與歸？我則隨武子乎？』」○語：「吾非斯人之徒與，而誰與？」

【校記】

〔一〕宋本、叢刊本題作揚雄二首，無此第一首。

〔二〕「矅」，龍舒本、宮内廳本作「耀」。

〔三〕「眇」，龍舒本作「渺」。

其二

子雲游天禄，華藻鋭初學。覃思晚有得，晦顯無適莫。語：「無適也，無莫也，義之與比。」法言：「今之學者，非特爲之華藻也。」又：「從而繡其鞶帨。」○雄始好詞賦，擬相如以爲式。晚以爲賦勸而不止，又頗似俳優，非法度所存，於是輟不復爲而火。覃思渾天，倣周易作太玄，象論語作法言，泛然而仕，不以顯晦累心，故三世不從〔二〕官。寥寥鄒魯後，於此歸先覺。余天民之先覺事，見孟子。此言雄直繼孔、孟之傳。豈嘗知符命，何苦自投閣？莽既以符命自立，則歆子棻獻之。莽投棻四裔。辭所連及，便收不請。時雄校書天禄閣，使者來，欲收雄，雄從閣上自投下，幾死。莽聞之，曰：「雄素不與事，何故在此？」故曰「豈嘗知。」○程氏：「世之議子雲者，多疑其投閣之事。以法言觀之，蓋未必有。又，天禄閣，世傳以爲高百尺，宜不可投。然子雲之罪，特不在此，黽勉於莽、賢之間，畏死而不敢去，是安得爲大丈夫哉？」長安諸愚儒，操行自爲薄。謗嘲出異己，傳載因〔三〕踈略。言此事出於愚儒以己度雄，又有嫉雄而造謗者。史官不察，因遂實之，而雄焉是有？孟軻勸伐燕，伊尹干説亳。勸伐燕事，見戰國策，與孟子所記不同。書：「伊尹去亳適夏，復歸于亳。」亳，殷都也。○萬章上：「吾聞其以堯、舜之道要湯，未聞以割烹也。」○伊訓曰：「天誅造攻自牧宮，朕載自亳。」〔三〕**扣馬觸兵鋒，**武王伐紂，伯夷、叔齊扣馬而諫。左右欲兵之，太公曰：「此義人也。」扶而去之。扣馬之諫，恐不應與食牛負鼎同指爲不可信。○退之頌曰：「若伯夷者，特立獨行，窮天地、亘萬世而不顧者也。微二子，亂臣賊子接迹於後世矣。」既獨以爲不可，安知無扣馬之諫？**食牛要禄爵。**萬章上：「或曰：『百里自鬻於秦養牲者五羊之皮，食牛以要秦繆公，信乎？』孟子曰：『不然，好事者爲之也。』」**小〔四〕知羞不爲，**賈誼鵩賦：「小知自私。」孟子：「自鬻以成其君，鄉黨自好者不爲，而謂賢者爲之乎？」**况彼皆卓犖。史官蔽多聞，自古喜穿鑿。**曾子固言：「前世之傳者，以謂伊尹以割烹要商湯，孔子主癰疽瘠環，孟子皆斷以爲非伊尹、孔子之事。蓋以理攷之，知其不然也。觀雄之所樹〔五〕立，故介甫以謂世傳其投閣者妄也，豈不猶孟子之意哉？」

【校記】

〔一〕「從」，宫内廳本作「徙」。

〔二〕「因」，宫内廳本作「固」。

〔三〕「伊訓」句，尚書正義伊訓作：「皇天降災，假手于我有命，造攻自鳴條，朕哉自亳。」

〔四〕「小」，龍舒本、宋本、叢刊本作「少」。

〔五〕「樹」，原脱，據宫内廳本補。

其三

子雲平生人不〔一〕一作「莫」。知，知者乃獨稱其辭。指詞賦也。今尊子雲者皆是，得子雲心亦無幾。語：「滔滔者，天下皆是也。」○桓譚言：「今人見子雲禄位容貌不能動人，故輕其書。昔老聃著虚無之言兩篇，好之者尚以爲過於六經。今揚子之書，文義至深而論不詭於聖人，若使遭遇時君，更閲賢知爲所稱善，則必度越諸子矣。」聖賢樹立自有師，人知不知無以爲。孟子：「人知之亦囂囂，人不知亦囂囂。」○白詩：「雙金百錢少人知，縱我知君無以爲。」子貢曰：「無以爲也。」俗人賤今常〔二〕一作「尊」。貴古，子雲今存誰汝〔三〕數。秦紀：「俗儒好是古非今。」雄本傳：「凡人賤近而貴遠。」親見，雄云云。○白詩：「人情重今多賤古，古琴有絃人不撫。」二詩説今古處雖不同，而意則一。

【校記】

〔一〕「不」，龍舒本、宋本、叢刊本作「莫」。

〔二〕「常」，龍舒本作「尊」。

〔三〕「汝」，叢刊本作「女」。

漢文帝

輕刑死人衆，文帝十三年詔：「夫刑，至斷支體、刻肌膚，終身不息，何其刑之痛而不德也。其除肉刑，有以易之。」是後外有輕刑之名，內實殺人。喪短生者偷。評曰：死人衆，非輕者意也；生者偷，生者罪也。後人據此，非是。○孟子：「齊宣王欲短喪。」漢文遺詔云：「朕既不德，亡以佐百姓。今崩，又使重服以離寒暑之數。」然則前此民間皆服三年喪也。堯崩，三載，四海遏密八音。禮：「大功九月，小功五月，緦三月。」遺詔云：「其令天下吏民，令到出臨三日，皆釋服。」又云：「服大紅十五日，小紅十四日，纖七日。」是教人以偷薄。仁孝自此薄，哀哉不能謀。詩雨無正：「哀哉不能言。」露臺惜百金，周人之金以鎰計，漢人之金以斤計。斤，方寸而重一斤也。惠帝初即位，賜將軍四十金。鄭氏注：「四十金，四十斤也。」孝文言：「百金，中人十家之産。」然則一金非今一兩之謂。灞陵無高丘。七年，初置南陵，即霸陵也。霸陵因山爲藏，不復起墳，在長安南。故王粲詩云：「南登霸陵岸，回首望長安。」淺恩施一時，長患被九州。評曰：語少刻，第嚴重如史筆。

秦始皇

天方獵中原，狐兔在所憎。傷哉六孱王，記：「子路曰：『傷哉，貧也。』」張耳傳：「貫高曰：『吾王，孱王也。』」當此鷙〔一〕鳥膺。始皇紀注：「鷙鳥，鶻，膺突向前，其性悍勇。」摶〔二〕取已掃地，翰飛尚憑凌。詩四月：「匪鶉匪鳶，翰飛戾天。」箋云：「翰，高也。」戰國策：「楚弋者謂頃襄王：『秦爲大鳥，負海內而處東面而立，左臂據趙之西南，右臂傳楚鄢郢，膺擊韓魏，垂頭中國，奮翼鼓翄，方三千里。』」游〔三〕將跨蓬萊，以海爲丘陵。始皇二十八年，齊人徐市等上書，言：「海中有三神山，名曰蓬萊、方丈、瀛洲，僊人居之。請得齋戒，與童男女求之。」於是遣徐市發童男女數千人，入海求僊人。勒石頌功德，羣臣助驕矜。始皇作琅琊臺，立石刻頌功德，末云：「羣臣相與誦皇帝功德，刻于金石，以爲表經。」舉世不讀易，但以刑名稱。蚩蚩彼少子，何用辨堅冰。胡亥，始皇之少子也，以不讀易故，不能辨堅冰，爲趙高所弒。○詩：「氓之蚩蚩。」

【校記】

〔一〕「鷙」，龍舒本作「摯」。

〔二〕「搏」，宋本、叢刊本作「摶」。

〔三〕「游」，龍舒本、宮內廳本作「逝」。

韓信

韓信寄食常歎然，邂逅漂母能哀憐。信傳：「家貧無行，常從人寄食。信從下鄉南昌亭長食。亭長妻苦之，信亦知其意，自絶去。至城下釣，有一漂母哀之，飯信。」當時噲等何由伍？但有淮陰惡少年。「信出門，笑曰：『生乃與噲等爲伍。』」又：「信微時，淮陰少年侮信，令出胯下。信王齊，召以爲中尉，曰：『此壯士也。』」觀此，則少年亦信之徒，非噲等敢望。誰道蕭曹刀筆吏，從容一語知人意。「信數與蕭何語，何奇之。信亡，何不及以聞，自追之。」班固贊曰：「蕭何、曹參，皆起秦刀筆吏。」壇上平明大將旗，舉軍盡驚王不疑。「王召信，拜爲大將。何曰：『王素嫚無禮，此乃信所以去也。王必欲拜之，擇日，齋戒，設壇場，具禮，乃可。』王許之。諸將皆喜，人人各自以得大將。至拜，乃韓信也，一軍皆驚。信已拜上坐，王曰：『丞相數言將軍，將軍何以教寡人？』信云云。」搏兵擊楚濰半涉，一作「救兵半楚濰半沙。」〔一〕從初龍且聞信怯。「龍且救齊，與信夾濰水〔二〕陣。信乃夜令人爲萬餘囊，滿沙，壅水上流。引軍半渡，擊且，佯不勝，還走。且果喜曰：『固知信怯也。』遂追信，度水。信使人決壅囊，水大至，且軍太半不得度，即急擊，殺且。」鴻溝天下已橫分，談笑重來卷楚氛。「羽自知少助，食盡，信又進兵擊楚。羽患之，乃與漢約，中分天下，割鴻溝以西爲漢，以東爲楚。漢王欲歸，張良、陳平諫，乃徵信引兵會垓下，遂滅楚。」○襄二十七年：「趙孟曰：『楚氛甚惡，懼難。』」但以怯名終得羽，「少年侮信：『雖長大，好帶劍，怯耳。』信熟視，俛出其胯下，一市皆笑信，以爲怯。」然則信自微時，已有怯名矣。誰爲張〔三〕費兩將軍？「漢五年，信將三十萬垓下，自當羽。孔將軍居左，費將軍居右，高帝在其後，絳侯、柴武在高帝後。又與漢書不同。此言兩將軍，猶腹背之毛，其實當羽者，信也。○觀史記，乃孔將軍。諸本作「張」字，誤。○龜山嘗與其門人論淮陰、武侯二人不同：「若論人品，則淮陰不及孔明遠甚；若論功業，而武侯何寥寥也。」門人曰：「西南者，漢始終地，故漢起於西南而卒終於此。而淮陰當漢之初興，故能卓卓如此。而武侯之時，火將盡矣，故無所成也。」龜山曰：「此固然矣。然淮陰所以得便宜者，以平日名太卑；而武侯所以無成者，以平日名太高也。淮陰有乞食、胯下之辱，而武侯即隱於隆中，當時謂之卧龍。此一事也。又淮陰既從項梁〔四〕，又事項羽，又歸漢；而武侯則必待以顧而後起，此又一事也。又楚、漢之時，淮共者皆非淮陰之敵，而嘗易之，故淮陰能取勝也；三國之時，其司馬仲達輩乃武侯等輩人也，而又素畏孔明，故武侯不能取勝也。譬如弈碁，有二國手，一國手未有名，而對之者乃低碁，不知其爲國手，而嘗易之，故狼狽大敗；有一國手已有名，對局者亦國手而差弱焉，謹以待之，故勝敗未分也。且淮陰既平魏、趙，而功業如此其卓犖也，而龍且尚且輕之，曰：『吾平生知韓信爲人易與耳，寄食於漂母，無資身之策；受辱於胯下，無兼人之勇。』以淮陰平日名素卑也。孔明與司馬宣王對壘，不能取尺寸地，宣王受其巾幗之辱，而不敢出兵，至其已死，按行軍壘，猶曰：『天下奇材也！』故當時有『死諸葛走生仲達』之嘲，以孔明平日名素高故也。人品高下不同，而其功業反相去之遠者由此。」

【校記】

〔一〕「搏兵」句，宋本、叢刊本作「捄兵半楚潍半沙」，注云：「一作『搏兵擊楚潍半涉』」。

〔二〕「潍水」，原作「濉水」，據史記淮陰侯列傳改。

〔三〕「張」，宋本、叢刊本作「孔」。

〔四〕「項梁」，原作「其梁」，據史記淮陰侯列傳改。

叔孫通

先生秦博士，秦禮頗能熟。通，秦時以文學徵，待詔博士。後以對「羣盜特鼠竊」，二世説，拜爲博士。言通但知秦禮而已，不足以知三代之禮樂也。○揚子雲云：「有作叔孫通儀於夏、殷之時，則惑矣。」量主欲有爲，禮記少儀曰：「事君者，量而後入。」音亮。○魏志：「郭嘉曰：『智者審於量主。』」兩生皆不欲。始，漢儀務爲簡易，羣臣醉，至拔劍擊柱。通知上益厭之，説上曰：「禮因時世人情，爲之節文。臣願頗采古禮，與秦儀雜就之。」上曰：「可試爲之。令易知，度吾所能行，爲之。」此云「量主欲有爲」者，爲是也。方通徵魯諸生，有兩生不肯行，曰：「吾不忍爲公所爲。公所爲不合古，吾不行。公往矣，無污我。」○論語：「吾二臣者皆不欲也。」草具一王儀，草具，謂綿蕝也。○漢贊：「叔孫通舍枹鼓，而立一王之儀。」○賈誼傳：「乃草具其儀法。」羣豪果知肅。漢七年，長樂宮成，諸侯朝。十月，始用通所制儀，自諸侯王以下，莫不震恐肅敬，諸侍坐殿上，皆伏抑首。御史執法，舉不如儀者，輒引去。竟朝置酒，無敢讙譁失禮。高帝曰：「吾乃今知爲皇帝之貴。」黃金既徧〔一〕賜，通爲朝儀竟，賜金五百斤。既出，皆以賜諸生。短衣亦已續。通始降漢，儒服，漢王憎之，乃變其服，短衣，楚製。至是，始易其衣，不復爲短衣。儒術自此凋〔二〕，何爲反初服？楚辭：「進不入以離尤兮，退將復脩吾初服。」意言通既自貶以從時，雖返儒服，何益？

【校記】

〔一〕「徧」，宋本作「偏」。

〔二〕「凋」，龍舒本作「雕」。

東方朔

平原狂先生，隱翳世上塵。禮記月令注：「畢翳，射者所以自隱。」○褚先生續滑稽傳云：「朔上書用三千奏牘。詔拜爲郎。數賜縑帛，擔揭而去。人主左右諸郎，半呼之爲『狂人』。朔嘗行殿中，郎謂之曰：『人皆以先生爲狂。』朔曰：『如朔等，所謂避世於朝廷間者也。古之人，乃避世於深山中。』時坐席中，酒酣，據地歌曰：『陸沉於俗，避世金馬門。宮殿中可以全身，何必深山之中，蒿廬之下？』」材多不可數，上知朔多端，召問朔：「何恐侏儒爲？」「材多不可數」，亦多端之意。射覆亦絶倫。朔稍得親近，上嘗使諸數家射覆，不能中。朔得之連中，輒賜帛。揚雄傳：「惟桓譚以爲絶倫。」談辭最詼怪，朔雖詼笑，然觀察顏色，直言切諫。○莊子：「恢恑憰怪。」發口如有神。陳軫曰：「軫可發口言乎？」温太真及卞壼同至庾公所，大相剖擊，發口鄙穢。○杜詩：「下筆如有神。」以此得親幸，賜予頗不貧。郭解傳：「此其家不貧。」金玉本光瑩，泥〔一〕沙豈能堙？時時一悟主，滑稽傳云：「建章宮後閤有物出焉，其狀如麋。朔曰：『所謂騶牙者也。遠方當來歸義。』後昆邪王來降漢，乃復賜東方生錢財甚多。」〇舍人所問，朔應聲輒對，變詐鋒出，莫能窮者，左右大驚。上以朔爲常侍郎，遂得愛幸。朔斥董偃不得侍酒宣室，且言：「偃以人臣私侍公主，敗化亂禮，傷王制，乃國家之大賊，人主之大蜮，罪當斬。」又言：「淫亂之漸，其變爲篡。」上爲更置酒北宮。又諫廢苑囿，陳孝文時事以諷。「時時一悟主」，謂此也。驚動漢庭臣。張安道樂全嘗有朔詩云：「不獨巖扃與市廛，金門亦可晦吾真。孤風大誼人誰見？宣室聊曾抗倖臣。」不肯下兒童，本傳：「自公卿在位，朔皆敖弄，無所爲屈。」故言：「不肯下兒童。」敢言詆平津。上嘗問朔：「方今公孫丞相、兒大夫、董仲舒、夏侯始昌、司馬相如、汲黯、膠倉、終軍、司馬遷之倫，皆辯知閎達，溢於文辭。先生自視，何與比〔二〕？」朔對：「臣觀其插齒牙，樹頰頦，吐脣吻，擢項頤，結股腳，連脽尻，逶蛇其迹，行步偊〔三〕旅。臣朔雖不肖，尚兼此數子者。」「詆平津」，殆謂此。何知夷與惠，空復忤時人。揚子：「或問：『東方朔名過實者，何也？』」云云。『請問名？』曰：『詼達惡比。』〔四〕曰：『非夷、齊而是柳下惠，戒其子以尚容，首陽爲拙，柱下爲工，飽食安坐，以仕易農，依隱玩世，詭時不逢，其滑稽之雄乎？』」注云：「朔非夷、齊而尚取容，依約玩弄於世，何所比哉？」「何知夷與惠」，謂朔雖時直言有補，然其實不足以知夷、惠也。陳無己亦云：「東方生和而近汙，然不同也，爲柳下氏而過之者乎？孔子謂：『學柳下惠，未有如魯之男子者也。』」〇解誤，政謂不夷不惠耳。

【校記】

〔一〕「泥」，龍舒本、宋本作「浮」。

〔二〕「比」，原作「此」，據宮內廳本改。

〔三〕「偊」，原作「屬」，據漢書東方朔傳及宮內廳本改。

〔四〕「云云」至「詼達惡比」，宮內廳本作「曰：應諧不窮，正諫穢德」，同揚子法言淵騫。又，「詼」，原作「談」，據淵騫改。

楊劉

人各有是非，犯時爲患害。唯詩以譎諫，言者得無悔。關雎：「上以風化下，下以風刺上。主文而譎諫，言之者無罪，聞之者足以戒。」厲〔一〕一作「汾」。王昔監謗，變雅今尚載。監謗事，見國語。然召穆公、凡伯、衛武公、芮伯皆作詩刺之，今民勞、板蕩、抑、桑柔等篇尚載於大雅。末世忌諱繁，此理寧復在？南山詠種豆，議法過四罪。楊惲傳與孫會宗書：「其詩曰：『田彼南山，蕪穢不治。種一頃豆，落而爲萁。人生行樂耳，須富貴何時？』」注：「蕪穢，言漢庭之荒亂也。」帝見書，惡之，廷尉當惲大逆無道，腰斬。故云：「過四罪。」玄都戲桃花，母子受顛沛。劉禹錫召還，宰相欲任以兩省郎，而禹錫作玄都觀看花君子詩，語譏忿。當路者不喜。出爲播州刺史。中丞裴度爲言：「播極遠，猿狖所宅，禹錫母八十餘，不能往，當與其子死訣，恐傷陛下孝治。」乃易連州。詩言「顛沛」，指此也。後自和州入爲主客，復作玄都桃花詩。疑似已如此，况欲諄諄誨。抑誨爾諄諄，聽我藐藐。此似言前變雅事。事變故不同，楊劉可爲戒。

【校記】

〔一〕「厲」，宋本、叢刊本作「汾」。

臧倉

位在萬乘師，孟軻猶不遇。揚子雲解嘲：「孟軻雖連蹇，猶爲萬乘師。」豈云貧與賤，世道非吾趣？意行天下福，事忤油〔一〕然去。漢文帝紀：「是社稷之靈，天下之福也。」油然，亦知命無憂之意。言雖在高位，而道不行，猶不逢也。命也固有在，臧倉汝何與？梁惠王下：「樂正子見孟子，曰：『克告於君，君爲來見也。嬖人有臧倉者沮君，君是以不果來也。』曰：『行或使之，止或尼之。行止，非人所能也。吾之不遇魯侯，天也。臧氏之子，安能使余不遇哉？』」○伊川云：「雖公伯寮之愬行，亦命也，其實寮無如之何。」

【校記】

〔一〕「油」，宋本、叢刊本作「由」。

田單

湣王萬乘齊，走死區區燕。湣王走莒，淖齒殺之。言以大國而困於弱燕，自取之也。田單一即墨，掃敵如風旋。即墨大夫戰死，城中相與推田單拒燕。舞鳥怪不測，單令城中人，食必祭先祖於庭。飛鳥悉翔舞下食，燕人怪之。單因宣言曰：「神來下教我。」取一卒，東向坐，師事之。每出約束，必稱神師。騰牛怒無前。飄飄樂毅去，磊砢功名傳。燕軍益懈。單乃收城中，得千餘牛，爲絳繒衣，畫以五綵龍文，束兵刃於其角，而灌脂束葦於尾，燒其端。鑿城數十穴，夜縱牛，壯士五千人隨其後。牛尾熱，怒而奔燕軍。燕軍大駭，敗走。七十餘城皆復爲齊。掘葬與劓降，論乃愧儒先。單宣言曰：「吾懼燕軍劓所得齊卒，置之前行，與我戰，即墨敗矣。」燕人聞之，如其言。城中人見齊諸降者盡劓，皆怒，堅守，惟恐見得。單又縱反間曰：「吾懼燕人掘吾城中〔一〕塚墓，僇先人，可爲寒心。」燕軍果盡掘壠墓。齊人望見，皆涕泣，其〔二〕欲出戰，怒自十倍。此言「愧儒先」，以其用譎詐勝也。深誠可奮士，王蠋豈非賢？評曰：整整欲竭。○王蠋曰：「忠臣不事二君，貞女不更二夫。齊王不聽吾諫，故退而耕於野。國既破亡，吾不能存。今又刼之以兵，爲君將，是助桀爲虐也。」遂經其頸於樹枝，自奮絶脰而死。齊士大夫聞之，曰：「王蠋，布衣也，義不北面於燕，況在位食禄者乎？」乃相聚如莒，求諸子，立爲襄王。此謂單之功不及蠋也。

【校記】

〔一〕「城中」，史記田單列傳作「城外」。

〔二〕「其」，史記田單列傳作「俱」。

戴不勝

昔在宋王所，皆非薛居州。滕文公下：「孟子謂戴不勝曰：『子欲子之王之善歟？我明告子。有楚大夫於此。』」云云。「子謂薛居州善士也，使之居於王所。在於王所者，長幼卑尊皆非薛居州也，王誰與爲善？一薛居州，獨如宋王何？」區區一不勝，辛苦亦何求？懷祿詎有恥，言既懷祿，則爲竊位，廉隅毀矣。知命乃無憂。此〔一〕士自可憐，能復識此不？易上繫云：「樂天知命，故不憂。」孔子曰：「不知命，無以爲君子。」又曰：「道之將行也歟？命也。道之將廢也歟？命也。」世固有汲汲於救時，而進退之行不得於孔子者多矣。蓋在我，雖不忘天下，而命不可。必合憂之，其能合乎伊尹納溝之念，憂非不切，而囂囂然屢却湯聘，曰：「我處畎畝之間，以樂堯舜之道，豈嘗僕僕自枉，以售其道哉？」

【校記】

〔一〕「此」，宮内廳本作「比」。

陸忠州

虞人以士招，御者與射比。孟子萬章：「『敢問招虞人何以？』曰：『以皮冠。庶人以旃，士以旂，大夫以旌。以大夫之招招虞人，虞人死不敢往。以士之招招庶人，庶人豈敢往哉？』」〇滕文公篇：「御者且羞與射者比，比而得禽獸，雖若丘陵，弗爲也。」當時尚羞爲，况乃天下士。王良不與嬖奚乘。詩曰：「不失其馳，舍矢如破。」我不慣與小人乘，請辭。〇魏安釐王問天下之士於孔子六世孫子順。子順曰：「世無其人也。抑可以爲次，其魯仲連乎？」英英陸忠州，詩：「英英白雲。」學問輔明智。低回得坎坷，勳業終不遂。嘗謂宣公雖以忠諫名，然使德宗呼之爲陸九，不敬孰甚焉？是必已有以致之。「低回」之語，殆指此類。續注在卷末。

開元行

君不聞開元盛天子，糾合儁傑披姦僞〔一〕。韋后弑中宗，矯詔稱制。玄宗以臨淄王，與劉幽求、鍾紹京等定策討亂。或請先啓相王，玄宗曰：「請而從，是王與危事；不從，則吾計失矣。」夜率萬騎入北軍，誅韋氏、安樂公主、韋巨源、武延秀等。相王即皇帝位，王爲皇太子，又三年，有天下。幾年辛苦補四海，始〔二〕得完好無疽瘡。玄宗覽鏡云：「吾雖瘠，天下肥矣。」此補完之意。一朝寄託誰家子，謂李林甫、楊國忠。論語：「可以託六尺之孤，可以寄百里之命。」壯氏子，見韓文。又曹子建白馬篇：「借問誰家子，幽并游從兒。」威福顛倒誰〔三〕復理？元稹連昌宮詩曰：「廟謨顛倒四海搖。」那知赤子徧〔四〕愁毒，愁毒，見上注。秖見狂胡倉卒起。茫茫孤行西萬里，傴仄歸來竟憂死。天寶十四載，祿山反。次年，幸蜀。上自蜀還，居於興慶宮。至元〔五〕元年，爲李輔國逼遷西内，悒悒以終。杜詩傴仄行。韓詩城南聯句：「馳門填傴仄。」子孫險不失故物，漢書東平王宇傳：「我危得之。」注：「危，殆也。」又漢成趙后傳云：「我危殺之。」注：「危，險也。」春秋傳：「祀夏配天，不失舊物。」社稷陵夷從此始。由來犬羊著冠坐廟堂，前漢五行志：「昌邑王賀爲王時，見大白狗冠方山冠而無尾。賀以問郎中令龔遂，遂曰：『此天戒，言在仄者盡冠狗也。』」師古曰：「言左右侍仄之人不識禮義，若狗而著冠者耳。」又，京房易傳曰：「君不正性，欲篡厥妖，狗冠出朝門。」高五王傳：「所謂虎而冠。」張晏曰：「如虎著冠。」又「沐猴而冠」，皆同此義。北史宋游道傳：「獮猴而衣帽者也。」○易：「其所由來者漸矣。」○胡氏蒙求：「冠佩暇犴，謂小人居位也。」安得四鄙無豺狼？張綱傳：「豺狼當道。」

【校記】

〔一〕「倡」，宋本、叢刊本作「猖」。

〔二〕「始」，龍舒本作「如」。

〔三〕「誰」，龍舒本、宋本、叢刊本作「那」。

〔四〕「偏」，叢刊本作「偏」。

〔五〕「至元」，宮内廳本作「上元」。據舊唐書玄宗本紀，玄宗乾元三年移幸西内之甘露殿。上元二年崩。

相送行效張籍〔一〕

一車南，一車北，身世忽忽俱有役。張籍詩：「游人別，一東復一西。出門相背兩不返，惟信車輪與馬蹄。」憶昔論心兩綢繆，李陵詩：「獨有盈觴酒，與子結綢繆。」那知相送不得留。但聞馬嘶覺已遠，欲望應須上前坂。司馬相如賦：「登陂陁之長坂。」秋風忽起吹沙〔二〕塵，晉王導傳：「西風塵起，舉扇自蔽，徐曰：『元規塵汙人。』」雙目空回不見人。評曰：雖爲惜別，語近婦人，極難言之悲。○燕燕詩：「瞻望弗及，佇立以泣。」即此意。

【校記】

〔一〕龍舒本目録題作「相送行」，題下注：「效張籍。」

〔二〕「沙」，龍舒本、宋本、叢刊本作「泥」。

陰漫漫行

愁雲怒風相追逐，青山滅没滄江覆。列子説符：「天下之馬，若滅若没。」○李白詩：「北風三日吹倒江。」〔一〕倒，即覆也。少留燈火就空床，更聽波濤圍野屋。評曰：情切語工。憶昨踏雪度長安，夜宿木瘤還苦寒。木瘤，地名，在舒州。魏武帝有苦寒行。誰云當春便妍暖？十日八九〔二〕陰漫漫。評曰：極是恨痛。今人以爲讖者，此世道之感也。○杜詩：「元日到人日，未有不陰時。」甯戚飯牛歌：「長夜漫漫何時旦？」

【校記】

〔一〕宋蜀刻本李太白文集横江詞作「一風三日吹倒山」。

〔二〕「八九」，叢刊本作「九八」。

一日歸行

賤貧奔走食與衣，百日奔走一日歸。平生歡意苦不盡，正欲老大相因依。杜詩：「翠黛碧玉相因依。」王建詩：「遠將歸，勝未別離時。在家相見熟，新歸歡未足。但令在舍相對貧，不向天涯金遶身。」○阮籍詩：「回風吹四壁，寒鳥相因依。」○南史王僧達傳：「不能因依左右，傾意權貴。」空房蕭瑟施繐帷，魏武遺令曰：「於臺堂上施八尺牀，張繐帳。」青燈半夜哭聲稀。音容想象今何處？地下相逢果是非。評曰：此悼亡之作也，古無復悲於此者。○周勃傳：「君不欲反地上，即欲反地下耳。」○漢武爲李夫人作歌，曰：「是邪非邪，立而望之，偏何姗姗其來遲。」○樂天哭夢得：「夜臺暮齒期非遠，但問前頭得見無？」亦此意。上三詩，相送行，恐謂司馬公及韓持國、呂晦叔輩；陰漫漫，恐指呂惠卿輩也；一日歸行，恐是元豐末年時作。

汴流

汴水無情日夜流，謝玄暉詩：「大江流日夜。」不肯爲我少淹留。相逢故人昨夜去，不知今日到何州。言逝水無頃刻之駐，猶故人行不已也。○杜牧之詩：「當時樓下水，今日知何處？」州州人物不相似，處處蟬聲〔一〕令客愁。評曰：哀怨跌宕，俛焉欲俛。可憐南北志未〔二〕一作「意不」。就，二十起家今白頭。揚雄傳：「丁、董用事，諸附離者，或起家至二千石。」

【校記】

〔一〕「聲」，宋本、叢刊本作「鳴」。

〔二〕「志未」，宋本、叢刊本作「意不」。

陰山畫虎圖

陰山健兒鞭鞚〔一〕一作「控」。急，走勢能追北風及。逶迤一虎出馬前，白羽橫穿更人立。莊公八年傳：「豕人立而啼。」盧綸擒豹歌：「捨鞍解甲疾如風，人忽虎蹲獸人立。欻然扼顙批其頤，爪牙委地涎淋漓。」○白羽，箭也。回旗倒戟四邊動，抽矢當前放蹄入。放蹄入，謂馬蹄。爪牙蹭蹬不得施，磧上流丹看來濕。李白胡馬歌：「白刃灑赤血，流沙爲之丹。」胡天朔漠殺氣高，煙雲萬里埋弓刀。唐人詩：「大雪滿弓刀。」穹廬無工可貌〔二〕此，漢使自解丹青包。言胡人不能畫，漢使自摹寫也。杜詩：「粉黛亦解包。」堂上絹素開欲裂，一見猶能動毛髮。杜甫曹將軍畫馬歌：「縞素漠漠開風沙。」又，丹青引：「詔謂將軍拂絹素。」低回使我思古人，此地摶兵走戎羯。田敬仲世家：

「馮因摶三國之兵。」〇吳漢等贊：「戎羯喪其精膽。」注：「羯，本匈奴別種。」又史記：「其民羯羠不均。」皆健羊名，言性健悍而不均〔三〕。**禽逃獸遁亦蕭然，**李陵傳：「各鳥獸散。猶有得歸報天子者，言匈奴遠遁，漢南地空，而中國亦困矣。」**豈若封疆今晏眠。契丹弋獵漢耕作，飛將自老南山邊，還能射虎隨少年。**評曰：只如此，自有風刺，真得體。〇李廣傳：「廣在郡，匈奴號曰『漢飛將軍』。」又廣傳：「吏當廣贖爲庶人。數歲，與故潁陰侯屏居藍田南山中射獵。」〇少陵詩：「杜曲幸有桑麻田，欲將移住南山邊。短衣匹馬隨李廣，看射猛虎終殘年。」

【校記】

〔一〕「鞚」，龍舒本作「控」。

〔二〕「貌」，龍舒本作「藐」。

〔三〕「均」，原作「坎」，據宮内廳本改。

補注

漢文帝詩　露臺惜百金　楊龜山奏：「正某著爲邪説，以塗學者耳目，敗壞其心術者衆。如神宗稍美漢文罷露臺之費，某乃言：陛下若能以堯、舜之道治天下，雖竭天下以自奉，不爲過也。夫堯、舜茅茨土階，其咨禹曰：『克儉於家。』則竭天下者，必非堯、舜之道。後王皆以三公領應奉司，號爲享上，實自儉之説有以唱之也。」

楊劉詩　厲王昔監謗變雅今尚載又云楊劉可爲戒　抑之詩曰：「於乎小子，未知臧否。匪手攜之，言示之事。匪面命之，言提其耳。借曰未知，亦既抱子。」嘗疑君臣之分，不宜如此。況詩人多微言，武公何獨過於託哉？蓋元老大臣與國同爲休戚，非羣臣比，其納誨不得不如是剴切爾。公引變雅，蓋言古人純直，無所忌諱如此，不同楊、劉止以疑似之言，猶得刑禍也。又爲人臣者，有諫而無訕。以禮而言，則楊、劉亦未爲得，與武公所刺異矣。公云「可戒」，意或在此。

秦始皇詩　勒石頌功德羣臣助驕矜　憲宗命李絳爲安國寺聖德碑，絳曰：「堯、舜、禹、湯，未嘗立碑，自言聖德。惟秦始皇於巡游所過刻石，高自稱述。不知陛下欲何所法？」上亟命曳倒碑樓。吐突承璀請徐毁之，上厲聲曰：「多用牛曳之！」凡用百牛，乃倒。

補注

陸忠州　按：廣記二百七十五卷：「德宗嘗恚贄曰：『老獠奴，我脱却伊緑衫，便與紫著。又嘗呼伊作陸九。我任使竇參，方稱意，須教我枉殺却他！及至權入伊手，其爲軟弱，甚於泥團。』」竊疑此誣忠賢已甚，必出怨家仇人之作，不足信。

楊劉　先儒又謂抑止是武公自警之詩，非戒厲王也。尋考武公時，厲王已死矣。如賓之初筵，亦稱刺詩。凡詩所以以致其規諷者，欲上之人知而改之，無追刺之理。觀此，則武公自警爲得。此兩存之。

庚寅增注第十二卷

揚雄三首　仰攀　柳子厚書：「其餘誰不欲争裂綺繡，仰攀日月？」　行藏　程氏論心迹有云：「譬如人足已行，而語人曰：『我心不欲行，足自行也。』得乎？」公意稍異此。

其三　賤今貴古　桓子新論曰：「世咸尊古非今，貴所聞，賤所見。」歐陽詹詩：「賤貴而貴賤，世人良共然。」

漢文帝　短喪　范唐鑑：「書曰：『三載，四海遏密八音。』君喪三年，自古以來，未之有改也。漢文率情變禮，薄於喪記，如令吏民三日、羣臣三十六日而釋服，雖欲自損以使人，而不知使人入於夷狄也。言是以後，民不知戴君之義，而嗣君之亦不爲三年之服。唐之人主，鮮能謹於禮者，故有公除而議昬、亮陰而舉樂，内無人子，外無君臣，而欲教化行、禮俗成，難矣。夫君者，父道也；臣者，子道也。無君，是無父也，况人君而可以無父乎？若君服於内，臣除於外，是有父子、無君臣也。爲國家者，必務革漢文之薄制，遵三代之隆禮，教天下以方喪三年，則衆著於君臣之義矣。」

秦始皇　不讀易　秦焚書，獨易以卜筮之書得存。既專事刑名，易僅免於焚而不一矣。

韓信　横分　「伏質横分，臣之願也。」　垓下　班孟堅載垓下事，略去史記一段。公詩直取而發明之，甚佳云。

東方朔　夷與惠　漢武帝見畫圖伯夷、叔齊形像，問東方朔爲何人。朔曰：「古之愚夫。」帝曰：「伯夷、叔齊，天下廉士，何謂愚耶？」朔對曰：「臣聞賢者居世，與之推移，不凝滯於物。彼何不升其室，飲其漿，泛泛如水中之凫歟？彼但游天子轂下，可以隱居，何自苦於首陽乎？」

楊劉　是非　揚子：「人各有是其所是而非其所非，將誰正？」

開元行　盛天子　漢文云：「高宗，殷之盛天子也。」**倉卒起**　史：「不見馬上郎，秪見黄塵起。」

相送行效張籍　馬嘶覺已遠　劉夢得詩：「憶昔與故人，湘江岸頭别。江馬向林嘶，君帆轉山滅。馬嘶尋故道，帆滅如流電。千里江籬青，故人今不見。」此詩與介甫詩，皆深得詩人之意。又歐陽詹詩：「驅馬漸覺遠，回頭長路塵。高城已不見，况復城中人。」

陰漫漫行　滄江覆　杜詩：「及觀泉源漲，反懼江海覆。」

王荆文公詩卷第十三

古詩

杜甫畫像

苕溪漁隱曰：「李、杜畫像，古今詩人題詠多矣。若杜子美，其詩高妙，固不待言，要當知其平生用心處，則半山老人之詩得之矣。」

吾觀少陵詩，謂〔一〕與元氣侔。米〔二〕芾讀杜工部集：「少陵平生飢，乃以醉飽死。惜哉斯人窮，四海無寄趾。後傳水仙召，牛渚宛相比。神怪反愛才，時人乃封豕。遺文何崛奇，岱輿載贔屭。貫穿破九流，突兀撐一氣。自嘆萬古名，寂寞身後事。」力能排天斡九地，壯顏毅色不可求。退之南山詩：「力雖能排斡，雷電怯呵詬。」謂巨靈、夸娥。浩蕩八極中，生物豈不稠？醜妍巨細千萬殊，竟莫見以何雕鎪。評曰：語少惷。〇王逢原讀老杜詩集：「氣吞風雅妙無倫，碌碌當年不見珍。自是古情因發憤，非關詩道可窮人。鐫鑱物象三千首，照耀乾坤四百春。寂寞有名身後事，惟餘孤塚耒江濱。」惜哉命之窮，顛倒不見收。甫上書，自稱：「自七歲屬辭，且四十年。然衣不蓋體，常寄食於人。竊恐轉死溝壑，惟天子哀憐之。」觀此，其窮可知矣。○退之送窮文有「命窮」。青衫老更斥，甫至德二年自賊中亡走鳳翔謁帝，拜右拾遺，旋以房琯罷。甫疏言：「罪細不宜免大臣。」坐是斥。餓走半九州。傳稱，時所在寇奪，甫家寓鄜，彌年艱居關〔三〕切。窶，孺弱至餓死，因許甫自往省睎，爲華州司功。關輔饑，輒棄官去，客秦州，負薪採橡自給。流落劒南，結〔四〕廬成都西郭，從嚴武，幾爲所殺。武卒，崔旰等亂，甫往來梓、夔間。大曆中，出瞿唐，下江陵，泝沅、湘，卒於耒陽。以上世所傳如此。然子美寔未嘗卒於耒陽也。寰宇記亦載子美墳在縣北二里，不知何緣有此。新唐書稱耒陽令遺白酒、黄牛，一夕而死。按，子美僑寄巴峽三歲，大曆三年二月，始下峽，寓荆南，徙公安，久之，方次岳陽，即四年冬末也。既過洞庭，入長沙，乃五年之春四月，遇臧玠之亂，倉皇往衡陽，至耒陽，舟中伏枕，又畏瘴，復沿湘而下，故有回櫂之作，末云：「舟師煩小送，朱夏及寒泉。」又登舟將適漢陽云：「春宅棄汝去，秋帆催客歸。」蓋回櫂在夏末，此篇已入秋矣。繼之以暮秋將歸秦留別湖南幕府親友云：「北歸衝雨雪，誰憫弊貂裘？」則子美北還之迹見此三篇，安得卒於耒陽邪？要其卒當在潭、岳之間，秋冬之際。按元微之作子美墓誌，稱子美孫嗣業啓子美柩襄祔於偃師，途次於荆，懇余爲誌，辭不能絶，其係略曰：「嚴武奏爲工部員外郎，參謀軍事。旋又棄去，扁舟下荆、楚，竟以寓卒，旅殯岳陽。」近時故丞相呂公爲杜詩年譜云：「大曆五年辛亥。是年夏，還襄、漢，卒於岳陽。」以前詩及微之之誌考之，爲不妄，但言「是年夏」，非也。瘦妻僵前子仆後，攘攘盜賊森戈矛。「瘦妻面復光，癡女頭自櫛。」又云：「入門聞號咷，幼子飢已卒。」吟哦當此時，不廢朝廷憂。常〔五〕願天子聖，大臣各伊周。如「窮年憂黎元，嘆息腸内熱」，又云「胡命其能久，皇綱〔六〕未宜絶」，「周漢獲再興，宣光果明哲」，又云「安危大臣在」，又云「致君堯舜付公等」，又云「思見農器陳，何當甲兵休」之語，皆憂朝廷也。傳稱：「公數嘗寇亂，挺節無所汙，爲歌詩，傷時撓弱，情不忘君，人憐其忠云。」寧令吾廬獨破受凍死，不忍四海赤子寒颼飀〔七〕。茅屋爲秋風所破歌：「吾廬獨破受凍死亦足。」傷屯悼屈止一身，嗟時之人我〔八〕一作「死」。所羞。李翺賦：「衆囂囂而雜處兮，咸歎老而嗟卑。視予心之不然兮，慮行道之猶非。」歐公云：「使當時君子皆易其歎老嗟卑之心，爲翺所憂之心，則唐之天下，豈有亂與亡哉？」公之稱甫與嗟時之人，亦猶歐意。所以見公像〔九〕，再拜涕泗流。推〔一〇〕公之心古亦少，願起公死從之游。公不喜李白詩，而推敬少陵如此，特以其一飯不忘君，而志常在民也。

【校記】

〔一〕「謂」，宋本、叢刊本作「爲」。

〔二〕「米」字原脱，據寶晉英光集補。

〔三〕「關」，宮内廳本作「閑」。

〔四〕「結」，原作「給」，據宮内廳本改。

〔五〕「常」，龍舒本作「嘗」。

〔六〕「綱」，原作「網」，據杜甫北征改。

〔七〕「赤子」，宋本、叢刊本無此二字。「颼飀」，宋本、叢刊本作「颼颼」。

〔八〕「我」，宋本、叢刊本作「死」。

〔九〕「像」，宋本、叢刊本作「畫」。

〔一〇〕「推」，宋本、叢刊本作「惟」。

吴長文新得顔公壞碑

魯公之書既絶倫，歲久更爲時所珍。荒壇壞塚朽崖屋，歐公集古録叙：「好之已篤，則力雖不足，猶能致之。故上自周宣，下更史漢隋唐五代，外至四海九州，窮崖絶谷，荒林破塚，神仙鬼物，詭怪所傳，莫不皆有。」剥落風雨埋煨〔一〕塵。斷碑數尺誰所得？點畫入紙完如新。延陵公子好事者，延陵，謂長文也。○退之桃源詩：「武陵太守好事者。」拓取持寄情相親。六書篆籀數變改，訓詁後世多失真。誰初妄鑿妍與醜，六書，即周官「保氏教國子以六書」，注：「象形、象事、象意、象聲、轉注、假借。」造字之本，所謂「字有六義」者是也。周宣王時，史籀始著大篆十五篇，或與古同，或與古異，世謂之籀書。至秦焚燒先典，古文遂絶，李斯、趙高皆取史籀大篆，或頗省改，所謂小篆者。或曰程邈造，又曰邈所定，乃隸字也。蓋秦厭篆字難成，即令隸人佐書，曰隸字。又，上谷王次仲始作楷法。所稱妄鑿者，後來蕭衍評書三十六種之類亦是也。大抵自秦改小篆作隸書，人益趨簡便。古法既變，字義浸譌，許叔重患其若此，集倉、雅之學，研六書之旨，作説文解字十五篇。篆、籀之體，由是粗可考，然得其真者寡矣。○杜詩：「棗木傳刻肥失真。」坐使學士勞骸筋。梁鵠相魏，以勤書自效；張伯英臨池學書，池水盡黑，皆勞骸筋者。○李端伯記二程語云：「子弟凡玩好，皆奪志。至於書札，於儒者事最近。然一向好著，亦自喪志。如王、虞、顏、柳輩，誠爲好人則有之，曾見有善書者知道否？平生精力，一用於此，非惟徒廢時日，於道便有妨處，足知喪志。」堂堂魯公勇且仁，出遇世難親經綸。揮毫卓犖又驚俗，豈亦以此誇常民？但疑技巧有天得，韓文：「於辭於聲，天得也。」不必強勉〔二〕方通神。杜詩：「書貴瘦硬方通神。」又懷素書詩云：「通神筆法妙玄門，親入長安謁至尊。」詩歌甘棠美召伯，愛惜蔽芾由思人。時危忠誼常恨少，寶此勿復令埋堙。鄭駟歂殺鄧析，君子謂子然不忠。詩曰：「蔽芾甘棠，勿剪勿伐，召伯所茇。」思其人，猶愛其樹，況用其道，不恤其人乎？歐公言：「使顏公書，雖不佳，後世見者，未必不寶也。」又云：「古人豈皆能書？獨其賢者傳遂遠。」

【校記】

〔一〕「煨」，龍舒本作「煙」。

〔二〕「強勉」，宮内廳本、叢刊本作「勉強」。

答揚州劉原甫〔一〕

原甫知揚州，在嘉祐元年、二年、三年。國史傳：「敞字仲原父，袁州臨江人。慶曆中，舉進士，廷試第一。編排官王堯臣以親嫌自列，乃以爲第二。召入朝，判考功，言夏竦謚文正不應法。張貴妃追號温成皇后，有請立忌者，敞言：『太祖以來，后廟四室，陛下之妣也，猶不立忌，豈可以私昵之愛而變古越禮乎？』嘉祐四年，祫饗，羣臣上尊號，敞言：『自寶元以來不受徽號，今二十年，奈何一旦增虚名而損實美？』仁宗從之。禮官建白，請以孝章皇后以下四主饗於别廟，不升合食。敞奏：『九經所載祫祭制度最明備者，莫如春秋公羊傳。自漢以下，皆引以爲證。所謂未毁廟者，豈有帝后之限哉？國朝循守，行之且百年。今羣臣不務推原春秋之義，而獨引後儒疑近之説；不務講求本朝之故，而專倡異代難通之制；不務將順主上廣孝之心，而輕議宗廟久行之儀，欲擯隔四后，不得合食於先帝，臣竊恨之。昔貢禹議罷原廟，丞相衡議遷郊兆，羣臣和之者非一，自以謂周公、孔子復生，不可得變，元帝信之，然而通人未以爲當，既而皆悔之，則無及矣。』敞爲人明白俊偉，善論説，當時學者未知崇尚經術，獨敞能傳經引義，自六經、諸子百氏至傳記小説，無不通貫，而文章尤敏贍。在西掖，一日追封皇子、公主九人，敞將下直，爲之，立馬却坐，食頃，九制數千言已就。遇事多所建明。以好譏議，爲執政所忌，故知制誥積七年不遷，卒年五十。」據此，則公詩所稱「高世才」，真不虚美矣。

少食苦不足，一官聊自謀。爲生晚更拙，懷禄尚遲留。謝玄暉詩：「既歡懷禄情，復叶滄洲趣。」黽勉詎有補？

強顏包衆羞。謂我古人風，知君以相優。詩：「黽勉從事。」易否：「包羞，位不當也。」公自注云：「來詩有『因君古人風，更欲投吾簪』之句。」君實高世才，主恩正綢繆。哿矣哀此民，華簪寧易投。詩：「哿矣富人，哀此惸獨。」北山移文：「昔聞投簪逸海岸。」

補注 高世 袁盎傳：「陛下有高世行三。」〔二〕

【校記】

〔一〕宋本、叢刊本題下有注：「因君古人風，更欲投吾簪。」即本詩注中所引公自注。龍舒本題下注「因」上有「詩云」二字。

〔二〕本注原闌入詩注末，無「補注」二字。

寄鄂州張使君

昔人寧飲建業水，共道不食武昌魚。孫權黃武八年，童謠云：「寧飲建業水，不食武昌魚。寧就建業死，不就武昌居。」公來建業每自如，亦復不厭武昌居。武昌山川今可想，緑水逶迤煙莽蒼。莽蒼，見過德逢莊注。白鷗晴飛隨雨〔一〕槳，杜詩：「巴童蕩槳欹側過，白鷗銜魚來去飛。」岸齊茸茸映魚網。投老留連陌上塵，思公一語何由往。

【校記】

〔一〕「雨」，諸本作「兩」。

送元厚之待制知福州〔一〕 名絳。

海隅山谷間，生物〔二〕最多處。平旦息相吹，莊子逍遥游篇：「生物之以息相吹也。」連城黠〔三〕如霧。戰國策：「臨淄之塗，車轂擊，人肩摩，連衽成圍，奉袂成幕，揮汗成雨。」詩：「稱息如霧。」亦言人物之衆多。閩王舊宮室，丹漆美無度。按五代史閩世家：王審知受梁太祖封國。王審知死，其子延翰始建國稱王，弟延鈞、延穀起自立，更名鏻，遂僭稱帝，改元能肇。鏻死，子昶立。都將至重遇〔四〕入迎審知少子延羲立之，而殺昶。延羲後更名曦，重遇復殺之，而立延政。後爲李景所滅。出郊特牲：「丹漆雕幾之美。」又詩：「彼其之子，美無度。」今爲大帥府，千里來赴愬。元侯文章翁，更以吏能著。絳工於文詞，爲流輩所推。神宗遇絳甚厚。其卒也，詔其家集平生之文章〔五〕上之。絳在中書，蕃夷〔六〕書詔，多出其手。景靈建諸殿，夜傳詔草上梁文，遲明而進。居外，所至有盛名〔七〕，然傷於急暴。峩峩中天閣，鳴玉改新步。絳〔八〕自鹽鐵副使出知福州，擢天章閣侍郎〔九〕，始班侍從，故云「改新步」。銜詔出梨嶺，方爲遠人慕。梨嶺，閩之最高山。九域志：「建州梨山，郡之勝槩。」旌旗滿流水，冠蓋東門駐。四坐共咨嗟，疑侯不當去。張仲稱孝友，樊侯正求助。大雅〔一〇〕六月詩：「侯誰在矣？張仲孝友。」樊侯，公自指也。本傳稱絳諂事〔一一〕公父子云。名城雖云樂，行矣未宜遽。

韓文：「無疾其驅，天子有詔。」厚之到閩，有詩謝京師故人，曰：「丹荔黄甘北苑茶，勞君誘我向天涯。争如太液樓邊看，池北池南揔是花。」

【校記】

〔一〕「福州」，原作「贛州」，據目録、宋本、宫内廳本改。

〔二〕「生物」，宋本、宫内廳本、叢刊本作「人物」。

〔三〕「點」，宋本、宫内廳本、叢刊本作「默」。

〔四〕「至重遇」，新五代史作「連重遇」。

〔五〕「文章」，原作「文葷」，據宫内廳本改。

〔六〕「蕃夷」，原作「審英」，據宫内廳本改。

〔七〕「盛名」，宫内廳本作「威名」。

〔八〕「絳」，原作「經」，據宫内廳本改。

〔九〕「侍郎」，宫内廳本作「待制」。

〔一〇〕「大雅」，當作「小雅」。

〔一一〕「絳諂事」，原作「孝諸事」，據宫内廳本改。

傷杜醇〔一〕

杜生四五十，孝友稱鄉里。語：「四十五十而無聞焉，斯亦不足畏也已。」又，子路篇：「宗族稱孝焉，鄉黨稱弟焉。」隱約不外求，言賦在隱約而平寬。

詩意謂有道者無所假於外而樂。又顔延年陶徵士詩云：「隱約而閑。」〔二〕

耕桑有妻子。漢楊惲答孫會宗書：「身率妻子，戮力耕桑。」蘩杖牧雞豚，筠筒釣魴鯉。鮑明遠東武吟：「荷杖牧雞豘。」豚、豘同。〇詩：「敝笱在梁，其魚魴鯉。」〇郭景純江賦：「筒灑連鋒，罾罾比舡。」注：「筒灑、罾罾，取魚器物。」歲時酤酒歸，亦不乏甘旨。内則：「旨甘柔滑。」天涯一桮飯，夙昔相逢喜。談辭足詩書，篇詠又清泚。都城問越客，安否常在耳。日月未渠央，如何棄予死？謝玄暉詩：「寒流自清泚。」未渠央，見少狂喜文章注。古風久凋零，好學少爲己。語：「古之學者爲己。」悲哉四明山，此事〔三〕一作「士」。今已矣。公爲鄞縣，嘗有書〔四〕請醇入縣學；及在朝，又數從越人問其安否。公厚醇如此，其退之所稱董邵南之流乎？讀公詩，可想見其人。

【校記】

〔一〕宋本、叢刊本題作悼四明杜醇。

〔二〕「陶徵士詩」，當作「陶徵士誄」，見文選卷五十七。「隱約而閑」，一本作「隱約就閑」。

〔三〕「事」，龍舒本作「士」。

〔四〕「書」，原作「喜」，據宮内廳本改。

哭梅聖俞

歐公亦有哭聖俞詩，同此韻。

詩行於世先春秋，離婁上：「王者之迹息而詩亡，詩亡然後春秋作。」國風變衰始柏舟。邶詩柏舟，爲十二國變風之首，故云「始」。文辭感激多所憂，律呂尚可諧鳴球。書：「戛擊鳴球。」先王澤竭士已偷，紛紛作者始可羞，其聲與節急以浮。桓公問：「何以共重吳聲？」羊孚曰：「當以其妖而浮。」○韓集：「就其善鳴者，其聲清以浮，其節數以急，其辭淫以哀。」真人當天施再流，篤生梅公應時求。詩：「篤生武王。」王文康初見聖俞文，歎曰：「二百年無此作矣！」近臣薦公經明行脩，願得留與國子諸生講論道德，作爲雅、頌，以歌詠聖化。頌歌文武功業優，經奇緯麗散九州。衆皆少鋭老則不，公〔一〕獨辛苦不能休，惜無采者人名遒。胤征：「遒人以木鐸循於路。」注：「遒人，宣令之官。」正義訓「遒」爲「聚」，聚人而令，故以爲名。貴人憐公青〔二〕兩眸，阮籍傳：「籍能爲青白眼，見禮俗之士，以白眼對之；嵇康來，乃見青眼。」吹噓可使高岑樓。漢書：「噓枯吹生。」孟子告子曰：「方寸之木，可使高於岑樓。」注：「岑樓，山之鋭嶺者。」貴人，謂歐公輩徒能資之，而不能薦也。歐公歸田録云：「梅聖俞以詩知名，三十年終不得一館職。晚年與修唐書，書成，未奏而卒。士大夫莫不歎惜。其初受勑修唐書，語其妻刁氏曰：『吾之修書，可謂猢猻入布袋矣！』刁氏對曰：『君於仕宦，亦何異鮎魚上竹竿耶？』聞者皆以爲善對。」坐令隱約不見收。司馬遷傳：「詩書隱約。」注：「隱，憂也；約，屈也。」空能乞錢助饙餾，爾雅：「饙餾，稔也。」釋曰：「稔，熟也。」孫炎曰：「蒸之曰饙，均之曰餾〔三〕。」説文云：「饙，一蒸米也。餾，飯氣流也。」大雅泂酌云：「可以餴饎。」其義同。韓集南山詩：「或如火熺煙，或若氣饙餾。」○宛陵集有謝歐公贈絹詩云：「昔公處貧我處困，我無金玉可助公。今公既貴我尚窘，公有縑帛周我窮。古來朋儕義亦少，子貢不顧顔淵空。復聞韓孟最相善，身仆道路哀妻僮。」疑此有物司諸幽。公所以得爲國子監直講者，以近臣趙槩等薦，然未足究其藴，猶不薦也。檀弓「北面求諸幽」之義，此借用。悽悽孔孟葬魯鄒，後始卓犖稱軻丘。孔融薦禰衡「英才卓躒」。注：「躒，與犖同。」聖賢與命相楯矛，勢欲強達〔四〕誠無由。詩人況又多窮愁，李杜亦不爲公侯。樂天與元微之書：「既竊時名，又欲竊時之富貴，使己爲造物者，肯兼與之乎？況詩人多蹇，如陳子昂、杜甫，各授一拾遺，而屯剥至死；李白、孟浩然輩不及一命，窮悴終身。」公窺窮阨以身投，坎軻坐老當誰尤？「求仁得仁，又何怨？」退之文：「吾實爲之，其又何尤？」吁嗟豈即非善謀，虎豹雖死皮終留。「豹死留皮，人死留名。」梁王彥章語。飄然載喪下陰溝，公嘉祐五年死於京師，年五十九，其孤增載其柩歸宣州。粉書軸幅懸無旒。官小者，於制無旒。高堂萬里哀白頭，母仙游縣太君束氏、清河縣太君張氏。聖俞死時，張氏猶在。東望使我商聲謳。商聲屬秋而悲。寧戚扣牛角而商歌，謂作商聲也。○退之鴛鸞詩：「寄詩同心子，爲我商聲謳。」

補注

温公朔記：「聖俞卒，其弟云有詩七千餘首。」〔五〕

【校記】

〔一〕「公」，龍舒本、宋本、叢刊本作「翁」。

〔二〕「青」，龍舒本作「清」。

〔三〕「餾」，原作「饋」，據宫内廳本改。

〔四〕「達」，龍舒本作「違」。

〔五〕本注原闌入詩注末，無「補注」二字。

游章義寺

章義寺，本齊集善寺。唐改今名，又改爲法雲院，在蔣山寺西。

九日章義寺，倦游因解鑣。拂榻寄午夢，起尋北山椒。漢武帝悼李夫人賦：「釋輿馬於山椒。」孟康曰：「山椒，山陵也。」岑蔚鳥絶迹，舒元輿詩：「龜魚既絶迹，鹿兔無遺毛。」廬山記：「窮嵒穹岫，鳥獸迹絶。」悲鳴惟一蜩。歡言與僧期，於此共簞瓢。斬松八九根，窗壁具一朝。退之詩：「顧視窗壁間，親戚競覘鸞。」伏檻何所見？蒼蒼圍寂寥。張衡西京賦：「伏櫺檻而俯聽，聞雷霆之相激。」○李白詩：「攀崖上日觀，伏檻窺東冥。」巖谷寒更静，水泉清不摇。安得有車馬，尚無漁與樵。神茂真觀復，心明衆塵消。塵，謂根塵也。樂天偈云：「盤陁石上，蒼松影裏，六根之源，湛如止水。」言心垢浄則根塵不留矣。○道家云：「神住則氣住，氣住則形住。」世人多苦神氣散亂，真觀何從而復？公所謂真觀者，即元神，非識神也。○李真一注陰符云：「存元神於心，氣守其母。」曹道冲云：「閑閑只要□元神。」○謝靈運詩：「慮澹物自輕，意愜理無違。」韋應物詩：「情虛澹泊生，境寂塵想滅。」又：「眼暗文子廢，心閑道心精。」陰嶺有佳〔二〕客，儻來不須招。莊子繕性篇：「軒冕在身，非性命也，物之儻來寄耳。」

【校記】

〔一〕「佳」，宋本、叢刊本作「嘉」。

飦祈澤寺

按建康志：「祈澤寺在府城東驛路之北，去城二十五里。宋少帝建。」

駕言東南還〔一〕，午飦投僧館。山白梅蘂長，林黃柳芽短。樂天詩：「梅房小白裏，柳彩輕黃染。」笭箵沙際來，元結傳：「帶笭箵而盡舡，獨聱齗而揮車。」又云：「能帶笭箵，全獨而保生。」唐書音訓讀作郎桑，見結本集音訓。又音上力丁切，下息拯切，取魚籠也。蘇子美、黃魯直、秦少游皆於青字韻内押。按集韻庚、清、青三韻中不收此字，並於上聲「迴」字韻收。略彴桑間斷。武帝紀：「初搉酒酤。」注：「搉者，步渡橋。爾雅謂之石杠〔二〕，今之略彴是也。彴音酌。」春映一川明，雪消千壑漫。裴迪詩：「清波殊淼漫。」魚隨竹影浮，鳥誤人聲散。玩物豈能留？書：「玩物喪志。」干時吾自懶。孟子：「題辭干時，惑衆者非一。」

【校記】

〔一〕「還」，宋本、龍舒本、叢刊本作「游」。

〔二〕「杠」，宮内廳本作「矼」。

答瑞新十遠　瑞新，死心禪師。

遠水悠悠〔一〕碧，遠山天際蒼。中有山水人，寄我十遠章。我時在高樓，徙倚觀八荒。過秦論：「并吞八荒。」師古曰：「八荒，八方荒忽極遠之地也。」又揚雄傳：「上祭后土，行游介山，陟西嶽以望八荒。」亦復有遠意，千載不相忘。公集有書瑞新道人壁，必此人也。今附於此：「始，瑞新道人治其衆於天童之景德。予知鄞縣，愛其材能，數與之游。後新主此山之四年，予自淮南來視蘇州之積水，卒事，訪焉，則新既死於京師〔二〕。聞其死者，知與不知，莫不愴焉。而予與之又久以深，宜其悲也。夫新之材〔三〕信奇矣，然自放於世外，而人悼惜之如此。彼公卿大夫，操治民之勢而能以德澤加焉，則其生也榮，其死也哀，不亦宜乎？皇祐五年六月十五日，臨川王某介甫題。」

【校記】

〔一〕「悠悠」，龍舒本、宋本、叢刊本作「悠然」。

〔二〕「死於京師」，叢刊本卷七十一作「死於某月某日矣」。

〔三〕「材」，原作「心」，據宋本、叢刊本卷七十一改。

送文學士倅邛州文同，與可也。上世自巴徙梓之永泰。登皇祐元年高第。嘉祐四年，任館職。以親老，請通判邛州。誌稱，與可資廉方。居家，不問資産。所至尤恤民事，民有不便，如己納之阱中，必爲出之而後已。退而齋居一室，書史圖畫，羅列左右，彈琴著文，寒暑不廢。事親孝，未嘗違去晨莫。恬於遠宦，以便旨甘者十有餘年。不趣時好，不避權仇。修其在己，而不求其在人者，安義與命。蓋超然自得，平居以言誨諸子而自踐之者。其大旨如此。故凡與之游，皆名節文行之士顯用於今者，而公獨不與焉。命也夫！司馬温公嘗遺書曰：「與可襟韻蕭灑，如晴雲秋月，塵埃不到。光心服者，非特辭翰而已。」

文翁出治蜀，蜀士始文章。司馬唱成都，嗣音得王楊。詩子衿：「子寧不嗣音？」此一詩雜用司馬、王、楊事。按：文翁，舒人，好學，通春秋，以郡縣吏察舉。景帝末，爲蜀郡守，仁愛好教化。見蜀地僻陋，有蠻夷風，文翁欲誘進，乃選郡縣小吏開敏有材〔一〕者張叔等十餘人，親自飭厲。遣詣京師，受業博士，或學律令。減省少府用度，買刀布蜀物，齎計吏以遺博士。數歲，蜀生皆成就還歸。文翁以爲右職，用次察舉，官有至郡守、刺史者。又修起學官於成都市中，招下縣子弟以爲學官弟子，爲除更徭，高者以補郡縣吏，次爲孝弟力田。常選學官僮子，使在便坐受事。每出行縣，益從學官諸生明經飭行者與俱。使傳教令，出入閨閤。縣邑吏民見而榮之。數年，争欲爲學官弟子，富人至出錢以求之。繇是大化。蜀地學於京師者，比齊、魯焉。至武帝時，乃令天下郡國皆立學校官。自文翁爲之始云。文翁終於蜀，吏民爲立祠堂，歲時祭祀不絶。至今巴蜀好文雅，文翁之化也。犖犖漢守孫，據與可志銘，范子功作，云：「其先文翁，廬江人，爲蜀守，子孫因家焉。」千秋起相望。操筆賦上林，脱身〔二〕選爲郎。司馬相如上林賦奏，天子以爲郎。擁書天禄閣，奇字校偏旁〔三〕。劉棻嘗從雄學作奇字。忽乘駟馬車，牛酒過故鄉。相如既拜中郎將，建節，乘〔四〕傳，往賂西南夷。至蜀，太守以下郊迎。卓王孫、臨邛諸公皆因門下獻牛酒以交驪。時平無諭檄，不訪碧雞祥。相如爲郎，會唐蒙發吏民千人，轉漕萬餘人，通夜郎、僰中，巴蜀大驚恐，於是遣相如責蒙，因以檄諭告蜀民以非上意。○水經：「越巂有同山，其山神有金馬、碧雞，光景倏忽，民多見之。」漢遣王褒往祭，欲致其雞馬，道病卒。」褒碧雞頌曰：「敬移金精神馬、縹碧之雞。」左太沖蜀都賦：「金馬騁光而絕影，碧雞儵忽而耀儀。」問君行何爲？關隴正繁霜。詩小雅：「正月繁霜。」中和助宣布，循吏綴前芳。豈特爲親榮？區區誇〔五〕一方。漢宣帝時，益州刺史王襄欲宣風化於衆庶，召王褒，使作中和樂職宣布詩。

【校記】

〔一〕「材」，原作「捄」；下文「買刀布」，「買」，原作「賀」；「修起」，原作「條起」；「爲除更徭」，原作「馬除更徑」；「益從」，原作「益役」；「與俱」，原作「與具」，均據宮内廳本及漢書循吏傳改。

〔二〕「身」，宋本、叢刊本作「巾」。

〔三〕「旁」，宋本、龍舒本、叢刊本作「傍」。

〔四〕「乘」，原作「垂」，據宮内廳本及漢書司馬相如傳改。

〔五〕「誇」，宋本、龍舒本、叢刊本作「夸」。

送宋中道通判〔一〕洛州

中道，參政綬之季子。

漳水不灌鄴，不知幾何時。後世有史起，乃能爲可〔二〕爲。魏史起引漳水溉鄴。漳，濁漳也。按水經：「出上黨長子縣西，歷壺關、屯留、潞、武安。又東出山，過鄴縣〔三〕西。」漢志曰：「魏文侯時，西門豹爲鄴令，有令名。至〔四〕文侯曾孫襄王時，與羣臣飲酒，王爲羣臣祝曰：『令吾臣皆如西門豹之爲人臣也。』史起進曰：『魏民之行田也以百畝，鄴獨二百畝，是田惡也。漳水在其傍，西門豹不知用。』於是以史起爲鄴令，遂引漳水溉鄴，以富魏之河內，民歌之。」**余嘗憐洺民，舄鹵半不治。**許氏說文：「鹵，鹽地也。東方謂之斥，西方謂之鹵。」呂氏春秋：「民歌史起〔五〕曰：『決漳水以灌鄴傍，終古斥鹵生稻粱。』」○貨殖傳：「太公封於營丘，地舄鹵。」注：「鹹地也。」宣帝紀：「帝嘗困於蓮勺鹵中。」注：「蓮勺有鹽池，縱橫十餘里，在櫟陽東。」據此，不獨海濱廣斥，所至皆有鹵也。○杜詩：「鹵中草木白，青者官鹽煙。」**頗覺漳可引，但爲談者嗤。**介甫既相，遣程昉治漳水，一方大騷，竟無成功。**高議不同俗，功成人始思。**評曰：東坡亦有孫莘老說湖州事，前輩用心略同。而可成與否，不能必也。○趙武靈王欲胡服，曰：「夫有高世之名，必有遺俗之累。」又曰：「先王不同俗，何古之法？」商君曰：「論至德者，不和於俗；成大功者，不謀於衆。」又云：「民不可與慮始，而可與樂成。」此一聯用商君語。○漢何武傳：「其所居無赫赫名，去後常見思。」**夫子到官日，勿忘吾此詩。**

【校記】

〔一〕「通判」，龍舒本目録、宋本、叢刊本作「倅」。

〔二〕「可」，宮内廳本作「我」。

〔三〕「鄮縣」，原作「迎縣」，據宫内廳本改。
〔四〕「至」，原作「王」，據宫内廳本改。
〔五〕「史起」，原作「吴起」，據上文改。

送張公儀宰安豐 縣屬壽州。

楚客來時鴈爲伴，歸期想是冰未泮〔一〕。邶風〔二〕匏有苦葉：「士如婦妻，迨冰未泮。」鴈飛南北三兩回，回首湖山空夢亂。退之鳴鴈詩：「嗷嗷鳴鴈鳴且飛，窮秋南去春北歸。」祕書一官聊自慰〔三〕，安豐百里誰復歎？揚鞭去去及芳時，壽酒千觴花爛漫〔四〕。韓詩：「去去朔寥廓。」

【校記】

〔一〕「歸期」句，諸本均作「歸期秖待春冰泮」。
〔二〕「邶風」，原作「小相」，據詩邶風改。
〔三〕「慰」，原作「尉」，據宋本、叢刊本改。
〔四〕「漫」，龍舒本、宋本、叢刊本作「熳」。

送陳諤

有司昔者患不公，翻名謄〔一〕書今故密。（進學解：「無患有司之不公。」○淳化三年，試卮言日出賦。始命糊名考校，分爲五等。狀元孫何。）論才相若子獨棄，外物有命眞難必。鄉閭孝友莫如子，我願卜鄰非一日。朱明奕奕行多慚，歸矣無爲惡蓬蓽。（此詩余在撫州見石本，嘉祐元年作。詩又有「兄名祁」，公亦嘗贈以詩。）

【校記】

〔一〕「翻」，宮内廳本作「糊」。「謄」，宋本、叢刊本作「騰」。

孫長倩歸輝州〔一〕

（地理無輝州，恐是耀州。）

溪澗得雨潦，奔逸〔二〕不可航。（評曰：來得怪。）江海〔三〕收百川，浩浩誰能量？溪澗之日短，江海之日長。（評曰：兩語奇。○韓詩：「潢潦無根源，朝滿夕已除。」）願生畜道德，江海以自方。

【校記】

〔一〕龍舒本目録題作「送陸長倩歸輝州」，宋本、叢刊本題作「送孫長倩歸輝州」。

〔二〕「逸」，龍舒本、宋本、叢刊本作「溢」。

〔三〕「海」，宮内廳本作「湖」。

送喬秀才歸高郵縣〔一〕

薄飯午不羹，空爐夜無炭。寥寥日避席，烈烈風欺幔。謂予勿惡此，何爲向子歎？長年客塵沙，無婦助親爨。寒暄慰白首，我弟纔將冠。邅迴歲又晚，想見淮湖漫。杜詩：「江光日滋漫。」古人一日養，不以三公換。盡心上：「柳下惠不以三公易其介。」田園在戮力，且欲歸鋤灌。淵明歸去來辭：「田園將蕪胡不歸？」抱甕而出灌，見上注。行矣子誠然，光陰未宜翫。言養親當愛日。○昭公元年：「后子曰：『主民，玩歲而愒日。』」○韓詩：「百年詎幾時？君子不可閑。」負米力有餘，能無讀書伴？子路曰：「昔者由也事二親之時，常食藜藿之實，爲親負米百里之外。親没之後，南游於楚，從車百乘，列鼎而食。欲食藜藿，爲親負米，不可復得也。」

【校記】

〔一〕「喬秀才」，宋本、叢刊本作「喬執中秀才」。「縣」，諸本皆無此字。

雲山詩送正之

雲山參差碧相圍，溪水詰曲帶城陴。退之詩：「綿緜相糾結〔一〕，狀似環城陴。」又：「詰曲思曾繞。」溪窮壤斷至者誰？予獨與子相諧熙〔二〕。韓祭李氏文：「出從於人，既相諧嬉。」山城之西鼓吹悲，水風蕭蕭不滿旗。李義山聖女祠詩：「一春夢雨常飄瓦，盡日靈風不滿旗。」子今去此來何〔三〕時，予有不可誰予規？評曰：舊見本云「後有不可」，似順。○正之，謂孫侔，公之畏友。「誰予規」之語，足見公始未嘗不樂聞忠告也。

【校記】

〔一〕「糾結」至篇末，原缺，據宮内廳本補。

〔二〕「熙」，龍舒本作「嬉」。

〔三〕「何」，宋本、龍舒本、叢刊本作「無」。

庚寅增注第十三卷

送喬秀才歸高郵縣〔一〕

薄飯 藜羹不糝止，猶有飯也。避席 皆言寒也。曾子避席。此借用。風欺幔 杜詩：「風幔不依棲。」我弟纔將冠 山谷詩：「有弟有弟力持家，歸能養姑供珎鮮。」

【校記】

〔一〕題原缺，據注文補。

王荊文公詩卷第十四

古詩

和甫如京師微之置酒 王晳，字微之，時知江寧。

季子將北征，貂裘解亭皐。蘇秦黑貂之裘弊。○魏書：「鮮卑有貂鼠子，皮毛柔軟，故天下以爲裘。」○杜詩云：「煖客貂鼠裘。」使君擁鳴騶，出餞載酒醪。北山移文：「鳴騶入谷。」○詩邶風泉水：「出宿於泲，飲餞於禰。」作詩寵行色，坐客多賢豪。退之詩：「往來滿屋賢豪者。」信知大夫才，能賦在登高。漢藝文志：「詩曰：『不歌而頌謂之賦。登高能賦，可以爲大夫。』言感物造端，才智深美，可與圖事，故可以爲列大夫也。」陟屺憂未已，強歌反哀號。詩：「陟彼屺兮，瞻望母兮。長歌之哀，過於慟哭。」時介父新免母喪，餘哀未忘。問言歸何時，逮此冬風饕。川塗良阻脩，箠轡慎所操。韓文：「雪虐風饕。」○詩：

「道阻且脩。」黃屋初啓聖，萬靈歸一〔一〕陶。謂英廟即位初也。○前漢高帝紀：「黃屋左纛。」李斐注曰：「天子車以黃繒爲蓋裏。」又郊祀志：「黃帝接萬靈〔二〕於明廷。」後漢崔駰達旨「坏冶一陶」〔三〕。詢謀及疎賤，拔取皆時髦。往矣果有合，可辭州縣勞。書：「詢謀僉同。」○後漢梁竦「州縣之職，徒勞人耳」。○易序卦：「可觀而後有所合。」

【校記】

〔一〕「一」，龍舒本作「之」。

〔二〕「黃帝接萬靈」，原作「黃□簌萬靈」，據漢書郊祀志上改。

〔三〕「崔駰」，原作「以駰」；「達旨」，原作「逵旨」；「坏冶」，原作「鈃治」，均據後漢書崔駰列傳改。

別孫莘老

莘老，名覺，高郵人，胡安定之高弟，是王令一輩人，與公素厚。神宗欲革積弊，覺言：「弊不可不革。革而當，其悔乃亡。」上謂左右曰：「孫覺頗知理。」據此，詩之作，必在公未變法之前。

逢原未熟我，已與子相知。自吾得逢原，知子更不疑。夫子曰：「自吾得間，門人益風。」○退之贈元十八協律六首〔一〕詩：「吾友柳子厚，其人藝且賢。吾未識子時，已覽贈子篇。」把手湖上舟，望子欲歸時。茫然乃分散，獨背東南馳。寥寥西城居，邂逅與子期。雞鳴入省門，朱墨來紛披。含意不自得，強顏聊爾爲。會合常在夜，青燈照書詩。往往並衾語，至明不言疲。怱怱捨我去，使我當從誰？莘老嘗爲宣州太平縣令。疑此是合肥簿滿秩，入都注令時。送子不出門，我身方羈縻。我心得自如，今與子相隨。隨子至湖上，逢原所嘗嬉。想見荷葉盡，北風卷寒漪。已懷今日愁，更念昔日悲。相逢亦何有？但有鏡中絲。介甫後自羣牧出憲江東，莘老時猶在太平。公集有與莘老一書，論朋友切磨及鹽秤子事，亦可見二公情分始未嘗不同，後卒以論新法故異耳。○相隨身留而形往也，故下又云「想見」。

【校記】

〔一〕「贈元十八協律六首」，原作「贈元人藝」，據五百家注昌黎文集改。

寄丁中允〔一〕

丁寶臣字元珍，晉陵人，嘗以太子中允知剡縣，今詩題故稱「中允」也。元珍以文行稱，東南多學者，而湖、杭尤盛，多元珍所成就云爾。

人生九州間，泛泛水中木。韓詩：「譬如浮江木，縱横豈自知？」○陳蕃傳：「方今羣臣泛泛如河中木。」漂浮隨風波，邂逅得相觸。莊子曰：「方舟而濟於河，有虛舡來觸舟，雖有褊心之人，不怒。」○楊惲傳：「自與太僕相觸也。」始我與夫子，得官同一州。相逢皆偶然，情義廼綢繆。我於人事踈，而子久已〔二〕脩。磨礱以成我，德大不可讎。乖離今六年，念子未嘗休。豈不道相逢，但得頃刻留。歡喜不滿顏，長年抱離憂。退之詩：「歡華不滿眼。」古人有所思，千里駕車牛。嵇康傳：「東平呂安，服康高致，每一相思，輒千里命駕。」如何咫尺間，而不與子〔三〕游？介甫爲鄞縣，元珍在剡，故云「咫尺」。顧惜五斗米，無辜自拘囚。陶淵明傳：「我豈能爲五斗米折腰向鄉里小兒？」〇尚書泰誓：「無辜籲天。」〇賈誼鵩賦：「窘若囚拘。」念彼磊落者，心顏兩慙羞。傳奕送羊叔子出界，因以免官。〇陳師道越境見東坡，亦遭臺劾，幾於磊落矣。剡山碧榛榛，剡水日夜流。山行苦無巘，水淺亦可舟。詩：「就其淺矣，方之舟之。」使君子所善，來檄自可求。何時有〔四〕來意？待子南山頭。歐公作元珍墓表，言：「君治州縣，聽決精明，賦役有法，民畏信而便安之。其始治剡也如此。後治諸暨，剡鄰邑也，其民聞其來，讙曰：『此剡人愛而思之，謂不可復得者也。今吾民幸而得之。』而君亦以治國者治之。由是所至有聲。及居閣下，淡然不以勢利動其心，未嘗走謁公卿〔五〕，與諸學士羣居恂恂，人皆愛親之。蓋其召自諸暨也，以材行選。及在館閣，久而朝廷益知其賢也。英宗每論人物，屢稱之。」

【校記】

〔一〕宋本、叢刊本題下有注：「寶臣。」

〔二〕「已」，叢刊本作「矣」。

〔三〕「子」，叢刊本作「予」。

〔四〕「有」，宋本、叢刊本作「子」。

〔五〕「公卿」，原作「上卿」；下文「蓋其召自」，原作「盡其召携」；「久而」，原作「久在」，均據歐陽修居士集集賢校理丁君墓表改。

示平甫弟

汴渠西受崐崘水，崐崘水，謂黄河也。國朝河渠志：「汴水首承大河，中注京師，而屬於淮。」**五月奔湍射蒿[一]矢。**蒿矢，詳見送董伯懿歸吉州注。○內則篇：「射人以桑弧蓬矢六射天地四方。」蓬，亦蒿也。○莊子在宥篇「蒿矢」注云：「矢之猛者。」**高淮夜入忽倒流，碕岸相看欲生背。**司馬相如：「宜春宮臨曲江之隑。」隑，即碕字。隑，鉅依反。文選：「碕岸爲之不枯。」**萬檣如山矻[二]不動，嗟我仲子行亦止。自聞留連且一月，每得問訊猶千里。老工取河天上落，**老工，謂水工也。漢志：「齊人水工徐伯穿漕渠。」○杜牧詩：「東垠黑風駕海水，海底卷上天中央。」○太白詩：「君不見黄河之水天上來。」○沈存中筆談：「自汴流堙澱京城東水門下，至雍丘、襄邑，河底皆高出堤外平地一丈二尺餘。自汴堤下瞰民居，如在深谷。」**伏礫邅沙卷無底。土橋立馬望城東，數日知有相逢喜。牆隅返照媚槐穀，池面過雨蘇篁葦。**穀，音工木反，楮也，即尚書「桑穀共生」之穀。退之秋雨詩：「伏潤肥荒艾。」**欣然把酒[三]相與閑，所願此時無一詭。豈無他憂能老我？付與天地從今始。**評曰：有林回棄璧之氣。○退之詩：「爲此徑須沽酒飲，自外天地棄不疑。」○張彪詩：「行行任天地，無爲强親踈。」○邵康節詩：「惟須以命聽於天，此外誰能閑計較？」皆公詩「付與天地」之意也。公所造至是益高，他人不足與及此，故獨以語平父。朱晦翁在史院，酒半，嘗爲子誦此二句，意氣甚偉云。○詩：「自今以始歲其有。」**閉門爲謝載酒人，**揚雄傳：「時有好事者，載酒肴從游學。」**外慕紛紛吾已矣。**史記禮書：「子夏，門人之高弟也，猶云出見紛華盛麗而説，入聞夫子之道而樂。」

【校記】

〔一〕「蒿」，龍舒本、宋本、叢刊本作「黄」。

〔二〕「矻」，龍舒本作「屹」。

〔三〕「酒」，龍舒本、宋本、叢刊本作「手」。

憶蔣山送勝上人〔一〕

蒼藤翠木江南山，激激流水兩山間。退之詩：「水聲激激風生衣。」山高水深魚鳥樂，車馬迹絶人長閑。雲埋樵聲隔葱蒨，月弄釣影臨潺湲。黄塵滿眼衣可濯，夢寐惆悵何時還？唐人詩：「但聞煙外鐘，不見煙中寺。」韋應物詩：「洗藥泉中月猶在。」意頗類此。

【校記】

〔一〕龍舒本題作「憶蔣山」。宋本、叢刊本「蔣山」作「北山」。

相國寺啓同天〔一〕道場行香院觀戲者 神宗四月十日誕聖，曰同天節。

侏優〔二〕戲場中，一貴復一賤。心知本自同，所以無忻〔三〕怨。范忠宣嘗言：「人將官職，只好作奉使借官看。人之處世，亦何異戲者哉？只作侏優看，又何忻怨之有？」

【校記】

〔一〕宋本、叢刊本「同天」下有「節」字。

〔二〕「優」，宮內廳本作「儒」。

〔三〕「忻」，龍舒本、宋本、叢刊本作「欣」。

馬上轉韻 此詩疑不類介甫作。

三月楊花迷眼白，四月柳條空老碧。年光如水盡東流，風物看看又到秋。杜子美詩：「年華冉冉催人老，風物蕭蕭又變秋。」人世百年能幾許？何須戚戚長辛苦。呂后強食張良，曰：「人生一世間，如白駒過隙，何自苦如此？」富貴功名自有時，簞瓢捽茹亦山雌。揚子脩身篇：「『山雌之肥，其意得乎？』『回之簞瓢，癯如之何？』曰：『明明在上，百官牛羊，亦山雌也。闇闇在上，簞瓢捽茹，亦山雌也。何其癯？』」詩意言雖處隱約貧困，而泰然自足。

補注

古詩□歌行：「憶昨去家此爲客，荷花初紅柳條碧。」〔一〕

【校記】

〔一〕本注原闕入題注下，無「補注」二字。

乙巳九月登冶城作

冶城，即謝安、王羲之嘗所登處，詳見上注。

欲望鍾山岑，因知〔一〕冶城路。躋攀隱木杪，稍記曾游處。紅沉渚上日，蒼起榛中霧。杜詩：「紅稠屋角花，碧委墻隅草。」即事有哀傷，山川自如故。丁令威：「城郭如舊人民非。」〇杜牧詩：「不改中南色，其餘事事新。」

【校記】

〔一〕「知」，龍舒本作「得」。

過劉貢甫

貢父〔一〕，名攽，敞弟也，同中進士科。治平末，趙槩薦攽可備文館，中丞王陶、御史蘇寀共排之。既試，入優等，當除直館。時攽爲屯田員外郎，例不爲校勘，而執政止擬校勘，以人言故也。○神宗手詔，推求太祖諸孫屬近行高者爲王，以奉太祖後。攽時爲禮官，曰：「禮，諸侯不得祖天子。太祖傳天下於太宗，猶商及王，大統所在。繼體之君，皆太祖子孫，不當別更置後。謂宜德昭、德芳，世世勿降爵，從祀宗廟。」從之。講官建言：「願得坐講。」下或以爲可從，攽執常禮，謂不當坐，且云：「人主命之坐，與人主不命而請之，逆順分矣。」卒如攽言。熙寧十年，召爲國史編修官。御史言：「攽昔在館，擲帽爲戲，不可任史職。」宰相爲辨之，持其奏不下，攽亦辭，換開封府判官。元祐初，召爲中書舍人。卒，年六十七。初，司馬光奏攽與劉恕同修資治通鑑。至是書成，而恕已亡。攽請於朝，爲官其一子。歐陽公始在政府，首薦攽辭學優贍，履行清謹，記問該博，可以備朝廷詢訪。曾鞏掌外制，舉攽自代，云：「竊以謂引拔衆材，彌綸世務，至於博學之士，固宜用在朝廷。況今聖學高明，究極今古，凡在左右備顧問之臣，尤須多識前載，然後能稱其職。如攽所長，實允兹選。」蘇軾乞留攽，奏云：「按：攽名聞一時，身兼數器，文章爾雅，博學強記，政事之美，如古循吏。流離困躓，守道不回。此自朝廷之所知，不待臣區區誦説。但以人才之難，古今所病。舊臣日已衰老，新進長育未成。如攽成材，反在外服，此有志之士所宜爲朝廷惜也。」張耒祭公文，有云：「有問於子，歸如得師。直貫旁穿，水決矢飛。一時書林，衆俊並馳。滿堂賢豪，視子塵〔二〕揮，逸足奇毛，不受絏羈。擯守列郡，吏畏民思。」又云：「誰與子仇？敗子百方。雖然今日，竟何有亡？」

去年約子游山陂，公嘗和貢甫詩云：「何時扁舟却顧我？還欲與子游山陂。」今者仍爲大梁客。天旋日月不少留，白虎通：「日行遲，月行疾。日行一度，月行十三度十九分度之七。」春秋元命包：「陰精爲月，日行十三度。」范子計然：「月行疾，二十九日、三十日間，一與日合，取日之度，以爲月節。」稱意人間寧易得？晉羊祜歎曰：

「天下事不如人意，十常居七八。」天明徑欲相就語，霰雪〔三〕填城萬家白。冬風吹鬣馬更驕，一出何由問行迹？能言奇字世已少，終欲追攀豈辭劇？劇，言勞劇之劇。司馬相如賦：「徼𨌬受詘。」注：「倦極也。𨌬，音劇。」枕中鴻寶舊所傳，劉向傳：「上復興神仙方術之事，而淮南有枕中鴻寶苑祕書。更生父德，武帝時治淮南獄，得其書。更生幼而讀誦，以爲奇。」飲我寧辭酒或索。索，盡也。○屈原漁父章句：「衆人皆醉而我獨醒，是以見放。」○杜牧郊居聯句：「不知閑醉與誰同？」吾願與子同醉醒，顔狀雖殊心不隔。左傳：「子産曰：『人心不同，如其面然。』」今反用，謂貌異心同也。故知今有可憐人，「可憐人」，指貢甫。回首紛紛斗筲窄。子路篇：「子曰：『噫，斗筲之人，何足算也。』」注：「筲，竹器，容一斗二升。」

【校記】

〔一〕「貢父」，原作「贛父」，據宋史劉敞傳改。

〔二〕「塵」，原作「廛」，據宮内廳本及張耒柯山集改。

〔三〕「霰雪」，龍舒本、宋本、叢刊本作「雲雪」，宮内廳本作「雪霰」。

估玉

潼關西上〔一〕古藍田，有氣鬱鬱高拄天。太平寰宇志：「藍田縣，屬雍州，本秦舊縣。」○漢地理志曰：「藍田，秦孝公置。山出美玉。」周禮職方氏曰：「玉之美者曰珠，其次曰藍。」蓋以縣出美玉，故名藍田。又有藍田山。古華胥氏陵在縣西三十里，一名玉山。○杜詩：「明月無瑕豈容易？紫氣鬱鬱猶衝斗。」○又唐人詩：「堆金柱北斗。」雄虹雌霓相結纏，晝夜不散非雲煙。漢書天文志：「若煙非煙，若雲非雲，是謂慶雲。」○春秋元命包：「雄曰虹，雌曰霓。」秦人挾斤上其顛，視氣所出深鑱鐫。得物盈尺方且堅，以斤試叩聲冷〔二〕然。至寶所在，其上必有光氣。新垣平言：「臣望東北汾陰有金寶氣，意周鼎其出乎？」○東坡作昌化峻靈王碑言：「五代之末，南夷知望氣者言，神所居山有寶氣，上達於天。艤舟山下，斲山發石以求之。」如此類非一。持歸市上求百錢，人皆疑嗟莫愛怜。大梁老估聞不眠，操金喜取走蹁躚。深藏牢包三十年，光怪隣里驚相傳，欲獻天子無由緣。朝廷昨日鍾鼓縣，呼工琢圭寘神筵，玉材細瑣不中權。按國史：「皇祐二年四月，禮院言：季秋饗昊天上帝及五方帝於明堂，當用四圭有邸、青圭、赤璋、白琥、黝璜、黃琮各一，並薦。饗景靈宮，用四圭有邸一，凡七玉。檢會慶曆七年郊制，昊天上帝，玉用蒼璧。及詳開寶通禮：『明堂祀昊天上帝，玉用四圭有邸。』今請如通禮，望下三司，令所屬會少府擇嘉玉預行脩製。詔禮官詳定禮神玉及燔玉制度以聞。禮院又言：『若用景表尺，即與黍尺差近，恐真玉難得大者，請以本院先定依聶崇義所説指尺爲度製造。』從之。」公此詩當是作於皇祐初，緣詩有「神筵」之語，爲明堂設也。賈孫抱物詔使前，紅羅複疊帕紫氈，發視紺碧光屬聯。退之詩：「簷楹氣明滅，五色光屬聯。」詔問與價當幾千，衆工讓口無敢先，嗟我豈識尨〔三〕與全？考工記：「玉人之事，天子用全，上公用龍。」鄭司農注云：「全，純色也。龍，當作尨。尨，雜色也。」

補注 愛怜 趙世家：「太后曰：『丈夫亦愛怜少子乎？』」〔四〕

【校記】

〔一〕「上」，龍舒本、宋本、叢刊本作「山」。

〔二〕「冷」，諸本作「泠」。

〔三〕「厖」，宋本、叢刊本作「真」，注云：「一作厖」。

〔四〕本注原闌入詩注末，無「補注」二字。

信都公家白兔

歐陽公也。公時已位侍從，爵信都縣開國男。

水晶〔一〕爲宮玉爲田，常娥〔二〕縞衣洗朱鉛。杜詩宿贊公房：「身在水晶域。」○白霓裳，月宮事。宮中老兔非日浴，典略：「白兔者，明月之精。」○莊子：「鵠不日浴而白。」天使潔白宜嬋娟。抱朴子曰：「兔壽千五百歲，其色白。」嬋娟，謂嫦娥也。揚鬚弭足桂樹間，桂花如霜亂後前。赤鴉相望窺不得，空疑兩瞳射日月〔三〕。古今注曰：「成帝時，山陽得兔，目赤如朱。」○韓詩：「金鴉一騰翥，六合俄清新。」東西跳梁自長久，莊子：「獨不見狸狌乎？東西跳梁，不避高下。」○古艷歌曰：「煢煢白兔，東走西顧。衣不如新，人不如故。」○退之詩：「譬如兔得蹄，安用東西跳？」天畢橫施亦何有？詩大東：「有捄天畢，載施之行。」注：「畢，所以掩兔也，何嘗見其可用乎？」憑光下視罝罔繁，衣褐紛紛謾回首。毛穎傳：「衣褐之徒。」去年驚墮滁山雲，出入墟〔四〕莽猶無羣。奇毛難藏果亦得，千里今以窮歸君。項梁謂田榮曰：「田假與國之王，窮而歸我。」空衢險幽不可返，韓詩：「天路幽險難追攀。」公表有云：「想龍駕於空衢。」食君庭除嗟亦窘。令予得爲此兔謀，豐草長林且游衍。

評曰：備數可爾，無甚得意。○金樓子：「剥牛皮鞹以爲皷，正三軍之衆。然爲牛計者，不若服軛也。」又：「狐白之裘，天子被之而坐廟堂。爲狐計者，不若走於平澤。」詩稱「得爲此兔謀」，必本諸此。○據歐公白兔後卒逸去，疑公不欲違物性而縱之，託言失之耳。公有思白兔雜言答梅公儀憶鶴之作，今附於此：「君家白鶴白雪毛，我家白兔白玉毫。誰將贈兩翁，謂此二物皎潔勝瓊瑶。已憐野性易馴擾，復愛仙格何孤高。玉兔四蹄不解舞，不如雙鶴能清嗥。低垂兩翅趍節拍，婆娑弄影誇嬌饒。兩翁念此二物者，久不見之心甚勞。京師少年殊好尚，意氣横出争雄豪。清罇美酒不輒飲，千金争買紅顔韶。莫令少年聞我語，笑我乖僻遭譏嘲。或被偷開兩家籠，縱此二物令逍遥。兔奔滄海，却入明月窟；鶴飛玉山，千仞直上青松巢。索然兩衰翁，何以慰無憀？纖腰緑鬢既非老者事，玉山滄海一去何由招〔五〕？」

【校記】

〔一〕「水晶」，叢刊本作「水精」。

〔二〕「常娥」，宋本、叢刊本作「姮娥」。

〔三〕「日月」，諸本均作「日丹」。

〔四〕「墟」，叢刊本作「虚」。

〔五〕「何由招」，原作「招何由」，據宫内廳本及歐陽修居士集改。

車鰲二首〔一〕

沈存中云：「車鰲，即魁蛤也。」

車鰲肉甚美，由美得烹燔。以美得烹，故曰美好者，不祥之器也。○紹聖三年，始詔福唐與明州歲貢車鰲肉柱五十斤，俗謂之紅蜜丁，東坡所稱「江瑶柱」是也。時曾子開感而賦詩，略云：「嚴嚴九門深，日舉費十萬。忽於泥滓中，得列方丈案。腥鹹置齒牙，光彩生顧眄。從此辱虚名，歲先包橘獻。微生知幾何？得喪孰真贗？玉食有云補，刳腸非所患。」瑶，當作「珧」。郭璞江賦：「玉珧海月，肉吐石華。」

殼以無味棄，棄之能久存。予嘗怜其肉，柔弱甘咀吞。何胤侈於味，食必方丈。後稍欲去其甚者，猶食白魚、䱒腊、糖蟹。使門人議之，學士鍾岏議曰：「䱒之就腊，驟於屈申；蟹之將糖，躁擾彌甚。仁人用意，深懷如怛。至於車鰲、蚶蠣，眉目内闕，慙混沌之奇；脣吻外緘，非金人之慎。不榮不悴，曾草木之不名；無馨無臭，與瓦礫而何筭？故宜長充庖厨，永爲口實。」酉陽雜俎。

又嘗怪其殼，有車鰲是大蛤，一名蜃，能吐氣爲樓臺。海中春夏間，依約功不見論。醉客快一噉，散投墻壁根。寧能爲收拾，持用訊〔二〕醫門。島溆，常有此氣。○本草云：「殼能治瘡癤腫毒。」

【校記】

〔一〕題原無「二首」二字，據目録補。

〔二〕「訊」，宫内廳本作「謁」。

其二

車螯肉之弱，韓文原道：「弱之肉，強之食。」恃殼保厥身。自非身有求，不取〔一〕微啓脣。似有所譏。尚恐擉者得，泥沙常埋堙。周禮：「鼈人以時籍魚鼈。」注：「敇角反，與擉同，謂以扠刺泥中搏取之。」○莊子：「公閱休冬則擉鼈於江。」○皮日休詩：「車螯近岸何妨取，舴艋隨風不費牽。」往往湯火間，身盡殼空存。維海錯萬物，禹貢：「青州厥貢鹽絺，海物惟錯。」注：「錯，雜，非一種。」口牙工〔二〕咀吞。爾無如彼何，可畏寧獨人。言海之百怪亦善吞噬，不獨人能捕爾也。○孟子：「君如彼，何哉？」無爲久自苦，漢書：「何自苦如此？」舍匿不暴陳。豁然縱所如，游蕩四海漘。詩伐檀：「寘之河之漘兮。」注：「漘，涯也。漘，音順倫反。」清波濯其汙，白日曬其昏。孟子：「江漢以濯之，秋陽以曝之。」死生或有在，豈遽得烹燔？言畏禍太甚，徒自苦耳。不如蕩然肆志，未必逢患也。此言蓋有所託。

【校記】

〔一〕「取」，宋本、宮内廳本、叢刊本作「敢」。

〔二〕「工」，宋本、叢刊本作「且」。

與平甫同賦槐

此詩八句而該四時，全不促迫而優游有餘。其妙如此。〔一〕

冰雪泊楚岸，萬株同飄零。春風都城居，初見葉青青。歲行如車輪，蔭翳忽滿庭。秋子今在眼，何時動江舲？言槐已實而未能歸。

【校記】

〔一〕宫内廳本評曰：「强解語。」

甘棠梨

亦甘棠梨之類。

「蔽芾甘棠，勿翦勿伐。」注：「甘棠，杜也。」又小雅：「有杕之杜，有睆其實。」則實者，梨是也。○山海經：「崐崙有木焉，其狀如棠而黄葉赤〔二〕實，其味如李而無核，名曰沙棠梨。食之令人不溺。」

甘棠詩所歌，自足誇衆果。愛其凌秋霜，萬玉懸磊砢。園夫盛採摘，市賈〔三〕争包裹。退之：「包裹稚乳。」車輪動盈箱，舟載輒連柁。朝分不知數，暮在知幾顆。但使甘有餘，何傷小而橢。圓而長曰橢。爾雅：「蜻，小而橢。」注：「謂狹而長也。」主人捐千金，飣餖留四坐。退之南山詩：「肴核分飣餖。」柑椑與橙栗，潘岳閑居賦：「梁侯烏椑之柿。」○金谷詩曰：「前庭樹沙甘，後園植烏椑。」在口亦云可。都城紛華地，內熱易生火。內熱，出莊子。問客當此時，蠲煩孰如我？杜詩：「洗滌煩熱，足以寧君軀。」

【校記】

〔一〕「赤」，原作「亦」，據宮內廳本、浙江書局本山海經改。「黃葉」，山海經作「華黃」。

〔二〕「賈」，龍舒本作「買」。

獨山梅花

獨山，在宣州溧水縣。距建康屬耳，又有獨水。

獨山梅花何所似？謝安雪下問諸子姪曰：「何所似？」○退之李花詩云：「君知此處花何似？」半開半謝荊棘中。美人零落依草木，杜詩：「絕代有佳人，幽居在空谷。自云良家子，零落依草木。」志士憔悴守蒿蓬。張仲蔚，平陵人，所居蓬蒿沒人。淵明詩：「仲蔚愛窮居，遶宅生蒿蓬。」亭亭孤艷帶寒日，漠漠遠香隨野風。移栽不得根欲老，柳子厚早梅詩：「朔吹飄夜香，繁霜滋曉白。」回首上林顏色空。空者，如空羣之空，言上林花皆不足進。○樂天詩：「六宮粉黛無顏色。」又廬山桂詩：「無人爲移植，得入上林園。不及紅花樹，長栽温室前。」

同昌叔賦鴈奴

鴈宿於江湖之岸，沙渚之中，動計千百。大者居其中，令鴈奴圍而警察。南人有採捕者，俟其天色陰暗或無月時，於瓦罐中藏燭，持棒者數人，屏氣潛行。將欲及之，則略舉燭，便藏之。鴈奴驚叫，大者亦驚，頃之復定。又如前舉燭，鴈奴又驚。如是數四。大者怒，啄鴈奴。秉燭者徐徐逼之，更舉燭，則鴈奴懼啄，不復動矣。乃高舉其燭，持棒者齊入羣中亂擊之，所獲甚多。昔有淮南人張凝評事話之。此人親曾採捕。出玉堂閑話。○蔡寬夫詩話云：「鴈有小而善鳴者，謂之鴈奴。每羣宿，輒往來巡視不瞑，蓋亦物之能愛其類者。江湖間捕鴈，必先以計殺鴈奴，然後羣鴈可得。宋景文公嘗著其説云。」

鴻鴈〔一〕無定棲，隨陽以南北。書禹貢：「陽鳥攸居。」注：「隨陽鳥，鴻鴈之屬。冬月所居於此澤。」○杜詩：「君看隨陽鴈，各有稻粱謀。」嗟哉此爲奴，至性能懍惻。人將伺其殆，奴輒告之亟。舉羣寤而飛，機巧無所得。夜或以火取，奴鳴火因匿。頻驚莫我捕，顧謂奴不直。評曰：十字既盡曲折，下又言鴈奴意中語，所以沉著。○此猶忠臣爲國家計，繩昏警惰。衆既不喜，又共嫉之。嗷嗷身百憂，泯泯衆一息。詩鴻鴈：「鴻鴈於飛，哀鳴嗷嗷。」注云：「未得所安集，則嗷嗷然。」此言鴈奴身懷百憂，而衆鴈安眠也。詩：「無思百憂。」相隨入繒繳，豈不聽者惑？言既不用，事敗相隨俱死，如吳張悌、唐王彦章之類是也。偷安與受紿，自古有亡國。君看鴈奴篇，禍福甚明白。

【校記】

〔一〕「鴻鴈」，龍舒本、宋本、叢刊本作「鴈鴈」。

老　樹

此詩託意甚深，當是更張後作。〔一〕

去年北風吹瓦裂，退之詩：「漂舡擺石萬瓦裂。」墻頭老樹凍欲折。蒼葉蔽屋〔二〕一作「屈」。忽扶疎，野禽從此相與居。禽鳴無時不可數，雌雄各自應律吕。我床撥書當午眠，能驚我眠聒我語。古詩「鳥鳴山更幽」，梁王藉，僧祐之子也。常游若邪溪，賦詩，其略曰：「蟬噪林逾静，鳥鳴山更幽。」當時以爲文外獨絶。○公詩又有云：「茅簷相對坐終日，一鳥不鳴山更幽。」我念不若鳴聲收。但憂此物一朝去，石鼎聯句：「此物方施行。」○杜詩：「苦遭此物聒。」狂風還來欺老樹。評曰：三反四折，終是世故有情，非爲己之歎也。

【校記】

〔一〕宫内廳本評曰：「本無甚意，未必此時。」

〔二〕「屋」，宋本、叢刊本作「屈」。

賦棗 得「燭」字。〔一〕

種桃昔所傳，種棗予所欲。在實爲美果，周禮：「饋飡之籩，其實棗。」論材又良木。良木，見左太冲蜀都賦。○棗木以刻古帖，取其堅刃。○杜詩：「嶧山之碑野火焚，棗木傳刻肥失真。」餘甘入鄰家，尚得饞婦逐。王吉傳：「東家有大〔二〕棗樹，垂吉庭中，吉婦取棗以啖吉。吉後知之，乃去婦。」況余秋盤中，快噉取饜足。孟子：「此其爲饜足之道。」風包墮朱繒，日顆皺紅玉。城南聯句：「紅皺曬簷瓦。」贄享古已然，豳詩自宜録。左氏：「女贄不過榛栗棗脩，以告虔。」○詩豳風：「八月剥棗。」紆懷青齊間，萬樹蔭平陸。魏都賦：「信都之棗。」史記貨殖傳：「安邑千樹棗，其人與千户侯等。」誰云食之昏，匿知乃成俗。范蔚宗香譜：「棗膏昏鈍。」老子：「道非明，民將以愚之。」廣庭觴聖壽，以此參肴蔌。願此〔三〕赤心投，梁蕭琛嘗侍宴，醉伏，上以棗投琛，琛乃取栗擲上，中面。中丞在席，帝動色曰：「此中有人，不得如此，豈有説也？」琛曰：「陛下投臣以赤心，臣敢報之以戰栗。」○張祜古樂府云：「登山不愁峻，涉海不愁深。中擘庭前棗，教郎見赤心。」皇明儻子〔四〕燭。司馬彪詩：「奠願神龍來，揚光以見燭。」

【校記】

〔一〕龍舒本卷四十九題作「棗」，注云：「燭字。」

〔二〕「大」，原作「人」，據宮内廳本改。

〔三〕「此」，龍舒本、宋本、叢刊本作「比」。
〔四〕「子」，諸本均作「予」。

飛鴈 奉使時作。

飛鴈〔一〕冥冥時下泊，稻粱雖少江湖樂。李羣玉詩：「稻粱多處即恩深。」比公詩意，李近鄙也。人生何必慕輕肥，語：「乘肥馬，衣輕裘。」辛苦將身到沙漠。漢時蘇武與張騫，萬里生還但〔二〕偶然。丈夫許國當如此，男子辭親亦可憐。評曰：藹然善怨，聞者猶不堪也。〔三〕

【校記】

〔一〕「飛鴈」，龍舒本、宋本、叢刊本作「鴈飛」。
〔二〕「但」，龍舒本、宋本、叢刊本作「值」。
〔三〕宮内廳本評曰：「沙漠中賦飛鴈，不怨自非，怨又難爲，語言至淺淺許，有反覆無窮之味。」

補注 信都公家白兔 抱朴子：「白兔，月之精，蓋仁獸也。」孫柔之瑞應圖曰：「王者應事，疾速則見。」王子年拾遺記：「月中削瑶爲兔。」

庚寅增注第十四卷

和甫如京師微之置酒

將北征　杜詩：「杜子將北征。」　詢謀及踈賤　陳延年傳：「博覽兼聽，謀及踈賤，令深者不隱，遠者不塞。」　拔取　韓文：「朝取一人，焉拔其尤。」　有合　韓文：「鬱鬱適茲土，吾知其必有合也。」

別孫莘老

獨背東南馳　韓退之：「天下之所背而馳者也。」　入省門　韓詩：「下馬入省門。」　捨我去　退之詩：「子又捨我去。」　當從誰　左傳：「吾誰適從？」　相隨　古詩：「以我徑寸心，從吾千里外。」又，唐長孫鑄詩：「我心如浮雲，千里相追隨。」　鏡中絲　王融詩：「欲知憂解老，爲視鏡中絲。」

寄丁中允

九州間　韓詩：「洞庭九州間。」

示平甫弟

高淮碕岸　汴河控引江淮以贍重兵，實立國之本。天聖以前，歲發民浚之，故河行地中。有張君平者，以疏導京東積水，始輟用汴夫。其後淺，妄者争以裁減費役爲功，河日以湮塞。今仰而望河，非祖宗之舊也，遂畫漕運十四策。　取河上天落　太白詩：「疑是銀河落九天。」又：「初驚河漢落。」尉遲匡詩：「明月飛出海，黄河流上天。」　無底　杜詩：「秋水清無底。」　付與天地　畢耀詩：「寓形薪火内，甘作天地客。與物無踈親，斗酒勝竹帛。」

憶蔣山送勝上人

兩山間　歐陽公：「漸聞水聲潺潺，瀉出於兩峯之間。」　山高水深魚鳥樂　庚桑子詩云：「魚樂深渺，鳥慕靚深。」杜詩：「水深魚極樂，林茂鳥知歸。」**車馬絶跡**「結廬在人境，而無車馬喧。」**雲埋**賀知章詩：「始見沙上鳥，猶埋雲外峯。」**月弄**劉長卿詩：「不如波上棹，還弄山中月。」

信都公家白兔

憑光中秋無月，則兔不孕。世兔皆雌，惟月兔雄耳故。

車螯

一噉韓詩：「鯨鵬相摩窣〔一〕，兩舉快一噉。」

其二

曬其昏退之詩：「寒日萬里曬。」

獨山梅花

或云，屬懷寧縣，去縣四十五里，諸峯低，一峯卓然獨立。**何所似**杜詩：「嘉陵江山何所似？」**移栽**杜詩：「移我北辰不可得。」

同昌叔賦鴈奴

伺其殆韓詩：「側睨如伺殆。」**偷安受紿**項羽傳：「田父紿曰：『左。』」注：「紿，欺也。」○偷安與受紿雖兩事，然必因偷一時之安而後不悟，已見之紿也。如晉之於虞、越之於吴、張儀之於懷王、石勒於王浚，皆紿取之也。□□□老翁飄零已是滄海客。

【校記】

〔一〕「窣」字原缺，據五百家注昌黎文集送無本師歸范陽補。

王荆文公詩卷第十五

古詩

寓言十五首〔一〕

不得君子居，而與小人游。襄公七年：「韓起與田蘇游，而曰『好仁』。」所謂君子之游矣。疵瑕不相摩，況乃禍〔二〕釁稠。高語不敢出，鄙辭強顏酬。退之祭張籍文：「出言無尤，有獲同喜與高語不敢出，異矣。」始云避世患，自覺日已偷。如傅〔三〕一齊人，以萬楚人咻。云復學齊言，定復不可求。滕文公篇：「一齊人傅之，衆楚人咻之，雖日撻而求其齊也，不可得矣。」○賈誼生長於齊，不能不齊言也。仁義多在野，漢藝文志：「仲尼有言：禮失而求諸野。」欲從苦淹留。不悲道難行，所悲累身脩。

【校記】

〔一〕宋本、叢刊本作「寓言九首」，一「誂誂」、二「不得」、三「周公」、四「婚喪」、五「正觀」、六「言失」、七「鐘鼓」、八「游鯨」、九「猛虎」，缺本卷其四、其六、其七、其八、其十、其十三六首。

〔二〕「祸」，叢刊本作「禍」。

〔三〕「傅」，龍舒本作「無」。

其二

周公歌七月，耕稼乃王術。宣王追祖宗，考牧與宫室。小雅無羊：「宣王考牧也。」注：「厲王之時，牧人之職廢。宣王始興而復之，至此而成，謂復先王牛羊之數。」又，斯干：「宣王考室也。」注：「謂築宫廟羣寢，既成而釁之。」甘棠能聽訟，召伯聖人匹。見上注。後生論常高，於世復何實？詩言此三者，世以爲迂緩不切，而不知致治必出於此。且傷後生忽近務遠，好爲高論，而卒無其實，所以民被其害。

其三

余嘗見楊龜山誌譚勣墓云：「公雅不喜王氏。或問其故，曰：『說多而屢變，無不易之論也。世之爲奸者，借其一說，可以自解。伏節死誼之士始鮮矣。』」始余以勣言爲過。今觀此詩，不能無疑。

婚喪孰不供？貸錢免爾縈〔一〕。周禮泉府：「凡賒者，祭祀無過旬日，喪紀無過三月。凡民之貸者，與其有司辨而授之。」荆公此言，乃後日青苗張本也。平昔所論如此，一旦得位，自宜舉而措之。當時獨公是先生劉貢父素與公善，一書爭之，最爲切至。今附於此：「見所與曾公立書論青苗錢大意，不覺悵惋。仲尼云：『聽訟，吾猶人也，必也使無訟乎？聽訟而能判曲直，豈不爲美？』然而聖人之意以無訟爲先者，貴息爭於未形也。今百姓所以取青苗錢於官者，豈其人富贍飽足，樂輸有餘於公，以爲名哉？公私債負逼迫，取於己無所有，故稱貸出息，以濟其急。介父爲政，不能使民家給人足，毋〔二〕稱貸之患，而特開設稱貸之法，以爲有益於民，不亦可羞哉？甚非聖人之意也。自三代以來，更歷秦、漢，治道駁雜，代益澆薄，其取於民者，百頭千緒。周公之書有之而今無者，非實無之也；推類言之，名號不同而已矣。若又取周公所言，以爲未行而行之，吾恐不但重複，將有四五倍蓰者矣。一部周禮，治財者過半，其非治財者，未聞建行一語。獨此一端，守之堅如金石，將非識其小者、近者歟？今郡縣之吏，方以青苗錢爲殿最，又青苗錢未足，未得催二稅。郡縣吏懼其黜免，思自救解，其材者猶能小爲方略以强民，其下者直以威力刑罰督迫之。如此，民安得不請，安得不納？而謂其願而不可止者，吾誰欺？欺天乎！凡人臣之納說於時君，勸其恭儉小心，所謂道也，莫不逆耳難從。及至勸其爲利，取財於民，廣肆志意，不待辭之畢而喜矣。故姦臣爭以言財利求用，不復取遠古事言之。在唐之時，皇甫鎛、裴延齡用此術致位公相。雖然，二人者猶不敢避其聚斂之名，不如介甫，直以周公聖人爲證，上則使人主無疑，下則使廷臣莫敢非。若是乎周公之爲，桀、跖嗃笑，桁楊接槢也。商鞅爲秦變法，其後夷滅；張湯爲漢變法，後亦自殺。爲法逆於人心，未有保終吉者也。且朝廷取青苗之息，專爲備百姓不足，至其盈溢，能以貸貧，不賦役乎？府庫既滿，我且見其不復爲民矣。外之則尚武功，開斥境土，内之則廣游觀，崇益宫室。鄙語曰：『富不學奢而奢自至。』自然之勢也。介甫一舉事，其敝至此，可無念哉？可無念哉？」

耕收孰不給？傾粟助之生。孟子：「春省耕而補不足，秋省斂而助不給。」周禮：「遺人掌鄉里之委積，以恤民之艱阨。」

物贏我收之，物窘出使營。周禮司市：「以

泉府同貨而斂賒。」注云：「同，共也，謂民貨不售，則爲斂而買之。民無貨，則賒貰而予之。孰有婚喪而不能贍者，官當貸之。孰有耕稼而不能贍者，官當助之。」此公所以爲新法。後世不務此，區區挫兼併。公詩嘗云：「俗儒不知變，兼併可無摧？」而此詩乃復以挫兼併爲非。

【校記】

〔一〕「貸錢」，原作「貸貸」，據諸本改。「免」，龍舒本作「勉」。「縈」，龍舒本作「營」。

〔二〕「毋」，原本字迹漫漶不清，據臺北本補。

其四

父母子所養，子肥父母充。欲富摧其子，惜哉術之窮。見酬王詹叔訪茶利害注。霸者擅一方，窘彼足自豐。霸者，謂各私其國，如齊用管仲之類。四海皆吾家，荀子儒効篇：「四海之內若一家，通達之屬莫不服從。」奈何不知農？管仲但設輕重魚鹽之利，苟一時爾。務農重穀，乃王政也。賈誼云：「方今之務，莫若使民務農而已矣。」

其五

詵詵古之士，出必見禮樂。詩螽斯：「羽詵詵兮。」注云：「衆多也。」○禮記：「古之君子，不必親相與言也，以禮樂相示而已。」羣游與衆飲，仁義得揚摧。管子牧民篇：「士相與言仁義於閭燕。」心疲歌舞荒，耳聒米鹽濁。漢黃霸傳：「米鹽靡密，初若煩碎，然霸精力能推行之。」師古注曰：「米鹽，言精而細。」所以後世賢，絶俗乃爲學。子由作東軒記：「及來筠州，勤勞米鹽之間，無一日之休。雖欲棄塵垢，解羈縶，自放於道德之場，而事每劫而留之，然後知顔子之所以甘心貧賤，不肯求斗升之禄以自給者，良以其害於學故也。」與詩意略同。或謂絶俗，指老、莊之流，恐公意不如此。古之所謂禮樂者，莫非形見於歌舞之際；所謂仁義，亦不出乎日用飲食之間。後世歧而爲二，荒於歌舞而不識禮樂，聒於米鹽而烏知仁義。其號爲賢者，必絶俗而後爲學，豈知道本無精粗之間哉？東軒之言，亦姑云耳。

其六

小夫謹利害，不講義與仁。揚子學行篇：「吾聞先生相與言，則以仁與義。」○世俗惟知有利害，不計理之是非。聖賢則不然，一於義而已，而利在其中。讀書疑夷齊，古豈有此人？夷、齊不食周粟，謂其以臣而伐君，此所謂求仁也。俗薄乃妄意古無此事。其才一莛芒，所欲勢萬鈞。「莛芒」字，公一再用之。韓文圬者傳言：「非強心以智而不足，不擇其才之稱否而冒之者耶？」求多卒自困〔一〕，餘禍及生民。

補注　芒　韻書：「芒，草岸；鋩，刃耑，皆言其經也。」〔二〕

【校記】

〔一〕「困」，龍舒本作「用」。

〔二〕本注原闌入詩末，無「補注」二字。

其七

曹曹俗所共，察察與世違。違世有百善，一疵惡皆歸。違世特立之士，爲俗所惡，苟有一惡，併百善而掩之矣。○孟子：「天下之惡皆歸焉。」就求無所得，猶以好名譏。賢者無可指之過，小人多以好名疵之。彼哉負且乘，能使正日微。語：「或問子西曰：『彼哉。』」注：「言無用也。」易解曰：「負且乘，謂小人而居大位。一云惡賢而謂醜也。」

其八

始就詩賦科，雕鐫久才成。一朝復棄之，刀筆事刑名。史記：「申子之學，本於黃老，而主刑名。韓非者，喜刑名法術之學。」裴駰案：「新序曰：『申子之書，言人主當執術任刑，因循以督責臣下。其責深刻，故號曰術。商鞅所爲書號曰法，皆曰刑名，故號曰刑名法術之書。』」中材蔽末學，斯道苦難明。忽貴不自期，何施就升平？言士之學既陋，一日爲公卿，探其中無有也，何術而能致升平？誠以其本非在上之物故也。忽貴不自期，如唐鄭伍、朱朴之類。

其九

正觀業萬世，經營豈非艱？其子一摇之，宗廟靈〔一〕幾殫。高宗不君，武后專國，後改唐爲周，故言宗社之威靈幾盡。開元〔二〕始聰明，一眚奔岷山〔三〕。明皇始勵精致治，晚荒惑，播遷於蜀。功高〔四〕後毀易，德薄人存難。如周家八百，以德不以功，以功則易隳。王德薄，則不能庇民，易以致亂，故云「人存難」。

【校記】

〔一〕「靈」，宋本作「能」。
〔二〕「開元」，宋本作「開基」。
〔三〕「岷山」，宋本作「西山」。
〔四〕「功高」，龍舒本作「高功」。

其十

明者好自蔽，況乃知我匹。謂不自知，而欲知它人。每行悔其然，所見定萬一。不求攻爾短，欲議世之失。語：「攻其惡，無攻人之惡。子貢好方人，孔子曰：『賜也賢乎哉？夫我則不暇責之深矣。』」耘而舍其田，辛苦亦同實。孟子盡心篇：「人病舍其田而芸人之田，所求於人者重，所以自任者輕。」

其十一

言失於須臾，百世不可除。行失几席間，惡名滿八區。百年養不足，一日毀有餘。諒彼恥不仁，戒哉惟厥初。劉璋傳：「桓公一矜其功，叛者九國。曹操暫自驕伐，天下三分。皆勤之於數十年之內，而棄之於俯仰之頃，豈不惜乎？」此即詩「百年一日」之意。應休璉〔一〕詩：「下流不可處，君子慎厥初。」召誥：「若生子，罔不在厥初生。」

【校記】

〔一〕「休璉」，原缺，據臺北本補；下「下」字，原作「不」，亦據臺北本改。

其十二

鍾鼓非樂本，本末猶相因。陽貨篇：「樂云樂云，鍾鼓云乎哉？」詩意言移風易俗之本，猶託器以傳。仁聲入人深，孟子言之醇。孟子盡心篇：「仁言不如仁聲之入人深也。」唐韓退之文：「孟軻醇乎醇。」如何正觀君，從古同隋陳。風俗不粹美，惜哉世無臣。

事見禮樂志。既欲「從古」，又「同隋陳」，言房、魏之徒不足以興禮樂。

其十三

好樂世所共，欲禁安能捨。孰能開其淫？要在習以雅。歐人必如己，墨子見何寡？惜哉後世音，至美不如野。

荀子樂論：「墨子曰：『樂者，聖人之所作也，而儒者爲之，過也。』君子以爲不然。樂者，聖人之所樂，而可以善民心，其感人深。」公意正如荀說。樂記：「凡姦聲感人而逆氣應之，正聲感人而順氣應之。」樂何可禁哉？要在雅正，而使淫聲不得而干耳。後世之音多淫，故孔子云：「先進於禮樂，野人也。」注云：「將移風易俗，歸之淳素。先進，猶近古風，故從之。」

其十四

游鯨厭海濁，出戲清〔一〕江湄。風濤助翻騰，網罟不敢窺。失身洲渚間，螻蟻乘其機。

莊子：「吞舟之魚，碭而失水，則蟻能制之。」楚詞云：「神龍失水而陸居兮，爲螻蟻之所裁。」○郭崇韜鬱鬱不得志，與所親謀赴本鎮，以避權宦。或曰：「不可。蛟龍失水，螻蟻足以制之。」

物大苦易窮，一窮無所歸。

孟子萬章：「如窮人無所歸。」○李白枯魚過河泣詩：「作書報鯨鯢，勿恃風濤勢。濤落歸泥沙，飜遭螻蟻噬。」公詩意同，此斷章尤佳。

【校記】

〔一〕「清」，龍舒本作「青」。

其十五

猛虎卧草間，羣烏〔一〕從噪之。萬物忌強梁，寧獨以其私。物情共惡，不必緣私憾而始然也。虎終機械得，烏亦彈丸隨。山雞不忤物，嘿與鳳凰期。烏噪虎者，惡其強梁也。然烏猶有不平之心，若山雞之嘿，則超然與物無忤矣。

【校記】

〔一〕「烏」，宋本、叢刊本作「鳥」，下同。

舟中讀書

冉冉木葉下，蕭蕭山水秋。九歌：「洞庭波兮木葉下。」〇「老冉冉兮將至。」王褒九懷：「秋風兮蕭蕭。」浮雲帶田野，落日抱汀洲。

唐詩：「汀洲采白蘋，日落江南春。」歸臥無與語，出門何所求？未能忘感槩，聊以古人謀。退之詩：「塵埃慵伺候，文字浪馳騁。」又：「低心逐時好，苦勉秪能暫。不如覷文字，丹鉛事點勘。」又：「其言有感觸，使我復悽酸。」

讀進士試卷〔一〕

文章始隋唐，進取歸一律。退之樊紹述誌銘云：「惟古於詞必己出，降而不能乃剽賊。後皆指前公相襲，從漢迄今用一律。」安知鴻都事，竟用程人物。漢靈帝光和元年，始置鴻都門學生。注：「鴻都，門名也。於内置學，其中諸生，皆勑州郡、三公舉召能爲尺牘、詞賦及工書鳥篆者相課試，至於千人焉。」言鴻都，漢末之亂制，始以詞賦等取人，而隋、唐因之不革，如進士、書判等科是也。變今嗟〔二〕未能，於己空自咄。晉殷浩終日書空，作「咄咄怪事」四字而已。張景陽詠史詩：「咄此蟬冕客。」注云：「咄，歎也。」詩意言既未能變俗，自亦不免由科舉而進。流波亦已漫，高論常〔三〕見屈。韓集：「其植根固，其流波漫。」○唐德宗恥見屈於正論。故令〔四〕俶儻士，往往棄堙〔五〕鬱。臯陶叙九德，固有知人術。臯陶曰：「都，亦行有九德。」亦言其人有德，乃言曰：「載采采。」禹曰：「何？」臯陶曰：「寬而栗，柔而立，願而恭，亂而敬，擾而毅，直而温，簡而廉，剛而塞，強而義。」聖世欲爾爲，徐觀異人出。公孫弘贊：「羣士慕嚮，異人並出。」○梁書蕭子顯傳：「簡文在東宮時，每引與宴。子顯嘗起更衣，簡文謂坐客曰：『嘗聞異人間出，今日始知是蕭尚書。』」其見重如此。

【校記】

〔一〕宋本、叢刊本題作「和王樂道讀進士試卷」。

〔二〕「嗟」，龍舒本作「差」。

〔三〕「常」，龍舒本作「嘗」。

〔四〕「令」，宮内廳本作「今」。

〔五〕「堙」，龍舒本作「江」。

自訟

孔子見南子，子路爲不怡。雍也篇：「子見南子，子路不悦。」欲從公山氏，勃鬱見色辭。陽貨篇：「公山弗擾以費畔，召，子欲往。子路不説。」○程明道云：「公山弗擾以費叛，不以召畔人逆黨而召孔子，則其志欲遷善悔過，而未知其術耳。使孔子而不欲往，是沮人爲善也，何足以爲孔子？」道如天之蒼，萬物不能緇。以孔子比天。○莊子逍遥游篇：「天之蒼蒼，其正色耶？」○陽貨篇：「不曰白乎？涅而不緇。」弟子尚不信，况余乏才資。明知古人仁，語默各有時。君子之道，或默或語，惟其時也。苟出不自慎，果爲聽者疑。白圭尚可〔一〕磨，駟馬猶能追。大雅抑篇：「白圭之玷，尚可磨也。斯言之玷，不可爲也。」○顔淵篇：「子貢曰：『駟不及舌。』」注云：「過言一出，駟馬追之不及。」一言成不知〔二〕，雖悔欲何爲？子張篇：「陳子禽謂子貢曰：『子爲恭也，仲尼豈賢於子乎？』子貢曰：

『君子一言以爲知，一言以爲不知，言不可不慎也。』借此以明子路之不知聖人。

【校記】

〔一〕「可」，宋本、叢刊本作「有」。

〔二〕「知」，宋本、叢刊本作「智」。

彼狂

上古杳默無人聲，日月不忒山川平。夫子謂：「天何言哉？四時行焉，百物生焉。」○易：「天地以順動，故日月不過而四時不忒。」○莊子內篇：「維斗得之，終古不忒。」此邵康節「須信畫前元有易」之意。人與鳥獸相隨行，祖孫一死十百生。柳子厚封建論云：「彼其初與萬物俱生，草木榛榛，鹿豕狉狉。」「祖孫一死十百生」，如盤瓠之類。萬物不給乃相兵，言争起於生育漸衆而不給。○柳子貞符：「孰稱古初朴蒙倥侗而無争？厥流以訛，越乃奮敓鬭怒」云云；「力大者搏，齒利者齧，爪剛者決，羣衆者軋，於是有聖人焉」云云。伏犧畫法作後程。漁蟲獵獸寬羣争，勢不得已當經營，非以示世爲聰明。易繫辭：「包犧氏仰觀象於天，俯觀法於地，觀鳥獸之文與地之宜，近取諸身，遠取諸物，始作八卦，以通神明之德，以類萬物之情。作結繩而爲罔罟，以佃以漁，蓋取諸離。」此亦聖人因理之自然而非自用己之聰明所爲。方分類别物有名，書舜典：「帝釐下土，方設居方，别生分類。」夸賢尚功列耻榮。耻榮，猶榮辱也。列，謂分别之。蠹僞日巧雕元精，至言一出衆輒驚。上三句近似莊、老。然詩末又罪諸子之著書者，所稱「至言」，何所指乎？上智閉匿不敢成，評曰：本説以文鳴之弊，却推論至此，甚賤能言。○易：「文言含之，以從王事，弗敢成也。」因時就俗救刖黥。詩意言不能反刓以朴，剗僞以真，惟隨時救之而已。刖黥，屢見别注。惜哉彼狂以文鳴，子在陳，曰：「歸歟歸歟，吾黨之小子狂簡，斐然成章。」○退之集：「人聲之精者，爲言；文辭之於言，又其精也，尤擇其善鳴者而假之鳴。」強取色樂要聾盲，老子：「五色令人目盲，五音令人耳聾。」震蕩沈濁終無清。恢詭徒亂聖人氓，豈若泯默死蠶耕。恢詭，謂異端皆有絶人之才，能持其説以惑人心，曾不若泯然與衆出作入息而死於蠶耕之爲愈也。○莊子：「恢恑憰怪。」○孟子：「願爲聖人氓。」

補注

山谷亦云：「空文誤來世，聖哲欲無言。」〔一〕

【校記】

〔一〕本注原闌入詩注末，無「補注」二字。

寄題郢州白雪樓

折楊黄華笑者多，樂府解題有折楊柳、黄華子。○莊子：「聞折楊、黄華，則嗑然而笑之。」楚詞「黄」作「皇」。陽春白雪和者少。太白詩：「折楊黄華合流俗，晉君聽琴杜清角。巴人誰肯和陽春？楚地由來賤奇璞。」知音四海無幾人，況乃區區郢中小。宋玉對問曰：「客有歌於郢中者，其始曰下里巴人，國中屬而和者數千人；其爲陽春白雪，國中屬而和者不過數十。是其曲彌高，而和彌寡也。」○張景陽詩：「不見郢中曲，能不居然别。陽春無和者，巴人皆下節。流俗多昏迷，此理誰能察？」千載相傳始欲慕，一時獨唱誰能曉？古心以此分冥冥，退之詩：「孟生江海士，古貌又古心。」俚耳至今徒擾擾。莊子天地篇：「大聲不入於俚耳。」朱樓碧瓦何年有？榱桷連空欲驚矯。千丈樓觀飛驚。郢人爛熳醉浮雲，郢女參差躡飛鳥。丘墟餘響難再得，欄檻兹名復誰表？謂古音不可復聞，徒有樓名存耳。我來欲歌聲更吞，李白詩：「郢客吟白雪，遺響飛青天。徒勞歌此曲，舉世誰爲傳？試爲巴人唱，和者乃數千。吞聲何足道？歎息空悽然。」公云「聲更吞」，或用此。石城寒江暮空〔一〕繞。評曰：謂每降愈下也。○郢邊漢江上，即石城也，莫愁所生處。

補注　冥冥　廣成子至道之精，杳杳冥冥。〔二〕

【校記】

〔一〕「空」，宋本、叢刊本作「雲」。

〔二〕本注原闌入詩注末，無「補注」二字。

聖俞爲狄梁公孫作詩要予同作

宛陵集有贈梁公十二代孫國賓詩。按：慶曆三年，録國賓爲華州助教。熙寧元年，再命隴州推官。

虎豹不食子，鴟梟不乘雄。人惡甚鳥獸，吾能與成功。莊子天運篇：「虎狼，仁也。曰：『何謂也？』曰：『父子相親，何爲不仁？』」上句指中宗，下句指高宗，兩句皆指武后，言其殺子乘夫也。○傳燈録：「真覺大師靈照答僧話云：『惡虎不食子。』」愛有以計留，去有勢不容。計留，恐指相王。去，謂廬陵王。吾謀適合意，幾亦齒姦鋒〔一〕。梁公曾被來俊臣羅織下獄，幾死。後置帛書於褚衣中，傳至其家。其子光遠上變，則天召見，得免死。武承嗣、霍獻可皆請誅之，后不從，貶彭澤令。又，后嘗欲以武三思爲太子，仁傑曰：「姑姪與母子孰親？陛下立廬陵王，則常饗宗廟；三思立，廟不祔姑。」后感悟，即日迎中宗於房州。○漢鄒陽傳：「猶腐肉之齒利劍。」○陸機傳：「伊生抱明允以嬰戮，文子〔二〕懷忠義而齒劍。」時恩〔三〕淪九泉，褒取異代忠。堂堂社稷臣，近世孰如公？空使苗裔孫〔四〕，稱揚得詩翁。一讀亦使我，慨然想餘風。詩翁，謂聖俞。□□□□十字通義，公屢有此格。

【校記】

〔一〕「鋒」，叢刊本作「銘」。

〔二〕「文子」，原作「丈子」，據晉書陸機傳改。

〔三〕「恩」，龍舒本作「思」。

〔四〕「空」，龍舒本作「當」；「孫」，龍舒本、宋本、叢刊本作「稱」。

蒙亭

易有蒙卦，亭義取此。

隱者安〔一〕一作「委」。所逢，在物無不足。山林與城市，語道歸一轂。老子：「三十輻，共一轂。」詩人論巨細，此指尚局束。王康琚反招隱詩：「小隱隱陵藪，大隱隱朝市。」○謝尚論「處者爲優，出者爲劣」之類。頗知區區者，自屏忍所欲。孰〔二〕識古之人，超然遺耳目。豈於喧與静，趣舍有偏獨。體道者喧静兩遺，何必偏於隱哉？蓋遠迹林藪者，恐見紛華而動耳。孰知至人遺物，耳目不能爲之累！命亭今何爲，似乃畏驚俗。至意不標揭，閣〔三〕名聊自屬。夏風簷楹寒，冬雪窗户燠。言屋好則冬夏皆宜。春樊亂梅柳，秋徑深松菊。樊，藩也，見上注。壺觴日笑傲，裙屐相追逐。陶潛：「引壺觴以自酌。」○後魏邢巒爲梁、秦二州刺史，奏欲圖蜀，曰：「蕭深藻是帬屐少年，不洽治務。」按梁史，武帝長兄懿之子藻，字靖藝，天監初封西昌縣侯，出爲持節都督益寧二州諸軍事、冠軍將軍、益州刺史，止單名，非復名也。此樂已難言，持琴作新曲。

【校記】

〔一〕「安」，宋本、叢刊本作「委」。

〔二〕「孰」，宋本作「熟」。

〔三〕「閣」，宋本、叢刊本作「小」。

和王樂道烘蝨

秋暑汗流如炙輠，史記荀卿傳：「炙轂過髡。」劉向別録云：「過字作輠。輠者，車之盛膏器也。」炙之雖盡，猶有餘流，言淳于髡智不盡如炙輠也。敝衣濕蒸塵垢涴。施施衆蝨當此時，離婁下：「施施從外來。」○齊書：「江泌性行仁義，衣敝蝨多。」擇肉甘於虎狼餓。退之猛虎行：「擇肉於熊羆，肯視兔與狸。」咀嚙侵膚未云已，爬搔次骨終無那。杜周傳：「内深次骨。」李奇注曰：「其用法深刻至骨也。」○柳文：「每一爬搔，塵垢滿爪。」嵇叔夜與山巨源書：「性復多蝨，把搔無已。」時時對客輒自捫，王猛捫蝨而談世事。十[一]百所除纔幾箇。皮毛得氣強復活，爪甲流丹真暫破。未能湯沐取一空，淮南子云：「湯沐具而蟣蝨相弔，大厦成而燕雀相賀。」且以火攻令少挫。虞翻爲蚤蝨所咋，悉以赴火。○周顗傳曰：「阿奴火攻，固出下策。」踞爐熾炭已不暇，晉宣帝紀：「魏武帝曰：『此兒欲踞吾著爐炭上。』」對竈張衣誠未過。漢馮異傳：「光武自薊晨夜馳至無蔞亭[二]，時天氣烈，異上豆粥。及至南宮，遇大風雨。光武車入道傍空舍。異抱薪，鄧禹爇，光武對竈燎衣。」飄零乍若蛾赴燈，南史：「傅亮直宿禁中，睹夜蛾赴燭，作感物賦以寄意。」驚擾端如蟻旋磨。蟻行磨，見即事第六首注。欲毆百惡死焦灼，肯貸一凶生棄播？書泰誓中：「播棄犁老。」已觀細黠[三]無所容，未放老姦終不墮。退之詩：「魯連細兒黠。」送窮文：「驅我令齒，小點大癡。」○李陵傳：「久之，上悔陵無救，曰：『陵當發出塞，迺詔強弩都尉令迎軍。坐預詔之，得令老將生姦詐。』」然臍郿塢患溢世，董卓築塢於郿，號曰「萬歲塢」。卓既誅，乃屍卓於市。

天時始熱，卓素充肥，脂流於地。守屍吏然火置卓臍中，光明達曙，如是積日。焚寶鹿臺身易貨。史記殷紀：「紂兵敗，紂走入鹿臺，衣其寶玉衣，赴火而死。」冢中燎入化秦屍，劉向封事：「秦始皇葬於驪山之阿，下錮三泉，上崇山墳。其後牧兒亡羊，羊入其鑿，牧者照火求羊，遺火焚其藏槨。」池上焮隨遷莽坐。昭公十八年：「子產使司馬、司寇行火所焮。」注：「焮，炙也。」「漢兵攻莽，火及掖廷承明，莽避火宣室前殿，火輒隨之。天文郎按栻〔四〕於前，莽旋席隨斗柄而坐。又就車，之漸臺，欲阻池水，猶抱持符命、威斗。」栻，占時日之書。彼皆勢極就煙埃，況汝命輕侔涕唾。逃藏壞絮尚欲索，晉阮籍傳：「獨不見羣蝨之處褌中乎？逃乎深縫，匿乎壞絮，自以爲吉宅也。」埋沒死灰誰復課〔五〕？死灰，屢見上。熏心得禍爾莫悔，艮卦九三象曰：「艮其限，危熏心也。」○漢路溫舒傳：「虛美熏心，實禍蔽塞。」師古曰：「熏，氣蒸也。」爛額收功吾可賀。爛額，見澶州注。猶殘衆蟣恨未除，自計寧能久安卧。評曰：事猥陋，語精密。○抱朴子曰：「蚤蝨羣攻，卧不獲安。」

【校記】

〔一〕「十」，叢刊本作「千」。

〔二〕「無蔞亭」，原作「蕪蔞亭」，據後漢書馮岑賈列傳及臺北本改。

〔三〕「點」，龍舒本作「點」。

〔四〕「栻」，原作「拭」，據漢書王莽傳下改。下同。

〔五〕宋本、叢刊本「課」下注云：「一本無此八句。」

和農具詩十五首〔一〕

田廬

小雅信南山：「中田有廬。」箋云：「中田，田中也。」梅宛陵集亦有農具詩十五首、蠶具詩十五首，題與公所賦正同，但韻不同耳。梅云和孫端叟，意公必同時作。

田父結田廬，陶詩：「結廬在人境。」聊容一身息。即今覰穀寮也。僅可容身而宿，轉移無常所。呼兒取茅竹，不借鄉人力。起行廬旁朝，歸卧廬下夕。悠悠各有願，勿笑田廬窄。

補注

南史：「劉凝之立屋野外，非其力不食。」〔二〕

【校記】

〔一〕宋本目録、叢刊本題作「和聖俞農具詩十五首」，且十五首次序與本書不同。

〔二〕本注原闌入詩注末，無「補注」二字。

颺扇

精良止如留，疏惡去如擯。如擯非爾憎，如留豈吾吝？無心以擇物，誰喜亦誰愠？此如朝廷之賞罰黜陟，因其功罪賢否而施之，初非出於好惡喜愠之私耳。翁乎勤簸颺，可使糠粃盡。孫綽嘗與習鑿齒同行，綽在前，鑿齒曰：「簸之颺之，糠粃在前。」〔一〕

【校記】

〔一〕臺北本注曰：「綽曰：『澄之汰之，瓦石在後。』」

樓種

富家種論石，貧家種論斗。富貧同一時，傾瀉應心手。應心手，見耰鉏注。行看萬壟空，坐使千箱有。小雅甫田詩：「乃求千斯倉，乃求萬斯箱。」箱，謂車載也。利物博如此，昭公三年：「君子曰：『仁人之言，其利博哉？』」何慚在牛後。蘇秦傳：「寧爲雞口，無爲牛後。」注：「雞口雖小猶能食，牛後雖大乃出糞。」

樵斧

百金聚一冶，所賦以所遭。董仲舒傳：「猶金之在鎔，唯冶者之所鑄。」此豈異鏌鋣〔一〕，奈何獨當樵？莊子大宗師篇：「今大冶鑄金，金踊躍曰：『我且必爲鏌鋣！』大冶必以爲不祥之金。」朝出在人手，暮歸在人腰。用捨各有時，此心〔二〕兩無邀。語：「用之則行，捨之則藏。」

【校記】

〔一〕「鏌鋣」，叢刊本作「莫耶」。

〔二〕「心」，叢刊本作「日」。

耒耜

詩意言農、稷致天下之大利，若般、爾，則異此矣，幾於導淫侈之原也。柳子厚詩：「羣材未成質已夭，突兀峍豁空嵒巒。」

耒耜見於易，聖人取風雷。易繫辭：「神農氏作，斲木爲耜，揉木爲耒。耒耜之利，以教天下。蓋取諸益。」「象曰：風雷，益。」不有仁智兼，利端誰與開？周禮考工記：「智者創物，巧者述之。」神農后稷死，神農爲耒耜之利，后稷播時百穀。般爾相尋來。甘泉賦：「般垂棄其剞劂兮，王爾投其鉤繩。」注：「淮南子：王爾，巧人也。」山林盡百巧，揉斲無良材。

錢鎛

於易見耒耜，於詩聞錢鎛。（臣工詩：「命我衆人，庤乃錢鎛，奄觀銍艾。」錢，子踐切。毛氏曰：「庤，具。錢銚，鎛鎒。銍，獲也。」說文曰：「錢銚，古田器。」孔氏曰：「鎒，耞也。」呂氏春秋：「耨，柄尺，此其度也，其耨六寸，以間稼也。」高誘注云：「耨，耘田也。六寸，所以入苗間。」又說文云：「銍，穫禾鎌也。」管子曰：「一農之事，必有一銍、一耨、一銚，然後成農。是三者皆農器。」○又良耜詩：「其鎛斯趙。」退之詩：「桃塞興錢鎛。」）百工聖人爲，（考工記：「百工之事，皆聖人之作也。」）此最功不薄。（言芟除蘊崇，有去惡之功。）願因觀〔一〕器悟，更使臣工作。（作者，取作興之義。○孔子曰：「觀其器而知工之巧也。」）

【校記】

〔一〕「因觀」，宋本、叢刊本作「同歆」。

耰耡

（漢吾丘壽王傳：「民以耰耡箠梃相撻擊，犯法滋衆。」）

鍜金以爲曲，揉木以爲直。（漢公孫弘傳：「揉曲木者不累日。」注：「謂矯而正之。」）直曲相後先，心手始兩得。（莊子天運篇：「輪扁曰：『不徐不疾，得之於手而應之於心，口不能言，有數存焉。』」）秦人望屋食，（過秦論曰：「陳涉以戍卒，不用弓戟之兵，鉏耰白挺，望屋而食，橫行天下。」）以此當金革。（鉏耰棘矜，不敵於鈎戟長鎩。言陳勝起時，但持此攻戰。君勿易耰鉏，耰鉏勝鋒鏑。「收天下之兵，聚之咸陽，銷鋒鍉。」注：「鍉，與鏑同，即箭鏃。」二注皆過秦論。

襏襫 蓑薜也。

采采霜露下，披披煙雨中。茅蒲〔一〕以爲友，短〔二〕褐相與同。茅蒲，簦笠也。○國語齊語：「時雨既至，挾其槍、刈〔三〕、耨、鎛，以旦暮從事於田野。脱衣就功，首戴茅蒲，身衣襏襫，霑體塗足，暴其髮膚，盡其四支之敏，以從事於田野。」勿妬市門人，史記貨殖傳：「用貧求富，農不如工，工不如商，刺綉紋不如倚市門。」綺紈被奴僮。當慙邊城戍，擐甲徂春冬。左氏成十三：「文公躬擐甲冑。」○賈誼曰：「今民賣僮者，爲之綉衣絲履，備諸緣内之閑中，是古天子后服，庶人得以衣婢妾。」

【校記】

〔一〕「茅蒲」，龍舒本、宋本、叢刊本作「蒲茅」。

〔二〕「短」，宋本作「裋」。

〔三〕「刈」，原作「劉」，據宮内廳本及清士禮居本國語改。

臺笠〔一〕

詩：「彼都人士，臺笠緇撮。」鄭氏曰：「臺，夫須也，以臺皮爲笠。」陸璣草木疏云：「舊説，夫須，莎草也，可以爲蓑〔二〕笠。」孔氏曰：「笠可禦暑，因可以禦雨。」王氏曰：「臺笠緇撮，在野與衆。皆作之服。」○史記索隱謂：「蓬累，笠也。」

耕有春雨濡，禮記：「春，雨露既濡。」耘有秋陽暴。孟子：「秋陽以暴之。」一物應時須，九州同我服〔三〕。詩：「既成我服。」孰〔四〕一作「欲」。爲生少慕？得此自云足。君思周伯陽，所願豈華轂〔五〕？謝玄暉詩：「連陰盛農節，臺笠聚東菑。」注：「臺以禦暑，笠以禦雨。」○史記：「老子字伯陽。」本傳云：「君子得其時則駕，不得其時則蓬累而行。」

【校記】

〔一〕「臺笠」，龍舒本作「薹苙」。

〔二〕「蘘」，宮内廳本、臺北本作「蓑」。

〔三〕「服」，龍舒本作「欲」。

〔四〕「孰」，宋本、叢刊本作「欲」。

〔五〕「轂」，龍舒本作「穀」。

耕　牛

朝耕草茫茫，暮耕水潏潏。敕勒川歌：「煙蒼蒼，野茫茫。」○楚詞九章悲回風：「氾潏潏其前後兮。」○司馬相如上林賦：「潏潏淈淈。」潏，音決。朝耕及露下，暮耕連月〔一〕出。身〔二〕無一毛利，孟子告子篇：「揚子取爲我，拔一毛而利天下，不爲也。」主有千箱實。注見上。睆彼天上星，空名豈余匹？詩小雅大東：「睆彼牽牛，不以服箱。」○選詩：「七襄不成文。」○陸士衡詩：「織女無機杼，大梁不架楹。」大梁，昴星。

【校記】

〔一〕「月」，龍舒本作「野」。

〔二〕「身」，叢刊本作「自」。

水車

范公希文亦有水車賦。

取車當要津，膏潤及遠野。與天常斡旋，天文志：「天體左旋。」如雨自滲瀉。置心亦何有，在物偶相假。此理乃可言，安得圓機者？謂車形圓也。○文中子曰：「安得圓機之士與之共論九流哉？」○漢陰老人抱甕而灌。子貢曰：「鑿木爲機，後重前輕，挈水若流，其名桔槔。」老人曰：「聞有機事，必有機心。吾非不知，羞不爲也。」公詩意取子貢，而與老人異。

田　漏

東坡遠景樓記：「四月初吉，穀稚而草壯。耘者畢出，立表下漏，鳴鼓以致衆。擇其徒爲衆所畏信者二人，一人掌鼓，一人掌漏，進退作止，惟二人之聽。七月既望，穀艾而草衰，則仆鼓決漏，買羊豕、酒醴，以祀田祖。」觀此詩，則田之有漏，江西、蜀中皆然。

占星昏曉〔一〕中，事見月令。寒暑已不疑。田家更置漏，寸晷亦欲知。汗與水俱滴，唐李紳詩：「鋤禾日當午，汗滴禾下土。誰知盤中飧，粒粒皆辛苦。」身隨陰屢移。誰當哀此勞？往往奪其時。孟子：「百畝之田，勿奪其時。」

【校記】

〔一〕「曉」，宋本、叢刊本作「晚」。

耘　鼓

逢逢〔一〕戲場聲，詩：「鼉鼓逢逢。」壞壞戰時伍。日落未云休，田家亦良苦。李白詩：「田家秋作苦，隣女夜舂寒。」○壞壞，見前揚雄詩注。問兒今隴〔二〕上，聽此何莽鹵。言游蕩不事本業。○莊子曰：「予昔爲禾耕而鹵莽之，則其實亦鹵莽而報予。」昨日應官繇，州前看歌舞。退之詩：「昨日州前搥大鼓，嗣皇繼聖登夔皐。」○東坡詩：「贏得兒童語音好，一年强半在城中。」蓋病新法之擾也。今觀公「應官繇」之語，豈知後人乃亦以此譏公乎？

【校記】

〔一〕「逢逢」，龍舒本作「蓬蓬」。

〔二〕「隴」，龍舒本、宋本、叢刊本作「壟」。

牧笛

緑草無端倪，莊子大宗師篇：「反覆始終，不知端倪。」○韓文：「乾端坤倪。」牛羊在平地。芊綿杳靄間，落日一横吹。敕勒川歌：「風吹草低見牛羊。」○横吹者，軍中之樂，於馬上奏之。漢時有横吹曲二十八解，李延年所造。唐有大、小横吹二部。然詩意特指笛耳。超遥送逸響，文選：「綴平臺之逸響，采南陂之高詠。」誕〔一〕漫寫真意。豈比賣餳人，吹簫販童穉。有瞽詩：「簫管備舉。」注：「簫編小竹管，如今賣餳者所吹。」

補注　横吹　韋應物詩：「聊將横吹曲，一寫山水音。」〔二〕

【校記】

〔一〕「誕」，宋本、叢刊本作「澶」。

〔二〕本注原闌入詩注末，無「補注」二字。

牛衣

詳見律詩王章注。

百獸冬自煖，獨牛非氄毛。堯典：「日短星昴，以正仲冬。厥民隩，鳥獸氄毛。」注：「謂皆生耎毛細毛以自温焉。」無衣與卒歲，詩豳七月：「無衣無褐，何以卒歲？」坐恐得空牢。慮牛寒而仆也。○莊子達生篇：「祝宗人玄端以臨牢筴。」主人覆護恩，豈啻一綈袍？范雎傳：「雎微行，敝衣以見須賈。賈意哀之，曰：『范叔一寒如此哉？』因取一綈袍以賜之。」問爾何以報，離離滿東皋。僖二十三年：「何以報不穀？」○詩：「彼黍離離。」○選詩：「離離山上苗。」○淵明歸去來詞：「登東皋以舒嘯。」又：「種苗在東皋。」〔一〕

【校記】

〔一〕此詩出自江淹雜體詩三十首之陶徵君田居，見文選卷三十一。

補注　耒耜般爾隋李德林傳：「班爾之巧，曲木變容。」〔一〕

【校記】

〔一〕原無「補注」二字。

庚寅增注第十五卷

寓言十五首　小人游　管子於羣盜中拔二人用之，曰：「可人也。」其所與游者，僻也。○又禮記：「子辱與彌牟之弟游。」　不相摩　禮：「相觀而善之謂摩。與小人居，宜無是也。」

其四　榷其子　揚子：「爲人父而榷其子縱利，如子何？」

其五　詵詵　杜詩：「詵詵胄子行。」

其六　莛芒　韻書：「芒，草耑；鋩，刃耑，皆言其細故也。」　求多　左氏：「後之人將求多於汝。」

其十三　見何寡　揚子有寡見篇。

自訟　一言成不知　沈晦曾問尹和靜：「子見南子，子路何故不悅？」和靜曰：「聖人所爲，賢人自不能測。子路當時已疑。公生千載後，自是疑也。」又曰：「不知先生見南子否？」曰：「不敢見。待某磨不磷、涅不緇，雖佛肸召亦往，何况南子？」沈曰：「平生所疑，今日盡解。」和靜曰：「未也，恐離此須疑。」

彼狂　無人聲　韓履霜操：「四無人聲。」　恥榮　新序：「聖王先德教而後刑罰，立恥榮而明防禁。」　色樂　色樂但可惑中下之人，猶浮靡之詞不能奪明智也。　泯默

死蠶耕　自「方分類别」以下，言昔人著書，正名百物，推賢尚功，智巧日新，抉造化不言之秘，故言出而衆驚。然古人豈樂於自表襮者？特因時救俗，不得不然耳。至後世，往以文鳴者矜誇眩惑，徒以亂人，無益世教，不如泯默之爲愈也。

寄題郢州白雪樓

世稱善歌者皆曰郢州，今有白雪樓。此乃因宋玉對楚王問曰：「客有歌於郢中者，其始曰下里巴人，次爲陽阿薤露，又爲陽春白雪，引商刻羽，雜以流徵。」遂謂之郢人善歌，殊不考其義。其曰「客有歌於郢中者」，則歌者非郢人也。其曰：「下里巴人，國中屬而和者數千人；陽阿薤露，和者數百人；陽春白雪，和者不過數十人；引商刻羽，雜以流徵，則和者不過數人而已。」以楚人之故都，人物猥盛，而和者止於數人，則其爲不知歌甚矣。故玉以此自況。陽春、白雪，皆郢人所不能也。以其所不能者名其俗，豈非大誤也？襄陽耆舊傳雖云「楚有善歌者，歌陽陵、白露、朝日、魚麗，和之者不過數人」，復無陽春白雪之名。又今郢州本謂之北郢，亦非古之楚都。或曰：楚都在今宜城界中，有故墟尚在，亦不然也。此鄢也，非郢也。據左傳，楚成王使鬭宜申爲商公，沿漢泝江將入郢，王在渚宮下見之。沿漢至於夏口，然後泝江。則郢當在江上，不在漢上也。又「王在渚宮下見之」，則渚宮蓋在郢也。楚始都丹陽，在今枝江。文王遷郢，昭王遷都，皆在今江陵境上。杜預注：「左傳云：『楚國，今南郡江陵縣北紀南城也。』」謝靈運鄴中集詩云：「南登紀郢城。」今江陵北十二里有紀南城，即古之郢都也，又謂之南郢。

聖俞爲狄梁公〔一〕

乘雄　杜欽賢良策：「或婦乘夫，或臣子背君父。」師古注：「乘，陵也。」

社稷臣　狄梁公之爲人，疑無可議者，然蘇潁濱猶有「負婁公」之句，要不害爲社稷之宗臣也。

蒙亭

喧静　白樂天詩：「心静無妨喧處寂，機忘兼覺夢中閑。」亦此意也。

和王樂道烘蝨

貸一凶　左氏：「今行父雖未獲一吉人，去一凶矣。」

細黠老姦　蝨入豕栅，議所食曰：「肥豕不度臈。」相與食其脊者。觀此，豈非黠與姦耶？

田廬　借人力　孟子注：「藉者，借人相借力，助之也。」

錢鎛　李惟簡墓誌銘：「益市耕牛，鑄鎛鈔、耡劚以給農之不能具者。」

牧笛　平地　杜詩：「日落在平地。」

牛衣　左氏定公八年：「主人焚衝，或濡馬褐以救之。」注：「馬褐，馬衣也。」觀此，則牛亦有衣。

【校記】

〔一〕題全爲「聖俞爲狄梁公孫作詩要予同作」。

王荆文公詩卷第十六

古詩

次韻酬微之贈池紙並詩

微之出守秋浦時，椎冰看擣萬穀皮。晉書贊謂蕭子雲「書窮萬穀之皮，斂無一分之骨」。波工龜手咤今樣，莊子：「不龜手之藥。」魚網肯數荆州池。盛弘之荆州記曰：「棗陽縣蔡倫宅，其中具存。傍有池，名蔡子池。倫，漢順帝時人，始以魚網造紙。縣人今猶多能作紙，蓋倫之遺業。」霜紈奪色價〔一〕不售，虹玉喪氣山無輝〔二〕。禮記聘義：「氣如白虹，天也。」言玉之德。○荀子：「玉在山而木潤。」○陸機文賦：「石韞玉而山暉，水懷珠而川媚。」方船穩載獻天子，酈食其傳：「方舡而下。」師古曰：「方，併也。」善價徐取供吾私。語：「求善價而沽諸？」詩大田：「遂及我私。」十〔三〕年零落尚百一，持以贈我隨清詩。

君寧久寄金穀地，方執賜筆磨坳螭。唐志：「天子御正殿，二史分左右立，有命則俯陛以聽，退而書之。若仗在内閣，則分立第二螭首，和墨濡筆，皆即坳處。」當留此物朝上國，日侍帝側書新儀。不然名山副史本，褒拔元凱誅窮奇。司馬遷傳：「藏之名山，副在京師。」○左氏：「八元、八凱，窮奇、檮杌。」咨〔四〕予文章非世用，畫鏤空爾糜〔五〕冰脂。楊〔六〕次公鹽鐵論：「内無其質而外學其文，若鏤冰畫脂，費日損功。」揮毫才足記姓字，項羽傳：「籍少時，學書不成，去。梁怒之。籍曰：『書足記姓名而已，不足學。』」竊學又恥從師宜。衛恒傳：「上谷王次仲始作楷法。至靈帝好書，時多能者，而師宜官爲最。每書，輒削而焚其柎。梁鵠乃益爲版，飲之酒，候真醉而竊其柎，遂以書名。」此言竊學，謂鵠也。又晉書右軍贊：「師宜懸帳之奇，罕有遺跡。」又按，師宜官，南陽人。時天下工書者皆聚於鴻都門，至數百人，稱宜官爲首。大則一字徑丈，小則方寸千言。今詩止稱「師宜」，去「官」字，蓋祖晉贊也。怱怱點汙亦何忍？嘉貺但覺難爲辭。篇終有意責趙璧，窮國恐誤連城歸。秦以虛詞，欲取趙璧，實無予城意，故云「恐誤」。○史記：「趙惠王得和氏璧。秦昭王聞之，使人遺趙王書，願以十五城易璧。藺相如奉璧奏秦，秦王無意償城，相如乃使其從者衣褐懷璧，從間道亡，歸璧於趙。」傾囊倒篋聊一報，安敢坐以秦爲雌？過秦論曰：「秦地被山帶河。自繆公以來，至秦王二十餘君，常爲諸侯雄，豈世世賢哉？其勢居然也。」○孟嘗君傳：「馮驩謂秦王曰：『天下之士入秦者，莫不欲強秦而弱齊；入齊者，莫不欲強齊而弱秦，此雄雌之國也，勢不兩立。』秦王曰：『何以使秦無爲雌而可？』」

【校記】

〔一〕「價」，龍舒本、宋本、叢刊本作「賈」。

〔二〕「輝」，龍舒本作「暉」。

〔三〕「十」，龍舒本作「千」。

〔四〕「咨」，龍舒本作「嗟」。

〔五〕「畫」，龍舒本作「盡」。「糜」，宮内廳本作「靡」。

〔六〕「楊」，當作「桓」。桓寬字次公，撰有鹽鐵論。

酬冲卿月晦夜有感

夜雲不見天，楚詞山鬼篇：「余處幽篁兮，終不見天。」况乃星與月。蕭蕭暗塵定〔一〕，張昌齡詩：「暗塵隨馬去。」坎坎寒更發。伐木詩：「坎坎鼓我。」樓歌客尚飲，酩酊不畏雪。巷哭復有人，鄰風送幽咽。羊祜卒，南州人聞祜喪，罷市巷哭者聲相接。○杜詩：「萬古一骸骨，鄰家遞歌哭。」紛然各所遇，悲喜孰優劣？君方感莊周，浩蕩擺羈絏。歸來亦置酒，玉指調絃撥。絃、撥，二物也。鵾絃、鐵撥，開元中，賀懷智善琵琶，以鵾雞筋爲絃，鐵爲撥。獨我坐無爲，青燈對明滅。樂天送兄弟回雪夜詩：「對雪畫寒灰，殘燈明復滅。」

【校記】

〔一〕「定」，宋本、叢刊本作「走」。

送子思兄參惠州軍事〔一〕

沄沄曲江水，天借九秋色。梁元纂要：「秋收成亦曰白藏，亦曰三秋、九秋。」樓臺飛半空，秀色盤〔二〕韶石。韶石，見別注。載酒填里閭，吹花換朝夕。後漢耿恭傳：「恭亦終填牢户。」笙簫震河漢，錦綉爛冠幘。地靈瘴癘絶，人物傾南極。廣州記：「馬援到交趾，立銅柱，爲漢南極界。」隋大業叢記：「大業五年，置比景等三郡。比景在林邑南。或云馬援鑄銅柱以標南極之處，其柱尚在。」○杜甫送張司馬南海勒碑詩：「冠冕通南極。」先朝有名臣，卧理訟隨息。介父父楚公嘗爲韶州。此言「名臣」，謂楚公。○汲黯傳：「吾徒得君重，卧而治之。」稍稍延諸生，談笑顧〔三〕賓客。前漢禮樂志：「稍稍制作。」退之詩：「近亦能稍稍。」子來適妙年，曹子建求自試表：「終軍以妙年使越。」謁入交履舄。高紀：「謁入，吕公大驚。」○前漢翟義傳：「納謁徑入。」師古曰：「猶今通名也。」○退之別竇司直詩：「開筵交履舄。」寂寥九齡後，此獨望一國。曲江公，韶州人，言子思可繼之。○左氏：「吾子，楚國之望也。」虞翻禮丁覽，虞翻傳：「初，山陰丁覽、太末徐陵，或在縣吏之中，或衆所未識。翻一見之，便與友善，終成顯名。」韓愈侯趙德。已見前注。孤岸鎮頹波，俗流未易識。我方文葆中，旋逐旌旗蹟。趙世家：「小兒被曰文葆。」去思今豈忘？何武去後常見思。耳目熟遺跡。吏含殷勤言，俛仰問乖隔。當時府中兒，侵尋鬢邊白。下帷〔四〕雖著書，不救寒餓〔五〕迫。董仲舒下帷講道，弟子傳以久次相授業。謂宜門闌士，宦路久烜赫。退之送陸暢詩：「我實門下士，力薄蚋與蚊。」奈何猶〔六〕差池，襄公二十二年：「譬諸草木，吾臭味也，而何敢差池？」○衛風：「燕燕於飛，差池其羽。」更捧丞掾檄。捧檄，見涓涓乳下子注。驥摧千里蹄，魏武傳：「老驥伏櫪，志在千里。」○漢貨殖傳：「陸地牧馬二百蹄。」鵬墮九霄翮。杜詩：「風翮九霄鵬。」退之詩：「鵬搴墮長翮。」人生無巧愚，天運有通塞。韓銘：「秪繫其逢，不繫巧愚。」試觀馳騁人，意氣宇宙窄。榮華去路塵，謗辱與山積。晏嬰傳：「意氣揚揚，甚自得也。」○韓詩：「君看一時人，幾輩先騰馳？」又：「歡華不滿眼，咎責塞兩儀。觀名計之利，詎足相陪裨。」公詩近類此。優游祿仕間，較計誰得失〔七〕？柳子厚墓志銘：「以此較彼，孰爲得失？」送君強成歌，陟岵翻感激。「陟彼岵兮，瞻望父兮。」言楚公也。

補注　不救寒餓迫　東坡詩：「飢來嗅空案，空案一字不堪責。」〔八〕

【校記】

〔一〕目録及諸本均無「事」字。

〔二〕「色」，龍舒本、宋本、叢刊本作「氣」。「盤」，龍舒本作「槃」。

〔三〕「顧」，龍舒本作「預」，宋本、叢刊本作「與」。

〔四〕「下帷」，龍舒本作「王推」。

〔五〕「餓」，龍舒本、宋本、叢刊本作「饑」。

〔六〕「猶」，龍舒本作「由」。

〔七〕「得失」，龍舒本、宋本、叢刊本作「失得」。

〔八〕本注原闌入詩注末，無「補注」二字。原衍「空案」二字，據蘇軾虔州呂倚承事年八十三讀書作詩已收古今帖貧甚至食不足、臺北本刪。

送董伯懿歸吉州

我來以喪歸，君至以[一]一作「因」。謫徙。公嘉祐八年八月丁母憂，時爲知制誥。○觀詩意，董由遷謫來金陵，嘗從公游。此詩送其歸鄉，蓋赦後一年乃得歸。蒼黃憂患中，邂逅遇於此。去年服初除，聽赦相助喜。看君數歸月，但屈兩三指。茫然冬更秋，一笑非願始。退之詩：「乖隔非願始。」又和：「憶昨行屈指，數日憐嬰孩。」籃輿楊柳下，明月芙蕖水。唐人詩多以楊柳對芙蕖、芙蓉。如杜牧：「芙蓉露下落，楊柳月中踈。」劉威詩：「遥知楊柳是門處，似隔芙蕖無路通。」○太白詩：「清水出芙蕖。」僮飢屢窺門，客罷方隱几。莊子齊物論：「南郭子綦隱几而坐，仰天而噓。」是非評衆詩，成敗斷前史。時時對弈石，石，言棋子。○子厚柳州山水記：「始登者，得石枰於上，黑肌而赤脈，十有八道，可弈。」漫浪爭生[二]死。送迎皆幅巾，設食但陳米。後漢何進傳：「鄭康成以幅巾而見漢輔。」亦曾戲篇章，論衡曰：「興論立説，結連篇章者，文人鴻儒也。」王仲宣贈文叔良詩曰：「賦詩連篇章。」[三]揮翰疾蒿矢。莊子在宥篇：「焉知桀跖之不爲嚆矢也。」[四]注：「嚆，矢之猛者。崔本作『蒿』。」○魏文帝紀：「孟達自蜀降帝，以爲新城太守，衆以爲不宜，帝曰：『朕保其無他。譬以蒿箭射蒿中爾。』」○韓非子第十：「智伯將伐趙，趙襄子懼，召張孟談問之，曰：『吾奈無箭何？』孟談曰：『臣聞董子之治晉陽也，公宮之垣皆以荻蒿楛楚墻之，有苦蒿[五]，至於丈。君發而用之。』於是發而試之，其堅雖菌幹之勁弗能過也。」隋書：「或勸唐高祖：『李密輕狡，好爲反叛，願勿遣東征。』帝曰：

『蒿箭射蒿蘺耳。吾豈不知耶？』」○唐李元諒傳：「德宗幸奉天，朱泚遣將襲華州，以絶東道。元諒自潼關引兵救之。時兵興倉卒，裹罽爲鎧，削蒿爲矢。」君豪才有餘，我老僊先止。東城景陽陌，景陽宮在臺城内。南望長干紫。長干，是秣陵縣東里巷名。江東謂山隴之間曰干。金陵五里有山岡，其間平地，民庶雜居，有大長干、小長干、東長干，並是地名。○王勃滕王閣記：「煙光凝而暮山紫。」○李白詩：「同居長干里。」欲斸三畝蔬，於焉寄殘齒。經過許後日，唱和猶〔六〕在耳。左氏：「先君雖終，言猶在耳。」新恩忽捨我，退之寄崔立之詩：「新恩釋御羈。」欣悵生彼已。韓集岳陽樓詩：「主人孩童舊，握手乍欣悵。」江湖北風帆，捩柂即千里。退之送鄭尚書序：「飄風一日，踔數千里。」相逢知何時，莫惜縑與紙。韓集遺侯參謀詩：「寄書惟在頻，無惜簡與繒。」

【校記】

〔一〕「以」，龍舒本、宋本、叢刊本作「因」。

〔二〕「生」，龍舒本作「先」。

〔三〕此詩，文選卷二十三作劉楨贈五官中郎將四首之四。

〔四〕「焉知」句，浙江書局本莊子在宥作「焉知曾史之不爲桀跖嚆矢也」。

〔五〕「苦蒿」，浙江書局本韓非子十過第十作「楛高」。

〔六〕「猶」，龍舒本作「由」。

八月十九日試院夢冲卿

空庭得秋長漫漫，（楚詞：「路漫漫其脩遠兮，吾將上下而求索。」又寧戚：「夜漫漫。」）寒〔一〕露入幕愁衣單。喧喧人語已成市，白日未到扶桑間。（十洲記云：「扶桑地方萬里，多生林木，其葉如桑，長者數千丈。兩兩同根偶生，故名扶桑。」〇又，古書云：「東方有扶桑之木，其高萬仞。日下浴於暘谷，上拂於扶桑。」）永懷所好却成夢，玉色髣髴開心顔。（玉色，見鮑公水注。）逆〔二〕知後應不復隔，談笑明月相與閑。（古詩：「明月入綺窻，彷彿想蕙質。」）

【校記】

〔一〕「寒」，龍舒本作「塞」。

〔二〕「逆」，龍舒本作「迎」。

平甫歸飲　在館中時作。

無田士相弔，亦以廢燕樂。（孟子：「惟士無田，則亦不祭，牲殺、器皿、衣服不備。不敢以祭，則不敢以宴，亦不足弔乎？」注：「不祭則不宴，猶喪人。」）我官雖在朝，得飲乃不數。退之詩：「我雖官在朝，氣勢已局縮。」詩書向墻户，賓至無杯杓。沛公不勝杯杓。空取上古言，醻之等糟粕。有如揚子雲，歲晚天禄閣。但無載酒人，識字真未博。公自言識字不多，載醪而問者少。此近於戲也。然識字亦豈易哉？漢之諸儒比肩立，而揚子雲獨以識字稱。韓公以道德文學伏一世，而猶自謂：「凡爲文辭，宜略識字。」推此，可知其非易也。叔兮歸自東，一笑堂上酌。緒餘不及客，莊子：「道之真以治身，其緒餘土苴以治天下。」○姤卦：「包有魚。」義不及賓也。兒女聊相酢。高談非世歡，自慰亦不惡。寄言繁華子，阮嗣宗詩：「昔日繁華子，安陵與龍陽。」○沈休文詩：「洛陽繁華子，長安輕薄兒。」此趣由來各。鄭谷詩：「一年流淚同，萬里相思各。」

答陳正叔

天馬志萬里，駕鹽不如閑。前漢禮樂志渥洼馬歌：「太一況，天馬下。志俶儻，精權奇。體容與，迣萬里。」○戰國策：「夫驥服鹽車，上太山，中坂遷延，負轅不能上。伯樂下車哭之者也。」○賈誼賦：「驥垂兩耳，服鹽車兮。」壯士困局束，不如棄之完。退之讀皇甫湜公安園池詩：「觀之亂我意，不如不觀完。」用之不盡，不如不用。利行有阨轍，勢涉無恬瀾。謝靈運詩：「河流有急瀾，浮驂無緩轍。」古詩：「規行無曠跡，短步豈逮人。」公詩倣此。明明千年羞，促促一日歡。陸士衡豫章行：「促促薄暮景。」注：「促促，短貌。」○退之進學解：「踵常徒之促促。」孰肯避此世，引身取平寬。語：「賢者避世。」劉屈氂傳：「屈氂挺身逃。」師古注曰：「引身而逃難。」○韓賦：「在隱約而平寬。」超然子有意，爲我歌考槃。考槃，刺莊公使賢者退而窮處。予方慕孔氏，委吏久盤桓。「孔子嘗爲委吏矣，曰：『會計當而已矣。』」〔一〕○易：「盤桓利居，貞。」得失未云殊，聊各趨所安。謝惠連詩：「未知古人心，且從性所翫。」

【校記】

〔一〕「曰」字原脱，據孟子萬章下補。

過食新城藕

他年過食新城藕，枕藉船中載親友。劉伶酒德頌：「枕麴藉糟。」○李白詩：「醉客滿船歌白紵。」今年却到經行處，獨坐昏煙對舞柳。劉長卿詩：「客路向楚雲，河橋對衰柳。」舞，恐是「衰」字。甘酸向口無所適，少陵病橘詩：「紛紛不適口，豈止存其皮。」牢落盤飧與樽酒。左氏：「乃饋盤飧置璧焉。」○杜詩：「自足媚盤飧。」冰房玉節謾〔二〕自好，穆天子傳：「西王母獻素蓮一房。」○韓詩：「池蓮坼秋房。」○本草：「荷爲芙蕖，其實蓮，其根藕。蓮，謂房也。藕節冷，解熱毒。」欲御還休涕垂手。曾參宦學居常近，家語：「曾參，齊嘗聘欲與爲卿，而不就，曰：『吾父母在。食人之禄，則憂人之事，故吾不忍遠親而爲人役也。』」陽城離別初不久。陽城爲國子祭酒，引諸生，告之曰：「凡學者，所以學爲忠與孝也。諸生有久不省親者乎？」明日，謁城歸養者二十輩，不歸者斥之。公蓋以此教人，詩所引恐此事。人間此願兩未能，西風落日空回首。

【校記】

〔一〕「謾」，宋本、叢刊本作「漫」。

明州錢君倚衆樂亭

君倚，名公輔。仁宗時，自三司户部判官出知明州，有善政。自明召入爲脩注。公嘗舉以自代。

使君幕府開東部，名高海曲人知慕。艤船談笑政即成，艤舡，屢見上。洗滌山川作佳〔一〕趣。平泉浩蕩銀河注，想見明星弄機杼。選古詩：「迢迢牽牛星，皎皎河漢女。纖纖擢素手，札札弄機杼。」載沙築成天上路，唐世拜相禮，絶班行，府縣載沙填路，自禁城至其第，名曰沙堤。投虹爲橋取孤嶼。李白詩：「安得五采虹，架天作長橋。」○明皇雜録：「羅公遠引明皇游月宫，擲一竹枝於空中，爲大橋，色如白金。行十數里，至一大城闕，曰：『此月宫也。』」「投虹爲橋」，即此意。又，蘇耽一事，亦類此。掃除荆棘水中央，詩秦風：「宛在水中央。」碧瓦朱甍隨指顧。春風滿城金版舫，周禮秋官職金：「旅於上帝，則共其金版。」〔二〕注云：「鉼金謂之版。」此以言舫，未詳。○江表傳：「吴少帝於宫内作小舡三百餘艘，飾以金銀。」金版之類也。○唐韓滉遣使獻羅，每檐夫與白金一版。來看置酒新亭上。百女吹笙綵鳳悲，列仙傳：「王子晉好吹笙，作鳳凰之鳴。」○李德裕詩：「仙女是董雙成，桂殿夜凉吹玉笙。」一夫伐鼓靈鼉壯。評曰：百女自多，一夫恨少。

〇李斯傳：「建翠鳳之旗，樹靈鼉之鼓。」〇唐劉言史觀繩伎歌：「廣場寒食風日好，百夫伐鼓錦臂新。」〇唐王轂詩：「靈鼉震疊神仙去。」安期羨門相與游，方丈蓬萊不更求。列仙傳：「安期生，琅邪人，賣藥東海邊。時人皆言千歲。」漢郊祀志：「李少君言：『臣嘗游海上，見安期生食巨棗，大如瓜。安期仙者，通蓬萊中。合則見人，不合則隱。』後欒大亦言：『臣常往來海中，見安期、羨門之屬，顧以臣爲賤，不信臣。』羨門，碣石山上仙人，名子高也。」〇前漢志：「燕昭王使方士入海求三神山。」柳文訾家洲記云：「若與安期、羨門接於物外。」酒酣忽跨鯨魚去，揚雄羽獵賦：「乘巨鱗，騎鯨魚。」〇杜詩：「若逢李白騎鯨魚。」〇李白詩：「暮跨紫鱗去，海氣侵肌凉。」陳跡空令此地留。

【校記】

〔一〕「佳」，宋本、叢刊本作「嘉」。

〔二〕「旅於」句，原作「旅干上帝見供其金版」，據周禮改。

愛日　使虜時作。

鴈生陰沙春，冬息陽海澨。山海經：「鴈門山，鴈出其間，在高柳北。」冥冥取南北，豈以食爲累。洿予愁病軀，鄙朴〔二〕人所戲。杜恕家戒曰：「張子臺，視之似鄙朴人，然其心中不知天地間何者爲美，何者爲好，似與陰陽合德者。患禍當何從來？」子臺名閣，見邴原傳。無才治時難，量力當自棄。豈知塞上霜，飄然亦何事。高堂已白髮，愛日負明義。揚子篇：「孝子愛日。」怨〔二〕風吹平原，怨字，當作「悲」。秣馬聊一愒。含懷孰與語，仰屋思歎喟〔三〕。孟母知身從，萊妻恥人制〔四〕。孟母事，見列女傳。萊妻事，詳見別注。一肉儻易謀，萬鍾非得計。顏、曾之養至矣，何必萬鍾。

【校記】

〔一〕「鄙朴」，龍舒本、宋本、叢刊本作「朴鄙」。

〔二〕「怨」，宋本、叢刊本作「悲」。

〔三〕「歎喟」，龍舒本作「漢噲」。

〔四〕「萊妻」句，龍舒本作「來人恥妻制」。

答裴煜道中見寄

君游苦數歸苦晚，一驛險有千里遠。言路雖一驛，其險如千里之遠。知君陟降旦暮間，馬力不勁厭長坂。雨脚墜地花枝低，風頭入溪蒲葉偃。樂天早秋晚望詩：「穿霞日脚直，馳鴈風頭利。」○選詩：「雨足灑四溟。」○小杜詩：「林黑山高雨脚長。」○語：「草上之風必偃。」此處登臨不奈愁，瓊樹森森遮疊巘。煜，慶曆六年省元，賈黯榜第二甲第六名。

餘寒

餘寒駕春風，入我征衣裳。捫鬢〔一〕秖得凍，蔽面尚疑創。士耳恐猶墮〔二〕，漢書：「上聞韓王信降匈奴，上將擊之。連戰，乘勝逐北，至樓煩，會大寒，士卒墮指者十二三。」傅玄詩：「嚴風截人耳，素雪隨地凝。」馬毛欲吹僵。杜詩：「牛馬毛寒縮如蝟。」○張祜詩：「馬毛帶雪汗氣蒸，五花連錢旋作冰。」僵者，毛勁欲折也。○西京雜記：「漢元封二年，大雪深一丈，野中鳥獸皆死，牛馬踡縮如蝟。」牢持有失箸，疾飲無留湯。先主〔三〕方食，不覺失匕箸。言方寒手凍，至不能執捉。曈曈扶桑日，出有萬里光。可憐當此時，不濕地上霜。言日光薄，不能使霜消。詩：「雨雪瀌瀌，見晛曰消。」冥冥鴻鴈飛，北〔四〕望去成行。唐本草：「鴈爲陽鳥，冬則南翔，夏則北徂。時當春夏，則孳育於北，故禮云：『秋，鴻鴈來此。』」言鴻鴈知幾先識，不以餘寒尚勁而忘北去也。○杜詩：「君看雲中鴈，禽鳥亦有行。」誰言有百鳥？此鳥知陰陽。豈時有必至，前識聖所臧。前識，謂先見。把酒謝高翰，我知思故鄉。李白詩：「舉頭望山月，低頭思故鄉。」

【校記】

〔一〕「鬢」，龍舒本作「鬢」。

〔二〕「墮」，龍舒本、宋本、叢刊本作「墜」。

〔三〕「先主」，原作「先生」，據三國志蜀書先主傳、臺北本改。
〔四〕「北」，宫内廳本作「前」。

憶鄞縣東吴太白山水〔一〕 亦名孤城。

孤城回首一作「望」。詎〔二〕幾何，憶得〔三〕好處長經過。最思東山春〔四〕樹靄，更憶南湖〔五〕秋水波。王尊傳：「惟一主簿泣，在尊之傍立不動，而水波稍却回。」○江文通恨賦：「春水緑波。」九歌：「飆風起兮水揚波。」三年飄忽一作「百年顛倒」。如夢寐，杜詩：「相對如夢寐。」萬事感激一作「乖隔」。〔六〕徒悲歌。應須飲酒不復道，今夜江頭明月多。韓詩：「一年月明今宵多。」又：「有酒不飲〔七〕柰明何。」

【校記】

〔一〕宋本、叢刊本題作「孤城」。
〔二〕「詎」，龍舒本、宋本、叢刊本作「距」。
〔三〕「憶得」，宋本、叢刊本作「記得」。
〔四〕「春」，龍舒本作「湖」，宋本、叢刊本作「煙」。
〔五〕「南湖」，龍舒本作「山春」。
〔六〕以上三處注「一作」云云，與相关正文，宋本、叢刊本均互易。

〔七〕「飲」下原本、臺北本衍「爭」字，據韓愈八月十五夜贈張功曹詩删。

和微之藥名勸酒

此湊藥名爲詩。陳亞嘗詠藥名詩云：「風月前湖近，軒牕半夏凉。」「棊爲臘寒呵子下，衣嫌春瘦縮紗裁。」世傳以爲起於亞，非也。自梁以來，如簡文帝、元帝皆有藥名詩。庾肩吾、沈約亦各有一〔二〕首。至唐張籍爲離合詩，有云：「江臯歲暮相逢地，黄葉生前半下枝。子夜吟詩問松桂，心中萬事喜君知。」以此觀之，則藥名詩初不始於亞矣。

赤車使者錦帳郎，從容珂馬留閑坊。赤車使者、從容，見既别羊王二君注。○珂，大如鰒，皮黄黑而骨白，以爲馬飾，生南海。紫芝眉宇傾一坐，笑語但聞雞舌香。紫芝生高夏山谷，六芝皆無毒。論衡云：「芝生於土，土氣和，故芝草爲瑞。」○雞舌香，按三省故事：「尚書郎口含雞舌香，以其奏事答對，使氣芬芳。」母丁香，亦名雞舌香。藥名勸酒詩實好，陟釐爲我書數行。陟釐，乃水中苔，今取以爲紙名。苔紙，見本草草部。真珠的皪鳴槽牀，金罍琥珀正可嘗。真珠，出廉州。邊海中有洲島，島上有大池，謂之珠池。每歲，刺史親往，監珠户入池採老蚌，割取珠以充貢。○李賀詩：「有酒且滴真珠紅。」○金櫻子，今之刺榆子，形似榲桲而小，色黄有刺，花紅，在處有之。松柏千年爲茯苓，又千年爲琥珀。史君子細看流光，莫惜覓醉衣淋浪，獨醒至死誠可傷。評曰：至此不類藥名，但覺痛快。○史君子，形如梔子，稜瓣深而兩頭尖，亦似訶梨。初〔三〕始因潘州郭使君療小兒，多是獨用此物，因號爲史君子。○獨醒，草名。歡華易盡悲酸早，人間没藥能醫老。酸棗，生河東川澤，樹大如大棗，實無常形，味酸者是。○没藥，生波斯國，似安息香，黑色。寄言歌管衆少年，趂取烏頭未白前。評曰：妙。○貫衆，生玄山山谷，苗似狗脊，狀如雉尾。烏頭，葉厚，莖方，中空。葉四四相當，與蒿相似。白前，苗似細辛而大，色白，易折，生洲渚沙磧之上。

補注 詩實 詩實，借耆貫音。 惜覔 惜覔，借折蓂音。〔三〕

【校記】

〔一〕「一」，宮内廳本下有作「百」字。

〔二〕「初」，原本、臺北本作「勤」，據宮内廳本改。

〔三〕上二注原闕入詩末，無「補注」二字。

客至當飲酒二首

結屋在墻陰，閉門讀詩書。韓詩：「閉門讀書史，清風牕户涼。」懷我平生友，山水異秦吴。退之詩：「譬官居京邑，何由知東吴？」又：「踐此秦關雪，家彼吴洲雲。」杖藜出柴荆，豈無馬與車。窮通適異趣，談笑不相愉。謂語不相投也。愉，悦也。寧〔二〕復求古人，浩蕩與之俱。淵明詩：「好風與之俱。」客至當飲酒，日月無根株。張籍：「青天蕩蕩高且虚，上有白日無根株。流光蹔出還入地，使我少年不須臾。」

【校記】

〔一〕「寧」，龍舒本、宋本、叢刊本作「豈」。

其　二

天提兩輪光，環我屋角走。列子：「一兒曰：『日初出，大如車輪。及中，纔如盤蓋。此不爲日初出去人近，日中時去人遠乎？』」○杜詩：「日月雙車轂。」自從紅顔時，照我至白首。纍纍地上土，往往平生友。纍纍，謂塚。歎逝賦：「友靡靡而日索。」杜詩：「念舊半爲鬼。」○諸葛孔明梁甫吟：「里中有三墳，纍纍正相似。」少年所種樹，韓文：「樹，吾先人之所種也。」○唐人胡僧歌：「手種青松今十圍。」磥砢行復朽。古人有真意，獨在無好醜。楊王孫傳：「歸者得至，化者得變，是物各反其真也。反真冥冥，亡形亡聲。」詩意言人任運而生，乘化而盡，無獨存之理。杜詩：「時來展才力，先後無好醜。」冥冥誰與論，客至當飲酒。評曰：豪落感激，參差跌絶。

乙未冬婦子病至春不已　乙未爲至和二年，公時爲羣牧判官，被使畿内。後二年，卒求常州以出。

天旋無窮走日月，爾雅：「二十八宿及諸星皆循天左行，一日一夜一周天。日月五星則右行，日行一日一周天，月行一月一周天。」○杜牧詩：「月於何處去？日於何處來？跳丸相趂走。」青髮能禁幾回首？兒呻婦歎冬復春，強欲笑歌難發口。莊子盜跖篇：「除病疾憂患，其中開口而笑者，一月之中，不過四五日而已。」黃卷幽尋非貴嗜，藜牀穩臥雖貧有。二物長乖亦可憐，一生所得猶多苟。黃卷、藜牀，非謂無此二物也，不能盡其樂耳。○南史江斆讓婚表：「至於夜步月而弄琴，晝拱袂而披卷。一生之內，與此長乖。」

強起

寒堂耿不寐，顏延年詩：「幽人不能寐，耿耿夜何長？」轆轆聞車聲。不知誰家兒，先我霜上行。杜牧阿房賦：「轆轆遠聽，杳不知其所之也。」言車聲。

歎息夜未央，呼燈〔一〕置前楹。推枕欲強起，問知星正明。昧旦聖所勉，齊詩有雞鳴。書：「先王昧爽丕顯，坐以待旦。」○馬周疏：「昧旦丕顯，後世猶怠。」○詩：「女曰雞鳴，士曰昧旦。子興視夜，明星有爛。」嗟予以竊食，更覺負平生。杜詩：「白頭趨幕府，深覺負平生。」

【校記】

〔一〕「呼燈」，宋本、叢刊本作「遽呼」。

飲裴侯家

此必是裴煜作郡江淮時，語意可知也。

裴侯飲我日向中，四坐賓客顏皆紅。掃除高館邀我入，自出糶麥憐民窮。天邊眼力破萬里，桑麻冥冥山四起。韓詩：「失路麻冥冥。」○文選：「歌吟四起。」野心探尋殊未已，更欲湔衣北城水。忽見碧樹櫻桃懸，下馬恣食不論錢。杜詩：「白魚如切玉，朱橘不論錢。」赤星磊落入我眼，恐是半醉游青天。蕭穎士伐櫻桃賦〔一〕：「騂朱實以星繁。」柳子厚謝賜櫻桃表：「使發九霄，集繁星而有耀。」又：「盈眥而外被恩光。」裴侯方坐塵沙裏，役身救物當如此。我曹偶脱〔二〕簿領間，杜詩：「脱身簿領間，始與箠楚辭。」何忍愛惜一日閒。且歸拂席飽眠睡，明日更看滁南山。評曰：自譏自詆，殊有襟度。○劉夢得平蔡州詩末聯：「策勳禮畢天下泰，猛士按劍看常山。」

【校記】

〔一〕「伐」字原脱，據全唐文卷三百二十二補。

〔二〕「脱」，宋本作「挽」。

送謝師宰赴任楚州二首〔一〕

師宰，陽夏公絳之子。陽夏四子：景初、景温、景平、景回。此景平也。范忠宣堯夫集有祭師宰文，稱祕丞謝君，曰：「嗚呼師宰，自天生德。仁孝愷悌，温恭正直。言參典章，動惟法則。清淨寡欲，心如止水。謙虚無我，賢不自恃。年方及壯，道已充己。曾未設施，疾以不起。時無聖師，獨喪顔子。嗚呼哀哉！識君之初，君方妙齡。龍駒鳳雛，神骨天成。騰騫萬里，誰測其程。我之慕君，聞道爲先。君之厚我，世舊以憐。交深義合，恩契綿聯。情均手足，幾二十年。君罷山陽，我官東畿。維舟相從，浹日燕嬉。君病東還，我憂惙惙。執手相視，忍涕而別。孰謂伊人，於焉永訣。」此稱山陽，即楚州也。忠宣作此，時治平二年四月。

珠玉不自貴，故爲人所憐。言珠玉不自知其美好，而人自貴之耳，故曰「無脛而走」。賢愚亦如此，好惡有自然。褚䂮云：「冰炭不言而冷熱之質自明者，以其有實也。」聞子欲東南，使我抱憂一作「幽」。悁。退之詩：「如何又須別，使我抱悁悁。」炎風沙土中，甘與子留連。詩：「甘與子同夢。」大梁非無客，跪起廢食眠。言應俗徒煩耳。退之詩：「兼旬同食眠。」相看獨不厭，以此知子賢。李白詩：「相看兩不厭，惟有敬亭山。」衰氣已難強，壯心方少年。才高豈易得？勗子在雕鐫。勉之學也。

【校記】

〔一〕題原無「二首」，據目録補。

其　二　杜詩：「四月五月偏號呼。」

岷嶓一支流向東，七月八月舡如風。謂汴水也。流入淮，故言東。愛君少壯此行樂，恨我留連成老翁。魏文帝與吳質書曰：「志意何時復類昔日？已成老翁，但未白頭耳。」神頭兩岸水無窮，伏檻荷花滿眼〔一〕紅。神頭，屬楚州，地名。當時不得君携手，今日山川在眼中。

【校記】

〔一〕「眼」，宋本、叢刊本作「地」。

次韻游山門寺望文脊山　文脊山，一名曷山，在寧國縣西三十里。

宣城百山間，文脊尤奇峯。拔出飛鳥上，圖畫難爲容。聞昔有幽人，捫蘿追赤松。赤松，古仙人也，神農時爲雨師，服冰玉，教神農能入火不燒。遺形此古室，孤坐鹿裘重。人去邈不反，洞壑空藏龍。側行蒼崖煙，俯仰求靈蹤。游者如〔一〕可得，甘棄萬户封。安能久塵土，傾倒相迎逢。按，晉書隱逸傳，瞿硎先生者，不得姓名，亦不知何許人也。太和末，嘗居宣城郡界文脊山中。山有瞿硎，因以名焉。大司馬桓温嘗造之。既至，見先生被鹿裘，坐於石室，神無忤色。温及僚佐數十人，皆莫測之，乃命伏滔爲之贊。竟卒於山中。

【校記】

〔一〕「如」，宋本作「追」。

疥

昭公二十年：「齊侯疥，遂痁。」梁元云：「疥音痎，兩日一發之瘧。」杜預注云：「案傳例，因事曰遂。若痎已是瘧，何爲復言『遂痁』乎？」〇説文曰：「疥，搔也。」周禮天官疾醫曰：「夏時有癢疥病。」禮記月令：「民多疥癘。」

浮陽燥欲出，陰濕與之戰。燥濕相留連，虫生乃投間。搔膚血至股，解衣燎爐炭。方其愜心時，更自無可患。呼醫急治之，莫惜千金散。有樂即有苦，愜心非所願。莊子：「樂未畢也，哀又繼之。」

補注

平甫歸飲詩　識字真未博　介甫登科，爲淮陽簽判。時韓魏公作鎮，喜介甫文學，不以吏事許之。介甫每引古義爭事，公一裁以法律，往往不從。介甫官滿，既去，有人獻公書。書中多用古字，公不能識，持示羣寮，亦不識。公曰：「王廷評在，必能識。此人多識難字。」介甫聞之，怒，以爲輕己。疑此句有激而云也。晁景迂晚年嘗語人云：「日課識十五字。」景迂博學多識，未見其比。晚年衰病，尚勤如此，可以爲法也。

送董伯懿　蒿矢　通鑑載高祖語乃云：「借使叛去，如以蒿箭射蒿中耳。今使二賊交鬭，吾可坐收其弊。」

庚寅增注第十六卷

送董伯懿歸吉州　北風帆　王琚詩：「疾風吹飛帆，倏忽南與北。目盡不復見，懷哉無終極。」

平甫歸飲　向墻户　揚子：「向牆之户，不可勝入矣。」　糟粕　君之所讀者，古人之糟粕耳。　自東　詩：「我來自東。」

答陳正叔　阨轍恬瀾　朱敬則諫武后尚威刑疏云：「急促無善跡，促任少和聲。」亦此意也。　考槃　詩注：「考成槃，樂也。」謂樂於山澗之濱。

過食新城藕（一）　欲御還休涕垂手　此言見甘脆而念親之不嘗，不忍自食也。

明州錢君倚衆樂亭　投虹　春秋讖曰：「天投蜺，民怨。」　水中央　杜詩：去茨草，「轉置水中央。」

愛日　陰沙陽海　水經注：「陰溝始亂蒗蕩，終别於沙而過水出焉。」穀梁曰：「水北爲陰，水南爲陽。」　食爲累　東漢閔仲叔：「豈以口體累人哉？」　人所戲　漢書司馬遷傳：「文史卜祝，固上所戲。」

答裴煜道中見寄　裴煜字如晦，開封人，慶曆六年省元，廷試第二甲第六名，賈黯榜。公前有送煜宰吴江詩。　君游苦數　韓詩：「茲游苦不數。」

餘寒　吹僵　李愬夜入蔡，風偃旗裂膚，馬皆縮慄。

憶鄞縣東吴太白山水　詎幾何　韓詩：「别詎幾何？」

和微之藥名勸酒　陟釐　晉武賜張華側理紙萬番，南越所獻也。漢人言陟狸，狸與側理相亂。南人以海苔爲紙，其理縱横邪側，因以爲名焉。

客至當飲酒其二　行復朽　庾信云：「樹猶如此，人其可知。」　真意　陶詩：「此還有真意。」

乙未冬婦子病　發口　書：「其發有逸口。」　一生多苟　韓退之有「兩事皆害性，一生長苦心」之句，意不同而語近之。

强起　不寐　毛詩：「耿耿不寐。」　霜上行　韓退之履操：「兒行於野，履霜以足。」

飲裴侯家〔二〕　飲我日向中　杜詩「姜侯設鱠當嚴冬」句法也。　破萬里　孟子：「既竭目力。」晉書：「破萬里浪。」　一日閒　退之詩：「誰能一日閑？」

疥　千金散　孫思邈千金方。前漢：「灌夫中瘡十餘，適有萬金良藥，故得不死。」注：「萬金者，言其價貴也。」詩稱「千金散」，恐同此意。散，作散財之散。

【校記】

〔一〕題原缺，據詩注補。

〔二〕題原缺，據詩注補。

王荆文公詩卷第十七

古詩

和平甫舟中望九華山四十韻〔一〕

楚越千萬山，雄奇此山兼。劉禹錫云：「余嘗愛終南、太華，以爲此外無奇；愛荆門，以爲此外無秀。及見九華，始悼前言之容易也。」盤根雖巨壯，其末乃脩纖。杜詩：「掛李盤根大」又鐵堂峽詩：「脩纖無限竹，嵌空太始雪。」〔二〕去縣尚百里，側身勇前瞻。蕭條煙嵐上，縹緲浮青尖。杜詩「萬點蜀山尖」也。五代石敬瑭曰：「爲浮圖者，必合其尖。」徐行稍復逼，所矚亦已添。精神去亹亹，詩：「亹亹文王。」氣象來漸漸。詩：「漸漸之石。」注：「山石高峻。士銜反。」公必別有所據。又楚詞：「涕漸漸其若屑。」卸席取近岸，移船傍蒼蒹。卸席，謂落帆也。謝靈運詩：「掛席拾海月。」詩：

「蒹葭蒼蒼。」箋云：「蒹葭，蘆也；蒼蒼，盛也。」窺觀坐窮晡，易：「闚觀，利女貞。」注：「不能廣大觀鑒。闚，亦作窺。」淮南子：「日出暘谷，是謂晨明。至於悲谷，是謂晡時。」未覺晷刻淹。萬章下：「是以未嘗有所終三年淹也。」江空萬物息，四面波瀾恬。嶻然九女鬟，争出一鏡奩。禮：「諸侯一娶九女，天子九嬪。」後漢光烈陰后紀：「明帝上陵，伏御牀，視太后鏡奩中物。」卧送秋月没，起看朝陽遲。集韻云：「遲，日光升進也。」游氛蕩無餘，瑣細得盡覘。退之南山詩：「巨細難悉究。」陵空翠纛直〔三〕，照影寒鋩銛。言山影在水中，如劒芒之寒，且銛利也。楚詞弔屈原：「鏌耶爲鈍兮，鉛刀爲銛。」冢木立紺髮，崖林張紫髯。山，釋名：「山頂爲冢，非墳冢之冢。」詩：「山冢崒崩。」李羣玉詩：「紺髮初簪玉葉冠。」韓詩：「緑髮抽珉甃。」孫權有「紫髯將軍」之號。杜詩：「參軍舊紫髯。」變態生倏忽，雖神詎能占？相如傳：「珎怪鳥獸充仞其中者，不可勝記。」「禹不能名，卨不能計」，亦此意。當留老吾身，少駐誰云饜？唐人匡白東林寺詩：「堪歎世人來不得，便隨雲樹老何妨。」惜哉秦漢君，黄屋上衡灊〔四〕。始皇三十七年，行至雲夢，望祀舜於九疑山。紀不明言嘗登衡山也。○「漢武元封五年冬，行南巡狩，至於盛唐，望祀虞舜於九疑。登灊天柱山。」應劭曰：「灊音潛同。南嶽霍山在灊。灊，縣名，屬廬州〔五〕。」徐靈期南嶽記曰：「衡山，五嶽之南岳也。至於軒轅，乃以灊霍之山爲副焉。故爾雅云：『霍山爲南岳。』蓋因其副也。至漢武南巡，又以衡山遼遠，道隔漢江，乃徙南岳之祭於廬江。」今詩云「衡灊」，必本此，不必專指南嶽。等之事嬉游，「等」字，與陳勝傳「今亡亦死，舉大計亦死，等死」之「等」義同。捨此何其廉。東方朔傳：「割之不多，又何廉也？」我疑二后荒，神物久已厭。荒，謂神志荒亂，不明道理。埋藏在雲霧，不欲登昏憸。秦之君臣，上昏而下憸。羣臣相與議刻石，頌秦德，明得意，皆憸佞之爲。又疑避褒封，蔽匿以爲謙。或是古史書，脱落簡與籤。古事，史所不載者多矣，何獨疑於脱簡哉！當時備巡游，今不存緗縑。終南秦之望，關中記曰：「終南山，一名中南，言在天中，居都之南也。關中，秦地，故云。」江漢睢漳，楚之望也。太山魯所詹。詩：「太山巖巖，魯邦所詹。」天王與秩祭，書舜典：「望秩於山川。」注：「諸侯境内名山大川，如其秩次望祭之。謂五岳牲禮眂三公，四瀆眂諸侯，其餘眂伯、子、男。祭法曰：『山林川谷丘陵，能出雲爲風雨，見怪物，皆曰神。有天下者祭百神，諸侯在其地則祭之，亡其地則不祭。』」俎豆羅醯鹽。周禮天官：「醯人掌共五齊七菹，凡醯物以供祭禮之物。鹽人掌共百事之鹽，祭祀共其苦鹽、散鹽。」苟能澤下民，維此遠亦需。方今東南旱，土脉燥不黏。退之苦寒詩：「雪霜頓消釋，土脉膏且黏。」周語：「古者太史順時覛土，陽癉憤盈，土氣震發，農祥晨正，日月底於天廟，土乃脉發。先時九日，太史告稷曰：『自今至於初吉，陽氣俱蒸，土膏其動。弗震弗俞，脉其滿眚〔六〕，穀乃不殖。』」尚無膚寸功。公羊僖公三十一年：「觸石而出，膚寸而合，不崇朝而偏雨天下者，惟太山耳。」豈免竊食嫌？言山不能出雲雨救旱，徒忝秩祭。神莽吾難知，士病吾能砭。文章巧傅會，漢袁盎贊：「盎雖不好學，亦善傅會。」智術工飛箝。鬼谷子有飛箝一篇。飛箝，謂縱横之學也。薦寶互珪璧，論材自楩柟。司馬相如傳：「楩柟。」音南，此於「兼」字韻内押。類篇云：「楩似豫章。毗連切。」柟，木名，即含、如占二切。説文：「梅也。」爾雅云：「似杏而實酢。」苟以飾婦妾，滕文公下：「妾婦之道也。」書：「作奇技淫巧，以悦婦人。」謬〔七〕云活蒼黔。蒼生黔首，合而言之。秦皇紀：「更名民曰黔首。」豈如幽人樂，兹山謝閭閻。穴石作户牖，垂泉當門簾。尋奇出後徑，覽勝倚前簷。超然往不返，舉世徒呫呫。竇嬰呫呫〔八〕自喜耳。匈奴傳：「顧無喋喋呫呫，冠固何當。」高興寄日月，千秋伴烏蟾。退之詩：「日月雖云尊，不能活烏蟾。」遐追商洛翁，秦火不能炎。皇甫謐高士傳：「四皓共入商洛，隱地肺〔九〕山，以待天下定。」近慕楚穆生，竟脱楚人鉗。楚王戊不設醴。穆生云：「王之意怠，不去，楚人將鉗我於市。」吾意竊所尚，人謀諒難僉。書：「詢謀僉同。」

【校記】

〔一〕宋本、叢刊本與下首合題爲和平甫舟中望九華山二首，下首爲「二」。龍舒本目録有「二首」二字，題無。

〔二〕「根大」之「大」與下「又」字原缺，據臺北本補。「鐵堂峽」，原作「纖堂峽」，「雪」，原作「雲」，據九家集注杜詩卷六改。

〔三〕「直」，宫内廳本作「舞」。

〔四〕「灊」，龍舒本作「潛」。

〔五〕「廬州」，原作「盧川」，據清綺齋本改。

〔六〕本注引文中「覸土」，原作「視土」；「憤盈」，原作「墳盈」；「天廟」，「廟」字原脱；「九日」，原作「九月」；「滿眚」，「眚」字原脱：均據國語周語上訂補。

〔七〕「謬」，龍舒本作「繆」。

〔八〕「呫呫」，史記魏其武安侯列傳、漢書竇灌韓傳均作「沾沾」。

〔九〕「肺」字原脱，據高士傳補。

重和

誰謂九華遠？吾身未嘗詹。九華山録云：「此山奇秀，高出雲表，峯巒異狀。厥數有九，故號九子山。李白因游江漢，睹其山秀異，遂更號九華山。」又云：「山之上有池，池魚長者半尋。」

唱篇每起予，語：「起予者，商也。」予口安能箝？退之苦寒詩：「口角如銜箝。」○袁絲謂申屠嘉曰：「君自閉箝天下之口，日益愚。」晁錯傳：「臣恐天下之士拑口不敢復言矣。」此拑字無竹頭。憶在秋浦北，空江上新蟾。光潔寫一鏡，迴環兩堤奩。「一鏡奩曲堤，萬丸跳猛雨。」杜牧秋浦詩。即池州也。露坐引衣襋，退之感春詩：「辛夷花高最先開，青天露坐始此迴。」○詩葛屨：「要之襋之。」注：「襋，領也。」衣襋，衣領也。風行欹帽簷。李義山詩：「公子江邊側帽簷。」維舟當此時，巨細得盡瞻。試嘗論大略，次乃述微纖。退之南山詩：「團辭試提挈，掛一念萬漏。」此山廣以深，包蓄萬物兼。噓雲吐霧雨，生育靡不漸。書：「東漸於海。」巍然如九皇，德澤四海沾。前漢郊祀志：「武帝欲放黃帝以接神人蓬萊，高世比德於九皇。」注：「張晏云：『三皇之前有人皇九首。』」韋昭曰：「上古有人皇者九人。」師古曰：「韋說是也。」本朝楊文公表：「亦使德邁九皇。」此山相後先，各出羣峯尖。先，去聲。詩：「予曰有先後。」柳詩：「海上尖山似劍芒，秋來處處割愁腸。」毅然如九官，羅立在堂廉。舜典：「止言所命之官。」劉向傳：「始云『舜命九官，濟濟相遜。』」○賈誼：「上廉遠地則堂高。」挺身百辟上，附麗無姦憸。前漢五行志：「挺身獨與小人晨夜相隨。」劉屈氂傳：「屈氂挺身逃。」○揚雄傳：「諸附離之者，或起家至二千石。」師古曰：「離，著也。音麗。」此山高且寒，五月不覺炎。杜詩：「五月江聲草閣寒。」又：「六月風日冷。」草樹凄[一]已綠，張景陽詩：「庭草萋已綠。」冰霜尚涵淹。頽然如九老，白髮連蒼髯。白樂天嘗與胡杲、狄兼謨等燕集，皆高年不仕者。人慕之，繪爲九老圖。又道書：「九老清都君。」此山當無雲，秀色鬱以添。姹然如九女，靚飾出重簾。靚飾及九女，並見上注。○道書：「求[二]爲姹女。」韓詩：「閑愛老農愚，歸弄小女姹。」珮環與巾裾[三]，紺玉青紈縑。後漢：「楚王英贖罪，送白紈黃縑。」遠之妍西施，案：句踐所獻吳之美女爲西施。司馬彪乃云夏姬，見莊子注。近或醜無鹽。庾元規語周伯仁云：「諸人以君方樂令。」周云：「刻畫無鹽，唐突西施。」○按：無鹽女，齊之醜婦人也，宣王召見，拜爲王后。齊國大安。○俚語：「遠觀山有色。」變態不可窮，詩者徒呫呫。退之詩：「明昏無停態，頃刻異狀候。」我初勇一往，役世難安恬。浪荒不走職，民瘼當誰砭？乖離今數旬，夢想欲窺覘。自期得所如，何啻釋囚鉗。念昔太白巔，下視海日暹。〔四〕揭來天柱游，屐齒尚苔黏。太白，鄞縣名山。公嘗宰鄞縣，有太白嶺。後通判舒州，探灊皖之勝。○晉阮孚嘗自蠟屐。謝安過户限，不覺屐齒之折。謝靈運嘗著木屐，上山則去其前齒，下山則去其後齒。猶之健飲食，屢饗亦云饜。語：「猶之與人也。」昭公二十八年：魏獻子將受梗陽人賂，二大夫辭而對曰：「願以小人之腹爲君子之心，屬厭而已。」注：「厭，於鹽反。」胡爲慕攀躋，已憊且〔五〕不嫌。豈其仁智心，山水固所潛。雍也篇：「智者樂水，仁者樂山。」揚子問神篇：「或問神，曰：『心。』『請聞之。』曰：『潛天而天，潛地而地。』」男兒有所學，進退不在占。功名苟不諧，廊廟等閭閻。況乃揄椽杙，其誰辨楩柟？言所取皆樸樕小才，又何楩柟之辨。歸歟巖崖居，料理帶與籤。籤帶，謂書之飾也。○韓詩：「一一懸牙籤。」鄭康成居南山中教授，所居山下草如薤，長而細，謂之書帶草。得石坐兀兀，逢泉飲厭厭。退之詩：「觥〔六〕弘醉兀兀。」又詩：「厭厭夜飲。」取舍斷在獨，豈必詢謀僉。謀之雖多，決之欲獨。子語實慰我，寧殊邑中黔。襄公十七年：「宋國人爲平公築臺，子罕請俟農功之畢，公弗許。築者謳曰：『澤門之皙，實興我役。邑中之黔，實慰我心。』」玉枝將在山，當倚以葭蒹。世說：「魏明帝使后弟毛曾與夏侯玄共坐語，人謂『蒹葭倚玉樹』。」詩力我已屈，鋒鋩子猶銛。扶傷〔七〕更一戰，語汝其無謙。

【校記】

〔一〕「凄」，龍舒本、宋本、叢刊本作「萋」。

〔二〕「求」，宮内廳本作「汞」。

〔三〕「裾」，龍舒本、宋本、叢刊本作「裙」。

〔四〕龍舒本此句下注：「太白，鄞之名山。」

〔五〕「且」，龍舒本、宋本作「具」。

〔六〕「觥」字原缺，據臺北本補。

〔七〕「傷」，叢刊本作「復」。

次韻和中甫兄春日有感〔一〕

雪釋沙輕馬蹄疾，北城可游今暇日。（管子第五篇：「正月令農始服，作於公田農耕。及雪釋。」李郢詩：「村橋西路雪初晴，雲暖沙乾馬足輕。」○王維詩：「草枯鷹眼疾，雪盡馬蹄輕。」○白詩：「翩翩〔二〕馬蹄疾，春日歸鄉情。」）濺濺溪谷水亂流，（子虛賦：「振溪通谷。」張楫曰：「水注川曰溪，水注溪曰谷。」李義山詩：「伊水濺濺相背流。」）漠漠郊〔三〕原草争出。嬌梅過雨吹爛熳，幽鳥迎陽語啾喞。分香欲滿錦樹園，（杜詩錦樹行：「霜彫碧樹作錦樹。」魏武遺令云：「餘香可分與諸夫人。」）剪綵休開寶刀室。（隋煬帝大業元年，築西苑，宮樹秋冬彫落，則剪綵爲葉，綴於枝條，色渝，則易以新者，常如陽春。沼内亦剪綵爲荷芰芡菱，乘輿游幸，則去水而布之。刀室，謂鞘〔四〕也。）胡爲我輩坐自苦，不念茲時去如失。飽聞高逕動車輪，甘卧空堂守經帙。淮蝗蔽天農久餓，越卒圍城盜少逸。至尊深拱罷籥詔，蒯通傳：「深拱揖讓，則天下相率而朝齊矣。」元老相看進刀筆。詩采芑：「方叔元老，克壯其猶。」○賈生傳：「俗吏所務，在於刀筆箱篋。」注：「刀所以削書札。」公譏柄國者甚矣。○東方朔傳注：「古者用簡牒，故吏皆以刀筆自隨。」○汲黯傳：「刀筆吏不可爲公卿。果然，必湯也。」盲〔五〕風生物尚有意，禮記月令：「仲秋之月，盲風至。」注：「盲風，疾風也。」○韓文：「盲風怪雨，發作無節。」壯士憂民豈無術？不成歡醉但悲歌，回首功名古難必。盲風而言生物，未詳。

【校記】

〔一〕宋本、叢刊本題無「次韻」二字。

〔二〕「翩翩」，原本、字迹不清，據白居易及第後歸覲留別諸同年、臺北本補。

〔三〕「郊」，宮内廳本作「高」。

〔四〕「鞘」，原作「筲」，據宮内廳本改。

〔五〕「盲」，宋本、叢刊本作「春」。

收　鹽

州家飛符來比櫛，詩頌：「其崇如墉，其比如櫛。」注：「如櫛之相比迫也。」海中收鹽今復密。窮囚破屋正嗟欷，吏兵操舟去復出莊子達生篇：「津人操舟若神。」海中諸島古不毛，島夷爲生今獨勞。書禹貢：「島夷皮服。」不煎海水餓死耳，誰肯坐守無亡逃？爾來盜賊〔一〕往往有，刼殺賈客沉其艘。言島中不毛之地，民不煎海，何從得食？而官又禁之，去而爲盜，固其所也。一民之生重天下，君子忍與争秋毫〔二〕？君子不以天下易一夫之命，况與競錐刀之末而陷之死哉？公嘗語東坡：「人須是知行一不義、殺一不辜而得天下弗爲，乃可。」

【校記】

〔一〕「盜賊」，龍舒本、宋本、叢刊本作「賊盜」。

〔二〕「毫」，宫内廳本、臺北本作「豪」。

省兵

有客語省兵，兵省非所先。方今將不擇，獨以兵乘邊。前攻已破散，後距方完堅。以衆亢彼寡，雖危猶幸全。將既非其才，議又不得專。兵少敗孰繼，胡來飲秦川。萬一雖不爾，省兵當何緣？言將不足賴，猶恃多兵可以禦敵，併兵省之，兩者皆無矣。蓋公意非謂兵多爲足恃，苟能擇將，則兵雖少，亦何至遂敗乎？驕惰習已久，去歸豈能田？不田亦不桑，衣食猶兵然。省兵豈無時，施置有後前。王功所由起，古有七月篇。百官勤儉慈，勞者已息肩。游民慕草野，歲熟不在天。言民力於農，天不能使之飢。擇將付以職，省兵果有年。先儒嘗言：「徐禧，奴才也。善兵者，有二萬人未必死；彼雖十萬人，亦未必能勝二萬人。古者以少擊衆而取勝者多，蓋兵多亦不足恃。昔者袁紹以十萬阻官渡，而曹操只以萬卒取之；王莽百萬之衆，而光武昆陽之衆有八萬，仍有在城者，然則只是數千人取之；苻堅下淮百萬，而謝玄才二萬人，一麾而亂。以此觀之，兵衆則易老，適足以資敵人，一敗不支，則自相蹂踐。至如聞風聲鶴唳，皆以爲晉軍之至，則是自相殘也。譬之一人軀幹極大，一人輕捷，兩人相當，則擁腫者遲鈍，爲輕捷者出入左右之，則必困矣。自古師旅勝敗，不能無之。然今日邊事至號踈曠，前古未之聞也。其源在不任將帥。將帥不謹任人，閫外之事，將軍處之，一一中覆，皆受廟筭。上下相徇，安得不敗？」據此，雖言兵以少勝，而擇將之說，略與公同。

發　廩

先王有經制，頒賚上所行。周禮：「廩人掌九穀之數，以待國之匪頒、賙賜、稍食。以歲之上下數邦用。」「凡萬民之食食者，人四鬴，上也；人三鬴，中也；人二鬴，下也。若食不能人二鬴，則令邦移民就穀。」〔二〕後世不復古，貧窮主兼併。昭公三年：「齊其爲陳氏乎？」「以家量貸，而以公量收之。」非民獨如此，爲國賴以成。築臺尊寡婦，巴寡婦清，見兼併注。入粟至公卿。入粟至公卿，如卜式、黃霸之徒。我嘗不忍此，願見井地平。滕文公：「井地不均，穀禄不平。」大意苦未就，小官苟營營。公意欲復井田，使貧富均，而無位以行也。按：井田之制，張子厚、程氏兄弟皆有意復古。公後得志，乃都不及此。今載程、張之說於後。二程言：「地形不必謂寬平，可以畫方，只可用筭法折計地畝以授民。」子厚謂：「必先正經界，經界不正，則法終不定。地有坳垤處不管，只觀四標竿。中間地雖不平饒，與民無害。就一夫之間所爭亦不多。又側峻處田亦不甚美，又經界必須正南北。假使地形有寬狹尖斜，經界則不避山河之曲，其田則就得井處爲井，不能就成處，或五七，或三四，或一夫，其實四數則在。又或就不成一夫處，亦可計百畝之數而授之，無不可行者。如此，則經界隨山隨河，皆不害於畫之也。苟如此畫定，雖便使暴君汙吏，亦數百年壞不得。經界之壞，亦非專在秦時，其來亦遠矣。」正叔云：「至如魯二，吾猶不足，如何得至十一也。」子厚言：「百畝而徹，言徹取之徹則無義，是透徹之徹。透徹而耕，則功力均，且相驅率，無一家得惰者。及已收穫，則計畝數裒分之，不取十一之數亦可。」或謂井議不可輕示人，恐致笑，及有議論。子厚謂：「有笑有議論，則方有益也。」「若有人聞其說，取之以爲己功？」先生云：「如有能者，己願受一廛而爲氓，亦幸也。」伯淳言：「井田今取民田，使貧富均，則願者衆，不願者寡。」正叔言：「亦未可言。民情怨怒，止論可不可爾。須使上下都無怨怒，方可行。」正叔言：「議法既大備，却在所以行之之道。」子厚言：「豈敢？某止欲成書，庶有取之者。」正叔言：「不行於當時，行於後世，一也。」子厚曰：「徒善不足以爲政，徒法不能以自行。須是行之之道。又，雖有仁心仁聞而政不行者，不由先王之道也。須是法先王。」正叔言：「孟子於此善爲言，只極目力焉。能盡方員平直，須是要規矩。」二程問：「官户占田過制者如何？如文曾有田極多，只消與五十里采地儘多。」又問：「其佗如何？今之公卿非如古之公卿，舊有田多者，與之采地，多槩與之，則無以別有田者、無田者。」

三年佐荒州，市有棄餓嬰。公以皇祐三年倅舒州，至和元年除館閣。駕言發富藏，云以救鰥惸。崎嶇山谷間，百室無一盈。詩周頌良耜：「百室盈止。」鄉豪已云然，罷弱安可生？茲地昔豐實，土沃人良耕。言州昔富而今貧，由不務農也。他州或呰窳，漢書地理志：「呰窳偷生，而亡積聚。」如淳曰：「呰，音紫；窳，音庾。」師古曰：「呰，短也；窳，弱也。」貧富不難評。豳詩出周公，根本詎宜輕？願書七月篇，一寤上聰明。詩七月，明王業也。譏時不知務農重本。

【校記】

〔一〕「若食不能人二鬴，則令邦移民就穀」句，「二」，原作「三」；「令」，原作「大」，據周禮地官司徒第二改。

感事

賤子昔在野，心哀此黔首。豐年不飽食，水旱尚何有？雖無剽盜起，萬一且不久。特愁吏之爲，十室災八九。原田敗粟麥，欲訴嗟無賕。民訴旱必以錢，言吏之無狀也。賕，一作「詸」。間關幸見省，笞扑〔一〕隨其後。況是交冬春，老弱就僵仆。州家閉倉庾，縣吏鞭租負。鄉鄰銖兩徵，坐逮空南畝。取貲官一毫，姦桀已云富。言官所得至微，而姦猾並緣自豐。李泰伯哀老婦行：「而況賦役間，羣小所同趨。姦欺至骨髓，公利未錙銖。」彼昏方怡然，詩小宛篇：「彼昏不知，一醉日富。」自謂民父母。朅來佐荒郡〔二〕，懍懍常慚疚。昔之心所哀，今也執其咎。詩小旻：「發言盈庭，誰敢執其咎？」乘田聖所勉，萬章篇：「孔子嘗爲乘田矣。」況乃余之陋。内訟敢不勤？語：「已矣乎，吾未見能見其過而内自訟者也。」同憂在僚友。

【校記】

〔一〕「笞扑」，宫内廳本作「鞭笞」。

〔二〕「郡」，宋本作「邦」。

美玉

美玉小瑕疵，國工猶珍之。大賢小玷缺。良交豈其絶。東坡作趙閲道銘：「爲國愛人，掩其疵疾。」韋賢傳：「復玷缺之難。」小缺可以補，小瑕可以磨〔一〕。不補亦不磨，人爲奈尔〔二〕何。

【校記】

〔一〕「小缺」二句，宋本作「小瑕可磨琢，小缺可補磨」。

〔二〕「奈尔」，宋本作「交工」。

寄曾子固

吾少莫與合，愛我君爲最。公集有同學一首別子固，子固作懷友一篇遺公，可見其相愛也。至晚年，乃方相違爾。君名高山嶽，嵑嶪嵩與太[一]。低心收惷友，似不讓塵壒。又如滄江水，不逆溝畎澮。李斯傳：「太山不讓土壤，故能成其大；河海不擇細流，故能就其深；王者不却衆庶，故能明其德。」君身揭日月，莊子達生篇：「昭昭乎若揭日月而行也。」遇輒破氛靄。我材特窮空，無用補倉廥。謂宜從君久，垢污得洮汰。人生不可必，所願每[二]顛沛。洮，徒刀切，洗頮也。○論語：「造次必於是，顛沛必於是。」乖離五年餘，牢落千里外。投身落俗穽，薄宦自鉗鈦。杜牧詩：「熱去解鉗鈦，飄蕭秋半時。」平居每自守，高論從誰丐？搖搖西南心，史記：「蘇秦説楚王合從，楚王曰：『自料以楚當秦，不見勝也，卧不安席，食不重味，摇摇如懸旌。』」夢想與君會。思君挾奇璞，願售無良儈。儈，古外切，合市也。前漢景十三王傳：「趙王彭祖使使即縣爲賈人榷會。」師古注：「榷，音角。會，工外反。即，就也。就諸縣而專榷賈人之會，若今和市矣。」窮閻抱幽憂，凶禍費禳禬。州窮吉士少，詩卷阿：「藹藹王多吉士。」注：「吉士，善士也。」誰可壻諸妹？爾雅釋親：「女子之夫爲壻。」説文云：「壻，女之夫也，從士、從胥。問一知十爲士。胥者，有才知之稱，故謂女之夫爲壻。」又：「男子謂女子先生爲姊，後生爲妹。」説文云：「妹，女弟也。」詩碩人云：「東宮之妹。」○子固擇諸妹所歸，皆得良士。仍聞病連月，醫藥誰可賴？家貧奉養狹，誰與通貨貝？前漢食貨志：「王莽罷錯刀、契刀及五銖錢，而更作金錢、龜貝、錢布之品，名曰寶貨。錢貨六品，銀貨二品，龜寶四品，貝貨五品，布貨十品。大貝四寸八分以上二枚爲一朋，壯貝三寸六分以上二枚爲一朋，玄貝二寸四分以上二枚爲一朋，小貝寸二分以上二枚爲一朋。」詩人刺曹公，賢者荷戈祋。詩曹風候人：「彼候人兮，荷戈與祋。」奈何遭平時，德澤盛汪濊。相如封禪文：「湛恩汪濊。」鸞鳳鳴上下〔三〕，萬羽來翽翽。詩卷阿：「鳳皇於飛，翽翽其羽。」喻吉士之多。呦呦林間鹿，争出噬苹蘋。鹿鳴詩：「呦呦鹿鳴，食野之苹。」注：「苹，藾蕭。」乃令〔四〕高世士，動輒遭狼狽。狽前足絶短，每行，常駕兩狼，失狼則不能動。人事既難了，天理尤茫昧。聖賢多如此，自古云無奈。周人貴婦女，扁鵲名醫癖〔五〕。嗟今〔六〕無常勢，趨舍唯利害。癖，字書：「下病也。」扁鵲傳：「鵲名滿天下，旁游六國。至邯鄲，聞趙貴女病，即爲帶下醫。過洛陽，聞周人愛老人，即爲耳目痹〔七〕醫。入咸陽，秦人愛小兒，即爲小兒醫。隨俗改變，無所滯礙。」貴婦女，乃趙人，非周人。今稱周，或別有出處。而君信斯道，不問〔八〕身窮泰。棄捐人間樂，張良傳：「願棄人間事。」濯耳受天籟。天籟，見上注。諒知安肥甘，孟子謂：「肥甘不足於口歟？」未肯顧糠檜。龍螭雖蟠屈，不慕蛇蟬蛻。世說：「寧爲蘭摧玉折，不作蕭敷艾榮。」令人重感奮，意勇忘身蕞。嵇康養生論云：「夫以蕞爾之體攻之者，非一途。」昭公七年：「抑諺曰：『蕞爾國而三世執其柄。』」何由日親炙，病體同砭艾。功名未云合，歲月尤須愒。昭公元年：「主民，玩歲而愒日，其與幾何？」懷思切劘劾，中夜淚霶霈。君嘗許過我，揚子問明篇：「孟子疾過我門，而不入我室。」溫公注：「音古禾反。」早晚治車軑。說文：「軑，車轄也。從車，大聲，徒蓋反。」退之秋雨聯句：「弱塗擁行軑。」山蹊〔九〕雖峻惡，孟子：「山徑之蹊間，介然用之而成路。」高眺發蒙眛。眛，目不明也。漢淮南王傳：「説丞相下之，如發蒙耳。」峯巒碧參差，木樹青晻藹。桐江路尤駛，飛槳下鳴瀨。桐江在舒，作此詩必倅舒時。魚村指暮火，酒舍瞻晨旆。清醪足消憂，玉鯽行可〔一〇〕膾。杜詩：「鮮鯽銀絲膾。」行行願無留，古詩：「行行重行行。」日夕佇傾蓋。漢鄒陽上書曰：「諺曰：『白頭如新，傾蓋如故。』」會將見顔色，語：「未見顔色而言謂之瞽。」不復謀蓍蔡。蔡，大龜也。延陵古君子，議樂恥言鄶。襄公二十九年：「季子觀周樂，自鄶以下無譏焉。」細事豈足論？故欲論其大。披披發鞬櫜，懍懍見戈鋭。書顧命：「一人冕執鋭。」注：「鋭，矛屬也，音以税反。」探深犯嚴壁，破惑黐強旝。左氏桓公四年：「旝動而鼓。」杜注曰：「旝，旃也，通帛爲之，蓋今大將之麾，執以爲號令。」離行步荃蘭，偶坐陰松檜。宵床連衾幬，晝食共麄糲。兹歡何時合，清瘦見衣帶。梁沈約傳：「約與徐勉書曰：『百日數旬，革帶常應移孔，以手握臂，率計月減半分。』」古詩：「衣帶日已緩。」陸士衡雜擬詩：「攬衣有餘帶，循形不盈衿。」作詩寄微誠，誠語無綵繪。

補注　糠檜　麄糠曰檜。〔一一〕

【校記】

〔一〇〕「太」，宮内廳本作「泰」。

〔一一〕「每」，宋本作「在」。

〔三〕「上」，宋本、叢刊本作「且」。
〔四〕「乃令」，宮内廳本作「方今」。
〔五〕「⿸疒帶」，宋本、叢刊本作「滯」。
〔六〕「嗟今」，宋本、叢刊本作「今世」。
〔七〕「痹」，原作「瘴」，據史記扁鵲倉公列傳改。
〔八〕「問」，宋本、叢刊本作「閔」。
〔九〕「蹊」，宋本、叢刊本作「溪」。
〔一〇〕「可」，宮内廳本作「即」。
〔一一〕本注原闌入詩末，無「補注」二字。

同杜史君飲城南

山公游何處，白馬鳴翩翩。山簡傳：「山公往何許，往至高陽池。」○晉五行志：「武昌歌曰：『庾公初上時，翩翩如飛鳥。庾公還揚州，白馬牽流蘇。』」檀欒十畝碧，五月浮寒煙。杜詩：「我有陰江竹，能令朱夏寒。」又柟樹歌：「五月彷彿聞寒蟬。」留客醉〔一〕其間，風吹江海縣。杜子美賦：「四海之水，皆立風吹。」言竹聲也。出罇不見日，竹外空青天。韓持國詩：「月出高樹枝，影動酒罇處。樹深月色薄，稍以燈火助。」○杜詩：「銅盤燒蠟光吐日。」酒光發金船。酒器之大者曰船，觥船、藥玉船、玉東西是也。晉畢卓云：「得酒數百觥舡。」狂客惜不去，杜詩：「四明有狂客，號爾謫仙人。」醉翁舞回旋。長沙定王發傳：「有詔更前稱壽歌舞。臣國小地狹，不足回旋。」何必吹簫人，玉枝自嬋娟。選詩：「何必絲與竹，山水有清暉。」吹簫人，弄玉，秦王之女，簫史教之吹簫，作鳳鳴。有鳳來止其坐，乃作鳳臺居之。一夕吹簫，鳳集，乘之仙去。事見劉向列仙傳。歸路借紅燭，雨星低馬前。莊公七年：「夜中星隕如雨。」此詩以燭喻星也。

【校記】

〔一〕「醉」，宋本、叢刊本作「聽」。

有感

憶昨〔一〕與胡子，戲語〔二〕西城幽。放斥僕與馬，獨身步田疇。牛豎歌我旁，聽之爲久留。淵明詩：「時從墟里人，披草共來往。相見無雜言，但道桑麻長。」少陵有遭田父泥飲詩。又詩云：「相携行豆田，秋花晚菲菲。」一接田父語，歎之勝王侯。追逐恨不恣，暮歸輒懷愁。退之詩：「猜嫌動置毒，對之輒懷愁。」顧常輕千乘，孟子萬章下：「千乘之君，求與之友而不可得也，而况可召歟？」秖願足一丘。前漢叙傳班嗣報桓譚書曰：「漁釣於一壑，則萬物不奸其志；栖遲於一丘，則天下不能易其樂。」子時怪我少，好此寂寞游。退之序：「釣於寂寞之濱。」笙簧不入耳，又不甘醪羞。那知抱孤傷，罷頓不能遒。世味已鮮久〔三〕，語：「民鮮久矣。」但餘野心稠。左氏：「狼子野心。」然公所謂野心，乃山野清曠之心。山谷詩：「滄江鷗鷺野心性。」乖離今十年，斑〔四〕髮滿我頭。昔興亦〔五〕略盡，食眠常百憂。言既衰，野興亦盡，況於世味？每逢佳山水，欲往輒復休。方壯遂如此，況乃高春秋。漢書：「上春秋高，閱天下之義理多。」

【校記】

〔一〕「昨」，叢刊本作「昔」。

〔二〕「語」，宋本、叢刊本作「娛」。

〔三〕「久」，宋本、叢刊本作「少」。

〔四〕「斑」，宋本、叢刊本作「班」。

〔五〕「亦」，宋本作「不」。

送孫康叔〔一〕赴御史府

梅宛陵有送孫屯田召爲御史詩：「薦牘交車府，恩書下建章。」又云：「祖酌方滋桂，行威欲犯霜。鳳毛仍襲慶，雞舌更含香。」即康叔也。

古人喜經綸，萬事慙強聒。古人雖志經綸，是亦有義命，如劉向輩上變論事，乃幾強聒，知道者不然也。故君子雖得時，小不合，輒去，故云「俛仰一節」，而下又云「聲利盡毫末」也。○退之詩：「乍似上青冥，初疑躡菡萏。」時來上青冥，俛仰但一節。危言回丘山，聲利盡毫末。語：「危言危行。」後漢黨錮傳：「危言深論，不隱豪強。」老子：「合抱之木，生於毫末。」由來治亂體，宿昔心已達。莊子天運篇：「通昔不寐。」注：「昔，夜也。」古樂府飲馬長城窟行：「宿昔夢見之。」李善本：「宿，一作『夙』。」肯隨俗好惡，議論輕自決。遺風何寥寥，夢寐待豪傑。天書下東南，王莽傳：「獨無天帝除書乎！」趣召赴嚴闕。「嚴闕」字，未詳。○後漢寇榮傳有「嚴朝」字。長材晦朝倫，高行隱家闉。源乾曜詩：「鼓鍾崇享禮，鴛鷺集朝倫。」新除疇聞〔二〕望，宿藴行施設。念非吾〔三〕忘形，莊子德充符篇：「故德有所長而形有所忘。」此理未易説。

【校記】

〔一〕「康叔」，諸本及宫内廳本注作「叔康」。

〔二〕「聞」，龍舒本、宋本、叢刊本作「問」。

〔三〕「非吾」，宋本、叢刊本作「吾非」。

別馬祕丞

伯夷惡一世，季也皆鄉人。伯夷目不視惡色。又，横政之所出，横民之所止，不忍居也，故云「惡一世」。○展季不羞污君，不卑小官。與鄉人處，由由然不忍去也，故曰「皆鄉人」。吾嘗論夫子，有似季之倫。人情路萬殊，近世頗荆榛。唯君游其間，馬援傳：「卿遨游二帝間。」坦坦得所循。易履：「九二，履道坦坦。」意君誠愷悌，慕向從宿昔。退之詩：「嗚呼余心誠愷悌。」奈何初相歡〔一〕，鷁首已云北。淮南子曰：「龍舟鷁首。」西京賦曰：「浮文鷁。」莓莓郊原青〔二〕，漠漠風雨黑。僖公二十八年：「原田每每。」亡回切。杜詩：「漠漠世界黑。」又：「秋天漠漠向昏黑。」冠蓋滿津亭，君今去何適？班固西都賦云：「冠蓋如雲。」選詩：「冠蓋溢川坻。」

【校記】

〔一〕「歡」，龍舒本作「勸」。

〔二〕「青」，龍舒本作「清」。

補注〔一〕

收鹽　公爲鄞縣，嘗上運使孫司諫書，云：「伏見閣下令吏民出錢購人捕鹽，切以爲過矣。海旁之鹽，雖日殺人而禁之，勢不止也。今重誘之，使相捕告，則縣之獄必蕃，而民之陷刑者將衆。無賴姦人，將乘此勢，於海旁漁業之地搔動艚户，使不得成其業。艚户失業，則必有合而爲盜，賊殺以相仇者。此不可不以爲慮也。鄞於州爲大邑，某爲縣於此兩年，見所謂大户者，其田多不過百畝，少者至不滿百畝」云云。公詩當作於此時也。〔二〕

【校記】

〔一〕原脱「補注」二字，據宮内廳本補。

〔二〕宮内廳本評曰：「其詩猶有唐人餘意者，以其淺淺即止。讀之如晉人語，不在多而深情自見也。」

庚寅增注第十七卷

和平甫舟中　楚越千萬山　柳詩：「越絶孤城千萬峯。」　張紫髯　退之文：「巡怒，鬚髯即張。」

重和　風行　易：「風行水上渙。」列子：「御風而行。」　仁智山水　韓退之宴喜亭記：「宜其於山水，厭聞而飫見也。今其意乃若不足。傳曰：『知者樂水，仁者樂山。』弘中之德，與其所好，可謂仝矣。」　廊廟等閒閣　言功業無聞，而以庸才取充位，雖在廊廟，猶閒閣也。賢者居大官而不得志，亦猶是也。

次韻和中甫兄　草争出　杜詩：「草芽既青出。」

省兵　將不擇　晁錯云：「君不擇將，以其國與敵也。」　以衆亢彼寡　若將不才兵，多祇自累，未必全也。高齊時，柔然兵猶盛，阿那肱以兵少，請益。顯祖減其半，卒破之。豈在兵多始勝之？　不得專　言將禀命於上，進止不得自顓云。　兵少敗孰繼　如唐監軍之類，兵不拘多少，皆敗。

寄曾子固　低心　韓詩：「低心逐時趨。」　倉廥　漢天文志：「胃爲天倉，其南衆星之廥積。」　天籟　莊子注：「風吹萬物，有聲爲籟。」　蛇蟬蜕　葛洪仙傳：「麻姑過蔡經家，教其屍解，如蛇蟬蜕也。」

同杜史君飲城南　江海縣　縣，如河縣之縣。　金船　杜牧詩：「觥船一棹百分空。」又：「上客如先起，應須贈一船。」

送孫康叔赴御史府

強聒
莊子：「雖天下不取，強聒而不舍者也。」

嚴闞
漢初元二年，嚴籞池田假與貧民。

家闥
詩東方之日：「在我闥。」門內也。上章：「在室兮。」疏云：「謂來入其家耳。闥字從門，故知門內。」

王荆文公詩卷第十八

古詩

到郡與同官飲〔一〕

瀉碧沄沄横帶郭，浮蒼靄靄遥連閣。唐僧詩：「江聲五千里，瀉碧急於弦。」張衡渾天儀曰：「赤道横帶天之腹。」浮蒼，謂山色也。草木猶疑夏鬱葱，風雲已見秋蕭索。荒歌野舞同醉醒，水果山肴互〔二〕酬酢。自嫌多病少歡顔，獨負佳〔三〕賓此時樂。少陵詩：「大庇寒士俱歡顔。」

【校記】

〔一〕宋本、叢刊本題下注云：「時倅舒州。」
〔二〕「互」，宮内廳本作「自」。
〔三〕「佳」，龍舒本、宋本、叢刊本作「嘉」。

自州追送朱氏女弟宿木瘤僧舍明日度長安嶺至皖口〔一〕

晨霜踐河梁，蘇子卿詩：「寒衣十二月，晨起踐凝霜。」柳詩：「微霜衆所踐，誰念歲寒心？」落日憩亭皋。念彼千里行，惻惻我心勞。易：「使我心惻。」詩白華：「實勞我心。」攬轡上層岡，下臨百仞濠。范滂登車攬轡，慨然有澄清天下之志。寒流咽欲絶，魚鼈久已逃。韓集聯句：「冰溪時咽絶。」又貞女峽詩：「雷風戰鬭魚龍逃。」暮行苦邅迴，細路隱蓬蒿。杜詩：「山園細路高。」驚麏出馬前，烏〔二〕駭亡其曹。杜詩：「哀鳴獨叫求其曹。」淮南王招隱詞：「禽獸駭兮亡其曹。」投僧避夜雨，古檠昏無膏。山木鳴四壁，疑身在波濤。韓詩：「夜風一何喧，杉檜屢磨颭。猶疑在波濤，怵惕夢成魘。」平明長安嶺，飛雪忽滿袍。天低浮雲深，更覺所向高。評曰：如此十字亦難得。

【校記】

〔一〕宋本、叢刊本題「州」上有「舒」字，「女弟」下有「憩獨山館」四字。

〔二〕「鳥」，宮内廳本作「獸」。

招同官游東園

青青石上柏〔一〕，霜至亦已彫。「柏」字誤，一作「蘗」。冉冉水中蒲，爾生信無聊。吴王濞傳：「計乃無聊。」感此歲云晚，欲歡念誰邀？嘉我二三子，古詩：「凜凜歲云暮。」陸士衡詩：「共與二三子。」又陳思王贈友詩：「眷我二三子。」〔二〕爲回東城鑣。幽菊尚可泛，取魚繫榆條。石鼓文：「其魚維何？維鱮與鯉。何以貫之？維楊與柳。」公詩妙處，在使事而不覺使事也。毋爲百年憂，一日以〔三〕逍遥。古詩：「生年不滿百，常懷千歲憂。晝短苦夜長，何不秉燭游？」

【校記】

〔一〕「柏」，宋本、叢刊本作「蘗」。

〔二〕此詩出江淹雜體詩三十首之陳思王贈友，見文選卷三十一。

〔三〕「以」，龍舒本作「已」。

九日隨家人游東山〔一〕

暑往詎幾時？易：「暑往則寒來，寒往則暑來。」凉歸亦云暫。言不久復去也。相隨東山樂，及此身無憾。聊回清池柂，更伏荒城檻。采采黄金花，少陵寄岑參詩：「采采黄金花，何由滿衣袖。」持杯爲君泛。

【校記】

〔一〕宋本、叢刊本題「東山」下有「遂游東園」四字。

秋懷

城南平野寒多露，窗壁含風秋氣度。鄰桑摵摵已〔一〕欲空，氓詩：「桑之落矣，其黄而殞。」注：「謂其時季秋也。」退之荷池詩：「未諳鳴摵摵。」歐公詩：「霜葉飛空摵摵鳴。」悲蟲啾啾促機杼。悲蟲，絡緯也。絡緯鳴，懶婦驚。古詩：「札札弄機杼。」柴門〔二〕半掩掃鳥迹，獨抱殘編與神遇。漢紀：「夢與神遇。」此借用。韓公既去豈能追？韓公言：「籍、湜雖屢指教，烏保其不叛去？」然二子初未嘗叛公。又東都遇春詩：「既去焉能追，有來猶莫聘。」孟子有來還不拒。盡心下：「夫子之設科也，往者不追，來者不拒。苟以是心至，斯受之而已矣。」

【校記】

〔一〕「摵摵」，宋本、叢刊本作「槭槭」。「已」，龍舒本作「漸」。

〔二〕「門」，宮内廳本作「関」。

既別羊王二君與同官會飲於城南因成一篇追〔一〕寄用藥名。

赤車使者白頭翁，赤車使者，唐本草注：「苗似蘭，莖葉赤，根紫赤色。」圖經云：「根紫，如蒨根。生荊州、襄州山谷。」白頭翁，葉似芍藥而大，每莖一花，紫色，似木堇。圖經：「有細毛，不滑澤，花蘂黃，今所在有之。」當歸入見天門東〔二〕。當歸，本草注：「苗有二種，一種似大葉芎藭，一種似細葉芎藭，惟莖葉卑下於芎藭。」爾雅「薜山蘄」注：「廣雅曰：『山蘄，當歸，今似蘄而麤大。』」天門冬，有二種，苗有刺而澀者，無刺面滑者，俱是門冬。按：爾雅云：「蘠蘼虋冬。」注云：「一名滿虋冬，或云地門冬。」與山久別悲忩忩，本草：「葱有數種，冬葱、漢葱、茖葱、胡葱。」澤瀉半天河漢空。澤瀉，亦藥名。半天河，按藥性論：「此竹籬頭水，及高樹穴中盛天雨，能殺鬼精。恍惚妄語，勿令知之，與飲，差。」羊王不留行薄晚，王不留行，生泰山山谷。圖經云：「葉似菘、藍等，花紅白色，子如黍粟。」酒肉從容追路遠。肉蓯蓉，圖經云：「出肅州禄福縣沙中，三四月掘根，切取中央好者陰乾。或言野馬精所生，生時似肉。」臨流黃昏席未卷，硫黃，出扶南林邑，色如鵝子。初出殼，名崐嵛黃。後山詩用「黃昏湯」。任子淵引本草夜合花注：「又王孫草，一名黃昏草。」玉壺倒盡黃金盞。忍冬草花。羅列當辭更繾綣，列當，按圖經：「生山南巖石上，如藕根。」列當，亦名草蓯蓉。預知子不空青眼。預知子，圖經舊不載所出州土，今蜀、漢、黔諸州有之，作蔓生，依夭木上。葉綠有三角，面深背淺。空青，圖經：「生益州山谷及越嶲山有銅處，銅精熏則生空青。」嚴徐長卿誤推挽，徐長卿，圖經：「生泰山山谷及隴西。三月生苗，葉似小桑。」老年揮翰〔三〕天子苑。紫苑，圖經：「生房陵山谷，布地生苗葉。」送車陸續隨子返，續隨子，圖經：「生蜀郡，今南中多有，北土差少。如大戟。初生一莖，莖端出葉，葉中復出數莖相續。花亦類大戟。」坐聽城鷄腸宛轉。鷄腸草，圖經：「葉似荇菜而小，夏、秋間生小白黃花。今南中多有之。」蘩蔞，亦名鷄腸草。

補注　與山久別　蜀西山多山韭，性緩，入藥。疑指此也。〔四〕

【校記】

〔一〕宋本、叢刊本題無「一篇追」三字。龍舒本、宮内廳本無題注「用藥名」三字。

〔二〕「東」，宋本、叢刊本作「冬」。

〔三〕「翰」，龍舒本作「汗」。

〔四〕本注原闌入題注下，無「補注」二字。

試茗泉

得「月」字。〔一〕○此泉在撫州之金谿翠雲院。石本尚存。詩序云：「治平丁未，臨川王公自江寧召還翰林，金谿吴顯道追送至撫州，因語及金谿令君政事餘暇，多得山水之樂，近以五題求詩於人，乃定韻，各賦一詩，獨王公爲二，仍使其子同賦。此泉詩與躍馬泉詩是也。雱所賦乃翠雲院詩，亦佳。」

此泉地何偏，陸羽曾未閲。陸羽本傳但言羽嗜茶，著茶經三篇而已。然茶經所論水甚詳，以山水爲上，江次之，井爲下。山水乳泉石池漫流者爲上，浮槎之水猶不録，况此泉乎？ 坻沙光散射，竇乳甘潜洩。杜詩：「遠洲通曲流，嵌竇洩潜瀨。」 靈山不可見，嘉草何由啜？公未嘗至泉傍，故云爾。 但有夢中人，相隨掬明月。古詩：「掬水月在手。」

【校記】

〔一〕「得月字」，宋本、叢刊本題下無。

躍馬泉

古水縮蛟螭，憎山欲隳突。山祇來伐之，半嶺跳嚙膝。言蛟螭欲隳山廣其穴，山神禁之。○嚙膝、飛黄，並馬名。王褒傳：「及至駕囓膝，驂乘旦。」注：「良馬低頭，口至膝，故曰囓膝。」玉珂鳴寒〔一〕空，組練光照日。崩騰赴不測，一陷常萬匹。退之詩：「因風想玉珂。」襄公三年：「使鄧廖帥組甲三百，被練三千，以侵吳。」注：「組甲，漆甲成組文。被練，練袍。」○岑參詩：「奔走朝萬國，崩騰集百靈。」玉珂、萬匹，皆指馬也。○東坡白水巖詩：「雙溪匯九折，萬馬騰一鼓。」與公「萬匹」之語皆奇作。神戰異人間，千秋爲倏忽。泉旁往來客，夜寄幽人室。但聽鳴蕭蕭，何由見神物。詩：「蕭蕭馬鳴。」左氏：「有斑馬之聲，齊師其遁。」

【校記】

〔一〕「寒」，宋本、叢刊本作「塞」。

白紵山

寰宇志：「白紵山在當塗縣東五里，本名楚山。桓温領妓游山，奏樂好爲白紵歌，因改爲白紵山。」故公用「歌舞」字。

白紵衆山頂，江湖所縈帶。王勃文：「襟三江而帶五湖。」李華弔古戰場文云：「河水縈帶。」浮雲卷晴明，可見九州外。肩輿上寒空，置酒故人會。峯巒張〔二〕錦綉，草木吹竽籟。莊子齊物論：「汝聞人籟而未聞地籟，汝聞地籟而未聞天籟夫！」注：「籟，簫也。」登臨信地險，俯仰知天大。杜詩：「不復知天大。」留歡薄日晚，起視飛鳥背。柳子厚山水記：「穴臨大野，飛鳥皆視其背。」殘年苦局束，往事嗟摧壞。歌舞不可求，桓公井空在。宋武亦嘗會羣臣此山，歌白紵。司馬井，在南城九井北，晉司馬桓公所鑿。

補注

易：「地險山川丘陵也。」〔二〕

【校記】

〔一〕「張」，龍舒本、宋本、叢刊本作「帳」。

〔二〕本注原闌入詩注末，無「補注」二字。

七星硯

余聞星墮地，往往化爲石。左傳：「隕石於宋五。」隕星也。石上有七星，此理予〔一〕莫測。持來當白日，光彩不爲匿。恍如超〔二〕鴻蒙，俛仰帝垣側。北斗七星，在紫微垣内。○莊子在宥篇：「雲將東游，過扶搖之枝，而適遭鴻濛。」注：「鴻濛，自然元氣也。」斗居帝垣之側，故云「超鴻濛」。當由偶然似，見取參筆墨。毛穎傳：「穎與絳人陳玄、弘農陶泓相友善，其出處必偕。」陶泓，謂硯也。豪心蕩珍異，樂以萬金得。南工始爲僞，傳〔三〕合巧無隙。硯工有僞爲眼者，人不能辨。今世所售，多此物也。亦時疑世人，故自有能識。評曰：從虛入實，矯矯亦不著相，故是此老高處。○杜集海棕詩：「時有西域胡僧識。」

【校記】

〔一〕「予」，諸本作「余」。

〔二〕「超」，宋本、叢刊本作「起」。

〔三〕「傳」，龍舒本作「附」。

九鼎

本朝先儒嘗言，左傳載鑄鼎事，後之人得以藉口者，此爾。然使如丘明之説不誣，亦不過象物之形，百物而爲之備，使民知神姦而已。後之人至用方士厭勝祈禳之法，此何所據？丘明云：「成王定鼎于郟鄏，卜世卜年〔一〕，天所命也。」然而洛誥，周公所作，當時所爲，無不載者。若鼎之爲物，乃社稷重器，而莫之載者，何也？鼎鑄于夏時。夏之法制，莫詳於禹貢之書。豈有九牧貢金，成此重器，欲以協上下、承天休，而禹貢曾無一語及之乎？易六十四卦，其在鼎也，取象爲備。如丘明之説，略無毫髮相類，而況於後之紛紛者乎？故凡事無徵者，皆不可爲也。

禹行掘山走百谷，蛟龍竄藏魑魅伏。心誌幽妖尚覬隙，以金鑄鼎空九牧。宣四年〔二〕：「昔夏之方有德也，貢金九牧，鑄鼎象物，百物而爲之備，使民知神奸。故民入川澤山林，不逢不若。魑魅罔兩，莫能逢之。」此言「覬隙」者，恐其窺伺間隙，復出爲惡也。冶雲赤天漲爲黑，韛風餘吹山拔木。漢書：「朱旗絳天。」言治所蒸氣，天盡赤，又漲起而黑也。韛所鼓爲風，餘力可以拔木。二句奇甚。鼎成聚觀變怪索，前漢孝成許后傳：「俟自見，索言之。」馬援謂杜愔曰：「吾受厚恩，年迫餘日索。」注：「索，盡也。」夜人行歌鬼晝哭。功施元元後無極，三姓衛守相傳屬。自禹鑄鼎，傳至商、周，爲三姓也。弱周無人有宜〔三〕出，沉之九幽折〔四〕地軸。始皇區區求不得，坐令神姦窺邑屋。評曰：語不少多，復不深辨，皆是。○周末，太丘社亡，鼎没於泗水彭城下。始皇二十八年過彭城，齋戒禱祠，欲出周鼎，使千人没水求之，不得。○張華博物志載河圖括地象云：「地下有四柱，廣十萬里，地有三千六百軸，犬牙相牽，名山大川，孔穴相通。」

【校記】

〔一〕「卜世卜年」，左傳宣公三年作「卜世三十，卜年七百」。

〔二〕「宣四年」，應作「宣三年」，以下注文出左傳宣公三年。

〔三〕「周」，龍舒本作「固」。「宜」，龍舒本作「功」。

〔四〕「折」，宋本、叢刊本作「拆」。

九井

得「盈」字〔一〕。○九井，在當塗。殷仲文詩有桓公南州九井。

沿崖涉澗三十里，高下犖确無人耕。韓詩：「山石犖确行徑微。」捫蘿挽蔦到巖〔二〕趾，仰見吹瀉何峥嶸。吹瀉，諸本皆作「征鴈」，絶無義理。餘聲投林欲風雨，末勢捲土猶溪阬。晉書：「窮猿投林。」〔三〕杜牧之曾詩：「捲土重來未可知。」二句皆狀山泉淙激奔怒之勢。飛蟲淩兢走獸駭，言瀑流蕩潏，其傍虫獸怖恐。司馬相如賦：「榜人歌，聲流喝。水〔四〕虫駭，波鴻沸。」霜雪夏落雷冬鳴。野人往往見神物，鱗甲漠漠雲隨行。崔煒游番禺。墮枯井，跨蛇而出。去不由穴口，但如於洞中行，幽暗若漆。蛇之鱗甲，光燭兩壁，時見繪畫。我來立久無所得，空數石上菖蒲生。張籍詩：「石上生菖蒲，一寸十二節。仙人勸我食，令我頭青面〔五〕如雪。」東坡詩：「裴〔六〕回朱明洞，沙水自清駛。滿把菖蒲根，歎息復棄置。」中官繫龍投〔七〕玉册，小吏磔狗澆銀觥。地形偶尔藏險〔八〕怪，天意未必司陰晴。山川在理有崩竭，丘壑自古相虛盈。左氏〔九〕：「山崩川竭。」莊子胠篋篇云：「川竭而谷虛，丘夷而〔一〇〕淵實。」誰能保此千秋〔一一〕後，天柱不折泉常傾？言陵谷變遷，不可知也。〇列子湯問篇：「共工氏與顓頊〔一二〕爭爲帝，怒而觸不周之山，折天柱，絕地維，故天傾西北，日月星辰就焉。地不滿東南，故百川水潦歸焉。」〇杜詩：「疑自崆峒來，恐觸天柱折。」章子厚嘗謂客曰：「延安帥章質夫因版築發地，得大竹根，半已變石。西邊自昔無竹，亦一異也。」客皆無語。邵伯溫云：「天地回南作北久矣。公以今日之延安爲自天地以來西邊乎？」〔一三〕子厚太息曰：「公，觀物之學也。」蓋子厚亦嘗學於康節云。

【校記】

〔一〕「得盈字」，龍舒本無。

〔二〕「挽蔦」，宋本作「俛首」。「巖」，宋本、叢刊本作「山」。

〔三〕「晉書窮猿投林」，原作「習書窮猿」，據臺北本改。下「杜牧之曾」，臺北本作「吴曾」。

〔四〕「水」，原作「在」，據文選司馬相如子虛賦、臺北本改。

〔五〕「頭青面」，原作「秋切雨」，據全唐詩張籍寄菖蒲、臺北本改。

〔六〕「裴」，原作「裝」；下「清駛」，原作「清香」；「滿把」，原作「誰把」，均據蘇軾和陶雜詩其六、七和臺北本改。

〔七〕「投」，原作「披」，據庚寅增注及龍舒本、宮內廳本、臺北本改；宋本、叢刊本作「沉」。
〔八〕「險」，原作「除」，據諸本改。
〔九〕「左氏」，原作「二伐」據宮內廳本、臺北本改。
〔一〇〕「而」，原作「山」，據浙江書局本莊子及宮內廳本、臺北本改。
〔一一〕「秋」，龍舒本作「歲」，宋本、叢刊本作「世」。
〔一二〕「顓頊」，原作「顓顓」，據列子湯問、臺北本改。
〔一三〕宮內廳本評曰：「此論甚高，方見天地不是死物事。」

寄題衆樂亭

陵陽游觀吾所好，（書：「于游，于逸，于觀。」）恨不即過衆樂亭。嘗聞髣髴入夢寐，吟筆自欲圖丹青。千峯秀出百里外，忽於其上峥簷楹。朝雲噓巖日暖暖，（暖暖姝姝，見莊子。）夜水落澗風泠泠。（招隱詩：「山溜何泠泠。」）春花窈窕鳥争舞，夏木蔭鬱猿哀鳴。（王維詩：「夏木轉黄鸝。」）潦收葉落天地爽〔一〕，海月影到山川明。（唐詩：「海月明孤斟。」）籃〔二〕輿晨出誰與適？坐與萬物觀虛盈。令思民事不忍後，田間笑語催蠶耕。吏休歸舍獄訟少，墟落飲酒歡〔三〕秋成。惟愁一日奪令去，出郭老稚交〔四〕逢迎。彼安知此〔五〕

方禄仕，徒喜使我寬逋〔六〕征。令〔七〕知道義士林服，遺愛豈用吾詩評？

【校記】

〔一〕「爽」，龍舒本作「美」。

〔二〕「籃」，原作「藍」，據諸本改。

〔三〕「歡」，宋本、叢刊本作「欲」。

〔四〕「郭」，龍舒本作「郊」，宋本、叢刊本作「來」。「交」，龍舒本作「來」。

〔五〕「彼安知此」，宋本、叢刊本作「彼民安知」。

〔六〕「逋」，龍舒本作「途」。

〔七〕「令」，龍舒本作「今」。

書會别亭

西城路，居人送客西歸處。年年借問去何時，今日扁舟從此去。春風吹花落高枝，杜詩：「花落辭故枝，風回反無處。」飛來飛去不自知。劉希夷詩：「洛陽城東花，飛來飛去落誰家？」○王建詩：「春亦去，花亦不知春去處。」路上行人亦如此，應有重來此處時。〔一〕李白詩：「故人昔新今尚故，還見新人有故時。」○劉長卿詩：「新安路，人來去。早潮復晚潮，明日知何處？潮水無情亦解歸，自怜長在新安住。」介甫此詩頗類之。

【校記】

〔一〕宮内廳本評曰：「不特高古，纏綿之音，闊達之度，皆有可誦。」

題舒州山谷寺石牛洞泉穴〔一〕

一作留題三祖山谷寺石壁。公自注云：「皇祐三年九月十六日，自州之太湖，過懷〔二〕寧縣山谷乾元寺宿。與道人文鋭、弟安國，擁火游石牛洞，見李翱習之書，聽泉久之。明日復游，乃刻習之後。」

水泠泠而北出，山靡靡而〔三〕旁圍。襄陽〔四〕有長山。會稽土地志曰：「山靡靡，迤而長。」欲窮源〔五〕而不得，太白詩：「但愛清見底，欲尋不知源。」竟悵望以空歸。〔六〕據晁無咎以此篇入續楚詞，晁云：「蓋公在江南時〔七〕所書野壁辭，凡二十四言。世所謂真〔八〕六藝羣書之遺味，故與其經學典策之文俱傳焉。」○高齋詩話云：「舒州三祖山金牛洞，山水聞于天下。荆公嘗題詩云云〔九〕。後人鑿山刊木，浸失山水之勝，非公題詩時比也。魯直效公題六言云：『司命無心播物，祖師有記傳衣。白雲横而不度，高鳥倦而猶飛。』識者云：『語雖奇，不及荆公之自然。』」

【校記】

〔一〕龍舒本卷六十四題作「留題三祖山谷寺石壁」。

〔二〕「懷」，原作「儴」，據宋本、宮内廳本、叢刊本、臺北本改。

〔三〕「而」，龍舒本、宮内廳本作「以」。

〔四〕「襄陽」，臺北本作「東陽」。

〔五〕「源」，龍舒本作「原」。
〔六〕宫内廳本評曰：「甚似晉語，晉人乃不能及。」
〔七〕「時」，原作「持」，據宫内廳本改。
〔八〕「真」，宫内廳本、臺北本作「具」。
〔九〕「云云」，原作「備六」，據宫内廳本、臺北本改。

補注　試茗泉　但有夢中人相隨掬明月　夢中人，疑云自謂，或是山中事，如蘇氏老翁井之類。老蘇井銘曰：「往數十年，山空月明，天地開霽，則常有老人蒼顔白髮，偃息於泉上。就之則隱而入於泉，莫可見。」

九鼎　**補注**　建康南門有旱水大王廟，乃禹廟也。公作此詩，借〔一〕鼎爲言，以譏切時人。吕惠卿表語亦有云：「九金聚粹，盡圖魑魅之形；孤劍埋光，亦動斗牛之氣。」皆此意也。南史梁何徹傳嘗云：「吾在齊朝，欲陳三事：一者欲正郊丘，二者欲更鑄九鼎，三者欲樹雙闕。」竊疑九鼎必舊有之，故徹稱「更鑄」。公詩雖專指禹所鑄，亦必有爲而作也。

【校記】

〔一〕「借」原作「鍾」，據臺北本庚寅增注第十八卷改。

庚寅增注第十八卷

自州追送朱氏　**祈向高** 杜詩：「歇鞍在地底，始覺所歷高。」

九日隨家人游東山　**持杯爲君泛** 李白詩：「時過菊潭上，縱酒無休歇。泛此黃金花，頹然清歌發。」

躍馬泉　**何由見神物** 李長吉詩：「茂陵劉郎秋風客，夜聞馬嘶曉無跡。」

七星硯　**星墮地化爲石** 歐陽公雜説云：「星殞于地，腥礦頑醜，化爲惡石。其昭然在上而萬物仰之者，精氣之聚爾。及其斃也，瓦礫之不〔二〕若也。」 **光彩不爲匿** 日月出矣而爝火息。此言七星見而光彩不減矣。

九鼎〔一〕　**以金鑄鼎** 墨子曰：「昔夏后啓使飛廉折金以鑄鼎於昆吾，鼎成，四足而方，不灼自烹，不舉自藏，不遷自行。」 **無人有宜出** 「有」字當作「不」字，或「豈」字。 **况之九幽折地軸** 拾遺録云：「周末大亂，九鼎飛入天駟。末世書謂入泗水，聲轉訛焉。」 **求不得** 吾丘壽王傳：「昔秦皇親出鼎於彭城而不能得。天祚有德，而珤鼎自出。」

九井 九井在舒州懷寧縣西北二十里，有山三峯，一天柱山。天柱即司玄洞府九天司命真君所主山，高三千七百丈，周回二百五十里。東有激水，冬夏懸流如瀑布，下有九井。餘見下注。 **投玉册** 東齋記事：「道家有金龍玉簡。學士院撰文，具一歲中齋數，投於名山洞府。天聖中，仁宗皇帝以其險遠窮僻，難賫送醮祭之具，頗爲州縣之擾，乃下道録院裁損，才留二十處，餘悉罷之。河南府平陽洞、台州赤城山玉京洞、江寧府華陽洞、舒州灊山司真洞、杭州大滌洞、鼎州桃源洞、常州張公洞、南康軍盧山詠真洞、建州武夷山昇真洞、潭州南嶽朱陵洞、江州馬當山上水府、太平州中水府、潤州金山下水府、杭州錢塘江水府、河陽濟瀆北海水府、鳳翔府聖湫仙游潭、河中府百丈泓龍潭、杭州天目山龍潭、華州車湘潭，所罷不可悉紀。予嘗於學士院取金龍玉簡視之，金龍以銅製，玉簡以階石製。熙寧七年冬，無雨雪，遣中使於曲陽大茂山真人洞投龍以禱。見會要。」

礫狗

同安志：「九井下有龍，旱而禱雨，必礫狗投之，輒有應。」又方輿地云：「皖山東有激水，冬夏懸流，狀如瀑布。下有九井，井有一石牀，可容百人。其井莫知深淺，若逢亢旱，殺犬投其中，潔誠祈禱，即降雷雨，犬亦流出。」

題舒州石牛洞

洞在三祖山谷寺之西北，其石狀若伏牛，因以爲洞。有流水，源甚長，傍皆石壁，多唐人以來題字刻其上。

【校記】

〔一〕「不」，原作「下」；下注「矣」，原作「天」，均據臺北本改。

〔二〕題原缺，據詩注補。臺北本有「九鼎」條，注同本卷九鼎補注，字詞略異。

王荊文公詩卷第十九

古　詩

泊舟姑蘇

朝游盤門東，暮出閶門西。姑蘇城門有五，曰盤門、閶門、葑門、婁門、齊門。四顧茫無人，但見白日低。荒林帶昏煙，上有歸鳥啼。物皆得所託，而我無安棲。陶詩：「萬族各有託，孤雲獨無依。」

崐山慧聚寺次孟郊韻〔一〕

寺在蘇州。

僧蹊蟠青蒼，莓苔上秋床。露翰飢更清，露翰，指鶴也。風蘤遠亦香。掃石出古色，洗松納空光。久游不忍還，迫迮冠蓋場。

【校記】

〔一〕此詩，龍舒本卷四十八、卷五十三兩出，卷五十三題爲「崑山慧聚寺二首次孟郊韻」。

如歸亭順風

春江窈窈來無地，飛帆浩浩窮天際。文選：「飛閣流丹，下臨無地。」然此語意，乃謂江所從來遠也。○謝玄暉詩：「天際識歸舟。」朝出吳川夕霅溪，回首喬林吹岸薺。顔之推家訓云：「羅浮山記云：『望平地，樹如薺。』故戴嵩詩云：『長安樹如薺。』」篙〔二〕師晝卧自嘯歌，戲彼挽舟行復止。言順流適意，笑泝者之勞也。人生萬事反衍多，道路後先能幾何？莊子秋水篇：「北海若曰：『以道觀之，何貴何賤？是謂反衍。』」注：「貴賤之道，反復相尋。」

【校記】

〔一〕「篙」，宋本、叢刊本作「柁」。

垂虹亭

三江五湖口，地與天不隔。書疏：「三江，謂震澤之三江。」周禮職方：「揚州藪曰巨區，浸曰五湖。五湖即震澤也。」按：三江者，在蘇州東南三十里，名三江口。一江西南上七十里，至太湖，名曰松江，古笠澤江。一江東南上七十里，自蜆湖，名曰上江，亦曰東江。一江東北下三百餘里入海，名曰下江，亦曰婁江。於其分處，號曰三江口。日月所蔽虧，東西渺然白。日月蔽虧，見登景德塔注。漫漫浸北斗，浩浩浮南極。誰投此虹蜺，欲濟兩間阨。演孔圖曰：「天子外苦兵，內奪威，臣無忠，則天投蜺。」後漢五行志：「靈帝光和元年，有黑氣墮温明殿庭中，身五色，有頭，長十餘丈，似龍。上問蔡邕，對曰：『所謂天投蜺者也。』」中流雜蜃氣，欄楯相承翼。昭元年：「魚鹽蜃蛤，弗加於海。」漢天文志：「海旁蜃氣象樓臺。」初疑神所爲，滅没在頃刻。漢天馬歌：「走滅没。」晨興坐其上，傲兀至中昃。猶憐變化功，不謂因人力〔二〕。今〔二〕君持酒漿，談笑顧賓客。頗誇九州物，壯麗此無敵。熒煌丹砂〔三〕柱，璀璨黄金壁。退之詩：「洞庭九州間，厥大誰與讓？」○柱以丹砂塗之，如赤石脂泥壁之類。壁，謂壁當。相如賦：「華榱壁當。」注：「以玉爲椽頭。當，即所謂璇題、玉題者也。」中家不慮始，評曰：五字有味。助我皆豪殖。喟予獨感此，剥爛有終極。改作不可無，還當釆民力。評曰：亦自三折，浩有情事。○商君傳：「民不可與慮始，而可與樂成。」言中人之家力薄，不遑慮始，助我者，皆貨殖之徒也。賈生傳：「豪殖而大彊。」注：「殖，立也。」

【校記】

〔一〕「力」，龍舒本、宋本、叢刊本作「役」。

〔二〕「令」，龍舒本作「令」。

〔三〕「砂」，龍舒本、宋本、叢刊本作「沙」。

張氏静居院

動者利進爲，静者樂止居。物性有偏得，惟賢時卷舒。張侯始出仕，所至多名譽。老矣歸偃休，買地斸荒蕪。屋成爲令名，名實與時俱。南堂棲幽真，晨起瞻像圖。北堂畫五禽，游戲養形軀。華佗傳：「古之仙者爲導引之事，名五禽之戲。一曰虎，二曰鹿，三曰熊，四曰猨，五曰鳥。引挽要體，動諸關節，以求難老。」燕有諸賓庭，學有諸子廬。問侯年幾何？矯矯八十餘。唐柳公度善攝生，年八十餘，尚強力。常云：「吾初無術，但未嘗以氣海暖冷物、問侯何能爾？心不藏憂愉。

熟生物，不以元氣佐喜怒耳。」

問侯客何爲？弦歌飲投壺。問侯兒何讀？夏商及唐虞。嵩山填門户，洛水遶階除。侯於山水間，結駟有通衢。我念老退者，古多賢大夫。留侯亦養生，乃欲凌空虚。閉門不飲酒，豈異山中臞[一]？疏傅[二]稍喜客，揮金能自娯。不聞喜教子，滿屋青紫朱。漢書：「疏廣父子俱移病，乞骸骨。上以其老，皆許之，加賜黄金二十斤，皇太子贈以五十斤。廣歸，日令家設酒食，請族人故舊賓客。廣所愛信老人説廣買田宅，廣曰：『此金者，聖主所以惠養老臣也，故樂與鄉黨宗族共饗其賜，以盡吾餘日，不亦可乎？』於是族人悦服。」○廣傳曰：「吾既無以教化子孫，不欲益其過而生怨。」不得云不教子。○疏廣之後無聞，故公云尔。張侯能兼取，勝事古所無。褒稱有樂石，丞相爲之書。秦嶧山碑云：「刻此樂石。」顔師古注：「以泗濱浮磬作碑也。」而我不自量，聞風亦歌呼。

【校記】

〔一〕「臞」，龍舒本作「居」。

〔二〕「傅」，原作「傳」，據漢書及宋本、宫内廳本、叢刊本改；又，龍舒本作「父」。

丙戌五月[一]京師作二首

北風閤雨[二]去不下，驚沙蒼茫亂昏曉。傳聞城外八九里，雹大如拳死飛鳥。慶曆六年五月甲申，雨雹，地震。即此年也。○漢五行志：「雹者，陰脅陽也。地節四年五月，山陽濟[三]陰雨雹如雞子，深二尺五寸，殺二十人，飛鳥皆死。」

【校記】

〔一〕「月」，龍舒本、宋本、叢刊本作「日」。

〔二〕「北風閤雨」，龍舒本作「北閤風雨」。

〔三〕「濟」，原作「傷」；下「二尺」，原作「山尺」，均據漢書五行志改正。

其二

浮雲離披久不合，太陽獨行乾萬物。誰令昨夜雨滂沱[一]，北風蕭蕭寒到骨。

【校記】

〔一〕「滂沱」，龍舒本、宋本、叢刊本作「霶霈」。

答客

士常疑西伯，何至羑里辱？文王囚於羑里。瞽鯀親父子，尚脱井廩酷。昏主雖聖臣，飛禍安可卜？致命遂其志，雖窮不爲戮。舜之父曰瞽瞍。書堯典：「有鰥在下，曰虞舜。」○史記游俠傳：「虞舜窘於井廩。」○後漢周榮嘗勑妻子：「若卒遇飛禍，無得殯殮，冀以區區腐身，覺悟朝廷。」○困卦：「君子以致命遂志。」言身雖窮困，而不干刑戮。

次韻唐彦猷華亭十詠 彦猷，名詢。

顧林亭一〔一〕

寥寥湖上亭，不見野王居。野王所居也。顧野王，梁大同中爲黄門侍郎，又仕陳爲左將軍，嘗撰玉篇者。梅聖俞集及劉貢父集皆有華亭十韻，題云「和楊令」。此稱唐彦猷，當是林亭主人也。○寰宇志：「野王，建州人，仕陳爲光禄卿，有宅在建安縣。今此亦有之，疑既顯，遂不復歸鄉耳。」平林豈舊物，歲晚空扶疎。野王無足稱，公羞言事理如此。自古賢聖人，邑國皆丘墟。易謙卦：「可用行師，征邑國也。」不朽在名德，千秋想其餘。

【校記】

〔一〕宋本、臺北本目録、叢刊本十題下無「一」至「十」字，又，宋本、叢刊本此題下有注：「野王所居也。」本書則移入詩注内。

寒穴二

神泉〔一〕冽冰霜，高穴與雲平。易言「山下出泉」，而此穴與雲平，所以爲神。空山渟千秋，不出嗚咽聲。山風吹更寒，山月相與清。北客不到此，如何洗煩酲？

【校記】

〔一〕「泉」，宋本、叢刊本作「農」。

吴王獵場三

吴王好射虎，但射不操戈。吴志：「孫權好射虎，所乘馬爲虎所傷，投以雙戟，虎却廢，常從張武擊以戈，獲之。」據貢父詠獵場云：「水犀十萬士，白羽横彫戈。」○若用水犀事，則吴王爲夫差，非孫權也。匹馬掠廣場，萬兵助遮羅。沈存中觀畫馬詩：「四蹄雙翻掠草頭，飛入平原不霑土。」時平事非昔，此地桑麻多。高適宋中詩：「時清更何有？禾黍遍空山。」猛獸亦已盡，牛羊在田坡。

始皇馳道四

穆王得八駿，萬事得期修〔一〕。昭公十二年：「昔穆王欲肆其心，周行天下，將皆必有車轍馬迹焉。」周穆王即位三十二年，巡行天下，馭八龍之駿：一名絶地，足不踐土；二名翻羽，行越飛禽；三名奔霄，夜行萬里；四名越影，逐日而行；五名踰輝，毛色炳燿；六名超光，一形十影；七名騰霧，乘雲而趨；八名挾翼，身有肉翅。遍而駕焉，案轡徐行，以巡天下。」○穆王神智遠謀，使轍迹遍於四海，故絶異之物，不期自服。茫茫千〔二〕載間，復此好遠游。遠游謂始皇也。車輪與馬跡，此地亦嘗留。漢書賈山傳：「秦爲馳道於天下，東窮燕、齊，南極吴、楚，江湖之上，濱海之觀畢至。」華亭，吴境，宜轍跡之所歷也。想當治道時，勞者屍如丘。言治道以備巡行，死於征役者屍積如丘山。甚言秦之無道也。

【校記】

〔一〕「得期修」，原缺，據宋本、叢刊本補。

〔二〕「千」，宋本、叢刊本作「萬」。

柘湖五

湖中有山，生柘，故名柘湖。記云：「女子爲湖神〔一〕，今有廟。」

柘林著湖山，菱葉蔓湖濱。秦氏〔二〕亦何事，能爲此湖神？年年賽雞豚，漁子自知津。幽妖窟險阻，禍福易欺人。詩意言未必秦女能神，乃幽妖假託耳。

【校記】

〔一〕「女子爲湖神」，宋本、叢刊本作「秦有女入湖爲神」。

〔二〕「氏」，宋本、叢刊本作「女」。

陸瑁養魚池六

陸瑁，仕吳爲吏部尚書，喜之父。吳平，喜仕晉爲散騎常侍。〔一〕

野人非昔人，亦復水上居。紛紛水中游，豈是昔時魚？魚，謂陽橋之魚。吹波浮還没，競食糟糠餘。吞舟不可見，守此歲月除。莊子：「吞舟之魚，碭而失水。」○詩：「今我不樂，日月其除。」注：「除，去也。」箋云：「今不自樂，日月且過去，不復暇爲之。」

【校記】

〔一〕宋本、叢刊本無此注。

華亭谷七

水行三百里入松江。

巨川非一源，源亦在衆流。此谷乃清淺，松江能覆舟。荀子云：「水則載舟，水則覆舟。」言水發源處尚淺，至其末派瀰瀰，乃能覆舟。猶岷江〔二〕濫觴，東合百川，爲稽天之浸。蟲魚何所知，上下相沉浮。徒嗟大盈北，浩浩無〔三〕春愁。華亭水自大盈入松江，而北入海。

【校記】

〔一〕「岷江」，原作「泯江」，據宫内廳本改。

〔二〕「無」字原脱，據宋本、叢刊本補。

陸機宅八

故物一已盡，嗟此歲年深。野桃自着花，荒棘自生鍼。芊芊谷水陽，鬱鬱崐山陰。俛仰但如昨，游者不可尋。機思鄉詩云：「彷彿谷水陽，婉孌崐山陰。」〔一〕

【校記】

〔一〕「思鄉」，文選卷二十四作「贈從兄車騎」。「婉孌」，原作「婉人」，據文選改。

崐山九

世傳陸氏家生機、雲，故名崐山，主〔一〕生玉也。〇按吳地志云：「華亭水東有崐山。」

玉人生此山，山亦傳此名。崖風與穴水，清越有餘聲。禮記聘義：「扣之，其聲清越以長。」悲哉世所珍，一出受欹傾。不如猿與鶴，棲息尚全生。潘尼傳：「不能猗靡容悦，出入崎傾。」〇機以河橋之敗，爲成都王穎所殺。孫惠與朱誕書曰：「不意二陸，相携暗朝。一旦湮滅，道業淪喪。痛酷之深，荼毒難言。國喪儁望，悲豈一人？」

【校記】

〔一〕「主」，宋本、叢刊本作「言」。

三女岡十

吳王葬三女於此。

自古世上雄，慷慨擅功名。當時豈有力，能使死者生？言英雄雖有蓋世之力，不能使死者復活也。三女死〔一〕一丘，此恨亦難平。評曰：不問三女何説，直彷彿自足己意，最是。〇按寰宇志：「吳縣有女墳湖，吳王葬女，取土成湖。」又郡國志：「三女墳在郭西。闔閭食鱠魚，美，留半賜小女。女怨自殺，王痛之，葬於郭西。文石爲槨，金印、銀尊悉以送。」又：「吳王女墳在閶門外。」山川記云：「夫差女，年十八，童子韓重私悦之。王怒，女結恨而死。葬後，重往弔之，以徑寸珠匣贈重。」據郡國志、山川記，皆有吳王女墳，一以爲闔閭，一以爲夫差，未知孰是。或二王各有女冢也。

音容若有作，無力傾人城。評曰：有，當作「可」。

【校記】

〔一〕「死」，宋本、叢刊本作「共」。

太白巖〔一〕 鄞縣時作。

太白巃嵸東南馳，衆嶺還〔二〕合青分披。煙雲厚薄皆可愛，樹石踈密自相宜。陽春已歸鳥語樂，溪水不動魚行遲。生民何由得處所？與茲魚鳥相諧熙。日觀魚鳥之樂，而感民生之艱。○退之祭姪孫文：「出從予人，既相諧熙。」

【校記】

〔一〕「巖」，宋本、叢刊本作「嶺」。

〔二〕「還」，龍舒本、宋本、叢刊本作「環」。

秃山

吏役滄海上，瞻山一亭〔一〕舟。怪此秃誰使？鄉人語其由。一狙山上鳴，一狙從之游。相匹乃生子，子衆孫還稠。山中草木盛，根實始易求。攀挽上極高，屈曲〔二〕亦窮幽。衆狙各豐肥，山乃盡侵牟。莊子：「吳〔三〕王浮江，登于狙之山。衆狙見，恂然棄而走。」柳子厚憎王孫文：「山之小草木，必凌挫折挽，使之瘁然後已。故王孫之居，山常蒿然。」漢景帝紀：「侵牟萬民。」攘争取一飽，豈暇議藏收。大狙尚自苦，小狙亦已愁。稍稍受咋嚙，一毛不得留。狙雖巧過人，不善操鋤耰。所嗜在果穀，得之常以〔四〕偷。嗟此海中山〔五〕，四顧無所投。生生未云已，歲晚將安謀？似言天下生齒日衆，吏爲貪牟，公家無儲積，而上未盡教養之方也。

【校記】

〔一〕「亭」，諸本作「停」。

〔二〕「曲」，龍舒本、宋本、叢刊本作「指」。

〔三〕「吳」，原作「吾」，據莊子徐无鬼及宫内廳本改。

〔四〕「以」，宋本、叢刊本作「似」。

〔五〕「海中山」，龍舒本、宋本、叢刊本作「海山中」。

贈曾子固

曾子文章衆無有，水之江漢星之斗。挾才乘氣不媚柔，羣兒謗傷均一口。韓詩：「不知羣兒愚，那用故謗傷。」子固晚稍用，神宗嘗語之曰：「以卿才學，宜爲人所忌也。」吾語羣兒勿謗傷，豈有曾子終皇皇？借令不幸賤且死，後日猶爲班與揚。評曰：頓挫竭盡。○陳勝傳：「籍弟令無斬。」服虔云：「籍，猶借也。」師古曰：「弟，但也。言但令無斬也。」班固與揚雄也。王震作子固集叙亦云：「先生自負，要似劉向，不知韓愈爲何如也。」○公平生最多謗，余嘗辨之，見於所爲公集後序及建昌寧君書院記，當摘取附此。如荆公與段縫書云「足下姑自重，無輕議鞏」之類。

鮑公水

水在臨川，未詳鮑公何人。

村南鮑公山，山北鮑公水。高穴逗遠源，泠泠落山觜。玉色與飴味，不可他味比。竹樹四蒙密，翠藤相披靡。漫郎昔少年，幽居得之此。漫郎，元次山自號也。事見別注。漫郎，公自謂也。臨窺若有遇，愛歎無時已。浮名未染汙〔一〕，永矢終焉爾。柰何中棄入長安，十〔二〕載風塵化舊顏。讙囂滿耳不可洗，此水泠泠空在山。晉孫楚：「所以枕流，欲洗其耳。」

【校記】

〔一〕「染汙」，龍舒本、宋本、叢刊本作「汙染」。

〔二〕「十」，龍舒本作「千」。

寄李士寧先生

士寧本末，見七言八句律詩詳注。

樓臺高聳間晴霞，松檜陰森夾柳斜。渴愁如箭去年華，陶情滿滿傾榴花。自嗟不及門前水，流到先生雲外家。王右軍曰：「年在桑榆，自然至此，正賴絲竹陶寫。」○樂天詠家醞詩：「常嫌竹葉猶凡濁，始覺榴花不正真。」○通典扶南傳：「頓遜國有安石榴，取汁停盆中，數日成美酒。」又李義山詩：「我爲傷春心自醉，不勞君勸石榴花。」○劉原甫詞：「桃葉新聲，榴花美味。」

僧德殊家水簾求予詠

淙淙萬音落石顛，高適還山吟：「石泉淙淙若風雨，桂花松子常滿地。」皎皎一泒當簷前。清風高吹鸞鶴唳，白日下照蛟龍涎。浮雲裝額自能卷，缺月琢鉤相與懸。朱門試問幽人價，翡翠鮫綃不直錢。東方朔大衣詩：「裝以浮雲，緣以四海。」〇包何秤詩：「鉤懸新月吐，衡舉衆星隨。」〇翡翠，寶玉之類，非謂翠羽也。歐公歸田録云：「余家有一玉罌，形製甚古而精巧。始得之梅聖俞，以爲碧玉。在潁州時，嘗以示僚屬，坐有兵馬鈴轄鄧保吉者，真宗朝老内臣也，識之，曰：『此寶器也，謂之翡翠云。禁中寶物皆藏宜聖庫，庫中有翡翠盞一隻，所以識也。』」〇北夢瑣言：「張建章於渤海遇水仙，遺之絞綃。以進明皇，以爲珏。」〇又，絞綃，即龍紗也，其價百金。以爲服，入水不濡。

王荆文公詩卷第二十

古　詩

杭州修廣師法喜堂〔一〕

浮屠之法與世殊，洗滌萬事求空虛。師心以此不掛物，龐蘊語于頔：「但可空諸所有，不可實諸所無。」即洗滌之意也。○魯直嘗言：「荆公學佛，所謂『吾以爲龍又無角，吾以爲蛇又無足』者也。余嘗熟觀其風度，其視富貴如浮雲，不溺於財利酒色，一世之偉人也。」○永安和尚云：「一絲不掛。」一堂收身自有餘。堂陰置石雙嵽嵲，杜詩：「御榻在嵽嵲。」石脚立竹青扶踈。白詩：「樓臺紅照曜，松竹青扶踈。」一來已覺心〔二〕膽豁，況乃宴坐窮朝晡。憶初救時勇自許，壯大看俗尤崎嶇。豐車肥馬載豪傑，少得志願多憂虞。始知進退各一〔三〕一作「有」。理，造次未可分賢愚。韓詩：「人心未嘗同，不可一理驅。宜各從所好，未用相賢愚。」會將築室反〔四〕耕釣，相與此處吟山湖。

【校記】

〔一〕龍舒本題無「杭州」二字。
〔二〕「心」，宋本、叢刊本作「肝」。
〔三〕「一」，龍舒本、宋本、叢刊本作「有」。
〔四〕「反」，龍舒本、宋本、叢刊本作「返」。

復至曹娥堰寄剡縣丁元珍

曹娥堰在會稽縣東南七十二里。曹娥鄉在東北四十五里。曹娥江路南來自上虞縣界，經會稽界四十里北入海，可容五百石舟。今詩云「來自北」，又云「無艇子」，與圖經異。

溪水渾渾來自北，千山抱水清相射。山深水急無艇子，欲從故人安可得？故人昔日此水上，罇酒扁舟慰行役。津亭把手坐一笑，我喜滿懷君動色。論新講舊惜未足，論新講舊，皆指學問事。落日低回〔一〕已催客。離心自醉不復飲，秋果寒花空滿席。今年却坐相逢處，怊悵難求別時迹。可憐溪水自南流，安得溪船問消息？

【校記】

〔一〕「回」，宋本、叢刊本作「徊」。

答曾〔一〕子固南豐道中所寄

吾子命世豪，術學窮無間。直意慕聖人，不問閔與顏。彼昏何爲者？詆構來嚬嚬。柳子厚詩：「秉心方的的，騰口任嚬嚬。」○韓子：「其鬪嚬嚬。」○曾子固集有之南豐道上寄介甫詩：「應逮冒煩暑，驅馳山水間。」不知何所坐也。又云：「跋履雖云倦，桑梓得暫還。林僧授館舍，田客扳鞍環〔二〕。吾心本皎皎，彼詬徒嚬嚬。方投定鑑照，即使征馬還。」應逮犯秋陽，動爲人所歎。不卹我躬瘁，乃嗟天澤慳。令人念公卿，燁燁趨王〔三〕班。泊〔四〕無憫世意，狙猿而珮環。莊子天運：「今取猨狙而衣以周公之服。」愛子所守卓，憂予不能攀。永矢從子游，合如扉上鐶。願言借餘力，迎浦踈潺潺。晉語：「夫教者，因體能質而利之者也。若川然，有原以印浦而後大。」注：「印，迎也。若川有原，因開利迎之以浦，然後大也。」亦有衣上塵，可攀裨太山。謝承後漢書：「楊喬曰：『猶塵附太山，露集滄海，雖無補益，款誠至情，猶不敢嘿嘿也。』」大江秋正清，島潊相縈彎。四眄浩無主，日暮煙霞斑。水竹密以勁，霜楓衰更殷。謝靈運詩：「曉霜楓葉丹。」〇左傳：「左輪朱殷。」注：「朱，血色。血色久則殷。」於閒〔五〕反。賞託亦云健，行矣非間關。相期東北游，致館淮之灣。無爲襲甯嬴，悠矣〔六〕及溫還。文公五年：「晉陽處父聘于衛，反過甯。舍于逆旅甯嬴氏。嬴謂其妻：『吾求君子久矣，乃今得之。』舉而從之。陽子遂與之語，及山而還。」注：「山，河内溫山。」

【校記】

〔一〕龍舒本無「曾」字。

〔二〕元豐類稿「扳鞍環」作「攀鞍鐶」；下文「征馬還」，作「征馬班」。「吾心」，原作「言心」，據元豐類稿改。「彼詬」，原衍一「詬」字，删。

〔三〕「王」，龍舒本、宋本作「玉」。

〔四〕「泊」，龍舒本、宋本作「伯」。

〔五〕「閒」，原作「聞」，據宮内廳本改。

〔六〕「矣」，龍舒本、宋本、叢刊本作「然」。

寄贈胡先生

公自序云〔一〕：「孔、孟去世遠矣，信其聖且賢者，質諸詩〔二〕、書焉爾〔三〕。翼之先生與予並時〔四〕，非若孔、孟之遠也，聞薦紳先生所稱述，又詳於書，不待見而後知其人也。歎慕之不足，故作是詩。」〇胡瑗，字翼之，泰州海陵人。

先生天下豪傑魁，余嘗見公題王昭素易論要纂後云：「予嘗苦王先生易論晦而難讀，徐徽生刪取其略，以示予，又取其義可傳及雖不足傳而猶可論者存之。」按：公初於前輩宿儒，猶有尊事之意，故如昭素與安定，皆以先生呼之。其後詆排諸老，略不少假，此意無復存矣。胷臆廣博天所開。文章事業望孔孟，不復睥睨蔡與崔。評曰：它人用不到此。○劉夢得柳文序云：「雄深雅健似司馬子長，崔、蔡不足多也。」十年留滯東南州，飽足藜藿安蒿萊。飽足者，非求飽也，以藜藿爲足，而無慕乎其外也。獨鳴道德驚此民，韓集：「孟軻、荀卿，以道鳴者。」民之聞者源源來。高冠大帶滿門下，奮如百蟄乘春〔五〕雷。惡人沮伏〔六〕善者起，昔時盜蹻〔七〕今騫回。神宗嘗問劉彝從學何人，對曰：「臣少從學於安定先生胡瑗。」上曰：「其人文章與王安石孰優？」彝曰：「瑗以道德仁義教東南諸生，時王安石方在場屋修進士業。」又云：「國朝取士尚聲律文詞，臣師當寶元、康定之間，首明體用之學以授學者，出其門者，無慮二千餘人。」歐公墓表：「師道廢久矣，自明道、景祐以來，學者有師，唯先生與太山孫明復、徂徠石守道三人，而先生之徒最盛。其在湖州之學，弟子去來常數百人，各以其經學轉相傳授。其教學之法最備，行之數年，東南之士，莫不以仁義禮樂爲學。」歐公詩亦云：「吳興先生富道德，詵詵弟子皆賢才。」○墓表云：「先生爲人師，言行而身化之，使誠明者達，昏愚者勵，而頑傲者革。」先生不試乃能爾，誠令得志如何哉？吾願聖帝營太平，補葺廊廟支〔八〕傾頹。披旒發纊廣耳目，照徹山谷多遺材。先收先生作梁柱，以次構架桷與榱。羣臣面向帝深拱，仰戴堂陛方崔嵬。公詩期先生以廊廟，而官止中允、侍講而已。

【校記】

〔一〕龍舒本、宋本、叢刊本題下無「公自序云」四字。宋本、叢刊本題下有小注「并序」二字，序作大字，另起。
〔二〕龍舒本、宋本、叢刊本無「詩」字。
〔三〕「爾」，龍舒本、宋本、叢刊本作「耳」。
〔四〕「時」，龍舒本、宋本、叢刊本作「世」。
〔五〕「春」，龍舒本、宋本作「雲」。
〔六〕「伏」，龍舒本、宋本、叢刊本作「服」。
〔七〕「盜蹻」，龍舒本、宋本、叢刊本作「蹻跖」。
〔八〕「支」，諸本均作「枝」。

得子固〔一〕書因寄

始吾居揚日，居揚，公作僉判時。時子固未仕，在臨川。重問每見及。云將自親側，萬里同講習。子行何舒舒，吾望已汲汲。窮年夢東南，顏色不可挹。仁賢豈欺我？正恐事維縶。詩：「縶之維之。」嚴親抱憂衰，生理賴以給。不然航江外，天寒北風急。無迺山路惡，僕弱馬行澀。孤懷未肯開，歲物忽如蟄。揭來高郵住，巷屋頗卑濕。蓬蒿稍芟除，茅竹隨補葺。苟云禦風氣，尚恐憂雨汁。賈誼傳：「長沙卑濕。」○月令：「仲〔二〕冬之月。行秋令，則天時雨汁。」注：「雨汁者，冰雪雜下。」故人莫在眼，屢獨開巾笈。忠信蓋未見，吾敢誣茲邑？語：「十室之邑，必有忠信。」出門〔三〕誰與語？念子百憂集。眺聽聊自放，日暮城頭立。徐歸坐當户，使者操書入。檀弓：「孔子當户而坐。」○曲禮：「獻田宅者操書致。」注：「操，持也。」時開識子意，如渴得美湇。曲禮：「殽之序，徧祭之。」注云：「公食大夫禮：『魚、腊、湇、醬不祭。』」湇，音泣。驪駒日就道，玉手行可執。舊學待鑴磨，新文得删拾。重登城頭望，喜氣滿原隰。驪駒，逸詩。大戴禮：「客欲去，歌之，其辭云：『驪駒在門，僕夫具存。驪駒在路，僕夫整駕。』」詩：「執子之手兮。」

【校記】

〔一〕宋本、叢刊本「子固」上有「曾」字。

〔二〕「仲」，原作「孟」，據禮記月令改。

〔三〕「門」，龍舒本、宋本、叢刊本作「關」。

寄虔州江陰二妹

贛水日夜下，下與章水期。我行二水間，無日不爾思。地理志：「章水出贛縣西南，而北入江，蓋控引衆流，揔成一川，雖稱謂有殊，言歸一水也，故字從章、從貢。」飄若越鳥北，心常在南枝。選詩：「胡馬依北風，越鳥巢南枝。」注云：「皆思舊。」又如岐首蛇，南北兩欲馳。退之赴江陵途中詩：「有蛇類兩首。」又嶺表録異記：「兩頭蛇，嶺外多有此，有如小指，大者長尺餘，腹下鱗紅，背錦文。一頭有口眼，一頭似頭而無口眼。」爾雅：「北方有比肩民焉，迭食而迭望，中有枳首蛇焉。此四方中國之異氣也。」注：「枳，岐也。」逝者日已遠，百憂詎能追？生存苦乖隔，邂逅亦何時？女子歸有道，善懷見於詩。庶云留汝車，慰我堂上慈。古詩：「我行日已遠。」謂二妹之所從也。○韓詩：「死者已渺茫，生者困乖隔。」○載馳：「女子善懷，亦各有行。」○潘安仁賦：「太夫人在堂。」讀此詩，知公於友愛最隆也。

登越州城樓

越山長青水長白，越人長家山水國。可憐客子無定宅，一夢三年今復北。林和靖詩：「吴山青，越山青。」浮雲縹緲抱城流，東望不見空回頭。人間未有歸耕處，早晚重來此地游。作鄞邑滿秩而歸。○公眷眷於鄞，猶愛桐鄉之意。

憶昨詩示諸外弟

憶昨此地相逢時，春入窮谷多芳菲。短垣囷囷冠翠嶺，襄二十七年：「盧蒲嫳攻崔氏，崔氏堞其宮而守之。」注：「堞，短垣也。」躑躅萬樹紅相圍。幽花媚草錯雜出，黄蜂白蝶參差飛。此時少壯自負恃，意氣與日争光輝。退之送李愿序：「妬寵而負恃。」○退之：「少年意真狂，有意與春競。」乘閑弄筆戲春色，脱落〔一〕不省旁人譏。坐欲持此博軒冕，肯言孔孟猶寒飢。丙子從親走京國，浮塵坌並緇人衣。公生天禧五年辛酉，至景祐三年丙子，年十六。○左太冲吴都賦：「儇佻坌並。」注：「坌，步寸切，疾走貌。」相如弔二世曰：「坌入曾宮之嵯峨。」坌，即並也。明年親作建昌吏，四月挽船江上磯。說文：「石激水曰磯。」端居感慨忽自悟〔二〕，青天閃爍無停暉。男兒少壯不樹立，挾此窮老將安歸？吟哦圖書謝慶弔〔三〕，坐室寂寞相〔四〕伊威。史記：「蘇秦見齊王，仰而慶，俯而弔。齊王曰：『是何慶弔相隨之速也？』」○東山詩：「伊威在室。」○揚雄傳：「惟寂寞，自投閣。」後漢孔融傳：「融材疏意廣，迄無成功。」○杜詩：「許身一何悲〔五〕，竊比稷與卨。」希，如希顔之希。材疏命賤不自揣，欲與稷契遐相希。昊〔六〕天一朝畀以禍，先子泯没予誰依？精神流離肝肺絶，眥血被面無時晞。母兄呱呱泣相守，三載厭食鍾山薇。屬聞降詔起羣彦，遂自下國趨王畿。刻章琢句獻天子，釣取薄祿歡庭闈。楚公寶元二年薨。○唐張巡傳：「尹子奇曰：『聞公督戰，輒眥裂血面，嚼齒皆碎。』」○晞，乾也。○書益稷：「啓呱呱而泣。」○杜詩：「不厭北山薇。」○楚公通判江寧，卒官，諸子遂家焉。○晉束皙補亡詩：「眷戀庭闈，心不遑安。」李善注云：「庭闈，親之所居也。」身著青衫手持版，奔走卒歲官淮沂。晉王坦之見桓溫，倒持手版。○公慶曆二年楊寘榜進士甲科，授揚州僉判。淮沂無山四封庳，獨有廟塔尤嵬巍。時時憑高一悵望，想見江南多翠微。爾雅：「山中絕，曰陘。未及上，曰翠微。」又一說，山葉〔七〕青縹色曰翠微。歸心動蕩不可抑，霍若猛吹翻旌旆。○白詩：「自言拜別主人後，離心蕩颺風前旆。」騰書漕府私自列，仁者惻隱從其祈。暮春三月亂江水，梁丘遲與陳伯之書：「暮春三月，江南草長。」○詩公劉：「涉渭爲亂。」注：「絕流曰亂。」勁櫓健帆如轉機。還家上堂拜祖母，奉手出涕縱橫揮。退之董生行：「上堂問起居。」○曲禮：「長者與之提攜，則兩手奉長者之手。」○公登第入官後，始以漕檄自維揚泝江至撫州，時公祖母燕國夫人謝氏尚無恙，楚公名用之妻也。出門信馬向何許？城郭宛然相識稀。退之詩：「只知閑信馬。」○丁令威：「城郭雖是人民非。」永懷前事不自適，却指舅館排〔八〕山扉。當時髾兒戲我側，于今冠佩何頎頎。楚公先娶徐，再娶吳氏。所指舅館，吳氏也。介甫，吳出。○離騷云：「高余冠之岌岌兮，長余佩之陸離。」○詩：「碩人頎頎。」況復丘樊滿〔九〕秋色，蜂蝶摧藏花草腓。繳前句也。詩：「秋日凄凄，百卉具腓。」○高適詩：「大漠窮秋草木腓。」令人感嗟千萬緒，不忍蒼卒回驂騑。留當開樽強自慰，邀子劇飲毋予違。禮：「天子六馬，左右驂；三公、九卿駟馬，右騑。」漢制，九卿則中二千石，亦右騑。○曹子建責躬詩：「騑驂倦路，載寢載興。」○採訪使韓宗約孟浩然偕至京師，欲薦諸朝，會故人至，劇飲，歡甚。或曰：「君與韓公有期。」

浩然曰：「業已飲，違恤他？」卒不赴。

【校記】

〔一〕「落」，龍舒本、宋本、叢刊本作「略」。

〔二〕「悟」，諸本作「寤」。

〔三〕「弔」，原作「兆」，據諸本改。

〔四〕「寂」，龍舒本作「寥」。「相」，龍舒本、宋本、叢刊本作「生」。

〔五〕「悲」，杜甫自京赴奉先縣詠懷五百字作「愚」，下「离」作「契」。

〔六〕「旲」，龍舒本、宋本、叢刊本作「旻」。

〔七〕「山葉」，據邢昺爾雅疏卷七，當作「山氣」。

〔八〕「排」，叢刊本作「接」。

〔九〕「滿」，原作「蒲」，據龍舒本、宋本、叢刊本改。

澶州

澶淵之役，曹利用自天雄赴虜寨，共議和事，虜乃遣左飛龍使韓杞持書與利用俱還。其書以關南故地爲請。杞入對行宮之前殿，上謂輔臣曰：「所言歸地事極無名，必若邀求，朕當決戰。儻歲以金帛濟其不足，朝廷之體，固亦無傷。」杞即日入辭，與利用同往。既至虜寨，復以關南地爲言。利用固争之，謂曰：「若北朝恣其邀求，地固不可得，兵亦未易息也。」其國主意稍怠，但欲歲取金帛。利用許遺絹二十萬匹、銀一十萬兩，議始定。初，利用再使虜也，面請歲賂金帛之數，上曰：「必不得已，雖百萬亦可。」利用辭去，寇準召至幄次，語曰：「雖有勑旨，汝往，所許不得過三十萬。過三十萬，將斬汝！」利用果以三十萬成約而還。公有澶州兩詩，此詩似少貶和議。雖託野老之言，其實公意也。

津津河北〔一〕流，嶭嶭兩城峙。澶州，黄河在其南，王莽河在其北；樊城在其南，戚城在其北。故公前詩云：「河流中間兩城峙。」又云：「南城草草不受兵，北流樓櫓如邊城。」今云「北河流」、「兩城峙」，亦謂此。春秋諸侯會，澶淵乃其地。襄公三十年：「晉人、齊人、宋人云云，會于澶淵，宋災故。」注：「未有言其事。此言宋災故，以惡宋人不克己自責而出會求財。」書留後世法，豈獨譏當世？評曰：無謂。野老豈知此，爲予談近事。邊關一失守，北望皆胡騎。黄屋親乘城，穹廬矢如蝟。景德元年閏九月，契丹與其母舉國入寇，自定州，駐陽城淀，遂緣葫蘆河踰關，南攻瀛州。又乘虚抵貝、冀、天雄軍。攻天雄不下，進陷清德軍。益南侵，直犯澶州大陣。○黄屋，見上注。漢高祖紀：「堅守乘城。」乘，登也。○匈奴傳：「匈奴父子同穹廬而卧。」師古曰：「穹廬，旃帳也，其形穹隆，故曰穹廬。」○車駕駐蹕澶州南城，寇準固請幸北城，曰：「陛下不過河，則人心危懼，虜氣未懾，非所以取威决勝也。」既至，登北城門樓，張黄龍旗，諸軍皆呼萬歲，聲聞數十里，氣勢百倍。虜自是震駭請和，不復交鋒矣。詩云「穹廬矢如蝟」，蓋指射殺撻覽時事，然撻覽死實在前，非乘城以後事也。紛紜擅將相，誰爲開長利？開長利，言將相雖多，無能爲中國建長利者。此意似不以和爲然。**焦頭收末功，尚足誇一是。**霍光傳：「初，霍氏奢侈，茂陵徐生上書，三上，輒報聞。後霍氏誅，人爲徐生上書，有曰：『曲突徙薪無恩澤，焦頭爛額爲上客。』上迺以福爲郎。」○尚足誇一是，此言萊公之功，亦救之末流。然此意蓋甚正，非如譖〔二〕者孤注之比。蓋公前詩已有不足於萊公之意，謂人主越都邑而謀遠，以萬乘之尊，當不測之虜，先所稱功第一者，與此語雖異而意實同。○莊子齊物論：「此亦一是非，彼亦一是非。」**歡盟自此數，日月行人至。**行人，使者也。周官有大行人，掌大賓之禮及大客之儀。**馳迎傳馬單，走送牛車弊。征求事供給，廝養猶珍〔三〕罷。**漢昭帝紀：「補邊郡三輔傳馬。」張晏曰：「驛馬也。」○「廝養」字〔四〕，見史記蘇秦傳。又前漢張耳傳有「廝養卒」。蘇林曰：「廝，取薪者也；養，養人者也。」師古曰：「廝，音斯。」**戈甲久已銷，澶人益憔悴。**澶人益憔悴，此言虜雖已和，而中國益困弊。**能將大事小，自合文王意。語翁無歎嗟，小雅今不廢。**孟子：「惟仁者惟能以大事小，是故湯事葛，文王事昆夷。」○詩〔五〕：「小雅盡廢，則四夷交侵，中國危矣。」萊公之功，管仲之功也，以後世論之，不可謂不大，故詩有「一是」之語。然揆以聖人規模，則不然。必也以天保以上治內，采薇以下治外，雖有夷狄，安得遽至中原乎？如小雅盡廢，則政事所以自治者俱亡，四夷安得而不交侵，中國安得而不微弱。縱能救之於已亂，雖使中國之人不至被髮左衽，特賢乎列國之諸侯耳！格以聖人之法，何足道哉？詩有「焦頭」及「小雅」之說，大抵意出於是。

【校記】

〔一〕「河北」，龍舒本作「北河」。

〔二〕「譖」，原作「譛」，據宮内廳本改。

〔三〕「珍」，龍舒本作「殄」。

〔四〕「字」，原作「子」，據宮内廳本改。

〔五〕「詩」下引文，出自毛詩小雅六月序；「危」，毛詩作「微」。

寄平甫弟衢州道中

淺一作「洩」，非。溪受日光炯碎，野林參天陰翳長。幽鳥不見但聞語，小梅欲空猶有香。長杜集百丈潭詩：「清見光炯碎。」○唐韓偓

年無可自娛戲，遠游雖好更悲傷。安得冬風一吹汝，手把詩書來我傍〔一〕。

詩：「每日在南亭，南亭似僧院。人語静先聞，鳥啼深不見。」

【校記】

〔一〕「傍」，龍舒本作「旁」。

王荊文公詩卷第二十一

古詩

寄慎伯筠

或云王逢原作。○評曰：是。

世網掛士如蛛絲，

> 呂氏春秋：「湯祝網曰：『蛛蝥作網，今人効之。』」

大不及取小綴之。

> 李白詩：「獵家張兔罝，不能掛龍虎。所以青雲人，高歌在巖户。」即公此意。

宜乎倜儻不低飲，醉脚踏倒青天〔一〕低。

> 杜子美苦熱詩：「安得赤脚踏層冰。」○呂居仁教後生詩：「未須極軒昂，且須就低飲。」

前日才能始誰播？一口驚張萬誇和。

> 韓文淮西碑：「大官臆决唱聲，萬口和附，并爲一談，牢不可破。」○又三星行云：「箕張其口。」

雷公訴帝喘似〔二〕吹，

> 退之陸渾山火詩：「夢通上帝血面論。」又云：「雷公擘山海水翻。」又寄崔立之詩：「喘如竹筒吹。」

咸恐聲名塞天破。

> 孟子：「塞乎天地之間。」○退之寄崔立之詩：「咎責塞兩儀。」○太祖語：「與十萬錢，塞破

屋子。」文章喜以怪自娱，不肯裁縮要有餘。多爲峭句不姿媚，石鼓歌云：「羲之俗書趁姿媚。」天骨老硬無皮膚。魏志方技管輅傳：「去〔三〕良、樂百八十里，不得騁天骨，起風塵。」○袁宏三國名臣贊：「天骨秀朗。」人傳書染莫對當，破卵驚出鸞鳳翔。人間下筆不肯屈，鐵索急纏蛟龍僵。退之石鼓歌：「金繩鐵索鎖紐壯。」○杜詩：「鬱鬱三千字，岌業蛟龍纏。」少年意氣強不羈，虎脇插翼白日飛。韓詩外傳曰：「周書云：『爲虎傅翼，將飛入邑，擇人肉而食。』」欲將獨立誇萬世，笑誚李白爲癡兒。「大兒孔文舉，小兒楊德祖。」禰衡語。四天無壁才可家，司馬相如傳：「家徒四壁立。」退之文：「洞庭汗漫，粘天無壁。」醉膽憤痒遺酒斝。欲偷北斗酌竭酒，力拔太華鑣鯨牙。項羽歌：「力拔山兮氣蓋世。」○退之調張籍詩：「刺手拔鯨牙，舉瓢酌天漿。」又：「瞻相北斗柄，兩手自相挼。」世儒口軟聲似蠅，石鼎聯句：「時於蚯蚓竅，微作蒼蠅聲。」○退之詩：「嘿坐念語笑，癡如遇寒蠅。」好於壯士爲忌憎。韓文：「彼婉孌者，寔憚吾曹。」我獨久仰願一見，浩歌不敢兒女聲。

【校記】

〔一〕「天」，龍舒本作「雲」。

〔二〕「似」，宫内廳本作「欲」。

〔三〕「去」，原作「云」，據三國志魏書方技傳裴松之注、宫内廳本改。

望晼〔一〕山馬上作 此詩疑非公作。

亘天青鬱鬱，千峯互崷崒。放〔二〕馬倚長崖，煙雲争吐没。退之南山詩：「雲氣争結構。」遠疑嵩華低，近豈潛衡匹。奚爲鮮眺覽，過者輒倉卒。吾將凌其巔，震蕩睨溟渤。旁行告予言，世孰於此〔三〕忽。邃深不可俯，儲〔四〕藏盡妖物。踴躍狼虎羣，蜿蜒蛇虺窟。惜哉危絶山，歲久沉汩没。誰將除茀塗，萬里游人出。

【校記】

〔一〕「晼」，龍舒本作「晥」。

〔二〕「放」，龍舒本作「收」。

〔三〕「此」，龍舒本作「玆」。

〔四〕「儲」，龍舒本作「諸」。

汝癭和王仲儀〔一〕

梅宛陵集亦載此詩，未知誰作。按水經：「汝水出河南梁縣勉鄉西天息山。」酈道元注：「今汝水西出魯陽縣之大猛山黄柏谷，巖嶂深高，山岫邃密，石徑崎嶇，人跡裁交。西即盧氏界也。」

汝水出山險，汝民多病癭。嵇叔夜養生論：「頸處險而癭，齒居晉而黄。」或如鳥粻滿，或若猿嗛並。大宛傳：「烏嗛。」音銜。爾雅：「亢，鳥嚨。其粻，嗉。」釋曰：「亢者，鳥喉嚨也，其受粻處名嗉。」「寓鼠曰嗛。」釋曰：「寓木之獸，謂獮猴之類。及鼠，皆曰嗛。」郭云：「頰裏貯食處也。」○王延壽王孫賦：「口嗛呻以齡猛。」女慙高掩襟，男大闊裁領。東坡詩：「闊領先裁蓋癭衣。」飲水擬〔二〕注壺，吐詞侔有梗。樗里既已聞，杜預亦不幸。秦人號智囊，樗里疾滑稽多智，秦人號曰「智囊」。疾所居里有樗樹，又滑稽之形如大瓠，宜亦取癭也。吴瓠掛狗頸。晉杜預傳：「初攻江陵，吴人知預病癭，憚其智計，以瓠繫狗頸示之。每大樹似癭，輒斫使白，題曰『杜預』。及城平，盡捕殺之。」膃腮常柱〔三〕頤，説苑：「田單攻翟，三月不克。謡曰：『大冠如箕，長劒柱頤。』」伶仃安及脛。秖欲仰問天，無由俯窺井。挾帶歲月深，冒犯風霜冷。厭惡雖自知，割剖〔四〕且誰肯。魏略曰：「賈逵因與校尉争，不得理，乃發憤，生癭，欲割之。魏太祖教曰：『十人割癭九人死。』」○南史朱齡石傳：「舅蔣氏，頭有大瘤。齡石伺眠，密割之，即死。」不惟羞把鏡，仍亦愁吊影。内療煩羊靨，本草：「療氣癭方：羊厭一具，去脂含，汁盡去之，便差。」外砭廢針穎。在木曰楠榴，吴張紘傳：「見楠榴枕，愛其文，爲作賦。」公有宿木瘤僧舍詩，疑「榴」字或是「瘤」。○左太沖吴都賦：「楠榴之木，相思之樹。」注云：「楠榴，木之盤結者，其盤節文尤可以作器。建安所出，最長大也。」○榴，音留。陸龜蒙夜坐問答詩：「癭木杯〔五〕杉贅，楠瘤刳得來。」刳之可曰皿。説文：「皿，飲食之用器也。」金樓子曰：「西域有癭藤，可以酌酒，自有文章，映徹可愛，其大如杯。」楠瘤之皿，亦此類也。此誠無所用，既有何能屏？膨脝厠元首，「家腹脹膨脝」，石鼎句。臃腫異顱頂。莊子庚桑楚：「擁腫之與居。」難將面目施，可與胞胎逞。賢者臨汝守，世德調金鼎。仲儀之父文正公旦，相仁宗。氓〔六〕俗雖醜乖，教令日脩整。退之滕王閣記：「令修於户庭之間。」風土恐隨改，楊惲答孫會宗書：「西河魏土，文侯所興，有段干木、田子方之遺風。頃者足下離舊土，臨安定。安定山谷之間，昆戎舊壤，子弟貪鄙，豈習俗之移人哉？」晨昏憂屢省。儻欲覲慈顏，名城不難請。

【校記】

〔一〕龍舒本題下注云：「或云梅聖俞詩。」

〔二〕「擬」，宫内廳本作「疑」。

〔三〕「柱」，龍舒本作「拄」。

〔四〕「割剖」，宫内廳本作「剖割」。

〔五〕「杯」，原作「杯」，據宫内廳本改。

〔六〕「氓」，龍舒本作「坻」，宫内廳本作「珉」。

三月十日韓子華招飲歸城

清明曉赴韓侯家，自買白杏丁香花。雀眼塗金銀篋籠，唐人詩：「枝頭白杏花。」○杜詩：「赤墀櫻桃枝，隱映銀絲籠。」貯在當庭呼舞娃。舞娃聊捧笑向客，不顧插壞新烏紗。朝來我舍報生子，賀勸大白浮紅霞。班固叙傳：「引滿舉白。」左思吴都賦：「飛觴舉白。」注：「太白，盃名。」酒狂有持梧桐板，暴謔一似漁陽撾[一]。評曰：不似不似，知何人詩？袒裼擊鼓禰處士，當時偶脱猛虎牙。後漢：「曹操欲見禰衡，衡稱病，不往。操懷忿，而以其才名，不欲殺之。乃召爲鼓史。」文士傳載：「魏武帝八月朝會，大閲試鼓節。鼓吏度者皆當脱故衣，著岑牟、單絞及小幝。衡既度，不肯易，吏呵之，衡便止當武帝前，先脱幝，次脱餘衣，裸立，徐徐著岑牟，次著單絞，後著幝，顔色無作。乃擊鼓作漁陽摻撾，聲甚悲壯。操笑曰：『本欲辱衡，衡反辱孤。』」衡本傳云：「孔融愛衡才，數稱述於曹操，令衡求自謝。衡許往，乃手持三尺棁杖，坐大營門，以杖箠地大駡。操怒，曰：『此人素有虚名，遠近將謂孤不能容之。』於是遣人送之劉表。」左思吴都賦：「暴謔中酒而作。」注：「鄱陽郡人性多躁急，酒半酣之時，好爲暴惡之戲。」○詩：「祖裼暴虎。」○莊子：「幾不免虎口。」褊衷不容又何益？鸚鵡洲上空蒹葭。「衡復侮慢劉表，表恥不能容，以江夏太守黄祖性急，故送衡與之，祖善待之。嘗持其手曰：『處士。』祖長子射爲章陵太守。時大會賓客，有獻鸚鵡者，射舉酒於衡，請衡賦之。衡覽筆而作，文無加點，辭采甚麗。後祖大會賓客，衡言不遜。祖恚，遂殺之。」鄂州志：「鸚鵡洲在江夏縣，黄祖殺衡，埋於沙洲之上。後人以衡嘗賦鸚鵡，因爲洲名。」○余嘗謂：衡豈狂病者哉？見操勢日張，宗國將覆，恨力劣不能爲漢誅賊耳。漁陽摻撾，聲節悲壯，蓋陰寓其意，有諸中，必形諸外者也。操多所通解，宜必識之。史又稱「聽者莫不慷慨」，此尤操所深惡。笑言「衡反辱孤」，姑託之裸身等耳。又懼衆覺，必笑而言。奸雄情狀，千載可見。所謂「嘻笑之怒，甚於裂眦」。衡欲免，得乎？正平身劘虎牙，豈不知操終必殺己？惟其忠於王室而力不逮，寧嬰凶怒以洩其憤。誼之所激，雖死不顧，風烈嶢然，實黨錮人物之餘也。第以文人目之，豈知衡者哉？

補注 徧衷〔二〕

【校記】

〔一〕「漁陽摑」，龍舒本作「鄱陽楼」。

〔二〕「徧衷」二字原闌入詩注末，無注文，亦無「補注」二字。

勿去草

或云是楊次公詩。評曰：是。

勿去草，草無惡，若比〔二〕世俗俗浮薄。君不見長安公卿家，公卿盛時客如麻。公卿去後門無車，惟有芳草年年佳。文選：「死人如亂麻。」鄭當時與汲黯列爲九卿，兩人中廢，賓客益落。又下邳翟公爲廷尉，賓客亦填門。及廢，門外可設爵羅。後復爲廷尉，賓欲往，翟公大署其門曰：「一死一生，迺知交情；一貧一富，迺知交態；一貴一賤，交情迺見。」又不見千里萬里江湖濱，觸目悽悽無故人，「西出陽關無故人。」惟有芳草隨車輪。一日還舊居，門前草先耡。蜀志：「先主殺張裕，曰：『芳蘭當門，不得不耡。』」齊江斅聞江夏王鋒死，亦曰：「芳蘭當門，不得不耡。」草於主人實無負，主人於草宜何如？勿去草，草無惡，若比世俗俗浮薄。此詩言客負主人，主人亦時負客，皆以譏道喪俗薄，上下胥失也。蓋自公罷相，凡昔之門生故吏，舍之而去者多矣。又從而下石焉，如呂惠卿者，蓋其尤也。公之卒也，張芸叟爲詩以弔之，曰：「今日江南從學者，人人諱道是門生。」及紹聖後崇尚新學，以公配享先聖，前日舍之而去者至是復還。故無名子嘲之曰：「今日江南從學者，人人争道是門生。」觀公此詩，蓋有所激而云也。士固可罪，然知人亦難矣。

【校記】

〔一〕「比」，宮内廳本作「此」。

東城

昔予出東城，初見壟上耕。言春作也。陳勝傳：「輟耕之壟上。」注：「謂田中之高處。」忽忽日北至，歲月良可驚。雖云一草死，月令：「孟夏之月，靡草死。」注：「薺，葶歷之屬。」四月，純陽之月。」此言「北至」，則指仲夏，連言之也。萬物尚華榮。誰能當此時，歎息微陰生〔一〕。五月一陰生。言見微知著，睹盛知衰者，難得也。此詩當作於仁、英之時。

【校記】

〔一〕「生」，龍舒本作「行」。

哀賢亭

黄鳥哀子車，強埋非天爲。詩黄鳥，秦穆公以三良從死。子車，三良之一也。殉葬，故云「強埋」。詩：「天實爲之。」天奪不待老，宣公十五年：「劉康公曰：『不及十年，原叔必有大咎，天奪之魄矣。』」晉書載記王猛傳：「猛死，苻堅哭之曰：『天不欲吾平一六合耶？何奪吾景略之速也！』」還能使人悲。馬侯東南秀，馬遵也，死時四十八。遵，饒州樂平人，景祐元年及第。嘗漕福建，知開封，以御史爲江淮六路發運判官。後還臺，彈奏宰相梁適，出知宣州。復召爲司諫，旋卒。鞭策要路馳。歸骨萬里州，乃當強壯時。墓門閉空原，成公三年：「知罃〔一〕謂楚王曰：『纍臣得歸骨于晉。』」陳風有墓門之詩。白日無履綦。張景陽詩：「庭無貢公〔二〕綦。」○漢滕公石槨銘曰：「佳城鬱鬱，三千年見白日。」蒼蒼柏與松，浩浩山風吹。我初羞夷吾，我初羞夷吾，如羞道桓文〔三〕之羞也。○揚雄解嘲：「五尺童子，羞比晏嬰與夷吾。」鮑叔亦我知。史記：「管仲少與鮑叔牙游，鮑叔知其賢。管仲貧困，常欺鮑叔，叔終善遇之。仲曰：『生我者父母，知我者鮑子也。』」終欲往一慟，詠言慰孤嫠〔四〕。

【校記】

〔一〕「知罃」，原作「知瑩」，據左傳成公三年及宮内廳本改。

〔二〕「貢公」，原作「貝公」，據文選張景陽雜詩、宮内廳本改。

〔三〕「桓文」，原作「柏文」，據宮内廳本改。

〔四〕「嫠」，原作「婺」，據龍舒本、宮内廳本改。

梁王吹臺

「梁孝王廣睢陽城七十里，大治宮室，爲複道，自宮連屬于平臺三十餘里。」注：「平臺在大梁東北，離宮所在也。」師古曰：「今城東北角有鼓臺基，其處寬博，故俗云平臺。大抵吹臺、平臺、繁臺，名雖異而其實一也。」

繁臺繁姓人，埋滅爲蒿蓬。況乃漢驕子，魂游誰肯逢？緬思當盛時，警蹕在虛空。輿地記：「繁臺，本漢梁王鼓吹臺。梁太祖嘗閱武於此，因改爲講武臺。其後有繁氏居其側，又號繁臺。」○寰宇記云：「吹臺在縣南五里。」陳留風俗傳：「縣有蒼頡、師曠城，其城上有列仙吹臺，梁孝王亦增築焉。梁開平元年，改繁臺爲講武臺，此即吹臺也。其後有繁氏居其側，里人乃以呼之。」○梁王傳：「得賜天子旌旗，從千乘萬騎，出稱警，入言趩。」漢儀注：「皇帝輦動，左右侍帷幄者稱警，出殿則傳蹕，止人清道也。」娥〔一〕眉倚高寒，環珮吹玲瓏。

大梁千萬家，回首雲濛濛。仰不見王處，雲間指青紅。杜詩：「不知二聖處，私泣百歲翁。」○韋應物金谷園歌：「春風吹花雪滿川，紫氣凝閣朝景妍。洛陽陌上人回首，絲竹飄飄入青天。」賓客有司馬，鄒枚避其鋒〔二〕。相如爲郎，會景帝不好詞賦。孝王來朝，從齊人鄒陽、淮陰枚乘之徒。相如見而悦之，因病免，客游梁。居數歲，乃著子虚之賦。洒筆飛鳥上，爲王賦雌雄。宋玉風賦：「此大王之雄風。」惜今此不傳，楚辭擅無窮。楚詞有淮南王安招隱等篇。孝王好文，與一時賓客詞人之盛，皆不減〔三〕安，而獨無傳焉，故公云爾。空餘一丘土，千載播悲風。高適詩：「梁王昔全盛，賓客復多才。悠悠一千年，陳迹惟高臺。寂寞向秋草，悲風千里來。」

【校記】

〔一〕「娥」，宮内廳本作「蛾」。

〔二〕「鋒」，龍舒本作「風」。

〔三〕「減」字原脱，據宮内廳本補。

靈山寺

張芸叟南征録：「靈山在太平州繁昌縣東二十里。寺踞山頂，殿閣重複，土俗云靈山寺。」又杜牧之有題靈山寺行堅師院詩。

靈山名誰自？波濤截孤峯。何年佛子住，四面憑危空。折椽與裂瓦，委棄填西東。庫廊行抑首，叔孫通傳：「皆伏抑首。」居者莽誰容？吾舟維其側，落日生秋風。瞰崖聊寄目，萬物極纖穠。震蕩江海思，洗滌堙鬱中。中，即衷也。胡爲嬉〔一〕游人？過此無留蹤。景豈龍游殊〔二〕，龍游，即金山寺名。

盛衰浩無窮。吾聞世所好，樓殿浮青紅。杜詩：「紅遠結飛樓。」○退之題衡嶽門樓詩：「粉墻丹柱動光彩，鬼物圖畫填青紅。」那知山水樂，豈在豪華宫。世好萬變〔三〕爾，感激難爲工。公詩意謂靈山之景不讓金山，而彼特盛如此，且言世人但知樓觀之勝，而不知山水之趣。

【校記】

〔一〕「嬉」，龍舒本作「喜」。

〔二〕龍舒本注云：「金山之寺名。」

〔三〕「萬」字原脱，據龍舒本補。「變」，龍舒本作「事」。

白鷗

江鷗好羽毛，玉雪無塵垢。滅没波浪間，杜詩：「白鷗没浩蕩。」生涯亦何有。雄雌屢驚矯，機弋常紛糾。吕獻可首彈公，後來劉莘老諸人力排變法，最後唐坰廷斥公尤切。恐詩意指此。○宋莒公詩：「蝸頭狼藉争鋒地，鴻影徘徊避弋天。」顧我獨無心，相隨如得友。詩言君子之度未嘗不澹然，而小人之欲致害者常多，故必得其類而後可安。飄然紛華地，此物乖隔久。魯直詩：「九陌黄塵烏帽底，五湖春水白鷗前。」又：「江南春水碧於天，中有白鷗閑似我。」白髮望東南，春江緑如酒。韓詩：「採蘭起幽念，眇然望東南。」○歐詩：「南浦波紋如酒緑。」○坡詩：「春江緑漲蒲萄醅。」

詠風

風從北海起，至此南海上。莊子秋水篇：「蛇謂風：『予動吾脊脅而行，則有似也。今子蓬蓬然起於北海，蓬蓬然入於南海，而似無有，何也？』」問風來何事，去復欲何向？誰遣汝而號，誰應汝而唱？莊子：「大塊噫氣，其名爲風，是唯無作，作則萬竅怒號。」又：「前者唱于，而隨者唱喁。」汝於何時息？汝作無乃妄。此詩亦似指當時爭論者。風初無一言，試以問雲將。莊子外篇在宥：「雲將東游，過扶搖之枝，而適遭鴻蒙，曰：『朕欲有問也。』」又曰：「天氣不和，地氣鬱結，六氣不調，四時不節。今我願合六氣之精以育之，爲之奈何？」注：「扶搖之枝，風也。」

白雲

英英白雲浮在天，詩白華：「英英白雲，露彼菅〔一〕茅。」下無根蔕旁無連。退之聽琴：「浮雲柳絮無根蔕。」列子：「五山之根，無所連著。」公自況拔起於江南，自爲天子所知也。西風來吹欲消散，落日起望心悠然。願回羲和借光景，常使秀色當〔二〕簷邊。時來不道能爲雨，直以無心最可憐。左思賦：「魯陽操戈而高麾，回曜靈於太清。」李白詩：「願借羲和景，爲人照覆盆。」西風來吹，亦似謂羣言交攻。羲和，言日，借以喻神考。

補注

根蔕，一作「根著」。鼂錯傳：「根著之徒，無不載也。」〔三〕

【校記】

〔一〕「菅」，原作「管」，據詩小雅白華、宮内廳本改。

〔二〕「當」，龍舒本作「留」。

〔三〕本注原闌入詩題下，無「補注」二字。

江鄰幾邀觀三館書畫〔一〕

按：鄰幾名休復，開封陳留人。歐公銘其墓。嘗獻其所著書，召試，充集賢校理，判尚書刑部。當慶曆時，小人不便大臣執政者，欲累以事去之。君友蘇子美，杜丞相壻也，以祠神會飲得罪，一時知名士皆被逐。君坐落職，監蔡州税。後得通判廬州，復校理集賢、判吏部南曹，爲羣牧判官。介甫時同在館中，蓋鄰幾再召時也。

五月祕府始曝書，曝書會，至今不發。一日江君來約予。世間雖有古書筆，可往共觀臨石渠。我時冒熱跨馬去，開厨發匣鳴鐍魚。芝田録：「門鑰必以魚者，取其不瞑目，守夜之義。」羲獻墨跡十一卷，水玉作軸排疏疏。山海經：「堂庭山有水玉。」注：「水玉，今水晶也。」司馬相如子虚賦：「水玉磊砢。」最奇小楷樂毅論，永和題尾付官奴。林子中記樂毅論後：「有異僧權二人名。

題云：『永和四年十二月二十四日書，賜官奴。』官奴，王子敬小字。前輩稱字莫難於小，雖王氏，亦止有樂毅論一篇。」又有四山絶品畫，戴嵩吴牛望青蕪。唐畫録：「戴嵩嘗畫山澤水牛之狀，窮其野性、筋骨之妙。在妙品下。」滿奮謂晉武帝曰：「臣猶吴牛，見月而喘。」注云：「今之水牛多生江淮間，故謂之吴牛也。」李成寒林樹半枯，按：李成字咸熙，本唐宗室。開寶間，貴人馳書延請，成多不答，自娱而已。○唐畫録：「畫山水，唯營丘李成、長安關同、華原范寬智妙入神，才高出類，三家鼎峙，百代標程。」又云：「氣象蕭疎，煙林清曠，毫鋒穎脱，墨法精微者，營丘之製也。」黄筌工妙白兔圖。林子中言：「館中黄筌白兔圖一軸，最妙。李旻〔二〕贊，筌畫，獻蜀主孟昶生日。昶，卯生也。」不知名姓皃人物，退之：「不得畫師來皃取。」二公對弈旁觀俱。黄金錯鏤爲投壺，通俗文曰：「金銀鏤飾器，謂之錯鏤。竹器，謂之笭箵。」粉幛復畫一病夫。後有女子執巾裾，床前紅毯平火爐。床上二姝展氍毹，岑參蓋將軍歌：「軍中無事但歡娱，暖屋綉簾紅地爐。織成壁衣花氍毹，燈前侍婢瀉玉壺。」○三輔黄圖：「武帝建温室，規地罽賓氍毹。」風俗通：「氍毹，毛褥也。」遶床屏風山有無。王維詩：「山色有無中。」堂上列畫三重鋪，此幅巧甚意思殊。孰真孰假丹青模，退之桃源圖詩：「世俗寧知僞與真。」世事若此還可吁。最後所稱，乃白公所賦重屏圖也。按：此詩梅宛陵集亦有，未知果誰作。竊疑詞氣近類聖俞也。

【校記】

〔一〕龍舒本題下注云：「一云梅聖俞作。」

〔二〕「李旻」，宫内廳本作「李昊」。

衆人

反復此詩意，必是舉朝争新法時所作。

衆人紛紛何足競？是非吾喜非吾病。曾子固南軒記云：「吾之不足於義，或愛而譽之者過也；吾之足於義，或惡而毁之者亦過也。彼何與於我哉？」蓋公與子固所論，大抵皆爾。頌聲交作莽豈賢？漢平帝贊：「政自莽出。休證嘉應，頌聲並作。至乎變見，民怨，莽亦不能文也。」四國流言旦猶聖。小雅狼跋：「周公攝政，遠則四國流言，近則王不知。周大夫美其不失其聖也。」唯聖人能輕重人，不能銖兩爲千鈞。不逃一實。乃知輕重不在彼，聖賢不恤毁譽，惟自脩而已。曾子固云云。要知一作「之」。美惡由〔一〕吾身。後漢書：「仁義豈有常？蹈之則爲君子，背之則爲小人。」

【校記】

〔一〕「知」，宋本、叢刊本作「之」。「由」，龍舒本作「猶」。

河北民

河北民，生近二邊長苦辛。選詩：「坎坷長苦辛。」二邊，謂遼人、西夏。家家養子學耕織，輸與官家事夷狄。杜詩：「甘林子實不得喫，貨市送王畿。」今年大旱千里赤，州縣仍催給河役。言官役不以旱而弛也。老小相携來就南，南人豐年自無食。河北人過河南逐熟〔一〕。疑富公在青州時。○東坡表云：「積欠十年，豐凶皆病。」農民固有以豐年爲苦者，爲誅取匄乞之多，何但無食也。悲愁白日天地昏，路旁過者無顔色。杜詩：「慟哭蒼山盛。」又：「道旁過者問行人。」汝生不及貞觀中，斗粟數錢無兵戎。唐太宗貞觀四年，天下大治，蠻夷君長帶刀宿衛。天下大稔，米斗三四錢，行旅不齎糧。少陵夏日歎：「眇然貞觀初，難與數子偕。」

【校記】

〔一〕「熟」，原作「熱」，據宮内廳本改。

君難託

槿花朝開暮還墜，莊子逍遥游：「朝菌不知晦朔。」注：「菌，一名舜英，朝生暮落。一云木槿也。」○皇甫曾詩：「愁心自惜江籬短，世事方看木槿榮。」妾身與花寧獨異。憶昔相逢俱少年，兩情未許誰最先。感君綢繆逐君去，成君家計良辛苦。人事反復那能知？讒言入耳須臾離。嫁時羅衣羞更着，如今始悟〔二〕君難託。君難託，妾亦不忘舊時約。古詩：「君心雖澹薄，妾意正相託。」或言，此詩恐作於神考眷遇稍衰時。然詞氣殆不類平日所爲，兼神考遇公終始不替，況大臣宜知事君之義，必不爲此怨尤也。

【校記】

〔一〕「悟」，龍舒本作「寤」。

補注 梁王吹臺 吴處厚青箱雜記：「天清寺繁臺，本梁王鼓吹臺。梁高祖嘗閲武於此，改爲講臺。其後繁氏居其側，里人乃呼爲繁臺。則繁臺之名始於此也。」據吴所託繁氏亦不詳，臺既以繁名，意必有顯者，而地理書皆不載也。仰不見王處 王孫賈母謂賈曰：「汝今事王，不知王處，汝尚何歸？」漢紀：「及高祖貴，遂不知老父處。」

庚寅增注第二十一卷

和王仲儀 嗛並 莊子曰：「嗛於芻豢醪醴之味。」

哀賢亭 強埋 翟義傳：「埋根行首。」 天奪 唐楊綰死，穆宗曰：「天不欲使朕致太平，何奪吾綰之速也！」 使人悲 晉羊叔子云：「皆隱没無聞，使人傷悲。」

梁王吹臺 飛鳥 柳文：「飛鳥皆視其背。」

白雲 下無根蔕旁無連 白樂天詩：「海漫漫〔一〕，直下無底旁無邊。」退之詩：「下種七澤根株連。」

君難託 兩情 張籍樂府：「憶昔君前嬌笑語，兩情琬轉如縈華。」 逐君去 白樂天詩：「感君松柏化爲心，暗合雙鬟逐君去。」 人事反復 杜詩：「萬事反復何所益。」

【校記】

〔一〕「海漫漫」，原脱一「漫」字，據白氏文集卷三海漫漫補。

王荊文公詩卷第二十二

律詩〔一〕

欣會亭〔二〕

數家鄰水竹，一塢〔三〕共雲林。晚食靜適己，評曰：鄭重自陳。○晚食，見寄吳氏女注。獨謠欣會心。韓詩：「觀雪乘清旦，無人坐獨謠。」劉長卿詩：「獨謠聞麗曲，緩步接清言。」移牀隨漫興〔四〕，操筴取幽尋。杜詩：「老去詩篇渾漫興，春來花鳥莫深愁。」又絕句漫興九首。幽尋，見上注。未愛神錐汝，猶憐妙斲琴〔五〕。琴，一作「今」。評曰：汝今自奇。○晉祖納謂梅陶、鍾雅：「君汝潁之士，利如錐；我幽冀之士，鈍如椎。持我鈍椎，捶君利錐，皆當摧矣。」陶、雅並稱：「有神錐不可槌。」納曰：「假有神錐，必有神槌。」

【校記】

〔一〕臺北本目録「律詩」下有「五言四十字」五字。

〔二〕龍舒本卷六十四題作「過景德僧院」。

〔三〕「塢」，龍舒本作「鳥」。

〔四〕「興」，龍舒本、宋本作「與」。

〔五〕「琴」，宮内廳本作「今」，注云：「今，一作『琴』。」

東皋

起伏晴雲徑，縱横暖水陂。草長流翠碧，花遠没黄鸝。草長，謂草色彌望而長。惟用「長」字，故覺「流」字工；亦猶用「遠」字，方見「没」字妙。翠碧、黄鸝，借言顔色也，少游亦嘗用。楚製從人笑，叔孫通傳：「短衣楚製。」吴吟得自怡。吴吟，如吴趨行之類。陸機吴趨行曰：「四坐並清聽，聽我歌吴趨。」崔豹古今注曰：「吴趨曲，吴人以歌其地。或云：以歌其風土也。」左思吴都賦云：「吴愉越吟。」注：「愉，吴歌也。」宋玉招魂云：「吴歈蔡謳。」注云：「吴、蔡，國名，歈、謳，皆歌也。」東皋興不淺，游走及芳時。王無功自誌云：「常耕東皋，號東皋子。」又阮籍陳情云：「方將耕于東皋之陽，庾亮興復不淺。」

歲晚

漫叟詩話云：「荆公定林後詩精深華妙，非少作之比。嘗作歲晚詩，自以比謝靈運，議者以爲然。」

月映林塘澹，天涵〔一〕當作「風含」。笑語涼。俯窺憐緑淨，小立佇幽香。王立之詩話云：「山谷『小立近幽香』，與荆公『小立佇幽香』韻聯頗相同，當是暗合耳。」○杜詩：「稀疎小紅翠，駐屐近微香。」攜幼尋新菂〔二〕，爾雅：「荷，芙蕖，其莖茄，其葉蕸，其本蔤，其華菡萏，其實蓮，其根藕，其中菂，菂中薏。」注：「菂，蓮實也。薏，中心也。」菂，一作「酎」。扶衰坐野航。延緣久未已，歲晚惜流光。莊子：「延緣葦間。」

【校記】

〔一〕「天涵」，宋本、叢刊本作「風含」。

〔二〕「菂」，龍舒本、宋本、叢刊本作「的」。

半山春晚即事

春風〔一〕取花去，遺〔二〕一作「酬」。我以清陰。翳翳陂路靜，交交園屋深。翳翳、交交，皆言清陰也。床敷每小息，寶積經：「亦不爲求天玉女及諸衣食、牀敷事。」杖屨亦〔三〕一作「或」。幽尋。惟有北山鳥，經過遺好音。

【校記】

〔一〕「風」，宮内廳本作「晚」。

〔二〕「遺」，宮内廳本、宋本、叢刊本作「酬」，宮内廳本注云：「一作『遺』。」

〔三〕「亦」，龍舒本作「或」。

欹眠

翠幙卷東岡，欹眠月半牀。松聲悲永夜，荷氣馥初涼。賈島詩：「竹陰移冷月，荷氣帶禪關。」清話非無寄，幽期故不忘。扁舟亦在眼，終自懶衣裳。杜詩：「地僻懶衣裳。」言雖有江湖之興，而深居不出，尤高也。

露坐

露坐看溝月，飄然風度荷。珠跳散作點，金湧合成波。李白詩：「攀荷弄其珠，蕩漾不成圓。」○孟浩然詩：「欲知臨泛久，荷露漸成珠。」

○來鵬〔一〕詩：「一夜緑荷風翦破，賺他秋雨不成珠。」○漢獲宛馬歌：「月穆穆以金波。」○杜詩：「江間波浪兼天湧。」芳歲老易晚，良宵閑獨多。秋風不成寐〔二〕，一作「老失芳歲易，静知良夜多。陵秋久不寐」。吾樂豈絃歌。包融詩：「坐悲芳歲晚，花落清軒樹。」

【校記】

〔一〕「來鵬」，全唐詩作「來鵠」。

〔二〕「芳歲」三句，宋本、叢刊本作「老失芳歲易，静知良夜多。陵秋不成寐」。

山行

出寫潺湲〔一〕一作「清淺」。景，歸穿蒼翠陰。平頭均楚製，古樂府：「平頭奴子提筐箱。」○李白詩：「平頭奴子搖大羽，五月不熱如清秋。」言皆楚製，主僕無辨。長耳嗣吴吟。「平頭」既斥奴，「長耳」則驢也。「長耳」字，見宋袁淑驢山公九錫文。○王濟好作驢鳴，恐取此意。○趙逢詩：「長耳任從冰上過，生薑須向樹頭生。」暮嶺已佳色，寒泉仍好音。誰同此真意？倦鳥亦幽尋。陶淵明詩：「黄菊有佳色。」又：「山氣日夕佳，飛鳥相與還。此中有真意，欲辯已忘言。」○王維詩：「河岳共幽尋。」

補注 吴吟 戰國策：「陳軫謂楚王曰：『王獨不聞吴人之游楚者乎』云云。誠恩則將吴吟。今軫將爲吴王吟。」〔二〕

【校記】

〔一〕「潺湲」，龍舒本、宋本、叢刊本作「清淺」。

〔二〕本注原闌入詩題下，無「補注」二字。

題雱祠堂〔一〕 在寶公塔院。

斯文實有寄，天豈偶生才？一日鳳鳥去，千秋梁木摧。臨川李子經謂此詩屬王逢原，恐非。按：公父子皆以經術進，當時頌美者多以爲周、孔，或曰孔、孟。范鏜爲太學正，獻詩云：「文章雙孔子，術業兩周公。」公大喜，曰：「此人知我父子。」元澤卒，公辭相位，歸金陵。楊元素爲翰苑，當制，亦云：「俄屬伯魚之逝，遽興王導之悲。」觀此所述，公既處之不疑，以鳳鳥、梁木擬元澤，無怪也。又，雱嘗作公真贊云：「列聖垂教，參差不齊。集厥大成，光于仲尼。」

煙留衰草恨，風造暮林哀。豈謂登臨處，飄然獨往來。退之詩：「雲隨仙馭遠，風助聖情哀。」〇莊子山木篇：「仲尼恐其廣己而造大也，愛己而造哀也。」〇李郢詩：「方池含水思，芳樹結風哀。」

【校記】

〔一〕龍舒本卷六十五題作「寶公塔院祠堂」，無題注。

定林院〔一〕

漱甘涼病齒，坐曠息煩襟。因脱水邊屨，就敷巖〔二〕上衾。評曰：有輞川幽澹之趣。○書顧命：「敷重篾席，敷重底席。」但留雲對宿，仍值月相尋。李白詩：「白雲南山來，就我簷下宿。」又：「客從碧山下，山月隨人歸。」真樂非無寄，悲蟲亦好音。陸士衡詩：「至樂非有假，何事澆淳朴。」退之謂「隱居者有託而逃焉」，即「寄」之謂。

【校記】

〔一〕宋本、叢刊本題無「院」字。龍舒本卷六十三定林院三首，此詩爲第三首。

〔二〕「巖」，宮内廳本作「牀」。

送張甥赴青州幕〔一〕

人情每期費，評曰：它用期費，別似謂屨約不來者。○期費，出莊子，已見別注。之子適予心。老餞城東陌，悲分歲暮襟。分襟，見送吳龍圖知江寧注。少留班露草，評曰：下五字又悲。遂往隔雲林。未覺青丘遠，因風嗣好音。後漢隱逸傳：「張升棄外黃令，歸鄉里。道逢友人，班草而言。」○李陵答蘇武書：「時因北風，復惠德音。」

【校記】

〔一〕「甥」，龍舒本作「生」。宮内廳本題下注云：「益公長女適工部侍郎張奎，此即奎子。」

送張宣義之官越幕二首〔一〕

會稽游宦鄉，顏師古注漢書云〔二〕：「會稽山，名本茅山，禹於此會諸侯之計，因名會稽。」○韓詩：「東吳〔三〕游宦鄉，官知自有由。」海物錯句章。書禹貢：「青州厥貢，海物惟錯。」○前漢地理志：「會稽郡有句章縣。」山海經曰：「餘句之山，無草木，多金玉。」郭璞曰：「山在餘姚南，句章北，故二縣因以爲名。」二縣，句章、餘姚也。○陸機詩：「海物錯萬類，陸産尚千名。」土潤箭萌美，爾雅曰：「東南之美，有會稽之竹箭焉〔四〕。」箭萌者，箭竹之笋也。○沈存中云：「東南之美，有會稽之竹箭。竹爲竹，箭爲箭，蓋二物也。今採箭以爲矢，而通謂矢爲箭者，因其笴名之也。至於用木爲笴，而亦謂之箭，則謬矣。」水甘茶串香。陸贄傳：「張鎰餉錢百萬，止受茶一串。」○沈括雜誌：「唐人重串茶，粘黑者已近乎建餅矣。」君今肯〔五〕一作「今君誠」。暫屈，他日恐〔六〕難忘。樂天和人詠江南名郡詩云：「君是旅人猶苦憶，我爲刺史更難爲。」唯有西興渡，靈胥或怒張。評曰：著意似唐，稍涉變體。○西興在越州。○退之詩：「胥怒浪崔嵬。」○吳越春秋曰：「吳賜子胥劍而死，乃投江中。子胥因揚波〔七〕成濤，隨潮往來。」

【校記】

〔一〕龍舒本卷五十六題無「幕二首」三字，僅此一首。

〔二〕「云」，原作「二」，據宮内廳本改。

〔三〕「吴」字原缺，據韓愈瀧吏補。

〔四〕「焉」，原作「爲」，據宮内廳本改。

〔五〕「君今肯」，宋本、叢刊本作「今君誠」。「肯」，龍舒本作「試」。

〔六〕「恐」，龍舒本作「豈」。

〔七〕「揚波」，原作「楊妓」，據宮内廳本改。

其二

誰謂貴公子，乃如寒士家。真宜舉敦樸，已自勝浮華。洲荻藏迷子，溪篁擁若耶。相望只在眼，音問莫言賒。迷子州屬昇州，見七言律詩注。此公自言。若耶溪屬越州，見絶句注。此以言張，故末句云「相望只在眼」。「耶」以對「子」，又見公詩律之精也。

送贊善張君〔一〕西歸 名軒民。

紫荆雀有羅，公子數經過。邂逅相逢〔二〕一作「知」。晚，從容所得多。此必公罷相家居時也，故言柴荆。雀羅，見上注。百憂生暮齒，庾信竹杖賦：「別有九棘厖眉，三槐暮齒。」○退之詩：「暮齒良多感，無事涕垂頤。」一笑隔滄波。早晚西州路，遥聽下坂坷。評曰：從上至此，語意甚悲，謂不再見也。○白詩：「走若下坂輪。」望其再至也。西州路，在建康。

【校記】

〔一〕「張君」，宋本、叢刊本作「張軒民」，無題下注。

〔二〕「逢」，宋本、叢刊本作「知」。

送鄧監簿南歸 鄧名鑄，公之故人，自臨川至金陵省公，留踰月。公作此詩送之。又録雜詩一卷與鄧，時元豐六年秋也。

不見驪塘路，茫然四十春。鄧，臨川人。驪塘在撫州，鄧家有刻石，「茫」作「芒」字。觀「四十春」之語，則公去其鄉甚早。長爲異鄉客，杜詩：「長爲萬里客。」每憶故時人。水閱公三世，評曰：亦自苦語，第平易，不甚覺。○世尊問波斯匿王云：「汝今年幾？」答云：「八十。」世尊云：「此恒河水，汝是幾年見？」答云：「二十。」佛又云：「汝今八十，與二十歲所見是同是異？」答云：「一同。」佛云：「汝之見性，亦復如是。」雲浮我一身。維摩經：「是身如浮雲，須臾變滅。」濠梁送歸處，握手但悲辛。

秋夜二首

客卧書顛倒，蟲鳴坐寂寥。賈島詩：「鳥絶吏歸後，蛩鳴客卧時。」殘燈生暗暈，重露集寒條。杜詩：「初筵裛重露。」○謝惠連詩：「斐斐氣幕岫，泫泫露盈條。」真樂閑尤見，深禪静更超。杜牧之詩：「景物登臨閑始見，願爲閑客此閑行。」○邵堯夫詩：「仙家氣象閑中見，真宰工夫静處知。」此懷無與晤，擁被〔一〕一作「鼻」。一長謡。

【校記】

〔一〕「被」，宋本、叢刊本作「鼻」。

其二

幔逗長風細，獨孤鉉南至詩云：「可愛逗林光。」窗留半月斜。浮煙暝緑草，泫露冷黄花。選詩：「花上露猶泫。」獨曳緣雲策，重光殿賦：「緣雲上征。」七啓：「華閣緣雲。」仍尋度水槎。歸時夜參〔一〕半，鄰犬静中譁。評曰：竟無一字放過。○仲宣登樓賦：「夜參半而不寐兮，悵盤桓而反側。」

【校記】

〔一〕「夜參」，龍舒本、宋本、叢刊本作「參夜」。

徑暖〔一〕

徑暖草如積，山晴花更繁。唐韋述詩：「兩徑草如積。」○北史魏高陽王雍傳：「竹林魚池，侔於禁苑；芳草如積，珍木連陰。」縱横一川水，高下數家村。静憩雞一作「鳩」。鳴午，荒尋犬吠昏。復齋漫録云：「荆公詩『静憩鳩鳴午』，學者謂公取唐詩『一鳩鳴午寂，雙燕話春愁』之句。余嘗見東坡手寫此詩，乃是『静憩鷄鳴午』，讀者疑之，蓋不知取唐人詩『楓林社日鼓，茅屋午時雞。』」歸來向人説，疑是武陵源。詩話云：「公自言『武陵源』不甚好，韻中別無韻也。」

【校記】

〔一〕此詩爲龍舒本卷七十五即事十五首之七。宋本、叢刊本題作「即事」。

晝寢

公自注云〔一〕：「甲子四月十七日午時作。」據甲子爲元豐七年，公是年屬疾，奏乞以宅爲寺。疾愈，僦〔二〕居城中。

井逕從蕪漫，青藜亦倦扶。百年惟有且，萬事揔無如。評曰：造奇。○詩載芟：「匪且有且。」注：「且，此也。」梵志出家，白首而歸，隣人見之，曰：「昔人尚存乎？」梵志曰：「吾猶如也，昔人非昔人也。」棄置蕉中鹿，列子穆王篇：「鄭人有薪於野者，遇駭鹿，擊而斃之。恐人見之也，遽而藏諸隍中，覆之以蕉，不勝其喜。俄而遺其所藏之處，遂以爲夢焉，順塗而詠其事。傍人有聞者，用其言而取之。既歸，告其室人曰：『向薪者夢得鹿而不知其處，吾今得之。彼直真夢者矣。』室人曰：『若將是夢見薪者之得鹿耶？詎有薪者耶？今真得鹿，是若之夢真耶？』夫曰：『吾據得鹿，何用知彼夢我夢耶？』」驅除屋上烏。此掃除外累也。○劉向説苑：「愛其人者，兼屋上之烏。」○杜詩：「主人屋上烏，人好烏亦好。」獨眠窗日午，往往夢華胥。列子〔三〕黄帝篇：「帝退而閒居大庭之館，齋心服形，三月不親政事，晝寢而夢，游於華胥氏之國。」

【校記】

〔一〕宋本、叢刊本無「公自注云」四字。

〔二〕「僦」，原作「就」，據宮内廳本改。

〔三〕「列子」，原作「莊子」，據浙江書局本列子改。

泝栰〔一〕

一作「過故居」。

泝栰開新屋，扶輿遶故園。事遺心獨寄，路翳目空存。獨寄，謂此心如寄，雖應物而未嘗留也。野果寒林寂，蠻花午簟温。「蠻藤五花簟」，見秋早注。難忘舊時處，欲宿愧桑門。言不能無累於物。浮屠不三宿桑下。又後漢書楚王英傳：「以助伊蒲塞桑門之饌。」注：「桑門，沙門也。」袁宏漢紀：「西域天竺國有佛道焉，其精者爲沙門，漢言息也。」蓋言息意去欲，而歸於無爲也。

【校記】

〔一〕宋本、叢刊本題作「過故居」。

鴈

北去還爲客，南來豈是歸？倦投空渚泊，飢帖〔一〕冷雲飛。蜀都賦：「木落南翔，冰泮北徂。」言此鳥以春秋來往。○唐崔塗鴈詩：「渚雲低暗度，關月冷相隨。」又：「寒塘欲下遲。」垣栅雞長暖，王風君子于役：「雞棲于塒……雞棲于桀。」注：「鑿墻而棲曰塒。」又曰：「棲于杙爲桀。」溝池鶩自肥。憐渠不知此，更墮野人〔二〕機。評曰：句意藹然。○此喻世僥倖之徒，平居坐饗安富之樂，賢者則常履艱厄，又不幸往往困於機穽也。○王逢原集有同介父賦鴈一首：「萬里長爲客，飛飛豈自由？情知稻粱急，莫近網羅求。關塞風高夜，江湖木落秋。哀鳴徒自切，誰爲尔悲愁？」

【校記】

〔一〕「帖」，龍舒本作「貼」。

〔二〕「人」，宮内廳本作「雲」。

與道原游西庵遂至草堂寶乘寺二首〔一〕

公自注云〔二〕：「元豐四年十月二十四日。」按建康志云：「寶乘院，本齊草堂寺，周顒隱居之所。在城北十一里。」西庵，疑即白雲庵。

桑楊一作「麻」。已零落，藻荇亦一作「復」。銷沉。七月詩：「蠶月條桑，取彼斧斨，以伐遠楊。」「桑楊」字當取諸此。詩注：「楊，條也。遠楊，遠條也。」此對「藻荇」，疑是二物。園宅在人境，歲時傷我心。強穿西一作「南」。埭路，共望北山岑。欲與〔三〕道人語，跨鞍聊一尋。

【校記】

〔一〕宋本、叢刊本題作「與道原過西莊遂游寶乘」，龍舒本無題注。

〔二〕宋本、叢刊本無「公自注云」四字。

〔三〕「與」，龍舒本、宋本、叢刊本作「覓」，宋本、叢刊本注云：「一作『與』。」

其二

親朋會合少，時序感傷多。勝踐聊爲樂，清談可當歌。韓詩：「清談可以飽。」微風澹水竹，靜日暖煙蘿。興極猶難盡，當如薄暮何？孟子離婁言：「人之不善，當如後患何？」

送陶氏婦兼寄純甫

純甫長女適宣德郎陶寔。此言陶氏婦，公之姪女也。

雲結川原暗，風連草木萎。遥瞻季行役，正對女傷悲。〔一〕陟岵詩：「母曰：嗟予季行役。」七月詩：「女心傷悲，殆及公子同歸。」夢事終〔二〕一作「中」。千變，生涯老百罹。夢事，見別注。賈誼傳：「千變萬化，未始有極。」○詩：「我生之後，逢此百罹。」更慚無道力，臨路涕交頤。小杜詩：「每嫌兒女淚，今日自沾裳。」

【校記】

〔一〕宮内廳本評曰：「皆鍾情語。」

〔二〕「終」，宋本、宮内廳本、叢刊本均作「中」，宮内廳本注云：「一作『終』。」

寄西庵禪師行詳〔一〕

意衰難自力，扶路便思還。公後惡行詳，逐之。見古詩注。强逐蕭騷水，遥看慘淡山。白傳詩：「池殘寥落水，牕下悠颺風。」唐人多有此句法。行尋香草遍，歸漾晚雲間〔二〕。評曰：別做就一種五字。西崦分明見，幽人不可攀。杜詩：「殘陽西入崦，茅屋訪孤僧。」○曹爽傳：「因欲自力，設薄主人。」

【校記】

〔一〕龍舒本題作「寄西庵祥師」。宋本、叢刊本題作「自府中歸寄西庵行詳」。

〔二〕「間」，宮内廳本作「閒」。

贈上元宰梁之儀承議〔一〕

公自注云：「梁多留詩在江寧僧舍。」

白下有賢宰，能詩〔二〕如紫芝。民欺自不忍，縣治本無爲。元紫芝也。風月誰同賞？江山我亦思。粉墻侵醉墨，惆悵緑苔滋。上言「侵醉墨」，下言「緑苔滋」，蓋以苔滋而侵墨。上句起意而下句乃成其誼，此文章之妙。○崔峒詩：「蒼苔漏巷滋。」○常建詩：「茅亭宿花鳥，藥院滋苔紋。」○晏公題守書壁懷李公迪云：「粉墻多記墨，聊爲拂塵看。」

【校記】

〔一〕龍舒本題「贈上元宰」，無題注。宋本、叢刊本題下無「公自注云」四字。

〔二〕「詩」，宋本、叢刊本作「歌」。

贈殊勝院簡師〔一〕

早悟耆山善，今爲洛社豪。佛住耆闍崛山。有生常寂寞，所得是風騷。露夕吟逾苦，雲秋〔二〕思共高。柳子厚送文郁師序：「登高遠望，悽慘超忽，游其心以求勝語，若有程督之者，已則被緇艾，茹蔫芹，志終其軀。」觀簡師苦吟自適，殆文郁之流乎？此懷差自適，千社一牛毛。漢書司馬遷傳：「若九牛亡一毛。」昭公釋魯而以千社爲臣。周禮：「二十五家爲里，里立一社，二〔三〕萬五千家。」○「洛社豪」者，豈如歐公所指祕演、惟儼輩乎？

【校記】

〔一〕「簡師」，宋本、叢刊本作「簡道人」。

〔二〕「秋」，宋本、叢刊本作「收」。

〔三〕「二」，宮内廳本作「一」。

懷吴顯道 公之妻兄。

南郭紅亭冷，西山白道曛。韓詩：「紅亭枕湘江。」○漢書：「月，立秋、秋分行西方白道，曰西陸。」鄭谷詩：「白道曉霜迷，離燈照馬嘶。」江光凌翠氣，洲色亂黄雲。評曰：時雜選語，故好。歲暮誰〔一〕邀客？情親故憶君。天涯獨惆悵，歸鳥黑紛〔二〕紛。言見歸翼而重爲客之感。

【校記】

〔一〕「誰」，龍舒本作「惟」。

〔二〕「紛」，原作「粉」，據諸本改。

静照堂

任公蹲會稽，評曰：任公語本不相涉，用得奇崛，使人想見其處。海上得招提。任公釣，見雜詠注。謝靈運山居賦：「建招提於幽峯，冀振錫之息肩。」又，魏立精藍爲招提之號。

净觀堂新搆，幽尋客屢攜。觀音普門品：「廣大清静觀。」飛簷出風雨，灑翰落虹蜺。柳子厚游朝陽嵓詩：「背瞻星辰興，下見雲雨交。」杜詩：「揮毫落紙如雲煙。」投老黄塵陌，東看路恐迷。會稽在東方。

重游草堂寺〔一〕次韻三首

垣屋〔二〕荒葛藟，垣屋，疑是「屋垣」。野殿冷檀沉。鶴有思顒意，鷹無變〔三〕遁心。評曰：變化本事。○周顒鶴事，見別注。支遁好養鷹馬而不乘放，人或譏之，遁曰：「貧道愛其神駿耳。」禪房閉深竹，常建詩：「一徑通幽處，禪房花竹深。」○張籍詩：「聞師行講青龍疏，古寺往來多少年。静掃空房惟獨坐，千莖脩竹在簷前。」齋鉢度遥岑。寂寞黄塵裏，金身倚一尋。八尺爲一尋。以金身言之，才丈六之半。柳子厚尊勝幢贊：「礱石六觚，其長半尋。」

【校記】

〔一〕宋本、叢刊本無「寺」字。

〔二〕「垣屋」，宫内廳本作「屋垣」。

〔三〕「變」，龍舒本、宋本、叢刊本作「戀」。

其　二

僧殘尚食少，杜詩：「野寺殘僧少。」高適詩：「僧飯屢過門。」佛古但泥多。「泥多佛大」，俚語。寒守三衣法，飢傳一鉢歌。四分律中有三衣，謂九條衣、七條衣、五條衣。一鉢歌，杯渡作，見傳燈録三十卷。寬閑每迸竹，韓文：「猶將耕於寬閑之野。」又，詩：「緑楊匝岸蒲生迸。」危朽漫牽蘿。退之聯句：「嘉植鮮危朽。」悵庭前樹〔一〕，西來意若何？僧問趙州祖師西來意，州云：「庭前柏樹子。」

【校記】

〔一〕「樹」，龍舒本作「柏」。

其　三

野寺真蘭若，緗素雜記嘗論招提，以謂「官賜額者爲寺，私造者爲招提、蘭若」。引「唐會昌五年七月，上都、東都兩街各留二寺，節度等州各一寺。八月，毁招提、蘭若四萬餘區」，及引「元和二年，薛平奏請賜中條山蘭若額爲太和寺」爲證。或謂此論未然，蓋招提、蘭若之號，自漢明帝以來，天下之寺皆曰招提、蘭若，無别名也，故至唐始復爲寺，而因自立名以賜之，未及賜者，尚仍舊名，故曰毁招提、蘭若四萬餘區，皆未嘗有公、私之異。○岑參太白胡僧歌：「蘭若去天三百尺。」

山僧老病多。踈鍾挾谷響，悲梵入樵歌。水暎〔一〕茅篁竹，雲埋蔦女蘿。韓文送區册序：「夾江荒茅篁竹之間，小吏十餘家。」〇詩：「蔦與女蘿。」拂塵書所見，因得擬陰何。陰鏗、何遜。李羣玉詩：「知君氣力波瀾地，留取陰何沈范名。」

【校記】

〔一〕「暎」，諸本作「映」。

題齊安寺山亭〔一〕

北山〔二〕無躑躅，本草：「躑躅樹生，高三四尺，花似桃花，葉似山石榴。圖經云：『今嶺南、蜀道山谷徧生，皆深紅色如錦繡。』此種不入藥。」〇退之詩：「山榴躑躅少意思，照燿黃紫徒爲叢。」故國有楊梅。故國，謂撫州。本草云：「楊梅，形似水楊子，生青熟紅，肉在核上，無殼。生江南、嶺南山谷，四、五月採。南人淹以爲果，寄北方。」臨汝志云：「舊經載果實四，楊梅其一也。楊梅，紅如楮實之可染褐，即古賦『梬棗楊梅』是也。」悵望心常折，慇勤手自栽。暮年逢火改，晴日對花開。萬里烏塘路，春風自往來。此詩建康作，懷舊鄉之意深矣。公故國爲臨川，皆有躑躅、楊梅，而此地無之，故「手自栽」，則以寄土思耳。「有」、「無」二字，互相備之詞。烏塘，在撫州，與公先墓相近。

【校記】

〔一〕龍舒本卷六十三題無「山亭」二字；卷七十六重出，題爲山亭楊梅，三句「常」作「長」。

〔二〕「北山」，宋本、叢刊本作「此山」。

自白門歸望定林有寄

建康志云：「即臺城宣陽門也。宋明帝時，或謂宣陽門爲白門爲不祥，甚諱之。右丞江謐誤犯，帝變色曰：『白汝家門。』」通典：「孝武時，侍中何偃南郊陪乘。鸞輅過白門闔，偃將匐，帝反手接之，曰：『朕反陪卿也。』」今宣城門疑是其處。定林，見上注。

蹇驢愁石路，唐人詩：「石路淨無泥。」○傳燈録：「馬祖問僧云：『石頭路滑，還踏倒汝麼？』僧云：『若踏倒，則不來此。』」公在閑，只騎驢往來北山。余亦倦躋攀。不見道人久，忽然芳歲殘。評曰：漸近自然。朝隨雲暫出，暮與鳥争還。香山詩：「朝隨浮雲出，夕與飛鳥還。」「雲無心而出岫，鳥倦飛而知還。」「出」、「還」字，皆用淵明詩。杳杳青松壑〔一〕，知公在兩間。劉長卿詠僧詩：「世人知在中峯裏，遥禮青山恨不歸。」

【校記】

〔一〕「壑」，宮内廳本作「壁」。

宿定林示寶覺〔一〕寶覺即無外，名務周。

天女穿林至，評曰：謂霜。○維摩經有天女散花事。又京房易占：「山見白燕，其君宜得貴女。」注云：「今俗名燕爲天女。」未知孰是。常娥〔二〕度隴來。欲歸今晼晚，相值〔三〕且徘徊。誰謂我忘老，如聞蟲造哀。造哀，見上注。鄰衾亦不寐，共盡白雲杯。李義山詩：「陛下好生千萬壽，玉樓長御白雲杯。」然此詩「白雲」，謂茶也。

補注

劉禹錫試茶歌曰：「雲滿椀，花徘徊。」〔四〕

【校記】

〔一〕「寶覺」，宋本、叢刊本作「無外」，注云：「名務周。」

〔二〕「常娥」，龍舒本、宋本、叢刊本作「姮娥」，宮内廳本作「嫦娥」。

〔三〕「值」，龍舒本作「阻」。

〔四〕本注原闌入題注下，無「補注」二字。

宿北山示行詳上人

都城羈旅日，獨許上人賢。誰爲孤峯下，還來宴坐邊。是身猶夢幻，何物可攀緣？維摩經：「是身如幻，從顛倒起〔一〕；是身如夢，爲虛妄見。」楞嚴經：「塵既不緣，根無所偶。」又華嚴經：「了知諸法無依止，本生〔二〕寂滅同虛空。」即詩意也。坐對青燈落，松風咽夜泉。

【校記】

〔一〕「是身」二句，宫内廳本作「是身如夢，爲虛妄起」。

〔二〕「生」，宫内廳本作「性」。

獨飯

窗明兩不借，爾雅〔一〕釋名：「草履曰扉。」不借，言賤易有，宜各自畜，不假借也。○崔豹古今注云：「漢文履不借以眎朝。」齊民要術：「冬月，令民作不借。不借，艸屨也。」揚雄方言亦曰：「麻履謂之不借。」史游急就章曰：「裳韋不借爲牧人。」顔師古注云：「不借，小屨也，以麻爲之，甚賤易得，人人各自有，不須假借，因而爲言。」榻淨一籧篨。籧篨，竹席。史游急就章云：「竹器，簦笠簟籧篨。」注云：「織葦而麄文者，曰籧篨。」栩栩幽人夢，栩栩，見別注。夭夭老者居。語：「子之燕居，夭夭如也。」安能問香積，維摩經：「上方界分，過四十二恒河沙。佛土有國名衆香，佛號香積。」

於是香積如來以衆香鉢盛滿香飯，與化菩薩。」誰可告華胥？列子：「華胥氏之國在弇州之西，台州之北，不知斯齊國幾千萬里，蓋非舟車足力之所及，神游而已。」張湛注：「斯，涯也；齊，中也。」獨飯墻陰轉，看雲坐久如。維摩經：「文殊師利言：『居士，是疾何所因起？其生久如，當云何滅？』」後秦釋肇注云：「是病何因而起？起來久近，云何而得滅乎？」又：「舍利佛言：『來止此室，其已久如。』」

【校記】

〔一〕「爾雅」，當作「劉熙」，蓋釋名爲劉熙所撰。

草　堂

草堂乃齊周顒隱居之所。後顒出仕，孔稚圭作北山移文，假草堂之靈以譏之。

草堂今寂寞，往事翳山椒。蕙帳今〔一〕一作「空」。留鶴，「蕙帳空兮夜鶴怨。」蘿衣空掛〔二〕一作「終換」。貂。生皆墮天衰，莊子知北游篇：「已化而生，又化而死。生物哀之，人類悲之。解其天弢，墮其天衰，紛乎宛乎。」隱或寄公朝。評曰：解嘲語。王康琚詩：「大隱隱朝市。」疊〔三〕頴何勞怒，東風汝自搖。北山移文：「叢條嗔膽〔四〕，疊頴怒魄。」

補注　掛貂　貂，謂貂冠。掛，當作「換」，言顒隱許不終，猶慕世榮也。○文選古詩：「四顧何茫茫，東風搖百草〔五〕。」王右軍帖：「獨活有風不動，無風自搖。」〔六〕

【校記】

〔一〕「今」，宋本、叢刊本作「空」。

〔二〕「空掛」，宋本、叢刊本作「終換」。

〔三〕「疊」，龍舒本作「巢」。

〔四〕「膽」，原作「瞻」，據文選北山移文、宮内廳本改。

〔五〕「茫茫」，原作「茫」；「東」，原作「車」；「草」，原作「華」，均據文選改。

〔六〕上二注原闌入詩注末，無「補注」二字。

示耿天騭〔一〕

挾策能傷性，莊子：「挾策讀書，殘生傷性，均也。」捐書可盡年。可以養生，可以盡年。弦歌無舊習，香火有新緣。公晚師瞿曇，故云「有新緣」。白土長岡路，白土崗在建康城東，高十丈。南至秦淮，北連鍾山。其土白色。○隋書：「賀若弼屯兵蔣山之白土崗，擒陳將蕭摩訶。」輿地志云：「縣有白土墩。」即此崗也。朱湖小洞天。金陵有赤山湖，又名絳巖湖，又名朱湖，在上元、句容兩縣之間。茅山記太元真人内傳曰「江水之東，金陵之北，有小澤，澤東有勾曲之山」，是也。陶隱居云：「小澤，即謂今赤山湖也。」勾曲既名洞天，詩所謂朱湖當指此。望公時顧我，於此暢幽悁。韓詩：「傾壺暢幽悁。」

【校記】

〔一〕龍舒本卷六十九題作「示耿天騭二首」，其一同此，其二即本書卷四十三游城東示深之德逢二首之二。

光宅寺〔一〕

今知光宅寺，牛首正當門。牛首山在建康城南三十里，一名天闕，又名仙窟山。王茂洪所指以爲天闕，即此山也。自朱雀門沿御道至山下。宋大明中，嘗立郊壇於此。臺殿金碧毁，丘墟桑竹繁。蕭蕭新犢卧，冉冉暮鴉翻。回首千歲夢，雨花何足言。

【校記】

〔一〕宋本、叢刊本題作「光宅」。龍舒本卷四十八題作「光宅寺二首」，此爲第二首。

示無外〔一〕

支頤横口語，椎髻曲肱眠。列子黄帝篇：「九年之後，横心之所念，横口之所言，亦不知我之是非利害歟？亦不知彼之是非利害歟？」○莊子：「横口而語。」○前漢：「南越王魋髻箕踞。」

服虔曰：「魋音椎。」師古曰：「椎髻者，一撮之髻也，其形如椎。」莫問誰賓主，僧問長慶：「和尚有問有答，賓主歷然。無問無答時如何？」長慶云：「相逢盡道休官去，林下何曾見一人？」安知汝輩年？晉書：「年輩在臣先。」鄰雞生午寂，幽草弄秋妍。韋應物詩：「緑陰生晝寂，孤花表春餘。」午雞，見徑暖注。却憶東窗簟，蠻藤故宛然。蠻藤，兩見上注。

【校記】

〔一〕龍舒本卷六十九示寶覺三首，此爲第二首。

北山暮歸示道人〔一〕

千山復萬山，行路有無間。花發蜂遞繞，果垂猿對攀。李義山詩：「背塢猿收果，投巖麝退香。」獨尋寒水度，欲趂夕陽還。天黑月未上，兒童初掩關。評曰：結語雖氣格未離，而翛然遠勝。

【校記】

〔一〕龍舒本題末有「二首」二字，其一同此，其二即本書卷二十四還家。

懷古二首〔一〕

日密畏前境，日密，古尊宿也。龐緼：「極目觀前境，寂寥無一人。」仙者嘗語歐陽公云：「公屋宅已壞，但明了前境，猶庶幾耳。」淵明欣故園。那知飯不𩛿〔二〕，所喜菊猶存。維摩經：「化菩薩往衆香國，得滿鉢香飯，回至維摩詰舍。時維摩詰語舍利佛等：『可食如來甘露味飯，大悲所熏，無以限意食之，使不消也。』有異聲聞，念是飯少，而此大衆人人當食。化菩薩曰：『四海有竭，此飯無盡。所以者何？功德具足者所食之餘，終不可盡。』於是鉢飯悉飽衆會，猶故不𩛿。」音賜。亦有牀坐〔三〕好，但無車馬喧。維摩經：「舍利佛見此室中無有牀坐，作念：『諸菩薩大弟子衆當於何坐？』居士謂舍利佛言：『仁者爲法來耶？求牀坐耶？』舍利曰：『我爲法來，非爲牀坐。』」誰爲吾侍者？稚子候柴門。評曰：此欲以淵明同社見己意，善哉！善哉！○文殊師利言：「居士，此室何以空無侍者？」維摩詰言：「一切衆魔及諸外道，皆吾侍者。」

【校記】

〔一〕龍舒本卷七十五題作「半山歲晚即事二首」。

〔二〕「𩛿」，龍舒本、宋本、叢刊本作「賜」。

〔三〕「坐」，宋本、叢刊本作「座」。

其　二

長者一牀室，文殊師利承佛聖旨，詣維摩問疾。是時，長者維摩詰心念今文殊師利與大衆俱來，即以神力空其室内，除去所有及諸侍者，唯置一牀，以疾而卧。**先生三徑園。**此詩逐句對用維摩、淵明事。上篇亦同。

非無飯滿鉢，亦有酒盈樽。維摩經香積品云：「香積如來以衆香鉢盛滿香飯與菩薩。時化菩薩既受鉢飯，須臾之間，至維摩詰舍，以滿鉢香飯與維摩詰。」又弟子品云：「須菩提言：『念我昔入其舍，從乞食，時維摩取我鉢，盛滿飯，謂我言：須菩提，若能於食等者，諸法亦等。』」

不起華邊坐，常開柳際門。維摩經見阿閦佛品云：「佛告維摩詰言：『善男子，爲此衆會，現妙喜國無動如來。』衆皆欲見，於是維摩詰心念：『吾當不起于座，接妙喜國。』」又梵網經云：「我今盧舍，即方生蓮華坐。」

謾〔一〕知談實相，欲辯已忘言。維摩詰謂摩訶迦旃延云：「無以生滅心行説實相法。」又佛告文殊師利：「汝行詣維摩詰問疾。」文殊師利白佛言：「彼上人者，深達實相，善説法要。」楞嚴經：「佛與文殊諸法王子談實相時，世尊亦言：『心不在内，亦不在外。』」文潞公詩：「禪心究實際，慧眼絶空花。」蘇子由詩：「空中有實何人見？實際心知與佛同。」

【校記】

〔一〕「謾」，宋本、叢刊本作「漫」。

補注

題雱祠堂　鳳鳥梁木　温公雜録云：「前宣州旌德尉、□□□□□、太子中允、崇政殿説書雱，介父之子也。進士及第。好高論，父常與之議大政，時人謂之『小聖人』。」温公猶記「小聖人」之語，則鎧等所云必有也。然荆公辭雱除授表乃云：「至如賤息，厥有童心。尚迷鑽仰之方，豈稱招延之禮。」於人主之前，其言當少遜耶？亦疑時人佞諛公父子太過，故公亦遂引以自與也。

送張宣義其二　後漢書左雄等贊：「漢初詔舉賢良、方正，州郡察孝、秀〔一〕，斯亦貢士之方也。中興以後，復增敦樸、有道、獨行、高節、質直、清白、敦厚之屬。榮路既廣。觖〔二〕望難裁。」

晝寢　惟有且　按：韻書「且」字注：「略詞也，亦聊爾耳之意。」公詩旨必在是。

宿定林　白雲杯　陸羽茶經云：「浡餑者，湯之華，如晴天爽朗，有浮雲鱗鱗然。」

宿北山　詳住京師，公爲朝士，與之熟。晚居北山，詳亦在焉，故云「還來晏坐邊」也。〔三〕藥山詩：「有時歸上孤峯頂，月下披雲嘯一聲。」

懷古　實相　富公彦國嘗有頌云：「執相誠非，破相亦妄〔四〕。不執不破，是名實相。」與公此聯意同。

【校記】

〔一〕「孝秀」，後漢書左周黄列傳作「孝廉、秀才」。

〔二〕「觖」字原缺，據後漢書左周黄列傳補。

〔三〕上注，宫内廳本在卷中「宴坐邊」下，「晏」作「宴」。

〔四〕「妄」，原作「妾」，據吴處厚青箱雜記卷十改。

庚寅增注第二十二卷

欣會亭　獨謡欣會心　世説：「會心處不必在遠。」古樂府沈炯獨酌謡。　妙斲琴　莊子：「郢人斲鼻。」注：「非夫不動之質，忘言之對，則雖至言妙斲，亦無所用之。」

東臯　游走及芳時　樂天詩：「偷出游山走看花。」

歲晚　緑浄　韓詩：「水容與天色，此處皆緑浄。」　小立　古樂府：「不知理何事？淺立經營中。」　野航　杜詩：「野航恰受兩三人。」

半山春晚即事　小息　毛詩民勞：「民亦勞止，迄可小息。」　經過遺好音　易小過：「飛鳥遺之音，不宜上，宜下。」程氏注：「鳥飛迅疾，聲出而身已過。」又：「去聲。逆而上則難，順而下則易，故云遺也。」〇詩：「懷我好音。」

露坐　絃歌　柳詩：「適道有高言，取樂非絃匏。」

定林院　煩襟　白樂天詩：「已豁煩襟悶，仍開病眼昏。」

送張宣義其二　浮華　曹操與孔文舉書：「撫養戰士，殺身爲國。破浮華交會之徒，計有餘矣。」〇晉王戎傳：「驅蕩浮華，污敗風俗。」〇諸葛恢傳：「宜進忠實，退浮華。」〇唐穆宗策賢良云：「春卿取士，未抑浮華。」劉蕡傳。

送張君西歸

相逢晚　前漢主父偃傳：「公等安在？何相見之晚也？」

送鄧監簿

故時人　唐人詩：「醉輕浮世事，老重故鄉人。」

水閲公三世　歎逝賦：「川閲水而成川，水滔滔而日度，世閲人而成世，人冉冉而行暮。」○又，一佛書所載與此小異：「昔波斯匿王問釋迦文佛曰：『我今迫於頹齡，終當變滅。』佛言：『曾見恒河水否？』王曰：『某三歲時，蓋嘗見之。』佛曰：『汝今六十，復曾見否？』王曰：『昨又見之。』佛曰：『與汝三歲時所見，其水云何？』王曰：『宛然無異。』佛曰：『汝面雖皺，而汝見精實未曾皺。皺者爲變，不皺者非變。變者受滅，彼不變者，元無生滅。』王即當下有悟，始知身後捨生趍生，初無斷滅。」公詩亦用三世，疑指前一說，蓋三十年爲一世，八十年始近三世。鄧公老矣，何爲遠訪公耶？

秋夜

長謡　謝靈運詩：「覽物奏長謡。」

與道原游

聊一尋　馬載[一]詩：「未能先隱迹，聊此一相尋。」載，唐人。

其二

勝踐　選殷仲文詩：「廣筵散泛愛，逸爵行勝引。」「勝踐」，即「勝引」之類。

當如薄暮何　見公愛嗜山水之樂。此與子厚「蒼然暝色，自遠而至，至無所見，猶不欲歸」之意略同。

贈梁之儀

能詩如紫芝　元紫芝名德秀，河南人。玄宗在東都，酺五鳳樓，德秀爲玉山令，惟樂工數十人聯袂歌于蔿羽委切于。于蔿于者，德秀所爲歌也。帝聞，異之，歎曰：「賢人之言哉！」

民欺自不忍　德秀在魯山，有盜繫獄。會虎爲暴，盜請格虎自贖，許之。吏白：「彼詭計，且亡去，無乃爲累乎？」德秀曰：「許之矣，不可負約。即有累，吾當坐，不及餘人。」明日，盜尸虎還，舉縣嗟嘆。○史記滑稽傳：「子産治鄭，民不能欺；子賤治單父，民不忍欺；西門豹爲鄴令，民不敢欺。」

苔滋　白樂天詩：「鳥汗苔侵文字殘。」

靜照堂

東看路恐迷　詩意言墮塵中恐無勝事隔之。李宣遠詩：「一月無消息，西看日又流。」楞嚴經曰：「如人以表爲中，東看則西，南觀成北。表體既混，心應雜亂。」

重游草堂寺其三

悲梵入樵歌　杜詩：「梵放時出寺，鍾殘仍殷牀。」〔二〕

獨飯

籧篨　揚雄方言：「簟，宋魏之間謂之笙，今江東通言笙，其粗者謂之籧篨。」

懷古其二

實相　易云：「精氣爲物。」○老子：「窈兮冥兮，其中有精。」此妙用之本體也。而釋氏但謂之實相，復教人不取於相，故人倫莫窮其理，鬼神不見其迹。

【校記】

〔一〕「馬載」，當作「馬戴」，引詩出全唐詩馬戴宿賈島原居。

〔二〕此出自杜甫大雲寺贊公房四首其一，原注「殷牀」誤置「杜詩」前。

王荊文公詩卷第二十三

律詩

與寶覺宿僧〔一〕舍

擾擾復翩翩，評曰：翩，豈音翻耶？秋床燭屢昏。杜牧鴉詩：「擾擾復翩翩，黃昏颺冷煙。」今借以言燭。真爲説萬物，「惠施徧爲萬物説，説而不休。」莊子天下篇。豈止挾三言。莊子庚桑楚：「南榮趎蹵然正坐，曰：『若趎之年已長矣，將惡乎託業以及此言耶？』庚桑子曰：『全汝形，抱汝生，無使汝思慮營營。』南榮趎贏粮，七日七夜，南見老子。老子曰：『子自楚之所來乎？』趎曰：『唯。』老子曰：『子何與人偕來之衆也？』」注云：「挾三言而來。」故云。問義曹谿室，捐書闕里門。曹谿乃六祖慧能大師所居山，其門人因以爲號。此言「問義曹谿室」，亦泛言之耳，不專指一人。蓋公與寶覺同宿僧舍，上句言寶覺，下句以自況。魯縣孔子廟南十里有二石闕，曰闕里，蓋里門也。若知同一妄，目擊道逾存。楞嚴經云：「妄顯諸真，妄真同二妄。」莊子：「目擊而道存。」

【校記】

〔一〕「僧」，宋本、叢刊本作「精」。

中書偶成

忽忽余年往，茫茫不自知。言歲月之去，不覺也。殷勤照清淺，邂逅見衰遲。鑑水而知衰白。輔世無賢業，客〔一〕身有聖時。歸歟今可矣，何以長人爲？易：「君子體仁，足以長人。」大臣師表百辟，鎮撫夷夏，言長人始宜也。

補注　可矣　馬援傳：「士至一世云云，鄉里稱善人，斯可矣。」〔二〕

【校記】

〔一〕「客」，諸本均作「容」。

〔二〕本注原闌入題下，無「補注」二字。

華藏寺會故人得泉字〔一〕

按建康志：「寺，僞吳武義二年建，在斗門西街北，初爲報先寺，國朝改今額。」

百憂成阻闊，一笑得留連。城郭西風裏，園林落照前。共知官似夢，夢棺得官。又言作官如夢，邯鄲之類是也。莫負酒如泉。左傳：「有酒如澠如淮。」○漢有酒泉郡。杜詩：「東宮賜酒如流泉。」興罷重攜手，江湖即渺然。攜手，意謂惜別。

【校記】

〔一〕「得泉字」三字，龍舒本、宋本、叢刊本均在題下作小注。

求全

求全傷德義，才有求全之意，即不能捨利而取義。孟子有求全之毀。欲速累功名。語：「欲速則不達。功業見乎變，豈可速爲耶？」玉要藏而待，語子罕篇：「有美玉於斯，韞匵而藏諸。」又云：「我，待價者也。」苗非揠故生。孟子：「助之長者，揠苗者也。」未妨徐出晝，孟子：「三宿而後出晝。」何苦急墮成。左氏定公十二年：「仲由爲季氏宰，墮三都。公斂處父謂孟孫曰：『墮成，齊人必至北門。且成，孟氏之保障也。無成，是無孟氏也。子僞不知，我將不墮。』公圍成，不克。」此道今亡矣，嗟誰可與明？

秋　風

揫斂一何饕，天機亦自勞。秋之氣揫斂，故字從秋。注：「揫，聚也，納也。」言饕者，謂納之多也。天機，言風也。牆隈小翻動，屋角盛呼號。隈、角，猶隧之類〔一〕，得風最多。漠漠驚沙密，漢紀：「風從西北起，折木發屋，揚沙石。」紛紛斷柳高。柳之條葉爲風所斷，覺樹愈高。江湖豈在眼，昨夜夢波濤。

補注　斷柳　杜詩：「大風吹斷柳。」〔二〕

【校記】

〔一〕「類」，原作「頪」，據宮内廳本、臺北本改。

〔二〕本注原闌入題下，無「補注」二字。

次韻朱〔一〕昌叔歲莫

城雲漏日晚，韓文南海廟碑：「雲陰解駁，日光穿漏。」樹凍裹春深。「深」字，在「裹」上起義。槮密魚雖暖，巢危鶴更陰。槮，所感反。類篇云：「積柴水中以取魚曰槮。」陸龜蒙漁具詩序：「錯薪於水中曰槮。」詩云：「斬木置水中，枝條互相蔽。寒魚遂家此，自以爲生計。」皮日休魚槮詩：「伐彼槎蘖枝，放於冰雪浦。游魚趓煖處，忽忽來相聚。」

橫風高彍弩，東坡佛迹嵓詩：「回風卷飛雹，掠面過強弩。」殘溜細鳴琴。唐人鬼詩：「紅樹醉秋色，碧溪彈夜絃。」歲換兒童喜，還傷老大心。

補注 樹凍 鼂錯傳：「木皮三寸，冰厚六尺。」〔二〕

【校記】

〔一〕宋本、叢刊本無「朱」字。

〔二〕本注原闌入詩末，無「補注」二字。

次韻酬昌叔羈旅之作

君方困旅食〔一〕，予亦誤朝簪。自索東方米，誰多季子金？東方朔傳：「無令但索長安米。」蘇秦傳：「見季子位高金多。」高門萬馬散，窮巷一燈深。客主竟何事？蕭條梁父吟。按郭茂倩樂府詩集云：「蔡邕琴頌曰：『梁甫悲吟，周公越裳。』梁甫，山名，在太山下。梁甫吟，蓋言人死葬此山下，亦葬歌也。蜀志曰：『諸葛亮好爲梁甫吟』，是也。」

【校記】

〔一〕「旅食」，宮內廳本作「逆旅」。

次韻唐公三首

其一　東陽道中〔一〕

婺州也。

山蔽吴天密，江蟠楚地深。浮雲堆白玉，落日瀉〔二〕黄金。渺渺隨行旅，紛紛換歲陰。杜詩風疾舟中書懷：「故國悲立望，羣雲慘歲陰。」○爾雅：「太歲有在日、在辰之别。甲至癸，爲十日，日爲陽；寅至丑，爲十二辰，辰爲陰。」强將詩詠物，收拾濟時心。「卷却波瀾入小詩。」

【校記】

〔一〕龍舒本卷七十題作「東陽道中」，無總題「次韻唐公三首」。宋本、叢刊本題與本書原目録均作「東陽道中」。又本書目録原無「其一」、「其二」、「其三」，均據正文補。

〔二〕「瀉」，宋本、叢刊本作「寫」。

其二　江行〔一〕

材非當世用，轂有故人推。史記鄭當時傳：「其推轂士。」又荆王世家：「今吕氏雅故推轂高帝就天下。」使節春冬换，征帆日夜開。南游取干越，漢書貨殖傳：「譬猶戎狄之與干越，不相入矣。」韋昭注：「今餘干縣，越之别名也。古謂越餘地曰餘干。縣有干越亭。」史記澹臺滅明傳：「南游至江。」東望得州來。成公七年：「吴入州來。」注：「淮南下蔡縣也。」至昭公十三年，吴始滅州來。而襄公三十一年，趙文子已稱：「延州來季子其果立乎？」竊疑有兩州來也。又季子始封延，又增州來，若指下蔡言之，二邑相去亦不應許遠。更攷。試盡風波惡，生涯亦可哀。

【校記】

〔一〕龍舒本卷五十三目録題作「次韻張唐公江行」，正文題中無「張」字。宋本、叢刊本與本書原目録均題作「江行」。

其三　旅思〔一〕

此身南北老，愁見問征途。白詩：「山頭看候館，水面問征途。」地大蟠三楚，史記貨殖傳：「自淮北沛、陳、汝南、南郡，此西楚也。彭城以東，東海、吴、廣陵，此東楚也。衡山、九江、江南、豫章、長沙，是南楚也。」又孟康注漢書曰：「舊名江陵爲南楚，吴爲東楚，彭城爲西楚。」阮嗣宗詩曰：「三楚多秀士。」李昭翰注曰：「三楚，謂楚文王都郢、昭王都鄂、考烈王都壽春。」**天低入五湖。** 盧綸詩：「青草湖將天暗合，白頭浪與雪相和。」河渠書：「於吴則通三江五湖。」貨殖傳云：「吴有三江五湖之利。」太史公叙傳：「登姑蘇，望五湖。」蓋五湖皆在姑蘇也。又五湖者，菱湖、游湖、莫湖、貢湖、胥湖，皆太湖東岸。五灣爲五湖，而非太湖也。古時應別，今並相連。菱湖在莫里山東，周迴三十餘里，西口闊二里，其口南則莫里山，北則徐侯山，西與莫湖連。莫湖在莫里山西及北，北與胥湖連。胥湖在胥山西南，與莫湖連，各周迴五六十里，西連太湖。游湖在北二十里長山東，湖西口闊二里，其口東南岸樹里山，西北岸長山，湖周迴五六十里。貢湖在長山西，其口闊西五里，口東南即長山，山南即山陽村，西北連常州無錫縣老岸，湖周迴一百九十里已上，湖身向東北，長七十餘里。兩湖西亦連太湖。〇唐子西語録云：「荆公『地蟠三楚失，天入五湖低』，詩得子美句法。」**看雲心共遠，步月影同孤。** 杜詩：「片雲天共遠，永夜月同孤。」**慷慨秋風起，悲歌不爲鱸。** 言自有所感，非爲鱸魚。然張季鷹見機而逝，豈真爲鱸耶？亦寓言耳。

【校記】

〔一〕龍舒本卷六十九、宋本、叢刊本與本書原目録均題作「旅思」。

烏塘〔一〕

臨川志載公此詩。

地僻居人少，山稠伏獸多。怒貍朝搏鴈，饞虎夜窺騾。 公羊仇牧注：「乳犬攫虎，伏雞搏貍。精神之至也。」退之文：「僕來告言，虎入厩處，無敢驚逐，以我驟去。」籬落生孫竹，孫竹，見招約之職方注。門庭上女蘿。詩小雅頍弁：「蔦與女蘿，施於松柏。」注：「女蘿，兔絲、松蘿也。」未應悲寂寞，六載一經過。

【校記】

〔一〕龍舒本卷七十一題下收詩二首，其一同此，其二即本書卷四十四烏塘。

欲歸

水漾青天暖，沙吹白日陰。塞垣春錯莫，行路老侵尋。緑稍還幽草，紅應動故林。留連一盃酒，滿眼欲歸心。柳詩：「滿眼故園春意生。」○近世陳去非參政詩：「紅緑扶春上遠林。」亦佳句也。

發館陶

館陶，屬北京大名府。

促轡數殘更，似聞雞一鳴。春風馬上夢，東坡詩：「馬上兀殘夢。」○山谷詩：「春風馬上夢，罇酒故人持。」暗與公合。沙路月中行。度淮過河南〔一〕，皆沙行。笳鼓遠多思，劉禹錫詩：「寒山暮多思。」曹景宗詩：「去時兒女悲，歸來笳鼓競。」衣裘寒始輕。韋應物詩：「夏衣始輕體，游步愛僧居。」介父此句時雖不同，而意皆妙。稍知田父隱〔二〕，一作「穩」。燈火閉柴荆。杜詩：「歸翼飛栖定，寒燈亦閉門。」

【校記】

〔一〕「南」下，臺北本有「以北」二字。

〔二〕「隱」，宋本、叢刊本作「穩」。

王村

晻靄王村路，春風北使旗。塵催輕騎走，寒咽短簫吹。攬轡聯貂帽，投鞭各酒卮。紛紛小兒女，何事倚墻窺？杜牧之詩：「蓑唱牧牛兒，籬窺蒨裙女。」

長垣北

攬轡長垣北，貂寒不自持。畿邑長垣，在京師東北一百五里。霜風急鼓吹，煙月暗旌旗。騎火流星點，牆桑亞戟枝。退之詩：「騎火萬星攢。」○「西來騎火照山紅。」○「漁火燦星點。」戟枝，取譬亦如羽葆之類。史游急就章注云：「戟，枝刃之矛也。」袁術遣紀靈等攻劉備，吕布救之，乃令軍候植戟於營門，布彎弓謂曰：「諸君觀布射戟小支，中者，各當解兵。」即一發，正中戟支。見後漢吕布傳。柴荆掩春夢，誰見我行時？選詩：「居人掩關卧，行子夜中飯。」

冬日

擾擾今非昔，韓詩：「今既不如昔，後當不如今。」○李白詩：「今日非昨日，明日還復來。」漫漫夜復晨。「日復日，夜復夜。」又：「一日復一日。」風沙不貸客，雲日欲迷人。散髪愁邊老，嵇康：「散髮巖岫。」開顔醉後春。杜詩：「自吟詩送老，相勸酒開顔。」轉思江海上，一洗白綸巾。王逢原和云：「客夢愁生枕，雞號喜向晨。朔風能動地，短日更催人。宫柳看䕺〔二〕凍，江梅想漏春。淹留歸未得，塵土暗衣巾。」

【校記】

〔一〕「薶」字原缺，據沈文倬校王令集卷十次韻介甫冬日補，臺北本作「埋」。

壬辰寒食

客思似楊柳，春風千萬條。後漢紀：「千條萬端。」言客思如柳條之多。更傾寒食淚，欲漲冶城潮。冶城，見上注。城岸江，故云「冶城潮」。巾髮雪争出，鏡顔朱早彫。唐人詩：「白綸巾下髮如絲，静倚楓根坐釣磯。」○白詩：「白髮逐梳出，朱顔辭鏡去。」王康琚詩：「凝霜彫朱顔。」未知軒冕樂，但欲老漁樵。

雨中

尚疑櫻欲吐，已怪菊成漂。紫莧凌風怯，青苔挾雨驕。詩甫田：「維莠驕驕。」莧葉柔，得風如怯。苔以雨潤，生益蕃，故稱驕，猶言張王也。長閑故有味，多難自無聊。小杜詩：「清時有味是無能，閑愛孤雲静愛僧。」李白詩：「暫閑滋味勝長閑。」牢落〔一〕柴荆晚，生涯付一瓢。

○莊子養生篇：「吾生也有涯。」○語：「一簞食，一瓢飲。」

【校記】

〔一〕「落」，龍舒本作「勞」。

乘日

何承矩〔一〕於雄州北築愛景臺，植蓼花，日至其處吟詩。時謂何云宅愛蓼花，不知經始塘泊也。

乘日塞垣入，御風塘路歸。莊子徐無鬼：「若乘日之車，而游於襄城之野。」○御風，見別注。塘路，塘濼也。下云「煙水吾鄉似」，此詩作於北使回日。胡皆躍馬去，此言北虜送使人及境，復歸其國。鴈却背人飛。劉長卿詩：「孤城向水閉，獨鳥背人飛。」煙水吾鄉似，家書驛使稀。忽忽照顏色，恨不洗征衣。末句意與煙水相連。潁濱嘗云：「綿九章，事不接，文不屬，如連山斷嶺，雖相去絶遠，而氣象聯絡，觀者知其脉理之爲一也〔二〕。此最爲文高致也。」

【校記】

〔一〕「承矩」，原作「私車」，據臺北本改。

〔二〕「一也」，原作「止」，據蘇轍欒城集詩病五事、臺北本改。

宿雨

緑攬寒蕪出，紅争暖樹歸。杜詩：「樹攬離思花冥冥。」又：「青歸柳葉新。」魚吹塘水動，鴈拂塞垣飛。宿雨驚沙静〔一〕，一作「盡」。段成式詩：「一雨微塵盡，支郎許數過。」晴雲晝漏稀。張籍詩：「遠漏微更疏，薄衾中夜凉。」稀，亦疎也。却愁春夢短，燈火著征衣。劉禹錫詩：「可憐踏青伴，乘暖著輕衣。」○韓詩：「唯將新賜火，向曙著朝衣。」

【校記】

〔一〕「静」，龍舒本、宋本、叢刊本作「盡」。

秋露

日月跳〔一〕何急？元微之詩：「日月東西跳。」又答胡靈之詩序：「日月跳丸，於今行二十年矣。」荒庭露送秋。初疑宿雨泫，稍怪曉霜稠。曠野將馳獵，爾雅：「春獵爲蒐，夏曰苗，秋曰獮，冬曰狩。」據此，四時皆有獵。禮記月令注：「凡田之禮，惟狩最備，故馬融上廣成頌，乘輿乃以吉月之陽朔云云。陽朔，十月朔也。」華堂已御裘。禮記：「孟冬之月，天子始裘。」周官：「仲秋獻良裘，乃行羽物；季秋獻功裘，以待班賜。」空令半夜鶴，抱此一端愁。詩義疏云：「鶴嘗夜半鳴，其鳴高亮，聞八九里。」春秋繁露：「白〔二〕鶴知夜半。」注云：「鶴，水鳥也，夜半水位感其生氣，則益鳴而喜。」周處風土記曰：「白鶴性警，至八月白露降，流於草葉上，滴滴有聲，即鳴也。」又韓詩：「獨有知時鶴，雖鳴不緣身。」

【校記】

〔一〕「跳」，龍舒本、宋本、叢刊本作「凋」。

〔二〕「白」，宮内廳本、臺北本作「曰」。

還自河北應客

媿客問謡俗，舊傳今自如。材難知冀〔一〕馬，味美賽河魚。貨殖傳：「其謡俗猶有趙之風也。」○左氏：「冀之北土，馬之所生。」塞水移民久，川防動衆初。北人雖異論，時議或非踈。塞水，謂溏濼也。川防，謂調夫役運茭草塞河。

補注　謡俗　韓延壽傳：「人人問以謡俗，民所疾苦。」注：「謂閭里歌謡、政教善惡。」〔二〕

【校記】

〔一〕「冀」，宋本、叢刊本作「驥」。

〔二〕本注原闌入題下，無「補注」二字。

將次洺州憩漳上

漠漠春風裏，茸茸緑未齊。平田鴟散啄，深樹馬迎嘶。田之平衍，鴟乃散啄；馬喜嘉蔭，望樹而嘶。此二句甚妙，可畫。地入河流曲，天隨日去低。公羊文十二年：「河曲疏矣。」河千里而一曲也。○爾雅：「河百里一小曲，千里一曲一直。」○李白詩：「山將落日去，水與晴空宜。」○杜詩：「天高逐望低。」高城已在眼，杜詩：「青山各在眼。」聊復解輕齎。「南越賜陸賈橐中裝，直千金。」注：「有底曰囊，無底曰橐。」言其物質輕而價重，可入囊橐，以齎行也。

補注　散啄　杜詩：「曉日散雞啄。」〔一〕

【校記】

〔一〕本注原闌入題下，無「補注」二字。

和仲庶夜過新開湖憶冲之仲涂共泛

水遠浮秋色，河空洗夜氛。李白詩：「日落長沙秋色遠。」行隨一明月，李白詩：「月行却與人相隨。」○杜詩：「昨夜月同行。」坐失兩孤雲。興元南有路通巴州，路絶險，一上三日而達於山頂，故諺云：「孤雲兩角，去天一握。」○白樂天有「兩處成孤雲」之句。〔一〕露髮此時濕，風顔何處醺？淹留各有趣，不比漢三君。謂後漢大將軍竇武、太傅陳蕃、侍中劉淑也。見黨錮傳序。

【校記】

〔一〕此注龍舒本、宋本、叢刊本在詩末，「兩」作「二」。

送契丹使還次韻答浄因長老〔二〕

公多有使北詩，而本傳及年譜皆不載嘗出疆，獨温公朔記云云。

老欲求吾志，時方摭我華。揚子：「孟子疾過我門而不入我室。或曰：『亦有疾乎？』曰：『摭我華而不食我實。』」公此意似謂世之知我，但以其文，未盡吾藴也。○東坡答李端叔書亦云：「無乃聞其聲不攷其情，取其華而遺其實乎？」強將愁出塞，空得病還家。古樂府有出塞曲。○李白詩：「錦城雖云樂，不如早還家。」日轉山河暖，風含草木葩。說文云：「葩，華也，从廾，从葩。」勝游思一往，不敢問三車。羊、鹿、牛車。見法華經。○李白詩：「真僧法號號僧伽，有時與我論三車。」○杜詩：「三車肯載書。」

【校記】

〔一〕「長老」，宋本、叢刊本無「長」字。

送吴叔開南征

摻袂不勝情，犀舟擊汰行。屈平九章：「乘舲船余上沅兮，齊吴榜以擊汰。」注：「汰，波也。」温公詩：「無人識名姓，擊汰入滄浪。」倦游無萬里，惜別有千名〔一〕。江淹別賦：「故別雖一緒，事有萬族。」疑千名亦類此，更須攷。○陸機詩：「陸産尚千名。」○退之詩：「春醪又千名。」春草凄凄緑，江楓湛湛清。楚詞：「王孫游兮不歸，芳草生兮萋萋。」又：「湛湛江水兮上有楓。」○杜詩：「煙綿碧草萋萋長。」金陵〔二〕多麗景，此去屬蘭成。張說題庾信宅：「蘭成追宋玉，舊宅偶詞人。」太平寰宇記：「蘭成，江州舊治。」○朔記云：「嘉祐五年九月，錢象先、閻詢、陳經、王安石使契丹。」此詩題又稱送契丹使還，當考。

【校記】

〔一〕宮内廳本注曰：「謂舟。」

〔二〕「金陵」，龍舒本作「金吾」。

游棲〔一〕霞庵約平甫至因寄

棲霞庵或便是西庵，疑不可考。

渺渺林間路，蕭蕭物外僧。高陰涼易入，閑貌老難增。評曰：人以老故閑，此獨未老已閑，即更老，不過如此。○上句言林間蔭樾高茂，易致風凉。下句言僧。皆繳首聯之意也。○李白詩：「意清淨，貌棱棱。亦不減，亦不增。」官事真傷錦襄公三十一年：「子皮欲使尹何爲邑，子産曰：『今子有美錦，不使人學製焉。大官大邑，身之所庇也，而使學者製焉？其爲美錦，不亦多乎？』」又，公表文：「亦使敗財傷錦，宜有衆多之譏。」君恩更飲冰。莊子：「今吾朝受命而夕飲冰。」求田此山下，終欲忤陳登。評曰：即問舍求田，意最高而更婉美。○言元龍鄙求田者，今不復恤其忤也。

【校記】

〔一〕「棲」，龍舒本作「西」。

和棲霞寂照庵僧雲渺平甫同作〔一〕

蕭然一世外，所樂有誰同？宴坐能忘老，維摩經云：「舍利佛告世尊：『我昔曾於林中宴坐樹下，維摩詰謂我言：不必是坐爲宴坐也。夫宴坐也者，不於三界現身意，是爲宴坐；不起滅定而現諸威儀，是爲宴坐；不捨道法而現凡夫事，是爲宴坐；而不住內亦不在外，是爲宴坐；於諸見不動而脩行三十七品，是爲宴坐；不斷煩惱而入涅槃，是爲宴坐。』」

齋蔬不過中。 按四分律：「比丘非時受食者，爲破律。」非時者，謂自日中至亥，爲鬼神食。

無心爲佛事， 誌公語，已見上注。又，丹霞云：「佛之一字，永不喜聞，須自看取。」即此意也。梵志語亦云：「梵志不轉經，不持課。」

有客問家風。 禪門多有此語：「如何是黃龍家風、翠岩家風？」○雲岩問圓智師：「師兄家風作麼生？」師曰：「教汝指點著堪作什麼？」曰：「無遮个來多少時也？」師曰：「牙根猶帶生澀在。」○藥山又問圓智：「如何是和尚家風？」師下禪牀，作女人拜，曰：「謝子遠來，都無祇待。」○僧問牛頭微禪師：「如何是和尚家風？」師曰：「山畬粟米飯，野菜淡黃虀。」僧曰：「忽遇上客來，又作麼生？」師曰：「喫即從君喫，不喫任東西。」

笑謂西來意，雖空亦不空。 此真際實相也。般若經：「知空不空。」又傳燈録：「真覺，第一出其觀體者，只知一念即空不空，非空非不空。」

補注　過中　梁武用釋氏法，日止一食。或遇事冗，日移中，則嗽口過。〔二〕

【校記】

〔一〕龍舒本題無「平甫同作」四字。宋本、叢刊本題「平甫」二字作旁注，無「同作」二字。

〔二〕本注原闌入題下，無「補注」二字。

宜春苑

宜春舊臺沼，日暮一登臨。 漢有宜春苑，地屬下杜。有曰宜春宮者，即下杜苑中宮，皆秦刱也。又，子嬰葬二世杜南宜春苑中。本朝自都大梁，特借秦漢舊名，亦猶昆明池之類。解帶行蒼蘚，移鞍〔一〕坐緑陰。沈休文詩：「解帶臨清風。」王維詩：「松風吹解帶。」鞍，速侯切。說文：「軟皮也。」諸本皆作「鞍」，誤。○韓文：「坐茂樹以終日。」樹踈啼鳥遠，水静落花深。宋之問：「高樹陰踈鳥不留。」○張祜詩：「斷橋荒蘚澀，空院落花深。」○楊文公詩：「風定落花深一寸，日遲啼鳥度千聲。」無復增修事，君王惜費金。瓊林苑、金明池、宜春苑、玉津園，謂之四園苑。宜春苑本秦悼王園，俗但稱庶人園，荒廢殆不復治，故介父有「無復增修」之語。○漢文帝嘗欲作露臺，召匠計之，費百金。上曰：「百金，中人十家之産也。吾奉先帝宮室，常恐羞之，何以臺爲？」

【校記】

〔一〕「鞍」，龍舒本作「鞍」。宋本、叢刊本「鞍」字下注云：「一作『鞍』。」

春　日〔一〕

冉冉春行暮，菲菲物競華。小雅伐木：「鸎其鳴矣，求其友聲。」鶯猶求舊友，燕不背貧家。武瓘〔二〕詩：「花開蝶滿枝，花謝蝶還稀。惟有舊巢燕，主人貧亦歸。」室有賢人酒，門無長者車。評曰：正以「無」字勝。○文中子：「子之室，酒不絕。」賢人，用徐邈事。陳平傳：「以席爲門，然多長者車轍。」杜詩：「坐對賢人酒，門聽長者車。」醉眠聊自適，淵明語客：「我醉欲眠，君可去。」歸夢到天涯。

【校記】

〔一〕龍舒本卷七十二題作「春日二首」，其一同此，其二即本書卷四十五春日。

〔二〕「瓘」，原作「灌」，據全唐詩及宫内廳本、臺北本改。

求全詩〔一〕

「何苦急墮成」聖人所爲緩急皆有義。詩所稱「何苦」者，正謂後人不能深識此意耳。東坡論此一事，與公意合。今略摘附此：「魯定公十三年，孔子言於公曰：

補注

『臣無藏甲，大夫無百雉之城。』使仲由爲季氏宰，將墮郈。季氏將墮費，公山不狃、叔孫輒率費人襲公。公與三子入于季氏之宫，孔子命申句須、樂頎下伐之，費人北，二子奔齊，遂墮費。將墮成，公歛處父以成叛，公圍成，弗克。或曰：『殆哉，孔子之爲政也，亦危而難成矣！』子盍姑修其政刑，以俟三桓之隙也哉？蘇子曰：此孔子之所以聖也。蓋田氏、六卿不服，則齊、晉無不亡之道；三桓不臣，則魯無可治之理。孔子之用於世，其政無急於此者矣。彼晏嬰者亦知之，曰：『田氏之僭，惟禮可以已之。在禮，家施不及國，大夫不收公利。』齊景公曰：『善哉，吾今而後知禮之可以爲國也！』嬰能知之而莫能爲之，嬰非不賢也，其浩然之氣，以直養而無害，塞乎天地之閒者，不及孔、孟也。孔子以羈旅之臣得政朞月，而能舉治世之禮，以律亡國之臣，墮名都，出藏甲，而三桓不疑其害己，此必有不言而信，不怒而威者矣。孔子之聖見於行事，至此爲無疑也。嬰之用於齊也，久於孔子，景公之信其臣也，愈於定公，而田氏之禍不少衰，吾是以知孔子之難也。」

【校記】

〔一〕蓬左本無此條補注，據臺北本補。

庚寅增注第二十三卷

次韻唐公其一　雲堆日瀉　雲堆，言山；日瀉，言江。

其二　轂有故人推　漢書：「嬰、蚡俱好儒術，推轂趙綰爲御史大夫。」注：「推轂，謂升薦之，若轉車轂之爲也。」

烏塘　地僻居人少　杜詩：「幽居地僻經過少。」　孫竹　元稹詩：「祖名業新筍。」

王村　投鞭　投鞭可渡，此言置鞭而飲酒也。

冬日　漫漫夜復晨　寧戚扣牛角歌：「長夜漫漫何時旦？」

壬辰寒食　寒食淚　杜詩：「無家對寒食，有淚如清波。」〔一〕

雨中　多難自無聊　左氏：「或名難以間〔二〕其國，啓其疆土。」○漢書：「新困〔三〕於無聊爾。」

乘日　塘路　謝琰傳：「塘路窄狹〔四〕，琰軍魚貫而進。」

宿雨　晝漏稀　杜詩：「晝漏稀聞高閣報。」

將次洛州　平田深樹 皇甫曾詩：「平田暮雪空。」杜詩：○「罔兩多深樹。」　輕齎 食貨志：「行者齎，居者送。」

和仲庶過新開湖　河空 河，謂天河也。

宜春苑　舊臺沼 唐人丁仙芝詩：「平陽舊池館，寂寞使人愁。」

春日　燕不背貧家 李端詩：「車馬雖嫌僻，鷰燕不棄貧。」○南史孝誼傳：「霸陵王氏，夫亡，守節不嫁。户有燕巢，常雙飛來去。後忽孤飛，女感其孤偏，乃以縷繫脚爲誌。後歲，此燕果復來，猶帶前縷。女爲詩曰：『昔年無偶去，今春猶獨歸。故人恩既重，不忍復雙飛。』此亦不背之尤者。」

【校記】

〔一〕蓬左本無本條注，據臺北本補。

〔二〕臺北本「名」作「多」，「間」作「固」。

〔三〕「新困」，臺北本作「計出」。

〔四〕「窄袂」，原作「食」。

王荊文公詩卷第二十四

律詩

癸卯追感正月十五事 嘉祐八年。

正月端門夜，金輿縹緲中。傳觴三鼓罷，此言仁宗御樓觀燈，宴臣鄰也。史載：上御宣德門觀燈，顧從臣曰：「此因歲時與萬姓同樂爾，非朕獨肆游觀也。」縱觀萬人同。「高祖嘗繇咸陽縱觀秦始皇帝。」師古曰：「縱，放也。天子出行，放人令觀。」警蹕聲如在，嬉游事已空。事在七年，次年升遐，故云「如在」。但令千載後，追詠太平功。

晚興和冲卿學士

剡剡風生晚，娟娟月上初。玉藻篇：「弁行剡剡起屨。」注：「疾趍也。」○杜詩：「江漢月娟娟。」白沙眠騄〔一〕驥，清浪浴鱓魚。後漢：「靈帝光和四年，初置騄驥厩丞，領受郡國調馬。」注云：「騄驥，善馬也。」○杜詩沙苑行：「左輔白沙如白水，繚以周墻百餘里。龍媒昔是渥洼生，汗血今稱獻於此。」○爾雅云：「鱀是鱁。」注云：「鱀，䱜〔二〕屬，體似鱓。」字林云：「鱓，長鼻魚也，重千斤。傳曰『伯牙鼓琴，鱓魚出聽』是也。」説文：「音淫，又音尋。」玉篇：「徐林、弋林二反。」又云：「鮪也，口在腹下。」竟欲從君飲，猶便讀我書。斜陽不到處，墻角樹扶疏。陶詩：「即耕亦已種，時還讀我書。」又：「孟夏草木長，遶屋樹扶疏。」

【校記】

〔一〕「騄」，龍舒本、宋本、叢刊本作「緑」。

〔二〕「䱜」，原作「鰽」，據宫内廳本、臺北本、爾雅注疏改。

秋興和冲卿

雲浮朝慘淡，風起夜颼飀。杜詩：「慘淡風雲會。」韓詩：「颼飀卧江汰。」欲作冰霜地，先回草樹秋。言天將降霜，先見草木之衰也。

地，如「獨不爲李將軍地」之意。征人倚笛怨，思婦向砧愁。倚歌而和之。古詩：「苦哉遠征人。」又：「城南有思婦。」○樂天聞夜砧詩：「誰家思婦秋擣帛，月苦風凄砧杵悲。」爲問隨陽鴈，哀鳴豈有求？杜詩：「君看隨陽鴈。」

次韻冲卿除日立春

猶殘一日臘，併見兩年春。物以終爲始，人從故得新。評曰：議論之自然者。○列子：「物之終始，初無極已，始或爲終，終或爲始。」于武陵詩：「浮世若浮雲，千回故復新。」白詩：「莫歎年將暮，須憐歲又新。」迎陽朝剪綵，唐馬懷素詩：「玄籥飛灰出洞房，青郊迎氣肇初陽。」○荆楚歲時記：「立春日，悉剪綵爲鷰以戴之，帖宜春之字。」傅咸鷰賦已有其言矣。守歲夜傾銀。杜詩：「傾銀注玉驚人眼，共醉終同卧竹根。」又：「守歲阿戎家。」恩賜隨嘉節，無功只自塵。「無將大車，秖自塵兮。」

題友人郊居水軒

田中三畝宅，水上一軒開。爲有漁樵樂，非無仕進媒。評曰：有味。槎頭收晚釣，杜詩：「漫釣槎頭縮〔一〕項鯿。」○襄陽耆舊傳曰：「峴山下漢水中出鯿魚，味極美。襄陽人採捕，遂以槎斷水，因謂之槎頭縮項鯿魚，爲水族上味。」孟浩然詩：「試垂竹竿釣，果得槎頭鯿。」荷葉卷新醅。荷葉，即碧筩杯，見招約之職方注。坐説魚腴美，功名挽不來。評曰：别别。○杜詩：「河凍求魚不易得，偏勸腹腴愧年少。」

【校記】

〔一〕「縮」，原作「編」，據杜甫解悶十二首、宫内廳本、臺北本改。

游賞心亭寄虔州女弟

秀叢千山〔一〕霽，清涵萬里秋。滄江天上落，李白詩：「黄河落天走東海，萬里瀉入胷懷間。」明月鏡中流。杜牧詩：「白雲生鏡裏，明月落堦前。」○逸少云：「山陰道上行，如在鏡中游耳。」眼與魂俱斷，身依影獨留。爲憐幽興極，不見爾來游。

【校記】

〔一〕「山」，宋本、叢刊本作「峯」。

江亭晚眺

日下崦嵫外，山海經西山經云：「西南三百六十里，曰崦嵫之山。」注：「日没所入山也。淹、兹二音。」○楚詞：「吾令羲和弭節兮，望崦嵫而未迫。」崦嵫，日所入山也，下有蒙水，水中有虞淵。○淮南子：「日入崦嵫，經細柳，入虞淵之地。」○裴迪詩：「落日下崦嵫，清波殊淼漫。」秋生沆碭間。漢樂歌：「西顥沆碭，秋氣肅殺。」注：「沆碭，白氣之貌。」清江無限好，范希文杜宇詩：「春山無限好，猶道不如歸。」白鳥不勝閑。雨過雲收嶺，天空月上灣。歸鞍侵調角，回首六朝山。

補注

吴處厚青箱録載，蘇湖州詩：「青波無限緑，白鳥自在飛。」〔一〕

【校記】

〔一〕本注原闌入題下，無「補注」二字。「詩」，原作「處」，據臺北本改。此詩，詩話總龜前集卷一二録青箱雜記作蘇爲湖州作，其中「青」作「春」，「在」作「由」。

金山寺〔一〕

〔一〕按：鎮江志：「金山在大江中，去城七里。舊名浮玉，謂自玉京諸峯浮而至此。唐有裴頭陀開山得金，李錡時鎮潤州，表名金山，唐亦謂之伏牛山云。」

重經高處寺，一與白雲親。白詩：「獨上高寺去，一與白雲期。」樹木有春意，江山如故人。幽軒含氣象，偏影落風塵。閔公二年：「公衣之偏衣。」注：「偏，半也。」此言山之半影近城闕也。張祜越州懷古詩：「高秋海天闊，色落湖山影。」日暮臨歸去，徘徊欲損神。唐人詩：「晚來題竹偏，幽獨恐傷神。」

【校記】

〔一〕龍舒本卷六十四金山寺五首，其一同此；第二、四、五首即本書卷四十七金山寺三首；第三首即本書卷四十八金山。

揖仙閣

結閣揖仙子，疏塘臨隱扉。水花紅四出，杜詩：「水花晚色淨。」又：「水花寒落岸。」山竹翠相圍。雲度疑軿下，鳬驚恐舄飛。雲軿，用王母事。鳬舄，用葉令王喬事。蜀薑寧可待〔一〕，投釣此忘歸。李義山贈鄭讜詩：「越桂留烹張翰鱸，蜀薑供煮陸機蓴。」○左慈傳：「曹操顧衆賓曰：『今日高會，所少吳松江鱸魚耳。』慈求銅盤貯水，以竹竿餌釣於盤中。須臾，引一鱸魚出。操又曰：『既已得魚，恨無蜀中生薑耳。』慈曰：『亦可得也。』操恐其近取，因曰：『吾前遣人到蜀買錦，可過敕使者增市二端。』語頃，即得薑還，併獲操使報命。」

【校記】

〔一〕「薑」，龍舒本、宋本、叢刊本作「韁」。「待」，龍舒本、宋本、叢刊本作「恃」。

舟夜即事

火炬臨遥岸，餘光照客船。水明魚中餌，沙暖鷺忘眠。杜詩：「沙暖睡鴛鴦。」均爲「沙暖」，一稱「睡」，一稱「忘眠」。感槩無窮事，遲回欲曉天。宋子京杜宇詩：「蜀月初殘夜，巴山欲曉天。」山泉如有意，枕上送潺湲。湘君：「觀流水兮潺湲。」

何處難忘酒二首

公自注云〔一〕：「擬白樂天作。」

何處難忘酒？英雄失志秋。廟堂生莽卓，嵓谷死伊周。評曰：此生此死，無限恨意。賦斂中原困，干戈四海愁。此時無一盞，難遣壯圖休。樂天又以不如來飲酒命篇。

【校記】

〔一〕龍舒本、宋本、叢刊本無「公自注云」四字。

其二

何處難忘酒？君臣會合時。深堂拱堯舜，密席坐皐夔。傅武仲舞賦：「鄭衛之樂，所以娛密坐、接歡欣也。」○韓詩：「密席羅嬋娟。」和氣襲萬物，歡聲連四夷。此時無一盞，真負鹿鳴詩。王逢原亦有十首，必同時作也。

送孫子高

蕩漾江南客，融怡席上珍。一樽相別酒，千里獨歸人。「儒有席上之珍以待聘。」注：「席，猶鋪陳也。鋪陳往古堯、舜之善道，以待見問也。」柳詩：「四千里外北歸人。」○東坡詩：「如何風雪裏，更送獨歸人。」客路貧堪病，評曰：即如「可」字、「肯」字，謂不堪也。○言既貧矣，豈堪復病？交情遠更親。杜詩：「行色秋將晚，交情老更親。」○曹子建詩：「在遠分日親。」自慙兒女意，失淚滴衣巾。「周謨作晉陵太守，周顗、周嵩往別。謨以將別，涕泗不止，嵩怒曰：『斯人乃婦女，與人別離啼泣。』便舍去。」李白詩：「何必兒女情，相看泪成行。」

送董傳

據東坡有書與韓魏公，乞葬董傳，疑即此人也。詩末句云「一聽秦聲罷」，而坡書説「得秦中故人書，報傳死」，是傳游秦中，未歸而卒於逆旅矣。坡稱傳「文章有出塵之姿」，而公詩亦謂傳「文章合用世」，惜乎其命之窮耳。○「軾再拜：近得秦中故人書，報進士董傳三月中病死。軾往歲官岐下，始識傳，至今七八年，知之熟矣。其爲人不通曉世事，然酷嗜讀書。其文字蕭然有出塵之姿。至詩與楚詞，則求之於世，可與傳比者，不過數氏。此固不待軾言〔二〕，公自知之。然傳嘗望公不爲力致一官，軾私心以爲公非有所愛也，知傳所禀賦至薄，不任官耳。今年正月，軾過岐下，而傳居喪二曲，使人問訊其家，而傳徑至長安，見軾於傳舍，道其飢寒窮苦之狀，以爲幾死者數矣，賴公而存。『又且薦我於朝，吾平生無妻，近有彭駕部者，聞公薦我，許嫁我其妹。若免喪得一官，又且有妻，不虚作一世人，皆公之賜。』軾既爲傳喜，且私憂之。此二事，生人之常理，而在傳則爲非常之福，恐不能就。今傳果死，悲夫！書生之窮薄至於如此，其極耶！夫傳之才器，固不通於世用，然譬之象犀珠玉，雖無補於飢寒，要不可使在塗泥中，此公所以終薦傳也。今父子暴骨僧寺中，孀母弱弟，自謀口腹不暇，復不能葬。軾與之故舊在京師者數人，相與出錢賻其家，而氣力微薄，不能有所濟，甚可憫矣。公若猶憐之，不敢望其他，度可以葬傳者足矣。陳繹學士當往涇州，而宋迪度支在岐下，公若有以賜之，軾且斂衆人之賻，並以予陳而致之宋，使葬之，有餘，以予其家。傳平生所爲文，當使人就其家取之，若獲，當獻諸公。干冒左右，無任戰越。」

悠悠隴頭水，日夜向西流。王建古調：「一東一西隴頭水，一聚一散天邊霞。」辛氏三秦記：「隴山，一名隴坻，又名分水嶺，故有東、西之别。」行路未云已，歸人空復愁。文章合用世，顔髮未驚秋。一聽秦聲罷，還來上國游。楊惲傳：「家本秦也，能爲秦聲。」儲光羲詩：「一聽南律曲，分明散客愁。」

【校記】

〔一〕「軾言」二字原脱，據蘇軾上韓魏公書補。以下文字亦據上韓魏公書校改。

寄深州晁同年

深州爲饒陽郡，屬河北路。〔一〕陸韓卿詩：「陵隴多秀色，楊園多好音。」

秀色歸荒隴，新聲換氄毛。堯典：「鳥獸氄毛。」新聲，謂鳥聲。日催〔二〕花蘂急，雲避鴈行高。駐馬旌旗暖，傳觴鼓吹豪。杜詩：「旌旗日暖龍蛇動。」太白詩：「初筵哀絲動豪竹。」元微之詩：「涼州大遍最豪嘈。」班春不知負，短髮爲君搔。班春，見和錢學士喜雪注。○杜詩：「白頭搔更短，渾欲不勝簪。」

【校記】

〔一〕本注原有竄亂，據宮内廳本、臺北本乙正。

〔二〕「催」，龍舒本作「摧」。

白雲然師

白首一山中，形骸槁木同。莊子：「形固可使如槁木。」苔争庵徑路，雲補衲穿空。阮籍詩：「皋蘭被徑路。」○圓智師見雲嵓補草鞋，云：「作甚麽？」嵓云：「將敗壞，補敗壞。」鮑宣傳：「今貧民菜食不厭，衣又穿空。」注：「空，孔也。」○「唐尊衣弊履空。」注：「空，穿也。」○唐球詩：「衲補雲千片，香焚篆一窠。」〔一〕塵土隨車轍，波濤信柂工。昏昏老南北，應謝此高風。杜詩：「兒童莫信打慈鴉。」信，猶任也。

【校記】

〔一〕宫内廳本評曰：「上句工。」

自白土村入北寺二首

木杪田家出，城陰野逕分。溜渠行碧玉，坡詩：「水作三虹流。」畦稼卧黄雲。杜詩：「秔稻卧不翻。」薄槿臙〔二〕脂染，深荷水麝焚。唐劉得仁詩：「菡萏偏秋水，隔林香似焚。」夕陽人不見，雞鶩自成羣。太平廣記：「羅公遠曰：『混跡雞鶩之羣，窺〔三〕閲蜉蝣之境。』」○于武陵詩：「寒州滿西日，空照鴈成羣。」

【校記】

〔一〕「臙」，龍舒本、宋本、叢刊本作「烟」。

〔二〕「羣」，原作「翠」；「窺」，原作「逍」，均據宮内廳本、臺北本改。

其二

雨過百泉出，秋聲連衆山。孟郊詩：「一雨百泉漲，兩潭夜來深。」○王維詩：「山中一夕雨，樹杪百重泉。」○白詩：「石擁百泉合，雲破千峯開。」獨尋飛鳥外，時度〔一〕亂流間。坐石偶成歇，看雲相與還。「行到水窮處，坐看雲起時。」會須營一畝，長此聽潺湲〔二〕。評曰：此等僅可數首。○儒行篇：「儒有一畝之宮。」○杜詩：「誅茅初一畝。」○賈誼傳：「長此安窮。」

【校記】

〔一〕「度」，龍舒本作「渡」。

〔二〕「聽」，宮内廳本作「隔」。「湲」，龍舒本、宋本作「潺」。

題朱郎中白都莊

瀟洒桐廬守，桐廬縣屬睦州。睦，即嚴州也。縣有嚴陵山及陵釣臺。滄洲寄一廛。山光隔釣岸，江氣雜炊煙。戎昱詩：「水痕侵岸柳，山翠借厨煙。」句頗類此。藜杖聽鳴櫓，籃輿看種田。明時須共理，此興在他年。漢循吏傳：「孝宣常稱曰：『庶民所以安其田里而亡歎息愁恨之聲者，政平訟理也。與我共此者，惟良二千石乎？』」

史教授獨善堂

湖海十年舊，林塘三畝餘。魏志：「陳元龍湖海之士，豪氣不除。」靜非談者隱，揚子法言：「談言談行，不逢其時。」談者，隱也。注：「謂東方朔。」貧勝富人居。向子平言：「吾已知富不如貧，貴不如賤。」古語：「力能勝貧，謹能勝禍。」列鼎亦何有，幅巾聊自如。猶應不獨善，孟子盡心：「窮則獨善其身，達則兼善天下。」言史非但獨善，亦推以教人。學子滿堦除。韓詩：「翩翩媚學子，墻屏日有徒。」

寄福公道人

帝力護禪林，滄洲側布金。側布金，見長干寺注。樓依水月觀，阿彌陀十六觀有水觀。門接海潮音。唐人天竺詩：「樓觀滄海月，門聽浙江潮。」普門品：「梵音海潮音，勝彼世間音。」開士但軟語，妙法蓮華經：「跋陁羅等與其同伴十六開士」云云。開士者，能自開覺，又開他心，菩薩之異名也。杜詩：「夜闌接軟語，落月如金盆。」大集經六十四種惡：「口之業曰麄語、軟語、非時語、妄語。」據此，則軟語皆一類，與少陵公所稱異矣。蓋取義各不同也。又大集經所指，恐柔佞不正之語耳。東坡詩：「禪老語清軟。」游人多苦吟。曾同方丈宿，燈火夜沉沉。杜詩：「清夜沉沉動春酌。」

補注

錢起詩：「水月通禪觀。」〔一〕

【校記】

〔一〕本注原闌入詩注末，無「補注」二字。

閑　身〔一〕

身閑宜晚食，東坡答畢仲舉書云：「偶讀戰國策，見處士顏蠋之語『晚食以當肉』，忻然而笑。若蠋者，可謂巧於居貧者也。菜羹菽黍，差飢而食，其味與八珍等；而既飽之餘，芻豢滿前，惟恐其不持去也。美惡在我，何與於物？」歲晏忌晨興。道家法：春夏早起，取雞鳴時；秋冬晏起，取日出時。蓋在陽，勝之以陰；在陰，勝之以陽。裴度奏疏亦載此。素問云：「冬三月，此謂閉藏。水冰地坼，無擾乎陽。早卧晚起，必待日光，使志若伏若匿，若有私意，若已有得，去寒就温，無泄皮膚。此冬氣之應，養藏之道也。」人自嘲便腹，邊韶字孝先，晝日假卧，弟子嘲之曰：「邊孝先，腹便便，嬾讀書，但欲眠。」吾方樂曲肱。論語：「飲水，曲肱而枕之，樂亦在其中矣。」睡蛇雖不去，遺教經：「諸煩惱賊常伺殺人，甚於怨家，安可睡眠，不自警覺？煩惱毒蛇，睡在汝心，譬如黑蚖在汝室睡，當以持戒之鈎早併除之。睡蛇既出，乃可安眠；不出而眠，是無慚人。」夢虺已無憑。詩斯干：「吉夢維何？維熊維羆，維虺維蛇。」寄語林中〔二〕一作「中林」。客，郭璞游仙詩：「長揖當途人，云來山林客。」又王康琚反招隱詩：「今雖盛明世，能無中林士。」中林，林中也。思禪病未能。枚叔七發：「太子曰：『僕病未能也。』」

【校記】

〔一〕宋本、叢刊本題作「身閑」。又，本書目録、臺北本目録脱此題。

〔二〕「林中」，宋本、叢刊本作「中林」。

還　家〔一〕

還家豈不樂？生事未應閑。朝日已復出，征鞍今更〔二〕攀。傷心百道水，閡目數〔三〕重山。評曰：殊未佳，何也？柳詩：「遠樹重遮千里目。」何以忘羇旅，倏然醉夢間。陶詩：「吾生夢幻間，何事紲塵羈？」李涉詩：「終日昏昏醉夢間，忽聞春盡強登山。」歐公詞：「落花狼藉酒闌珊，笙歌醉夢間。」

【校記】

〔一〕龍舒本卷六十九北山暮歸示道人二首，此爲其二。

〔二〕「今更」，龍舒本作「方便」，宋本、叢刊本作「方更」。

〔三〕「數」，宋本、叢刊本作「萬」。

題湯泉壁示諸子有欲閑之〔一〕意

吟哦一水上，披寫衆峯間。偶運非彭澤，言不同淵明之不遇時也。留名比峴山。杜預好爲後世名，刻石爲二碑，紀其勳績，一沉萬山之下，一立峴山之上，曰：「焉知此後不爲陵谷乎？」

君才今禼稷，家行古原顔。原顔，原憲、顔淵。○孟子離婁下：「曾子、子思，易地則皆然。」平世雖多士〔二〕，安能易地閑？

【校記】

〔一〕「之」字原脱，據目録及龍舒本、宋本、叢刊本補。

〔二〕「士」，龍舒本作「學」。

和唐〔一〕公舍人訪净因 張唐公。

西城方外士，傳法自南華。南華，韶州六祖寺名。詩意蓋言唐公傳法自曹溪耳。高蹈玩一世，旁通兼數家。來游仁者靜〔二〕，傳詠正而葩。仁者静，取樂山之意。○進學解：「詩正而葩。」乘興何時再〔三〕？晉王子猷雪夜訪戴安道。時在剡，乘興棹舟，經宿方至。既及門而返，曰：「乘興而來，興盡而返，何必見安道耶？」還能託後車。詩綿蠻：「命彼後車，謂之載之。」注：「後車，倅車也。」

【校記】

〔一〕「唐」，宮内廳本作「張」。

〔二〕「静」，宋本、叢刊本作「浄」。
〔三〕「再」，叢刊本作「載」。

沂溪懷正之

正之，孫侔也。

故人何處所，天角浪漫漫。魏張邈傳：「吕布與蕭建書曰：『布，五原人也，去徐州五千里，乃在天西北角。』」寂寞斷音驛，徘徊愁肺肝。世情紛可怪，旅況浩難安。願化東南鵠，高飛託羽翰〔一〕。選詩：「願爲雙鴻鵠，奮翅起高飛。」正之居江淮間，公欲就之，故云「東南鵠」。

【校記】

〔一〕「翰」，原作「翛」，據宋本、叢刊本、宮内廳本改。

答許秀才

高陽有才子，文公十八年：「昔高陽氏有才子八人。」注：「謂帝顓頊之後。」又隱十年：「許，大岳之胤也。」〔一〕注：「謂大岳神農之後。」蘇氏古史：「顓頊，本神農之後。」負笈求晨饘。

後漢李固傳注：「固改易姓名，杖策驅驢負笈，追師三輔，學五經。」所趣少知者，其辭多慨然。評曰：甚不惡。樵妻竟謝絶，前漢：「朱買臣家貧，常艾薪樵，賣以給食，擔束薪，行且誦書。其妻亦負戴相隨，數止買臣無謳歌道中。買臣愈益疾歌，妻羞之，求去。」漂母嘗哀憐。韓信傳：「漂，疋妙反，以水擊絮曰漂。」「漂母」對「樵妻」，甚工。尚友古之人，於今猶壯年。孟子：「以友天下之善士爲未足，又尚論古之人。頌其詩，讀其書，不知其人，可乎？是以論其世也，是尚友也。」

【校記】

〔一〕「隱十年」，應爲「隱十一年」。語出左傳隱公十一年。

次韻景仁雪霽

新聲生屋霤，殘點着垣衣。酉陽雜俎辨瓦松曰：「博雅云：『在屋曰昔耶，在垣曰垣衣。』」山谷荼蘼詩：「飄雪浄垣衣。」委翳無多在，飄零不更飛。

坳中餘宿潤，暖處自朝暉。稍見青青色，還從柳上歸。選詩：「春從沙際歸。」○杜詩：「青歸柳葉新。」○李白詩：「寒雪梅中盡，春風柳上歸。」

次韻范〔一〕景仁二月五日夜風雪

何知此邂逅，談笑接清揚。詩君子偕老篇：「子之清揚。」注：「清，視清明也。揚，廣〔二〕而顔角豐滿。」對雪知春淺，白樂天詩：「可憐春淺游人少。」回燈惜夜長。密雲通炫晃，殘月慘冥茫。炫，轉；晃，耀，言雪也。韋應物詠曉詩：「晃朗先分閣。」徐鉉〔三〕詩：「冥茫萬事空。」故有臨邛客，抽毫興未忘。范景仁，成都人，故用相如事。

【校記】

〔一〕「范」字原脱，據目録及宋本、叢刊本補。

〔二〕詩毛傳「廣」下有「揚」字。

〔三〕「鉉」，原作「鈸」，據臺北本改。

次韻冲卿過濉陽

宫廟此神鄉，留親泊楚艎。劉向傳：「丘隴彌高，宫廟壯麗。」○艅艎，吴大舟。今用楚艎，猶淮南子所謂越舼、蜀艇之類。天開今壯麗，地積古悲涼。蕭何治未央宮，曰：「非壯麗無以重威。」○李白詩：「留得千年古惆悵，至今遺恨愴情寥。」不改山河舊，猶餘草木荒。杜詩：「國破山河在，城春草木深。」漢傳稱梁王築東苑，方三百餘里，廣睢陽城七十里。還聞足賓客，誰是漢鄒陽？睢陽，梁孝王都，故用鄒陽事。

答沖卿

風作九衢黃，謂塵土也。○柳文天説云：「下而黃者，世謂之地。」南窻坐正涼。破瓜青玉美，浮荈白雲香。杜詩：「破柑霜落爪。」〔一〕○「瓜嚼水精寒。」○荈，茶也。見送周都官通判湖州注。詩懶猶能強，官閑肯便忘。言不以官閑而忘其職所當憂。○杜欽傳：「職閑無事，欽所好也。」賢愚各有用，尺寸果誰長？太史公白起王翦贊：「鄙語云：『尺有所短，寸有所長。』」○離騷亦有此語。

【校記】

〔一〕「落爪」，原作「落瓜」，據杜甫孟冬改。

得書知二弟附陳師道舟上汴

兒童聞太丘，邂逅兩心投。與汝今爲伴，知吾不復憂。人之爲頗僻，多由交非其類耳。今喜其得友，必能相觀以善，可免父兄之憂。○陳寔爲太丘長。

園桃已解萼，沙水欲驚舟。解萼，猶破萼也。謝靈運詩：「山桃發紅萼。」○酈道元水經云：「浚儀縣牛首鄉東北注渠，謂之沙水。」許慎〔一〕云：「水散石也，歷扶溝、汝南、新陽、山桑、龍亢、義城等縣，入於淮。」觀此，則自淮以達京師，水程必值沙水，故憂其驚舟焉。

一見南飛鴈，江邊肯更留。言見鴈而更深兄弟之思，欲亟面也。

【校記】

〔一〕「許慎」，原作「許謹」，據宫内廳本改。

初甜和州

衣足一囊弊，莊子：「衣弊履穿，貧也。」○王吉傳「囊衣」注：「一囊之衣。」粟餘三釜陳。語雍也篇：「子華使於齊，冉子爲其母請粟。子曰：『與之釜。』」注：「六斗四升曰釜。」○曾子：「吾及親三釜而心樂。」○漢書：「太倉之粟，陳陳相因。」東坡贈月長老詩：「子有折足鐺，中餘五合陳。」坡詩大抵取其意足，如言陳，更不言粟。介父則必先有「粟」字，方使「陳」字。坡詩如「已遣亂蛙成兩部」，「兩部」，亦暗帶「樂」字。故葉石林謂坡詩有歇後語，然不害其爲奇也。猶依食貧地，已愧省煩人。詩：「三歲食貧。」○省煩，見初去臨川注。塵土病催老，風波愁過春。詩書今在眼，還欲討經綸。討論墳典，斷自唐虞以下。

瘧起舍弟尚未已示道原

道原姓沈，公之妹婿。

側足呻吟地〔一〕，連甍瘧瘴〔二〕秋。窮鄉醫自絀〔三〕，小市藥難求。趙世家：「窮鄉各異，世學多辨。」杜詩：「小市常争米。」自絀者，醫自知其技止此耳。肝膽疑俱破，筋骸謾〔四〕獨瘳。杜詩「隔日搜脂髓」，亦肝膽破之意。或指遇疾而恐〔五〕之過。慚君遠從我，契闊每同憂。

【校記】

〔一〕臺北本注曰：「莊子雜篇：『鄭人緩也呻吟裘氏之地。』」

〔二〕「瘧瘴」，龍舒本、宋本、叢刊本作「瘴瘧」。

〔三〕「絀」，龍舒本作「拙」。

〔四〕「謾」，宋本、叢刊本作「漫」。

〔五〕「恐」，宮内廳本作「憂」。

送杜十八之廣南

東南炎海外，尋訪又輸君。過嶺猿啼暖，貪程馬送曛。劉長卿詩：「嶺暗猿啼月，江寒鷺映濤。」清談消瘴癘，秀句起煙雲。及早來鄉薦，朝廷尚右文。

慧聚寺次張祜韻〔一〕

寺在崑山。據祜集無慧聚寺，却有題蘇州思益寺詩，疑即慧聚。詩云：「四面山形斷，樓臺此逈臨。兩峯高崒兀，一水下淫滲。鑿石西龕小，穿松北塢深。會當來結社，長月共僧吟。」〇二詩所言，景雖相似，但非次韻耳。

峯嶺互出没，江湖相吐吞。韓詩：「山狂谷狠相吐吞。」園林浮海角，臺殿擁山根。百里見漁艇，萬家藏水村。地偏來客少，幽興秖桑門。陶淵明詩：「心遠地自偏。」〇桑門，見浙梲注。

【校記】

〔一〕龍舒本卷五十三崑山慧聚寺二首，其一爲次孟郊韻，與卷四十八崑山慧聚寺次孟郊韻重，即本書卷十九崐山慧聚寺次孟郊韻，唯首句「蟠」作「盤」；其二爲次張祜韻，即此首。宋本、叢刊本題首有「崑山」二字。

吴江

即松江，亦名笠澤，今隸平江。

莽莽昔登臨，秋風一散襟。淵明詩：「斗酒散襟顏。」地留孤嶼小，天入五湖深。評曰：景語適稱。○孤嶼，疑指洞庭山。○五湖，見次韻唐公三首注。柑橘無千里，評曰：承得渾。○書禹貢：「揚州，厥包橘柚，錫貢。」今吴江正在古揚州境内。言包貢入於京師，又徧輸四方，故云「無千里」。魚鰕有萬金。齊威公聘陶朱公，問曰：「公所住輒至千萬，家累億金，何術乎？」公曰：「夫治生之法有五，水畜第一。所謂水畜者，魚也。以六畝地爲池，池中有九洲，即求懷子鯉魚長三尺者二十頭，牡鯉四頭，以二月上旬庚日納池中，令無聲，魚必生。所以養鯉者不相食，易長，又貴也。」○又，吴越春秋：「畜魚三年，其利可以致千萬。」吾雖輕范蠡，終欲此幽尋。評曰：閑處著一語，便不可堪。其棄國載西子皆在焉，不獨以其霸者之佐也。○韓詩：「白雲日幽尋。」○蠡，霸者之佐。公薄之。

江

靈源開闢有，羊叔子言：「自有宇宙，便有此山。」應瑒河賦云：「咨靈川之遐源兮，於崐崙之神丘。」贏縮但相隨。評曰：第二句難下。○盈虚之理相因。逆折山能礙，奔流海與期。揚子：「水避礙則通於海。」又：「百川學海，而至於海。」泥沙拆蚌蛤，評曰：不分細大，謂藏珠。雲雨暗蛟螭。杜詩：「螺蚌滿近郭，蛟螭乘九皐。」欲問深何許〔二〕，馮夷秖自知。博物志：「馮夷，華陰潼鄉人。得仙道，化爲河伯。」○山海經曰：「從極之淵，深三百仞，唯馮夷常都焉。馮夷，人面，乘雲車，駕兩龍。」○杜詩：「萬里滄浪水，龍蛇秖自深。」○韋應物詩：「失意還獨語，多愁秖自知。」

【校記】

〔一〕「許」，龍舒本作「處」。

江　南

江南春起柂，秋至尚波濤。杜詩：「君今起柂春江流。」問舍纔能定，孟子：「舍舘定，然後求見長者乎？」呼舟已復操。莊子：「津人操舟若神。」○郭受詩：「蓮葉舟輕自學操。」行歌付浩蕩，歸夢得蕭騷。列子天瑞篇：「林類〔一〕拾穗行歌。」○杜詩：「白鷗波浩蕩，萬里誰能馴？」此欲去京師之意。冉冉欲何補，紛紛爲此勞。

【校記】

〔一〕「林類」，原作「杜潁」，據浙江書局本列子改。

補注　歸夢得蕭騷　謂歸正值秋風耳。〔一〕

【校記】

〔一〕本注原闕入詩末，無「補注」二字。

賈生〔一〕

漢有洛陽子，少年明是非。當時天下皆謂治安，而誼獨以抱火措薪爲憂，能明是非者。所論多感槩，謂痛哭流涕。自信肯依違。言不同俗脂韋。韓集：「皆信道篤而自知明也。」死者若可作，今人誰與歸？趙文子曰：「死者若可作也，吾誰與歸？」應須蹈東海，魯仲連不肯帝秦，曰：「彼即肆然而爲帝，過而爲政於天下，則連有蹈東海而死矣。」不若涕沾衣〔二〕。言仲連蹈東海，不若誼仕漢切於救時。

【校記】

〔一〕龍舒本卷七十三賈生二首，其一同此，其二即本書卷四十六賈生。

〔二〕「若」，宋本、叢刊本作「但」。宮内廳本評曰：「謂今比誼時更自不容，惟有蹈海，不止如生流涕不止。注誤。」

還自舅家書所感

行行過舅居，歸路指親廬。日苦樹無賴，言日色熾盛，樹木無生意。○杜詩：「韋曲花無賴。」○張釋之傳：「尉無賴。」天空雲自如。言雲氣凝然不動，且散漫不放〔一〕也。此時憫旱。黄焦下澤稻，緑碎短樊蔬。沮溺非吾意，憫嗟聊駐車。言將濟世，不與鳥獸同羣。

【校記】

〔一〕「放」，宫内廳本作「族」。

世事〔一〕

世事一何稠，論心日已偷。尚蒙今士笑，宜見古人羞。評曰：語欲沉劇。○偷者，苟若而可之謂。趙孟其語偷，不似民主。老圃聊須問，良田亦欲求。非關畏𡺸峞，無責易身脩。大官憂重責深，不若下位之安。古人稱，智効一官，不以薄才而尸重任也。語：「而致美乎𡺸峞。」

【校記】

〔一〕龍舒本卷七十五無題二首，其一同此，其二即本書卷四十八默默。

寄純甫

塞上無花草，飄風急我歸。梢〔一〕林聽澗落，卷土看雲飛。杜詩：「急雨梢溪足。」○杜牧詩：「江東弟子多材俊，卷土重來未可知。」想子當紅蘂，思家上翠微。江寒亦未已，好好著春衣。高適詩：「博陵無近信，猶未換春衣。」○韓詩：「爲留新賜火，向晚著朝衣。」○上句「梢林」、「卷土」，皆言風也。張景陽七命：「飛礫起而灑天。」

【校記】

〔一〕「梢」，龍舒本作「稍」。

招丁元珍

默默不自得，紛紛何所爲？畫墁聊取食，畫墁，見上注。獵較久〔一〕隨時。孟子萬章：「魯人獵較，孔子亦獵較。」○退之蝦蟇詩：「獵較務同俗，全身斯爲孝。」秋入江湖暗，韓詩：「秋日苦易暗。」風生草樹悲。黄花一杯酒，思與故人持。評曰：志意悽愴。每讀，想見其難言，不獨詩好。

【校記】

〔一〕「久」，叢刊本作「且」。

游杭州聖果寺

登高見山水，身在水中央。詩秦蒹葭：「宛在水中央。」下視樓臺處〔二〕，空多樹木蒼。浮雲連海氣，杜詩：「浮雲連海岱，平野入青徐。」落日動湖光。杜詩：「悠悠日動江。」偶坐吹横笛，殘聲入富陽。評曰：所謂「妥帖力排奡〔三〕」，兩詩皆然。○富陽，杭州屬縣。劉得仁詩：「坐久東樓望，鐘聲振夕陽。」

【校記】

〔一〕「處」，龍舒本、宋本作「起」。

〔二〕「界」，原作「夏」，據韓愈薦士、宮内廳本改。

京兆杜嬰大醇能讀書其言近莊其爲人曠達而廉清自託於醫無貴賤請之輒往卒也以詩二首傷之

蕭瑟野衣巾，能忘至老貧。避囂依市井，蒙垢出埃塵。史記：「賈誼曰：『吾聞古之聖人不居朝廷，必在醫卜之中。』」接物工齊物，言貴賤請之輒往。勞身恥爲身。勞其身而爲人，非自爲。傷心宿昔地，不復見斯人。

其　二

叔度醫家子，黄憲字叔度，世貧賤，父爲牛醫。同郡戴良才高倨傲，而見憲未嘗不正容，及歸，罔然若有失也。其母問曰：「汝復從牛醫兒來耶？」君平卜肆翁。嚴君平卜筮於成都市，裁日閲數人，得百錢，足自養，則閉肆下簾而授老子。蕭條昨日事，髣髴古人風。舊宅雨生菌，退之雨詩：「見墻生菌徧。」新阡寒轉蓬。賈山傳：「曾不得蓬顆蔽冢而託葬焉。」注：「土塊上生蓬爾。」存亡誰一問，嗟我亦窮空。

江上二首〔一〕

湖〔二〕連風浩蕩，沙引客淹留。落日更清坐，空江無近舟。言水闊舟遠。共看葭〔三〕葦宅，聊即稻粱謀。韓詩：「淺有葭葦。」李陵：「大澤葭葦中。」未敢嗟艱食，書益稷：「暨益奏庶食艱食鮮食。」〔四〕凶年半九州。半字，古人語亦多用。戰國策載逸詩云：「行百里者，半九十如。」謝靈運〔五〕云：「若殷仲文讀書半袁豹，則文才不減班固。」韓文鄭羣墓志：「客至請坐，相看竟不能設食。」

【校記】

〔一〕龍舒本卷七十一江上五首，其四、五同此二首。

〔二〕「湖」，龍舒本、宋本、叢刊本、臺北本作「潮」。

〔三〕「葭」，龍舒本、宋本、叢刊本作「蒹」。

〔四〕本注引文有脱漏，書益稷原作「暨益奏庶鮮食。……暨稷播，奏庶艱食鮮食」。

〔五〕「謝靈運」句：語出晉書殷仲文傳，下「殷仲文」，原作「殷文仲」，據晉書、宮内廳本改。又，世説新語文學載此語出傅亮，非謝靈運。

其二

書自江邊使，鄉鄰病餓稠。何言萬里客，更作百身憂。「鄉鄰」，必指撫州。公時居建業，故自稱客。○秦詩黄鳥：「如可贖兮，人百其身。」○杜詩：「長爲萬里客，有媿百年身。」此「百身憂」，謂所憂不止一處一事而已。補敗今誰卹？趍生我自羞。西南雙病眼，落日倚扁舟。荀子富國篇：「彼得之，不足以藥傷補敗。」○陸龜蒙詩：「均荒補敗豈無術？」〔一〕

【校記】

〔一〕宫内廳本注云：「吕居仁詩：『萬里長江一尊酒，故人何處倚扁舟。』疑倣此意。」

補注

江亭晚眺　月上灣　別本「灣」一作「彎」。王化基參政應詔作老將詩云：「放弓月卸彎。」但此以「嶺」對「灣」，則非「彎」字也。　六朝山　許渾建康詩：「英雄一去豪華盡，惟有青山似洛中。」

送董傳　隴頭水　朱晦菴嘗和人題分水嶺詩云：「水流無彼此，地勢有西東。若識分時異，方知合處同。」分以地勢，言爲得其害也。　秦聲　藺相如傳：「趙王聞秦王善爲秦聲。客請奉盆瓶秦王，以相娛樂。」

題湯泉壁　偶運淵明詩：「天運苟如此，且進杯中物。」留名王彦章：「豹死留皮，人死留名。」

世事歐公與人帖：「士處陋巷，得以自高於王侯者，以道自貴也。一從吏事，便爲禮法所繩，若居人下而欲有所設施，則世事難如人意。此前代一節之士所以貧賤爲易守也。」即詩意。

庚寅增注第二十四卷

金山寺　按唐史，韓滉嘗出兵金山。滉在錡前已名金山矣。山謙之南徐州記言：「蒜山北江中有伏牛山。」唐志：「潤州貢伏牛山銅器。」今金山正在蒜山北江中，而唐以前詩亦無言浮玉山者。山海經有「浮玉山，苕水出其陰，北流於具區」，乃在今太湖之南，是可疑也。寺舊名澤心，今爲龍游。

寄深州晁同年　花蘂急　急，謂便開花也。

白雲然師　穿空　唐哥舒翰傳：「士皆訴衣服穿空。」

自白土村入北寺　溜渠碧玉　唐王建詩：「御溝水色春來好，處處分流白玉渠。」　水麝焚　樂天石楠詩：「夏葉濃焚百和香。」

其二　秋聲　王昌齡詩：「萬影皆因月，千聲各爲秋。」

題白都莊　瀟灑桐廬守　方通罷官歸鄉，夢至政事堂，尚書丞黃履素知通，獨起迎，語曰：「瀟灑，瀟灑！」遂去。既寤，莫測也。既而得官校理，滿任得知睦州，是歲建中元年，黃以疾去久矣。往謝執政，范右丞純禮曰：「先公嘗守睦，有瀟灑桐廬郡十詩，『桐廬真瀟灑』也。」

閑身　睡虵　古宿語：「調伏心虵，令入道果。」

題湯泉壁〔一〕

偶運 淵明詩：「天運苟如此，且進杯中物。」

次韻景仁〔二〕

炫晃 抑詩曰：「回眸炫晃列羣玉。」廣記：「神仙李清入雲門山穴，約行三十里，炫晃微明。」

示道原〔三〕

自絀 張蒼傳：「公孫臣稱終始五德」傳：「蒼由此自絀，謝病稱老。」又：「丞相嘉自絀。」

送杜十八

消瘴癘 檄愈頭風之意。

吴江

一散襟 「聖賢兩寂寞，渺渺一開襟。」

寄純甫

梢林 杜詩：「長歌激越梢林莽。」宋玉風賦：「梢殺林莽。」

著春衣 □詩：「爲留新賜火，向曉著朝衣。」

【校記】

〔一〕蓬左本無「題」下至卷末注，據臺北本補。

〔二〕題全作「次韻范景仁二月五日夜風雪」。

〔三〕題全作「瘧起舍弟尚未已示道原」。

王荆文公詩卷第二十五

律詩

夏夜舟中頗涼因有所感〔一〕

扁舟畏朝熱，望夜倚危〔二〕檣。日共火雲退，風兼水氣涼。未秋輕〔三〕病骨，微曙浣愁腸。言愁人苦夜長，日將旦而稍紓。堅我江湖意，滔滔興不忘。言執熱得涼，愈堅江湖之意。○杜詩：「詩罷聞吳詠，扁舟意不忘。」劉長卿詩：「平生江海意，惟共白鷗閑。」

【校記】

〔一〕龍舒本目録題無「因」、「所」二字，正文目録「有」作「風」。

〔二〕「危」，宋本、叢刊本作「桅」。

〔三〕「輕」，宋本作「經」。

孤桐

天質自森森，孤高幾百尋。枚乘七發云：「龍門之桐，高百尺而無枝。」○謝朓詠桐詩云：「孤桐北窻外，枝高百丈餘。」凌〔一〕霄不屈已，書：「嶧陽孤桐。」注云：「特生也。」○樂天孤桐詩：「亭亭五丈餘，高意猶未已。」得地本虚心。杜詩：「落落盤踞雖得地。」○易緯曰：「桐枝濡毳，而又空中，難成易傷。」歲老根彌壯，陽驕葉更陰。明時思解愠，願斲五絃琴。評曰：自狀太切，故是一病。

補注 凌霄而不屈，言桐身之條直。公似自況云。若虚心，則公正欠此耳。

【校記】

〔一〕「凌」，宋本、叢刊本作「陵」。

遲明

欹枕浩無情，蘧蘧獨遲明。莊子：「蘧蘧然周也。」霜繁紅樹老，詩：「正月繁霜。」注：「繁，多也。」唐詩：「紅樹醉秋色。」雲澹〔一〕素蟾清。倦鵲猶三匝，魏武帝詩：「月明星稀，烏鵲南飛。遶樹三匝，何枝可依？」寒雞未一鳴。韓文〔二〕：「寒雞空在棲。」○杜詩：「初鳴度必三。」故山何處所？應有曉猿驚。

【校記】

〔一〕「澹」，宋本、叢刊本本作「月」。

〔二〕「文」，宮內廳本作「詩」。

陪友人中秋夕〔一〕賞月

海霧看如洗，秋陽望却昏。光明疑不夜，解道康齊地記曰：「齊有不夜城。蓋古者有日，夜中照於東境，故萊子立此城，以不夜爲名。」又，道家亦有不夜城事。清瑩欲無坤。庾開府舟中望月詩：「山明疑有雪，岸白不關沙。」頗似此。掃掠風前坐，留連露下樽。若吟應到曉，况有我思存。詩：「出其東門，有女如雲。雖則如雲，匪我思存。」○樊川詩：「大江吞天去，一練横坤抹。」

【校記】

〔一〕「夕」字原無，據本書目録、臺北本目録、宋本、宮内廳本、叢刊本補。

慎縣修路者

慎縣，屬廬州，有浮槎山，滁水〔二〕出焉。廬距〔三〕舒近，必爲時往來所作。

畚築今三歲，宣公十一年：「楚令尹蔿艾獵城沂，使封人慮事，平板榦，稱畚築，程土物。」注云：「畚，盛土器也。」康莊始一修。爾雅：「一達謂之道路，二達謂之歧旁，三達謂之劇旁，四達謂之衢，五達謂之康，六達謂之莊，七達謂之劇驂，八達謂之崇期，九達謂之逵。」何言野人意，能助令君憂。衢路治否，君子所以觀政。詩云：「職思其憂。」今野人能助邑長之憂，豈不賢於竊位而曠官者哉？勠力非無補，論心豈有求？言野人之心，豈以利而爲之哉？特以爲助上平治道路，亦分所當然耳。今人有毫髮勞効，即希幸功賞，曾野人之不若也。十年空志食，因汝起予羞。孟子：「其志將以求食也。」

【校記】

〔一〕「山滁水」，原作「此爲本」，據臺北本改。

〔二〕「距」，原作「州」，據臺北本改。

河勢

仁宗慶曆八年，河自橫隴西徙，趍德、博，决商胡埽。後十餘年，又自商胡西趍恩、冀，河北多被水患。治平元年，同判都水監張鞏奏：「商胡堙塞，冀州界河淺，房家、武邑邑埽由此浸潰，恐一旦大决，爲害甚於商胡。乞選官與本司相度條奏。」於是命鞏同三司副使張燾、內侍押班張茂則乘驛，與河北轉運使燕度、都水監李立之行視地勢。浚三股、五股二河，紓恩、冀水災。詩中所謂「二渠」，蓋指此。神宗熙寧二年七月，張鞏等奏：「二股河上下約累經大河，泛漲無虞，乞差近上知河事臣僚一兩員，共講求閉塞北流利害。」詔遣司馬光、張茂則相度以聞。八月己亥，光及茂則對於崇政殿。光奏曰：「張鞏等欲塞二股河北流，臣恐其費大而功不成。若北流復，則虛費財力；其或可塞，則東流淺狹，必决，是移恩、冀、深、瀛之患於滄、德也。不若俟二三年後，東流益深闊，堤防稍固，北流於淺，薪芻有備，然後塞之，爲十全。」上曰：「若二三年，河水常分爲二流，何時有功？」光曰：「上約苟存，東流必增，北流必减。借使河水常分爲二，於張鞏等雖無功，於國家亦無害也。禹時分九河，漢世釃二渠。河分，則爲患亦細。臣在陛下前，不隱其情。」時二股東流已及六分，鞏等因欲閉斷北流，用爲功效。上意嚮之，罷光不遣。觀此詩，荆公於回河之議，初無所主。

河勢浩難測，禹功傳所聞。左氏昭公元年：「天王使劉定公勞趙孟於雒汭。劉子曰：『美哉禹功，明德遠矣。』」今觀一川破，復以二渠分。

河渠書：「禹以爲河所從來高，水湍悍，難以行平地，數爲敗，乃廝二渠，以引其河。」注：「廝，分也。」國論終將塞，民嗟亦已勤。無災等難必，從衆在吾君。漢志：「諸渠往二股引取之。」

送河間晁寺丞

河間乃瀛州屬縣，隸河北，州亦爲河間郡。

公孫富文墨，名字世多知。談笑取高第，弦歌當此時。語：「子之武城，聞弦歌之聲。」臨河薪石費，漢武臨決河作歌：「河伯許兮薪不屬。」又云：「頽林竹兮揵石菑。」近塞繭絲移。國語晉語：「趙簡子使尹鐸爲晉陽，請曰：『以爲繭絲乎？抑爲保障乎？』簡子曰：『保障哉。』」注云：「繭絲，賦税。保障，蔽捍。」緩急常愁此，看君有所爲。脩河之費，備邊之費，二者皆所憂也。

暮春

春期行晼晚，春意賸芳菲。樂天詩：「一年今日最芳菲。」曲水應修禊，漢志：「三月上巳，宮人並禊飲於東流水。」續齊諧記：「晉武帝問尚書郎摯虞曰：『三日曲水，其義何指？』曰：『漢章帝時，平原徐肇以三月初生三女，至三日而亡，一村以爲怪，乃相攜之水濱盥洗，因水以泛觴。曲水之義，起於是也。』帝曰：『若如所談，便非好事。』尚書郎束皙曰：『摯虞小生，不足以知之。臣請説其始。昔周公城洛邑，因流水以泛酒，故逸詩曰：「羽觴隨波。」又秦昭王三日置酒河曲，見有金人出，捧水心劍曰：「令君制有西夏。」及秦伯諸侯，乃因此處立爲曲水。二漢相緣，皆爲盛集。』」**披香未試衣。**漢宮閣名。長安有披香殿、合歡殿，故西都賦云：「披香發越。」○唐書蘇世長傳：「高祖常宴於披香殿，酒酣，世長奏曰：『此隋煬帝所作耶？何雕麗之若此！』高祖曰：『卿好諫似直，其心實詐，豈不知此殿是吾所造？何須姦詭疑煬帝乎？』」又，江左亦有披香殿。楊脩詩注云：「在臺城後。」庾信詩：「宜春苑中春已歸，披香殿裏作春衣。」○李白詩：「披香殿前花始紅。」**雨花紅半墮，煙樹碧〔一〕相依。**樂天詩：「露杏紅初拆，煙楊緑未成。」句法絶相似。**悵望夢中地，王孫底不歸。**

【校記】

〔一〕「碧」，宮内廳本作「緑」。

游北山

攬轡出東城，登臨目暫明。韓詩：「遠目增雙明。」**煙雲藏古意，猿鶴弄秋聲。**米芾詩：「雲山養秋意，松竹貢秋聲。」**客坐苔紋滑，**歐公詩：「盤石蒼苔留客歇。」**僧眠蔭樾〔一〕清。**淮南子曰：「鹽汗交流，喘息薄喉。當此之時，得蔭樾下，則脱然而喜矣。」**賞心殊未已，山日下西榮。**禮記：「升自東榮，降自西北榮。」○李白詩：「淹留未盡興，日落羣峯西。」○甘泉賦：「列宿乃施於上榮。」○上林賦：「偓佺之倫，暴於南榮。」○儀禮士冠禮篇：「夙興設洗，直於東榮。」鄭氏注曰：「榮，屋翼也。」唐賈公彦疏曰：「屋翼，即今之搏風。」又云：「榮者，屋棟兩頭，與屋爲翼，若鳥之有翼，故斯干詩美宣王之室云：『如鳥斯革，如翬斯飛。』與屋爲榮飾，故曰榮。」

【校記】

〔一〕「蔭樾」，宋本、叢刊本作「樾蔭」。

吴正仲謫官得故人寄蟹以詩謝之余次其韻

越客上荆舠，釋名曰：「二百斛曰舠，三百斛曰艇。」秋風憶把螯。畢茂世云：「左手持蟹螯，右手持酒杯，拍浮酒船中，便足了一生。」故煩分巨跪，荀子勸學篇：「蟹有六〔一〕跪而二螯。」注：「跪，足也。」韓子以刖足爲刖跪。螯首上如鉞者。説文：「螯，一作聱。」大業拾遺：「擁劍，似蟹而小，一螯偏大。」持用佐清糟。記内則篇：「飲：重醴，清糟〔二〕；稻醴，清、糟；黍醴，清、糟；粱醴，清、糟。」注：「糟，醇也；清，泲也。」今公以對巨跪，蓋不用古注。飲〔三〕量寬滄海，詩鋒捷孟勞。穀梁僖公元年：「公子友謂莒挐曰：『吾二人不相説，士卒何罪？』屏左右而相搏，公子友處下，左右曰：『孟勞。』孟勞，魯之寶刀也。公子友以殺之。」劉叉詩：「酒腸寬似海，詩膽大於天。」甘飡飽觴詠，餘事付鈞陶。

【校記】

〔一〕「六」，原本、臺北本作「大」，據宫内廳本、浙江書局本荀子改。

〔二〕「清糟」，禮記内則無此二字。

〔三〕「飲」，宮内廳本作「酒」。

陳師道宰烏程縣

烏程屬湖州，見下注。

嘗聞太丘長，德不負公卿。陳寔傳：「寔爲太丘長，脩德清净。子紀，爲大鴻臚。紀子羣，爲魏司空。天下以爲公慚卿，卿慚長。」墟墓今千載，昆雲亦一城。爾雅釋親云：「來孫之子爲昆孫，昆孫之子爲仍孫，仍孫之子爲雲孫。」注云：「昆，後也。雲者，言輕遠如浮雲。」城，恐作「成」。左氏：「有田一成。」本懷深閉蓄，餘論略施行。賈誼傳贊：「誼之所言，略施行矣。」故自有仁政，能傳家世聲。

冬至

都城開博路，評曰：京俗如此，縱博無禁。○博路，未詳，豈謂博易時節爲樂乎？佳節一陽生。喜見兒童色，歡傳市井聲。幽閑亦聚集，珍麗各携擎。却憶他〔一〕年事，關商閉不行。評曰：觀首尾可見。○易復卦：「先王以至日閉關，商旅不行。」言復貴静。而今人事游燕，與古不同。

補注 博路 越勾踐與荆楚博，争路。〔一〕

【校記】

〔一〕「他」，宮内廳本作「此」。

〔二〕本注原闌入題下，無「補注」二字。

湯泉

寒泉詩所詠，獨此沸如烝。詩凱風：「爰有寒泉，在浚之下。」一氣無冬夏，諸陽自〔一〕廢興。言此泉四時皆熱，不同諸陽有廢興消息之迭運。人游不付〔二〕火，朱泚反，奉天危蹙，嚴震遣大將張用誠奉迎。用誠有反計，會震牙將馬勛嗣知其謀，陰令焚草館外，士爭寒附火。○開元天寶遺事云：「張九齡見朝士趍附國忠以求官，語人曰：『此曹皆向火乞兒，一旦火盡灰冷，當凍裂肌體，暴骨溝中矣。』禄山之亂，果然。」向火，言附炎也。蟲出亦疑冰。莊子：「夏蟲不可以語冰。」孫綽天台山賦：「哂夏蟲之疑冰。」更憶驪山下，歆然雪滿塍。歆，以喻温也。唐温湯在華清宮，時移事改，非復玉甃委於溝塍也。

【校記】

〔一〕「自」，宮内廳本作「有」。

〔二〕「付」，宋本、宮内廳本、臺北本、叢刊本作「附」。

讀鎮南邸報癸未四月作

仁宗慶曆三年三月，吕夷簡罷相，上遂欲更天下弊事，增諫官員，以王素、歐陽脩、余靖爲之，又除蔡襄知諫院，風采傾天下。四月甲辰，韓琦、范仲淹並自陝西召爲樞密副使。乙巳，罷夏竦，令赴忠武本鎮，以杜衍代之。富、范、韓、杜同居政府。公詩謂癸未歲四月作，即此時也。是月，石介亦作慶曆聖德頌。

賜詔寛言路，登賢壯陛廉。賈誼曰：「陛九級，上廉遠地則堂高；陛亡級，廉近地則堂卑。高者難攀，卑者易陵。」師古注：「廉，側隅也。」相期正在治，揚子：「君子在治若鳳。」素定不煩占。衆喜夔龍盛，予虞絳灌憸。文帝以賈誼任公卿之位，絳、灌、東陽侯之屬盡害之，迺毀誼，出爲長沙傅。荊公於羣賢進用之初，而深虞讒慝，蓋當時有沮抑韓、范之來者，故於詩寄意云。韓詩：「賢能日登御，黜彼傲與憸。」太平詎可致？天意慎猜嫌。韓、范之召，富公上言：「近降勑命，韓琦、范仲淹並授樞密副使。仰認聖意不聽讒毀，擢用孤遠，太平不難致也。議者云：西寇未殄，亦須藉才，願一名召來使處於内，一名就授樞副，且令在邊。以臣愚慮，亦謂允當。然近日忽聞有異議者，謂樞密使副不可令帶出外任，異時武官援此爲例，深不穩便。是乃巧爲其説，惑君聽，抑賢才。姦邪用心，一至於此。」又蔡襄亦有奏疏論異議者沮抑二公。荊公此詩，殆謂是也。

次韻張子野秋中久雨晚晴

天沉四山黑，杜詩：「日下四[一]山陰。」池漲百泉黄。百泉，見自白土村入北寺注。苦濕欲千里，願晴非一鄉。掃除供晚色，洗刷放秋光。杜牧晚晴賦：「雨晴秋容新沐兮，忻遶園而細履。」養生論：「勁刷理鬢。」江敳表：「左右整刷，以疑寵見嫌。」菊泣花猶重，秔肥穗稍長。積陰消户牖，返照媚林塘。想見陽臺路，神歸髮彩凉。李義山細雨詩：「楚女當時意，蕭蕭髮彩凉。」

補注　掃除　漢書：「備後宫掃除之役。」〔二〕

【校記】

〔一〕「四」，原本、臺北本作「西」，據宫内廳本、杜甫暝改。

〔二〕本注原闌入詩注末，無「補注」二字。

射　亭

亭在撫州金溪縣，即飲歸亭也。曾南豐嘗作記云：「金溪尉汪君名遘，爲尉之三月，斥其四垣爲射亭。既成，教士於其間，而名之曰飲歸之亭。以書走臨川，請記於予。請數反，不止。予之言何可取？汪君徒深望予也。既不得辭，乃記之曰：射之用事已遠，其先之以禮樂以辨德，記之所謂賓燕鄉飲大射之射是也；其貴力而尚技以立武〔二〕，記之所謂四時教士貫革之射是也。古者海内洽和，則先禮射，而弓矢以立武，亦不廢於有司。及三代衰，王政缺，禮樂之事相屬而盡壞，揖讓之射滋亦熄。至其後，天下嘗集，國家嘗閒暇矣。先王之禮，其節文皆在，其行之不難。然自秦漢以來千有餘歲，衰微絀塞，空見於六藝之文，而莫有從事者，由世之茍簡者勝也。爭奪興，而戰禽攻取之黨奮，則強弓疾矢、巧技之出不得而廢，其不以勢哉？今尉之教射，不比乎禮樂而貴乎技力。其衆雖小，然而旗旄鐲鼓，五兵之器，便習之利，與夫行止步趍遲速之節，皆宜有法，則其所教亦非獨射也。其幸而在乎無事之時，則得以自休守境而填衛百姓。其不幸殺越剽攻，駭驚閭巷，而並逐於大山長谷之間，則將犯晨夜，蒙霧露，陷阽馳危，不避矢石之患、湯火之難，出入千里而與之有事，則士其可以不素教哉？今亭之作，所以教士，汪君又謂古者師還必飲至於廟，以紀軍實。今廟廢不設，亦欲士勝而歸則飲之於此，遂以名其亭。汪君之志，與其職可謂協矣！或謂汪君，儒生，尉，文吏，以禮義禁盜宜可止，顧乃習鬭而喜勝，其是歟？夫治固不可以不兼文武，而施澤於堂廡之上，服冕搢笏，使士民化、姦宄息者，固亦在彼而不在此也。然而天下之事，能大者固可以兼小，未有小不治而能大也。故汪君之汲汲於斯，不忽乎任小，其非所謂有志者邪？」

因射構茲亭，序賢仍閱兵。庶民觀禮教，羣寇避威聲。詩行葦：「序賓以賢。」箋云：「謂以射中多少爲次第。」城壘前相壯，溪山勢盡傾。宜哉百里地，桴鼓未嘗鳴。尹賞傳：「城中薄暮塵起，桴鼓不絶。」注：「桴，擊鼓椎。」

【校記】

〔一〕「立武」，原作「文武」，據曾鞏元豐類稿卷十八飲歸亭記及宮内廳本改。

寄王補之

平居相值少，況復道塗留？今我思揮麈〔一〕，孫安國與殷中軍語：「麈尾脱落。」見別注。逢君爲艤舟。艤舟，見上注。人

情方慕貴，孟子萬章上：「人少則慕父母，知好色則慕少艾，有妻子則慕妻子，仕則慕君，不得於君則熱中。」**吾道合歸休。**莊子逍遥游：「許由曰：『歸休乎君，予無所用天下爲！』」○家語：「孔子曰：『匪兕匪虎，率彼曠野。吾道非乎？奚爲而至於此。』」〔一〕**吏責真難塞，聊爲泮水游。**補之，嘉祐二年進士，嘗從公學。時方以經術造士，公言：「君可教國子。」命且下而補之死。事見墓誌。此詩疑公再入相時，道逢補之，許以泮水之游而實未到官也。死於熙寧二年冬。

【校記】

〔一〕「令」，龍舒本作「令」。「塵」，原作「塵」，據龍舒本、宮内廳本改。

寄謝師直

師直，陽夏公之子景初師厚之弟也。范忠宣誌師厚墓云：「師厚知越州餘杭縣，有異政。是時荊公王介父宰明之鄞縣，知樞密院韓玉汝宰杭之錢塘，公弟師直宰越之會稽，環吳越之境，皆以此四邑爲法，處士孫侔爲文以紀之。」劉貢父載師直語云：「王介父之知人也，能知中人以上者。自中人以下，乃或不能知。由其性韻獨高而然乎？」觀此，則師直與介甫分皆素結也。

湖海三年隔，相逢塞路中。黄金酌卯酒，白髮對春風。白詩：「午茶能破睡，卯酒善消愁。」又：「麴神寅日合，酒聖卯時歡。」又：「明日早花應更好，心期同醉卯時杯。」**所願乖平日，何知即老翁。悠悠越溪水，好在釣魚筒。**杜詩：「不謂生戎馬，何知共酒杯。」○陸龜蒙漁具詩十篇，釣筒其一也，詩云：「短短截筠筒〔二〕，悠悠卧江色。蓬差櫓相應，雨慢煙交織。須臾中芳餌，迅疾如飛翼。彼竭我還浮，君看不争得。」

【校記】

〔一〕「筒」，全唐詩陸龜蒙漁具詩釣筒作「光」。

次韻留題僧假山

態足萬峯奇，功纔一簣微。旅獒篇：「爲山九仞，功虧一簣。」簣，竹器，以盛土也。○杜詩假山：「一簣功盈尺，三峯意出羣。」愚公誰助徙？列子湯問篇：「北山愚公懲出入之迂，謀畢力平險。隣人有男，始齔〔一〕，跳往助之。」靈鷲却愁飛。臨安錢塘西十二里有靈鷲山。晉咸和中，有西乾梵僧登此山，歎曰：「此武林山，是中天竺國靈鷲山之小嶺，不知何年飛來此？」乃創靈隱寺。按：靈鷲山在天竺國，胡語曰耆闍崛山，山是青石，頭似鷲鳥，故名。○退之南山詩：「或翼若搏鷲。」

竇雪藏銀鎰，簷曦散玉輝。張良傳：「賜良金百鎰，珠二斗。」服虔曰：「二十兩曰鎰。」師古曰：「秦以鎰名金，若漢之論斤也。」○韓子曰：「鑠金百鎰，盜跖不搏。」未應頹蟻壤，方此鎮禪扉。符子曰：「東海有鼇焉，冠蓬萊而浮於滄海。有蚳蟻聞而悅之，欲觀鼇焉。月餘日，鼇潛未出，羣蟻將反，遇長風激浪，海水沸，地雷震，羣蟻曰：『此將鼇之作也。』數日，風止，羣蟻曰：『彼之冠山，何異我之戴粒逍遥封壤之顛，伏乎窟穴之間也。』」○韓子曰：「千丈之堤，以螻蟻之穴而潰。」○淮南子曰：「千丈之堤，以螻蟻之穴漏。」○抱朴子：「千丈之陂，潰於一蟻之穴。」

物理有真僞，僧言無是非。但知名盡假，不必故山歸。評曰：甚自超。○詩意謂物無真假是非之辨，一歸於空。蓋取僧說也。

【校記】

〔一〕「齔」，原作「齔」，據浙江書局本列子改。

擬和御製賞花釣魚

雲暖蓬萊日，三秦記：「秦始皇作長池，築土爲蓬萊山，刻石爲鯨魚，長二百丈。」○漢武帝作建章宮，爲千門萬户，有鳳凰闕，高二十餘丈，中有蓬萊、方丈、瀛洲、壺梁，象海中神山。南有玉堂、壁門、大鳥之屬，立神明臺、井榦樓，度高五十餘丈，輦道相屬焉。唐杜審言有蓬萊三殿侍宴應制詠南山詩。風酣太液春。太液池，見七言律詩注。水光承步輦，花氣入鈎陳。班固傳：「周以鈎陳之位。」注云：「鈎陳，紫宮外星也，宮衛之位亦象之。」○大業雜記云：「隋大業三年二月，内史令元壽奏進鈎陳，賜物百段。先是，何稠奏，以爲王者所在居停之處，上取則於玄象。紫微宮衛，名曰鈎陳。前代帝王雖行幸次舍，未有製之者。書史但有虚名，而莫能傳其法，請與巧思之人詳論。今以木爲之，朱色綺文，體勢雜合，如百子帳骨，鈎紐相牽，周匝數重，環遶行宮耳。」○李義山詩：「渚蓮參法駕，沙鳥犯鈎陳。」伏檻留清蹕，伏檻，見前注。天子出警入蹕，蓋鹵簿内纀弰棒也，以黄金塗其末，執之以扈蹕。見漢注。傳觴屬從臣。霏香連釣餌，落蘂亂游鱗。鎬飲恩知厚，詩：「魚在在藻，有頒其首。王在在鎬，豈樂飲酒？」○江摠秋日侍宴詩：「鎬飲詎能方？」衢樽賜愿均。淮南子曰：「聖人之道，猶中衢而設樽，即過者斟酌多少不同，得其所宜。」○張説應制詩：「侍酌衢樽滿。」更看追夏諺，孟子：「夏諺曰：『吾王不游，吾何以休？』」先此詠逢辰。昭陵賞花釣魚詩：「蘋風縈釣線，碧沼躍游鱗。鎬飲君臣洽，恩光動搢紳。」時景祐三年。

和吳冲卿雪霽紫宸朝

虎士開閶闔，周禮：「虎賁氏，虎士八百人。」「舍則守王閑。王在國，則守王宮。」雞人唱九霄。周禮：「雞人掌大祭祀，夜呼旦以嘂百官。」嘂，古吊切。○李賀詩：「雞人唱罷曉瓏璁，鴉啼金井下梧桐。」○東坡手澤：「余來黃州，聞光、黃間人二三月皆羣聚謳歌，其詞固不可分，而音亦不中律呂，但宛轉其聲，高下往返，如雞唱耳，與朝堂中所聞雞人傳漏微有相似，而極鄙野。漢官儀：『宮中不畜雞，汝南出長鳴雞，衛士候朱雀門外，專傳雞鳴。』又應劭曰：『楚歌，今雞鳴歌也。』晉太康地道記曰：『後漢固始、鮦陽、公安、細陽四縣衛士習此曲，於闕下歌之，今雞鳴歌是也。』顏師古不考本末，妄破此説。今余所聞，豈亦雞鳴之遺聲乎？今土人謂之山歌云。」雲移銀闕角，孔平仲雲詩：「斜拖闕角龍千丈，淡抹墻腰月半稜。」日轉玉廊腰。篲動川收潦，篲以掃雪，言其多如潦之縮。靴鳴海上潮。百官入賀者，皆著靴至殿門，其聲如海潮之上。舞袍沾宿潤，拜笏擁殘飄。賜飲人何樂，歸嘶馬亦驕〔一〕。低徊但志〔二〕食，吟詠得逍遥。杜詩驄馬行：「顧影驕嘶似矜寵。」

【校記】

〔一〕「驕」，龍舒本作「嬌」。

〔二〕「志」，龍舒本、宋本、臺北本、叢刊本作「忘」。

和吴冲卿集禧齋祠

緘封祝辭密，占寫御名真。左氏：「其祝史陳信於鬼神，無愧辭。」○退之南海廟碑：「冊有皇帝名，乃上所自署。」帝坐遥臨物，晉天文志云：「太微，天子庭，五帝之坐也。黄帝坐在太微中，其神曰含樞紐。四帝星俠黄帝坐，東方靈威仰，南方赤熛怒，西方白招矩，北方叶光紀〔一〕，謂之五帝坐。」星圖俯映人。帝坐雖遥，星圖實近，蓋指齋壇也。風含煙外節，月點霧中茵。沈藿升煙遠，升煙，即燔柴與蕭薌之義。槐檀取燎薪〔二〕。周禮夏官：「司爟掌行火政，變國火以救時疾。」注云：「春取榆柳之火，冬取槐檀之火。」羽衣將〔三〕一作「歸」。寂寞，漢郊祀志：「天子刻玉印曰『天道將軍』，使使衣羽衣，夜立白茅上。五利將軍亦衣羽衣，立白茅上受印。」○盧拱觀醮詩：「羽衣凌縹緲，瑶轂輾虚空。」金鋑〔四〕立逡巡。後漢輿服志：「乘輿，建大旂，十有二斿，畫日月升龍，駕六馬，象鑣鏤鍚，金鑁方釳，插翟尾。」注云：「蔡邕獨斷曰：『鑁者，馬冠也，如三華形，在馬髦前。方釳，鐵也，在馬髮後。後有三孔，插翟尾其中。』」按：説文，鑁當作鋑，亡狗切。釳，許迄反，又魚乞切。別本一作「盾」。却想來時路，還疑隔一塵。異人丁約隱於卒伍，韋子威師之。丁謂韋曰：「郎君得道，尚隔兩塵。」問其故，約曰：「儒謂之世，釋謂之刼，道謂之塵。」姚合過僧院詩：「自想歸時路，塵埃復幾重？」

【校記】

〔一〕「叶光紀」，原作「黑光紀」，據晉書天文志、宫内廳本、臺北本改。

〔二〕「薪」，諸本均作「新」。

〔三〕「將」，龍舒本、宋本、叢刊本作「歸」。

〔四〕「鋑」，龍舒本作「鍰」。

送周都官通判湖州

淥水烏程地，烏程，湖州屬縣，吳孫皓嘗封烏程侯。郡國志云：「古烏程氏居此，能醖酒，故以名縣。」○張景陽七命：「荆南烏程，豫北竹葉。」青山顧渚濱。顧渚，在長興縣西北三十里。昔吳王夫槩顧其渚次原隰平衍，爲都邑之所。今崖谷林薄之中多産茶茗，以供歲貢。見寰宇志。酒醪猶美好，茶荈正芳新。陸羽茶經云：「南方之嘉木，一曰茶，二曰檟，三曰蔎，四曰茗，五曰荈。」聚泛罇前月，分班焙上春。仁風已及〔一〕俗，樂事始關身。唐制，湖州造茶最多，謂之顧渚貢焙，歲造一萬八千四百片。大曆後，始有進奉。建中二年，袁高刺郡，進三千六百串，並詩一章，刻石在焙，大抵皆諷諫之辭也。○公詩言仁風樂事，其意亦猶是爾。橘柚供南貢，楓槐望北宸。尚書禹貢篇：「厥包橘柚錫貢。」謝玄暉酬晉安王詩：「南中榮橘柚。」景福殿賦云：「楓槐被宸。」知君白羽扇，歸日未生塵。晉顧榮傳：「廣陵相陳敏反，榮説甘卓共起兵攻敏，敏率萬餘人出，榮麾軍以白羽扇，其衆潰，乃平之。」○庾亮據上流，擁強兵，趍向者多歸之。王導内不平，常遇西風塵起，舉扇自蔽，曰：「元規塵污人。」

【校記】

〔一〕「及」，叢刊本作「入」。

雙廟 張巡 許遠

兩公天下駿，無地與騰驤。評曰：起便哀痛。就死得處所，至今猶耿光。非死之難，處死之難。言二公死於忠義，爲得其處所也。○陳湯傳：「亡逃分竄，死無處所。」○漢贊：「欒布哭彭越，田叔隨張敖，赴死如歸，彼誠知所處，雖古烈士，何以加哉！」○干寶論姜維：「古之烈士，見危授命，投死如歸，非不愛死也，固知命之不長，而懼不得其所也。」○杜牧之詩：「和鼎顧余云，我死有處所。」○書立政：「以覲文王之耿光。」退之祭田橫墓文：「自古死者非一，而夫子至今有耿光。」中原擅兵革，昔日幾[一]侯王。杜詩洗兵馬：「天下盡化爲侯王。」此獨身如在，誰令國不亡？評曰：十字盡他千百語。○言忠義死節之人爲世高仰，終古如有。北風吹樹急，西日照窗涼。評曰：只作景語，最妙。志士千年淚，泠然落奠觴。苕溪漁隱曰：「半山老人雙廟『北風』、『西日』之句，細味之，其託意深遠，非止詠廟中景物而已。蓋巡、遠守睢陽時，安慶緒遣突厥勁兵攻之，日以危困，所謂『北風吹樹急』也。是時肅宗在靈武，號令不行於江淮，諸將觀望，莫肯救之，所謂『西日照窗涼』也。此殊得老杜句法。如老杜題蜀相廟詩云：『映堦碧草自春色，隔葉黃鸝空好音』，亦自別託意在其中矣。」

補注　幾侯王　曹操言：「設使國家無有孤，不知當幾人稱帝，幾人稱王？」[二]

【校記】

[一]「幾」，龍舒本作「起」。

[二]本注原闌入詩注末，無「補注」二字。

和子瞻同王勝之游蔣山

并序〔一〕：「子瞻同王勝之游蔣山，有詩。余愛其『峯多巧障日，江遠欲浮天』之句，因次其韻。」

金陵限南北，形勢豈其然？魏帝臨江曰：「烏乎，固天所以限南北而分中外也！」魏雖有武騎千羣，無所用之。」楚役六千里，陳亡三百年。荀子仲尼篇：「善用之，則百里之國足以獨立，不善用之，則楚六千里地而爲讎人役。」隋師伐陳，高熲〔二〕謂薛道衡曰：「今兹大舉江東，必可克乎？」對曰：「克之。嘗聞郭璞有言：『江東分王三百年，復與中國合。』此數將周。」江山空幕府，建康有幕府山，在郡西二十五里。晉琅琊王初過江，丞相王導建幕府，因以爲名。風月自舼舡。杜牧之詩：「舼舡一棹百分空。」主送悲涼岸，妃埋想故蓮。建康圖經：「桃葉渡在秦淮口。桃葉者，晉王獻之愛妾也，有妹曰桃根。獻之詩曰：『桃葉復桃葉，渡江不用楫。但渡無所苦，我自楫迎汝。』不用楫者，橫波急也。嘗臨此渡，歌送之。楊〔三〕脩有詩曰：『桃葉桃根柳岸頭，獻之才調頗風流。相看不語橫波急，艇子翻成送莫愁。』」此主翁送妾至秦淮岸頭耳。○齊東昏嬖潘淑妃，刻金蓮花於石上，令潘妃行之，自言：「步步生蓮花。」臺傾鳳久去，金陵有鳳臺山。宋元嘉，鳳凰集於此，乃築臺於山，以表嘉瑞。○李白詩：「鳳去臺空江自流。」城踞虎争偏。諸葛亮云：「鍾山龍盤，石城虎踞，真帝者之都。」吴始築石頭城。司馬壖廟域，晁錯爲内史，門東出，不便，更鑿一門南出。南出者，太上皇廟堧垣也。○司馬，謂晉之故祠。獨龍層塔〔四〕巔。獨龍，山名。森疏五願木，輿地志：「鍾山少林木。宋時，諸州刺史罷還者，栽松三十株，下至郡守各有差。山之最高峯北有五願樹，乃柞木也。」蹇淺一人泉。建康志：「一人泉，在蔣山北高峯絶頂，僅容一勺，挹之不竭。」○傳燈録云：「江南相馮延巳與數僧游鍾山，至一人泉，問：『一人泉，許多人争得？』對曰：『不教欠少。』延巳不肯，乃別云：『誰人欠少？』法眼別云：『誰是不足者？』」棁杖窮諸嶺，棁杖，見示安大師注。籃輿罷半天。朱門園緑〔五〕水，碧瓦第青煙。杜詩：「名園依緑水，野竹上青霄。」○公此聯句法甚新，必有所本。東方朔諫廣上林，斥而營之，垣而囿之。墨客真能賦，揚雄傳：「雄上長楊賦，因筆墨之成文章，故藉翰林以爲主人，子墨爲客卿以風。」留詩野竹娟。

補注 故蓮 宋子京江南詩：「離宫人去金蓮老，亡國歌沈玉樹休。」〔六〕

【校記】

〔一〕「并序」，宋本、叢刊本同，然序文提行作大字；宫内廳本無此二字。

〔二〕「頮」，原作「頻」，據資治通鑑卷一七六及宫内廳本、臺北本改。

〔三〕「楊」，原作「楫」，據宫内廳本、臺北本改。

〔四〕「層塔」，宫内廳本作「塔層」。

〔五〕「緑」，宋本、叢刊本作「渌」。

〔六〕本注原闌入詩末，無「補注」二字。又，「玉樹」下原衍「以」字，删。

送鄆州知府宋諫議

名庠，字公序，景文之兄，謚元憲。寶元中，以右諫議大夫、參知政事，出知揚州。徙鄆州。爲相，後再判鄆州。此言諫議，則是作參時也。言行録載，元憲初執政，遇事輒分别是非可否，用是斥退。及再登用，遂浮沉偷安云。

盛世千齡合，宗工四海瞻。天心初籲俊，雲翼首離潛。仁宗初即位，詔禮部貢舉，公序兄弟同試禮部。祁初爲第一，章獻太后曰：「弟可先兄乎？」乃以庠爲第一，而祁爲第十。初除大理評事，同判襄州。○籲俊，出尚書。○易乾：「九二，見龍在田。」王輔嗣〔一〕注云：「出潛離隱，故曰見龍。」德望完圭角，儀形壯陛廉。韓文石鼎聯句：「磨礱去圭角。」陛廉，見讀鎮南邸報注。徐鳴蒼〔二〕玉佩，蔡邕釋誨曰：「當其無事也，則舒紳緩佩，鳴玉以步，綽有餘裕。」玉藻：「大夫佩水蒼玉，而純組綬。」注：「玉有水蒼者，眎其文色所似。」盡校碧牙籤。公序嘗爲直史館、脩起居注。○唐六典：「四庫書共十二萬五千九百六十卷。其經庫書緑鈿白牙軸、黄帶紅牙籤；史〔三〕庫書白鈿青牙軸、縹帶緑牙籤；子庫書雕紫檀軸、紫帶碧牙籤；集庫書緑牙軸、朱帶白牙籤，以別之。」綸掖清光注，鑾坡茂渥霑。景祐元年，公序擢知制誥。五年，召入翰林爲學士。綸掖，謂西掖縝綸之地，猶言綸闈、綸閣之類。唐制，駕在大内，則於明福門内置學士院；駕在興慶宮，則於金明門内置學士院。德宗時，移院於金鑾殿之坡上，故世號鑾坡。文明誠〔四〕得主，政瘼尚煩砭。右府參機務，右府，謂樞府。參機務者，謂參機密之務也。東塗贊景炎。東京賦：「乃羡公侯卿士，登自東除。」五臣作「塗」。塗，階也。典引：「揚洪輝，奮景炎。」注曰：「景明炎盛也。」廟〔五〕謨資石畫，兵略倚珠鈐。前漢匈奴傳：「奇譎之士，石畫之臣甚衆。」○珠鈐，猶玉鈐，謂兵書也。○此聯言在中書及樞府時。坐鎮均勞逸，齋居養智恬。謳謡喧井邑，惠化洽〔六〕一作「穆」。蒼黔。進〔七〕律朝章舊，禮記王制：「有功德於民者，加地進律。」注：「律，法也。」○寶元初，或誣公與鄭戩等爲朋黨，遂罷政居外。疏恩物議僉。通班三殿邃，徙部十城兼。庠先忤夷簡，以本官知揚州，旋加資政殿學士，改知鄆州兼京西安撫使。申甫周之翰，龜蒙魯所詹。詩小雅崧高：「維申及甫，維周之翰。」箋云：「申，申伯；甫，甫侯也。」魯頌閟宮：「泰山巖巖，魯邦所詹。奄有龜蒙，遂荒大東。」注：「詹，望也；龜，山也；蒙，山也。」○地志云：「鄆地連鄒、魯，境分青、齊，實學通儒，無絶今古。」地靈奎宿照，野沃汶河漸。寰宇記：「兖、鄆皆禹貢兖州之域，星分皆屬奎、婁。汶河出於兖州乾封縣。」述征記：「泰山郡水皆名曰汶，今凡五汶。有北汶、瀛汶、牟汶、柴汶、浯汶，源別而流同，其流亦經鄆州。」首路龍旗盛，提封虎節嚴。韓信傳：「北首燕路。」注：

「首，謂趣向也。音式救切。」○商頌玄鳥：「龍旂十乘，大糦是承。」魯頌閟宮：「龍旂承祀，六轡耳耳。」箋云：「交龍爲旗也。十乘者，二王之後，八州之大國。」晉書輿服志：「公旂八旒，侯七旒，卿五旒，皆畫降龍。」○前漢刑法志：「提封萬井。」李奇曰：「提，舉也，舉四封之内也。」○周禮：「地官掌節。凡邦國之使節，山國用虎。」注云：「山多虎，以金爲節，鑄象焉。」漢銅虎符，亦其遺制也。賜衣纏錦〔八〕一作「紫」。艾，後漢張奐遺命曰：「吾前後仕進，十腰銀艾。」注：「銀印緑綬也，以艾草染之，故曰艾也。」又：「獲嘉侯馮石，安帝寵之，賜紫艾綬。」注云：「艾，即盭緑色也，其色似艾。」衛甲綴朱綅。魯頌閟宮：「貝冑朱綅。」注：「貝冑，貝飾也。朱綅，以朱綅綴之。」說文云：「綫也。息廉反。」海谷移文省，溪堂燕豆添。鄆本齊地，實表東海，故云「海谷」。○鄆州有溪堂，退之爲馬揔作溪堂詩。班春回紺幰，問俗卷彤襜。前漢宣帝五鳳中，分遣使者巡問風俗。紺幰、彤襜，皆諸侯之制。○後漢輿服志注云：「舊典，傳車驂駕，垂赤帷裳，惟郭賀爲冀州，勑去襜帷，使百姓見其容服，以章有德。」又，賈琮爲冀州刺史，傳車垂赤帷裳。琮升車褰帷，曰：「刺史當遠視廣聽，糾察善惡，何反自掩塞乎？」儀制令曰：「諸車：一品，青油，纁道幰，朱裏，朱絲絡網；三品以上，青道幰，朱裏；五品以上，青幰，碧裏；六品以下，皆不得用幰。」通俗文曰：「張布曰幰。」舟楫商嵓命，熊羆渭水占。書說命：「若濟巨川，用汝作舟楫。」渭水，太公事。治裝行入覲，金鼎重調鹽。曹參傳：「聞蕭何薨，促舍人治裝，曰：『吾且入相矣。』」○詩韓奕：「以其介圭，入覲於王。」書說命：「若作和羹，爾爲鹽梅。」○元憲慶曆八年爲樞密使，皇祐元年拜兵部侍郎、同中書門下平章事、集賢殿大學士。三年，御史論公在政府無所建明，罷爲刑部尚書、觀文殿大學士、知河南府，徙許州。○嘉祐三年，復入拜樞密使，封莒國公。數求去位，乃以河南三城節度使、同平章事判鄭州，又徙相州。公先貳政，後入相，真所謂「重調鹽」也。

【校記】

〔一〕「王輔嗣」，原作「王輔詞」，據宫内廳本、臺北本改。王弼字輔嗣，著有周易注。

〔二〕「蒼」，原作「倉」，據諸本改。

〔三〕「史」，原作「文」，據宮内廳本、臺北本改。

〔四〕「誠」，龍舒本作「誰」。

〔五〕「廟」，龍舒本、宋本作「府」。

〔六〕「洽」，龍舒本、宋本、叢刊本作「穆」。

〔七〕「進」，宮内廳本作「遇」。

〔八〕「錦」，龍舒本、宋本、叢刊本作「紫」。

見遠亭上王郎中〔一〕

此詩元有十韻，舊本却作絶句刊，今得全篇足之。

高亭豁可望，朝暮對溪山。野色軒楹外，霞光几席間。樹侵蒼靄没，鳥背夕陽還。草帶平沙闊，煙籠別戍閑。項斯詩：「逢人鳥背飛。」○唐詩：「高閣臨江上，重陽古戍閑。」圃畦花氣合，田徑燒痕斑。樵笛吟晴塢，漁帆出暝灣。張祜詩：「山畦花氣遠。」劉長卿詩：「春入燒痕青。」登臨及芳節，宴喜發朱顔。漢淮陽王傳：「今大王結以朱顔。」○詩：「魯侯宴喜。」夾砌陳旌旝，褰簾進佩環。杜牧詩：「絳帷環珮列神仙。」觀風南國最，應宿紫宸班。康樂詩名舊，燕音詎可攀？後漢顯宗紀：「郎官上應列宿，出宰百里。」○史記曰：「太微宮後二十五星，郎位也。」

【校記】

〔一〕題，原本目録和臺北本目録作「見遠亭一絶上王郎中」，現從正文。龍舒本卷六十七見遠亭一絶上王郎中同本詩首四句，同卷見遠亭同本詩。

補注　暮春詩　悵望夢中地王孫底不歸　唐蘇檢登第，歸省家，行及同州澄城縣，止於縣樓上。醉後，夢其妻贈詩曰：「楚水平如鏡，周回白鳥飛。金陵幾多地，一去不知歸。」見太平廣記夢門。檢，金陵人。

讀鎮南邸報　素定不煩占　歐公作潞公批答云：「承惟商周之所記，至以夢卜而求賢，曷若用搢紳之公言，從中外之人望。」亦「不煩占」之意。

秋中晚晴詩〔一〕　掃除供晚色洗刷放秋光　周禮：「宫人掌几寢中之事，掃除執燭。」又：「凌人秋刷。」注：「刷，清也。」

補注　送周都官　李肇國史補：「湖州有顧渚紫筍茶。」陸羽與楊祭酒書：「顧渚山中紫筍茶兩片，一上太夫人，一充昆弟同啜，但恨帝未得嘗耳。」

雙廟　言張、許皆英才，位任未極，故所就止此。使其大見用，勳業豈遜李、郭哉？

送鄆州宋諫議　珠鈐　歐公贈聖俞：「詩工鑱刻露無骨，將論縱横轻玉鈐。」〔二〕

【校記】

〔一〕題全作「次韻張子野秋中久雨晚晴」。

〔二〕蓬左本無此注，據臺北本補。

庚寅增注第二十五卷

遲明　蘧蘧　坡詩：「蘧蘧形開如酒醒。」皆言夢而覺也。　寒雞未一鳴　吳志：「失旦之雞，復得一鳴。」

陪友人賞月　思存　沈休文詩：「神交疲夢寐，路遠隔思存。」

河勢　從衆在吾君　東北流皆難，必其無害，在人主折衷衆言耳。

冬至　博路　杜詩除日詩：「相與博塞爲歡〔一〕娛。」○蕭望之傳：「開利路。」　喜見兒童色　杜詩：「慣看賓客兒童喜。」　歡傳市井聲　漢天文志：「凡候歲美惡，謹候歲始。或冬至日〔二〕。是日光明，聽都邑人民之聲。聲宮，則歲美，吉。」

湯泉　諸陽　董仲舒傳：「閉諸陽，縱諸陰。」

癸未四月作　絳灌憸　書立政篇：「其勿以憸人。」注：「謂憸利之人。」如絳、灌，正苦其樸魯少文，不可謂憸。公此指言其排賈生耳。

次韻張子野　菊泣花猶重　杜詩：「曉看紅濕處，花重錦官城。」○坡詩：「娟娟泣露紫含笑。」

寄王補之　慕貴　此言慕貴，殆指東平吉甫乎？

擬和御製　步輦　杜審言詩：「堯尊隨步輦，舜樂遶行輝。」○上官儀初春詩亦有「步輦」字。○李白詩：「每出深宮裏，常隨步輦歸。」　勾陳　少陵云：「大角纏兵氣，勾陳出帝畿。」

和吴冲卿〔三〕　闕角　班固西都：「上觚稜而棲金。」呂向注曰：「觚稜，闕角也。角上棲金爵。」

雙廟　張巡、許遠廟也。按：唐書本傳，張巡，鄧州南陽人，博通羣書，志氣高邁。天寶中，調真源令。安祿山反，巡合河南兵拒之。至睢陽，與太守許遠合。遠以才不及巡，以軍府事遜巡，而居其下。祿山死，安慶緒遣其將以勁兵十餘萬攻睢陽，巡屢以奇計挫賊。其後糧盡，援兵不至，城陷，巡、遠等俱爲賊所執。賊以刃脅降之，巡不屈，與遠皆遇害。大中時，圖其像於凌煙閣，睢陽人至今祠之，號爲雙廟。　就死得處所　王經以從魏帝高貴鄉公，當誅。經謝其母，母顏色不變，笑而應曰：「人誰不死？正恐不得其所。以此並命，何恨之有？」

送宋諫議　海谷　列子湯問篇：「渤海之東有大壑焉，實惟無底之谷。」　高亭豁可望　李端詩：「高亭不可望，星月滿空山。」〔四〕

見遠亭　旌旛　左傳：「旛動而鼓。」　南國最　西漢：「兒寬爲左內史，負租課殿，當免。民皆恐失之，競納租稅，錙屬不絕，課更以最。」文選：「考殿最於錙銖。」注云：「上功曰最，下功曰殿。」　應宿　唐趙謙光詩：「惟愁員外置，不應列星文。」謂員外郎也，惟正爲郎，始稱「應宿」。

【校記】

〔一〕「歡」字原脱，據杜甫今夕行詩補。

〔二〕「或冬至日」，漢書天文志「或」字上有「歲始」二字；本注引文「日」字下有脱略。

〔三〕題全作「和吴冲卿雪霽紫宸朝」。

〔四〕此條應爲見遠亭詩注，闌入本詩注。

王荆文公詩卷第二十六

律詩

歲晚懷古

先生歲晚事田園，魯叟遺書廢討論。（時方作一經義。〔一〕）問訊桑麻憐已長，按〔二〕行松菊喜猶存。農人調笑追尋壑，（戎昱〔三〕詩：「調笑提筐婦，春來蠶幾眠。」）稚子歡呼出候門。遥謝載醪祛惑者，吾今欲辯已忘言。（此篇全用淵明事。）

【校記】

〔一〕「方」，原作「力」，據宮内廳本改。「一經義」，宮内廳本作「二經義」。

〔二〕「按」，龍舒本作「桉」。

〔三〕「戎昱」，原作「戍晏」，引詩爲戎昱漢上題韋氏莊詩，據全唐詩改。

段約之園亭

愛公池館得忘機，初日留連至落暉。韓詩：「湖上新亭好，公來日出初。」菱暖紫鱗跳復没，李白詩：「暮跨紫鱗去。」杜詩：「紫鱗衝岸耀。」柳陰黄鳥囀還飛。杜詩：「囀林黄鳥過。」徑無凡草唯生竹〔一〕，盤有嘉蔬不采薇。曲禮：「稻曰嘉蔬。」言有粟而不必效伯夷也。勝事閬州雖或有，杜詩：「閬州勝事可腸斷，閬州城〔二〕南天下稀。」終非吾土豈如歸？評曰：本説家山樂，却如此轉來。○王仲宣賦：「雖信美而非吾土兮，曾不足以少留。」

【校記】

〔一〕臺北本注曰：「説文曰：『卄，作艸。』隸變作卄，百卉也。段文昌古柏文：『下蔭芳苔，凡艸不生。』白樂天詩：『路旁凡草榮遭遇。』張祜詩：『地僻泉長冷，亭香草不凡。』歐陽公詩：『可羡凡艸木，糞壤自青紅。』」

〔二〕「城」，原作「江」，據杜甫閬水歌及宮内廳本、臺北本改。

段氏園亭〔一〕

欹眠隨水轉東垣，一點炊煙映水昏。漫漫芙蕖難覓路，樂府胡渭州：「鄉國不知何處是，雲山漫漫使人愁。」離騷：「路漫漫而脩遠兮，吾將上下而求索。」翛翛楊柳獨知門。唐劉威詩：「遥知楊柳是門處，似隔芙蕖無路通。」〔二〕○知門，見招約之注。青山呈露新如染，王建詩：「日暮數峯青似染。」○韓集：「軒豁呈露。」白鳥嬉游静不煩。杜詩：「白鳥去邊明。」○柳子厚：「耳静煩喧蟻。」○經解：「恭儉莊敬而不煩，則深於禮者也。」朱雀航邊今有此，可能摇蕩〔三〕武陵源？晉咸康二年，更作朱雀門，新立朱雀浮航。航在縣城東南四里，對朱雀門，南渡淮水，亦名朱雀橋。○杜詩：「摇蕩菊花期。」

【校記】

〔一〕宋本、叢刊本題作「又段氏園亭」。

〔二〕「唐劉威」，原作「惠對威」，據臺北本改。「隔」，原作「危」，據全唐詩劉威遊東湖黄處士園林改。

〔三〕「摇蕩」，龍舒本作「遥望」。臺北本注曰：「世説叙録：『大桁者，吴時南津橋也，名曰朱雀桁。』」

回　橈[一]

柴荆散策静凉飆，隱几扁舟白下潮。唐武德八年，更歸化曰金陵。九年，更金陵曰白下。正觀九年，又更白下曰江寧。又，白下門，見題半山寺壁注。紫磨月輪升靄靄，孔融論金之優者名紫磨，猶人之有聖也。○南史曰：「南海扶南國王諸農死，子陽邁立。陽邁初在孕，其母夢生兒，有人以金席藉之，其色光麗。夷人謂金之精者爲陽邁，中國云紫磨者，因以爲名。宋永初二年，遣使貢獻，以陽邁爲林邑王。」○某國王女白其父，願以水上泡爲頭華鬘。王告不可，令匠取泡，女見，隨手破壞。又曰：「水泡虚僞，不可久停，願王爲我作紫磨金鬘。」○崔豹古今注：「月重輪。」○杜詩：「關山信月輪。」帝青雲幕卷寥寥。帝青，見古意注。○杜詩：「柳影含雲幕。」○楚詞遠游篇：「經營四荒兮，周流六漠。」漢樂歌作「幕」。六幕，謂六合也。數家雞犬如相識，吴融詩：「見多鄰犬遥相認，來慣幽禽近不驚。」○戎昱詩：「黄鶯久住渾相識。」○韓詩：「所以孤嶼鳥，與公盡相識。」一塢山林特見招。杜詩：「濠梁同是招。」陶詩：「山澤又見招。」尚憶木瓜園最好，興殘中路且回橈。

補注　雲幕　晏公詩：「雲幕無波斗柄移。」[二]

【校記】

[一] 龍舒本卷七十題作「泛舟」。

[二] 本注原闌入詩末，無「補注」二字。

酴醿金沙二花合發

相扶照水弄春柔，發似矜夸斂似羞。退之李花詩：「平旦入西園，梨花數株若矜夸。旁有一株李，顔色慘慘似含嗟。」碧合晚雲霞上起，紅爭朝日雪邊流。李白詩：「宮花争笑日。」此聯言紅白合也。武帝内傳：「仙家上藥有絳雪。」我無丹白知如夢，真誥第三卷：「夫真者，都無情欲之感，男女之想也。若丹白存於胷中，則真感不應，真靈不降矣。故知真道不可對求，要言不可偶聽也。」詩意言丹白不存於中，故眡花如夢。○張文潛詩：「久無丹白應知我，齊散天香供道人。」人有朱鉛見即愁。評曰：意外意。○言婦人之豔飾者，見花而愁，自以不及也。疑此冶容詩所忌，故將樛木比綢繆。樛木之詩，取木枝下垂之故，故葛也，藟也，得纍而附之，以比后妃不忌衆妾，使得進御，而下皆悦附也。冶容，正指酴醿、金沙言，二花競發，盛其容飾，若争妍巧。詩人所忌在此，而猶愛其綢繆，不相舍去，故以樛木終之，美反正也。易：「冶容誨淫。」

輒次公闢韻[一]書公戲語申之以祝助發一笑

公闢名師孟。公集有答公闢書，正及此詩，今附於此。○「某啓：比承故人遠屈，殊以不獲從容爲恨。更煩專使，貺以好音，豈勝感悵。陰晴不常，寒暄屢變，尤喜跋涉動止安豫。平字韻詩，不敢違指，聊供一笑。集古句亦勉副來喻，不足傳示也。尚此阻闊，惓惓可知，千萬自愛，以副情禱也。不宣。」

故人辭禄未忘情，語我猶能作扞城。兔罝：「赳赳武夫，公侯干城。」注：「干，扞也。」箋云：「干也，城也，皆以禦難。」身不自[二]遭如貢薛，兒應堪教比韋平。薛廣德、貢禹皆爲御史大夫，列三公。廣德晚歲甫遂懸車之請，禹求退不能，竟卒於位。今云「不遭」，似言公闢之身，不如貢、薛之遭遇也。○平當傳：「漢興，惟韋、平父子至宰相。」謂韋賢、玄成、平當、晏也。老羆豈得長高卧？雛鳳仍聞已間生。王羆守洛陽，魏將侵之。羆曰：「老羆當道卧，貉子安得過？」此言公闢之賢，可令守邊，不當令閑。○焦贛易林：「鳳生五雛，長於南郭。」○龐統傳：「此間自有伏龍、鳳雛。」把酒〔三〕祝公公莫拒，緇衣心爲好賢傾。評曰：間生，其戲也，謂不止此也，故祝云。○詩引緇衣及韋、平、雛鳳事，似並及其子。然公闢之後無聞，傳亦不著「子某某」。○禮記：「好賢如緇衣，惡惡如巷伯。」

【校記】

〔一〕題「輒次公闢韻」，宋本、叢刊本作「次韻公闢正議」，下同。

〔二〕「不自」，宮内廳本作「自不」。

〔三〕「酒」，宋本、叢刊本作「盞」。

次韻致遠木人洲〔一〕二首

迷子山前漲一洲，木人圖志失編收。建康志：「迷子洲在城西南四十里，周迴三十里。」年多但有柳生肘，地僻獨無茅蓋頭。柳生肘，見東皋注。○傳燈録：「潙山問衆：『還識遮阿師子也無？』謂德山〔二〕宣鑒也。衆曰：『不識。』潙曰：『是伊將來有把茅蓋頭罵佛罵祖去！』」河側鮑焦〔三〕一作「生」。乾尚立，鮑焦，周之介士也，衣弊膚見，潔畚將蔬。子貢遇之，曰：「吾子何以至此也？」焦曰：「天下之遺德教者衆矣，吾何以不至於此也？」子貢曰：「吾聞之，非其世者，不生其利；污其君者，不踐其土。今吾子污其君而踐其土，非其世而將其蔬，此誰之有哉？」鮑焦曰：「嗚呼！賢者重進而輕退，廉者易醜而輕死。」乃棄其蔬而立槁死於洛水之上。事見新序。○莊子盜跖篇：「鮑子立乾，申子不自理，廉之害也。」江邊屈子槁將投。屈原至於江濱，形容枯槁，乃作懷沙之賦，遂自投汨羅而死。「立」與「投」，皆本出處，用字工且嚴如此。未妨他日稱居士，能使君疑福可求。韓詩：「偶然題作木居士，便有無窮祈福人。」余見湖南一知舊，云：木居士在耒陽縣北鼇口寺。元豐間，縣令禱雨弗應，析而薪之。今所存，乃後人更爲者。

【校記】

〔一〕龍舒本無「洲」字。

〔二〕「潙山」，原作「僞山」；「德山」，原作「慈山」，均據景德傳燈録、宮内廳本、臺北本改。

〔三〕「焦」，宋本、叢刊本作「生」。

其二

机爾何年客此洲，飄流誰棄止誰收？何平叔景福殿賦：「華鍾杌其高懸。」○孟嘗君將入秦，蘇秦謂之曰：「臣過淄水，有土偶人與木偶人相語，土偶謂木偶曰：『子，東國之桃梗也，刻削子以爲人，降雨下，淄水至，流子而去，則子漂漂者未知所止息也。』」無心使口肝使目，有幹作身根作頭。評曰：又奇。○列子偃師事：「王試廢其心，則口不能言；廢其肝，則目不能視。」〇韓詩：「根爲頭面幹爲身。」暴露神靈難寄託，鬼神必依深柏茂樹。今木既槁，故云「難寄託」。禱祠村落幾依投。杜牧之詩：「井閭安樂易，冠蓋惬依投。」〇退之詩：「寄託惟朝菌，依投絶暮禽。」紛紛剪帋真虚負，杜詩：「剪帋招我魂。」立槁安知富可求？韓詩外傳曰：「鮑焦棄其蔬而立槁於洛水之上，君子曰：『廉夫剛哉。』」〇論語：「富而可求也，雖執鞭之士，吾亦爲之。」

次韻酬龔深甫二首

據國史，深甫名原，處州人，嘉祐八年進士。哲廟時、徽廟初，嘗爲兵部、工部侍郎，給事中。原學於王安石。安石改學校法，引原以自助，原亦爲盡力。元祐初，司馬光召原與語，詆王氏，原反復辯論，終不爲變。光曰：「王氏習氣尚爾耶？」據此，可見原不隨時觀望，背其師法。又，原在紹聖、元符間，時有正論，言徽廟當爲哲宗服三年喪，坐此斥，後又坐與陳瓘善得罪。

恩容哀〔一〕老護松楸，復得一龔隨我游。樂天春深詩：「詔借當衢宅，恩容上殿車。」講肆劇談兼祖謝，舞雩高蹈異求由。陶詩：「周生述孔業，祖謝響然臻。馬隊非講肆，校書亦已厘。」祖企、謝景夷也。〇論語：「風乎舞雩，詠而歸。」言由、求之仕，不如曾點。北尋五柞故未憖，東挽三楊仍有樛。評曰：「樛」字韻强，故對以「憖」耳。〇漢有五柞宮，在盩厔。初疑公何忽用此，後按輿地志：「鍾山少林最高峯北有五願樹，乃柞木也。」然後知公詩所稱「北尋」，蓋謂此。〇文公十一年：「秦行人夜戒晉師曰：『兩君之士，皆未憖也。』」注：「憖，缺也。」〇李白詩：「驛庭三楊樹，正當白下門。吴煙暝長條，漢水嚙古根。」白下，亦切近鍾山。陟巘降原從此始，但無瑤玉與君舟。〔二〕詩公劉：「陟則在巘，復降在原。何以舟之？惟玉及瑤，鞞琫容刀。」注：「舟，帶也。」〇贈佩刀之類。

補注　柞　高力士於太宗陵寢見柞木梳一，黑角篦一，則柞固可爲器用。〔三〕

【校記】

〔一〕「衰」，宋本、叢刊本作「楚」。

〔二〕龍舒本詩末注云：「此詩舊集作兩絶句，今併爲一首。」

〔三〕本注原闌入詩注末，無「補注」二字。

其二

握手東崗雪滿簪，杜詩：「鬢髮還應雪滿頭。」後期惆悵老吴蠶。李白詩：「吴地桑葉緑，吴蠶已三眠。」芳晨〔一〕一笑真難值，暮齒相思豈久堪？退之詩：「暮齒良多感，無事涕垂頤。」他日杜詩傳渭北，評曰：杜詩，語拙。幾時周宅對漳南？杜詩：「渭北春天樹。」○宋劉繪、張融、周顒，一時勝士，居皆連墻，故朝野爲之語曰：「三人共宅夾清漳，張南周北劉中央。」以「渭北」對「漳南」，所謂無一字無來處。百年邂逅能多少，且可勤來共草庵。彌勒同龕之義。○韻書：「庵，圜屋也。」

【校記】

〔一〕「晨」，宋本、叢刊本作「辰」。

次韻葉致遠〔一〕

知君聊占水中洲，去即東浮逐聖丘。韓詩聯句：「懷糈愧賢屈，乘桴追聖丘。」憂國無時須問舍，憂國、問舍，見讀蜀志注。得坻有興即乘流。賈生賦：「乘流則逝兮，得坻則止。」注：「木之浮水，行止隨流。」由來要路當先據，誰謂窮鄉可久留？選詩：「何不策高足，先據要路津。」他日五湖尋范蠡，想能重此駐前騶。〔二〕梁制：尚書令、僕、中丞，各給威儀十人，其六人武冠絳韝，即所謂騶也。齊王融躁於名利，自恃人地望爲公輔。常行，遇朱雀桁開，路人填塞，乃槌車壁曰：「車中乃可無七尺〔三〕，車前豈可乏八騶？」○此詩一本作：「生涯聊占水中洲，豈即乘桴逐聖丘。身與鳧飛仍鴈集，心能茅靡亦波流。由來杞梓當先伐，誰謂菰蒲可久留？乘興君廬知未厭，故移脩竹擬延騶。」〔四〕

【校記】

〔一〕龍舒本卷五十四次韻葉致遠五首，其一即此首，餘四首即本書卷四十一次韻葉致遠置洲田以詩言志。宋本、叢刊本題作「次葉致遠韻」。

〔二〕宋本、叢刊本以此首爲「一作」小注。

〔三〕「七尺」，原作「木尺」，據南史王融傳、臺北本改。

〔四〕宋本、叢刊本以此首爲正文，唯「當先伐」作「常先伐」，「君盧」作「吾盧」；宮内廳本、臺北本亦作「吾盧」。

次韻酬朱昌叔五首〔一〕

朱昌叔見上。

點也自殊由與求，既成春服更何憂？ 事見先進。○伊川曰：「孔子與點，蓋與聖人之志同，便是堯舜氣象，誠異三子者之撰，特行有不掩焉耳，此所謂狂也。子路等所見小，只爲不達爲國以禮道理，是以哂之，若達，却是這氣象。」拙於人合且天合，靜與道謀非食謀。 莊子：「堯爲天之合，舜爲人之合。」韓集：「合於天而乖於人，何害？況又時有兼得者耶？」○語：「君子謀道不謀食。」未愛京師傳谷口，但知鄉里勝壺頭。 揚子：「谷口鄭子真耕於巖石之下，名震於京師。」○壺頭，見馬援傳，山名，在辰州沅陵〔二〕東。嗟予老矣無一事，復得此君相與游。 馬援云：「吾從弟少游嘗言云云〔三〕，鄉里稱善人則可矣。」以「鄉里」對「京師」，本此。

【校記】

〔一〕「五首」，龍舒本卷五十四目録作「六首」，前五首同此，第六首即本書卷四十一次韻朱昌叔。

〔二〕「陵」，原作「陝」，據宮内廳本改。

〔三〕「嘗言云云」，宮内廳本作「嘗言士生一世云云」。

其二

去年音問隔淮〔一〕州，自〔二〕謫難知亦我憂。陳遵傳：「故事，有百適者斥。」注：「適，讀曰〔三〕謫。」前日杯盤共江渚，一歡相屬豈人謀。此名蹉對格。退之送李正字序：「於時太傅府之士，惟愈與周君獨在，其外則李氏父子，相與爲四人。離十三年，幸而集處得燕，而舉一觴相屬，此天也，非人力也。」山蟠直瀆輸淮口，水抱長干轉石頭。孫盛晉陽秋云：「秦淮是始皇所鑿。王導令郭璞筮，即此淮也。」又稱：「未至方山，有直瀆，行三十餘里。」以地論之，淮發源詰曲，不類人功，則始皇所掘，即此瀆也。○丹陽記：「建康有淮，源出華山，流入江，在丹陽、姑熟之界。西北流經建康、秣陵二縣之間，縈紆京邑之内，至於石頭入江，綿亘三百許里。」唐人詩：「未開直瀆三千里，青蓋何曾到洛陽？」曰長干，秣陵縣東里巷名，有大長干、小長干、東長干，皆地名。乘興舟輿無不可，春風從此與公游。

【校記】

〔一〕「淮」，龍舒本作「涯」。

〔二〕「自」，諸本均作「百」。

〔三〕「曰」，原作「自」，據宮内廳本、臺北本改。

其三

烏榜登臨興未休，上林賦：「榜人歌，聲流喝。」注：「榜人，舡長也。榜，音謗，又方孟反。」共言何許更消憂。聯裾蕭寺尋真覺，梁武帝造寺，令蕭子雲飛白大書一「蕭」字。○大中祥符四年，詔於龍圖閣取舒州所獲誌公石以示輔臣，乃加謚誌公「真覺」，遣知制誥陳堯咨詣蔣山致告。後又謚「道林真覺」，令公私無得斥誌公名。方駕孫陵弔仲謀。左太冲魏都賦：「方駕比輪。」○按：吳大帝陵在蔣山南八里。丹陽記：「蔣陵，因爲名。」輿地志：「臺當孫陵曲折之旁，故曰蔣陵。亭亦名孫陵亭。」語罷每開歡笑口，莊子盜跖篇：「其中開口而笑者，一月之中，不過四五日而已矣。」詩來仍掉苦吟頭。杜詩：「巢父掉頭不肯住，東將入海隨煙霧。詩卷長留天地間，釣竿欲拂珊瑚樹。」○餘見諸葛武侯注。已知軒冕真吾累，且可追隨馬少游。少游，見和王勝之借馬注。

其四

白下門東春水流，相看一噱散千憂。噱，笑也。陳琳代曹洪與魏文帝書：「恐猶未信丘言，必大噱也。」○嵇康琴賦：「嗢噱終日。」○杜詩：「一酌散千憂。」穿梅入柳曾莫逆，度嶺〔二〕一作「壍」。緣岡初不謀。莊子大宗師篇：「三人相眎而笑，莫逆於心。」○曹唐詩：「穿花度柳能相訪，珍重多才阮步兵。」○東坡詩：「意行無澗崗。」亦不謀也。

世事但知〔二〕吹劍首，官身難即問刀頭。莊子則陽篇：「惠子曰：『夫吹管也，猶有嗃也；吹劍首者，吷而已矣。堯、舜，人之所譽也；道堯、舜於戴晉人之前，譬猶一吷也。』」古樂府：「藁砧今何在？山上更安山。何當大刀頭，破鏡飛上天。」注：「刀頭有環，問何時還？」長臨鍛竈真自苦，有興復來從我游。嵇康傳：「性絶巧而好鍛，宅中有一柳樹甚茂，乃激水圜之，每夏月，居其下以鍛。」

【校記】

〔一〕「嶺」，宋本、叢刊本作「塹」。

〔二〕「知」，宋本、叢刊本作「如」。

其五

樂世閑身豈易求，巖居川觀更何憂？蔡澤說范睢：「君何不以此時歸相印，讓賢者而授之，退而巖居川觀，必有伯夷之廉。」放懷自遂如初服，買宅相招亦本謀。屈平離騷經：「進不入以離尤兮，退將復脩吾初服。」注：「誠欲進竭其忠，君不肯納，恐歸重遇禍，故將復去脩吾初始清潔之服。」○梁宋季雅罷南康郡，市宅，居呂僧珍宅側。僧珍問宅價，曰：「千萬〔一〕百萬。」怪其貴，季雅曰：「百萬買宅，千萬買隣。」名譽子真矜谷口，事功新息困壺頭。馬援封新息侯。壺頭，征蠻處，併谷口，見前篇注。知君於此皆無累，長約追隨壙埌游〔二〕。莊子應帝王篇：「予方將與造物者爲人，厭則又乘夫莽眇之鳥，以出六極之外，而游無何之鄉，以處壙埌之野。」注云：「猶壙蕩也。」

【校記】

〔一〕「萬」，臺北本作「一」。

〔二〕「約」，宋本、叢刊本作「得」；「壙埌」，龍舒本作「曠蕩」。

次韻送程給事知越州〔一〕

公闢熙寧十年五月守越。

旌節〔二〕一作「千騎」。東方占上頭，如何誤到北山游？樂府：「東方千餘騎，夫婿居上頭。」清明若睹蘭亭月，暖熱因忘蕙帳秋。蘭亭序：「是月也，天朗氣清。」○蕙帳，見北山移文。元微之苦樂倚曲：「猶得半年相煖熱。」○樂天對酒詩：「賴有詩仙相煖熱。」投老更〔三〕一作「始」。知歡可惜，通宵先〔四〕一作「豫」。以別爲憂。白詩：「老向歡彌切，狂於飲不廉。」歸來若〔五〕一作「西歸定」。有詩千首，想肯重來賁一丘。本傳稱公闢喜爲詩。千首，非徒說也。○小杜詩：「誰人得似張公子，千首詩輕萬户侯。」○杜詩：「敏捷詩千首。」○易賁卦：「賁於丘園，束帛戔戔。」

補注 別爲憂 戴叔倫詩：「夜深愁不醉，老去別何頻？」〔六〕

【校記】

〔一〕龍舒本卷五十四題作「次程公闢韻」。
〔二〕「旌節」，宋本、叢刊本作「千騎」。
〔三〕「更」，宋本、叢刊本作「始」。
〔四〕「先」，宋本、叢刊本作「豫」。
〔五〕「歸來若」，宋本、叢刊本作「西歸定」。
〔六〕本注原闌入詩注末，無「補注」二字。

次韻酬徐〔一〕仲元

投老逍遥屺與堂，詩：「終南何有？有紀與堂。」注：「紀，一作屺。」天刑真已脱桁楊。莊子德充符篇：「老聃曰：『胡不直使彼以生死爲一條，以可不可爲一貫者，解其桎梏，其可乎？』無趾曰：『天刑之，安可解！』」彼，謂仲尼也。○桁楊，見游土山注。緣源静翳魚無〔二〕淰，鮑明遠詩：「緣源殊未極，歸徑窅如迷。」魚淰，見秋夜泛舟注。渡谷深追鳥有〔三〕鴧。甘泉賦：「魚頡而鳥鴧。」鴧，一作「䀐」。每苦交游尋五柳，歸去來詞：「請息交以絶游。」最嫌尸祝擾庚桑。莊子庚桑楚：「畏壘之人言曰：『子胡不相與尸而祝之，社而稷之乎？』」○石林詩話云：「嘗有人面稱公，喜『五柳』、『庚桑』之句，以爲的對。公笑曰：『君但知柳對桑爲的，然庚亦自是數。』蓋以十干數之也。」相看不厭唯夫子，風味真如顧建康。顧憲之爲建康令，甚得人和，故都下飲酒醇旨，輒號爲「顧建康」，謂其清且美。

【校記】

〔一〕龍舒本卷五十四題無「徐」字。

〔二〕「魚無」，龍舒本、叢刊本作「無魚」。

〔三〕「渡」，宋本、叢刊本作「度」。「鳥有」，龍舒本、宋本、叢刊本作「有鳥」。

送〔一〕許覺之奉使東川

三秋不見每惓惓，詩：「一日不見，如三秋兮。」握〔二〕手山林復悵然。後會敢期黄耇日，評曰：此語亦今人以爲諱者。相看且度白雞年。白雞，見游土山注，謂酉年也。○行葦詩：「黄耇台背，以引以翼。」○師丹傳：「爲國黄耇。」注云：「黄，謂白髮落，更生黄者。耇，老人色不净如垢也。」據此，則黄耇是二誼。畏塗石棧王尊馭，榮路金門祖逖鞭。王尊馭，見送復之赴成都注。○晉書劉琨傳：「常恐祖生先吾著鞭。」揚雄解嘲曰：「歷金門，上玉堂〔三〕有日矣。」應劭曰：「金門，金馬門也。本魯班門，漢武帝時詔立銅馬於門外，因更名。」一代官儀新藻拂，得瞻宸宇一作「扆」。想留連。元豐三年初改官制，至五年始行之。公時奉祠家居，故云「握手山林」。○唐德宗賜馬燧宸扆、台衡二銘。

【校記】

〔一〕龍舒本卷五十五題作「奉酬許承議」。宋本、叢刊本題「送」上有「詩奉」二字，下無「許」字。「送」，宮内廳本作「次」。

〔二〕「握」，宋本作「捉」。

〔三〕「玉堂」，原作「下堂」，據臺北本、文選揚雄解嘲改。

次韻〔一〕覺之

久知乘傳入西州，漢高帝紀：「乘傳詣雒〔二〕陽。」師古曰：「傳者，若今之驛。古者以車，謂之傳車，其後又單置馬，謂之驛騎。傳，音張戀反。」○西州門，見游土山注。雞黍從容本不謀。范雲詩：「恨不具雞黍，得與故人揮。」戶外驚塵尺書至，眼中白浪片〔三〕帆收。李白詩：「雲間片帆起。」山林病骨煩三顧，湖海離腸〔四〕欲萬周。三顧，借用草廬事。○韓詩：「別腸車輪轉，一日一萬周。」尚有光華賁岑寂，篋中佳句得長留。杜詩：「詩卷長留天地間。」○元次山編時人好詩，名篋中集。

【校記】

〔一〕龍舒本卷五十四題「次韻」下有「許」字。宋本、叢刊本題「次韻」下有「奉酬」二字。

〔二〕「雒」，原作「淮」，據漢書高帝紀改。

〔三〕「白」，龍舒本、宋本、叢刊本作「飛」。「片」，龍舒本作「白」。
〔四〕「離腸」，龍舒本作「傷離」。

送程公闢得謝還〔一〕姑蘇

公闢，吴郡人。姑蘇，即吴郡。

東歸行路歎賢哉，二疏之歸，道路觀者皆曰：「賢哉二大夫！」或歎息爲之泣下。碧落新除寵上才。公闢自知青州告老，以正議大夫致仕，時元豐四年，公在金陵。正議視六曹侍郎，故用「碧落」字。○葛洪神仙沈羲傳：「忽有白鹿青龍車，羽衣持節，以青玉界丹版，拜羲爲碧落侍郎。」白傅林塘傳畫去，吴王花草〔二〕入詩來。樂天嘗守蘇。○吴王闔閭築吴城郡，都之，今蘇州城是也。○李白詩：「吴時花草埋幽徑。」唱酬自有微之在，談笑應容逸少陪。按舊本公自注云：「少保元絳，謝事居姑蘇。」又：「王中甫善歌詞，與相唱酬燕集。」中甫，王介也。○逸少、微之，皆取古人以比今之同姓者。除此兩翁相見外，不知三徑爲誰開？

【校記】

〔一〕「還」，宋本、叢刊本作「歸」。龍舒本題無「得謝」二字。
〔二〕「草」，宋本、叢刊本作「鳥」。

送項判官

斷蘆洲渚落楓橋，渡口沙長過午潮。山鳥自鳴〔一〕泥滑滑，竹雞也，亦名雞頭鶻。○東坡詩：「泥深厭聽雞頭鶻。」○梅聖俞禽言四首其一竹雞云：「泥滑滑，苦竹崗。雨蕭蕭，馬上郎。」行人相對馬蕭蕭。詩車攻：「蕭蕭馬鳴。」○杜詩：「車轔轔，馬蕭蕭，行人弓箭各在腰。」十年長自青衿識，千里來非白璧招。禮記：「十年以長，則兄事之。」○詩：「青青子衿。」○孟子梁惠王上：「叟不遠千里而來。」○史記：「虞卿賜白璧一雙。」握手祝君能強飯，華簪常得從雞翹。漢書衛皇后傳：「平陽主拊子夫背曰：『行矣，強飯，勉之！』」○元帝詔貢禹曰：「生其強飯！」○李義山詩：「內苑只知含鳳髓，屬車無復插雞翹。」○後漢輿服志曰：「皮軒鸞旗，皆大夫載。」鸞旗者，編羽旄列繫幢旁，民或謂之雞翹車，非也。

【校記】

〔一〕「鳴」，宋本、叢刊本作「呼」。

次韻張德甫〔一〕奉議

張奉議，必從公談禪學佛者。

知君非我載醪人，終日相隨免汙茵。陶詩：「時賴好事人，載醪祛所惑。」○揚雄傳：「時有好事者載酒肴從游學。」「汙丞相車茵。」丙吉傳。公自用丞相事。賞盡高山見流水，列子湯問：「伯牙善鼓琴，鍾子期善聽。伯牙鼓琴，志在登高山，鍾子期曰：『善哉！峩峩兮若泰山。』志在流水，鍾子期曰：『善哉！洋洋兮若江河。』伯牙所念，鍾子期必得之。」唱殘白雪值陽春。言微言妙誼，蟬聯不絕。○宋玉對問曰：「客有歌於郢中，始曰下俚巴人，國中屬而和者數千人，其爲陽春白雪，國中屬而和者不過數十人。是其曲彌高，而和彌寡。」中分香積如來鉢，香積，見懷古注。對現〔二〕毗耶長者身。維摩經：「爾時毗耶離大城中，有長者名維摩詰，已曾供養無量諸佛，深植善根，得無忍難，爲白衣，奉持沙門清淨行。雖處居家，不著三界。若在長者，長者中尊。若在居士，居士中尊。其以方便，現身有疾，以其疾故，國王、大臣、長者、居士、婆羅門等，及諸王子，並餘官屬，無數千人皆往問疾，維摩詰因以身疾，廣爲說法。」誰拂定林幽處壁？與君〔三〕圖寫繼吾真。

【校記】

〔一〕龍舒本卷五十四題無「德甫」二字。

〔二〕「現」，龍舒本作「見」。

〔三〕「君」，原作「岩」，據諸本改。

北山三詠

寶公塔。寶公名寶誌，南史有傳。按：建康志，塔在蔣山。梁武帝天監十三年，以定林寺前岡獨龍阜葬誌公。永定公主以湯沐之資，造浮圖五級於其上。十四年，即塔前建開善寺。今寺乃其地也。紹興間，賜塔名感順。

其一　寶公塔〔一〕

道林真骨葬青霄，道林，見酬朱昌叔五首注。○杜詩：「赤霄有真骨。」窣堵千秋未寂寥。誌公天監十三年謂人曰：「菩薩將去矣。」未及旬日，無疾而終，屍骸香軟，形貌熙悅。臨亡，然一燭，以付後閤舍人吴慶。慶即〔二〕啓聞，梁武歎曰：「大師不復留矣！燭者，將以後事屬我乎？」因厚加殯送，葬於鍾山獨龍之阜，仍於墓所立開善寺，敕陸倕製銘於冢内，王筠勒碑文寺門。傳其遺像，處處存焉。寶勢旁連大江起，王逸〔三〕魯靈光殿賦：「據坤靈之寶勢，承蒼昊之純殷。」張銑注云：「寶，奇也。言授地靈之奇勢。」尊形獨受衆山朝。杜子美望岳詩：「西岳崚嶒竦處尊，諸峯羅列如兒孫。」又寄劉峽州詩：「遠山朝白帝，深水謁夷陵。」雲泉別寺分三徑，香火幽人秖〔四〕一瓢。我亦鷲峯同聽法，歲時歌唄豈辭遥？佛坐禪於耆闍崛山，波旬化作雕鷲住崛前，以恐阿難。鳥跡今猶在，故名鵰鷲崛山。○又，支曇諦有靈鳥山銘，銘云：「昔如來游王舍城，憩靈鳥山，山峯似鳥而威靈。」疑靈鷲即靈鳥也。○宣宗曰：「裴休真儒者，然嗜浮圖法，居常不御酒肉，講求其說，演繹附著會數萬言，習歌唄以爲樂。」

補注　寶勢　韓魏公壓沙寺詩：「漸見祇園珤勢雄。」〔五〕

【校記】

〔一〕龍舒本卷六十五題作「寶公塔」，無「北山三詠」總題。宋本、宮内廳本、叢刊本無「其一」、「其二」、「其三」。又，本書「寶公塔」三字原在「北山三詠」題下，爲小字，同題注，現移於「其一」下。

〔二〕「即」，原作「郎」，據宮内廳本、臺北本改。

〔三〕「王逸」，當作「王延壽」。延壽爲逸子，作魯靈光殿賦，見文選李善注。

〔四〕「秖」，宋本、叢刊本作「止」。

〔五〕本注原闌入「其一」下，無「補注」二字。

其二　覺海方丈〔一〕

往來城府住山林，諸法翛然但一音。寶積經：「佛以一音廣〔二〕說法。」華嚴經：「佛以一音演説，衆生隨類各得解。」不與物違真道廣，每隨緣起自禪深。道明禪師謂洞山：「多學佛法，廣作利益。」洞山云：「多學佛法即不問，如何是廣作利益？」師云：「一物莫違，即是。」○後漢許劭傳：「劭曰：『太丘道廣，廣則難周。』」○祖師言：「六根涉境，心不隨緣，名定。」詩意若反是。其實則謂隨緣應之，初不染著，始爲至也。真覺大師著禪宗悟脩圓旨十篇，自淺之深。又云：「深觀乃會其宗的。」言必明其旨。華嚴經：「隨緣赴感靡不周，而不離此菩提坐。」○法華經：「皆得深妙禪定。」舌根已凈誰能壞？法華經：「是人舌根凈，終不受惡味。」足跡如空我得尋。華嚴第三地法門：「菩薩得無量神通力，能動大地，以一身爲多身，多身爲一身，或隱或顯，石壁山嶂，所往無礙，猶如虛空，於虛空中跏趺而去，同於飛鳥，入〔三〕地如水，履水如地。」洪州雙嶺玄真禪師，初問道吾：「無神通，菩薩爲什麽足迹〔四〕難尋？」道吾曰：「同道者方知。」師曰：「和尚還知否？」曰：「不知。」師曰：「何故不知？」曰：「去，不識我語。」

歲晚北窻聊寄傲，歸去來詞：「倚南牕以寄傲。」蒲萄零落半床陰。陳後主游棲霞寺詩：「摧殘枯〔五〕樹影，零落古藤陰。」○薛能詩：「坐石教公子，禪床摇竹陰。」○許渾詩：「蒲院華花平誌石，遶山藤葉蓋禪林。」○鄭谷詩：「自説康蘆側，槐陰半下床。」

【校記】

〔一〕龍舒本卷六十五題作「覺海方丈」。

〔二〕「廣」，宮内廳本作「演」。

〔三〕「入」，宮内廳本作「天」。

〔四〕「什麽足迹」，原作「什床是迹」，據宮内廳本、臺北本改。

〔五〕「摧殘枯」，原作「催青松」；下「古藤」，原作「石藤」，均據臺北本、陳後主同江僕射遊攝山棲霞寺改。

其三　道光泉〔一〕建康志：「道光泉在蔣山之西，梁靈曜寺之前。熙寧八年，僧道光披榛莽得之。其深五尺，穴竹引注寺中。由嶺至寺，凡三百步，有舒王手植二松於其傍。其後道光又得二泉，合爲一派，主寺者作屋覆其上，名曰蒙亭，以此泉得之道光，故名道光泉，王平甫作記。」

籜龍將雨遶山行，注遠投深静有聲。以竹爲筒而引泉。雲涌浴槽朝自暖，禪寺浴槽引水，如流杯池也。雲涌，言水熱，其氣蒸上如雲。虹垂齋鑊午還晴。虹垂，言水瀉入鑊之勢。虹見則雨。此言其似，故云晴。銅缾各滿幽人意，玉甃因高正士名。唯識論云：「梵語菩提薩埵，唐言好略，止云菩薩，亦云開士、真童、儒童、真人、正士。」神力可嗟妨智巧，桔槹零落便苔生。桔槹，見賜也注。

【校記】

〔一〕龍舒本卷七十一題作「道光泉」。

補注　送許覺之　一代官儀新藻拂元晦嘗云：「介甫居金陵，見新改官制頒行，大驚曰：『主上平日許多事無不商量，只有此一大事，却不曾説過。』蓋神宗因見唐六典，遂斷自聖意改之耳。」按：公時居鍾山，距京師遠矣，安得事事語之耶？元晦所云，必有據，姑附此。

庚寅增注第二十六卷

歲晚懷古　欲辯已忘言　「此還有真意，欲辯已忘言。」

段約之園亭　凡草　唐詩：「枝下無俗草，所植惟蘭孫。」

回橈　紫磨　太平廣記一百一十八卷：「唐豫章熊氏以販魚爲業，民聞舡中諸魚念經聲，悉取放之。後於沙中得紫磨金數斤，詣都市貨，貨得鏹數十萬。」

次韻酬朱昌叔　點也自殊由與求　君子謂曾點之對有以見其學，隨處充裕，無少欠闕，故動静之際，從容如此。而其言志，則又不過即其所居之位，樂其日用之常，初無舍己爲人之意。而其胷中悠然，直與天地萬物上下同流，各得其所之妙，隱然自見於言外。視三子規規於事，爲之末者，氣象不侔矣。　春服　春服者，單袷之衣，沿後所著也。

送程給事　煖熱　又：「應是天教相煖熱，一時垂老與閑官。」

酬徐仲元　鳥有頏　禽經云：「鶴以怨望，鴟以貪顧，雞以嗔睨，雀以猜懼，燕以狂眄，視也；鷽以喜囀，鳶以飢啼，梟以凶叫，鶴以潔唳，鳴也。」

送項判官　泥滑滑　杜子美寄岑參詩：「所向泥滑滑，思君令人疲。」

北山三詠　其二　舌根　東坡勝相院藏記偈：「忽然反自味，舌根有甜相。」　蒲萄零落半牀陰　據蔣山元禪師誌云：「師名贊元，字萬宗，婺州義烏人，雙林寺大士之遠孫也。三歲出家，七歲爲大僧。性重遲，閑靖寡言。十五游方，兄事蔣山心禪師。心歿，以元繼其席。舒王初丁太夫人憂，讀經山中，與元游，如昆弟。問祖師意旨，元曰：『公般若有鄣三，有近道之質，更一兩生來，恐純熟。』王曰：『願聞其說。』元曰：『公受氣剛大，世緣深，以剛大氣遭深世緣，必以身任天下之重，懷經濟之志，用舍不能必，則心未平。以未平之心持經世之志，何時能一念萬年哉？又多怒，而學問尚理於道，爲知之愚，此其三也。特視名利如脱髮，甘澹薄如頭陀，此爲近道，且當以教乘滋茂之可也。』王再拜授教。自熙寧初，王入對，遂大用，至真拜，貴震天下。無月無耗，元未嘗發視。元豐初，王罷政府，舟至石頭，夜造山拜墳，士大夫車騎塡山谷。王入寺已二鼓，元出迎，一揖而退。王坐東偏，從官賓客滿坐，王環侍，問元所在，侍者曰：『已寢久矣。』王笑之。王結屋定林，往來山中又十年。稍覺煩動，即造元，坐終日而去。有詩贈之，其終曰：『不與物遺真道廣，每隨緣起自禪深。舌根已靜誰能壞，足跡如空我得尋。』人以爲實録。」

王荆文公詩卷第二十七

律詩

登寶公塔

倦童疲馬放松門，自把長筇倚石根。（劉越石詩：「繫馬長松下。」○靈運詩：「牽葉入松門。」○岑參詩：「疲馬卧長坂，夕陽下通津。」）江月轉空爲白晝，嶺雲分暝與黄昏。（王建白紵歌：「回晝爲宵亦不寐。」此則反言之，音節類公此句。○吴融詩：「幾樹好花虚白晝，滿庭荒草易黄昏。」）鼠摇岑寂聲隨起，鵶矯荒寒影對翻。（盧綸詩：「鬬鼠摇松影，游龜落石層。」○張祜詩：「引滕聞鼠亂。」○杜詩：「鴈矯銜蘆内，猿啼失木間。」）當此不知誰主客〔一〕，（司馬德操過龐德公事，見題望雲亭〔二〕注。）道人忘我我忘言。（陶詩：「此中有真趣，欲辯已忘言。」）

【校記】

〔一〕「主客」，宋本、叢刊本作「客主」。

〔二〕「題望雲亭」，即本書卷二題晏使君望雲亭。

重登寶公塔〔一〕二首

空見方墳涌半霄，難將生死問參寥。方墳，謂方塔。方塔亞於圓塔。○寰宇志：「鄭州陘山上有子産墓，墓累石爲方墳。」莊子：「南伯子葵問乎女偊曰：『子之年長矣，而色若孺子，何也？』曰：『吾聞道矣。』南伯子葵曰：『子獨惡乎聞之？』曰：『於謳聞之玄冥，玄冥聞之參寥，參寥聞之疑始。』」應身東返知何國，建康實録：「開善寺有誌公履，疑誌之没，亦如達麼還西竺也。」○高僧傳：「會稽臨海寺有大德，聞誌公在都下語言顛狂，放縱自在。僧云：『必狐魅也，願向都下覔獵犬逐之。』於是輕舡入海，趨浦口，欲西上。忽大風起，飄至一島，中有五六僧，身著真緋袈裟，謂僧云：『必欲向揚州，即時便到。今附書到鍾山寺西行南頭第二房，覓黄頭付之。』僧因閉目坐舡，風聲定，開眼，已奄至西岸。入浦數十里，至都，徑往鍾山寺訪問，都無字黄頭者。僧具説委曲，報云：『西行南頭第二房，乃病風道人誌公，常在都下樂處，百日不一度來也。』問答之間，不覺誌公已在寺厨上索食。寺僧試遣沙彌呼：『黄頭！』誌公忽云：『阿誰喚我？』即逐沙彌來至僧處，謂曰：『汝許將獵狗捉我，何爲空來？』僧知是異人，頂禮懺悔，授書與之。誌公云：『方丈道人唤我，不久亦當自還。』於是屈指云：『某月某日去。』便不復與此僧語，但記某月日。至天監十三年冬，於臺後堂謂人云：『菩薩將去。』未及旬日，無疾而終。」瑞像西歸自本朝。唐麟德二年，蘭州金水縣北三學山僧慧昱，往荆州長沙寺畫瑞像七尊。建康續志載劉岑侍郎蔣山大佛殿記云：

「寶公舊像，父老相傳以沉香爲之。國初，取歸京師。狄咸詩云：『旃檀歸象魏，窣堵卧煙霞。』蓋謂此也。」遺寺有門非輦路，故池無鉢但僧瓢。遺寺，即梁武所立開善寺。○西都賦：「輦路經營。」漢武故事：「建章、長樂宮，皆輦路相屬。」○建康志：「開善寺，寶公塔西二里，有洗鉢池。」獨龍下視皆陳跡，追數齊梁亦未遥。獨龍，見北山三詠注。

【校記】

〔一〕「塔」下宋本、叢刊本有「復用前韻」四字。

其二

碧玉旋螺恍隔霄，冠山仙冢亦寥寥。有僧撰觀音贊：「碧玉螺文旋宛轉，紫金蓮掌畫分明。」○武帝改造阿育王塔，出舊塔下舍利及佛爪髮。髮青紺色，衆僧以手伸之，隨手長短，放之則旋屈爲蠡形。案僧伽經云：「佛髮青而細，猶藕莖絲。」佛三昧經云：「我昔在宮沐頭，以尺量髮，長一丈二尺。放已，右旋，還成螺文。」唐盧肇文：「巨鼇贔屭，首冠蓬山。」言山在頂上如冠也。空餘華構延風月，無復靈蹤落市朝。南史：「寶誌，不知何許人，有於宋太始中見之，出入鍾山，往來都邑，已五六十年。齊、宋之交，稍顯靈跡。被髮徒跣，語嘿不倫。或被錦袍，飲啗同於凡俗，以銅鏡、剪刀、鑷、掛杖，負之而趨；或呼索酒殽；或累日不食。豫言未兆，識他心志。一日中，分身易所，遠近驚赴。所居噂沓。齊武憤其惑衆，收付建康獄。旦日，咸見游行市里；既而檢校，猶在獄中。武帝乃迎入華林苑，尤深敬事。」帳座追嚴多獻寶，供盤隨施有操瓢。杜詩：「自從獻寶朝河宗。」○莊子盜跖篇：「此四子者，無異於磔犬流豕，操瓢而乞者。」他方出没還如此，與物無〔二〕一作「何」。

心作邇遥。楞嚴經：「静無邊際，動若邇遥。」

補注　冠山　柳子厚記零陵三亭：「高者冠山顛，下者附清池。」〔二〕

【校記】

〔一〕「無」，龍舒本作「何」。

〔二〕本注原闌入「其二」下，無「補注」二字。

紙　閣〔一〕

聯屏蓋障一尋方，南設鈎簾北置牀。杜詩：「鈎簾宿鷺起。」八尺爲尋，言閣之廣袤方一尋。○白詩：「東西疏二牖，南北開兩扉。蘆簾前後卷，竹簟當中施。」側座對敷紅絮暖，仰牕分啓碧紗涼。氊廬易以梅蒸〔二〕壞，漢匈奴傳：「匈奴父子同穹廬。」師古曰：「穹廬，旃帳也。其形穹隆，故曰穹廬。」○嚴維詩：「梅天一雨清。」周處風土記：「梅熟時雨，故云梅雨。」錦幄終於草野妨。李嶠爲相，卧青絁帳。帝歎曰：「國相如是，乖大國之體。」賜御用繡羅帳。嶠寢其中，達曉不安，覺體生疾，遂自奏曰：「臣少，相人云：『不當華。』華故非分。」帝太息久之，任意用舊。據嶠爲相猶爾，況於艸野之人乎？○少陵詩：「錦衾卷還客，始覺心和平〔三〕。」非虚語也。楚穀〔四〕越藤真自稱，蕭倣領南海，多穀紙，敕詣子縉補殘書。穀，即楮也。舒元興有悲剡溪古藤文。越，蓋指剡溪言。每糊因得減書囊。漢文帝集上書囊，以爲殿帷〔五〕。

補注 紅絮 荆公嫁女蔡氏，慈壽宮賜珠褥，直數十萬。公今以紙爲閣，紅絮爲籍，珠褥必非所安也。〔六〕

【校記】

〔一〕宋本、叢刊本題作「紙暖閣」。

〔二〕「蒸」，宋本、叢刊本作「烝」。

〔三〕「始覺心和平」，原作「始覺心之乎」，據杜甫太子張舍人遺織成褥段改。

〔四〕「穀」，龍舒本作「縠」。

〔五〕「帷」，宮内廳本作「幃」。

〔六〕本注原闌入題下，無「補注」二字。「籍」，宮内廳本作「藉」。

雨花臺

在江寧縣城南三里。據岡〔一〕阜最高處，俯瞰城闉。舊傳梁武帝時，有雲光法師講經於此，感天雨賜花，故以名焉。事見建康志。

盤互長干有絶陘，劉向傳：「宗族盤互。」爾雅：「連山中斷絶曰陘。」○韓詩：「洛邑得休告，舊山窮絶陘。」音刑。謝靈運詩：「迢遞陟陘峴。」並包佳麗入江亭。杜牧之詩：「謝朓詩中佳麗地，夫差傳裏水犀軍。」○杜荀鶴金陵水亭詩曰：「江亭當廢國，秋景倍蕭騷。」按：建康志有佳麗亭，太守馬亮所建，與風亭相近，在折柳亭之東，賞心亭之下。詩或指此。新霜浦溆綿綿白〔二〕，何遜鷗詩：「孤飛出浦溆，獨宿下滄洲。」○杜詩：「舟人魚子入浦溆。」薄晚林巒往往青。南上欲窮牛渚怪，溫嶠然犀事。北尋難忘草堂靈。評曰：自然。孔璋〔三〕北山移文：「鍾山之英，草堂之靈。」注：「蔣子文自謂青骨，死當爲神。吳主爲立祠山下。蜀有法師居於草堂寺，及至此，乃於此作草堂以擬焉。英、靈，二神也。」箯輿却走垂楊陌，已戴〔四〕寒雲一兩星。漢書貫高：「上使泄公持節問之箯輿前，卬視泄公。」〔五〕師古曰：「箯輿者，編竹木以爲輿形，如今之食輿矣。」○公羊：「齊人歸公孫敖之喪，脅我而歸之，筍將而來也。」何休注：「筍者，竹箯，一名編輿。齊、魯以北，名之曰筍。」

【校記】

〔一〕「岡」，原作「閫」，據宮內廳本、臺北本改。
〔二〕「白」，龍舒本、宋本、叢刊本作「浄」。
〔三〕「孔璋」，應爲「孔德璋」，文選卷四十三作「孔德璋北山移文」。蕭子顯齊書曰：「孔稚珪，字德璋。」
〔四〕「戴」，龍舒本、宮內廳本作「載」。
〔五〕引文出漢書張耳陳餘傳。

北窻

病與衰期每強扶，雞壅桔梗亦時須。莊子：「藥也，其實堇也，桔梗也，雞壅也，豕零也。是時爲帝者也，何可勝言？」注：「當其所須則亡賤，非其時則亡貴。貴賤有時，誰能常也？」

空花根蔕難尋摘，夢境煙塵費掃除。圓覺經：「譬彼〔一〕病目，見空中花。又空本無花，病者妄執。又如夢中人，夢時非無，及至於醒，了無所得。」耆域藥囊真妄有，耆域經：「柰女端正，七國王爭，唯萍莎王得之，生耆域，手持針藥囊，生而善醫。有小兒賣薪，得藥樹枝，見人五臟。有女子死，域問曰：『因何？』曰：『頭痛死。』以木示之，見腦有蟲，大〔二〕小相生，食腦髓盡，死。域爲開腦，取蟲三，藥覆之，七日重活。」又，溫室浴經云：「柰女之子名祇域，善治衆病，死者更生，喪車却還，名聞四方。」軒轅經匱或元無。漢藝文志：「黃帝有內外經。」黃帝，即軒轅氏。北窻枕上春風暖，謾〔三〕讀毗耶數卷書。毗耶即維摩詰。宋子京詩：「一榻北牕思道友，數行西竺悟勞生。」

【校記】

〔一〕「彼」，原作「被」，據宫内廳本、臺北本改。

〔二〕「大」，原作「七」，據宫内廳本、臺北本改。

〔三〕「謾」，宋本、叢刊本作「漫」。

小　姑

歐公云：「江南有大、小孤山，在江水中，嶷然獨立，而世一作「俚」。俗轉『孤』爲『姑』。江側有一石磯，謂之彭浪，遂轉爲彭郎磯，云：彭郎者，小姑婿也。余嘗過小孤山，廟像乃一婦人，而勅額爲聖母，豈止俚俗之繆哉？」據此言，則假託明矣。公亦隨俚俗實之，抑戲耶？

小姑未嫁與蘭支，何恨流傳樂府詩？初學水仙騎赤鯉，竟尋山鬼從文貍。郭璞江賦：「琴高沉水而不濡，時乘赤鯉而周旋。」○李義山詩：「水仙欲上鯉魚去，一夜芙蕖紅淚多。」○離騷山鬼篇：「乘赤豹兮從文貍。」

繽紛雲〔一〕襹空棠檝，綽約煙鬟獨桂旗。說文：「襹，短衣也。」釋名曰：「襹，屬也，衣裳上下相連接。」徐廣輿服雜注曰：「今皇后謁廟，服袿襹大衣。」○南史：「南岳鄧先生，隱居不仕。魏夫人忽來臨降，乘雲而至，從少嫗三十，並著解紫羅繡袿襹，年皆可十七八許。」○梁元帝詩：「沙棠作舡桂作檝，夜渡江南采蓮葉。」楚詞：「辛夷車兮結桂旗。」

弄玉有祠終或往，蕭史，秦穆公時，善吹蕭，能致白鵠、孔雀。穆公女字弄玉，好之，公以妻焉，遂教弄玉作鳳鳴。居數年，鳳凰來止其屋，爲作鳳臺，夫婦止其上，日〔二〕旦皆隨鳳飛去。於是秦人作鳳女祠。

飛瓊無夢故難知。評曰：弄玉、飛瓊好。四字無謂，堆實用了。○廣記：「唐開成初，進士許瀍游河中，忽得重病，不知人，親友數人環坐守之。至三日，蹷然而起，取筆大書於壁曰：『曉入瑤臺露氣清，坐中唯有許飛瓊。塵心未盡俗緣在，十里下山空月明。』書訖，復寐。及明日，又驚起，取筆改其第二句曰：『天風飛下步虛聲。』書訖，兀然如醉，不復寐矣。良久，漸言曰：『昨夢到瓊臺，有女仙三百餘，皆處大屋內，云是許飛瓊遺賦詩。及成，復令改，曰：「不欲世間人知有我也。」既畢，甚被賞歎，令諸仙皆和，曰：「君終當至此，且歸。」若有人導引者，遂得迴耳。』」出逸史。飛瓊對弄玉，奇甚。

【校記】

〔一〕「雲」，龍舒本作「文」。

〔二〕「日」，宮内廳本、臺北本作「一」。

榮上人遽欲歸以詩留之

道人傳業自天台，千里翛然赴感來。梵行毗沙爲外護，華嚴經：「隨緣赴感，靡不周。」宣律師脩行精苦，常夜行道，臨堦墜落，忽覺有人捧承其足，宣顧視之，乃一少年也。宣遽問：『弟子何人？中夜在此？』少年曰：『某非常人，即毗沙門天王子那吒太子也。以護法之故，擁衛和尚，時已久矣。』法筵靈曜得重開。靈曜，寺名，梁武所建。○續高僧傳：「僧智藏宿靈曜寺，夜暫攝心宴寂，見有金光照曜，一室洞明。人問其故，答曰：『此中奇妙，未可得言。』」已能爲我迃神足，智論云：「佛足行時，去地四指，而現印文，不在空者，人疑難親。附在地者，恐與常人同傷物命，故反迃其足，使去地四指。」○金光明經捨身品：「爾時世尊即現神足。神足力，故令此大地六種震動。於大講坐衆會之中，有七寶塔從地涌出，衆寶羅網，彌覆其上。」便可隨方長聖胎。智封禪師初滯名相，乃罷講游行。「登武當山，見秀禪師，疑心頓釋，思養聖胎，乃辭去。居於蒲津安峯山，不下十年。」傳燈録：「馬祖一日謂衆曰：『於心所生，即名爲色，知色空故，生即不生。若子此意，乃可隨時著衣喫飯，長養聖胎，任運過時，更有何事？』」魏泰東軒雜録載：「隱士藍方三年養聖胎，不遇劉海蟾，不能得出。」觀此，則道家亦有聖胎，所謂内丹是也。肯顧北山如慧約，慧約，即婁約法師。與公西崦斸莓苔。

送陳和叔〔一〕

公自序云：「嘉祐末，和叔以集賢校理判登聞鼓〔二〕院、同知太常禮院。宅〔三〕皮場街，有園數畝，中置二墩〔四〕作「槨」，甎衮丈〔五〕，北户臨溝，略彴通街。旁作小屋，毁輜車爲蓋。某以直集賢院爲三司度支判官，以知制誥糾察在京刑獄，同管勾三班院。間度彴，飯車蓋屋〔六〕下，隨所有無，坐卧甎上，笑語常至夜。如此三歲，而和叔遭太夫人憂。未幾，某亦喪親以去，時永昭陵尚未復土也。後與和叔皆蒙今上拔用，數會議語，皆憂傷之餘，責厚事叢，無復故情。元豐元年，某食觀使禄，居鍾山南，和叔經略廣東，道舊故〔七〕悵然。某作此〔八〕詩，以叙其事。」

毁車爲屋僅容身，三歲相要薄主人。左氏：「荀吴毁車爲行。」○薄主人，見酬吴仲庶小園注。又，步騭傳：「孫權言：『當以千頭牛爲君作主人。』」晝寓墩〔九〕甎常至夜，冬沿溝彴復尋春。此詩有石本，在臨川饒蒙家，真跡「墩」作「椁」。南陔不洎公歸里，束廣微補南陔詩云：「嗷嗷林烏，受哺於子。」蒼墓垂成我喪親。嘉祐八年三月辛未，仁宗升遐。四月乙亥，命韓琦爲山陵使。十月甲午，永昭陵復土。公以八月丁母吴氏憂，故云「蒼墓垂成我喪親」也。蒼墓，指舜葬蒼梧。後會縱多無此樂，山林投老一傷神。

【校記】

〔一〕宋本、叢刊本題作「呈陳和叔」。龍舒本、宋本、叢刊本題下注「并序」二字，無「公自序云」四字，序文大字另行。

〔二〕「鼓」，原作「檢」，據龍舒本、宋本、叢刊本改。

〔三〕宋本、叢刊本無「宅」字。

〔四〕「置」，宮内廳本作「壘」。「墩」，宋本、叢刊本作「椁」。

〔五〕「甎」，宮内廳本作「墩」。「丈」，原作「支」，據龍舒本、宋本、臺北本、叢刊本改。

〔六〕宋本、叢刊本無「屋」字。

〔七〕宋本、叢刊本無「故」字。

〔八〕龍舒本、宋本、叢刊本無「此」字。

〔九〕「墩」，宋本、叢刊本作「椁」。

招呂望之使君

潮溝直上〔一〕一作「東路」。兩牛鳴，潮溝，見建康實録：「孫權赤烏四年，開潮溝以引江潮。自歸善寺門前，東出至青溪。」○唐西域記云：「夫數量之稱，謂踰繕那。踰繕那者，自古聖主一日軍行。舊傳一踰繕那，四十里矣。印度國俗乃三十里，教所載唯十六里。窮微之數，分一踰繕那四十里爲八拘盧舍。八拘盧舍者，謂大牛鳴聲所極聞也。」兩牛鳴里數，又倍於一牛鳴矣。〔二〕十畝漣漪〔三〕一草亭。詩：「河水清且漣漪。」○杜子美詩：「乾坤一草亭。」委質山林如許國，左氏：「策名委質。」山濤傳：「委質事人，復何容易之？」言一心於山林，猶嚮日之許國，誓無貳也。寄懷魚鳥欲忘形。蘭亭：「或取諸懷抱，或因寄所託。」○杜詩：「忘形到爾汝。」紛紛易變浮雲白，落落誰鍾老柏青？杜詩：「天上浮雲似白衣，須臾忽變爲蒼狗。」又：「意鍾老柏青，誼動秋蛇蟄。」尚有使君同好惡，想隨秋水肯揚舲？評曰：甚怨。

【校記】

〔一〕「直上」，龍舒本作「直下」，宋本、叢刊本作「東路」。

〔二〕宮内廳本評曰：「是五里爲一牛鳴。牛鳴何到此。」

〔三〕「漣漪」，宋本、叢刊本作「漪漣」。

公闢枉道見過獲聞新詩因叙歎仰

青丘神父能爲政，相如賦：「秋田乎青丘，彷徨乎海外。」公闢自越召入，元豐三年出知青州。踰年告老，年已七十餘。此自青州歸蘇日過公也。○後漢鮑昱傳：「鮑德爲南陽太守，吏人愛悦，號爲神父。」碧落仙翁好作詩。碧落，見送公闢得謝還姑蘇注。○劉禹錫雲賦：「日轉黄道，天開碧落。」舊事齊兒應共記，朱博傳：「觀齊兒欲以此爲俗耶？」新篇楚老得先知。楚老，公自指也。○杜詩虎牙行：「楚老長嗟憶炎瘴。」懷甎大峴如迎日，後魏李延寔〔二〕，莊帝舅，出刺青州。帝謂之曰：「懷甎之俗，世號難治，舅宜好用心。」楊寬時在側，不曉懷甎之義，私問温子升，升曰：「吾聞至尊兄彭城王作青州，其賓客至州者云：『齊土之民，風俗淺薄。太守初入境，百姓皆懷甎扣頭，以美其來。及其代去，還以甎擊之。』」事見太平廣記四百九十三卷。○唐人送人解官赴闕詩：「吏辭如賀日，民送似迎時。」供帳閶門憶〔三〕去時。閶門，吴郡城門。當言程赴官時也。程，姑蘇人。若與鴟夷鬭百草，國史纂異云：「晉謝靈運鬚美，臨刑，施於南海祇洹寺爲維摩詰鬚。寺人寶惜，初不虧損。中宗樂安公主五日鬭百草，欲廣其物色，令馳取之，又恐爲他人所得，因剪棄其餘。今遂絶。」錦囊佳麗敵西施。評曰：事、句嚴密如此。○夢得寄樂天詩：「蘇州刺史例能詩，西掖吟來替左司。」又云：「若共吴王鬭百草，不如惟是欠西施。」樂天答：「分無佳麗敵西施，豈有文章替左司？」

【校記】

〔一〕「寔」字原脱，據太平廣記補。

〔二〕「憶」，宋本、叢刊本作「勝」。

全椒張公有詩在北山西庵僧者墁之悵然有感

全椒張公者，名瓌，字唐公。祖洎，参知政事。瓌學問該洽，有文章，姿長者。然遇事輒言，數忤權貴，屢出不悔。恬於進取，不磨勘遷官者，率嘗至十餘年。其操行頗類公，宜公所厚也。瓌終翰林侍讀學士。按續建康志云：「白雲庵，在攝山天開巖下。」注云：「侍讀張公瓌嘗讀書於此。左丞王安禮爲記。」紹聖間，陳軒待制集金陵詩，有懷攝山十題，曰白雲庵、天開巖等處，而有號唐公巖者居其一，巖或以唐公得名也。又疑北山即攝山，西庵即白雲庵。

十年怊悵躡山阡，躡，當作「攝」。建康志云：「在城東北四十五里。」江乘地記云：「村有攝山，多藥草，可以攝生，因以名之。」終欲持盃滴到泉。韓詩：「上呼無時聞，滴地淚到泉。」○記郊特牲：「灌用鬯臭，鬱合鬯臭，陰達於淵泉。」東路角巾非故約，羊祜傳：「與從弟琇書：『既定邊事，當角巾東路歸故里。』」西州華屋漫脩椽。西州華屋，羊曇事。○杜詩：「拾遺平昔居，大屋尚脩椽。」幽明永隔休炊黍，謝承後漢書：「范式少游太學，與張劭爲友。劭字元伯。春別京師，暮秋爲期。元伯九月十五日，殺雞炊黍以待之。母曰：『千里，何期之審？』元伯曰：『巨卿信士，終不失期。』言未畢，巨卿至。」○范曄漢書式傳云：「元伯卒，式夢元伯曰：『吾以某日葬，子未我忘，豈能相及？』式即投其葬日，馳往赴之。未至，而喪已發引。將窆，柩不肯前。其母撫之曰：『元伯豈有望乎？』須臾，式至，扣喪曰：『行矣元伯，死生異路，永從此辭。』因執紼而引，乃進。」公此詩，正用此朋友事。**真俗相妨久絶絃。**評曰：兩語宛轉淒斷。○武帝與婁約法師、傅大士、昭明太子論三諦法門，真諦以明非有，俗諦以明非無，真、俗不二〔一〕，是聖諦第一義。○鍾子期死，伯牙爲之絶絃。○謝靈運詩：「平生疑若人，通蔽互相妨。」**遺墨每看疑邂逅，復隨人事散如煙。**評曰：著「疑邂逅」，又好。○杜詩：「黎園弟子散如煙。」

【校記】

〔一〕「二」字原脱，據宮内廳本、臺北本補。

嶺　雲

嶺雲合處小盤桓，易屯：「初九，盤桓。」○淵明文：「撫孤松而盤桓。」**人得敷衾馬解鞍。**「解鞍縱馬卧。」見李廣傳。**寒莢著天榆歷歷，**春秋運斗樞曰：「玉衡星散爲榆。」○古樂府：「天上何所有，歷歷種白榆。」○白樂天詩：「君不見，沉沉海底生珊瑚，歷歷天上種白榆。」○韓詩：「楊花榆莢無才思。」**净華浮海桂團團。**謂月也。退之柳州廟碑：「桂樹團團兮白石齒齒。」○李白詩：「仙人垂兩足，桂樹作團團。」○「明月出天山，蒼茫雲海間。」**交游涣散淵明喜，**評曰：政是用事意。○事見歸去來詞。○柳集：「交游解散，羞與爲戚。平生歸慕，毀書滅跡。」**吏卒蕭條叔夜寬。**山濤將去選官，舉嵇康自代，康乃與書絶交云：「有必不堪者七：卧喜晚起而當關呼之，一也；抱琴行吟、弋釣草野而吏卒守之，不得妄動，二也。」**方丈老**

翁無一髮，更知來不爲皮冠。孟子：「招虞人以皮冠。」○左氏：「不釋皮冠而與之語。」

蓼蟲

蓼蟲事業無餘習，孔叢子蓼蟲賦：「季夏既望，憩於南藩。睹茲茂蓼，結葩吐榮。爰有蠕蟲，厥狀似螟。羣聚其間，食之以生。於是悟物託〔一〕事，推況乎人。幼長斯蓼，莫或知辛。膏粱之子，豈曰不云：『惟非德非義，不以爲家，安逸無心，如禽獸何？』逸必致驕，驕必致亡。」注：「言是蟲浸辛而不以爲辛，猶膏粱之子浸驕而不以爲驕也。」〔二〕芻狗文章不更陳。莊子天運篇：「師金謂顏淵曰：『夫芻狗之未陳也，盛以篋衍，巾以文繡，尸祝齋戒以將之。及其已陳也，行者踐其首脊，蘇者取而爨之而已。將復取而盛以篋衍，巾以文繡，游居寢卧其下，彼不得夢，必且數眯焉。今夫子亦取先王已陳芻狗，取弟子游居寢卧其下。』」隱几自憐居〔三〕喪我，莊子：「南郭子綦隱几而坐，仰天而噓，嗒焉似喪其耦。顏成子游曰：『何居乎？形固可使如槁木，心固可使如死灰乎？』」子綦曰：『今者吾喪我，子知之乎？』」倨堂誰覺似非人？孔子見老聃新沐，方將被髮而乾，慹然似非人。難堪藏室稱中士，「老子姓李氏，名耳，字伯陽，謚曰聃。周守藏室之史也。」索隱曰：「周藏書之室，謂之藏室。」王制有上士、中士、下士。秖合箕山作外臣。謂方外之臣也。○箕山上有許由冢。○左氏成三年：「智罃謂楚莊王曰：『君之外臣首。』」又：「郤至曰：『君之外臣至。』」此借用。白樂天詩：「堯被巢由作外臣。」張俞詩：「欲作外臣誰是友？白雲孤鶴在嵓扉。」尚有少緣灰未死，韓安國傳：「死灰獨不復燃乎？」欲持新句惱比隣。

【校記】

〔一〕「託」，宮内廳本作「記」。

〔二〕宮内廳本評曰：「以食辛比膏粱，甚不類。」

〔三〕「居」，宮内廳本作「吾」。

莫　疑

莫疑禪伯未知禪，莫笑仙翁不學仙。靈骨肯傳黃蘗燼，真心自放赤松煙。評曰：「煙」字欠考。○黃蘗，唐高僧。赤松子，古仙人。蓮花〔一〕世界何關汝？觀音延壽經：「有佛世界，純是蓮花」。楮葉工夫浪費年。楮葉，見前日石上松注。露鶴聲中江月白，一燈岑寂擁書眠。柳詩：「鶴鳴楚山静，露白秋江曉。」

【校記】

〔一〕「花」，宋本、叢刊本作「華」。

示俞秀老〔一〕

繚繞山如涌翠波，杜牧詩：「嵐嫩千峯疊海濤。」○戴叔倫詩：「繚繞古城東。」○杜詩：「閭閻繚繞接山巔。」人家一半在煙蘿。時豐笑語春聲早，白詩：「年豐豈獨人，禽鳥聲亦樂。」○杜詩：「鷗泛已春聲。」地僻追尋野興多。窣堵朱甍開北向，豳風：「塞向墐户。」毛注云：「向，北出牖也。」○吴都賦曰：「開北户以嚮日。」劉逵曰：「日南之北户，猶日北之南户。」窣堵，梵言塔。招提素脊隱西阿。招提，寺別名。暮年要與君攜手，處處相煩作好歌。詩何人斯：「作此好歌，以極反側。」

【校記】

〔一〕龍舒本卷六十九示俞秀老三首，其一同此，其二、三即本書卷四十三示俞秀老二首。

示江公佐外厨遺火〔一〕

刀匕初無欲清〔二〕人，莊子人間世篇：「葉公子高曰：『吾食也執粗而不臧，爨無欲清之人。』」注：「對火而不思涼，時其所饌儉薄也。」○説文：「字從以青，寒也。」○禮：「冬温夏清。」○刀匕，見放魚注。**如何竈鬼尚嫌嗔？**宣帝時，陰子方者臘日晨炊，而竈神形見，子方再拜受慶。家有黄羊，因以祀之。注云：「雜五行書曰：『竈神名禪，字子郭，衣黄衣，夜被髮從竈中出。知其名，呼之，乃可除凶。』」竈鬼，即竈神。**翛翛短褐方圍[三]火，冉冉青煙已被宸。**說文云：「褐，短衣也。」墨子曰：「人不可衣短褐。衣服不美，身體從容不足觀也。」〇李白詩：「厨竈無青煙，刀机生緑蘚。」〇何晏景福殿賦：「芸若充庭，槐楓被宸[四]。」**邂逅焚巢連鳥雀，**易旅：「上九，鳥焚其巢。」〇「城門失火，禍及池魚。」亦此類也。〇漢成帝河平元年，泰山山桑谷，有鳶焚其巢。男子孫通等聞山中羣鳥鳶鵲聲，往視，見巢爇[五]盡墮地，中有三鷇燒死。樹大四圍，巢去地五丈五尺。**倉黄濡幕愧比鄰。**哀公三年：「司鐸火。濟濡帷幕，鬱攸從之，蒙葺公屋。」**王陽幸有囊衣在，**「王吉字子陽，遷徙去處，所載不過囊衣，不畜積餘財。」師古曰：「一囊之衣也。有底曰囊，無底曰橐。」**報賞焦頭亦未貧。**霍光傳徐生事，「焦頭爛額爲上客」。

【校記】

〔一〕宋本、叢刊本題作「外厨遺火示公佐」。

〔二〕「清」下宋本、叢刊本注云：「七姓切。」

〔三〕「圍」，宋本、叢刊本作「煬」，注云：「一作圍。」

〔四〕「宸」，原作「震」，據文選景福殿賦及宮内廳本、臺北本改。

〔五〕「爇」，原作「難」，據宮内廳本、臺北本改。

讀眉山集次韻雪詩五首 眉山，謂東坡。

若木昏昏末〔一〕有鵶，淮南子：「若木在建木西，末有十日，其光照地。」注：「木端也。」又：「日中有踆烏。若木，日也；鵶，日中三足烏。」○退之詩：「金鵶忽騰翥，六合俄清新。」凍雷深閉阿香車。搜神記：「義興人周永和出行，值日暮，路傍小屋中有女子留宿。一更後，有喚阿香，女應諾。『官喚汝推雷車。』女遂辭周，云：『有官事，須去。』俄而大雷。既明，周異其處。反尋，惟見新冢。」韓詩：「偷入雷電室，輷較掉狂車。」摶雲忽散簁爲屑，剪水如分綴作花。退之詩：「宿雲寒不卷，春雪墮如簁。」又：「片片勻如剪，紛紛碎若挼。」又：「真是屑瓊瑤。」○陸暢雪詩：「天人寧底巧，剪水作花飛。」擁箒尚憐南北巷〔二〕，持盃能喜兩三家。王元寶迎賓事，見和沖卿雪注。戲挼亂〔三〕掬輸兒女，羔袖龍鍾手獨叉。馬援傳：「豈有知其無成，叉手從族乎？」琴操：「卞和歌曰：『空山歔欷涕龍鍾。』」○左氏：「余狐裘而羔袖。」

【校記】

〔一〕「末」，宋本作「未」。

〔二〕「巷」，宋本作「港」。

〔三〕「亂」，宋本、叢刊本作「弄」。

其二

神女青腰寶髻鵶，獨藏雲氣委飛車。淮南子：「至秋三月，青女乃出，降以雪霜。」注：「青女，天神，青腰玉女也，主霜雪。」夜光往往多聯璧，李斯傳：「必秦所生然後可，則夜光之璧不飾朝廷。」鄒陽傳：「明月之珠，夜光之璧，以暗投人。」○謝惠連雪賦云：「亦遇圓而成璧。」小白紛紛每散花。華嚴經有小白花山。○天女散花事，見維摩經。珠網纚連拘翼座，凡夫或善或惡，一念才起，即五處遍現一帝釋珠網中也。詳見藏經。又，據增壹阿含經第六卷利養品第十二：「爾時釋提桓因白須菩提言：『云何善業所抱患苦，有增損乎？今此身痛，爲從何生？身生邪？意生乎？』爾時尊者須菩提語釋提桓因言：『善哉拘翼，法法自生，法法自滅，法法相動，法法自息。絶〔二〕如拘翼，有毒藥，復有害毒藥。天帝釋，此亦如是。法法相亂，法法自息。法能生法，黑法用白法治，白法用黑法治。天帝釋，貪欲病者，用不净治；瞋恚病者，用慈心治；愚癡病者，用智慧治。如是，釋提桓因，一切所有皆歸於空，無我無人，無壽無命，無士無夫，無形無像，無男無女。猶如釋提桓因，風壞大桂〔三〕，枝葉彫落，雷雹壞苗，華果初茂，無水自萎。天降時雨，生苗得存。如是，天帝釋，法法相亂，法法自定，我本所患疼痛苦惱，今日以除，無復患苦。』」據此，則拘翼乃天帝釋，即提桓也。瑶池淼漫阿環家。阿環，上元夫人名，見古意注。然公詩所用阿環字，皆以爲西王母。○李義山集有曼倩辭云：「十八年來墮世間，瑶池歸夢碧桃閑。如何漢殿穿針夜，又向窻中覰阿環。」此亦連用瑶池、阿環事。銀爲宮闕尋常見，漢郊祀志：「蓬萊、方丈、瀛洲，此三神山皆在渤海中。其禽獸盡白，而黄金銀爲宮闕。未至，望之如雲；及到，三神山反居水下。」豈即諸天守夜叉。盧仝詩：「夜叉守門晝不啓。」○顯宗論云：「藥叉、夜叉，梵語輕重不同。此云暴惡，或云勇健，亦鬼神之類，然福德殊勝，或衛護諸天。」又，金頂輪王經云：「持經者得夜叉現，謂曰：『我須得一神守門，隨意當用，所求令我滿足。』」

【校記】

〔一〕「絶」，宮内廳本、臺北本作「猶」。

〔二〕「桂」，臺北本作「樹」。

其三

惠施文字黑如鴉，於此機緘漫五車。五車，見偶書注。盧仝詩：「忽來案上飜墨汁，塗抹詩書如老鴉。」○世說：「司馬太傅問謝車騎：『惠子其書五車，何以無一言入玄？』」嚼若易緇終不染，論語：「不曰白乎？涅而不緇。」○屈原傳：「嚼然於塵垢之外。」紛然能幻本無〔一〕花。圓覺經：「譬如幻醫，妄見空華。」又：「猶如空華，從空而有。幻華雖滅，空性不壞。」○韓詩外傳：「凡草木花多五出，雪花獨六出。雪花曰霙。」○唐文皇帝雪詩云：「不粧空散粉，無樹獨飄花〔二〕。」○李白詩云：「五月天山雪，無花只有香。」〔三〕觀空白足寧知處，僧曇始，關中人。晉孝武太元末住遼東宣化，後還關中，開導三輔。足白於面，雖涉泥水，未嘗沾涅，咸稱白足和尚。○雞跖集：「魏武帝時，有一僧足白，名思始。甚有神異，號白足禪師。」疑有青腰豈作家？慧可忍寒真覺晚，爲誰將手少林叉？傳燈録：「僧神光聞達磨住少林，乃往師事。師嘗端坐面墻，莫聞誨勵〔四〕。光堅立不動。遲明，積雪過膝，師憫而問之曰：『汝久立雪中，當來〔五〕何事？』光悲涕云云。師遂與易名慧可，語以法要。」叉手，謂慧雪中叉手而立。

補注　無花　一作「非花」，「非」字是。〔六〕

【校記】

〔一〕「無」，宫内廳本作「非」。
〔二〕「花」，原作「無」，據臺北本改。
〔三〕「無花只有香」，出李白塞下曲六首其一，一作「無花只有寒」。
〔四〕「勵」，宫内廳本作「餝」。
〔五〕「來」，宫内廳本、臺北本作「求」。
〔六〕本注原闌入詩注末，無「補注」二字。

其四

寄聲三足阿環鴉，相如賦：「低徊陰山，翔以紆曲兮，吾乃今日睹西王母。暠然白首，戴勝而穴處兮，亦幸有三足烏爲之使。」注：「三足青烏也。」問訊青腰小駐車。一一照肌寧有種，紛紛迷眼爲誰花？陳勝傳：「寧有種乎？」○退之詩：「熒煌初亂眼，浩蕩忽迷神。」○李白詩：「白雪飛花亂人目。」○樂天詩：「一朝一夕迷人眼。」争妍恐落江妃手，雪入水而消，故言「落江妃手」。○郭璞江賦云：「江妃含嚬而矊眇。」耐冷疑連月姊家。耐寒字，見晁錯傳。○春秋感精符云：「人主兄日姊月。」○米芾雪詩：「月姊封銀界，龍君幻玉壺。」長恨玉顔春〔一〕不久，畫圖時展爲君叉。唐薛媛寫真寄夫詩云：「恐君渾忘却，時展畫圖看。」

【校記】

〔一〕「春」，宮内廳本作「時」。

其五

戲珠〔一〕微縞女鬟鴉，試咀流酥已字誤。頰車。據南岳魏夫人傳云，夫人設王子喬瓊蘇緑酒。故薛道衡詩：「共酌瓊蘇酒，同傾鸚鵡盃。」東坡詩：「舉網驚呼得巨魚，饞涎不易忍流酥。」又：「碧香近出帝子家，鵝兒破殻酥流盎。」○僖公五年：「諺所謂『輔車相依，唇亡齒寒』者，其虞、虢之謂也。」注：「輔，頰輔；車，牙車。」○東坡詩：「咽嗽鳴兩車。」○靈樞經云：「足陽明之脈，起於鼻，循頰車上耳前過。」歷亂稍埋冰揉粟，消沉時點水圓花。退之詩：「飄飄還自弄，歷亂竟誰催？」○九辯：「雪霰紛揉。」○書：「藻火粉米。」注：「粉若粟冰，米若聚米。」孔穎達疏云：「粉之在粟，其狀如冰。」○杜詩：「水花笑白首。」○東坡詩：「凍合玉樓寒起粟，光搖銀海眩生花。」豈能舴艋真尋我，評曰：去訪戴太遠，又用意之弊。○舴艋，謂子猷訪戴安道。○唐人詩：「聽君揔畫麒麟閣，還我安眠舴艋舟。」且與蝸牛獨卧家。焦先所居爲蝸牛廬，嘗袒卧雪中不移，人以爲死，就視，如故。欲挑青腰還不敢，直須詩膽付劉叉。五詩四用「青腰」字。劉叉：「詩膽大於天。」○叉游退之門，作冰柱、雪車二詩，出盧仝、孟郊右。評曰：其讀坡集，喜而屢和，然節度嚴整，未足當韓豪也。

【校記】

〔一〕「珠」，宋本、叢刊本作「搖」。

補注

留榮上人〔一〕

靈曜　靈光獨曜，迥脱根塵。

聖胎　蘇養直〔二〕家居。一日，有異人見之，曰：「羅浮黄真人以公不好世人之所好，炁母已成，令某持丹度公，可服之。」袖中出一小合藥，黄色而膏〔三〕融，養直遲疑間，道人曰：「此丹非金非石，乃真炁煉成〔四〕，疑即且止，俟有急服之。」出門徑去。余竊〔五〕疑氣母即内丹，内丹即聖胎也。聖胎之成，則能出入變化，與飛仙同矣。

登寶公塔〔六〕

何國　泗州大聖僧伽傳云：「和尚何國人也？」又曰：「世莫知其所從來，云：『不知何國人也。』」然隋史西域傳乃有何國。

【校記】

〔一〕題應爲「榮上人遽欲歸以詩留之」。本注原置於卷末，無「補注」二字。
〔二〕「養直」，原作「養有」，據臺北本改。
〔三〕「膏」，原作「毫」，據臺北本改。
〔四〕「真」，原作「喜」；「成」，原作「或」，均據臺北本改。
〔五〕「余竊」，原作「竊余」，據臺北本乙。
〔六〕題應爲「重登寶公塔二首」。

庚寅增注第二十七卷

北窗　元無　高志寧傳：「世謂神農氏嘗藥以拯含氣，而黄帝以前文字不傳，以識相付。」此豈或「元無」之意耶？

小姑〔一〕　蘭支　衛風：「芄蘭之支，童子佩觿。」蘭支，疑公用衛詩事。童子，以喻幼稚，豈如李白詩所謂「兩小無猜嫌」者耶？

公闢枉道見過獲聞新詩因叙歎仰〔二〕　程公闢　石林避暑録云：「程光禄師孟，吴下人。樂易純質，喜爲詩，效白樂天而尤簡直，至老不改吴語。與荆公有場屋之舊。自洪州致仕歸吴，過荆公蔣山，留數日。時已年七十餘，荆公戲之曰：『公尚欲仕乎？』曰：『猶可更作一郡。』荆公大笑，知其無隱情也。」　神父　唐張楚金歷虞鄉令，略無留事，亦號神宰。　錦囊佳麗敵西施　魏泰東軒筆録：「程師孟知洪州，於府中作静堂，自愛之，無日不到。作詩題於石曰：『每日更忙須一到，夜深長是點燈來。』李元規見而笑曰：『此無乃是登溷之詩乎？』」據泰所記，則公闢亦未爲能詩。但泰言每挾好惡之私，不可盡信耳。　蓼蟲　外臣　李白集：「余素愛竇訣，爲三十六天帝之外臣。」　莫疑　仙翁　邵康節詩：「被人謗道是神仙。」　靈骨真心　韓持國詩：「靈骨不隨煙共盡，真心常與月孤明。」　蓮花世界　合揔論門云：「觀音延壽經説一切諸佛，本報國土十蓮花藏世界海，一蓮花藏最下世界，皆有十佛世界微塵數。」

示俞秀老〔三〕　西阿　真誥第二卷：「薛旅往學真道於鍾山北阿。」則鍾山有西阿、北阿也。

【校記】

〔一〕詩題原闕，據注文補。

〔二〕詩題原闕，據注文補。

〔三〕詩題原闕，據注文補。

此賞懷甘獨卧，賈誼治安策：「長此安窮。」袁安交戟豈須叉？汝南先賢傳曰：「時大雪丈餘，洛陽令出按行，見人家皆除雪出，有乞食者。至袁安門，無有行跡，謂安已死，令人除雪入户，見安僵卧，問：『何以不出？』安曰：『大雪，人皆餓，不宜干人。』令以爲賢，舉爲孝廉。後爲司徒。」○世説曰：「舊制，三公領兵入見，皆交戟叉頸而前。初，曹公將討張繡，入覲天子，時始復此制，公自是不敢朝見。」

【校記】

〔一〕「二」，宫内廳本作「忽」，宋蜀刻本昌黎先生文集送惠師作「既」。

〔二〕「爾雅」，當作「劉熙」，蓋釋名爲劉熙所撰。

八功德水

雪山馬口出琉璃，聞説諸天與護持。奘法師西國傳云：「阿那婆答多池在香山之南，大雪山之北，周八百里。金銀、琉璃飾其岸焉。大地菩薩以願力故，化爲龍王，於中潛宅，出清冷水，屬贍部洲。是以池東面銀牛口，流出殑伽河，繞池一匝，入東南海；池南面金象口，流出信度河，遶池一匝，入西南海；池西面瑠璃馬口，出縛芻河，入西北海。」此水遥連八功德，阿弥陁經：「極樂國土有七寶池，八功德水充滿其中。」長阿含起世經云：「大海初廣八萬四千由旬，有八功德水。」○順正理論注云：「一甘、二冷、三耎、四輕、五清浄、六不臭、七飲時不損喉、八飲已不傷腹。」○又，稱讚浄土經云：「水有八功德：一、澄清，二、清冷，三、甘美，四、輕軟，五、潤澤，六、安和，七、飲時除飢渴，八、飲已長養諸根。四大增益，種種勝喜，多有福情，常樂受用。」供人真浄四威儀。楞嚴經第七卷：「十方如來，隨此呪心。能於十方事善知識，四威儀中供養如意。恒沙如來會中，推爲大法王子。」○行住坐卧，佛謂之四威儀。當時迦葉無塵染，迦葉觀於法塵，念念生滅，無實自性，惟是空寂。○又云：「盡七染分。又以觀智一空塵法。法塵既空，妙法頓顯。」何事閺鄉有土思。閺鄉，屬河東安邑。閺，望雲切。○唐書曰：「僧萬迴，閺鄉人也，詼諧如狂，發言屢中。其兄戍邊五載，母思之，萬迴年幼，請詣兄所，策竹馬去。經旬而返，白母曰：『兄還矣，請辦餅，更往迎之。』數日，持襆〔一〕而至。母發襆，乃戍子衣也。尋而子至，母大驚。」○前漢西域傳：「公主年老，有土思。」道力起緣非一路，但知瓢飲是生疑。長安講僧問五祖云：「真性緣起，其義云何？」祖默然。玄挺禪師侍立次，乃謂曰：「大德正興一念問時，是真性中緣起。」僧言下大悟。

【校記】

〔一〕「襆」，原作「複」，據宮内廳本、臺北本改。下「襆」同。

寄題程公闢物華樓

千里名城楚上游〔一〕，史記：「項羽曰：『古之帝者，地方千里，必居上游。』」江山多在物華樓。遥知玉〔二〕一作「瞻旌」。節臨樽俎，此公闢爲江西轉運時，故有「玉節」之語。物華樓在其臺治。獨卧柴門隔〔三〕一作「荆阻」。獻醻。柳棠詩：「莫言名位未相儔，風月何曾阻獻醻？」想有新詩傳素壁，怪無餘墨到滄洲。滄洲，公自言。偶陪〔四〕一作「湡涪」。南望重重緑，章水還能向此流〔五〕？章水，即南江。

【校記】

〔一〕「千里」句，宋本、叢刊本作「吳楚東南最上游」。
〔二〕「知玉」，宋本、叢刊本作「瞻旌」。
〔三〕「門隔」，宋本、叢刊本作「荆阻」。
〔四〕「偶陪」，宋本、叢刊本作「渦浯」。
〔五〕「流」，龍舒本作「留」。

酬俞秀老

灑掃東庵置一牀，於君獨覺故情長。公集有答俞秀老書：「歲盡，當營理報寧庵舍，以佇游愒。」東庵，即報寧。有言未必輸摩詰，維摩經第八卷：「如是，諸菩薩各各說已，問文殊師利：『何等是菩薩入不二法門？』文殊曰：『如我意者，於一切法無言無說，無示無識，無諸問答，是爲入不二法門。』於是文殊問維摩詰：『我等各自說已，仁者當說何等是菩薩入不二法門？』時維摩詰默然無言。文殊歎曰：『善哉善哉，乃至無有文字語言，是有〔一〕入不二法門。』」詩意蓋謂有言不必便輸摩詰之一默。無法何曾泥飲光？案：迦葉爲第一祖，嘗於久遠劫中將金詣金師飾佛面，終〔二〕生中天摩竭陀國婆羅門家，名曰迦葉波。此云飲光勝尊，蓋以金色爲號。飲光付阿難偈云：「法法本來法，無法無非法。何於一法中，有法有不法？」第二祖爲阿難。天壤此身知共弊，魯仲連傳：「是業與三王争流，而名與天壤相弊。」江湖他日要相忘。莊子：「魚相忘於江湖，人相忘於道術。」猶貪半偈歸思索，緣起經：「雪山童子爲半偈而捨身。偈云：『諸法從緣生，緣離法即滅。我師大沙門，常作如是說。』」卻恐提桓〔三〕安揣量。提桓，即帝釋也。帝釋與佛地位自遠。

【校記】

〔一〕「有」，宮内廳本、臺北本作「真」。

〔二〕「終」，宮内廳本、臺北本作「後」。

〔三〕「桓」，宋本作「洹」。

次韻吴冲卿聽讀詩義感事韻〔一〕

冲卿詩云：「雪銷鳷鵲御溝融，燕見殊恩綴上公。晝日乍驚三接寵，正風獲聽二南終。解頤共仰天顔喜，墻面裁〔二〕容聖域通。午漏漸長知禹惜，侍臣何術補堯聰？」時脩撰經義所初進二南，有旨資政殿進讀。

周南麟趾聖人風，未有騶虞繫召公。關雎、麟趾之化，王者之風，故繫之周公。鵲巢、騶虞之德，諸侯之風也，先王之所以教，故繫之召公。雅頌兼陳爲四始，是以一國之事，繫一人之本，謂之「風」；言天下之事，形四方之風，謂之「雅」，政有小大，故有「小雅」、「大雅」焉；「頌」者，美盛德之形容。是謂「四始」，詩之至也。故此言二南、國風，通「雅」、「頌」兼陳，爲「四始」也。○又，史記：「關雎爲風始，鹿鳴爲小雅始，文王爲大雅始，清廟爲頌始。」笙歌合奏以三終。鄉飲酒：「間歌三終，合樂三終。」○儀禮燕禮篇：「升歌鹿鳴，下管。新宫，笙入三成。」注：「新宫，小雅逸篇，管之入三成，謂三終也。」討論詔使成書上，休澣恩容著藉通。漢律：「五日一沐。」注：「漢律，吏得五日一下。言休息以洗沐。」著籍，見送西京簽判王著作注。墻面豈能知奥義，延陵聽賞自爲聰。延陵謂冲卿，用季札觀周樂事。○書：「不學墻面。」○論語：「人而不爲周南、召南，其猶正墻面而立也歟？」

【校記】

〔一〕龍舒本無此詩，僅存吳冲卿原作。宋本、叢刊本題「冲卿」下有「召赴資政殿」五字，末無「韻」字。

〔二〕「裁」，宮内廳本作「才」。

張侍郎示東府新居詩因而和酬二首

熙寧中，創建尚書省於内城之西，特爲宏壯。合屋三千一百餘間，團練使宋用臣董役。初議建省，有司具圖，數不用。神宗自爲圖授之。既成，臨幸，詔輒易一窻一户者，坐違制之罪。又建東、西府，以居宰執，與右掖門相對，每府四位，俗號八位。初成，術者言有天子氣，神宗駕幸以厭之。王荊公謝入府第表云：「親紆衡蓋，周視庭除」，及和此詩「曾留上主經過跡」是也。

得賢方慕〔一〕北山萊，赤白中天二府開。韓詩：「策馬上橋朝日出，樓闕赤白正崔嵬。」○詩：「南山有臺，北山有萊。」箋云：「山之有草木以自覆蓋，成其高大。喻人君有賢臣，以自尊顯。」功謝蕭規慙漢第，揚子淵騫篇：「或問蕭、曹，曰：『蕭也規，曹也隨。』」○蕭何傳：「何買田地必居窮僻處，爲家不治垣屋。曰：『令後世賢，師吾儉；不賢，毋爲執家所奪。』」○吳曾漫録：「荊公用蕭何事，乃漢賞賜蕭何等北闕大第。今二府成，乃切題。若以蕭何功第一，則次第之第，非第宅之第也。或又牽彊云：借第以對臺，唐人有此格。此蓋不知漢賞賜第事，故作此語耳。所恨未知正出處。」○唐李郢奉陪裴相公重陽日游安樂池亭詩云：「絳霄輕靄翊三臺，嵇阮襟情管樂才。蓮沼昔爲王儉府，菊籬今作孟嘉臺。寧知北闕元勳在，却引東山舊客來。自笑吐茵還酩酊，日斜空從絳衣迴。」郢於第五句下注云：「漢賜蕭何等北闕大第。」以郢猶能知之，孰謂荆公捨此而反舉第一之事爲對耶？况荆公上曾魯公詩云：「且開京洛蕭何第，未泛江湖范蠡船。」以此證之，則非用第一之第甚明矣。

恩從隗始詫燕臺。李白詩：「燕昭〔二〕延郭隗，遂築黄金臺。」○郭隗謂燕昭曰：「帝者與師處，王者與友處，霸者與臣處，亡國與役處。王誠博選國中之賢而朝其門，天下之士聞王朝其賢臣，必趨於燕矣。」昭王曰：「將誰朝而可？」郭隗曰：「今王誠能致士，先從隗始。隗且見事，况賢於隗者，豈遠千里哉？」於是昭王爲隗築宮而師之。樂毅自魏往，鄒衍自齊往，劇辛自趙往。○西清詩話云：「熙寧初，張掞以二府初成，作詩賀荆公，公和之，以示陸農師，曰：『蕭規曹隨，高帝論功，皆摭故實。而請從隗始，初無恩字。』公笑曰：『子善問也。』韓退之鬬雞聯句：感恩從始隗。若無據，豈當對功字也？』」○杜牧詩：「禮數全優知隗始，討論常見念回愚。」○復齋漫録云：「前輩以荆公詩『燕臺』爲失，蓋史記云：『爲隗改築宮而師事之。』然太白詩云：『何人爲築黄金臺。』則承襲之誤，其來久矣。」

曾留上主經過跡，更費高人賦詠才。自古落成須善頌，左昭公七年：「楚子成章華之臺，願與諸侯落之。」○檀弓下：「晉獻文子成室，晉大夫發焉，張老曰：『美哉輪焉！美哉奐焉！』云云。君子謂之善頌善禱。」

掃除東閤待〔三〕公來。「公孫弘起徒步，數年至宰相，封侯。於是起客館，開東閤，以延賢人，與參謀議。」師古曰：「閤者，小門也，東鄉開之，當庭門而引賓客，以別於椽史官屬也。」

【校記】

〔一〕「慕」，宫内廳本作「詠」。

〔二〕「燕昭」，原作「燕趙」，宋蜀刻本李太白文集亦作「燕趙」，據全唐詩李白古風改。

〔三〕「待」，龍舒本作「望」。

其二

榮觀流傳動草萊，中官賜設上尊開。唐元稹有謝賜設狀：「推食之賜，用勸勳勞；置醴之恩，以待賢彥。」○禮記：「黄目，鬱氣之上尊也。」又，漢平當傳：「賜上尊酒。」如淳曰：「律：『稻米一㪷，得酒一㪷，爲上尊；稷米一㪷，得酒一㪷，爲中尊；粟米一㪷，得酒一㪷，爲下尊。』」師古曰：「酒自有澆醇之異，爲上、中、下耳。」○晉書羊曼傳：「時朝士拜官，相飾供饍。羊曼拜丹陽[二]，客來早者得佳設，日晏則漸罄，不復精，隨客早晚，不問貴賤。」**皷歌叫窱聽疑夢，肴果聯翩餽有臺。**靈光賦：「洞房叫窱而幽邃。」注：「叫窱，遠也。」○孟子：「自是臺無餽也。」**斧藻故應宜舊德，棟樑非復稱凡材。**「三公之服，有斧藻。」益稷第五：「予欲觀古人之象，日、月、星辰、山、龍、華蟲作繪，宗彝、藻、火、粉米、黼、黻絺繡。」注：「黼，若斧形。藻，艸有文者。諸侯自龍衮而下至黼黻，士服藻火，大夫粉米，上得兼下，下不得兼上。」此言「舊德」，與服相對也。「凡才」，公自喻，言不稱棟樑之用。**虛堂欲踵曹參事，試問齊人或肯來。**曹參爲齊相，避正堂，舍蓋公。蓋公，齊人。虛，猶言避也。○韓集：「空大亭以見處。」○國朝未建東、西府前，執政皆僦宅以居。有功並眷厚者，皆賜官宅。熙寧中，因一日急速文字不時進入，詰之，乃以執政居第散處四隅，轉達稽留。神宗始有意建東、西府，遣中官度闕前舊八作司地爲之。既成，車駕因過周示，命刻擇官選時日，宣執政遷入，借官車輦，仍賜御筵。致仕張侍郎掞，有賀兩府入東西府詩曰：「五仙同日集蓬萊，玉宇珠簾次第開。乍向壺中窺日月，猶疑海上見樓臺。光生金鉉調元地，榮極璿樞命世才。共荷聖賢天地寵，定知霖雨及時來。」掞亦公所厚，故和其詩。○東、西府，凡八位，其制度高下、大小、間架皆一。其後所居，或東或西，先拜者先占，不分官序也。初入，借官車般，遂爲定制，下府司差。自建二府，終神廟朝，執政無賜第者。

【校記】

〔一〕「陽」，原本、臺北本作「楊」，據晉書卷四十九羊曼傳改。

上元從駕至集禧觀次冲卿韻〔一〕

介甫仁宗時以工部郎中知制誥，嘉祐七年也。次年，仁宗升遐。作此詩，已拜相。冲卿時爲樞密使。

昭陵持橐從游人，更見熙寧第四春。持橐，見趙充國傳。寶構中開移玉座，杜詩：「苔移玉坐春。」華燈錯出映朱塵〔二〕。一作「映垂紳」。○招魂：「經堂入奧，朱塵筵些。」注：「承塵也。」「蘭膏明燭，華燈錯些。」樓前時看新歌舞，仗外還如舊徼巡。漢百官表：「中尉，秦官，掌徼巡京師。」師古注：「徼，繞也。」○趙王彭祖傳：「常夜從走卒行徼。」謂巡察。投老逢時追往事，却含愁思度天津。劉禹錫酬牛相公詩：「追思往事咨嗟久，喜奉清光笑語頻。」

【校記】

〔一〕龍舒本題作「上元從駕集禧觀」。宋本、叢刊本題作「次韻冲卿上元從駕至集禧觀偶成」。

〔二〕「朱塵」，龍舒本作「垂紳」。

次韻陪駕觀燈

繡筤含風下玉除，沈存中筆談云：「正衙法座，香木爲之，加金飾。四足墮角，其前小偃，織藤冒之。每車駕出幸，則使老内臣馬上抱之，謂之『駕頭』；輦後曲蓋謂之『筤』，兩扇夾之，通謂之『扇筤』，皆遍繡。亦有銷金者，即古之華蓋。」宮商挾奏斐然殊。前漢禮樂志樂歌：「九歌畢奏斐然殊，鳴琴竽瑟會軒朱。」福祥周室流爲火，史記周紀：「武王渡河，中流，白魚躍入王舟中，武王俯取以祭。既渡，有火自上復於下，至於王屋，流爲烏，其色赤，其聲魄云。」恩澤堯樽散在衢。杜審言詩：「堯樽隨步輦，舜樂繞行麾。」○杜詩：「衢尊不重飲。」○淮南子：「道出一原，通九門，散六衢。」注：「布散於六合之衢也。」○孔叢子：「平原君謂孔子高曰：『堯舜千鍾，孔子百觚。』」孔融遺曹操書：「堯不千鍾，無以建太平。」○王摩詰詩：「陌〔一〕上堯樽傾北斗。」又，程行諶詩：「堯罇承帝澤。」伏枕但能知廣樂，揮毫何以報明珠？鈞天廣樂，用趙簡子疾，七日不知人事。○杜詩：「詩成珠玉在揮毫。」願留巾篋歸田日，追詠公歡每自娱。李令伯詩：「官無中人，不如歸田。」○韋應物文：「江行滿篋詩。」○歐陽永叔内制集序：「嗚乎！予且老矣，方買田淮潁之間。若夫涼竹簟之暑風，曝茅簷之冬日，睡餘支枕，念昔平生仕宦出處，顧瞻玉堂，如在天上。因覽遺文，見其所載職官名士，以較其人盛衰先後，孰在孰亡，足以知榮寵爲虛名，而資笑談之一噱也。」

補注　自娱　劉辟彊傳：「清净寡欲，常以書自娱。」〔二〕

【校記】

〔一〕「陌」，原作「百」，據宋蜀刻本王摩詰詩集大同殿生玉芝龍池上有慶雲百官共覩聖恩便賜宴樂敢書即事、臺北本改。

〔二〕本注原闌入題下，無「補注」二字。

和蔡樞密南都種山藥法〔一〕

蔡詩并序云：「蒙見索南都種山藥法，並以生頭百〔二〕十莖送上，因成小詩：青青正是中分天，區種何妨試玉延。即見引須緣夏木，定知如蹠薦冬筵。（注：「俗傳種時以足按之，即如人足。」）潤還御水冰霜結，蔭近堯雲雨露偏。自裏自題還自愧，揠苗應笑宋人然。」

區種抛來六七年，後漢劉般傳：「顯宗時，以郡國牛疫，通使區種增耕。」注引氾勝之書曰：「上農區田法，方深各六寸，間去七寸，一畝三千七百區，丁男女種十畝，至秋收區三升粟，畝得百斛。中農、下農區田各有法。」又嵇叔夜養生論亦有「區種」字。春風條蔓想宛延。本草云：「薯蕷，處處有之。春生苗，蔓延離披，秦、楚謂之『玉延』。」難追老圃莓苔徑，徐知證東林聯句：「嵐蒸山徑綠苔封。」〇杜詩：「苔逕臨江竹。」空對珍盤玳瑁筵。李白秋太原南柵餞別序：「幸叨玳瑁之筵，敢竭麒麟之筆。」又，元微之詩：「水精簾外教貴嬪，玳瑁筵心伴中要。」公此詩八句，而六句懷故園，所謂「其於仕也，有去志而無留心者耶？」嘉種忽傳河右壤，詩生民：「誕降嘉種，維秬維秠。」蔡挺嘗爲平涼，此言河右，必平涼種。靈苗更長闕西偏。隱十一年：「公孫獲處許西偏。」故畦穿斸知何日？南望鍾山一慨然。

補注　靈苗　范文正公詩：「滿山芝草長靈苗。」〔三〕

【校記】

〔一〕宋本、叢刊本題「和」上有「次韻奉」三字，「都」作「京」。

〔二〕「百」，宋本、叢刊本作「數」。

〔三〕本注原闌入詩末，無「補注」二字。

和蔡副樞賀平戎慶捷

城郭名王據兩垂〔一〕，軍前一日送降旗。漢西域傳：「有城郭諸國。」名王，謂貴種也。○杜欽傳：「三垂蠻夷，無逆理之節。」注：「三垂，謂東、南、西也。」○蜀花蘂夫人詩：「君王城上竪降旗。」羌兵自此無傳箭，五代霍彥威遣使獻兩箭。唐明宗賜兩箭以報之。夷狄之法，起兵令衆，以傳箭爲號令。○杜詩：「青海無傳箭。」唐劉黑闥爲突厥所窘，自以大箭射却之。突厥得箭，傳觀，以爲神。漢甲如今不解纍。齊國語：「諸侯甲不解纍，兵不解翳，弢無弓，服無矢，隱武事，行文道。」注：「纍，所以即甲也。」○李廣傳：「禹從落〔二〕中以劒斫絶纍。」○師古曰：「纍，索也。」幕府上功聯舊伐〔三〕，馮唐傳：「魏尚上功，幕府一言不相應，文吏以法繩之。」○李廣傳：「莫府省文書。」○師古曰：「莫府者，以軍幕爲義。古字通，單用耳。軍旅無常居止，故以帳幕言之。」廉頗、李牧軍市租皆入幕府，此則非因衛青始有其號。○聯舊伐，必指蔡在慶、渭時事。○莊公二十八年：晉二五言於獻公曰：「若使太子主曲沃，重耳、夷吾主蒲與屈，則可以威民而懼戎，且旌君伐。」杜注：「伐，功也。」朝廷稱慶具新儀。國〔四〕家道泰西戎喙，綿詩：「混夷駾矣，維其喙矣。」注：「駾，突也；喙，困也。」還見詩人詠串夷。皇矣詩：「帝遷明德，串夷載路。」

補注 兩垂 黃歇傳：「今大國之地偏天下，有其二垂。此從生民以來，萬乘之地未嘗有也。」〔五〕

【校記】

〔一〕「垂」，龍舒本、宋本、叢刊本作「陲」。

〔二〕「落」，原本、臺北本作「洛」，據漢書李廣傳改。

〔三〕「伐」，宋本、叢刊本作「代」。

〔四〕「國」，宋本、叢刊本作「周」。

〔五〕本注原闌入詩注末，無「補注」二字。

和蔡樞密孟夏旦日西府書事

蔡挺熙寧五年自渭州召拜樞密副使。熙寧六年，有司言日食。四月朔，上爲徹膳避殿。一夕微雨。明日，不見日食，百官入賀。是日有皇子之慶。蔡詩云：「昨夜薰風入舜韶，君王未御正衙朝。陽輝已得前星助，陰沴潛隨夜雨消。」介父所和，即此詩。

宮闕初晴氣象饒，韓詩城南聯句：「隱伏饒氣象。」○杜牧詩：「晴日登攀好，危樓物象饒。」寶車攢轂會東朝。重輪慶自離明發，易離卦：「重明以麗乎正。」○漢明爲太子，樂工作歌四章，曰日重光、星重輝、海重潤、月重輪。內壤陰隨解澤銷〔一〕。隱公二年：「日有食之。」穀梁曰：「吐者外壤，入者內壤。」○易：「雷雨作解。」賜篚外廷紛錦繡，燕庖中禁續薪樵。取繼粟之意。聯翩入賀知君意，咫尺威顔不隔霄。僖公九年：「天威不違顔咫尺。」○顧況詩：「我欲昇天天隔霄，我思渡水水無橋。」

【校記】

〔一〕「銷」，宋本、叢刊本作「消」。

和吴相公東府偶成 吴時爲樞密使。

承華往歲幸躊躇，承華，太子宫門名。風月清談接緒餘。徐勉爲吏書，與門人夜集。虞暠求詹事五官，勉正色曰：「今夕止可談風月，不可談及公事。」並轡趍朝今已老，連墻得屋喜如初。韓詩：「賃屋住連墻，往來欣莫問。」誅茅我夢江皋地，江皋，謂江寧之居。公方葺園屋於鍾山下。澆薤公思洛水渠。于鵠題鄰居：「澆薤憶同渠。」○溝洫志：「嚴熊言：『臨晉民願穿洛，以溉重泉以東萬餘頃故惡地，誠即得水，可令畝十石。』於是爲發卒萬人穿渠，自徵引洛水至商顔下。」師古曰：「臨晉、重泉，皆馮翊之縣。洛，即漆沮水。徵，亦在馮翊。」○冲卿，建州人，此稱洛水，未詳。然冲卿之兄育自閩徙新鄭，此或指入汴之洛也。元豐二年夏，命宋用臣導洛通汴，以代河渠，謂之清汴。歛退故應容拙者，先營環堵祭牢蔬。儒行篇：「環堵之室。」○韓詩：「歛退就新懦，趨榮悼前〔二〕猛。」○「中堂高且新，四時登牢蔬。」

【校記】

〔一〕「榮」，宋蜀刻本昌黎先生文集秋懷詩十一首其五、臺北本作「營」。「前」字原脱，據韓愈秋懷詩十一首其五及宮内廳本、臺北本補。

次韻元厚之平戎慶捷

公自注云：「來詩有『何人更得通天帶，謀合君心只晉公』之語。」〔一〕

朝廷今日四夷功，先以招懷後殪戎。書康誥：「天乃大命文王殪戎殷，誕受厥命。」注：「天美文王，乃大命之殺殷兵。」○左氏：「招携以禮，懷遠以德。」胡地馬牛歸隴底，漢匈奴傳：「胡居北邊，隨水草畜牧而轉移。其畜之所多則馬牛羊。」○地理志：「隴西郡。」應劭曰：「隴坻在其西。」師古曰：「隴坻，謂隴阪，今之隴山。坻，音丁計反，又音底。」漢人煙火起湟中。評曰：好氣象，尤可想其胷中。○湟，水名，在鄯州。段熲擊當煎羌於湟中，大破之。○唐陳黯代河湟父老奏：「臣等故居河湟間，世相爲訓，到今尚傳留漢之冠裳，每歲時祭饗，則必服之，示不忘漢儀，亦猶越翼胡蹄，有巢嘶之異。」又唐人河湟詩：「牧羊驅馬雖戎服，白髮丹心盡漢臣。」公所指漢人謂此也。其後復鄖、鄯，皆公之意。此詩已先見之。投戈更講諸儒藝，漢光武贊：「投戈講藝，息馬論道。」免冑爭趨上將風。成公十六年：「郤至三遇楚子之卒，見楚子必下，免冑而趨風。」注：「言疾如風。」今言「趨上將風」，則不用注義。文武佐時慚吉甫，宣王征伐自膚公。此句歸美神廟。六月詩：「薄伐玁狁，以奏膚公。」注：「奏，薦；膚，大；公，功也。」又：「文武吉甫，萬邦爲憲。」

補注　上將風　司空曙詩：「翩翩上將獨趨風。」〔二〕

【校記】

〔一〕龍舒本、宋本、叢刊本無「公自注云」四字。宫内廳本評曰：「自注元詩，可見其喜書生與兵事類爾。」

〔二〕本注原闌入題注下，無「補注」二字。

謁曾魯公〔一〕

曾公亮，嘉祐元年冬，自翰苑拜參知政事，又更英宗、神宗兩朝爲相，故詩云「翊戴三朝」。又，熙寧三年加侍中，故云「冕有蟬」。曾既致仕，上遣使存問無虚月。每歲首，執政就第，置酒賦詩，以爲故事。此詩云即席賦，必就第置酒時也。曾之子孝寬已爲簽樞，故用韋賢事。曾時年八十，故云「鄰呂尚」。方公得政，曾實陰爲之助，上以此益尊任公，故公深德曾，特推尊之，而沮抑韓公等。

翊戴三朝冕有蟬，歸榮今作地行仙。楞嚴經：「仙人有八種，一服餌堅固地行仙、塗藥飛行仙、金石游行仙、動止堅固通行仙、呪禁道行仙、思念照行仙、交通行仙、變化絶行仙，此皆有神通。」且開京洛〔二〕蕭何第，曾京師有賜第。蕭何第，見和張侍郎示東府新居注。未泛〔三〕江湖范蠡船。史記：「范蠡既雪會稽之恥，乃乘扁舟浮於江湖，變名易姓，適齊爲鴟夷子皮，之陶爲朱公。」老景已隣周呂尚，呂尚，周太公望。慶門方似漢韋賢。韋元成，賢之子，父子仍世爲宰相。一觴豈足爲公壽，願賦長鯨吸百川。評曰：終無佳語。○杜詩：「飲如長鯨吸百川。」

【校記】

〔一〕龍舒本、宋本、叢刊本題下有注：「即赴會時。」
〔二〕「洛」，宋本、叢刊本作「闕」，注曰：「一作『洛』。」
〔三〕「泛」，宋本、叢刊本作「放」。

駕自啓聖還内〔一〕

衣冠原廟漢家儀，羽衛親來此一時。叔孫通傳：「願陛下爲原廟渭北〔二〕，衣冠月出游之，益廣宗廟，大孝之本。」師古曰：「原，重也，先已有廟，今更立之，故曰重也。」○孟子：「彼一時，此一時也。」天子當懷霜露感，評曰：語朴厚。○禮記祭義：「秋，霜露既降，君子履之，必有悽愴之心，非其寒之謂也。春，雨露既濡，君子履之，必有怵惕之心，如將見之。」注：「謂悽愴及怵惕皆爲感時念親。」都人亦歎鼓簫悲。鼓簫之聲悲，亦言其異於平日耳。○王維詩：「簫鼓悲何已。」紛紛瑞氣隨雲漢，漠漠榮光上日旗。江文通上建平王景素書曰：「方今聖曆欽明，天下樂業，青雲浮洛，榮光塞河。」李善注曰：「尚書中候曰：『成王觀於洛河，沈璧禮畢，王退俟，至於日昧，榮光並出幕河。』」○杜審言詩：「榮光晴掩代，佳氣晚侵燕。」○周禮：「司常掌九旗之物名，日月爲常。」釋名曰：「畫日月於旗端，天子所建。」○左傳：「三辰旂旗。」注云：「日、月、星也。」穆天子傳：「日月之旗，七星之文。」塵土未驚閶闔閉，緑槐空覆影參差。王維登樓歌：「俯十二兮通衢，緑槐參差兮車馬。」

【校記】

〔一〕「内」字原脱，據目録及諸本補。

〔二〕「北」，原作「上」，據漢書叔孫通傳及宫内廳本、臺北本改。

集禧觀池上詠野鵝 野鵝，疑鴈類也。

池上野鵝無數好，晴天鏡裏雪毰毸。張文昌詩：「曲沼春流滿，新蒲映野鵝。」○類篇云：「毰毸，鳥羽張皃。」似憐暄暖鳴相逐，疑戀寬閑去却回。韓文：「猶將耕於寬閑之野。」京洛塵沙工點汙，陸士衡詩：「京洛多風塵。」○杜詩：「銜泥點汙琴書内。」江湖矰弋飽驚猜。李白詩：「長逢矰繳驚相呼。」羽毛的的人難近，嗟此謀身或有才。小杜詩：「君意如鴻高的的。」○唐戴叔倫詩：「鄉人欲去盡，北鴈又南飛。京洛風塵久，江湖音信稀。」

和〔一〕東廳韓子華侍郎齋居晚興

齋禁雖嚴異太常，後漢周澤傳：「澤爲太常，清潔循行，盡敬宗廟。嘗卧齋宫，其妻哀澤老病，闚問所苦。澤大怒，以妻干犯齋禁，遂收送詔獄請罪。時人爲之語曰：『生世不諧，作太常妻。一歲三百六十日，三百五十九日齋，一日不齋醉如泥。』」蕭然高詠〔二〕意何長。煙含欲暝宮庭紫，張平子西京賦：「正紫宮於未央。」○西京雜記：「成帝設雲帳、雲幄、雲幕於甘泉紫殿。」○杜牧之詩：「祥雲輝映漢宮紫。」○王勃記：「煙光凝而暮山紫。」亦疑曛暮，則宮殿之氣，仰看如紫。日映新秋省闥黃。後漢輿服志曰：「黃闥，天子門，中官主之。」以黃塗門，如青瑣之用青也。」壯節易摧行踽踽，謂壯節消輭，不免同乎流俗。踽踽，涼涼，如鄉原之類。然公豈真爾哉？華年相背去堂堂。唐人詩：「青春背我堂堂去〔三〕。」○李義山詩：「一弦一柱思華年。」追攀坐歎風塵隔，空聽鈞天夢帝鄉。鈞天事，見次韻酬宋玘注。

【校記】

〔一〕「和」，宋本、叢刊本作「次韻」。龍舒本題無「東廳」和「侍郎」四字。

〔二〕「詠」，宋本、叢刊本作「卧」。

〔三〕「去」，原作「云」，據宮內廳本、臺北本改。

酬和父祥源觀醮罷見寄

和父集無此詩。

竊祿祠官久見容，每持金石薦宸衷。鈞天忽忽清都夢，方丈寥寥弱水風。列子穆王篇：「王以爲清都紫微，鈞天廣樂，帝之所居。」○蓬萊隔弱水三萬里，非禹貢弱水也。○十洲三島記云：「方丈洲在東海中，東西南北，其岸正等。方丈面闊五千里，上專是羣龍所聚者，金玉琉璃之宮，三天司命所治之處。羣仙不欲升天者，往來此洲，受太上玄天籙。仙家數十萬，瓊田芝草，課計頃畝，如種稻狀。亦有石泉，上有九天原丈人宮，主領天下水神及陰精水獸之輩。」知結勝緣人意外，想尋陳跡馬蹄中。新詩起我超然興，更感鍾山蕙帳空。子曰：「起予者，商也。始可與言詩已。」

和御製賞花釣魚詩二首〔一〕

國史：「賜宴在嘉祐六年三月。御製詩云：『晴旭暉暉苑籞開，氤氳花氣好風來。游絲罥絮縈行仗，墮蘂飄香入酒杯。魚躍文波時撥剌，鶯留深樹久徘徊。青春朝野方無事，故許觀游近侍陪。』」按：韓忠獻公集有和御製詩，序引云：「奉聖旨次韻。」故介甫詩云「恩許賡歌」，蓋紀實也。韓詩云：「花簇香亭萬朵開，瑞輿高自九關來。輕陰閣雨留天仗，寒色留春送壽杯。仙吹徹雲終縹緲，恩魚逢餌幾徘徊。曾參二十年前會，今備台司得再陪。」公既進詩，或言於上曰：「琦譏切陛下。」上愕然問之，對曰：「琦二十年而得一再侍宴，此正譏陛下飲宴無度也。」上大笑。時鄭獬詩亦佳：「輦路鮮雲五色開，一聲清蹕下天來。水光翠繞九重殿，花氣醲熏萬壽杯。繡幕煙深紅會合，文竿風引綠低徊。蓬山絕景無人到，詔許羣仙盡日陪。」

其一

蔭幄晴雲拂曉開，傳呼仙仗九天來。太玄經曰：「九天者，一爲中天，二爲羨天，三爲順天，四爲更天，五爲晬天，六爲廓天，七爲咸天，八爲況天，九爲成天。」廣雅及呂氏春秋各有九天，與此不同。○杜詩：「仙仗離丹極。」

披香殿上留朱輦，披香，見暮春注。太液池邊送玉杯。評曰：死語。○漢志：「建章北有大池，名曰太液。」昭帝紀「黄鵠下建章太液池」是也。○西清詩話云：「仁廟嘉祐中開賞花釣魚燕，介甫以知制誥預末坐。帝出詩，羣臣次第屬和，傳至介甫，日將夕矣。亟欲奏御，得『披香殿』字，未有對。時鄭毅夫獬接席，顧介甫曰：『宜對太液池。』翌日，都下盛傳王舍人竊柳詞『太液波飜，披香簾捲』，介甫頗銜之。」○復齋漫録云：「余讀唐上官儀初春詩：『步輦出披香，清歌臨太液。』乃知荆公取儀詩，豈謂柳詞耶？」庾信春詩：「宜春苑中春已歸，披香殿裏作春衣。」長安有宜春宮，此又以宜春對披香矣。宿蘂暖含風浩蕩，李白詩：「繡户香風煖。」戲鱗清映日徘徊。杜詩：「魚跳日映山。」○蘇魏公語録云：「仁宗賞花釣魚宴，賜詩執政諸公，洎禁從、館閣皆屬和。而『徘徊』二字無他義，諸公進和篇皆押『徘徊』。再坐教坊雜戲，爲數人尋訪税第，至一宅，入觀之，至前堂之後問所以，曰『徘徊』也。又至後堂東西序，亦問之，皆曰『徘徊』也。一人笑曰：『可則可矣，徘徊太多。』」宸章獨與春争麗，恩許賡歌豈易陪。書益稷：「乃賡載歌。」

【校記】

〔一〕龍舒本、宋本、叢刊本題末無「詩二首」三字。龍舒本僅第一首。

其　二

靄靄祥雲輦路晴，傳呼萬歲雜春聲。漢武紀：「元封元年，詔曰：『朕親登嵩高，御史乘屬在廟旁，吏卒咸聞呼萬歲者三。』」○王建宮詞：「日高殿裏有香煙，萬歲聲來動九天。」蔽虧玉仗宮花密，温飛卿詩：「雞鳴人草草，香輦出宮花。」映燭金溝御水清。後漢宦者傳云：「盜取御水，以作魚釣。」注：「水入宮苑爲御水。」王建宮詞：「御波水色春來好，處處分流白玉渠。」○杜牧之亦以「宮花」對「御水」，見下注。珠蘂受風天下暖，杜詩：「吹面受和風。」○易：「天下有山，遯。」錦鱗吹浪日邊明。杜詩：「魚吹細浪搖歌扇。」從容樂飲真榮遇，願賦嘉魚頌太平。詩小雅南有嘉魚，樂與賢也。太平之君子至誠，樂與賢者共之也。

補注　次韻無厚之平戎慶捷〔一〕　湟中　大觀上元御製：「午夜笙歌連海嶠，春風燈火過湟中。」可謂極盛矣。未幾而裔夷之變作。

和蔡樞密南都種山藥法〔二〕　區種　段灼訟鄧艾之冤曰：「是歲少雨，又是區種之法，手執耒耜。」

補注　種山藥〔三〕　玳瑁筵　白詩：「玳瑁筵中懷裏醉。」

和蔡樞密孟夏旦書事　王鞏云：「是日日光稍澹，非不見也。」按：嘉祐五年，當日食而不食，温公以問劉羲叟，羲叟曰：「入食限而不深，辰巳之間，光采微虧而已，是薄也，非食也。」竊疑此日亦薄而非食爾。

次韻元厚之平戎　唐憲宗嘗云：「今兩河數十州，皆國家政令所不及，河湟數千里，淪於左衽。朕日夜思雪祖宗之恥，而財力不贍。」

【校記】

〔一〕題原闕，據注文補。

〔二〕題原闕，據注文補。

〔三〕題全作「和蔡樞密南都種山藥法」。

庚寅增注第二十八卷

次韻吴冲卿〔一〕　**周南召南**　周南、召南，樂名也。詩鼓鍾「以雅以南」是也。關雎、鵲巢，二南之詩而已，有樂有舞焉。學者之事，其始也學周南、召南，末至於舞大夏、大武。所謂爲周南、召南者，不獨誦其詩而已。

和張侍郎新居詩〔二〕　**上主經過跡**　神宗恭謝萬壽觀，回幸尚書省，故云「經過」也。駐輦令廳，上顧執政曰：「新省宏壯，甚與官制相稱。」王珪等對：「規摹制作，皆出聖謨。」次至僕射廳，上又曰：「新省制作，非苟而已。卿等宜率勵官屬，勉脩職事。」既又召尚書侍郎以下，隨其曹，問以所掌職事甚悉，因戒敕曰：「朕所以待遇，責任非輕，宜各思自勉，盡心職事。」

其二　**賜設**　沈括筆談：「京師百官上曰：『惟翰林學士敕設用樂，它雖宰相亦無此禮。』優伶並開封府點集。」據括所稱，宰相敕設亦不用樂。下云「皷歌」，可見其爲殊禮也。

上元次冲卿韻〔三〕　**徼巡**　杜牧詩：「徼巡司隸很如羊。」

次韻元厚之〔四〕　**四夷功**　左氏：「諸侯有四夷之功。」　**殪戎**　隱九年：「北戎侵鄭，祝聃逐之，衷戎師，前後擊之，盡殪，戎師大奔。」

詠野鵝〔五〕　**的的**　唐杜羔妻詩：「良人的的有奇材。」見廣記。

和韓子華晚興　**踽踽**　詩：「獨行踽踽。」獨行，無徒也。

和御制賞花釣魚詩　賞花釣魚事，唐已有之，故王建宮詞：「遥索劒南新漾錦，東宮先釣得魚多。」　太液池　北治漸臺，高二十餘丈，名曰泰液池。

【校記】

〔一〕題全作「次韻吴冲卿聽讀詩義感事韻」。

〔二〕題應爲「張侍郎示東府新居詩因而和酬二首」。

〔三〕題全作「上元從駕至集禧觀次冲卿韻」。

〔四〕題全作「次韻元厚之平戎慶捷」。

〔五〕題全作「集禧觀池上詠野鵝」。

王荆文公詩卷第二十九

律詩

和〔一〕楊樂道韻六首

嘉祐六年，御試進士、明經諸科舉人：王者通天地人賦、天德清明詩、水幾於道論。特奏名試：作樂薦上帝詩、謹用五事以明天道論。點檢官孫洙、王廣淵，初考經學官王惟熙、祝諮、夏漳，覆考經學官王彭、張兑、朱從道，詳定官賈壽、吳中復，封彌官傅求、王陶，點檢官孫坦、鄭穆，進士初考官沈遘、司馬光、裴煜、陸經，進士覆考官祖無擇、鄭獬、李綖、王瓘，詳定楊畋、何郯、王安石，對讀胡稷臣、傅堯俞、蘇寀、宋迪、張次立、周孟陽，編排趙抃、賈黯、范師道。介甫以初、覆考所定第一人皆未允當，欲於行間別取一人爲狀首。樂道守舊法，以爲不可。或解之曰：「謠言王俊民作榜首久矣，可無争也。」及拆號，果然。按：趙閲道手記：「二月二十六日辛巳，宣赴崇政殿後水閣，充編排官。二十七日，御殿引試，駕幸後苑，往來迎駕。二十八日、三月一日，駕兩幸考較〔二〕所。二日至五日，駕四幸覆考所。六日、七日，駕兩幸詳定所。八日，駕幸編排所。九日，奏乞送焆號所。十日，…… 卷重詳定。十日癸巳，放進士一百八十三人、諸科一百二人、特奏名四十三人。日賜酒食、果子，惟二十六日、三月六日兩日無賜。二十九日，陰，旬休。月一日，微寒，風。四日，微雨，春寒。五日、六日，陰，寒。九日，清明，雨。餘日皆晴。」今公所次樂道韻六首，皆紀當時事。所謂「熌字號卷」，即是所争狀首也。或云公「花底裌衣朝宿衛」詩，亦此時所賦，當考。○國朝御試，因舉人徐士廉訴知舉李昉取捨不當，開寶二年，藝祖始親覆試於殿庭。時所御殿多在講武。雍熙二年，始移御崇政，考官幕次則分處殿之東西閤及後廡。大中祥符元年，史官書：「帝徧至幕次，諭李宗諤等各務精詳，勿遺賢俊。」四年，又書：「帝徧至考官幕次。」天禧三年，又書：「帝幸考校官幕次，出七言詩賜晁迥等。」至於仁宗，恪守孫謀。觀閱道所記，則又加詳焉。祖宗留意科選，德意深矣，信非前代所及也。○詩中事略見於趙記，故附此。

其一〔三〕後殿朝次偶題

百年文物士優游，萬國今方似綴旒。長發詩：「受小球大球，爲下國綴旒。」注：「結定其心，如旌旗之旒縿著焉。」發策東堂招雋乂，回輿北苑罷倡優。晉郤詵試東堂得第，自言「猶桂林一枝」。晉之正殿也。○丹陽記云：「東堂、西堂，亦魏制，周之小寢也。」郤詵遷雍州刺史，武帝於東堂會送。」可見東堂乃臨幸延見臣下之處。○杜集哀蘇源明詩：「射君東堂策，宗匠集精選。」又：「北部初高選，東堂早見招。」○東方朔傳云：「願陛下從中掖庭回輿，枉路臨妾山林。」忽隨諸彦登龍尾，樂天詩：「螭頭階下立，龍尾道前行。」又，安禄山傳：「禄山計天下可取，逆謀日熾。每過朝堂龍尾道，南北睥睨，久乃去。」又：「含元殿側龍尾道，自平階至地，凡詰曲七轉，由丹鳳門北望，宛如龍尾下垂於地。」尚憶當年應鵠頭。〔四〕幽明録曰：「王文度鎮廣陵，忽見二騶持鵠頭板來召之。王大驚，問騶：『我作何官？』云：『尊作平北將軍，徐、兗二州刺史。』王曰：『我已作此官，何故復召耶？』鬼云：『此人間耳，今所作乃天上官也。』」○桂陽先賢畫讚曰：「胡滕部南陽從事，遇大駕南巡，求索揔猥，滕表曰：『天子無外，乘輿所幸，即爲京師。臣請荆州刺史比司隸，臣比都官從事。』帝奇其才，悉許之。大將軍西曹椽亡馬，召滕，因作都官鵠頭板召，百官敬服。」○法書苑云：「鶴頭、蚊脚，皆漢詔版所用，各象形。」通典云：「陳依梁制，凡補用，以黄帋録名，八坐通署，奏可，乃出以付於典名。典名書其名，帖鵠〔五〕頭版，送所授之家。」鵠，與鶴通。獨望清光無補報，更慙虛食太官羞。晁錯傳：「羣臣不足望陛下之清光。」○百官表：「太官，屬少府，主膳食。」

【校記】

〔一〕「和」，宋本、叢刊本作「次」。

〔二〕「較」，宮内廳本作「校」。

〔三〕龍舒本、宋本、叢刊本、臺北本目録及本書原目録均無「其一」至「其六」字，而徑以「後殿朝次偶題」等爲題。又，「後殿朝次偶題」等原均作小字，現從目録改同題。龍舒本無總題和楊樂道韻六首，卷七十五後殿朝次偶題題注：「後殿試進士詳定幕次次韻和楊樂道舍人」。

〔四〕宮内廳本評曰：「公用『鵠』字，只是白袍耳。」

〔五〕「鵠」，宮内廳本、臺北本作「鶴」。

其二　御溝

渺渺金河漲欲平，九域志：「汴京祥符縣有金水河。」數支分緑〔一〕報清明。常縈輦路漂花去，歐公詩：「溝上水聲來不斷，花隨水去不回流。」更引流盃送酒行。蘭亭記：「引以爲流觴曲水，列坐其次。」靜見金輿穿樹影，李義山節竹杖詩：「靜憐穿樹遠。」清含玉漏過墻聲。唐人詩：「綵毫應染爐煙細，清珮仍含玉漏垂。」又，王建詩：「宮中笑語隔墻聞。」衰顏一照自多感，回首江南春水生。孫權遺曹操書曰：「春水方生，公宜速去。」

【校記】

〔一〕「緑」，龍舒本作「渌」。

其三　幕次憶漢上舊居〔一〕

○按：楊畋，麟州新秦人，後因仕東南，必有居在漢上，非公自憶也。

漢水泱泱繞鳳林，詩小雅瞻彼洛矣：「維水泱泱。」注：「泱泱，深廣貌。」襄州有望楚山，宋孝武爲刺史，龍飛時，人改山名爲鳳嶺，疑此即鳳林。○九域志：「襄陽有鳳林鎮。」○耆舊傳：「樊澤於鳳林山，自撰文刻石，封孟浩然墓。」○朱朴議遷都：「夫襄、鄧之西，夷漫數百里。其東，漢輿、鳳林爲之關。南，菊潭環曲，而流屬於漢。」峴山南路白雲深。如何憂國忘家日，尚有求田問舍心。直以文章供潤色，柳詩：「直以疏慵招物議。」○語：「東里子産潤色之。」未應風月負登臨。宋玉九辨：「登山臨水兮送將歸。」超然便欲遺榮去，却恐元龍會見侵。康樂詩：「彭薛裁知恥，貢公未遺榮。」元龍，陳登名也。終上句求田問舍之意。

【校記】

〔一〕龍舒本卷六十八本詩題注：「和楊樂道詳定。」

其四　後苑詳定書懷〔一〕

文墨由來妙禁中，家傳豈獨賦河東。杜詩：「揚雄更有河東賦，唯待吹噓送上天。」事見本傳。平生聽想風〔二〕聲早，數日追隨笑語同。御水新如鴨頭緑，宮花更有鶴翎紅。御水，見前四篇注。白詩：「鴨頭新緑水，鴈齒小紅橋。」○杜牧詩：「御水初消凍，宮花尚怯寒。」○歐陽公牡丹記花名有「鶴翎紅」。看花弄水聊爲樂，不晚朝廷相弱翁。丙吉予魏相書曰：「朝廷已深知弱翁治行，方且大用矣。」

【校記】

〔一〕龍舒本卷七十四題作「次韻樂道詳定後苑書懷」。

〔二〕「風」，宮内廳本作「名」。

其五　上巳聞苑中樂聲〔一〕

苑中誰得從春游？想見漸臺瓦欲流〔二〕。史記：「漸臺立於中央。」○漢王根作漸臺。未央宫有漸臺，文帝夢鄧通，即此處。○郊祀志：「建章北有大池，漸臺高二十丈，名太液。」水經：「未央漸臺，在滄池中，建章漸臺，在太液池中。」○李義山詩：「茂苑城如畫，閶門瓦欲流。」御水曲隨花影轉，宫雲低繞樂聲留。杜詩：「宫雲去殿低。」○詩人多稱「歌遏行雲」，此倒言之，尤妙。○韓詩：「新月迎霄掛，晴雲到晚留。」年華未破清明節，日暮初回祓禊舟。更覺至尊思慮遠，不應全爲拙倡優。秦昭王謂范睢：「夫鐵劍利則士勇，倡優拙則思慮遠。夫以遠思慮而御勇士，吾恐楚之圖秦也。」○東坡詩云：「君王恭儉倡優拙，自是豐年有笑聲。」

【校記】

〔一〕宋本、叢刊本「樂聲」下有「書事」二字。

〔二〕「流」，龍舒本作「留」。

其六　用韻書十日事呈樂道舍人聖從待制〔一〕　○何郯字聖從。

東門人物亂如麻，漢天文志：「死人亂如麻。」想見新轞照路華。午鼓已傳三刻漏，從官初賜一杯茶。韓詩：「殿前羣公賜食罷，驊騮踏路驕且閑。」○徐騎省詩：「銅壺銀箭漏初傳。」○李義山詩：「侍臣最有相如渴，不賜金莖露一盃。」匆匆殿下催分首，擾擾宮前聽賣花。「賣花擔上看桃李，拍酒樓前聽管絃。」京師舊詩。歸去莫言天上事，但知呼客飲流霞。不言温木之意。○杜詩：「老翁須地坐，細細酌流霞。」○李義山詩：「空記大羅天上事，衆仙同日詠霓裳。」○元稹連昌宮詞：「歸來如夢復如癡，何暇備言宮裏事。」

【校記】

〔一〕龍舒本卷六十一題作「書十日事呈樂道舍人聖從待制」。宋本、叢刊本題「用」字下有「樂道舍人」四字。

詳定幕次呈聖從樂道

殿閣掄材覆等差，再第其高下，故言覆，謂詳定也。從臣今日擅文華。揚雄識字無人敵，何遜能詩有世家。皆用揚、何二姓事。舊德醉心如美酒，文中子：「心若醉六經，目若營四海。」吳志：「與周公瑾交，如飲醇酎。」新篇清目勝真茶。杜詩：「躋險不自喧，出郊已清目。」○高適宿開善寺：「讀書不讀經，飲酒還勝茶。」一觴一詠相從樂，傳說猶堪異日誇。王右軍蘭亭序：「一觴一詠。」

崇政殿詳定幕次偶題

嬌雲漠漠護層軒，嫩水濺濺不見源。沈休文詩：「歸海流漫漫，出浦水濺濺。」○小杜詩：「嬌雲光占岫，健水鳴分溪。」嫩水，見至開元僧舍注。禁柳萬條金細撚，宮花一段錦新翻。小杜詩：「曲渚飄成錦一張。」公詩又有「復撚黃金作柳條」，實用香山語，見雪乾注。身閑始更知春樂，地廣還同避世喧。若汩汩塵俗者，安知春之可樂。○禁中名廣内，如東方生避世金馬門之類。不恨玉盤冰未賜，清談終日自蠲煩。王岐公詩：「禁幕天風日正亭，侍臣初賜玉壺冰。」故事，從臣伏日賜冰。此乃春時，豈亦有賜耶？○唐楊綰清談終日，口不言榮利。賀知章傳：「陸象先嘗曰：『季真清談風流，吾一日不見，鄙吝矣。』」

詳定試卷二首〔一〕

簾垂咫尺斷經過，李義山詩：「嚴城清夜斷經過。」把卷空聞笑語多。論衆勢難專可否，法嚴人更謹誰何。即與樂道爭議狀首事。〇賈生過秦論：「陳利兵而誰何。」注：「師古曰：『問之爲誰。又云何人。其義一也。』」文章直使看無纇，勳業安能保不磨？〔二〕劉孝標辨命論〔三〕：「明月之珠，不能無纇。」〇韓集：「古今號文章爲難，足下知其所以難乎？非謂鑽礪之不工，頹纇之不除也。得之爲難，知之愈難耳。」疑有高鴻在寥廓，未應回首顧張羅。揚子問明篇：「鴻飛冥冥，弋人何篡〔四〕焉？」注：「篡，取也。」〇司馬相如傳：「猶焦朋已翔乎寥廓，而羅者猶視乎藪澤。」〇詩言奇傑之士不必盡由科舉進，宜廣求才之路也。韓退之答崔立之書：「有舉進士者，人愛貴之，有以博學宏詞選者，人尤謂之才。誠使古之豪傑之士若屈原、孟軻、司馬遷、相如、揚雄之徒進乎是選，僕必知其愧赧，乃不自進而已耳，肯與夫斗筲者決得失於一夫之目而爲之憂樂哉？」

補注 無纇 潘閬詩：「長喜詩無病，不憂家更貧。」無纇，猶言無病也。〔五〕

【校記】

〔一〕此詩第一首，龍舒本卷七十四題作「詳定述懷」。

〔二〕宮内廳本評曰：「名言痛快。」

〔三〕「辨命論」，原作「辨素論」，據文選、臺北本改。

〔四〕「篡」，原作「纂」，下注同，據宮内廳本、臺北本、浙江書局本揚子改。

〔五〕本注原闌入詩注末，無「補注」二字。

其　二〔一〕

童子常誇作賦工，暮年羞悔有揚雄。揚子吾子篇：「或問：『吾子少而好賦？』曰：『然，童子雕蟲篆刻。』俄而曰：『壯夫不爲也。』」○後此八年，熙寧三年，始試舉人以策，公素論也。當時賜帛倡優等，今日論才將相中。〔二〕相如、揚雄傳皆無賜帛事，然王褒傳：「上數從褒等放獵，所幸宮館輒爲歌頌，弟其高下，以差賜帛。議者多以淫靡不急，上曰：『辭賦尚有仁義風諭，鳥獸草木多聞之觀，賢於倡優、博弈遠矣。』」又東方朔傳：「以射覆連中，輒賜帛。時有幸倡郭舍人滑稽不窮，曰：『朔狂幸中爾，願令復射。朔中之，臣榜百；不能中，臣賜帛。』」又：「枚皋不通經術，談笑類俳倡。爲賦頌，好嫚戲，以故得媟瀆貴幸，比東方朔、郭舍人等，而不得比嚴助等爲尊官。皋自言爲賦不如相如，又言爲賦乃俳，見眎如倡，自悔類倡也。」○唐人謂進士爲「將相科」。

細甚客卿因筆墨，卑於爾雅注魚蟲。「雄上長楊賦，聊因筆墨之成文章，故藉翰林以爲主人，子墨爲客卿以諷。」○韓詩：「爾雅注蟲魚，定非磊落人。」漢家故事真當改，新詠知君勝弱翁。魏相傳：「伏觀先帝聖德，臣相不能悉陳，昧死奏故事詔書二十二事。」公以詩賦取士爲不然，欲變科舉法，故不取魏相故事之奏。及熙寧初專政，遂建議試舉人以策。

【校記】

〔一〕龍舒本卷七十六題作「詳定試卷」。

〔二〕宮内廳本評曰：「含味無窮。」

奉酬楊樂道

邂逅聯裾殿閣春，却愁容易即離羣。離羣，見檀弓，音去聲。此作平聲使。言試事將畢，不復同處。相知不必因相識，退之答楊子書：「故不待相見，相信已熟。既相見，不要約，已相親。」又，贈元十八詩：「吾友柳子厚，其人藝且賢。吾未識子時，已覽贈子篇。寤寐想風采，於今已三年。」所得如今過所聞。南部新書〔一〕楊敬之贈項斯詩：「幾度見詩詩總好，及親標格過於詩。」○世說：「許玄度送母始出都，人問劉尹：『玄度定稱所聞不？』劉曰：『才情過於所聞。』」近代聲名出盧駱，前朝筆墨數淵雲。杜詩：「王楊盧駱當時體，輕薄爲文哂未休。爾曹身與名俱滅，不廢江河萬古流。」○淵、雲謂王褒、揚雄。公與樂道自言家世由淵、雲。與公家世由來事，愧我初無百一分。百一分，猶言萬分一也。

補注 白樂天潯陽行：「相逢何必曾相識。」〔二〕

【校記】

〔一〕「部」，原作「郡」，據宮內廳本、臺北本改。

〔二〕本注原闌入詩注末，無「補注」二字。

奉酬聖從待制

班行想望歲空多，知有龍門未敢過。後漢李膺「獨持風裁，以聲名自高。士有被其容接者，名爲『登龍門』。」和近聖人師展季，勇爲君子盜荆軻。柳下惠，魯公族大夫，姓展，名禽，字季，柳下是其號也。孟子曰：「柳下惠，聖之和者也。」子路問：「君子尚勇乎？」○揚子：「或問勇，曰：『軻也。』曰：『何軻也？』曰：『軻也者，謂孟軻也。若荆軻，君子盜諸。』」三刀舊恊庭闈夢，五袴今傳里巷歌。王濬夜夢懸三刀於其卧屋梁上，須臾，又益一刀，意甚惡之。主簿李毅賀曰：「三刀爲『州』字，又益一刀者，明府其臨益州乎？」及賊張弘殺益州刺史皇甫晏，果遷濬爲益州。○廉范遷蜀郡太守，百姓歌之曰：「廉叔度，來何暮？不禁火，民安作。音柞。昔無襦，今五袴。」復道諫書嘗滿篋，不惟詩句似陰何。「滿篋」字，借用樂羊事。○聖從爲諫官，擊權近最力，故此云不特詩好而已。○杜詩：「李侯有佳句，往往似陰鏗。」何，謂何遜。

次韻吳仲庶省中畫壁

仲庶，中復也。○官制，行内兩省諸廳照壁，自僕射而下，皆郭熙畫樹石。外尚書省諸廳照壁，自令僕而下，皆待詔書周官。

畫史雖非顧虎頭，還能滿壁寫滄洲。杜詩：「何年顧虎頭，滿壁寫滄洲。」○顧愷之傳：「尤善丹青，圖寫特妙。謝安深重之，以爲自蒼生以來，未之有也。」世説：「顧愷之爲虎頭將軍，故號『虎頭』。」九衢京洛風沙地，一片江湖草樹秋。行數魚鯈〔一〕賓共樂，卧看鷗鳥吏方休。莊子：「儵魚出游從容，是魚樂也。」知君定有扁舟意，史記：「范蠡既雪會稽之恥，乃歎曰：『計然之策七，越用其五而得意。既已施於國，吾將用之家。』乃乘扁舟，浮於江湖。」却爲丹青肯少留。爲愛壁間畫，而少緩求外遷之意。

【校記】

〔一〕「魚儵」，宋本、叢刊本作「儵魚」。

夜讀試卷呈君實待制景仁内翰

篝燈時見語驚人，杜詩：「語不驚人死不休。」更覺揮毫捷有神。學問比來多可喜，文章非特巧争新。介甫常嫉舉人學術之陋，屢見於文字，今稍與之。○杜詩：「下筆如有神。」蕉中得鹿初疑夢，牖下窺龍稍眩真。蕉鹿，見列子。窺龍，用葉公事。具寄蔡天啓注。邂逅兩賢時所服，坐令孤朽得相因。謂馬、范也。○賴二賢而蒙成。

答張奉議

五馬渡江開國處，一牛鳴〔一〕地作庵人。晉元帝五馬渡江，一馬化龍。言金陵也。一牛鳴地，見招吕望之使君注。○王維詩：「回看雙鳳闕，相去一牛鳴。」○佛書：「尼車河側，去人聞〔二〕五里，一牛鳴地。」結蟠茅竹纔方丈，退之羅池碑：「虵螭〔三〕結蟠。」穿築溝園未過旬。我久欲忘言語道，君今來見句文身。傳燈録：「言語道斷，心行處滅。」又，三祖信心銘：「言語道斷，非去來今。」句文，見微隱鈔。思量何物堪酬對？棒喝如今總不親。「有僧問洛普禪師云：『從上來一人行棒，一人行喝，阿那个親？』對曰：『總不親。』師曰：『親處作麽生？』普便喝。師乃打。」見傳燈録。又：「德山入門便棒，臨濟入門便喝。」

補注　茅竹　子由辯才碑：「老於南山龍井之上，以茅竹具。」〔四〕

【校記】

〔一〕「鳴」，龍舒本、宋本、叢刊本作「吼」。

〔二〕「聞」，宫内廳本、臺北本作「間」。

〔三〕「螭」，宫内廳本、臺北本、宋蜀刻本昌黎先生文集柳州羅池廟碑作「蛟」。

〔四〕本注原闌入題下，無「補注」二字。

和仲庶池州齊山畫圖〔一〕

知制誥時作。仲庶名中復。

省中何忽有崔嵬？六幅生綃坐上開。生綃，見上注。○詩卷耳：「陟彼崔嵬。」注：「崔嵬，土山之戴石者。」指點便知巖穴〔二〕處，登臨新作使君來。言身嘗到，故見圖即知其處也。仲庶爲御史，彈宰相梁適，出通判虔州，未至，改池州，復還臺職。雅懷重向丹青得，勝勢兼隨翰墨回。更想杜郎詩在眼，一江春雪下離堆。杜牧池州貴池亭詩：「蜀江雪浪西江滿，強半春寒去却來。」許渾詩：「湘潭雲盡暮山出，巴蜀雪消春水來。」○杜詩：「江發蠻夷漲，山添雨雪流。」○史記河渠書：「蜀守冰，鑿離堆，除沫水之害。」

【校記】

〔一〕宋本、叢刊本題「和」上有「次韻」二字，「仲庶」上有「吳」字。龍舒本題中無「畫」字，無題注。

〔二〕「穴」，龍舒本、宋本、叢刊本作「石」。

和祖擇之登紫微閣二首〔一〕

漠漠秋陰護掖垣，洛陽宮門銘曰：「洛陽宮有東掖門、西掖門。」垣，墻也。應劭漢官儀曰：「左右曹受尚書事。前世文人以中書在右，因謂中書爲右曹，又稱西掖。」劉楨贈徐幹詩曰：「隔此西掖垣。」**青雲只在兩楹間。** 檀弓：「夢坐奠於兩楹之間。」説文云：「楹，柱也。從木，盈聲。」○杜詩：「諸天只在藤蘿外。」**宫樓唱罷雞人遠，** 周禮：「雞人掌大祭祀，夜呼旦以嘂百宫。」則所起亦遠矣。○晉太康地記曰：「後漢固始、鮦陽、公安、細陽四縣衛士習曲於闕下歌之，今雞鳴歌是也。」○劉禹錫詩：「綵仗神旗獵曉風，雞人一唱鼓鼕鼕。」○李賀詩：「雞人唱罷曉瓏璁，鵶啼金井下疏桐。」**門闕朝歸虎士閑。** 周禮：「虎賁氏，虎士八百人。」「舍則守[二]王閑。王在國，則守王宫。」**華蓋北瞻天帝坐[三]，** 天官書：「華蓋，所以蔽覆天帝之坐。」**蓬萊東想道家山。** 後漢竇章：「學者稱東觀爲老氏藏室，道家蓬萊山」。**却慙久此隨諸彦，文綵初無豹一斑。** 晉王獻之傳：「獻之數歲，觀門生樗蒲，曰：『南風不競。』門生曰：『此郎亦管中窺豹，時見一斑。』」

【校記】

〔一〕「和」，宋本、叢刊本作「次韻」。

〔二〕「守」，原作「掌」，據周禮夏官虎賁氏改。

〔三〕「坐」，臺北本同，餘本作「座」。

其二

掖門相對敞銅鐶， 漢書：「朱虚侯從太尉勃入未央宫掖門。」注：「非正門而在兩旁，若人之臂掖也，凡宫省皆有之，不獨未央。」温公詩：「宫門銅鐶雙獸面。」**巘巘飛甍在兩**

間。魏都賦：「四門轐轐。」注：「高也。轐，語偃切。」潤色平生知地禁，劉公幹贈徐幹詩曰：「拘限清切禁。」注云：「史記曰：『景帝居禁中。禁中者，門户有禁，非侍御不得入。』」○語：「東里子産潤色之。」韓集：「職親而地禁。」登臨此日愧身閑。浮雲〔一〕倒影移窻隙，江淹雜體詩：「稚子候簷隙。」○潘安仁悼亡詩：「春風緣隙來。」注：「隙，門隙。」○貨殖傳：「秦文、孝、繆居雍隙。」注：「隙，間孔也。」漢魏豹傳：「如白駒過隙。」注：「隙，壁際。」落木回飈動屋山。「落木」字，已見别注。退之詩：「每騎屋山下窺瞰。」忽憶初來秋尚早，紫薇〔二〕花點緑苔斑。劉禹錫詩：「忽憶前言更惆悵。」○前書儒林傳：「日尚早，未可也。」○雍陶詩：「錦文苔點點，錢樣菊斑斑。」○唐玄宗紀：「開元元年，改中書省爲紫微省，中書令曰紫微令。」○白樂天詩云：「獨坐黄昏誰是伴？紫薇花對紫薇郎。」

補注

轐轐　山玄卿新宫銘：「良常西麓，原隰東泄。新宫宏宏，崇軒轐轐。」〔三〕

【校記】

〔一〕「雲」，宋本作「書」。

〔二〕「薇」，龍舒本、宋本、叢刊本作「微」。

〔三〕臺北本「其二」題下有此條補注，無「補注」二字。蓬左本無此條補注。

送沈興宗察院出〔一〕湖南

諫書平日皂囊中，朝路争看一馬驄。皂囊，見別注。○後漢桓典「爲侍御史，執正無所回避。常乘驄馬，京師畏憚，爲之語曰：『行行且止，避驄馬御史。』」杜詩：「使〔二〕君五馬一馬驄。」漢節飽曾衝海霧，楚帆聊復借湖風。蘇武仗漢節牧羊。○李文饒詩：「愁衝毒霧逢蛇草，畏落沙蟲避燕泥。」○柳子厚詩：「海霧多蓊鬱。」○欒巴傳：「廬山廟有神，能令宮亭湖中分風，船行者舉帆相迎。」皇華命使今爲重，直道酬君遠亦同。言使指所寄不輕，苟以直道報君，初無遠近内外之間。投老承明無補助，得爲湘守即隨公。沈傳師詩：「承明年老輒自論，乞得湘守東南奔。」〔三〕

【校記】

〔一〕宋本、叢刊本「出」下有「使」字。

〔二〕「使」，原作「史」，據杜甫冬狩行本改。

〔三〕臺北本注曰：「范希文睦州謝表：『事君無遠，爲郡甚榮。』」

春風

一馬春風北首燕，韓信傳：「北首燕路。」却疑身得舊山川。經理燕山之意，已見於此句。陽浮樹外滄江水，塵漲原頭野火煙。退之詩：「靄靄野浮陽，暉暉水披凍。」「野火」字〔一〕，出晉書范晷傳。石鼓歌：「雨淋日炙野火燒。」又夜次襄城詩：「塵漲雪猶乾。」日借嫩黃初着柳，雨催新綠稍歸田。李長吉正月詩：「上樓迎春新春歸，暗黃著柳宮漏遲。」回頭不見辛夷樹〔二〕，始覺看花是去年。〔三〕辛夷，已見上注。意北方無辛夷，因憶去年之看花。○韓詩：「元日新詩已去年。」

【校記】

〔一〕「字」，原作「燒」，據宮內廳本、臺北本改。

〔二〕「樹」，宋本、叢刊本作「發」。

〔三〕宮內廳本評曰：「最是愁意。」

永濟道中寄諸〔一〕弟

燈火忽忽出館陶，回看永濟日初高。館陶、永濟，皆魏郡屬邑，今大名府北京。似聞空舍烏鳶〔二〕樂，更覺荒陂人馬勞。左氏：「烏烏之聲樂，齊師其遁。」○杜詩：「知子歷險人馬勞。」○李白詩：「城濠失往路，馬首迷荒陂。」客路光陰真棄置，魏文帝詩：「棄置勿復陳，客子常畏人。」春風邊塞秖蕭騷。辛夷樹下烏塘尾，把手何時得汝曹？烏塘，在撫州。

【校記】

〔一〕宋本、叢刊本「諸」下有「舅」字。

〔二〕「烏鳶」，宋本、叢刊本作「烏烏」。

道逢文通北使歸

故事，使人相遇，不許相見。

朱顔使者錦貂裘，文通，沈遘也。○使燕時年甚少，故云「朱顔使者」。笑語春風入貝州。貝州，屬河北。欲報京都〔一〕近消息，傳聲車馬少淹留。行人盡道還家樂，李白詩：「錦城雖云樂，不如早還家。」騎士能吹出塞愁。古有出塞、入塞之曲。○小杜詩：「月明更想桓伊在，一笛〔二〕聞吹出塞愁。」回首此時空羡慕〔三〕，驚塵一段向南流。向南流，謂入京師。沈和云：「風沙弊盡舊狐裘，走馬歸來過冀州。聞報故人當邂逅，便臨近館爲遲留。不容傾蓋論時事，空寄新詩寫客愁。却望後車塵已合，簫聲清斷去如流。」

【校記】

〔一〕「都」，宫内廳本作「師」。

〔二〕「笛」，原作「曲」，據宫内廳本、臺北本、全唐詩杜牧潤州二首改。

〔三〕「羡慕」，宋本、叢刊本作「慕羡」。

將次相州

青山如浪入漳州〔一〕，杜詩：「青山意不盡，衮衮上牛頭。」銅雀臺西八九丘。余使燕，過相州，道邊高塚纍纍，云是曹操疑塚也。操謂諸子：「汝等時時登銅雀臺，望吾西陵墓田。」螻蟻往還空壟畝，莊子列禦寇：「莊子曰：『在上而烏鳶食，在下而螻蟻食。奪彼與此，何其偏也。』」騏驎埋没幾春秋。杜詩：「道邊高塚卧騏驎。」功名蓋世知誰是〔二〕？氣力迴天到此休〔三〕。何必地中餘故物，魏公諸子分衣裘。項羽歌：「力拔山兮氣蓋世。」陸士衡弔魏武文曰：「夫以迴天倒日之力，而不能振形骸之内。濟世夷難之智，而受困魏闕之下。」又云：「智惠不能去其惡，威力不能全其愛。」公詩略取此意。曹公云：「吾餘衣裘，可別爲一藏，不能者，兄弟可共分之。」既而竟分焉。

【校記】

〔一〕宮内廳本評曰：「起得慷慨。」

〔二〕「是」，龍舒本作「氏」。

〔三〕宮内廳本評曰：「語酣暢。」

次韻平甫喜唐公自契丹歸 予辭北使，而唐公代往。

留犂撓酒得戎心，漢匈奴傳：「漢使與單于刑白馬，單于以徑路刀、金留犂撓酒。」應劭曰：「徑路，匈奴金刀也。金，契金也。金留犂，飯匕也。撓，和也。」「契金著酒中，撓攪飲之。」師古曰：「契，刻。撓，攪也，呼高反。」繡袷通歡歲月深。「使者言單于甚苦軍事。服繡袷綺衣、繡袷長襦、錦袷袍各一〔二〕，遺單于。」注：「服，天子所自服也。袷者，衣無絮也。繡袷綺衣，以繡爲表，綺爲裏。」奉使由來須陸賈，陸賈，楚人。以客從高祖定天下。名有口辯，居左右，嘗使諸侯。孝文即位，詔丞相平舉可使越者，平言：「賈先帝時使越。」上召賈爲太中大夫，往使尉佗，去黄屋，稱制，令比諸侯，皆如意指。離親何必強曾參。蘇秦傳：「孝如曾參，義不離其親一宿於外，王又安能使之步行千里，事弱燕之危主哉？」燕人候望空甌脱，匈奴傳：「東胡王愈驕，西侵。與匈奴中間有棄地莫居千餘里，各居其邊爲甌脱。」服虔曰：「甌脱，作土室以伺也。」師古曰：「境上候望之處。」胡馬追隨出蹛林。匈奴「歲正月，諸長少會單于庭，祠。五月，大會龍城，祭其先、天地、鬼神。秋，馬肥，大會蹛林，課校人畜計。」服虔曰：

「蹛，音帶，匈奴秋社八月中皆會祭處。」師古曰：「蹛者，繞林木而祭也。鮮卑之俗，自古相傳，秋天之祭，無林木者尚立柳枝，衆騎馳遶三周乃止。此其遺法。」萬里春風歸正好，亦逢佳客想揮金。疏廣父子既歸鄉里，日令家設酒食，請族人、故舊、賓客。數問其家賜金餘尚幾所，趣賣以供具。○張景陽詠史詩曰：「揮金樂當年，歲暮不留儲。」注云：「揮，散也。」景陽詩，正指二疏事。

【校記】

〔一〕漢書匈奴傳無「繡袷」二字，下「錦」字下無「袷」字。

尹村道中

滿眼霜吹宿草根，杜詩：「霜霧在草根。」漫〔二〕知新歲不逢春。却疑青嶂非人世，更覺黄雲是塞塵。東坡詩：「碧波青嶂非人間。」○王涯詩：「雲黄知塞近，草白見邊秋。」萬里張侯能奉使，張侯，博望侯騫也。百年曾子肯辭親？自憐許國終無用，何事紛紛客此身？雖以身許國，而自謂才實無用，惟當退處。此公謙言也。

補注 檀弓：「朋友之墓，有宿草而不哭焉。」注：「草陳根也。」〔二〕

【校記】

〔一〕「漫」，宋本、叢刊本作「謾」。

〔二〕本注原闌入題下，無「補注」二字。

次韻王勝之詠雪

萬户千門車馬稀，行人却返鳥休飛。漢孝武起建章宮，爲千門萬户。○柳子雪詩：「千山鳥飛絶，萬徑人蹤滅。」玲瓏剪水空中墮，的皪裝春樹上歸。唐人顧况雪詩：「仙人寧底巧，剪水作花飛。」○僧無可雪詩：「片片下玲瓏。」○許敬宗詩：「白雪裝梅樹。」李白詩：「春風柳上歸。」素髮聯華驚老大，玉顏爭好羨輕肥。潘安仁秋興賦：「素髮颯以垂領。」古詩：「燕趙多佳人，美者顏如玉。」○李白詩：「春風玉顏畏銷歇。」○樂天雪詩：「素璧聯題分韻句，紅爐巡領戰寒杯。」朝來已賀豐年瑞，謝惠連雪賦：「盈尺則呈瑞於豐年。」○毛萇詩傳曰：「豐年之冬，必有積雪。」更問田家果是非。韓辛卯年雪詩：「平生未曾見，何暇議是非？或云豐年祥，飽食可庶幾。」

次韻酬府推仲通學士雪中見寄

朝來看雪詠君詩，想見朱衣在赤墀。梅福傳：「涉赤墀之塗。」應劭曰：「以丹淹泥塗殿上。」爲問火城將策試，何如雲屋聽窻知。火城，見退朝注。○退之上裴尚書喜雪詩：「喜深將策試，驚密仰簷窺。」又云：「氣嚴當酒暖，灑急聽窻知。」班倢伃傳：「仰視兮雲屋，雙涕兮横流。」注：「言其黮䨴狀若雲也。」曲墻稍覺吹來密，窮巷終憐掃去遲。欲訪故人非興盡，自緣無路得傳卮。掃雪事，見上注。○靈運擬鄴中詩：「終歲非一日，傳卮弄新聲。」○王子猷雪夜因詠招隱詩，忽憶戴安道時在剡，乘興棹舟，經宿方至，造門而返，曰：「乘興而來，興盡而返，何必見安道？」

次韻次道憶太平州宅早梅〔一〕

次道，宋敏求也，參知政事綬之子。嘗爲太平州，歐公諸人皆有送行詩。

大梁春費寶刀催，宋之問立春日侍宴賦剪綵花詩：「今年春色早，應爲剪刀催。」不似湖陰有早梅。王敦舉兵至湖陰，晉明帝微行眎其營壘，由是樂府有湖陰曲。即今太平州是也。○韓偓詩：「中宵忽見動葭灰，料得南枝有早梅。」今日盤中看剪綵，當時花下就傳杯。梁簡文梅詩：「定須還剪綵，學作兩三枝。」○周宗懍詩：「散粉成初蝶，剪綵作新梅。」○杜詩：「傳杯不放杯。」紛紛自向江城落，杳杳難隨驛使來。知憶舊游還想見，西南枝上月徘徊。曹子建詩：「明月照高樓，流光正徘徊。」李白詩：「西園飛蓋處，依舊月徘徊。」

【校記】

〔一〕宋本、叢刊本題作「次韻宋次道憶太平早梅」。

次韻曾子翊赴舒州官見貽〔一〕

子翊，名宰。予居撫州，訪遺文於其孫極，止得其寄公詩，云：「官居隱几望灊山，不似茅簷舊日閑。顧我塵沙添白髮，憐君道路助〔二〕朱顔。江涵秋潦鱸魚美，岸入春風荻笋班。此味縱佳吾不樂，惟思一馬返鄉關。」

皖城終歲静如山，官府〔三〕應從到日閑。語：「仁者静。仁者樂山。」言官無事，如山林之静。元和郡國志：「舒州，本春秋時皖國，咎繇之後。在漢時爲皖縣，屬廬江郡。三國初，屬魏。後孫權征皖，克之，獲橋公二女，即其地。」一水碧羅裁繚繞，萬峯蒼玉刻孱顔。韓詩：「江作青羅帶，山如碧玉簪。」舊游筆墨苔今老，浪走塵沙鬢已斑〔四〕。公嘗爲舒倅，舊題最多。○李白詩：「緑字錦苔生。」攬轡羡君橋北路，春風枝上鳥關關。范滂登車攬轡，慨然有澄清天下之志。○詩：「關關雎鳩，在河之洲。」注：「關關，和聲。」

【校記】

〔一〕龍舒本、臺北本目録「見貽」下有「之詩」二字，宋本、叢刊本題作「和曾子翊授舒掾之作」。

〔二〕「助」，宮内廳本、臺北本作「失」；下「潦」，宮内廳本作「老」；「班」，宮内廳本、臺北本作「斑」。

〔三〕「官府」，宋本、叢刊本作「府掾」。

〔四〕「斑」，龍舒本作「班」。

送劉和甫奉使江南〔一〕

劉郎今日擁旌麾，傳到江南喜可知。和甫名敔，慶曆二年及第。○原父之弟。上冢還須擊羊豕，建武二年春，詔馮異歸家上冢，使太中大夫齎牛酒，令二〔二〕百里内太守、都尉以下及宗族會焉。又，岑彭南還津鄉，有詔過家上冢。又，鮑永爲司隸，行縣，西至扶風，椎牛上苟諫冢。諫，蓋永爲功曹時所事太守。下車應不問狐狸。漢張綱奉使之部，獨埋其車輪於洛陽都亭，云：「豺狼當道，安問狐狸？」遂奏劾大將軍梁冀等。無人敢勸〔三〕公榮酒，爲我聊尋逸少池。劉公榮與人飲酒，雜穢非類。人或譏之，答曰：「勝公榮者，不可不與飲；不如公榮者，亦不可不與飲；是公榮輩者，又不可不與飲。」故終日共飲而醉。此言劉君風采之峻，人不敢褻近。○右軍墨池，在臨川學宮，公鄉里，故云「爲我」。亦見嶺頭花爛熳，更將春色寄相思。

【校記】

〔一〕「甫」，宋本、叢刊本作「父」。「南」，宋本、叢刊本作「西」。

〔二〕「二」，原作「一」，據後漢書馮岑賈列傳、宮内廳本、臺北本改。

〔三〕「勸」，宋本、叢刊本作「效」，注：「一作『勸』。」

次韻張子野竹林寺二首

澗水横斜石路深，水源窮處有叢林。「行到水窮處，坐看雲起時。」王摩詰詩。青鴛幾世開蘭若，日藏經云：「青鴛蘭若，在須彌山下。」〇青鴛，或謂瓦也。魏文帝問周宣：「吾夢殿屋兩瓦墮地，化爲鴛鴦。」黄鶴當年瑞卯金。寰宇志潤州：「劉裕微時，常游竹林寺。每息於此山，常有黄鶴飛舞。後改爲鶴林寺，故云『瑞卯金』。」敗壁數峯連粉墨，凉煙一穗起檀沈。傳燈録：「祖摩拏羅至西印土焚香，而月氏國王忽睹異香成『穟』字。」書：「穟，亦作穗。」十年親友半零落，回首舊游成古今。杜詩：「素交盡零落。」

其二

京峴城南隱映深，兩牛鳴地得禪林。一牛鳴，見答張奉議注。風泉隔屋撞哀玉，杜詩：「大邑燒甆輕且堅，扣如哀玉錦城傳。」竹月緣堦貼碎金。晉書：「此是安石碎金。」〇韓詩：「竹影金瑣碎，泉聲玉琮琤。」藻井仰窺塵漠漠，青燈對宿夜沈沈。風俗通：「殿堂象東井形，刻作荷菱水物，所以厭火。」〇石晉張允避郭威兵，匿於佛殿藻井之上，登者浸多，板壞而墜。扁舟過客十年事，一夢北山〔一〕愁至今。

【校記】

〔一〕「北山」，宋本、叢刊本作「此山」。

補注 和楊樂道一 綴旒 綴斿有兩誼，漢五行志：「諸侯在，而大夫獨相與盟。君若綴斿，不得舉手。」〔一〕

補注 陰何 韓舍人云：「世稱陰何齊名，然遜詩清麗簡遠，鏗淺易無他奇，乃似隋唐間人。予友李郛言：陰何雖俱梁時人，然鏗生稍後，猶逮事陳，則其詩律宜少變於前矣。」〔二〕

補注 和登紫微閣〔三〕溫公朔記：「介父辭脩注，祖無擇實代之。」無擇，景祐五年進士第三人，此儕輩最晚達。據紫微唱和，當是紫微此時辭脩注，在嘉祐七年壬寅，尋除工部郎中、知制誥，故下云「隨諸彥」也。

送沈興宗出湖南

興宗名起，鄞縣人。嘉祐五年，以論鐵治事，自監察御史裏行謫通判越州。熙寧初，以工部郎中、開封府判官出爲湖南轉運使。此言駿〔四〕馬，蓋追述其舊時之美也。

【校記】

〔一〕本注原在「次韻张子野竹林寺二首其二」後，無「補注」二字。臺北本「舉手」下注曰：「注：『爲下所執，隨人東西也。』公句用詩注。」

〔二〕蓬左本無此條，據臺北本補。

〔三〕題全作「和祖擇之登紫微閣二首」。

〔四〕「駿」，臺北本作「驄」。

庚寅增注第二十九卷

和楊樂道韻其一　鵠頭　鵠頭書，古用以招隱士，謂尺一簡。　太官羞　王莽傳：「太官膳羞備其品矣。即有災害，以什率多少損膳焉。」又，郎從官中都官吏食禄都内之委者，以太官膳羞備損而爲節。」

其六　天上事　廣記：「蘇韶既死，爲鬼。至其家，言天上及地下之事，亦不能盡知也。」

詳定試卷　法嚴人更謹誰何　嘉祐中，進士奏名訖，未御試，京師妄傳王俊民爲狀元，不知言之所起，人亦莫知俊民爲何人。及御試，王荆公時爲知制誥，與天章待制楊樂道二人爲詳定官。舊制，御試舉人，初考官先考定等第，復對彌之，以送覆考官，再定等第，乃付詳定官，發初考所定等，以對覆考之等。如同，即已；如不同，則詳其程文，當從初考，或從覆考爲定，即不得別立第。是時王荆公以初、覆考所定第一人皆未允，當於行間別取一人爲狀首。章子平榜雖有此例，而未有著令。楊樂道守法，堅以爲不可，議論未決，太常少卿朱從道時爲封彌官，聞之，謂同舍曰：「二公何用力争，從道十日前已聞王俊民爲狀元，事必前定，二公浪自苦耳。」既而二人各以己意進稟，而詔從荆公之請。及發封，乃王俊民也。詳定官得別立等自此始，遂爲定制。

奉酬楊樂道　百一分　柳子厚伊尹五就桀贊：「以至於百一、千一、萬一，卒不可，乃相湯。」

次韻吴仲庶畫壁　却爲丹青肯少留　姚合題劉相公三湘圖云：「昔别醉衡霍，爾來憶南州。今朝平津邸，兼得瀟湘游。稍辨荆門樹，依然芳杜洲。微明三巴峽，咫尺萬里流。去鳥不知倦，遠帆生暮愁。涔陽指天末，北渚空悠悠。枕上見漁父，座中常狎鷗。誰言魏闕下，日有東山幽。」公詩似略採此。

答張奉議

五馬渡 五馬渡，在金陵西北二十三里幕府山之前。趙叔平題琅琊山詩：「二馬爲龍潛隱處，空山從此得嘉名。」 過旬 易豐卦：「雖旬無咎。過旬，災也。」 欲

忘言語道 維摩經：「文殊歎曰：『善哉善哉，至無有文字語言，是真入不二法門。』」

送沈興宗察院出湖南

按：興宗名起，以包拯薦爲御史，彈劾無所假。吏部格：吏以贓私絓法，無輕重，終身不遷。起論其情可矜者，可限年叙，遂著爲令。立縣令考課法，設河渠司，領諸道水政；乞採漢故事，擇卿大夫子弟入宿衛；選賢良文學高第給事宮省下，不宜專任宦官。論奏甚多，故詩稱「皂囊」及「爭看」之語，可見公論所屬也。公以「直道」許起，亦見其前後敢於論事也。起傳稱：「衆謂興國軍鐵官補吏法弊，不可不更。起獨以爲從舊便，故謫。」溫公朔記載此一事甚詳，今附於此：「先是，詔兩制與臺諫官議天下鐵冶。兩制以爲官自鼓鑄，不復令衙吏、富民立課買撲，於事爲便，已立檢署字。次至吳及與起，以爲慈湖程氏爲縣官鼓鑄，歲入鐵課甚多，已數世矣。朝廷每世除班官一人以酬之，其薪炭、工力，皆程氏主辦，官無所費，與它人爲治户者不同，不可一切罷去。乃於檢上增入，惟慈湖程氏且如舊式。署字已，即先去。吏以白兩制，兩制以爲不可，遣吏邀二人還，更議之。二人不肯還，曰：『事已決，不可復易。諸君議異者，自別爲奏。』於是兩制怒，以爲二人挾臺勢，以氣加己，共爲奏，以爲程氏家富，而及、起於變法之際，獨佑程氏，不與衆人共議，私注案檢，疑與程氏爲姦。翰林學士承旨孫抃、天章閣待制錢象先不肯署奏，自餘皆連名奏之。事未報，翰林學士歐陽修、知制誥劉敞等又再上奏，力爭之。故二人皆左遷。」

借湖風 荆州記：「宮亭湖神，能使中湖分風而上。」○劉删詩：「迴艫承派水，舉棹逐分風。」○湖風，別本一作「分風」。

喜唐公自契丹歸

據溫公朔記：「王安石以多病不願奉使，以侍御史知雜范師道，又辭，乃以校理王繹代之。」今此詩，公自言代公者乃張唐公也，兼公集奉使道中詩不一，不知或已發至半塗而返耶？或止是送契丹使道中詩也。送契丹使，亦不載於傳，見律詩五十三卷公自言。

送劉和甫奉使江南　無人敢勸公榮酒王戎傳：「戎嘗詣阮籍，時兗州刺史劉昶字公榮在坐，阮謂王曰：『偶有二斗美酒，當與君共飲，彼公榮者無預焉。』二人交相酬酢，公榮遂不得一杯，而言語談戲，三人無異。或有問之者，阮曰：『勝公榮者，不得不與飲酒；不如公榮者，不敢不與飲酒；公榮，可不與飲酒。』」二處所載各不同，當考。更將春色寄相思唐人詩：「寄語王孫莫來好，嶺梅多是斷腸枝。」

竹林寺其二　兩牛鳴地阿含經：「村邑人民相近，如雞一飛，亦如牛一鳴也。」

王荆文公詩卷第三十

律詩

送吴龍圖知江寧〔一〕吴中復也。

才高明主睠方深，屬郡聞風自革心。閭里不須多按治，魏相爲揚州刺史，按治郡國守相，多所貶退。丙吉與書曰：「朝廷深知弱翁，願少謹事自重，藏器於身。」不顯其能也。山川從此數登臨。茅簷坐隔雲千里，柏壟初抽翠一尋。東望泫然知有寄，但疑公豈久分襟？介父居第及先壠皆在江寧，故云「泫然知有寄」，末句又言其不久於外，行召歸也。〇劉禹錫贈陳長史：「一自分襟多歲月，相逢滿眼是淒凉。」選詩：「分袂澄湖陰。」〔二〕

【校記】

〔一〕本詩，宫内廳本列卷二十九末。

〔二〕宫内廳本注曰：「分襟猶分袂。」

送直講吴殿丞宰鞏縣

青嵩碧洛曾游地，墨綬銅章忽在身。鞏縣屬西京。郭緣生述征記云：「本周之鞏伯邑，左氏『晉師克鞏，逐王子朝』是也。」嵩山在縣西南六十里。桑欽水經：「洛水出京兆上洛縣，過散關，歷河南、洛陽、偃師，至鞏縣東北入河，謂之洛汭。」○劉長卿詩：「歸路空回首，新章已在腰。」○漢制，縣令、長皆銅印墨綬。擁馬尚多畿甸雪，隨衣無復禁城塵。退之詩：「雪擁藍關馬不前。」○吕讓詩：「髮改河陽鬢，衣餘京洛塵。」古來學問須行己，此去風流定慰人。更憶少陵詩上語，知君不負鞏梅春。杜詩：「秋風楚竹冷，夜雪鞏梅春。」

送吴仲純守儀真〔一〕

江上齋舡駐彩橈，鳴笳應滿緑楊橋。久爲漢吏知文法，當使淮人服教條。張湯傳：「好興事，舞文法。」又，龔遂爲渤海太守，奏曰：「治亂人猶治亂繩，不可急。願勑丞相、御史，且無拘臣以文法。」○黄霸守潁川，爲條教，務耕桑蓄養而已。又云：「歸告二千石，毋得擅爲條教。」拱木延陵瞻故國，叢祠瓜步認前朝。陳勝傳：「間令廣之次所旁叢祠中，夜搆火，狐鳴。」師古曰：「叢，謂草木岑蔚者。祠，神祠也。」○鎮江有延陵縣，熙寧五年廢爲鎮。有季札墓，夫子十字碑存焉。○晉許邁傳：「懸霤山，近延陵茅山。」茅山，今屬江寧，可見壤地相接。○瓜步有魏太武祠。登臨莫負山川好，終欲東歸聽楚謡。

【校記】

〔一〕宋本、叢刊本題作「送真州吴處厚使君」。

送質夫〔一〕之陝府

平世求才謾〔二〕至公，南史：「宋武帝嘗曰：『羊徽、蔡廓，可平世三公。』」孟子：「禹、稷當平世。」悠悠羇旅士〔三〕多窮。十年見子尚短褐，千里隨人今北風。户外屨貧虚自滿，言賓客雖衆，皆清脩之士，無富兒也。○貢禹短褐不完。○莊子：「伯昏瞀人曰：『善哉，觀乎汝處乎，人將保汝矣。』無幾何而往，則户外之屨滿矣。」樽中酒賤亦常空。孔融傳：「坐上客常滿，罇中酒不空。」言酒雖賤，無錢不能得。共嫌欲〔四〕老無機械，心事還能與我同。詳見賜也注。

【校記】

〔一〕宋本、叢刊本「質夫」上有「李」字。

〔二〕「謾」，宋本、叢刊本作「漫」。

〔三〕「士」，龍舒本作「已」。

〔四〕「欲」，宫内廳本作「此」。

題致政〔一〕孫學士歸來亭

彭澤陶潛歸去來，素風千載〔二〕出塵埃。明時雋老心無累，故里高門子有才。莊子達生篇：「有張毅者，高門縣薄，無不走也。」疏云：「高門，富貴之家也。」更築〔三〕園林負城郭，長〔四〕留花月映池臺。却尋五柳先生傳，薪〔五〕水區區但可哀。淵明爲彭澤，送一力給其子，曰：「汝旦夕之費，自給爲難。今遣一力，助汝薪水之勞，此亦人子也，可善遇之。」○李白詩：「蹉跎東籬下，淵明不足羣。」亦此意。

【校記】

〔一〕宋本、叢刊本「致政」上有「儀真」二字。

〔二〕「素」，龍舒本作「餘」。「載」，宋本、叢刊本作「歲」。

〔三〕「築」，宋本、叢刊本作「作」。

〔四〕「長」，宋本、叢刊本作「常」。

〔五〕「薪」，龍舒本作「山」，宋本、叢刊本作「柴」。

次韻吴季野題岳上人澄心亭 梅聖俞亦有和韻。

空庭〔一〕五月尚寒生，回首塵沙自鬱蒸。杜詩：「炎天避鬱蒸。」砌水亂流穿石底，野〔二〕雲高出蔽山層。劉滄詩：「寒山半出白雲層。」又，韋處厚詩：「緑崖踏石層。」躋攀欲絶人間世，締構應〔三〕從物外僧。腸胃坐來清似洗，神奇未怪佛圖澄。佛圖澄傳：「腹傍有一孔，常以絮塞之。每夜讀書，則拔絮，孔中出光照一室。又嘗齋時，平旦至流水側，從腹傍孔中引出五臟六腑洗之，還納腹中。」

【校記】

〔一〕「空庭」，龍舒本作「空亭」，宋本、叢刊本作「高亭」。

〔二〕「野」，宋本、叢刊本作「檻」。

〔三〕「應」，宋本、叢刊本作「知」。

送彦珍

挾策窮鄉滿鬢絲，阪〔一〕田荒盡豈常窺。正月詩：「瞻彼阪田，有菀其特。」注：「阪田，崎嶇墝埆之處。」未應谷口終身隱，正合菑川舉國推。二事見別注。握手百憂空往事，還家一笑即芳時。柘崗定有辛夷發，亦見東風使我知。吳彦珍所居在柘崗，屬臨川。

【校記】

〔一〕「阪」，宋本、叢刊本作「陂」。

寄張先郎中 張子野也。

留連山水住多時，年比馮唐未覺衰。篝火尚能書細字，郵筒還肯寄新詩。陳勝傳：「叢祠中，夜篝火。」注：「篝者，籠也。音溝。」○韓詩：「夜書細字綴語言。」胡牀月下知誰對？風俗通曰：「靈帝好胡牀，董卓擁胡兵之應也。」庾肩吾胡牀詩曰：「傳名乃外域，入用信中京。足欹形已正，文邪體自平。」魏略曰：「裴潛爲兗州刺史，嘗作一胡牀。及去，留以掛樹。」○晉庾亮傳：「亮在武昌，佐史殷浩之徒乘秋夜往共登南樓。俄而不覺亮至，諸人皆起避之。亮徐曰：『諸君少住，老子於此，興復不淺。』便據胡牀，與君等談詠竟夕。」鸞榼花前想自隨。說文曰：「榼，酒器也。」○成公十六年〔一〕：「晉欒鍼使行人執榼承飲，造於子重。」唐人詩云：「莫歎青山抛皓月，直傾鸞榼盡濃醪。」○白詩：「鸞榼來方瀉，蒙茶到始煎。」又：「小花鸞榼二三升。」投老主恩聊欲報，每瞻高躅恨歸遲。僧文兆詩：「別來耡久廢，身老恨歸遲。」

【校記】

〔一〕「六」，原作「五」，據左傳成公十六年改。

汜水寄和父

鄭州，唐有汜水縣，本朝九域志無之。

虎牢關下水逶迤，想汝飄然過此時。莊二十一年：「自虎牢以東。」杜注：「在河南成皋縣。」○寰宇志：「鄭地，漢屬河南，宋武帝立司州，理虎牢。東魏分滎陽，置成皋郡，理今之汜水。」洒血只添波浪起，脱身難借羽翰追。杜詩：「洒血江漢身衰疾。」又：「脱身簿尉間，始與箠楚辭。」又：「天涯春色催遲暮，別淚遥添錦水波。」留連厚禄非朝隱，揚子淵騫篇：「或問：『柳下惠非朝隱者歟？』」○此言禄厚則責深，不可言朝隱矣。乖隔殘年更土思。土思，烏孫公主事。已卜冶城三畝地，寄聲知我有歸期。公嘗有「寄聲冶城人，爲我問一丘」之句。○王維詩：「五湖三畝宅，萬里一歸人。」唐人好使「三畝地」。○退之薦士詩：「使以歸期告。」

寄〔一〕吉甫

朱顔去似朔風驚，白髮多於野草生。李翱云：「人之受命，其長者不過七十、八九十，至百年者則稀矣。雖饗百年，若風之飄而還也。」○杜牧詩：「故人容易去，白髮等閑生。」○白傅草詩：「野火燒不盡，春風吹又生。」挾策讀書空有得，求田問舍轉無成。二事，公屢使。解鞍烏石崗邊路〔二〕，携手辛夷樹下行。皆言撫州舊游。今日追思真樂事，黄塵深處走雞鳴。雞鳴即於黄塵深處走，此言趍朝時。

【校記】

〔一〕宋本、叢刊本「寄」下有「黄」字。

〔二〕「路」，龍舒本、宋本、叢刊本作「坐」。

次韻平甫村野春日

昨日青青尚未齊，忽看春色滿高低。退之詩：「南陽郭門外，桑下麥青青。」又：「青青四墻下，已復生滿地。」陂梅弄影争先舞，葉鳥藏身自在啼。少陵百舌詩：「花密藏難見。」又：「鳥呼藏其身，有似懼彈射。」樵蹻踏雲歸舊徑，王褒傳：「離疏釋蹻。」注云：「蹻，居略反，以繩爲之。」韓詩：「雪徑抵樵叟。」漁蓑背雨向前溪。韓偓詩：「須信閑人有忙事，早來衝雨覓漁師。」似知我欲逃軒冕，談笑相過各有携。莊子繕性：「古之所謂得志者，非軒冕之謂也。軒冕在身，非性命也。物之儻來，寄也。」○杜詩：「手中各有携，傾榼濁〔一〕復清。」

【校記】

〔一〕「濁」，原作「渴」，據杜工部草堂詩箋羌村三首及宫内廳本改。

即席次韻微之泛舟

畫舸幽尋北果園，應將陳跡問桑門。北果園，近半山。○杜詩：「果園坊裏爲求來。」○桑門，見上注。地隨墻塹〔一〕行多曲，天著岡巒望易昏。故國時平空有木，荒城人少半爲村。孟子梁惠王下：「所謂故國者，非謂有喬木之謂也。」選詩：「故林衰木平，荒池秋草徧。」白詩：「市井蕭條半似村。」悠悠興廢皆如此，賴付乾愁酒一罇。韓詩：「乾愁漫解坐自累，與衆異趣寧相親。」○宋范曄傳有「乾笑」字。「笑」、「愁」雖異，「乾」義則同。

【校記】

〔一〕「塹」，叢刊本作「墅」。

示長安君

此詩恐是使北時作。長安君，公妹也。

少年離別意非輕，老去相逢亦愴情。草草杯盤供笑語，退之送劉師服詩：「草草具盤饌，不持酒勸酬。」昏昏燈火話平生。〔一〕張耳傳：「貫高仰視，泄公勞苦如平生歡。」自憐湖海三年隔，又作塵沙萬里行。成都記：「諸葛亮送費禕使吳，別於江上，禕曰：『萬里之行，始於此矣。』」○樂天詩：「雲雨三年別，風波萬里行。」欲問後期何日是，寄書應見鴈南征。劉長卿詩：「離亂要知君到處，寄書須及鴈南飛。」

【校記】

〔一〕宮内廳本評曰：「自在儂至。」

和平甫招道光法師

鍊〔一〕師投老演真乘，昇玄經：「若有沙門來聽經，當置上座，道士、鍊師，自在其下。」○法華經：「唯有一佛乘，餘二即非真。」○神秀碑：「高悟與真乘同徹。」像刼空王爪與肱。曇無羅讖曰：「釋迦佛正法住世五百年，像法一千年，末法一萬年。」○華嚴經第十四卷有「空王佛」。○神秀碑：「有師而成，即燃燈佛所，無依而説，是空王法門。」於摠持門通一路，華嚴經：「成就摠持三昧門，此真佛子之住處。」○楞嚴經：「頌十方薄伽梵，一路涅槃門。」以光明藏續千燈。圓覺經：「入於神通大光明藏，維摩詰與二千魔女説法，云：『諸姊，有法門，名無盡燈。汝等當學無盡燈者，譬如一燈然百千燈，冥者皆明，明終不盡。』」李白尊勝幢頌：「傳千燈於智種，了萬法於真空。」從容發口酬摩詰〔二〕，維摩問三十二菩薩不二法門。邂逅持心契慧能。韶州法海禪師初見六祖，問曰：「即心即佛，願垂指喻。」祖曰：「何〔三〕念不生即心，後念不滅即佛。成一切相即心，離一切相即佛。吾若具説，窮刼不盡。吾偈曰：『即心名慧，即佛乃定。定慧等持，意中清淨。悟此法門，由汝習性。用本無生，雙脩是正。』」法海信受，以偈贊曰：『即心元是佛，不悟而自屈。我知言慧因，雙脩離諸物。』」新句得公還有賴，古人詩字恥無僧。詩字有僧，如賈島「僧敲月下門」之類。鄭谷雲臺集，其詩用「僧」字凡三十五處。故詩人云：「仲先筆苑多籠鶴，鄭谷詩壇愛惹僧。」蓋谷詩好使「僧」字，而魏野仲先詩好使「鶴」字。二公以「僧」、「鶴」格致清高，故句多及之。

【校記】

〔一〕「鍊」，宋本、叢刊本作「練」。

〔二〕「摩詰」，原作「摩語」，據宫内廳本、叢刊本改。

〔三〕「何」，宫内廳本作「前」。

和祖仁晚過集禧觀

妍暖聊隨馬首東，欒黶曰：「余馬首欲東。」春衫猶未着方空。漢元紀：「罷齊〔一〕三服官。」注：「春獻冠幘縰爲首服，紈素爲冬服，輕綃爲夏服，凡三。」師古曰：「縰，與纚同，音山爾反。即今之方目紗也。」又後漢：「建初二年，詔齊相省冰紈、方空縠、吹綸絮。」紈，素也。冰，言色鮮潔如冰。釋名曰：「縠，紗也，方空者，紗薄如空也。或曰：空，孔也，即今之方目紗也。綸，似絮而細。吹者，言吹噓可成，亦紗也。」煙霞送色歸瑤水，王元長曲水序：「穆王八駿，如舞瑤水之陰。」杜子美九成宫詩：「巡非瑤水遠。」山木分香繞閬風。三島記：「崐崙山有三角，其一角正北，干星辰之輝，名曰閬風巔。」又，十洲記：「聚窟洲在西海中，北接崐崙二十六萬里。山上專多大樹，與楓木相類，而林芳葉香，聞數百里，名曰反魂樹。」壯髮已輸塵外緑，趙后傳：「我男也，額上有壯髮，類孝元皇帝。」師古曰：「壯髮當額前侵下生，今俗呼爲圭頭者是也。」言塵外人不與事接，故髮常緑。衰顏漫到酒邊紅。潘安仁金谷詩：「玄醴染朱顏。」○東坡詩：「衰顏得酒尚能韶。」又：「兒童誤喜朱顏在，一笑那知是酒紅。」日斜歸去人間世，却記前游似夢中。

【校記】

〔一〕「齊」，原作「齋」，據漢書元帝紀、宫内廳本改。

送程公闢轉運江西〔一〕

江西一節鑄黄金，最慰章濱〔二〕父老心。公闢於嘉祐間嘗爲洪州。至治平三年，爲江西路轉運副使，故公詩有「不異重臨」、「最慰章濱」之句。周禮地官掌節：「凡邦國之使節，山國用虎節，土國用人節，澤國用龍節，皆金也，以英蕩輔之。」長孺重〔三〕來真强予，汲黯字長孺，拜淮陽太守，伏謝，不受印綬，數强予，然後奉詔。次公今不異重臨。黄覇字次公，爲京兆尹，坐乏軍興，有詔歸潁川太守官，以八百石居治如其前。柳柳州再授連州酬别劉夢得詩：「重臨事異黄丞相，三黜名慚柳士師。」餘風尚有歡謡在，陳跡非無勝事尋。退之詩：「園林窮勝事。」皇甫冉酬盧十一詩：「閉門公務散，枉策故情深。」豫想新詩能寄我，十年華省故情深。

【校記】

〔一〕龍舒本卷五十九題作「寄江西程公闢」。

〔二〕「章濱」，龍舒本、宫内廳本作「漳濱」，下注同。

〔三〕「長孺」，原作「直孺」，下注同，據漢書汲黯傳及宋本、叢刊本改。「重」，龍舒本、宋本、叢刊本作「向」。

次韻微之即席

釀成吴米野油囊，却愛清談氣味長。仙人王方平傳：「沽酒餘杭姥，得一油囊，酒五斗許。」○樂天謝劉蘇州寄糯米李浙東舞衫詩：「金屑醅濃吴米釀，銀泥衫穩越娃裁。」閑日有僧來北阜，僧，謂寶公之流。北阜，指鍾山。平時無盜出南塘。南塘，秦淮南岸塘也。祖逖傳：「所從賓客義徒多爲盜，逖撫慰之，曰：『比復南塘一出否？』盜爲吏所繩，逖輒擁護之。」又：「謝公時廝養逋亡，多竄在南塘諸舸中。或欲一時搜索，謝公不許，曰：『不容置此輩，何以爲京師？』」風亭對竹酬孤峭，雪逕尋梅認暗香。公梅詩又有「風亭把酒酬孤艷，雪逕回輿認暗香」之句。江水中澪〔一〕應未變，一杯終欲就君嘗。張又新水録：「代宗時，李季卿刺湖州，至維揚，遇陸鴻漸，謂曰：『陸君善茶，天下所聞；揚子南零，水又殊絶，今者二妙千載一遇，何可輕失？』乃命軍士信謹者挈瓶操舟，深詣南零，陸潔器以俟。俄水至，陸以杓揚水曰：『江則江矣，非南零者，似臨岸者。』使稱：『不敢紿。』既而傾諸盆，至半遽止，又以杓揚之，曰：『此南零者矣。』使蹶然駭服，曰：『某自南零齎至岸，舟盪半，懼其尠，挹岸水以增之。處士之鑒，神鑒也。』李大驚。陸又曰：『楚水第一，晉水最下。』因命吏占而次弟之。贊皇公李德裕，博達士。居廊廟日，有〔二〕親知奉使於京口，李曰：『還日，金山下揚子江中澪水，與取一壺來。』其人舉棹日，醉而忘之，泛舟止石城下，方憶，乃汲一缾於江中，歸京獻之。李公飲後，歎訝非常，曰：『江表水味有異於頃歲矣！此水頗似建業石城下水。』其人謝過不隱。」杜牧之詩：「商歌如不顧，歸棹越南濡。」自注：「某家在朱方。揚子江界，有南濡、北濡。」據此，則中濡之外，又自有南濡、北濡耶？

【校記】

〔一〕「水」，宮内廳本作「上」。「中澪」，宋本、叢刊本作「中濡」，龍舒本作「中泠」。

〔二〕宮内廳本「有」以下脱文。

和王微之秋浦望齊山感李太白杜牧之〔一〕

齊山在池州貴池縣南五里。王哲齊山記云：「山有十餘峯，其高正等，故曰齊山。或謂唐刺史齊映有善政，好此山，因名焉。」按：唐書載映爲江西觀察使，不作池州，郡牧題名却有齊照，當是以此得名也。

齊山置酒菊花開，秋浦聞猿江上哀。池陽記：「秋浦水，源起石埭，北帶郡城，南走驛道，爲舟楫之路。李景業始築大堤於南，續長橋於北。」○杜牧之齊山詩：「人世難逢開口笑，菊花須插滿頭歸。」○太白秋浦詩：「秋浦猿夜愁，黄山堪白頭。」又：「君莫向秋浦，猿聲碎客心。」此地流傳空筆墨，昔人埋没已蒿萊。平生志業無高論，末世篇章有逸才。張釋之傳：「卑之無甚高論。」王褒傳：「有逸才。」介父平生以三代自詭，下睎漢、唐，宜謂二公無高論，特以逸才許之耳。尚得使君驅五馬，與尋陳跡久裴回〔二〕。

【校記】

〔一〕宮内廳本本首脱文。

〔二〕「裴回」，龍舒本、宋本、叢刊本作「徘徊」。

次韻登微之高齋有感〔一〕

臺殿荒墟辱井堙，豪華不復見臨春。辱井，即景陽宮井。○建康志云：「井在臺城内。陳末，後主與張麗華、孔貴嬪投其中，以避隋兵。其井有石闌，多題字。舊傳云：『欄有石脈，以帛拭之，作煙脂痕。』或云，石脈色類煙脂，故又一名煙脂井。」○歐陽公集古録跋尾云：「景陽樓下井記，不著撰人名氏，述隋滅陳，叔寶與張麗華等投井事。其後有銘，以爲戒。又有唐江寧縣丞王震井記云：『井在興嚴寺，其石檻有序，稱余者，晉王廣也，其文字磨滅，僅可識其十一二。』今其文尚可讀處，有云『前車已傾，負乘將没』也。」曾南豐集亦載：「井有篆文，云：『辱井斯在，可不戒乎？』並下文共十八字，在井石檻上，不知誰爲之文。」臨春，見和微之登高齋注。左氏：「井湮木刊〔二〕也。」北山漠漠雲垂地，子美賦云：「九天之雲下垂。」北山，即鍾山。南埭悠悠水映人。建康實録：「於方山南截淮立埭，即南埭。」馳道蔽虧松半死，賈山至言：「隱以金椎，樹以青松。爲馳道之麗至此，使其後世曾不得邪徑而託足焉。」○李太白金陵懷古詩：「緑水絶馳道，青松摧古丘。」射場埋没雉多馴。齊武帝數幸琅琊城，游鍾山射雉，至湖北埭，雞始鳴。射場蓋距埭不遠。登高一曲悲亡國，想繞紅梁落暗塵。謝玄暉詩：「舞館識餘基，歌梁想遺轉。」注：「妙歌者發聲，聲繞梁而塵起，故見梁則想其遺聲。」○博物志：「昔韓娥東之齊，糧匱，過雍門，鬻歌假食。既去，而響繞梁，三日不絶。」○隋薛道衡詩：「空梁落燕泥。」

【校記】

〔一〕宋本、叢刊本題作「次韻王微之登高齋」。

〔二〕宮内廳本「木刊」上注及全詩脱文。

和微之重感南唐事

叔寶傾陳衍弊梁，可嗟曾不見興亡。陳書：「後主諱叔寶。禎明三年，隋師賀若弼、韓擒虎進攻宮城，自南掖門入，執後主與王公百官入於長安。」○梁書：「武帝諱衍。太清三年，侯景攻陷宮城，縱兵大掠。五月，帝崩。」

齋祠父子終身費，梁武帝天監十八年，於無碍殿受戒。大通元年，幸同泰寺捨身。中大通元年九月，幸同泰寺，設無遮大會，釋御服，披法衣，行清浄大捨。十月，又設無遮會。二年四月，幸寺，設平等會。三年十月，幸寺，説涅槃經。十一月，又幸寺，説般若經。五年三月，幸寺，設四部大會。大同元年三月，幸寺，設無遮會。四月，幸寺，鑄十方銀像，設無碍會。二年三月，幸寺，設平等會。九月，幸寺，設四部無碍會。三年五月，幸寺，鑄十方金銅像，設無碍法會。八月，幸阿育王寺，設無碍法喜食。十年，於皇基寺設法會。中大同元年，幸同泰寺施身，仍設法會，皇太子以下奉贖。太清元年三月，幸寺，設無遮大會，行清浄大捨，又升光嚴殿講經，捨身。御輦還宮，幸太極殿，如即位禮。昭明太子傳：「高祖大弘佛教，親自講説。太子亦崇信三寶，偏覽衆經，乃於宮内制立慧義殿，專爲法集之所，招引名僧，談論不絕。太子自立三諦法身義，並有新意。普通元年，甘露降於慧義殿，咸以爲至德所感焉。」

酣詠君臣舉國荒。南史江總傳：「總既當權任宰，不持政務，但日與後主游宴後庭，多爲艷詩。好事者相傳諷翫，於今不絕。又與陳暄、孔範、王瑳等十餘人，當時謂之『狎客』。由是國政日頽，綱紀不立。有言之者，輒以罪斥之。君臣昏亂，以至於滅。」又建康志：「後主常使張貴妃、孔貴人等八人夾坐，江揔、孔範等十人預宴，號曰『狎客』。君臣酣飲，從夕達旦，以此爲常。」○王轂詩：「君臣猶在醉鄉中，一面已無陳日月。」南狩皖山非故地，皖山，屬舒州。○湘素雜記云：「江南伶人王感化口捷急，滑稽無窮。中主徙豫章，至潯陽，遇大風。中主不悅，命酒獨酌，指北岸山問舟人，云：『皖公山也。』愈不懌。感化獨前，獻詩曰：『龍舟萬里駕長風，漢武潯陽事正同。珍重皖公山色好，影斜不入壽杯中。』中主大悅。」北師淮水失名王。梁武帝普通六年五月壬子，遣中護軍夏侯亶督壽陽諸軍侵魏。六月庚辰，豫章王綜奔魏，魏復據彭城。天移四海歸真主，誰誘昏童肯用長〔一〕？唐史穆宗等贊：「穆、敬昏童不君。」鄧艾報蜀後主書：「龍戰虎争，終歸真主。」杜牧之金陵懷古：「如今四海歸皇化，兩岸蕭蕭蘆荻秋。」

【校記】

〔一〕「長」，宋本、叢刊本作「良」。

寄李君晜弟訪別長蘆至淮陰追寄〔一〕

怒水搏〔二〕風雪壠高，亂流追我秖漁舠。韓詩：『怒水忽中裂。』又：「說楚波堆壠。」〔三〕海中作金鼓聲。土人謂之海怒，當作風雨。○李白詩：「濤白雪山來。」忽看淮月臨寒食〔四〕，想映江春聽伯勞〔五〕。豳詩：「七月鳴鵙。」注：「伯勞也。」又，伯勞鳴，將寒之候。此詩乃云「江春」。或稱伯勞爲食母鳥，非。道義終期〔六〕麟一角，文章已〔七〕秃兔千毫。草木疏：「麟，麕身，牛尾，馬足，黃色，圓蹄，一角，角端有肉。音中鐘呂，行中規矩。」毛萇詩傳云：「麟角，所以表其德也。」○北史：「學者如牛毛，成者如麟角。」〇王羲之傳贊：「雖禿千兔之翰，聚無一毫之筋。」〇李白詩：「書禿千兔毫，詩裁兩牛腰。」後生可畏吾知子，語：「後生可畏，焉知來者之不如今也？」南北何時見兩〔八〕髦。詩柏舟：「髧彼兩髦，實維我儀。」注：「髦者，髮至眉。」

補注 雪壠 黃庭：「鼻神玉壠字靈堅。」雪壠，猶云玉壠也〔九〕。

【校記】

〔一〕龍舒本卷六十題作「寄李秀才兄弟」。宋本、叢刊本題首無「寄」字。

〔二〕「搏」，宋本、叢刊本作「憑」。

〔三〕此爲孟郊詩，見韓愈會合聯句。

〔四〕「淮」，龍舒本作「槐」。「寒食」，龍舒本作「秋渚」。

〔五〕「想映」句，龍舒本作「更聽漁人雜佩濤」。

〔六〕「終期」，宋本、叢刊本作「當成」。

〔七〕「已」，龍舒本作「先」。

〔八〕「南北」，龍舒本作「握手」。「兩」，龍舒本作「二」。

〔九〕本注原闌入題左，無「補注」二字。

貴州虞部使君訪及道舊竊有感惻因成小詩

韶山秀拔江清寫，郡國志：「韶州科斗勞水間有兩石對峙，相去一里，大小略均，有似雙闕，謂之韶石。昔帝舜南游登此，奏韶樂，因以名之。隋開皇九年，取以名郡。」公詩所指韶山，未知即此韶石乎？或只泛言「靈鷲山」、「芙蓉崗」之類也。江，即州之曲江，舊有湞水。氣象還能出縉紳。當我垂髫初識字，看君揮翰獨驚人。楚公嘗守韶州，公時尚幼。郵籤忽報旌麾入，齋閤遙瞻組綬新。握手更誰知往事？同時諸彥略成塵。李昉文正賞花感事詩云：「當時同醉花前客，今日半爲泉下人。」

冲卿席上[一]

二年相值喜同聲，易：「同聲相應。」並轡塵沙眼亦明。雖在塵沙中，以得友故，眼亦爲之明。新詔各從天上得，殘罇同向月邊傾。李白詩：「何如月下傾金罍？」已嗟後會歡難必，晉書載記：「石韜燕寮屬於東明觀，酒酣，長歎曰：『人居世無常，別易會難，各付一杯開意。爲吾飲，令必醉，知後會復何期，而不飲乎？』」○謝惠連雪賦：「傷後會之無因。」冲卿先得外，故有「後會」之語。更想前官責[二]尚輕。黽勉敢忘君所勗，古人憂樂有違行。憂則違之，不以退爲高；樂則行之，不以進爲泰。

【校記】

〔一〕宋本、叢刊本題下有「得行字」三字。

〔二〕「責」，龍舒本作「老」。

示董伯懿

穿橋度塹只閑行，詠石嘲花亦漫〔一〕成。嚼蠟已能忘世味，楞嚴經：「當橫陳之時，味如嚼蠟。」畫脂那更惜時名。元次公鹽鐵論曰：「無其質而外學其文，若畫脂鏤冰，費日損功。」長干里北寒山紫，白下門西野水明。滕王閣記：「煙光凝而暮山紫。」長干、白下，見上注。此地一廛須卜築，孟子：「願受一廛而爲氓。」○揚雄：「有田一廛。」故人他日訪柴荆。

【校記】

〔一〕「漫」，龍舒本作「謾」。

思王逢原三首〔一〕

布衣阡陌動成羣，卓犖高才獨見君。莊子：「舉魯國而儒服，然千轉萬變而不窮者，獨有一儒耳。」○介甫以令爲古之天民。杜詩：「胡人高鼻動成羣。」杞梓豫章蟠絶壑，騏驎騕褭跨浮雲。豫章，已見別注。應劭曰：「騕褭，古之良馬名，赤喙，玄身，日行五千里。」又，崔鴻十六國春秋：「呂光討平西域，上疏曰：『龜茲據三十六國之中。入其國城，天驥、龍麟、腰褭、丹髦萬計盈廄，雖伯益更生，衛賜復出，不能辨也。』」前書天馬歌：「籋浮雲，晻上馳。」行藏已許終身共，述而篇：「子謂顏淵曰：『用之則行，捨之則藏，惟我與爾有是夫？』」此則已許終身共之意。生死那知半道〔二〕分。逢原死時年二十八。便恐世間無妙質，鼻端從此罷揮斤。莊子送葬，過惠子之墓，顧謂從者曰：「郢人堊漫其鼻端若蠅翼，使匠石斲之。匠石運斤成風，聽而斲之，盡堊而鼻不傷，郢人立不失容。」宋元君聞之，召匠石曰：「嘗試爲寡人爲之。」匠石曰：「臣則嘗能斲之，雖然，臣之質死久矣。自夫子之死也，吾無以爲質矣。」○揚雄傳：「獿人亡，則匠石輟斤而不敢妄斲。」注：「古之善塗墍者也。施廣領大袖以仰塗，而袖不汙。獿，乃高反。又乃回反。」

【校記】

〔一〕龍舒本卷六十九此詩第一首題作「哭王令」，下二首題作「思王逢原二首」。

〔二〕「道」，龍舒本、宋本、叢刊本作「路」。

其二

蓬蒿今日想紛披，塚上秋風又一吹。逢原嘉祐四年秋卒，作此詩時〔一〕死之明年。妙質不爲平世得，微言惟有故人知〔二〕。衛玠傳：「嘗恐微言將絶，今乃復聞於君。」○陳師道懷魯直詩亦云：「妙手不爲平世用，高懷猶有故人知。」廬山南墮當書案，湓水東來入酒巵。郡國志：「有人洗銅盆，忽水暴漲，乃失盆。遂投水求之，即見一龍銜盆，奪之而出。故曰湓水。」又云：「源出青盆山，因以爲名。」陳跡可憐隨手盡，韓信傳：「鍾離昧曰：『吾今死，公隨手亡矣。』」○樓護傳：「爵禄賂遺，所得亦緣手盡。」○蘭亭記：「況脩短隨化，終期於盡。」欲歡無復似當時。杜詩：「可惜歡娛地，都非少壯時。」○退之祭張員外文：「中宵興歎，無復昔時。」

【校記】

〔一〕「時」，原作「將」，據宮内廳本改。

〔二〕宮内廳本評曰：「上句可哀。」

其三

百年相望濟時功，公作逢原誌云：「始余愛其文章，而得其所以言」云云，「於是慨然歎，以爲可以任世之重而有功於天下者，將在於此」。歲路何知向此窮。歲路，猶言年事也。王褒書曰：「年事遒盡，容髮衰謝，芸其黃矣，零落無時。」陸士衡豫章行云：「前路既已多，後塗隨年侵。」呂延濟注云：「前路，謂日月。」李善曰：「前路、後塗，喻壽命也。」○公代王魯公乞致仕表亦云：「徒以歲路之向窮，不勝人言之甚衆。」亦是暗借阮籍「塗窮」字。鷹隼奮飛凰羽短，薛令之，開元中爲東宮侍講。時宮僚閑淡，以詩自悼，書於壁曰：「朝旭上團團，照見先生盤。盤中何所有？苜蓿長闌干。飯澁匙難綰，羹稀箸易寬。只可謀朝夕，何由度歲寒？」上因幸東宮，見焉，索筆續之曰：「啄木觜距長，鳳凰毛羽短。若嫌松桂寒，任逐桑榆暖。」令之因此謝病東歸。肅宗即位，詔徵之，已卒。出閩中名士傳。騏驎埋没馬羣空。埋没，如厄鹽車之類。又：「伯樂一過冀北之野，而馬羣遂空。」中郎舊業無兒付，韓詩：「中郎有女能傳業。」謂蔡邕。康子高才有婦同。逢原妻吴氏有賢行。皇甫謐高士傳：「黔婁先生卒，曾西來弔，見屍牖下，覆以布被，手足不盡，覆頭則足見，覆足則頭見。西曰：『斜其被，則斂矣。』妻曰：『斜之有餘，不若正之不足。先生生而不斜，死而斜之，非先生意也。』西曰：『以何爲謚？』妻曰：『先生存時，食不充飽，衣不蓋形，可以謚爲康乎？』西曰：『昔先生，君欲用爲相國而辭不爲，是有餘貴；君賜粟而辭不受，是有餘富。甘天下之淡味，安天下之卑位，其謚爲康，不亦宜乎？』」想見江南原上草〔一〕，樹枝零落紙錢風。逢原葬於常州武進縣鄉村上原〔二〕。○白樂天詩：「風吹曠野紙錢灰，古墓無人春草緑。」○唐詩：「野風吹起紙錢灰。」

【校記】

〔一〕「草」，諸本作「墓」。

〔二〕「鄉村上原」，宮内廳本作「薛村之原」，宋本、叢刊本王逢原墓誌銘作「南鄉薛村之原」。

和吴御史臨淮感事

栅鏁城扉曉一開，柂牙車軸轉成雷。說文：「栅，編樹木也。」晉書載記：「苻堅入寇，前軍將梁成、王顯等率衆五萬屯落澗〔一〕，栅淮以遏東軍。」今言「栅鎖」，謂置鏁於栅之兩端，可以開閉，以操縱舟舡之往來。○牧之阿房賦：「雷霆乍驚，宫車過〔二〕也。」○鮑昭蕪城賦：「柂以漕〔三〕渠，軸以崐崗。」黃塵欲礙龜山出，渡淮而北至京，絶多塵坌，張垍所以有「灰堆」之句。○梁末童謠云：「黃塵汙人衣，皂筴相料理。」龜山在泗州臨淮縣，山下有淮渦神。按：古嶽瀆經云：「禹治水，三至桐柏山，獲淮渦水神，名曰無支祁，形若獮猴，力踰九象，人不可視。禹授之童律及烏木田，皆不能制，乃命庚辰制之。是時木魅、水靈、山妖、石怪奔號叢繞，幾以千數。庚辰持戟逐去，遂頸鎖大索，鼻穿金鈴，徙淮陰，鎖龜山之足，淮水乃安。」唐永泰初，楚州有漁人夜釣於龜山之下，其鈎爲物所制，不復可出。漁因沉水視之，見大鐵鎖盤繞山足，不知其極。漁者驚異，出告刺史李湯。遣能水者數十人下，獲其鎖，力不能制，加五十六牛拽之，稍稍到岸。鎖末一獸，形如青猴，皃若昏醉，高五丈許，狀甚怪異。耳目口鼻皆悉水流，涎沫腥穢，不可近傍。雙眸忽開，光采若電，觀者奔走，獸亦徐徐引鎖拽牛，入於水去。」白浪空分汴水來。汴自淮入江。澄觀有材邀昧陋，韓詩：「人言澄觀雖僧徒，公才吏用當今無。」昧陋，謂商販之輩。○泗州僧迦塔，澄觀所建，舟車過此，多有施金帛以乞靈者。故公詩云。然退之又云：「僧迦後出淮泗上，勢到衆佛尤魁奇。越商胡賈脱身罪，珪璧滿船寧計資。」意專謂此。霽雲無力報姦回。南霽雲乞救於賀蘭也，賀蘭嫉巡、遠聲威功績在其上，不肯出師赴救。雲知賀蘭終無出師意，即馳去，將出城，抽矢射佛寺浮圖，矢著其上甎半箭，曰：「吾歸破賊，必滅賀蘭，此矢所以志也！」騷人此日追前事，賈誼治安策：「竊跡前事。」悲氣隨風動管灰。後漢律曆志：「候氣之法，爲室三重，户閉，塗釁必周。密布緹縵室中，以木爲案，每律各一，内庳外高，從其方位，加律其上，以葭莩灰抑其内端，案曆而候之，氣至者灰去。其爲氣所動者，其灰散。人及風所動者，其灰聚。」

【校記】

〔一〕「落澗」，宫内廳本作「洛間」。

〔二〕「過」，原作「逼」，據樊川文集阿房宫賦、宫内廳本改。

〔三〕「灃」，原作「遭」，據文選所載蕪城賦、宫内廳本改。

補注

劉貢父嘗云：「人必自知，然後可以知人，人必能盡其性，然後可以自知。己誠聖人耶，則可以知聖人矣，而况賢者乎？己誠賢人耶，則可以知賢者矣，而况有常者耶？由衆人視賢者，賢者視聖人，不能測也。譬猶觀物，自上視下，則其短長可見；由下視上，知其高而已，短長不可差也。世之人不自知，而易以賢智許人，非狂則誣。」余嘗疑貢甫此言似爲介甫稱逢原輩設，姑附於此。

補注

重感南唐事〔一〕王逢原詩：「乾坤未發龍虎争，日月須歸仁義主。江山本不爲英雄，英雄自負江山去。」

感南唐事詩〔一〕

酣詠君臣舉國荒　李泰伯詩：「江左君臣筆力雄，一爲宫體便移風。始知姬旦無才思，秖把豳詩詠女功。」

補注　送質夫　平世求材謾至公　朝廷科舉，至封彌、謄録以取士，其立法可謂公矣，而士多遺才，其中選者未必盡賢也。要不若三代鄉舉里選之法爲得。公云「謾至公」，亦致不足之意云耳。

重感南唐事〔三〕　齋祠　如築浮山堰之類，可謂弊矣，不特齋祠也。　南狩皖山　梁室喪亂，淮南地竝入齊、陳。高宗太建初，志復舊境，乃運神略，授律出師，至於戰勝，攻取獻捷相斷繼，遂返侵地，功實懋焉。及周滅齊，勝，略地還達江淮矣。據周略地，沿江爲界，正叔寶時。故公詩之「皖山非故地」，指叔寶也。　北師淮水　又臨川王宏兩軍亦北師淮水也。

思王逢原三　歲路　南史：「齊張充與王儉書曰：『丈人歲路未窮，學優而仕，道佐蒼生，功横海宇，可謂盛德，當時孤松獨秀者也。』」

【校記】

〔一〕〔二〕〔三〕題全作「和微之重感南唐事」。

庚寅增注第三十卷

送吴殿丞宰鞏縣　青嵩碧落　白樂天詩：「翠華黄屋未東巡，碧落青嵩付大臣。」

送吴仲純守儀真　栱木故國　左氏：「汝墓之栱矣。」季子賢者之邑，故云「故國」。

送質夫之陝府　共嫌欲老無機械　莊子天地篇：「子貢過漢陰，見一丈人爲圃畦，鑿隧而入井，抱甕而出灌，用力甚多而見功寡。子貢曰：『有械於此，一日浸百畦，夫子不欲乎？』丈人曰：『奈何？』曰：『鑿木爲機，後重前輕，挈水若抽，數如泆湯，其名桔槔。』爲圃者忿然作色而笑曰：『有機械者必有機事，有機事者必有機心，道之所不載也。吾非不知，羞而不爲也。』」

題孫學士歸來亭　明時雋老　晉鄭中傳：「迪宣謀猷，弘敷大烈。可謂朝之雋老，衆所具瞻者也。」

汜水寄和父　留連厚禄　白樂天詩：「形骸俛仰班行内，骨肉勾留俸禄中。」

寄吉甫　辛夷樹下行　李宣遠詩：「靖安院裏辛萸下，醉笑狂吟氣最麄。」

和平甫招道光法師　千燈　天一菩薩開導百千衆生，令發阿耨多羅三藐三菩提心於其道，意亦不滅盡，是名無盡燈。　持心契慧能　後漢韋彪傳：「忠孝之人，持心近厚。」

和祖仁晚過集禧觀　煙霞送色　退之詩：「春雲送色曉雞號。」

次韻微之即席　有僧來北阜　李端詩：「經秋無客到，入夜有僧來。」

登微之高齋　馳道　宋孝武帝作馳道，南自閶闔門，北出承明，抵玄武湖十餘里，爲調馬之所。　射場埋没雉多馴　齊東昏侯置射雉場數百所，皆以七寶糊，在江寧縣東北三十里。

寄李君帬　兩髦　觀公詩意，「兩髦」謂李君兄弟也，乃「英髦」之髦，借用「髧彼兩髦」字爾。

思王逢原其一　卓犖高才獨見君　韓退之文：「卓犖瓌怪〔一〕之士，宜乎游於大人君子之門也。」又與王深父書云：「有王逢原者，卓犖可駭，求之於時，殆未見比。」　半道分　賀蘭晉明詩：「人生結交在終始，莫以升沉中路分。」　紛披　韓詩：「此處皆緑净，岸樹共紛披。」

其三　騏驎埋没　杜詩：「豈有騏驎地上行？」又：「生男埋没隨百草。」

【校記】

〔一〕「卓犖瓌怪」，原作「章犖瓌怪」；下「大人」，原作「大」：均據宋蜀刻本昌黎先生文集送權秀才序改。

王荊文公詩卷第三十一

律詩

和文淑湓浦見寄

文淑，公女弟，張劒州之妻，亦能文。

多難漂零歲月賒，空餘文墨舊生涯。相看楚越常千里，孟浩然送從弟邕詩：「千里在俄頃，三江坐超忽。向來共歡娛，日夕成楚越。」不及朱陳似一家。徐州古豐縣有村曰朱陳，去縣百餘里。一村唯朱陳兩姓，世爲婚姻。白樂天有朱陳村詩。髮爲感傷無翠葆，子虛賦：「建翠乘之旗。」師古注云：「以翠羽爲旗上葆也。」光武紀：「益州傳送公孫述葆車輿輦。」注：「葆車，謂上建羽葆也。合聚五采羽，名爲葆。」又：「廣陵王謀反，上賜璽書云：『當此之時，頭如蓬葆。』」注：「頭久不理，如蓬茸羽葆。」○韓偓詩：「心爲感恩長慘戚，鬢緣多病早蒼浪。」眼從瞻望有玄花。韓詩：「玄花著兩眼，視物隔褷褵。」惟詩與我寬愁病，報爾何妨賦棣華。詩小雅棠棣篇：「棠棣之華，鄂不韡韡。凡今之人，莫如兄弟。」

次韻吴季野再見寄

衣裘南北弊風塵，志格〔一〕卑汙已累親。蘇秦家貧親老，觸塵埃，蒙霜露，越漳河以見李兑，抵掌而談。李兑遺以黑貂之裘，黄金百鎰，秦迺西入於秦。書十上而説不行，黑貂之裘弊，資用乏絶。去秦而歸，羸縢履蹻，負書擔橐，形容枯槁，面目犂黑，狀有愧色。至家，妻不下紝，嫂不爲炊，父母不與言。秦歎曰：「妻不以爲夫，嫂不以爲叔，父母不以爲子，皆秦之罪也。」流俗尚疑身察察，交游方笑黨頻頻。屈平：「安能以身之察察，受物之汶汶？」揚子：「頻頻之黨，甚於鷽斯。」遠同魚樂思濠上，老使鷗驚耻海濱。莊子與惠子游於濠梁之上。莊子曰：「儵魚出游從容，是魚樂也。」惠子曰：「子非魚，安知魚之樂？」莊子曰：「子非我，安知我之不知魚之樂？」列子：「海上之人有好漚鳥者，每旦之海上，從漚鳥游。漚鳥之至者，百住而不止。（注曰：「住」，當作「數」。）其父曰：『吾聞漚鳥皆從汝游，汝取來，吾玩之。』明日之海上，漚鳥舞而不下。」邂逅得君還恨晚，能明吾意久無人。

【校記】

〔一〕「格」，宋本、叢刊本作「趣」。

次韻平甫贈三靈〔一〕程惟象

家山松菊半荒蕪，杖策窮年信所如。李羣玉詩：「舊館苔蘚合，幽齋松菊荒。」司馬遷書：「居則忽忽若有所亡，出則不知所如往。」師古曰：「如，亦往也。」占見地靈非卜筮，筭知人貴自陶漁。洛誥：「我又卜瀍水東，亦惟洛食。」此以卜筮占見地靈也。今言「非卜筮」，其術猶高矣。○孟子公孫丑稱舜「自耕稼陶漁，以至爲帝，無非取於人者」。久諳郭璞言多驗，老比顏含意更疏。此以惟象擬璞。「久諳」云者，謂熟聞其術之驗。按璞傳：「庾翼幼時，嘗令璞筮公家及身。卦成，曰：『立始之末丘山傾，長順之初子凋零。』及康帝即位，始改元爲建元。或謂庾冰〔二〕曰：『忘郭生之言乎？立始，建元也；丘山，上名。此號不宜用。』冰撫心歎恨。帝崩，何充改元爲永和。庾翼歎曰：『天道精微，乃當如此。長順者，永和也，吾庸得免乎？』」璞之占驗多此類。撰前後筮驗六十餘事，名曰洞林〔三〕。璞嘗欲爲顏含筮，含曰：『年在天，位在人。脩己而天不與者，命也；守道而人不知者，性也。自有性命，無勞蓍龜。』」秖欲勒成方士傳，借君名姓在新書。方士傳，史記謂之「龜筴」、「日者」，續漢書謂之「方術」，三國志謂之「方伎」，晉及北史謂之「藝術」，新、舊唐書並謂之「方伎」，皆醫卜之流也。嵇康傳：「撰上古以來高士，爲之傳贊。」

【校記】

〔一〕龍舒本、宋本、叢刊本「三靈」下有「山人」二字。

〔二〕「庾冰」，原作「庾水」，據晉書郭璞傳、宮内廳本改。

〔三〕「洞林」，原作「同林」，據晉書郭璞傳、宮内廳本改。

次韻和甫詠雪

奔走風雲四面來，坐看山隴〔一〕玉崔嵬。平治險穢非無德，潤澤焦枯是有才。退之詠雪：「松篁遭挫折，糞壤獲饒培。」○高駢雪詩：「逡巡好上高樓看，蓋盡人間惡路岐。」亦平治之意。勢合便疑包地盡，功成終欲放春回。韓詩：「隱匿疵瑕盡，包羅委瑣該。」○又：「翕翕凌厚載。」寒鄉不念豐年瑞，只憶青天萬里開。言久雪願晴。

補注　青天　歐公詩：「青天却掃萬里净，但見緑野如雲敖。」〔二〕

【校記】

〔一〕「隴」，宋本、叢刊本作「壟」。

〔二〕本注原闌入題下，無「補注」二字。

次韻張氏女弟詠雪

天上空多地上稀，初寒風力故應微。唐人詩：「枝上空多地上稠。」○詩：「北風其涼，雨雪其雱。」○退之詠雪：「助留風作黨。」那能鎮壓黃塵起，強欲侵凌白日飛。晉童謡：「不見馬上郎，但見黃塵起。」○退之獻裴尚書雪詩：「照曜凌初日。」又：「欺梅并壓枝。」○詠雪贈張籍：「日輪埋欲側，坤軸壓將頹。」○射訓狐詩：「意欲唐突羲和烏。」邑犬橫來矜意氣，窟蟾偷出助光輝。楚詞：「邑犬羣吠，吠所怪也。」兼用柳子厚「吠雪」事。○窟蟾，謂月中蟆也。謝惠連雪賦：「月承幌而通輝。」○退之春雪詩：「莫愁陰景促，夜色自相饒。」公又有「閶闔與風生意氣，姮娥教月借光輝」之句。都城只有袁安德，我亦年年幸賜衣。

次韻徐仲元詠梅二首

溪杏山桃欲占新，亭〔一〕梅放蘂尚嬌春。江淹別賦：「羅與綺兮嬌上春。」額黃映日明飛燕，肌粉含風冷太真。李義山詠蝶詩：「壽陽公主嫁時粧，八字宮眉捧額黃。」○早梅詩：「何處拂胷資蝶粉，幾時塗額籍蜂黃。」○雖言飛燕，借用壽陽公主事。○宋武帝女壽陽公主人日卧於含章簷下，梅花落公主額上，成五出之花，拂之不去，皇后留之。自是有梅粧，後人多効之。玉笛凄凉吹易徹〔二〕，李白詩：「黃鶴樓中吹玉笛，江城五月落梅花。」○曹松詩：「初開偏稱雕梁畫，未落先愁玉笛吹。」○古樂府有落梅之曲。○江揔落梅詩：「橫笛短簫吹復咽，誰知柏梁聲不絕？」冰紈生澀畫難親。漢書地理志：「齊俗織作冰紈綺繡純麗之物。」師古曰：「紈，素也；冰，謂布帛之細，其色鮮潔如冰。」爭妍喜有君詩在，老我〔三〕倏然敢効顰！莊子天運篇：「西施病心而矉其里，其里之醜人見而美之，歸亦捧心而矉其里。其里之富人見之，堅閉門而不出；貧人見之，挈妻子而去之走。」注：「通俗文：『蹙頞曰矉。』」

【校記】

〔一〕「亭」，宋本、叢刊本作「高」。

〔二〕「徹」，龍舒本、宋本、叢刊本作「散」。

〔三〕「老我」下宋本、叢刊本注云：「一作『我老』。」

其二

舊挽青條冉冉新，選詩：「青條若葱蒨。」花遲亦度柳前春。肌冰綽約如姑射，膚雪參差是太真〔一〕。姑射事，公屢用。○樂天長恨歌：「雪膚花貌參差是。」謂楊妃也。搖落會應傷歲晚，樂天詩：「霜降水反壑，風落木歸山。苒苒歲將晏，物皆復本原。」攀翻賸欲寄情親。謝靈運詩：「桂枝徒攀翻。」注云：「桂樹貞芳，可以翫游。今友人不還，故徒爲攀援，誰與共之？翻，援〔二〕也。」孟浩然詩：「茱萸正可佩，折取寄情親。」終無驛使傳消息，寂寞知誰笑與顰？

【校記】

〔一〕宮内廳本評曰：「和韻兩太真，不爲工」。

〔二〕「援」，原作「閱」，據清綺齋本改。

次韻酬陸彦回 經之子也。〔一〕

中郎筆墨妙他年，江文通賦：「雖淵、雲之墨妙，皆嚴、樂之筆精。」又：「君房言語妙天下。」晚與君游喜象賢。經，歐公朋友，有文名。書微子之命：「惟稽古崇德象賢。」欵欵故情初未憖，飄飄新句摠堪傳。文公十二年：「兩軍之士，皆未憖也。」注：「憖，缺也。」英才但未遭文舉，明主寧當棄浩然。孔北海薦禰衡：「淑質貞亮，英才卓礫。」摭言載：「孟浩然入翰苑訪王維，適明皇駕至，浩然倉黄伏匿。維不敢隱而奏知，明皇曰：『吾聞此人久矣。』召使進所業，浩然誦：『不才明主棄，多病故人疏。』明皇曰：『吾未嘗棄卿，何誣之甚也？』放歸襄陽。」投贈臨分加組麗，小詩能不強雕鐫！揚子：「霧縠之組麗。」曰：「女工蠹矣。」

【校記】

〔一〕宋本、叢刊本題作「詩呈節判陸君」，注曰：「名彦回。」

留題曲親盆山 和州曲叙。

巧與天成未覺殊，國工施手豈須臾？巧，謂假人爲也。考工記「國工」注：「國之名工。」根連滄海蓬萊闊，勢壓黃河砥柱孤。鍾離權詩：「自言住處連滄海，別是蓬萊第一峯。」砥柱，山名，在虢城東北，大陽城東。酈道元水經注云：「昔禹治洪水，山陵當水者鑿之，故破山以通河，河水分流，包山而過，山見水中若柱然，故曰砥柱。三穿既決，水流疏分，指狀表白，亦謂之三門。」坐上煙嵐生紫翠，杜詩：「堂上不合生楓樹。」又假山詩：「幽處欲生雲。」影中樓閣見青朱。子由黃樓賦：「朱閣青樓。」爲山觀水皆良喻，語：「譬如爲山，未成一簣。」○孟子：「觀水有術，必觀其瀾。」誰向君家識所趨。

不到太初兄所居遂已十年以詩攀寄

一水衣巾翦翠綃，杜詩：「安得并州快剪刀，剪取吴松半江水。」杜牧池州詩：「弄水亭前溪，颭灔翠綃舞。」九峯環珮刻青瑶。韓詩：「字重青瑶鐫。」生才故有山川氣，前書地理志云：「凡民函五常之性，而其剛柔緩急、音聲不同，繫水土之風氣。」又，楊惲傳：「西河魏土，文侯所興，有段干木、田子方之遺風，漂然皆有節槩，知去就之分。安定山谷之間，昆戎舊壤，子弟貪鄙。」此皆謂人才係山川之風氣。卜築兼無市井囂。左氏：「晏子之宅近市，湫隘囂塵，不可以居。」三葉素風門閥在，十年陳跡履綦銷。思玄賦：「逮三葉而遘武。」班婕妤詞：「思君兮履綦。」歸榮早晚重携手，詩：「携手同歸。」莫負幽人久見招。陸士衡招隱詩：「躑躅欲安之，幽人在浚谷。」

偶成二首〔一〕元微之詩：「二十年來諳此事，三千里外欲歸人。」

漸老偏諳世上情，已知吾事獨難行。脱身負米將求志，戮力乘〔二〕田豈爲名？高紀：「脱身去，已至軍矣。」○左氏：「相好戮力同心。」高論頗隨衰俗廢，壯懷難值故人傾。游俠傳：「久孤於世，豈卑論儕俗？」相逢始欲〔三〕寬愁病，搔首還添白髮生。杜詩：「自到青冥裏，休看白髮生。」

【校記】

〔一〕龍舒本卷七十五偶成二首其一同此；其二爲下首中四句，唯第三句「年」作「風」，「老」作「去」。宫内廳本僅一首，即下首。

〔二〕「乘」，龍舒本作「求」。

〔三〕「欲」，叢刊本作「覺」。

其　二〔一〕

懷抱難開醉易醒，曉歌悲壯動秋城。杜詩：「五更鼓角聲悲壯。」○李白詩：「歌酣易水動。」又：「高歌振林木。」年光斷送朱顔老〔二〕，世事栽培白髮生。王康琚詩：「凝霜凋朱顔。」○李白詩：「昨來朱顔子，今日白髮催。」三畝未成幽處宅，一身還逐衆人行。韓集：「九品之位其可望，一畝之宅其可懷。」王維詩：「五湖三畝宅，萬里獨歸人。」○杜詩：「愁窺高鳥過，老逐衆人行。」可憐蝸角能多少，獨與區區觸事爭。莊子則陽篇：「戴晉人曰：『有所謂蝸者，君知之乎？』曰：『然。』『有國於蝸之左角者曰觸氏，有國於蝸之右者曰蠻氏，時相與爭地而戰，伏屍數萬，逐北旬有五日而後返。』」又：「通達之中有魏，於魏中有梁，於梁中有王。王與蠻氏有辨乎？」○樂天詩：「相爭兩蝸角，所得一牛毛。」又：「蝸牛角上爭何事？石火光中寄此身。」○皎然細言詩：「蚊眉自可託，蝸角豈勞爭。欲效絲毫力，誰知螻蟻誠。」

【校記】

〔一〕龍舒本卷七十四有感五首，此爲其一；其二爲本書卷四十四重將；其三爲本書卷四十四載酒；其四爲本書卷四十七春入；其五爲本書卷四十四楚天。

〔二〕「老」，宋本、叢刊本作「去」。

雨過偶書

霈然甘澤洗塵寰，南畝東郊共慰顏。地望歲功還物外，天將生意與人間。昭公三十二年：「閔閔焉如農夫之望歲。」○董仲舒策：「天使陽出布施於上，而主歲功。」○周茂叔不去窗前草，云：「常見造物生意。」霽分星斗風雷靜，涼入軒窗枕簟閑。杜牧詩：「牕虛枕簟涼，寢倦憶瀟湘。」○許渾詩：「前山雨過池塘滿，小院秋歸枕簟閑。」○韓詩：「新涼入郊墟。」誰似浮雲知進退，纔成霖雨便歸山。易：「知進退存亡而不失其正者，其惟聖人乎？」○子建詩：「朝雲不歸山，霖雨成川澤。」○許渾詩：「塵意迷今古，雲情識卷舒。」亦知進退之意。

季春上旬苑中即事

輦路行看斗柄東，簾垂殿閣轉春風。北斗七星，在紫宮南。其杓所建，周於十二辰之舍，以定十有二月，斟酌元氣，運乎四時。○李白歌：「天之何爲令北斗而知春兮，回指於東方。」樹林隱翳燈含霧，河漢欹斜月墜空。虞羽客詩：「龍城含曉霧，瀚海隔遥天。」○唐人鬼詩：「河漢已欹斜，神魂欲飛越〔一〕。」新蘂謾〔二〕知紅蔌蔌，元稹連昌宮詞：「又有牆頭千葉桃，風動〔三〕落花紅蔌蔌。」○沈括詩：「不見連昌桃，無言紅蔌蔌。」○樂天詩：「水蓼冷花紅蔌蔌，江蘺濕葉碧凄凄。」舊山常夢直叢叢。姚鵠詩：「舊山常夢到，流水送愁餘。」○退之詩：「楚山直叢叢，淮之水舒舒。」賞心樂事須年少，老去應無日再中。謝靈運云：「天下良辰、美景、賞心、樂事，四者難并。」○左太冲賦：「將轉西日而再中，齊既往之精神。」○唐人詩：「事逐時偕往，恩無日再中。」○白詩：「百川未有回流水，一老終無却少人。」○謝惠連詩：「頽魄不再圓，傾羲無兩旦。」向注云：「魄，月；羲，日也。言月既缺，一月之中無再復圓；日既傾，一日之中無更朝也。」喻人老不可更少。

【校記】

〔一〕「飛越」，宮内廳本作「超忽」。

〔二〕「謾」，宋本、叢刊本作「漫」。

〔三〕「動」，原作「送」，據全唐詩、宮内廳本改。

上西垣舍人〔一〕

共説才高世所珍，諸賢誰敢望光塵？討論潤色今爲美，學問文章老更醇。論語憲問：「爲命，裨諶草創之，世叔討論之，行人子羽脩飾之，東里子産潤色之。」賦擬相如真復似，詩看子建的應親。揚雄作賦，擬相如爲式，後客有薦雄文似相如者。此言「真復似」，蓋取諸此。○杜詩：「詩看子建親。」仍聞悟主言多直，許史家兒往往嗔。雄傳：「有談范、蔡之説於金、張、許、史之間，則狂矣。」○班固稱：「許、史不敢縱恣，是以能全。然害蕭太傅，殺蓋司隸，皆許、史也。」故公云「許史家兒往往嗔」，此得之矣。

【校記】

〔一〕龍舒本卷七十六題作「西垣當直」。

退朝

門外鳴騶送響頻，披衣强起赴雞人。雞人，見上注。火城夜闇雲藏闕，玉坐〔一〕朝寒雪被宸。每歲正旦，曉漏以前，宰相、三司使、大金吾皆以樺燭百炬擁馬，方布象城，謂之「火城」，仍雜以衣綉、鳴珂，焜耀街陌。如逢宰相，即諸司火城悉皆撲滅。○唐皇甫冉詩：「雲藏神女館。」○李端詩：「回合雲藏日，霏微雨帶風。」被宸，見上注。邂逅欲成雙白鬢，蕭條難得兩朱輪。猶憐退食親朋在，相與吟哦未厭貧。此詩作於嘉祐初，時爲羣牧判官、提點府界諸縣鎮公事，以貧，屢乞郡而未得。○詩：「退食自公。」

【校記】

〔一〕「坐」，宋本、宮内廳本、叢刊本作「座」。

與微之同賦梅花得香字三首

漢宮嬌額半塗黃，幽怪録云：「巴卬人霜後園中有兩大橘，如三斗盎，剖開，各有二叟相對象戲，相與更決賭。一叟曰：『君輸我海龍王女髲髮十兩、智瓊額黄十二枝』云云。言訖不見。」庾信武媚娘詩：「眉心濃黛直點，額角輕黄細安。」李義山蝶詩：「壽陽公主嫁時粧，八字宮眉捧額黄。」壽陽事，已見上注。山謙之丹陽記曰：「皇后正殿曰顯陽，東曰含章，西曰徽音。」皆後漢洛陽宮舊名。公雖用宋事，而仍曰「漢宮」。粉色凌寒透薄粧〔一〕。好借月魂來映燭，月魂，猶言月魄。退之詩：「若不妬清妍，却成相映燭。」恐隨春夢去飛楊〔二〕。風亭把盞酬孤艷，雪徑回輿認暗香。晏元獻詩：「冷艷風中凝，濃香雪後多。」○林逋梅花詩：「暗香浮動月黄昏。」李羣玉詩：「雪打溪梅狼籍香。」不爲調羹應結子，直須留此占年芳。此句亦兆公相業也。○杜詩：「卑枝低結子。」○白公石楠〔三〕詩：「見説上林無此樹，只教桃李占年芳。」

補注　月魂　杜詩：「環珮空歸月下魂。」〔四〕

【校記】

〔一〕「粧」，龍舒本作「裝」。

〔二〕「楊」，諸本作「揚」。

〔三〕「楠」，原作「橋」，據宮内廳本、全唐詩白居易石楠樹改，全唐詩題一作「石榴樹」。

〔四〕本注原闌入題下，無「補注」二字。

其二

結子非貪鼎鼐嘗，王建詩：「自是桃花貪結子。」偶先紅杏占年芳。梅聖俞詩：「已先羣木得春色，不與杏花爲比紅。」從教臘雪埋藏得，却怕春風漏洩香。黎錞希聲詩云：「雪徑清寒蝶未知，暗香誰遣好風吹。野橋漏洩春光處，正爲橫斜一兩枝。」本公此意也。○李義山柳詩：「爲有橋邊拂面香，何曾自敢占年光。」又：「已遭江映柳，更值雪藏梅。」不御鉛華知國色，洛神賦：「芳澤無加，鉛華不御。」○李正封牡丹詩：「國色朝含酒。」○杜詩：「自嫌脂粉汙顏色，淡掃蛾眉朝至尊。」秖裁雲縷想仙裝。太白宮詞：「雲想衣裳花想容。」少陵爲爾牽詩興，可是無心賦海棠。[一]詩話云：「子美母名海棠，故集中無海棠詩。然『曉看紅濕處，花動錦官城』，非海棠不能當也。」○子美詩：「東閣官梅動詩興。」鄭谷海棠詩：「浣花溪上堪惆悵，子美無心爲發揚。」

補注 漏洩 杜詩：「漏洩春光有柳條。」[二]

【校記】

[一] 龍舒本注曰：「鄭谷海棠詩云：『子美無心爲發揚。』而子美有『東閣官梅動詩興』之句。」

[二] 本注原闌入題下，無「補注」二字。

其　三

淺淺池塘短短墻，崔魯梅花詩：「含情含態一枝枝，斜壓漁家短短籬。」年年爲爾惜流芳。向人自有無言意，退之詩：「凌晨擬作紅糊面，對客偏含不語情。」○羅隱詩：「若教解語應傾國，任是無情也動人。」○李義山桃花詩：「脈脈無言度幾春。」用息嬀事。傾國天教抵死香。漢文詔：「此細民之愚無知，抵死。」師古注曰：「抵，觸也，亦至也。」○李夫人傳：「一顧傾人城，再顧傾人國。」鬚裊一作「撚」。黃金危欲墮，梅聖俞梅花詩：「豈辭盡醉對顏色，頻嗅競粘鬚蘂黃。」蔕團紅蠟巧能裝。魏野詩：「蘂訝粉綃裁太碎，葉疑紅蠟綴初乾。」○白詩：「紅蠟粘枝杏欲開。」○遯齋閑覽云：「凡詠梅，多詠白，而荊公詩獨云『鬚撚黃金，蔕團紅蠟』，不惟造語巧麗，可謂能道人不到處矣。」嬋娟一種如冰雪，依倚春風笑野棠。

和晚菊

不得黃花九日吹，空看野葉翠葳蕤。庾肩吾九日詩：「玉醴吹花菊，銀牀落井桐。」又，張説詩：「菊花吹御酒，蘭葉捧天詞。」○歐公言：「家菊性涼，野菊性熱。」家菊，則甘菊是也。此必指野菊，故下有「委翳草莽」之句。淵明酩酊知何處？子美蕭條向此時。杜牧詩：「直須酩酊酬佳節。」淵明不見酩酊事。獨李羣玉詩有「借問陶淵明，何物號忘憂？無因一酩酊，高枕萬情休」。○少陵詩：「九日蕭條醉盡醒，殘花漫爛開何益？」委翳似甘終草莽，栽培空欲傍藩籬。可憐蜂蝶飄零後，始有閑人把一枝。（杜詩：「來把菊花枝。」）

景福殿前柏

（殿在禁中。梅聖俞亦有景福殿後酴醾花及景福殿水詩。）

香葉由來耐歲寒，（子美老柏行：「香葉曾經宿鸞鳳。」）幾經真賞駐鳴鑾。根通御水龍應蟄，（韓偓柳詩：「澗松亦有凌雲分，争似盤根太液池。」）枝觸宮雲鶴更盤。怪石誤蒙三品號，（張祜詩：「夜半深廊人語定，一枝松動鶴來聲。」杜詩：「宮雲去殿低。」餘見三品石詩注。）老松先得大夫官。（秦始皇封太山，遇雨，避於松下，封松爲五大夫。）知君勁節無榮慕，寵辱紛紛一等看。（唐盧承慶典選校百官考，有坐漕舟溺者，承慶以失所載，考中下，以示其人，無愠色，復曰：「非力所及。」考中中，亦不喜。承慶嘉之曰：「寵辱不驚，考中上。」○孫僅贈种放詩：「處士星孤輕世俗，大夫松好賤官〔一〕班。」）

【校記】

〔一〕「官」，原作「宮」，據宮内廳本改。

四月果

一春强半勒花風，歐陽公詩：「餘寒尚勒花。」幾日園林幾樹紅。汲汲追攀常恨晚，紛紛吹洗忽成空。行看果下蒼苔地〔一〕，文選詩：「經始東山廬，果下自成榛。」○唐張仲素閨怨：「閑花落徧蒼苔地，盡日無人誰得知？」已作人間白髮翁。豈惜解鞍留夜飲，此身醒醉與誰同？杜牧詩：「别後東籬數枝菊，不知閑醉與誰同？」

【校記】

〔一〕「地」，宫内廳本作「色」。

墻西樹

墻西高樹結陰稠，步屧〔一〕窮年向此留。白日屢移催我老，杜詩：「爾曹催我老。」清風一至使人愁。紛紛暝鳥驚還合，小杜詩：「野竹疏還合，巖泉咽復流。」○李頎詩：「空山百鳥散還合，萬里浮雲陰復明。」渺渺涼蟬咽欲休。回首舊林歸未得，相看〔三〕知復幾春秋。

補注　使人愁　李白詩：「長安不見使人愁。」〔三〕

【校記】

〔一〕「屧」，龍舒本、宋本、叢刊本作「屣」。

〔二〕「相看」，宋本、叢刊本作「看看」。

〔三〕本注原闌入題下，無「補注」二字。

度麾嶺寄莘老

區區隨傳換冬春，夜半懸崖託此身。隨傳，即乘傳也。師古注漢書曰：「傳，若今之驛。古者以車謂之傳車，其後又單置馬，謂之驛騎。傳，音張戀反。」豈慕王尊能許國，直緣毛義欲私親。王尊叱馭，見送復之赴成都注。廬江毛義奉府檄而喜，張奉心賤之。及母死，徵辟一無所就。奉歎曰：「賢者固不可測，往日之喜，乃爲親屈也。」詩言本非有意於用世，爲親而仕耳。施爲已壞平生〔二〕學，夢想猶歸寂寞濱。風月一歌勞者事，能明吾意可無人。韓詩外傳曰：「飢者歌其食，勞者歌其事。」

【校記】

〔一〕「平生」，龍舒本、宋本、叢刊本作「生平」。

狄梁公陶淵明俱爲彭澤令至今有廟在焉刁景純作詩見示繼以一篇

嘉祐中，江東提刑時作。〔二〕

梁公壯節就夔魖，謂武氏也。揚雄甘泉賦：「屬堪輿以壁壘兮，梢夔魖而扶獝狂。」〇注：「木石之怪曰夔，耗鬼曰魖，音虛。」陶令清身託酒徒。高陽酒徒，見酈生傳。又，魏典略曰：「時苗謁蔣濟，會其醉，不能見。苗恚恨，刻木爲人，書曰：『酒徒蔣濟。』旦夕射之。」〇論語：「身中清，廢中權。」政在房陵成底事？言雖復中宗，而反正後亦昏亂。故言「成底事」。年稱甲子亦何須。宋初授命，陶潛自以祖侃晉世宰輔，恥復屈身異代，所著書自義熙以前題晉年號，永初以後但稱甲子而已。江山彭澤空遺像，歲月柴桑失故區。周景式廬山記：「柴桑，彭澤之郊，古三苗國，舊屬廬江地。」太平寰宇記云：「柴桑山在德化縣，近栗里原，陶潛此中人。栗里原在廬山南，當澗有陶公醉石。」末俗此風猶不競，詩翁歎息未應無。則天長壽元年，來俊臣謂狄仁傑反，后召見，親問之：「卿承反，何也？」對曰：「不承，則死於考掠矣。」后曰：「何爲作謝死表？」曰：「無之。」出表示之，乃知其詐。仁傑貶彭澤令。

【校記】

〔一〕宋本、叢刊本題下注作「嘉祐中提點江東刑獄時作」。

寄沈鄱陽 時爲江東提刑。

離家當日尚炎風，叱馭歸時九月窮。朝渡藤溪霜落後，夜過麾嶺〔一〕月明中。信州弋陽縣有葛溪。按：江東地志無藤溪，豈誤以葛爲藤乎？麾嶺，在徽州績溪縣西北十里。圖經「麾」作「徽」。太平州寧國縣亦有麾嶺，未知孰是。山川道路良多阻，風俗謡言苦未通。禮記王制篇：「廣谷大川異制，民生其間者異俗。」又云：「五方之民，言語不通，嗜欲不同。」惟有鄱君〔二〕人共愛，流傳名譽滿江東。吴芮，秦時爲番陽令，號「鄱君」。

【校記】

〔一〕「麾嶺」，龍舒本作「翬嶺」。

〔二〕「鄱君」，宋本、叢刊本作「番君」。

席上賦得然字〔一〕送裴如晦宰吴江

按：如晦名煜，與歐公、聖俞、原甫輩爲交友。嘗與永叔書論集古録西漢字，並歐公跋附於此，觀此，可見其人與諸賢以文義相從游非一日，又因以見其始末也。「煜頃嘗謂周、秦、東漢往往有銘傳於世間，獨西漢無有。王原叔言華州片瓦有『元光』字，急使人購得之，乃好事者所爲，非漢字也。侍坐語及，公亦謂家集所闕，西漢字耳。煜守丹陽日，蘇氏者出古物有銅鴈足鐙〔二〕，製作精巧，因辨其刻，則黄龍元年所造。其言榮宮，二史間未始概見，遂摹之，欲寄左右，以爲集古録之一事。會悲苦不果。昨偶開篋，見之，謹以上獻。亦聞原甫於秦中得西漢數器，不知文字與此類不？煜再拜。治平元年十二月十四日。」「後三年，余出守亳社，而裴如晦以疾卒於京師。明年，原甫卒於南都。二人皆年壯氣盛，相次以殁，而余獨巋然而存也。熙寧壬子四月。」

青髮朱顔各少年，幅巾談笑兩歡然。古庶人服巾，士則冠。傅子曰：「漢末王公，多委王服，以幅巾爲雅素。」則幅巾，古賤者服也。鮑永、趙咨、符融、韋彪傳俱載幅巾。注：「謂以一幅巾爲首飾，不加冠冕。」靈帝時，詔書就家拜韋著爲東海相，逼切不得已，解巾之郡。注云：「巾，幅巾也。既服冠冕，故解之。」柴桑別後餘三徑，天禄歸來盡一廛。柴桑、天禄，謂淵明、子雲，然子雲未嘗歸也。邂逅都門誰載酒？蕭條江縣去鳴弦。鳴弦，宓子賤事。猶疑甫里英靈在，陸龜蒙居於甫里，自號甫里先生。到日憑君爲艤船。「烏江亭長艤船以待。」如淳注曰：「南方人謂整船向岸曰艤。」服虔曰：「艤，音蟻。」

【校記】

〔一〕宋本、叢刊本題無「席上賦得然字」六字。

〔二〕「出」，原作「依」；「鐙」，原作「證」，均據宮内廳本改。

次韻樂道送花

李義甫詩：「平陽館外有仙家，沁水園中好物華。」

沁水名園好物華，漢志：「沁水屬河内郡。」千浸反。漢竇憲傳：「憲恃宮掖聲勢，遂以賤直請奪沁水公主園田，主逼畏，不敢計。後肅宗駕出，過園，指以問，憲陰喝不得對。後發覺，帝大怒，切責憲：『今貴主尚見侵奪，況小人哉？』使以田還主。」注：「沁水公主，明帝女也。」〇韓集惠康公主挽詩：「從今沁園草，無復更芳菲。」露盤分送子雲家。杜詩：「截成金露盤。」漢郊祀志：「武帝作承露仙人掌。」注云：「仙人以手掌擎盤承露。」新粧欲應何人面？彩筆知書幾葉花。退之牡丹詩：「凌晨併作新粧面。」李白夢筆生花。唐制，五花判事。韓湘曾爲吏部，染後堂之前白牡丹一叢，斸其根下，置藥而後栽培之。明年，牡丹花開，每一葉花中有楷書十四字，曰：「雲横秦嶺家何在？雪擁藍關馬不前。」出仙傳拾遺。〇後山黄梅詩：「欲知誰稱面，偏插一枝看。」曾和郢中歌白雪，亦陪天上飲流霞。抱朴子：「項曼都脩道山中，得游紫府，上帝飲以流霞酒一杯。」〇郢人歌，已見上注。春風已得同心賞，更擬攜詩載酒誇。

籌思亭 在江東轉運司南廳。〔一〕

昔人何計亦何思，許國憂民適此時。寓興中原〔二〕爲遠趣，託名華榜有新詩。詩：「中原有菽。」數株碧柳蒼苔地，杜牧之詩：「鑿破蒼苔地，偷他一片天。」一丈紅蕖渌〔三〕水池。曹子建洛神賦：「灼若芙蕖出緑波。」○南史：「庾杲之，左丞王儉用爲衛將軍長史。安陸侯蕭緬書與儉曰：『盛府元僚，寔難其選。庾景行汎渌水，依芙蓉，何其麗也。』時人以入儉府爲蓮花池，故緬書美之。」爾雅云：「荷，芙蕖。」釋曰：「芙蕖，其總名也，別名芙蓉。今江東人呼荷華爲芙蓉。」○一丈字，見別注。坐聽楚謠知歲美，想銜杯酒問花期。唐詩：「江鄉宜晚霽，楚老話豐年。」

【校記】

〔一〕宋本、叢刊本題注「南廳」後有「後園」二字。龍舒本題注：「在轉運司南廳後園。」

〔二〕「原」，宋本、叢刊本作「園」。

〔三〕「渌」，龍舒本作「緑」。

愁　臺　未詳何地，恐是愁崗，唐莊宗置酒處。

頹垣斷壍有平沙，老木荒榛八九家。杜詩：「錦里煙塵外，江村八九家。」河勢東南吹地坼〔一〕，杜詩：「大聲吹地轉。」又：「吴楚東南坼。」天形西北倚城斜。曾志：「天形如倚蓋。」○列子：「天傾西北，日月星辰就焉。地缺東南，百川水潦歸焉。」○王建叢臺詩：「零落故宫無入路，東西澗水遶城斜。」傾壺語罷還登眺，岸幘詩成却歎嗟。萬事因循今白髮，一年容易即黄花。杜牧之詩：「故人容易去，白髮等閑生。」

【校記】

〔一〕「坼」，龍舒本作「拆」。

和正叔懷其兄草堂

茆堂竹樹水之濱，耕稼逍遥似子真。谷口鄭子真耕於巖石之下。小吏一身今倦宦，先生三畝獨安貧。司馬相如傳：「長卿故倦游。」唐人詩：「五湖三畝宅，萬里一歸人。」○陶詩：「安貧守賤者，自古有黔婁。」欲抛縣印辭黄綬，來伴山冠帶白綸。朱博傳：「欲言縣丞尉者，刺史不察黄綬，各自詣郡。」○晉謝萬傳：「簡文帝作相，召萬爲從事中郎。萬著白綸巾，鶴氅裘，履版而前，與帝共談移日。」○武攸曁傳：「山帔葛巾。」○杜詩：「白帽仍兼似管寧。」又：「管寧紗帽净。」皆隱者之服。古不以白爲諱也。秖恐明時收士急，不容家有兩閑人。歐陽公詩：「清風明月兩閑人。」

鄭子憲新起〔一〕西齋

謾〔二〕構軒窻意亦深，滔滔浮俗倦登臨。詩書千載經綸志，松竹四時瀟〔三〕灑心。陸龜蒙詩：「溪山自是清涼國，松竹合封瀟灑侯。」曉枕不容春夢到，言用志之專，情性治也。春，猶言紛華。夜燈惟許月華侵。行看富貴酬勤苦，小兒語。○杜詩：「富貴必從勤苦得。」車馬重來拾〔四〕翠陰。

【校記】

〔一〕「新起」，宋本、叢刊本無此二字。

〔二〕「謾」，宋本、叢刊本作「漫」。

〔三〕「瀟」，宋本、叢刊本作「蕭」。

〔四〕「拾」，龍舒本作「瑣」。

寄題思軒

按臨川志〔一〕，軒在撫州通判廳。至和元年，通判林慥所立。曾子固作詩序，見本集。詩所謂「名郎」，指慥之祖水部也。水部當太宗時，嘗通判此州。下云「良孫」，則指慥。

名郎此地昔徘徊，天誘良孫接踵來。成公十三年：「天誘其衷，成王隕命。」萬屋尚歌餘澤在，一軒還向舊堂開。右軍筆墨空殘沼，右軍故宅有墨池，在州學。内史文章秖廢臺。康樂有翻經臺，在郡寶應寺。宋書：「靈運爲臨川内史，於此翻大涅槃經。」邑子從今誇勝事，豈論王謝世稱才。「邑子」字，見朱買臣傳。上聯用王、謝事，故以此終之。

【校記】

〔一〕「臨川志」，原作「臨汝志」，據宫内廳本改。

庚寅增注第三十一卷

和文淑湓浦見寄　瞻望　毛詩：「瞻望弗及，佇立以泣。」

次韻吴季野　得君還恨晚　杜詩：「臨老得君還恨晚，似君須向古人求。」

次韻醻陸彦回　投贈　韓詩：「投贈不知報。」

以詩攀寄〔一〕　履綦銷　履綦，公自謂也，故題云：「不到所居十年。」　歸榮　歸榮，公不應自言如此。或是「來」字。不則太初之出夫「歸榮」字以屬主人。

偶成　寬愁病　斗水何直百憂寬。

雨過偶書　霽分星斗　言風雷既息，星文爛然，故稱霽也。　枕簟閑　言既已凉，枕簟當閣束矣。〇柳子厚所謂「桃笙葵扇安可常」者也。

苑中即事〔二〕　日再中　新垣平候日再中，以爲吉祥。

上西垣舍人　悟主言多直　車千秋一言悟主。

與微之同賦梅花其一　留此占年芳　沈休文詩：「麗日屬元巳，年芳俱在新。」〇言不爲充鼎實，直須永遠留花也。

其二　衹裁雲縷想仙裝　李義府詩：「鏤月爲歌扇，裁雲作舞衣。自憐回雪影，好取洛川歸。」

其三　抵死香　漢成帝私語人曰：「趙后雖有異香，不若婕妤體自香也。」　蔕團紅蠟　白樂天詩：「紫艷黏爲蔕，紅酥點作蕤。」　笑野棠　言梅與月同潔，而陋野棠之憑藉東風也。

景福殿前柏　宮雲鶴更盤　李端詩：「盤雲雙鶴下，隔水一蟬鳴。」

狄梁公陶淵明俱爲彭澤令至今有廟在焉刁景純作詩見示繼以一篇〔三〕

政在房陵成底事　范太史唐鑑曰：「昔季氏出其君，魯無君者八年。春秋每歲必書之所在。及其居乾侯也，正月，必書曰：『公在乾侯。』不與季氏之專國也。自司馬遷作吕后本紀，後世爲史者因之，故唐史亦列武后於本紀。其於紀事之體則實矣，春秋之法則未用也。或曰：『武后，母也；中宗，子也。母雖不慈，子不可以不孝。中宗欲以天下與韋元正，不得爲無罪。武后實有天下，不得不列於本紀，不没其實，所以著其惡也。』臣以爲不然。中宗之有天下，受之於高宗也。武后以無罪而廢其子，是絶先君之世也，況其革命乎？中宗曰：『我以天下與韋元正，何不可？』此乃一時拒諫之忿辭，非實欲行之也。若以爲罪，則漢哀帝之欲禪位董賢，其臣亦可廢立也。春秋：『楚、吴之君不稱王。』所以存周室也。天下者，唐之天下也，武氏豈得而間之？故臣復繫嗣聖之年，黜武氏之號，以爲母后禍亂之戒，竊取春秋之義，雖獲罪於君子而不辭也。」〇詩稱房陵，止謂中宗耳，無他義也。或是時已有如太史之説者，故公及之乎？若然，則當云「帝在房陵」，不應稱「政」也，又不應云「成底事」，多恐只如前説。

年稱甲子亦何須　考淵明之詩，有題甲子者，始庚子，距丙辰，凡十七年間，只九首耳，皆晉安帝時所作也。中有乙巳歲三月爲建威參軍使都經錢溪作，此年秋乃爲彭澤令。在官八十餘日，即解印綬，賦歸去來詞。後十六年庚申，晉禪宋，寔元熙二年也。淵明傳曰：「自宋高祖王業漸隆，不復肯仕。」於淵明之出處，得其實矣。寧容晉未禪宋前二十年便稱「恥事二姓，所作詩但題甲子」，而自取異哉？矧詩中又無有標晉年號者，其所題甲子，蓋偶記一時之事耳。詳公詩意，似謂淵明大節自皎然，如不稱甲子，亦其細耳，不足爲有無。但公亦未深考五臣之誤，猶仍舊説，不闞其妄也。

次韻樂道送花　彩筆　白樂天詩：「病對詞頭慙彩筆。」

【校記】

〔一〕詩題應爲「不到太初見所居遂已十年以詩攀寄」。

〔二〕詩題應爲「季春上旬苑中即事」。

〔三〕題原闕，據注文補。

王荊文公詩卷第三十二

律詩

陳君式大夫恭軒

大夫名軾，字君式，居於撫州黃土橋。曾子固亦爲賦詩。東坡名其園曰中隱，堂曰老圃。

恭軒靜對北堂深〔一〕，新斸檀欒一畝陰。枚乘賦：「脩竹檀欒夾池水。」膝下往來前日事，孝經：「親生之膝下。」眼前封殖〔二〕去年心。去年，真跡作「長年」。每懷罇斝沾餘瀝，淳于髡傳：「侍酒於前，時賜餘瀝。」文選：「霑玉斝之餘瀝。」○公此詩，撫州有石本。陳之孫博古跋云：「曾祖中散手植緑竹一叢於所居之側，四時葱蒨，秀色可佳。捐館之後，祖朝奉大夫於竹之傍開一軒對之，命曰『恭』，蓋取桑梓必恭之義。舒王、曾公兄弟來歸里閈，必游息賞玩而去」云云。作此詩時，在相位，詩石結銜「平章事」。獨喜弦歌有嗣音。弦歌，疑是春誦、夏弦之弦，言有子能世其學。肯構會須門閥大，大誥：「厥子乃弗肯堂，矧肯構。」○真跡「閥」字作「更」字。漢于公高大其門閭。世資何用滿籯金？揚雄解嘲：「鄒衍以頡頏而取世資。」韋賢傳：「遺子黃金滿籯，不如教子一經。」注：「籯，笭也。揚雄方言：『陳、楚問謂筲爲籯，然則筐籠之屬是也。』」如淳注：「竹器，受三四斗。」

【校記】

〔一〕「深」，宋本、龍舒本作「林」。

〔二〕「殖」，宋本、叢刊本作「植」。

寄黃吉甫

學兼文武在吾曹，漢書：「尹翁歸文武兼備。」別後應看虎豹韜。太公六韜有虎韜、豹韜。欲問廟堂誰鎮撫？尚傳邊塞敢驚騷。陳平傳：「外鎮撫四夷。」○退之詩：「訏謨者誰子？無乃太失宜。」即「欲問廟堂」之意也。○詩：「徐方繹騷，震驚徐方。」旌旗急引飛黃下，舊注：「時發騎士南征。」漢禮樂志：「日出入歌曰：『訾黃其何不徠下。』」注云：「訾，歎辭也。黃，乘黃也。飛黃，馬名。」○退之詩：「飛黃騰踏去。」○淮南子：「黃帝治天下，於是飛黃服皁。」烽火遥連太白高。漢天文志：「太白，兵象也，出而高，用兵。深，吉。淺，凶。」唐鮑溶詩：「西方太白高，壯士羞病死。」聞説荆人亦憔悴，家家還願獻春醪。退之詩：「春醪又千石。」

高魏留

魏留十七助防邊，埋沒鹽州十八〔一〕年。鹽州，在五原原上頭。德宗貞元中，始詔城之。虜遠避，不敢犯塞。衣屨窮空委胡婦，糗糧辛苦待山田。胡婦字，出蘇武傳。關河舊路頻回首，腹背他時兩受鞭。此恐謂虛内事外，兩有害也。或又謂樂天縛戎人詩：「涼原鄉井不得見，胡地妻兒虛棄捐。沒蕃被囚思漢土，歸漢被刼爲蕃虜。早知如此悔歸來，兩地寧如一處苦。」疑此亦「兩受鞭」之意也。○宣公十五年：「雖鞭之長，不及馬腹。天方授楚，未可與爭。」邂逅得歸爺戰死，母隨人去亦蕭然。史記吳起傳：「其父戰不旋踵，亦死於敵。」

【校記】

〔一〕「八」，龍舒本作「九」。

丁年

丁年結客盛游從，宛洛氈車處處逢。文選李少卿答蘇武書：「丁年奉使，皓首而歸。」注：「丁，壯也。」○後漢祭遵「嘗爲部吏所侵，結客殺之」。古樂府有結客少年塲，言少年時結任俠之客，爲游樂之場，終而無成，故作此曲也。○李白詩：「平明相馳逐，結客洛門東。」○摭言：「崔沆爲主罰録事。盧象俯近開宴，請假往洛，及同年宴於曲江亭上。象以雕幰載妓，微服，彈鞚縱觀，爲團司所發。沆判曰：『深攙席帽，密映氈車。紫陌尋春，已隔同年之面；青雲得路，可知異日之心。』」 吟盡物華愁筆老，醉消春色愛醅濃。壚間寂寞相如病，相如傳：「相如與文君俱之臨卭，盡賣車騎，買酒舍，令文君當壚。」師古曰：「壚以居酒瓮，四邊隆起，其一面高，形如鍛壚，故名壚。」又：「相如常有消渴病，稱病閑居，不慕官爵。」 鍛處荒凉叔夜慵。嵇康鍛事，屢使。 早晚青雲須自致，立談平取徹侯封。高帝紀：「上曰：『通侯諸將，毋敢隱朕，皆言其情。』」注：「通侯，舊曰徹侯，避武帝諱，曰通侯。通，亦徹也，言其功德通於王室也。後改曰列侯。列者，序列也。」○揚雄解嘲曰：「或七十説而不遇，或立談間而封侯。」服虔注曰：「辥公也。」

送王詹叔利州路運判 此詩頗不類公作。

王孫舊讀五車書，手把山陽太守符。山陽，楚州。 未駕朱轓辭輦轂，却分金節佐均輸。周禮地官掌節：「凡邦國之使節，皆金也，以英蕩輔之。」○桑弘羊「請置大農部丞十人，分部主郡國，各往往置均輸鹽鐵官，令遠方各以其物如異時商賈所轉販者爲賦，而〔二〕相灌輸」。據此，蓋盡籠天下之貨，與民爭利。此卜式所欲烹弘羊者也。然史臣顧以均輸同管氏之輕重、李悝之平糴言之，且謂古爲之有數，吏良而令行，則均輸亦何可廢哉？運判，故言「佐」。 人才自古常難得，時論如君豈久孤？去去便看歸奏計，一作「事」。 莫嗟行路有崎嶇。言蜀道梯棧之險。

【校記】

〔一〕「而」，原作「間」，據漢書食貨志改。上「十人」，漢書食貨志作「數十人」。

送周仲章使君

看君東下霅溪舡，霅溪，在湖州，四水合爲一溪。○徐陵碑云：「清霅瀰瀰，塗窮地根。」字書：「霅者，四水激射之聲也。」又有苕水，以其兩岸多生蘆葦，故曰苕溪。○梅聖俞送周仲章湖倅詩：「溪水日霅霅，弁峯日峩峩。」回首紛紛已五年。簪筆少留吾所望，剖符輕去此何緣？趙充國傳：「中郎將卬家將軍以爲張安世本持橐簪筆。」注：「從臣負橐簪筆，從備顧問，或有所紀。」○漢高祖紀：「剖符封功臣。」師古曰：「剖，破也，與其合符而分授之。」○謝靈運詩：「剖竹守滄海。」高麾行路穿秦樹，駿馬歸時着蜀鞭。杜詩：「兩行秦樹直。」顧況有蜀馬鞭歌，謂章仇兼瓊采以獻上。歌云：「亭亭筆直無皴節，磨捋形如一條鐵。滋潤猶沾玉壘雪，碧鮮似染萇弘血。」○杜牧送冀處士：「贈以蜀馬箠，副之胡罽裘。」蜀鞭，疑本此。子墨文章應滿篋，承明宣室正詳延。子墨事，見詳定試卷注。○揚雄傳：「召雄待詔承明，金馬著作之庭。」○賈誼傳：「上方受釐宣室。」蘇林曰：「宣室，未央前正室。」○淮南子：「武王殺紂於宣室。」漢亦承用古名乎？

補注 霅 又字書：「霅水，名通作『霅』。」又云：「霅，震雷貌。一曰衆言。」〔一〕

【校記】

〔一〕本注原闌入詩注末，無「補注」二字。

送王蒙州

屈原九章抽思：「曾不知路之曲直兮，南指月與列星。」蒙州，即蒼梧郡之荔浦縣，屬廣西，熙寧五年廢。

請郡東南没〔一〕一作「促」。去程，拍堤江水照紅旌。顏萱送僧詩：「却泛滄波問去程。」仁聲已逐春風到，王褒頌：「恩從祥〔二〕風翱，德與和氣游。」○韓詩：「仁風挾惠氣。」使節猶占夜斗行。韓詩：「夜渡洞庭看斗柄。」箭落皂鵰毚兔避，北史：「斛律金，人號落鵰都督。」杜牧之詩：「戈矛虓虎士，弓箭落鵰兵。」○杜詩：「皂鵰寒始急。」○李廣傳：「上使中貴人從廣，匈奴射殺其騎，且盡，中貴人走廣，廣曰：『是必匈奴射鵰者。』」師古曰：「鵰，大鷙鳥也，名鷲，黑色，翮可以爲箭羽。」○巧言詩：「躍躍毚兔，遇犬獲之。」鵰已落，兔猶避之，指箭也。句傳炎海鱷魚驚。投文逐鱷魚，見送潮州吕使君注。麒麟不是人間物，漢詔先應召賈生。徐陵數歲，家人携見寶誌，誌以手摩其頂曰：「此兒天上石麒麟也。」○南史顧歡傳：「猶未識辰緯，而意斷南北。」然則古固以辰緯而占南北矣。

【校記】

〔一〕「没」，宋本、叢刊本作「促」。

〔二〕「祥」，原作「翔」，據漢書王褒傳、宫内廳本改。

送龐僉判

北都南〔一〕去不辭勤，仕路論才况出羣。北都，太原府，唐爲魏州，周爲天雄軍。慶曆二年，升北京。一相開藩嘗負弩，司馬相如至蜀，縣令負弩矢先驅。三年通籍更從軍。通籍，見送復之赴成都注。○韓詩：「從軍古云樂。」○曹子建詩：「從軍度函谷。」「軍」字從勹，故對弩也。清談猶得當時事，遺愛應從此日聞。我憶荊溪山最樂，荊溪，在宜興縣，山水絶佳。張協七命：「酒則荊南烏程。」謂此荊溪之南也。看君摩翮上青雲。

【校記】

〔一〕「北」，叢刊本作「此」。「南」，諸本作「兩」。

送潘景純

東都曾以一當千，場屋聲名十五年。連昌宮辭：「賀老琵琶定場屋。」場屋字，見唐摭言。據元詞，則戲場亦謂場屋。○杜詩：「才名三十年。」晚賜緑衣隨宦牒，武后時，傅游藝一年内，青、緑、緋、紫皆徧，時號爲四時仕宦。據唐制，緑又在青上。始操丹筆事戎旃。明時正欲精蒐選，榮路何當〔二〕

力薦延。丹筆，見送張仲容赴杭州辟注。賴有史君能好士，方看一鶚在秋天。杜詩：「鵰鶚在秋天。」言將爲郡將所舉。

【校記】

〔一〕「當」，宫内廳本作「常」。

送僧無惑歸鄱陽

晚扶衰憊寄人間，應接紛紛秖強顔。掛席每諳東匯水，採芝多夢舊游山。孟郊詩：「掛席幾千里。」○禹貢：「東匯澤爲彭蠡。」彭蠡，在鄱陽。故人獨往今爲樂，何日相隨我亦閑。歸見江東諸父老，爲言飛鳥會知還。李商隱寄崔侍御詩：「若向南臺見鷃友，爲言垂翅度春風。」

送遜師歸舒州

山川相對一悲翁，往事紛紛夢寐中。公嘗通判舒州，故云。邂逅故人恩意在，低回今日笑言同。

看吹陌上楊花滿，忽憶巖前蕙帳空。唐王昌齡詩：「雲髮不能梳，楊花更吹滿。」亦見桐鄉諸父老，爲傳衰颯病春風。以朱邑事自比。○劉沆詩：「若到鄉關人見問，爲言歸思滿秋風。」

寄育王大覺禪師

單已安那示入禪，草堂難望故依然。山今歲暮終岑寂，人更天寒最靜便。杜詩：「多病如淹泊，長吟阻靜便。」○劉長卿詩：「不解謝公意，翻令靜者便。」隱蹟亦知甘自足，憑心豈吝慰相憐。離騷經：「依前哲以節中兮，喟憑心而歷茲。」所聞不到荊門耳，人老禾新又一年。爾雅：「年者，取禾一熟也。」說文云：「年，年穀熟也，從禾千。」○春秋曰：「大有年。」則年者，禾熟之名，每歲一熟，故以爲歲名。

寄無爲軍張居士

南陽居士月城翁，曾習禪那問色空。圓覺經：「禪那寂觀，佛經有問色、空二義。」○心經云：「色即是空，空即是色。」卓犖想超文字外，古靈禪師語：「靈光獨耀，迥脱根塵。體露真常，不拘文字。心性無染，本自圓成。」此故云「卓犖超文字之外」。低回却寄語言中。維摩經：「有以聲音、語言、文字而作佛事。」○黃蘗云：「但知學言語，念向皮袋裏安著。到處稱我會禪，還替得生死麽？」禪宗以言語道斷爲極則，此猶寄語言，故云「低回」。柳詩：「寂滅本非斷，文字安可離？聖默寄言宣，分別乃無知。」真心妙道終無二，末學殊方自不同。不二門，見維摩經。此理世間多未悟，因君往往歎西風。

次韻〔一〕鄧子儀二首

青溪相值各青春，老去臨流輒損神。事事只隨波浪去，年年空得鬢毛新。退之詩：「浪波沄沄去，松柏在山崗。」又：「不離文字鬢毛新。」論心未忍遺橫目，莊子天地篇：「苑風語諄芒曰：『夫子無意乎橫目之民乎？願聞聖治。』」干世還憂近逆鱗。韓非傳：「龍之爲蟲，可擾狎而騎也。然而喉下有逆鱗徑尺，嬰之，必殺人。人主亦有逆鱗，說之者能無嬰其逆鱗，幾矣。」嘉句感君邀我厚，自嗟才不異常人。

【校記】

〔一〕宋本、叢刊本「次韻」下有「酬」字。

其二

金陵邂逅府東偏，手得新蒲每共編。路温舒傳：「父爲里監門，使温舒牧羊。温舒取澤中蒲，截以爲牒，編用寫書。」師古注：「小簡曰牒。編，聯次之。」○東偏，借用奉許叔以居許東偏。采石偶耕垂百日，青溪並釣亦三年。論語：「長沮、桀溺耦而耕。」○采石、青溪，皆地名，相近，亦暗對。君才有用方求禄，我志無成稍問田。魏志呂布傳：「許汜與劉備並在劉表坐上，汜曰：『昔過下邳，見元龍，元龍無客主之意，久不相與語，自上大牀卧，使客卧下牀。』劉備謂許汜曰：『君求田問舍，言無可采，是元龍所諱也，何緣當與君語。如小人，欲卧百尺樓上，卧君於地，何但上下牀之間邪？』」一笑欲論心跡二字恐誤。事，白頭相就且欹眠。

送李璋

湖海聲名二十年，尚隨鄉試〔一〕一作「賦」。已華顛。却歸甫里無三徑，擬傍胥山就一廛。元龍，湖海之士。甫里，陸龜蒙所居。胥山，言會稽。朱轂風塵休悵望，青鞋雲水且留連。揚雄解嘲：「子徒欲朱丹其轂，不知一跌將亦赤吾之族。」○老杜詩：「青鞋布襪從此始。」故人亦見如相問，爲道方尋木鴈篇。莊子外篇山木：「莊子曰：『此木以不材得終其天年。』夫子出於山，舍故人之家，故人喜，命豎子殺鴈而烹之。弟子問於莊子曰：『昨日山中之木，以不才得終其天年；主人之鴈，以不材而死。先生將何處？』莊子笑曰：『吾將處夫才與不才之間。』」白詩寄皇甫朗之：「與君別有相知分，同置身於木鴈間。」○韓詩：「我言莊周云，木鴈各有喜。」

【校記】

〔一〕「試」，龍舒本、宋本、叢刊本作「賦」。

送章宏

道合由來不易謀，豈無和氏識荆璆？班孟堅賓戲：「賓又不聞和氏之璧韞於荆石，隨侯之珠藏於蚌蛤乎？」○劉琨：「握中有玄璧，乃自荆山璆。」一川濁水浮文鷁，文鷁，見送江寧彭給事赴闕注。○淮南子曰：「龍舟鷁首，天子之乘。」然今舟無不稱鷁。○王濬傳：「畫鷁首怪獸於船首，以懼江神。」千里輕帆落武丘。唐以高祖諱，改虎丘作武丘。身退豈嫌吾道進，學成方悟衆人求。退之答侯繼書：「冀足下知吾之退，未始不爲進；而衆人進，未始不爲退也。」下言：「學成行尊，則不即人，而人即之矣。」○西施古曲：「貴來方悟稀。」西風乞得東南守，杖策還能訪我不？

別葛使君

邑屋爲儒知善政，市門多粟見豐年。邑屋，見登景德塔注，言俗皆興於儒也。市門，見歎息行注。追攀更覺相逢晚，談笑難忘欲別前。漢武：「卿等皆安在？何相見之晚耶？」○韓詩：「書寄相思處，杯銜欲別前。」客幙雅游皆置榻，令堂清坐亦鳴絃。張耳傳：「項羽立諸侯，耳雅游，多爲人所稱。」師古曰：「雅，故也。言其久，故倦游，交結英傑，是以多爲人稱譽之。」○置榻，用陳蕃事。○杜詩：「塵滿萊蕪甑，堂橫子賤琴。」輕舟後夜滄江北，回首春城空黯然。

送王龍圖[一]

壯志高才偃一藩，更嗟賢路此時難。謝靈運詩：「愉悅偃東扉。」○杜詩：「直辭寧戮辱，賢路不欹嶇。」長幡欲動何妨屈，堅車大艎，必少却而後進。猶此意也。○王濬開門前路曰：「吾欲使容長戟幡旗。」○韓詩：「風幡肆逶迤。」老驥能行豈易閑？王處仲傳：「老驥伏櫪，志在千里。」○杜詩：「天馬老能行。」沙市放船寒月白，渚宮留御古苔斑。杜詩：「鴻鴈影來連峽內，鶺鴒飛急到沙頭。」又：「落日放舡好。」○李涉詩：「萬里平沙連月白。」○文公十年：「楚子西沿漢泝江，將入郢。王[二]在渚宮，下，見之。」注：「小洲曰渚，章呂反。今荊南號渚宮。」元和郡國志：「渚宮，楚之別宮。梁元帝即位於楚宮，蓋取渚宮以名宮也。高從誨鑿城西南隅爲地，建渚宮亭。」鄭谷有渚宮亂後詩云：「白社已應無故老，清江依舊遶空城。」知公未厭還隨詔，歸看功名重太山。史記：「退而讓頗，名重太山。」

補注　賢路　後漢仇香傳：「百里豈大賢之路？避賢者路。」〔三〕

【校記】

〔一〕宋本、叢刊本「龍圖」下有「守荆南」三字。

〔二〕「王」上原衍「郢」字，據左傳文公十年、宫内廳本删。

〔三〕本注原闌入題下，無「補注」二字。

次韻酬宋中散二首〔一〕

中散，乃莒公丞相之子，長，充國；次，均國。據公集，有上宋相公書，云：「某愚戇淺薄，動多觸罪。初叨一命，則在幕府。當此之時，尤爲無知。自去吏屬之籍，以至今日，雖嘗獲侍燕語，然不能自同衆人之數也。閤下撫接顧待，久而加親。及以罪逆，扶喪歸葬，閤下發使弔問，特在諸公之先，而所以顧恤之尤厚。此蓋仁人君子，樂於以禮長育成就人材。哀念一日之雅，而忘終身不肖之醜，顧在私心，宜何以報？」觀此書，則公於宋公受知非一日，故下有「舊恩思報」之句，與書意正同。

初見彤庭賜履雙，西都賦：「金戺玉階，彤庭輝輝。」薛琮注曰：「彤，赤也；輝輝，赤色貌。」賜履，見次韻約之惠詩注。充國嘗爲都官郎中。便參東閤寄南邦。公孫弘開東閣以延賢人。詩崧高：「王命申伯，式是南邦。」時聞正論除疑網，楞嚴經：「設令一切衆生悉來問難，猶以一言決其疑網。」每讀高辭折慢幢。法達禪師七歲出家，禮祖師，頭不至地，祖呵曰：「汝心必有一物蘊習，何事耶？」師曰：「念法華經已及三千部。」祖曰：「若至萬部，得其經意，不以爲勝。汝負此事業，都不知過。聽吾偈曰：『禮本折慢幢，頭奚不至地？有我罪即生，忘功福無比。』」陳跡欲尋無復日，舊恩思報有如江。王羲之帖：「吾惟辨便去，無復日也，諸懷不可言。」祖逖：「不能清中原而復濟者，有如大江！」風流今見佳公子，投老心旌一片降。史記：「平原君，翩翩濁世之佳公子也。」○劉夢得詩：「一片降幡出石頭。」據庠傳：「初，庠所在以謹靖爲治。晚愛信幼子。幼子多與其屬小人游，不謹。御史呂誨請勑庠二子不得隨之亳州。上不許，曰：『庠老矣，奈何不使其子隨乎？』」據史言，則二子者不得爲賢，而公稱之如此。

【校記】

〔一〕龍舒本題無「二首」二字。

其二

超然京洛諒難雙，莒公，開封雍丘人，故言「京洛」。處在家庭譽在邦。論語子張曰：「在邦必聞，在家必聞。」○詩：「鼓鐘於宮，聲聞於外。」道義門中窺户牖，易繫辭：「成性存存，道義之門。」風騷壇上見麾幢。杜牧詩：「今代風騷將，誰登李杜壇？」○韓詩：「吾欲盈其氣，不令見麾幢。」素書欸欸誰憐杜？杜甫寄裴道州詩：「久客每枉友朋書，素書一月凡一束。」○楚詞：「吾寧悃悃欵欵，朴以忠兮。」彩筆遒遒獨勝江。江淹嘗夢一丈夫自稱郭璞，謂淹曰：「吾有筆在卿處多年，可以見還。」淹乃探懷中，得五色筆一枚以授之。爾後爲詩，絶無美句。信美賢公有才〔一〕子，篤誠真復類尨降。昭公元年：「子皙信美矣，抑子南夫也。」○賢公，謂莒公。○文公十八年：「高陽氏有才子八人，蒼舒、隤敳云云，尨降、庭堅云云。明允篤誠，天下之民謂之『八愷』。」

【校記】

〔一〕「公有才」，宫内廳本作「才有公」。

和宋太博服除還朝簡諸朋舊

據莒公子均國嘗爲國子博士，景文子定國、彦國、靖國皆爲博士，不知此爲誰。莒公薨於治平三年四月，五年外除，是爲熙寧元年。公時爲翰林學士。又，景文卒於嘉祐六年五月，八年滿喪，公時知制誥。

呼門初起外庭〔一〕臣，禮：「喪者不呼其門。」今除喪矣，故云「初起」。談論坐來能慰我，篇章傳出亦驚人。生芻一束他年闕，郭林宗親喪，會者其多，徐孺子不言姓名，弔之，置生芻一束於前。公自言闕於致奠。伐木相求此地新。小雅伐木詩，取朋友相須之義。便欲與君同樂處，窮通餘事不關身。言窮通身之餘事，不足計，當相從講學。

【校記】

〔一〕「庭」，宋本、叢刊本作「廷」。

次韻酬宋玘六首

曾景建言：宋玘是金溪人，公少所厚。後篇言「故交重趼」，當是宋自撫來，訪公金陵。

洗雨吹風一月春，山紅漫漫緑紛紛。褰裳遠野誰從我？散策空陂忽見君。皇甫曾詩：「古路無行客，寒林獨見君。」青眼坐傾新歲酒，白頭追誦少年文。韋莊詩：「豈知新歲酒，猶作異鄉身。」○張俞詩：「手持新歲酒，還遶落梅行。」○杜詩：「別來頭併白，相對眼終青。」因嗟涉世終無補，久使高材壅〔一〕上聞。漢武元朔元年詔：「今或至闔郡而不薦一人，是化不下究，而積行之君子雍於上聞也。」雍，音壅。○歐公贈王安國詩：「自慚知子不能薦，白首胡爲侍從官？」

【校記】

〔一〕「壅」，龍舒本作「擁」，宋本、叢刊本作「雍」。

其　二

東風渺渺客天涯，病眼先春已見花。歐公峽州詩：「春風疑不到天涯，二月山城未見花。」或謂眼昏花。遠欲報君羞強聒，老知隨俗厭雄誇。謂非無報君之心，顧身遠不在其位，不敢瀆告。○韓詩：「開端要驚人，雄誇吾厭矣。」東坡賦：「悟驚俗之來患。」窮通往事真如夢，得失秋毫豈更嗟？邂逅故人唯有酒〔一〕，醉中衣幘任欹斜。杜詩：「把酒從衣濕，吟詩信杖扶。」任，猶從也。

【校記】

〔一〕「酒」，龍舒本、宋本、叢刊本作「醉」。

其　三

城中燈火照青春，遠引吾方避糾紛。賈誼弔屈原文：「鳳漂漂其高逝兮，固自引而遠去。」○司馬遷書：「寧得自引，深藏於巖穴耶？」○孔文舉論盛孝章書：「嚮使郭隗倒懸而王不解臨溺而王不拯。則士亦將高翔遠引，莫有北首燕路者矣。」注：「引，去也。」孫子：「解雜亂紛糾者，不控拳。」○劉向傳：「傳授增加，文書紛糾。」○杜詩：「萬事糾紛猶絶粒，一官羈絆寔藏身。」游衍〔二〕水邊追野馬，嘯歌林下應山君。莊子：「野馬塵埃也。」○退之雜記：「談生之爲崔山君傳，稱鶴言者，豈不怪哉？」山君，疑即鶴也，如退之毛穎傳之類，但不傳耳。○韓偓詩：「窗裏日光飛野馬，案頭筠管長蒲盧。」不如介父所對精切。○崔備詩：「山君水上印，天女月中書。」愁尋徑草無求仲，喜對簷花有廣文。蔣詡隱於杜陵，開三徑，唯故人求仲、羊仲從之游。○耿湋〔二〕詩：「塹非蔣生徑，不敢望求羊。」○子美醉時歌：「燈前細雨簷花落。」蓋贈廣文館學士鄭虔也。邂逅一樽聊酩酊，聲名身後豈須聞！張翰：「使我有身後名，不如生前一盃酒。」

【校記】

〔一〕「衍」，龍舒本作「治」。

〔二〕「湋」字原缺，據全唐詩耿湋秋晚卧疾寄司空拾遺曙盧少府綸補。

其四

遠跡荒郊謝儁豪，春風誰與駐干旄？漢贊：「遠跡羊豕之羣，干旄大夫之旃。」注：「旄於干首。」此言閑居，無有肯駐其車旄者，亦謝朋游之意。故交重趼恩何厚，新句連篇韻更高。重趼，見送道光住靈巖注。○隋李諤論時文「體尚輕薄」，「連篇累牘，不出月露之形」。美似狂酲〔一〕初啗蔗，前漢禮樂志景星歌：「泰尊柘漿析朝酲。」應劭曰：「柘漿，取甘柘汁以爲飲。酲，酒病。」○晉顧愷之每食甘蔗，恒自尾至本。人怪之，愷之曰：「漸入佳境。」○韓詩：「初味猶啗蔗，遂通斯建瓴。」快如衰病得觀濤。枚乘七發：「楚太子有疾，吴客往問之，曰：『將以八月之望，與諸侯遠方交游兄弟並往觀濤乎廣陵之曲江，至則未見濤之形也，徒觀水力之所到，則卹然足駭矣。』」久知坯冶成天巧，豈與人間共一陶！後漢崔駰達旨曰：「壹天下之衆異，齊品類之萬殊，參差同量，坯冶一陶。」

【校記】

〔一〕「酲」，龍舒本作「醒」。

其五

無能私願只求田，財〔一〕一作「時」。物安能學計然。史記：「越王困於會稽，用范蠡、計然。計然曰：『知鬭則脩備，時用則知物。二者形，則萬貨之情，可得而觀已。』」徐廣曰：「計然者，范蠡之師也，名研。」崔駰曰：「計然者，葵丘濮上人，姓辛氏，字文子。其先，晉國亡公子也。嘗南游於越，范蠡師事之。」鑿井未成歌擊壤，射熊猶得夢鈞天。公自言歸志未就，猶在朝耳。○皇甫謐曰：「十七年，與從姑子果柳等擊壤於路。」○史記世家：「趙簡子：『我之帝所，樂，與百神游於鈞天。廣樂九奏，萬舞，其聲動人心。有一熊欲來援我，帝命我射之，中熊，熊死；又有一羆來，我又射之，中羆，羆死。』」又：「當道者云：『帝令主君滅二卿。夫熊與羆，皆其祖也。』」不知介父用此事何意。遥思故國歸來日，留滯新恩已去年。携手與君游最樂，春風波〔二〕上水濺濺。劉夢得詩：「伊水濺濺相背流。」

【校記】

〔一〕「財」，宋本、叢刊本作「時」。

〔二〕「波」，宋本、叢刊本作「陂」。

其六

山陂疇昔從吾親，諸父先生各佩紛〔一〕。內則：「左佩紛帨刀礪。」注：「紛帨，拭物之巾，備尊者使令。」零落長年誰語此？遷〔二〕回故地却逢君。舊事無人可共論。杜詩：「客裏何遷次，江邊正寂寥。」遷次，猶遷回。衣冠偶坐論經術，襁褓當時刺繡文。曲禮：「偶坐不辭。」注：「偶，配也，一曰副貳。」〇貨殖傳：「刺繡文，不如倚市門。」又：「襁褓，小兒被。」言從少而壯，日月易得。更怪高材終未遇，有司何日選方聞？漢武紀：「故詳延天下方聞之士，咸薦詣朝。」注：「方，道也，聞，博聞也。」言悉引有道博聞之士，與進於朝。

【校記】

〔一〕「紛」，龍舒本作「帉」。

〔二〕「遷」，宋本、叢刊本作「遲」。

寄吴正仲却蒙馬行之都官梅聖俞太博和寄依韻酬之

山水玄暉去後空，騷人還向此間窮。齊書：謝脁字玄暉，仕爲尚書吏部郎。爲江祏〔一〕等構，下獄死。小詩聊與論孤憤，大句安能辱兩雄。韓非説難、孤憤。漢書南越傳：「兩雄不俱立，兩賢不並世。」秦甲又愁荆劍利，秦昭王言：「楚之鐵劍利，而倡優拙。」趙兵今窘漢旗紅。〔二〕韓信破趙，立漢赤幟。「紅」字必别有出處。背城不敢收餘燼，成公二年：「賓媚人曰：『請收合餘燼，背城借一。』」馬首翩翩只欲東。襄公十四年：「『余馬首欲東。』乃歸。」

補注　旗紅　退之詩：「請看工女機中帛，半作軍人旗上紅。」〔三〕

【校記】

〔一〕「祏」，原作「祐」，據南齊書謝脁傳改。

〔二〕宫内廳本「紅」字以下正文及全詩注缺。

〔三〕本注原闌入詩注後，無「補注」二字。

寄平甫〔一〕

少時爲學豈身謀，欲老低回各自羞。乘馬從徒真擾擾，求田問舍轉悠悠。韓進學解：「乘馬從徒，安坐而食。」弦歌舊國平生樂，鞍馬新年幾日留。坐想摇鞭楊柳路，春風先我入皇州。岑參詩：「摇鞭舉袂忽不見，千樹萬樹空蟬鳴。」○張祜詩：「嬋娟蹀躞春風裏，揮手摇鞭楊柳堤。」○謝玄暉詩：「宛洛佳遨游，春色滿皇州。」

【校記】

〔一〕宫内廳本缺本詩及以下兩詩。

次韻舍弟常州官舍應客

霜雪紛紛上鬢毛，憂時自悔目空蒿。莊子駢拇篇：「今世之仁人，蒿目而憂世之患。」桑麻只欲求三畝，「三畝」字屢用。執利誰能筭一毫〔一〕？此地舊傳公子札〔二〕，太平寰宇記云：「吴公子季札所居，是爲延陵之邑。」今常之晉陵，即吴之延陵也。公子，或一作「公子禮」。公子禮，或謂公子春申君好禮士。春申，此地人。吾心真慕伯成高。莊子：「伯成高辭諸侯而耕。」則「高」字乃名也。李固傳上梁商書：「誠令道行忠立，明公踵伯成之高，豈與外戚凡輩同哉？」此「高」字，又謂高節。飄然更有乘桴興，萬里寒江正復艚〔三〕。水衡記：「三月水，名桃花水；四月水，名麥黃水；五月水，名瓜蔓水；十月水，爲復艚水，言水落復故道。」

【校記】

〔一〕「執」，龍舒本作「勢」。「毫」，龍舒本作「豪」。

〔二〕「公子札」，龍舒本、宋本作「公子禮」。

〔三〕「艚」，龍舒本作「槽」。

舟還江南阻風有懷伯兄

幾時重接汝南評，後漢許劭，與兄靖俱有高名，共覈論鄉黨人物，每月更品題，由是汝南俗有「月旦評」。公寄兄詩，故用兄弟事。兩槳留連不計程。杜詩：「功曹幾月程。」白浪黏天無限斷，韓文：「洞庭汗漫，黏天無壁。」玄雲垂野少晴明〔一〕。杜詩：「星垂平野闊。」平皋望望欲何向？曲禮：「請席何鄉。」薄宦嗟嗟空此行。會有開尊相勸日，脊令〔二〕隨處共飛鳴。詩小宛：「題彼〔三〕脊令，載飛載鳴。」

【校記】

〔一〕「晴明」，龍舒本作「陰晴」。

〔二〕「脊令」，宋本、龍舒本、叢刊本作「鶺鴒」。

〔三〕「彼」，原作「被」，據詩小雅小宛改。

同陳伯通錢材翁游山二君有詩因依〔一〕元韻

秋來閑興每登臨，因叩精藍望碧岑。精藍，亦猶伽藍。精舍、伽藍，皆梵語寺名。強策羸驂尋水石，忽驚幽鳥下煙林。白詩：「散職無羈束，羸驂夕送迎。」經〔二〕一作「同」。時覽物悲歡異，自古忘名趣向深。莊子：「嗜欲深者天機淺。既忘名，則天機深矣。」安得湖山歸我手，静看雲意學無心。「雲無心而出岫。」○杜詩：「扁〔三〕舟落吾手。」「雲在意俱遲。」

【校記】

〔一〕「材」，原作「林」，據目録及諸本改。「依」，宋本、龍舒本、叢刊本作「次」。

〔二〕「經」，宋本、叢刊本作「同」。

〔三〕「扁」，原作「局」，據杜工部草堂詩箋將適吴楚留别章使君留後兼幕府諸公得柳字、宫内廳本改。

夢張劒州

萬里憐君蜀道歸，相逢似喜語還悲。江淮別業依前處，日月新阡卜幾時。檀弓下：「公叔戍曰：『日月有時，將葬矣。』」自說曲阿留〔一〕未穩曲阿，丹徒，屬吳郡。太康地記：「曲阿，本名雲陽。始皇以其地有王氣，鑿池塹山，以敗其勢。截其直道，使之阿曲，故名曲阿。」○皮日休記張祜以曲阿地古樸，有南朝遺風，遂築室種樹而家焉。即尋湓水去猶疑。茫然知〔二〕一作「却」。是陳橋夢，昨日春風馬上思。詩前六句皆叙夢事，至第七句始言是夢，第八句又始思言，蓋思因而得之也。其結體之精如此。

【校記】

〔一〕「留」，叢刊本作「猶」。

〔二〕「知」，龍舒本、宋本、叢刊本作「却」。

王荆文公詩卷第三十三

律詩

酬慕容員外

公自注云〔一〕：「嘗爲王宫教授，以武舉入官，被謫。」

初駕王門學者師，晚漂湖海衆人悲。吹毛未識腰間劒，杜詩：「鋒先衣染血，騎突劒吹毛。」○古有吹毛之劒。刺股猶藏袖裏錐。蘇秦夜讀書，遇睡，引錐刺股，流血。衛霍功名還有命，蘇張才氣豈無〔二〕時？衛青、霍去病、蘇秦、張儀也。張儀言：「蘇君之時，儀何敢言？」江尤亦見應須飲，莫放窮愁入兩眉。王玄謨眉頭未曾伸。

【校記】

〔一〕宋本、叢刊本無「公自注云」四字。

〔二〕「豈無」，宋本、叢刊本作「久非」。

次韻張唐公馬上

竭節初悲力不任〔一〕，賜環終愧繆〔二〕恩臨。荀子大略篇：「聘人以珪，問士以璧，召人以瑗，絶人以玦，返人以環。」注云：「古者臣有罪，待放於境。君賜以環，即返；以玦，即去。皆所以見意。」病來氣弱歸宜早，偷取官多責恐深。荀子：「冬爲之饘粥，夏與之瓜麩。以偷取少頃之譽焉，非久長之道也。」膏澤未施空謗怒〔三〕，瘡痍猶在豈謳吟！孟子離婁下：「諫行言聽，膏澤下於民。」注：「諫行言從，德澤加民也。」此詩恐是神廟初自知江寧召還時作。「謗怒」，必指爲郡時事，宜新法之紛紛也。或是再入相時。黄昏信馬江城路，欲訪何人話此心？

【校記】

〔一〕「任」，宮内廳本作「勝」。

〔二〕「環」，龍舒本、宋本、叢刊本作「身」。「繆」，宋本、叢刊本作「謬」。

〔三〕「怒」，叢刊本作「怨」。

和王司封會同年

收科天陛頃同時，白〔一〕首相懽事亦稀。追講舊游犀麈脱，晉孫盛與殷浩談論，往返精苦，客主無間。左右進食，冷而復煖者數四。彼我奮擲，麈尾悉脱，落滿餐飯中。交酬新唱彩牋飛。杜詩：「數語欹紗帽，高文擲彩牋。」劉公幹詩：「君侯多壯思，文雅縱横飛。」直須傾倒罇中酒，休惜淋浪座上衣。韓詩：「淋浪身上衣，顛倒筆下字。」日暮主翁〔二〕留客轄，會稽聊滞買臣歸。陳遵傳：「遵嗜酒，每大飲，賓客滿堂，輙關門，取客車轄投井中，雖有急，終不得去。嘗有部刺史奏事，過遵，值其方飲。刺史大窮，候遵霑醉，突入見遵母，叩頭自白當對尚書有期會狀，母乃令從後閤出去。」

【校記】

〔一〕「白」，宋本、叢刊本作「回」。

〔二〕「翁」，龍舒本作「公」。

次韻酬子玉同年

子玉詩云：「過盡金湯知帝策，見求貂虎識軍儀。男兒本有四方志，祇在蓬瀛恐不知。」

盛德無心漠北窺，蕃胡亦恐勢方羸。言天子盛德，無意於開邊。○易大壯卦：「羝羊觸藩，羸其角。」塞垣高壘深溝地，幕府輕裘緩帶時。高祖紀：「郎中説漢王：『高壘深溝，勿戰。』」○廣武君説陳餘拒韓信，云：「足下深溝高壘，勿與戰。」輕裘，見賦擬峴臺注。趙將時皆思李牧，楚音身自感鍾儀。史記：「李牧，趙之北邊良將也，匈奴以牧爲怯。趙王使它人代將，數不利，失亡多。復請李牧，牧杜門不出。趙王乃復強起使將兵。」○成公九年：「晉侯觀於軍府，見鍾儀，問之，曰：『鄭人所獻楚囚也。』使與之琴，操南音。范文子曰：『樂操土風，不忘舊也。』」慙君許我論邊鎖〔一〕，俎豆平生却少知。丙吉傳：「吉以馭吏言，召東曹案邊長吏，鎖科條其人。」注：「鎖，録也。欲科條其人老少及所經歷，知其本以文武進也。」○語衛靈公：「俎豆之事，則嘗聞之；軍旅之事，未之學也。」

【校記】

〔一〕「鎖」，龍舒本作「璅」。

和舍弟舟上示沈道源

還裝欲盡喜舟輕，更喜嘉賓伴此行。野飲不忘魚可釣，退之盤谷序：「釣於水，鮮可食。」旅羹何惜鴈能鳴。烹鴈，見送李璋注。○杜詩：「急急能鳴鴈，輕輕不下鷗。」西山牡〔一〕馬先歸牧，南穴殘梟欲就烹。詩：「駉駉牡馬。」○杜詩：「三月師逾整，羣胡勢就烹。」○漢郊祀志注：「五月五日，作梟羹以賜百官。以其惡鳥，故食之。」憂國自多廊廟宰，與君詩酒盡交情。杜詩：「安危大臣在，何必淚長流。」

【校記】

〔一〕「牡」，龍舒本、宋本、叢刊本作「壯」。

過山即事

却過兹山已九年，江湖身世只飄然。曲城丘墓心空折，曲城在建康，公松楸所寄。鹽步庭闈眼欲穿。撫州鹽步門，即公所居。余嘗至其處，今有祠堂。慘慘野雲生隴底，蕭蕭飢馬立風前。轉多愁思催華髮，早晚輕舟上秀川。秀川，恐謂秀水，未詳。

酬裴如晦 名煜。

二年羇旅越人吟，乞得東南病更侵。仲宣賦：「莊舄顯而越吟。」殤〔一〕子未安莊氏義，莊子齊物論：「莫壽乎殤子，而彭祖爲夭。」注：「殤子，短命者也。彭祖，姓籛，名鏗，壽八百歲。」壽親還慰魯侯心。詩閟宮：「魯侯燕喜，令妻壽母。」注：「燕，飲也。令，善也。僖公燕飲於内寢，則善其妻壽其母，謂爲之祝慶也。」鮮鮮細菊霜前蘂，漠漠疏桐日下陰。韓詩：「鮮鮮霜中菊，既晚何用好。」濁酒一杯秋滿眼，可憐同意不同斟。陶詩：「清琴横牀，濁酒半壺。」

【校記】

〔一〕「殤」，宋本、叢刊本作「傷」。

酬鄭閎中

鄭穆也，福州候官人。

蕭條行路欲華顛，回首山林尚渺然。三釜只知爲養急，五漿非敢在人先。「五漿」，屢見上。文章滿世吾誰慕？行義如君衆所傳。穆本傳：「純厚好學，動必由禮，門人以千數。」宜有至言來助我，可能空寄好詩篇。漢賈山有至言。○語：「回也，非助我者也。」

寄余温卿

雲散風流不自禁，天涯無路盍朋簪。王仲宣贈蔡子篤詩：「風流雲散，一别如雨。」○易豫卦〔二〕：「勿疑，朋盍簪。」空馳上國青泥信，按：漢中書以武都紫泥爲璽封，加緑緹其上。王子年拾遺記：「方丈山有池，泥色金而味辛。鍊可爲金，金色青，照見鬼魅。」又一本云：「元封元年，浮折國歲貢蘭金之泥。此泥出於淵池，盛夏之時，水常沸湧，有若湯火，飛鳥不能過。國人行者，常見水邊有人治此金爲器，混混若泥，如紫磨之色，百鑄，其色變白，變青。常以此泥封諸函匣，及諸宫門，鬼魅不敢干。當漢世，上將出征，及使絶國，多以泥爲印封。衛青、張騫、蘇武、傅介子之使，皆受金泥之璽封也。帝上仙後，乃絶。」又，廣異記：「則天時，一西國獻青泥珠一枚，珠類拇指，微青，以施西明寺金剛額中。後有胡人見珠，目不暫捨，以萬貫買之，内珠腿肉中，欲還西國。僧尋聞奏，則天敕求此胡，數日得之。使者問珠所在，胡云：『已吞入腹。』使者欲刳其腹，胡不得已，於腿中取。則天召問：『貴價市此，焉用之？』胡云：『西國有青泥泊，多諸珍寶，但苦泥深，不可得入。若以此珠投泊中，泥悉成水，其寶可得。』」又，東觀漢記曰：「鄧訓嘗將黎陽營兵屯狐奴，後遷護烏桓校尉。黎陽故吏最貧羸者舉國，念訓嘗所服藥，北州少乏，又知訓好青泥封書，從黎陽步推鹿車，於洛陽市藥，還過趙國易陽，並載青泥一襆，至上谷遺訓。其得人心如此。」見鄧訓傳注。○宋景文詩：「他日相思煩尺訊，黎陽爲辦襆書泥。」**誰和南山白石音？**甯戚飯牛歌：「南山粲粲，白石爛爛。」**平日離愁寬帶眼，訖春歸思滿琴心。**帶眼，見姑胥郭汻。○司馬相如傳：「卓王孫有女文君，新寡，好音，故相如繆與令相重，而以琴心挑之。」**終思〔二〕一命翩翩駕，獨過稽山鍛樹陰。**鍛樹事，屢見上。

【校記】

〔一〕「豫卦」，原作「噬嗑卦」，據周易改。

〔二〕「思」，龍舒本、宋本、叢刊本作「回」。

寄郎侍郎

公有上郎侍郎書。公之先人爲韶州，郎爲部使者，於公世有恩分。郎先居越，後徙於杭。

兩朝人物歎賢豪，凜凜清風晚見褒。簡，臨安人，景德二年及第。真宗嘗謂判銓呂夷簡曰：「簡歷官寡過，無一人薦之，是必恬於進者。」稍進其官。仁宗時，位益顯。晚自明州以工部貳卿致仕，故云「兩朝」。**江漢但歸滄海闊，丘陵難學太山高。**揚子：「百川學海而至於海，丘陵學山而不至於山，是故惡夫畫也。」**放懷詩酒機先息，**

回首功名世自勞。久願作公樽俎客，恨無三畝斸〔一〕蓬蒿。傳載：「簡性和易，喜賓客，即錢塘城北治園廬，自號武林居士，道引服餌，晚歲顏如丹。」

【校記】

〔一〕「斸」，龍舒本、宋本、叢刊本作「斲」。

送道光法師住持靈巖

靈巖開闢自何年？草木神奇鳥獸仙。一路紫苔通窈窱，千崖青靄落潺湲。山祇嘯聚荒禪室，宋顏延年詩：「山祇蹕嶠路。」張說〔二〕注：「山祇，山神。」李善注：「管子曰：『登山之神有俞兒者，長尺，人物具焉，霸王之君興，登山之神見，且走馬前導也。』」象衆低摧想法筵。涅槃經：「聲聞緣覺及大菩薩同在佛所，聞佛説一味之法，然其所證，各有淺深，譬象、馬、兔三獸渡河，兔渡則浮，馬渡及半，唯大香象徹底。法筵龍象衆，當觀第一義。」雪足莫辭重趼往，東人香火有因緣。莊子天道篇：「百舍重趼而不敢息。」趼，古顯反。司馬彪注云：「胝也，音陟其反。」許慎云：「足指約中斷爲趼。」

【校記】

〔二〕「張説」，當作「張銑」，見文選六臣注。

奉酬永叔見贈

欲傳道義心雖壯〔一〕，「雖壯」，一作「猶在」。强學〔二〕文章力已窮。他日若能窺孟子，終身何敢望韓公！河東王儔尚友嘗爲予言：「觀介父『何敢望韓公』之語，是猶不願爲退之，且譏文忠之喜學韓也。」然荆公於退之之文，步趨俯仰，蓋升其堂、入其室矣。而其言若是，豈好學者常慕其所未至，而厭其所已得耶？韓子蒼言：「歐陽文忠公寄荆公詩云：『翰林風月三千首，吏部文章二百年。』吏部，蓋謂南史謝朓，於宋明帝朝爲尚書吏部郎，長五言詩，沈約嘗云『二百年來無此詩』也。文忠之意，直使謝朓事，而荆公答之曰：『他日若能窺孟子，終身安敢望韓公。』則荆公之意，竟指吏部爲退之矣。」摳衣最出諸生後，倒屣常傾廣坐中。曲禮：「摳衣趨隅，必謹唯諾。」〇蔡邕見王粲而奇之，時賓客盈坐，聞粲在門，倒屣迎之。粲年既幼，一坐盡驚。秖恐虚名因此得，嘉篇爲貺豈宜蒙。歐公與公詩有「後來誰與子争先」，許之至矣。

【校記】

〔一〕「雖壯」，宋本、叢刊本作「猶在」，注曰：「一作『雖壯』。」

〔二〕「强學」，宋本、叢刊本注曰：「一作『學作』」；龍舒本作「學作」。

送陳舜俞制科東歸

諸賢發策未央宮，獨得淄川一老翁。公孫弘，菑川薛人，年六十，以賢良徵爲博士。使匈奴還，不合意，移病免歸。元光元年，復徵賢良文學，太常奏弘第居下，天子擢弘爲第一。後封平津侯。曲學暮年終漢相〔一〕，又轅固謂弘曰：「公孫子務正學以言，無曲學以阿世。」高談平日漫周公。弘上疏言：「臣聞周公旦治天下，朞年而變，三年而化，五年而定。」天子以冊書答曰：「問弘稱周公之治，弘之才能，自視孰與周公賢？」弘對曰：「愚臣淺薄，安敢比才於周公？雖然，愚心曉然見治道之可以然也。」君能〔二〕一作「今」。壯歲收科第，我欲他時看事功。聞說慨然真有意，贈行聊以〔三〕古人風。舜俞初忤介甫，晚乃翻悔青苗，負此詩矣。然介甫初以古人期舜俞，洎俞極論新法，乃亦不能容之。

【校記】

〔一〕「漢相」，宮內廳本作「相漢」。

〔二〕「能」，宋本、叢刊本作「今」。

〔三〕「以」，叢刊本作「似」。

送何正臣主簿

按：正臣，臨江人，仕至侍從，國史有傳。先以童子舉，對御講書，賜出身，後再登第。此詩必送其赴御試時也。詩中稱獎至矣。公弟和父，乃詆以爲「姦邪小人」，不應酥酪間異論乃爾，豈別一正臣耶？然正臣治平四年登第，此稱「日月新」者，當以神廟初即位也。後此數年，正臣以蔡確薦入臺，浸貴用，時介甫已亡矣。和甫詆之，或如平甫之詆呂惠卿輩也。和甫事今附後：「王安禮既得政，後因□謝，獨見上，曰：『臣疏逖小吏，蒙陛下識擢，不閱二歲，與聞政事，惟不敢以形跡事陛下。』上曰：『卿其勉之。』又問曰：『近事有可言者乎？』公曰：『朝廷建文昌，剏一代官制，以法先王，當謹簡人材以寘之。顧有姦回如何正臣者，乃得周旋其間，豈不汙穢士類？』上頷之。蓋正臣爲吏部侍郎，故公及之。他日，上臨朝，謂近臣曰：『何正臣何如人也？』王珪曰：『臣不知其爲人。』公曰：『王珪爲元宰，而二三從官，安得不知見正臣姦回？天下能道之，而珪曰不知者，何也？』上曰：『可出知宿州。』正臣主蔡確，確時以祀事出齊，珪曰：『請與確議。』確入，改知潭州。」

何郎冰雪照青春，應敵皆言筆有神。杜詩：「下筆如有神。」魯國儒人何獨少？田子方篇：「『以魯國而儒者一人耳，可謂多乎？』哀公云：『舉魯國而儒服，何謂少乎？』」元君畫史故應真。元君、畫史，見虎圖注。百年冠蓋風雲會，萬里山川日月新。陸士衡詩：「藹藹風雲會，佳人一何繁。」日月新，必裕陵初。可但諸公能品藻，會須天子擢平津。公孫弘，見上注。

華藏院此君亭〔一〕

按建康志：「在斗門橋西街北，僞吴武義二年建。初爲報先寺，南唐改爲報恩禪院，國朝改今額。晉王子猷愛竹，嘗曰：『不可一日無此君。』意亦取此。」撫州崇仁縣亦有華藏院。今按高齋詩話曰：「荆公題金陵此君亭詩云：『誰憐直節來生瘦，自許高材老更剛。』賓客每對公誦此句，公輒顰蹙不樂。晚年，與平甫坐亭上，視詩牌曰：『少時作此題榜，一傳不可追改。大抵少年題詩，可以爲戒。』平甫曰：『此揚子雲所以悔其少作也。』」以此考之，是金陵華藏。

一逕森然四座涼，杜詩詠竹：「色侵書帙晚，陰過酒罇涼。」殘陰餘韻興〔二〕一作「去」。何長？人憐直節生來瘦，自許高材老更剛。語無含蓄風韻，故當悔之。曾與蒿藜同雨露，終隨松柏到冰霜。煩君惜此〔三〕根株在，乞與〔四〕伶倫學鳳凰。漢律曆志：「黄帝使伶倫自大夏之西、崐崙之陰，取竹之解谷生、其竅厚均者，斷兩節間而吹之，以爲黄鐘之宮。制十二筩以聽鳳之鳴，其雄鳴爲六，雌鳴亦六，比黄鐘之宮，而皆可以生之，是爲律本。」○柳詩：「秖應更使伶倫見，寫盡雌雄雙鳳鳴。」

【校記】

〔一〕宋本、叢刊本題作「與舍弟華藏院此君亭詠竹」。

〔二〕「興」，宋本、叢刊本作「去」。

〔三〕「此」，宋本、叢刊本作「取」。

〔四〕「乞與」，宋本、叢刊本作「欲乞」。

上元戲呈貢父 劉攽，字貢父。

車馬紛紛白晝同，萬家燈火暖春風。許景先詩：「紅樹曉鶯啼，春風暖翠園。」○李白詩：「春風試暖昭陽殿，明月還過烏鵲樓。」○張籍詩：「更憐晴日色，漸漸暖貧居。」別開閶闔壺天外，特起蓬萊陸海中。李白詩：「蹉跎人間世，寥落壺中天。」○蓬萊在海中。此言山棚拔起於闤闠，故云「陸海」。○漢地理志：「秦地號稱陸海。」師古注云：「言其地高陸而饒物産，如海之無所不出。」盡取繁華供俠少，秖分牢落與衰翁。不知太一〔一〕游何處，定把青藜獨照公。王子年拾遺記：「劉向於成帝之末，校書天禄閣，專精覃思。夜有老人著黑衣，植青藜杖，扣閣而進。見向閣中獨坐誦書，老人乃吹杖端，赫然火出，因以照向。共説開闢以前事，向因受五行洪範之文，辭説繁廣，向乃裂裳及紳，以記其言。至曉而去，請問姓名，云：『我太一之精，聞卯金之姓有博覽者，今我下而教焉。』於是出懷中竹牒以授向。子歆，復從向受此術。」

【校記】

〔一〕「太一」，叢刊本作「太乙」。

次楊樂道述懷〔一〕

素心非不慕前脩，自怪因循欲白頭。獵較趣時終瑣瑣，。萬章下：「魯人獵較，孔子亦獵較。」注：「獵者，田獵相較奪禽獸，得之以祭，時俗所尚，以爲吉祥。孔子不違而從之，所以小同於世。」晝墁營職信悠悠。濠梁最憶知魚樂，晝墁，見答虞醇翁注。濠魚，屢見上。牢筴〔二〕飜慙爲彘謀。莊子：「祝宗人臨牢筴，説彘曰：『汝奚惡死？吾將三月㹒汝，十日戒，三日齋，藉白茅，加汝肩尻於雕俎之上，則汝爲之乎？』」尚有故人能慰我，詩成珠玉每相投。

【校記】

〔一〕宋本、叢刊本題作「次韻楊樂道述懷之作」。

〔二〕以下原缺，據宮内廳本抄補。

和楊樂道見寄

宅帶園林五畝餘，蕭條還似茂陵居。茂陵居，見寄友注。殺青滿架書新繕，生白當窻室久虚。劉向戰國策序曰：「皆定以殺青書，書可繕寫。」○列子釋文謂：「汗簡刮去青皮也。」○應劭風俗通：「殺青作簡書之。新竹有汗，後皆蠹，故作簡者於火上炙乾之。」○莊子：「虚室生白，吉祥攸止。」白詩：「空室閑生白，高情澹入玄。」不及公之對「殺青」也。孤學自難窺奥密，重言猶得慰空疎。相思每欲投詩社，秪待春蒲葉可書。蒲葉，見前鄧子儀〔一〕注。○又，王育有暇，即折蒲學書。〔二〕

【校記】

〔一〕「鄧子儀」，詩題全爲次韻鄧子儀二首，見本書卷三十二。

〔二〕以上原缺，據宫内廳本抄補。

寄吴冲卿二首

平生心〔一〕事略相同，三歲連牆左廄中。退之詩：「賃屋仕連墻。」充嘗判太僕寺，爲羣牧判官，與公同僚，故有「左廄」之語。更得繆〔二〕恩分省舍，又將衰鬢作隣翁。聯翩久傍宫〔三〕槐緑，契闊今看楚蓼紅。此必吴爲京西、淮南漕時，故有「楚蓼」之句。不欲與〔四〕君爲遠别，沙臺吹帽約秋風。退之薦士詩：「霜風破佳菊，嘉節迫吹帽。」晉孟嘉爲征西將軍桓温參軍。九日，温燕龍山，寮佐畢集，有風吹嘉帽墮落，嘉不之覺。戰國策：「顔率曰：『魏人欲得九鼎，謀於渾臺之下，沙海之上，其日久矣。』」沙海，屬浚儀，開封屬邑。疑沙臺以沙海得名。詩意祝其早還京也。開封安肅門外旌孝鄉有沙臺。

【校記】

〔一〕「心」，龍舒本、宋本、叢刊本作「身」。

〔二〕「繆」，龍舒本、宋本、叢刊本作「謬」。

〔三〕「宮」，叢刊本作「官」。

〔四〕以上原缺，據宮内廳本抄補。

其二

時兄晉州方得罪。〔一〕

塞垣花氣欲飛浮，杜詩：「花氣渾如百和香。」眼底紛紛緑漸抽〔二〕。悠遠山川嗟我老，急難兄弟想君愁。詩：「脊令在原，兄弟急難。」案：冲卿，育之弟。又，育二弟京、方與育同時登科，皆以文名。此云「兄晉州得罪」，不知指誰。此詩與前首不相連，必別爲寄者。舊知白日諸曹滿，馮奉世傳：「稍遷諸曹。」試問紅燈幾客留。時節只應無意思，亦如行路判春休。

【校記】

〔一〕「兄」，龍舒本、宋本、叢刊本作「吴」。

〔二〕「抽」，龍舒本作「油」。

酬冲卿見別

同官同齒復同科，朋友昏姻分最多。樂天寄夢得詩：「同年同病同心事，除却蘇州更是誰？」兩地塵沙今齟齬，二年風月共婆娑。詩陳風：「子仲之子，婆娑其下。」○陶侃傳：「老子婆娑，正坐諸君輩。」朝倫孰與君材似，使指將如我病何？升黜會應從此異，願偷閑暇數經過。

次御河寄城北會上諸友

客路花時秖攪心，少陵遣興詩：「花時日緼袍。」○詩：「秖攪我心。」行逢御水半晴陰。背城野色雲邊盡，隔屋春聲樹外深。唐人詩：「長樂鐘聲簾外盡，龍池柳色雨中深。」香草已堪回步履，韓集筍詩：「暫須回步履，要取助盤餐。」徐陵詠春詩：「落花承步履。」午風聊復散衣襟。羊士諤詩：「芳草多留步，鮮飈自滿襟。」憶君載酒相追處，紅萼青跗定滿林。沈約詩：「氛氳桃李花，青跗含素萼。既爲風所開，復爲風所落。」○詩常棣

注：「承華者曰鄂。不，當作拊。拊，鄂足也。不，芳浮切。拊，亦作跗。」

寄友人三首

萬里書歸説我愁，知君不忘北城幽。一篇封禪才難學，三畝蓬蒿勢易求。封泰山、禪梁父，自二字，故對「蓬蒿」。詩言不効司馬之諛，惟思退處。「才難學」，其詞微矣。竇牟詩：「悟主一言那可學？」司馬相如既病免，家居茂陵。天子曰：「相如病甚，可往從悉取其書。若後之矣。」所忠往，而相如已死。問其妻，對曰：「長卿未死時，爲一卷書，曰：『使來求書，奏之。』」其書札言封禪事。

欲與山僧論地券，隋志記，晉自過江，凡貨賣奴婢、馬牛、田宅，有文券，率錢萬，輸估四百入官，賣者三百，買者一百。願爲鄰舍事田疇。應須急作南征計，漢北風沙不可留。説文曰：「券，契也，別書之，以刀刻其旁也，故曰契也。」釋：「一曰：『券，繾也，相約束繾綣爲限以別也。』大書中央破別之。契，刻也，刻識其數也。」

○孟子盡心上：「易其田疇。」注：「疇，一井也。」

○據「漢北」字，又疑友人有使北方或仕邊徼者。

其二

水邊幽樹憶同攀，曾約移居向此間。欲語林塘迷舊逕，却隨車馬入他山。崔櫓詩：「山上斷雲迷舊路，渡頭芳柳憶前年。」飛花着地容難冶，鳴鳥窺人意轉閑。易：「冶容誨淫。」○唐詩：「簷前花覆地，竹外鳥窺人。」○韓公落花詩：「已分將身著地飛，那堪踐踏損光輝。」物色可歌春不返，相思空復慘朱顏。杜詩：「天子初愁思，都人慘別顏。」又：「丈夫貴壯健，慘戚非朱顏。」此詩必公已卜宅江寧，却懷臨川舊釣游之地。

其三

一別三年各〔一〕一方，此身漂蕩只殊鄉。看沙更覺蓬萊淺，數日空驚霹靂忙。蓬萊清淺，麻姑事，見古意注。○退之詩：「窮搜極覽頗恣横，物外日月本不忙。」○杜牧之詩：「屈指百萬世，過如霹靂忙。人生落其内，何者爲彭殤。」渺渺水波低赤岸，濛濛雲氣淡扶桑。杜詩：「巴陵洞庭日本東，赤岸水與銀河通，中有雲氣隨飛龍。」扶桑，言日。登臨舊興無多在，但有浮槎意未忘。張華博物志曰：「舊説天河與海通。近世有人居海傍者，年年八月，有浮查來，甚大，往返不失期。此人乃多資糧，乘查去，忽忽不覺晝夜。奄至一處，有城邑居室，望室中，多見織婦。有一丈夫牽牛渚次飲之，驚問此人何由至此，此人即問爲何處，答曰：『君可詣蜀，問嚴君平。』此人還，問君平，君平曰：『某年某月，有客星犯牛斗。』即此人到天河時也。」槎、楂通，字書亦作「楂」。

【校記】

〔一〕「各」，龍舒本、宋本、叢刊本作「至」。

寄張襄州

張瓌，字唐公，嘗爲襄州。疑此即瓌也。

襄陽州望古來雄，耆舊相傳有素風。杜詩：「復憶襄陽孟浩然，只今耆舊無新語。」素風，猶言風素。四葉表閭唐尹氏，襄陽耆舊傳：「唐尹忭父嗣宗，居喪踰禮。正觀中，特見旌辟。子忭，竭力田畝，侍養彌篤。父卒，廬於墓所，負土成墳，蓬首單衣，鹽酪不進，朝夕號慟。墓産紫芝。子恭先、孫仁恕，皆有孝行，俱被旌表，於是一門四闕。」一門逃世漢龐公。後漢龐德公，携妻子登鹿門山，採藥不返。故家遺俗應多在，美景良辰定不空。公孫丑上：「故家遺俗，流風善政，猶有存者。」○謝靈運擬鄴中詩序：「天下良辰、美景、賞心、樂事，四者難并。」遥憶習池寒夜月，幾人談笑伴詩翁？襄陽記云：「峴山南八百步，西下道百步，有習家魚池。習郁將死，勑其長子葬於池側。池中起釣臺，尚存。」按：郁即鑿齒之先。郁，後漢人，爲黄門侍郎，封襄陽公。

和昌叔〔一〕懷濡樓讀書之樂

志食長年不得休，食志，見答虞醇翁注。一巢無地拙於鳩。詩鵲巢：「維鵲有巢，維鳩居之。」注：「鳲鳩不自有巢，居鵲之成巢。」聊爲薄宦〔二〕容身者，能免高人笑我不？杜詩：「長恐死道路，永爲高人嗤。」道德文章吾事落，塵埃波浪此生浮。莊子天地篇：「伯成子高謂禹：『今子賞罰而民且不仁』，云云。『夫子闔行耶？無落吾事。』倨倨乎耕而不顧。」○賈誼賦：「其生兮若浮。」

看君別後行藏意，回顧灤樓秖自羞。杜詩：「行藏獨倚樓。」

【校記】

〔一〕「和」，宋本、叢刊本作「次韻」。「昌叔」，龍舒本作「君叔」。

〔二〕「官」，龍舒本、宋本、叢刊本作「宦」。

净因長老樓上玩月見懷有〔一〕疑君魂夢在清都之句

道人心與世無求，隱几蕭然在北〔二〕樓。坐對高梧傾曉月，看飄清露洗新秋。净因，以僧寶傳考之，疑爲道臻禪師也。○李義山詩：「梧桐莫更相清露，孤鶴橫來不得眠。」○韓詩：「長安雨洗新秋出。」登臨更欲邀元亮，披寫還能擬惠休。邀元亮，疑用遠法師約淵明入蓮社意。顧我不知天上樂，虛疑昨夜夢仙游。○江淹雜擬有惠休詩。

【校記】

〔一〕宋本、叢刊本題首有「酬」字。龍舒本無「有」字。

〔二〕「北」，宋本、叢刊本作「此」。

寄張諤招張安國金陵法曹

我老願爲臧丈人，君今年少未〔一〕「年少未」，一作「少壯者〔二〕」。長貧。莊子田子方篇：「文王觀於臧，見一丈夫釣，欲舉而授之政，而恐大臣、父兄之弗安也，欲卜之。諸大夫曰：『先君之命，王其無它，又何卜焉？』遂迎丈人而授之政。」○陳平傳：「張負曰：『固有美如陳平，長貧者乎？』」好須自致青冥〔三〕上，可且相從寂寞濱。退之詩：「詎縱青冥靶。」○范雎傳：「賈不意君能自致青雲之上。賈不敢復讀天下之書，不敢復預天下之事。」深谷黄鸝嬌〔四〕引子，曲碕翠碧巧藏身。杜詩：「山禽引子哺紅果，溪友得錢留白魚。」○子虛賦：「激堆碕。」張揖曰：「碕，曲岸頭也。」翠碧，鳥名。○杜詩：「鳥呼藏其身，有似懼彈射。」○李白詩：「願免半藏身。」尋幽觸静還成興，何必區區九陌塵？韓詩：「何事九衢塵。」又：「雖有九陌無塵埃。」

【校記】

〔一〕「年少未」，宋本、叢刊本作「少壯豈」。

〔二〕「者」，宫内廳本作「豈」。

〔三〕「冥」，龍舒本作「雲」。

〔四〕「嬌」，龍舒本、宋本、叢刊本作「驕」。

補注

酬鄭閎中〔一〕

至言　列子：「至言無意。」史商君傳：「貌言華也，至言實也。」

次韻張唐公馬上

唐公，瓌也。瓌嘉祐五年二月以脩注遷知制誥。公是年始爲江東提刑，尋召還，爲三司判官，直集賢院，故詩中言「竭節」、「賜環」，又言「取官多」，詩作於此時無疑。然瓌當誥未久，艸劉沆贈官詞無所假借，爲瑾所訟，謫知黄州。公此詩又有「江城」之句，皆未詳也。

送陳舜俞

據國史，嘉祐四年八月十二日，上御崇政殿試制策舉人。十八日，以入等人明州觀察推官陳舜俞爲著作佐郎、僉書壽州〔二〕判官事；旌忠令錢藻爲無爲軍判官。此詩頗送陳之壽州時也。

【校記】

〔一〕題原闕，據注文補。

〔二〕「壽州」，原作「青州」，據宫内廳本改。

庚寅增注第三十三卷

次韻張唐公馬上 瘡痍 西漢：「今天下初定，瘡痍未瘳。」

和王司封會同年 相懽 白詩：「黄昏慘慘雪霏霏，白首相懽醉不歸。」

次韻酬子玉同年 柳子玉也。 塞垣 太白詩：「寧辭擣衣倦，一寄塞垣深。」

酬鄭閎中 華顛 蔡邕賦：「華顛丈人。」老者之稱也。

寄余温卿 青泥 張華撰博物志，成於御前，賜青鐵硯。鐵是于闐國所獻。鐵爲硯，以此見鐵亦有青者，不但泥也。

郎侍郎 名簡，字叔廉，杭州人。杭人名所居橋爲侍郎橋。

送道光法師 雪足 即高僧曇始白足也。

酬永叔見贈 倒屣 蕭穎士詩：「被褐來上都，翳然聲未振。中郎何爲者？倒屣傾坐賓。詞賦豈不佳？盛名亦相因。」

送何正臣 品藻 楊子問老氏曰品藻。

上元戲呈貢父　白晝同　杜詩：「捷書夜報清晝同。」　別開閶闔　王維詩：「九天閶闔開黄道。」

寄吴冲卿其一　略相同　白樂天詩：「同年同疾同心事。」

其二　諸曹　息夫躬傳：「諸曹以下，樸遬不足取。」據此，則漢諸曹自郎始得爲之。今詩言諸曹，特借喻鴈鶩行耳。○杜瓊傳：「自漢以來，名官盡言曹，此殆天意也。」

酬冲卿見别　同官同齒復同科　李摯與李敏同歲、同門、同午登第。摯詩曰：「因緣三紀異，契分四般同。」

王荆文公詩卷第三十四

律詩

欲往浄因寄涇州韓持國

涇州，即漢安定郡，彰化節度。或言，介父寄持國此詩，所稱「泔魚已悔他年事，搏虎方收末路身」，謂其行新法後，晚悟其非而有此語也。然持國以議陳執中謚不合意，自太常禮院通判涇州，乃嘉祐五年二月，是時介父爲從官，安得有悔新法事耶？

紫荆山下物華新，只與都城共一春。今節想君携緑酒，故情憐我踏黄塵。地理書，涇州無紫荆山。按禹貢：「導汧及岐〔一〕，至於荆山。」正在今涇、隴之間，或指此。余使燕，見虜中一文人集有登涇州紫荆山詩。泔魚已悔他年事，荀子曰：「曾子食魚有餘，曰：『泔之。』門人曰：『泔之傷人，不如奥之。』曾子泣曰：『有異心乎哉？』」傷其聞之晚也。〇公與劉原父書：「河役之罷，以轉運賦功本狹，與雨淫不止，督役者皆以病告，故止耳。昔梁王墮馬，賈生悲哀；泔魚傷人，曾子涕泣。今勞人費財於前，而利不遂於後，此某所以愧恨無窮也。」搏〔二〕虎方收末路身。孟子盡心：「晉人有馮婦者，善搏虎。」○鄒陽傳：「至其晚節末路。」欲寄微言書不盡，試尋僧閣望西人。易上繫曰：「書不盡言，言不盡意。」○涇州屬秦鳳路，故云「望西人」。

【校記】

〔一〕「岐」，原作「歧」，據宮内廳本、尚書禹貢改。

〔二〕「搏」，龍舒本作「搏」。

送別韓虞部

客舍街南初著巾，與君兄弟即相親。桓温令司馬著帽進。著巾，猶著帽。當年豈意兩家子，今日更爲同社人。漢盧綰傳：「里中兩家親相愛，生子同日。」○韓文張中丞傳後叙：「兩家子弟才智下，不能通知二父志。」○又詩：「願爲同社人，雞豚燕春秋。」京洛風塵嗟阻闊，江湖杯酒惜逡巡。惜別也。秦紀：「九國之師逡巡遁逃而不敢進。」○東坡詩：「留連知無益，惜此須臾景。」歸帆嶺北茫茫水，把手何時寂寞濱？

懷舒州山水呈昌叔

山下飛鳴黄栗留，溪邊飲啄白符〔一〕鳩。周南：「黄鳥於飛。」陸璣疏云：「黄離留也，或謂之黄栗留。故里語曰：『黄栗留苗，我麥黄葚熟。』亦應節趨時之鳥。」○晉樂志：「楊泓云：『自到江南，見白符舞。』或言白鳬鳩舞，云有此來數十年矣，似苦孫皓虐政，思屬晉也。」不知此地從君處，亦有他人繼我不？塵土生涯休蕩滌，風波時事只飄浮。相看髪秃無歸計，一夢東南即自羞。

【校記】

〔一〕「符」，龍舒本作「浮」。

呈柳子玉同年

三年不上鄴王臺，鴻鴈歸時又北來。水底舊波吹歲換，柳梢新葉卷春回。唐人詩：「温氣冰底歸，忽忽過六旬。」○杜詩：「青歸柳葉新。」○韓滉詩：「平毛老向山城寺，不覺春風換柳條。」○劉長卿詩：「柳色帶新年。」塵沙漠漠凋雙鬢，簫鼓忽忽把一杯。勞事欲歌無與和，衰顔思見故人開。選詩：「悟彼愁歌〔一〕唱，信此勞者歌。」

【校記】

〔一〕「愁歌」，宫内廳本、文選謝混遊西池作「蟋蟀」。

次韻陸定遠以謫往來求詩

牢落何由共一樽，相望空復歎芝焚。陸機歎逝賦：「信松茂而柏悦，嗟芝焚而蕙歎。」濟時尚負生平〔一〕學，慰我空〔二〕一作「應」。多别後文。可但風流追甫白，由來家世出機雲。韓詩：「遠追甫白感至誠。」行吟强欲偷新格，屈原既放，行吟澤畔。○白詩：「苦被老元偷格律。」自笑安能到萬分？谷永傳：「不能襃揚萬分。」師古曰：「言萬分之一。」

【校記】

〔一〕「生平」，宫内廳本作「平生」。

〔二〕「空」，宋本、叢刊本作「應」。

李璋下第

浩蕩宮門白日開，楚辭大司命：「廣開兮天門，紛吾乘兮玄雲。」○王維詩：「九天閶闔開黃道。」○韓詩：「青春白日映宮門。」君王高拱試羣材。學如吾子何憂失？命屬天公不可猜。言其學足以得科第，無如命何。意氣未宜輕感槩，文章猶〔一〕忌數悲哀。世多言韓、柳、東坡因遷謫後，文益奇。○杜詩：「文章憎命達。」歐陽亦言：「非詩能窮人，殆窮者而後工。」今公所稱文，別一說耳。男兒獨患無名爾，將相誰云有種哉？陳勝傳：「且壯士不死即已，死即舉大名耳。王侯將相，寧有種乎？」

【校記】

〔一〕「猶」，龍舒本作「尤」。

送楊驥秀才歸鄱陽

客舍風塵弊綵衣，悲吟重見鴈南飛。荊山和氏方三獻，卞和事，見別注。太學何生且一歸。韓文：

「蕃，淮南人也，父母俱全。初入太學，歲率一歸。父母止之，其後間一二歲乃一歸。」曠野已寒諳獨宿，長年多難惜分違。唐皇甫冉詩：「夜凉宜共醉，時難惜相違。」巾箱所得皆幽懿，亦見鄉人爲發揮。南史：「王淮之曾祖彪之，博聞多識，練達朝儀。自是家世相傳，得諳江左故事，緘之青箱，世謂之『王氏青箱學。』」齊衡陽王鈞細書五經，置巾箱。

平山堂

城北橫崗走翠虬，蜀岡也，在維揚之北。按：堂在揚州城西北五里大明寺側。慶曆八年二月，歐陽公以起居舍人、知制誥來牧是邦。暇日，將僚屬賓客過大明佛寺。登古城，遂撤廢屋，爲堂於寺庭之坤隅。江南諸山拱列簷下，若可攀取，因目之曰平山堂。一堂高視兩三州。謂揚州、潤州、真州也。宋乙丑年以使事嘗至堂上，時雨新霽，三州之勝，盡在目前。山石、草木、邑屋，皆可數云。淮岑日對朱欄出，江岫雲齊碧瓦浮。滕王閣詩：「畫棟朝飛南浦雲，朱簾暮捲西山雨。」即此句法。墟落耕桑公愷悌，杯觴談笑客風流。王琪君玉平山堂詩末聯云：「大厦主人金鼎重，依依楊柳漫搖風。」王自注云：「今大參歐陽公始建是堂。公又作歌云：『手種堂前楊柳，別來幾度春風。』」不知峴首登臨處，壯觀當時有此不。

示德逢

先生貧敝古人風，緬想柴桑在眼中。憐愍雞豚非孟子，孟子：「雞豚狗彘之畜，不失其時，七十者可以食肉矣。」德逢必持不殺之戒者，故以孟子言「食肉」爲非。**勤勞禾黍信周公。**周公七月詩：「十月納禾稼，黍稷重穋。」**深藏組麗〔一〕三千牘，**東方朔傳：「朔公車上書，凡用三千奏牘。公車令兩人共持舉其書，僅能勝之。」**静占寬閑五百弓。**儀禮鄉射記：「侯道五十弓。」注云：「弓者，侯之所取數，宜於射器也。」又云：「物長如笴，其間容弓。」注云：「間容弓者，上下肘相去六尺。」〇西域記云：「一踰繕那四十里，爲八拘盧舍。拘盧舍者，謂大牛鳴聲所極爲拘盧舍。分一拘盧舍爲五百弓，分一弓爲四肘，分一肘爲二十四指。」又云：「皷者，所聞有遠近。皷有大小，大則二千弓，弓長五肘，計十里；小則五百弓，弓長四肘，計六百步，爲二里。」〇雜室藏經云五里。〇唐人詩：「誅艸數弓地，葺茅雙架幽。」**處世但令心自可，相知何藉一劉龔。**龔，後漢人。〇陶詩云：「仲蔚愛窮居，遶宅生蒿蓬。翳然絶交游，賦詩頗能工。舉世無知者，止有一〔二〕劉龔。」

【校記】

〔一〕「麗」，叢刊本作「纚」。

〔二〕「一」字原脱，據陶淵明詠貧士、宮内廳本補。

示四妹

孟光求婿得梁鴻，廡下相隨不諱窮。梁鴻同縣孟氏有女，狀肥黑而醜，力舉石臼，年三十不嫁。父母問其故，曰：「欲得賢如梁伯鸞者」云云。隨鴻至吳，依大家臯伯通，居廡下，爲人賃春。每歸，妻爲具食，舉案齊眉。伯通察而異之，曰：「彼傭，能使其妻敬之如此，非凡人也。」乃方舍之於家。**卓犖才名今日事，蕭條門巷古人風。**世說：「門庭蕭寂，居然有名士風流。」**五**

噫尚與時多忤，梁鴻同妻隱霸陵山中，因東出關，過京師，作五噫之歌，曰：「陟彼北芒兮，噫！顧覽帝京兮，噫！宫室崔嵬兮，噫！人之劬勞兮，噫！遼遼未央兮，噫！」肅宗聞而非之，求鴻不得。一笑兼忘我屢空。一笑，恐是用如臯射雉事。○語：「回也其庶乎，屢空。」注：「空，匱也。」空，苦縱切，今作平聲用。○陶詩：「屢空嘗晏如。」六月塵沙不相貸，泫然搔首又西東。

寄酬曹伯玉因以招之

寒鴉對立西風樹，幽草環生白露庭。清坐苦無公事擾，高談時有故人經。韓詩：「歷歷余所經。」思君異日投朱紱，易困卦：「朱紱方來。」○韋賢詩云：「黼衣朱紱。」師古曰：「朱紱，爲朱裳畫爲亞文。亞，古弗字也，故因謂之紱字，又作黻。」曹子建責躬詩：「要我朱紱。」劉良注曰：「朱紱，諸侯之儀服。」過我何時載渌醽？鄱渌，見和王微之登高齋注，但「醽」、「渌」合作兩字用。今以對「朱紱」，必别有所本。○左思賦云：「飛輕觴而酌醽渌。」或取此。及此〔一〕江湖氣蕭爽，最宜相值倒吾瓶。韓詩：「所嗟無可召，不得倒吾瓶。」

【校記】

〔一〕「此」，宋本、叢刊本作「北」。

奉酬〔一〕李質夫

逸少池邊有舊山，幾年征淚染衣班。言不得歸舊山，均客寄耳，故稱「征淚」。駑駘自飽方争路，騕褭長飢不在閑。言絶足不收於帝閑，而駑馬充斥競進。雪漲江南歸浩蕩，煙埋河朔去間關。李歸江南，公往河朔，疑奉使時作，故下有「勞歌」之句。〔二〕勞歌一聽皆愁思，況我心非木石頑。

【校記】

〔一〕宋本、叢刊本「奉酬」上有「次韻」二字。

〔二〕本注詩末重複，删。

寄袁州曹伯玉使君

宜春城郭繞樓臺，想見登臨把一杯。韓詩：「莫以宜春遠，江山多勝游。」濕濕嶺雲生竹箘，唐崔櫓詩：「紅葉下山寒寂寂，濕雲如夢雨如塵。」○杜詩送李校書：「長雲濕褒斜。」○詩：「爾牛來斯，其耳濕濕。」此借用。宜春竹絶佳，故山谷送人詩：「歸到宜春問春事，班班筍竿蕨破拳。」冥冥江雨熟楊梅。杜詩：「冥冥細雨來。」政成定入邦人詠，詩就還隨驛使來。錯莫風沙愁病眼，不知何日爲君開？

邢太保有鶴折翼以詩傷之客有記翎經冥三[一]韻而忘其詩者因作四韻

不爲摧傷改性靈，靜中猶見舊[二]儀形。退之詩：「嬌癡婢子無性靈。」言鶴被傷毁，恬然不改其度。每憐今日長垂翅，却悔當年[三]悞剪翎。「垂翅」字，見光武賜馮異詔。○杜詩：「青冥却垂翅。」○韓詩：「剪翎送籠中。」此疑用支遁剪翎事。醫得舊創猶有法，白樂天病鶴詩：「右翅低垂左脛傷，可憐風貌甚昂藏。亦知白日青天好，未要高飛且養創。」相知多難豈無經？相鶴經，古仙人浮丘公所撰。○鮑昭云：「相鶴經，亦名幽經。」昭舞鶴賦云：「散幽經以驗物，偉胎化之仙禽」，即是。○庾信詩：「玉京傳相鶴。」○張籍詩：「更選居山記，仍尋相鶴經。」○公集有熙寧中所脩相鶴經。稻粱且向人間覓，莫羨搏風起北冥。莊子逍遥游：「北冥有魚，其名爲鯤。化而爲鳥，其名爲鵬。鵬之徙於南溟也，搏扶搖而上者九萬里。」注：「徐云：風名。」

【校記】

〔一〕「客」、「三」，龍舒本作「家」、「二」。

〔二〕「舊」，龍舒本、宋本、叢刊本作「好」。

〔三〕「年」，龍舒本、宋本、叢刊本作「時」。

寄致政吴虞部

白鷗生意在滄波，不爲風塵有網羅。言白鷗本是江湖之物，不爲風塵羅網而始愛滄波。○杜詩：「白鷗波浩蕩，萬里誰能馴？」年抵馮唐初未半，才方疏廣豈能多。馮唐傳：「武帝求賢良，舉唐，唐時年九十餘，不能爲官，迺以子遂爲郎。」吴虞部是時年止四十餘耳。○疏廣傳：「賢而多財，則損其志；愚而多財，則益其過。」「才」字，恐是此「財」字。孤清楚國知誰繼？遺愛郴人想共歌。孤清，亦獨醒之意。○張曲江詩：「幽林歸獨卧，滯念洗孤清。」○昭公二十年：「子産卒，仲尼聞之，出涕曰：『子産，古之遺愛也。』」嗟我欲歸真未晚，雪舟乘興會相過。雪舟事，屢使。

再至京口寄漕使曹郎中

漂流曾落此江邊，憶與詩翁賦浩然〔一〕。梅宛陵有蘇州曹琰虞部浩然堂詩，蘇子美作堂記。鄉國去身猶萬里，驛亭分首已三年。北城紅出高枝靚，南浦青〔二〕回老樹圓。杜詩：「巖排石樹圓。」還似昔時風露好，只疑談笑在君前。

【校記】

〔一〕龍舒本、宋本、叢刊本「浩然」下有注云：「浩然，堂名。」

〔二〕「青」，龍舒本作「春」。

次韻平甫金山會宿寄親友

天末海門〔一〕横北固，煙中沙岸似西興。北固，即今鎮江府。○梁武帝幸北固，改爲北顧。○十道志：「潤州北固山，三面臨水，北望海口。」○杜牧之詩：「天接海門秋水色，煙籠沙宛暮鐘聲。」○西興，屬越州。○遯齋閑覽云：「唐人題西山寺詩云：『終古礙新月，半江無夕陽。』人謂冠絶古今，以其盡得西山之景趣也。」金山寺留題者亦多，而絶少佳句，惟「寺影中流見，鐘聲兩岸聞」，又「天多剩得月，地少不生塵」，最爲人傳誦。要亦未爲至工，若用之於落星寺，有何不可？熙寧中，荆公有「北固」、「西興」之句，始爲中的。已無船舫猶聞笛，遠有樓臺秖見燈〔二〕。山月入松金破碎，江風吹水雪崩騰。韓詩：「歲老陰沴作，雲頽雪飜騰。」飄然欲作乘桴計，一到扶桑恨未能。扶桑，日所拂木也。淮南子曰：「日出湯谷，浴於咸池，拂於扶桑。爰始將行，是謂朏明。」

【校記】

〔一〕「門」，龍舒本作「雲」。

〔二〕宮内廳本評曰：「是望中意。」

送何聖從龍圖 名郯。

射策曾稱蜀郡雄，朝廷重得漢司空。何武，蜀郡郫縣人，成帝時爲大司空。聖從，成都人，故用武事。景祐元年甲科及第。應留賜席丹塗地，梅福傳：「涉赤墀之塗。」注：「以丹掩泥塗殿上。」○杜詩：「閣道通丹地。」誤責飛芻紫塞功。郯爲御史，言宰相陳執中無學術，參知政事丁度輕脱，樞密使夏竦回邪，皆不協人望；後判銀臺，言龍昌期異端之學，非毁周公，不宜崇長，詔追所賜緋及絹。文彦博少從昌期學，深惡郯言，徙判吏部流内銓，又改龍學、河東都轉運使。此言公不應去朝廷，職將輸也。三徑欲歸無舊業，劉長卿詩：「罷歸無舊業。」○唐人詩：「舊業已隨征戰盡。」○此言何欲歸蜀，而未有田園。百城先至有清風。郯論事鯁切，風節素高。到部〔一〕，劾前宰相、太原帥梁適疾病廢職不能退，又劾都鈐轄押班蘇安静怙寵不法，真不負「清風」之言也。適乃郯同年第三甲。潞山直與天爲黨，回首孫高想見公。潞州，屬河東，爲上黨郡。有上黨關、壺關、羊腸坂、天井關，皆大山，號天下險絶處。

【校記】

〔一〕「部」，宮内廳本作「郡」。

送趙學士陝西提刑

遙知彼俗經兵後，應望名公走馬來。陛下東求今日始，胷中包蓄此時開。山西豪傑歸囊櫝，渭北風光入酒盃。堪笑陋儒昏鄙甚，略無謀術贊行臺。此詩不類公作，姑存。

丙申八月作

秋風摧剥利如刀，漠漠昏煙玩日高。眼看南山露崖竅〔一〕，退之游青龍寺詩：「南山逼冬轉清瘦，刻畫圭角出崖竅。」心隨東水轉波濤。詩：「灃水東注。」○晉載記：「東海之水西流河，一去不回奈爾何？」歸期正自憑蓍蔡，蓍蔡，見別注。○退之詩：「室婦歎鳴鸛，家人祝喜鵲。終朝考蓍龜，何日親烝礿？」生理應須問酒醪。還有詩書能慰我，不多霜雪上顛毛。杜詩：「生理忍憑黃閣老，歸期定送白雲邊。」

補注　「拍浮酒船中，便足了一生。」〔二〕

【校記】

〔一〕「窾」，宋本、叢刊本作「嶷」。

〔二〕本注原次於詩注末，無「補注」二字。「酒船」，世説新語任誕作「酒池」。

登西樓

樓影侵雲百尺斜，行人數上憶天涯。情多自悔登臨〔一〕數，目極因〔二〕驚悵望賒。柳詩：「登高欲自紓，彌使遠念來。」亦自悔之意。○沈傳師詩：「目傷平楚虞帝魂，情多思遠聊開罇。」○楚詞：「目極千里傷春心。」一曲平蕪連古樹，半分殘日帶明霞。杜詩：「青山猶銜半邊日。」潘郎何用悲秋色，秖此〔三〕傷春鬢已華。潘安仁有秋興賦，多感慨之詞，故云「悲」也。又有悼亡詩，「傷春」必指此。○唐人鸛雀樓詩：「遠目非春亦自傷。」

補注　連古樹　綠樹連村暗。半分　猶言中分，非謂毫分也。〔四〕

【校記】

〔一〕「臨」，宮內廳本作「高」。

〔二〕「因」，宮內廳本作「應」。

〔三〕「此」，宮內廳本作「使」。

〔四〕上二注原闌入題下，無「補注」二字。

即事〔一〕

淮流南苑〔二〕岸西斜，風有晶光露有華。楚詞：「光風轉蕙。」○杜詩：「清切露華新。」門柳故人元亮〔三〕宅，井桐前日總持家。陶公五柳先生傳：「先生，不知何許人也，亦不詳其姓字。宅邊有五柳，因以爲號。」○下句説江揔，詳見招約之職方注。佳〔四〕招欲覆杯中淥，麗唱仍添錦上花。杜詩：「共指西日不相貸，喧呼且覆杯中淥。」錦上鋪〔五〕花，俚語，公未必本此。盧氏雜記：「肅宗時，宮錦坊不收舊錦工，曰：『如今花樣，與前不同。』」便作武陵罇俎客，川原〔六〕應未少紅霞。宋子京和稚圭太尉詩：「欲酬麗唱尤多懼，海内方推夢得豪。」

【校記】

〔一〕龍舒本卷五十三題作「次韻酬段約之見招」。

〔二〕「淮」，宋本、叢刊本作「河」。「苑」，龍舒本作「宛」。

〔三〕「元亮」，宋本、叢刊本作「陶令」。

〔四〕「佳」，宋本、叢刊本作「嘉」。

〔五〕「鋪」，宮内廳本作「添」。

〔六〕「原」，宋本、叢刊本作「源」。

酬吴仲庶小園之句

舊年臺榭掃流塵，職閉朱門歲又新。花影隙中看裊裊，車音墻外聽〔一〕一作「去」。轔轔。韓詩：「馬蹄無入朱門跡，縱有春歸可得知？」魏豹傳：「人生一世間，如白駒過隙。」師古曰：「隙，壁際。」○車轔轔，屢見上。相逢豈少佳公子，一醉何妨薄主人。史記：「平原君，翩翩濁世佳公子。」○魏曹爽傳：「李勝出爲荆州刺史，往辭司馬懿。懿陽爲昏謬，錯亂其詞，因欲自力，設薄主人，生死共別。」秖向東風邀載酒，定知無柰帝城春。載酒，屢見上。○陳咸傳：「即蒙子公力，得入帝城，死不恨。」

【校記】

〔一〕「聽」，宋本、叢刊本作「去」。

始與韓玉汝相近居遂相與游今居〔一〕復相近而兩家子唱和詩相屬因有此作

羇旅兒童得近鄰，相知邂逅即情親。當時豈意兩家子，此地更爲同社人。事同見送別韓虞部注。

勳業彈冠知白首，漢書：「王陽結綬，貢禹彈冠。」文章投筆讓青春。後漢班超傳：「嘗輟耕投筆。」○司空圖詩：「樂地留高趣，權門讓後生。」萬金雖愧君〔二〕多産，比我淵明亦未貧。韓詩：「指渠相賀言，此是萬金産。」此似喻玉汝之諸子。○淵明五男兒，故云「亦未貧」。公止有雱，而雱又清狂不慧，何以云此？若以財利言，恐非。

【校記】

〔一〕「居」，原作「日」，據本書目録、臺北本目録、宋本、叢刊本改。

〔二〕「君」，宮内廳本作「若」。

春寒

春風滿地月如霜，李益詩：「受降城下月如霜。」○令狐楚詩：「紫禁香如霧，青天月似霜。」○王維詩：「高樓月似霜。」拂曉鐘聲到景陽。南史：「齊武帝置鐘於景陽樓上，應五鼓及三鼓。宮人聞之，早起糚飾。」花底裌衣朝宿衛，柳邊新火起嚴粧。潘安仁秋興賦：「御袷衣。」袷、裌同，衣無絮也。裌，古洽切。○杜詩：「退朝花底散，歸院柳邊迷。」又：「朝來新火起新煙。」○韓詩：「唯將新賜火，向曉著朝衣。」冰殘玉甃泉初動，水澁銅壺〔一〕漏更長。從此暄妍知幾日，便應鶗〔二〕鴂損年芳。離騷經：「恐鶗鴂之先鳴兮，使夫百草爲之不芳。」○揚雄傳注：「鶗鴂，一名子規，一名杜鳥，音題決。」

【校記】

〔一〕「壺」，宫内廳本作「瓶」。

〔二〕「鵶」，宫内廳本作「鵐」，下注同。

次韻再游城西李園

京師花木類多奇，常恨春歸人未歸。車馬喧喧走塵土，古詩：「帝城春欲暮，喧喧車馬度。」園林處處鎖芳菲。唐人詩：「多少朱門鎖空谷〔一〕，主人到老不曾歸。」殘紅已落香猶在，宋景文落花詩：「將飛更作回風舞，已〔二〕落猶成半面糚。」羈客多傷涕自揮。我亦悠悠無事者，約君聯騎訪郊圻。書畢命：「申畫郊圻。」

【校記】

〔一〕「谷」，宫内廳本作「屋」。

〔二〕「已」，原作「月」，據宫内廳本改。

予求守江陰未得酬昌叔憶江陰見及之作　按：江陰本縣，屬常州。僞唐昇元年中建爲軍。宋朝因之。寰宇志云：「本漢曲阿縣之地。」

黄田港北水如天，萬里風檣看賈船。海外珠犀常入市，人間魚蟹不論錢。江陰邊海，故云。高亭笑語如昨日，末路塵沙非少年。強乞一官終未得，秖君同病肯相憐。伍子胥曰：「嚭與吾同怨。子不聞河上之歌者乎：『同病者相憐。』」劉孝標廣絶交論：「同病相憐，綴河上之悲曲。」○樂天贈夢得詩：「顧我獨狂多自哂，與君同病最相憐。」

補注　杜詩：「朱橘不論錢。」〔一〕

【校記】

〔一〕本注原闌入題注後，無「補注」二字。

送蘇屯田廣西轉運　屯田，名安世，字夢得，開封人，嘗白歐公之冤〔一〕被貶者。爲廣漕，在慶曆末間。

置將從來欲善師，孫子：「善師者不陣，善陣者不戰。」○漢高帝紀：「高祖曰：『天下方擾，諸侯並起。今置將不善，一敗塗地。』」百城蹉跌起毫釐。趙充國傳：「失此二策，羌人故敢爲逆。失之毫釐，差以千里，是既然矣。」驅除久費兵符出，按撫紛煩使節移。譏屬任不專，遣使紛紜。恩澤易行窮苦後，孟子公孫丑上：「飢者易爲食，渴者易爲飲。」功名常見急難時。功業見乎變，言常在艱危之際。孺文此日風流在，直筆他年豈愧辭。後漢蘇章字孺文。

【校記】

〔一〕「寃」，原作「免」，據宮内廳本改。

酬淮南提刑邵不疑學士

公自注云：「來詩及予送沈常州之詩，而卒有『西壁鑱詩尚未泯』之句。」〔一〕

曾詠常州送主人，豈知身得兩朱輪。言常作送人赴常州詩，自亦爲此郡。朱兩輪，見上注。田疇汎濫川方壅，言水利不脩，川不軌道，而爲農田害。廚傳蕭條市亦貧。漢書：「飾廚傳。」此言公私皆困。以〔二〕我薄材思拊傴，謂撫民也。莊子人間世：「昔者，桀殺關龍逢，紂殺王子比干，是皆脩其身以下傴拊人之民，以下拂其上者也。」注云：「傴拊，謂憐愛之，猶嘔呴，謂養也。」賴君餘教得因循。詢求故有風謠在，不獨鑱詩尚未泯。

【校記】

〔一〕龍舒本、宋本、叢刊本無「公自注云」四字。「西」，宋本、叢刊本作「素」。「泯」，宋本、叢刊本作「泥」。

〔二〕「以」，龍舒本作「似」。

酬王太祝 恐是欽若子。曾子固曾作哀詞。

一馬常隨世事馳，豈論江徼與河湄。言江南與京師。已成白髮潘常侍，更似青衫杜拾遺。潘岳秋興賦序云：「晉十有四年，余春秋三十有二，始見二毛。以太尉掾兼虎賁中郎將，寓直於散騎之省。」注云：「髮始有二白毛。」拾遺，謂少陵。勳業儻來知有命，文章聊欲兩字誤。見無期。退之祭老成文：「而不悲者，無窮期矣。」意無期即無窮之義。○杜詩：「鳥道去無期。」喜君材俊能從我，力學何妨〔一〕和子思。

【校記】

〔一〕「妨」，龍舒本作「方」。

出城訪無黨因宿齋館

關外尋君信馬蹄，韓詩：「只知閑信馬，不覺誤隨車。」謾〔一〕成詩句任天倪。莊子寓言篇：「巵言日出，和以〔二〕天倪。」花枝到眼春相映〔三〕，一作「照」。○杜詩：「藥裹〔四〕關心詩總廢，花枝到眼句還成。」山色侵衣晚自迷。唐人詩：「山路元無雨，空翠濕人衣。」今日笑談還喜〔五〕共，經年勞逸固難齊。生涯零落歸心懶，多謝慇懃杜宇啼。觀公末句，已有不歸臨川之意，蓋臨川生理亦薄。

【校記】

〔一〕「謾」，宋本、叢刊本作「漫」。

〔二〕「以」，原作「似」，據宮内廳本、浙江書局本莊子改。

〔三〕「映」，宋本、叢刊本作「照」，注曰：「一作『映』。」

〔四〕「裏」，原作「裹」，據宮内廳本改。

〔五〕「喜」，龍舒本作「許」。

寄張氏女弟

楚公二女，長適工部侍郎張奎，奎時已亡，詩中多悼張之詞。

十年江海別常輕〔一〕，豈料今隨寡嫂行。心折向誰論宿昔？杜子美詩：「心折此時無一寸。」又：「歸心折大刀。」又：「心折大刀頭。」魂來空復夢平生。宋玉招魂章句：「魂兮歸來，去君之恒幹。」音容想像猶如昨，歲月蕭條忽已更。知汝此悲還似我，欲爲西望涕先橫。漢中山靖王勝曰：「今臣心結日久，每聞幼眇之聲，不知涕泣之横集也。」

【校記】

〔一〕宋本、叢刊本「輕」下注云：「一作『經』。」

奉寄子思以代别

南北蹉跎成兩翁，悲歡邂逅笑言同。魏文帝與吳質書曰：「已成老翁，但未頭白耳。」全家欲出嶺雲外，匹馬肯尋山雨中。趨府折腰嗟踽踽，白傅詩：「冉冉趨府吏。」折腰，用淵明事。○孟子：「踽踽涼涼。」聽泉分手惜匆匆。寄聲但有加飡飯，才業如君豈久窮？文選古詩：「棄捐勿復道，努力加餐飯。」

補注　出嶺　出，謂德之官也。公詩又有「特詔出嶺阨」之句。〔一〕

【校記】

〔一〕本注原闌入詩注末，無「補注」二字。

次韻劉著作過茆山今平甫往游因寄

華陽仙伯有茆卿，官府今傳在赤城。大茆君盈傳：「食四節隱芝者，位爲真卿。」又：「盈拜東岳上卿司命真君。」故此言茆卿也。赤城，在海上，近蓬萊。茅濛傳云：「神仙得者茅初成，駕龍上昇入太清。時下玄圃戲赤城，繼世而往在我盈。」濛字初成，即盈之高祖。言盈自華陽洞天徙治赤城。○韓詩：「上界真人足官府。」三鶴不歸猶地勝，二君能到亦心清。三鶴事，見茅山詩注。言鶴駕雖不返，地故奇勝也。詩中慷慨悲陳跡，世説：「王長史登茅山，大慟曰：『琅琊王伯輿終當爲情死。』」篇末慇懃奬後生。遥想青雲知可附，坐看閭巷得名聲。伯夷傳：「閭巷之人欲砥行立名者，非附青雲之士，惡能施於後世哉？」

次韻十四叔賜詩留别

窮冬追路出西津，得侍茫然兩見春。西津，在撫州之西，去城五里。發策〔一〕久嗟淹國士，揚子學行篇：「或人啞耳而笑，曰：『須以發策決科。』」起家初命慰鄉人。劉歆傳：「以病免官，起家復爲安定屬國都尉。」田蚡傳：「當是時，丞相入奏事，語移日，所言皆聽。薦人或起家至二千石，權移主上。」行辭北闕樓臺麗，歸佐南州縣邑新。杜牧詩：「北極樓臺長掛夢，西江波浪遠吞空。」班草數行衣上淚，何時杖屨却相親。班草，見送張甥赴青州幕注。

【校記】

〔一〕「策」，宋本、叢刊本作「册」。

次韻耿天騭〔一〕大風

雲埋月缺暈寒灰，淮南子：「畫隨灰而月暈缺。」注：「以蘆灰環月，缺其一面，則月暈亦缺。」○杜詩：「不得淮王術，風吹暈已生。」颷發齊〔二〕如臣象𦣝。韓詩：「陵如巨象𦣝。」縱勇萬川冰柱立，劉叉有冰柱詩。杜賦：「四海之水皆立。」紛披千障土囊開。宋玉風賦：「盛怒於土囊之口。」○杜詩：「曾宮憑風回，岌業土囊口。」魯門未怪爰居至，周語：「爰居止於魯東門之外。展禽曰：『今茲海鳥有災乎？夫廣川鳥獸，恒知避其災也。』是歲也，海多大風。」○杜詩：「魯門鶢鶋亦蹭蹬，聞道如今猶避風。」鄭圃何妨禦寇來。列子：「子列子居鄭圃四十年〔三〕，人無識者。」御風而行，屢見上。終夜不眠誰與共？坐忘唯有一顏回。莊子大宗師：「仲尼蹙然曰：『何謂坐忘？』顏回曰：『墮肢體，黜聰明，離形去知，同於大通，此謂坐忘。』」

【校記】

〔一〕「天騭」，龍舒本作「宪」。

〔二〕「齊」，龍舒本作「聲」。

〔三〕「子列子」句，原作「鄭人鄭圃，子列子居四十年」，據浙江書局本列子天瑞改。

補注

酬昌叔憶江陰見及詩〔一〕　**黃田港北水如天**　按：江陰有黃田、蔡涇二閘，潮汐之所往來。又漕河過常州，別爲一港，曰五卸港，自晉陵至江陰，由港北入江。

金山會宿〔二〕　王平父以楊蟠詩爲莊宅牙人語。陳無己詩話：「余觀王荆公金山詩，前四句亦類此，然皆本唐許渾甘露寺詩：『夜燈江北見，寒磬浦西聞。』」

送何龍圖　又地志：「春社赤伏潞氏。」即其地也。以其地極高，與天爲黨，故曰上黨。上黨，太行山之極高處，山後即忻、代諸州。泰山，却是太行之虎山。

【校記】

〔一〕題全作「予求守江陰未得酬昌叔憶江陰見及之作」，題上原無「補注」二字。

〔二〕題全作「次韻平甫金山會宿寄親友」。

庚寅增注第三十四卷

寄涇州韓持國〔一〕　紫荆山　韓持國寄涇州李公遠詩：「流景又逢黄菊節，狂歌猶記紫荆春。」

呈柳子玉　勞事欲歌　白樂天詩：「勞者不覺歌，歌其勞苦事。」

次韻陸定遠　芝焚　柳詩：「刻木終難對，焚芝未改芳。」

寄漕使曹郎中〔二〕　高枝靚　揚雄傳：「梢暗暗而靚深。」○韓詩：「桃李晨糚靚。」　老樹圓　韓集：「桂樹團團。」即圓也。

次韻平甫　北固　按，山謙之南州記言：「京城西北有別嶺入江，三面臨水，號曰北固。」考建康録，言京口在建鄴之北。儲光羲詩曰：「晉家南作帝，京鎮北爲關。」蓋建鄴以京口爲北關云。北山當京口之形勝，作固於此。

丙申八月作　秋風摧剥利如刀　高昌王傳：「寒風如刀，熱風如燒。」○賀知章柳詩：「二月春風似剪刀。」

再游城西李園　必李駙馬家。

酬邵學士　因循　大馮君、小馮君，兄弟繼踵相因循。

酬王太祝　無期　魯頌：「思無期。」○息夫躬傳：「曠迥兮思無期。」

訪無黨〔三〕　恐是徐無黨。此詩不知公在京師或他郡。若京師，則不應云「山色侵衣」也。歐公有送徐無黨南歸序云：「徐生，東陽人，少從予學爲文章。」

寄張氏女弟　公作張文剛墓誌亦云：「君妻，予從父妹，故君從予學。」張死時年二十七，若非奎，即文剛也。

奉寄子思以代別　分手惜匆匆　白詩：「即須分手別，且強展眉開。」

次韻劉著作　赤城　真誥第四篇：「司命嘗住大霍之赤城，此間惟有府曹耳。」據此，則赤城在霍山，謂茅山耳。

【校記】

〔一〕題全作「欲往净因寄涇州韓持國」。

〔二〕題全作「再至京口寄漕使曹郎中」。

〔三〕題全作「出城訪無黨因宿齋館」。

王荆文公詩卷第三十五

律詩

法喜寺

門前白道自縈回，門下青莎間緑苔。李義山詩：「白道縈回入暮霞，斑騅嘶斷七香車。」雜樹繞花鶯引去，壞簷無幕燕歸來。丘希範書：「雜花生樹，羣鶯亂飛。」○左氏：「夫子之在此也，猶燕之巢於幕上。」○杜詩：「震雷飜幕燕。」李端詩：「歌歇雲初散，簷空燕尚存。」劉長卿題尋真禪師草堂：「隔嶺春猶在，無人燕亦來。」寂寥誰共樽前酒？牢落空留案上桮。樂天詩：「放杯書案上，枕臂火爐前。」朱博爲人廉儉，自微賤至富貴，食不重味，案上不過三杯。我憶故鄉誠不淺，可憐鶗〔一〕鴂重相催。鶗鴂，一名子規，故用催歸事。○見春寒注。

補注 魏野詩：「壞簷巢燕少，積雨病蟬多。」〔二〕

【校記】

〔一〕「鶗」，宫内廳本作「鵜」，宫内廳本下注同。

〔二〕本注原闌入詩注末，無「補注」二字。

長干寺

梁天監元年，立長干寺，在秣陵縣東長干里内，有阿育王舍利塔。見建康實録。建康志云：「今爲天禧禪寺。」

梵館清閑側布金，小塘回曲翠文深。中阿含經云：「給孤長者買祇陁太子園，布黄金，高五寸，徧地置之，爲佛造寺。」○龍樹入龍宫，見華嚴經。側布五百里。柳條不動千絲直，荷葉相依萬蓋陰。漠漠岑雲相上下，翩翩沙鳥自浮沉。晉書：「沉者自沉，浮者自浮。殷洪喬非置書郵。」羈人樂此忘歸志〔一〕，一作「思」。忍向西風學越吟。義山詩：「日月淹秦甸，江湖動越吟。」○王仲宣賦：「莊舄顯而越吟。」

【校記】

〔一〕「志」，宋本、叢刊本作「思」。

落星寺〔一〕

崒〔二〕雲臺殿起崔嵬，萬里長江一酒盃。坐見山川吞日月，杳無車馬送塵埃。鴈飛雲路聲低過，客近天門夢易迴。勝槩唯詩可收拾，不才羞作等閑來。天門，用陶侃事。侃，南康軍人，落星正在南康。王直方詩話云：「落星寺在彭蠡湖中。劉咸臨嘗親見寺僧，言幼時目睹閩中章傳道作此詩，其前六句皆同，其末云：『勝槩詩人盡收拾，可憐蘇石不曾來。』蘇、石，謂子美、曼卿也。後人愛其詩者，改末句作荆公詩傳之，遂使一篇之意不完，其體與荆公所作詩亦不類。」苕溪漁隱曰：「直方所言非也，此詩句語體格，真是荆公作。餘人豈能道此？識者必能辯之。」

補注　聲低過　鴈聲雖高，而山中聞其聲若低過者，以明山之高也。〔三〕

【校記】

〔一〕龍舒本題作「落星寺南康軍江中」。宋本、叢刊本題作「落星寺在南康軍江中」。

〔二〕「崒」，龍舒本作「窣」。

〔三〕本注原闌入題下，無「補注」二字。

清風閣　在臨川，見臨汝志。

飛甍孤起下州墻，勝勢峥嶸壓四方。遠引江山來控帶，平看鷹隼去飛翔〔一〕。柳集：「飛鳥皆視其背。」高蟬感耳何妨静？赤日〔二〕焦心不廢凉。梁王籍詩：「蟬噪林逾静。」○杜甫武侯祠松柏詩：「干戈滿地客愁破，白雲如火炎天凉。」況是使君無一事，日陪賓從此傾觴。「此」字，如韓公詩「逢公復此著征衣」之「此」。

【校記】

〔一〕宮内廳本評曰：「平平有味。」

〔二〕「日」，龍舒本作「目」。

留題微之廨中清輝閣

故人名字在瀛洲，邂逅低回向此留。鷗鳥一雙隨坐嘯〔一〕，荷花十〔二〕丈對冥搜。韓詩：「太華峯頭玉井蓮，開花十丈藕如船。」○李白詩：「數枝石榴發，一丈荷花開。」水含〔三〕樽俎清如洗，山染衣巾翠欲流。王建詩：「日暮數峯青似染，傍人說是汝州山。」今言「山染衣巾」，尤妙。宣室應疑鬼神事〔四〕，知君能復幾來游。賈誼謫長沙歲餘，文帝思誼，徵之。至，入見，上方受釐坐宣室。上因感鬼神，而問鬼神之本，誼具道所以然之故。

【校記】

〔一〕「嘯」，宋本、叢刊本作「笑」。

〔二〕「十」，龍舒本作「千」。

〔三〕「含」，宋本、叢刊本作「涵」。

〔四〕宫内廳本評曰：「著得『疑』字好。」

次韻和甫春日金陵登臺〔一〕

鍾山漠漠水洄洄，西有陵〔二〕雲百尺臺。按建康志，如鳳凰臺等處甚多。此臺在鍾山之西，不知是何臺耳。萬物已隨和氣動，一樽聊與故人來。程明道游明月陂詩：「萬物已隨秋氣改，一罇聊爲晚涼開。」天邊幽鳥鳴相和，地上晴煙掃不開。唐章八元詩：「天邊宿鳥生歸思，關外晴山滿夕嵐。」愁〔三〕眼看春長一作「唯」。恐盡，直須去取六龍回。李白詩：「吾欲攬六龍，回車掛扶桑。」

【校記】

〔一〕龍舒本題「登臺」下有「二首」二字，其一同此，其二即本書卷四十七臨津。宮内廳本無「金陵」二字。

〔二〕「陵」，龍舒本作「淩」。

〔三〕「愁」，宋本、叢刊本作「悲」。

慶老堂 陳繹和叔内翰也〔一〕。

板輿去國宦三年，潘安仁閑居賦：「太〔二〕夫人乃御板輿。」宣二年：「宦三年矣，未知母之存否。」華屋歸來地一偏。種竹常疑出冬筍，孟宗後母好筍，令宗冬月求之。宗入林慟哭，筍爲之出。開池故合湧寒泉。寒泉，姜詩事。身間〔三〕楚老猶能戲，謂老萊子年八十，衣綵，爲嬰兒戲於母前。道勝鄒人不更遷。孟母少與軻居近墓，軻乃戲爲墓。母曰：「此非所居也。」去，居市，軻復戲爲商賈。又曰：「不可居也。」又居學館之傍，遂爲大儒。嗟我強顔無所及，想君爲樂更焦然。言己不遠〔四〕養，見他人之親而悲感。

【校記】

〔一〕宋本、叢刊本題下無「和叔内翰也」五字。

〔二〕「太」，原作「大」，據文選、宮内廳本改。

〔三〕「間」，宮内廳本、宋本、叢刊本作「閑」。

〔四〕「遠」，宮内廳本作「逮」。

寄陳宣叔

扁舟欲動更徘徊，一笑相看病眼開。事忤貴人今見節，政成豪縣衆稱才〔一〕。陳平傳：「高帝南過曲逆，上其城，望室屋甚大，曰：『壯哉縣！』」豪，亦壯也，未知出處。○陳遵傳亦有「三輔劇縣」，未見豪字。忽驚歲月侵雙鬢，却喜山川共一盃。落日亂流江北去，離心猶與水東迴。尚書禹貢：「亂於河。」注：「絶流曰亂。」○劉長卿詩：「離心與流水，萬里共朝昏。」

【校記】

〔一〕「成」，諸本作「行」。「才」，龍舒本、宋本、叢刊本作「材」。

寄張劒州并示女弟

公自注云〔一〕：「時張以太夫人喪，自劒州歸。」

劒閣天梯萬里寒，春風此日白衣冠。荊軻傳：「太子及賓客知其事者，皆白衣冠以送之。」烏辭反哺顛毛黑，烏引思歸口血丹。公又有贈張詩云：「白頭反哺秦烏側，流血思歸蜀鳥前。」行路想君今瘠〔二〕瘦，漢武悼李夫人賦：「嫶妍太息，歎稚子〔三〕兮。」晉灼曰：「三輔謂憂愁面省瘦曰嫶冥。嫶冥，猶嫶妍也。」〇杜詩：「所親驚老瘦，辛苦賊中來。」相逢添我老悲酸。浮雲渺渺吹西去，每到原頭勒馬看。王貞白望終南詩：「爲問紅塵裏，誰同勒馬看？」

補注

瘠　韻書：「瘠，瘦也。晉灼所稱省，當作瘠。」呂布問曹操：「明公何瘦？」操曰：「所以瘦，恨不早相得故也。」〔四〕

【校記】

〔一〕宋本、叢刊本無「公自注云」四字。

〔二〕「瘠」，宋本、叢刊本作「眚」，宫内廳本作「瘖」。

〔三〕「子」，原作「予」，據漢書外戚傳及宫内廳本改。

〔四〕本注原闌入詩注末，無「補注」二字。

元珍以詩送緑石硯所謂玉堂新樣者

元珍，即丁寶臣。元珍嘗知端州。

玉堂新樣世争傳，況以蠻溪緑石鐫。公詩又有「端溪作枕緑玉色」。嗟我長來無異物，王恭傳：「丈人不識恭，恭作人無長物。」愧君持贈有佳篇。久埋瘴霧看猶濕，此石端州所寄，故有「瘴霧」之句。一取春波洗更鮮。江文通別賦：「春水渌波。」○韓致光詩：「竹園相接春波暖。」還與故人袍色似，謂緑也。論心於此亦同堅。

和微之林亭

爲有檀欒占雒陽，憶歸杖策此徜徉。枚乘兔園賦：「脩竹檀欒。」觀魚得意還知樂。隱五年：「公如棠觀魚。」○莊子秋水篇：「儵魚出游從容，是魚樂也。」入鳥忘機肯亂行。莊子山木篇：「孔子曰：『辭其交游，去其弟子，逃於大澤，入馬不亂羣，入鳥不亂行。』」未敢許君輕去國，不應如我漫〔一〕爲郎。元結傳：「人以爲『漫者，亦漫爲官乎？』呼爲漫郎。」中園日涉非無趣，保此千鍾慰北堂。陶集：「園日涉以成趣。」言非無田園之可歸，且資禄以養親。○晉人語：「若保全此，殊勝東山。」

【校記】

〔一〕「漫」，龍舒本作「謾」。

酬微之梅暑新句

江梅落盡雨昏昏，去馬來牛漫不分。不辨牛馬，見贈器資注。○杜詩：「去馬來牛不復辨，濁涇清渭何當分。」當此沉陰無白日，豈知炎旱有彤雲。琴絃欲緩何妨促？晝蠹微生故可熏。回首涼秋知未遠，會須重曝阮郎裩。晉阮咸爲兒時，七夕，諸阮盛陳錦綉，咸獨以長竿掛大布犢鼻褌於庭中，曰：「未能免俗。」○杜詩：「明朝曬犢鼻，方信阮郎貧。」○黄詩聽摘阮歌：「手揮琵琶送飛鴻，促絃聒醉驚客起。」○唐人詩：「更著香薰一架書。」

平甫游金山同大覺見寄相見後次韻二首〔二〕

曾氏資暇録云：「平甫與一浮屠詩云：『北固山連三楚遠，中酃水入九江深。』句法清遠。荆公和此詩，惟押『弟季心』字最妙，不惟好語，兼亦切實。」

名一作「寵」。參時宰道人琳〔三〕，沙門慧琳，元嘉中參權要，朝廷大事皆與議，勢傾一時，權侔宰輔。孔覬嘗詣之，遇賓客，但寒温而已。覬慨然曰：「遂有黑衣宰相，可謂冠屨失所。」又，晉支遁，亦字道林，與殷浩、王文度、謝安諸人友善，時論以遁有經濟才。然公所用，乃宋慧琳。氣蓋諸公弟季心。季布傳：「布弟季心，氣蓋關中，遇人恭謹，爲任俠。」勝踐肯論山在險，冥搜欲與海爭深。易：「地險，山川丘陵也。」○禪語：「深深海底行。」搖搖北下隨帆影，杜詩：「酒香傾坐側，帆影駐江邊。」史記：「心搖搖如懸旌，無所終薄。」踽踽東來想足音。踽踽凉凉，有威儀而無所施之貌。○莊子徐無鬼篇：「逃虚空者，藜藋柱乎鼪鼬之逕，踉位其空，聞人足音，跫然而喜矣。」握手更知禪伯遠，隔雲靈鷲碧千尋。靈鷲山，見次韻留題僧假山注。

【校記】

〔一〕宋本、叢刊本題作「平甫與寶覺游金山思大覺并見寄及相見得詩次韻二首」。

〔二〕「名」，宋本、叢刊本作「寵」。「琳」，龍舒本作「林」。

其二

漳南開士好叢林，開士，見寄福公道人注。○李文饒詩：「龍門有開士，愛我春潭碧。」叢林，猶禪林。慧劍何年出水心？維摩詰經：「本以智慧劫破煩惱網。」○晉武問三日曲水之誼，束晳對：「秦昭王以三日置酒河曲，見金人捧水心之劒曰：『令君制有西夏，乃霸諸侯。』因此立爲曲水。」詩言「慧劒出水心」，蓋借用此事。獨往便應諸漏盡，首楞嚴：「普告諸大菩薩及諸漏盡大阿羅漢。」又法華經：「諸漏已盡，無復煩惱。逮得己利，盡諸有結。」相逢未〔一〕免故情深。皇甫冉詩：「閉門公務散，柱策故情深。」檻窺山鳥有真意，淵明詩：「此間有真意。」窗聽海潮非世音。金山近海口，故云「聽海潮」。○觀音普門品：「梵音，海潮音。」又云：「勝彼世間音。」則梵唄之聲，亦謂之潮音。一笑上方人事外，杜詩：「上方重閣晚。」不知衰境兩侵尋。

補注　水心　戴叔倫詩：「城根山半腹，庭影水中心。」〔二〕

【校記】

〔一〕「未」，宋本作「求」。

〔二〕本注原闌入題下，無「補注」二字。

金陵懷古四首

霸祖孤身取二江，子孫多以百城降。二江，謂江南東、西道。○孫秀流涕曰：「昔討逆弱冠以一校尉創業，今後主舉江南而棄之哉？」此即「孤身取」、「百城降」之明證。○李翱「宗廟山陵，於此爲墟。悠悠蒼天，此何人哉？昔神堯以一旅取天下，後世子孫不能以天下取河北」，亦此意。許渾金陵 豪華盡出成功後，逸樂安知與禍雙。

懷古詩：「英雄一去豪華盡。」東府舊基留佛刹，後庭餘唱落船窻。輿地志：「金陵有東府城，晉安帝時築。其城西，本簡文爲會稽時第。其東，則丞相會稽王道子府。」謝安石薨，以道子代領揚州，州在第，故時人號爲東府西州。夢得〔一〕詩：「商女不知亡國恨，隔窻猶唱後庭花。」時夜泊秦淮，故言「船窻」。黍離麥秀從來事，且置興亡共〔二〕一作「近」。酒缸。王黍離：「閔宗周也。周大夫行役，至於宗周，過故宗廟宮室，盡爲禾黍。閔周室之顛覆，彷徨不忍去，而作是詩也。」○史記宋世家：「箕子諫，紂不聽。其後箕子朝周，過故殷墟城，宮室毁壞，生禾黍，箕子傷之，乃作麥秀之詩以歌詠之。」○向秀賦：「歎黍離之愍周兮，悲麥秀於殷墟。」

【校記】

〔一〕「夢得」，應爲「杜牧」，引詩乃杜牧泊秦淮。

〔二〕「共」，龍舒本、宋本、叢刊本作「近」。

其二

天兵南下此橋江，敵國當時指顧降。按：王師度江浮橋在采石，蓋近金陵。山水雄豪空復在，君王神武自難〔一〕雙。書言：「天乃錫王勇智，表正萬邦。」故公詩謂天子神武，則英雄畢服，理不容並也。留連落日頻回首，「落日應歸去，魚鳥見留連。」想像餘墟獨倚窻。却怪夏陽纔〔二〕一葦，漢家何事費罌缸。韓信擊魏，陳船欲度臨晉，伏兵從夏陽以木罌缶度軍，襲安邑。韓詩：「傾尊與斟酌，四壁堆罌缸。」

補注 倚窗 李義山詩：「斜倚緑紗窗夜坐。」〔三〕

【校記】

〔一〕「難」，龍舒本作「無」。

〔二〕「纔」，龍舒本作「裁」。

〔三〕本注原闌入詩注末，無「補注」二字。

其　三

左思吴都賦：「百川派別，歸海而會。」「潮波浪〔一〕起，迴復萬里。」

地勢東回萬里江，杜牧詩：「時人欲識胷襟否，彭蠡秋連萬里江。」○李白金陵詩：「漢江迴萬里，派作九龍盤。」○公詩用白語，何其精切！雲間天闕古來雙。天闕，建康山名，詳見上注。兵纏四海英雄得，聖出中原次第降。歐公豐樂亭記：「自唐失其政，海内分裂，豪傑並起而争，所在爲敵國者，何可勝數？及宋受天命，聖人出而四海一。嚮之憑恃險阻，剗削消磨。百年之間，漠然徒見山高而水清。欲問其事，而遺老盡矣。」山水寂寥埋王氣，許渾詩：「玉樹歌殘王氣終。」風煙蕭颯滿僧窗。廢陵壞冢空冠劍，高僧詩：「帝業空城在，民耕壞冢多。」○張祜詩：「蕭帝壞陵深虎跡，廣師道院閉松聲。」誰復沾纓酹一缸。

【校記】

〔一〕「浪」，文選吴都賦作「汨」。

其四

憶昨天兵下蜀江，將軍談笑士争降。江自蜀來，故言蜀江，非兵自蜀而下。黄旗已盡年三百，紫氣空收劍一雙。江表傳：「黄旗紫蓋見於東南維，有天下者，荆、揚之君乎？」豐城雷焕，占斗、牛間常有紫氣。既爲令，掘獄屋基，入地四丈餘，得二石函，有雙劍，一曰龍泉，一曰太阿。使送一劍與張華，留一自佩。華報焕曰：「詳觀劍文，乃干將也，莫耶何復不至？雖然，天生神物，終當合耳。」及華誅，失劍所在。後焕卒，其子持劍行延平津，忽於腰下躍出，墮水。使人入水，見兩龍盤合。破堞自生新草木，廢宫誰識舊軒窻？不須搔首尋遺事，且倒花前白玉缸。劉貢父集有和公此詩，如稱王師破金陵，兵自水牕入，史所不載。貢父洽聞，必有所據。今附貢父詩於此：「虎踞羣山帶繞江，爲誰興國爲誰降？高臺麋鹿看無數，廢沼鳧鷖去自雙。萬事朝雲隨逝水，百年西日過虚牕。白門酒美東風快，笑數英雄盡一缸。」○「樓舡西下勢横江，元帥旌旗就約降。旋報前師覆張悌，亟傳單騎馘王雙。燕焚正自當煙突，蟻潰何堪值水窻。回首三軍歡奏凱，万牛行炰酒千缸。」○耆老傳云：「金陵城破，自城下水窻兵入。」○「楚貢來遲詭問江，漢收羣策士心降。一言已重黄金百，再見仍蒙白璧雙。票客脱身甘馬革，老儒投筆謝書窻。豈知三閣酣詩酒，浩唱庭花倒玉缸。」○「頽垣落水半平江，喬木呼風不易降。耕出珠璣時得一，道逢麟鳳不成雙。潮聲半夜來寒渚，月色深秋照舊窻。唯有魚鹽城下市，檣烏相望集瓶缸。」○杜詩：「瓷罌無謝玉爲缸。」

次韻舍弟遇子固憶少述

時公弟在臨川。〔一〕少述，孫侔也。侔事已見上注。公少與侔善，兄事侔。洎爲相，道過真州，侔待之如布衣時。

歸計何時就一廛？寒城回首意茫然。孟子：「願受一廛而爲氓。」野林細錯黄金日，溪岸寬圍碧玉天。林篩日影，如金狀也。秦少游詩：「門外天横數尺青。」又：「天轉江南碧玉寬。」樂天詩：「萬丈赤幢潭底日，一條白練峽中天。」飛兔已聞追騕褭，禰衡傳：「飛兔騕褭，絶足犇放，良藥之所急。」吕氏春秋：「騕褭，皆古駿馬也。」此言平甫與子固。太阿猶恨失龍泉。謂少述獨遠耳。越紀：「楚王召風胡子，令之吳，見歐子、干將作劒。二人鑿茨山，洩其溪，取鐵，作劒三，一曰龍淵〔二〕，二曰太阿，三曰工市。晉、鄭求之，不得，興師圍楚。楚王引太阿之劒，登城而麾，三軍破敗，流血千里。晉、鄭之士，頭畢白也。」又：「今西平縣有鐵官別鎮户，即古鑄刀劒之地。」○後漢：韓稜「爲尚書令，與僕射郅壽、尚書陳寵同時俱以才能稱。肅宗嘗賜諸尚書劒，唯此三人特以寶劒，自手署其名曰：『韓稜龍泉。』」注云：「晉太康記曰：『汝南西平縣有龍泉，可淬刀劒，特堅利。』汝南，即楚分野也。」「『郅壽蜀漢文』，『陳寵濟南椎成〔三〕。』時論以爲稜有深謀，故得龍泉；壽明達有文章，故得漢文；寵敦樸，不見外，故得椎成。」遥知更憶河濱友，從事能忘我獨賢。公自言也。○北山詩：「偕偕士子，朝夕從事。大大不均，我從事獨賢。」

【校記】

〔一〕宋本、叢刊本題下注云：「時舍弟在臨川。」當爲荆公自注。

〔二〕「龍淵」，宫内廳本作「龍泉」。

〔三〕「韓稜」，後漢書作「韓棱」，有傳。「韓稜龍泉」，後漢書韓棱傳作「韓棱楚龍淵」。「椎成」，原作「惟成」，據後漢書韓棱傳改。

次韻昌叔詠塵〔一〕

塵土輕颸不自持，紛紛生物更相吹。莊子：「野馬也，塵埃也，生物之以息相吹也。」飜成地上高煙霧，散在人間要路岐。言塵土狀如煙霧，多在權要之地，以人所犇趨故也。一世競馳甘眯目，幾家清坐得軒眉。莊子天運：「夫播糠眯目，則天地四方易位矣。」北山移文：「眉軒席次。」注：「舉眉，喜也。」超然秖有江湖上，還見波濤恐我時。惟江湖空曠可樂，猶有風濤不測之恐。劉夢得詩：「峽水秋來不恐人。」

補注 眯目 忠全文：「眯目聖神皇。」謂武侯也。〔二〕

【校記】

〔一〕「詠塵」，龍舒本作「塵土」。

〔二〕本注原闌入題下，無「補注」二字。

石竹花〔一〕

退公詩酒樂華年，欲取幽芳近綺筵。李義山野菊詩：「紫雲新苑移花處，不取霜栽近御筵。」種玉亂抽青節瘦，初學記：「陽雍伯種石而生玉。」刻繒輕染絳花圓。風霜不放飄零早，雨露應從愛惜偏。杜牧之詩：「雨露偏金穴。」已向美人衣上繡，更留佳客賦嬋娟。陸龜蒙石竹詩云：「曾看南朝畫國娃，古羅衣上碎明霞。而今莫共金錢鬭，買却春風是此花。」○李白詩：「山花插寶髻，石竹繡羅衣。」○樂天詩：「帶纈紫蒲萄，袴花紅石竹。」

補注 美人衣 楚莊王燕羣臣，日暮，酒醒，燭滅，乃有引美人之衣者。〔二〕

【校記】

〔一〕龍舒本卷七十七題末有「二首」二字，其一同此，其二即本書卷四十七石竹花。

〔二〕本注原闌入詩注末，無「補注」二字。「醒」，清綺齋本作「酣」。

古松

森森直榦百餘尋，高入青冥不附林。退之詩：「異質忌處羣，孤芳難寄林。」萬壑風生成夜響，千山月照掛秋陰。小杜詩：「前灘急夜響，密雪映春燈。」○李羣玉詩：「五湖雲月掛高情。」豈因糞壤栽培力，自得乾坤造化心。杜詩：「扶持自是神明力，正直元因造化功〔一〕。」廊廟乏材應見取，世無良匠勿相侵。杜詩：「時無王良伯樂死即休。」

【校記】

〔一〕「功」，原作「工」，據杜工部草堂詩箋古柏行及宮内廳本改。

玉晨大檜鶴廟古松最爲佳樹

按建康志：「玉晨觀，在雷平山西北，舊傳高辛時展上公及周時郭真人太史之宅。梁天監中，爲朱陽觀。唐改爲華陽觀，又改爲紫陽觀。本朝大中祥符元年，改賜今額。白鶴廟，在朝山下。玉晨觀屬句容縣。白鶴廟屬溧陽縣。山在縣西南二十里。」

壇廟千年草不生，幽真曾此蔭餘清。左氏：「松柏之下，其草不植。」段文昌古柏文：「下蔭芳苔，凡草不生。」○建康志云：「楊真人〔一〕、二許真人嘗降於此。」月枝地上流雲影，風葉天邊〔二〕過雨聲。有月則枝影如雲，流於地上。○唐人詩：「雲影亂鋪地，濤聲寒在空。」材大賢於人有用，言其材大，比世之賢人，可爲廊廟之用。○杜詩古柏行：「志士幽人莫歎嗟，古來材大難爲用。」節高仙與世無情。仙者，超然遺俗，不留於物，視濁世豈復餘情哉？○杜詩：「眼枯即見骨，天地終無情。」泰〔三〕一作「秦」。山陂下今遺〔四〕處，應劭漢官儀曰：「秦始皇封泰山，逢疾風暴雨，賴得抱樹，因封爲五大夫。今泰山小天門猶有秦時五大夫松。」苦里宮中謾〔五〕得名。括地志：「苦縣在亳州，老子所生之地。宮謂太清宮。」『陂』字恐誤。上句言松，下句言檜也。

【校記】

〔一〕「楊真人」，宮内廳本作「陽真人」。

〔二〕「邊」，宮内廳本作「寒」。

〔三〕「泰」，龍舒本、宋本、叢刊本作「秦」。

〔四〕「遺」，龍舒本、宋本、叢刊本作「迷」。

〔五〕「謾」，宋本、叢刊本作「漫」。

次韻董伯懿松聲

天機自動豈關情？能作人間意〔一〕外聲。 劉禹錫詩：「能作涼州意外聲。」○莊子秋水篇：「蚿曰：『今予動吾天機而不知其所以然。』」 瞑〔二〕聒一堂無客夢，曉悲千嶂有猿驚。 韓詩：「夜風一何喧，杉檜屢磨颭。猶疑在波濤，怵惕夢成魘。」○北山移文：「山人去兮曉猿驚。」 廟中奏瑟沉三歎， 樂記：「清廟之瑟，朱絃而疏越，一倡而三歎。」 堂下吹簫失九成。 書注：「簫，堂下樂也。韶，舜樂名。」言簫，見細器之備。 俚耳紛紛多鄭衛，直須聞此始心清。 莊子天地篇：「大聲不入於俚耳。」注云：「非委巷之所尚。」

【校記】

〔一〕「意」，宋本、叢刊本作「物」。

〔二〕「暝」，宮内廳本作「冥」。

次韻答平甫

高蟬抱殼悲聲切，新鳥争巢誶語忙。賈誼傳：「毋取箕箒，立而誶語。」音碎，此借用。長樹老陰欺夏日，公有云：「緑陰青子勝花時。」晚花幽艷敵春陽。劉禹錫詩：「山葉紅時却勝春。」雲歸山去當簷静，風過溪來滿坐凉。唐人詩：「水自石間流出冷，風從花裏過來香。」比公格爲凡。杜詩：「月明垂葉露，雲逐度溪風。」物物此時皆可賦，悔子千里不相將。相將，猶相携。○詩：「悔子不將兮。」

次韻質夫兄使君同年

樓堞相望一日程，春風吹急似揺旌。史記：「心揺揺如懸旌。」莫言樂國無愁夢，賴把新詩有故情。

詩：「適彼樂國。」客舍五漿非所願，私田三徑會須成。五漿，見游土山注。孟子：「雨我公田，遂及我私。」「私田」字，合而用之。○歸去來詞：「三徑就荒。」青雲自致歸公等，如我何緣得此聲？范雎傳：「不知公能自致青雲之上。」

金明池

太平興國中鑿，在瓊林苑北。三年春，引金水河水注之，以教神衛、虎翼水軍習舟楫，因爲水嬉。詔京城士族，許占射園苑、亭臺以觀。

宜秋西望碧參差，東京記云：「京城西面二門，南曰宜秋，北曰閶闔。宜秋在梁曰開明，晉曰金義。本朝興國四年改今名。」○杜牧之詩：「莫笑一麾東下計，滿江秋浪碧參差。」憶看鄉人禊飲時。禊飲，用蘭亭事。斜倚水開花有思，緩隨風轉柳如癡。林和靖石竹花詩：「斜倚紙叢如有恨。」青天白日春常好，韓集：「青天白日，奴隸亦知其清明。」又詩：「青天白日花草麗。」○杜詩：「天意高難問，人情老易悲。」緑髮朱顏老自悲。跛馬未堪塵滿眼，夕陽偷理釣魚絲。嚴武答杜二見憶詩：「跛馬望君非一度，吟猿秋鴈不勝悲。」○杜詩：「江邊老病雖無力，強擬晴天理釣絲。」

葛溪驛

通典云：「弋陽舊葛溪縣，隋改爲陽，有弋水，屬信州。」驛，疑以舊縣名，據信州弋陽縣有葛溪水，源出上饒縣靈山。又有葛玄仙翁冢焉，因名葛溪。

缺月昏昏漏未央，一燈明滅照秋牀。病身最覺風霜早，歸夢不知山水長。劉禹錫詩：「搖落從來長年感，慘舒偏是病身知。」○太白詩：「日落知天昏，夢長覺道遠。」意不同而俱妙。○岑參詩：「枕上片時春夢中，行盡江南數千里。」

坐感歲時歌慷慨，起看天地色凄凉。

韓詩：「推書撲筆歌慷慨。」○杜詩：「鄰里爲我色惆悵。」

鳴蟬更亂行人耳，正抱疏桐葉半黄。

杜詩：「抱葉寒蟬静。」

補注

杜詩：「常飢稚子色凄凉。」〔一〕

【校記】

〔一〕本注原闌入詩注末，無「補注」二字。

泛舟青溪入水門登高齋奉呈康叔〔一〕

孫康叔御史，見別注。○高齋，已見上注。按建康志：「青溪，吴大帝赤烏四年鑿東渠，名青溪，通城北塹潮溝，闊五丈，深八尺，以洩玄武湖水。發源鍾山，西南流，東出於青溪閘口，接於秦淮。及楊溥城金陵，青溪始分爲二，在城外者，自城壕合於淮；在城内者，湮塞僅存。齊高帝先有宅在青溪，武帝即位，以宅爲青溪舊宮。」

簿領紛紛惜此時，起携佳客散沈迷。

劉公幹詩：「沈迷簿領書，回回自昏亂。釋此出西城，登高且游觀。」

十圍但見諸營柳，

桓温經金城，見少爲琅琊時所種柳皆十圍，慨然曰：「木猶如此，人何以堪！」漢文帝勞周亞夫於細柳營。

九曲難尋故國溪。

九曲，指青溪宮。郄僧施嘗泛舟青溪，每溪一曲，輒作詩一篇。謝益壽聞之，曰：「青溪中曲，復何窮盡？」難尋，言舊跡漸堙塞也。

牽埭欲隨流水遠，放船終礙畫橋低。

案建康志：「青溪舊有七橋：一曰東門橋；二曰尹橋；三曰雞鳴橋；四曰募士橋；五曰菰首橋，唐陸彦恭爲江寧令，廢此橋路而東渡青溪，更名曰金華；六曰中橋；七曰大橋。」雞鳴埭，止在募士橋西南，過溝即其處，故上句云「牽埭」。庾肩吾五字疊韻詩：「載載每礙埭。」子猷清興何曾盡，子猷興盡而返。想憶高齋更一躋。高適詩：「因聲謝岑鑿，歲暮一攀躋。」

補注　南史孝誼傳：「郭原平每行來，見人牽埭未過，輒迅檝以助之。」〔二〕

【校記】

〔一〕「康叔」，宫内廳本作「叔康」。

〔二〕本注原闌入詩注末，無「補注」二字。「孝誼」，南史、宫内廳本作「孝義」。

爲裴使君賦擬峴臺

按臨川志：「使君名材，嘉祐間來守臨川。至之二年，築臺於城東南隅，名曰『擬峴』，以其形擬峴山也，乃臨川山水會處。」

君作新臺擬峴山，羊公千載得追〔一〕攀。歌鍾殷地登臨處，花木移春指顧間。楊國忠子弟，春時移名花植之木檻中，下設輪脚，挽以綵絙，所至自隨，號「移春檻」。城似大隄來宛宛，溪如清漢落潺潺。寰宇志：「襄州大隄城，今縣城也，俗相傳呼爲大隄城。漢水在大隄下。」時平不比征吴日，緩帶尤宜一作「猶疑」。向此閑。晉羊祜都督荆州諸軍事，在軍，常輕裘緩帶，身不被甲。性樂山水，每風景，必造峴山，置酒言詠，終日不倦。

【校記】

〔一〕「追」，宮內廳本作「躋」。

送李才元校理知邛州

才元，名大臨，成都人。慶曆八年，以潞公薦爲校理。旋以親老，請知邛州。

朝廷孝治稱今日，鄉郡榮歸及壯時。關吏相呼迎印綬，漢終軍傳：「軍入關，關吏與軍繻。」○朱買臣傳：「買臣拜會稽太守，衣故衣，懷其印綬，步歸郡邸。直上計時，會稽吏方相與羣飲，不視買臣，買臣入室中，守邸與共食，食且飽，少見其綬。守邸怪之，前引其綬，視其印，會稽太守章也。坐中驚駭，白守丞，相推排陳列中庭拜謁。買臣徐出戶。有頃，長安廄吏乘駟馬車來迎，買臣遂乘傳去。」里兒争出望旌〔一〕麾。陳羽詩：「成名空羨里中兒。」○周禮：「州長建麾。」崔豹古今注：「麾，所以指也。乘輿以黄，公以朱，刺史、二千石以纁。」北堂已足誇三釜，南畝當今識兩歧〔二〕。後漢張堪守漁陽，勸農桑，人歌曰：「桑無附枝，麥穗兩歧。張君爲政，樂不可支。」○才元守邛日，有穀九穟者數本，芝數本，蓮花、蓮葉並蔕者各一本。○梅聖俞嘗爲賦詩以美之。今此「兩歧」之句，亦公素知其賢，爲能致此也。獨我尚留貞〔三〕有命，天於人欲本無私。書泰誓：「民之所欲，天必從。」

【校記】

〔一〕「旌」，宋本、叢刊本作「旍」。

〔二〕「當今」，宮內廳本作「嘗令」。「歧」，宮內廳本作「岐」，下注同。

〔三〕「貞」，諸本作「真」。

送張頡仲舉知奉新

頡，金陵人，公所厚，位至從官。傳稱其所至以嚴治，深文狡獪，亦天性云。本傳但言其嘗令廣東及漳之益陽，不載知奉新。

故人爲邑士多稱，繇賦寬賒獄訟平。寬賒，言不刻。老吏閉門無重稰〔一〕，荒山開隴有新粳。韻略有「糈」字，無「稰」字，疑即糈也。集韻：「音胥。」説文：「粮也。」又音所。廣韻：「私吕切。」意謂吏不敢爲姦利，僅自給耳。○史記貨殖傳：「醫方諸食技術之人，焦神極能，爲重糈也。」注：「音所，求〔二〕也。」方揮玉麈日邊坐，又結銅章天外行。去〔三〕去料君歸不久，挾材如此即名卿。挾，即負挾之挾。晉劉頌見華譚策，大息曰：「不悟鄉里乃有如此才也。」

【校記】

〔一〕「稰」，宋本、叢刊本作「糈」。

〔二〕「求」，宮内廳本作「粮」。

〔三〕「去」，宋本、叢刊本作「此」。

張劒州至劒一日以親〔一〕憂罷

劒州，即公女弟之夫。前已有寄張詩，與此意大略多同，此當在前。

客舍飛塵尚滿鞴，却尋東路想茫然。白頭反哺秦烏側，流血思歸蜀鳥前。古樂府：秦氏：「庭烏八九子。」蜀鳥，謂杜鵑。○杜詩：「其聲哀痛口流血。」今日相逢知悵望，幾時能到與留連。今日相逢，蓋預期會面也。知悵望者，謂張尤望相見，但不知何時得到而留連之耳。行看萬里雲西去，倚馬春風不忍鞭。見西去之雲，猶佇立夷猶以望之，况於張乎！

【校記】

〔一〕「親」，宋本、叢刊本作「新」。

次韻子履遠寄之作

子履，陸經也。

飄然逐客出都門，士論應悲玉石焚。秦逐客李斯。書：「玉石俱焚。」○劉禹錫詩：「高位紛紛見陷人。」此言雖富貴，而志實不行。高位紛紛誰得志，窮塗往往始能文。退之語：「懽愉之辭難工，窮苦之言易好。」又：「虞卿窮愁始著書。」後來韓、柳輩皆因遷謫，文始高也。柴桑今日思元亮，天禄何時召子雲？陶潛字淵明，一字元亮，潯陽柴桑人。○揚雄傳：「莽誅甄豐父子及劉棻等，辭連及雄，時雄校書天祿閣上。治獄使者來收雄，雄乃從閣上自投下，幾死。莽問其故，乃劉棻嘗從雄學作奇字，雄不知情。詔勿問。雄以病免，復召爲大夫。」直使聲名傳後世，窮通何必較功勳？

送李太保知儀州

九域志：「儀州屬陝西路，本後唐義州，太平興國二年改儀州，熙寧五年廢。」

北平上谷當時守，氣略人推李廣優。李廣先爲上谷太守，數與匈奴戰。公孫昆邪爲上泣曰：「李廣才氣，天下無雙，數與虜角，恐亡之。」乃徙廣上郡，最後守右北平。斬霸陵尉時也。還見子孫持漢節，欲臨〔一〕關塞撫羌酋。雲邊鼓吹應先喜，日下旌旗更少留。陸雲曰：「日下荀鳴鶴，雲間陸士龍。」五字亦〔二〕君家世事，一吟何以稱來求？五字用李陵事。○文選注：「五言詩自陵始。」○杜詩：「風雨時時龍一吟。」

【校記】

〔一〕「臨」，龍舒本作「令」。

〔二〕「亦」，龍舒本作「出」。

送西京簽判王著作

兒曹曾上洛城頭，尚記清波遶驛流。羅隱詩：「空餘巖下多情水，猶解年年遶驛流。」却想山川常〔一〕在夢，可憐顔髮已驚秋。辟書今日看君去，晉魏舒傳：「陳留周震，累爲諸府所辟。辟書既下，公輒喪亡。僉號震爲殺公掾。」著籍長年歎我留。史記梁孝王世家：「梁之侍中、郎、謁者著籍引出入天子殿門，與漢宦官無異。」著，竹略反。籍，謂名簿。三十六峯應好在，寄身〔二〕多謝欲來游。謂嵩少也。李白贈焦練師序云：「予訪道少室，盡登三十六峯。」按河南志：「河南府永安縣，少室山在縣西南七十里，有三十六峯，具列其名。」

【校記】

〔一〕「常」，龍舒本作「嘗」。

〔二〕「身」，龍舒本、宋本、叢刊本作「聲」。

庚寅增注第三十五卷

長干寺

柳條不動　盧綸詩：「垂楊不動雨紛紛。」

落星寺

鴈飛雲路　唐人詩：「翅低白鴈飛仍重。」○李賀詩：「小鴈過爐峯，影落楚水下。」

清風閣

感耳　韓退之詩：「危辭苦語感我聲。」

焦心　漢書：「焦心勞思。」

無一事　杜詩：「咸陽客舍一事無。」

次韻和甫

幽鳥鳴相和　退之二鳥詩：「兩鳥鳴相和。」

寄張劍州并示女弟辭〔一〕

反哺　文選束皙補南陔詩：「嗷嗷〔二〕林烏，受哺於子。」注云：「純黑而反哺者，烏也。」

口血丹　少陵杜鵑詩云：「其聲哀痛口流血。」

酬微之新句

琴絃欲緩何妨促　白樂天詩：「促張絃柱吹高管，一曲涼州入沉寥。」

平甫游金山

氣蓋諸公弟季心　季心，借以言平甫也。東坡嘗哭平甫詩：「異時常怪謫仙人，舌有風雷筆有神。」又：「氣吞餘子無全日。」則乃兄所稱「氣蓋諸公」，非私譽也。

勝餞　滕王閣記：「童子何知，躬逢勝餞。」○韓詩：「尋常不憚險。」

冥搜　樂天詩：「鑑湖期遠泛，禹穴約冥搜。」

金陵懷古其四

紫氣　柳詩：「斗間收紫氣。」

古松　百尋餘　柳詩：「榦有千尋竦。」

送李才元　三釜　曾子及親而仕，三釜而心樂。

送張仲舉　老吏閉門無重稍　陳延年傳：「郡中長吏皆令閉門自斂，不得踰法。」○孫鴻慶詩：「蕭蕭梟鶩行，重稍不到門。」

次韻子履　飄然逐客出都門士論應悲玉石焚　按仁宗實録：「慶曆四年，大理寺丞、集賢校理陸經責授袁州别駕，繼爲汝州監酒。轉運司差磨勘西京官物，而嘗貸西京民錢，又數與僚友燕聚，語言多輕肆。監察御史劉元瑜挾私怨劾奏之，請不以赦原。及遣太常博士王翼就按其罪，並以前預進奏院會坐之。」詩稱「逐客」及「玉石焚」，必指此。

【校記】

〔一〕題應作「張劒州至劒一日以親憂罷」。

〔二〕「嗽嗽」，原作「漫教」，據文選補亡詩及清綺齋本改。下注「純」字，原作「絨」，據上改。

王荆文公詩卷第三十六

律詩

送劉貢父赴秦州清水

貢父，名攽，嘉祐末，召爲國子直講。治平末，趙槩薦攽可充文館。作邑清水，當在此前。

劉郎高論坐噓枯，幕府調胹[一]用緒餘。後漢：鄭泰謂董卓曰：「孔公緒清談高論，噓枯吹生。」○莊子天下篇：「語心之容，命之以心之行，以胹合驩，以調海內。」注：「強以其道胹令合。調，令和也。」胹，崔本作「胹」，音而，和也，調也。筆下能當萬人敵，杜詩：「筆陣獨掃千人軍。」○項籍傳：「學萬人敵。」腹中嘗記五車書。五車書，屢使。○韓詩：「博哉羣聖文，磊落載其腹。」聞多望士登天禄，知有名臣薦子虛。天禄，見三輔黃圖。天禄閣，藏典籍之所。漢宮殿疏云：「天禄、麟閣，蕭何造，以藏秘書，處賢才。」子虛，見賓應進士乞詩注。且復絃歌窮塞上，祇應非晚召相如。絃歌，宓子賤事。

【校記】

〔一〕「腼」，宋本、叢刊本作「聏」；下注「以腼合驩」，宮内廳本「腼」作「聏」；「腼，崔本」，宮内廳本作「聏，崔本」。

送純甫如江南　純甫娶段氏，封德安縣君。

青溪看汝始蹁躚，兄弟追隨各少年。撫州城下江，或云亦青溪也，故擬峴臺詩云：「溪如清漢落潺潺。」今詩恐只指建康青溪。壯爾有行今納婦，詩衛風泉水：「女子有行，遠父母兄弟。」箋云：「行，道也。」老吾無用亦求田。初來淮北心常折，却望江南眼更穿。杜詩：「心折大刀頭。」○韓退之詩：「眼穿長訝雙魚斷。」○王建詩：「行宮不見人眼穿。」此去還知苦相憶，歸時快馬亦須鞭。佛語：「如世良馬〔一〕，見鞭影而行。」

【校記】

〔一〕「馬」，原作「焉」，據宮内廳本改。

送郊社朱兄除郎東歸

手持官牒出神皐，齊文宣王行狀：「神皐載穆，轂下以清。」迎客遥知賀酒醪。照映里門非白屋，白屋，見下。欺凌春草有青袍。「庾郎年最少，青草妬春袍。」○杜詩：「□車如青袍。」○古詩：「青袍似春草，長條從風舒。」○庾信賦：「青袍如草，白鳥如練。」宦〔一〕游雖晚何妨久，餓顯從來不必高。漢書：「久宦減仲之産。」○揚子：「古者高餓顯，下禄隱。」注：「孟子曰：『伯夷隘，柳下惠不恭。君子不由也。』然則餓顯不獨高，禄隱未爲下。今發高下之談，蓋有厲乎素餐。」今公云「不必高」，亦注意也。孝友父兄家法在，想能清白遺兒曹。後漢楊震使後世稱爲清白吏，子孫以此遺之，不亦多乎？

【校記】

〔一〕「宦」，宋本作「官」。

送沈康知常州

作客蘭陵跡已陳，爲傳謡俗記州民。梁武帝改武進爲蘭陵。溝塍〔二〕半廢田疇薄，厨傳相仍市井貧。半廢，言溝洫之政不脩。厨傳相仍，言爲守者徒悦過客，不卹民貧也。與前詩所言又異。○漢宣紀：「詔吏務平法。或擅興繇役，飾厨傳，稱過使客，越法踰職，以取名譽。」○韋昭曰：「厨，謂飲食；傳，謂傳舍。」常恐勞人輕白屋，漢吾丘壽王傳：「今三公、有司，或由窮巷起白屋，裂地而封。」師古曰：「白屋，以白茅覆屋。」忽逢佳士得朱輪。漢楊惲傳：「惲家盛時，乘朱輪華轂[二]者十人。」慇懃話此還惆悵，最憶荊溪[三]兩岸春。寰宇記：「荊溪在宜興縣南二十步。漢志云：『中江首受蕪湖，東至陽羡入海。』即此溪。」

【校記】

[一]「塍」，龍舒本作「川」。

[二]「華轂」，原作「草轂」，據宮内廳本改；又，漢書楊惲傳無此二字。

[三]「荊溪」，宮内廳本作「荊南」。

安豐張令修芍陂

安豐，舊屬壽州，今爲軍。芍，音鵲。

桐鄉振廩得周旋，芍水脩陂道路傳。九域志：「舒州有桐城縣。圖經云：『桐城，春秋時桐國也。』」定公二年：「桐叛楚。」注：「桐，小國也。」廬江舒縣有桐鄉。公每言桐鄉，非但用朱邑事，亦言楚故實。文公十六年：「振廩同食。」目想僝功追往事，心知爲政似[一]當年。書：「共工方鳩僝功。」注：「僝，見也。」歎共工方見其工。○杜詩：「池水觀爲政。」魴魚鱍鱍[二]歸城市，毛詩：「鱣鮪發發。」注云：「發發，盛貌，音補末反。魚著罔尾，發發然。」○韓詩作「鱍」。○李白詩：「魴魚滿市井，布帛如雲煙。」秔稻紛紛載酒缸。以稻易酒。楚相祠堂仍好在，勝游思爲子留篇。芍陂，孫叔敖所作。叔敖嘗爲楚相，今有祠在陂上。○許渾詩：「何如謝康樂，海嶠獨留篇。」

【校記】

〔一〕「似」，龍舒本作「自」。

〔二〕「鱍鱍」，龍舒本作「撥撥」。

送復之屯田赴成都

盤礴西南江與岷，石犀金馬世稱神。蜀都水災，乃刻石犀沉江浦。○杜詩有石犀行。漢郊祀志：「或言益州有金馬碧雞之祥，可醮祭而致。」又見王褒傳。桑麻接畛餘無地，言耕者鱗次，無寸土之閑。錦綉連城別有春。結綬相隨通籍久，謝玄暉詩：「既通金閨籍。」張銑注云：「謂懸名於門，乃通出入。所謂禁門也。」○漢元帝紀：「得大父母兄弟通籍。」應劭曰：「籍者，爲二尺竹牒，記其年紀、名字、物色，懸之宮門。案省相應，乃得入。」○魏相傳：「霍光夫人顯，及諸女，皆通籍長信宮。」師古曰：「通籍，謂禁門之中皆有名籍，恣出入也。」推車此去辟書新。成公二年：「自始合，苟有險，予必下推車。」音昌誰反，又他回反。阮籍上蔣濟記：「開府之日，人人自以爲掾屬，辟書始下，而下走爲首。」○送王著作已用「著籍」對「辟書」。知君不爲山川險，便忘吾家叱馭人。王尊傳：「王尊遷益州刺史。先是，琅琊王陽爲益州刺史，行部至邛崍九折坂，歎曰：『奉先人遺體，奈何數乘此險？』後以病去。及尊爲刺史，至其坂，問曰：『此非王陽所畏道耶？』吏對曰：『是。』尊叱其馭曰：『驅之，王陽爲孝子，王尊爲忠臣。』」

送經臣富順寺丞

故人爲縣楚江邊，海角猶聞政事傳。萬井已安如赤子，一麾今去上青天。「蜀道之難，難於上青天。」富順在蜀東，故云。應開醉眼酴醿下，莫起歸心杜宇前。報主代親俱有地，幾人忠孝似君全？祖宗時有入遠法，此必代其父入遠。

送張卿致仕

子房籌策漢時功，身退超然慕赤松。餘烈尚能開後世，高材今復繼前蹤。言子房之後，猶能不耽溺世榮，掛冠而歸，由先烈之有開也。執鞭始負平生願，史記：「假令晏子而在，余雖爲之執鞭，所欣慕焉。」操几何知此地逢？曲禮上：「謀於長者，必操几杖以從之。」竊食一官慚未艾，緒言方賴賜從容。漢書：「願賜清閒之燕。」

送梅龍圖

龍圖名摯，字公儀，成都新繁人，天聖五年進士及第。此詩當是送作滑州時。

子真家世子雲鄉，風力才華豈易當？回首古人多隱約，

謂福與雄也。摯生蜀，故稱「子雲鄉」。雄仕落拓，三世不徙官。梅匿爲市門卒，故云「隱約」。

致身今日獨輝光。

摯嘗爲御史知雜、省副、待制等官。仁宗嘗謂大臣曰：「梅摯言事有體。」據此，可謂「輝光」矣。

謨明久合分三府，

書皐陶謨：「謨明弼諧。」漢丞相、御史、太尉爲三府。

治劇聊須試一方。

摯至和間自天章閣待制判流内銓，進龍圖閣學士、知滑州，後又爲杭、江寧、河中三郡。

從此政成何所報？百城無事秪耕桑。

送李秘校南歸

四十青衫更旅人，悠悠飢馬傍沙塵。久留上國言空富，却走南州食轉貧。

言四十始青衫，又爲旅人。○著書雖多，不救窮也。○語：「富哉言乎？」○詩：「三歲食貧。」

自作詩書能見志，

司馬遷傳：「夫詩書隱約者，欲遂其志之思也。卒述陶唐以來，至於麟趾。」

應知時命不關身。

言窮通繫時命，不論人之巧愚。

江湖勝事從今數，肯但悲歌寂寞濱。

苟有以樂乎内，何必悲歌哉？

送蕭山錢著作　蕭山縣，屬越州。

才高諸彦故無嫌，兄弟同時舉孝廉。東觀外除方墨綬，西州相見已蒼髯。漢百官表：「縣萬户以上爲令，秩千石至六百石；減萬户爲長，秩五百石至三百石。秩比六百石以上，皆銅印墨綬；比二百石以上者，皆銅印黄綬。」墨綬，言作邑蕭山。靈胥引水清穿市，神禹分山翠入簾。世傳伍子胥爲波神，故云「引水」。韓詩：「胥怒浪崔嵬。」司馬遷傳：「上會稽，探禹穴。」揚雄傳注：「有人從禹穴入，從蒼梧出。」好去絃歌聊自慰，郡人誰敢慢陶潛？淵明爲鎮軍建威參軍，謂親朋曰：「聊欲絃歌，以爲三徑之資，可乎？」○杜詩：「他時如按縣，不得慢陶潛。」

送靈仙〔一〕裴太博　舒州靈仙觀太博，必食祠禄者。

一官留隱太常中，生事蕭然信所窮。後漢周澤再爲太常，盡敬宗廟。時人爲之語曰：「生世不諧，作太常妻。」疑此借用。有力尚期當世用，無求今見古人風。韓退之寄盧仝詩：「有力未免遭驅使。」○杜詩：「吾宗老孫子，質朴古人風。」○詩意謂裴雖有當世之志，而不苟求也。公嘗言：「否之象曰：『君子以儉德避難，不可榮以禄。』初六曰：『拔茅茹，以其彙，貞吉。』象曰：『拔茅貞吉，志在君也。』在君者，不忘天下者也。不可榮以禄者，知命也。吾雖不忘天下，而命不可必合，憂之其能合乎？伊尹視天下匹夫匹婦有不被其澤者，若己推而納之溝中，可謂憂天下矣。然湯聘之，猶囂囂然曰：

『我處畎畝之間，以樂堯舜之道，豈如彼所謂憂天下者，僕僕自枉，而幸售〔二〕真道哉。』」邅迴舊學皆殘藁，邂逅相看各老翁。柳集：「黃髮相看萬事休。」他日卜居何處好？溪山還欲與君同。疑太博即裴煜也。

【校記】

〔一〕「仙」，宋本、叢刊本作「山」。

〔二〕「售」字原缺，據臨川先生文集與王逢原書補。

送趙燮之蜀永康簿

蜀山萬里一青袍，石棧天梯箠轡高。多學似君寧易得？小官於此亦徒勞。梁竦傳：「州縣之職，徒勞人耳。」行追西路聊班草，坐憶南州欲夢刀。班草，見送張甥赴青州幕注。夢刀，見奉酬聖從待制注。他日寄聲能問我，應從錦水至江皋。

酬吴季野見寄

時被召，來詩以賈誼見方。公自注云。〔一〕

謾〔二〕披陳蠹學經綸，韓詩：「豈殊蠹書蟲，生死文字間。」又：「幽蠹落書棚。」又：「窺陳編以盜竊。」捧檄平生〔三〕秖爲親。捧檄，用毛義事。聞〔四〕道不先從事早，淵明集：「總角聞道，白首無成。」○韓文：「生乎吾前，其聞道也先乎吾。」課功無狀取官頻。漢京房奏考功課吏之法。○賈誼傳：「誼自傷爲傅無狀。」注：「無善狀也。」○史記：「故惠王之明，武王之察，張儀之辨，甘茂事之，取十官而無罪。」豈堪寘足青冥上，王儉文：「弘以青冥之期。」終欲回身寂寞濱。俯仰謬恩方自歎，慙君將比洛陽人。賈誼傳：「絳、灌、馮敬之屬短賈生曰：『洛陽之人，年少初學。』」

【校記】

〔一〕龍舒本、宋本、叢刊本無「公自注云」四字。

〔二〕「謾」，宋本、叢刊本作「漫」。

〔三〕「平生」，龍舒本、宋本、叢刊本作「生平」。

〔四〕「聞」，原作「明」，據諸本改。

和平甫寄陳正叔

強行南仕莫辭勤，聞說田園已曠耘。曠耘，蓋田園將蕪之意。縱使一區猶有宅，揚雄傳：「有田一廛，有宅一區，世以農桑爲業。」可能三月尚無君？滕文公下：「孔子三月無君，則皇皇如也。」且同元亮傾罇酒，更與靈均續舊文。靈均所賦，止有離騷經、九歌、天問、九章、遠游、卜舍、漁父，凡七題二十五篇。自宋玉、景差、賈誼、莊忌、淮南以下，皆續也。此道廢興吾命在，世間滕〔一〕口任云云。易咸卦：「滕口，說也。」注：「徒登反，達也。」○柳詩：「滕口任嚬嚬。」

【校記】

〔一〕「滕」，龍舒本作「騰」。

送王大卿致仕〔一〕歸江陵

九卿初命亞三司，朝吏相傳〔二〕得老師。南闕便還新印綬，按：漢之四闕，南曰朱雀，北曰玄武，東曰蒼龍，西曰白虎。然則南闕即朱雀之闕也。言王新除，便致其仕。還，猶上還相印之還。東舟秪載舊書詩。漢庭餞客無佳句，謂二疏之去，餞者供帳東都門外。越水歸裝〔三〕有富貲。

以送，不聞有詩。富貲，謂陶朱公。回首千年見疏范，共疑〔四〕今事勝當時。言王之歸舟但載書，又有諸人送行詩，可謂優於疏廣、范蠡輩矣。

【校記】

〔一〕叢刊本「大」作「太」；宋本、叢刊本「仕」作「政」。

〔二〕「傳」，宋本、叢刊本作「瞻」。

〔三〕「裝」，宋本作「來」。

〔四〕「疑」，宋本作「娛」。

送叔康侍御

謂孫叔康〔一〕也。又有古詩送之。

詔取名郎入憲臺，此時方急濟時才。聖聰應已虛心待，姦黨寧無側目猜。白筆豈知權可畏，齊輿服志：「三臺五省官皆簪白筆。」言糾劾不避權勢。皂囊還請上親開。漢官儀：「凡章表皆啓封，其言密事，得皂囊也。」○王禹偁詩：「清朝曾貢皂囊封。」佇聞讜論能醫國，飛報頻隨驛騎來。

【校記】

〔一〕「孫叔康」，本書卷十七有送孫康叔赴御史府，當爲同一人。

寄朱昌叔

清江漫漫〔一〕遶城流，尚憶城邊繫小舟。射虎未能隨李廣，事見本傳。○杜詩曲江吟：「短衣匹馬隨李廣，看射猛虎終殘年。」割雞空欲戲言游。語：「子之武城，聞絃歌之聲，曰：『割雞焉用牛刀？』子游云云。子曰：『偃之言是也，前言戲之耳。』」雲霾〔二〕塞路驚塵合，霜入春風滿鬢愁。雲以喻塵，霜以喻鬢。此日君書苦難得，漫〔三〕多鴻鴈起南洲。

【校記】

〔一〕「漫漫」，宋本、叢刊本作「浸浸」。

〔二〕「霾」，宋本、叢刊本作「埋」。

〔三〕「漫」，宮内廳本作「謾」。

九日登東山寄昌叔

城上啼烏破寂寥，襄公十八年：「城上有烏。」○唐詩：「啼鳥破幽寂。」思君何處坐岧嶢。昌叔，公女弟之壻。坐岧嶢，言登高也。應須綠酒醻黃菊，何必紅裙弄紫簫。杜牧之詩：「直須酩酊酬佳節。」○選詩：「何必絲與竹。」○韓詩：「惟能醉紅裙。」○杜牧詩：「閑捻紫簫吹。」落木雲連秋水渡，少陵登高詩：「無邊落木蕭蕭下。」○司馬天章詩：「冷於陂水淡於秋，遠目初窮見渡頭。」亂山煙入夕陽橋。元稹詩：「天津橋上無人識，獨凭欄干看落暉。」淵明久負東籬醉，猶分低心事折腰。見淵明傳。

到舒州〔一〕次韻答平甫

夜別江舡曉解驂，秋城〔二〕氣象亦潭潭。韓詩：「潭潭府中居。」山從樹外青争出，水向沙邊緑半涵。資暇録云：「平父歸來詩：『江田百頃春風種，山果千株夜雨涵。坐食何須憂敗類，脩門今日不容貪。』詩語太顯，不似公下得『涵』字好。」行問嗇夫多不記，坐論公瑾少能談。朱邑少爲桐鄉嗇夫。桐鄉屬舒。周瑜字公瑾，廬江舒人。秪愁地僻無賓客，舊學從誰得指南？杜詩：「地僻懶衣裳。」○東都賦：「幸見指南於吾子。」李善注引桓譚上便宜曰：「管仲，桓公之指南。」

【校記】

〔一〕龍舒本、宋本、叢刊本無「州」字。

〔二〕「城」，龍舒本作「成」。

舒州七月十七〔一〕日雨

行看野氣來方勇，卧聽秋聲落竟慳。淅瀝未生羅豆水，蒼茫〔二〕空失皖公山。九域志：「舒州有羅豆鎮。」水當在此。○輿地志：「皖公山，謂周大夫皖伯之神。」火耕又見無遺種，漢武帝詔：「江南之地，火耕水耨。」應劭曰：「燒草，下水種稻，草與稻並生，高七八寸，因悉芟去，復下水灌之。草死，獨稻長，所謂火耕水耨。」竇融曰：「河西殷富，帶河爲固。一旦緩急，足以自守。此遺種處也。」注：「遺，留也。」無遺種，亦猶靡有孑遺。肉食何妨有厚顏。莊公十年：「肉食者謀之。」注云：「肉食，在位者。」○書五子之歌：「顏厚有忸怩。」注：「顏厚色愧。」巫祝萬端曾不救，秪疑天賜雨工閑。洞庭靈姻傳：「『吾不知子之牧羊，何所用哉？神祇豈宰殺乎？』女曰：『非羊也，雨工也。』『何爲雨工？』曰：『雷霆之類也。』毅復視之，則皆矯顧拏步，飲齕甚異，而大小毛角則無別羊焉。」

【校記】

〔一〕「七」，叢刊本作「二」。

〔二〕「茫」，龍舒本、宋本、叢刊本作「忙」。

次韻答端州丁元珍〔一〕

莫嗟荒僻又離羣，檀弓上：「子夏曰：『吾離羣而索居，亦已久矣。』注：『離，音利，此作平聲用。』」且喜風謡嶺北聞。銅柱雖然蠻徼接，後漢馬援討林邑蠻。既至林邑，又南行二千餘里，有西屠夷鑄二銅柱於象林南界，與西屠夷分境，以紀漢德之盛。其時以不能還者數十人留於銅柱之下。隋末蕃衍至三百餘家，南蠻呼爲「馬留人」。○杜詩送容州中丞：「莫教銅柱北，空説馬將軍。」○馬摠遷安南都護，建二銅柱於漢故處，鑱著唐德，以明伏波之裔。竹符還是漢家分。漢文二年，初與郡守爲銅虎符、竹使符。師古曰：「與郡守爲符者，謂各分其半，右留京師，左以與之。」春書來逐衡陽鴈，蘇武傳：「太子射上林中，得鴈，足有係帛書，言武等在某澤中。」○高適詩：「巫峽啼猿數行淚，衡陽歸鴈幾封書。」秋騎歸看隴首雲。梁柳惲詩：「隴首白雲飛。」相見會知南望苦，病骸今似沈休文。梁沈約書與徐勉曰：「開年以來，病慮切增〔二〕，當由生靈有限，勞役過差，總此凋竭。歸之暮年，牽策行止，努力祇事。時觀傍覽，尚似全人，而形骸力用，不相綜攝。常須過自束持，方可僶俛。解衣一卧，支體不復相關。」

【校記】

〔一〕「珍」，龍舒本作「真」。宋本、叢刊本題作「次韻答丁端州」。

〔二〕「病慮切增」，宮内廳本作「病增慮切」。

答劉季孫

季孫，字景文，世家開封。父平，任環慶將。趙元昊寇延州，以孤軍來援，遂力戰，罵賊而死。景文以卹典得官，少篤學，能詩文。東坡先生守錢塘，景文爲左藏庫副使、兩浙兵馬都監。先生喜其人，上章薦其練達武經，講習邊政，除知隰州。先生嘗答書，其略云：「公每發言，雄如風檣陣馬，迅霆激電。不意於中復有祥光異彩，紆餘緻膩，盎盎如陽春淑艷，時花美女，誠不足比其容色態度。此所謂不測之謂神也。」又跋其詩文曰：「劉景文有英偉氣，如陳元龍之流。讀此詩，可想見其人。以中壽卒於隰，哀哉！死之日，家無一錢，但有書三萬軸、畫數百幅爾。」此載曾慥皇宋百家詩選。竊疑東坡書中語未必全真也。

偶着儒冠敢陋今，儒冠，公自言也。季孫武爵，故云「敢陋今」。○杜詩：「儒冠多誤身。」○秦紀：「俗儒好是古而非今。」自憐多負少時心。輕軒已任人前後，馬援傳：「居前不能令人輕，居後不能令人軒，與人怨不能爲人患，臣所恥也。」揭厲安知世淺深。詩邶風匏有苦葉：「深則厲，淺則揭。」揭，苦例反。挾筴有思悲慷慨，莊子亡羊事。負薪無力病侵淫。曲禮下：「問庶人之子，長曰：『能負薪矣。』幼曰：『未能負薪也。』」孟子亦有，皆自謙之辭。○食貨志：「侵淫日廣。」愧君緑綺虛投贈，更覺貧家乏報金。緑綺，琴名，司馬相如之琴也。見梁元帝纂要。○古詩：「何以報之雙南金。」

次韻酬王太祝

塵土波瀾不自期，飄然身與願相違。衰根要路知難植，病羽長年欲退飛。陶詩：「本不植高原，今日復何悔。」○僖公十六年：「六鷁退飛，過宋都。」高論已嗟能聽少，力行還恨賦材微。慚君俊少今知我，一見心如客得歸。襄公三十一年：「賓至如歸。」

寄吴成之

介父母家。

緑髮溪山笑語中，豈知飜手兩成翁。敘少年游好，今皆老矣。辛夷屋角摶香雪，躑躅岡頭挽醉紅。白詩：「南宅訪辛夷。」○韓詩：「三月崧少步，躑躅紅千層。」想見舊山茅徑在，追隨今日版〔一〕輿空。時公母魏國已亡。板輿，見慶老堂注。渭陽車馬嗟何及？榮禄方當與子同。詩渭陽：「我送舅氏，曰至渭陽。何以贈之，路車乘黃。」又：「啜其泣矣，何嗟及矣。」

【校記】

〔一〕「追」，宋本、叢刊本作「近」。「版」，宋本、叢刊本作「板」。

寄曾子固

斗粟猶慙報禮輕，漢有斗粟佐史，小吏也。報禮，見上注。敢嗟吾道獨難行。子曰：「道不行，乘桴浮於海。從我者，其由與？」脱身負米將求志，勠力乘田豈爲名？負米，子路事。孟子注：「乘田，苑囿之吏也。」釋文作去聲，公作平聲用。高論幾爲衰俗廢，壯懷難值故人傾。荒城回首山川隔，更覺秋風白髮生。游俠傳：「久孤於世，豈卑論儕俗？」

至開元僧舍上方次韻舍弟〔一〕一本作和平甫春日。

溪谷濺濺嫩水通，杜詩：「小水細通池。」○劉夢得洛中早春贈樂天詩：「韶嫩冰後水。」又月窟詩：「濺濺漱幽石。」○杜牧之早春詩：「嫩水碧羅光。」野田高下緑蒙茸。和風滿樹笙簧雜，鹿鳴詩：「吹笙鼓簧。」又：「巧言如簧。」笙、簧自二物，故言「雜」。霽雪兼山粉黛重。粉，喻雪；黛，喻山：故云「兼」。雪霽山明，始見青色，故云「重」。公詩無一字苟，皆如此類。萬里有家歸尚隔，一廛無地去何從？崔塗詩：「胡蝶夢中家萬里。」○周禮：「上，農。夫一廛。」一百畝也。傷春政〔二〕欲西南望，回首荒城已暮鐘。

【校記】

〔一〕宋本、叢刊本題「舍弟」下有「二月一日之作」六字。龍舒本卷五十二題作「和平甫春日」。

〔二〕「政」，宋本、叢刊本作「故」。

寄王回深甫

深甫，福州侯官人。中進士科，爲亳州衛真縣主簿。未一歲，棄去，遂終身不復仕。有文集二十卷。曾南豐爲之序云：「先王之跡息，六藝殘缺。深甫奮然獨起，因先王之遺文，以求其意，豈非孟子所謂名世者歟？」

少年倏忽不再得，後日歡娛能幾何？少陵詩：「可惜歡娛地，都非少壯時。」顧我面顔衰更早，憐君身世病還多。小杜文：「顔面衰改。」窻間暗淡月含霧，船底飄飖風送波。〔一〕李義山菊詩：「暗暗淡淡紫，融融冶冶黄。」一寸古心俱未試，相思中夜起悲歌。〔二〕退之詩：「孟生江海士，古貌又古心。」又答孟郊：「古心雖自鞭，世路終難拗。」○項羽傳：「羽夜聞漢軍四面皆楚歌，迺驚曰：『漢已皆得楚乎？是何楚人多也？』起飲帳中，悲歌慷慨。」

【校記】

〔一〕宮内廳本評曰：「月霧暗淡語最凄塞。惟『船底』二字，鄭重遂減。」

〔二〕宮内廳本評曰：「知己情懷語言不待勉强。讀之如林谷風聲，悲憤滿聽，所謂天然。」

次韻答彦珍 吴彦珍，公舅家。故詩中用羊曇事。

手得封題手自開，一篇美玉綴玫瑰。玫瑰，石也，又以爲珠。西京雜記：「武帝得天馬，以玫瑰石爲鞍。」○相如賦：「玫瑰碧琳，珊瑚叢生。」○述異記：「南海有珠，即鯨目瞳，夜可以鑒，謂之夜光。凡珠有龍珠，龍所吐也；虵珠，虵所吐也。南海俗云：『虵珠千枚，不及一玫瑰。』言虵珠賤也。」玫瑰，亦珠名。衆知圓媚難論報，自顧窮愁〔一〕敢角才？君卧南陽惟畎畝，我行西路亦風埃。卧，謂龍卧。「臣本布衣，躬耕南陽。」羊曇行西州路。相逢不必嗟勞事，尚欲賡歌詠起哉！韓詩外傳曰：「伐木廢，朋友之道缺矣。勞者歌其事，皆思友之詩。」○益稷篇：「乃賡載歌曰：『元首明哉，股肱起哉，庶事康哉。』帝歌曰：『股肱喜哉，元首起哉，百工熙哉。』」注：「賡歌，載成也。」○潘岳詩：「協心毗聖世，畢力贊康哉。」見文選。

【校記】

〔一〕「愁」，龍舒本、宋本作「通」。

寄闕下諸父兄兼示平父兄弟

父兄爲學衆人知，小弟文章亦自奇。王昌齡詩：「小弟鄰莊尚漁獵。」家勢〔一〕一作「世」。到今宜有後，桓公三年〔二〕：「周内史曰：『臧孫達，其有後於魯乎！』」士〔三〕才如此豈無時。曹志傳言：「齊王攸安有如此之才，如此之親，不得樹本助化。」○純父於兄弟最小，不聞能文，恐只指平父。久聞陽羨溪山好，頗與淵明性分宜。觀此，公豈嘗有卜居陽羨之意乎？蓋嘗爲其州。但願一門皆貴仕，時將車馬過茆茨。韓詩：「臣有膽與氣，不忍死茆茨。」○韓持國詩云：「兄弟秩王庭，事業各有營。上當答君仁，下以爲親榮。獨此抱痾瘵，謝喧守柴荆。掃冢奉時祭，履田課春耕。既無公家責，聊徇狷者情。出處雖云異，要以道爲程。」二公所志雖爾，而皆未能遂。

【校記】

〔一〕「勢」，宮内廳本作「世」。

〔二〕「桓公三年」，應爲「桓公二年」。

〔三〕「士」，龍舒本作「人」。

補注

舒州雨〔一〕　祇疑天賜雨工閑　東坡黄初平贊：「先生卜賓羊服箱，號稱雨工行四方。」

王深父〔二〕　後山談叢：「王深父爲衛真主簿，始至亳州，其守李徽之留不遣。久之求去，李問其故，曰：『回爲衛真主簿，而未嘗至治所，與吏民相見，以謂不可，故求去耳。』李怒曰：『爾恃歐陽脩而慢我？』深父曰：『回之所立，豈待歐陽公而立耶？」』卒歸衞真。李怒不解，深父遂免去。」

裴太博〔三〕

即裴煜也。煜嘉祐七年爲太常博士，嘗議大祠與國忌同日者，其祠天地日月並作樂，其在廟則設而不作；社稷以下卑於廟者亦不作。據此，則煜自頌臺奉祠而歸。意其爲人，必自重難舍之士，宜爲歐陽公、劉原甫諸人所厚。而公詩中亦有「無求今見古人風」之句也。公時爲知制誥，糾察在京獄。

【校記】

〔一〕題全作「舒州七月十七日雨」。

〔二〕題應作「寄王回深甫」。

〔三〕題應作「送靈仙裴太博」。

庚寅增注第三十六卷

送劉貢父　召相如　李白詩：「行當赤車使，再往召相如。」

送純甫　蹁躚　「蹁躚媚學子。」

送郊社朱兄　神皋　西京賦：「實惟地之奥區神皋。」

送沈常州　慇懃話此還惆悵最憶荆溪兩岸春　言州雖彫弊可歎，而荆溪之影故佳。

送錢著作　神禹分山　書：「禹别九州。」注：「分其所界。」「分山」義亦類。史記：「禹東巡狩，至於會稽而崩。」○帝王世紀：「禹年二十而用，三十一而洪水平，年百歲崩於會稽，因葬會稽山陰之南。今山上有禹冢並祠，羣鳥耘田。」

酬吴季野　聞道　莊子漁父篇：「子之早湛於人僞而晚聞大道也。」

送叔康侍御　皂囊還請上親開　君不密則失。臣請上親開，不欲左右者得見，或洩於外也。

寄朱昌叔　漫多鴻鴈起南洲　廣記沈警遇鬼仙詩：「誰念衡山煙霧裏，空多鴈足不傳書。」

答劉季孫　挾策有思悲慷慨　柳子厚讀書詩云：「上下觀古今，起伏千萬塗。遇欣或自笑，感戚亦以吁。」詩言「悲慷慨」，即感戚之意。

次韻酬王太祝　高論已嗟能聽少　言非言之難，聽之難。　力行還恨賦材微　公後奮然排天下之議，行新法甚力，才不可謂微矣，而事則非。

寄吴成之　舊山　謂臨川舊隱。

寄曾子固　高論幾爲衰俗廢　別本「高論」，一作「孤論」。○杜恕傳：「孤論難持。」

寄王深甫　不再得　九歌：「時不可兮再得。」

王荊文公詩卷第三十七

律詩

次韻王禹玉平戎慶捷〔一〕

熙河形勢壓西陲，不覺連營列漢旗。韓信傳：「信所出奇兵二千騎者，候趙空壁逐利，即馳入趙壁，皆拔趙旗幟，立漢赤幟二千。」○公賀平熙河表云：「奮張天威，開斥王土。旗旆所指，燕及氐羌，樓櫓相望，誕彌河隴。」天子坐籌星兩兩，漢高帝紀：「運籌帷幄之中，決勝千里之外，吾不如子房。」○唐鄭畋傳：「還相天子，坐籌帷幄，終能復國。」○天官書：「斗魁下六星，兩兩相比者，名曰三能，謂執政也。」此一句，似合君臣而言之。○考工記：「坐而論道，謂之王公。」將軍歸佩印累累。評曰：兩兩、累累，佳對。○石顯傳：「牢邪，石邪，五鹿客邪？印何累累，綬若若邪？」稱觴別殿傳新曲，此言獻捷燕賀，奏新曲也。如正觀中滅高麗、百濟，皆得其樂。至天后時，高麗樂猶存二十五曲。銜璧名王按舊儀。此謂按舊儀受羌酋降也。○僖公六年：「許男面縛銜璧。」○潘岳閑居賦：「髦士投紱，名王懷璽。」注：「言匈奴單于遣名王奉獻來學。」江漢一篇猶未美，周宣方事伐淮夷。杜牧之詩：「吉甫裁詩歌盛業，一篇江漢美宣王。」〔二〕詩小雅江漢，尹吉甫美宣王也，能興衰撥亂，命召公平淮夷。

【校記】

〔一〕宮内廳本本詩在卷三十六。宋本、叢刊本無本卷詩。龍舒本題下注曰：「或云王禹玉詩。」

〔二〕宮内廳本評曰：「嘗見引同時或後人詩注意，不知荆公嘗見如此等否。本不用看，亦不能忘言。」

得孫正之詩因寄兼〔一〕呈曾子固

一歲已闌人意倦，闌，言將盡。杜詩：「夜闌更秉燭。」出門風物更蕭然。水摇踈樹荒城路，日帶浮雲欲雪天。「荒城」對「欲雪」，比平日詩似少工，而意則甚精而如畫也。未有詩書論進退，韓詩：「詩書勤乃有。」公似自言學未充而不輕於進，故接以林泉之句。謾期身世託林泉。因思漠北離羣久，此日窮居賴見賢。

【校記】

〔一〕宫内廳本無「兼」字。

和金陵懷古

懷鄉訪古事悠悠，獨上江城滿目秋。一鳥帶煙來別渚，數帆和雨下歸舟。評曰：畫盡無涯之景。○劉長卿詩：「晚景千峯亂，晴江一鳥遲。」○陸贄催弟還吴詩：「思親盧橘熟，帶雨客帆輕。」○選詩：「天際識歸舟。」蕭蕭暮吹驚紅葉，慘慘寒雲壓舊樓。故國凄涼誰與問？人心無復更風流。別本「舊」一作「故」。李文饒詩：「偶因明月夕，重敞故樓屏。」

豫章道中次韻答曾子固

離別何言邂逅同，今知相逐似雲龍。韓詩：「吾願身爲雲，東野化爲龍。四方上下逐東野。」蒼煙白霧千山合，緑樹青天一水容。沈休文新安江水詩：「千仞寫停樹，百丈見游鱗。」容，謂容納之容。已謝道塗多自放，將歸田里更誰從。上句言不復事道路之役，思自適也。

○韓集送温造序：「士大夫之去位而巷處者，誰與嬉游？」龐公有意安巢穴，劉表就候龐公，謂曰：「夫保全一身，孰若保全天下乎？」龐公笑曰：「鴻鵠巢於高林之上，暮而得所栖；黿鼉穴於深淵之下，夕而得所宿。夫趨舍行止，亦人之巢穴也，亦各得其栖宿而已，天下非所保也。」肯問簞瓢與萬鍾。顔子一簞食、一瓢飲。孟子告子篇：「一簞食、一豆羹，得之則生，弗得則死。嘑爾而與之，行道之人弗受；蹴爾而與之，乞人不屑也。萬鍾則不辨禮義而受之，萬鍾於我何加焉？」

離北山寄平父

日月沄沄與水争，披襟照見髮華驚。少年憂患傷豪氣，老去經綸誤半生。評曰：四句不可讀。休向朝廷論一鶚，一鶚，公自謂也。史記：「趙簡子曰：『鷙鳥累百，不如一鶚。』」孔北海薦禰衡表亦用此語。詩意似勉平父不必棘於進。然平父後卒爲諸公所薦，賜進士及第，得館職。公有表謝云：「如臣同産，爲世畸人。少遭閔凶，自奮寒苦。雖強學力行，粗有時名，而寡偶少徒，幾絶榮望。豈期聖聽，俯洎幽僭。」只知田里守三荆。陸士衡豫章行云：「三荆歡同株，四鳥悲異林。」劉良注曰：「昔有田廣、田真、田慶兄弟三人，將欲分異，庭有荆樹，經宿萎黄。乃相謂曰：『荆樹尚然，况我兄弟乎？』遂不分，荆復茂悦。」清〔一〕溪幾曲春風好，已約歸時載酒行。清溪，見上注。○杜牧詩：「落魄江湖載酒行。」

【校記】

〔一〕「清」，龍舒本作「青」。

答孫正之

無才處處是窮塗，兩地誰傳萬里書？節物峥嶸催歲暮，溪山蕭洒入吾廬。杜詩：「年年非故物，處處是窮塗。」南歸猶喜尋同志，北去還聞困索居。南歸，謂江南。正之，吴興人，多寓居吴門、丹陽、揚子、儀真之間。子夏曰：「吾離羣而索居，亦已久矣。」佳句不須論舊約，相隨陽羨有籃輿。陽羨，常州。

寄程給事 恐非公作。

憶昔都門手一携，春禽初向苧蘿啼。越中有苧蘿山，此但言時物耳。夢回金殿風光別，吟到銀河月影低。舞急錦腰迎十八，酒酣金盞照東西。今曲六么有花十八。東西，酒器名也，今猶有玉東西。何時得遂扁舟去，邂逅從君訪剡溪？剡溪事，屢見上。

寄勝之運使

勝之，必是王益柔，字勝之。治平三年，自浙漕徙京東及徙京西。觀「湖山」之句，恐是浙漕時。下有杭州呈勝之詩，必浙漕無疑。

蕭然生事委江皋，壯志何嘗似釣鼇？千里得書來見約，一朝乘興去忘勞。釣鼇，見雜詠注。賈山至言：「江皋湖瀕，雖有惡種，無不猥大。」注云：「皋，水邊淤地也。」已將流景休一作「供」。談笑，聊爲知音破欝陶。書五子之歌：「欝陶乎予心，顔厚有忸怩。」注：「欝陶，哀思也。又憂思也。」正是東風將欲發，湖山春色助揮毫。

寄國清處謙

續高僧傳：「智者弟子灌頂禪師，晉王令揚州摠管王弘造其地，曇光、白道猷之故迹。其寺丹青之飾，亂朝霞，松竹之嶺，掩同被錦。寔海西之壯觀，有十里之松逕。」○張祜天台詩：「盤松國清道，九里天莫睹。」

三江風浪隔天台，想見當時賦詠才。近有高僧飛錫去，更無餘事出山來。天台賦：「應真飛錫以躡虛。」猿猱歷歷窺香火，日月紛紛付劫灰。我欲相期談實相，金剛經：「是實相者，即是非相，是故如來說名實相。」○寶積云：「一之爲妙，在佛曰實相，在道曰玄牝。」公嘗云：「妙法蓮華經說實相法，然其所說亦行而已。」東林何必謝劉、雷。曹毗志怪云：「昆明池極深，悉是灰墨。外國胡人曰：『此是劫灰也。』」○經云：「天地大劫將盡，則劫燒。」此劫燒之餘。○廬山記：「慧遠法師居東林寺，於是絕塵之侶遠[一]方而至。彭城劉遺民、豫章雷次宗、鴈湖周續之、南陽宗炳、張野等百有二十餘人，與師同修净土之社，乃令遺民著發願文。」

【校記】

[一]「遠」，宮內廳本作「四」；下「二十餘人」，宮內廳本作「二十二人」。

將至丹陽寄表民

曉馬駸駸路阻脩，選詩：「青驪游駸駸。」春風漠漠上衣裘。三年銜恤空餘息，小雅蓼莪：「出則銜恤。」箋云：「恤，憂也。」一日忘形得舊游[一]。末路悲歡隨俯仰，此生身世信沉浮。詩：「泛泛揚舟，載沉載浮。」寄聲德操家人道，炊黍吾今願少留。司馬德操炊黍，見題晏使君望雲亭注。據事，則當言德公家人。此言德操，未詳。

【校記】

[一]「得舊游」，宮內廳本作「願少留」。

宿土坊驛寄孔世長

燒夜郊原百草荒，退之陸渾山火詩：「截然高周燒四垣，神焦鬼爛無逃門。」弊裘朝去犯嚴霜。李涉贈康老人歌：「不脱弊裘輕綺綉，長吟佳句掩笙歌。」○盧綸詩：「白髮懸明鏡，青春換弊裘。」殘年意象偏多感，回首風煙更異鄉。往返自非名利役，辛勤應見友朋傷。章江猶得同游處，最愛梅花蘸水香。

寄孫正之

南游忽忽與誰言？共笑謀生識最昏。萬事百年能自信，一簞五鼎不須論。評曰：皆除服後詩。○顔子一簞食。主父偃生不五鼎食。○言既自信之篤，窮通非所問。○友中惟子長招隱，左太冲作招隱詩，謂：「爵服無常玩，好惡有屈伸。結綬生纏牽，彈冠去埃塵。」○王康琚作反招隱詩，乃欲招隱者，使之出。觀公與正之平日議論，蓋取太冲所作云。世上何人可一作「肯」。避喧。沈休文詩：「王喬飛鳧舄，東方金馬門。從宦〔二〕非宦侶，避世非避喧。」千里秋風相望處，皖公溪上正開樽。

【校記】

〔一〕「宦」，宮内廳本作「官」。

道中寄吉父〔一〕

白霧青煙〔二〕入馬蹄，朝寒瑟瑟樹聲悲。杜詩角鷹歌：「崐崙虞泉入馬蹄。」平山斷壠〔三〕回環失，孟郊詩：「山壯馬力短，路行石齒中。十步九舉轡，回環失西東。」鳴鳥游魚上下隨。漢書：「莽謀變，金日磾陰獨察其動静，與俱上下。」廟筭未聞收策士，太史公曰：「甘羅年少，然出一奇計，聲稱後世。雖非篤行之君子，然亦戰國之策士也。」瘴鄉誰與擇軍麾？漢高紀：「諸侯罷戲下，各就國。」師古曰：「戲，謂軍之旌麾也。」漢書通以「戲」爲「麾」。憂時自欲尋君語，行路何妨更有詩。韓詩：「何處如今更有詩？」

【校記】

〔一〕「吉父」，龍舒本作「黄吉甫」。

〔二〕「煙」，龍舒本作「山」。

〔三〕「壠」，龍舒本作「隴」。

送孫立之赴廣西

十年一別兩相過，前想悲歡慷慨歌。窮去始知風俗薄，言衰俗視窮通爲厚薄。静來猶厭事機多。相期鼻目傾肝膽，猶言手足之捍頭目，勢必相須。杜牧之文：「君子小人〔一〕鼻目並列。」誰伴溪山避網羅？萬里辛勤君舊識，重江應亦畏風波。言雖遠矰繳之患，而重江亦有風濤之恐。

【校記】

〔一〕「小人」，宫内廳本作「猶」。

送福建張比部

畫船簫鼓出都時，萬里鷲鷗去不追。却望塵沙應駐節，會逢山水即吟詩。長魚俎上通三印，王得臣少卿塵史：「閩中鮮食最珍者子魚，長七八寸，闊三二寸。剖之，子滿腹。冬月正其佳時。莆田迎仙鎮，乃其出處。予按部過之，驛左有祠，謂之通應侯祠，有水曰通應溪。潮汐上下，土人以鹹淡水不相入處魚最美。俗乃誤傳

『通應』爲『通印』。」荆公博學多聞，詩言「三印」，豈自有所稽耶？

新茗齋中試一旗。唐人茶詩：「槍旗不染匈奴血，留與人間戰睡魔。」顧渚山記：「團茶有一槍兩旗之号。」○歐公詩：「憶昔嘗脩守臣職，先春自探兩旗開。」又詩：「槍旗試新緑。」閩人謂茶芽初出爲槍，展則爲旗，至二旗，則老矣。只恐遠方難久滯，莫愁風物不相宜。

送致政朱郎中東歸

平生不省問田園，白首忘懷道更尊。已上印書辤〔一〕北闕，稍留冠蓋餞東門。二疏傳：「公卿大夫、故人邑子，設祖道，供帳東都門外。」注：「長安東郭門也。」馮唐老有爲郎戀，馮唐以孝著爲郎中，署長史，事文帝。文帝輦過，問唐曰：「父老何自爲郎，家安在？」師古曰：「言年已老矣，何自乃爲郎也。」疏廣終無任子恩。廣、受乞骸，上以篤老，皆許之。上加賜黄金二十斤，太子贈以五十斤，不聞任子若孫也。○龔勝、邴漢致仕，詔書令上子若孫，若同産子一人爲郎。二疏顧無此。今日榮歸人所羨，兩兒腰綬擁高軒。李長吉有高軒過詩。

【校記】

〔一〕「辤」，宫内廳本作「通」。

別雷國輔之皖山〔一〕

侍郎憂國最賢勞，雷德驤，閬州〔二〕人，嘗斥宰相趙普不法事，得謫。太宗時，普再入相，德驤乞歸田里，以避仇怨。上召見，慰安之，遷工部侍郎，賜白金三千兩，終保全之。詩稱「侍郎」，即此人也。太尉西州第一豪。雷有終，德驤子也。父任爲萊蕪尉。太宗聞其名，召爲大理丞，累加工部侍郎。王均亂，除廬州〔三〕觀察使、知益州。賊平，爲保信軍留後。契丹入寇，有終赴援，威聲甚振。契丹修好，命還屯所，尋召拜宣徽北院使、檢校太保。景德二年卒。景祐二年，贈侍中。疑「太尉」字當爲「太保」。家廟比來聞澤厚，公孫今果見才高。蔡邕見王粲，驚曰：「此王公孫有異才，吾不如也。」暢嘗爲司空。明時尚使龍蛇蟄，壯志空傳虎豹韜。周易：「龍蛇之蟄，以存身也。」○六韜有虎韜、豹韜，皆篇名也。莫厭皖山窮絕處，不妨雲水助風騷。皖山，即舒州皖公山。

【校記】

〔一〕龍舒本、宮內廳本題無「之皖山」三字。龍舒本「国」作「周」。

〔二〕「閬州」，宋史卷二七八雷德驤傳作「同州」。

〔三〕「廬州」，宋史卷二七八雷有終傳作「瀘州」。

垂虹亭 在吴江長橋之上。

坐覺塵襟一夕空，人間似得羽翰通。蘇子美蘇州洞庭山水月禪院記：「平生病悶鬱塞，至此曝然破散，無復餘矣。返復身世，惘然莫知。但如蜕解俗骨，傅之羽翰，飛出乎八荒之外，吁！其快哉！」○沈休文詩：「都令人徑絶，惟使雲路通。」暮天窈窈山銜日，李白詩：「青山猶銜半邊日。」爽氣駸駸客御風。列子事。草木韻沉高下外，星河影落有無中。萬籟皆寂，水天如一，不復知高下有无之辨也。飄然更待乘桴伴，「從我者其由歟？」詩意本此。一到扶桑興未窮。

題正覺相上人籜龍軒 撫州有正覺寺，在水東。

風玉蕭蕭數畝秋，籜龍名爲道人留。小杜詩：「風玉尚敲秋。」不須乞米供高士，但與開軒作勝游。韓公寄盧仝詩：「至今鄰僧乞米送。」顔魯公有乞米帖。此地七賢誰笑傲，嵇康傳：「所與神交者，惟陳留阮籍、河内山濤；預其流者，河内向秀、沛國劉伶、籍兄子咸、琅琊王戎，遂爲竹林之游，世所謂竹林七賢。」何時六逸自賡酬？李白與孔巢父、韓準、裴政、張叔明、陶沔居徂徠山，日沈飲，號竹溪六逸。侵尋衰境心無着，尚有家風似子猷。公自注云〔一〕：「上人請予命名。」不見主人，即「無着」也。○羅鄴詩：「籬外清陰接藥欄，晚風交戛碧琅玕。子猷没後知音少，粉節霜筠謾歲寒。」

【校記】

〔一〕龍舒本無「公自注云」四字。

題友人壁

茆簷前後欠松蘿，百里乘閑向此過。澗水遶田山影轉，張謂詩：「簷下千峯轉，窗前萬木低。」○皇甫冉詩：「寥寥行異境，過靜千峯影。」野林留日鳥聲和。唐人詩：「山明鳥聲樂，日氣生巖壑。」○李白詩：「谷鳥吟晴日，山猿歗晚風。」○張祜詩：「地暖鳥聲和。」蕭條雞犬逢人少，韓詩：「商顏暮雪逢人少，鄧鄙春泥見驛賒。」想象乾坤發興多。杜詩：「發興自江天。」○邵堯夫先生年益老，德益卲，玩心高明，觀於天地之運化，陰陽之消長，以通乎萬物之變，此公詩意也。世事不如閑靜處，知君出處意如何。

清明輦下懷金陵

春陰天氣草如煙，唐薛宜僚詩：「阿母桃花方似錦，王孫草色正如煙。」○杜牧詩：「暖雲如粉草如茵。」○崔魯詩：「緑楊如髮雨如煙。」○退之詩：「天街小雨潤如酥，草色遥看近却無。最是一年春好處，絶勝煙柳滿皇都。」時有飛花舞道邊。院落日長人寂寂，杜詩：「小院回廊春寂寂。」池塘風慢鳥翩翩。王維詩：「柳塘春水慢。」〇詩：「翩翩者鵻。」〇趙嘏詩：「池塘風暖鴈羣去，松檜寺高人獨來。」故園回首三千里，張祜詩：「故國三千里，深宮十二年。」新火傷心六七年。書無逸：「或五六年，或四三年。」因思故園而傷新火，不得展先墓也。青蓋皂衫無復禁，可能乘興酒家眠。評曰：慘愴流麗俱極。〇子美飲中八仙歌：「李白一斗詩百篇，長安市上酒家眠。」樂天詩：「此時却羡閑人醉，五馬無由入酒家。」

杭州呈勝之

公嘗從王勝之招，見上注。

游觀須知此地佳，紛紛人物敵京華。林巒臘雪千家水，城郭春風二月花。彩舫笙簫吹落日，畫樓燈燭映殘霞。如君援筆宜摹寫，寄與塵埃北客誇。歐公有美堂記云：「獨錢塘自五代時知尊中國，効臣順。及其亡也，頓首請命，不煩干戈。今其民幸富完安樂。又其習俗工巧，邑屋華麗，蓋十餘萬家，環以湖山，左右映帶。而閩商海賈，風帆浪舶，出入於江濤浩渺、煙雲杳靄之間，可謂盛矣。而臨是邦者，必皆朝廷公卿大臣若天子之侍從，又有四方游士爲之賓客，故喜占形勝，治亭榭，相與極游覽之娱。」云云。

聞和甫補池掾

和甫嘉祐六年登第，爲莘縣簿。魏國喪除，調池州司户參軍。

遭時何必問功名？自古難將力命爭。南史：「人仕宦，非唯須才能，亦須還命力。」「命力」字，見列子。○杜祁公送吴處厚詩：「莫歎科名屈，難將力命爭。」萬户侯多歸世胄，李廣傳：「惜廣不逢時，使當高帝時，萬户侯豈足道哉？」○左太冲詠史詩：「世胄躡高位，英俊沉下僚。」五車書獨負家聲。李陵傳：「頹其家聲。」才華汝尚爲丞掾，馬援傳：「諸曹時白外事，援輒曰：『此丞掾之任，何足相煩。』」老懶吾今合釣耕。外物悠悠無得喪，春郊終日待相迎。

寶應二三進士見送乞詩

少喜功名盡坦塗，那知干世最崎嶇。草廬有客〔一〕歌梁甫，事見古詩諸葛武侯注。狗監無人薦子虛。司馬相如傳：「蜀人楊得意爲狗監，侍上。上讀子虛賦而善之，曰：『朕獨不得與此人同時哉！』得意曰：『臣邑人司馬相如自言爲此賦。』上驚，乃召問相如，相如對曰：『有是，請爲天子游獵之賦。』」解玩山川消積憤，紀唐夫送温庭筠詩：「且飲醁醽消積恨〔二〕，莫辭黃綬拂行塵。」靜忘歲月賴羣書。江揔詩：「聊以著書情，暫遣他鄉日。」慙君枉〔三〕蓋如平昔，不笑謀生萬事踈。

【校記】

〔一〕「客」，龍舒本作「喜」。

〔二〕「恨」，宮内廳本作「憤」。

〔三〕「枉」，龍舒本作「車」。

謝郟亶祕校見訪於鍾山之廬

誤有聲名只自慙，煩君跋馬過茅簷。跋馬，見金明池注。已知原憲貧非病，子貢相衛，結駟連騎，排藜藿，入窮閻，過謝原憲。憲攝弊衣冠見之。子貢恥之，曰：「夫子豈病乎？」憲曰：「吾聞之：無財者謂之貧，學道而不能行者謂之病。若憲，貧也，非病也。」子貢不懌而去。○張登詩：「道在貧非病，時來醜亦妍。」更許莊周知〔一〕養恬。莊周繕性篇：「古之治道者，以恬養智。」注：「恬静而後知不蕩，知不蕩而性不失。」又：「生而無以知爲也，以知養恬，知與恬交相養，而和理出其性。」世事何時逢坦蕩，語：「君子坦蕩蕩。」人情隨分值猜嫌。誰能胸臆無塵滓，使我相從久未厭。言俗人多城府，不足近，思得豁達之士與游也。

【校記】

〔一〕「知」，龍舒本作「智」。

同長安君鍾山望 公之女弟也。

解裝相值得留連，一望江南萬里天。殘雪離披山韞玉，文賦云：「石韞玉以山輝，水懷珠而川媚。」新陽杳靄草含煙。餘生不足償多病，樂事應須委少年。杜詩：「可惜歡娱地，都非少壯時。」惟有愛詩心未已，東歸與續棣華篇。評曰：與坡公「脚力盡時山更好」之句可以並傳。○常棣之華，言兄弟也。

奉招吉甫

前有道中寄黄吉甫詩云：「廟筭未聞收策士。」此又云：「誰奮長謀平嶺海。」當是廣南儂寇作時所賦。吉甫必知兵，有筭略，而未見用於時者。

經綸無地委蓬蒿，凛凛胸懷且自韜。誰奮長謀平嶺海，猶將餘力寄風騷。韓詩：「餘事作詩人。」名慙隨俗貧中役，恨未收身物外高。永夜西堂霜月冷，邀君相伴有松醪。老杜寄杜員外詩：「松醪酒熟傍看醉。」○言爲貧未免役於俗，未能抽身事外也。

閑居遣興

慘慘秋陰緑樹昏，荒城高處閉柴門。此必未去臨川時作，公年尚少也。公故居在一城之最高處，與余崑峯書堂相近。愁消日月忘身計〔一〕，静對溪山憶酒罇。南去干戈何日解，東來馹騎此時奔。撫當閩、廣之衝，時用師南方，故云爾。誰將天下安危事，一把詩書子細論？此足見公所存，早便規模三代，意非不美。公嘗爲人作誌銘，謂「蠻夷率服」，乃在於難壬人。

【校記】

〔一〕「計」，宫内廳本作「世」。

到　家

五年羇旅倦風埃，舊里依然似夢回。猿鳥不須懷悵望，溪山應亦笑歸來。身閑自覺貧無累，言道勝，不以貧爲累。且言財之能爲人累也。命在誰論進有材。唐詩：「喟余獨興嘆，才命不同謀。」秋晚吾廬更瀟洒，沙邊煙樹緑洄洄。

西帥

吾君英睿超光武，良將西征捍隗囂。事見隗囂傳。誓斬郅支聊出塞，陳湯斬郅支。生擒頡利始歸朝。唐太宗生擒頡利。一丸豈慮封函谷，千騎無由飲渭橋。息夫躬傳：「如使狂夫嘄謼於東崖，匈奴飲馬於渭水。」○此詩恐謂王韶，可見公意切於開邊也。豈慮者言帥之威略，必不使如王元之徒欲以一丸泥封函谷關也。○按北史韋孝寬贊：「東人怙恃其衆，將欲飲馬清渭。」而新唐史突厥贊亦言：「虜薄渭橋，騎壒蒙京師。」然「一丸泥」既是後漢書全文，則亦疑「千騎」或别有出處，公方以爲對。○秦、漢、唐架渭者凡三橋，在咸陽西十里者，名便橋，武帝造；在咸陽東二十二里爲中渭橋，始皇造；在萬年東四十里爲東渭橋，不知始於何世。唐書：「太宗出玄武門，以萬騎徑詣渭水上，隔水與頡利語。時虜進至渭水便橋之北。」或云：此是王元之詩。

好立功名摽〔一〕竹素，莫教空説霍票姚。杜子美後出塞詩：「借問大將誰？恐是霍票姚。」陪柏中丞觀宴將士詩：「漢朝頻選將，應拜霍票姚。」按漢史：「霍去病再從大將軍，受詔予壯士，爲票姚校尉。」服虔：「音飄摇。」師古曰：「票，頻妙反；摇，羊召反。票姚，勁疾之貌。」荀悦漢紀作「票鷂」字。去病後爲票騎將軍，尚取「票姚」之字耳。子美以平聲用，蓋從服虔音。公亦以平聲用，必承襲子美。

【校記】

〔一〕「摽」，宫内廳本作「標」。

松　江〔一〕

宛宛虹霓墮半空，銀河直與此相通。五更縹緲〔二〕千山月，萬里淒涼一笛風。評曰：上句無用。○杜詩：「五更山吐月。」又：「三年笛裏關山月，萬國兵前草木風。」介父用此句法。○歐陽公詩：「夜涼吹笛千山月。」○杜牧之詩：「深秋簾幕千家雨，落日樓臺一笛風。」鷗鷺稍回青靄外，汀洲時起綠蕪中。騷人自欲留佳句，忽憶君詩思已窮。

【校記】

〔一〕龍舒本卷七十一松江題下有詩二首，其一同此，其二即本書卷四十八松江。

〔二〕「縹緲」，龍舒本作「漂渺」。

庚寅增注第三十七卷

得孫正之詩

欲雪天　白詩：「鳥雀羣飛欲雪天。」

未有詩書論進退　此似言進退不槩於詩書之義也。

寄孔世長〔一〕

殘年意象偏多感　杜牧之上丞相啓：「某今生四十八矣。自今年，非唯耳聾牙落，兼以意象錯寞，在羣衆懽笑之中，常如登高四望，但見莽蒼大野、荒墟廢壠，悵望寂默，不能自解。此無他，氣衰而志散，真老人態也。」

送孫立之赴廣西

鼻目傾肝膽　言見面傾肝膽也。

送福建張比部

長魚俎上通三印　遯齋閑覽：「莆陽通應子魚，名著天下。今人必求其大可容印，謂之通印子魚。」

別雷國輔

侍郎憂國最賢勞　雷德驤，馬安人。太祖時，久居諫諍之任，有直名。與趙普有隙。時普以勳舊作相，寵遇方渥，德驤閒請對，言普專權，容堂吏納賂。由是忤旨，貶商州司户。歲餘，其子有鄰撾登聞鼓訴冤，鞫得其實，堂吏李可度除名，餘黨皆杖脊，黥配遠州。出普知河陽。召德驤復舊官，擢有鄰守校書郎。後普復入相，德驤懇乞致仕。太宗慰勉之曰：「朕終保卿，必不爲普所擠。」有鄰性亦剛鯁，有父風。太宗嘗面諭有鄰：「朕欲用汝父爲宰相，何如？」有鄰對曰：「臣父有才略而無度量，非宰相器。」乃止。有鄰弟有終亦賢有才，平蜀寇最有功，爲宣徽使，薨。德驤、有終父子二人嘗並命爲江南、江西兩路轉運使，當世榮之。王禹偁贈詩二首，其一曰：「江南江北接王畿，漕運帆檣去似飛。父子有才同富國，君王無事免宵衣。屏除姦吏魂應喪，養活疲民肉漸肥。還有文場受恩客，望塵情抱倍依依。」其二曰：「當時詞氣壓朱雲，老作皇家諫諍臣。章疏罷封無事日，朝廷猶指直言臣。題詩野館光泉石，講易秋堂動鬼神。棘寺下僚叨末路，齋心唯祝秉洪鈞。」蓋禹偁嘗出德驤門下，而德驤深於易，酷嗜吟詠故也。孟子曰：「此莫非王事，我獨賢勞。」

第一豪　有終有將略，自平蜀後，人爲立祠〔二〕。又嘗以私財犒士，貧不能足，貸錢以給，比捐館時，猶逋三萬緡云。真宗特出内帑償之。故魏野哭有終詩曰：「聖代賢人喪，何以不慘顏？新祠民祭祀，舊債帝填還。鹵簿塵侵暗，銘旌淚洒斑。功名誰復繼？敕葬向家山。」

垂虹亭

有無中　王維詩：「積水不可極，萬里若乘空。」

興未窮　「浩渺澄江杳若空，飛梁橫絶與天通。深春氣豁前山暝，清曉潮乘漲海風。日月盡從金鑑出，乾坤都在玉壺中。明朝欲入空門去，俗事塵心未易窮。」右詩，王益柔元韻，與松江皆同，公並依其韻也。

清明輦下懷金陵

草如煙　蘇子美詩：「玉帳夜嚴兵似水，茅齋春擊草如煙。」

杭州呈勝之

春風二月花　唐人韓翃詩：「春城無處不飛花。」

聞和甫補池掾

萬户侯五車書　樂天詩：「五車書任胸中有，萬户侯須骨上來。」

寶應進士見送乞詩

少喜功名　退之誌子厚：「少年勇於爲人，謂功業可立就。」○又誌王適：「見功業有道路可指取，而名節可以戾契致，困於無資地，不能自出。」

西帥

誓斬郅支聊出塞　西漢陳湯傳：「湯爲人有大慮，喜奇功。元帝時求使外國，還西域副校尉。既出西域，乃矯制，發漢兵、胡兵四萬人，從康居界入攻郅支單于城。單于被創死，斬其首，懸蠻夷邸十日。」

生禽頡利始歸朝　唐太宗正觀三年，突厥部種離畔。太宗命李靖討之，以突騎三千夜襲，破定襄，可汗脱身遁磧口。帝曰：「足澡吾渭水之恥矣。」頡利走保鐵山，請舉國内附，上遣唐儉等往迎之。靖謂副使張公瑾曰：「機不可失，韓信所以破齊也。如唐儉輩，何足惜哉？」督兵疾進。行遇候邏，皆俘以從，去其牙七里方覺。會李勣出雲中，引兵與靖合。頡利欲度磧，世勣軍於磧口，不得度，斥地自陰山北至大漠，露布以聞。執頡利送京師，漢南之地遂空。

松江　銀河直與此相通 杜詩：「赤岸水與銀河通。」 忽憶君詩思已窮 「千里波濤蕩碧空，洞庭山脚遠相通。坐看紅日生蒼海，想見瓊樓出閬風。爽氣已侵春色外，清輝更待月華中。扁舟健羡漁翁樂，濁酒鮮鱗不歎窮。」右王益柔元韻。公「忽憶君詩」之句，是用益柔韻笣。

【校記】

〔一〕題全作「宿土坊驛寄孔世長」。

〔二〕「人爲立祠」，原作「人亡爲祠」，徑改。

王荊文公詩卷第三十八

律詩

鍾山西庵白蓮亭

白蓮，見上注。亭今廢。

山亭新破一方苔，小杜詩：「鑿破青苔地。」白帝留花滿四隈。野艷輕明非傅粉，鄭壁白菊詩：「白艷輕明帶露痕。」傅粉，何晏事。秋光清淺不憑杯〔一〕。諸本「杯」作「材」，全無義理。退之詩：「曲江汀瀅水平盃。」「憑」，只是「平」字。○「憑」改「平」，字似近，然非也。此謂白蓮秋光淡素空明，而無醉色，殆不賴杯酒耳。鄉窮自作幽人伴，易履：「九二，幽人貞吉。」歲晚誰爲靜女媒。邶詩：「靜女其姝。」靜，貞也。可笑遠公池上客，却因松菊賦歸來。遠公有白蓮池。客，指陶公，謂不應棄白蓮而思松菊。

【校記】

〔一〕「杯」，龍舒本、宋本、叢刊本作「材」。

贈長〔一〕寧僧首

秀骨厖眉倦往還，自然清譽落人間。閑中用意歸詩筆，静外安身比太山〔二〕。欲倩野雲朝送客，更邀江月夜臨關。杜詩：「不夜月臨關。」○孟浩然詩：「莫愁歸路暝，招月伴人還。」嗟予蹤跡飄塵土，一對孤峯幾厚顔。李白詩：「却顧女□峯，胡顔見秋月。」

補注 言不與俗接，逃名而名逐之。〔三〕

【校記】

〔一〕「長」，龍舒本、宋本、叢刊本作「老」。

〔二〕「太山」，宫内廳本作「大山」。

〔三〕本注原闌入題下，無「補注」二字。

次韻舍弟賞心亭即事二首

建康志：「賞心亭在下水門之城上，下臨秦淮，盡觀覽之勝。丁晉公建。嘗以家藏周昉畫卧雪圖張於其屏。後太守輒易去。故王琪密學有『昔人已化遼天鶴，舊畫難存卧雪圖』之句。」

檻折篙傾野水傍，臺城佳氣已消亡。佳氣，用春陵事，猶言王氣。陳後主言：「王氣在此。」難披榛〔一〕莽尋千古，獨倚青冥望八荒。白詩東南行：「眇默思千古，蒼茫想八區。」○杜詩：「倚劍望八荒。」〔二〕坐覺塵沙昏遠眼，忽看風雨破驕陽。扁舟此日東南興，欲盡江流萬里長。太白詩：「橫江欲度風波惡，一水牽愁萬里長。」又：「請君試問東流水，別意與之誰短長？」

【校記】

〔一〕「榛」，宋本、叢刊本作「梗」。

〔二〕此詩出自江淹雜體詩三十首之鮑參軍戎行，「望」作「臨」，見文選卷三十一。

其　二

霸氣消磨不復存，舊朝臺殿秖空村。杜詩：「霸氣西南歇。」○王僧達詩：「隆周爲藪澤，皇漢成山樊。」〔二〕孤城倚薄青天近，杜詩：「寒冰盡倚薄，雲月遞微明。」細雨侵淩白日昏。稍覺野雲乘〔二〕晚霽，却疑山月是朝暾。梅宛陵詩：「夜瞻皓如晝。」此時江海無窮興，醒客忘言醉客喧。陶詩：「此中有真趣，欲辯已忘言。」詩賓之初筵：「賓既醉止，哉號哉呶。」

【校記】

〔一〕「王僧達」，原作「王祕達」；「隆周」，原作「南周」；「皇漢成山樊」，原作「皇皇向山樊」，據文選王僧達和琅玡王依古改。

〔二〕「乘」，宋本、叢刊本作「成」。

次韻陳學士小園即事 名繹。〔一〕

牆屋雖無好鳥鳴，池塘亦未有蛙聲。章孝標詩：「田家無五行，水旱卜蛙聲。」樹含宿雨紅初入，草倚朝陽綠更生。萬物天機何得喪，百年心事不將迎。莊子應帝王篇：「至人之用心若鏡，不將不迎，應而不藏。」與君杖策聊觀化，搔首東〔二〕風眼尚明。繹時爲金陵，嘗過公第，又公同年，故厚之也。〇東坡西齋詩：「杖藜觀物化，亦以觀我生。」

【校記】

〔一〕宮内廳本「陳」下有「繹」字，題下無小注「名繹」二字。

〔二〕「東」，宋本、叢刊本作「春」。

寄友人

飄然羈旅尚無涯，一望西南百歎嗟。江擁涕洟流入海，檀弓：「主人深衣練冠，待於廟，垂涕洟。」○元微之寄樂天相憶淚詩：「除非入海無由往，縱使逢灘未擬休。」風吹魂夢去還家。平生積慘應銷骨，劉琨詩序：「排終身之積慘，求數刻之暫歡。」○中山靖王勝傳：「衆口鑠金，積毁消〔一〕骨。」鄒陽傳亦有。今日殊鄉又見花。安得此身如草樹，根株相守盡年華。樂天詩：「在地願爲連理枝。」亦此意。莊子達生篇：「吾處身也，若橛株枸。」

【校記】

〔一〕「消」，漢書景十三王傳、宫内廳本作「銷」。

登大茅山頂〔一〕

建康志：「茅山初名勾曲山，像其形也。茅君得道，更名茅山，在縣東南四十五里，周迴一百五十里。三十六洞天第八曰金壇華陽之天，即此山也。山記云：『漢時，有三茅君來居山上，故因名大茅、中茅、小茅三峯。』舊記云：『在崇禧觀北獨高處。』」

一峯高出衆山顛，疑隔塵沙道〔二〕里千。貨殖傳：「牛角蹄千。僮手指千。」即此法。韓詩：「直去長安路八千。」俯視雲煙來不極，謝靈運入華子崗詩：「遂登羣峯首，邈若來雲煙。」仰攀蘿蔦去無前。人間已換嘉平帝，「始皇二十七年，自會稽還，埋白璧此山。又登勾曲山北垂，歎曰：『巡狩之樂，莫過於山海。自今以往，良爲常也。』乃改勾容北垂爲良常山。三十一年十二月，更名臘曰嘉平。」注云：「太原真人茅盈內紀曰：『始皇三十一年九月庚子，盈曾祖父蒙乃於華山之中乘雲駕龍，白日升天。』先是，其邑謠歌曰：『神仙得者茅初成，駕龍上升入太清。時下玄洲〔三〕戲赤城，繼世而往在我盈。帝若學之臘嘉平。』始皇聞謠歌而問其故。父老具對：此仙人之謠歌，勸帝求長生之術。於是始皇欣然而有尋仙之志，因改臘曰嘉平。」○風俗通云：「按：禮傳：『夏曰嘉平，殷曰清祀，周曰大蜡，秦、漢曰臘，至始皇更名臘曰嘉平。』然則嘉平乃夏之舊，非始於秦也。」○杜詩：「魂斷蒼梧帝。」地下誰通勾曲天。茅君內傳：「勾曲，秦時爲華陽之天，三茅君居之，因以爲名。外有金壇山，因壇爲號，周時名其源澤爲勾曲之穴。」按山形曲折，後人名焉。真誥云：「金陵句容之勾曲，爲第八洞天，又曰勾曲地肺，土良水清，謂之華陽洞天，可以度世。」許邁別傳曰：「延陵〔四〕之茅山，是洞庭西門，潛通五岳。」陶先生記云：「東通王屋，西達峨眉，南接羅浮，北連岱澤。」內傳既稱源澤，又爲穴，故傳亦云「地下」也。○真誥：「大茅君盈南治勾曲之山。」又：「王母諸仙行詣天台、霍山，過勾曲之金壇，宴太元真人茅叔申於華陽洞天。茅君名盈，二弟茅固、茅衷。」真誥又稱：「漢宣帝時得道。」陳迹是非今草莽，紛紛流俗尚師仙。李白詩：「靈迹成蔓草，徒悲千載魂。」揚子：「聖人不師仙，厥術異也。」

【校記】

〔一〕宋本、叢刊本無「頂」字。

〔二〕「道」，宋本作「萬」。

〔三〕「洲」，宮内廳本作「圃」。

〔四〕「延陵」，宮内廳本作「金陵」。

登中茅山

建康志：「中茅峯在積金山北，其側有泉，色赤而有味。真誥云：『飲之延年。』山下之民，率皆眉壽而寡疾。山頂舊有石案、石香爐存焉。」

翛然杖屨出塵囂，雞犬無聲到泬寥。宋玉：「泬寥兮，天高而氣清。」欲見五芝莖葉老，天台山賦：「五芝含英而晨敷。」茅君傳：「金闕帝君遣使者賜盈以四節、燕胎、流明、神芝，且告盈曰：『食四節隱芝者，位爲真卿；食金闕玉芝者，位爲司命；食流明金英者，位爲司禄；食長曜雙飛者，位爲真伯；食夜光洞草者，總主左右御史之任。今子盡食之矣。』」尚攀三鶴羽翰遥。茅君内傳：「茅盈留勾曲山，告二弟曰：『吾去有局任，不復得相往來。』父老歌曰：『茅山連金陵，江湖據下流。三神乘白鶴，各在一山頭。佳雨灌旱稻，使我無百憂。白鶴翔金穴，何時復來游？』」又陶先生茅山記：「漢元帝時，茅盈、茅固、茅衷並在此山得道。三人嘗乘白鶴，各據一嶺。」容溪路轉迷橫彴〔一〕，仙几風來得墮樵。九域志：「句容縣有茅山、容溪。」○建康志云：「仙几山在句容縣東南四十里，茅山之側。周迴三里一百步，高八尺，連仙姑山。」恐別一山，非中峯之名。又案志云：「上容溪水，源出中茅，過蘆江橋，經赤山湖入秦淮。」○盧仝詩：「松顛有樵墮，石上無禾生。」○賈島詩：「古木落薪乾。」橫彴，即略彴，今獨木橋也。

興罷日斜歸亦懶，更磨碑蘚認前朝。杜牧詩：「折戟沉沙鐵未消，自將磨蘚認前朝。」

【校記】

〔一〕「彴」，龍舒本作「徑」。

登小茅峯〔一〕

建康志：「小茅峯在中茅峯背。新室地皇三年七月，遣使者賫黄金百鎰。後漢光武建武七年三月，遣使者賫黄金五十斤，獻於三君，並埋在小茅山上獨高處。」

捫蘿路到半天窮，下視淮洲〔二〕杳靄中。物外真游來几席，言山高去天近，易與仙接也。○楊凝式步虚詞：「紫府與玄洲，誰來物外游？」人間榮願付苓通。馬矢爲通，猪矢爲苓。○本草有白馬通、豨苓，即猪苓也。又見李義山集。○莊子曰：「豕橐，藥也。」司馬彪注：「豕橐，一名苓，根似猪矢。治渴。」又，本草：「猪苓，一名猳猪矢。」詩言既登絶境，視世之浮榮如糞土也。小説：「山谷云：賈天錫宣事作香，甚有貴氣，嘗以見惠。張仲謀以騏驥院馬通薪二百見貺，因以香二十餅答之。或曰：『公以詩易香，而以香易此，何耶？』公曰：『詩或能作祟，不若此薪，可與鈴下爲挾纊之温耳。』」

白雲坐處龍池杳，明月歸時鶴馭空。建康志：「雷平山有玉晨觀，舊傳高辛時展上公及周時郭真人故宅。觀前有郭真人養龍池。」又：「楊真人、二〔三〕許真人嘗降於此。」

回首三君誰更似？子房家世有高風。三君指三茅君。子房，漢張良也。

【校記】

〔一〕「峯」，宋本、叢刊本作「山」。

〔二〕「淮洲」，龍舒本作「茅州」。

〔三〕「二」，宮内廳本作「三」。

送張仲容赴杭州孫公辟

孫公，孫沔也。

萬屋相誇漆與丹，笑歌長在綺紈間。言杭俗之侈。○張華勵志詩：「如彼梓材，弗勤丹漆。雖勞朴斲，終負素質。」綵船春戲城〔一〕邊水，畫燭秋尋寺外山。李白詩：「朝尋霞外寺，暮宿池上島。」憶我屢隨游客入，喜君今赴辟書還。辟書，見送西京簽判王著作注。遥知曼倩威行久，雋不疑字曼倩，爲京兆尹，吏民敬其威信。每行縣，録囚徒還，其母輒問不疑有所平反，活幾何人。即不疑多有所平反，母喜笑，爲飲食言語異於他時。或亡所出，母怒，爲不食。故不疑爲吏，嚴而不殘。赤筆應從到日閑。漢制，尚書郎主作文書起草，月賜赤管大筆一雙。○會稽典録：「盛吉爲廷尉，每冬月至，斷囚，持丹筆垂泣。」則皆丹彤其管，以別常用之筆。○白詩：「勤操丹筆念黄沙，莫使飢寒囚滯獄。」赤筆，即丹筆，言孫公威行，民自無犯也。

【校記】

〔一〕「城」，宮内廳本作「坊」。

贈李士寧道人 士寧，蜀之蓬州人。

季主逡巡居卜肆，史記日者傳：「司馬季主，楚人也，卜於長安東市。」褚先生曰：「季主者，楚賢大夫也。」彌明邂逅作詩翁。軒轅彌明，唐人，衡山道士也。見韓退之石鼎聯句序。季主、彌明，皆以比士寧。蓬山仙傳稱士寧目不知書，善吟詩，不學陰陽，能推休咎。嘗獻陳恭公詩曰：「春宵一刻直千金，花有清香竹有陰。歌管樓臺風細細，鞦韆院落月深深。」公遷左揆。後王文恭公作參政，先生又以此詩爲獻，亦登左揆。曾令宋賈歎車上，季主傳：「宋忠、賈誼同輿之市，游於卜肆，聞季主之辭，忽然自失。出市門，僅能自上車。居三日，二人於殿門外相引屏語，歎曰：『道高益安，勢高益危。』」歎乃在殿門外，亦可言車上。更使劉侯驚坐中。彌明，石鼎聯句。劉、侯，謂侯喜、劉師服。邂逅者，謂喜視之若無人，又不知其有文而語出輒奇，二子始慚駭也。韓序云：「二子驚駭，自責若有失者。」杳杳人傳多異事。士寧先得塗氏所藏軒轅小鏡，洞見遠近。蔡君謨學士以道自任，聞先生之名，望風惡之。君謨一夕夢爲虎所逼，有一人救之。虎既去，與之坐，曰：「公，貴人也，但頭骨不正。」乃以手爲按之，曰：「頭骨已正矣。」夢覺，頭尚痛。翌日，先生謁君謨，謂曰：「夜夢頗驚惶否？」君謨愕然，視其狀，乃夢中逐虎正骨者，遂異之。後出守閩中，先生經由謁君謨。君謨因告先生：「久患目疾不愈，昨夜夢龍樹菩薩。」先生即於袖中出畫本。視之，一如夢中所見。先生於是瞠目視君謨，須臾，兩目豁然明快。參政張公方平爲兩制時，先生出入門下，極相善。時論以爲公且大拜，先生以詩別公，其樸〔一〕句云：「異時復與公相見，正是江南二月天。」其後久無爰立之耗，忽除知江寧。先生自茅山來謁，即仲春也。冥冥誰識此高風。言至人難識也。歐陽文忠公嘗有歌贈先生曰：「蜀狂士寧者，不邪亦不正。混世使人疑，詭譎非一行。平生不把筆，對酒時歌詠。初如不著意，語出多奇勁。傾財解人難，去不道名姓。金錢買酒醉高樓，明月滿床猶不醒。一身四海即爲家，獨行萬里聊乘興。既不採藥賣城市，又不點石化黃金。進不干公卿，退不隱山林。與之游者，但愛其人，而莫識其術，安知其心？吾聞有道之士，逍遥太虛，動與道俱，故能入火不熱，入水不濡。常聞其語，而未見其人，豈斯人之徒歟？不然，則言不純師，行不純表，滑稽傲世，其東方朔之流乎？」行歌過我非無謂，惟恨貧家酒盞空。論語：「楚狂接輿歌而過孔子。」始荊公薦名禮部，與數十人同謁會靈觀。方拜庭下，先生指之曰：「拜仗到地者登第。」有老僕聞而告公，公往揖之。先生曰：「子非某官之子乎？」曰：「然。」先生曰：「吾嘗與賢丈飲，昆弟列拜於前，我以新荔枝與最長者，得非子邪？」公曰：「即安石也。」先生曰：「子今年登第，它日極貴，善自愛。」是年，果中甲科。久之，除知制誥。丁母憂，歸金陵。先生游南海，因過公，留連數月，以詩即之，即此詩也。先生將行，謂公曰：「俟執政時相見。」洎公拜相，召先生至，益加敬焉。○據楚公七子，安仁爲長，公乃第三，士寧所言恐繆。或是時安仁偶不在傍耶？

【校記】

〔一〕「樸」，四庫全書本王荊公詩注作「落」。

次韻春日即〔一〕事

人間尚有薄寒侵，和氣先薰草樹心。宋玉九辯：「憯悽增欷兮，薄寒之中人。」丹白自分齊破蕾，青黃相向欲交陰。杜甫北征詩：「或紅如丹砂，或黑如點漆。雨露之所霑〔二〕，甘苦齊結實。」潺潺嫩水生幽谷，漠漠輕煙動遠林。嫩水，見開元僧舍次韻舍弟注。病得一官隨太守，班春無助愧周任。後漢崔駰：「強起班春。」注云：「郡國嘗以春行縣，勸人農桑，振救乏絕，班布春令也。」○語季氏：「周任有言曰：『陳力就列，不能者止。』」馬融注曰：「周任，古之良吏〔三〕也。」任，音壬。

【校記】

〔一〕「即」，龍舒本作「感」。

〔二〕「霑」，宮内廳本作「濡」。

〔三〕「吏」，宮内廳本作「史」。

次韻答陳正叔二首

青衫憔悴北歸來，髮有霜根面有埃。宋王僧達詩：「仲秋邊風起，孤蓬卷霜根。」髮有霜根，喻白。羣吠我方憎〔一〕猘子，楚詞：「邑犬羣吠，吠所怪也。」○魏志：「猘兒難與争鋒。」韓集：「惟東有猘，惟西有虺。」猘，居例切，狂犬。一鳴誰更識龍媒？漢樂歌：「龍之媒。」龍媒，馬也。功名落落求難〔二〕值，日月沄沄去不回。言功名不可求而致也，邂逅爲之，所謂「功業見乎變」。○秦誓：「日月逾邁，若弗云來。」○退之詩：「浪波沄沄去，松柏在高岡。」勝事與身何等近，酒尊詩卷數須開。

【校記】

〔一〕「憎」，宮内廳本作「驚」。

〔二〕「求難」，宮内廳本作「難求」。

其二

田宅荒涼去復來，詩書顏髮兩塵埃。忘機自許鷗相狎，列子：「海上之人，每旦從漚鳥游。」詳見別注。唐殷敬順釋文曰：「漚，音鷗，水鴞也，今江湖畔，形色似白鴿而羣飛。」得禍誰期鶴見媒。陸龜蒙集有鶴媒歌。○屈平離騷云：「吾令鴆爲媒兮，鴆告予以不好。」○柳子厚鷓鴣詞：「徇媒得食不復慮，機械潛發罹罝罦。」觀此，不獨鶴有媒也。此道未行身有待，儒行篇：「愛其死以有待也，養其身以有爲也。」古人不見首空回。南史：「張融常歎曰：『不恨我不見古人，所恨古人不見我。』」何當水石他年住，更把韋編静處開。孔子世家：「讀易，韋編三絶，曰：『假我數年若是，我於易見彬彬矣。』」

送崔左藏之廣東

怪石巉巉上泬寥，昔人於此奏簫韶。韶石，見貴州使君訪及道舊注。水清但有〔一〕嘉魚出，風暖何曾毒草揺。言廣東非舊日瘴癘之比。今日淹留君按節，子虚賦：「案節未舒。」師古曰：「言未盡意驅馳也。」當時嬉戲我垂髫。公嘗從楚公守韶州，年尚幼，故云「垂髫」。因尋舊政詢遺老，爲作新詩變俚謡。暗用劉禹錫事。

【校記】

〔一〕「有」，宫内廳本作「見」。

苦雨〔一〕

靈場奔走尚無功，禱晴無應。揚子：「靈場之威，其夜矣乎？」去馬來車道不通。風助亂雲陰更密，退之訟風伯：「雲屏屏兮吹使離之。」今言「助」，亦佳。水争高岸氣尤雄。言水逢高岸而激射，狀如争也。平時溝洫今多廢，觀「溝洫多廢」之句，乃後來興水利張本。然公意亦豈不在民？下户京囷久已空。詩甫田：「如京如坻。」肉食自嗟何所報，莊公十年：「肉食者鄙，未能遠謀。」古人憂國願年豐。杜詩：「憂國願年豐。」

【校記】

〔一〕龍舒本卷七十六題作「閔旱」。

江　上〔一〕

村落家家有濁醪，青旗招客解袛裯。後漢羊續傳：「其資藏惟有布衾、敝袛裯、麥數斛而已。」注云：「說文曰：『袛裯，短衣也。』」廣雅云：「即襜褕也。」袛，丁奚反；裯，丁勞反。三代世表：「旗亭，市樓也。立旗於上，故以取名。」春風似補林塘破，宋之問詩：「林缺見嵩丘，浮雲補斷山。」野水遙連草樹高。評曰：上句先得。○杜詩：「聞道洪河坼，遙連滄海高。」寄食舟車隨處弊，行歌天地此身勞。遲迴自負平生意，豈是明時惜一毛？公意謂身自不能遠引以遂宿心，非朝廷之有惜也。一毛，言牛毛〔二〕之一毛。

【校記】

〔一〕龍舒本卷七十一題作「江上五首」，其一同此，其二即本書卷四十四江上，其三即本書卷四十江上，其四、五首即本書卷二十四江上二首。

〔二〕「牛毛」，宮內廳本作「九牛」。

午枕

此詩必訪一處弔古而有作，題乃云「午枕」，未詳。即午夢耳，何疑？

百年春夢去悠悠，不復吹簫向此〔一〕留。野草自花還自落，公絶句，又有「野草自花還自落，落時還有惜花人」之句。鳴鳩相乳亦相酬。舊蹊埋没開新徑，朱户欹斜見畫樓。欲把一杯無伴侣，眼看興廢使人愁。宋子京江南詩：「朱户已開都水宅，鐵關猶鎖廣城樓。」

【校記】

〔一〕「此」，宋本作「北」。

寄石鼓〔一〕陳伯庸

寰宇記：「明州郡國志云：『靈山有石鼓臨潤，若鳴則野雉翔。』」撫州臨川縣亦有石鼓，但四明却有天門山耳。

鯨海〔二〕無風白日閑，天門當面險難攀。天門山在明州。塵埃掉臂離長陌，琴酒和雲入舊山。黄庭經：「入山何難，顧躊躇人間，紛紛臭如帑。」仁義未饒軒冕貴，孟子：「彼以其富，我以吾仁；彼以其爵，我以吾義。」功名誰〔三〕一作「莫」。信鬼神慳。揚雄言：「炎炎者滅，隆隆者絶。高明之居，鬼瞰其室。」○陳希夷語种放曰：「名者，天地之美器，造物之所深忌。天地間無全名。子名將起，必有物敗之。」即「鬼神慳」之意。郭東一點英雄氣，時伴君心夜斗間。評曰：「伴君心」，不成語。○張華要豫章人雷煥，屏人夜觀天文。煥曰：「僕察之久矣，惟牛、斗之間頗有異氣。」華曰：「是何祥也？」煥曰：「雷劍之精，上徹於天耳。」此言「英雄氣」，或是借用耳。○布衾銘：「名教之樂，德義之尊。」

【校記】

〔一〕宋本、叢刊本「石鼓」下有「寺」字。

〔二〕「海」，龍舒本作「魚」。

〔三〕「誰」，龍舒本、宋本、叢刊本作「莫」。

送熊伯通

伯通，乃熊本也，鄱陽人。傳稱，本有文詞，少爲范公希文所知，所至爲吏不苟。神宗時，以邊功擢侍從。

歲暮欣逢蓋共傾，孔子遇程子於塗，傾蓋而語。川塗南北豈忘情。事經宦路心應折〔一〕，地入家山眼更明。據傳，本嘗爲池州建德縣。池、饒接壤，故云「地近家山」。此詩必送本知建德，蓋英宗末年，公未趍召時也。韓詩：「知有歸日眉方開。」江上月華空自照，梅邊春信〔二〕恰相迎。高蟾詩：「明日霸陵新霽後，馬頭煙樹緑相迎。」關河不鎖真消息，野客猶能聽治聲。前漢循吏傳：「王成爲膠東相，治甚有聲。」○盧仝詩：「關門不鎖寒溪水，一夜潺湲送客愁。」〇又劉禹錫詩：「夜行不鎖穆陵關。」

【校記】

〔一〕「宦」，龍舒本、宋本、叢刊本作「官」；「折」，龍舒本、宋本作「達」。

〔二〕「信」，龍舒本作「意」。

送王覃

奔〔一〕走人間十五年，塵沙吹鬢各蒼然。山林渺渺長回首，兒女紛紛忽滿前。言身居俗，而心未嘗不在山林。謝師厚詩：「倒著衣裳迎户外，盡呼兒女拜燈前。」知子有才思奮發，嗟予〔二〕無地與回旋。前漢長沙王發傳：「臣國小地狹，不足回旋。」相看一作秦吴别，身世何時兩息肩。退之詩：「眇然望東南，秦吴脩且阻。」

【校記】

〔一〕「奔」，宫内廳本作「意」。

〔二〕「予」，龍舒本、宋本、叢刊本作「余」。

送明州王大卿

大曆才臣有此州，昆雲今駕鹿轓游。謝承後漢書曰：「鄭弘遷淮陰太守，行春，天旱，隨車致雨。白鹿方道，夾轂而行。弘怪問主簿黄國曰：『鹿爲吉？爲凶？』國拜賀曰：『聞三公車轓畫作鹿，明府必爲宰相。』」從來所至邦人喜，真復能分聖主憂。千里封疆何足治，一時名迹故應留。屬城舊吏雖疲懶，尚可揮毫敵李舟。九域志：「唐明州刺史王密德政碑，李舟文，顔真卿書。」介父嘗爲鄞縣，故云「屬城舊吏」。

姑胥郭

誤褫雲巾別故山，易訟卦：「上九，或錫之鞶帶，終朝三褫之。」王肅云：「解也。」北山移文：「解蘭縛塵纓。」抵吴由越兩間關。千家漁火秋風市，一葉歸舟暮雨灣。歐公詩：「西風酒旗市，細雨菊花天。」旅病愔愔如困酒，石勒云：「大雅愔愔，殊不類將家子。」東坡詩：「下第味如中酒味。」鄉愁脉脉似連環。莊子載惠子之辨曰：「連環可解。」選詩：「盈盈一水間，脉脉不得語。」連環，言不斷也。○退之詩：「昨宵夢倚門，手把連環持。」情知帶眼從前緩，梁沈約書曰：「百日數旬，革帶嘗應移孔。」○古詩曰：「衣帶日以緩。」更恐〔二〕顛毛自此斑。

補注　抵吴　范雎傳：「念諸侯，莫可以急抵者。」〔二〕

【校記】

〔一〕「恐」，宫内廳本作「覺」。

〔二〕本注原闌入題下，無「補注」二字。

嚴陵祠堂

漢庭來見一羊裘，嚴光傳：「披羊裘釣澤中。」默默俄歸舊釣舟。迹似磻溪應有待，世無西伯可能留。史記齊世家：「吕尚蓋嘗窮困，年老矣，以漁釣干周西伯。西伯將出獵，卜之曰：『所獲非龍非驪，非虎非羆。所獲霸王之輔。』於是西伯獵，果遇太公於渭之陽，與語，大説，曰：『自吾先君太公曰：當有聖人適周，周以興，子真是耶？吾太公望子久矣。』故號曰太公望。載與俱歸，立以爲師。」又，吕氏春秋曰：「太公釣於茲泉，遇文王。」〇酈道元水經曰：「磻溪中有泉，謂之茲泉，積水成淵，即太公釣處。今謂凡谷。有石壁，深高幽邃，人迹罕到。東南隅有石室，蓋太公所居。水次盤石釣處，即太公垂釣之所。其投竿跽餌，兩膝遺跡猶存，是磻溪之稱也。」崎嶇馮衍才終廢，馮衍盡節故朝，忿田邑背約。後審知更始已没，乃罷兵，幅巾降於河内。帝怨衍不時至，黜不用。後坐與陰就交，得罪，歸故郡，閉門自保，不敢與親故通。顯宗時卒。索寞桓譚道不謀。桓譚極言讖之非經，帝大怒曰：「譚非聖無法。」將下斬之，叩頭流血，良久乃解。出爲六安郡丞，忽忽不樂，道病卒。勺水果非鱣鮪地，放身滄海亦何求。賈誼賦：「彼尋常之溝瀆兮，豈容吞舟之魚。」○中庸：「水一勺之多。」觀此詩，其不足於光武甚矣。○詩意不取光武，亦自有見。

藏春塢詩獻刁十四丈學士

刁，謂景純，名約，丹徒人。蘇子美祠神會中客也。天聖初，始來京師，應進士舉，與宋公、歐陽永叔、謝希深、富彥國齊名。踐歷館閣，踰四十年。寵利之際，泊如也。於荊公爲前輩，故公呼之以「丈」，詩則言「獻」，時刁已致仕矣，故下云「萊氏隱」。

蒜山東渡得林丘，蒜山在潤州丹徒縣西三里，山生澤蒜，因以爲名。宋武帝嘗大破孫恩在於此。邂逅籃輿亦少留。今日更知萊氏隱，老萊子耕於蒙山之陽。楚王駕至其門，曰：「守國之孤，願變先生。」老萊子云云。靈運詩：「漆園有傲吏，萊氏有逸妻。」〔一〕暮年長憶武陵游。梅聖俞集有寄題刁景純潤州園亭詩：「新作城邊圃，陂原上下斜。竹陰劉裕宅，松接戴顒家。山色不須買，江流何處涯？」疑此却藏春塢也。武陵，謂桃源。欲營垣屋隨穿斸，蕭何傳：「爲家不治垣屋。」○韓詩：「惟當待責免，耕斸歸溝塍。」尚歎塵沙隔獻酬。遥約勾吴亭〔二〕下路，史記吴世家：「太伯之奔荊蠻，自号勾吴。」春風深駐五湖舟。小杜潤州詩：「勾吴亭東千里秋，放歌曾作昔年游。」則勾吴亭之名，其來舊矣。

【校記】

〔一〕此詩文選卷二十一作郭璞遊仙詩七首之一。

〔二〕「勾」，龍舒本、宋本、叢刊本作「何」。

太湖恬亭

檻臨溪上綠陰圍，溪岸〔一〕高低入翠微。日落斷橋人獨立，水涵幽樹鳥相依。清游始覺心無累，靜處誰知世有機。言宅心事外，與世相忘。更待夜深同徙倚，秋風斜月釣船〔二〕歸。杜牧之詩：「南去北來人自老，夕陽長送釣船歸。」戴叔倫詩：「共待夜深聽一曲，□人騎馬斷腸回。」

【校記】

〔一〕「岸」，龍舒本作「月」。

〔二〕「船」，宮內廳本作「舟」。

補注

藏春塢詩獻刁十四丈學士〔一〕　刁學士　刁學士約喜交結，歸請常至夜半，號「刁半夜」。杜祁公爲相，蘇學士舜欽，其婿也，歲暮以故事奏用賣故紙錢祠神，以會賓客，皆一時知名士也。王宣徽拱辰，丞御史呂申公之黨也，欲舉其事以易丞相，曰：「可一舉網而盡有。」曰刁亦與召，知其謀，不以告。詰朝，送客來城。於是蘇坐自盜除名，客皆逐，丞相亦去，而刁獨免。其後坐客皆至從官，而刁獨終於館職。據後山談叢所載如此。以刁之賢，恐未必爾也。

嚴陵祠堂 鱣鮪地

詩碩人：「鱣鮪發發。」余據□□，鱣，大魚，似鱣而短鼻，口在頷下，體有邪行，甲無鱗，肉黄。大者長二三丈。今江東呼爲黄魚。又陸璣云：「鱣形似龍，鋭頭，口在頷下，腹背皆有甲，縱廣四五尺。今於盟津東石磧上釣取之。大者千余斤。鮪形似鱣而青黑，頭小而尖，似鐵兜鍪，口亦在頷下。其甲可摩薑。大者七八尺。益州人謂之鱣鮪。大者爲王鮪，小者爲鮇鮪，一名鮥。肉白，味不如鱣。今東萊、遼東人謂之尉魚，亦曰仲明。仲明者，樂浪尉也，溺海死，化爲此魚。」

【校記】

〔一〕題原闕，且無「補注」二字，據注文補。

庚寅增注第三十八卷

鍾山白蓮亭　憑杯　朱元晦楚詞注：「憑，滿也。楚人謂滿爲憑。」

次韻陳學士　蛙聲　王莽贊：「紫色蛙聲。」何得喪　井卦：「無喪無得，往來井井。」

寄友人　安得此身如草樹根株相守盡年華　杜詩：「游子無根株，茅齋付秋草。」○齊人作晉公護母書：「禽獸草木，母子相依。吾有何罪，與汝分離！」根株，猶母子也。

登小茅峯　白雲坐處龍池杳明月歸時鶴馭空　朱長文詩：「白雲斷處見明月，黄葉落時聞擣衣。」公多用唐人句法。

次韻春日即事　和氣先薰草樹心　唐人詩：「佳氣常薰仗外峯。」丹白自分齊破蕾　言顏色雖不同，至其開則齊也。

答陳正叔　猘子　左氏：「國人逐猘狗。」一鳴　史記：「一鳴驚人。」

送崔左藏　風暖何曾毒草摇　崔岳謂劉曜：「四海脱有微風摇之者，卿則英雄之鬼矣。」

苦雨　水争高岸　運命論：「堆出於岸，流必湍之；行高於衆，人必非之。」争，猶湍云。

江上　祇裯　揚雄方言：「汗襦，江淮、南楚之間謂之襘；自關而西，或謂之祇裯。音止。裯，丁牢反，亦呼爲掩汗。」野水遥連草樹高　韓詩：「城缺連雲草樹荒。」

午枕　相乳亦相酬　韓退之兩鳥詩：「還當三千年，復起鳴相酬。」○退之又有「猫相乳」之説。

寄陳伯庸　仁義未饒軒冕貴　白樂天詩：「富貴與軒冕，又在外物外。」　英雄氣夜斗間　樂天詩：「夔禼定求才濟世，張雷應辨氣衝天。」

送王覃　兒女紛紛忽滿前　杜詩：「昔别君未婚，兒女忽成行。」

送王大卿　昆雲　昆雲，見陳師道宰烏程縣注。雲，言世浸遠，如雲之薄也。

獻刁學士〔一〕　國史又載：「行遣祠神會諸人，刁自祕閣校理、通判海州，與王洙、直柔、江休復同一指揮。」不知後山何所據而云爾耶？刁最以静退稱，安得有夜半之説？疑忌者所爲，後山不審，而遽筆之也。以此知小人毁害忠良，豈復問事之有無哉？余不忍刁之受誣，故爲一辨云。

【校記】

〔一〕題全作「藏春塢詩獻刁十四丈學士」。

王荊文公詩卷第三十九

律詩

蒙城清燕堂

九域圖志：「蒙城隸亳州，在州南百六十里。」

清燕新詩〔一〕得自蒙，行吟如到此堂中。吏無田甲當時氣，「韓安國坐法抵罪，蒙（師古曰：『蒙，梁國之縣也。』）獄吏田甲辱安國。安國曰：『死灰獨不復然乎？』曰：『然即溺之。』居無幾，漢使使者拜安國爲梁內史，起徒中二千石〔二〕。田甲亡。安國曰：『甲不就官，我滅而宗。』甲肉袒謝。安國笑曰：『公等足與治乎？』」民有莊周後世風。莊子，蒙人，名周。周嘗爲蒙漆園吏，與梁惠王、齊宣王同時。其言洋洋自恣以適己。庭下早知閑木索〔三〕，杜牧華清詩：「北扉閑木索，南面富循良。」坐間遥想御絲桐。呂氏春秋曰：「宓子賤治單父，彈琴，身不下堂而治。鄒忌曰：『若夫治國而弭人民，又何用乎絲桐之間？』」飄然一往何時得，俛仰塵沙欲作翁。

【校記】

〔一〕「詩」，龍舒本、宋本、叢刊本作「碑」。

〔二〕「二千石」，原作「二十石」，據漢書韓安國傳改。又，本傳「二千石」上有「爲」字。

〔三〕「木索」，龍舒本作「索木」。

次韻吴彦珍見寄二首〔一〕

君作新詩故起予，語八佾篇：「起予者，商也，始可與言詩已矣。」一吟聊復報雙魚。古詩：「客從遠方來，贈我雙鯉魚。呼童烹鯉魚，中有尺素書。」〇韓詩：「眼穿書訝雙魚斷。」杖藜高徑誰來往？杜詩：「相與成二老，來往亦風流。」散帙空堂自卷舒。謝靈運酬從弟詩：「散帙問所知。」〇韓詩：「簡編可卷舒。」樹外鳥啼催晚種，杜詩：「田家望望惜雨乾，布穀處處催春種。」花間人語趁朝墟。柳詩：「青蒻裹鹽歸峒客，緑荷包飯趁墟人。」春風處處堪携手，何事臨池苦學書？張芝臨池學草書，水盡黑。〇彦珍時爲撫州教授，學有右軍墨池。

【校記】

〔一〕龍舒本卷五十三題爲「次韻酬吴彦珍見寄時彦珍爲教授學有王右軍墨池二首」。宋本、叢刊本題下注：「時彦珍爲教授，學有右軍墨池。」

其二

篁竹荒茅五畝餘，漢嚴助傳：「篁竹之中。」師古曰：「竹田曰篁。」○荒茅篁竹，見重游草堂次韻注。生涯山蕨與泉魚。退之詩：「採蕨於山，緡魚於泉。」家貧殖貨羞端木，先進篇：「賜不受命而貨殖焉。」言不如安貧而樂道也。鄉里傳書比仲舒。〔一〕仲舒下帷講誦，弟子傳以久次相授業。「傳書」，或指此。○「里」字恐誤，不則「貧」字錯。白日憶君聊望遠〔二〕，青林嗟我似逃虛。莊子：「逃虛空者，聞足音而喜。」春風渺渺烏塘尾，謾〔三〕得東來一紙書。李義山詩：「嵩雲秦樹久離居，雙鯉迢迢一紙書。」

補注 家貧 貧，恐是「資」字。〔四〕

【校記】

〔一〕宫内廳本注曰：「『家貧』或是『家資』。不然，則『里』字恐誤。」

〔二〕「望遠」，龍舒本、宋本、叢刊本作「遠望」。

〔三〕「謾」，宋本、叢刊本作「漫」。

〔四〕本注原闌入詩注末，無「補注」二字。

自金陵至〔一〕丹陽道中有感

數百年來王氣消，温庭筠過吴景帝陵詩：「王氣消來水淼茫。」難將往〔二〕事問漁樵。苑〔三〕方秦地皆蕪没，山借揚州更寂寥。李白詩：「苑方秦地少，山比洛陽多。古殿吴花草，深宫晉綺羅。」○劉長卿詩：「金陵已蕪没，函谷復煙塵。」○戎昱詩：「山翠借厨煙。」荒埭暗鷄催月曉，空場老雉挾春驕。評曰：麗句而有悽愴之至，然猶屬有待，若「山借揚州」，則超遠不可及已。○建康圖經：「鷄鳴埭在青溪西，南潮溝上，過溝有埭，名鷄鳴。齊武帝早游鍾山射雉，至此，鷄始鳴。」○義山詩：「春場鋪艾帳，下馬雉媒驕。」○褚炫從宋明帝射雉。帝至日中無所得，甚猜羞，召問侍臣曰：「吾旦來如皐，遂空行，可笑。」坐者莫答。炫獨曰：「今節候雖適，而雲霧尚凝，故斯翬之禽，驕心未警，但得神駕猶豫，羣情便可載驩。」帝意解，乃於雉場置酒。○藝苑雌黄云：「予與鄉人翁行可同舟泝汴，因談及詩，行可云：『介甫善下字，如「空場老雉挾春驕」，下得「挾」字最好。「挾」即孟子「挾貴挾長」之「挾」。』予謂介甫又有『紫莧凌風怯，蒼苔挾雨驕』，陳無己有『寒氣挾霜侵敗絮，賓鴻將子度微明』，其用『挾』字亦與前一聯同。」豪華只有諸陵在，往往黄金出市朝。言陵墓遭發，金玉出於人間。

【校記】

〔一〕「至」，宋本、叢刊本作「如」。

〔二〕「往」，宋本、叢刊本作「前」。

〔三〕「苑」，龍舒本作「花」。

初去臨川〔一〕

一作「馬頭西去百霑襟」。○撫州金峯有公題字云：「皇祐庚寅，自臨川如錢塘，過宿此。嘉祐戊辰，自番陽歸臨川，再宿金峯。詩云：『十年再宿金峯下，身世飄然豈自知？山谷有靈還笑我，紛紛南北欲何爲？』此詩非庚寅歲作，即戊辰年也，集中無此詩。」

東浮溪水渡長林〔二〕，上坂回頭一拊心。一作「一望親庭更苦心」。據此詩，公母夫人尚留臨川，故下有「養志」之句。已覺省煩非仲叔，後漢閔貢字仲叔，太原人，世稱節士，雖周黨之潔清，自以弗及也。黨見其食菽飲水，遺以生蒜，受而不食。黨與仲叔同郡，亦貞士也。見逸人傳。皇甫謐高士傳曰：「黨見仲叔食無菜，遺之生蒜。仲叔曰：『我欲省煩耳，今更作煩邪？』受而不食。」安能養志似曾參。孟子離婁上：「若曾子，則可謂養志也。事親若曾子者，可也。」憂傷遇事紛紛出，疾病乘虛亹亹侵。謝安弱冠詣王濛，濛子脩曰：「向客何如大人？」濛曰：「此客亹亹，爲來逼人。」未有半分求自贖，恐填溝壑更霑襟。評曰：看他改末句，別是苦心。有如此末句，方覺上句一一愁絕。○一作「手把詩篇臥空屋，欲歌商頌不成音。」汲黯傳：「臣自以填溝壑，不復見陛下。不意陛下復收之。」詩言未有以報君親之恩，恐先朝露而悲耳。

【校記】

〔一〕龍舒本卷七十題「西去」。

〔二〕「東浮」句，龍舒本文字同注「一作」云云；下第二、七、八句亦同注「一作」云云。

讀史

自古功名亦苦辛，評曰：他來處便有説。行藏終欲付何人？評曰：上句謂無易事，下句舍我其誰。注者安知作者之意？〇功名雖出於邂逅，然殫慮竭精而爲之者多矣。公自言行藏欲效古之何人。當時黯黮〔一〕猶承誤，末俗紛紜更亂真。韓集：「蓋覆黯黮，不以真情白露左右。」糟粕所傳非粹美，莊子外篇十四〔二〕：「輪扁告齊桓公：『古之人與其不可傳者死矣。然則君之所讀者，古人之糟粕耳。』」丹青難寫是精神。顧凱之傳：「每畫人成，或數年不點目睛。曰：『四體妍蚩，本無關於妙處。傳神寫照，正在阿堵中。』」區區豈盡高賢意，獨守千秋紙上塵。評曰：經事方知史之不足信，經事方知史之難爲言。吾嘗持此論，未見此詩，被公道盡。〇劉歆責太常，云：「猶欲保殘守缺，挾恐見破之私意，而無從善服義之心。」〇唐人詩：「向來奇特幾張帋，千古風流一窖塵。」

【校記】

〔一〕「黯黮」，龍舒本、宋本、叢刊本作「黮闇」。

〔二〕「十四」，應爲「十三」，以下引文出莊子天道第十三。

讀詔書

「慶曆七年」。此四字，公自注。〔一〕

去秋東出汴河梁，已見中州旱勢強。慶曆七年八月，錢彥遠奏：「前歲地震，雄、霸、滄、登，旁及荆湖，幅員數千里。今復大旱，人心嗷嗷。」此詩言「去秋」，正彥遠輩論奏時，可見旱勢之盛。**日射地穿千里赤，**穿地者，盛言日色之熾。朝野僉載〔二〕：「春雨甲子，赤地千里。」**風吹沙度滿城黃。**杜詩：「明朝在沃野，苦見沙塵黃。」○齊己詩：「草滿孤城白，沙飜大漠黃。」**近聞急詔收羣策，**慶曆七年三月，詔曰：「自冬訖春，旱暵未已，五種不入，農失作業。朕惟災變之來，應不虛發。殆不敏不明，以干上帝之怒。咎自朕致，民實何辜？與其降疾於人，不若移灾於朕。自今中外臣僚，其指當世切務，實封條上。」上每命學士草詔，未嘗有所增損。至是楊察當筆，以爲未盡罪己之意，今〔三〕更爲此詔。**頗說新年又亢陽。**據降詔在三月，則此詩當在朝〔四〕時作也，故云「新年又亢陽」。按國史言，是時方閔雨，賈昌朝引漢災異策免三公故事，上表乞罷，與參政吳育皆去位，宰相陳執中等並降秩。然仁宗聖德，旋禱太一宮，雨即降，正却蓋不御時事也。**賤術縱工〔五〕難自獻，心憂天下獨君王。**公慶曆二年登第。皇祐三年召試館職，固辭。此詩猶在未作鄞縣〔六〕前。○韓詩：「致君豈無術？自獻良獨難。」杜恕奏疏魏明：「乞與羣臣議論政事，使人得自盡。今每有軍事，詔書常曰：『誰當憂此者耶？吾當自憂耳。』」○杜詩：「獨使至尊憂社稷，諸公何以答升平。」

【校記】

〔一〕龍舒本、宋本、叢刊本無「此四字，公自注」六字。

〔二〕「載」，原作誤作「言」。下「春雨甲子」，宮内廳本作「春甲子雨」。

〔三〕「今」，宫内廳本作「令」。

〔四〕「朝」，宫内廳本作「春」。

〔五〕「工」，原作「上」，據諸本改。

〔六〕「鄞縣」，原作「鄮縣」，據宫内廳本改。

每見王太丞邑事甚冗而剸劇之暇猶〔一〕能過訪山館兼出佳篇爲贈仰嘆才力因成小詩

我看繁訟頻搔首，君富才明見亦常。管輅傳：「天與我才明，不與我年壽。」尚有閑襟尋水石，王灣奉使登終南詩：「閑襟超以勝，向晚睨城邑。」更留佳句似「池塘」。「池塘生春草」，謝靈運句。松苗地合分高下，選詩：「鬱鬱澗底松，離離山上苗。」鳧鶴天教有短長。莊子駢拇篇：「鳧脛雖短，續之則憂；鶴脛雖長，斷之則悲。故性長非所斷，性短非所續，無所去憂也。」徐上青雲猶未晚，李白詩：「投竿也未遲。」可無音問及滄浪。漁父歌曰：「滄浪之水清兮，可以濯我纓；滄浪之水濁兮，可以濯我足。」

【校記】

〔一〕宋本、叢刊本無「猶」字。

王浮梁太丞之聽訟軒有水禽三巢於竹林之上恬而自得邑人作詩以美之因次元韻

九域志：「浮梁縣，屬饒州。」

水邊舟動多驚散，何事林間近絕疑。言水邊爲舟所驚，至此近人而馴。詩不言水禽，直叙其事，格致甚新。野意肯從賢〔一〕令至，舊巢猶有主人知〔二〕。公自注云：「見王太丞詩。」東坡手記：「野老言：『鳥雀去人太遠，則其子有蛇、鼠、狐狸、鴟鳶之患。人既不殺，則自近人者，欲以免此害也。由此觀之，異時鳥雀巢不敢近人者，以人爲甚於蛇鼠之類也。』」不關飲啄春江暖，莊子：「野雉五步一飲，十步一啄。」自在飛鳴夏日遲。杜詩：「自在嬌鶯恰恰啼。」覽德豈無丹穴鳳，賈誼傳：「鳳凰翔於千仞兮，覽德輝而下之。」○山海經：「丹穴之山，有鳥曰鳳。」到時應讓向南枝。

【校記】

〔一〕「賢」，龍舒本、宋本、叢刊本作「威」。

〔二〕龍舒本、宋本、叢刊本注云：「見王右丞詩」，無「公自注云」四字。

寄虞氏兄弟

一身兼抱百憂虞，忽忽如狂久廢書。疇昔心期俱喪勇，智勇俱喪。項羽傳：「咄嗟叱咤，千人俱廢。」此來腰疾更乘虚。久聞陽羨安家好，自度淵明與世疎。公詩又有「久聞陽羨溪山好，頗與淵明性分宜」之句。亦有未歸溝壑日，會應相近置田廬。

除夜寄舍弟

一樽聊有天涯憶，百感翻然醉裏眠。酒醒燈前猶是客，夢回江北已經年。唐李頎詩：「蒙茸花向月，潦倒客經年。」方干詩：「寒燈短燼方燒蠟，畫角殘聲已報春。明日便爲經歲客，昨朝猶是少年人。」觀公此作，則覺干語爲繁矣。佳時流落真堪惜〔一〕，一作「何得」。勝事蹉跎只可憐。惟有到家寒食在，春風同〔二〕泛灊溪船。

【校記】

〔一〕「堪惜」，龍舒本、宋本、叢刊本作「何得」。

〔二〕「同」，龍舒本、宋本、叢刊本作「因」。

答熊本推官金陵寄酒

本即伯通，見上注。傳止載其爲撫州判官。

鬱金香是蘭陵酒，枉入詩人賦詠來。李白詩：「蘭陵美酒鬱金香，玉椀盛來琥珀光。」庭下北風吹急雪，杜詩：「急雪舞迴風。」間坐〔一〕南客送寒醅。淵明未得歸三徑〔二〕，叔夜猶同把一杯。吟罷想君醒醉處，鍾山相向白崔嵬。退之詩：「負雪崔嵬插花裏。」○此詩必作於在朝之日，因得金陵酒而懷舊居。

【校記】

〔一〕「間坐」，宋本、叢刊本、宮内廳本作「坐間」。

〔二〕宋本、叢刊本「三徑」下有注：「金陵有舊廬。」

和錢學士喜雪

手把詩翁憶雪詩，坐愁窮海瘴煙霏。退之詩：「出入高下窮煙霏。」誰令天上蒼茫合，蒼茫，謂雲。忽作〔一〕一作「見」。空中散漫飛。閶闔與風生氣勢，許慎說文：「閶闔，天門也。」又春秋考異郵曰：「四十五日，閶闔風至。閶闔者，咸收養也。」注：「秋分之候也。」「四十五日，廣莫風至。廣莫者，精大滿也。」注：「冬至之候也。」爾雅亦有。常娥〔二〕交月借光輝。山鴉瑟縮相依立，韓詩：「啄雪寒鴉趁始飛。」瑟縮，凍貌也。邑犬跳梁未肯歸。柳宗元答韋中立書：「僕來南二年，冬幸大雪，數州之犬，皆倉黃吠噬狂走者累日，至無雪乃已。」點綴丘園榮樹木，埋藏溝塹亂封圻。畢命：「申畫郊圻，謹固封守。」樂天雪詩：「何處更能分道路，此時兼不認池臺。」高歌業已傳都市，借用陽春白雪歌及子猷訪戴事，並見別注。逸興何當叩隱扉。頗欲攜尊邀使騎，唐王元寶掃雪迎賓，爲宴樂之會。幾忘溫席薦親闈。晉西河人王延事親色養，夏則扇枕席，冬則以身溫被。公今早晚班春去，強勸澇田補歲饑。據說文，澇有平、去兩聲。又云：「水名，出扶風鄠縣，北入渭。」今公所指，必謂旱澇之澇。魏志：「鄭渾遷沛郡太守，郡界下濕，患水澇，百姓饑乏。渾興陂堨，開稻田，人皆以爲不便。渾曰：『地勢污下，宜灌溉，終有爲稻之利。』遂躬率吏民興立。比年大收，民賴其利。」

補注　邑犬　楚詞：「邑犬羣吠，吠所怪也。」〔三〕

【校記】

〔一〕「作」，龍舒本、宋本、叢刊本作「見」。

〔二〕「常娥」，宋本、叢刊本作「姮娥」，宫内廳本作「嫦娥」。

〔三〕本注原闌入題下，無「補注」二字。

送江寧彭給事赴闕

彭思永自右諫議大夫知瀛州，以病請便郡，徙知江寧府。召爲御史中丞，論斥濮議最力。公時在江寧，作此詩送之。

西江望士衆長兼，卓犖傳家在一男。思永本京兆人，其先徙廬陵，故云「西江望士」。壯志異時開史牒，妙齡終日對書龕。桂堂發策收科選，櫻苑頒詩預宴酣。晉郤詵傳：「武帝於東堂問詵云云，『猶桂林之一枝，崐山之片玉。』」〇仁宗賜進士詩：「仙籍下〔一〕標崐玉貴，宴杯猶及苑櫻期。」〇拾遺録：「漢明帝於月夜燕，賜羣臣櫻桃，盛以赤瑛盤。羣臣視之，月下，以爲空盤。」又，唐書：「文宗即位，因内園進櫻桃，以奉三宫、太后。」又，景龍文館記：「上與侍臣於樹下摘櫻桃，恣其食，末後大陳宴席，奏宫樂。至暝，人賜朱櫻兩籠。」太〔二〕邑援琴聊試可，襄公三十二年：「子産曰：『大官太邑，身之所芘也。』」援琴，宓子賤事。尚書堯典曰：「試可乃已。」小州懷綬果才堪。「懷綬」字，借用朱買臣之事。彭常〔三〕爲南海、分寧二邑，又守潮州、常州，皆有政績。分臺拜職榮先入，抗疏辭恩恥横覃。思永自常州召入爲侍御史。皇祐中，將祀明堂，有傳赦語：「百官皆遷官。」思永上疏，力止濫恩，故云。勁操比松寒不撓，論語：「歲寒，然後知松柏之後彫。」忠言如藥苦非甘。張良傳：「且忠言逆耳利於行，毒藥苦口利於病。」詩：「誰謂荼苦？其甘如薺。」龍鱗直爲當官觸，龍鱗，見次韻鄧子儀注。虎穴寧關射利探。吴呂蒙年十五六，竊隨姊夫鄧當擊賊。當大驚，呵叱不能止。歸告蒙母，母欲罰之，蒙曰：「貧賤那可居？脱誤有功，富貴可致。且不探虎穴，安得虎子？」母哀而許之。朱轂獸頭終協夢，揚雄解嘲：「子徒欲朱丹其轂。」晉鄧攸父殷爲淮南太守，夢行水邊，見一女子，猛獸白其後斷其鞶帶囊。占者以爲：「水邊有女，汝字也；斷鞶囊者，新獸頭代故獸頭也。不作汝陰，當作汝南也。」果遷汝陰太守。粉闈鷄舌更須含。評曰：非佳語。○通典：「尚書省中，皆以胡粉圖畫古賢烈士。」漢制，尚書郎含鷄舌香奏事。思永罷御史，以司封外郎知宣州，故有「獸頭」、「鷄舌」之句。均輸北轉荆門鵠，勸課西臨蜀市蠶。司馬相如傳：「浮文鷁。」韓詩：「瀟碧遠輸委。」思永自宣擢湖北轉運使，故云「荆門鵠」。思永任益州路轉運使，成都闕守，領守事，故云「勸課西臨蜀市蠶」。蜀之先有蠶叢帝。又，高辛時，蜀有蠶女，不知姓氏。父爲人所掠，唯聽乘馬在。女念父不食，其母因誓於衆曰：「有得父還者，以此女嫁之。」馬聞其言，驚躍振迅，絶其拘絆而去。數日，父乃乘馬而歸。自此，馬嘶鳴不肯齕。母以誓衆之言告父，父曰：「誓於人，不誓於馬，安有人而偶非類乎？能脱我於難，功亦大矣。所誓之言，不可行也。」馬愈跑。父怒，射殺之，曝其皮於庭，皮蹶然而起，卷女飛去。旬日，皮復栖於桑上，女化爲蠶，食桑葉，吐絲成繭，以衣被於人間。一日，蠶女乘流雲，駕此馬，侍衛數千人，謂父母曰：「太上以我身心不忘義，授以九宫仙嬪矣，無復憶念也。」今冢在什邡、綿竹、德陽三縣界。每歲祈蠶者，四方雲集。蜀之風俗，諸宫觀畫塑女像，披馬皮，謂之「馬頭娘」，以祈蠶焉。稽聖賦曰：「爰有女人，感彼死馬。化爲蠶蟲，衣被天下。」是也。期信有兒迎郭伋，郭伋再爲并州牧，行部到西河美稷，有兒童數百，各騎竹馬，道左迎拜。問伋何日當還。伋令從事計日告之。既還，先期一日。伋爲違信於諸兒，遂止於野亭。須期，乃入。食貧無地乞羊曇。謝安棊負，以墅乞羊曇。此言公清貧，無地可气人也。「乞」，當作「气」，音氣，與人物也。橐垂鈴棧駝鳴圂，退之征蜀聯句：「推肥牛呼牟，載實駝鳴圂。」音乙轄反。廣韻十五轄有圂字，注：「駱駝鳴也。」節擁棠郊虎視眈。易頤卦：「虎視眈眈，其欲逐逐。」注：「虎下視皃。」歸見廣墀瞻斧藻，對揚初服改朱藍。文選江淹雜體詩序：「譬猶藍朱成采，錯雜之變無窮。」斧藻，謂天子之服。東坡雪詩：「如詩剪刻工，故上朱藍袂。」進班華省財方阜，自益州入爲兵部郎中、三司户部副使，故云

「財方阜」。出按窮邊虜稍戢。旋擢天章閣待制、陝西都轉運使，故云「按窮邊」。帝命賈琮當冀北，靈帝時，詔書沙汰二千石，更選清能吏，乃以琮爲冀州刺史，命御者褰赤帷裳，百城震悚。公自陝西起漕，改知瀛州，故云「當冀北」。民歌姬奭次周南。召公，姬姓，名奭。周南，詩什名。「次周南」者，指召南也。如甘棠、行露等章，皆民歌詠召公之詩也。投壺饗客魚無乙，祭遵傳：「遵爲將軍，取士皆用儒術，對酒設樂，必雅歌投壺。」禮記內則：「魚去乙。」注：「乙，魚體中害人者名也。東海鰫魚有骨，名乙，在目傍，狀如篆乙，食之鯁人不可出。」爾雅曰：「魚枕謂之丁，魚腸謂之乙，魚尾謂之丙。」注云：「此皆似篆書字，因以名焉。」韋莊：「豈慮其烹魚去乙，或致傷鱗。」傳言公仕既顯，自奉養不改其常。伐鼓蒐兵馬有驒。詩：「駉駉牡馬，在坰之野。有駰有騢，有驒有魚。」○小雅采芑：「征人伐鼓，陳師鞠旅。」注：「伐，擊也。」○隱公五年：「臧僖伯曰：『春蒐夏苗，秋獮冬狩。』」注：「蒐，索。擇取不孕者曰狩。」鯨鬣掀紅旗杳杳，崔豹古今注曰：「鯨，海魚也。大者長數千里，小者數千尺。鼓浪成雷，噴沫成雨。水族驚畏之，皆逃匿莫敢當。其雌曰鯢，大者亦長千里，眼睛爲明月珠。鬣，魚脊上鰭也。」嶺表録異曰：「海鰌魚，即海上最偉者也，其小者亦千餘尺。每歲，廣州嘗發艑舡過南安貿易，路經海心深闊處，忽見十餘山忽出忽没。篙工曰：『非山島，海鰌魚背也。』目閃，鬐鬣若簸朱旗，日中忽雨霂霂。舟子曰：『此鰌魚噴氣，水散於空，風勢吹來若雨耳。』漸近，魚即鼓舡而噪，倏尔而没。」金樓子曰：「鯨鯢，一名海鰌，穴居海底。鯨入穴則水溢爲潮。鯨既出入有節，故潮水有期。」虬髯吒黑纛髿髿。白詩：「槍森赤豹尾，纛吒黑龍髯。」威加諸部風霜肅，惠浸連營雨露涵。大斗時時能劇飲，詩行葦：「酌以大斗，以祈黃耇。」大斗，酒器也。輕裘往往秪清談。輕裘，見賦擬峴臺〔四〕注。乾龍已應天飛五，乾龍、天飛，謂英廟初御極也。乾：「九五，飛龍在天。」晉馬徐觀晝接三。「晉：康侯用錫馬蕃庶，晝日三接。」謂彭自江寧入覲。道在君臣方自合，德侔卿長亦誰慚？陳寔事，見陳師道宰烏程注。便蕃肯較平生寵，放曠皆〔五〕知雅性妉。傳言：「公清謹長者，尤長於吏事。與人居，雖終歲，不見其喜怒之變。公入爲御史，出爲帥守、大漕，又入爲中司，晚以户侍致仕。平生榮寵，亦便蕃矣。」委佩去辭廷殖殖，詩斯干：「殖殖其廷，有覺其楹。」注：「殖殖，言平正也。」揚舲〔六〕來得府潭潭。韓詩：「潭潭府中居。」一尊客語〔七〕從容盡，千里人情委曲諳。豈但縉紳稱召杜，前漢召信臣遷南陽太守，吏民親愛，號曰「召父」。後漢杜詩守南陽，政治清平，時人方於信臣，故南陽爲之語曰：「前有召父，後有杜母。」故多扶杖祝彭聃。賈山至言曰：「山東吏布詔令，民雖老羸癃疾，願扶杖而往聽之。」彭祖姓籛名鏗。老聃姓李名耳，即老子。二人皆古之高年者也。言思永所至有惠愛，民比之召、杜，而祝其年，使如彭、聃耳。幕中俊乂閑刀筆，「幕中俊乂」，言思永幕客也。「閑刀筆」，亦幕府省文書之義。韓退之言箴云：「幕中之辯人，反以汝爲叛。」帳下驍雄冷劍鐔。周苛傳：「苛爲客。」張晏注曰：「爲帳下賓客也。」「帳下驍雄」，言部曲也。三國時，將兵將軍有帳下督。劍鐔，劍口也。莊子説劍：「天子之劍，以晉、魏爲脊，周、宋爲鐔。」注：「音淫，又徒南反，謂劍鐔也。」楚地怪須留汲黯，蕭規疑欲付曹參。汲黯傳：「會更立五銖錢，民多盜鑄錢者，楚地尤甚。上以爲淮陽，楚地之郊也，召黯爲淮陽太守。」揚子雲解嘲：「蕭規曹隨。」從來貴勢公何慕？自是賢名上所貪。周武帝嘗令楊素草詔，下筆立成。帝嘉之曰：「善自勉，勿憂不富貴。」素應聲曰：「但恐富貴來逼臣，臣無心圖富貴。」〔八〕未信逸身今以老，且當憂國每如惔。莊子：「佚我以老。」詩：「憂心如惔。」論心邂逅膠投漆，謝承後漢書曰：「雷義與陳重爲交，鄉人爲之語曰：『膠漆自爲堅，不如雷與陳。』」「膠投漆」，以喻其固。搔首低回雪滿簪。「雪滿簪」，言髮白如雪。鎮撫未驚移歲月，追攀曾許賞煙嵐。餘歡遽隔新亭餞，王導傳有燕新亭事，但改「燕」爲「餞」爲是，送彭也。宿惠難忘舊館驂。禮記檀弓：「孔子之衛，遇舊館人之喪，入而哭之，哀。出，使子貢脱〔九〕驂而賻之。」卷曲尚誰知散櫟，莊子逍遥游：「吾有大樹，人謂之樗。其大本擁腫而不中繩墨，其小枝卷曲而不中規矩。」又人間世：「匠石之齊，至乎曲轅。見櫟社樹，其大蔽牛。觀者如市，匠伯不顧。弟子曰：『自吾執斧斤以隨夫子，未嘗見材如此其美也。先生不肯視，何耶？』曰：『已矣，勿言之矣。散木也，是不材之木也，無所可用。』」峥嶸空此詠枯楠。杜詩：「楩〔一○〕楠枯峥嶸，鄉黨皆不記。」又云：「空餘棟樑具，無復霄漢志。」評曰：公詩律甚嚴，得意亦少，及其拙也，有書生詞賦之氣。

【校記】

〔一〕「下」，宮内廳本作「乍」。

〔二〕「太」，諸本均作「大」。

〔三〕「常」，宮内廳本作「嘗」。

〔四〕「賦擬峴臺」，即本書卷三十五爲裴使君賦擬峴臺。

〔五〕「皆」，宮内廳本作「惟」。

〔六〕「舲」，龍舒本作「䑺」。

〔七〕「語」，宮内廳本作「路」。

〔八〕宮内廳本注曰：「『公何慕』，政用此意。」

〔九〕「脱」，宮内廳本作「説」。

〔一○〕「楩」，原作「梗」，據杜工部草堂詩箋枯柟、宮内廳本改。

補注

和喜雪〔一〕

温席 淵明作黄香傳：「事親，暑則扇床枕，寒則以身温席。」

澇田 又五代史四夷傳于闐：「每歲秋水涸，國王澇玉〔二〕于河，然後國人得澇玉。」澇田亦如澇玉，泄其水，乾之，以種稻也。」

送彭給事

衆長兼者，兼衆人之長也，若云多能。然思永父不著，此必稱思永有子，而一不爲少；如其庸下，多亦奚爲？

朱藍 隋李德林霸朝集序云：「朱藍所染，素絲改色。」

放曠 放曠云者，言賢者終樂閑

静，不與時競，自其天性也。

【校記】

〔一〕詩題全作「和錢學士喜雪」。

〔二〕「漭玉」，新五代史四夷附録第三作「捞玉」，下同。

庚寅增注第三十九卷

道中有感〔一〕

空場老雉 齊東昏侯治射雉場，在縣東北三十里。

豪華只有諸陵在往往黃金出市朝 廣記：「漢武帝塚先有玉箱、瑤杖各一，是西胡渠王所獻，帝平素嘗玩之。後有人於扶風郿市買得一物，帝左右識而認之，說賣者形狀，乃帝也。」據此，則古帝王陵冢金玉之出，不必盡由盜賊發之，固有自出者。然余切疑廣記誕妄不可信，安有雄材大略鞭笞四夷之主，死而自賣玉杖乎？其說荒唐，瀆慢甚矣。○杜詩：「昨日玉魚埋葬地，早時金椀出人間。」

讀史

公嘗謂：「歐陽永叔作五代史。時馮道最佳，有機謀，善避難密，能安主存身，可謂吉士。永叔貶人，甚無謂也。作史難，須博學多聞，又須識足以斷真僞是非乃可。蓋事在目前，是非尚不定，而況名迹去古人已遠，旋策度之，焉能一一當其實哉！」反覆此段，與詩意略合，且標題不指名，而泛謂之「讀史」，豈公故欲隱其義，爲永叔諱耶？

粹美 韓詩：「純粹古已亡。」

見王太丞

徐上青雲猶未晚 白樂天詩：「青雲上了無多路，却要徐驅穩著鞭。」○李白詩：「投竿也未遲。」

除夜寄舍弟〔二〕

勝事蹉跎 言仕落落，徒失歲時游覽之適。

答熊本推官

鬱金香 梁元帝詩：「香浮鬱金酒，煙繞鳳凰樽。」

送彭給事赴闕

櫻苑頒詩預宴酣 按：廣記：「唐時進士尤重櫻桃宴。乾符四年，劉鄴第二子覃及第，時鄴以故相鎮淮南，敕邸吏日以銀一鋌資醵罰。而覃所費往往數倍。邸吏以聞，鄴命取足而已。會時及薦新，狀元已下，方議醵率。覃潛遣人厚以金帛預購數十樹矣。於是獨置是宴，大會公卿。時京國櫻桃初出，雖貴未適口，而覃山積鋪席，復和以糖酪者，至參御輩，靡不霑足。」〔三〕據詩先及科選，下及櫻苑，疑用此事也。

才堪　韋蘇州送章八元擢第詩：「決勝文場戰已酣，行膺辟命復才堪。」

抗疏辭恩恥橫覃　温公雜記：「皇祐二年，有詔季秋祀明堂。外議皆云『將有覃恩』，侍御史彭思永上言：『內侍省都知王守中欲求節度使，張堯佐欲求使相，故建此議。今庶官冗濫，國用不足，不宜如此。』上怒甚，謂執政：『思永何從得此語？』欲令分析，執政對以：『御史許風聞言事，雖不得實，不可罪也。』乃止。蓋思永言適中二人之機，故上怒也。」〔四〕終有覃恩，然二人殊命亦寢。守中但以兩使留後，給節度使俸而已。王樂道云。

荊門鷁　杜詩：「欲辭巴徼啼鶯合，遠下荊門去鷁催。」

【校記】

〔一〕詩題全作「金陵至丹阳道中有感」。

〔二〕以下三首詩注，原誤置於庚寅增注第十四卷卷末，現移入本卷末。

〔三〕四庫全書本太平廣記卷一八三劉鄴條注出摭言，却無此內容，而具載唐摭言卷三。「醵罰」，原作「劇罰」，據唐摭言改。「醵率」，原缺，據唐摭言補。

〔四〕以下注文，原闌入本書卷四十補注後，實爲卷三十九送江寧彭給事赴闕補注，故移至此。

王荆文公詩卷第四十

律詩

聊行〔一〕

聊行弄芳草，獨坐隱團蒲。問客茅簷日，君家有此無？

評曰：其淡蕩自足，古人所未到，幾於道矣。〇列子楊朱篇：「宋國田夫東作曝日，顧謂其妻曰：『負日之暄，人莫知者，以獻吾君，將有重賞。』」〇歐公文：「凉竹簟之暑風，曝芽簷之朝日。」

【校記】

〔一〕此詩爲龍舒本卷七十五絶句九首之第二首。

染　雲〔一〕

染雲爲柳葉，剪水作梨花。不是春風巧，何緣有歲華？

評曰：初看鄭重，熟味自然。〇陸暢雪詩：「仙人寧底巧？剪水作花飛。」

【校記】

〔一〕此詩爲龍舒本卷七十五絶句九首之第六首。

溝　港〔一〕

溝港重重柳，山坡處處梅。小輿穿麥過，狹徑礙桑回。

評曰：此望花隨柳，更極風流。〇李白詩：「碧草已滿地，柳與梅争春。」唐人多以梅、柳對言。公詩舉此，殆不止一聯也。「小輿」、「狹徑」，曲盡農圃閑適之趣。

【校記】

〔一〕此詩爲龍舒本卷七十五絶句九首之第七首。

霹靂溝

霹靂溝西路，柴荆四五家。建康志：「霹靂溝，在城西五里。」憶曾騎欵段，隨意入桃花。評曰：妙！此其暗用崔護，變化冷然。○建康續志云：「蔣山寶公塔西北，有宋興寺基。基之左：有桃花塢，桃花甚盛，今不復存。」○李白詩：「石門流水遍桃花，我亦曾到秦人家。」○杜詩：「隨意數花鬚。」又：「舡人近相報，但恐失桃花。」

午睡

簷日陰陰轉，牀風細細吹。倐然殘午夢，何許一黄鸝。蘇子美詩：「樹陰滿地日卓午，夢覺流鸎時一聲。」

題齊安壁〔一〕

日净山如染，風暄草欲薰。韓詩：「暄風暖景明年日。」○許渾廣中詩：「未臘梅花實，終冬草自薰。」○别賦：「閨中風暖，陌上草薰。」梅殘數點雪，麥漲一溪雲。曹松詩：「林殘數枝月，髮冷一梳風。」公句法類此。

【校記】

〔一〕「壁」，宮内廳本作「驛」。

昭文齋

公自注云：「米黻題余定林所居，因作。」〔一〕

我自山中〔二〕客，何緣有此名？當緣琴不鼓，人見有〔三〕虧成。

評曰：雖出米意，引莊語近戲，竟似淺淺。○蔣山有定林菴，公嘗讀書於此。米元章榜曰「昭文齋」。李伯時寫公真於壁，楊次公爲之贊。○莊子齊物論：「有成與虧，故昭氏之鼓琴也；無成與虧，故昭氏之不鼓琴也。」齋名亦取公嘗爲首相之意。

【校記】

〔一〕龍舒本、宋本、叢刊本無「公自注云」四字。宮内廳本「黻」作「芾」。

〔二〕「山中」，宋本、叢刊本作「中山」。

〔三〕「見有」，龍舒本、宋本、叢刊本作「不見」。

臺上示吳愿

細書妨老讀，後漢循吏傳：「細書成文。」○唐人詩有「大書文字隄防老」之句。長簟愜〔一〕昏眠。韓詩：「抵暮但昏眠。」取簟且一息，抛書還少年。評曰：不惟弗意體製往來，好其頓挫悵惋，蕭然晚悟。十字奇絶。

【校記】

〔一〕「愜」，宋本、龍舒本作「怯」。

示道原

久不在城市，少留心悵然。白詩：「見君五老峯，益悔居城市。」幽芳可攬結，佇子飲雲泉。「攬結」字，見招約之職方注。○唐人詩：「別有野麋人不識，一生長飲白雲泉。」

傳神自讚〔一〕

此物非他物，今吾即故吾。今吾如可狀，此物若爲摹。評曰：是公透徹，豈比野狐哉？傳神自讚，第一句如此，妙妙妙！○莊子田子方篇：「彼已盡矣，而汝求之以爲有，是求馬於唐肆也。吾服，汝也甚忘；汝服，吾也亦甚忘。雖然，汝奚患焉？雖忘乎故吾，吾有不忘者存。」注：「不忘者存，謂繼之以日新也，雖忘故吾，而新吾已至。夫始非吾，吾何患焉？故能離俗絶塵，而與物無不冥也。」

【校記】

〔一〕此詩爲龍舒本卷六十七真讚二首之第二首。

題何氏宅園亭

荷葉參差卷，榴花次第開。杜牧詩：「舊事參差夢，新程迤邐秋。」亦此句法。但令心有賞，歲月任渠催。

草堂一山主〔一〕

一公持一鉢，想復度遥岑。傳燈録：「曾將一鉢度娑婆。」又：「僧那禪師唯一衣一鉢，一坐一食，奉頭陀行。」地瘦無黃獨〔二〕，一作「犢」，黃精也。○杜詩：「黃獨無苗山雪盛。」春來草更深。

【校記】

〔一〕「山主」，宋本、叢刊本作「上人」。

〔二〕「獨」，龍舒本、宋本、叢刊本作「犢」。

題黃司理園

爲憶去年梅，元微之詩：「馬上同携今日杯，湖邊新折去年梅。」凌寒特地來。閏前空臘盡，渾未有花開。杜詩：「梅蘂臘前破，梅花年後多。」

涔　亭[一]

西崦水泠泠，沿岡有涔亭。自從春草長，遥見秖青青。涔亭，見古詩注。○韓詩：「草色遥看近却無。」

【校記】

〔一〕宋本、叢刊本題作「北山涔亭」。

題[一]永昭陵 仁宗陵。

神闕淡朝輝[二]，公作永昭陵齋文云：「歲陰逝矣，陵闕超然。」蒼蒼露未晞。龍車不可望，投老涕沾衣。永昭陵旦表有云：「想龍駕於空衢，莫知所税；瞻烏耘於新壠，但有至懷。」亦公作也。

【校記】

〔一〕龍舒本卷七十六無「題」字。

〔二〕「淡」，宋本、叢刊本作「澹」。「輝」，龍舒本作「暉」。

詠穀

可憐臺上穀，轉目已陰繁。不解詩人意，何爲樂彼園？鶴鳴詩：「樂彼之園，爰有樹檀。其下維穀。」注：「惡木也。」

池上看金沙花數枝過酴醿架盛開〔一〕高齋詩話：「公薦進一二寒士，位侍從，初無意於大用。公去位後，遂參政柄，因作此詩寄意。」

故作酴醿架，金沙秪漫〔二〕栽。似矜顏色好，飛度雪前開。評曰：詩意如有所指，生此話柄。○雪，謂酴醿。劉長卿詩：「自矜嬌艷色，不顧丹青人。」

【校記】

〔一〕此詩爲龍舒本卷七十七薔薇四首之第四首。

〔二〕「漫」，龍舒本、宋本、叢刊本作「謾」。

五柳

五柳柴桑宅，三楊白下亭。五柳，淵明事。三楊，見次韻酬龔深甫注。往來無一事，長得見青青。白傅詩：「遥憶青青江岸上，不知攀折是何人？」青青，謂柳與楊也。公自以其宅比陶廬。

移松皆死〔一〕

李白今何在？桃紅已索然。君看赤松子，猶自不長年。評曰：雖屬戲笑，使人別有所省。

【校記】

〔一〕龍舒本卷七十三題作「李白」；卷七十七題同，注「重」。

山中

隨月出山去，尋雲相伴歸。春晨花上露，芳氣著人衣。〔一〕李白詩：「暮從碧山下，山月隨人歸。却顧所來徑，蒼蒼横翠微。」○王昌齡詩：「朝飲花上露，夜卧松下風。」○王維詩：「澗芳襲人衣，山月映石壁。」○謝靈運詩：「花上露猶炫。」離騷：「芳菲兮襲予。」

【校記】

〔一〕宫内廳本評曰：「朝暮如此，可見情事。」

送王補之行風忽作因題四句於舟中

淮口西風急，君行定幾時？故應今夜月，未使〔一〕照相思。戴叔倫詩：「未可動歸橈，前程風浪急。」○李白詩：「吴洲如見月，千里幸相思。」○杜牧詩：「只應明月見，千里兩相思。」

【校記】

〔一〕「使」，諸本均作「便」。

被召作〔一〕

一本「北山」。

榮禄嗟何及，明恩愧未酬。欲尋西掖路，更上北山頭。評曰：北山，陟屺之恨也。○此詩意兼君親言之。鄭畋直禁苑詩：「蹔來西掖路，還整上清槎。」

【校記】

〔一〕龍舒本此詩重出，卷六十四爲游鍾山四首之四，卷七十一題作北山。

再題南澗樓

北山雲漠漠，南澗水悠悠。建康志：「南澗樓，在城南八里。」南史：「何求除永嘉守，住南澗寺，不肯詣臺，乞於野外拜受。見許，忽一夜，乘小船逃歸吴。」去此非吾願，臨分更上樓。評曰：墳基〔一〕之感與前篇相屬，故曰「再題南澗」。○令狐楚詩：「適楚豈吾願？思歸秋向深。」○唐張喬詩：「一夜江潭風雨後，九華晴望倚天秋。重來此地知何日，欲别殷勤更上樓。」

【校記】

〔一〕「基」，宮内廳本作「墓」。

南浦

南浦隨花去，迴舟路已迷。暗香無覓處，日落畫橋西。評曰：渠興未盡在。○杜詩：「桃花客若至，定似昔人迷。」○韓詩：「欲知花島處，水上覓紅雲。」

題定林壁懷李叔時

雲與淵明出，風隨禦寇還。陶淵明歸去來辭：「雲無心而出岫。」○列子御風而行，旬有五日而後反。燎爐無伏火，秋興賦：「燎薰爐兮炳明燭。」○江淹詩：「膏爐絶沈燎，綺席生浮埃。」蕙帳冷空山。北山移文：「蕙帳空兮夜鶴怨。」

離蔣山

出谷頻回首，逢人更斷腸。白公別草堂詩：「身出草堂心不出。」又詩：「眉低出鷲嶺，脚重下蛇岡。」亦公此意。桐鄉豈愛我，我自愛桐鄉。桐鄉，見上注。

江　上[一]

江水漾西風，江花脱晚紅。離情被横笛，吹過亂山東。謝希逸月賦：「洞庭始波，木葉微脱。」

【校記】

〔一〕此詩爲龍舒本卷七十一江上五首之第三首。

春雨

苦霧藏春色，愁霖病物華。幽奇〔一〕無可奈，強酹一杯霞。鮑昭鶴賦〔二〕：「嚴嚴苦霧，皎皎悲泉。」○選詩有「愁霖唱」「一杯霞」，言酒也。酒有流霞九醖。

【校記】

〔一〕「奇」，宮内廳本作「期」。

〔二〕「鮑昭鶴賦」，當作「鮑照舞鶴賦」，見文選。

歸鷰 或云，此乃鄭毅夫所作。

馬上逢歸鷰，知從何處來？貪尋舊巢去，不帶錦書回。杜子美詩：「北書不至鴈無情。」○文選江淹詩：「袖中有短書，願寄雙飛鷰。」○宋之問詩：「馬上逢寒食，塗中屬暮春。」○岑參詩：「馬上相逢無紙筆，憑君傳語報平安。」○顧況詩：「紫鷰西飛欲寄書。」○文昌雜録云：「世言燕子至秋社乃去，仲春復來。詩謂：『玄鳥，鳦也。春分玄鳥降。』昔年因京東開河岸崩，見蟄燕無數。晉郗鑒爲兗州刺史，鎮鄒山。百姓饑饉，或掘野鼠、蟄燕而食之。乃知燕去亦蟄耳。驚蟄後，中氣乃出，非度海也。」苕溪漁隱曰：「余曩歲冬間於吴興山中營先壠，闢一小路，路傍有數巨石，其穴頗深。試令僕輩斸之，見鷰燕蟄於其間者甚衆，急掩之。因驗文昌之言爲是，而摭遺之説爲非也。」

和惠〔一〕思波上鷗

翩翩白鳧鷗，汎汎水中游。西來久不見，夢想在滄洲。晉樂志拂舞歌有白鳧鳩舞，疑詩「鳧」字誤，當作「浮」，不然，亦並言二鳥也。○杜詩：「相趂鳧鷗入蔣芽。」○屈原卜居章句：「將氾氾若水中之鳧兮，與波上下。」

【校記】

〔一〕「惠」，本書目録、臺北本目録作「慧」。

秣陵道中口占二首

經世才難就，田園路欲迷。謂故廬在臨川。慇懃將白髮，下馬照清溪。評曰：傾〔二〕倒自然。○杜牧詩：「弄溪終日到黄昏，照數秋來白髮根。」○言經世無成，而失田園之樂也。

【校記】

〔一〕「傾」，原作「頃」，據宮内廳本改。

其　二

歲熟田家樂，秋風客自悲。茫茫曲城路，歸馬日斜時。曲城，在秣陵。

次青陽

十載九華邊，九華山，在池州。歸期尚眇然。謂歸江西。秋風一乘傳，漢書高紀：「田横懼，乘傳詣洛陽。」如淳曰：「四馬高足爲置傳，四馬中足爲馳傳，四馬下足爲乘傳。」更覺負林泉。

代陳景初一作「元」。書於太一宮道院壁〔一〕

官身有吏責，觸事遇嫌猜。野性豈堪此，廬山歸去來。評曰：殆借此道士雪屈。○景初，黃冠師也。據楊無爲集〔二〕云：「碧虛子陳景元泰初，入道爲右街録，賜號真靖，主中太一宮。屢請歸廬山，朝廷不從，大丞相舒公因真靖自言而題之云：『官身有吏責，觸事遇嫌猜。野性難堪此，廬山歸去來。』無爲子楊傑，蓋碧虛子之友也，聞而歎曰：『昔靖節先生賦歸去來以歸廬山之陽，且八百年矣。其辭未忘，罕有繼其聲者。今大丞相因子之言而及之，愛子之深也。夫靖節遠害於污俗，真靖引分於治朝，雖其去不同，而所歸則一。迺追靖節韻而歌歸去來以貽之，時亦自警云。歸去來兮，當太平之時胡不歸？寵難處而易辱，樂或過而生悲！田園蕪兮不耨，歲月流兮莫追。非彼焉而是是，是我指而非非。黼黻爛兮眩吾目，塵埃坌兮緇吾衣。不收視以返聽，將安望乎希微。胡爲乎疲足孤輪，與時競奔。行不愧乎夜漏，往取愧於晨門。余聞有其善者善喪，外其身者身存。享不俟乎牛鼎，酌不假乎象罇。內苟適其志願，外何靦乎面顏。一簞足以自養，一枝足以自安。居善行而無跡，門善閉而無關。動不離乎輜重，超燕處乎榮觀。河泝流兮九曲，丹伏煉兮七還。師不陳而坐勝，勇無取乎桓桓。歸去來兮，請從逍遥之游。委天與之定分，在道外以何求？有名教之真樂，絶世俗以忘憂。玩幾微於八索，鑒福極於九疇。齊物我而一致，汎忘心之虛舟。躡遺舄於子喬，接逸袂於浮丘。礪吾齒而漱石，清吾耳而枕流。投空谷而響應，憩長林而影休。幽鳥翔而後集，白雲去而復留。歲云暮以何之？叟擊壤以爲期。捨我田而營他，徒勞力於耘耔。胡不歌大丞相之詩，脱官身之吏責，廬山歸去夫何疑？』」

【校記】

〔一〕龍舒本卷七十六題作「代陳景文書」。

〔二〕「楊無爲集」，宮内廳本作「無爲子集」。

山　雞〔一〕

山雞照淥水，自愛一何愚！文采爲世用，適足累形軀。

李白詩：「秋浦錦駝鳥，人間天上稀。山雞羞淥水，不敢照毛衣。」博物志：「山雞有美毛，自愛其色，終日映水，目眩則溺死。信乎其愚也。」

【校記】

〔一〕此詩爲龍舒本卷六十四金陵絶句四首之第四首。

雜詠四首〔一〕

故畦抛汝水，新壟寄鍾山。爲問揚州月，何時照我還？

列子天瑞篇：「拾遺穟於故畦。」○杜詩：「霜中登故畦。」○撫州城下臨水、汝水合流。此公言去撫而居江寧也。楚公葬於江寧之牛首山，今言「揚州月」，則公意止在江寧，不復回首故畦矣。

【校記】

〔一〕此四首爲龍舒本卷七十五雜詠絶句十五首之第十一、十二、十三、十四首。

其　二

已作湖陰客，如何更遠游？漳江〔一〕昨夜月，送我到揚州。韋應物詩：「嬋娟昨夜月，還向波中見。」○杜詩：「昨夜月同行。」○湖陰，在公金陵所居旁近。

【校記】

〔一〕「漳江」，龍舒本、宋本、叢刊本作「章江」。

其　三

證聖南朝寺，證聖，在今行宫北。三年到百回。不知墻下路，今日幾荷開？杜牧詩：「三年得歸去，知遶幾千回？」○許敬宗詩：

「心逐南雲逝，形隨北鴈來。故鄉籬下菊，今日幾花開。」

其四

桃李白〔一〕一作「石」。城塢，餉田三月時。柴荆常自閉，花發少人知。韓詩：「馬蹄無入朱門迹，縱有春歸可得知。」

【校記】

〔一〕「白」，龍舒本、宋本、叢刊本作「石」。

卧聞

卧聞黄栗留，起見白符鳩。並見懷舒州山水呈昌叔注。坐引魚兒戲，行將鹿女游。韓詩：「惟有魚兒作隊行。」○杜詩：「細雨魚兒出。」○孟子：「舜居深山之中，與鹿豕游。」○唐人詩：「有時隨鹿上山行。」王維詩：「鳳王啣果獻，鹿女踏花行。」

秋興有感

宿雨清畿甸，朝陽麗帝城。杜詩：「朝日射芳甸。」選詩：「金波麗鳷鵲。」豐年人樂業，隴上踏歌聲。踏歌，見後元豐行注。○劉禹錫竹枝詞：「聞郎江上踏歌行。」

題八功德水

欲尋阿練若，法華經第五卷：「假名阿練若，好出我等過。」曳屐出東岡。澗谷芳菲少，春風著野桑。

口占示禪師〔一〕

去歲別南嶽，前年返溈潭。南嶽屬衡州，溈潭屬洪州，皆大禪林。臨機一句子，今日遇同參。傳燈録：「僧問延昭：『如何是臨機一句？』師曰：『因風吹火，用力不多。』慧勤語令遵曰：『吾老，倦於提誘，汝可往謁翠微，彼即吾同參也。』」○藥山上堂云：「我有一句子，未曾説向人。」圓智師出云：「相隨來也。」僧問藥山：「一句子如何説？」藥山非言説。圓智師曰：「早言説了也。」又，惟儼禪師亦有「一句子」公案。又，船子和尚嘗謂「同参道吾」云云。

【校記】

〔一〕宋本、叢刊本「占」下無「示禪師」三字。

偶書〔一〕

一作「雄聃」。桓譚曰：「昔老聃著虚無之言兩篇，薄仁義，非禮學，然後世好之者尚以爲過於五經。自漢文、景之君及司馬遷皆有是言。今揚子之書，文義至深，而論不詭於聖人。若使遭遇時君，更閲賢知，爲所稱善，則必度越諸子矣。」據譚言如此，則公有「雄聃」之目固宜。

雄也營身足，聃兮誤汝多。捐書知聖已，絶學奈禽何？

莊子山木篇：「翔徉而歸，絶學捐書。」揚子：「人而不學，雖無憂，如禽何？」捐書之弊，至於可以無學，故云「誤汝」也。

【校記】

〔一〕龍舒本卷七十三題作「雄聃」。

送陳景初〔一〕

時公在金陵持母喪。

舉族貧兼病，包佶詩：「惟有貧兼病，能令親愛踈。」煩君藥石功。長安何日到？一一問歸鴻。

【校記】

〔一〕宋本、叢刊本題作「送陳景初金陵持服舉族貧病煩君藥石之功」。龍舒本卷五十八題末比宋本、叢刊本多「小詩二首」四字，第一首同此詩，第二首即本書卷四十七送陳景初。

泊姚江〔一〕

軋軋櫓聲急，李涉詩：「櫓聲軋軋摇不前，看他撩亂張帆走。」蒼蒼江日低。吾行有定止，潮汐自東西。評曰：學韓沄沄。〇初學記：「潮汐有朝夕之期。」詳見別注。張喬詩：「空門無去住，行客自東西。」

【校記】

〔一〕此詩爲龍舒本卷七十泊姚江二首之第二首。

樓上

蕩漾舟中客，徘徊樓上人。滄波浩無主，兩槳邈難親。

評曰：玉臺體，不能言已。○唐人詩：「亂山無主鷓鴣啼。」又：「無主杏花春自紅。」○「滄波」著一「浩」字，尤佳。○杜詩：「桃花一簇開無主。」

春晴

新春十日雨，雨晴門始開。静看蒼苔紋，莫上人衣來。

評曰：也極癡嫩。○常建詩：「藥院滋苔緑。」○雍陶詩：「錦文苔點點。」

浄相寺

俗呼爲後籬寺。在江寧縣城西南六十里。唐天祐十八年建。○國朝崇寧中改今額。

浄相前朝寺，荒涼二十秋。錢起詩：「黄葉前朝寺，無僧前殿開。」曾遭滅〔一〕劫壞，今遇勝緣修。維摩經：「若一劫，若滅一劫，而供養之。」○樂天重修香山寺詩：「曾隨滅劫壞，今遇勝緣修。」滅，音陷。

【校記】

〔一〕「滅」，龍舒本、宋本、叢刊本作「滅」。

將母〔一〕

將母邗溝上，留家白紵陰。月明聞杜宇，南北揔關心。評曰：二十字，孤恨宛然。○邗溝在山陽縣，已見上注。白紵山在太平州。桓温領妓游山，好爲白紵歌，故以名。陸龜蒙詩：「一心如瑞麥，唯作兩歧分。」

【校記】

〔一〕此詩爲龍舒本卷七十五雜詠絶句十五首之第十五首。

朱朝議移法雲蘭

幽蘭有佳氣，千載閟山阿。不出阿蘭若，豈遭乾闥婆。華嚴經：「阿蘭若，名菩提場。」今槩以名寺。乾闥婆，城名也。當是移蘭入城中，故云。

晚歸

岸迴重重柳，川低渺渺河。不愁南浦暗，歸伴有嫦娥〔一〕。韓偓詩：「兩兩珎禽渺渺溪。」○唐詩：「歸時不覺夜，出浦月隨人。」又：「不愁歸路晚，明月上前汀。」李白詩：「莫教明月去，留著醉嫦娥。」

【校記】

〔一〕「嫦娥」，龍舒本、宋本、叢刊本作「姮娥」。

題舫子

錢舜民詩：「鷗飛波蕩緑，牛卧草分青。」

愛此江邊好，留連至日斜。眠分黄犢草，坐占白鷗沙。杜詩：「軟沙欹坐穩，冷石醉眠醒。」○嚴武詩：「懶眠沙草愛風湍。」○苕溪漁隱曰：「盧綸山中絶句云：『陽坡草軟厚如織，因與鹿麛相伴眠。』介甫只用五字，道盡此兩句。如云『眠分黄犢草』，豈不簡而妙乎？」

惠〔一〕崇畫

斷取滄洲趣，移來六月天。道人三昧力，變化只和鉛。斷取，見純甫出惠崇畫注。○杜詩：「聞君掃却赤縣圖，乘興遣畫滄洲趣。」○韓詩：「文工妙畫各臻極，異境恍惚移於斯。」

【校記】

〔一〕「惠」，本書目録、臺北本目録作「慧」。

蒲葉

蒲葉清淺水，杏花和暖風。杜牧詩：「蘿洞清淺水，竹廊高下風。」公格律倣此。〇李文饒詠蘭蓀詩：「葉抽清淺水。」〇白詩：「因尋菖蒲水，漸入桃花巖。」〇儲光羲詩：「蒲葉日已長，杏花日已滋。老農要看此，貴不違天時。」〇韓致光詩：「橋下淺深水，竹間紅白花。」地偏緣底緑，隋薛道衡詩：「庭草無人隨意緑。」〇杜詩：「無人碧草芳。」人老爲誰紅？劉夢得詩：「今日花前飲，甘心醉數杯。但愁花有語，不爲老人開。」

芳草

芳草知誰種，緣階已數叢。李白詩：「長短春草緑，緣階如有情。」又：「故交不過門，秋草日上階。」無心與時競，張九齡與林甫海燕詩：「無心與物競，鷹隼莫相猜。」何苦緑怱怱[一]？魯直詩：「黄鸝惟見緑怱怱。」

【校記】

[一]「怱怱」，龍舒本作「葱葱」。

與徐仲元自讀書臺上過〔一〕定林

按建康志，境内讀書臺凡四處：郭文舉書臺在冶城，梁昭明書臺在蔣山定林寺後北高峯上，董永讀書臺在溧水縣西四十里，蔡伯喈讀書臺亦在溧水縣太虛觀東北。以此觀之，則公所游者，必是昭明書臺，蓋去定林不遠耳。

横絶潺湲度〔二〕，河渠書：「河蕩蕩兮激潺湲。」深尋犖确行。退之詩：「山石犖确行徑微。」又：「搜尋得深行。」又：「炎潮度氛氲，熱石行犖确。」百年同逆旅，一壑我平生。莊子：「世人直爲物逆旅耳。」○陶詩：「家如逆旅舍，我如當去客。」○晉明問謝鯤：「論者以君方庾亮，自謂何如？」答曰：「端委廟堂，使百僚準則，臣不如亮；一丘一壑，自謂過之。」

【校記】

〔一〕「過」，本書目録、臺北本目録作「至」。龍舒本、宋本、叢刊本無「過」字。

〔二〕「度」，龍舒本作「渡」。

病中睡起折杏花數枝二首〔一〕

獨卧南牕榻，翛然五六旬。已聞鄰杏好，故挽一枝春。陸凱詩：「聊贈一枝春。」○韓詩：「西鄰北郭古寺空，杏花兩株能白紅。」○書無逸：「或五六年。」

【校記】

〔一〕龍舒本卷六十五題作「庵中睡起二首」，卷七十七此首重出，題作「折花病中」。

其二

獨卧無心處〔一〕，一作「起」。春風閉寂寥。鳥聲誰喚汝，屋角故相撩。

退之詩：「無心思嶺北，猿鳥莫相撩。」○山谷詩：「佳眠未知曉，屋角聞晴哢。」

【校記】

〔一〕「處」，宋本、叢刊本作「起」。

送望之赴臨江

黄雀有頭顱，長行萬里餘。想因君出守，暫得免包苴。

評曰：送人作守，獨舉此細事，細事且然。○袁尚傳：「君頭顱方行萬里。」魯直亦云：「頭顱雖復行萬里，猶和鹽梅傳説羹。」兩公詠黄雀，皆使袁尚事。○成、湯六事，包苴行歟？

送丁廓秀才歸汝陽〔一〕

風駛〔二〕柳條乾，駞裘未勝寒。殷勤陌上日，爲客暖征鞍。評曰：可謂不傷。○皎然詩：「春風潮水漫，正月柳條寒。」○歐公詩：「春寒漠漠侵駝褐。」○長卿詩：「獨憐南浦月，今夕送歸鞍。」

【校記】

〔一〕「陽」，宋本、叢刊本作「陰」。此詩爲龍舒本卷五十八送丁廓秀才三首之三。

〔二〕「駛」，龍舒本、宫内廳本作「駃」。

送王彦魯

北客憐同姓，南流感似人。詩：「豈無它人，不如我同姓。」莊子徐無鬼篇：「子不聞夫越之流人乎？去國數日，見其所知而喜；去國旬月，見所嘗見於國中者而喜；及期年也，見似人而喜矣。不亦去人滋久，思人滋深乎？」相分豈相忘，臨路更情親。

送吕望之

池散田田碧，臺敷灼灼紅。年華豈有盡，心賞亦無窮。古詩：「雖無田田葉，及爾泛漣漣。」○桃夭：「灼灼其華。」○沈約詩：「山中咸可悅，賞逐四時移。」○歐公云：「四時之景不同，而其樂亦無窮也。」東坡詩：「以彼無盡景，寓我有限年。」

别方邵祕校

迢迢建業水，中有武昌魚。别後應相憶，能忘數寄書？言魚可寄書也。古樂府：「呼兒烹魚，中有素書。」武昌魚，見吴志。

梅花

墻角數枝梅，凌寒獨自開。遥知不是雪，爲有暗香來。評曰：句意高絶。○戎昱梅花詩：「應緣近水花先發，疑是經春雪未消。」○古樂府：「庭前一樹梅，寒多未覺開。秖言花似雪，不悟有香來。」○介父略轉換耳，或偶同也。

紅梅

春半花纔發，多應不奈寒。北人初未識，渾作杏花看。梅宛陵詩：「驛使前時走馬回，北人初識越人梅。」○西清詩話云：「紅梅，清艷兩絶，昔獨盛於姑蘇。晏元獻始移植西岡第中，特珎賞之。一日，貴游賂園吏，得一枝分接，由是都下有二本。公嘗與客飲花下，賦詩曰：『若更遲開三二月，北人應作杏花看。』客曰：『公詩固佳，待北俗何淺也？』公笑曰：『顧傖父安得不然？』一坐絶倒。王君玉聞盗花事，以詩遺公云：『館娃宮艾〔一〕舊精神，粉瘦瓊寒露蘂新。園吏無端偷折去，鳳城從此有雙身。』自爾名園争培，接遍都城矣。」苕溪漁隱曰：「介甫紅梅詩與元獻詩暗合，然介甫句意祖元獻爲工。」

【校記】

〔一〕「艾」，宮内廳本作「北」。

病起過寶覺

執手乍欣悵，霜毛應更新。依然舊童子，却想夢前身。善財童子入毗盧樓閣，見諸境界種種莊嚴，不可思議。彌勒告言：「如上所見，從何處來？」善財曰：「從諸佛智惠中來，依諸佛智惠而住。無有去處，亦無住處。如夢如幻，不可思議。」爾時善財聞彈指聲，從三昧起。蓋善財末後證入法身，見前來參訪五十二人知識皆是夢境。以「執手」二字觀之，知爲善財不疑。善財初參德雲比丘，德雲執善財手云云。○楊巨源與劉評事過故證上人院詩：「堦雪陵春積，鍾煙向夕深。依然舊童子，相送出花陰。」○戎昱春日游僧院詩：「依然舊童子，相送出花林。」

書定林院窗〔一〕

公自注云：「問遠大師，師云：『夜來夢與說十波羅密〔二〕。』」

道人今輟講，卷衲寄松蘿。夢說波羅密，當如習氣何。淨土經：「各以衣裓盛衆妙花，供養他方千億佛。」○舍利佛問須菩提：「夢中說六波羅密，與覺時是同是別？」須菩提云：「此義幽深，吾不能說，汝往問彌勒。」

【校記】

〔一〕龍舒本卷六十三書定林院牕二首，第二首「又」同此詩。

〔二〕龍舒本、宋本、叢刊本無「公自注云」四字。「密」，宋本、叢刊本作「蜜」。下詩中「密」，諸本均作「蜜」。

題徐浩書法華經〔一〕

一切法無差，華嚴經第二十：「是以一法入一切法，以一切法入一法，而不壞其相者之所住處。」水牛生象牙。莫將無量義，欲覓妙蓮華。法華經云：「佛説大乘經，名無量義教菩薩法，佛所護念。説是經已，即於大衆中結跏趺坐，入於無量義處三昧。」

【校記】

〔一〕龍舒本卷六十九題作「示無著上人」。

春　怨〔一〕

掃地待花落，惜花輕著塵。游人少春戀，踏去却尋春。評曰：一往有情。○張籍詩：「不教人掃石，恐損落來花。」

【校記】

〔一〕宋本、叢刊本無本首與下首。

離昇州作〔一〕

建康，舊名昇州。

相看不忍發，慘澹暮潮平。語罷更携手，月明洲渚生。

評曰：五字自别。○李白送殷淑詩：「相看不忍别，更進手中杯。」

【校記】

〔一〕詩題原作「離昇州作二首」，目録同，均據清綺齋本改。龍舒本卷七十題末有「二首」二字，其一同此，其二即本書卷四十三離昇州作。

回文四首〔一〕

碧蕪平野曠，黄菊晚村深。客倦留甘飲，身閑累苦吟。

回文未審起於何時。皮日休雜體詩序：「晉温嶠始有回文詩。」

【校記】

〔一〕龍舒本卷七十五題作「回文三首」，無第四首。宋本、叢刊本此四首各取首二字爲題，即「碧蕪」、「夢長」、「迸月」、「泊鴈」，並於碧蕪題下注「回紋」二字。

其　二

夢長隨永漏，吟苦雜踈鍾。動蓋荷風勁，沾裳菊露濃。

其　三

迸月川魚躍，開雲嶺鳥翻。徑斜荒草惡，臺廢冶花繁。

其　四

泊鴈鳴深渚，收霞落晚川。柝隨風斂陣，樓映月低弦。漠漠汀帆轉，幽幽岸火然。壑危通細路，溝曲繞平田。

題西太一宮壁二首〔一〕

柳葉鳴蜩緑暗，荷花落日紅酣。〔二〕一作「草色浮〔三〕雲漠漠，樹陰落日潭潭」者，非。此篇歐、蘇有和韻，當據爲正。三十六陂春水〔四〕，「春」，一作「煙」。據神宗元豐二年，導洛通汴，引古索河爲源，注房家、黄家、孟王陂及三十六陂高仰處，瀦水爲塘，以備洛水不足，則決以入河。據此，則京師亦有三十六陂。未知公所指何處。白頭想見江南。評曰：語調自然。清絶，愁絶。○月令：「仲夏之月，蜩始鳴。」○蕩之什：「如蜩如螗。」詩疏曰：「鳴蜩，蟬也。宋、衛謂之唐蜩，陳、鄭謂之蜋，海岱之間謂之蟬，通語也。」○選詩：「涼風繞曲房，寒蟬鳴高柳。」司空圖詩：「緑樹連村暗。」○韓詩：「始去杏飛蜂，歸來柳嘶蟄。」又，三十六陂在揚州天長縣，故云「想見江南」。蔣之奇傳可考。

【校記】

〔一〕宋本、叢刊本題下注：「六言。」

〔二〕宋本、叢刊本首二句作「草色浮雲漠漠，樹陰落日潭潭」，校曰：「一作『柳葉鳴蜩緑暗，荷花落日紅酣。』」

〔三〕「浮」，宮内廳本作「連」。

〔四〕「陂春」，宋本、叢刊本作「陂流」，校曰：「一作『宮煙』」。龍舒本「陂」作「宮」，「春」作「煙」。

其二

三十年前此地[一]，一作「路」。父兄持我東西。今日重來白首，欲尋陳迹都迷。評曰：「持」字自是，不須著一字，自是好，是謂六言。○王播詩：「三十年前此院游。」「持我」，當作「將我」。前漢紀：「欲將我安之乎？」

【校記】

〔一〕「地」，宋本、叢刊本作「路」，校曰：「一作『地』。」

西太一宫樓

草際芙蕖零落，水邊楊柳欹斜。日暮炊煙孤起，不知魚網誰家。白樂天詩：「夏口煙孤起，湘川雨半晴。」○杜牧之詩：「角聲孤起夕陽樓。」

宫詞〔一〕

六宅新粧促錦，三宫巧仗叢花。一片黄雲起處，内人遥認官家。此王建宫詞，初非公作。

【校記】

〔一〕宋本、叢刊本無此首。

補注　題西太一宫壁　父兄將我東西　漢少帝：「欲將我安之乎？」

評曰：五言絶難得十首好者，荆公短語長事，妙冠古今。

王荊文公詩卷第四十一

律　詩〔一〕

歌元豐五首〔二〕

水滿陂塘穀滿篝，漫〔三〕移蔬果亦多收。神林處處傳簫鼓，共賽元豐第一〔四〕秋。夢得詩：「楓林社日鼓，茅屋午時雞。」○淳于髡傳：「甌窶滿篝。」注：「篝，籠也。」

【校記】

〔一〕臺北本目録「律詩」下有小字「七言二十八字」。

〔二〕此五首爲龍舒本卷七十五半山即事十首之第四、七、八、五、九首。

〔三〕「漫」，龍舒本作「謾」。

〔四〕「一」，宋本、叢刊本作「二」。

其二

露積山禾〔一〕一作「成山」。百種收，漁梁亦自富鰕鰌。楚茨：「我庾維億〔二〕。」毛氏曰：「露積曰庾。」語云：「野有庾積。」○退之韓許公神道碑：「公私充塞，至於露積不垣。」○齊民要術：「百種」，非上聲。○「維鵜在梁」，即魚梁也。無羊説夢非真事，豈見元豐第一秋？無羊之詩曰：「牧人乃夢，衆維魚矣，旐維旟矣。大人占之，衆維魚矣，實維豐年。旐維旟矣，室家溱溱。」注：「衆魚則爲豐年之應，旐旟則爲盛多之象。」

【校記】

〔一〕「山禾」，宋本、叢刊本作「成山」。

〔二〕「庾」，原作「廋」；「億」，原作「德」，均據宮内廳本及詩經小雅楚茨改。

其三

湖海元豐歲又登，旅〔一〕生猶足暗溝塍。光武紀：「建武二年，野蠶成繭，野穀旅生。」注云：「不因播種而生，故曰旅，一作稆，古字通用。」○東坡云：「地久不生穀，氣無所耗，蘊畜自發，而爲野蠶旅穀也。吾以是知五穀耗地氣爲甚。」家家露積如山壠，黄髮咨嗟見未曾。書秦誓：「尚猶詢兹黄髮。」

【校記】

〔一〕「旅」，宋本、叢刊本作「稆」。

其四

放歌扶杖出前林，遥和豐年擊壤音。曾侍玉〔一〕堦知帝力，曲中時有譽堯心。評曰：元豐行兩首又益以此，却似著迹。○柳詩：「出門呼所親，扶杖登西林。高歌足自快，商頌有遺音。」○趙后傳：「砌皆銅沓，冒黄金，白玉階。」○莊子：「與其譽堯而非桀，不若兩忘而化其道。」一本作「土堦」。韓非子：「土堦三尺。」謂堯也。

【校記】

〔一〕「玉」，宋本、叢刊本作「土」。

其五

豚柵〔一〕雞塒晻靄間，暮林摇落獻南山。莊子達生篇：「爲彘謀曰：『不如食以糟糠，而錯之牢筴之中。』」注：「筴，木欄也。」○詩君子于役：「雞棲于塒，日之夕矣。」○吳融詩：「鵝湖山下稻粱肥，㹠穽雞栖對掩扉。」○杜詩：「開林出遠山。」○韓詩：「秋臺風日迥，正好看前山。」豐年處處人家好，隨意飄然得往還。高適詩：「事古悲城池，年豐愛墟落。」○陳陶詩：「縈紆村落好。」

【校記】

〔一〕「柵」，宋本作「筴」。

棊

莫將戲事擾真情，且可隨緣道我贏。評曰：雖是噫笑，人我未忘。戰罷兩奩收黑白〔一〕，一枰何處有虧成。舒王在鍾山與道士棊。道士曰：「彼亦不敢先，此亦不敢先。惟其不敢先，是以無所争，故能入於不死不生。」公笑曰：「此特棊謎也。」〇莊子齊物篇：「有成與虧，故昭氏之不〔二〕鼓琴也。」〇韋耀博弈論：「然其所志，不出一枰之上。」吴志。〇王昶傳：「納子奩中。」

【校記】

〔一〕「收」，宋本、叢刊本作「分」，注云：「一作『收』。」「黑白」，宋本、叢刊本作「白黑」。

〔二〕宫内廳本、浙江書局本莊子無「不」字。

題扇〔一〕

玉斧修成寶月團，月邊仍有女乘鸞。青冥風露非人世，鬢亂釵横〔二〕特地寒。酉陽雜俎：「鄭仁本與其中表游山迷路，見一人枕山襆物而坐，因問之。云：『君知月七寶合成乎？常有八萬二千户修之，我其一也。』因開襆示之，有斤斧數事、玉屑飯兩裹，分遺鄭曰：『食此，可無疾。』」○劉夢得詩：「雲衢不要吹簫伴，只擬乘鸞獨自飛。」○江淹雜擬：「紈扇如團月，出自機中素。畫作秦王女，乘鸞向煙霧。」○韓詩：「春半邊城特地寒。」

【校記】

〔一〕宋本、叢刊本題作「題畫扇」。

〔二〕「横」，宋本、叢刊本作「斜」。

夢

黄粱欲熟且留連，漫〔一〕道春歸莫悵然。雖言春去，而無戀繆之意，均知爲夢耳。胡蝶豈能知夢事，蘧蘧飛墮晚花前。趙昌言極有才思，嘗下第作詩，落句云：「唯有夜來胡蝶夢，翩翩飛入刺桐花。」

【校記】

〔一〕「漫」，龍舒本作「謾」。

清明[一]

歐公與聖俞詩：「不學長瓶卧墻曲。」

東城酒散夕陽遲，南陌秋千寂寞垂。古今藝術曰：「秋千，北方戎戲，以習輕趫者。」○觀「遲」字，乃見晚唐詩「夕陽無限好，只是近黄昏」太迫促也。○歐公詞：「緑楊堤外出秋千。」人與長瓶卧芳草，風將急管度青陂[二]。張文昌詩：「詩成添舊卷，酒盡卧空瓶。」

【校記】

〔一〕龍舒本卷七十一題作「東城」。

〔二〕「陂」，龍舒本、宋本、叢刊本作「枝」。

東岡

東岡歲晚一登臨，共望長河映遠林。萬竅怒號風喪我，莊子齊物論：「是惟不作，作則萬竅怒號。」○又：「今者吾喪我。」千波競湧水無心。千巖競秀，萬壑争流。○杜詩：「水流心不競。」

春郊

青秧漫漫出初齊，秧，稺穀苗也。杜子美詩：「六月青稻多，千畦碧泉亂。插秧適云已，引溜加溉灌。」雞犬遥聞路却迷。但見山花流出水，韓致光詩：「山頭水從雲外落，水面花自山中來。」那知不是武陵溪。評曰：寫得輕泠。○武陵溪即桃花源。杜牧詩：「此花不逐溪流出，晉客無因入洞來。」

元日〔一〕

爆竹聲中一歲除，爆竹，歲旦爆竹於庭，世傳庭燎之禮，非也。神異記云：「西方山中，有人長丈餘，人見之，即病寒熱，名曰山臊。以竹著火中，熚烞有聲，則驚遁遠去。」熚音畢，烞音朴。春〔二〕風送暖入屠蘇。四時纂要：「屠蘇，孫思邈所居庵名。一云：以其能辟魅，故云。屠，割也；蘇，腐也。今醫方集衆藥爲之，除夕，以浸酒懸於井中，元日取之。自少至長，面東而飲。取其滓，以絳囊盛掛於門桁之上，主辟瘟疫。」陳陶朝元引云：「萬寓靈祥擁帝居，東華元老薦屠蘇。」千門萬户曈曈日，揔把〔三〕新桃换舊符。漢禮儀志：「門户代以所尚。周人木德，以桃爲更。言氣相更也。」以桃符板爲新桃舊桃，蓋北方語。

【校記】

〔一〕龍舒本卷七十二題作「除日」。

〔二〕「春」，宋本、叢刊本作「東」。

〔三〕「揔把」，宋本、叢刊本作「争插」，注云：「一作『總把』。」

九日

九日無歡可得追，飄然隨意歷山陂。張濱詩：「白首成何事，無歡可替悲。」○長孫鑄：「落日去關外，悠悠滿〔一〕山陂。」蔣陵西曲風煙澹〔二〕，也有黄花一兩枝。評曰：語極蕭然。○建康有九日臺。齊武帝時，立商飆館於孫陵崗，世呼爲九日臺。又，十道志云：「武帝九日，燕羣臣孫陵崗，即吴大帝蔣陵，今在城西南，俗呼爲招陵崗，去城十五里。」

【校記】

〔一〕「滿」，宮内廳本作「隔」。

〔二〕宋本、叢刊本「曲」下注：「一作『面』」；又「澹」作「慘」，注云：「一作『澹』。」龍舒本亦作「慘」。

初晴

幅巾慵整露蒼華，度隴深尋一徑斜。小雨初晴好天氣，晚花殘照野人家。黄庭經至道章：「髮神蒼華字太玄。」注：「白與黑謂之蒼。」○太白詩：「新雪滿前山，初晴好天氣。」羅虬詩：「宿雨初晴春日長，入簾花氣静難忘。」

南蕩〔一〕

南蕩東陂水漸多，陌頭車馬斷經過。鍾山未放朝雲散，柰爾〔二〕黄梅細雨何？唐戴叔倫詩：「陌頭車馬共營營，不解如君任此生。」○杜詩：「四月熟黄梅，冥冥細雨來。」

【校記】

〔一〕此詩爲龍舒本卷七十五即事十五首之第一首。龍舒本總題下，俱以序數爲題，此詩以下，依次爲本卷芙蕖、溝西、東臯、一陂、園蔬，本書卷二十二徑暖，本卷蕭然、杖藜、圖書、老嫌，卷四十四金陵、卷四十四金陵即事三首之一、二首、本卷移柳。

〔二〕「爾」，宋本、叢刊本作「此」。

芙蕖[一]

芙蕖耐[二]夏復宜秋，一種今年已[三]一作「便」。滿溝。南蕩東陂無此物，但隨深淺見游鯈。韓詩：「藕梢初種已齊生。」

【校記】

[一] 此詩爲龍舒本卷七十五即事十五首之第二首。

[二] 「耐」，龍舒本作「奈」。

[三] 「已」，宋本、叢刊本作「便」。

溝西[一]

溝西直下看芙蕖，葉底三三兩兩魚。若比濠梁應更樂，近人渾不畏春鉏。此言魚樂近人而忘其所可畏，其意深矣。○新序：「虎豹厭閑而近人，故得；魚鼈厭深而之淺，故得。」○爾雅：「鷺，春鉏。」○皮日休詩：「數點春鉏煙雨微。」○山谷詩：「春鉏貌閑暇，羨魚情至骨。」

【校記】

〔一〕此詩爲龍舒本卷七十五即事十五首之第三首。

東　皋〔一〕

東皋攬結知新歲，西崦攀翻〔二〕憶去年。攬結，見別注。謝靈運詩：「洞庭空波瀾，桂枝徒攀翻。」肘上柳生渾不管，眼前花發即欣然。評曰：雖用白語，動盪不同。○莊子至樂篇：「支離叔與滑介叔觀於冥伯之丘，崐崙之區，黃帝之所休。俄而柳生其左肘。支離叔曰：『子惡之乎？』滑介叔曰：『生者，假借也，假之而生生者，塵垢也。死生爲晝夜。且吾與子觀化，而化及我，又何惡焉？』」○眼前花，出四十二章經結尾一段。○樂天詩：「花發眼中猶足怪，柳生肘上亦須休。」

【校記】

〔一〕此詩爲龍舒本卷七十五即事十五首之第四首。

〔二〕「攀翻」，龍舒本作「翻攀」。

一陂〔一〕

一陂〔二〕餤水蔣陵西，含風却轉與城齊。周遭碧銅磨作港，逼塞綠錦剪成畦。評曰：野意，宜竹枝、欸乃。○蔣陵，即孫仲謀葬處。○後一聯，即退之「青羅碧玉」之體。

【校記】

〔一〕此詩爲龍舒本卷七十五即事十五首之第五首。

〔二〕宋本、叢刊本「陂」下注云：「一作『段』。」

園蔬〔一〕

園蔬小摘嫩還抽，畦稻新春滑欲流。枕簟不移隨處有，飽餐甘寢更無求。陶詩：「摘我園中蔬。」○杜詩：「自鋤稀菜甲，小摘爲情親。」又：「嘗稻雪翻匙。」○退之聯句：「野蔬拾新柔。」○賈山傳：「離宮三百，鐘鼓帷帳，不移而具。」

【校記】

〔一〕此詩爲龍舒本卷七十五即事十五首之第六首。

蕭　然〔一〕

蕭蕭三月閉柴荆，緑葉陰陰忽滿城。自是老來〔二〕游興少，春風何處不堪行？宗楚客詩：「今朝上林樹，無處不堪攀。」○唐人詩：「春來何處不堪行？」○白詩：「惟有閑行猶得在，心情未到不如人。」與公意雖異而皆佳。

【校記】

〔一〕此詩爲龍舒本卷七十五即事十五首之第八首。宋本、叢刊本題作「翛然」；詩首句「蕭蕭」，亦作「翛然」。

〔二〕「老來」，宋本、叢刊本作「老年」，龍舒本作「往來」。

杖　藜〔一〕

杖藜隨水轉東岡，興罷還來赴一牀。堯桀是非猶〔二〕一作「時」。入夢，因〔三〕一作「因」。知餘習未全忘。蕭望之傳：「堯、桀之分，在於義、利而已。」○蔡寬夫詩話云：「荆公居鍾山，一日晝寢，夢有服古衣冠相過者，貌偉甚，曰：『我，桀也。』與公論治道，反覆百餘語，不相下。公既覺，猶汗流被體，因笑語客曰：『吾習氣尚若是乎？』乃作小詩識之。」即此詩也。

【校記】

〔一〕此詩爲龍舒本卷七十五即事十五首之第九首。

〔二〕「猶」，宋本、叢刊本作「時」；宮内廳本校曰：「一作『昨』。」

〔三〕「因」，宋本、叢刊本作「固」。

圖書〔一〕

圖書老矣尚紛披，神劓天黥以有知。茅竹結蟠聊一愒，却尋三界外愚癡。莊子大宗師篇：「許由謂意而子曰：『夫堯既已黥汝以仁義，而劓汝以是非矣。汝將何以游夫遥蕩恣睢轉徙之塗乎？』意而子曰：『雖然，吾願游於其藩。』許由曰：『不然。夫盲者無以與乎眉目顔色之好，瞽者無以與乎青黄黼黻之觀。』意而子曰：『夫無莊之失其美，據梁之失其力，黄帝之亡其智，皆在鑪錘之間耳。庸詎知夫造物者之不息我黥而補我劓，使我乘成以隨先生耶？』」○詩意言欲補其黥劓而返之初也。

【校記】

〔一〕此詩爲龍舒本卷七十五即事十五首之第十首。

老　嫌〔一〕

老嫌智巧累形軀，欲就田翁學破除。百歲用癡能幾許，評曰：翻得親切。救吾黥劓可無餘。薛能贈老僧詩曰：「勸師莫羨人間有，幸自元無免破除。」

【校記】

〔一〕此詩爲龍舒本卷七十五即事十五首之第十一首。

移柳〔一〕

末聯一本云：「能令心與身無二，未覺公於長者慙。」

移柳當門何啻五，穿松作徑適成三。臨流遇興還能賦，自比淵明或未慙〔二〕。皆淵明事。

【校記】

〔一〕此詩爲龍舒本卷七十五即事十五首之第十五首。

〔二〕「臨流」二句，龍舒本作「能令心與身無累，未覺公於長者慙」。

誰將〔一〕

誰將石黛染春潮，復撚黄金作柳條。黄金、柳條，見下篇。西崦東溝從此好，筍輿追我莫辭遥。文公十五年公羊注：「筍者，竹箯，一名編輿。」

【校記】

〔一〕此詩爲龍舒本卷七十五半山即事十首之第一首。龍舒本總題下，俱以序數爲題，除誰將外，尚有本卷雪乾、南浦、隨意、秋雲及歌元豐五首。

雪乾〔一〕

雪乾雲淨〔二〕見遥岑，南陌芳菲復可尋。換得千顰爲一笑，春風吹柳萬黄金。顰，言眉，謂柳眉方舒，易顰而爲笑。○白樂天詩：「一樹春風千萬枝，嫩如金色軟於絲。」

【校記】

〔一〕此詩爲龍舒本卷七十五半山即事十首之第二首。

〔二〕「淨」，龍舒本作「靜」。

南浦〔一〕

南浦東岡二月時，物華撩我有新詩。含風鴨緑粼粼起，弄日鵝黄裊裊垂。評曰：若無如許句法，匿名何用？看它流麗，如景外景。○公每自哦「鴨緑」、「鵝黄」之句，云：「此幾凌轢春物。」○冷齋夜話云：「用事琢句，妙在言其用而不言其名。此法惟荊公、東坡、山谷三老知之。荊公『鴨緑』、『鵝黄』之句，此本言水、柳之名。」

【校記】

〔一〕此詩爲龍舒本卷七十五半山即事十首之第三首。

竹裏

竹裏編茅倚石門〔一〕，一作「根」。竹莖踈處見前村。閒眠盡日無人到，自有春風爲掃門。

評曰：衆人語。○蘇仙公傳：「先生省母處，有桂竹兩枝，無風自掃，其地恒淨。」○公詞又云：「茆屋數間窗窈窕，塵不到，時時自有春風掃。」○賀方回嘗作一絕，題於定林寺，云：「破冰泉脉漱籬根，壞衲遥疑掛樹猿。蠟屐舊痕尋不見，東風先爲我開門。」公見之，大相稱賞，緣此知名。此詩頗亦似之。

【校記】

〔一〕「門」，宋本、叢刊本作「根」。

隨意[一]

隨意柴荆手自開，沿岡度塹復登臺。杜詩：「柴門不正逐江開。」小橋風露扁舟月，迷鳥羈雌競[二]真本作「覺」字。往來。枚叔七發：「朝則鸝黄鳱鴠鳴焉，暮則羈雌迷鳥宿焉。」〇歐陽公梅詞：「可惜溪橋，月明風細，長是在人歸後。」余嘗哦之，以爲佳。今味公語，浩然月露中，惟宿鳥獨覺其來去耳。〇杜詩：「無人覺來往，踈懶意何長。」俗本改「覺」作「競」字，便無意思。

【校記】

[一]此詩爲龍舒本卷七十五半山即事十首之第六首。

[二]「競」，龍舒本、宋本、叢刊本作「竞」。

秋雲[一]

秋雲放雨靜山林，萬壑崩湍共一音。評曰：兩句皆不爲佳。欲記荒寒無善畫，賴傳悲壯有能琴。張正甫僧碑：「會一音，吹萬有。」○黃詩：「貝宮荒寒弄明月。」○杜詩：「五更鼓角聲悲壯。」○少游詩：「荒寒問前路，空闊檻增波。」不若「悲壯」之工。

【校記】

〔一〕此詩爲龍舒本卷七十五半山即事十首之第十首。

春風〔一〕

春風過柳緑如繅，晴日蒸〔二〕紅出小桃。韓集桃源圖詩：「川原遠近蒸紅霞。」王建詩：「青帝少女染桃花，露糂初出紅尤濕。」池暖水香魚出處，樂天開元東池詩：「池水暖温暾，水清波瀲灩。」○杜牧詩：「玉蓮開蘂暖泉香。」周穆王時，西戎獻玉盃，光照一室。置杯中庭，明日水滿杯，香而甘美。出十州記。一環清浪湧亭皋。石眼環環水一鍾。

【校記】

〔一〕此詩爲龍舒本卷七十五雜詠絶句十五首之第一首。龍舒本總題下，俱以序數爲題，除春風外，尚有本書卷四十六雜詠六首（之一、二、三、四、六首）、卷四十四金陵即事三首之三、神物、文成、六年、卷四十雜詠四首、將母。

〔二〕「蒸」，龍舒本作「烝」。

陂麥〔一〕

陂麥連雲慘淡黄，緑陰門巷不多凉。更無一片桃花在，借問春歸有底忙？杜詩：「花飛有底急。」

【校記】

〔一〕此詩爲龍舒本卷七十五絶句九首之第一首。龍舒本總題下，俱以序數爲題，除陂麥外，尚有本卷木末、本書卷四十聊行、染雲、溝港、卷四十三萬事、卷四十四州橋、賜也、卷四十八紅梨。

木末〔一〕

木末北山煙冉冉，草根南澗水泠泠。繰成白雪桑重緑，割盡黄雲稻正青。評曰：如畫兩疊。○木末，謂木之顛也。○杜詩：「我僕猶木末。」

【校記】

〔一〕此詩爲龍舒本卷七十五絶句九首之第九首。

進字說〔一〕

正名百物自軒轅，野老何知強討論。但可與人漫醬瓿，豈能令鬼哭黄昏。禮記祭法：「黄帝正名百物。」○公有進字說表。○揚雄傳：「劉歆謂太玄：『吾恐後人用覆醬瓿也。』」○淮南子：「昔倉頡作書，而天雨粟，鬼夜哭。」注：「鬼，或作『兔』。兔恐取其毫製筆，害及之，故哭。」

【校記】

〔一〕宋本、叢刊本題作「進字說二首」，下首成字說後題僅作「二」。

成字說後

鼎湖龍去字書存，開闢神機有聖孫。湖海老臣無四目，漫〔一〕將糟粕污脩門。謂黄帝鼎成，乘龍仙去，所作書契與字之六誼故存。倉頡四目，與沮誦皆黄帝之史，睹鳥跡，遂製字。公自言「不敢望倉頡」，止得古人之糟粕也。○聖孫，言神考。公意謂本朝黄帝之後耳。然趙氏實祖顓帝，而顓帝不出於黄帝。更當考。○楚詞招魂曰：「魂兮歸來入脩門。」王逸注：「郢城門也。」○柳子厚詩：「重入脩門自有期。」後人皆以京師門爲脩門矣。

【校記】

〔二〕「漫」，龍舒本作「謾」。

窺園〔一〕

杖策窺園日數巡，攀花弄草興常新。董生只被公羊惑，肯信捐書一語真？仲舒少治春秋，三年不窺園，其精如此。本傳槩言治春秋。儒林胡毋生傳始言與仲舒同業公羊。〇唐劉史彤放螢怨：「且逍遥，還酩酊，仲舒漫不窺園井。」〇蔡寬夫詩話云：「荊公嘗言：『詩家病使事太多，蓋皆取其與題合者類之。如此，乃是編事，雖工何益？若能自出己意，借事以相發明，變態錯出，則用事雖多，亦何所妨？』故公詩如『董生只爲公羊惑，肯信捐書一語真』『桔槔俯仰何妨事，抱甕區區老此身』之類，皆意與本處不類。此真所謂使事也。」

【校記】

〔一〕龍舒本卷七十六題作「杖策」。

嘲白髮

久應飄轉作蓬飛，眷惜冠巾未忍違。種種春風吹不長，星星明月照還稀。左思白髮賦：「昔臨玉顏，今從飛蓬。髮膚至昵，尚不克終。」○左氏昭公三年：「余髮種種如此，余奚能爲？」○高蟾詩：「人生莫遣頭如雪，雖得春風亦不消。」○南史：「陸展……青青不解久，星星行復出。」○樂天詩：「惟有病眼花，春風吹不落。」

代白髮答

從衰得白自天機，未怪長青與願違。看取春條隨日長，會須秋葉向人稀。養生論：「從衰得白，從白得老。」○白傅詩：「歲課年功頭髮知，從霜成雪君看取。」○鄭畋詩：「荒階柳長條。」

外厨遺火二絶〔一〕

孫樵文竈鬼，以時録人功過。

竈鬼何爲便赫然，似嫌刀机苦無氊。李白詩：「厨竈無青煙，刀机生緑蘚。」圖書得免同煨燼，却賴厨人清不眠。莊子：「上無欲清之人。」○戰國策：「張儀引厨人。」○王積〔二〕賦：「厨人進瓜。」○杜詩：「厨人語夜闌。」

【校記】

〔一〕「絶」，宋本、叢刊本作「首」。

〔二〕「王積」，宫内廳本作「劉楨」。

其二

青煙散入夜雲流，赤焰侵尋上瓦溝。門户〔一〕便疑能炙手，比鄰何苦却焦頭。唐崔鉉傳：「鄭、楊、段、薛，炙手可熱。」○杜詩：「炙手可熱勢絶倫。」○焦頭事，見上注。

【校記】

〔一〕「户」，宫内廳本作「巷」。

初夏即事

石梁茅屋有彎碕，流水濺濺度兩陂。詩：「在彼淇梁。」○彎碕，詳見古詩注。晴日暖風生麥氣，緑陰幽草勝花時。評曰：别是幽勝，令人識宰物氣象。○韓詩：「暖風抽宿麥，清雨卷歸旗。」○唐人詩：「散盡平生眼中客，暖風晴日閉門居。」○趙師民詩：「麥天晨氣潤，槐夏午陰清。」○劉禹錫詩：「山葉紅時却勝春。」○唐詩：「幽簾宜永晝，珎樹始清陰。」

千　谿〔一〕

千谿百隧散林丘，圖畫風煙一色秋。但有興來隨處好，楊朱何苦涕横流。評曰：語亦活動。○淮南子：「楊朱見歧路而哭之，謂其可以南可以北，傷其本同而末異也。」

【校記】

〔一〕龍舒本卷七十二題作「秋興」。

和陳輔秀才金陵書事

南郭先生比鷦鷯，年年過我未愆期。莊子山木篇：「鳥莫知於鷦鷯，目之所不宜處不給視，雖落其實，棄之而走。」注：「避禍速也。」休論王謝當時事，大抵烏衣秖舊時。晉南渡，王、謝諸名族居秦淮之南烏衣巷。王僧虔拜中丞，曰：「此自烏衣諸郎坐處，我亦試爲之。」今建康城南長于寺有小巷曰烏衣，去朱雀橋不遠。○劉禹錫詩：「朱雀橋邊野草花，烏衣巷口夕陽斜。舊時王謝堂前燕，飛入尋常百姓家。」而詩話多言王、謝至烏衣國，妄也。○杜牧詩：「大抵南朝多曠達。」

和耿天騭以竹冠見贈四首

竹根殊勝竹皮冠，欲着先須短髮乾。「漢高祖爲亭長，以竹皮爲冠。」應劭注：「以竹始生皮作冠。今鵲尾冠也。」○禮記玉藻：「髮晞用象櫛。」注：「晞，乾也。」要使山林人共見，不持方帽禦風寒。方帽，今之暖帽。

其二

無物堪持比此冠，竹皮柔脆穀皮乾。穀皮，楮木皮也，今人取以爲冠。上有斑點可愛。○寒山詩：「無物堪比倫。」故人戀戀綈袍意，豈爲哀憐范叔寒。范雎傳：「須賈曰：『今叔何事？』雎曰：『臣爲人庸賃。』須賈意哀之，留與坐，飲食，曰：『范叔一寒如此哉？』乃取其一綈袍以賜之。又，曰：『公之所以得無死者，以綈袍戀戀有故人意，故釋公。』」

其三

玉潤金明信好冠，錯刀剜出蘚紋乾。張衡四愁詩云：「美人贈我金錯刀。」注云：「古者諸王佩刀，以金錯鏤其環。」又，王莽造錯刀，以金錯其文。○謝承後漢書云：「詔賜應奉金錯把刀。」○項斯謝山友贈蘚花冠詩：「塵汙出山髮，慚君青蘚冠。」○王績詩：「一間松葉屋，數片蘚花冠。」○石鼎聯句：「外苞乾蘚紋，中有暗浪驚。」不忘君惠常加首，要使歡盟未可寒。穀梁傳：「弁冠雖敝，必加於首。周室雖衰，必先諸侯。」○漢賈誼言：「履雖鮮，不加於冠。」

其　四

冠工新意斲檀欒，霧卷雲蒸色〔一〕一作「久」。未乾。遺我山林真自稱，何須貂暖配金寒。應劭漢官曰：「侍中，金蟬左貂。金取剛，百鍊不耗；蟬，高居飲潔，目在腋下；貂，内勁而外温。」○左氏閔公二年：「金寒玦離。」此言貂暖配金寒，亦太工矣。○檀欒，竹也。

【校記】

〔一〕「霧卷」，龍舒本作「卷會」。「蒸」，宋本、叢刊本作「烝」。「色」，龍舒本、宋本、叢刊本作「久」。

和郭功〔一〕甫梅宛陵以功甫爲李白後身，嘗有採石月詩贈功甫，云：「採石月下聞謫仙，夜披錦袍坐釣船」云云。「在昔熟識汾陽王，納官貰死義難忘。今觀郭裔奇俊郎，眉目真似攻文章。死生往復猶康莊，樹穴探環知姓羊。」

且欲相邀卧看山，扁舟自可送君還。留連城〔二〕郭今如此，知復何時伴我閑？此詩譏功甫久留城市，不從看山之約。且言苟能過我，豈不辦一舟送君歸乎？

【校記】

〔一〕「功」，宋本、叢刊本作「公」。

〔二〕「城」，宋本、叢刊本作「山」。

次韻葉致遠置洲田以詩言志四首〔一〕

吟歎君詩久掉頭，知君興不負滄洲。土山欲爲羊曇賭，且可專心學弈秋。謝安傳：「秦師次淮淝，遂命駕出山墅，親朋畢集，方與玄圍棋，賭別墅。安常棋劣於玄，是日，玄懼，便爲敵手，而又不勝，安遂顧謂其甥羊曇曰：『以墅乞汝。』」土山，見游土山示蔡天啓注。

【校記】

〔一〕「四首」二字原無，據目録補。龍舒本卷五十四次韻葉致遠五首，第一首同本書卷二十六次韻葉致遠，餘四首同此四首。宋本、叢刊本題首無「次韻」二字，「言志」下無「四首」二字，有「次其韻二首」，所收即此詩前二首。

其二

若將有限計無涯，自困真同筭海沙。隨順世緣聊戲劇，莫言河渚是吾家。傳燈：「鑒宗語洪諲：『佛祖正法，直截亡詮。汝筭海沙，於理何益？』」傳燈唐張拙秀才悟道頌：「光明寂照徧河沙，凡聖含靈共一家。一念不生全體現，六根纔動被雲遮。破除煩惱重增妄，趣向真如反是邪。隨順世緣無掛礙，涅槃生死等空花。」

其三〔一〕

菴成有興亦尋春，風暖荒萊步始勻。若遇好花須一笑，豈妨迦葉杜多身。頭陁行有十二件。頭陁，亦名杜多，皆梵語也。華云抖擻。○「世尊舉花，迦葉微笑」。謂眼花也。今云「好花」，亦借用耳。

【校記】

〔一〕宋本、叢刊本此與下首合題作「又次葉致遠韻二首」，下首題作「二」。

其四

明時君尚富春秋，高五王傳：「皇帝春秋富。」師古曰：「言年幼也。比之於財，方未匱竭，故謂之富。」又，曹參傳：「悼惠王富於春秋。」後漢樂恢傳：「陛下富於春秋。」注：「春秋，謂年也。言年少，春秋尚多，故稱富。」豈比衰翁遠自投。智略未應施甽畝，上前他日望吾丘。吾丘壽王傳：「子在上前之時，智略輻湊。」注：「言其無方而至，若車輪之歸於轂。」

次韻朱昌叔〔一〕

寄公無國寄鍾山，本朝郡國之封，止爲名耳，未嘗實君其土也。公在鍾山，故云「寄」。○禮記郊特牲：「諸侯不臣寓公。」注：「寄公也。」又喪大記：「君之喪未小斂，爲寄公、國賓出。」垣屋青松晻靄閒。文中子關朗篇：「垣屋什物必堅朴，曰：『無苟費也。』」長以聲音爲佛事，野風蕭颯水潺湲。維摩經：「有以聲音爲佛事。」

【校記】

〔一〕宋本、叢刊本題作「次昌叔韻」。龍舒本卷五十四爲次韻酬朱昌叔六首之六。

次張唐公韻　公與唐公在仁宗時皆爲知制誥。

憶昨同追八馬蹄，約公投老此山棲。王子年拾遺記曰：「周穆王即位，巡行天下，御八龍之駿，名曰絶地、翻羽、犇宵、越影、踰輝、超光、騰霧、挾翼。」○杜詩：「八駿隨天子，羣臣從武皇。」○李義山九成宮詩：「雲隨夏后雙龍尾，風逐周王八馬蹄。」又穆王廟詩：「八馬空追落日行。」○後漢崔駰達旨云：「或盥耳而山棲。」又唐王績傳：「夫鳳不憎山棲，龍不羞泥蟠。君子不苟潔以罹患，不避穢而養精也。」公乘白鳳今何處？我適新年值白雞。唐詩：「不知今夜游何處？從者皆騎白鳳凰。」此謂從仁宗也。

次俞秀老韻

解我葱珩脱孟勞，暮年甘與子同袍。新詩比舊增奇峭，若許追攀莫太高。青玉爲葱。穀梁傳曰：「孟勞，魯之寶刀。」毛詩無衣：「豈曰無衣，與子同袍。」

酬宋廷〔一〕評請序經解

廷評，名保國，即莒公之姪，景文公之第十一子。公集有答宋保國書，書中論經解，疑即廷評也。今録於此：「某啓：使人三至，示以經解，副之佳句，勤勤如此，豈敢鹵莽，以虚來旨。所示極好，尚有少疑，想嘗從非久淹於符離，冀異時肯顧我，可盡所懷〔二〕。未爾，爲時自愛。不宣。」

未曾相識每〔三〕一作「已」。相憐，香火靈山或〔四〕一作「亦」。有緣。北史：「陸法和曰：『但從空王，佛所，與主上有香火因緣。』」訓釋雖工君尚少，不應急〔五〕一作「忽」。務世人傳。禹錫酬樂天詩：「魚書曾替代，香火有因緣。」白注：「陸法和云：『與梁元帝於空王寺佛前有香火因緣。』」下聯言著書當務精研，以求進益，未宜輕出。所謂傳不習乎者，急於傳也。」

【校記】

〔一〕「廷」，本書目録、臺北本目録作「庭」。

〔二〕「可盡所懷」，龍舒本、宋本、叢刊本均作「可以究懷」。

〔三〕「每」，宋本、叢刊本作「已」。

〔四〕「或」，宋本、叢刊本作「亦」。

〔五〕「急」，龍舒本作「忽」。

送耿天騭至渡口

雪雲江上語依依，不比尋常恨有違。四十餘年心莫逆，故人如我與君稀。莊子：「相視而笑，莫逆於心。」○東坡詞：「筭詩人相得，如我與君稀。」

送道原還儀真作詩要之〔一〕沈季長也。○歐公送種花詩：「先後應須開。」

歲暮青條已見梅，餘花次第想〔二〕争開。淮南無此山林勝，作意春風更一來。

【校記】

〔一〕宋本、叢刊本「送」字上有「承慶院」三字，目録作「永慶院」。龍舒本卷五十七題作「送道原至永慶院」。

〔二〕「想」，宋本、叢刊本作「相」。

送方劭祕校〔一〕

南浦柔條拂面〔二〕垂，攀翻聊寄我西悲。武昌官柳年年好，他日春風憶此時。攀翻，見東皐注。○陶侃傳：「都尉夏施盜官柳，植之於己門。侃後見，問曰：『此武昌西門前官柳，何因盜來此種？』施惶怖謝罪。」

【校記】

〔一〕「方劭」，本書卷四十别方邵祕校，「劭」作「邵」。

〔二〕「面」，宋本、叢刊本作「地」。

答韓持國〔一〕芙蓉堂二首

按：建康志：「在舊府治。今〔二〕行宫猶有舊基。」

芙蓉堂下疏秋水，投老歸來一幅巾，尚私榮禄一作「君恩猶許」。備藩臣。趙王彭祖傳：「中山王不佐天子撫循百姓，何以稱爲藩臣？」

且與龜魚作主人。張籍詩：「襄陽風景由來好，重與江山作主人。」○韓詩：「水紋浮枕簟，瓦影映龜魚。」

【校記】

〔一〕龍舒本卷六十八題無「二首」，僅第一首。宋本、叢刊本無「答韓持國」四字。

〔二〕「今」，原作「泠」，據宮内廳本改。

其　二〔一〕

乞得膠膠擾擾身，五湖煙水替風塵。古詩：「月没教星替。」○白詩：「豈有文章替左司。」秖將鳧鴈同爲侣，不與龜魚作主人。李羣玉詩：「十年侣龜魚，垂頭在沅湘。」

【校記】

〔一〕此詩爲龍舒本卷七十初到金陵二首之第二首。

長干釋普濟坐化〔一〕

投老唯公最故人，相尋長恨隔城闉。百年俯仰隨薪盡，畫手空傳浄戒身。〔二〕薪盡，見别注。

【校記】

〔一〕龍舒本卷七十八題作「哭慈照大師」。宫内廳本題下注云：「一本作『哭慈照大師』。」

〔二〕宫内廳本注曰：「公時已僦宅城中居。」

庚寅增注第四十一卷

歌元豐其二　漁梁　杜詩：「曬翅滿魚梁。」

元日　新桃換舊符　晉齊王攸小名桃符。文選東京賦注：「風俗通曰：『上古有神荼、鬱壘昆弟二人，性能執鬼。度朔山上有桃樹，下常簡閱百鬼，無道理者，持以葦索，執以飼虎。是故縣官常以臘祭夕，飾桃人垂葦索，畫虎於門，以禦凶也。』」

九日　追歡　「追歡」字，唐人多用。伶人譏張濬看牡丹云：「正是花時堪下淚，相公何用苦追歡。」

初晴　杜詩：「新晴好天氣，誰伴老人游？」○唐人詩：「久雨初晴天氣新，風煙草樹盡欣欣。」

南蕩　奈爾黄梅細雨何　郭祥正和韻附此：「溝水回環蓮子多，小橋時有野禽過。移舡更近東陂去，冉冉黄塵柰我何。」

一陂　餤水　餤水，佛語也，癡猿捉月，渴鹿馳餤，無而横計，枉入苦輪。

園蔬　園蔬小摘嫩還抽　言生意無窮，雖已採擷，而復生嫩者。杜詩：「已應春得細，正想滑流匙。」

杖藜　堯桀是非猶入夢　莊子大宗師：「與其譽堯而非桀，不若兩忘而化其道。」注：「夫非譽皆生於不足，故至足者忘善惡，遺死生，與變化爲一，曠然無不適矣，又安知堯、桀之所在耶？」譽，音餘。

圖書　茅竹結蟠　高頞傳〔二〕：「江南土薄，舍多茅竹。」○杜詩：「沉吟屈蟠樹。」　三界外愚癡　柳州淨土院記：「有能歸心是土者，苟念力俱足，則往生彼國，然後出三界之外。其於佛道無退轉者，其言無所欺也。」

老嫌　救吾黥劓　退之詩：「又聞識大道，何用補黥刖？」與公意殊。

雪乾　萬黃金　白集把酒思閑事詩：「憑君勸一醉，勝與萬黃金。」

竹裏　春風爲掃門　秦系詩：「流水閑過院，春風與閉門。」

隨意　迷鳥羈雌　韓詩：「驚顧似羈雌。」謝靈運詩：「羈雌戀舊侶，迷鳥懷故林。」

進字説　公所上表云：「人聲爲言，迷以爲字。字雖人之所製，本實出於自然。……故上下内外，初終前後，中偏左右，自然之位也。衡表曲直、耦重交析，反缺倒反，自然之形也。發斂呼吸，抑揚合散，虛實清濁……自然之義也。以義自然，故仙聖所宅，雖殊方域……譯而通之，其義一也。」〔三〕字説凡二十四卷。

嘲白髮　飄轉作飛蓬　詩：「首如飛蓬。」○杜詩：「轉蓬行地遠。」　星星　謝靈運詩：「慼慼感物類，星星白髮垂。」

千蹊　但有興來隨好處楊朱何苦涕横流　此詩公或戲言，但前輩每病公學術多變而支離，此亦其一也。

和耿天騭以竹冠見贈其三

歡盟未可寒　左傳：「盟可尋也，亦可寒也。」

和郭功甫

魏泰云：「荆公當國，郭祥正知郢州武崗縣，實封附遞奏書，乞以天下之計專聽王安石處畫，凡議論有異於安石者，雖大吏，亦當屏黜。表辭亦甚辯暢。上覽而異之。一日，問荆公曰：『卿識郭祥正否？其才似可用。』荆公曰：『臣頃在江東嘗識之。其爲人，才近縱横，言近捭闔，而薄於行。不知何人引薦，而聖聽聞知也。』上出其章以示荆公。公恥爲小人所薦，因極口陳其不可用而止。是時祥正方從章惇辟，以捕盜功遷殿中丞。及聞荆公上前之語，遂以本官致仕。」泰言未可盡信，然觀祥正詞氣，亦一跌宕不羈之士也。又，郭蒙正作功甫文集序云：「荆公手寫功父訪東城耿天騭并原武按堤等詩十餘篇，刻於石，又稱其詩云：『功父豪邁精絶，固出於天才，非學力所能逮。』於是功父一篇之出，學者争傳誦之。」其爲公所敬如此。」

次韻葉致遠其二

無涯　莊子：「吾生也有涯，而智也無涯。」

河渚　河渚，借比洲田。

次俞秀老韻

葱珩　記玉藻：「三命赤韍葱珩。」

莫太高　石林詩話云：「秀老先游定林寺，有詩：『夜深童子喚不起，猛虎一聲山月高。』公愛其句，爲和此章。」

酬宋廷評請序經解

香火靈山或有緣　爾朱兆云：「有香火重誓。」

送耿天騭

天騭事迹不甚著於世，但其姓名屢見公集。又郭功父有寄騭雜言一首，稱其道懸車，則天騭蓋亦老人也。又公詩有「四十餘年心莫逆」之句，則公之厚騭亦既久矣。然方公盛時，騭略不聞進用，意必澹於榮利，不爲容悦者。觀功父與騭詩，亦可想見其爲人。今節附於此：「耿夫子，聞懸車，齒清髮紺殊未老，琛琛滿腹懷明珠。恥隨黄雀啄官粟，矯翼直與冥鴻俱。東城之下，言還舊廬。田有秫稻，池有嘉魚，林有美木，圃有青蔬。笑傲樽俎，俯仰琴書。與其折腰以羣辱，孰若潔身而自娱。」

答韓持國芙蓉堂二首

魏泰東軒筆録：「王荊公初罷相知金陵，作詩曰『投老歸來一幅巾』云云。及再罷，乞宫觀，以會靈觀使居鍾山，又作詩曰：『乞得膠膠擾擾身』云云。」泰但載詩，不及持國事，或持國首唱而公和之也。

【校記】

〔一〕「高頍」，原作「高潁」，據隋書高頍傳改。

〔二〕校以龍舒本卷二十進字説表，「衡表曲直」作「衡邪曲直」；「反缺倒反」作「反缺倒仄」。本注「本實出於自然」後略「鳳鳥有文，河圖有畫，非人爲也，人則效此」四句；「虚實清濁」後漏「自然之聲也。可視而知，可聽而思」三句，「雖殊方域」後漏「言音乖離，點畫不同」兩句。

〔三〕「崗」，宋本、叢刊本作「江」。「回」，宋本、叢刊本作「還」。

送和父至龍安微雨因寄吴氏女子

荒煙凉雨助人悲，淚染衣襟〔一〕不自知。劉孝標書：「泫然不知涕之無從也。」除却春〔二〕風沙際緑，一如看汝過江時。杜詩：「春從沙際歸。」

【校記】

〔一〕「襟」，龍舒本、宋本、叢刊本作「巾」。

〔二〕「春」，宫内廳本作「東」。

與道原〔一〕步至景德寺

公自注云〔二〕：「元豐七年三月十九日。」

前時偶見花如夢，傳燈録：「陸亘大夫見南泉，南泉云：『老僧見一株花，如夢相似。』陸當下有省。」紅紫紛披競淺深。今日重來如夢覺，静無餘馥可追尋。

【校記】

〔一〕宋本、叢刊本「道原」下有「自何氏宅」四字。

〔二〕宋本、叢刊本無「公自注云」四字，龍舒本無題注。

過法雲寺〔一〕

按建康志：「寺在城外東北十里，本齊集善寺，齊世祖爲豫章文獻王造也。」

路過潮溝八九盤，招提雪脊隱雲端。按建康實録：「潮溝，吴大帝所開，以引江潮。其舊跡在天寶寺後。」○高齊築三臺，少帝登脊疾走，殊無畏怖。○「招提雪脊」，謂寺之屋稜也，必加堊，故云「雪脊」。公又有「招提素脊隱西阿」句。○樂天詩：「亭脊太高君莫拆，東家留取當西山。」金鈿一一花揔老，翠被重重山更寒。金鈿、翠被，見招約之職方注。

【校記】

〔一〕宋本、叢刊本無「寺」字。

光宅寺

光宅寺，梁武帝宅也。其北，齊安寺，隔淮齊武帝宅也。宋興又在其北。〔一〕齊安今爲妙静寺，在城東門外，前臨官路，後徙置高壠，面秦淮。南唐昇元中建。

光宅相仍齊安孤起宋興前，抱朴子云：「蟻有兼弱之智，蜂有攻寡之計。」○又，五行記云：「後魏顯宗時，兖州有黑蟻與赤蟻交鬭，長六十步，廣四寸。赤蟻斷頭而死。東魏孝静時，鄴下有黄蟻與黑蟻鬭。」○白傳詩：「蜂窠與蟻垤，隨分有君臣。」○杜牧之詩：「山墻谷塹依然在，弱吐强吞盡已空。」

蜂分蟻争今不見，故窠遺垤尚依然。見古詩注。○選詩：「何慚宿昔意，消恨坐相仍。」一水邊。

【校記】

〔一〕「梁武帝」至「其北」諸句，宋本、叢刊本作題下注，其中「齊安」下無「寺」字。

題勇老退居院

公自注：「今鐵索。」〔二〕按建康志：「鐵索，寺名，今名瑞相，在城南門外。本晉時尼寺，至宋建業十一年，有尼鐵索羅等三人至，因以爲號。及國朝開寶中，有僧重興瑞相禪師塔，又改今額。」

道人投老寄山林，偶坐翛然洗我心。易：「聖人以此洗心，退藏於密。」○韓詩：「偶坐藤樹下，暮春下旬間。」○唐常建詩：「山光悦鳥性，潭影空人心。」夢境此身能且在，明年寒食更相尋。盧携詩：「老夫如且在，不用歎屯奇。」○白詩：「好去今年江上春，明年未死還相見。」

【校記】

〔一〕龍舒本無「公自注」三字。宋本、叢刊本無此注。

與寶覺宿龍華院三絶〔一〕

公自注云：「某舊有詩：『京口瓜洲一水間，鍾山只隔數重山。春風自緑江南岸，明月何時照我還？』」〔二〕

老於陳〔三〕迹倦追攀，但見幽人數往還。憶我小詩成悵望，金山〔四〕秪隔數重山。按建康志，溧陽縣南五十里亦有金山。不知詩指此山，或浮玉之金山也？然後兩篇又言京口，恐只是浮玉之金山。

【校記】

〔一〕宋本、叢刊本「三絶」下有「句」字。

〔二〕宋本、叢刊本無「公自注云」四字，又無「某」字，「詩」下有「云」字。又，「何時」，宫內廳本作「何曾」。龍舒本無此注。

〔三〕「陳」，宫內廳本作「塵」。

〔四〕「金山」，宋本、叢刊本作「鍾山」。

其二

世間投老斷攀緣，維摩經云：「何斷攀緣，以無所得。若無所得，即無攀緣。」忽憶東游已十年。但有當時京口月，與公隨我故依然。案鎮江志：「孫權自吳徙丹徒，謂之京城，亦曰京口。晉桓温以京口兵勁，不欲郗愔居北府。故有『京口酒家〔一〕飲，兵可用』之言，即指此也。今尚有京口鎮，去城最近，與瓜洲相對，士人但呼爲江口鎮云。」○夢得詩：「淮水東邊舊時月。」○李白詩：「月行長與人相隨。」

【校記】

〔一〕「家」，宫内廳本作「可」。

其三

與公京口水雲間，問月何時照我還。邂逅我還還問月，何時照我宿金山？李白月詩：「我欲停杯一問之。」

清凉寺〔一〕白雲庵

庵雲作頂峭無鄰，水〔二〕月爲衿静稱身。杜詩：「月峽瞿塘雲作頂，亂石峥嵘俗無井。」○杜牧詩：「水如環珮月如襟。」木落崗巒因自獻，水歸洲渚得横陳。〔三〕周禮掌客注，有「横陳」字。又，騷詞：「横自陳兮君之前。」今人但取首楞嚴經「於横陳時，味如嚼蠟」，非也。○玉臺新詠沈約夢見美人詩：「立望復横陳，忽覺非在側。」○陸龜蒙薔薇詩：「倚墻當户自横陳，致得貧家似不貧。」

【校記】

〔一〕宋本、叢刊本無「寺」字。

〔二〕「水」，龍舒本、宋本、叢刊本作「衣」。

〔三〕宫内廳本注曰：「自獻，見尚書。」

自定林過西庵

午雞聲不到禪林，柏子煙中静擁衾。忽憶西巖道人語，杖藜乘興得幽尋。

歸庵 未詳何地。

稻畦藏水緑秧齊，松鬣初乾尚有泥。酉陽雜俎：「松言五粒者，粒當言鬣。自有一種名鬣，皮無鱗甲而結實多。」縱蹇尋崗歸獨卧，東庵殘夢午時雞。劉夢得詩：「茅屋午時雞。」

雪中游北山呈廣州使君和叔同年

南枝〔一〕歲晚亦花開，有底堪隨驛使來。看取鍾山如許雪，何須持寄嶺頭梅。和叔時赴廣帥，用嶺頭事尤切。

【校記】

〔一〕「枝」，宋本、叢刊本作「州」。

謝公〔一〕墩二首 建康志云：「墩在半山報寧寺之後，基尚存。」

我名公字偶相同，我屋公墩在眼中。公去我來墩屬我，不應墩姓尚隨公。詩話曰：「或云：『介甫性好與人争，在廟堂，則與諸公争新法；歸山林，則與謝安争墩。』此亦善謔也。」

【校記】

〔一〕「公」，龍舒本、宋本、叢刊本作「安」。

其二

謝公陳迹自難追，山月淮雲秪往時。一去可怜終不返，暮年垂淚對桓伊。事見桓伊傳，已見古詩謝公墩注。○一去不返，似言出鎮新城以避道子，繼逐，卒也。

東陂二首

東陂風雨卧黄雲，杜詩：「天涯宿雨霽，秔稻卧不翻。」賸〔一〕水翻溝隔隴分。言水多，洩之入他壠也。○杜詩：「剩水滄江破。」剩、賸通。春玉取新知不晚，腰鐮今日已紛紛。春，謂搗，剥去粃糠。言將炊新米也。城南聯句云：「刈熟擔肩赬。」

【校記】

〔一〕「賸」，宋本、叢刊本作「塍」。

其　二〔一〕

荷葉初開笋漸抽，東陂南蕩正堪游。無端隴上翛翛麥，横起寒風〔二〕占作秋。禮記：「孟夏，麥秋至。」又見蔡邕月令章句云：「百穀各以其初生爲春，熟爲秋。故麥以孟夏爲秋。」○宋景文詩：「情知邊地霜風惡，不肯將花剩占秋。」

【校記】

〔一〕此詩龍舒本卷七十七題作「隴麥」。

〔二〕「寒風」，龍舒本作「風寒」。

山陂

山陂院落今挼種，城郭樓臺已放燈。劉晏傳：「時大兵之後，京師斗米千錢，禁膳不兼味，甸農挼種以輸。」〇韓詩：「瞻相北斗柄，兩手自相挼。」江西方言，挼種，謂以足挼之。又云，凡打禾取穀，以兩木相穿，擊之。至取穀爲種則不然，以足挼之，至今謂之挼種。以兩木擊之，則穀多綻破，種不生也。白髮逢春惟有睡，睡間啼鳥亦生憎。此詩似謂居閒時，猶不免世俗之嫌嫉。

欲往鍾山〔一〕以雨止

韓集鬭雞聯句：「中休事未决，小挫勢益倍。」

北山朝氣澹高秋，欲往愁霖〔二〕獨少留。杜詩：「千崖秋氣高。」散策緣岡初見日，興隨雲盡復中休。唐詩：「行到水窮處，坐看雲起時。」詩意言欲往北山，值雨作中止，但詩已及「散策緣岡」，又云「初見日」，當是行及半塗而復返耳。

【校記】

〔一〕「鍾山」，宋本、叢刊本作「北山」。

〔二〕「霖」，宋本、叢刊本作「霑」。

耿天騭惠梨次韻奉酬三首〔一〕

故人家果獨難忘，秋實初成便得嘗。孔融謂楊脩：「楊梅，此是君家果。」家果，豈謂耿梨耶？直使紫花形味勝，豈能終日望咸陽。蜀都賦：「紫梨津潤。」唐人李遵進梨表：「紫花開處，擅美春林；緑蔕懸時，回光秋浦。」○本草：「紫花梨療心熱。唐武宗有此疾，百醫不効。青城山邢道人以此梨絞汁而進，帝疾遂愈。後復求之，苦無此種。」西京雜記曰：「上林有紫梨、芳梨、青梨、大谷、金柯、縹蔕、紫條、瀚海、青玉等梨。」

【校記】

〔一〕宋本、叢刊本題末無「三首」二字。

其二　漢地理志：「晉陽屬太原郡，晉水出焉。」

淮圃新陰百畝凉，分甘每得助秋嘗。郊特牲：「春禘而秋嘗。」張公大谷雖云美，誰肯苞苴出晉陽。潘岳閑居賦：「張公大谷之梨。」注：「洛陽有張公，居大谷，有夏梨，海內惟此一樹。」據寰宇志，并州舊爲晉陽，有大谷縣。故公詩引晉陽。選注乃謂在洛陽，誤矣。

其三

甘滋南北共傳誇，栽接還知〔二〕老圃家。陳了翁有接花詩：「色紅可使紫，葉單可使重。用智固巧矣，天時可易歟？我欲春採蘭，我欲冬賞桃。汝不能栽接，汝巧亦徒勞。」五代時，有內園栽接使。故老云：李衛公有平泉花木記，百餘種爾。今洛陽良工巧匠批紅判白，接以他木，與造化爭妙，故歲歲益奇，且廣桃、李、梅、杏、蓮、菊各數千種，牡丹、芍藥至數百種。而又遠方異卉如紫蘭、茉莉、瓊花、山茶之儔，號爲難植，獨植之洛陽，輒與其土産無異。故洛中園圃花木有至千種者。誰謂交梨非外奬，謝靈運擬鄴中集詩：「沮漳自可美，客心非外奬。」李善注曰：「奬，勸也。」李周翰曰：「言中心思歸，非外物所能留。」〇王平甫詩：「乘閑眄物情，自得忘外奬。」因君澆灌已萌芽。真誥第一卷：「王夫人語許長史：『玉醴金漿、交梨火棗，此則騰飛之藥，不比於金丹也。仁侯體未真正，穢念盈懷，恐此物輩不肯來也。苟真誠未一，道亦無私也。』」又言：「火棗、交梨之樹已生君心，但心中獨有荆棘相雜，是以二樹不見。不審可剪荆棘，出此樹草生，其實幾好也。」又云：「玉醴金漿、交生神梨、方丈火棗、玄光靈芝，我當與山中許道士，不以與人間許長史也。」

【校記】

〔一〕「知」，宋本、叢刊本作「如」。

北山有懷

香火因緣寄北〔一〕山，香火，謂領真祠。主恩投老更人間。傷心躑躅岡頭路，明月春風自往還。此詩必有謂。莫知當時事。或賓客已去，歎獨游之落莫也。不然，則「躑躅岡」指臨川，蓋上云「寄北山」。晚念松楸缺於省掃，獨有春風自來去。

【校記】

〔一〕「北」，宋本、叢刊本作「此」。

定林院〔一〕

窮谷經春不識花，新松老柏自欹斜。殷勤更上山頭望，蘇峻：「我寧山頭望廷尉。」○歐公詩：「春風疑不到天涯，二月山城未見花。」白下城中有幾家。

【校記】

〔一〕龍舒本卷六十三題作「定林院三首」，其一同此；其二即本書卷四十四定林；其三即本書卷二十二定林院。叢刊本無「院」字。

封舒國公三首〔一〕

楊龜山説：「介甫先封舒，後改封荆。詩云：『戎狄是膺，荆舒是懲。』識者謂宰相不學之過。」

陳迹難尋天柱源，漢武紀：「登灊天柱山。」灊，縣名，屬廬江，即今舒州也。○介父嘗通判舒州，故云「陳迹」。舒州懷寧縣西北二十里灊山，其山有三峯：一天柱山，一灊山，一皖山。疏封投老誤明恩。國人欲識公歸處，楊柳蕭蕭白下門。公熙寧十年以南郊恩封舒國公，集有謝表云：「唯兹邦土之名，乃昔宦游之壤。久陶聖化，非復魯僖之所懲；積習仁風，乃嘗朱邑之見愛。」元豐三年九月又自舒改荆。

【校記】

〔一〕龍舒本卷七十五題無「三首」二字，僅一首，即此詩。「首」，宫内廳本作「絶」。

其二

桐鄉山遠復川長，紫翠連城碧滿隍。桐鄉，屬桐城縣。今日桐鄉誰愛我？當時我自愛桐鄉。公又自有二十字，此只添「今日當時」四字，言吾無德與桐鄉之人，人豈知愛我？我自愛之耳。何其藹然君子之言也。○選詩潘安仁詩：「齊都無遺聲，桐鄉有餘謡。」

其三

開國桐鄉已白頭，國人誰復記前游。故情但有吴塘水，轉入東江向我流。寰宇志：「舒州有吴塘陂，在縣西二十里，皖水所注。曹公遣朱光守廬江，屯皖，大開農田。吕蒙曰：『皖地肥美，若一收熟，彼衆必增。如是數歲，操態見矣，宜早除之。』於是權親征皖，破之。」此吴塘，即朱光所開也。

北陂杏花〔一〕

一陂春水遶花身，別本作「真」，誤。身〔二〕影妖饒各占春。縱被春風吹作雪，絕勝南陌碾成塵。評曰：静態自可。○古詩：「悲妾似花身。」〔二〕○韓偓詩：「岸上花根揔倒垂，水中花影幾千枝。千枝一影寒山裏，野水野花清露時。」

【校記】

〔一〕龍舒本卷七十六題作「水花」。

〔二〕「身」，龍舒本、宋本、叢刊本作「花」。

五更

青燈隔幔映悠悠，小雨含煙凝不流。雨爲煙閣，故不流。此言細雨耳。祇聽蛩聲已無夢，五更桐葉強知秋。唐詩：「窗中海月早知秋。」又：「一葉落知天下秋。」○南史：「高阿那肱：『漢兒無事，強知星宿。』」〔一〕

【校記】

〔一〕南史無此記載。高阿那肱，爲北齊後主時宰相，北史、北齊書均載其事跡。北齊書卷五十載：「肱云：『漢兒強知星宿。』」

與薛肇明弈棊賭梅花詩輸一首〔一〕

肇明，薛昂也。杭州人，没於紹興四年。臣僚嘗言：「其以腐儒之學黨附蔡京，致位近弼。當政和、宣和間，朝廷大事一無建明，專務諂諛，同惡相濟。」觀此詩，則昂早從介甫，後爲京所引，有自來矣。

華髮尋春喜見梅，一株臨路雪培堆。鳳城南陌他年憶，杜詩：「復愁不滿鳳凰城。」歐公詩：「鳳城緑樹知多少。」杳杳難隨驛使來。吴曾漫録：「荆公在鍾山下棊時，薛門下與焉，賭梅花詩一首。薛敗而不善詩，荆公爲代作。今集中所謂薛秀才者是也。薛既宦達，出知金陵，或者嘲以詩曰：『好笑當年薛乞兒，荆公坐上賭梅詩。而今又向江東去，奉勸先生莫下棊。』薛書名似『丐』字，故人有『乞兒』之説。向來多謂此詩韓子蒼作，非也。昂賦蔡京君臣慶會詩：『逢時可謂真千載，拜賜應須更方回。』時謂之薛方回。」據此，則昂不能詩可知矣。荆公代作梅詩，亦所以誨之也。

【校記】

〔一〕「肇明」，龍舒本作「秀才」。宫内廳本題無「花」字。

又代薛秀才〔一〕一首

野水荒山寂寞濱，攀條弄色最關春。故將明艷淩霜雪，未怕青腰玉女嗔。李白詩：「攀條折春色，遠寄龍庭前。」○司馬相如傳：「排閶闔入帝宮兮〔二〕，載玉女與之歸。」注：「玉女青腰，乘弋等也。」○章子厚嘉祐中令商洛日，賦梅詩極佳，因附此。詩云：「紡車山下雪成堆，黃澗溪邊始見梅。山吏不知春色早，却言花是去年開。」

【校記】

〔一〕「秀才」，宋本、叢刊本作「肇明」。

〔二〕「兮」，原作「號」，據漢書司馬相如傳所載大人賦改。

溝上梅花〔一〕

亭亭〔二〕背暖臨溝處，背，當作「偝」。夏侯嬰傳：「漢王急，馬罷，虜在後，常蹶〔三〕兩兒棄之。嬰常收載行，面雍樹馳。」師古注云：「面，偝也。」此言梅臨水則稍側向，與暖相背。項王傳：「馬童面之。」注：「面，背也。」脉脉含芳映雪時。莫恨夜來無伴侶，月明還見影參差。言影爲伴也。○退之詩：「我來無伴侶，把酒對南山。」○映雪而含芳，言畏寒而不盡開也。

【校記】

〔一〕宋本、叢刊本題末有「欲發」二字。

〔二〕「亭亭」，宮内廳本作「亭臺」。

〔三〕「蹶」，原作「踐」，據漢書夏侯嬰傳、宮内廳本改。

紅　梅〔一〕

江南歲盡多風雪，也有紅梅漏泄春。杜詩：「漏泄春光有柳條。」顏色凌寒終慘澹，不應摇落始愁人。

○言方冬凝凛，紅梅雖挾春意，終覺慘澹，不必時當摇落而後愁。

【校記】

〔一〕龍舒本卷七十七題作「江梅」。

耿天騭許浪山千葉梅見寄

聞有名花即謾栽，慇懃準擬故人來。白詩：「準擬人看似舊時。」故人歲歲相逢晚〔一〕，知復同看幾度開。

【校記】

〔一〕宋本、叢刊本「相逢晚」下注云：「一作『能相見』。」

與天鷺宿清涼寺[一] 按建康志：「寺在石頭城，去城一里，僞吴順義中建，號興教寺。南唐昇元初，改爲石城清涼禪寺。至宋朝太平興國五年，改今額。」

故人不惜馬虺隤，卷耳詩：「陟彼崔嵬，我馬虺隤。」注：「病也。」許我年年一度來。野館蕭條無準擬，與君對一作「封」。植[二]浪山梅。浪山梅，見公它詩序。浪山，地名也，出梅花。杜詩：「莫嫌野外無供給。」

【校記】

[一] 宋本、叢刊本題「清涼」下有「廣惠僧舍」四字，無「寺」字。

[二]「對植」，宋本、叢刊本作「封殖」。

池上看金沙花數枝過酴醿架盛開二首[一]

午陰寬占一方苔，劉禹錫詩：「一方明月可中庭。」○趙安民詩：「槐夏午陰清。」映水前年坐看栽。紅蘂似嫌塵染汙，青條飛上別枝開。李義山詩：「莫許韓憑爲蛺蝶，等閑飛上別枝開[二]。」

【校記】

〔一〕龍舒本卷七十七薔薇四首，前二首同此二首；第三首即本卷北山，第四首即本書卷四十池上看金沙花數枝過酴醿架盛開。

〔二〕「開」，宮内廳本作「花」。

其二

酴醿一架最先來，夾水金沙次第栽。濃緑扶踈雲對起，醉紅撩亂雪争開。韓退之城南聯句詩：「醉結紅滿杏。」○紅亦可言雪，謂花可比雪之輕盈，非專指其色也。道家亦有絳雪。○柳詩：「欹紅醉濃露。」

北山〔一〕

北山輸緑漲横陂，直塹回塘灩灩時。細數落花因坐久，樂府崐崙子：「坐久落花多。」○李文饒詩：「遥閑芳草合，山静落花遲。」○王績詩：「置酒燒秋葉，披書坐落花。」○裴説詩：「坐久燒移山。」緩尋芳草得歸遲。離騷經：「惜吾不及古人兮，吾誰與玩此芳草？」○古詩：「爲憶〔二〕緑羅裙，步步憐芳草。」○杜詩：「花殘步屧遲。」○三山老人語録云：「歐陽永叔『静愛竹時來野寺，獨尋春偶過溪橋』，與介甫『細數落花』詩聯，皆狀閑適，而王爲工。」○堯夫詩：「因隨芳草行來遠，爲愛清波歸去遲。」

【校記】

〔一〕此詩爲龍舒本卷七十七薔薇四首之第三首。

〔二〕「憶」，宮内廳本作「惜」。

詠菊二首〔一〕

補落迦山傳得種，閻浮檀水染成花。補陁落迦山，觀音化現處。釋迦氏譜云：「閻浮，樹也。有二説，或云此州南邊有，又云無熱池邊。此云上勝。緣樹近水，水下有金，因爲名。提檀，此云州也，亦因樹爲名，或因果立稱，金中上也。」○華嚴經：「譬如日出於閻浮提，光照一切須彌山，然後普照一切大地。」光明一室真金色，復似毗耶長者家。毗耶長者，維摩詰也。○涅槃經〔二〕云：「譬如日出閻浮提，光明破暗悉無餘。」

【校記】

〔一〕「首」，宮内廳本作「絶」。

〔二〕「涅槃經」，原作「涅盤經」，據宮内廳本改。

其二

院落秋深菊數〔一〕叢，緣花錯莫兩三蜂。唐詩：「餘花留暮蝶，幽草戀殘陽。」亦公意也。蜜房歲晚能多少，酒盞重陽自不供。李羣玉詩：「短篇纔遣悶，小釀不供愁。」○蜀都賦：「蜜房郁毓被其草。」杜詩：「天寒割蜜房。」

【校記】

〔一〕「菊數」，龍舒本、宋本、叢刊本作「數菊」。

楊柳

楊柳杏花何處好？李義山柳下暗記詩：「更將黄映白，擬作杏花媒。」亦謂楊柳杏花爾。又，杜牧柳詩：「深感杏花相映紅。」○鄭谷詩：「杏花楊柳年年好，不忍回看舊寫真。」石梁茅屋雨初乾。緑垂静路要深駐，紅寫清陂得細看。「緑垂」，説柳；「紅寫」，説杏。

北山道人栽松〔一〕

陽坡風暖雪初融，杜詩：「陽坡可種瓜。」遶〔二〕谷遥看積翠重。磊砢拂天吾所愛，他生來此聽樓鐘。評曰：超然一至於此。○磊砢，見送李宣叔倅漳州注。○李義山詩：「若信見多真實語，三生同聽一樓鐘。」此詩題僧壁。○唐人詩：「若得身無事，長來寄此生。」

【校記】

〔一〕龍舒本卷七十七題作「文師種松」。

〔二〕「遶」，龍舒本、宋本、叢刊本作「度」。

山櫻

山櫻抱石蔭〔一〕松枝，比並餘花發最遲〔二〕。張喬詩：「松寒蔭井枝。」○沈休文詩：「野棠開未落，山櫻發欲然。」賴有春風嫌寂寞，吹香渡水報人知。唐人詩：「却是五侯家未識，春風不放過江來。」

【校記】

〔一〕「蔭」，宮内廳本作「映」。

〔二〕「發最遲」，龍舒本作「最發遲」。

償薛肇明〔一〕秀才榿木

濯錦江邊木有榿，小園封植佇〔二〕華滋。杜詩：「飽聞榿木三年大，與致溪南十畝陰。」地偏或免桓魋伐，莊子讓王：「夫子再逐於魯，削迹於衛，伐樹於宋。」○史記：「孔子去曹過宋，與弟子習禮大樹下。宋司馬桓魋欲殺孔子，拔其樹。孔子去。」歲晚聊同庾信移。交廣人物志云：「蘇頲年五歲，裴談過其父，試誦庾信枯樹賦。頲避『談』字，易其韻曰：『昔年移柳，依依漢陰。今看摇落，悽慘江潯。樹猶如此，人何以任？』本文云：『昔年移柳，依依漢南。今看摇落，悽慘江潭。樹猶如此，人何以堪？』」疑「庾信移」用此事。「庾信移」，或指信自江南過北方也。唐人詩：「傷心庾開府，老作北朝臣。」

【校記】

〔一〕龍舒本卷七十七題無「肇明」二字。

〔二〕「植」，龍舒本作「殖」。「佇」，宮内廳本作「喜」。

馬死〔一〕

杜詩：「天厩真龍此其亞。」

恩寬一老寄松筠，晏卧東窗度幾春。公熙寧七年六月罷相，知江寧府，時五十六歲。至六十五歲，猶食觀使禄，居鍾山。六十六歲，始薨。則閒居之日，幾十年也。天厩賜駒龍化去，謾容小蹇載閑身。公嘗有謝鞍馬表云：「引内厩之名駒，傅之錯綵。」此言向所賜已亡矣。○柳集：「明皇得靈昌部異馬，居帝閑幾二十年。帝西幸，馬至咸陽西，入渭水，化爲龍，泳去，不知所終。」○小蹇，驢也。○楚辭九懷：「蹇驢服駕，無門曰參〔二〕。」○冷齋夜話云：「公食宫使禄，居蔣山，時時往來白下門西庵小堂法雲，止以一騌挾蹇驢。門人乘間，諷筍輿宜老者。公曰：『古之王公至不道，未嘗以人待畜。』」又張浮休南遷録云：「癸丑，往蔣山候王荆公。食罷，約同上蔣山。堅欲居後，即鞭馬先之。可里餘，回見荆公跨蹇驢，不施繖扇，行赤日中。遂策馬疾馳趨寺。荆公後別而之他。至暮，竟不至，不知所之。」又，東坡和詩有「騎驢渺渺入荒陂，想見先生未病時」之句。而〔三〕建康續志亦云：「公晚年定字説，出入百家，語高而意深。嘗自謂平生精力，備於此書。好事者從之請問，口傳手畫，終席幾至千餘字。金華俞紫琳清老，嘗冠禿巾，衣掃塔服〔四〕，抱字説，逐公之驢，往來法雲、定林，過八功德水，逍遥游〔五〕亭之上。龍眠李伯時曰：『此勝事，不可以無傳也。』遂畫以爲圖。」觀此，則「小蹇載閑身」，殆非空言矣。

【校記】

〔一〕「死」，宋本、叢刊本作「斃」。

〔二〕「無門曰參」，楚辭補注本九懷株昭作「無用日多」。

〔三〕原注衍一「而」字，删。

〔四〕「服」，原作「眼」，據宫内廳本改。

〔五〕「游」，宫内廳本作「滸」。

出郊

川原一片緑交加，杜詩：「種竹交加翠。」深樹冥冥不見花。風日有情無處着，初回光景到桑麻。杜詩：「樹攪離思花冥冥。」〇許景先詩：「田家心適處，春色徧桑榆。」

補注　杜詩：「柟樹色冥冥。」二字，杜以言花，公以言樹，皆不可易也。〔一〕

【校記】

〔一〕本注原闌入詩題下，無「補注」二字。

懷府園

槐陰過雨盡新秋，盆底看雲映水流。言雲影行於盆水中，可玩。忽憶小金山下路，緑蘋稀處看游儵。張子野詩：「浮雲被處見山影。」○秋興賦：「玩游儵之潎潎。」○小金山，在江寧之府園。蘇公頌有金陵府舍重建金山亭詩，見本集中。

江寧夾口二首〔一〕

鍾山咫尺被雲埋，韓詩：「當憂復被冰雪埋，汲汲來窺戲遲緩。」何況南樓與北齋。南樓、北齋，未詳何在。北齋豈即高齋乎？昨夜明月江上夢，逆隨潮水到秦淮。秦淮附城與江通，故言「逆隨潮水」。

【校記】

〔一〕龍舒本卷七十一江寧夾口五首之三、四同此二首。

其二

日西江口落征帆，却望城樓淚滿衫。從此夢歸無別路，破頭山北北山南。傳燈録：「道信大師，姓司馬氏，世居河内，後徙於蘄州之廣濟縣。隋大業十三年，領徒衆抵吉州。唐武德甲申，返蘄春，住破頭山，學侶雲集。一日，告衆曰：『吾武德中游廬山，登絶頂，望破頭山，見紫雲如蓋，下有白氣，横分六道。』」地理書不載蘄春有破頭山，以此知遺落者多矣。

蔣山手種松

蔣山有公真迹石刻，「巖」字作「菴」，「近」字作「别」。

青青石上歲寒枝，一寸巖前手自移。樂天詩：「小松未盈尺，心愛手自移。」又云：「栽植我年晚，長成君性遲。如何過四十，種此數寸枝。」○杜詩：「欲存老蓋千年意，爲覓雲根數寸栽。」○皇甫冉：「閑看秋水心無事，卧對寒松手自栽。」聞道近來高數尺，此身蒲柳故應衰。評曰：此等即似晉人語言。○晉書：「顧悦之蒲柳之姿，望秋先零。」○唐人詩：「世人易合復易離，故多棄舊求新知。歎息青青長不改，歲寒霜露貞松枝。」

中年

中年許國邯鄲夢，晚歲從家壙埌游。邯鄲夢，見游土山及示寶覺注。壙埌，見次韻酬朱昌叔注。南望青山知不遠，五湖春草入扁舟。杜詩：「不意青草湖，扁舟入吾手。」入，一作「落」。

寄四姪旊二首〔一〕

旊，平父子，行第四。東坡哭平父詩有云：「氣吞餘子無全目，詩到諸郎尚絶倫。」旊早能文，故公念之如此。

數篇持往助歡哈，想見封題手自開。春草已生無好句，阿連空復夢中來。宋書：「謝靈運嘗在永嘉西堂，思詩竟日不就，忽夢見惠連，即得『池塘生春草』。常曰：『此語有神助，非吾語也。』」阿連，即惠連，靈運族弟。

【校記】

〔一〕龍舒本、宋本、叢刊本無「二首」二字。龍舒本僅一首，同「其二」。「旒」，龍舒本作「抗」。

其二

一日東崗望百回〔一〕，「望百」，一作「上幾回」。○杜詩：「一日上樹能千回。」迢迢雲水隔蘇臺〔二〕。遙知別後多新句〔三〕，一作「詩無數」。黃犬歸時摠寄來。白詩：「淚眼凌寒凍不流，每經高處即回頭。遙知別後西樓上，應憑欄干獨自愁。」○述異記：「陸機少好獵。在吳，豪客獻快犬，名曰黃耳，能解人語。機羈旅京師，嘗作家書，盛以竹筒，繫之犬頸。犬出驛路，走向吳。仍取回書，馳還。計人行程五旬，犬往還纔半月。」

【校記】

〔一〕「望百回」，宋本、叢刊本作「上幾迴」。

〔二〕「迢迢」，宋本、叢刊本作「百重」。宋本、叢刊本校曰：「一作『一日東崗望百迴，迢迢雲水隔蘇臺。』」

〔三〕「多新句」，宋本、叢刊本作「詩無數」。

寄吴氏女子

吴充子安持之妻。

夢想平生在一丘，暮年方得此〔一〕優游。韓詩：「辛勤三十年，始有此屋廬。」江湖相望〔二〕真魚樂，怪汝長謡特地愁。莊子：「魚相忘於江湖。」

【校記】

〔一〕「得此」，龍舒本、宋本、叢刊本作「此得」。

〔二〕「望」，宋本、叢刊本作「忘」。

寄蔡天啓

杖藜緣塹復穿橋，誰與高秋共寂寥。佇立東岡一搔首，冷雲衰草暮迢迢。劉賓客詩：「人道逢秋轉寂寥，我言秋日勝春朝。晴空一鶴排雲上，便引詩情到碧霄。」兩詩相似，亦相角也。余友楊方子直嘗哦公此詩，以爲奇。

絶句呈陳和叔二首〔一〕

陳繹也，時爲江寧守。

數椽牢落長一作「生草覆」。莓苔〔二〕，一徑墻陰斸雪開。王吉囊衣新徙舍，杖藜從此爲公〔三〕一作「君」。來。王吉好車馬、衣服，其自奉養極爲鮮明，而亡金銀、錦繡之物。及遷徙去處，所載不過囊衣，不畜餘財。

【校記】

〔一〕宋本、叢刊本題作「呈陳和叔」。

〔二〕「牢落長」，宋本、叢刊本作「生草覆」。宋本、叢刊本校曰：「一作『數椽牢落長莓苔。』」

〔三〕「公」，宋本、叢刊本作「君」。

其二

數椽庫屋生茨〔一〕草，三畝荒園種晩蔬。永日終無一樽〔二〕酒，樽，一作「杯」。可能留得故人車？公時已爲宰相，清約如此。詩墻有茨注：「茨，蒺藜也。」

【校記】

〔一〕「生茨」，宋本、叢刊本作「茨生」。

〔二〕「樽」，宋本、叢刊本作「杯」。

招葉致遠

白下長干一水間，建康實録云：「江東謂兩山之間曰干。州南五里有山岡，其間平地，民庶雜居，有大長干、小長干。」竹雲新笋已斑斑〔一〕。明朝若有扁舟興，日落〔二〕潮生尚可還。皇甫冉詩：「落日臨川問音信，寒潮惟帶夕陽還。」孫逖詩：「晚來潮正滿，數處落帆還。」

【校記】

〔一〕「雲」，龍舒本作「匀」。「斑斑」，龍舒本作「班班」。

〔二〕「日落」，宋本、叢刊本作「落日」。

招楊德逢

山林投老倦紛紛，獨卧看雲却憶君。雲尚無心能出岫，不應君更懶於雲。「雲無心而出岫」，略增换淵明語，尤佳。○言雖世故之紛，尚思見親朋耳。

和叔招不往

門前秋水可揚舲，有意西尋白下亭。案：荆公舊宅在今報寧寺前，臨溝港，故有「門前秋水」之句。只欲往來相邂逅，詩：「邂逅相遇，適我願兮。」却嫌招唤苦丁寧。公意欲省煩耳，足見其簡曠。

和叔雪中見遇〔一〕

真迹與「南枝歲晚亦花開」同一處贈和叔，當合於此。

捐書去寄老山林，無復追緣〔二〕往事心。忽值故人乘雪興，玉堂前話得重尋。歐公語：「追思玉堂，如在天上。」○唐詩：「各當恩寄重。」「去寄」者，去所寄之官。○和叔亦嘗在翰苑。

【校記】

〔一〕「遇」，宋本、叢刊本作「過」。

〔二〕「緣」，宋本、叢刊本校曰：「緣，一作『尋。』」

陳俞二君忽然不見〔一〕

忽去飄然游冶盤，共疑枝策〔二〕在梁一作「雲」。端。冶盤，猶狹邪之類。太白詩：「君馬黄，我馬白，馬色雖不同，人心本無隔。共作游冶盤，雙行洛陽陌。」○枝策，見上注。禪心暫起何妨寂，道骨雖清不畏寒。暫起，必謂冶盤也。

【校記】

〔一〕「陳俞二君」，宋本、叢刊本作「俞秀老」。龍舒本題「不見」下有「用前日韻作口號用過法雲寺韻」十三字。

〔二〕「枝策」，龍舒本作「策杖」。

與耿天騭會話

邯鄲四十餘年夢，相對黄粱欲熟時。萬事盡[一]如空鳥迹，怪君強記尚能追。華嚴十地法門：「如來大仙道，微妙難可知。如空中鳥迹，難説難可示。如是十地義，心意不能了。」○樂天觀幻詩：「更無尋覓處，鳥迹印空中。」柳詩：「心境本同如，鳥飛無遺迹。」

【校記】

〔一〕「盡」，宋本、叢刊本作「秖」。

庚寅增注第四十二卷

歸庵

松鬣　五代史：「鄭遨聞華山有五粒松，脂淪入地，千歲化爲藥，能去三尸。因徙居華陰，欲求之。」

雪中游北山

如許雪　言雪如梅，不必更寄梅也。

東陂

臥黃雲　李蕭遠運命論：「褰裳以陟汶陽之丘，則天下之稼如雲矣。」

春玉　戰國策蘇秦語：「楚國之食貴於玉，薪貴於桂。」又云：「今令日食玉炊桂，因鬼見帝。」公云「春玉」，恐本諸此。又，唐人詩亦以稻譬珠、譬雲子。其詩云：「誰云盤中珠，粒粒皆辛苦。」又云：「飯抄雲子白」也。左氏：「不食新矣。」

山陂

惟有睡　「世情祇益睡，盜賊敢忘憂。」

耿天騭惠梨

紫花形味勝　太平廣記菓門：「太白南溪有紫花梨一樹，即武宗所餌者。太白在咸陽境內，疑即指此。壽春公主，會昌女弟，聞真定李令有紫花梨，就加封檢，剪其傍樹，護以朱欄，罩以紗縠。洎及秋實，公主必手選而進之。」

其二

秋嘗　叔孫通傳：「古者有春嘗果。」此言「秋嘗」，或止言嘗果之嘗。

與薛肇明弈棊

鳳城　劉禹錫詩：「南山宿雨晴，春入鳳凰城。」

溝上梅花　無伴侶　游石沼寺詩：「莫道山僧無伴侶，獼猴長在古松枝。」

詠菊　補落迦山　華嚴合論第一百二卷：「二十七位鞞瑟肱羅居士指示善財童子，令參二十八位觀自在菩薩。善知識云：『善男子，於此南方有山，名補恒洛迦波，有菩薩名觀自在。』」李長者論釋云：「山名補恒洛迦者，此云小白華樹山，爲此山多生白華樹，其華甚香，香氣遠及，爲明此聖者修慈悲行門。以謙下極小爲行□華者，明開敷萬行，故此慈悲謙下和悅行華開敷教化行，香遠熏一切衆生，皆令聞其名香，發菩提心。」

其二　蜜房　李義山詩：「蜜房羽客類芳心，冶葉倡條偏相識。」

北山道人栽松　來聽此樓鐘　公薨後，郭功父拜公墓，有詩：「寺樓早晚傳鐘響，墳草春回雪半消。」下注云：「公蔣山絶句：『他生來聽此樓鐘。』」當作「來此」爲是。

山櫻　比並　韓公外集詩云：「競挽春衫來比並。」

蔣山手種松　手自栽　白居易和李相公任兵部日移四松詩：「右相歷兵署，四松皆手栽。」

寄吴氏女子　江湖相望真魚樂　事見莊子。又文選：「魚以泉涸相濡沫，及游江湖，則相忘矣。是憂合歡離之理也。」〇此詩大意類此。公方樂於江湖，怪其長謡而愁也。

絶句呈陳和叔其二　終無一樽酒　前漢：「家貧孟公，無置酒之樂。」又後漢：「周黨每過閔仲叔，共飲水而已。」

王荊文公詩卷第四十三

律詩

與道原游西莊過寶乘〔一〕

周顒宅作阿蘭若，阿蘭若，佛書或作阿練若，釋云：「寂静無事之處。」蘭若字，樂天詩作「爾者切」押。按：上官儀酬薛舍人萬年宮晚景寓直懷友詩中四句云：「東望安仁省，西臨子雲閣。長嘯求煙霞，高步尋蘭若。」此又作「日灼切」押。婁約身歸窣堵波。梵語「窣堵波」，此云靈廟。○高僧傳：「慧約姓婁，二十，達妙理。周顒素所欽服，迺於鍾山舊館，造草堂寺以居之。」今寺左乃婁約置臺講經之地，後即顒舊居也。唐會昌中，寺廢。國朝復建。治平中，改賜寶乘額。○按：梁武嘗與傅大士、婁約法師、昭明太子等論三諦法門：真諦以明非有，俗諦以明非無，聖諦則真俗不二矣。據此，婁約猶及武帝時。蕙帳銅缾皆夢事，倏然陳迹翳松蘿。一作「今日隱侯孫亦老，偶尋陳迹到煙蘿。」〔二〕○楞嚴經：「却來觀世間，猶如夢中事。」〔三〕○蕙帳，謂顒。銅屏，指約。

【校記】

〔一〕龍舒本卷六十三題作「草堂懷古」。宋本、叢刊本題「游」作「過」，「過」作「遂游」。

〔二〕宋本、叢刊本三、四兩句正文作「今日隱侯」云云，即本詩小注「一作」兩句，并校曰：「一作『蕙帳銅屏皆舊事，飄然陳迹在松蘿。』」

庚申游齊安院〔一〕

水南水北重重柳，山後山前處處梅。未即此身隨物化，莊子：「此之謂物化。」年年長趁此時來。王母爲穆天子謡曰：「道里遥遠，山川間之。將子無死，尚能復來？」

【校記】

〔一〕宋本、叢刊本題作「庚申正月游齊安」。

庚申正月游齊安院有詩云水南水北重重柳壬戌正月再游〔一〕

建康志云：「淨妙寺即齊安寺，在城東門外，前臨官路。今徙置高隴，面秦淮。南唐昇元中建，政和中改今額。」

招提詩壁漫〔二〕黄埃，經音義云：「西方云招提，正〔三〕云招鬭提奢。此云四方，即四方僧居止處。」忽忽籠紗雨〔四〕過梅。周處風土記：「夏至前雨，名黄梅雨，霑衣服，皆敗。」埤雅云：「今江、湘、二浙，四、五月間，梅欲黄落，則水潤土溽，柱礎皆汚。蒸鬱成雨，其霏如霧，謂之梅雨。故自江以南，三月雨謂之迎梅，五月雨謂之送梅。」○樂天故衫詩：「殘色過梅看向盡。」○東坡詩：「三三已過黄梅雨。」○王播詩：「三十年來塵撲面，如今始得碧紗籠。」老值白雞能不死，白雞，用謝安石事。李文饒懷嵩記：「洎大和己丑，復接舊老，同升台階，或纔歎止輿，已叶白雞之夢。或未聞稅駕，遽有黄犬之悲。向之榮華，可以悽愴。」○李白詩：「白雞夢後五百歲，洒洒澆君同所懽。」復隨春色破寒來。

【校記】

〔一〕龍舒本題無「壬戌正月再游」六字，又「詩」作「語」，兩「水」字均作「港」；宋本、叢刊本題無「院」字。

〔二〕「漫」，龍舒本作「謾」。

〔三〕「正」，宮内廳本作「梵」。

〔四〕「雨」，龍舒本、宋本、叢刊本作「兩」。

壬戌正月晦與仲元自淮上復至齊安〔一〕

風暖柴荆處處開，雪乾沙浄水洄洄。意行却得前年路，看盡梅花看竹來。唐李羣玉詩：「緑陰十里灘聲裏，閑即王家看竹來。」

【校記】

〔一〕龍舒本卷六十三題作「壬戌正月再游齊安次韻」。

同陳和叔游齊安院〔一〕　壬戌五月。

繅成白雪桑重緑，割盡黄雲稻正青。木末絶句同。他日玉堂揮翰手，芳時同此賦林坰。和叔，裕陵時再入翰林爲學士。時守江寧，當元豐五年、六年、七年也。

【校記】

〔一〕宋本、叢刊本題作「壬戌五月與和叔同游齊安」。

成字說後與曲江譚掞丹陽蔡肇同游齊安院〔一〕

據梧枝〔二〕策事如毛，莊子齊物篇：「昭文之鼓琴也，師曠之枝策也，惠子之據梧也。三子之知幾乎？」注：「三子知盡慮窮，形勞神倦。」○世說：「范榮期見郗超俗情不淡，戲之曰：『夷、齊、巢、許，一詣垂名。必勞神苦形、枝策據梧耶？』」○劉叉詩：「日出扶桑一丈高，人間萬事細如毛。」久苦諸君共此勞。唐李密傳：「密兵敗，謂王伯當曰：『兵敗矣，久苦諸君，我今自刎以謝衆。』」遥望南山堪散釋，故尋西路一登高。劉公幹詩：「沈迷簿領書，回回自昏亂。釋此出西城，登高且游觀。」○李白詩：「還將三五少年輩，登高送遠形神開。」

【校記】

〔一〕宋本、叢刊本「掞」、「肇」皆作「君」，無「院」字。龍舒本「院」作「寺」。

〔二〕「枝」，龍舒本作「杖」。

元豐二年僧修定林路成〔一〕

一作「政公改路」。

獨龍新〔二〕路得平岡，始免游人屐齒妨。言道路平治，不妨屐齒也。更有主林身半現，與公隨轉作陰涼。金光明經第四卷：「流水長者子見枯池魚，生大悲心。時有樹神示現半身，作如是言：『此魚可愍，汝可與水。』長者索水，不可得，顧見大樹，尋取枝葉，還到池上，與作陰涼主林神。」按華嚴經妙嚴品：「復有不可思議數主林神，所謂布華〔三〕如雲主林神，擢幹舒光主林神，生牙發曜主林神，吉祥淨葉主林神，垂布燄藏主林神，清淨光明主林神，可意雷音主林神，光音普遍主林神，妙光迥曜主林神，華菓光味主林神。如是等而爲上首，不思議數，皆有無量可愛光明。」

【校記】

〔一〕龍舒本卷六十三題作「僧修定林路成」。宋本、叢刊本題作「元豐二年十月政公改路故作此詩」。

〔二〕「新」，宋本、叢刊本作「東」。

〔三〕「華」，宮內廳本作「葉」。

書定林院牕

公自注云：「與安大師同宿。既曉，問：『昨夜有何夢？』師云：『有數夢，皆忘記。』」〔一〕

竹雞呼我出華胥，言夢覺也。列子：「黃帝夢游華胥之國。」起滅篝燈擁燎爐。試問道人何所夢，但言渾忘不言無。有近臣問本淨：「此身何從而來？百年之後，復歸何處？」師云：「如人夢時，從何而來？夢覺時，從何而去？」曰：「夢時不可言無，既覺不可言有。雖有有無，來往無所。」師曰：「貧道此道，亦如其夢。」又有偈曰：「視生如在夢，夢裏實是鬧。忽覺萬事休，還同睡時悟。智者會悟夢，迷人信夢鬧。會夢如兩般，一悟無別悟。富貴與貧賤，更亦無別路。」

【校記】

〔一〕龍舒本卷六十三題下爲兩首，其一同此；其二題「又」，即本書卷四十書定林院窗。龍舒本、宋本、叢刊本無「公自注云」四字。龍舒本注曰：「問安大師：『昨夜有何夢？』師云：『有數夢，皆忘記。』」

同熊伯通自定林過悟真二首

建康續志云：「悟真庵在蔣山八功德水之南，有梅摯悟真院亭〔一〕。」

與客東來欲試茶，倦投松石坐欹斜。南史蕭思話傳：「相賞有松石間意。」暗香一陣連風起，知有薔薇澗底花。白詩：「聞有澗底花，貰得村中酒。」

【校記】

〔一〕「亭」，宮内廳本作「記」。

其二

城郭紛紛老倦尋，幅巾來寄北山岑。長遭客子留連我，未快穿雲涉水心。穰侯語謁卿：「得無與客子俱來乎？」魏文詩：「客子常畏人。」

悟真院

續建康志云：「洪覺範有詩云：『水邊脩竹纔堪數，林外蒼崖已半頹。』」

野水縱横漱屋除，午窗殘夢鳥相呼。白詩：「山歌猿獨叫，野哭鳥相呼。」○杜詩：「水宿鳥相呼。」春風日日吹香草，山北山南路欲無。評曰：妙意。○王維詩：「不向春山去，日令春草深。」○孟東野詩：「春風朝夕起，吹緑日日深。」○薛存誠詩：「積草漸無徑，殘花猶灑衣。」

真讚〔一〕

我與丹青兩幻身，世間流轉會成塵。圓覺經：「幻身滅，故幻心亦滅。」○維摩經：「是身無作，風力所轉。」但知此物非他物，傳燈錄：「此物非他物。」莫問今人猶昔人。梵志出家，白首而歸。隣人見之，驚曰：「昔人尚存耶？」志曰：「吾猶昔人，非昔人也。」隣人皆愕然。莊子：「吾猶昔人，非昔人。」柳子厚詩：「坐來念念非昔人，萬遍蓮花爲誰用？」○筠州洞山良价禪師，問雲巖和尚：「百年後，忽有人問，還邈得師真，如何祇對？」雲巖曰：「但向伊道：『即遮箇是。』」師良久，雲巖曰：「承當遮箇是，大須審細。」師猶涉疑。後因過水睹影，大悟前旨，因有一偈曰：「切忌從他覔，迢迢與我踈。我今獨自往，處處得逢渠。渠今正是我，我今不是渠。應須恁麼會，方得契如如。」他日，因供養雲巖具〔二〕，有僧問曰：「先師道：『只遮是。』莫便是否？」師曰：「是。」僧曰：「意旨如何？」師曰：「當時幾錯會先師語。」曰：「未審先師還知有也無？」師曰：「若不知有，争解恁麼道？若知有，争肯恁麼道？」此即「我與丹青兩幻身」之意。

【校記】

〔一〕龍舒本卷六十七真贊二首，其一同此，其二即本書卷四十傳神自贊。宋本、叢刊本題作「傳神自讃」。

〔二〕「具」，宫内廳本作「真」。

定林院昭文齋

定林齋後鳴禽散，秪有提壺遶〔一〕屋簷。苦勸道人沽美酒，不應無意引陶潛。用遠公沽酒與淵明事。

○儲光羲詩：「蒙籠荆棘一鳥飛，屢唱提壺沽酒喫。古人不逢酒不足，遺恨精神傳此曲。」〔二〕○歐公詩：「獨有花上提壺蘆，勸我沽酒花前傾。」

【校記】

〔一〕「遶」，宋本、叢刊本作「守」。

〔二〕全唐詩此詩作崔國輔對酒吟，其中「逢」作「達」，「神」作「靈」。

經局感言〔一〕

劉原甫撰七經小傳，謂毛詩、尚書、公羊、周禮、儀禮、禮記、論語也。元祐史官謂：「慶曆前，學者尚文詞，多守章句注疏之學。至敞，始異諸儒之說。後王安石修經義，蓋本於敞。如『伊尹相湯伐桀升自陑』之說之類，經義多勦取之。」史官之言，良不誣也。此據楊時龜山說，今附此。

自古能全已不才，不才之木，終其天年。妙處全在「已」字。豈論騏驥與駑駘。放歸自〔二〕食情雖適，絡首猶存亦可哀。熙寧七年四月，公罷相知江寧，依舊提舉修撰經義。明年再相，經義成，拜左僕射。九年十月，以與吕惠卿交惡，力乞罷政，判江寧。又力辭請宫觀，乃以使相領集禧。此詩言「放歸自食」，蓋宫觀時作也。時尚帶經局，故云「絡首猶存」。莊子「絡馬首」，是謂子。

【校記】

〔一〕宋本、叢刊本題注云：「罷相出守江寧，仍領經局。」

〔二〕「自」，宫内廳本作「就」。

鍾山晚步

小雨輕風落楝花，東皋雜録云：「江南自初春至初夏，有二十四番風信，梅花風最先，楝花風最後。」○唐人詩曰：「楝花開後風光老，梅子黄時雨氣〔一〕濃。」○晏元獻詩亦曰「二十四番花信風」是也。細紅如雪點平沙。槿籬竹屋江村路，沈休文詩：「槿籬疎復密，荆扉新且故。」謝靈運詩：「插槿當列墉。」時見宜城賣酒家。襄州宜城縣出美酒，俗号宜城美酒爲竹葉盃。今賣酒家、詩人多借用宜城，亦猶世槩以酒爲竹葉也。○後漢：「杜根逃竄，爲宜城山中酒家保，積十五年。酒家知其賢，厚待之。」則宜城以酒名久矣。○陸韓卿詩：「渤海方淫滯，宜城誰獻酬？」

【校記】

〔一〕「氣」，宫内廳本作「意」。

散策〔一〕

散策東崗〔二〕亦已勞，杜詩：「羸老思散策。」散策不爲勞，久則倦矣。横塘〔三〕西轉有亭皋。離騷經：「路不周以左轉。」言散策既倦，憩於亭皋。不必言憩，而意自在其中。此詩人之妙。絮飛度屋何許柳，花落填溝無數桃。倒用「柳」與「桃」字，尤覺奇健。○韓詩：「柳巷還飛絮，春餘幾許時。」○杜甫桃花詩：「河陽縣裏雖無數，濯錦江頭未滿園。」

【校記】

〔一〕此詩爲龍舒本卷七十二晚春二首之二。龍舒本其一題注：「或云盧秉詩。」本書不收。

〔二〕「崗」，宋本、叢刊本作「岡」。

〔三〕「塘」，龍舒本作「堂」。

書静照禪〔一〕師塔

傳燈録：「昇州奉先寺浄照禪師慧同，魏府人也，姓張氏。」○建康志載南唐葬照禪師於殊勝院，院在城南門外。

簡老已歸黄土陌，淵師今作白頭翁。百憂三十餘年事，陳迹山林草野中。因至此寺而念簡與淵，却不及浄照也。○歐公詩：「蘇梅久作黄泉客，我亦今爲白髮翁。卧讀楊蟠一千首，乞渠秋月與春風。」

【校記】

〔一〕宋本、叢刊本無「禪」字。

記夢

公自注云〔一〕：「辛酉九月二十二夜，夢高郵土山道人赴〔二〕蔣山北集雲峯爲長老，已而坐化。復出山南興國寺，與予同卧一榻，探懷出片竹數寸，上繞生絲，屬余藏之。余棄弗取，作詩與之。」

月入千江體不分，道人非復世間人。鍾山南北安禪地，香火他時供〔三〕兩身。東坡祭辨才文：「如一月水，如萬竅風。」又：「遇物而應，施則無窮。」亦「千江體不分」之意。○傳燈録：「千江同一月。」○古尊宿語：「佛具遍智，如月印海，挹海得水，月亦隨在。」

【校記】

〔一〕龍舒本、宋本、叢刊本無「公自注云」四字。

〔二〕「赴」，原作「越」，據諸本改。下「予」，龍舒本、宋本、叢刊本作「余」；「繞」，原作「繞」，據諸本改。龍舒本題注末「之」下有「曰」字。

〔三〕「供」，龍舒本、宋本、叢刊本作「共」，宋本、叢刊本注云：「一作供。」

勘會賀蘭溪主

賀蘭溪上幾株松，南北東西有幾峯。賀蘭溪，洛京地名，陳繹買地築 買得住來今幾日，尋常誰與坐從容。

居於此。公從鄆中寄此詩問之。〔一〕

【校記】

〔一〕叢刊本此注在題下，「築居」上同，下僅作「於鄆中問之」。

書湖陰先生壁二首 楊德逢也。

茆簷長掃靜無苔，花木成畦手自栽。柳詩：「石門長老身如夢，旃檀成林手所種。」一水護田將緑遶，漢西域傳序云：「自燉煌西至鹽澤，往往起亭，而輪臺、渠犂皆有田卒數百人，置使者、校尉領護。」師古曰：「統領保護營田之事也。」又：「桑弘羊奏：可遣屯田卒詣故輪臺以東，置校尉三人分護。」兩山排闥送青來。「樊噲乃排闥直入，大臣隨之。」○五代沈彬詩：「地限一水巡城轉，天約羣山附郭來。」○冷齋夜話云：「山谷嘗見荊公於金陵，因問：『丞相近有何詩？』荊公指壁上所題兩句云：『一水護田云云，此近所作也。』」○石林詩話云：「荊公詩，用法甚嚴，尤精於對偶。嘗云：『用漢人語，止可以漢人語對，若參以異代語，便不相類。』如此句『護田』、『排闥』之類，皆漢人語也。此法荊公用之，不覺拘窘。」○如「周顒宅作阿蘭若，婁約身歸窣堵波」者，以梵語對梵語，亦此類。

其二

桑條索漠柳〔一〕花繁，白詩：「桑條初緑即爲別，柹葉半紅猶未歸。」風斂餘香暗度垣。首楞嚴經：「如聲度垣，不能〔二〕爲礙。」黄鳥數聲殘午夢，尚疑身在〔三〕一作「屬」。半山園。按建康志云：「公有示蔡天啓詩云『今年鍾山南，隨分作園圃』者是也；又在次吴氏女子詩，注云：『南朝九日臺在孫陵〔四〕曲街傍，去吾園只數百步。』今報寧禪院即其地。」

【校記】

〔一〕「柳」，叢刊本作「楝」。

〔二〕「能」，原作「龍」，據宫内廳本改。

〔三〕「在」，宋本、叢刊本作「屬」。

〔四〕「孫陵」，原作「丞陵」，據宫内廳本改。

過劉全美所居

西崦晴天得強扶，杜詩：「西崦人家宿。」○法帖：「何氏書云：『投老殘年，西崦已迫。』」出林知有故人居。數能過我論奇字，奇字，出揚雄傳。顔師古曰：「奇字，古文之異者。」當復令公見異書。袁山松書：「王充〔一〕所作論衡，中土未有傳者。蔡邕入吴，始得之，常秘玩以爲談助。其後王朗〔二〕爲會稽太守，又得其書。及還許下，時人稱其才進。或曰：『不見異人，當得異書。』問之，果以論衡之益，由是遂見傳焉。」抱朴子曰：「時人嫌蔡邕得異書，或搜求其帳中隱處，果得論衡。抱數卷持去。邕丁寧之曰：『准我與爾共之，勿廣也。』」

【校記】

〔一〕「王充」，原作「上充」，據宫内廳本改。

〔二〕「朗」，原作「郎」，據宫内廳本改。

書何氏宅壁

有興提魚就公煑，世説：「衛君長爲温嶠長史，温甚善之，每提酒脯，就衛論書。」又：「桓仲在荆州，張玄爲侍中。使至江陵，路經陽岐村，見一人持半籠生魚徑來造船，云有魚，欲寄作鱠。張乃維舟納之。問其姓字，云是劉遺民。張素聞其名，大相忻待。張甚欲話言，劉了無停意。既進鱠，便去，云：『向得此魚，觀君舡上當有鱠具〔一〕，是故來耳。』於是便去。」遺民，劉驎之字。〇杜詩：「知子松根長茯苓，遲暮有意來同煑。」〇陸龜蒙詩：「今朝有客賣鱸魴，手提見我長於尺。」此言雖在已三年。皖濳終負幽人約，空對湖山坐悯然。

【校記】

〔一〕「具」，原作「見」，據宫内廳本改。

題永慶壁有雱〔一〕遺墨數行

按建康志：「在城北門外烏龍潭北。」

永慶招提墨數行，歲時風露每悽傷。殘骸豈久人間世，故有情鍾未可忘。王夷甫哭子：「情之所鍾，正在我輩。」

【校記】

〔一〕「有雱」，龍舒本作「元澤」。

江寧府園示元度〔一〕

畫船南北水遥通，日暮幅巾篁竹中。羊祜贊：「成功弗居，幅巾窮卷，落落焉其有風飆者也。」行到〔二〕月臺逢翠碧，背人飛過子城東。杜詩：「雙雙瞻客上，一一背人飛。」○韋蘇州詩：「每到子城東路上，憶君相逐入朝時。」

【校記】

〔一〕龍舒本卷六十九題作「示元度秘校」。

〔二〕「到」，宫内廳本作「過」。

金陵郡齋

談經投老揜悠悠，爲吏文書了即休。深炷爐香〔一〕一作「煙」。閉齋閤，卧聽簷雨瀉高秋。評曰：語有恨意。○公經術晚益深，而云「揜悠悠」者，謙光之談也。此詩作於熙寧七年秋，時惠卿爲政，已極力傾公，雖經義，亦多改定云。○唐人詩：「剩栽高竹聽秋聲。」○杜詩：「雨瀉暮簷竹，風吹春井芹。」又于鵠詩：「空山獨卧秋。」

【校記】

〔一〕「香」，宋本、叢刊本作「煙」，校曰：「一作『香』。」

戲示蔣穎叔

扶衰南陌望長楸，曹子建詩：「鬪雞東郊道，走馬長楸間。」燈火如星滿地流。韓詩：「騎火萬星攢。」但怪傳呼殺風景，西清詩話云：「義山雜纂，品目數十，蓋以文滑稽者。其一曰殺風景，謂清泉濯足，花上曬褌，背山起樓，燒琴煑鶴，對花啜茶，松下喝道。晏元獻慶曆中罷相守潁，以惠山泉烹，日注從容，賦詩曰：『稽山新茗緑如煙，靜挈都藍煑惠泉。未向人間殺風景，更持醪醑對花前。』王荆公元豐末居金陵，大漕蔣之奇夜謁公於蔣山，騶唱甚都，公取『松下喝道』語，作此詩戲之。自此，『殺風景』之語頗著於世。」豈知禪客夜相投。穎叔好參禪，故以「禪客」戲之。〇公集有與蔣論禪一書，今附於此：「阻闊未久，豈勝思渴。承手筆，訪以所疑，因得聞動止，良以爲慰。如某所聞，非神不能變，而變以赴感，特神足耳。所謂性者，若四大〔二〕是也。所謂無性者，若如來藏是也。雖無性而非斷絶，故曰一性所謂無性。曰一性所謂無性，則其實非有非無，此可以意通，難以言了也。惟無性，故能變。若有性，則火不可以爲水，水不可以爲地，地不可以爲風矣。長來短對，動來静對，此但令人勿著爾。若了其語意，則雖不著二邊而著中邊，此亦是著。故經曰：『不此岸〔三〕，不彼岸，不中流。』長瓜梵志一切法不變，而佛告之以受與不受亦不受，皆争論也。若知應生無所住心，則但有所著，皆在所訶，雖不涉二邊，亦未出三句。若無此過，即在所可。三十六對，無所施也。妙法蓮華經説實相法，然其所説，亦行而已。故導師曰『安立行浄行，無邊行上行』也。其所以名芬陁利華，取義甚多，非但如今法師所釋也。佛説有性，無非第一義諦。若第一義諦，有即是無，無即是有，以無有像計度言語起。而佛不二法，離一切計度言説。謂之不二法，亦是方便説耳。此可冥〔三〕會，難以言了也。」

【校記】

〔一〕「四大」，龍舒本卷七答蔣穎叔書作「七大」。

〔二〕「岸」，原作「峯」，據龍舒本答蔣穎叔書、宫内廳本改。

〔三〕「冥」，原作「貝」，據龍舒本答蔣穎叔書、宫内廳本改。

游城東示深之德逢二首〔一〕

欲牽淮舸共尋源，且踏青青繞杏園。杏園，未詳在何處。淮舸，謂秦淮。憶我舊時〔二〕光宅路，依然桑柳映花繁。

【校記】

〔一〕龍舒本、宋本、叢刊本無「二首」兩字，僅第一首。

〔二〕「時」，龍舒本作「詩」。

其　二〔一〕一作麗澤門詩。

麗澤門西日未俄，水明沙浄卷纖羅。退之詩：「山浄江空水見沙。」又：「江作青羅帶。」緑瓊洲渚青瑶嶂，付與詩工敢琢磨。瓊，赤玉也。今媲緑而言，豈謂草木紅碧相間乎？詩工，謂二子也。

【校記】

〔一〕此詩爲龍舒本卷六十七示耿天騭二首之二。宋本、叢刊本題作「麗澤門」。

示公佐

殘生傷性老躭書，年少東來復起予。各據槁梧同不寐，偶然聞雨落堦除。莊子天運篇：「儻然立於四虚之道，倚乎槁梧而吟。」梁元帝讀書事曰：「憑几據梧。」〇柳詩：「高樹臨清池，風驚夜來雨。余心適無事，偶此成賓主。」

示俞秀老二首〔一〕

不見故人天際舟，謝玄暉詩：「天際識歸舟。」小亭殘日更回頭。繰成白雪三千丈，李白〔二〕詩：「白髮三千丈，緣愁似箇長。」細草孤〔三〕雲一片愁。別本「片」作「寸」，言一寸愁能繰成白雪三千丈。

【校記】

〔一〕題原無「二首」二字，據目録補。龍舒本卷六十九題作「示俞秀老三首」，其一即本書卷二十七「示俞秀老」，其二、三同此二首。

〔二〕「李白」，原作「杜甫」；下「白髮」，原作「白雪」，據李白秋浦歌、宮内廳本改。

〔三〕「孤」，宮内廳本作「游」。

其二

君詩何以〔一〕解人愁？初日紅蕖碧水流。鮑昭言：「謝靈運五言如初發芙蓉，自然可愛。」未怕元劉妨獨步，白樂天集：「予頃以元微之唱和頗多，或在人口，常戲微之云：『僕與足下，二十年來爲文友詩敵，幸也，亦不幸也。吟詠情性，播揚名聲，其適遺形，其樂忘老，幸也；然江南士女語才子者，多云元、白，以子之故，使僕不得獨步於吴越間，亦不幸也。今垂老復遇夢得，得非重不幸耶？』」每思陶謝與同游。杜詩：「安得思如陶謝手，令渠述作與同游。」

【校記】

〔一〕「以」，宫内廳本作「似」。

示李時叔二首

知子鳴絃意在山，一官聊復戲人間。能爲白下東南尉，唐張容詩：「一尉東南遠，誰知此夜歡。」○白詩：「王夫子，送君爲一尉，東南三千五百里。」藜杖緇巾得往還。杜詩：「杖藜長松陰，作尉窮谷辟。」○伯牙鼓琴，志在高山。見別注。

其二

千山訪我幾摧輈，劉琨詩：「駭駟催雙輈。」王維梵志體詩：「何津不鼓棹，何路不摧輈。」清坐來看十日留。勢利白頭何足道，古人傾蓋有綢繆。鄒陽傳：「語曰：『白頭如新，傾蓋如故。何則？知與不知也。』」○詩：「綢繆牖户。」○退之贈劉生詩：「乃獨遇之盡綢繆。」

示寶覺二首〔一〕

火煖〔二〕窗明粥一盂，晨興相對寂無魚。言寂然無魚鼓之聲，非馮讙彈鋏事。韓文：「子飯一盂，子啜一觴。」翛然迥出〔三〕山林外，別有禪天好浄居。佛書，四禪有浄居天。梁武帝有浄居殿。○「飯香魚熟近中厨。」元微之詩。

【校記】

〔一〕龍舒本卷六十九「二首」作「三首」，第一、三首同此二首，第二首即本書卷二十二示無外。宫内廳本無「二首」二字。

〔二〕「煖」，宋本作「輭」。

〔三〕「翛然迥出」，宋本、叢刊本作「超然聖寺」。

其二

重將壞色染衣裙，東坡文：「璉禪師曰：『吾衣以壞色，食以瓦鐵，龍腦鉢非法。』」○四分律云：「著壞色衣有五利：一順聖威儀，二離傲慢，三不受塵垢，四不生蟣虱，五觸時柔輭，易將護故。」共臥鍾山一塢雲。客舍黄粱今始熟，黄粱事，已見游土山注。此略不同，兩存之。異聞集：「道者吕翁經邯鄲道上，邸舍中有少年盧生，自歎其貧困，言訖思寐。時主人方炊黄粱爲饌，翁乃探懷中枕以授生，枕兩端有二竅。生夢中自竅入其家，見其身富貴五十年，老病而卒。欠伸而悟，顧吕翁在傍，主人炊黄粱尚未熟。」鳥殘紅柿昔曾分。「鳥啣紅柿落前，潙山接與仰山，仰山以水洗了，却與潙山，潙山曰：『子什磨處得來？』仰山曰：『此是和尚道德所感。』潙山曰：『汝也不得空。』即分半與仰山。」事見傳燈。唐人詩：「松和巢鶴看，果共野猿分。」

補注 詩末附注 真誥：「太真夫人語安期生：『吾昔與君共食一棗，不能盡。』」〔一〕

【校記】

〔一〕本注原闌入題下，無「補注」二字。

仲元女孫

雙鬟嬉戲我庭除，争挽新花比繡襦。杜詩：「憶昔初見時，小襦繡芳蓀。」○韓詩：「嬌癡婢子無性靈，競挽春衫來並比。」親結香纓知不久，汝翁那更鑷髭鬚。鑷鬚，見游土山注。内則：「婦事舅姑」。○「衿纓」注：「衿，結也。婦人有纓，示繫屬也。」

示永慶院秀老

禪房借枕得重欹，陳迹翛然尚有詩。嗟我與公皆老矣，拂天松柏見栽時。太白胡僧歌：「此僧年紀那得知，手種青松今十圍。」賈島詩：「養雛成老〔一〕鶴，種子作高松。」○記劉長卿詩有「松蘿長稚子，風景逐新文」，亦此意。

【校記】

〔一〕「老」，宫内廳本、全唐詩賈島山中道士作「大」。

示王鐸主簿

君正忙時我正閑，盧綸詩：「花正濃時君正愁，逢花却欲替花羞。」即此句法也。如何同得到鍾山。夷門二十年前事，回首黄塵一夢間。史記魏公子贊：「吾常過大梁之墟，問其所謂夷門。」夷門者，城之東門也，今爲汴都。

戲城中故人〔一〕

城郭山林路半分，君家塵土我家雲。莫吹塵土來污我，王導傳：「元規塵污人。」我自有雲持寄君。陶弘景詩，見定林寺注。

【校記】

〔一〕此詩爲龍舒本卷六十九戲贈約之二首之第一首，第二首爲本書本卷下首。

戲贈段約之

竹柏相望數十楹，選詩：「峭蒨青葱間，竹柏得其真。」藕花多處復開亭。如何更欲通南埭，割我鍾山一半青。建康志：「南埭，今上水閘也，正對青溪閘。」段約之家有割青亭，見建康志。

示俞處士

魯山眉宇人不見，只有歌辭來向東。借元魯山以比俞也。魯山，名德秀，字紫芝，嘗爲魯山令。房琯嘗云：「見紫芝眉宇，使人名利之心都盡。」○杜詩：「清渭無情極，愁時獨向東。」借問樓前蹈于蔿，何如雲卧唱松風。玄宗在東都，酺五鳳樓前，命三百里縣令、刺史各以聲樂集，往往爭爲瓌麗。時元令魯山惟樂工十數人聯袂歌于蔿〔一〕。于蔿者，德秀所爲歌也。帝聞，異之，歎曰：「賢人之言哉！」詩言元猶爲縣令，不及俞之自如也。○杜詩：「雲卧衣裳冷。」○陶弘景喜松風。

【校記】

〔一〕「于蔿」，新唐書元德秀傳、宮内廳本作「于蔿于」，下同。

懷張唐公

直諒多爲世所排，唐公仕仁宗時，能守其職，數與俗忤。如謚錢惟演爲「文墨」，帝喻易之，詞愈直，卒不能奪。爲淮南轉運使，三司責諸道餘財，淮南獨上金九錢。三司使怒，詆之甚。瓌以賦數民貧爲對。草劉沆贈官制，意言沆特鄉里豪舉，以附會至將相。沆子瑾訴於朝，極其醜詆。出知黄州。後又爲瑾發其判吏部時調其子不應法，降一官。公詩所稱「爲世排」者，指此類也。有懷長向我前開。暮年惆悵誰知此，南陌東阡獨往來。顔師古注漢書曰：「阡陌，田間道也。南北曰阡，東西曰陌。蓋秦商鞅所開也。」今云「南陌東阡」，亦互言之耳。

憶〔一〕金陵三首

覆舟山下龍光寺，覆舟山，在城北七里，東際青溪，北臨真武湖〔二〕，狀如覆舟，因以爲名。案輿地志：「在樂游苑内。宋元嘉中，改名真武山，以其臨真武湖故也。高祖舉兵討桓玄，玄使卞範之屯覆舟山西。義軍進至山東，高祖躬先士卒以奔之。範之諸軍大敗。陳高祖時，齊兵踰鍾山，高祖衆軍分頓樂游苑東及覆舟山北，斷其衝要。齊軍至玄武湖西北、幕府山南，將據北郊壇。衆軍自覆舟東移郊壇北，與齊人相對，縱兵大戰。即此地。」玄武湖畔五龍堂。玄武湖周回四十里，宋以肄舟師。京都記云：「從北湖望鍾山，似宮亭湖望廬岳也。」沈約登覆舟山詩云：「南瞻儲胥館，北眺昆明池。」即此湖也。又建康志：「玄武湖，亦曰後湖，在城北二里，東西有溝，流入秦淮，深七尺，灌田一百頃。」案建康實録：「吴寶鼎二年，開城北渠，引後湖水，流入新宮，巡遶殿堂。晉元帝太興三年，始創北湖，築長堤，以壅北山之水，東自覆舟山，西至宣武城六里餘。宋元嘉中，有黑龍見，因改玄武湖，立三神山於湖中，春秋祠之。」南史：「元嘉二十三年，文帝築北堤，立玄武湖，築游苑，欲起三山湖中。何尚之固諫，乃止。」豈當時諫止之後復立耶？故李白詩亦云：「空餘後湖月，波上對三山。」孝武大明中，大閲水軍於湖，因號〔三〕昆明池，而俗亦〔四〕呼爲飲馬塘。又於湖側作大竇，通水入華林園。故臺中諸溝水常縈流不息。建平王景素舉兵，蕭道成出屯玄武湖，梁嗣微等引齊兵至玄武湖，侯景舉兵引玄武湖水以灌臺城是也。國朝天禧四年，改曰放生池，其後稍廢爲田。想見舊時游歷處，煙雲渺渺水茫茫。許堅詩：「一水茫茫豈有涯？春風時節萬林花。」○杜詩：「春動水茫茫。」

【校記】

〔一〕「憶」，宫内廳本作「懷」。

〔二〕「真武湖」，宫内廳本作「玄武湖」，下同。

〔三〕「號」，原作「尋」，據宫内廳本改。

〔四〕「亦」，原作「築」，據宫内廳本改。

其二

煙雲渺渺水茫茫，繚繞蕪城一帶長。宋鮑照有蕪城賦，指廣陵故城也。城乃吴王濞所都〔一〕。蒿目黄塵憂世事，莊子駢拇篇：「今世之仁人，蒿目而憂世之患。」注：「以可尚之迹，蒿令有患而遂憂之，此爲陷人於難而後拯之也。」追思陳〔二〕迹故難忘。嬰於世故而思舊游也。蘭亭序：「俛仰之間，已爲陳迹。」

【校記】

〔一〕「都」，宫内廳本作「築」。

〔二〕「陳」，龍舒本作「塵」。

其三

追思塵〔一〕迹故難忘，翠木蒼藤水一方。詩魏風汾沮洳：「彼汾一方，言采其桑。」劉禹錫詩：「一方明月可中庭。」聞說精廬今更好，好隨殘汴理歸艎。姜肱傳：「盜就精廬求見。」注曰：「精廬，即精舍。」○劉淑傳：「隱居，立精舍講授。」○隋煬帝開汴渠，達江都。公時在京師，故欲順流理歸艎。○唐李翺爲來南録云：「自淮沿流至於高郵，乃泝至於江。孟子所謂『決汝漢，排淮泗而注之江。』」則淮泗固嘗入江矣。此乃禹之舊迹。熙寧中，曾遣使按圖求之，故道宛然，終不能復。據此，則歸艎之句及淮而止耳，不能徑出江也。朱元晦嘗言：「據禹貢及今水，而淮漢水入江耳，汝泗則入淮，而淮自入海。或非孟子謂『四水皆入於江』，亦不以文廢詞耳。」

【校記】

〔一〕「塵」，宋本、宫内廳本、叢刊本作「陳」。

離昇州作〔一〕

殘菊冥冥風更吹，雨如梅子欲黄時。杜詩：「四月熟黄梅。」相看握手揔無語，愁滿眼前心自知。張籍詩：「失意還獨語，多愁秖自知。」○白樂天弔元相詩：「相看掩淚都無語，別有傷心事豈知？」又：「多病多愁心自知。」

【校記】

〔一〕此詩爲龍舒本卷七十離昇州作二首之第二首。

望淮口

白煙瀰漫接天涯，黯黯長空一道斜。陸龜蒙詩：「分明似箇屏風上，飛起鵁鶄一道斜。」有似錢塘江上望，晚潮初落見平沙。張籍宿江店詩：「閑尋泊舡處，潮落見平沙。」

補注 唐昭度詩：「長憶錢塘江上望，酒樓人散雨千絲。」〔二〕

【校記】

〔二〕本注原闌入題下，無「補注」二字。

入瓜步望揚州

瓜步屬真州，即魏太武入寇駐軍之地也。

落日平村〔一〕一水邊，蕪城掩映秖蒼然。蕪城，見上注。白頭追想當時〔二〕事，幕府青衫最少年。韓文送李礎序：「愈於太傅府年最少。」張籍哭孟寂詩：「曲江院裏題名處，十九人中最少年。」○按：荆公慶曆二年楊寘榜第四名及第，授簽書淮南節度判官廳公事。五年三月，韓忠獻公罷樞密，以資政殿出鎮維揚。公時尚在簽幕，年二十五，故自云「最少年」。又，公作忠獻挽辭，有云：「幕府少年今白髮，傷心無路送靈輀。」時荆公召自江寧，再居相位，蓋熙寧八年也。

【校記】

〔一〕「村」，宋本、叢刊本作「林」。

〔二〕「時」，宮内廳本作「年」。

泊船瓜洲

京口瓜洲一水間，京口，已見別注。瓜洲，在丹徒之對。鍾山秖隔數重山。春風自緑江南岸，李白宜春苑歌：「東風已緑瀛州草，紫〔一〕

殿紅樓覺春好。」〇又，香山詩：「春岸緑時連夢澤，夕陽紅處近長安。」〇温庭筠詩：「緑昏晴氣春風岸，紅漾輕淪野水天。」〇又，李白愁陽春賦：「天光青而妍和，海氣緑而芳新。」明月何時照我還。

【校記】

〔一〕「紫」，原作「蓬萊」，據宋蜀刻本李太白文集侍從宜春苑奉詔賦龍池柳色初青聽新鶯百囀歌改。

重陽〔一〕余婆岡市

建康續志云：「余婆岡城〔二〕，在城東北二十里。公詩刻市中有。」

憶我東游未有鬚，韓詩：「君顧始生鬚。」扶衰重此駐肩輿。巾中年少今誰在，魯叟當街六十餘。魯叟，公自謂也。陶詩：「汲汲魯中叟。」漢書：「臣里中有鄙生，年六十餘，長八尺。」

【校記】

〔一〕「陽」，龍舒本、宋本、叢刊本均作「過」。

〔二〕「城」，宮内廳本作「市」。

秦淮泛舟

強〔一〕扶衰病牽淮舸，尚怯春風泝午潮。花與新吾如有意，山於何處不相招。新吾，見傳神自讚注。

杜詩：「百丈牽江色，孤舟泛泛斜。」

【校記】

〔一〕「強」，宮內廳本作「搖」。

中書即事

投老飜爲世網嬰〔一〕，低佪終恐負〔二〕一作「誤」。平生。何時白石岡〔三〕頭路，渡水穿雲取次行。白石岡，撫州、建康皆有之。○觀公拜相日，題西廡小閣牕間云：「霜筠雪竹鍾山寺，投老歸來寄此身。」既得請金陵，出東府，寓定力院，又題壁云：「溪北溪南水暗通，隔谿遥見夕陽春。當時諸葛成何事？只合終身作卧龍。」時熙寧九年十月，大抵皆此詩之意。

【校記】

〔一〕「嬰」，龍舒本作「纓」。

〔二〕「負」，龍舒本作「俣」。

〔三〕「白石岡」，宋本作「白土岡」，叢刊本作「白上岡」。

萬　事〔一〕

萬事黄粱〔二〕欲熟時，世間談笑漫〔三〕追隨。雞蟲得失何須筭，鵬鷃逍遥各自知。公詩屢用黄粱事，而語意皆妙。〇杜詩縛雞行：「家中厭雞食虫蟻，不知雞賣還遭烹。」又云：「雞虫得失無了時，注目寒江倚山閣。」〇鵬鷃，見莊子逍遥游，注：「各以得性爲至，自盡爲極也。或翱翔天池，或畢志榆枋，直各稱體而足，不知所以然也。」

【校記】

〔一〕此詩爲龍舒本卷七十五絶句九首之第五首。

〔二〕「粱」，龍舒本作「糧」。

〔三〕「漫」，龍舒本作「謾」。

寄金陵傳神者〔一〕李士雲

衰容一見便疑真，李子揮毫妙入〔二〕神。一作「故有神」。白詩：「衰容自覺宜閑處。」欲去鍾山終不忍，謝渠分我死前身。

【校記】

〔一〕「者」，原作「老」，據目録及諸本改。

〔二〕「李子」，龍舒本作「李氏」。「妙入」，宋本、叢刊本作「故有」。

贈外孫

乃吴侔也。其父安持，充次子，介父壻。侔得公此詩，何止不克負荷，後乃更坐惡逆誅，累及其親。○按國史：「舒州人張懷素本百姓，自稱落魄野人，以幻術游公卿間。於元祐六年，說朝散郎吴儲云：『公福似姚興，可爲關中一國主。』儲云：『儲福弱，豈能及姚興？』懷素云：『但說有志，不說福。』紹聖四年，懷素入京，又與儲結約，儲以語侔。崇寧四年，事敗，獄成，懷素、吴儲、吴侔、邵稟並陵遲處斬；楊公輔、魏當、郭乘德並特處死；吴儲父安持貸命，免真决，追毁出身以來文字，除名勒停，送潭州編管；吴侔母王氏係王安石女，特免遠竄，送太平州羈管；侔弟僎道州羈管。」公此詩蓋爲侔作也。呂惠卿子淵坐曾聞妖言不以告，削籍，竄沙門島；惠卿散官，安置宣州；蔡卞降職，奉外祠；鄧洵武妻吴侔之兄，出知隨州；安惇追貶散官。初，蔡京實與懷素往來，書疏猥多。余深、林攄鞫制獄，曲爲京地，故京獨免。懷素之敗，本潤州州學内舍生湯東野將錢十千與進士范寥入京告發。獄竟，東野除宣義郎、寺監主簿，賜袍帶並見錢一千貫、盤纏錢一百貫；范寥特除供備庫副使，賜見錢一千貫、金二十兩，銀腰帶並公服靴笏，與在京監當。然東野用是積累至從官，晚年嘗見卧牀有人頭無數，豈懷素之獄不能無濫耶？

南山新長鳳凰雛，眉目分明畫不如。年小從他愛梨栗，長成須讀五車書。淵明責子詩：「通子垂九齡，但覓梨與栗。」○杜詩：「庭前八月梨棗熟，一通正又能千里。」又：「男兒須讀五車書。」

東流頓令罷官阻風示文有按風伯奏天閽之語答以四句

令尹犀舟失去期，張衡傳：「雖有犀舟勁楫，猶人涉卬否，有須者也。」憮然凭几占文移。勸君慎莫讒風伯，韓文古本、杭本及文苑訟風伯皆作「讒」。會有開帆破浪時。宗慤曰：「願乘長風，破萬里浪。」

楊德逢送米與法雲二老作此詩

盧仝不出憎流俗，我卜郊居避俗憎。仝有鄰僧來乞米，我今送米乞音氣，已見上。鄰僧。韓公寄仝詩：「先生結髮憎俗徒，閉門不出動一紀。至今隣僧乞米送，僕忝縣尹能不耻？」

送黄吉父三首〔一〕將赴南康官，歸金谿。

柘岡西路白雲深，唐人詩：「宛陵三千里，路指吴雲深。」想子東歸得重尋。亦見舊時紅躑躅，爲言春至每傷心。公雖徙居金陵，而念鄉里每切。柘岡在臨川。

【校記】

〔一〕宋本、叢刊本題均作「送黄吉父將赴南康官歸金谿三首」。龍舒本題注無「歸金谿」三字。

其　二

還家一笑即芳辰，好與名山作主人。邂逅五湖乘興往，相邀錦繡谷中春。廬山記：「谷中奇花異草，不可殫述。三四月間，紅紫匝地，如披錦繡，故以爲名。」

其　三　杜詩：「喜心翻倒極，烏咽更沾巾。」

歲晚相逢喜且悲，莫占風日恨歸遲。我如逆旅當還〔一〕客，後〔二〕會有無那得知！〔三〕淵明詩：「家如逆旅舍，我如當去客。」言再見未可知也。

【校記】

〔一〕「還」，宋本、叢刊本作「去」。

〔二〕「後」，叢刊本作「復」。

〔三〕宫内廳本評曰：「其達，可誦。」

補注　示俞秀老

俞紫芝字秀老。惠洪冷齋夜話載：「秀老一日盗解荆公驢，騎入蔣山。公候其至，叱下堦，責數良久。秀老叩頭，願有以自贖。僧爲勸解，乃罰作松聲詩。」洪補亡云：「萬壑抱蒼煙，百灘度流水。下有跨驢人，蕭蕭吹醉耳。」秀老高士，非可下堦叱責者。荆公嘗况其詩如「紅渠碧水」，元、劉、陶、謝之流，且與書云：「當營理報寧菴舍，以佇游惕營從，何時如約一至乎？」則欽重之意，槩可想見。惠洪誕妄，類如此也。〔一〕

補注　金陵郡齋

蘇公子由云：「安石以宰相解經，行之於世。至春秋漫不能通，則詆以爲『斷爛朝報』。」余每謂「以宰相解經」五字，以〔二〕譏公操權勢，駈脅世俗，以行其説。然公諸經解妙處實多，韓持國輩終推之，何可盡疵哉？

【校記】

〔一〕本注原闌入詩注末，闕題，據注補。

〔二〕「以」，宫内廳本作「似」。

庚寅增注第四十三卷

鍾山晚步　細紅如雪　言花軟盈如雪，不言色也。　宜城賣酒家　張華詩：「蒼梧竹葉肖，宜城九醖酒。」

散策　何許　猶何處也。

江寧府園示元度　行到　王維詩：「行到水窮處。」

金陵郡齋　談經投老捹悠悠　治平四年三月，知江寧；五月，召爲學士。熙寧七年四月，罷相知江寧；六月，到江寧。八年二月，復拜相。「談經投老捹悠悠」，當是七年秋所作，蓋出守領經局也。

戲示蔣潁叔　燈火如星　韓詩：「漁火粲星點。」

示俞秀老　一片愁　庾信詩：「誰知一寸心，乃有萬斛愁？」

示李時叔　時叔，即伯時也。據建炎執政張澂題山莊圖云：「予渭陽李伯時德素既褫褐，相與隱舒之龍眠山。里人李元中少年邁往，人物如璧，而善言論，伯時招徠之，輒與山澤之游，號龍眠二李，一時聲聞出兩淮上，時人比之何氏大山、小山。王介甫以詩招伯時曰：『能爲白下東南尉，藜杖緇巾得往還。』德素善山谷道人黄魯直，申以姻連，故數爲人排根擯官。元豐中亦登科，晚節顛沛，至不可道，俔二李有遺恨焉。」　東南尉　揚雄解嘲曰：「東南一尉，西北一候。」注：「皆官也。」

其二　來看十日留　歐公和徐生詩：「幸以主人故，崎嶇幾摧輈。一來勤已多，而況欲久留。」　傾蓋　家語：「孔子之郯，遭程子於塗，傾蓋而語終日，有間，顧子路曰：『取束帛以贈先生。』」

示寶覺　別有禪天好浄居　唐人李幼卿題琅邪東峯禪室云：「同居好樂土，別占静居天。」

其二　壞色衣　梵言袈裟，此云壞色衣，言非五方之正色。

仲元女孫　鑷髭鬚　齊高祖曰：「豈有爲人曾祖拔白髮乎？」

憶金陵其三　好隨殘汴理歸艎　按：周顯德五年正月，上欲引戰艦自淮入江，阻北神堰，不得度。欲鑿楚州西北鸛水以通其道。遣使行視，還言地形不便，計功甚多。上自往視之，授以規畫，發楚州民夫浚之。旬日而成，用功甚省。巨艦數百艘皆達於江。唐人大驚，以爲神。按：李翺亦載淮尚通江，距顯德未遠，不知何爲遽塞。元晦亦未深考也。

泊船瓜洲　春風自緑江南岸　洪景盧内翰嘗云：「公此詩，吴中士人家嘗得公草，初云『又到江南岸』，圈去『到』字，注曰：『不好。』改爲『過』字，復圈去，而改爲『入』，旋改爲『滿』，凡如是十許字，始定爲『緑』。」李嘉祐詩：「細草緑河洲，王孫耐薄游。」

重陽余婆岡市　魯叟　「魯叟」字，後見曾景建言，此人姓魯，名趙宗。其孫名翫，能世其家。託宣和間一從官重寫荊公此詩，刻之蛇蟠驛，則魯叟必一儒生爾。

寄金陵傳神者李士雲　衰容一見便宜真　唐李遠帝王畫像詩：「宫女捲簾皆暗認，侍臣開殿盡遥驚。」便疑真，亦類此。白詩：「衰容自覺宜閑處。」

送黄吉父其二　錦繡谷中春　范雎傳：「秦、韓之地形，相錯好繡。」柳文馬退山記：「蒼翠詭狀，綺綰繡錯。」谷以錦繡名，亦此意。

王荆文公詩卷第四十四

律詩

金陵即事三首〔一〕

水際柴門一半開，小橋分路入蒼〔二〕一作「青」。苔。背人照影無窮柳，隔屋吹香併是梅。此詩吟諷不足，可入畫圖。○張祜詩：「紅樹蕭蕭閣半開。」○小杜詩：「緑樹陰青苔，柴門臨水開。」○皮日休古人名詩：「水邊韶景無窮柳，空被江淹一半黄。」杜詩：「野老籬前江岸迴〔三〕，柴門不正逐江開。」又：「隔屋喚西家，借問有酒不？」

【校記】

〔一〕龍舒本卷六十四題作「金陵绝句四首」，前三首同此，第四首即本書卷四十山鷄。此詩又爲龍舒本卷七十五即事十五首之第十三首。

〔二〕「蒼」，龍舒本作「青」。

〔三〕「迴」，原作「日」，據杜甫野老詩改。

其　二〔一〕

結綺臨春歌舞地，荒蹊狹巷〔二〕兩三家。結綺、臨春，見和微之登高齋注。○李白姑蘇臺詩：「宮女如花滿春殿，只今〔三〕惟有鷓鴣飛。」即此意。東風漫漫吹桃李，非復當時仗外花。評曰：無奇。○唐詩：「佳氣常薰仗外峯。」

【校記】

〔一〕此詩又爲龍舒本卷七十五即事十五首之第十四首。

〔二〕龍舒本校：「一云『頽城斷壍』。」

〔三〕「今」，原作「令」，據李白越中覽古改。

其　三[一]

昏黑投林晚[二]更驚，背人相喚百般鳴。評曰：無名不爲雅。○退之聞鶯詩：「誰人教解百般鳴？」柴門長閉春風暖，事外還能見鳥情。列子黄帝篇：「太古聖人備知萬物情態，悉解異類音聲。」○杜詩：「農事聞人説，山光見鳥情。」

【校記】

〔一〕此詩又爲龍舒本卷七十五雜詠絶句十五首之第八首。

〔二〕「晚」，宋本、叢刊本作「曉」。

烏　塘

烏塘渺渺淥[一]平堤，言水與堤平。堤上行人各有携。試問春風何處好？辛夷如雪柘岡西。公母家吴氏，居臨川三十里外，地名烏石岡。吴氏所居，又有柘岡，即詩所指。○本草：「辛夷初開如筆，人呼爲木筆。其花最早。江南地暖，正月開，南人呼爲迎春。北地寒，二月開，樹高數仞，葉似柿葉而狹長，花似著毛小桃，色白而帶紫。花落後，至夏初復開花。」○輞川圖有辛夷塢。王維詩：「况有辛夷花，色與芙蓉亂。」○杜詩：「辛夷始花亦已落，況我與君非少年。」○白詩：「辛夷花白柳梢黄。」○退之詩：「辛夷花高最先開。」○錢起詩：「辛夷花盡杏花稀。」○杜牧之詩：「借問春風何處在？緑楊深巷馬頭斜。」

【校記】

〔一〕「渌」，宋本、叢刊本作「緑」。

柘岡

萬事〔一〕紛紛只偶然，老來容易得新年。柘岡西路花如雪，回首春風最可憐。杜牧詩：「冥鴻不下非無意，塞馬歸來是偶然。」柳集：「長來覺是日亦速殄。」〔二〕又有詩云：「一年容易即黄花。」

【校記】

〔一〕「事」，龍舒本作「里」。

〔二〕柳集引文，宫内廳本作「長來覺日月益速」。

北城〔一〕

青青千里亂春袍，後漢五行志：「千里草，何青青。十日卜，不得生。」〔二〕杜詩：「鵝草淡衣袍。」〔三〕唐人詩：「庾郎年最少，青草妬春袍。」暮〔四〕雨催紅出小桃。王維詩〔五〕：「桃紅復含宿雨，柳緑更帶春煙。」介父又詩：「晴飛落紅點〔六〕小桃。」回首北城無限思，日酣川净野雲高。

【校記】

〔一〕宋本、叢刊本題作「城北」。龍舒本卷七十一北城同此；卷六十五重出，題作「開元上方」。

〔二〕原作「後漢末行至：千里草，何貴貫，紅色不得生」，乖謬錯漏不成句，據後漢書五行志及宫内廳本校正。

〔三〕「鵝草」句：宫内廳本作「堤草亂春袍」。下句「青草」，宫内廳本作「堤草」。

〔四〕「暮」，諸本均作「宿」。

〔五〕「王維詩」，原作「王母壽」，據宫内廳本改。

〔六〕「飛落紅點」，宫内廳本作「日蒸紅出」。

金陵[一]

金陵陳迹老莓苔，南北游人自往來。最憶春風石城塢，家家桃杏過墻開。

【校記】

〔一〕此詩爲龍舒本卷七十五即事十五首之第十二首。

午枕[一]

午枕花前簟欲流，言簟文瑩滑，如水之流。日催紅影上簾鈎。杜詩：「落日在簾鈎，谿邊春事幽。」窺人鳥唤悠颺夢，隔水山供宛轉愁。孟東野詩：「清溪宛轉水，脩竹裴回風。」○陳陶詩：「迎風騷屑千家竹[二]，隔水悠颺午夜鐘。」○靈一詩：「花濕隔水見，洞府過山逢。」

【校記】

〔一〕此詩爲龍舒本卷七十六獨卧三首之第三首。

〔二〕「風」，原作「門」；「竹」，原作「詩」，據全唐詩陳陶夜别温商梓州改。宫内廳本「陳陶」作「陳羽」，下句末字「鐘」作「風」。

州橋〔一〕

州橋踏月愁〔二〕山椒，回首哀湍故未〔三〕遥。今夜重聞事〔四〕嗚咽，却看山月話州橋。李義山詩：「君問歸期未有期，巴山夜雨漲秋池。何當共剪西牕燭，却話巴山夜雨時。」又陳陶詩：「憶昔鄱陽旅游日，曾聽南家争擣衣。今夜重聞舊砧杵，當時還見鴈南飛。」

【校記】

〔一〕此詩爲龍舒本卷七十五絶句九首之第四首。

〔二〕「愁」，諸本作「想」。

〔三〕「故未」，宋本、叢刊本作「未覺」。

〔四〕「事」，諸本均作「舊」。

觀明州圖〔一〕

明州城郭畫中傳，明州治鄞縣。尚憶西亭一艤船。出項羽傳。投老心情一作「光陰」。非復昔，當時風月故依然。歐公詩：「翠幙紅燈照羅鏡，心憶何似十年前。」

【校記】

〔一〕龍舒本此首重出，卷七十題作「憶鄞」，首句「中」作「圖」，三句「心情」作「光陰」；卷七十六題同此，二句「憶」作「記」，四句「風月」作「山水」，宋本、叢刊本同。

九日賜宴瓊林苑作

金明池〔一〕一作「馳」。道柳參天，瓊林苑、金明池，已見別注。○杜詩：「高柳半天青。」投老重來聽管絃。飽食太官還惜日，評曰：此豈志富貴者？○古詩：「志士惜日短。」夕陽臨水意茫然。杜詩：「夕陽臨水釣。」又：「斯爵〔二〕恐不遂，把酒意茫然。」又□□詩：「河日沾欲禄，歸山買簿田。終身恐不遂，把酒意茫然。」

【校記】

〔一〕「池」，宋本、叢刊本作「馳」。

〔二〕「爵」，杜甫重過何氏五首之五作「游」。又，此詩後四句曰：「何路霑微禄，歸山買薄田。斯游恐不遂，把酒意茫然。」與注下詩相近。

壬子偶題〔一〕

公自述云：「熙寧五年，東府庭下作盆池，故作。」

黄塵投老倦匆匆，故遶盆池種水紅。韓詩：「老翁真個似童兒，打水埋盆作小池。」又奉和錢七兄曹長盆池所植。錢七兄，徽也。徽詩序云：「小庭水植，率爾成詩。」又李白對雨詩：「水紅愁不起。」落日欹眠何所憶？江湖秋夢櫓聲中。劉長卿詩：「暮情辭鏡水，秋夢識雲門。」汪遵〔二〕詩：「秋宵睡足芭蕉雨，又是江湖入夢來。」

【校記】

〔一〕龍舒本卷七十四題作「懷舊」，無題注。宋本、叢刊本題下無「公自述云」四字。

〔二〕「汪遵」，原作「注遵」，據宫内廳本改，引詩見全唐詩汪遵詠酒二首。

和張仲通憶鍾陵絶句二首〔一〕

鍾陵，謂豫章，昔之洪州，今之隆興也。

一夢章江已十年，故人重見想皤然。章貢水，已見上注。自贛州至洪，通謂之章江。只應兩岸當時柳，能到春來尚可憐。杜牧詩：「夾岸垂楊三百里，只應圖畫最相宜。自嫌流落西歸疾，不見東風二月時。」

【校記】

〔一〕「二首」，龍舒本作「四首」，前二首同此，後二首同本書卷四十七汀沙、西山。宋本、叢刊本題無「絶句」二字。

其二

逸少池邊有一丘，右軍墨池在撫州州學，距公居切近。西山南浦慣曾游。西山、南浦，指洪州，見王勃滕王閣記。殘年歸去終無樂，聞説章江即淚流。

送和甫至龍安暮歸

隱隱西南月一鉤，春風落日〔一〕澹如秋。柳詩：「春半如秋意轉迷。」司馬天章詩：「冷於陂水澹於秋。」房櫳半掩無人語，鼓角聲中始欲愁。「人言愁，我始欲愁矣。」晉衛玠語。

【校記】

〔一〕「日」，宋本作「晚」。

鍾山即事〔一〕

澗水無聲遶竹流，竹西花草弄春柔。茅簷相對坐終日，一鳥不鳴山更幽。舊本注：「減二字，再成一首：『澗水遶竹流，花草弄春柔。相對坐終日，鳥鳴山更幽。』」荊公嘗語山谷云：「古稱『鳥鳴山更幽』，我謂不若『不鳴山更幽。』」故今詩如此。沈存中又稱公以「鳥鳴山更幽」對「風定花猶落」爲妙。苕溪漁隱曰：「太白詩：『解道澄江静如練，令人還憶謝元暉。』至魯直則云：『憑誰説與謝元暉，休道澄江静如練。』王文海云：『鳥鳴山更幽。』至介甫則云：『茅簷相對坐終日，一鳥不鳴山更幽。』皆反其意而用之，蓋不欲沿襲之耳。」

【校記】

〔一〕龍舒本卷六十四鍾山絶句二首，其一同此，其二即本書卷四十八竹窗。

南澗樓〔一〕

在江寧尉司。

撲撲煙嵐遶四阿，杜牧之詩：「後嶺翠撲撲，前溪緑泱泱。」○周禮：「明堂四阿重屋。」物華終恨未能多。故應斗〔二〕起三千丈，始柰重山複嶺何。張祜詩：「泉聲到池盡，山色上樓多。」○太白詩：「白髮三千丈。」○韓詩：「直須臺上看，始柰月明何。」

【校記】

〔一〕龍舒本卷六十六南澗樓同此；卷七十一南澗橋重出，題注：「重。」

〔二〕「斗」，叢刊本作「陡」。

京城

三年衣上禁城塵，撫事茫〔一〕然愧古人。漢贊：「彼以古人之責見繩，烏能勝其任乎？賢者自以不能如古人爲愧。」明月滄波秋萬頃，扁舟長寄夢中身。雖明月滄波之浩渺，非不超然垢紛之外，亦均於夢耳。○吕居仁贈真歇詩：「城市少留真夢事，山林高卧亦空花。」

【校記】

〔一〕「茫」，叢刊本作「怊」。

隴東西二首〔一〕

唐人賦。歐陽詹詩：「忽如隴頭水，坐作東西分。」

隴東流水向東流，不肯相隨過隴頭。秪有月明西海〔二〕上，伴人征戍替人愁。辛氏三秦記載俗歌曰：「隴頭流水，鳴聲嗚咽。遥望秦川，肝腸斷絶。」又：「隴山，一名隴坻，又名分水嶺。」故公有「東流」、「西流」之句。〇王建詩：「一東一西隴頭水，一聚一散天邊霞。」〇漢有西海郡。博物志云：「漢使張騫渡西海，至大秦。西海之濱，有小崐崙。」

【校記】

〔一〕「首」，龍舒本作「絶句」。

〔二〕「西海」，宋本作「西河」。

其　二

漢書：「于闐之西，水皆西流注西海；其東，水東流注鹽澤。」然則外域水亦有東、西分者。

隴西流水向西流，自古相傳到此愁。添却征人無限淚，怪來嗚咽已千秋。公送董傳詩又云：「悠悠隴頭水，日夜向西流。」○李義山詩：「溝水分流西復東，九秋霜月五更風。」亦謂隴水。雍裕之詩：「思君如隴水，長聞嗚咽聲。」

斜　徑

斜徑偶穿〔一〕南埭路，數家遥對北山岑。草頭蛺蝶黄化晚，菱角蜻蜓翠蔓深。南埭、北山，在公園屋旁近。余使燕時，館伴使李著能誦公「黄花翠蔓」之句，以爲妙。杜詩：「穿花蛺蝶深深見，點水蜻蜓欵欵飛。」

【校記】

〔一〕「穿」，龍舒本作「通」。

暮春〔一〕

北風〔二〕吹雨送殘春，南澗朝來緑〔三〕映人。昨日杏花渾〔四〕不見，故應隨水到江濱。杜鵬詩：「侵階草色連朝雨，滿地梨花昨夜風。」〔五〕意亦類此，但比公語爲簡耳。

【校記】

〔一〕龍舒本卷七十二暮春三首，其一同此，其二、三首即本書卷四十七兩首暮春。
〔二〕「風」，宋本、叢刊本作「山」。
〔三〕「緑」，龍舒本作「渌」。
〔四〕「渾」，龍舒本作「都」。
〔五〕據唐詩紀事卷五十六，乃來鵬寒食山館書情句。

雨晴

晴明山鳥百般催，不待桃花一半開。雨後緑陰空遶舍，總將春色付莓苔。唐人詩：「杏香終日被風吹，多在青苔少在枝。」○長孫左輔枯樹詩：「應是無機承雨露，却將春色寄苔痕。」

日西

日西階影轉梧桐，簾捲青山簟半空。武元衡詩：「簾捲青山巫峽曉，雲凝碧岫渚宮秋。」○杜詩：「卷簾惟白水，隱几亦青山。」○令狐楚詩：「玉箸千行落，銀床一半空。」潘安仁悼亡詩：「展轉眄枕席，長簟竟床空。」金鴨火消沉水冷，悠悠殘夢鳥聲中。李賀詩：「深幃金鴨冷，奩鏡幽鳳藏。」

禁直

翠木交陰覆兩簷，夜天如水碧恬恬[一]。帝城風月看常好，人世悲哀老自添。李賀詩：「夜天如玉砌。」○杜牧詩：「瑤[二]階夜色涼如水。」又：「微漣風定翠恬恬。」○王繒詩：「帝城風月好，況復建平家。」○張籍詩：「秋天如水夜未央，天漢東西月色光。」李端詩：「人老自多愁，水深難急流。」

【校記】

[一]「恬恬」，宋本、叢刊本作「湉湉」。

[二]「瑤」，宮內廳本作「天」。

御柳[一]

作翰林時。此詩一作：「習習春風拂柳條，御溝春水已冰消。人間今日春多少，秖看東方北斗杓。」

御柳新黄已迸條，宮溝薄凍未全消。公爲翰林時，熙寧元年，四十七歲。杜詩：「臘日常年煖尚遥，今年臘日凍全消。」○王涯詩：「二月春風變柳條，九天清樂奏雲韶。」詩：「習習春風。」

不知人世春多少，先向天邊問斗杓。北斗七星，在紫宮南，其杓所建，周於十二辰之舍，改[二]定十有二月，斟酌元氣，運乎四時者也。孟浩然詩：「昏見斗杓回，始知星歲改。」或言介甫作此詩已，未幾，參大政，類詩讖云。○晏公詩：「臈雪半含梅粉白，春風先著柳梢黄。」

【校記】

〔一〕龍舒本卷七十六題作「作翰林時」，前兩句全同題下注「一作」云云，第三句作「欲知四海春多少」，第四句同本詩。宋本、叢刊本題下注「一作」云云，同龍舒本。

〔二〕「改」，宮内廳本作「以」。

祥雲

冰入春風漲御溝，上林花氣欲飛浮。未央屋瓦猶殘雪，却爲祥雲映日流。言東風解凍，冰溶而溝漲。

○退之詩：「墻下春渠入禁溝。」○王昌齡詩：「慶雲從東出，泱漭抱日流。」

題中書壁

夜開金鑰詔詞〔一〕臣，金坡遺事云：「舊制，學士晚得熟狀。其〔二〕密者，多夜降出草麻，五更三點進入。又，每恩例除改，即宰相得旨後〔三〕，入熟狀。至晚，或召對，或降出熟狀，便草麻。惟進退宰相，及非時特旨除改，皆夜後宣入，面受處分。宰相不得知也。」對御抽毫草帝綸。吴融詩：「六載抽毫侍禁闈，不堪多病決然歸。」須信朝家重儒術，一時同榜用三人。杜集送顧八分詩：「三人並入直，恩澤各不二。」○熙寧三年，公與韓子華同拜相，王岐公爲翰林學士，被召草麻。既受〔四〕旨，神宗因出手札示之曰：「已除卿參知政事矣。」故此詩云：「一時同榜用三人。」公楊寘榜及第，岐公第二，子華第三，公第四。寘早世。或云陸子履詩，非也。

【校記】

〔一〕「詞」，龍舒本、宋本、叢刊本作「辭」。

〔二〕「其」，原作「共」，據宫内廳本改。

〔三〕「後」，原作「復」，據宫内廳本改。沈注引事實類苑，亦作「後」。

〔四〕「受」，原作「文」，據宫内廳本改。

禁中春寒

青〔一〕煙漠漠雨紛紛，謝玄暉游東田詩：「生煙紛漠漠。」○竇庠上陽宮詩：「愁煙漠漠草離離。」盧綸詩：「垂楊不動雨紛紛。」水殿西廊北苑門。韋執誼翰林記：「院在銀臺門內，麟德殿重廊之後，廊各設一門。若在院〔二〕得召，即自西重廊複門而入，對於麟德。」今言西廊，蓋宋朝翰苑亦略仿唐制。韓致光玉堂閑坐詩：「清冷侵肌水殿風。」已著單衣猶禁火，海棠花下怯黃昏。樂天慈恩寺詠：「惆悵春歸留不得，紫藤花下漸黃昏。」○花蘂夫人詩：「試炙銀槃先按拍，海棠花下合梁州。」

【校記】

〔一〕宋本、叢刊本校云：「一作『浮』。」

〔二〕「院」，原作「陁」，據宮內廳本改。

試院五絶句〔一〕

少時操筆坐中庭，子墨文章頗自輕。聖世選才〔二〕終用賦，白頭來此試諸生。公集首善自京師始賦，其詩〔三〕切，有義味。今之陳腐雕刻，何足窺其詩〔四〕者？然公亦姑同俗耳，而心卒薄之，故云「頗自輕」，下又云「終用賦」，言不常用也，意欲改之。

【校記】

〔一〕龍舒本卷七十六題作「試院中五絶句」；宮内廳本題作「試院五絶」。宋本、叢刊本此首在卷第三十，題作「試院中」；以下四首則在卷第三十一。

〔二〕「才」，宋本、叢刊本作「材」。

〔三〕「其詩」，宮内廳本作「甚精」。

〔四〕「詩」，宮内廳本作「藩」。

其二〔一〕

白髮無聊病更侵，移床向竹卧〔二〕秋陰。朝來鴈背西風急，吹折江湘萬里心。溫庭筠詩：「蝶翎胡粉重，鴉背夕陽多。」

【校記】

〔一〕宋本、叢刊本此與以下三首在卷第三十一，題作「試院中」；以下三首分別題作「二」、「三」、「四」。

〔二〕「向竹卧」，龍舒本、宋本、叢刊本作「卧竹向」。

其三

咫尺淹留可奈何，東西虚共一姮娥。階前棗樹應摇落，此夜清光得幾多。月賦：「隔千里兮共明月。」

○白詩：「華陽洞裏秋壇上，今夜清光此處多。」又詩：「坐愁樹葉落，中庭明月多。」杜牧之詩：「庭樹空來見月多。」

其四

青燈照我夢城西，坐上傳觴把菊枝。忽忽覺來〔一〕頭更白，隔墻聞語趂朝時。言夢傳觴把菊，既覺，聞隔墻語，身在試院，非自趂朝，止言是此時耳。

【校記】

〔一〕「來」，原作「李」，據諸本改。

其五

蕭蕭踈雨吹簷角，噎噎暝蛩啼草根。閉〔一〕却荒庭歸未得，一燈明滅照黃昏。杜詩：「歸翼飛棲〔二〕定，寒燈亦閉門。」

【校記】

〔一〕「閉」，宋本、宫内廳本、叢刊本作「閑」。

〔二〕「棲」，原作「極」，據杜甫晚及宫内廳本改。

學士院燕侍郎畫屏〔一〕

六幅生綃四五峯，暮雲樓閣有無中。韓退之桃源圖詩：「生綃一幅垂中堂。」○郎士元詩：「青山霽後雲猶在，畫出西南四五峯。」○王維詩：「江流天地外，山色有無中。」○韓琮詩：「緑暗紅稀出鳳城，暮雲樓閣古今情。」去年今日長干里，遥望鍾山與此同。李白長干行：「同居長干里，兩小無嫌猜。」玉堂有董羽〔二〕畫水，吳僧巨然畫山水，皆有遠思，一時絶筆也。見金坡遺事。又，京師學士院有燕侍郎山水圖，荆公有一絶云：「六幅生綃四五峯」云云。後張天覺有詩云：「相君開卷憶江東，髣髴鍾山與此同。今日還爲一居士，翛然身在畫圖中。」此詩話所載。但學士院不聞有燕畫，恐只指巨然尔。

【校記】

〔一〕龍舒本題作「學士院畫屏」。「屏」，宋本、叢刊本作「圖」。

〔二〕「董羽」，原作「黄羽」，據宫内廳本改。沈注引事實類苑亦作「董羽」。

道傍大松人取爲明〔一〕

虬甲龍髯不可〔二〕攀，亭亭千丈〔三〕蔭南山。左太沖詩：「亭亭山上松。」王維松歌：「爲君顔色高且閑，亭亭迥出浮雲間。」○李白詩：「錯落千丈松，虬龍盤古根。」

應嗟無地逃〔四〕斤斧，豈願争明爝火間。評曰：語真意厚。○白傅松詩：「尚可以斧斤，伐之爲棟梁。殺身獲其所，爲君構明堂。」其意與公異矣。○柳子厚詩：「孤松停翠蓋，託根臨廣路。不以險自防，遂爲明所誤。」○詩言松意尚不願見采於匠石，充樑棟之用，况肯與區區螢爝争明於頃刻間耶？

【校記】

〔一〕宋本、叢刊本題「傍」作「旁」，「取」下有「以」字。

〔二〕「虬甲龍髯」，宋本、叢刊本作「龍甲虬髯」。「可」，龍舒本作「易」。

〔三〕「丈」，龍舒本作「尺」。

〔四〕「無地逃」，龍舒本作「此地無」。

見鸜鵒戲作〔一〕

雲木何時兩翅翻，林逋詩：「雲木叫鉤輈。」玉籠金鎖秪煩冤。武元衡詩：「粉鸞歸處玉籠開。」宋玉風賦：「勃鬱煩冤。」〇杜詩兵車行：「新鬼煩冤舊鬼哭。」禰正平有鸚鵡賦：「順籠檻以俯仰，窺户牖以踟躕。想崐山之高峻，思鄧林之扶疏，顧六翮之殘毁，雖奮迅其焉如。心懷歸而不果，徒怨毒於一隅。」〇張茂先賦：「戀鍾岱之林野，慕隴坻之高松。雖蒙幸於今日，未若疇昔之從容。」〇歐陽公畫眉詩：「須知鎖向金籠聽，不及林間自在啼。」直〔二〕須強學人間語，軒轅彌明：「吾不解世俗書。」舉世無人解鳥言。評曰：翻一句更佳。〇神異經曰：「西方大荒中有人焉，長丈，其腹圍九尺，知河海升斛，識山石多少，知天下鳥獸言語。」〇周禮：「夷隸掌役牧人養牛馬，與鳥言。」鄭司農云：「夷狄之人，或曉鳥獸之言。」〇又廣記成仙公傳：「嘗與衆共坐，聞羣雀鳴而笑之。衆問其故，荅曰：『市東車飜，覆米，羣雀相呼往食。』遣視之，信然。」觀此，世固有解鳥言者矣。管輅能曉鳥鳴。劉長仁曰：「夫生民之音曰言，鳥獸之聲曰鳴，故言者，則有知之靈貴；鳴者，則無知之賤名。何由以鳥鳴爲語，亂神明之所異也。」

【校記】

〔一〕宋本、叢刊本「作」字下有「四句」二字。

〔二〕「直」，宋本、叢刊本作「真」。

池鴈

羽毛摧落向人愁，當食哀鳴似有求。失侶而思其羣也。杜詩：「孤鴈不飲啄，哀鳴聲念羣。」萬里衡陽冬欲暖，失身元爲稻粱謀。杜詩：「君看隨〔一〕陽鴈，各有稻粱謀。」

【校記】

〔一〕「隨」，原作「衡」，據杜甫同諸公登慈恩寺塔及宫内廳本改。

六年〔一〕

六年湖海老侵尋，千里歸來一寸心。杜詩：「心折此時無一寸。」○陸龜蒙江湖散人歌：「短髮搔來蓬半垂。」此見公深追神宗之遇，雖已在田里，不忘朝廷也。西〔二〕望國門搔短髮，九天宫闕五雲深。

【校記】

〔一〕此詩爲龍舒本卷七十五雜詠絶句十五首之第十首。

〔二〕「西」，宫内廳本作「回」。

世故〔一〕

世故紛紛謾〔二〕白頭，欲尋歸路更遲留。鍾山北遶無窮水，散髮何時一釣舟？嵇叔夜詩：「散髮嵓岫。」注：「謂不爲冠冕所拘束也。」○盧仝詩：「荷蓑不是人間事，歸去滄江有釣舟。」○李白詩：「黃犬空太息，緑珠成釁讎。何如鴟夷子，散髮棹扁舟。」○又詩：「人生在世不稱意，明朝散髮弄扁舟。」○此詩當作於未去相位時。

【校記】

〔一〕龍舒本卷七十六題作「省中絶句」。

〔二〕「謾」，宋本、叢刊本作「漫」。

邵平

天下紛紛未一家，漢主謂陳平：「天下紛紛，何時定乎？」○項羽傳：「天下洶洶，徒以吾兩人。願與王挑戰決雌雄，無徒罷天下父子爲也。」販繒屠狗尚雄誇。「灌嬰，睢陽販繒者也。」師古曰：「繒者，帛之總名。」「樊噲，沛人也，以屠狗爲事。」東陵豈是無能者，獨傍青門手種瓜。評曰：好。○蕭何傳云：「平種瓜長安城東。」又：「霸城門，民間所謂青門也。」○陶詩：「衰榮無定在，彼此更共之。邵生瓜田中，何似東陵時。寒暑有代謝，人道每如斯。達人解其會，逝將不復疑。」○杜詩：「千載商山芝，往者東門瓜。其人骨已朽，此道無疵瑕。」陶以爲「達人」，杜謂「無疵瑕」，蓋漢興不復出，此尤高也。○胡曾詩：「漢皇提劍滅咸秦，亡國諸侯盡是臣。惟有東陵守高節，青門甘作種瓜人。」

中牟

屬東京開封府，在京城西七十里，即古中牟故城。後漢魯恭嘗爲之宰。

頽城百雉擁高秋，驅馬臨風想聖丘。退之遠游聯句：「乘桴想聖丘。」此道門人多未悟，爾來千載判〔二〕悠悠。佛肸爲中牟宰，趙鞅攻范中行，伐中牟，佛肸畔，使人召孔子。子欲往，子路曰：「由聞諸夫子：『親於其身爲不善者，君子不入也。』今佛肸以中牟畔，子欲往，如之何？」孔子曰：「有是言也：『不曰堅乎？磨而不磷。不曰白乎？涅而不淄。』吾豈匏瓜也哉？焉能繫而不食？」門人多未悟，謂子路之問。

王荆文公詩卷第四十四

【校記】

〔一〕「判」，龍舒本作「拚」。

王章

志〔一〕士軒昂非自謀，近臣當〔二〕爲國深憂。區區女子無高意，追念牛衣暖即休。軒昂，真跡作「激昂」。本傳：「章病，無被，臥牛衣中，涕泣與妻訣。妻呵章曰：『仲卿，京師尊貴在朝廷人，誰踰仲卿者？今疾病困阸，不自激昂，乃反涕泣，何鄙也？』及章爲京兆，欲上封事，妻又止之曰：『人當知足，獨不念夫牛衣中泣時耶？』章曰：『非女子所知也。』」按：漢史「激昂」作「卬〔三〕」，音仰，此乃作平聲。牛衣，龍具也。龍具之制，不知何若。按食貨志：「貧民常衣牛馬之衣。」蓋編草使暖，以被牛體。

【校記】

〔一〕「志」，宋本、叢刊本作「壯」，注云：「一作『志』。」

〔二〕「當」，宮內廳本作「常」。

〔三〕「卬」，原作「仰」，據漢書王章傳及宮內廳本改。

神物〔一〕

神物登天擾可騎，如何孔甲但能羈？當時若更無劉累，龍意茫然豈得知！評曰：能言自異。○韓非說難：「龍之爲虫也，可擾狎而騎也。」○昭公二十九年：「秋，龍見於絳郊。魏獻子問於蔡墨曰：『吾聞之，蟲莫知於龍，以其不生得也。謂之知，信乎？』對曰：『人實不知，非龍實知。昔有飂叔安，有裔子曰董父，實甚好龍，能求其嗜欲以飲食之，龍多歸之。乃擾畜龍，以服事帝舜。帝賜之姓曰董，氏曰豢龍，封諸鬷川。及有夏孔甲擾於有帝，帝賜之乘龍，孔甲不能食，而未獲豢龍氏。有陶唐氏既衰，其後有劉累，學擾龍於豢龍氏，以事孔甲，能飲食之。夏后嘉之，賜氏曰御龍，以更豕韋之後。』獻子曰：『今何故無之？』對曰：『夫物物有其官，官修其方，朝夕思之。一日失職，則死及之。失官不食，官宿其業，其物乃至。若泯棄之，物乃坻伏，鬱湮不育。龍，水物也。水官棄矣，故龍不生得。』」蘇子容嘗記計用章郎中語曰：「神龍騰驤，豈可羈也。其豢養於人者，謂其有嗜欲故也。故人主不宜有所好。有所好，則腹心肝膽皆在人矣。故好征戰，則孫武、白起之徒出，而民殘於干戈矣；好刑名，則韓非、張湯之徒出，而民苦於刻核矣；好聚斂，則桑弘羊、皇甫鎛之徒出，而民困於掊克矣；好順從，則張禹、胡廣之徒出，而民蔽於夸大矣。豈惟人主，學士、大夫亦宜知之。」

【校記】

〔一〕此詩爲龍舒本卷七十五雜詠絕句十五首之第四首。

文成[一]

文成五利老紛紛，方丈蓬萊但可聞。言方士之虛誕，神仙但可聞，不可見。萬里出師求寶馬，飄然空有意淩雲。李斯傳：「公子高上言：『中厩之寶馬，臣得賜之。』」大宛之役，耗竭中國最甚。公言武帝殺人之多，乃徒有欲仙之意，蓋譏之也。神宗嘗曰：「漢武帝至不仁，以一馬之故，勞師萬里，侯者七十餘人。視人命如草芥，此天下户口所以減半也。人命至重，天地之大德曰生，豈可如此？」

【校記】

〔一〕此詩爲龍舒本卷七十五雜詠絶句十五首之第五首。

讀漢書

京房劉向各稱忠，詔獄當時跡自窮。房、向各以言災異，下詔獄，畢竟論心異恭顯，不妨迷國略相同。蓋漢儒五行傳必以某異應某事，識者多非之。公素不喜。疑所稱「迷國」，指此也。○杜牧詩：「碧溪留我武關東，一笑懷王跡自窮。」○吕晦叔、王介甫同爲館職，當時閣下皆知名士。每評論古今人物治亂，衆人之論，止於介甫；介甫之論，又爲晦叔止也。

一日，論劉向當漢末，言天下事，反復不休，以爲知忠義，或以爲不達時變。議未決，介甫來，衆問之，介甫卒然對曰：「劉向強聒人耳。」衆意未滿。晦叔至，又問之，則曰：「同姓之卿歟？」衆乃服。

賜也[一]

賜也能言未識真，悮將心許漢陰人。桔槔俯仰妨何事，抱甕區區老此身。

莊子天地篇：「子貢過漢陰，見一丈人爲圃畦，鑿隧而入井，抱甕而出灌，用力甚多，而見功寡。子貢曰：『有機械於此，一日浸百畦，夫子不欲乎？』丈人曰：『奈何？』曰：『鑿木爲機，後重前輕，挈水若抽，數如泆湯，其名桔槔。』爲圃者忿然作色而笑曰：『有機械者必有機事，有機事者必有機心，道之所不載也。吾非不知，羞而不爲也。』子貢瞞然而慙曰：『始吾以夫子天下一人耳，不知復有斯人也。』」注謂：「此宋榮子之徒，未足以爲全德。子貢之迷没於此人，即若列子之心醉於季咸也。」公詩蓋取注意云。又，天運篇：「且子獨不見夫桔槔乎？引之則俯，舍之則仰。彼，人之所引，非引人也，故俯仰而不得罪於人。」公詩内使「俯仰」字，又取於此。○石林詩話云：「舊中書南廳壁間有晏元獻題詠上竿伎一詩云：『百尺竿頭裊裊身，足騰跟倒駭傍人。漢陰有叟君知否？抱甕區區亦未貧。』當時必有謂。文潞公在樞府，嘗一日過中書，與荆公行至題下，特留，誦詩久之，亦不能無意也。荆公它日因題此篇於後。」

【校記】

〔一〕此詩爲龍舒本卷七十五絶句九首之第八首。

重將〔一〕

重將白髮傍〔二〕墻陰，陳迹茫然不可尋。花鳥揔知春爛熳，人間獨自有傷心。劉長卿詩：「豈能將白髮，扶杖出人間。」

【校記】

〔一〕此詩爲龍舒本卷七十四有感五首之第二首。

〔二〕「傍」，宋本、叢刊本作「旁」。

載酒〔一〕

載酒欲尋江上舟，出門無路水交流。黄昏獨倚春風立，看却花飛〔二〕觸地愁。世説：「王文度與林法師講，韓、孫諸人在坐，林理每欲小屈。孫興公曰：『法師今日如著弊絮在荆棘中，觸地挂閡。』」○王建詩：「忽地金輿向月陂，内人接著便相隨。」觸地，恐亦「忽地」之類。○宋白尚書詩：「晚風頻動惜花愁。」

【校記】

〔一〕此詩爲龍舒本卷七十四有感五首之第三首。

〔二〕「飛」，宋本、叢刊本作「開」。

楚　天〔一〕

楚天如夢水悠悠，花底殘紅漫不收。獨遶去年垂〔二〕淚處，還將牢落對滄洲。言憂愁之日常多。韋應物詩：「野水煙鶴唳，楚天雲雨空。」

【校記】

〔一〕此詩爲龍舒本卷七十四有感五首之第五首。

〔二〕「垂」，宋本、叢刊本作「揮」。

江　上〔一〕

江北秋陰一半開，晚雲含雨却低徊〔二〕。浪蹙青山江北岸，雲含黑雨日西邊。○李義山詩：「户外重陰黯不開。」○韓詩：「轉覺霜毛一半加。」○杜審言詩：「日氣含殘雨，雲陰送晚雷。」○俞亮詩：「樹色含殘雨，河流帶夕陽。」〔三〕○劉長卿詩：「楚天含江氣，雲色常霮䨴。」青山繚遶疑無路，忽見千帆隱映來。王昌齡詩：「亂入池中看不見，聞歌始覺有人來。」○秦少游詩：「菰蒲深處疑無地，忽有人家笑語聲。」疑祖此。

【校記】

〔一〕此詩爲龍舒本卷七十一江上五首之第二首。

〔二〕「徊」，宋本、叢刊本作「回」。

〔三〕據全唐詩卷五百四十三，此句當爲喻鳧詩。

春　江

或言此方子通詩，荆公愛之，書於册，後人誤謂公作。方名淮，姑蘇人，行高潔，隱居不仕。

春江渺渺抱牆流，煙草茸茸一片愁。吹盡柳〔一〕花人不見，青旗催日下城頭。青旗，酒旗也。唐人詩：「柴扉日暮隨風掩，落盡閑花不見人。」公又有「細草孤雲一寸愁」之句。或言此是方子通詩。○公子元澤詩：「雙雙燕子語簾前，病客無聊盡日眠。開遍杏花人不見，滿庭細雨綠如煙。」元澤詩亦類公作，余於臨川得之，附此。李泰伯詩：「山店落英春寂寂，青旗吹盡柳花風。」

【校記】

〔一〕「柳」，龍舒本作「楊」。

春雨〔一〕

城雲如雪〔二〕柳僛僛，真迹「雪」作「夢」。詩：「屢舞僛僛。」毛氏曰：「僛僛，舞不能自止也。」唐崔魯詩：「紅葉下山寒寂寂，濕雲如夢雨如塵。」野水橫來強滿池。高適詩：「門前種柳深成巷，野谷流泉添入池。」九十日春渾得雨，故應留潤〔三〕作花時。評曰：解不通。

【校記】

〔一〕龍舒本卷七十二春雨二首，其一同此，其二即本書卷四十春雨。

〔二〕「雪」，宋本、叢刊本作「夢」。

〔三〕「潤」，龍舒本作「閏」。

初到金陵〔一〕

江湖歸不及花時，空遶扶疎緑玉枝。夜直去年看蓓蕾，盧仝茶歌：「仁風暗結珠蓓蕾。」説文：「蓓蕾，花綻兒。」晝眠今日對紛披。

【校記】

〔一〕龍舒本卷七十題末有「二首」二字，其一同此，其二即本書卷四十一答韓持國芙蓉堂二首之二。

與北山道人〔一〕

蒔果疏泉帶淺山，柴門雖設要常關。別開小徑連松路，秖與鄰僧約往還。許景先詩：「蒔蔬利於鬻。」歸去來詞：「門雖設而常關。」沈傳師詩：「別引新徑縈雲根。」○趙嘏詩：「自曬詩書經雨後，別留門户爲僧開。」皇甫曾詩：「掃雪開松徑，疏泉過竹林。」

【校記】

〔一〕「道人」，龍舒本作「僧」。

過外弟飲

爾雅釋親釋曰：「外族，母黨之屬也。」吳氏，公母家也，居烏石崗，距臨川三十里。

一日〔一〕君家把酒杯，六年波浪與塵埃。不知烏石崗〔二〕邊路，至老相尋得幾回？秦韜玉詩：「青門春色一花開，長到花時把酒杯。」朱放詩：「殷勤竹林寺，能得幾回過。」

【校記】

〔一〕「日」，叢刊本作「自」。

〔二〕「崗」，宋本、叢刊本作「岡」。

若耶溪歸興

若耶溪上踏莓苔，興罷張帆載酒迴〔一〕。郡國志：「若耶溪在山陰縣東南，歐冶子鑄劍之所。下有孤潭，深而清。」汀草岸花渾不見，青山無數逐人來。李白詩：「天門中斷楚江開，碧水東流直百回。兩岸青山相對出，孤帆一片日邊來。」

【校記】

〔一〕「迴」，龍舒本、宋本、叢刊本作「回」。

烏　石〔一〕

一作游草堂。○觀此詩，則金陵亦有烏石崗也。

烏石崗〔二〕邊繚遶山，柴荊細徑〔三〕一作「路」。水雲間。拈〔四〕一作「吹」。花嚼蘂長來往，李義山序柳枝事云：「柳枝年十七，塗糚綰髻，未嘗竟，已復去吹華嚼蘂，調絲擫竹，作天風海濤之曲，多幽憶怨斷之音。」只有春風似我閑。

【校記】

〔一〕龍舒本卷六十三題作「游草堂寺」。

〔二〕「崗」，龍舒本、宋本、叢刊本作「岡」。

〔三〕「徑」，宋本、叢刊本作「路」，校曰：「一作『徑』。」

〔四〕「拈」，宋本、叢刊本作「吹」，校曰：「一作『拈』。」

定林〔一〕

定林脩〔二〕木老參天，橫貫東南一道泉。此言定林有泉，豈即應潮井乎？六〔三〕月杖藜尋石路，午陰多處弄潺湲。許子禮吏部嘗云：親見定林題筆，不云「脩木」，云「喬木」；不云「石路」，云「去路」；不云「弄潺湲」，云「聽潺湲」。羅鄴詩：「一道潺湲濺短蓑。」

【校記】

〔一〕此詩爲龍舒本卷六十三定林院三首之第一首。

〔二〕「脩」，宋本、叢刊本作「青」，注云：「一作『修』，又作『喬』。」

〔三〕「六」，龍舒本作「五」。

定林所居

即公讀書之地，米元章所書昭文齋也。

屋繞灣溪竹遶山，溪山却在白雲間。臨溪放杖〔一〕依山坐，溪鳥山花共我閑。白公詩：「弄石臨溪坐，尋花遶寺行。」又：「盡日觀魚臨澗坐，有時隨鹿上山行。」

【校記】

〔一〕「杖」，龍舒本、宋本、叢刊本作「艇」。

臺城寺側獨行

續建康志志，此詩指景陽山，山即宋文帝元嘉二十三年於華林園所築。

春山撩亂水縱横，籬落荒畦草自生。獨往獨來花〔一〕下路，筍輿看得緑陰成。韓詩：「五月榴花照眼明，枝間時見子初成。」

【校記】

〔一〕「花」，龍舒本、宋本、叢刊本作「山」。

遊鍾山

〔一〕按建康志：「鍾山，一名蔣山，在城東北一十五里，周迴六十里，高一百五十八丈。東連青龍山，西接青溪，南有鍾浦，下入秦淮，北接雉亭山。漢蔣子文死事於此。吴大帝祖諱鍾，因改曰蔣山。」

終日看山不厭山，買山終待老山間。「買」字，別本作「愛」。○世説：「支道林因人就深公買印山，公曰：『未聞巢、由買山而隱。』」又，唐符載遺書，乞買山錢於于頔〔二〕。○小杜詩：「小樓纔受一床横，終日看山酒滿傾。」

山花落盡山長在，山水空流山自閑。志閑禪師詩：「閑花一任風吹落，留得青山在即休。」

【校記】

〔一〕龍舒本卷六十四遊鍾山四首，其一同此，其二即本書卷四十七遊鍾山，其三即本書卷四十四松間，其四即本書卷四十被召作。

〔二〕「頔」，原作「傾」，據宫内廳本改。

松間　公自注云〔一〕：「被召將行作。」

偶向松間覓舊題，野人休誦北山移。丈夫出處非無意，猿鶴從來自不〔二〕知。北山移文有「鶴怨猿驚」之語。神宗初，詔公知江寧府，衆謂公必辭。及詔到，即赴府視事。其時韓公持國在侍從，嘗入奏，以爲：「人君始初踐祚，慨然想見賢哲，思與圖治，當徑召還，不必更除外郡。」兼謂公「知道守正，不爲利動，其於出處大節，必已素定。若久病不朝見，除郡即起，則是偃蹇君命，以求自便。臣知安石必不爲也」。韓公上此疏時，不知公已交郡事矣。○石林詩話云：「王介，字中甫，衢州人，與荆公游，甚欵，然未嘗降意相下。熙寧初，荆公以翰林學士被召，前此屢召不起，至是始受命。介以詩寄公云：『草廬三顧動春蟄，蕙帳一空生曉寒。』蓋有所諷。公得之大笑。他日作詩，有『丈夫出處非無意』之句，蓋爲介發也。」

【校記】

〔一〕此詩爲龍舒本卷六十四遊鍾山四首之三。宋本、叢刊本無「公自注云」四字。

〔二〕「自不」，叢刊本作「不自」。

雨未止正臣欲行以詩留之

紛紛應接使人愁，與子從容喜問酬。他日故將泥自芘〔一〕，今朝欲以雨相留。曹公自述：「於譙東築精舍，求底下之地，欲以泥水自蔽，絶賓客往來之望，然不能得如意。」「芘」字，恐當作「蔽」。此何正臣也。嘗以蔡確薦，爲御史。又嘗與李定、舒亶同劾東坡者。詳見送正臣主簿注。

【校記】

〔一〕「芘」，宋本、叢刊本作「庇」。

庚寅增注第四十四卷

烏塘　淥平堤　歐公樂府：「千秋未坼〔一〕水平堤。」　各有携　杜詩：「手中各有携，傾榼濁復清。」

柘岡　偶然　杜詩：「世亂遭飄蕩，生還偶然遂。」

金陵　南北游人自往來　杜牧詩：「南去北來人自老，苔磯空屬釣魚郎。」

九日賜宴　飽食太官　漢書貢禹傳：「臣豈不知美食太官，廣田宅，厚妻子，不與惡人結怨以安身？誠迫大義。」

南澗樓　撲撲　白樂天山石榴詩：「杜鵑啼時花撲撲。」

隴東西其二　嗚咽　廣記：「沈警遇鬼仙詩：『只今壠上分流水，更泛從來嗚咽聲。』」

暮春　隨水到江濱　唐人劉昚虚詩：「時有落花至，遠隨流水香。」傅堯俞題洛中薛氏園云：「竹下濺濺一水開，淺流縈帶傍樓臺。不知何處有風雨，無限落花隨水來。」詩亦佳。

祥雲　飛浮　顔延年詩：「千翼泛飛浮。」

禁中春寒　青煙漠漠雨紛紛　白樂天詩：「漠漠紛紛不柰何，狂風急雨兩相和。」

試院其二　白髮無聊病更侵　柳詩：「久知老會至，不謂便見侵。」

其三　清光得幾多　杜詩：「斫〔二〕却月中桂，清光應更多。」

見鸜鵒戲作　無人解鳥言　五代史馬胤孫傳：「孔昭序解語，是朝廷無解語人也。」

六年　五雲深　唐詩：「五雲深處帝王家。」

邵平　青門手種瓜　杜詩：「丈人文力猶强健，豈〔三〕傍青門學種瓜。」

中牟　頹城百雉　公羊傳定公十二年：「五板而堵，五堵而雉，百雉而城。」

王章　女子無高意　韓詩「丈夫意有在，女子乃多怨」耶，即公此篇之意。

神物　豈得知　公龍賦云：「龍終不可見乎？曰：『與爲類者常見之。』」與詩同意。

文成　漢武帝時，齊人少翁以方見上，上有所幸。李夫人卒，少翁以方夜致夫人及竈鬼之貌，天子自帷中望見焉。乃拜少翁爲文成將軍。歲餘，其方益衰，神不至，迺爲帛書以飯牛。天子識其手，問之，果爲書。於是誅文成將軍。欒大，膠東人，與文成仝師。天子既誅文成，悔其方不盡，見欒大，大悦，拜爲五利將軍。東入海，求其師。上使人隨驗實，無所見，五利妄言見其師，其方盡，多不讎。上乃誅五利。

寶馬　漢書冒頓傳：「此匈奴寶馬也，勿與。」

飄然空有意凌雲　前漢：「相如既奏大人賦，天子大悦，飄飄有凌雲氣。」

讀漢書

京房劉向各稱忠　蕭望之等薦更生宗室，忠直，明經有行。擢給事中，輔政。姚平謂：「房可謂小忠，未可謂大忠也。昔秦時趙高用事，有正先者，非刺高而死，高威自此成。故秦之亂，正先趣之。」

詔獄當時跡自窮　劉向先以鑄金不驗繫獄。今詩所指，非此也。恭、顯等懼，望之、堪、更生爲所譖下獄，皆免官。其春，地震；夏，客星見昴卷舌間。上感悟，復召用，恭、顯等皆側目。更生懼，乃使其外親上變事，以爲地動本爲恭等，恭、顯見更生所爲，遂逮更生繫獄，坐誣罔不道，免爲庶人。房亦以數議論，爲大臣所非。又著考功法。顯等疾房，欲逐之，以房守魏郡，坐與張博通謀，爲淮陽王作求朝奏草，棄市。詩意謂君子所以勝小人者，所恃守正耳。房、向非不忠於國家，顧令外親上變及交張博等，辭窮迹著，宜爲恭等所陷也。

不妨迷國略相同　洪範庶證固難一定，如多雨，便謂某時作某事不肅，所以致此。執其必然之説，豈能盡合？然古人之意，亦恐是於五事上參驗體察，不無此理耳。荊公既盡闢之，但以若字做如字義説，又未可知也。蓋人主每遇咎證，不問是某事致之與否，凡百皆當敬戒。如漢儒固泥，荊公以爲全不相關，亦慮啓後世人主怠忽之端。如槩以爲迷國，非余所知也。如房言「知臣下之邪正，在於十二情六律而已」，此則不經之説，聖人所不道，比洪範傳尤非。

賜也

桔槔俯仰何妨事　詩意以桔槔何妨於事，以抱甕爲卒老此身，正與元獻晏公相反，殆有深意。

楚天

楚天如夢水悠悠　石曼卿夢中詩：「紛河不斷水南流，天色無情淡如水。」

初到金陵

紛披　杜詩：「是節東籬菊，紛披爲誰秀？」

過外弟飲

得幾回　戴叔倫詩：「自此留君醉，相歡得幾回？」

臺城寺側獨行

獨往獨來　莊子：「獨往獨來，是謂獨有。」

【校記】

〔一〕此詞作者一作秦觀。「千秋未拆」，秦觀阮郎歸作「秋千未拆」，見宋六十名家詞淮海詞。

〔二〕「斫」，原作「折」；下「光」，原作「輝」，均據杜工部草堂詩箋一百五日夜對月改。

〔三〕「豈」，原作「肯」，據杜工部草堂詩箋曲江陪鄭八丈南史飲改。

王荆文公詩卷第四十五

律詩

題張司業詩

蘇州司業詩名老，樂府皆言妙入神。看似尋常最奇崛，成如容易却艱辛。評曰：第張詩，乃不盡然。

○籍字文昌，和州人。樂天讀籍詩集云：「張公何爲者？業文三十春。尤工樂府詞，舉代少其倫。」姚合讀籍詩云：「妙絶江南曲，凄凉怨女詩。古風無敵手，新語是人知。」

同陳和叔游北山

春風蕩屋雨填溝，東閣翛然擁罽裘。罽賓國有毯，可以爲裘。鄰壁黃粱〔一〕炊未熟，喚回殘夢有鳴騶。韓文：「水之無聲，風蕩之鳴。」

【校記】

〔一〕「粱」宋本、臺北本、叢刊本作「糧」。

次吴氏女子韻二首〔一〕

公自注云〔二〕：「南朝九日臺，在孫陵曲街旁，去吾園只數百步。」吴氏女，即蓬萊君，詩云：「西風不入小窗紗，秋氣應憐我憶家。極目江南千里恨，依然〔三〕和淚看黃花。」

孫陵西曲岸烏紗，知汝淒涼正憶家。人世豈能無聚散，亦逢佳節且吹花。

【校記】

〔一〕題原無「二首」二字，據目録及龍舒本補。宋本、叢刊本此詩題作「次吴氏女子韻」。

〔二〕宋本、龍舒本、叢刊本無「公自注云」四字。

〔三〕「然」，臺北本作「前」。

其　二〔一〕

秋燈一點映籠紗，好讀楞嚴莫念家。能了諸緣如夢事，世間唯有妙蓮花！楞嚴第五卷：「不取無非幻，非幻尚不生。幻法云何立？是名妙蓮花。」俗言妙法蓮經，非也。

【校記】

〔一〕宋本、叢刊本此詩題作「再次前韻」。

即席〔一〕

曲沼溶溶〔二〕泮盡澌，杜牧之詩：「溶溶漾漾白鷗飛，緑浄春深好染衣。」○張文昌詩：「曲沼春流滿。」楚詞：「與汝游乎河之渚，流澌紛兮將來下。」注：「澌，解冰也。」暖煙籠瓦碧參差。人情共恨春猶淺，不問寒梅有幾枝。唐人牡丹詩：「章臺街裏芳菲伴，且問宫腰損幾枝？」○東坡玉盤盂詩：「吾家豈與花相厚？更問殘芳有幾枝？」或云此平甫詩。

【校記】

〔一〕此詩爲龍舒本卷六十二春日席上二首之二。

〔二〕「溶溶」，宋本、叢刊本作「融融」。

游城南即事二首

神姦變化久難知，禹鼎由來更不疑。禹鑄鼎，象物以示人，故人入川螭魅合謀非一日，太丘真復社亡遲。

澤山林，不逢不若，魑魅魍魎，莫能逢之。此言魑魅不便於鼎圖己之形狀，故合謀欲毀鼎。此鬼輩惡其害己，規去其籍也。〇史記封禪書：「宋太丘社亡，而鼎没於泗水彭城下。」注云：「爾雅曰：『右〔一〕陵，泰丘。』」又按：社主用石，即其石主亡也。」

【校記】

〔一〕「右」，原本、臺北本作「古」，據爾雅釋丘改。

其二

泰壇東路遶重營，獨背朝陽信馬行。漫道城南天尺五，荒林時見一柴荆。唐書：「城南韋、杜，去天尺五。」謂韋曲、杜鄠近長安也。

寄沈道原

城郭千家一彈丸，高適傳：「奈何以一彈丸地，而困全蜀之人哉？」蜀岡擁腫作虵蟠。眼前不道無蒼翠，偷得鍾山隔水看。按寰宇志：「蜀岡屬揚州江都縣，舊爲禪智寺，即隋之故宫。」今屬儀真，與金陵相對，故云「隔水看」。

生日次韻南郭子二首

救黥醫劓世無方，息黥補劓，見圖書注。斷簡陳編付藥房。祝我壽齡君好語，毗耶一夜滿城香。維摩經：「飯香普薰毗耶離城。」

其二

寒逼清枝故有梅，草堂先對白頭開。殘骸已若雞年夢，猶見騷人幾度來。謝安夢白雞年。公酉生，屢用此事。

八公山

淮山但有八公名，事見太平廣記：「劉安初好道，有八公詣門，門吏嫌其老，皆變爲童子。安跣足迎拜，乃復爲老人。」後以八公名山。鴻寶燒金竟不成。劉向更生父德，武帝時治淮南獄，得鴻寶苑秘書。更生幼而讀誦，以爲奇，獻之，言黄金可成。上令典上方鑄作事，費甚多，方不驗。上乃下更生吏，吏劾更生鑄僞黄金，繫當死。更生兄陽城侯安民入國户半，贖更生罪。上亦奇其材，得踰冬減死論。身與仙人守都厠，可能雞犬得長生。安別傳云：「既上天，過諸仙伯。安少習尊貴，稀爲卑下之禮，坐起不恭，或誤稱寡人。仙伯主者奏安不敬，應斥。八公爲謝過，乃赦之，謫守都厠，三年後爲散仙人，不得處職，但不死而已。」傳又載安臨去時，餘藥器置在中庭，雞犬舐之，盡昇雲中。此言安尚守都厠，安得有雞犬皆仙人之説也？余常愛宋子京詆仙賦〔一〕，載淮南王之妄，今附於此：「予既守壽春，嘗與客游八公山。故老爭言山上有潛藏舊鼎，貯淮南王上賓之遺仙丹，往求得食者可以解化，可以療病。因取班固書、葛洪神仙〔二〕二傳，合而質之。嗟乎！世之好奇而不貴實也尚矣。而洪又非聖哲知者，皆承訛以僞，況鄙人委巷語耶？作抵仙賦，憫茲〔三〕俗之鮮知兮，徇悠悠之妄陳。常愛奇以合怪兮，欲矜己以自神。摻百世之實亡兮，唱千齡之僞言。彼淮南之有將兮，固殊刺而殞身。緣内篇之丕誕兮，挾南公之多聞。謂八人者語王兮，歷倒景而上賓。餌玉匕之神藥，託此軀乎宵晨。竟負驕以弗虔兮，乃見謫於列真。雖長年之彌億兮，屏帑偃而念愆。葛傳：仙伯主者奏安不恭，乃謫守都厠，後爲散仙。蹇斯事之吾欺兮，聊反復乎遺言。號聖仙之靈稟兮，宜常監德而輔仁。不足察王倨貴兮，遽引内於天門。已乃悞其非是兮，胡爲賞罰之紛紜？寧仙者之回惑兮，無以異乎常人？國爲墟而嗣絶兮，載遺惡而不泯。故里盛傳其遺金兮，證砭石之餘痕。武安陰語而前死兮，更生僞鑄以贖論。彼逞詐以罔世兮，宜自警於斯文。」

【校記】

〔一〕「詆」，臺北本作「抵」。「賦」，原作「流」，據四庫全書宋祁景文集卷二詆仙賦、臺北本改。又，本書引文與四庫本、臺北本多有不同。

〔二〕「班固書葛洪神仙」，原作「漢紀自有壽春」，據臺北本改。

〔三〕「作抵仙賦憫兹」，原作「偶詆此始謂世」，據臺北本改。

過徐城

按九域志云：「徐城屬泗州，建隆三年省爲鎮，入盱淮縣。」元和郡圖志云：「本徐子國也。今有徐君墓，在縣北三十五里，季札所掛劒處。」

七年五過徐城縣，自笑皇皇此世間。安得身如倉庾氏，一官能到子孫閑。王嘉傳：「孝文時，吏居官者或長，子孫以官爲氏。」倉氏、庾氏，則倉庾吏之後。

送丁廓秀才歸汝陰二首〔一〕

好去翩然丁令威，昔人且在不應非。淮雲豈與遼天闊，想復留情故一歸。續搜神記云：「遼東城門華表柱，忽有白鶴來集。人或欲射之，鶴歌曰：『有鳥有鳥丁令威，去家千里今始歸。城郭猶故人民非，何不學仙冢纍纍！』」

【校記】

〔一〕龍舒本卷五十八送丁廓秀才三首，前二首同此，第三首即本書卷四十一送丁廓秀才歸汝陰。

其二

西州行路日蕭條，執手傷懷不自聊。游子故鄉終念返，豈能無意治城潮。西州路，丹陽記云：「揚州廨，乃王敦所創，有東、南、西三門，俗謂之西州。」又：「會稽王道子領揚州，第在州東，故時人號爲東府，而號府廨曰西州。」〇治城，見仲明父至宿〔一〕注。

【校記】

〔一〕「仲明父至宿」，即本書卷一張明甫至宿明日遂行。

和僧惠岑游醴泉觀〔一〕

邂逅相逢〔二〕一日閑，或緣香火住〔三〕一作「共」。靈山。言一見亦必有宿緣。夕陽興罷黃埃〔四〕陌，直似蓬萊墮世間。公詩又有「特起蓬萊陸海中」之句。

【校記】

〔一〕宋本、叢刊本此與下首合題爲「和惠思韻二首」，分題爲「醴泉觀」、「蟬」。「惠」，本書及臺北本目録作「慧」。

〔二〕「逢」，龍舒本、宋本、叢刊本作「隨」。

〔三〕「住」，宋本、叢刊本作「共」。

〔四〕「埃」，龍舒本、宋本、叢刊本作「塵」。

和惠思聞蟬〔一〕

此必在京師作，懷金陵也。

白下長干何可見？風塵愁殺庾蘭成。庾信在北方，常思江南，有哀江南賦：「蘭成射策之年。」公以信自此。去年今日青松路，憶似〔二〕一作「一似」。聞蟬第一聲。樂天詩：「微月初三夜，新蟬第一聲。」○禮記：「一似重有憂者。」○退之元和聖德詩：「一似堯禹。」小杜詩：「槿墮初開艷，蟬聞第一聲。」○別本「一似」又作「亦自」，竊意「亦自」爲是。

【校記】

〔一〕此首見龍舒本卷五十二；龍舒本卷七十七重出，題作「蟬」。「惠」，本書目録、臺北本目録作「慧」。

〔二〕「憶似」，宋本、叢刊本、龍舒本蟬作「亦自」。

送王介學士赴湖州〔一〕字中甫。

東吴〔二〕太守美如何？柳惲詩才未〔三〕足多。遥想郡人迎下擔〔四〕，白蘋洲渚正滄波。

寰宇志：「建業有迎擔湖。昔永嘉中，帝遷衣冠過江，客主相迎湖側，遂以迎擔爲名。」今此云「迎下擔」者，借用以説太守。○白蘋洲在霅溪之東南，去州一里。洲上有魯公顔真卿芳亭，内有梁太守柳惲詩，曰：「汀洲採白蘋，日晚江南春。」因以名洲。○東軒筆録：「王介性輕率，語言無倫。荆公作此詩送之，其意以水值風即起波也。介諭其意，遂和十篇，盛氣而誦於荆公。其一曰：『吴興太守美如何？太守從來惡祝鮀。生若不爲上柱國，死時猶合代閻羅。』荆公笑曰：『閻羅見闕，請速赴任。』」

【校記】

〔一〕宋本、叢刊本題作「送王石甫學士知湖州」，「石」當作「中」。

〔二〕「東吴」，宋本、叢刊本作「吴興」。

〔三〕「未」，龍舒本作「不」。

〔四〕「擔」，龍舒本、宋本、臺北本、叢刊本作「檐」。

懷鍾山

投老歸來供奉班，塵埃無復見鍾山。何須更待黃粱熟，始覺人間是夢間。韓詩：「莫憂世事兼身事，須著人間比夢間。」此詩當是再召入爲學士時。

江寧夾口三首〔一〕

茅屋滄洲一酒旗，午煙孤起隔林炊。江清日暖蘆花轉，恰〔二〕似春風柳絮時。晉人以雪花比柳絮，介父以蘆花比柳絮。「江清日暖」，尤其似者，「轉」字妙甚。或誤以「轉」爲「白」，非。○李白云：「楊花滿江來，疑是龍山雪。」○廣記：「元載爲相時，正書，有書生詣焉。既見，拜語曰：『聞公高義好士。』輒獻詩一篇，曰：『城南路長無宿處，荻花紛紛如柳絮。海鷰啣泥欲作窠，空屋無人却飛去。』載亦不曉其意。既出門而没。後歲餘，載敗。」據此詩，則唐人亦嘗以蘆荻花比柳絮矣。○詩話：「王介素與荆公不相能。荆公題江寧道中驛舍一聯云：『茅屋滄洲一酒旗，午煙孤起隔林炊。』介鄙之，書其末曰：『金陵村裏王夫子，可是能吟富貴詩？』公見之，亦不屑意，乃續之云：『江晴日暖蘆花轉，恰似春風柳絮時。』」竊疑詩話所載多妄説，介雖褊衷，何至操鄙語如此！

【校記】

〔一〕「三首」，龍舒本卷七十一作「五首」，第一、二、五首同此，第三、四首即本書卷四十二江寧夾口二首。

〔二〕「恰」，宋本、叢刊本作「秖」，注云：「一作『恰』」。

其二

月墮浮雲水捲空，滄洲夜泝〔一〕五更風。北山草木何由見，夢盡青燈展轉中。李義山詩：「九秋霜月五更風。」○詩澤陂：「寤寐無爲，輾轉伏枕。」注本又作「展」。

【校記】

〔一〕「夜泝」，宋本、叢刊本作「店坼」。

其三

落帆江口月黄昏，小店無燈欲閉門。半出岸沙楓欲死〔一〕，真跡作「側出岸沙楓半死」，尤佳。繫船猶〔二〕有去年痕。李羣玉詩：「不如半死樹，猶吐一枝花。」○唐陳羽詩：「都門雨歇愁分處，山店燈殘夢到時。」

【校記】

〔一〕宋本、叢刊本第三句，與下注真跡同。

〔二〕「猶」，宋本、叢刊本作「應」。

寄碧巖道光法師

去馬來車擾擾塵，自難長寄水雲身。言車馬塵中，非高人所可久寓。○杜詩：「野人曠蕩無靦顔，豈可久在王侯間？」碧巖後主今爲客，何況開山説法人。

省中二首〔一〕

萬事悠悠心自知，強顏於世轉參差。移床獨向〔二〕秋風裏，卧〔三〕看蜘蛛結網絲。

【校記】

唐來鵠詩：「寂寞閑階草亂生，簟涼風動若爲情。不知獨坐閑多少，看得蜘蛛結網成。」○韓子蒼廣壽寺詩：「移床獨向西南角，卧看琅璫動晚風。」

〔一〕龍舒本卷六十八題作「金陵郡齋偶作」。

〔二〕「向」，宋本、叢刊本作「卧」。

〔三〕「卧」，宋本、叢刊本作「靜」。

其二〔一〕

大梁春雪滿城泥，一馬常瞻落日歸。身世自知還自笑，悠悠三十九年非。公登第慶曆初；皇祐試館職；嘉祐四年六月除直集賢院；五年四月修注，累辭；六年知制誥。○三十九歲爲度支判官、祠部員外郎。

【校記】

〔一〕龍舒本卷七十六題作「省中」。

崇政殿後春晴即事

悠悠獨夢水西軒，僧皎然詩：「相思路渺渺，獨夢水悠悠。」百舌枝頭語更繁。朝野僉載：「百舌春囀，夏止，唯食蚯蚓。正月後，凍開，蚓出而來。十月後，蚓藏而往。蓋物之相感也。」山鳥不應知地禁，亦逢春暖即啾喧。

省中沈文通廳事

竹上秋風吹網絲，角門常閉吏人稀。蕭蕭一榻卷書坐，直到日斜騎馬歸。韓詩：「平明出門暮歸舍，酩酊上馬知爲誰？」

吴任道説應舉時事

懸瓠城南陂水深，春泥滿眼路嶇嶔。獨騎瘦馬銜殘雨，前伴茫茫不可尋。地志：「汝南郡，謂之懸瓠城。」水經曰：「汝水周城，形如懸瓠，故取名焉。」今詩言懸瓠城，不知是此否。○趙嘏詩：「獨自下樓騎瘦馬，摇鞭重入亂蟬聲。」

送河中通判朱郎中迎母東歸

壽昌父巽守雍，出其母劉氏嫁民間，母子不相知者五十年。熙寧初，棄官入秦，與家人訣，誓不見母不復還。行次同州，得之，劉時年七十餘矣。雍守錢明逸以事聞，由是天下皆知其孝。壽昌再爲郡守，至是，以母故通判河中府，迎其母同弟妹以歸。又一説載，朱壽昌者，少不知母所在，棄官走天下求之。刺血書佛經，志甚苦。熙寧初，見於同州，迎以歸，朝士多以詩美之。蘇内翰子瞻詩云：「感君離合我酸辛，此事今無古或聞。」王荆公薦李定爲臺官，定嘗〔一〕不持母服，臺諫給舍皆論其不孝，不可用。内翰因壽昌作詩貶定曰：「此事今無古或聞。」

綵衣東笑上歸船，萊氏歡娱在晚年。嗟我白頭生意盡，看君今日更悽然。自見壽昌得母，而自歎有弗洎之悲。

【校記】

〔一〕「嘗」，原作「常」，據宫内廳本、臺北本改。

寄題脩廣明碧軒〔一〕杭州明慶院。

明碧軒南竹數叢，別來江外幾秋風。別來江外，或是舒州作。道人無復人間世，莊子人間世篇：「悼幽明之永隔也。」嗟我今爲白髮翁。坡詩：「故人已爲土，衰鬢亦驚秋。」皆妙。

【校記】

〔一〕宋本、叢刊本題作「寄題杭州明慶院修廣師明碧軒」。

夜直

金爐香盡漏聲殘，翦翦輕風陣陣寒。春色惱人眠不得，月移花影上欄干。温庭筠詩：「風颸檀煙消篆印，月移花影過禪床。」○唐姚合詩：「月移花影〔二〕橫幽砌，風揭松聲上半天。」○韓偓詩：「惻惻輕寒翦翦風，杏花飄雪小桃紅。」○杜荀鶴詩：「泉領藕花來洞口，月將松影過溪東。」〔三〕

【校記】

〔一〕「月移花影」，全唐詩温庭筠訪知玄上人遇暴經因有贈、宮内廳本、臺北本作「日移松影」。

〔二〕「洞口」，原作「洞三」；「溪東」，原作「淡東」，據全唐詩卷六九二題盧嶽劉處草堂、臺北本改。

人間

人間投老事紛紛，唐人詩：「只言漸老應無事，及至中年事轉多。」才薄何能強致君？一馬黃塵南陌路，眼中唯見北山雲。皇甫冉詩：「歸來〔一〕明日毗陵道，回首姑蘇是白雲。」○樂天詩：「一爲趨走吏，塵土不開顏。辜負平生眼，今朝始見山。」

【校記】

〔一〕「來」，宮内廳本、臺北本作「舟」。

後殿牡丹未開

紅襆未開知〔一〕婉娩，紫囊猶結想芳菲。樂天詩：「山榴花似結紅巾，容艷新妍占斷春。」此詩則言牡丹猶包而未展也。此花似欲留人住，權德輿詩：「晝漏沉沉倦瑣闈，西垣東觀閱芳菲。繁花滿樹似留客，應爲主人休浣歸。」山鳥無端勸我歸。

【校記】

〔一〕「知」，宋本、叢刊本作「如」。

春日

柴門照水見青苔，言苔影見於水下。春遶花枝漫漫開。路遠游人行不到，日長啼鳥去還來。杜詩：「日長惟鳥雀。」○又：「自去自來堂上燕。」○五雜組〔二〕：「去復來，梁上燕。」

【校記】

〔一〕「組」，原作「還」，據臺北本改。

寄韓持國

淥水環宮〔一〕一作「淥遶宮城」。漫漫流，鵝黃小蝶弄春柔。問知公子朝陵去，歸得花時却自愁。朝陵，當是持國爲禮官時。〇漢制，時節朝陵。見後漢禮儀志。

【校記】

〔一〕「淥水環宮」，宋本、叢刊本作「淥遶宮城」。龍舒本校曰：「一本作『浸遶宮城漫漫流』。」

答韓持國

持國治平三年自司注〔一〕知制誥，故用紅藥事，贈詩必在此時。

知公尚憶洛城中，醉裏穿花滿袖風。花亦有知還有恨，今爲紅藥主人翁。謝玄暉直中書省詩云：「紅藥當堦翻，蒼苔依砌上。茲言翔鳳池，鳴佩多清響。」

【校記】

〔一〕「注」，宫内廳本作「諫」。

出城

慣作野人多野興，欲爲時用少時材。歐公嘗薦介父「德行文學，爲衆所推」，末又云：「安石久更吏事，兼有時材。」疑此語非公所樂，故於詩屢見此意。出城偶與沙塵背，轉覺溪山入眼來。許棠詩：「分與仙山背，多年負〔一〕翠微。」

【校記】

〔一〕「負」，原作「真」，據全唐詩許棠旅中送人歸九華、臺北本改。

涿州〔一〕

涿州沙上望桑乾，桑乾，縣名，屬代郡，北虜居之，號爲索干之都。曹彰北征，入涿郡界，乘勝逐北，至於桑乾。○賈島詩：「客舍并州三十霜，歸心日夜憶咸陽。無端更渡桑乾水，却望并州是故鄉。」〔二〕鞍馬春風特地寒。萬里如今持漢節，漢蘇武留匈奴中十九年，卧起持漢節，節旄盡落。却尋北〔三〕路使呼韓。呼韓，匈奴單于稽侯珊之號也。五單于分立，宣帝常輔立呼韓邪爲北單于。

【校記】

〔一〕此詩爲龍舒本卷七十入塞二首之二，題注：「此一首誤在題試院壁。觀其文，乃是出塞辭，奉使詩録不載，恐脱，不敢補次之，輒收附於入塞之後。」

〔二〕此詩，全唐詩一作劉皂旅次朔方，「三十」作「數十」，「是」作「似」；宫内廳本「三十」作「已十」。

〔三〕「北」，臺北本同，他本作「此」。

出　塞

古樂府有出塞、入塞曲，杜子美亦有前、後出塞。唐王昌齡詩云：「出塞入塞雲，處處黄蘆草。」

涿州沙上飲盤桓，看舞春風小契丹。塞雨巧催燕淚落，濛濛吹濕漢衣冠。楊巨源詩：「細雨濛濛濕芰荷。」○杜詩：「不愁巴道路，恐〔一〕濕漢旌旗。」

【校記】

〔一〕「道路恐」，宫内廳本作「蜀道吹」。

入　塞〔一〕

荒雲涼雨水悠悠，鞍馬東西鼓吹休。唐陳黯代河湟父老奏，已見前注。燕人豈亦類此耶？**尚有燕人數行淚，回身〔二〕却望塞南流。**詩言燕人思中國也。○王昌齡詩云：「更遣黄頭戍，唯當哭塞雲。」又云：「白花垣上望京師，黄河水流無盡時。窮秋曠野行人絶，馬首東來知是誰？」又，雍陶詩：「大渡河邊蠻亦愁，漢人將渡盡回頭。此中遥寄思鄉淚，南去應無水北流。」

【校記】

〔一〕龍舒本卷七十入塞二首，其一同此；其二即本書本卷涿州。

〔二〕「身」，龍舒本作「頭」。

書汜水關寺壁

汜水鴻溝楚漢間，汜水，按漢書，在成皋者，音凡，又音似，即汜水縣之汜水也。在濟陰者，敷劒反，「高帝即位於汜水陽」者是也。「高祖四年，漢數挑成皋〔一〕戰，大司馬咎渡兵汜水。」張晏注云：「在濟陰界。」如淳又引左傳曰：「鄢在鄭地汜。」臣瓚云：「高祖攻曹咎於成皋，咎渡汜水而戰，今成皋城東汜水是也。」師古曰：「此水不在濟陰。瓚説得之。」括地志云：「汜水源出洛州汜水縣東南三十二里方山。」山海經云：「浮戲之山，汜水出焉。」跳兵走馬百重山。高祖紀：「漢王跳。」注：「超過爲跳。」如何咫尺商於地，便有園公綺季閑？評曰：似有似無，説盡裏許，詩之所以能言。〇秦使張儀説楚王，獻商於之地六百里。四皓隱於商山，在商州上洛縣之南。皇甫謐高士傳：「四皓皆河内軹人。秦政方虐，四士避世於商山，以待天下定。今墓存焉。」

【校記】

〔一〕「挑成皋」，宫内廳本作「與楚挑」。

題北山隱居王閑叟壁

荒村日午未開門，邵康節詩：「盡日客不來，至夜門猶閉。」雨後餘花滿地存。唐人詩：「細雨濕衣看不見，閑花滿地落無聲。」舉世但能旌隱逸〔一〕，誰人知道是王孫？言貴胄而有隱節，尤足高也。

【校記】

〔一〕「但能」，宫内廳本作「但知」，宋本、叢刊本作「位能」；「隱逸」，宫内廳本作「隱節」。

和惠〔一〕思歲二日二絶

懶讀書來已數年，從人嘲我腹便便。腹便便，見身閑注。爲嫌歸舍兒童聒，故就僧房借榻眠。

【校記】

〔一〕「惠」，本書目録，臺北本目録作「慧」。

其二

沙礫藏春未放來，荒庭終日守陳荄。文選懷舊賦：「陳荄被于堂除，舊圃化而爲薪。」○柳詩：「回風旦夕至，零落委陳荄。」遥怜草色裙腰緑，湖寺西南一徑開。劉長卿春草詩：「猶帶羅裙色，青青向楚人。」

赴召道中

海氣冥冥漲楚氛，汀洲回薄水横分。盧綸詩：「映竹水横分，當山起鴈羣。」青松十里鍾山路，秖隔西南一片雲。皇甫冉詩：「歸舟明日毗陵道，回首姑蘇是〔一〕白雲。」

【校記】

〔一〕「是」，臺北本作「見」。

江東召歸

自江東提刑召入，時嘉祐三年十月也。

昨日君恩誤賜環，歸腸一夜繞鍾山。韓集聯句：「腸胃繞萬象，精神驅五兵。」雖然眷戀明時禄，羞見瑯琊有邴丹。琅琊有邴漢，漢兄子曼容。○儒林傳：「施讎以田王孫易授琅琊魯伯，魯伯授太山毛莫如少路、琅琊邴丹曼容，著清名。莫如至常山守，此其知名者也。」○杜牧詩：「九原可作吾誰與？師友琅琊邴曼容。」公詩屢及之。○蘇魏公頌家訓嘗云：「漢邴曼容戒子孫仕不過六百石：『六百石郎官、謁者不爲顯，吾尚以爲過。汝等但能守家法，傳家學，貧不免仕宦，則循資格，於吏部注擬差遣可也。雖筦庫，亦可以無愧矣。』」

平父如通州寄之

北山摇落水峥嶸，想見揚帆出廣陵。曹松詩：「汲水疑山動，揚帆覺岸行。」○王維詩：「揚帆截海行。」○水言峥嶸，豈謂風鼓浪波洶湧如山乎？平世自無憂國事，求田應不忤陳登。上句用劉玄德本語。

寄顯道

舟〔一〕約刀頭止歲前，故人專使手書傳。出門江上〔二〕問消息，極目寒沙空渺〔三〕然。刀頭，見前注。

【校記】

〔一〕「舟」，龍舒本作「前」。

〔二〕「上」，宋本、叢刊本作「口」。

〔三〕「空渺」，龍舒本作「已渺」。

三品石〔一〕

建康志：「臺城千福院前醜石四，各高丈餘，云陳朝三品石。政和中，取歸京師，置於延福宮。」

草没苔侵棄道周，唐人連昌宫詞：「草没苔封疊翠斜，墜紅千葉擁殘霞。」誤恩三品竟何酬？牛奇章公太湖石詩：「媲人當綺皓〔二〕，視秩即公卿。」自注云：「南朝有司空石，蓋以定石之品流。」司空疑即此，或别一石也。國亡今日頑無恥，似爲當年不豫〔三〕謀。公詩意固佳。陳克子高亦有一篇，其意與公相反，皆佳作。子高詩云：「臨春結綺今何在？屹立巉巉終不改。可憐江令負君恩，白頭仍作北朝臣。」子高又云：「庚辰三月十日，與關聖淵、陳明信集太平寺。明信誦介甫三品石句，以爲介甫善論古今。『國亡今日頑無恥，似謂當年不預謀』，從之詩人不復措詞矣。聖淵云：『介甫但是融化石笋行舊詩，且陳亡，江揔輩皆北面仇讎，豈如此石之耐久邪？』聖淵及余詩以反介甫，明信終守己説，争論紛然，日暮罷去，詩竟不就。後十四年，當癸巳寒食，重尋昔游，羣石巉然固在，聖淵、明信死已久矣。」○上注引牛詩「司空石」，然司空不止三品，更當攷。

【校記】

〔一〕此詩爲龍舒本卷六十三與伯懿至臺城三首之二。

〔二〕「皓」，原作「結」，據全唐詩載牛僧孺李蘇州遺太湖石奇狀絶倫因題二十韻奉呈夢得樂天及宫内廳本、臺北本改。下自注「品流」，全唐詩作「流品」。

〔三〕「豫」，宋本、叢刊本作「與」。

和崔公度家風琴八首

屋山終日信飄飄，似與幽人破寂寥。爲有機心須強聒，直教懸解始聲消。屋山，見上注。信，猶任也。○莊子大宗師篇：「得者，時也；失者，順也。安時〔一〕而處順，哀樂不能入也。此古之所謂懸解也。而不能自解者，物有結之。」注：「懸解，無所係也。」此言懸解者不假於聲，猶淵明無絃素琴之類是也。又列子天瑞篇：「聲之所聲者聞矣，而聲聲者未嘗發。」○章八元聲詩：「萬籟自生聽，太虚常寂寥。還從静中起，却向静中消。」

【校記】

〔一〕「時」，原作「静」，據宫内廳本、臺北本、浙江書局本莊子改。

其二

簾幕無風起泬寥，誰悲精鐵任飄飄。隨商應角知無意，不待歌成韻已消。高駢題風箏詩曰：「夜静絃聲響碧空，宫商信任往來風。依希似曲才堪聽，又被移將別調中。」此詩近似駢作，言風琴非〔一〕有意於宫商，或不待曲終而止。

【校記】

〔一〕「風琴非」，宫内廳本作「別調中」。

其三

萬物能鳴爲不平，世間歌哭兩營營。君知此物心何欲，自信天機自有聲。退之送東野序：「大凡物不得其平則鳴。草木之無聲，風撓之鳴；水之無聲，風蕩之鳴云云。人之於言亦然。其歌也有思，其哭也有懷。」詩意風琴無不平之心，其鳴也，天機自動耳。○莊子秋水篇：「今予動吾天機，而不知其所以然。」

其　四

風鐵相敲固可驚〔一〕，朔兵行夜響行營。如何清世容高卧，飜作幽窗枕上聲。歐公秋聲賦：「其觸於物也，鏦鏦錚錚，金鐵皆鳴。又如赴敵之兵，銜枚疾走，不聞號令，但聞人馬之行聲。」

【校記】

〔一〕「驚」，宋本、叢刊本作「鳴」。

其　五

南風屋角響蕭蕭，白日簾垂坐寂寥。愛此宫商有真意，與君傾耳盡今朝。東坡九成臺記云：「使耳聞天籟，則凡有聲有形者，皆吾羽旄管磬匏絃。」又云：「非有度數而均節自成，非韶之大全乎？」此即「宫商有真意」之義。

其　六

風來風去豈嘗要，隨分鏗鏘與寂寥。不似人間古鍾磬，從來文飾到今朝。言風來則鏗鏘，風去則寂寥，初無心也。又世之鍾磬多以黄金及彩色塗澤，不若此之自然。

其　七

繫身高處本無心，萬竅鳴時有玉音。欲作鏌耶〔一〕爲物使，知君能笑不祥金。萬竅鳴，謂風作時，則琴音如玉也。琴亦鐵爲之，故云笑鏌耶。○不祥金，見樵斧注。

【校記】

〔一〕「耶」，宫内廳本作「鋣」，下注同。

其八

疏鐵簷間挂作琴，清風纔到遽成音。伊人欲問無真意，向道從來不博金。評曰：此風琴似風馬耳。若掛琴風中，其妙非此可比。詩固未知。○「無真」，恐是「無聲」。琴譜有不博金、不換玉二操。○太宗酷愛其聲韻優古，以名頗俗，改換金爲楚澤清秋〔一〕、博玉爲塞門積雪。

【校記】

〔一〕「清秋」，宫内廳本、臺北本作「涵秋」。

送陳靖中舍歸武陵

知君欲上武陵溪，水自東流人自西。到日桃花應已謝，想君應不爲花迷。淵明桃源詩記云：「武陵人捕魚爲業。緣溪行，忘路之遠近。忽逢桃花林，夾岸……繽紛。……太守即遣人隨漁人往，尋向所誌，遂迷，不復得路。」○王維詩：「聞説桃源好迷客，不如高卧眄庭柯。」〔二〕

【校記】

〔一〕全唐詩作裴迪詩，題爲春日與王右丞過新昌里訪呂逸人不遇；「眄」，作「晒」。

北山

刳木爲舟數丈餘，易繫辭下：「刳木爲舟。」卧看風月映芙蕖。任濤詩：「露團沙鶴起，人卧釣船流。」東坡詩：「春江綠未波，人卧船自流。」清香一陣渾無暑，時有驚梁躍出魚。

適意

一燈相伴十餘年，舊事陳言知幾編。到了不如無累後，困來顛倒枕書眠。左氏：「至於煩，乃捨也已。」不但施於音樂，讀書亦然。公此詩頗有捐書絶學之意。○班固賓戲：「徒樂枕經籍書。」

辱井〔一〕

詳見次韻登微之高齋注。

結綺臨春草一丘，尚殘宮井戒千秋。奢淫自是前王恥，不到龍沉亦可羞。李白詩：「撫劍高吟空咄嗟，梁陳之國亂如麻。天子龍沉景陽井，誰歌玉樹後庭花。」「龍沉」字〔二〕，實取此。歐公集古録云：「煬帝躬自滅陳，目見叔寶事，又嘗自銘以爲戒如此。及身爲淫亂，則又過之，豈所謂『下愚不移』者哉？」

【校記】

〔一〕此詩爲龍舒本卷六十三與伯懿至臺城三首之三。

〔二〕「字」，原作「序」，據宮内廳本、臺北本改。

題金沙

海棠開後數金沙，杜詩：「有徑金沙軟。」高架層層吐絳葩。杜詩：「直須添竹引龍鬚。」咫尺西城無力到，不知誰賞魏家花？魏家花，謂魏紫，本出魏仁浦丞相家，故得名。

夜聞流水

千丈崩犇落石碕，秋聲散入夜雲悲。州橋月下聞流水，不忘鍾山獨宿時。

詠月三首

寒光乍洗山川瑩，月賦：「柔祇雪凝，圓靈水鏡。」清影遥分草樹纖。杜詩：「罔兩移深樹。」言光所照徹，細大不逃也。萬里更無雲物動，中天秖有兔隨蟾。五經通議曰：「月中有兔與蟾蜍，何？月，陰也；蟾蜍，陽也，而與兔並明，陰係於陽也。」○李賀詩：「老兔寒蟾泣秋色。」

其二

江海清明上下兼，謝莊賦：「氣霽地表，雲斂天末。洞庭始波，木葉微脱。」即「上下兼」也。碧天遥見一毫纖。杜詩：「上方重閣晚，百里見秋毫。」此時只欲浮雲盡，窟穴何妨有兔蟾。此見公包容小人之意，不知卒爲己害。謂呂、蔡之徒。

其　三

一片清光萬里兼，幾回圓極又纖纖。韓退之望秋詩：「樓頭皎月不共宿，其奈就缺行纖纖。」鮑明遠翫月詩：「始出西南樓，纖纖如玉鈎。未映東北墀，娟娟似娥眉。……三五二八時，千里與君同。」注：「謂從微至明也。三五十五，二八十六也。」〔一〕公詩意乃言從明至微。君看出没非無意，豈爲辛勤養玉蟾。羅隱詩：「陰雲薄暮上空虛，此夕〔二〕清光已破除。只恐異時開霽後，玉輪依舊養蟾蜍。」公末句與隱雖異，而皆有深意。

【校記】

〔一〕此詩題，「翫」字原脱，據臺北本補，藝文類聚作翫月詩，文選李善注本作翫月城西門解中詩。文選五臣注及鮑參軍集「解」作「廨」。「東北墀」，「東」原作「古」，「與君同」，「君」原作「石」，均據文選本、臺北本改。「娥眉」，宮内廳本作「蛾眉」。

〔二〕「夕」，原作「名」，據全唐詩羅隱中秋夜不見月、宮内廳本、臺北本改。

庚寅增注第四十五卷

題張司業 詩名老 杜詩：「坐中薛華善醉歌，歌詞自作風格老。」韓集：「校書郎侯喜，新有能詩聲。」

同陳和叔游北山 殘夢有鳴騶 東坡亦云：「車轂鳴枕中，客夢安得長？」

次吴氏女子韻 亦逢佳節且吹花 唐中宗九日登高詩：「泛桂迎尊滿，吹花向酒浮。」閻朝隱詩：「願依吹菊酒，相守百千年。」蘇頲九日詩：「降鶴承仙路，吹花入睿詞。」

其二 世間唯有妙蓮花 樂天詩：「人間此病治無藥，唯有楞嚴四卷經。」

即席 泮盡澌 退之詩：「霸滻揚春澌。」

寄沈道原 城郭千家一彈丸 史記虞卿傳：「趙郝云：『此彈丸地弗予，令秦來年復攻。』」 蜀岡擁腫作蛇蟠 蜀岡其勢自西北來，至揚州北竹亭西乃絶。

生日次韻 毗耶一夜滿城香 又能開悟香普熏一切，令其聞者諸根寂静。柳詩云：「猶同甘露飰，佛事熏毗耶。」

和僧惠岑 或緣香火住靈山 秦王語頡利：「爾往與我盟，有急相救。今乃引兵相攻，何無香火之情也？」

和惠思聞蟬 風塵愁殺庾蘭成 張説過庾信宅詩：「蘭成追宋玉，舊宅偶辭人。筆誦江山氣，文驕雲雨神。」 聞蟬第一聲 蔡持正退朝聞蟬詩云：

「萬年枝在九天上，何處飛來第一聲？」

崇政殿後春晴即事

山鳥不應知地禁亦逢春暖即啾喧　方勺云：「元祐中，東坡帥杭，予獲游公門。公嘗言王介甫初行新法，異論者嘵嘵不已，嘗有詩云：『山鳥不應知地禁，亦逢春暖即啾喧。』」

吴任道説應舉時事

懸瓠城南陂水深　通鑑：「汝南、新蔡二郡太守周矜起兵於懸瓠，以應建康。袁顗誘矜，司馬汝南常珍奇執矜斬之，以珍奇代爲太守。」按：懸瓠，即今蔡州所理汝陽縣。

送河中通判朱郎中迎母東歸

又一説，壽昌，刑部朱侍郎巽之子，早失母所在，哀慕不已。及長，乃解官訪母，徧走四方，備歷艱難，見者莫不憐之。聞佛書有水懺者，其説謂欲見父母者，誦之，當獲所願。壽昌乃晝夜誦持，仍刺血書懺，摹板印，施於人，唯願見母。歷年甚多。忽一日至河中府，遂得其母，相持慟絶，感動行路，乃迎以歸，事母至孝。復出從仕，今爲司農少卿。士人爲之傳者數人。丞相荊公而下，皆有朱孝子詩數百篇。

綵衣東笑　桓譚新論：「人聞長安樂，出門向西笑。」此稱「東笑」，未詳。豈壽昌自河中得母而歸朝，故云「東笑」乎？

寄題脩廣明碧軒

幾秋風　唐人劉山甫詩：「壞墻風雨幾經春。」

白髮翁　歐公詩：「喜君新賜黄金帶，顧我今爲白髮翁。」

人間

唯見北山雲　山谷云：「佩玉而心若槁木，立朝而意在東山。」即詩意也。

春日

柴門照水見青苔　杜牧之詩：「緑樹陰青苔，柴門臨水開。」

春遶花枝　廣記：「鬼謠：『落花徒遶枝。』」

啼鳥去還來　林和靖詩：「芳

草得時依舊長，文禽無事等閑來。」

涿州 元豐九域志，涿州係化外州，與檀、平、營、薊皆係河北路。余使燕，經其化城外，平沙細草，垂楊雜植，殊不類慘澹，豪俠窟也。

書汜水關寺壁 汜水鴻溝楚漢間 朱元晦云：「鄭之虎牢，即漢之成皋也。虎牢之下，即溱洧之水，後又名爲汜水關，子産以乘輿濟人之所也。」當考。漢紀：「割洪溝以西爲漢。」應劭曰：「在滎陽東南三十里。」文穎曰：「於滎陽下引河東南爲洪溝，以通宋、鄭、陳、蔡、曹、衛，與濟、汝、淮、泗會於楚，即今官度水也。」 跳兵走馬 蕭何傳：「失軍亡衆，跳身遯者數矣。」劉澤傳：「還兵備西界，遂跳驅至長安。」

和惠思歲二日 懶讀書來已數年 陳去非參政亦有句云：「舊喜讀書今懶讀，焚香閱世了閑身。」余甚愛此句。然二公實未嘗廢書也。

赴召道中 回薄水横分 横分，又見韓侯詩注。賈山傳：「萬物回薄兮，振蕩用轉。」 一片雲 少陵秋野詩：「血留一片雲。」

江東召歸 琅琊有邴丹 邴明贊孟容：「岧岧丙公，學涯輒歸。匪矯匪忝，前路威夷。」

寄顯道 舟約刀頭止歲前 謂先有約，舟楫之歸，在康前也。刀頭謂環，事見古樂府。

和崔公度家風琴其六 隨分鏗鏘與寂寥 淮南子曰：「無音者，聲之大宗也。」又曰：「無聲而五音鳴焉，無味而五味和焉。」即此意也。 古鐘磬 禮記月令：「仲夏之月，飭鍾磬祝歌。」

其七

萬竅鳴　曹子建七啓：「譬若畫形於無象，造響於無聲。」

送陳靖中舍歸武陵

續桃花源記云：「陳靖字唐臣，鉅野人，少倜儻有氣節。通詩、易。嘗從范諷、石延年、劉潛游。景祐五年，以進士特奏名，得三禮出身。薦爲邑佐，皆有能聲，稍遷孝感令。以公事悮太守，遂致所事而去，僦舟東下，隱於華山。未幾，詔下，以太子中舍致仕。值歲荒，徙家京師，賣藥自給。朝之公卿與故人踵門者輒避去。或遺金帛，即散道上丐者，未嘗有所蓄。與其妻孔氏皆學辟穀，往往經歲而不食。嘉祐西年，思武陵山水之佳，盡室往游。王介甫高其行，以詩送之，有『知君欲上武陵溪，水自東流人自西』之句。既至武陵，結庵於桃源高梧市。居數月，妻喪，自是不接人事，杜門稱疾，惟焚香誦易而已。六年七月，日亭午，命其子庠具紙作書，遺張郎中顒。顒字仲孚，頡字仲舉，兄弟武陵名士。顒終鴻臚卿，頡終户部侍郎、龍圖閣待制。曰：『近上帝以靖平生無謟，俾主判地下平直司，候天符下，即之任矣。』顒時職江東漕運，以靖爲病心者，不復報。是日，又躬以書，緘封甚密，戒其子曰：『張公歸，卿以此書授之，不可他示及私發。違吾言，爾爲不孝。』其子謹藏之。是後爲歌詩，皆有脱去後患之意。七年丨二月十二日平旦，謂其子曰：『吾數盡矣，後事一托張祕丞主之。』言訖而歿。時張祕丞頡將赴官益陽。前一日，與靖别。翊日，得其訃，亟爲辨喪事，葬於耆闍山之側。治平元年七月，張仲孚自江東還，其子庠捧父書號泣以獻，緘封如初。發之，其始末皆叙訣之詞，中乃云：『平直司必然矣，爲議皇嗣事，勿怪。草草。』明年秋，英宗由大宗正爲皇子，而靖於六年七月爲此書，已有選定之語。是知帝王之興，皆受命於天，嘿有符契，非偶然矣。」此皆略取張仲舉所撰陳靖傳云。

辱井

不到龍沉亦可羞　「龍沉」字，實取此句，謂一涉奢侈，便自可羞，不必至於龍沉如後主，然後可羞也。

題金沙

魏家花　因觀金沙而憶牡丹，蓋金沙花頭亦有大者，正如山丹之類耳。據歐公牡丹譜：「魏家花者，千葉肉紅花，出於魏相仁溥〔一〕家。始樵者於壽安山中見之，斸以賣魏氏。魏氏池館甚大。傳者云：此花初出時，人有欲閲者，人税十數錢，乃得登舟渡池至花所，魏氏日收十數緡。其後破亡，鬻其園。今普明寺後林池乃其地，寺僧耕之，以植桑麥。花傳民家甚多，人有數其葉者，云至七百葉。錢思公嘗曰：『人謂牡丹花王，今姚黄真可爲王，而魏花乃后也。』」

詠月 兔隨蟾 杜詩：「兔應疑鶴髮，蟾亦戀貂裘」云。

其三 圓極 稽於天道則寒暑均，取於月數則蟾兔圓。

【校記】

〔一〕「仁溥」，宋史本傳作「仁浦」。

王荊文公詩卷第四十六

律詩

次韻杏花三首

只愁風雨劫春回，怕見枝頭爛熳〔一〕開。野鳥不知人意緒，啄教零亂點蒼苔。東坡梅詩：「君知早落坐先開，忍著新詩句句催。」皆深致惜花之意。○杜詩：「野鴉無意緒。」

【校記】

〔一〕「熳」，宋本作「漫」。

其　二

心憐紅蘂與移栽，不惜年年糞壤培。風雨無時誰會得？欲教零亂強催開。末句意，即前篇首句意。○歐公詞云：「東風本是開花信，及至花時風更緊。吹開吹謝苦怱怱，春意到頭無處問。」

其　三

看時高豔先驚眼，折處幽香易滿懷。野女強簪看亦醜，唐房千里文：「西子不花，嫫姆錦縠，是不能易其美惡。」言野女雖簪花，不能掩其醜也。少教憔悴逐荆釵。列女傳：「梁鴻妻孟光，荆釵布帬。」

杏園即事

蟠桃移種杏園初，紅抹燕脂嫩臉蘇。聞道飄零落人世，清香得似舊時無？

宋城道中

宋城，屬南京應天府。此詩所指，恐非此宋城也。蓋詩云「都城花木」，次以「北路餘寒」，則是已過汴京，踰河而北矣。

都城花木久知春，北路餘寒尚中人。楚詞：「薄寒中人。」言塞上寒苦，得春晚也。宿草連雲青未得，東風無賴只驚塵。言春風不能青連雲之草，但驚塵耳。○王維詩：「黄雲斷春色。」

對客

窗壁風回午枕凉，清談相對一胡床。心知帝力同天地，能使人間白日長。此亦王符「化國之日舒以長」之意。

愍儒坑

智力區區不爲身，欲將何物[一]助強秦。只應埋没千秋後，更足詩書發冢人。言詩書發冢，亦無異於坑儒。○莊子外物篇：「儒以詩禮發冢。」○衛宏詔定古文官書序曰：「秦既焚書，患苦天下不從所改更。而諸生到者，拜爲郎，前後七百人。乃密令種瓜於驪山阬谷中，温處瓜實，詔博士説之，人人不同，乃令就視，爲伏機，諸生賢儒皆至焉。方相難不决，因發機，從上填之以土，皆壓之，終乃無聲。」今新豐縣温湯處，號愍儒鄉。湯西有馬谷，西岸有阬。古老相傳，以爲秦阬儒處。

【校記】

〔一〕「物」，宋本、叢刊本作「力」。

遇雪

定知花發是歸期，不柰歸心日日歸。風雪豈知行客恨，向人更作落花飛。退之詩：「白雪却嫌春色晚，故穿庭樹作飛花。」

懷舊

吹破春冰水放光，山花澗草百般香。身閑處處堪行樂，何事低回兩鬢霜。公又有春入一詩，略同此。

訪隱者

鄭毅夫集亦有此詩，未知果誰作。

童子穿雲晚未歸，誰收松下著殘碁。劉言史詩：「採芝却到蓬萊上，花裏猶殘碧玉鍾。」韋應物詩：「林下器未收，何人適煑茗？」先生醉卧落花裏，春去人間揔不知。評曰：不類公詩，以其韻短。〇杜牧詩：「誰家無事少年子，滿面落花猶醉眠。」

海棠花

綠嬌〔一〕隱約眉輕掃，南部煙花記云：「殿脚女吴絳仙善畫長蛾，帝憐之，由是爭爲長蛾。司宫吏日供螺子黛五斛，號『蛾綠螺』。」紅嫩妖饒〔二〕臉薄粧。杜詩：「紅入桃花嫩。」宋玉賦：「施朱則太赤。」巧筆寫傳功未盡，清才吟詠興何長。

【校記】

〔一〕「嬌」，宋本、叢刊本作「驕」。

〔二〕「饒」，宮内廳本作「嬈」。

證聖寺杏接梅花未開〔一〕

建康志云：「寺在今行宮北，即舊木平寺。」

紅蘂曾游此地來，青青今見數枝梅。只應尚有嬌春意，不肯凌寒取次開。嬌春，見獨卧注。○接花，已見四十二卷注〔二〕。

【校記】

〔一〕龍舒本卷六十三與伯懿至臺城三首，下分證聖寺杏接梅花未開，即本詩；三品石、辱井，俱見本書卷四十五。

〔二〕注見卷四十二耿天騭惠梨次韻奉酬三首其三。

雜詠六首〔一〕

勳業無成照水羞，黃塵入眼見山愁。煙中漠漠江南岸，更與家人〔二〕一少留。劉先主云：「日月若馳，老將至矣，而功業不建，是以悲耳。」○又以世故塵土，見山不得歸而愁耳。○白詩：「日入意未盡，將歸復少留。」○唐馬戴〔三〕詩：「坐看涼月上，爲子一淹留。」

【校記】

〔一〕「六首」，宋本、叢刊本作「五首」，無「其六」一首。此詩又爲龍舒本卷七十五雜詠絶句十五首之第二首。

〔二〕「家人」，宮内廳本作「人家」。

〔三〕「馬戴」，原作「馬載」。句見全唐詩馬戴過故人所遷新居。

其二〔一〕

白頭重到太寧宮，玉佩瓊琚在眼中。大中祥符四年春，詔以奉祇宮爲太寧宮，增葺殿室，設立后土聖母像。據金坡遺事，翰林每歲作望祭文。宮在慶成軍。○令狐楚詩：「不歷晉祠三十年，白頭重到一淒然。」○毛詩渭陽：「何以贈之？瓊瑰玉佩。」韓公祭柳子文：「玉珮瓊琚，大放厥辭。」恐謂宮中碑記。歌舞可怜人暗換，花開花落幾春風。謂升歌舞綴，祠祭所用，非世間所謂歌舞也。○少陵謁先主廟詩：「閭閻兒女換，歌舞歲時新。」○李紳詩：「不知開落有春風。」○退之詩：「歌舞知誰在？賓僚逐使非。」○歐公詩：「風日無情人暗換，舊游如夢空腸斷。」

【校記】

〔一〕此詩又爲龍舒本卷七十五雜詠絶句十五首之第三首。

其　三〔一〕

朝陽映屋擁書眠，夢想鍾山一慨然。投老安能長忍垢，會當歸此濯寒泉。莊子讓王篇：「湯問務光曰：『伊尹何如？』曰：『強力忍垢，吾不知其他也。』」○太史公叙傳言：「范睢能忍詢於魏齊，而信威於強秦。」詢，音逅。

【校記】

〔一〕此詩又爲龍舒本卷七十五雜詠絶句十五首之第六首。

其　四〔一〕

烏石岡頭躑躅紅，東江柳色漲春風。「漲」字，屢見上注。○東坡詩亦云：「柔桑漲眼麥齊腰。」物華人意曾相值，永日留連草莽中。李郢鵝兒詩：「有時散亂隨青草，永日淹留在野田。」

【校記】

〔一〕此詩又爲龍舒本卷七十五雜詠絶句十五首之第七首。

其　五

小雨蕭蕭潤水亭，退之詩：「天階小雨潤如酥。」花風颭颭破浮萍。退之詩：「風約半池萍。」○林處士詩：「浮萍破處見山影。」看花聽竹心無事，風竹聲中作醉醒。

其　六〔一〕

百年禮樂逢休運，叔孫通傳：「魯兩生曰：『禮樂所由起，百年積德而後可興也。』」千里江山極勝游。那似鮑昭空寫恨，不爲王粲秪消憂。評曰：非閑居詩也。○鮑明遠有恨賦。王粲登樓賦：「聊暇日以消憂。」○公閑居詩大率類此。怨懟譏刺者，視之有愧矣。

【校記】

〔一〕此詩又爲龍舒本卷七十五雜詠絶句十五首之第九首。

書陳祈兄弟屋壁

千里歸來倦宦身，欲尋田宅豫求隣。能將孝友傳家世，鄉邑如君更幾人？予於撫州，得此詩石本，乃新授將仕郎、守惠州河源縣主簿陳祈立石。公又有與陳君一柬，併附於此。按：公皇祐二年自舒州通判得告歸臨川，訪鄉人，作此詩。○「安石頓首：還弊廬，幸數對，接發日更承出餞，寵以佳句，尤愧怍不敢當厚意之辱。宿宇下，嘗成一絶，今書奉寄，想一笑而已。秋凉，加愛。安石頓首陳君昺弟足下。九月十二日。」

郊　行

柔桑採盡緑陰稀，蘆箔蠶成密繭肥。太白詩：「荆湖麥熟繭成蛾，繰絲憶君頭緒多。」○樂天詩云：「由來蠶老後，方是繭成時。」聊向村家問風俗，如何勤苦尚凶飢？唐明宗嘗問馮道：「今歲雖豐，百姓贍足否？」道曰：「農家歲凶則死於流殍，歲豐則傷於穀賤。豐凶皆病者，惟農家爲然。臣記進士聶夷中詩云：『二月賣新絲，五月糶新穀。醫得眼前瘡，剜却心頭肉。』語雖鄙俚，曲盡田家之情狀。農於四民之中最爲勤苦，人主不可不知也。」上悦，命左右録其詩，常諷誦之。

破冢二首

埋没殘草碑〔一〕自春，旋風時出地中塵。俗言：旋風，鬼所爲也。後漢王忳傳：「主人云：『被隨旋風，與馬俱亡。卿何陰德，而致此二物？』忳自念有葬書生事，因説之。」播間夜半分珠玉，猶是當時乞祭人。孟子離婁下：「蚤起，施從良人之所之，卒之東郭墦間，之祭者，乞其餘；不足，又顧而之他。此其爲饜足之道也。」分珠玉，用發冢事，詳見驪山詩注。

【校記】

〔一〕「草碑」，諸本作「碑草」。

其二

殘榱穿來欲幾春？蕭蕭長草没麒麟。杜詩：「草邊高塚卧麒麟。」播間或有樵蘇客，未必他年醉飽人。「醉飽」字，取孟子饜酒肉之意。

題景德寺試院壁 公自注云〔一〕：「至和三年八月十日。」

屋東瓜蔓已扶踈，小石藍花破萼初。從此到寒能幾日，風沙還見一年除。小杜詩：「春半年已除，其餘強爲有。即此醉〔二〕殘花，便同嘗臘酒。」公詩略似此意。○沈文通景德寺考試院壁和介甫韻：「石藍開盡紅著地，瓜蔓半枯黄倒垂。坐看一夜〔三〕芳意歇，風霜即是早寒時。」蕭后語太宗：「隋主〔四〕淫侈，每二除夜，殿前諸院設火山數十，盡沉香也。」注：「至，及歲夜，爲二除。見廣記。」

【校記】

〔一〕龍舒本、宋本、叢刊本無「公自注云」四字。

〔二〕「醉」，原作「詩」，據宮内廳本、臺北本改。

〔三〕「夜」，宮内廳本作「年」。

〔四〕「主」，原作「王」，據宮内廳本、臺北本改。

金陵報恩大師西堂方丈二首

篸花映日午風薰，杜詩：「燈前細雨篸花落。」時有黃鸝隔竹聞。香炧一爐春睡足，上方車馬正紛紛。說文：「炧，燭燼也。因夜切。」○廣記道術門：「燭炧更深，疲於毫硯。」今以言香，香亦有燼也。

其　二

蕭蕭出屋千竿玉，靄靄當窗一炷雲。謂對竹燒香也。○劉長卿僧院詩：「晨香永日在，夜磬滿山聞。」亦佳句。心力長年人事外，種花移石尚殷勤。

題正覺院籦龍軒二首

撫州有正覺寺，在水東。下又有律詩可考。

北〔二〕軒名字經平子，晉王澄傳：「有經澄所題目者，衍不復有言，輒云：『已經平子矣。』」愛此吾能爲賦詩。山雨江風一披拂，籜龍還自有吟時。杜詩：「風雨時時龍一吟。」此借用。○莊子言：「風起北方，一西一東。孰居無事，而披拂是。」

【校記】

〔一〕「北」，宮内廳本作「此」。

其二

仙事茫茫不可知，籜龍空此見孫枝。王元之筍詩：「昨夜春雷迸蘚根，亂披煙籜出柴門。穉川龍過應迴首，認得青青幾代孫。」○韓偓詩：「知余絶粒窺仙事，許到名山看藥爐。」孫〔一〕枝，見烏塘詩注。壺中若有閑天地，李義山詩：「壺中若是有天地，又向壺中傷別離。」何苦歸來問葛陂。後漢費長房，汝南人，從壺公學道，不成，思家，辭歸。壺公與一竹杖曰：「騎此，任所之，則至矣。既至，可以杖投葛陂中。」顧視，乃龍也。今在蔡州。

【校記】

〔一〕「孫」上衍「一」字，據宮内廳本、臺北本删。

相州古瓦硯〔一〕

鄴中故事：「銅雀臺，三臺相去各六十步，上以複道相通，中央懸絶。鑄三大銅雀，高一丈五尺，置之樓頂。臺上又起樓五重，去地三百七十尺。今里人因掘土，往往得屋瓦，多斷折。瓦色頗青，其内平瑩，不類今瓦。有布紋，甚厚，有及寸者，多印工人姓名，皆八分隸書也。」

吹盡西陵歌舞塵，當時屋瓦始稱珍。甄陶往往成今手，尚託聲名動世人。劉商銅雀妓詩：「高臺無晝夜，歌舞竟未久。」西陵，謂曹公葬處也。曹云：「吾婕妤、伎人，皆著銅雀臺，月朔、十五日，輒向帳作伎。」此故云「歌舞塵」。瓦特以古貴，硯譜乃居下，言今人僞爲，託名古瓦以求售也。如子厚鐵爐步記之意。

【校記】

〔一〕龍舒本無「硯」字。

望夫石

雲鬟煙鬢與誰期，一去天邊更不歸。武昌山北有望夫石，云昔有婦人，與夫從役，遠赴國難。婦携弱子餞送此山，立，望夫而死，化爲立石，因名之。○李白詩：「一上玉關道，天涯去不歸。」又古詩：「少年莫遠行，遠行多不歸。」還似九疑山上〔二〕女，千秋長望舜裳衣。九疑山在蒼梧馮乘縣，其山九峯，形勢相似，故曰九疑山。父老相傳，舜嘗登此山。或云，舜崩，葬於此山下。有舜祠。○檀弓曰：「舜葬於蒼梧之野。」蓋二妃未之從也。此言「九疑山上女」，未詳。然秦博士對始皇云：「湘君者，堯之二女，舜妃者也。」又劉向列女傳：「帝堯二女，長曰娥皇，次曰女英。堯以妻舜。舜爲天子，娥皇爲后，女英爲妃。舜死於蒼梧，二妃死於江湘之間，俗謂之湘君。」據秦博士及劉向列女傳，則二妃乃爲湘水之神，及死於江湘間。則公稱「九疑山女」，或以此。蓋湘距九疑不遠云。舜垂衣裳而天下治。余嘗愛張文潛斑竹詩云：「重瞳陟方時，二妃蓋老人。安肯泣路傍，洒淚流叢筠。」意殊雅正。今公賦望夫石詩，而引舜妃，其亦幾於褻矣。○餘見燕侍郎山水圖注。

【校記】

〔一〕「九疑山」，龍舒本作「九嶷山」。「上」，宋本、叢刊本作「下」。

山　前

山前溪水漲潺潺，山後雲埋不見山。李羣玉詩：「頹雲晦廬嶽，微鼓辨湓城。」不趂雨來耕水際，即穿雲去卧山間。評曰：隱者詞。○劉長卿詩：「夕陽臨水釣，春雨向田耕。」○許渾詩：「雨中耕白水，雲外斸青山。」○孟郊詩：「種稻耕白水，負薪斫青山。」

江　雨

冥冥江雨濕黄昏，天入滄洲漫不分。杜詩：「冥冥江雨熟楊梅。」又：「去馬來牛漫不分。」〇李白詩：「彭蠡將天合。」北澗欲通南澗水，南山正遶北山雲。樂天詩：「東澗水流西澗水，南山雲起北山雲。」

獨卧二[一]首

誰有耡耰不自操，可怜園地滿蓬蒿。欲尋春物無蹊徑，獨卧南床白日高[二]。莊子：「將安鑿垣墻而殖蓬蒿也。」〇吴融詩：「春物競相妬，杏花應最嬌。」

【校記】

〔一〕「二」，原作「三」，本書目録、臺北本同，據宋本、叢刊本改。龍舒本卷七十六獨卧三首，前二首同此，第三首即本書卷四十四午枕。

〔二〕宋本、叢刊本「白日高」下注：「一作『日自高』。」

其二

茅簷午影轉悠悠，門閉青苔水亂流。百囀黃鸝看不見，海棠無數出墻頭。李道昌奉敕祭獨孤君文：「黃鸝百囀，猿聲斷腸。」○張籍詩：「桃生蘂婆娑，枝葉四向多。高未出墻頭，蒿莧相凌摩。」○張繼詩：「竹色侵官道，花枝出苑墻。」○賈至詩：「千條弱柳垂青瑣，百囀流鶯滿建章。」○聶夷中公子行：「花樹出墻頭，花裏誰家樓？一行書不讀，身封萬户侯。美人樓上歌，不是古涼州。」○王夢周題故白巖禪師院：「花樹不隨人寂寞，數枝猶自出墻頭。」

孟子

沉魄浮魂不可招，李商隱祭令狐相公文：「聖有夫子，廉有伯夷，浮魂沉魄，公其尚之。」遺編一讀想風標。何妨舉世嫌迂闊，神宗嘗謂呂晦叔曰：「司馬光方直，其如迂闊何？」呂曰：「孔子上聖，子路猶謂之迂；孟軻大賢，時人亦謂之迂。況光豈免此名？大抵慮事深遠，則近於迂矣。願陛下更察之。」故有斯人慰寂寥。孟子序：「時人皆謂之迂闊。」

商鞅

自古驅民在信誠，一言爲重百金輕。（前漢：「得黃金百鎰，不如季布一諾。」）今人未可非商鞅，商鞅能令政必行。（商鞅傳：「令既具，未布，恐民之不信己，乃立三丈之木於國都市南門，募民有能徙置北門者，予十金。民怪之，莫敢徙。復曰：『能徙者，予五十金。』有一人徙之，輒予五十金，以明不欺。卒下令。」○范彝叟讀此詩，云：「古人政事本教化，而躬率使人從之。政事要必行，豈是好事？」）

蘇秦

已分將身死勢權，（韓詩：「已分將身著地飛。」○劉向傳：「夫乘權藉勢之人，子弟鱗集於朝，羽翼陰附者衆。」○又，賈誼鵩賦：「夸者死權。」）惡名磨滅幾何年。（孟子離婁上：「名之曰幽、厲，雖孝子慈孫，百世不能改也。」又，桓温曰：「既不能流芳後[二]世，不足遺臭萬載耶？」）想君魂魄千秋後，却悔初無二頃田。（秦爲從約長，並相六國。過雒陽，周王使人郊勞，昆弟妻嫂側目，不敢仰視。秦喟然歎曰：「此一人之身，富貴則親戚畏懼之，貧賤則輕易之，况衆人乎？且使我有雒陽負郭二頃田，吾豈能佩六國相印乎？」方秦盛時已悔，不待千秋後也。）

【校記】

〔一〕宫内廳本「後」作「百」，下句「載」作「年」。

范　雎

范雎相秦傾九州，一言立斷魏齊頭。世間禍故〔一〕不可忽，簀中死屍能報讎。范雎傳：「守者乃請出棄簀中死人，魏齊醉，曰：『可矣』。」餘已見别注。○杜牧之詩：「秦因逐客令，柄歸丞相斯。安知魏齊首，見斷簀中屍。」

【校記】

〔一〕「故」，宫内廳本作「福」。

張　良

漢業存亡俯仰中，評曰：此所謂不〔一〕倡之妙也。留侯當〔二〕此每從容。「當」，一作「於」。固陵始議韓彭地，複道方圖雍齒封。良本傳：「五年冬，漢王追楚，至陽夏南，戰不利，壁固陵，諸侯不至。良說漢王，漢王用其計，諸侯皆至。」固陵後改爲固始，屬淮陽國，本名寢丘，楚將孫叔敖所封地。又：「上已封大功臣二十餘人，其餘日夜争功，不決。上居雒陽南宮，從複道望見諸將往往數人偶語，欲謀反。良曰：『上平生所憎，羣臣所共知。誰最甚者？』上曰：『雍齒與我有故怨，數窘辱我。我欲殺之，爲功多，不忍。』良曰：『今〔三〕急先封雍齒，以示羣臣。羣臣見齒先封，則人人自堅矣。』」○唐詩〔四〕：「張良未遇韓信貧，劉項存亡在兩臣。」

【校記】

〔一〕「不」，原缺，據宮内廳本補。

〔二〕「當」，宮内廳本作「於」，校曰：「一作『當』。」

〔三〕「今」，原作「令」，據漢書張良傳及宮内廳本、臺北本改。

〔四〕「詩」，原本、臺北本作「傳」，據宮内廳本改。

曹參

束髮〔一〕山河百戰功，李廣傳：「且臣結髮而與匈奴戰。」師古注曰：「言始勝冠，即在戰陣。」又司馬遷傳：「耕牧於河山之陽。」白頭富貴亦成空。華堂不著新歌舞，却要區區一老翁。評曰：妙。○老翁，謂蓋公。本傳：「參戰鬭，功最多。又，爲齊相，盡召長老諸先生，問所以安集百姓，而齊故諸儒以百數，言人人殊。參未知所定，聞膠西有蓋公，善治黄、老言。使人厚幣請之。蓋公爲言治道貴清浄而民自定，推此類具言之。參於是避正堂，舍蓋公焉。」○楊公時中立言：「後世如曹參，可謂能克己者。觀參本武人，攻堅陷陣，是其所長。至其治國爲天下，乃以清浄無爲爲事，氣質都變了。」

【校記】

〔一〕「髮」，宫内廳本作「帶」。

韓信

貧賤侵凌富貴驕，功名無復在芻蕘。將軍北面師降虜，此事人間久寂寥。評曰：也説得別。○韓信既斬成安君，禽趙王歇，乃令軍中毋斬廣武君。有生得之，縛而至戲下者。信解其縛，東鄉坐，而西鄉對而師事之。廣武君辭曰：「亡國之大夫，不可以圖存；敗軍之將，不可以語勇。」按周勃傳：「勃不好文學，每召諸生説士，東鄉坐責之：『趣爲我語。』」注：「勃自東向，不以賓主之禮禮士也。」觀此，信賢於勃遠矣。○史記魏世家：「子擊問子方曰：『富貴者驕人乎？貧賤者驕人乎？』子方曰：『亦貧賤者驕人耳。諸侯驕人，則失其國；大夫驕人，則失其家；貧賤者行不合，言不用，則去之楚、越，若脱躧然，柰何其同之哉？』」○山谷詩：「功成千金募降虜，東面置坐師廣武。雖云晚計太踈略，此事亦足垂千古。」語意大相類。

伯牙

千載朱絃無此悲，欲彈孤絶鬼神疑。故人捨我歸〔一〕黄壤，流水高山心〔二〕自知。「歸」，一作「閉」。高山流水，見次韻張德甫注。

【校記】

〔一〕「歸」，宋本、叢刊本作「閉」。

〔二〕「心」，龍舒本作「深」。

范增二首

中原秦鹿待新羈，漢蒯通傳：「秦失其鹿，天下共逐之。」力戰紛紛此一時。有道弔民天即助，不知何用牧羊兒。評曰：特見。○牧羊兒，謂義帝也。陳王死，鄛人范增年七十，素居家，好奇計，往説項梁曰：「陳勝敗，固當。夫秦滅六國，楚最無罪。自懷王入秦不反，楚人怜之至今。今君起江東，楚蠭起之將皆争附君者，以君世世楚將，爲能復立楚之後也。」於是項梁然其言，乃求楚懷王孫心，民間爲人牧羊，立以爲楚懷王。公詩意不與懷王之立也。

其二

鄭人七十謾〔一〕多奇，爲漢敺〔二〕民了不知。孟子離婁下：「爲湯武敺民者，桀與紂也。」誰合軍中稱亞父，直須推讓外黃兒。項羽傳：「羽擊陳留外黃，不下，數日降，欲阬之。外黃令舍人兒，年十三，往説羽，羽然其言，乃赦外黃當阬者，而更至睢陽。諸城聞之，皆争下。」臣瓚云：「稱兒者，以其幼弱，故係之父。」〇周太祖幸河北，至内黃，顧李珽曰：「何謂内黃？」珽曰：「河南有外黃、下黃，故此名内黃。」太祖曰：「外黃、下黃何在？」珽曰：「秦有外黃都尉，在今雍丘。下黃爲北齊所廢，在今陳留。」太祖平生不愛儒者，聞珽語，大喜。李琪乃其弟。

【校記】

〔一〕「謾」，宋本、叢刊本作「漫」。

〔二〕「敺」，龍舒本作「歐」。

賈生〔一〕

一時謀議略施行，誰道君王薄賈生？爵位自高言盡廢，古來何啻萬公卿！本傳贊：「誼之所陳，略施行矣。」又曰：「誼亦天年早終，雖不公卿，未爲不遇也。」自古爵位高而其言不見於用者，豈直一賈生哉？

【校記】

〔一〕此詩爲龍舒本卷七十三賈生二首之二。

兩生

兩生才器亦超羣，黑白何勞強自分。好與騎奴同一處，此時俱事衛將軍。任安免三百石長，爲衛將軍舍人，與田仁會，俱爲舍人，居門下，同心相愛。此二人貧，無錢以事將軍家監，家監使養惡齧馬。兩人同牀卧，仁竊言曰：「不知人哉，家監也。」任安曰：「將軍尚不知人，何乃家監也？」衛將軍從此兩人過平陽主，主家令兩人與騎奴同席而食。此二子拔刀裂斷席，别坐，主家皆怪而惡之，莫敢呵。其後有詔募擇將軍舍人以爲郎。會趙禹來過，悉召舍人百餘人，以次問之，得田仁、任安，曰：「獨此兩人可耳，餘無可用者。」據史記，無兩生字，特兩人耳。

謝安

謝公才業自超羣，誤長清談助世紛。秦晉區區等亡國，可能王衍勝商君？安嘗與王羲之登冶城，悠然遐想，有高世之志。羲之謂安曰：「夏禹勤王，手足胼胝；文王旰食，日不暇給。今四郊多壘，宜思自効。而虚談費務，浮文妨要，恐非當今所宜。」安曰：「秦任商鞅，二世而亡，豈清談致患耶？」

世上

范蠡五湖收遠迹，管寧滄海寄餘生。可憐世上風波惡，最有仁賢不敢行。史記貨殖傳：「范蠡既雪會稽之恥，乃乘扁舟浮於江湖，變名易姓。適齊，爲鴟夷子皮；之陶，爲朱公。」管幼安，漢末大亂，至遼東，公孫度虚館以待之。寧既見度，乃廬於山谷。時避難者多居郡南，而寧居北，示無遷志。中國少安，客人皆還，惟寧晏然若將終焉。居遼東積三十有七年。察淵將亂，乃就徵，時黄初四年也。

讀後漢書

黨錮〔一〕紛紛果是非，當時高士見精微。後漢申屠蟠傳：「先是，京師游士汝南范滂等非訐朝政，自公卿以下，皆折節下之。太學生爭慕其風，以爲文學將興，處士復用。蟠獨歎曰：『昔戰國之世，處士橫議，列國之王至爲擁篲前驅，卒有坑儒焚書之禍。今之謂矣。』乃絶迹於梁、碭之間。居二年，滂等果罹黨錮，或死或刑者數百人。蟠確然免於疑論。」可憐竇武陳蕃輩，欲與天爭漢鼎歸。評曰：傷之甚。○太史公云：「天方令秦兼天下，魏雖得阿衡之佐，曷益乎？」亦此意。○漢自桓、靈以來，閹人用事，天下嫉之。陳蕃與竇太后父竇武同心輔政。蕃自以既從人〔二〕望，而有德於太后，必謂其志可申，乃露章乞誅中官。太后不納。事泄，曹節等矯詔誅蕃、武等。范曄謂其智不足而權有餘；功雖不就，然其信義足以携持民心。漢世亂而不亡，百餘年間，數公之力也。斯言信哉。○杜牧詩：「黨錮豈能留漢鼎，清談空解識胡兒。」此詩實採此意。

【校記】

〔一〕「黨錮」，龍舒本、宋本、叢刊本作「錮黨」。

〔二〕「人」，原作「之」，據宫内廳本、臺北本改。

讀蜀志

千載紛争共一毛，亦蠻觸之義。可憐身世兩徒勞。無人語與劉玄德，問舍求田意最高。

評曰：愈讀愈恨。○魏志張邈傳：「劉備謂許汜曰：『令天下大亂，望君憂國忘家，有救世之意。而君求田問舍，言無可采。』」公此詩，於理似未安。興復之義，天意人心之所同，不可以紛争言也。

讀唐書

志士無時亦少成，中才隨世就功名。晁錯傳：「故各當其世而立功德焉。」○司馬遷序傳：「扶義俶儻，不令己失時，立功名於天下，作七十列傳。」并汾諸子何爲者？坐與文皇立太平。諸子，謂房、魏輩，皆王通門人。通講道於河汾之上，房、魏嘗北面，後佐太宗定天下。

讀開成事

姦罔紛紛不爲明，有心天下共無成。空令執筆螭頭者，日記君臣口舌争。評曰：後來類此，可歎。○言文宗優柔不斷，知姦而不能去，知善而不能任。雖有求治之意，均於無成而已。「日記君臣口舌争」者，與鄭覃、陳夷行輩論説皆是。○杜詩：「金爐香動螭頭暗。」○唐百官志：「門下省起居郎二人，從六品上，掌録天子起居法度。天子御正殿，則郎居左，舍人居右。有命，俯陛以聽，退而書之。季終，以授史官。貞觀初，以給諫兼知起居注，或知起居事。每仗下議事，郎一人，執筆記録於前，史官隨之。其後復置舍人，分侍左右，秉筆隨宰相入殿。若仗在紫宸内閤，則夾香案分立殿下，直第二螭首，和墨濡筆，皆即坳處，時號『螭頭』。及許敬宗、李義府爲相，奏請多畏人知，命郎、舍人對仗承旨，仗下，與百官偕出。開元初，復詔修史官非供奉者，皆隨仗入，位於郎、舍人之次。李林甫專權，又廢。太和九年，詔入閤日，郎、舍人具紙筆立螭頭下，復貞觀故事。」太和，文宗初元之號。次年，即改爲開成云。

寄和甫〔一〕

和甫調池掾，未赴。唐公介爲并州，辟爲緫管司管勾機宜文字。此言「并州九月寒」，當是在幕府時。

水村悲喜坼〔二〕書看，聞道并州九月寒。杜牧詩：「此信的應中路見，亂山何處坼書看。」韓偓詩：「戍旗青草接榆關，雨裏并州四月寒。」憶得此時花更好，舉家怜汝不同盤。王摩詰九日憶山東兄弟詩：「遥知兄弟登高處，遍插茱萸少一人。」公詩即此意也。

【校記】

〔一〕宋本、叢刊本無此首。

〔二〕「坼」，龍舒本作「拆」。

别和父〔一〕赴南徐

都城落日馬蕭蕭，雨壓春風暗柳條。盧綸詩：「垂楊不動雨紛紛，錦帳胡缾争送軍。」垂楊不動，即雨壓春風之意。天際歸艎那可望，只將心寄海門潮。謝朓牋：「雅待清江，可望候歸艎於春渚。」

【校記】

〔一〕龍舒本卷五十八題作「别和甫」。

寄茶與和甫

和甫紹聖二年以資殿自雍移并，介父亡久矣。此詩所寄，亦其在幕府時。

綵絳縫囊海上舟，貢茶自閩來京師，故云「海上舟」。○歐公云：「景祐以後，雙井漸盛，囊以紅紗，然不過一二兩，以常茶十數斤養之，用辟暑濕之氣。遠出日注上。」此言草茶，非今賜茶也。月團蒼潤紫煙浮。盧仝謝孟諫議寄新茶詩：「手閲月團三百片。」○東坡詩：「獨携天上小團月。」集英殿裏春風晚，分到并門想麥秋。月令：「孟夏麥秋至。」

寄茶與平父

碧月團團墮九天，碧，或作「璧」，義尤長。封題寄與洛中仙。石城〔一〕試水宜頻啜，金谷看花莫漫煎。楊嗣復謝人寄新茶詩：「石上生芽二月中，蒙山顧渚莫争雄。封題寄與楊司馬，應爲前銜是相公。」石城，言石頭城下水，在建康。事見上注。○李義山雜纂：「對花啜茶，爲『殺風景』。」

【校記】

〔一〕「石城」，宋本、叢刊本作「石樓」。

戲長安嶺石

附巘憑崖豈易躋，無心應合與雲齊。横身勢欲填滄海，隋人虞茂石詩：「徒然抱貞介，填海意誰知？」○精衛以石填海，言精誠之至。肯爲行人惜馬蹄？張謂詩：「共許尋雞足，誰能惜馬蹄？」○杜詩：「平生爲幽興，未惜馬蹄遥。」

代答

破車傷馬亦天成，小說：「矮人饒舌，破車饒軏。」○李白詩：「馬足蹶側石，車輪摧高岡。」○公詩旨，亦如張忠定自贊「乖則違衆，崖不利物」云。所託雖高豈自營。四海不無容足地，行人何事此中行。此詩殆亦自況，可見公之自與素高，不卹浮言之意。

促織

金屏翠幔與秋宜，韓詩：「雲窗霧閣事恍惚，重重翠幔深金屏。」李白詩：「新糊坐落日，悵望金屏空。」○宋之問明河篇：「複道連甍共蔽虧，畫堂瓊户特相宜。」得此年年醉不知。古詩：「長安醉眠客，豈知秋鴈來。」即此意。秪向貧家促機杼，幾家能有一絇絲？唐張喬詩：「念尔無機自有情，迎寒辛苦弄梭聲。椒房金屋何曾識？偏向貧家壁下鳴。」○王建詩：「草蟲促促機下啼，兩日催成一匹半。」

臘享

明星慘澹月參差，萬竅含風各自悲。李義山詩：「芭蕉不展丁香結，同向春風各自愁。」人散廟門燈火盡，却尋殘夢獨多時。曹松詩：「望山吟過日，伴鶴立多時。」○崔櫓梅詩：「向人如訴雨多時。」

補注

雜詠六首其二〔一〕　大寧宮　程氏云：「成都稱近時鎮蜀之善者，莫如田元鈞、文潞公，語不善者，必曰蔣堂、陳戩。問其所以不善者，衆口所同，三事而已：減損遨樂、毁后土〔二〕廟及諸淫祠、伐江瀆廟木修府舍也。」又云：「所謂善者，得民心之悦，固有可善者焉。所謂最不善者，乃可謂最善者也。」觀此，則大寧宮之建，程氏不以爲然矣〔三〕。程正叔又有上人三〔四〕書云：「王者，父天母地，昭事之道，當極嚴恭。漢武遠祀〔五〕地祇於汾睢，既爲非禮，後世復建祠宇，其失已甚。只因唐妖人作韋安道傳，遂爲塑像以配食，誣〔六〕瀆天地。天下之妄，天下之惡，有大於此者乎！」

題正覺院籜龍軒二首〔七〕　籜龍軒　余嘗聞洛中二僧寺竹極佳，從潞公求軒名。潞公思索旬日，不得。僧復請，乃以「竹軒」二字畀之。觀此，則前之「明〔八〕碧」，今之「籜龍」，特爲竹體字耳，不若單用一「竹」字。雖〔九〕若質，而無以易也。前輩題扁，大抵多如此。

【校記】

〔一〕題原缺，據注文補。

〔二〕「土」，原作「七」，據臺北本改。

〔三〕「矣」，原作「失」，據臺北本改。
〔四〕「三」，臺北本作「一」。
〔五〕「祀」，原作「祁」，據臺北本改。
〔六〕「誣」，原作「誣」，據臺北本改。
〔七〕題原缺，據注文補。
〔八〕「明」，原作「胡」，據臺北本改。
〔九〕「雖」，原作「擇」，據臺北本改。

庚寅增注第四十六卷

愍儒坑　欲將何物助強秦　此言似斥李斯，言斯徒恃區區之智力，自不能保其身，如何能助秦也？蓋斯實首請諸有文學詩書百家語者盡除去之，此愍坑儒之所由始也。陳後山理究云：「李斯焚書殺士，非爲秦計，自爲計爾。其意自智而愚人，使無范雎之間穰侯，蔡澤之困應侯者。不知趙高代之，不必學也。故其計非特亡身，而亡秦也。」　更足詩書發冢人　班固稱：「秦燔詩書，以立私議。莽誦六藝，以文奸言。」曹操諷復九州，合禹貢矣。其志乃欲廣冀州而益其地。如莽如操，皆「詩書發冢」之類也。

懷舊　吹破春冰水放光　水放光，初疑不類公作，蓋公本樂天詩也。樂天詩：「山吐晴嵐水放光，辛夷花白柳花黃。」又：「雲破山呈色，冰融水放光。」　何事低回兩鬢霜　此必居官時作，故云「低回」。

雜詠　黃塵入眼見山愁　劉禹錫詩：「門外黃塵人自去，甕頭清酒我初開。」山谷云：「門外黃塵不見山。」

其三　朝陽映屋擁書眠　公最嗜書，殆廢寢食。豈有朝日初昇而遽擁書以眠乎？殆似寓言耳。

其五　花風颭颭破浮萍　李光弼傳：「吾急颭旗三至地，萬衆齊入。」　風竹聲中作醉醒　柳詩：「高樹臨春池，風驚夜來雨。余心適無事，偶此成賓主。」

破冢　猶是當時乞祭人　言小人惟利之徇，前後所爲皆仝。

獨臥誰有耡耰不自操人有耡耰者，必自操之。言己不能也。無蹊徑言爲蓬蒿所蔽也。

蘇秦

已分將身死勢權蔡澤傳：「蘇秦、張儀之智，非不足以避辱遠死也，而所以死者，惑於貪利不止也。」惡名磨滅幾何年說苑尊賢篇：「紂用惡來，齊用蘇秦，而天下知其將亡也。至以秦對惡來而言，則名之惡可知已。」

范雎

雎從須賈使齊，王聞雎辯口，使人賜雎金及牛酒。雎辭謝不敢受。賈心怒雎，歸以告魏相。魏相齊大怒，使舍人笞擊雎，折脅摺齒。雎佯死，即卷以簀，置廁中。賓客飲者醉，更溺雎，故僇辱以懲後，令無妄言者。雎從簀中謂守者曰：「公能出我，我必厚謝公。」守者乃請出棄簀中死人。魏齊醉，曰：「可矣。」范雎得出。後魏齊悔，復召求之，雎已亡矣。雎既相秦，秦昭王聞魏齊在平原君所，欲爲范雎必報其仇，迺佯爲好書遺平原君，願與君爲十日之飲。平原君入秦，昭王謂曰：「昔周文王得吕尚，以爲太公；齊桓公得管夷吾，以爲仲父。今范君亦寡人之叔父也。范君之仇在君之家，願使人歸取其頭來。不然，吾不出君於關。」平原君曰：「貴而爲友者，爲賤也；富而爲交者，爲貧也。夫魏齊者，勝之友也，在，固不出也，今又不在臣所。」昭王迺遺趙王書曰：「魏齊在平原君之家，王使人疾持其頭來。不然，吾舉兵而伐趙，又不出王之弟於關。」趙孝成王迺發卒圍平原君家，急，魏齊夜亡出，見趙相虞卿。虞卿度趙王終不可説，迺解相印，與魏齊亡，間行走大梁，欲因信陵君以走楚。信陵君聞之，畏秦，猶豫未肯見，曰：「虞卿何如人也？」時侯嬴在傍，曰：「人固未易知，知人亦未易也。夫虞卿躡屩擔簦，一見趙王，賜白璧一雙、黄金百鎰；再見，拜爲上卿；三見，卒受相印，封萬户侯。當此之時，天下爭知之。夫魏齊窮困過虞卿，虞卿不敢重爵禄之尊，解相印，捐萬户侯而間行，急士之窮而歸公子，公子曰『何如人』。人固不易知，知人亦未易也。」信陵君大慙，駕如野，迎之。魏齊聞信陵君之初難見之，怒而自剄。趙王聞之，卒取其頭予秦。秦昭王迺出平原君歸趙。

張良

余嘗謂留侯勸封雍齒，甚類晉鳧須事，抑暗合耶？意留侯所讀，不過圯上編也。晉故守藏里鳧須謂文公曰：「君反國，國之人半不自安也。君寧棄國之半乎？其寧有全晉乎？」文公曰：「何謂也？」鳧須曰：「得罪於君者，莫大於鳧須矣。君赦鳧須，顯出以爲右。如鳧須之罪，重也，君猶赦之，況有輕於鳧須者乎？」文公曰：「聞命矣。」明日，出行國，使爲右，晉國翕然皆安。胡公寅嘗論留侯曰：「善乎子房之能納説也。不先事而強聒，不後事而失幾，不問則不言，有言則必當其可，故聽之易而用之不難也。評者曰：『漢業存亡在俯仰間，而留侯於此每從容焉。』諸侯失固陵之期，始分信、越之地，復道見沙中之聚，始言雍齒之侯。善言子房矣。」史謂良與上言前後甚多，非天下所以治亂安危者，故不載。嗚乎，豈有費言哉？故所稱評者，即公詩也。

曹參

據班固贊稱，申屠嘉可謂剛毅守節，然無學術，殆與蕭、曹、陳平異矣。然則參在漢，史臣固以學術許之，豈可專謂之武人及束髮百戰而已哉？

伯牙

說苑尊賢篇：「伯牙鼓琴，鍾子期聽之。方鼓而志在太山，鍾子期曰：『善哉乎鼓琴，巍巍乎若太山云。』鍾子期死，伯牙破琴絶絃，終身不復鼓琴，以爲世無足爲鼓琴者。」非獨鼓琴若此也。

范增其二

據胡公寅嘗論增云：「史稱增素好奇計，以事攷之，增計不能奇也。凡羽之恃強大道，如漢王臨廣武而數之者，未聞增有所諫止。而兩雄角逐義理之端，事幾之會，楚每失之。顧欲使壯士舞快劍，殺沛公於歡笑之間，是一愚老人而已。以已見天子氣、龍虎五采之文，又可殺乎？獨其所謂『吾屬今爲沛公虜』者，此一言不謬耳。後之論者曰：『有道弔民，天且助之。』安用立懷王孫心爲？且羽所過殘滅，爲漢敺民，而亞父不知也。其智尚不及內黄舍人十三歲兒，敢與良、平敵乎？高帝曰：『羽不能用增，所以成禽。』非也，正使羽能用之，禽終不免耳。」胡所稱後之論者，即指公詩耳。

兩生

據漢史載任安、田仁事甚略，獨褚先生頗著其事。仁爲丞相長史，言：「天下郡太守多爲奸利，三河尤甚。臣請先刺舉三河。太守皆內倚中貴人，與三公有親屬，無所畏憚。先正三河，以警天下奸吏。」是時，三河守皆御史大夫杜周、石丞相子弟，下吏誅死，仁威振天下。任安亦歷益州長史、北軍護軍。觀此，可見人主惟才是求，不拘微賤。漢之得人，獨武帝惟盛，然班史言霍去病既貴，衛青故人門下多去事之，唯任安不肯去。又言衛將軍進言仁爲郎中，與褚生所書爲不同，當考。

戲長安嶺石

長安嶺，舒州懷寧縣，去縣八十里。嶺下有木瘤寺，上有大石。

促織　幾家能有一絇絲

張昌儀恃易之兄弟，所居奢溢，有題其門云：「一絇絲能得幾時絡？」昌儀書其下云：「一日也足。」未幾，敗。

王荆文公詩卷第四十七

律詩

杏花

垂楊一徑紫苔封，唐任珪戲郡守詩：「入門堪笑復堪怜，三徑苔封一釣船。」○包佶〔一〕詩：「積雪封苔徑，多年亞石松。」人語蕭蕭院落中。獨有杏花如喚客，倚墻斜日數枝紅。歐公詞：「鶯啼宴席似留人，花出墻頭如有意。」

【校記】

〔一〕「佶」，原本、臺北本作「結」，據全唐詩改。引詩爲包佶雙山過信公所居，「積雪」，一作「積雨」。

城東寺菊

黃花漠漠弄秋暉，無數蜜蜂花上飛。不忍獨醒辜〔一〕爾去，慇懃爲折一枝歸。鄭谷菊詩：「節去風〔二〕愁蝶不知，晚庭還繞折殘枝。」○唐人玉蘂花詩：「應共羣仙鬭百草，獨來偷折一枝歸。」○薛能柳詩：「立馬煩君折一枝。」

【校記】

〔一〕「辜」，宋本、叢刊本作「孤」。

〔二〕宮內廳本「風」作「蜂」，下「晚」作「曉」。

拒霜花 今號芙蓉爲拒霜花。

落盡羣花獨自芳，紅英渾欲拒嚴霜。宋景文詩：「繁霜不可拒，謹勿愛虛名。」宋自注云：「俗雖名拒霜，其實逢霜即悴矣。」○東坡詩：「喚作拒霜渾未稱，細思却是最宜霜。」

開元天子千秋節，戚里人家承〔一〕露囊。唐以前，帝王生日不置節名。隋文六月十三日生，詔天下爲武文皇帝斷屠宰。至明皇，始以八月五日誕辰爲千秋節，開燕上壽，王家戚里貢獻金鏡，士庶結承露絲囊等物相遺。○小杜過勤政樓詩：「千秋佳節空名在，承露絲囊世已無。」

【校記】

〔一〕「承」，宮内廳本作「綴」。

燕

處處定知秋後別，年年常〔一〕一作「長」。向社前逢。章孝標詩：「舊壘危巢泥已落，今年故向社前歸。」○歐陽澥詩：「長向春秋社前後，爲誰歸去爲誰來？」○皇甫冉詩：「鷰知社日辭巢去，菊爲重陽冒雨開。」行藏似〔二〕一作「自」。欲追時節，豈是人間不見容？少皞時，玄鳥氏，司分者也。○傅咸燕賦曰：「秋背陰以龍潛，春晞陽而鳳舉。隨時宜以行藏，似君子之出處。惡焚巢之凶醜，患林野之多阻。諒鳥獸之難羣，非斯人而誰與？」韓詩：「雙雙歸蟄燕。」則鷰之歸，特蟄於土中耳。沈存中論此甚詳。

【校記】

〔一〕「常」，龍舒本、宋本、叢刊本作「長」。

〔二〕「似」，宋本、叢刊本作「自」。

吐綬雞

樊籠寄食老低摧，韓信寄食漂母。○歐公鶴詩：「樊籠毛羽日低摧。」組麗深藏肯自媒。天日清明聊一吐，兒童初見互驚猜。劉禹錫有吐綬鳥詩：「湖煙始開山日高，迎風吐綬盤花絛〔一〕。」○柳子厚答韋中立書：「僕往聞庸蜀之南恒雨少日，日出則犬吠。」此詩意亦類柳，疑公自況，終以議變法者爲非。○崔豹古今注云：「吐綬鳥，一名功曹。」○酉陽雜俎：「魚復縣南山有鳥，大如鴝鵒，羽色多黑，雜以黄白，頭頰似雉。有時吐物長數寸，丹采彪炳，形色類綬，因名爲吐綬鳥。又食必蓄嗉，臆前大如斗，慮觸其嗉，行每遠草木，故一名避株鳥。」○倦游雜録云：「真珠雞生夔峽山中，畜之甚馴。以其羽毛有白圓點，故號真珠雞，又名吐綬雞。生而反哺，亦名孝雉。每至春、夏之交，景氣和暖，頷下出綬帶，至尺餘，紅碧鮮然，頭有翠角雙立。良久，悉斂於嗉下，披其毛不復見。或有死者，割其頸臆間，亦無所睹。」○苕溪漁隱曰：「廣右、閩中，亦有吐綬雞。余在二處見人家多養之，不獨巴峽中有之。」

【校記】

〔一〕「絛」，原作「條」，據宫内廳本、臺北本、全唐詩劉禹錫吐綬鳥詞改。

黃鸝

野花吹〔一〕盡竹娟娟，尚有黃鸝最可憐。少陵竹詩：「雨洗娟娟靜。」又：「美花常映竹，好鳥不歸山。」○説文曰：「離黃，倉庚也。鳴則蠶生。」詩義疏：「或謂之黃栗留，齊人謂之搏黍，關西謂之黃鳥。」婭姹不知緣底事，背人飛過北山前。少陵鴈詩：「一一背人飛。」○蘇子美聞鶯詩：「婭姹人家小女兒，半啼半語隔花枝。」○項斯詩：「動水花連影，逢人鳥背飛。」

【校記】

〔一〕「吹」，宮内廳本作「吐」。

蝶

翅輕於粉薄於繒，長被花牽不自勝。張子野詩：「懶同胡蝶爲春忙。」若信莊周尚非我〔一〕，事已見古詩。豈能投死爲韓憑？嶺表録異云：「韓朋鳥者，乃鳧鷖之類。雌雄爲雙，飛泛溪浦，水禽中鸂鶒、鴛鴦、鵁鶄，嶺北皆有之，唯韓朋鳥未之見也。」按干寶搜神記云：「大夫韓朋，一云憑。其妻美好，康王奪之。朋怨，王囚之，朋遂自殺。妻乃陰腐其衣。王與之登臺，自投臺下。左右捉衣，衣不勝。手遺書於帶曰：『願以屍還韓氏而合葬。』王怒，令埋之，兩冢相望。經宿，忽見有梓木生二塚之上，根交於下，枝連其上。又有鳥如鴛鴦，常栖其樹，朝暮悲鳴。南人謂此禽即韓朋夫婦之精魄，故以韓氏名之。」○李義山絶句：「青陵臺畔日光斜，萬古貞魂倚暮霞。莫許韓憑爲蛺蝶，等閑飛上别枝花。」

【校記】

〔一〕「我」，龍舒本作「夢」。

暮　春〔一〕

無限殘紅著地飛，谿頭煙樹翠相圍。楊花獨得東〔二〕風意，相逐晴空去不歸。退之落花詩：「已分將身著地飛。」又楊柳詩：「擺撼春風秖欲飛。」温庭筠詩：「芍藥薔薇語早梅，不知誰是艷陽才。今朝領得東風意，不復饒君雪裏開。」隋煬帝侯夫人詩：「粧成多自恨，夢好却成悲。不及楊花意，春來到處飛。」

【校記】

〔一〕此詩爲龍舒本卷七十二暮春三首之第二首。

〔二〕「東」，龍舒本作「春」。

真州東園作

歐陽公嘗爲許元作記，即此處。

十年歷遍〔一〕人間事，却遶新花認故叢。杜詩：「藥殘他日裹，花發去年叢。」○園記云：「芙蕖芰荷之的歷，幽蘭白芷之芬芳，與夫佳花美木，列植而交陰，此前日之蒼煙白露也。」○張良傳：「願棄人間事。」南北此身知幾日，山川長在淚痕中。

【校記】

〔一〕「歷遍」，龍舒本作「遍歷」。

過皖口

皖口，在舒州。

皖城西去百重山，陳迹今埋杳靄間。白髮行藏空自感，春風江水照衰顏。

補注 公嘗倅舒州，故言「陳迹」。〔一〕

【校記】

〔一〕本注原闌入題注下，無「補注」二字。

發粟至石陂寺

驀水穿山近更賒，三更燃火飯僧家。唐李陟詩：「望水尋山二里餘，竹林斜到地仙居。」乘田有秩難逃責，從事雖勤敢嘆嗟。孟子：「孔子嘗爲乘田矣，曰：『牛羊茁壯，長而已矣。』」又：「今有受人之牛羊而爲之牧之者，則必爲之求牧與芻矣。」○介甫時爲鄞縣，發粟救民，故借用乘田事。

別皖口

浮煙漠漠細沙平，飛雨濺濺嫩水生。嫩水，見至開元僧舍注。異日不知來照影，白詩：「重重照影看容髮，不見朱顔見白絲。失却少年無覓處，泥他湖水欲何爲？」更添華髮幾千莖。牧之詩：「弄溪終日到黄昏，照數秋來白髮根。」

別灊皖二山

在舒州。灊山即天柱山，皖山即皖公山。

鄉壘新恩借舊朱，杜牧之赴吳興詩：「喜拋〔一〕新錦帳，榮借舊朱衣。」○按：公舒倅滿即入館，後四年，方爲常州。此云「別灊皖」，當考。欲辭灊皖更躊躇。攢峯列岫應〔二〕譏我，北山移文：「列壑爭譏，攢峯竦誚。」飽食頻〔三〕一作「窮」。年報禮虛。「報禮」字，見別注。

【校記】

〔一〕「拋」，原作「拖」，據宮内廳本、臺北本、全唐詩杜牧新轉南曹未叙朝散初秋暑退出守吳興書此篇以自見志改。

〔二〕「岫」，龍舒本作「秀」。「應」，宮内廳本作「爭」。

〔三〕「頻」，龍舒本作「虛」，宋本、叢刊本作「窮」。下「報」，龍舒本作「執」。

舒州被召試不赴偶書

戴盆難與望天兼，自笑〔一〕虛名亦自嫌。司馬遷書：「戴盆何以望天？」○第五倫傳：「明帝戒外戚：『苦身待士，不如爲國。戴盆望天，事不兩施。』」○小杜詩：「如今歸不得，自戴望天盆。」槁壤太牢俱有味，可能蚯蚓獨清廉。孟子：「蚓而後充其操，夫蚓上食槁壤，下飲黄泉。」

補注 曹子建七啓：「名穢我身，位累我躬。」〔二〕

【校記】

〔一〕「笑」，宋本、叢刊本作「怪」。

〔二〕本注原闌入詩注末，無「補注」二字。

舟過長蘆 長蘆，屬儀真。

木落草摇洲渚昏，泊船深閉雨中門。韋莊詩：「雨打梨花深閉門。」此謂船門也。回燈秖欲尋歸夢，兒女紛紛强笑言。岑參詩：「孤燈然客夢，寒杵擣鄉愁。」

金山寺三首〔一〕

北檝南檣泊四〔二〕垂，共憐金碧爛参差。孤根萬丈滄波底，除却蛟龍世不知。東坡松詩：「根到九泉無曲處，世間惟有蟄龍知。」余少年過山間，一老僧爲余言：韓蘄王嘗選軍中善没者，於三門下淵潭最深處遣入水，視有何物。没者駭叫騰出，云有一大龍，抱山足而戲。

【校記】

〔一〕「三首」，原缺，據目録補。宋本、叢刊本題作「金山三首」。龍舒本卷六十四金山寺五首之二、四、五同此三首。

〔二〕「四」，原作「叩」，據諸本改。

其二

波瀾蕩沃乾坤大，少陵洞庭湖詩：「納納乾坤大。」氣象包藏水石閑〔一〕。秖有此中宜曠望，誰令天作海門山。詩周頌：「天作高山，太王荒之。」注：「作，生也。」○樂天詩：「況有虚白亭，坐見海門山。」○李白詩：「剗却君山好，平鋪湘水流。」亦此意。

【校記】

〔一〕「閑」，叢刊本作「間」。

其　三

天日蒼茫海氣深，每來高處一登臨〔一〕。丹樓碧閣皆時事，只有江山古到今。言樓閣興壞，繫於一時，不同江山久存也。

【校記】

〔一〕「每來」句，宋本、叢刊本作「一船西去此登臨」。「每」，龍舒本作「空」。

泊姚江〔一〕寰宇志：「餘姚江在縣五十步，闊四十丈，入明州。」

山如碧浪翻江去，太白詩：「下視千萬峯，峯頭如浪起。」水似青天照眼明。柳詩：「洞庭春去水如天。」杜詩〔二〕：「春水船如天上坐。」喚取仙人來住此，莫教辛苦上層城。評曰：好。○淮南子：「崐崙山上有層城，高萬一千里。」

【校記】

〔一〕龍舒本卷七十泊姚江二首，其一同此，其二即本書卷四十泊姚江。

〔二〕「杜詩」，原本、臺北本作「柳詩」，據宮内廳本改。下「春水」句，出杜甫小寒食舟中作。

游鍾山〔一〕

兩山松櫟暗朱藤，雲南記曰：「雲南山出藤，其色如朱，小者以爲馬策，大者以爲柱杖。」恐所在山谷皆有，不必出雲南。○白樂天有朱藤杖詩。一水中間勝武陵。言景過於武陵之桃源。午梵隔雲知有寺，夕陽歸去不逢僧。古詩：「但聞煙外鍾，不見煙中寺。」○參寥子詩：「隔林彷彿聞機杼，知有人家在翠微。」○崔峒詩：「客尋朝磬食，僧背夕陽歸。」○杜牧老僧詩：「日暮千峯裏，不知何處歸。」

【校記】

〔一〕此詩爲龍舒本卷六十四遊鍾山四首之第二首。

龍泉寺石井二首

在餘姚縣。○建康志無龍泉寺。而臨汝志：「長安鄉有龍泉院。」豈即此寺邪？或在南康也。○信州亦有龍泉院，在玉山縣。

山腰石有千年潤，海眼一作「石眼」。泉無一日乾。天下蒼生待霖雨，不知龍向此中蟠。唐劉崇遠金華子云：「北海縣因發得五銖錢，取之不盡，得一石記云：『此是海眼，以錢鎮之。』衆懼，遽掩之。」○杜詩：「古來相傳是海眼。」○李白詩：「深沉百丈通海底，那知不有蛟龍蟠。」○石林詩話云：「荆公少以意氣自許，故詩語惟其所向，不復更爲涵蓄。如『天下蒼生待霖雨，不知龍向此中蟠』，又『濃緑萬枝紅一點，動人春色不須多』，又『平治險穢非無力，潤澤焦枯是有才』之類，皆直道其胸中事。後爲羣牧判官，從宋以道盡假唐人詩集，博觀而約取。晚年始盡深婉不迫之趣。乃知文字雖工拙有定限，然必視其幼壯。雖公，方其未至，亦不能力強而遽至也。」○吳曾漫録云：「張文潛有二石龜，晁无咎名其大者爲『九江』，小者爲『千歲』。文潛因作九江千歲龜歌贈无咎，云：『老龍洞庭怒，蕩覆堯九州。』謂半山老人也。又云：『禹咄嗟，水平流。』謂司馬君實也。」不知曾何所據而云。若果爾，是公本以龍自命，後人又以龍目之。然則公之所以爲龍者亦異矣。

其二

人傳此井〔一〕未嘗枯，宣公十二年：「目於眢井而極之。」眢，枯也。滿底蒼苔亂髮麤。杜牧之詩：「水流苔髮直。」四海旱多霖雨少，此中端有臥龍無？退之詩：「居然鱗介不能容，石眼環環水一鍾。聞說旱時求雨澤，只疑科斗是蛟龍。」

【校記】

〔一〕「此井」，宋本、叢刊本作「湫水」。

興國〔一〕樓上作

松篁不動翠相重，杜荀鶴詩：「日高花影重。」日射流塵四散紅。公有句云：「日射地穿千里赤。」亦類此也。地上行人愁暍死，說文：「暍，乙曷反。著暑熱死也。」淮南子曰：「武王蔭暍人於柳下，而天下懷。」抱朴子曰：「指冰室不能起暍子之熱。」○漢武帝紀：「元封四年夏，大旱，民多暍死。」如淳曰：「暍，音謁。」○韓詩：「寒泉百尺空看影，正是行人暍死時。」那知高處有清風。

【校記】

〔一〕龍舒本卷六十六目録「國」下有「寺」字。

别灊閣

一溪清瀉百山重，風物能留邴曼容。邴曼容，見江東召歸注。後夜肯思幽興極，月明孤影伴寒松。

杭州望湖樓回馬上作呈玉汝樂道〔一〕

水光山氣碧浮浮，落日將歸又少留。從此秖應長入夢，夢中還與故人游。孟郊詩：「月迥無隱物，況復大江秋。峴亭當此時，故人不同游。故人在長安，亦可從夢求。」○魯直詩：「松風夢與故人遇，同駕飛鴻跨九州。」

【校記】

〔一〕龍舒本卷六十六題首無「杭州」二字。

和〔一〕景純十四丈三絶　景純本末，詳見藏春塢〔二〕注。

身先諸老斡樞機，再見王門闔左扉。禮記玉藻：「閏月，則闔門左扉，立于其中。」謂再逢閏也。但恨東歸相值晚，豈知臨別更心違。

【校記】

〔一〕「和」，宋本、叢刊本作「奉和」。

〔二〕「藏春塢」，即本書卷三十八藏春塢詩獻刁十四丈學士。

其二

幾年相約在林丘，眼見京江更阻游。遺我珠璣何以報，恨無瑶玉與公舟。詩：「篤公劉，何以舟之，惟玉及瑶。」注：「舟，帶也。瑶，言有美德也。」公酬龔深甫詩用瑶玉事，却通前後文使。此言舟，豈謂酒邪？唐人有觥船，疑此借用。或「舟」字止是「報之以瓊瑶」之意。

其　三　景純之孫庠嘗云：祖居藏春塢南崗，陳秀公昇之所居即北崗也。

藏春花木望中迷，水複山長道阻躋。惆悵老年塵世累，無因重到武陵溪。蒹葭詩：「遡迴從之，道阻且躋。」注：「躋，升也。」○東坡亦有藏春詩云：「年抛造化甄陶外，春在先生杖屨中。」

臨　津〔一〕

臨津艷艷花千樹，夾徑斜斜柳數行。却憶金明池上路，紅裙爭看緑衣郎。此平父詩，誤刊於公集。

【校記】

〔一〕此詩爲龍舒本卷六十六次韻和甫春日金陵登臺二首之第二首。

汀　沙〔一〕

汀沙雪漫水溶溶，睡鴨殘蘆晻靄中。歸去北人多憶此，家家〔二〕圖畫有屏風。漢許后傳：『設妾欲作某屏風，張於某所。』曰：『故事無有。』○李白詩：「湖南七〔三〕郡凡幾家，家家屏障書題徧。」○王逢原山茶花詩：「江南池館厭深紅，零落山煙山雨中。却是北人偏愛惜，數枝和雪上屏風。」

【校記】

〔一〕此詩爲龍舒本卷五十二和張仲通憶鍾陵絶句四首之第三首。

〔二〕「家家」，宋本、叢刊本作「每家」。

〔三〕「七」，原作「大」，據宫内廳本、臺北本、宋蜀刻本李太白文集草書歌行改。

西　山〔一〕

西山映水碧潭潭，楚老長謡淚滿衫。謝靈運廬陵王墓下詩：「延州協心許，楚老惜蘭芳。」李善注云：「徐州先賢傳曰：『楚老者，彭城之隱人。』」但道使君留不得，那知肯更憶江南。庾信既留長安，雖位望通顯，嘗有鄉關之思，乃作哀江南賦，以致其意。

【校記】

〔一〕此詩爲龍舒本卷五十二和張仲通憶鍾陵絶句四首之第四首。

和文淑 張氏女弟。

天梯雲棧蜀山岑，下視嘉陵水萬尋。我得一舟江上去，恐君東望亦傷心。田叔傳：「蜀口棧道近山。」

○少陵遇棧閣詩：「目眩隕雜花，頭風吹過雨。百年不可料，一墜那得取。」

春入〔一〕

春入園林百草香，池塘冰散水生光。身閑是處堪携手，何事低回兩鬢霜？衛詩：「迨冰未泮。」注：「冰未散，正月中以前也。」此詩與懷舊後一聯全同，而上二句比前作尤勝，疑此是後來改本。

【校記】

〔一〕此詩爲龍舒本卷七十四有感五首之第四首。

暮　春〔一〕

芙蕖的歷抽新葉，苜蓿闌干放晚花。的歷，謂荷葉相抽時。見薛令之詩：「苜蓿長闌干。」白下門東春已老，莫嗔楊柳可藏鵶。古樂府：「楊柳可藏烏。」

補注　于闐地温和，有苜蓿。〔二〕

【校記】

〔一〕此詩爲龍舒本卷七十二暮春三首之第三首。

〔二〕本注原闌入詩注末，無「補注」二字。

烏江亭 在和州。

百戰疲勞壯士哀，中原一敗勢難迴。江東子弟今雖在，肯爲〔一〕君王卷土來？項籍傳：「羽遂引而東，欲渡烏江。烏江亭長謂羽曰：『江東雖小，地方千里，衆數十萬，亦足王也。願大王急渡。』羽笑曰：『乃天亡我，何渡爲？且籍與江東子弟八千人渡而西，今亡一人還，縱江東父兄憐而王我，我何面目見之哉？』」公詩蓋取籍意。然杜牧之詩乃謂：「勝敗兵家事不期，包羞忍恥是男兒。江東子弟多才俊，卷土重來未可知。」

【校記】

〔一〕「爲」，龍舒本、宋本、叢刊本作「與」。

漢　武

壯士悲歌出塞頻，中原蕭瑟半無人。君王不負長陵約，直欲功成賞漢臣。評曰：形容武帝不須多。○長陵，高帝陵名。漢誓曰：「非劉氏不王，若有亡功非上所置而侯者，天下共誅之。」武帝欲侯貳師，以其亡功，非高帝之約，乃令伐大宛，斬其王，封海西侯。故班固云：「武興胡越之伐，將帥受爵，應本約矣。」

諸葛武侯

慟哭楊顒爲一言，餘風今日更誰傳？區區庸蜀支吳〔一〕魏，不是虚心豈得賢？

蜀楊顒字子昭，襄陽人，爲丞相亮主簿。亮自校簿書，顒直入諫曰：「爲治有區分，則上下不可相侵。請爲明公以家主喻之：於此使奴執耕種，婢主炊爨，雞主司晨，犬主吠盜，牛負重載，馬涉遠路。私業無曠，所求皆足，雍容高拱，飲食而已。忽一旦盡欲身親其役，不更付任，勞其體力，爲此碎務，形疲神困，終無一成。豈其智不如奴婢雞犬哉？失爲家主之法也。故古人稱坐而論道謂之王公，作而行之謂之士大夫。邴吉不問横屍而憂〔二〕牛喘，陳平不肯知錢穀，云：自有主者。彼誠達於位分之體也。今明公爲理，親自校簿書，流汗竟日，不亦勞乎？」亮謝之。後嘗爲東曹屬，典選舉。及顒死，亮泣三日。

【校記】

〔一〕「吴」，龍舒本作「全」。

〔二〕「憂」，原作「愛」，據宫内廳本、臺北本改。

望越亭

亂山千頃翠相圍，退之詩：「天水漭相圍。」衮衮滄江去復歸。杜詩：「不盡長江衮衮來。」水隨天而轉，往來不窮，故云「去復歸」。安得病身生羽翼，退之詩：「安得長翮大翼如雲生我身？」長隨沙鳥自由飛。

春日席上〔一〕

十年流落負歸期，臨水登山各有思。楚詞：「登山臨水送將歸。」今日樽前千萬恨，樂天詩：「從此結成千萬恨，今朝果中白家詩。」不堪頻唱鷓鴣詞〔二〕。李羣玉詩：「酒飛鸚鵡盞，歌送鷓鴣愁。」〇李白詩：「客有桂陽至，能吟山鷓鴣。」

【校記】

〔一〕龍舒本卷六十二春日席上二首，其一同此；其二即本書卷四十五即席。

〔二〕「詞」，龍舒本、宋本、叢刊本作「辭」。

句容道中 句容，江寧屬縣。

荒煙寒雨暮山重，草木冥冥但有風。杜詩：「冥冥孤高多烈風。」二十四年三往返，一身長在百憂中。

晏望驛釋舟走信州

病起行山山更險，下窮溪谷上通天。鮑昭敬亭山詩：「上干蔽白日，下屬連回谿。」〔一〕○白樂天長恨歌：「上窮碧落下黃泉。」乘高欲作東南望，青壁松杉滿眼〔二〕前。

【校記】

〔一〕此詩作者，文選卷二十七作謝朓，「連」作「帶」。

〔二〕「眼」，宋本、叢刊本作「我」。

祈澤寺見許堅題詩

寺在建康城東，去城四十五里，宋景明中建。梁朝置龍堂。有初法師結菴，日誦法華經。有一女來聽，曰：「兒，東海龍女。」師曰：「此山乏水，可爲我開一泉。」後風雷良久，有泉湧出。國朝治平中，賜名爲祈澤治平寺云。

藹藹春風入水村，陶詩：「藹藹遠人村。」森森喬木映朱門。杜詩：「朱門酒肉臭。」○世説：「君自謂游朱門，貧道如游蓬户。」高人遺蹟空佳句，誰識旌陽後世孫？旌陽，謂許遜也。廬山記載：「許堅，江南得道之士。今簡寂觀前，有堅曬衣石。堅，江左人，多居三茅，不知其年，容貌不變，多談神仙事跡。詩如題茅山觀云：『嘗恨清風千載鬱，洞天今得恣游遨。松楸古色玉壇静，鸞鶴下〔一〕來青帝高。茅氏井寒丹已化，明皇碑斷夢仍勞。分明有箇長生路，休向紅塵歎二毛。』又一絶寄徐舍人鉉云：『幾宵煙月鎖樓臺，欲寄侯門薦禰〔二〕才。滿面塵埃人不識，謾隨流水下山來。』」

【校記】

〔一〕「下」，宫内廳本、臺北本作「不」。

〔二〕「禰」，宫内廳本作「祢」。

送陳景初〔一〕

陳善豎，公嘗〔二〕有五言詩贈之。

慘淡淮山水墨秋，行人不飲柰離愁。藥囊直入長安市〔三〕，誰識柴車載伯休？後漢：「韓康賣藥長安市，售不二價，三十餘年。時有女子從康買藥，康守價不移，女子怒曰：『公是韓伯休耶？乃不二價乎？』桓帝備玄纁禮聘，康不得已，辭安車，自乘柴車，臨辰先發。亭長以韓徵君過，方發人牛修道，及見康爲田叟也，奪其牛，康即與之。有頃，使者至，奪牛翁乃徵君也。」詩云「誰識」，蓋用奪牛事也。○選詩：「韓公淪賣藥，梅生隱市門。」○曾極載其叔祖裘父所記云：「陳太初始以遠方黄冠至京師，人物秀偉，見者莫能測也。嘗跨驢貨藥於市，攜二童自隨，一〔四〕號黄精，一號枸杞，作字賦詩皆不凡。俄有中貴人持入禁中，裕陵見之，異焉，旋被收遇，補左街副道録，命主景靈宫事。」據詩所稱「藥囊」，與曾説合矣。

【校記】

〔一〕此詩爲龍舒本卷五十八送陳景初金陵持服舉族貧病煩君藥石之功小詩二首之二。

〔二〕「嘗」下原有「一」字，衍，據臺北本删。又，宋本、叢刊本題下注僅「陳善醫」三字。

〔三〕「市」，宫内廳本作「去」。

〔四〕「一」字原脱，據宫内廳本、臺北本補。

巫峽

神女音容詎可求？青山回抱楚宫樓。朝朝暮暮空雲雨，不盡襄王萬古愁。沈存中筆談云：「自古言楚襄王夢與神女遇，以楚詞考之，似未然。高唐賦序云：『昔者先王嘗游高唐，怠而晝寢，夢見一婦人曰：「妾，巫山之女也，爲高唐之客……朝爲行雲，暮爲行雨。」故爲立廟，號曰朝雲。』其曰『先王嘗游高唐』，則夢神女者，懷王也，非襄王也。又神女賦序曰：『楚襄王與宋玉游於雲夢之浦，使玉賦高唐之事。其夜王寢，夢與神女遇。王異之。明日，以白玉。玉曰：「其夢若何？」王對曰：「晡夕之後，精神恍惚，若有所喜。……見一婦人，狀甚奇異。」玉曰：「狀如何也？」王曰：「茂矣美矣，諸好備矣。盛矣麗矣，難測究〔一〕矣。……瓌姿瑋態，不可勝讚。」王曰：「若此盛矣，試爲寡人賦之。」』以文考之，所謂『茂矣美矣』至『不可勝讚』云云，皆王之言也。宋玉稱歎之可也，不當却云『王曰若此盛矣，試爲寡人賦之』，又曰：『明日以白玉。』人君與其臣語，不當稱白。又其賦曰：『他人莫睹，王覽其狀』，『望余惟而延視兮，若流波之將瀾』。若宋玉代王賦之，若王之自言者，則不當自云『他人莫睹，王覽其狀』，既稱『王覽其狀』，即是宋玉之言也，又不知稱余者誰也。以此考之，則『其夜王寢，夢與神女遇』者，『玉』字乃『王』字耳，『明日以白玉』者，以白王也，『王』與『玉』字互書之耳。前日夢神女者，懷王也；其夜夢神女者，宋玉也。襄王無預焉，從來枉受其名耳。」

【校記】

〔一〕「究」，原作「宏」，據臺北本改。

徐秀才園亭

按建康續志，徐氏即徐鉉之後。鉉宅舊在攝山棲霞寺西，今日陶莊即其地，園池甚盛。

茂松脩竹翠紛紛，正得山阿與水濆。笑傲一生雖自樂，有司還欲選方聞。方聞，見次韻酬宋玘注。蘭亭序：「此地有茂林脩竹。」

中茅峯石上徐鍇篆字題名

百年風雨草莕昏，尚有當年墨法存。江南徐鉉善小篆，映日眎之，畫之中心有一縷濃墨正當其中，至於屈折處，亦當中無有偏側處，乃筆鋒直下不倒側，故鋒常在畫中。此用筆之法。○渡江詞臣程俱言：「小篆之作自嶧山，真刻不傳。至唐，字法雖盛，而篆法蓋一時者，惟李陽冰爲首。徐鉉後出，筆力勁古，遂出陽冰上。」秖恐終隨嶧碑盡，西風吹燒滿秋原。爾雅：「魯國鄒縣有嶧山，純石相積，連屬而成山。嶧山立石，刻秦功德。」〔一〕○杜詩：「嶧山之碑野火焚。」○韓詩：「雨淋日炙野火燎。」

【校記】

〔一〕此條不見於爾雅及注文。

欲雪

天上雲驕未肯同，信南山詩：「上天同雲，雨雪雰雰。」晚來雪意已填空。欲開旨〔一〕酒邀嘉客，更待天花落坐中。天花，借以喻雪。

【校記】

〔一〕「旨」，龍舒本、宋本、叢刊本作「新」。

上元夜戲作

疑此平甫作。

馬頭乘興尚誰先？孟子告子上：「酌則誰先？」曲巷横街一一穿。盡道滿城無國艷，不知朱户鎖嬋娟。漢賦：「增嬋娟以跐豸。」注云：「姿態妖蠱也。」

石竹花〔二〕

芝蘭生於深村，不以無人而不芳。

春歸幽谷始成叢，地面芬敷淺淺紅。潘安仁西征賦：「華實紛敷，桑麻條暢。」車馬不臨誰見賞？可憐亦解度春風。韓詩：「可憐此地無車馬，顛倒青苔落絳英。」

【校記】

〔一〕此詩爲龍舒本卷七十七石竹花二首之第二首。

黄花

菊也，因見菊而思維揚芍藥。

四月揚州芍藥多，劉貢父芍藥花譜序云："天下名花，洛陽牡丹、廣陵芍藥，爲相侔埒。禹貢記揚州草夭木喬。聖人之言，然未有效其夭喬也。廣陵芍藥，有自它方移來種之者，經歲則盛，至有十倍其初，而勝廣陵所出遠甚。地氣之宜，信其惟夭乎！然則醫書、本草所載藥物，方土所出，山川原野，氣力不同，或相倍蓰十百如此花矣，不可不察也。然芍藥之盛，環廣陵四五十里之間爲然，外是則薄劣，不及洛陽牡丹由人力接種，故歲歲變更日新。而芍藥自以種傳，獨得於天然，非剪劓培壅（平）灌溉以時，亦不能全盛。又有風雨暄寒，氣節不齊，故其名花絶品，有至十四五年得一見者。其間開不能成，或變爲它品。此天地尤物，不與凡品同，待其地利、人力、天時參并具美，然後一出，意其造物者亦自珍惜之耳。芍藥始開時，可留七八日。自廣陵至姑蘇，北入射陽，東至通州海上，西止滁、和州數百里間，人人厭觀矣。廣陵到京師千五百里，駿馬疾足，可六七日至也。上不以耳目之玩勤遠人，而富商大賈逐利，纖嗇不顧，又無好事有力者招致之，故芍藥不得至京師，而洛陽牡丹獨擅其名。其移根北方者，二年以往，則不及初年，自是歲加劣矣。故北人之見芍藥者，皆其下者也。然種芍藥爲生者，猶得厚價重利云。熙寧六年，某罷海陵，至廣陵，時正四月花時，會友人傅欽之、孫莘老偕行，相與歷覽人家園圃及佛舍所種，凡三萬餘株芍藥，孅好及雖好而不至者盡是矣。扶風馬玿，府大尹給事公子也，博物好奇，爲予道芍藥本末，及取廣陵人第名品示予。予案：唐氏藩鎮之盛，揚府號爲第一，萬商千賈，珎貨之所叢集，百氏小説尚多記之，而莫有言芍藥之美者，非天地生物無祖於古而時隆於今也，殆時所好尚不齊，而古人未必能知正色耳。白樂天詩言，牡丹取叢大花朵繁者爲佳，此最今洛人所卑下者。古人之不知芍藥何疑？然當時無記録，故後世莫知其詳。今此復無傳説，使後日勝今，猶不足恨，或人情好尚更前，浸浸日遠，則名品奇花，遂將泯默無傳，來者莫知有此，不亦惜哉？故爲次序，爲譜記凡三十三種，皆使畫工圖寫之，以示未嘗見者使知之，其嘗見者固以吾言爲信矣。」○又孔常甫嘗叙維揚芍藥，其略云：「揚州芍藥名於天下，與洛陽牡丹俱貴於時。四方之人，盡皆齎携金帛，市種以歸者多矣。吾見其一歲而小變，三歲而大變，卒與常花無異。由此芍藥之美，益專於揚州焉。大抵粗者先開，佳者後發。高至尺餘，廣至盈手。其色以黄爲最貴，所謂緋紅千葉，乃其中下者。鄭詩引芍藥以明土風，説者曰：『香草也。』司馬長卿子虚賦曰：『芍藥之和，具而後御之。』説者曰：『芍藥根主和五臟，又辟毒氣也。』謝宣城直省中詩曰：『紅藥當階翻。』説者曰：『草色紅者也。』其義皆與今所謂芍藥者合，但未有專言揚州者。唐之詩人最以模寫風物自喜，如盧仝、杜牧、張祜之徒，皆居揚之久，亦未有一語及之，是花品未有若今日之盛也。余官於揚學，講習之暇，嘗裁而定之，蓋可紀者三十有三種，乃具列其名，從而釋之。」先時爲别苦風波。還家忽忽驚秋色，獨見黄花出短莎。晏元獻公有庭莎記，且云：「唐人賦詠，多有種莎之説。布武之外，悉爲莎場。」○雍陶詩：「庭風吹故葉，堦露浄寒莎。」

木芙蓉　木芙蓉，今芙蓉也。

水邊無數木芙蓉，露染臙〔一〕脂色未濃。政〔二〕似美人初醉着，强擡青鏡欲粧慵。薛能詩：「記得玉人初病起，道家粧束厭襛時。」○杜荀鶴詩：「早被嬋娟誤，欲粧臨鏡慵。承恩不在貌，教妾若爲容？風暖鳥聲碎，日高花影重。年年越溪女，相憶采芙蓉。」

【校記】

〔一〕「臙」，諸本作「燕」。

〔二〕「政」，龍舒本、宋本、叢刊本作「正」。

精衛

帝子銜冤久未平，區區微意欲何成？情知木石無云補，待見桑田幾〔一〕變更。山海經：「炎帝之少女游於東海，溺而不返，化爲精衛，常取西山之木石以填東海云。」〇又任昉述異記：「炎帝女溺死東海，化爲精衛，自呼其名。一名誓鳥，一名冤鳥〔二〕，一名志鳥，一名帝女雀。」〇退之詩：「口銜山石細，心望海波平。渺渺功難見，區區命已輕。」〇言木石之微，何能填海？會見其復爲平陸也。其怨深矣。麻姑語王方平云：「接待以來，已見東海三爲桑田。」〇李白詩：「思填東海，強銜一木。」

補注 陳了齋表云：「愚公老矣，益堅平險之心；精衛眇然，未捨填波之願。」〔三〕

【校記】

〔一〕「幾」，龍舒本作「我」。

〔二〕「鳥」，宮内廳本、臺北本作「禽」。

〔三〕本注原在臺北本題下，無「補注」之名。

戲贈育王虛白長老

白雲山頂病禪師，昔日公卿各贈詩。行盡四方年八十，却歸荒寺有誰知？遍參諸方，老而歸也。司空圖詩：「後生乞汝殘風月，自作深林不語僧。」此豈更欲世人知乎？

黃河

派出崑崙五色流，一支黃濁貫中州。山海經：「有青河、白河、赤河、黑河環其墟。其水出東北陬，屈曲東南流，爲中國河。」○博雅曰：「崑崙虛，赤水出其東南陬，河水出其東北陬，洋水出其西北陬，弱水出其西南陬。河水入東海，三水入南海。」後漢書注云：「崑崙山，今在肅州酒泉縣西南。山有崑崙之體，故名之。」二書之語，似得其實。水經又言：「崑崙去嵩高五萬里。」則恐不能若是之遠，當更考之。○羅隱詩：「崑崙水色九般流。」吹沙走浪幾千里，轉側尾〔一〕亦作「屋」。閭無處求。莊子秋水篇：「北海若曰：『天下之水，莫大於海，萬川歸之，不知何時止而不盈〔二〕；尾閭泄之，不知何時已而不虛。』」司馬彪釋云：「泄海水出外者也。」崔云：「海東川名。」

【校記】

〔一〕「尾」，龍舒本、宋本、叢刊本作「屋」。

〔二〕「盈」，原作「盛」，據莊子秋水篇及宫内廳本改。

淺矣。海道深處謂之洋。

東江

東江木落水分洪，伐盡黄蘆洲渚空。南澗夕陽煙自起，西山漠漠有無中。洪，水脉復糟也。分洪，則水

北望

欲望淮南更白頭，杖藜蕭颯倚滄洲。可憐新月爲誰好，無數晚山相對愁。杜詩：「不知明月爲誰好？早晚孤帆他夜歸。」

驪　山

元和郡國志：「驪山在昭應縣東南二里，即藍田山也。秦始皇陵在焉。」

六籍燃除士不磨，過秦論曰：「廢先王之道，焚百家之言，以愚黔首。」○「士不磨」者，言秦雖焚書，而義理出於人心者猶在，不可得而磨也。驪山如此盜兵何？劉向諫起昌陵曰：「始皇帝葬於驪山之阿，棺槨之麗，宮館之盛，不可勝原。天下苦其役而反之，驪山之作未成，而周章百萬之師至其下矣。」五陵珠玉歸人世，却爲詩書發冢多。五陵，謂漢高帝長陵、惠帝安陵、景帝陽陵、武帝茂陵、昭帝平陵。自高、惠、景、昭四陵在咸陽縣，獨茂陵在興平縣。○莊子外物篇：「儒以詩、禮發冢。大儒臚傳曰：『東方作矣，事之何若？』小儒曰：『未解裙襦，口中有珠。』詩固有之曰：『青青之麥，生於陵陂。生不布施，死何含珠爲？』接其鬢，壓其顪，儒以金椎控其頤，徐別其頰，無傷口中珠！」注：「詩、禮者，先王之陳迹也。苟非其人，乃有用之爲奸，則迹不足恃。」

縣舍西亭二首〔一〕

鄞縣時作。

山根移竹水邊栽，已覺〔二〕新篁破嫩苔。可惜主人官便滿，無因長向此徘徊。小杜詩：「竹岡蟠小逕，屈折鬭蛇來。三年得歸去，知遶幾千回？」

【校記】

〔一〕龍舒本卷六十七起縣舍西亭三首，前二首同此二首，第三首即本書卷四十八鄞縣西亭。

〔二〕「覺」，龍舒本、宋本、叢刊本作「見」。

其二

主人將去菊初栽，落盡黃花去却迴。到得明年官又滿〔一〕，不知誰見此花開？

唐劉希夷詩：「今年花落顏色改，明年花開復誰在？」張籍詩：「遠客悠悠任病身，誰〔二〕家池上又逢春？明年各自東西去，此地看花是別人。」○東坡詩：「太守問花花有語，爲君零落爲君開？」

【校記】

〔一〕「滿」，宋本作「立」。

〔二〕「誰」，全唐詩張籍感春作「謝」。

鐵幢浦

未詳何地。

憶昨初爲海上行，日斜來往看潮生。蘇子美詩：「滿川風雨看潮生。」如今舟是西歸客〔一〕，迴首山川覺有情。張籍詩：「如今身是他州客，每見青山憶舊居。」

【校記】

〔一〕「舟」，諸本作「身」。「客」，龍舒本、宋本、叢刊本作「去」。

臨吴亭〔一〕

臨，恐是「勾」字。

補穿葺漏僅區區，漢氏以來，羣儒區區修補，百孔千瘡。志義殊嗟士大夫。欲致太平非一日，謾勞使者報新書。詩意似言不能曠然丕變，但補葺支柱而已。皆不滿於時之意。

【校記】

〔一〕宋本、叢刊本「亭」下有「作」字。

蘇州道中順風

北風一夕阻東舟，清曉〔一〕飛帆落虎丘。虎丘，地名，在姑蘇。運數本來無得喪，人生萬事不須謀。南史：「宋顧凱之常説：『命有定分，非智力所移，唯應恭己守道，信天任運。而闇者不達，妄意僥倖，徒虧雅道，無關得喪。』」「不須謀」者，不容計較也。

【校記】

〔一〕「曉」，叢刊本作「早」。

庚寅增注第四十七卷

拒霜花　承露囊

前定録：「有巫者告李揆曰：『公當爲拾遺。』遺一書，緘之，云：『得此官即開。』後明皇召試紫絲承露囊賦，果得拾遺。啓緘，即此賦。」

燕

莊子：「鳥莫知於鷾鴯」云云，「其畏人也，而襲諸人間。」

暮春　獨得東風意

公毋乃有所指耶？

舒州被召試不赴偶書

公不以召試爲清選，其高懷達識如此，然亦傷太矯耳。

泊姚江

上官昭容詩：「暫游仁智所，蕭然松桂情。寄言棲遁客，勿復訪蓬瀛。」

龍泉寺石井一

蓋井在越州，見會稽掇英摠集。熙寧孔延之所編，題云「史館王相」，即此詩也。○玉堂閑話：「江陵南門之外、雍門之内東垣下，有小瓦堂室一所，高二尺許，具體而微。詢其州人，曰：『此息壤也。』詢其由，曰：『數百年前，忽此州爲洪濤所浸，未没者三二板。』州帥惶懼，不知所爲。忽有人白之曰：『州之郊墅間有一書生，傳讀甚廣，才智出人，請召詢之。』及召，問之，此是息壤之地，在於南門。僕嘗讀息壤記云：『禹湮洪水，兹有海眼，泛上無恒，禹乃鐫石，造龍之宫室寘於穴中，以塞其水脉。後聞板築此城，毁其舊制，是以有此懷襄之患，請掘求之。果於東垣之下掘數尺，得石宫室，皆已毁損。州帥於是重葺，以厚壤培之，其洪水乃絶。今於其上又起屋宇，誌其處所。』旋以息壤記驗之，不謬。」

杭州望湖樓　夢中還與故人游

韓非子：「六國時，張敏、高惠二人爲友，每相思，不能得見。敏於夢中往尋，但行至半道，即迷不知路而回。如此者三。」

漢武　蕭瑟半無人　户口減半。王昌齡詩云：「去時三十萬，獨自還長安。」不負長陵約　言孝武殺人計功，以求合先帝之誓約。雖曰不負，其事更甚於負也。

巫峽　字書上二畫相切近、下一畫稍遠，爲「王」字。「玉」字元無傍一點，止是三畫皆均耳。

中茅峯石上徐鍇篆字題名　秪恐終隨嶧碑盡　秦始皇二十八年，東行郡縣，上鄒嶧山，刻石頌秦德，其辭曰：「皇帝臨位，作制明法，臣下脩飭。二十有六年，初并天下，罔不賓服。親巡遠方黎民，登茲泰山，周覽東極。從臣思迹，本原事業，祇誦功德。治道運行，諸産得宜，皆有法式。大義休明，垂於後世，順承勿革。皇帝躬聖，既平天下，不懈於治。夙興夜寐，建設長利，專隆教誨。訓經宣達，遠近畢理，咸承聖志。貴賤分明，男女禮順，慎遵職事。昭隔内外，靡不清净，施於後嗣。化及無窮，遵奉遺詔。」

黄花　出短莎　柳詩：「徹我庭中莎。」陸龜蒙杞菊賦云：「尔杞未棘，尔菊未莎。」

黄河　無處求　杜詩：「多壘滿山谷，桃源無處求。」

縣舍西亭其二　不知誰見此花開　樂天詩亦云：「亦知官舍非吾宅，且斸山櫻滿院栽。上佐近來多五考，少曾四度見花開。」

臨吴亭　謾勞使者報新書　先儒謂革之時，必是徹底重新别立規摹做起，所謂上下與天地同流，豈曰小補之哉？公之意蓋如此。若小補云者，即詩稱「補穿葺漏」之類也。魏武帝紀：「諸將征伐，皆以新書從事。」

王荆文公詩卷第四十八

律詩

送僧惠〔一〕思歸錢塘

淥淨堂前湖水淥，歸時正復有荷花。花前亦見〔二〕餘杭姥，爲道仙人憶酒家。公有東門古詩：「翰林擿仙人，往歲酒姥家。」○方干送僧歸桐廬詩：「聞師却到鄉中去，爲我慇懃謝酒家。」○列仙傳：「王方平以千錢與餘杭姥相聞沽酒，姥送酒，答云：『恐地上酒不中尊飲耳。』」

補注　緑淨　韓詩：「緑淨不可唾。」〔三〕

【校記】

〔一〕「惠」，本書目録、臺北本目録作「慧」。

〔二〕「見」，宫内廳本作「有」。

〔三〕本注原闌入詩注末，無「補注」二字。

松　江〔一〕

即吴江也。

來時還似去時天，欲道來時已惘然。秖有松江橋下水，無情長送去時〔二〕當作「來」。舡。

唐韋冰詩：「來時歡笑去時哀，家國迢迢迥越臺。」松江橋，即長橋也。

【校記】

〔一〕此詩爲龍舒本卷七十一松江二首之第二首。

〔二〕「時」，諸本作「來」。宫内廳本校曰：「一作『時』。」

秋日

莫言秋早〔一〕一本作「草木」。未知秋，今日風雲已自愁。獨傍黄塵騎一馬，行看蕭索聽颼飀。

【校記】

〔一〕「秋早」，龍舒本作「秋草」，宋本、叢刊本作「草木」。

中秋夕寄平甫諸弟

浮雲吹盡數秋毫，梁惠王上：「明足以察秋毫之末。」○杜詩：「上方重閣晚，百里見秋毫。」爚爚金波滿滿醪。漢郊祀志：「月穆穆以金波。」師古曰：「月光穆穆，若金之波流也。」説文曰：「爚，音弋灼反，火飛也。一曰：爇聲。」○白詩：「酒醆酌來須滿滿，花枝看即落紛紛。」○裴翛然〔一〕詩：「這莫孳孳鼓，須傾滿滿杯。」○李羣玉詩：「浮雲卷盡爲朣朧，直出滄溟上碧空。」千里得君詩挑戰，漢高帝紀：「即漢王挑戰。」李奇：「音徒了反。」臣瓚曰：「挑戰，擿嬈敵求戰也，古謂之致師。」夜壇誰敢將風騷？杜牧詩：「今代風騷將，誰登李杜壇？」

【校記】

〔一〕「裴脩然」，「脩」字原脱，據全唐詩補，詩題爲夜醉卧街。

靈　山

按圖經：「在信州上饒縣西北九十五里，亦名靈鷲山，周迴百餘里。舊經云：上有龍池，多珎木奇卉，兼出水晶。」

靈山寧與世爲仇？斤斧侵凌自不休。斤斧侵凌，言伐山取水玉也。〇孟子梁惠王上：「斧斤以時入山林，材木不可勝用也。」水玉比來聞長價，市人無數起相讎。司馬相如傳：「水玉磊砢。」注：「水精也。」〇靈運：「凌波采水玉。」〔一〕

【校記】

〔一〕此詩，文選卷三十一作江淹雜體詩三十首之郭弘農遊仙，「玉」作「碧」。

荷　花

亭亭風露擁川坻，任彦升詩：「涿令行春返，冠蓋溢川坻。」注：「坻，岸也。」〇詩：「宛在水中坻。」天放嬌饒〔一〕豈自知？唐人詩：「名高自不知。」一舸超然他日事，故應將爾當西施。小杜詩：「西子下姑蘇，一舸逐鴟夷。」○樂天詩：「萍汎同游子，蓮開當麗人。」又：「緑桂爲佳客，紅蕉當美人。」

【校記】

〔一〕「饒」，龍舒本、宋本、叢刊本作「嬈」。

殘菊

黄昏風雨打園林，殘菊飄零滿地金。折得一枝還〔一〕一作「猶」。好在，可憐公子惜花心。歐陽文忠公嘉祐中，見荆公此詩，笑曰：「百花盡落，獨菊枝上枯耳。」因戲曰：「秋英不比春花落，爲報詩人仔細看。」世傳誤謂王君玉有此句，蓋詩意有相類耳。文公聞之，曰：「是定不知楚辭云：『飡秋菊之落英。』歐陽公不學之過也。」據「落英」，乃是桑之末落、華落色衰之落，非必言花委於地也。歐、王二巨公豈不曉此？切疑小説皆繆，不可信。○蔡絛西清詩話又云：「落，始也。」

【校記】

〔一〕「折」，宋本、叢刊本作「攤」。「還」，宋本、叢刊本作「猶」。

竹窗〔一〕

竹窗紅莧兩三根，易夬卦：「莧陸夬夬。」宋衷注云：「莧，莧菜。」山色遥供水際門。只我近知墻下路，能將屐齒記苔痕。白詩：「徑滑苔粘屐，潭深水没篙。」

【校記】

〔一〕此詩爲龍舒本卷六十四鍾山絶句二首之第二首。

出定力院作

建康志無定力院，豈定林乎？

江上悠悠不見人，十年塵垢夢中身。殷勤未〔一〕一作「爲」。解丁香結，放出枝間自在春。李郢詩：「丁香正堪結，留步小庭限。」

【校記】

〔一〕「未」，龍舒本、宋本、叢刊本作「爲」。

寄育王大覺禪師〔一〕

山木悲鳴水怒流，百蟲專夜思高秋。退之詩：「夜深静卧百蟲絶。」此言「百蟲專夜」，皆佳。○又樂天長恨歌：「春從春游夜專夜。」又明妃曲：「只得當年備宮掖，何曾專夜奉幃幄？」道人方丈應無夢，想復長吟擬慧休。江淹擬休上人詩：「日暮碧雲合，佳人殊未來。」

【校記】

〔一〕龍舒本卷六十寄育王大覺禪師二首，第一首同此，第二首即本書卷三十二寄育王大覺禪師。

送僧游天台

真誥：「桐柏高山萬八千丈。」今天台亦然。太白云「四萬」，字誤。

天台一萬八千丈，歲晏老僧携錫歸。李白詩：「天姥連天向天横，勢拔五岳掩赤城。天台四萬八千丈，對此欲倒西南傾。」前程好景解吟否？密雪亂雲緘翠微。鄭谷詩：「天澹滄浪晚，風悲蘭杜秋。前程吟此景，爲子上高樓。」

次韻張仲通水軒

池雨含煙暝不收，草根長見水交流。愛君古錦囊中句，解道「今秋似去秋」。評曰：如此引賀詩似戲，非前人比。○李白詩：「解道澄江淨如練，令人長憶謝玄暉。」○李賀詩：「獨睡南窗月，今秋似去秋。」錦囊，亦是賀事。

送陳令

長谿流水碧潺潺，古木蒼藤暗兩山。把臂道人今在否？長官白首尚人間。杜詩：「壯心久零落，白首寄人間。」

無錫寄孫〔一〕正之

健席高檣送病身，亂山荒隴障歸津。應須一曲千回首，西去論心更幾人？杜詩：「我行入東川，十步一回首。」○李義山哭劉蕡詩：「一叫千回首，天高不爲聞。」○王摩詰詩：「勸君更盡一杯酒，西出陽關無故人。」觀末句，公厚倖如此。

【校記】

〔一〕龍舒本、宋本、叢刊本無「孫」字。

漫成〔一〕

清時無路取封侯，病卧牛衣已數秋。日月不膠時易失，感今懷昔使人愁。不膠，言常去而不留也。但「封侯」一句，疑公不作此語。○或疑晚年鍾山作，恐不然也。

【校記】

〔一〕「漫成」，龍舒本、宋本、叢刊本作「謾成」。

初晴

樂天詩：「黯淡緋衫稱我身。」

一抹明霞黯淡紅，紅而稱黯淡，言色之淺。○少游詩：「斷霞一抹海天低。」瓦溝已見雪花融。前山未放曉寒散，猶鎖白雲三兩峯。唐詩：「沉雲隱喬樹，細雨滅層巒。」

釣者

釣國平生豈有心？解甘身與世浮沉。應知渭水車中老，自是君王着意深。文王載呂尚與俱歸。雖無車字，然載即車也。事見嚴陵祠堂注。○張樂全亦有太公詩，今附於此：「默坐磻溪素髮垂，商周於此繫興衰。機深正似忘機者，應被沙鷗静處窺。」樂全之語與公意別，恐非所以議聖賢也。又嘗記唐人一詩，不知誰作，許云：「青山長在境長新，寂莫持竿一水濱。及得王師身已老，不知辛苦爲何人？」○莊子亦有釣臧事。

將次鎮南

豫章江面朔風驚，浩蕩帆舡破浪行。宋宗慤年尚少，叔父少文問其所志，慤答曰：「願乘長風，破萬里浪。」目送家山無幾許，千年空想蟪蛄聲。莊子逍遥游：「朝菌不知晦朔，蟪蛄不知春秋，此小年也。」○孔子曰：「違山十里，蟪蛄之聲但尚存耳。」見新序。

出金陵

白石岡頭草木深，建康志：「白土岡在城東。」見示耿天騭注。又，江寧縣城南一十〔一〕里有石子岡，一名石子墩。吴孫峻害諸葛恪，投之於此岡，即韓擒虎受陳將任忠出降之所。又，溧水縣北二十里有白石山。三處名皆不同，不知此所指何地。又，世説：「孫興公爲庾公參軍，共游白石山。」疑即白石崗也。春風相與散衣襟。浮雲映郭留佳氣，光武紀：「望氣者蘇伯阿見春陵郭唶曰：『氣佳哉，鬱鬱葱葱然。』」此謂金陵嘗爲帝王都。飛鳥隨人作好音。易小過：「飛鳥遺之音。」凱風：「睍睆黄鳥，載好其音。」

【校記】

〔一〕「一十」，宫内廳本作「一十五」。

酬王微之

一雨迴飇助蓐收，炎曦不復畏金流。月令：「孟秋之月，其帝少皞，其神蓐收。」言金火方戰，風雨助秋意也。○莊子逍遥游：「大旱金石流，土山焦而不熱。」君家咫尺堪乘興，想岸烏巾〔一〕對弈秋。孟子告子下：「弈秋，通國之善弈者也。」注：「有人名秋，通國皆謂之善弈，故曰弈秋。」

【校記】

〔一〕「巾」，叢刊本作「紗」。

題玉光亭

禮記：「精神見於山川，謂之玉也。」按信州圖經：「玉光亭在玉山縣廳之東，不知所自。章郇公及荆公詩碑在焉。郇公詩曰：『千層懷玉對軒牕，池上新亭號玉光。祇此便堪爲吏隱，神仙官職水雲鄉。』」○蜀人青陽楷詩云：「鳴琴賢宰有三長，吟得新詞敵夜光。好是斷章無以和，神仙官職水雲鄉。」和郇公韻也。或言玉光恐在楚州寶應縣，今附唐尼真如事於此。

傳聞天玉〔一〕此埋堙，開元中，有李氏者，嫁於賀若氏。賀若氏卒，乃捨俗爲尼，號曰真如，家於鞏縣孝義橋。天寶元年七夕，真如於盥濯之間，忽見五色雲氣中引手，不見其形，徐以囊授真如，曰：「寶之，謹勿言也。」真如謹守，不敢失墜。天寶末，中原鼎沸，真如展轉流寓於楚州安宜縣。肅宗元年建子月，真如忽見二人，著皂衣，引真如東南而行，值樓觀嚴飾，兵衛鮮肅，皂衣者指之曰：「化城也。」城有複殿，一人衣碧，戴寶冠，號爲天帝。

復有二十餘人，衣冠亦如之，呼爲諸天。諸天命真如進。既而諸天相謂曰：「下界喪亂時久，殺戮過多，腥穢之氣，達於諸天。不知何以教之？」一天曰：「莫若以神寶壓之。」又一天曰：「當用第三寶。今沴氣方盛，第三寶不足以勝之，須以第二寶授之，則兵可息，亂世可清也。」天帝曰：「然。」因出寶授真如曰：「汝往，令刺史崔侁進達於天子。」復謂真如曰：「前所授汝小囊有寶五段，人臣可得見之。今者八寶，唯王者始宜見。汝謹勿易也。」乃具以寶名及所用之法授真如。已而復令皂衣者送之。翌日，真如詣縣，攝令王滔之以狀聞州。州得滔之關會，刺史將行，以縣狀示從事盧恒曰：「縣有妖尼，事怪甚，亟往記之。」恒至縣，召真如，欲加以王法。真如曰：「上帝有命，誰敢廢墮！且寶非人力所致，又何疑焉？」乃以囊中五寶示恒。其一曰玄黄天符，形如笏，長可八寸餘，闊三寸，上圓下方，近圓有孔，黄玉也，色比蒸粟，澤如凝脂，辟人間兵疫病氣；其二曰玉雞，毛文悉備，白玉也，王者以孝理天下則見；其三曰穀璧，白玉也，徑五六寸，其文粟粒自生，無異雕鐫之狀，王者得之，則五穀豐稔；其四曰玉母玉環二枚，亦白玉也，徑六寸，王考得之，能令外國歸服，其玉色光花益發，特異於常。盧恒曰：「玉信玉展，宴光寶平。」真如乃悉出寶盤曰：「日照之，其光皆射日，仰望，不知光之而極也。」恒與縣吏同視，咸異之。翌日，侁至，恒謂侁曰：「寶蓋天授，非人力也。」侁覆驗，無異，歎該足之，即真如事由報節度使禪圓。圓異之，徵真如造府，欲歷視之。真如曰：「不可。」圓固控之，真如不得已，又出八寶。一曰如意寶珠，其形正圓，大如雞卵，光色瑩徹，置之堂中，明始滿月；其二曰紅鞢鞨，大如子粟，亦爛芳朱櫻，視之，可應手而碎，觸之，則堅重不可破也；其三曰硠環珠，其衆如環四分銀，一徑可五六寸；其四曰玉印，大如半手，其文始鹿浮之郊中，著物則形晃；其五曰皇后採原釣三枚，長五六寸，其網如筯屈其末，似金，又似銀，又類熟銅；其六曰雷公石二，農斧形，長可四寸，闊二寸，無孔，膩如青玉。八寶置之日中，則日氣連天；錯諸陰室，則燭濯如月。其所壓勝之法，真如皆祕，不可得而知也。[二]圓爲録表奏之。真如曰：「天命崔侁進焉，若何？」圓懼而止，侁乃遣盧恒隨真如上獻。時史朝義方圍宋州，又南陷甲州，淮河道絶，遂取江南西上，抵商山入關，以建巳月十三日達京。時肅宗寢疾方甚，視寶，促召代宗，謂曰：「汝自楚王爲皇太子，今上賜寶，獲於楚州，天作[三]汝也，宜保愛之。」代宗再拜受賜，得寶之故，即日改爲寶應元年。上既監國，乃昇楚州爲上州，縣爲望縣，改縣名安宜，寶應焉。刺史上進寶官皆有超昇。號真如爲寶和，寵賜有加。自後兵革漸偃，年穀豐登，封域之內，幾至小康，寶應之符驗。真如[四]所居之地得寶，河壖高廠，境物濯茂。遺址後六合縣尉崔珵所居兩崖之間。相傳云：西域胡人過其傍者，至今莫不望其處而瞻禮焉。○楚州刺史鄭輅作記。

千古誰分僞與真？韓詩：「世俗誰知僞與真，至今傳者武陵人。」每向小庭風月夜，却疑山水有精神。荀子：「玉在山而木潤，淵生珠而崖不枯。」○陸士衡文賦：「石藴玉而山暉，水懷珠而川媚。」○牛奇章詩：「珠玉會應成咳唾，山川尤覺露精神。」

【校記】

〔一〕「玉」，宋本、叢刊本作「下」。

〔二〕「真如」二句，原作「真紅皆所不可得如也」，下「表」字原脱：均據太平廣記肅宗朝八寶條修改補正。

〔三〕「作」，太平廣記肅宗朝八寶條作「許」。

〔四〕「真如」上原衍一「崔」字，據太平廣記肅宗朝八寶條删。

贈僧

岑參太白山胡僧歌：「如將流水自清浄，身與浮雲無是非。」

紛紛擾擾十年間，世事何嘗不强顔。亦欲心如秋水静，應須身似〔一〕嶺雲閑。杜牧之詩：「閑愛孤雲静愛僧。」○漢鄭崇傳：「臣門如市，臣心如水。」○張樂全寄郭思誠詩：「心同秋水静，身似野雲閑。」思誠，太華隱者。○李白詩：「身將客星隱，心與浮雲閑。」

【校記】

〔一〕「似」，宫内廳本作「共」。

嘲叔孫通

馬上功成不喜文，叔孫緜蕞〔一〕共經綸。諸君可笑貪君賜，便計〔二〕當時別本作「先生」。作聖人。

本傳：「上患朝儀不肅，通采古禮，與秦儀雜就之，與諸生爲綿蕝野外。習之月餘，通曰：『上可試觀。』拜通爲奉常〔三〕，賜金五百斤。通因進曰：『諸弟子儒生隨臣久矣，與共爲儀，願陛下官之。』高帝悉以爲郎。通出，皆以五百金賜諸生，生乃喜曰：『叔孫生聖人，知當世務。』」綿蕞，如淳曰：「謂以茅剪樹地，爲纂位尊卑〔四〕之次。如春秋傳曰：『置茅蕝。』」師古曰：「蕞與蕝同。」或云此詩宋景文作，「共經綸」作「講經綸」。王逢原集亦有詠叔孫詩，大祇同此意，云：「弟子由來亦未純，異時得大亦頻頻。一官所買知多少？便議先生作聖人。」

【校記】

〔一〕「蕞」，諸本作「蕝」。

〔二〕「計」，諸本作「許」。

〔三〕「奉常」，原作「奏當」，據漢書叔孫通傳及宫内廳本改。又，史記叔孫通傳作「太常」。

〔四〕「纂位尊卑」，原作「集位尊界」，據漢書叔孫通傳如淳注、宫内廳本改。

和浄因有作

朝紅一片墮窗塵，禪客翛〔一〕然感此辰。參同契論外丹形體爲灰土，狀若明牕塵。後山詩：「僧龕手注〔二〕空留迹，佛几堆紅拂委花。」蓮華經：「香風時來，吹去萎花，更雨新者。」更覺城中芳意少，不如山野早知春。東坡詩：「曲欄幽榭終寒窘，一看郊原浩蕩春。」

【校記】

〔一〕「翛」，宫内廳本作「蕭」。

〔二〕「注」，宫内廳本作「汗」。

張工部廟 未詳何人。

使節紛紛下禁中，幾人曾〔一〕到此城東？獨君遺像今如在，廟食真須德與功。禮記祭法篇：「聖王之祭相也，法施於民則祀之，以死勤事則祀之，以勞定國則祀之，能禦大災則祀之，能捍大患則祀之。文王以文治，武王以武功，去民之災，此有功烈於民者也。」

【校記】

〔一〕「曾」，原作「會」，據諸本改。

寄伯兄

楚公七子，安仁爲長，此詩所指伯兄是也。

身留海上去何時？只看春鴻北向飛。安得先生同一飯，〔一〕一作「飽」。蕨芽香嫩鰶魚肥？鰶，音「制」。

【校記】

〔一〕「飯」，龍舒本、宋本、叢刊本作「飲」。

和〔一〕張仲通見寄三絶句

高山流水意無窮，三尺空弦膝上桐。默默此時誰會得？坐凭江閣看飛鴻。劉長卿詩：「古調雖自愛，今人多不彈。」詩「誰會得」，亦此意也。○杜詩：「注目寒江倚高閣。」○晉顧愷之云：「手揮五弦易，目送孤鴻難。」

【校記】

〔一〕宋本、叢刊本題首「和」字上有「次韻」二字。

其二

收拾乾坤付一壺，世間無物直錙銖。醉鄉舊業拋來久，更欲因君稍問塗。神仙傳：「壺公，不知其姓名。嘗懸一空壺於屋上，日入後跳入壺中，人莫能見。費長房於樓上見之，知其非常人，乃日掃公坐前地，積久不懈。公謂長房：『日暮時更來。』長房如其言，即往。公語長房曰：『見我跳入壺中時，便可效我跳，自當得入。』長房依言，果不覺已入，入後不復是壺，唯見仙宮世界，樓觀重門閣道而已。」○呂翁詩：「一粟粒中藏世界。」○杜牧華清宮詩：「雨露偏金穴，乾坤入醉鄉。」○唐王績有醉鄉記。○白樂天詩：「無過學者績，惟以醉爲鄉。」

其三

欹枕狂歌擊唾壺，直將軒冕等錙銖。醉鄉歧路君知否，不似人間足畏塗。令狐楚詩：「閑齋夜擊唾壺歌，試望夷門柰遠何。」晉王處仲每醉後輒詠魏武樂府歌曰：「老驥伏櫪，志在千里。」以如意打唾壺爲節，壺邊盡缺。莊子：「畏塗者，十殺一人，父子兄弟相戒也。」○宋景文詩：「醉若有鄉須塗地，吏如退隱即後簪。」

宣州府君喪過金陵

兄安仁爲宣州司户。

百年難盡此身悲，杜牧詩：「輕羸已近百年身，古寺風悲又一春。」眼入春風衹涕洟。花發鳥啼皆有思，忍尋棠棣脊令〔一〕詩。詩棠棣，燕兄弟也。「脊令在原，兄弟急難。」箋云：「脊令，雝渠。水鳥而在原，失其常處，則飛則鳴求其類，天性也，猶兄弟之於急難也。」

【校記】

〔一〕「棠棣」，宫内廳本作「常棣」。「脊令」，龍舒本作「鶺鴒」。

觀王氏雪圖

崔嵬相映雪重重，茅屋柴門在半峯。想有幽人遺世事，獨臨青峭倚長松。李涉詩：「長廊無事人歸院，盡日門前獨看松。」○吴融詩：「曉窺渭鏡千峯入，莫倚長松獨鶴歸。」

韓子

紛紛易盡百年身，舉世何人識道真〔一〕？選詩：「争先萬里塗，各事百年身。」○莊子：「道之真以治身，土苴以治天下。」○劉歆傳〔二〕：「黨同門，妒道真。」○鄭谷詩：「舉世何人肯自知，須憑精鑒定妍媸。」○觀公此詩，尚謂退之未識道真也。余在臨川，聞之曾氏子弟載南豐語云：「介甫非前人盡，獨黄帝、孔子未見非耳。」譏其非人太多也。如此詩，可見。

力去陳言誇末俗，可憐無補費精神！陳無己云：「荆公詩：『力去陳言誇末俗，可憐無補費精神。』而公平生文體數變，暮年詩益工，用意益苦，故言不可不謹也。」○韓詩：「可憐無益費精神，有似黄金擲虚牝。」公譏韓子而用其語，但易一字耳。○或謂退之答李翊書云：「始者非三代兩漢之書不敢觀，非聖人之志不敢存。處若忘，行若遺。儼乎其若思，茫乎其若迷。當其取於心而注於手也，惟陳言之務去，戛戛乎其難哉！其觀於人，不知其非笑之爲非笑也。如是者亦有年，猶不改，然後識古書之正僞，與雖正而不至焉者，昭昭然白黑分矣。而務去之，乃徐有得也，當其取於心而注於手也，汩汩然來矣。其觀於人也，笑之則以爲喜，譽之則以爲憂。」李漢所謂「時人始而驚，中而笑且排。先生益堅，終而翕然隨以定」，則其此之謂歟？是其有功於將來，豈小補之哉？而公乃云爾，好詆之過也。

【校記】

〔一〕龍舒本、宋本、叢刊本詩下校云：「一本作『默默誰令識道真』。」

〔二〕「傳」字原脱，據宫内廳本補，引文出漢書劉歆傳。

宰嚭

謀臣本自繫安危，賤妾何能作禍基。但願君王誅宰嚭，不愁宮裏有西施。評曰：偏宕可憐。○説苑：「桓公問於管仲：『吾欲使爵腐於酒，肉腐於豆，得無害霸乎？』對曰：『無害於霸也。惟不知賢，害霸；信賢而復使小人參之，害霸。』」詩意殆本此。○程氏云：「李覯謂：『若教管仲身長在，宮内何妨更六人？』此語不然。管仲時，桓公之心時未蠹也，若已蠹，雖管仲可奈何？未有心蠹尚能用管仲之理。」公詩亦李意，當以程説爲允。

郭解

藉交雖〔一〕有不貲恩，漢法歸成棄市論。平日五陵多任俠，五陵見上注。可能推刃報王孫？言藉交雖於人有恩，漢法所不許也。本傳：「以軀藉友報仇。」師古曰：「藉，謂借助也。」公孫弘議解罪當大逆亡道，遂族解，不止棄市也。解誅後，俠者極衆而無足數者。○郭解以匹夫而奪人主死生之權。且聖人之作五刑，固論輕重。今一言不中意而殺之，此何理也？考其唱此悖亂之風，解實爲之魁。故立弘之言，解布衣爲俠行權，以睚眦殺人，解不知，此罪甚於解知。劉器之以弘此一事爲得大臣之體。

【校記】

〔一〕「藉」，宋本、叢刊本作「籍」。「雖」，宋本、叢刊本作「唯」。

古寺

寥寥蕭寺半遺基，蕭寺，見上注。游客經年斷履綦。漢班倢伃傳：「俯視兮丹墀，思君兮履綦。」綦，履之飾也。猶有齊梁舊時殿，塵昏金像雨昏碑。温庭筠詩：「猶有南朝舊碑在，敢將興廢問漁翁。」○杜詩：「惟有古殿存，世尊亦塵埃。如聞龍象泣，足令信者哀。」

越人以幕養花〔一〕游其下二首

幕天無日地無塵，越人養花，亦如洛中。劉伶傳：「幕天席地，縱意所如。」百紫千紅占得春。野草自花還自落，落時還有惜花人。言野花雖無幕護，隨風落時，亦有惜之者。○詩家鼎臠：「野滿滿眼〔二〕露香新，獨立空山荼莫春。花自落時無主惜，恣風吹逐馬蹄塵。」

【校記】

〔一〕龍舒本、宋本、叢刊本題「花」下有「因」字。

〔二〕「眼」下原衍「詩」字，删。

其二

尚有殘紅已可悲，更憐〔一〕回首秖空枝。古詩：「花開堪折直須折，莫待無花空折枝。」白集：「争忍開時不同醉，明朝後日即空枝。」黄臺瓜詞：「三摘尚云可，四摘抱蔓歸。」公詩亦類此。○南唐法眼禪師作牡丹偈云：「艷色隨朝露，馨香落晚風。何須待零落，然後始知空。」莫嗟身世渾無事，睡過春風作惡時。

【校記】

〔一〕「憐」，諸本作「憂」。

魚　兒

遶岸車鳴水欲乾，魚兒相逐尚相歡。喻禍至而不知，由溺於燕安也。無人挈入滄江去，汝死那知世界寬。評曰：可風曲學。○方干詩：「來來先上上方看，眼界無窮世界寬。」古靈師在窗下看經，蜂子投窗厤求出。古靈師曰：「世界如許闊，不肯出，鑽他故厤做甚麼去？」

離鄞至菁江東望

村落蕭條夜氣生，杜詩曰：「千村萬落生荆杞。」〔一〕孫子：「夜氣不足以存。」孫子：「朝氣結，暮氣怠，夜氣結。」〔二〕側身東望一傷情。張衡詩：「側身東望涕沾裳。」丹樓碧閣無處所，言變滅無餘矣。只有谿山相照明。

【校記】

〔一〕「千村」句，原作「一萬落生荆年生」，當誤，據杜甫兵車行改。

〔二〕「朝氣」三句：宋本十一家注孫子軍政篇作「朝氣鋭，晝氣惰，暮氣歸」。

信州回車館中作二首

太白山根秋夜静，太白山，在剡縣，公之舊游也。亂泉深水遶床鳴。鄭谷詩：「向蜀還秦計未成，寒蛩一夜遶床鳴。」病來空館聞風雨，恰似當年枕上聲。當年，指太白山。○李義山詩：「君問歸期未有期，巴山夜雨漲秋池。何當共剪西窗燭，却話巴山夜雨時。」〔一〕

【校記】

〔一〕原詩顛倒錯亂，據全唐詩李商隱夜雨寄北改正。

其　二

山木漂摇卧弋陽，去州西一百里，縣名也。○張祜有題弋陽館詩，不知即是此館否。詩云：「一葉飄然下弋陽，殘霞昏日樹蒼蒼。吴溪漫淬干將劍，却是猿聲斷客腸。」因思太白夜淋浪。芭蕉一枕西窗雨〔二〕，一作「西窗一榻芭蕉雨」。復似當時水遶床。

【校記】

〔一〕「芭蕉」句：宋本、叢刊本作「西窗一榻芭蕉雨。」

天童山溪上

以公經游記考之，山在於鄞縣。

溪水清漣樹老蒼，詩伐檀：「河水清且漣漪。」○韓子嘲魯連詩：「田巴兀老蒼。」行穿溪樹踏春陽。段成式記鬼詩：「長安女兒踏春陽，無處春陽不斷腸。」溪深樹密無人處，唯有幽花渡水香。評曰：妙處自然，不入思索。

鄞縣西亭〔一〕

收功無路去無田，韓詩：「臨分不汝誑，有路即歸田。」竊食窮城度兩年。更作世間兒女態，亂栽花竹養風煙。退之詩：「無爲兒女態，憔悴悲賤貧。」楊復恭謂張濬相公：「仗鉞專征，作態耶？」

【校記】

〔一〕此詩爲龍舒本卷六十七起縣舍西亭三首之第三首。

別鄞女

行年〔一〕三十已衰翁，滿眼憂〔二〕傷秪自攻。今夜〔三〕扁舟來訣汝，死生從此〔四〕各西東。

評曰：慘絶。○禮：「五十始衰。」三十而言衰翁，亦太早矣。○潘岳秋興賦：「吾年三十二，始見二毛。」○杜詩：「明朝牽世務，揮淚各西東。」○唐詩：「時難年飢世業空，弟兄羇旅各西東。」

【校記】

〔一〕「行年」，龍舒本作「年登」。

〔二〕「憂」，龍舒本作「離」。

〔三〕「夜」，龍舒本作「泛」。

〔四〕「死生從此」，龍舒本作「此生蹤跡」。

真州馬上作

身隨飢馬日中行，眼入風沙困欲盲。心氣已勞形亦弊，自憐於世欲何營。太史遷傳：「神太用則竭，形太勞則弊。」

登飛來峯

興化軍仙游縣有大飛山。臨安錢塘縣靈隱寺有飛來山。介甫未嘗入閩。若又以爲靈隱飛來峰，則初無塔，兼所見亦不卒甚遠，恐別指一處也。

飛來山上千尋塔，聞説雞鳴見日昇。後漢志：「太山日觀，雞一鳴時，見日始欲出，長三丈所。」大山記：「東南巖名曰日觀。」言雞初鳴時見日出。又有秦觀、吴觀，望見長安、會稽。○孟浩然天台詩：「雞鳴見出日，常與仙人會。」不畏浮雲遮望眼，自緣身在最高層。李白詩：「盡道浮雲能蔽日。」○杜牧詩：「明朝楚山上，莫上最高層。」若以詩讖言，此亦可見公被遇神考始終，人不能間也。○陸賈新語：「邪臣蔽賢，猶浮雲之障白日也。」龜策傳亦云：「日月之明，而時蔽於浮雲。」

讀漢功臣表

漢家分土建忠良，周書武成：「分土惟三。」賈誼傳：「衆建諸侯而少其力。」鐵券丹書信誓長。漢高帝紀：「與功臣剖符作誓，丹書鐵契，金匱石室，藏之宗廟。」注：「金匱，猶金縢也。契，亦券之異名。」本待山河如帶礪，何緣葅醢賜侯王？漢封爵之誓曰：「使黃河如帶，泰山若礪，國以永存，爰及苗裔。於是申以丹書之信，重以白馬之盟。」注：「帶，衣帶也；厲，砥石也。水當何時如衣帶，山當何時如厲石也？」○黥布傳：「漢誅梁王彭越，盛其醢，以徧賜諸侯。」刑法志所謂「葅其骨肉」是也。

詠月

追隨落日盡還生，揚子五百篇：「月未望，則終魄於西。既望，則終魄於東。其遡於日乎？」注：「遡，迎也，向也。」點綴浮雲暗又明。「不如浮雲點綴」，謝景重語，見上注。江有蛟龍山虎豹，莊子秋水篇：「水行不避蛟龍者，漁父之勇也；陸行不避虎兕者，獵夫之勇也。」清光雖在不堪行。評曰：以最高層爲譏，則此句當如何？小人多忌，漫寄一笑。○韓公將歸操：「涉其淺兮，石齧我足；乘其深兮，龍入我舟。」亦此意。

金　山〔一〕

怪祕陰靈與護持，重丹複碧煥參差。滄江見底應無口，萬丈孤根世不知。評曰：即是前金山寺第一首，疑改本，然不及。○杜荀鶴詩：「海枯終見底，人死不知心。」○杜詩：「艷預既没孤根深。」

【校記】

〔一〕此詩爲龍舒本卷六十四金山寺五首之第三首。

疊翠亭

煙籠遠浦迷芳草，劉禹錫詩：「煙籠寒水月籠沙。」日照澄湖浸碧峯。杜詩渼陂行〔二〕：「半陂以南純浸山。」○韓子蒼詩：「未肯分流下山去〔三〕，爲君純浸紫青峯。」幸有清罇堪酩酊，忍陪良友不從容。退之詩：「遇酒即酩酊，君知我爲誰。」

【校記】

〔一〕「渼陂行」，原作「漢波行」，據杜工部草堂詩箋改。

〔二〕「去」，原作「夫」，據宮内廳本改。

默　默〔一〕

默默長年有所思，世間談笑謾〔二〕追隨。勉酬俗也。蒼髯欲茁朱顏去〔三〕，韓文：「蘭茁其牙。」○黄詩：「笋茁不避道。」更覺求田問舍遲。

【校記】

〔一〕此詩爲龍舒本卷七十五無題二首之第二首。

〔二〕「謾」，龍舒本、宋本、叢刊本作「强」。

〔三〕「茁」，龍舒本、宋本、叢刊本作「出」。「去」，宋本、叢刊本作「謝」。

寓言三首〔一〕

太虛無實可追尋，葉落松枝漫〔二〕古今。張安道和趙叔平詩：「視身無實元泡幻，觀世皆空漫古今。」若見桃花生聖解，不疑還自有疑心。楊傑語：「拈花示衆，微笑者已墮迷坑；立雪齊腰，勤求者自投疑網。」靈雲詩：「自從不〔三〕見桃花後，直到如今更不疑。」

【校記】

〔一〕宋本、叢刊本題作「寓言二首」，同此前二首。

〔二〕「漫」，龍舒本、宋本、叢刊本作「謾」。

〔三〕「不」，宮内廳本作「一」。

其二

本來無物使人疑，却爲參禪買得癡。尊宿云：「三乘十二分教是分外事，若與他作對，即是心境兩法，便有種種見解。若不與他作對，一事也無。所以祖師云：『本來無一物。』」聞道無情能説法，傳燈録：「良玠禪師問潙山：『頃聞忠國師有無情説法。』良玠未究其微，潙山云云。玠又問雲巖：『無情説法，什麽人得聞？』雲巖曰：『無情説法無情得聞。』師曰：『和尚聞否？』雲巖曰：『我若聞，汝即不得聞吾説法也。』曰：『若恁麽，即良玠不聞和尚説法也。』雲巖曰：『我説法，汝尚不得聞，何況無情説法也？』師乃述〔一〕偈呈雲曰：『也大奇，也大奇。無情説法不思議。若將耳聽聲不現，服處聞聲方自知。』」

面墻終日妄尋思。尋思，謂六祖令石頭尋思去也。忠即清源行思禪師。〇樂天詩：「愛老尋思事，慵多取次眠。」〇韓詩：「尋思百計不如閑。」又與前義别，兩存之。

【校記】

〔一〕「述」，原作「迷」，據宫内廳本改。

其　三〔一〕

未能達本且歸根，真照無知豈待言。信心銘：「歸根得旨，隨照失宗。」臨濟云：「沿流不止問如何，真照無邊説似他。」枯木巖前猶失路，那堪春入武陵源。安禪師玄談：「枯木巖前叉路多，行人到此莫蹉跎。」杜詩：「悲秋宋玉宅，失路武陵源。」

【校記】

〔一〕宋本、叢刊本題作「達本」，列「寓言二首」前。

偶書

「專一」字，見陸雲逸民賦。

穰侯老擅關中事，長恐諸侯客子來。穰侯謂王稽：「謁君，得無與諸侯客子俱來乎？無益，徒亂人國耳。」○張文潛詩：「穰侯擅關中，頗畏諸侯客。搜車計已遲，終困范公策。庸夫吝富貴，百計私自惜。勢移禍敗至，智巧竟何益？」我亦暮年專一壑，每逢車馬便驚猜。莊子秋水篇：「且夫擅一壑之水，而跨跱〔一〕埳井之樂，此亦至矣。」

【校記】

〔一〕「跱」，原作「時」，據浙江書局本莊子及宮内廳本改。

揚子三首〔一〕

儒者陵夷此道窮，千秋止有一揚雄。當時薦口終虛語，賦擬相如却未工。本傳：「蜀有司馬相如，作賦甚弘麗温雅。雄心壯之，每作賦，常擬之以爲式。」又：「孝成帝時，有薦雄文似相如者，召雄待詔承明之庭。」言薦雄者止稱其詞賦，雄蓋知道者，不應以詞賦稱之，兼實未及相如之工也。公古詩亦云：「知者乃獨稱其詞。」

【校記】

〔一〕宋本、叢刊本卷三十二揚子二首，同此前二首；卷三十四揚子，同此第三首。

其二

九流沉溺道真渾〔一〕，九流：一儒家，二道家，三陰陽家，四法家，五名家，六墨家，七縱横家，八雜家，九農家。穀梁序：「九流分而微言隱，異端作而大義乖。」獨泝頹波討得源。一本作「道真沉溺九流渾」。○陸機文賦：「沿波而討源。」歲晚強顏天禄閣，秪將奇字與人言。司馬遷遺任安書：「及已至此，言不辱者，所謂強顏耳。」詩言雄仕於莽時，實包羞，故猥託於奇字耳。

【校記】

〔一〕「九流」句，龍舒本同，宋本、叢刊本作「道真沉溺九流渾」。

其　三

千古雄文造聖真，眇然幽思入無倫。他年未免投天祿，虛爲新都著劇秦。雄解嘲：「顧而作太玄五千文，大者含元氣，纖者入無倫。」雄雖投閣，莽言其素不與事，或猶以美新故爾。

讀維摩經有感

身如泡沫亦如風，刀割香塗共一空。宴坐世間觀此理，維摩雖病有神通。國語：「魯人束縛管仲以與齊，比至，三釁三浴之。」注：「以香塗身曰釁。三，或作熏。」○華嚴經云：「以白旃檀塗身，能除一切熱惱，得清涼也。」○刀割，高利王〔一〕事。法華經云：「或遭王難苦，臨刑欲壽終，念彼觀音力，刀尋段段壞。」前輩謂此言性也。楞嚴經云：「觀世音令衆生於我身心，獲十四種無畏功德。五者熏聞成聞，六根銷復，同於聲聽，能令衆生臨當欲壽〔二〕，刀段段壞，使其兵戈猶如割水，亦如吹火〔三〕，性無摇動。」蓋割水吹火，而水火之性不動摇，猶如遇害而吾性湛然，此亦得觀音無畏之力，所謂「刀尋段段壞」者，正謂是耳。又云：「七者性音圓常，行聽受不離諸塵妄。能令衆生禁繫枷鎖，所不能著。謂人得無畏力，則雖被拘執，而吾觀聽反入此枷鎖，不能爲害。故吾師頌云：『將頭迎白刃，一似斬春風。』老黄龍在歸宗反入牢獄，若此人者，刑殺枷鎖所不能害也。」○玄覺禪師第三語：「其相應者，心與空相應，則譏毁讚譽，何憂何喜？身與空相應，則刀割香塗，何苦何樂？」

【校記】

〔一〕「高利王」，宫内廳本作「歌利王」。

〔二〕「欲壽」，宫内廳本作「被害」。

〔三〕「吹火」，宫内廳本作「吹光」，下同。

春日即事

池北池南春水生，桃花深處好閑行。細思擾擾夢中事，何用悠悠身後名。孫權語曹操：「春水方生，公宜〔一〕速去。」○王建詩：「池北池南草緑，殿前殿後花紅。」○鄭合敬詩：「春來無處不閑行，楚閏相看別有情。」張季鷹：「使我有身後名，不如生前一杯酒。」

【校記】

〔一〕「宜」，原作「日」，據宫内廳本改。

贈安大〔一〕師

獨龍岡北第三峯，逋客歸來老更慵。北山移文：「請回俗士駕，爲君謝逋客。」敗屋數椽青繚繞，泠雲深處不聞鐘。唐人詩：「重雲晦廬嶽，微鼓辨溢城。」此言陰晦之夕，鼓聲纔彷彿耳，亦猶鐘聲爲泠雲所隔，而不之聞也。

補注　宋祁詩：「谿霧鎖窗燈焰短，雪風敲竹磬聲微。」〔二〕

【校記】

〔一〕「大」，原作「太」，據宋本、本書目録改。

〔二〕本注原闌入題下，無「補注」二字。

送李生白華巖修道

白華巖主是金仙，假作山僧學道一作「坐」。禪。珍重此行吾不及，爲傳消息結因緣。白華巖在金谿，即仙巖也。巖主是爲寶月禪師，熙豐間人，居巖之絶頂，持戒誦經。猛獸馴伏，客至則遣去。又能以慧眼知人善惡事。李生名無咎，慕師之風，棄儒從之。介父在金陵，嘗遣人致師，師不出。邑人朱幹叔之子日嚴、日邁，爲余言如此。

寄道光大師

秋雨漫漫夜復朝，可嗟蔀屋望重霄。豐：「上六，豐其屋，蔀其家。」遥知宴坐無餘念，萬事都從劫火燒。劫火，見寄國清處謙注。

示報寧長老

白下亭東鳴一牛，事出西域記。山林陂港浄高秋。新營棗域我檀越，域，一作「棫」。字書云：「木名。」佛書云：「印度國造寺檀越名爲寺主。」公嘗乞以所居園屋爲僧寺，乞賜額劄子云：「臣幸遭興運，超拔等夷，知奬眷憐，逮兼父子。戴天負地，感涕難勝。顧迫衰殘，糜捐〔一〕何補，不勝螻蟻微願。以臣今所居江寧府上元縣園屋爲僧寺一所，永遠祝延聖壽。如蒙矜許，特賜名額，庶昭希曠，榮遇一時。仰憑威神，誓報無已。」公既捨宅爲寺，故云「我檀越」。曾悟布毛誰比丘？會通問鳥窠：「如何是和尚佛法？」師於身上拈起布毛，吹之，遂悟。時謂「布毛侍者〔二〕」。

【校記】

〔一〕「糜捐」，原作「摩損」，龍舒本作「糜損」；下「希曠」，原作「希廣」，均據宋本乞以所居園屋爲僧寺并乞賜額劄子改。

〔二〕「侍者」，宮内廳本作「比丘」。

紅　梨[一]

紅梨無葉庇花身，黄菊分香委路塵。義山詩：「幾度木蘭舟上望，不知元是此花身。」[二] 歲晚蒼官纔自保，日高青女尚横陳。蒼官、青女，並見上注。杜審言詩：「降霜青女月，送酒白衣人。」○復齋漫録云：「荆公詩：『日高青女尚横陳。』横陳事，見相如賦及楞嚴經。青女者，主霜雪之神也，事見淮南子。公以青女爲霜，於理未當。如杜子美秋野詩云：『飛霜任青女。』乃爲當理。」梁昭明博山香爐賦云：「青女司寒，紅花緊景。」亦皆指爲雪霜神矣。復齋之説，姑存之。○楊文公梨詩：「九秋青女霜添味，五夜方諸月陷津。」則青女與霜，必兼言也。

【校記】

[一] 此詩爲龍舒本卷七十五絶句九首之第三首。

[二]「舟」，原作「花」；「元」，原作「舡」，均據宮内廳本、全唐詩李商隱木蘭花改。「義山」，宮内廳本作「陸魯望」。

鵰

依倚秋風氣象豪，似欺黄雀在蓬蒿。退之病鴟詩：「晴日占光景，高風送追隨。遂凌紫鳳高，肯顧鴻鵠卑。」○韓偓玩水禽詩：「依倚雕梁欺社鷰。」不知羽翼青冥上，腐鼠相隨勢亦高。莊子：「鵷鶵甘帶，鴟鴞嗜鼠。」鹽鐵論曰：「泰山之鴟，啄腐鼠於窮澤，非有害人也。今有司盜主財而食之，焉得若泰山之鴟乎？」○淮南子亦有飛鳶墮腐鼠事。○鴟以喻小人不足道，而又有附之以顯者，猶腐鼠之於鴟也。

補注 史丹傳：「宣帝微時，依倚史氏。」〔一〕

【校記】

〔一〕本注原闌入題下，無「補注」二字。

驢二首

力侔龍象或難堪，維摩經云：「譬如龍象蹴踏，非驢所堪，是名住不思議解脱方便之門。」脣比僊人亦未慙。臨路長鳴有真意，盤山弟子久〔一〕同參。大集經有驢脣仙人。鎮州普化和尚，承嗣盤山。嘗振一鐸，行化城市。暮入臨濟院喫生菜。臨濟曰：「遮漢大似一頭驢。」師便作驢鳴。臨濟乃休。普化曰：「臨濟小斯兒，亦具一隻眼。」

【校記】

〔一〕「久」，宋本、叢刊本作「欠」。

其二

雖得康莊亦好還，柳子厚牛賦：「不如羸驢，服逐駑馬。曲意隨勢，不擇處所。不耕不駕，藿菽自與。騰踏康莊，出入輕舉。」又，答問云：「且夫白羲騄耳之得康莊也，逐奔星，先飄風，而跛驢不出泥滓。」言於得意處不戀，亦知斂退也。康莊，大路。每逢溝壍便知難。無乘險僥倖之心。由來此物非他物，莫道何曾似仰山。大集經：「大梅法常禪師，一日謂其徒曰：『來莫可抑，往莫可追。』從容復聞鼯鼠聲。師曰：『即此物，非他物。汝善護持，吾今逝矣。』」僧問仰山：「和尚何似一頭驢？」

晚春（一）

春殘葉密花枝少，睡起茶多酒盞踈。斜倚屏風搔首坐，滿簪華髮一床書。刺客傳：「八尺屏風，可超而越。」○王昌齡詩：「妻子歡同數株柳，雲山老對一床書。」○陳去非詩：「八尺屏風遮宴坐，一簾細雨獨題詩。」疑倣公作也。○藝苑雌黄云：「僧惠洪冷齋夜話載介甫詩『睡起茶多酒盞踈』，『多』字當作『親』字，世俗傳寫之誤。洪之意，蓋欲以『少』對『密』，『踈』對『親』。予作荊南教官，與江朝宗匯者同僚，偶論及此，江云：『惠洪多妄誕，殊不曉古人詩格。此一聯，以『密』字對『踈』，以『多』字對『少』，正交股用之，所謂蹉對法也。』」

【校記】

〔一〕宋本、叢刊本無晚春以下九首。

樓上望湖〔一〕

樓上人腸渴欲枯，杜詩：「肺枯渴太甚，飄泊公孫城。」樓前終日望平湖。無舟得入滄浪去，爲問漁人得意無？

【校記】

〔一〕「湖」，宮内廳本作「潮」。

寄李道人

李生富漢亦貧兒，人不知渠只我知。跳過六輪中耍峭，養成三界外愚癡。道人即李士寧，蓬州人，曾慥集仙傳誤云資州人。六輪、三界，皆佛氏語。

憶江南

城南城北萬株花，池面冰消水見沙。回首江南春更好，夢爲胡蝶亦還家。令狐楚詩：「縱有還家夢，猶聞出塞聲。」來鵬詩：「分明記得還家夢，徐孺宅前湖水東。」韓詩：「江空水見沙。」

對碁呈道原〔一〕

北風吹人不可出，清坐且可與君碁。明朝投局亦未晚，從此亦復不吟詩。評曰：造次古意，可傳。○投博局，見戲贈葉致遠注。言棋與詩之妨學也。

【校記】

〔一〕此詩本書重出，同卷四對碁與道原至草堂寺。龍舒本卷四十八、七十七亦兩出。

謝微之見過

王晳，字微之。

此身已是一枯株，翟湯謂庾亮曰：「使君直敬其枯木朽株耳。」公詩累有枯木之語，蓋晚而師瞿曇者也。程氏嘗云：「今語道則須待要寂滅湛静，形便如槁木，心便如死灰。豈有直做墻壁木石，而謂之道？所貴乎智周天地萬物而不遺。」又：「幾時要如死灰？所貴乎動容周旋中禮。又幾時要如槁木？論心術，無如孟子也。」又謂：「必有事焉。今既如槁木死灰，則却於何處有事？」所記交朋八九無。杜詩：「訪舊半爲鬼，驚呼熱中腸。」唯有微之來訪舊，天寒幾夕擁山爐。

惜　春

滿城風雨滿城塵，淺紫殘紅謾惜春。春去自應無覓處，可憐多少惜花人。唐人崔櫓詩：「春意自知無主惜。」杜〔一〕詩：「莫怪杏園憔悴去，滿城多少惜花人。」

【校記】

〔一〕「杜」，宮内廳本作「小杜」，此爲杜牧杏園詩句。「杜詩」上原衍「春時」兩字，删。

寄北山詳大師〔一〕

一作和平父寄道光法師。

欲見道人非一朝，杖藜無路到青霄。千巖萬壑排風雨，想對銅爐柏子燒。晉顧愷之還荆州，人問以會稽山川之狀，愷之云：「千巖競秀，萬壑争流。草木蒙籠，若雲興霞蔚。」東坡詩：「銅爐燒柏子。」

【校記】

〔一〕宋本、叢刊本題作「和平父寄道光法師」。

子貢

一來齊境助奸臣，臣，謂齊田常也。子雖説令無伐魯，而其詞云：「臣聞憂在外者攻弱。今君憂在内，故曰：『不如伐吴。』」如此，是助姦也。去誤驕王亦苦辛。爲吴之計，莫急於破越。子貢乃謂夫差〔一〕：「王者不絶出，伯者無强敵，宜置越而伐齊。」又爲吴東見越王，令出師。以後子貢去而之魯，吴王果大齊師於艾陵，以兵臨晉，敗於黄池。越遂乘間滅吴。故詩稱「誤」也。魯國存亡宜有命，區區翻覆亦何人？評曰：信大於國，身重於天下。○言國之廢興存亡自有天命，乃飾詐設辭如儀、秦之爲，雖能存宗國，不足進也。

【校記】

〔一〕「夫差」，原作「夫楚」，據宫内廳本改。

補注 示報寧長老　布毛

婺州入雲山，遇臻禪師秋分閑坐，頌曰：「□庭蕭一風颼一，日虚列空爲魄高，指頤静坐神通爲，烏巢無端吹布衣。」

庚寅增注第四十八卷

中秋夕寄平甫諸弟　公早有詩名，嘗見歐公折簡遺人云：「得介甫新詩數十篇，皆奇絶。喜此道不絶，故以相告。」意歐公所見，皆其早年詩耳。使及見其晚年所賦，當作如何歎譽也！

靈山　**水玉**　劉向列仙傳：「赤松子服水玉。」據此，則水精亦可服，如雲母之類云。

初晴　**黯淡紅**　白樂天詩：「闇淡緋衫稱我身。」

釣者　亡友譚季壬之大父勉翁亦有詩：「漁翁何事亦從戎？變化神奇抵掌中。莫道直鉤無所取，渭州一釣得三公。」

贈僧　**身似嶺雲閑**　岑參太白山胡僧歌云：「心將流水日清淨，身與浮雲無是非。」

嘲叔孫通　**馬上功成不喜文**　陸賈時帝前説詩、書，帝駡曰：「乃翁居馬上得之，安事詩、書？」賈曰：「馬上得之，寧可以馬上治乎？向使秦并天下，行仁義，法先聖，陛下安得而有之？」帝不懌，有慚色。

寄伯兄　**鮆魚肥**　晉虞嘯父謂晉孝武：「天尚温，鮆魚蝦鮓，未可致，尋當有所獻。」帝大笑。觀此，則制之美可知已。○古語又云：「寧去累世宅，不去制魚額。」

魚兒　**魚兒相逐尚相歡**　孔子順曰：「先人有言：『鷰雀處屋，子母相哺，呴呴焉相樂也，自以爲安矣。竈突炎上，棟宇將焚，鷰雀顔色不變，不知禍之將及己也。』今魏不悟趙破患將及己，可以人而同於鷰雀乎！」

天童山溪上　夷堅戊志第八卷載，邵武龔女冠夢至一所，如僊府然，且命己教童子數百，誦天童溪上詩。既覺，爲人誦之，即荆公此詩。豈公詩不止傳人間，亦傳天上耶？

別鄞女　**三十已衰翁**　一本作「年登三十」。史記：「東門……叔孫……若皆蚤世猶可，若登以年載其毒，必亡。」〔一〕

寓言三首　**生聖解**　僧寶傳第三：「或問：『四種料簡語，料簡何法？』對曰：『凡語不滯凡情，即隋聖解，學者大病。』」

其三　**真照**　柳詩：「滌慮發真照，還源蕩昏邪。」

春日即事　**何用悠悠身後名**　魏文帝詩：「人生如寄，多憂何爲？」○李白詩：「處世若大夢，胡爲勞其生？」皆此意也。○陶弘景云：「仙障有九，名居其一。使吾不白日升天，正坐三朝有浮名耳。」以此知仙者亦畏名，乃謂妨其仙耳。

贈安大師　**冷雲深處不聞鐘**　宋祁詩：「谿霧鎖窗燈焰短，雪風敲竹磬聲微。」亦此意也。

報寧長老　**棗域**　此當言寺，非指木也。漢書有「日域」。吕后傳有「踏鞠之域」。棗域，必釋氏事，未詳。

紅梨　**紅梨無葉庇花身**　歐公言：「峽州州宅中有千葉紅梨花，無人賞。太守朱郎中始加欄檻，命坐客賦之。」此言無葉，謂摇落時耶？

寄李道人　養成三界外愚癡

柳州净土院記：「有能歸心是土者，然後出三界之外。」然陳圖南快活歌云：「不修福，不造罪，不居中間及内外。」此又高一著也。〇又古宿偈：「已決一切愚癡膜。」

對碁呈道原　從此亦復不吟詩

歐公詩：「死生壽夭無足道，百年長短能幾時？但飲酒，莫吟詩，子其聽我言非癡。」

【校記】

〔一〕此条出國語周語中，不見於今本史記。

王荆文公詩卷第四十九

律詩

仁宗皇帝挽詞〔一〕四首

去序三朝聖，三朝，謂太祖、太宗、真宗。○杜子美〔二〕玄元皇帝廟詩云：「九聖聯龍袞。」行崩萬國天。列子天瑞篇：「杞國之人，憂天地崩隕，身無所寄，廢寢食者。」憂勤無曠古，言勤勞無逸，過於商宗，曠古所未有。治洽最長年。書畢命〔三〕云：「道洽政治，澤潤生民。」仁育齊高厚，史載聖度漠然，以大公爲心。有善則進，有惡則退，不爲喜怒憂情之所移。又容受直言，任人不疑，故人人得以盡其誠。其事天地宗廟，齋栗如不勝。或值水旱，必跣足露立，致禱於禁中。愛重民力，無所興築。三司嘗欲以玉清舊地爲苑，不許。平居儉約，所御帷幕衾幬，多以繒絁爲之。異時歲凶，州都畏罪，□不敢言，使民不得除税。乃著令無罪吏，聽除民租。又遇奏水災者，有司請罪之。上曰：「不猶愈於奏祥瑞乎？」天下大辟有疑，若情可矜者，皆令上讞，所活歲千計。吏坐失入死罪，皆終身不得遷。嘗諭輔臣曰：「朕未始詈人以死，况敢濫刑罰乎？」程顥伯淳言：「仁祖時，北使進言：『高麗自來臣屬北朝，近來職貢全缺，殊失臣禮。今欲加兵，又聞臣屬南朝，今來報知。』仁祖不答。及將去也，召而前，語之曰：『適議高麗事，朕思之，只是王子罪，不干百姓事。今既加兵，王子未必能誅得，且是屠戮百姓。』北使遂屈，無答，不覺汗流浹背，俯伏於地。歸而寢兵佗郡，不言彼兵事勢。只看這一个天地之量，亦誠有以格佗也。」**哀思罄幅員。**詩長發：「幅隕既長。」注：「幅，廣也；隕，均也。」箋云：「隕，當作『員』。員，謂周也。」公詩用鄭箋。史稱：「遺制之下，雖深山窮谷，莫不奔走悲號而不絕。豈非德澤涵養之至？廟號曰『仁』，不亦宜乎！」**欲知十載美，道德冠遺編。**仁宗御集一百卷，如歙器後述、政化述、寶訓要言序、觀文鑒古圖序，皆列之卷首。

【校記】

〔一〕「詞」，龍舒本、宋本、叢刊本作「辭」，下同。

〔二〕「杜子美」，原作「杜詩云」，據宮内廳本改。

〔三〕「書畢命」，原作「壽宰命」，據尚書正義改；下「政治」，原作「長年」：據尚書正義及宮内廳本改。

其　二

賈誼傳：「故陛九級上，廉遠地，則堂〔一〕高。」注：「級，等也；廉，側隅也。」

憑几微言絕，上疾急，指心不能言。詩意或指此。○書顧命：「相被冕服，憑玉几。」○前漢藝文志：「仲尼没而微言絕。」**羣臣涕泗揮。哀號三級陛，**長安記：「含元殿前玉階三級，第一級可高二丈許，第二級、第三級各高五尺，間以螭頭，東西鱗次。」**縞素九重圍。**「圍」字，又作「闈」，禁闈之義。○天子有九門，謂關門、遠郊門、近郊門、城門、皋門、庫門、雉門、應門、路門也。九辨云：「豈不鬱陶而思君兮，君之門以九重。」據楚詞，則「九重」謂九門也。○退之詩：「豈識天子居，九重鬱沉沉。」天上仙游遠，宮中御座非。最悲帷幄侍，不復未明衣。漢昭未明求衣。

【校記】

〔一〕「堂」，原作「崇」，據漢書賈誼傳、宮内廳本改。

其三 仁宗以三月末昇仙，故傅堯俞挽詩有「感莫春歸」之句。

厭代人間世，莊子天地篇：「千歲厭世，去而上仙。乘彼白雲，至於帝鄉。」收神天上游。遽然虛玉座，不復望珠旒。柳子厚詩：「忽疑朝玉皇，天冕垂前旒。」選詩：「玉座猶寂寞，況乃妾身輕。」○杜詩：「苔稼玉座春。」○仁宗聖性恭儉。至和二年春，不豫。兩府人臣日至寢閤問聖體，見上器服簡質，用素漆唾盂子、素甆盞進藥，御榻上衾褥皆黄絁，色已故暗，宮人遽取新衾覆其〔二〕上，亦黄絁，然外人無知者，惟兩府、侍人因見之爾。待旦移巾幘，饔人改饍羞。「待旦」對「饔人」，恐兩句上必有一誤。周禮内饔注：「饔，割亨煎和之稱。」内臣昭信掌内饔十五年，上嘗面戒曰：「動活之物，不得擅烹。」深惡於殺也。○魏泰記：「仁宗聖性仁恕。一日晨興，謂近臣曰：『昨夕因不寐而甚飢，思食蒸羊。』侍臣曰：『何不降旨取索？』仁宗曰：『比聞禁中每有取索，外而遂以爲例。誠恐自此逐夜宰殺，以備非時供應，則歲月之久，害物多矣。豈可不忍一夕之餒，而啓無窮之殺也？』時左右皆呼萬歲，至有感泣者。」○陳師道記：「十閤獻蛤蜊，每枚千錢，一獻二十八枚。仁宗曰：『我當戒爾輩勿爲侈靡，今一下箸費二十八千，吾不甚也。』遂不食。」尋常飛白几，寂寞暗塵浮。魏公作哀册文：「至帚之揮，千奇萬巧。」謂飛白也。歐公云：「仁宗萬機之暇，無所翫好，唯親翰墨，而飛白尤爲神妙。凡飛白，以點畫象物形，而點最難工。至和中，有書待詔李唐卿撰飛白三百點以進，自謂窮盡物象。上亦頗佳之，乃特爲『清浄』二字以賜之，其六點尤爲奇絶，又出三百點外。」〇梁武帝謂蕭子雲曰：「蔡邕飛而不白，羲之白而不飛。飛白之間，在卿斟酌耳。」事見廣記。

【校記】

〔一〕「其」，原作「美」，徑改。

其四

同軌羣方至，因山七〔二〕月催。隱公元年：「天子七月而葬，同軌畢至。」注云：「同軌，以别四夷之國。」〇文帝遺詔：「霸陵山川因其故，無有所改。」因山爲藏，不復起墳。山下川流不絶，就其水名爲陵號。」永違天日表，李密見太宗曰：「龍鳳之姿，天日之表。」空有肺肝摧。杜詩：「塌然摧肺肝。」〇帳殿流蘇卷，李賀詩：「桂帳流蘇暖。」鈴歌薤露哀。後漢禮儀志：大行「載車著白系參繆紼，長三十丈，大七寸，爲挽，六行，行五十人。公卿以下子弟凡三百人，校尉三人，候司馬丞〔三〕爲行首，皆銜枚。羽林孤兒、巴俞擢歌者六十人，爲六列。鐸司馬八人，執鐸先。」言挽者振鐸而歌，其聲哀也。薤露歌，見車載柩注。宮中垂曉軔，西去不更回。離騷經：「朝發軔乎蒼梧兮，夕余至于縣圃。」言宮車曉而發軔，遂歸藏也。

【校記】

〔一〕「七」，龍舒本、宋本、叢刊本作「十」。

〔二〕「丞」，原作「亟」，據後漢書禮儀志、宮内廳本改。

英宗皇帝挽詞二首

御氣方尊極，莊子：「御六氣之辨。」「氣」，疑爲「御宇」，緣下已有「乘雲」。又白樂天開成皇帝挽歌：「御宇恢皇化，傳家叶至公。」乘雲已沉〔一〕寥。乘彼白雲，見前篇。衣冠萬國會，王維詩：「萬國衣冠拜紫宸〔二〕。」又退之太后挽詩：「追攀萬國來，警衛百神陪。」陵寢百神朝。夏鼎傳歸啓，虞羹想見堯。誰當授椽筆，論德在瓊瑶。鼎，謂禹鑄九鼎。史記：「帝禹東巡狩，至於會稽而崩。以天下授益。三年之喪畢，益讓帝禹之子啓，而辟居箕山之陽。禹子啓賢，天下屬意焉。及禹崩，雖授益，益之佐禹日淺，天下未洽，故諸侯皆去益而朝啓，曰：『吾君，帝禹之子也。』於是啓遂即天子之位。」此言嗣聖歷數所歸如故也。○後漢李固傳：「舜坐，見堯於墻；食，見堯於羹。」言聖情追慕之切，如舜之於堯也。

【校記】

〔一〕「沉」，諸本作「沈」。

〔二〕「紫宸」，宋蜀刻本王摩詰文集和賈舍人早朝大明宮之作作「冕旒」。

其二

玉册上鴻名，猶殘警蹕聲。按，治平四年正月庚戌朔，宰臣韓琦等上尊號曰「體乾膺歷文武聖孝皇帝」，至初八日上仙，故云「猶殘警蹕聲」，蓋紀事實也。忽辭千歲祝，祝聖人壽，詳見上注。虚卜五年征。左氏襄公十三年：「石臭言於子囊曰：『先王卜征五年，而歲習其祥。』」注：「征，謂巡狩征行。」〇〔一〕孫奭諫書：「陛下始畢東封，更議西幸，殆非先王卜征五年謹重之意。」羽衛悲哀送，退之豐陵行：「羽衛煌煌一百里，曉出都門葬天子。」山陵指顧成。陝西之民供厚陵之役，不比嘉祐十分之一。韓子華曰：「非上旨丁寧，不能如是。」歐陽文忠公曰：「上云：『朕成先帝之志，天下必不以朕爲不孝。』」〇漢文紀：「作〔二〕顧成廟。」應劭注：「言『制度卑狹，若顧望而成，猶靈臺不日成之，故曰顧成』。」謳歌歸聖子，世孝在持盈。公雖有「持盈」之句，而素論乃主變法。

【校記】

〔一〕「〇」，原作「二」，從宮内廳本改。

〔二〕「作」，原作「注」，據漢書文帝紀改。

神宗皇帝挽詞二首

元豐八年乙丑，神宗升遐。明年，元祐改元，公亦薨。進此詩時，公爲集禧觀使。蓋自熙寧十年至是，里居適九年矣。○曾子開哭公詩：「天上龍胡斷，人間鵬鳥來。」

將聖由天縱，語子罕〔一〕：「天縱之將聖。」成能與鬼謀。易：「天地設位，聖人成能。人謀鬼謀，百姓與能。」聰明初四達，舜典：「達四聰。」雋乂盡旁求。評曰：十字盡當日倚任意。第「初」字不滿，在今人則以爲謗。諸老風流篤厚，未嘗及此。○書序：「旁求儒雅，以闡大猷。」説命：「旁招俊乂，列於庶位。」又：「聿求元聖，與之戮力。」言神考初御極，勵精爲治，欲追三代之時也。公亦以自與。一變前無古，語雍也：「魯一變，至於道。」此言神考之變法，高出百王也。三登歲有秋。前漢食貨志：「民三年耕，則餘一年之蓄，餘三年食，進業曰登，再登曰平，餘六年食；三登曰泰平，二十七歲，餘九年食。然後至德流洽，禮樂成焉。故曰：『如有王者，必世而後仁。』繇此道也。」○盤庚：「若農服田力穡，乃亦有秋。」謳歌歸子啓，欽念禹功修。此句啓後來紹述之張本。

【校記】

〔一〕「子罕」，原作「子固」，據論語及宮內廳本改。

其二

城闕宮車轉，山林隧路歸。言自城闕而歸山林，亦古詩「華屋山丘」之意。○左氏：「重耳請〔一〕隧，襄王曰：『王章也。』」注：「闕地通路曰隧。」蒼梧雲未遠，姑射露先晞。舜葬於蒼梧之野。雲，則「乘彼白雲」之意。蒼梧、姑射，皆指陵闕也。杜詩：「回首叫虞舜，蒼梧雲正愁。」玉暗蛟龍蟄，西京雜記曰：「漢帝及諸侯王，葬皆珠襦玉匣，形如鎧甲，連以金縷。匣上皆鏤爲蛟龍、鸞鳳、龜鱗之象，時謂蛟龍玉匣。」玉暗，亦言歲久，玉色故暗也。」易繫辭：「龍蛇之蟄，以存身也。」杜詩：「蛟龍欲蟄寒沙水。」金寒鴈鶩飛。評曰：尋常對偶，而有以爲極工者。○昭公四年：「金寒玦離。」○拾遺録：「日南之南有瑶泉，時有梟鴈，色如金玉，羣飛戲於沙瀨。羅者得之，乃真金梟也。昔破酈山之墳，行野者見金梟向南而飛。至寶鼎元年，張善爲日南太守，郡民有見金梟以貢善。善博識多通，考其年月，即是秦皇墓金梟也。」○劉向傳諫厚葬疏：「水銀爲江海，黄金爲梟鴈。」老臣他日淚，湖海想遺衣。評曰：此老佛心腸，無甚情事。○遺衣，如黄帝昇天遺弓劒之類。

【校記】

〔一〕「請」，原作「諸」，據左傳僖公二十五年、宫内廳本改。

太〔一〕皇太后挽詞二首

慈聖光獻仁宗曹后也。元豐三年庚申十月二十日上仙。明年三月山陵，詔百官各進挽詞二首。公時奉祠里居，進此。

國賴姜任盛，門歸馬鄧高。

后漢明帝明德馬后、和熹鄧后。詩：「厥初生民，時維姜嫄。」后稷母也。○大明詩：「太任有身，生此文王。」后祖父贈唐王彬、父玘，尚書虞部員外郎，故云「門高」。

關雎求窈窕，卷耳念勤勞。

評曰：十字欲不可動。○關雎：「窈窕淑女，寤寐求之。」郭氏既退，王〔二〕聘后入宮，詔平章事李迪、參知政事王隨持節授册，立爲皇后。妙選而入，故云「求」也。○卷耳，知臣下之勤勞，內有進賢之志。公詩義云：「卷耳，言后妃之志。后妃不得預闑外之事，而其所以輔佐君子，思相與濟大業者，乃其志也。惟有是心，則其於險詖私謁、敗德亂政之事遠矣。」公意蓋謂可以有其志，不可有其事也。是時臣僚如吳丞相冲卿、從臣元絳、王存、鄧潤父、何洵直皆進詞，傳於中外。或謂公關雎、卷耳之句固美矣，然止后妃事而已。此可謂繆論。詩固當摠論平生之美，何嫌言后妃事耶？況後篇又用啓母、文母事。

聖淑才難擬，休明運繼遭。

聖淑休明，謂定儲嘉祐，復辟治平。又神廟御製詞亦云「燕翼功參九，安榮世歷三」也。時高太后、向太后皆侍。○國史稱后才高慮深。至和、嘉祐中，仁宗數得疾，或至危殆不知人。天下憂恐，賴后扶持，卒無事。治平、熙寧時，陰功隱德，著於天下。升遐之日，四海想慕，老臣宿將尤哀不自勝。○英宗感疾，后垂簾聽政。○二府每於前殿奏事罷，詣小殿奏太后。后意有疑其未盡者，則曰：「公等更議之。」再奏，盡善乃可，未嘗自出己意。事涉曹氏及內臣者，無絲毫優假。中外章奏下二府者，日不減五十通。二府考會擬議，近者數日，遠者旬月，然後進呈。后一一記舉大意，無所忘失。富弼時爲樞密使，退謂副使吳奎曰：「君后〔四〕彊記，能如是乎？」奎曰：「奎於經史，誦之五十過，則終身不忘，至於公文叢委，一覽而記之，非所及也。」后博覽經史，往往成誦，每議政事，多引以爲證。觀此，可見后之才。東坡所謂「高出古人之右」，信矣。

岡原今獻卜，維〔三〕扆正攀號。

【校記】

〔一〕「太」字原缺，據目録及龍舒本、宮内廳本補。又，宋本、叢刊本題作「慈聖光獻皇后挽辭二首」。

〔二〕「王」，宮内廳本作「上」。

〔三〕「維」，宋本、叢刊本作「帷」。

〔四〕「后」，宮内廳本作「名」。

其二

塗山女德茂，塗山，啓母也。漢外戚傳：「自古受命帝王及繼體守文之君，非獨内德茂也，蓋亦有外戚之助焉。」京室母才難。周頌思齊〔一〕：「思媚周姜，京室之婦。」注：「京室，王室也。」○語泰伯篇：「武王曰：『予有亂臣十人。』孔子曰：『才難，不其然乎？唐虞之際，於斯爲盛。有婦人焉，九人而已』。」注：「謂文母。」○后待裕陵，慈愛天至。上御朝，退稍晚，后必自至屏扆候之，或自持飲食以待〔二〕上。始終十餘年，外廷不盡知。在仁宗時，英宗方四歲，仁宗命后鞠養，後雖出外邸，問賜不絶。宣仁聖烈皇后，后之甥也，亦四歲，與英宗同時鞠於后所，后深愛之。仁宗謂后：他日必以歸英宗。后許諾。仁宗晚年春秋高，繼嗣未立，天下寒心。后居中佐决大策，遂以英宗爲子，入居慶寧宮，后待之恩意尤密。嘉祐末，仁宗中夜暴得疾，崩。后令左右毋得輒動，斂諸門鑰，悉置於前，乃發喪，授衛士甲宿衛畢，召皇子入。左右請帝即位，后曰：「不可，須宰相至。」乃召韓琦等。及明，宰臣等方入。琦至，慟哭不敢發言。后曰：「皇子，先帝所立。」於是琦奉英宗即位，尊后爲皇太后。具美多前志，餘光永後觀。韓文：「孰云具美，而不永年？」又：「善并美具。」○神廟御製云：「軒輝雖揜北，風教自存南。」遺衣還館御，祖載出宮菆。蔡邕傳：「恒思皇后祖載之時，東郡有盜人妻者，亡在孝子中。」陸士衡詩：「死生各異倫，祖載當有時。」注：「祖，始也。謂移柩車爲引之始。」終始神孫孝，長留萬國歡。孝經：「昔者明王以孝治天下也云云，故得萬國之歡心。」神宗即位，易后宮名曰慶壽。上事后致極誠孝，所以娛悦后無不至。在宮中，從后行，必扶掖，視膳定省唯謹。元豐元年正月望夜，后以齒疾，不御樓觀燈。閏月望夜，上於禁中爲后再張燈靈臺，妓樂俱入。后嘗幸金明池，上豫爲百寶酒舡，其日馳以上壽。嘗得水疾，御醫不能愈，會樞密院檢詳官薛昌朝以病水，得老兵王舉者治之愈。上訪知之，即召入治，后亦愈。上大喜，除舉翰林醫官，賜金紫服，賞賚甚厚。故事，外家男子未嘗得入謁。后既高年多疾，佾亦老，上常爲后言，宜數召見，以自慰懌，后輒不許；請遷佾官，亦不許。一日，佾因侍上從容，上固爲之請得入謁，后乃許之。上自與佾同至后閤，坐少頃，上先起，令佾得伸親親意。后遽謂佾曰：「此非若所當留也。」趣隨上出。上既除后喪，每朝謁景靈，哀慟左右，間召佾子評、誘至神御前行家人禮。六年正月，當朝謁，諫官趙彦若言：「竊見聖情思慕，猶如前時，公卿侍臣，無不惻楚。慶壽變除，歲月漸〔三〕遠，而少陽用事，生氣尚微。若孝思發中，或復感動，慮於時令有所未順。欲望抑忍聖意，奉承天時。」上雖嘉其言，及朝饗，哀慕如初。右國史並載，可見裕陵始終孝愛之盡。○范忠宣作光獻挽詞亦云：「聖主孝思形四海，千秋萬歲詠蒸〔四〕哉。」

【校記】

〔一〕「思齊」，出自詩大雅，非詩周頌。

〔二〕「待」，宮内廳本作「食」。

〔三〕「漸」，原作「斬」，據宮内廳本改。

〔四〕「蒸」，宮内廳本作「烝」。

吴正肅公挽詞三首

名育。○公嘗舉賢良，終河南守，葬鄭。介甫舉進士時，公知舉。〔一〕

昔繼吴公治，漢河南守吴公，治平爲天下第一。今從子産游。昭公二十年：「子産卒，仲尼聞之，出涕曰：『古之遺愛也。』」里門無舊客，鄉國有新丘。歐公作吴墓誌云：「吴氏世爲建安人，自曾、高〔二〕以來，皆葬建州之浦城。至公始葬其皇考於新鄭。」公從葬焉。若言鄉國，當謂建州。今顧指新鄭，蓋正肅已葬親於鄭矣。謀讓裨諶遠，襄公三十年：「裨諶能謀，謀於野則獲，謀於邑則否。」文歸賈誼優。公天聖中試禮部爲第一，遂中甲科，時年尚少。此時辜怨寵，西望涕空流。怨寵，未詳。

【校記】

〔一〕宋本、叢刊本題作「正肅吴公挽辭三首」，以本首爲第三首，以下爲第一、二首；下注中無「名育」二字，「介甫」作「予」。龍舒本無題注。

〔二〕「曾、高」，歐陽修居士集資政殿大學士尚書左丞贈吏部尚書正肅吴公墓誌銘作「高、曾」。

其二

從容邊塞議，元昊初叛，公獨言：「夷狄不識禮義，宜勿與校，許其所求，彼得無詞以動，然後飭邊備以待之。」時方鋭意攻討，不以爲然，卒如公策。慷慨〔一〕廟堂争。公嘗與賈丞相争事上前，殿中人皆失色，公論辨不已。既而曰：「臣所争者，職也，顧力不能勝，願得罷去。」時爲參知政事。公在政府，又嘗論駁魚周詢乞因災異方試賢良事。曲突非無驗，霍光傳：「今論功而請賞，曲突徙薪亡恩澤，焦頭爛額爲上客。」方穿有不行。史記：「淳于髡曰：『稀膏棘軸，所以爲滑也，而不能運方穿。』」朝廷〔二〕一作「搢紳」。終倚賴，公始自樞府出，連典數州，後卒召還，判都省，除宣徽使，帥鄜，還〔三〕改河中。賻襚極哀榮。豈愧一作「慕」。公孫相〔四〕，平生慕〔五〕一作「學」。董生。轅固言：「公孫子務正學以言，無曲學以阿世。」此言公以直道，卒不至宰相。

【校記】

〔一〕「慷慨」，龍舒本作「抗疏」。

〔二〕「朝廷」，宋本、叢刊本作「搢紳」。

〔三〕「還」，宮内廳本作「延」。歐陽修正肅吴公墓誌銘載：吴育「拜宣徽南院使、鄜延路經略安撫使，判延州。」

〔四〕「豈愧」句，宋本、叢刊本作「豈慕公孫貴」。

〔五〕「慕」，宋本、叢刊本作「學」。

其三

應世文章手，宜民政事才。公爲政簡嚴，所至，民樂其不擾。去雖久，愈思之。知襄城縣，宗室宦官往來上冢，不敢犯。治開封，尤先豪猾，曰：「吾何有以及斯人？去其爲害者而已。」朝多側目忌，仁宗嘗語輔臣：「吳育剛正可用，但嫉惡太過耳。」觀此，宜爲小人所忌也。汲黯傳：「令天下側目而視矣。」士有拊心哀。古詩：「苦哉遠征人，拊心悲如何？」書蠹平生簡，香寒後夜灰。悠悠國西路，空得葬車回。吳葬鄭州。

賈魏公挽詞二首〔一〕

昌朝字子明，謚文元。○自仁宗徙爲開封人，英宗治平二年薨。

功名烜赫在三朝，文元天禧元年以文章召試，賜同進士出身，以經術大顯於仁宗時，卒於英宗治平二年七月，故云「三朝」。經術從容輔漢條。儒服早紆丞相紱，文元慶曆五年自樞密使拜集賢相，兩月，升昭文相。戎冠再插侍中貂。戎冠，謂帶節鉞也。文元皇祐元年以檢校太師兼侍中判鄭州，嘉祐元年判大名，時又進封許國公兼侍中。方避，未聽，而以樞密使召，卒罷侍中，乃帶平章事兼樞密使。三年，以鎮安節右僕射檢校太師兼侍中，充景靈宮使。至治平元年，求還侍中，至六七，不許。今云「再插」，蓋一次除而不拜也。又呂晦叔奏疏云：「臣伏見正侍中，自國朝以來，罕曾除授，如賈昌朝、文彥博輩，皆以節度使、樞密使兼領。至於真拜，則自范質、趙普後，惟丁謂、馮拯、韓琦以受遺宰相，故有殊命。今來富弼已當大任，欲乞因其固辭，與免兼侍中，遂其謙守。」開倉六塔流民〔二〕復，六塔，河名也。公爲大名，河決商胡，出倉廩與被水百姓，舍其流棄，接以醫藥，所活九十餘萬口。出甲甘陵叛黨銷。甘陵，貝州也。公安撫河北，王則反貝州，亟命部將王信、孟元、郝質持兵擣攻具往，且請自出搏賊，不許。終賊所以破，功居多。東第秖今空畫像，司馬相如傳：「居列東第。」師古曰：「東第，甲宅也。居帝城之東，故曰東第。」當時於此識風標。

【校記】

〔一〕宋本、叢刊本題作「文元賈公挽辭二首」。

〔二〕「民」，宋本、叢刊本作「人」。

其二

銘旌蕭颯九秋風，薤露悲歌落月中。華屋幾人思謝傅〔一〕，華屋，用羊曇事。佳城今日閉滕公。西京雜記：「滕公得石槨銘曰：『佳城鬱鬱，三千年，見白日，吁嗟滕公居此室。』」名垂竹帛書勳在，神寄丹青審象同。說命篇：「乃審厥象。」天上貂蟬曾夢賜，吳曾漫録：「賈文元公母史夫人方妊娠，父注夢使者持大笏，奉貂蟬、紫綬、玉簡，揖令受賜。既寤，告史曰：『若生子，必爲宰輔。』翌日生文元公，命名昌朝。」歸魂應侍〔二〕紫陽宮。子由作張樂全挽詩：「聞道騎箕尾，還應事玉宸。」皆言死而復爲仙也。○唐張賁詩：「酒後只留滄海客，香前惟見紫陽君。」○李涉黃葵詩：「好逐秋風天上去〔三〕，紫陽宮女要頭冠。」

【校記】

〔一〕「謝傅」，宋本、叢刊本作「賈傅」。

〔二〕「侍」，宋本、叢刊本作「佩」。

〔三〕「逐」，原作「起」，據宮內廳本、全唐詩李涉黃葵花改；「天上」，全唐詩作「上天」，注曰：「一作『天上』。」

晏元獻公挽詞三首〔一〕

殊，字同叔。

文章晉康樂，經術漢公孫。比之謝靈運、公孫弘，與曾子固作公類要序，皆有微意。舊秩疑丞貴，公薨時，階已儀同三司。先雖遷尚書左丞，恐非指此。蓋前丞後疑，在古皆宰相也。前功保傅尊。前功，必謂公在仁宗爲儲副時，居保傅之任也。初，公任館職，真宗嘗論大臣：「近聞館閣臣僚，無不嬉游宴賞，惟殊杜門與兄弟讀書。如此謹厚，正可爲東宫官。」後卒相仁宗，實基於此。傳呼猶在耳，會哭已填門。蕭瑟城南路，嗚笳上九原。九原，出檀弓。公葬陽翟。○柳子厚書：「排門填户。」

【校記】

〔一〕宋本、叢刊本題作「元獻晏公挽辭三首」，龍舒本無「公」字。

其二

終賈年方妙，蕭曹地已親。杜詩：「扈聖登黄閣，明公獨妙年。」蕭、曹，言故人也。終、賈，謂公以童子被遇爲宫官。優游太平日，密勿老成人。抗論辭多秘，公既左右東宫，真宗所咨訪，多以方寸小紙細書問之，由是參預機密。凡所對，必以其藁進，示不洩。其後悉閱真宗閣中遺書，得公所進藁，類爲八十卷，藏之禁中，人〔二〕莫之見也。賡歌迹已陳。功名千載下，不負漢廷〔二〕臣。賈誼傳：「漢廷臣無出其右者。」

【校記】

〔一〕「人」字原脱，據宫内廳本補。

〔二〕「廷」，宋本、叢刊本作「庭」。

其三

感會真奇遇，飛揚獨妙齡。他年西餞日，書：「寅餞納日，平秩西成。」此夜上騎星。謂送真廟山陵也。傅説事，見莊子。楚詞亦云：「奇傅説之託星辰兮，羨韓衆之得一。」宿惠留藩屏，公嘗爲應天府、潁、陳、許州，知永興軍，徙河南府，皆有惠政。餘忠在禁廷〔一〕。音容無處所，髣髴寄丹青。公喜薦士，其得人最多。范忠文挽公詞亦云：「平生欲報國，所得是知人。」而公詩乃不及此。

【校記】

〔一〕「廷」，宋本、叢刊本作「庭」。

韓忠獻挽詞二首〔一〕

琦，字稚圭。

心期自與衆人殊，南史向柳傳：「柳與顏峻友善。及峻貴，柳猶以素情自許，不推先之。范璩戒柳曰：『名位不同，禮亦異數。卿何得作曩時意耶？』柳曰：『我與士遜心期久矣，豈可一旦以勢利處之？』及柳涉義宣事繫獄，峻竟不助之，柳遂伏法。」骨相知非淺〔二〕丈夫。獨斡斗杓環帝座，公爲相十年，雖有同相者，而大事多公專之，故云「獨斡」也。親扶日轂上一作「繼」。天衢。仁宗春秋高，繼嗣未立，公乞立皇子，是爲英宗。英廟屢疾，公又乞早定國本，以安衆心，乃立潁王爲皇太子，時治平三年十二月也。神宗旋即尊位。鋤耰萬里山無盜，商君傳：「山無盜賊。」衮繡三朝國有儒。三朝，謂相仁宗、英宗、神宗。爽氣忽隨秋露盡，謾憑〔三〕一作「但留」。陳迹在龜趺。唐葬令：「五品以上墓表，爲龜趺螭首，高九尺；七品爲碣，方趺圓首，其高四尺。」

【校記】

〔一〕宋本、叢刊本題作「忠獻韓公挽辭二首」。

〔二〕「淺」，龍舒本作「賤」。

〔三〕「謾憑」，宋本、叢刊本作「但留」。

其二

兩朝身與國安危，公與魏公啓云：「英宗以哀疚荒迷，慈聖以謙冲退託，内揆百官之衆，外當萬事之微。國無危疑，人以静一。周勃、霍光之於漢，能定策而終以致疑；姚崇、宋璟之於唐，善致理而未嘗遭變。記在舊史，號爲元功。未有獨運廟堂，再安社稷，弼亮三世，敉寧四方，崛然在諸公之先，焕乎如今日之懿。」典策哀榮此一時。木稼曾〔一〕聞達官怕，舊唐書讓皇帝傳云：「開元二十九年，京城寒甚，嚴霜封樹。時學者以爲春秋『雨木冰』即此是，亦名樹介，言其象介胄也。憲見而嘆曰：『此俗所謂樹稼者也。諺曰：樹稼達官怕。必有大臣當之，吾其死矣。』十一月，薨。」○元豐初，雨木冰，又華山崩，故推以爲公薨之應。介父最不喜劉向諸儒洪範傳傳會災異之説，獨此推之於事云。山頹果見哲人萎。檀弓：「哲人其萎乎？」英姿爽氣歸圖畫，茂〔二〕德元勳在鼎彝。范忠宣作富公挽詞亦云：「英氣不隨鐘漏盡，高名長與日星垂。」幕府少年今白髮，傷心無路送靈輀。評曰：語意甚悲。謂有憾，非也。○幕府少年，事見入瓜步望揚州注。○陸士衡詩：「舍爵兩楹位，啓殯進靈輀。」王莽造華蓋車，百官竊言：「此似輀車，非仙物也。」褚彦回傳：「先是，庶姓三公輀車未有定格。王儉議官品第一皆加幢〔三〕絡，自彦回始。」王禹玉作公挽詩亦云：「淮南別乘人空老，猶憶當時醉吐茵。」

【校記】

〔一〕「曾」，宋本作「常」，叢刊本作「嘗」。

〔二〕「茂」，宋本作「舊」。

〔三〕「幢」，原作「轅」，據宮内廳本、南史褚彦回傳改。

故相吴正憲公挽詞〔一〕

丙魏雖遭漢道昌，豈如公出值虞唐？秀鍾舊國山川氣，榮附中天日月光。更化事功參虎變，公名充，參政育之弟，建安人，蓋閩産也。或言「秀鍾舊國」之語，意若譏吴深中。○吴變法時大用，故云「參虎變」。介父於吴最厚。介父罷，吴始相，陰欲有所變更，稍進介甫所斥逐之人韓維、吕公著等。介父此語，似言其初未嘗不同也。○易革卦：「大人虎變，未占有孚。」取更革之義。贊元時序得金穰。金穰，見天官書。又貨殖傳：「故歲在金穰，水毁、木饑、火旱。旱則資舟，水則資車，物之理也。」○袁子正書：「歲在申酉，乞漿得酒。」申酉屬金，亦謂金穰。傷心鼓吹城南陌，回首新阡柏一行。評曰：乃極不滿耳。

【校記】

〔一〕宋本、叢刊本題作「正憲吴公挽辭」，龍舒本卷七十八題作「故吴相公挽辭」。

庚寅增注第四十九卷

神宗皇帝挽詞其二　湖海想遺衣　白樂天聞國哀詩：「涕淚滿襟君莫怪，甘泉侍從獨多時。」

太皇太后挽詞二首　慈聖光獻皇后薨，上悲慕甚。有姜識者，自言神術，可使死者復生。上命以其術置壇於外苑。凡數旬，無効，乃曰：「臣見太皇太后方與仁宗宴，臨白玉欄干賞牡丹，無意復來人間也。」上知誕妄，亦不深罪，止斥於柳州。蔡承禧進挽詞曰：「天上玉欄花已拆，人間方士術何施？」蓋謂是也。據此，蔡不應引妖妄之詞爲證也。

吴正肅公挽詞其二　方穿有不行　徐鍇說文「楇」字注：「桉，古者車行，其軸當滑也，易故嘗載脂膏以塗軸。楇，即其器也。」齊人，謂淳于髡爲炙楇，以其言長而有味，如炙楇，器雖久而膏不盡也。

其三　側目忌　息夫躬傳：「衆畏其口，見之仄目。」師古注：「仄，古側字也。」

晏元獻公挽詞其一　疑丞　文王世子篇：「虞、夏、商、周有師保，有疑丞，設四輔及三公，不必備，唯其人。」　填門　鄭當時傳：「翟公爲廷尉，賓客填門。」又原涉傳：「人無賢不肖闐門。」

其二　密勿　杜詩：「經緯常密勿。」

其三　奇遇

宋庠謝紀年通譜奬諭詔云：「但實訓之獲傳，實孤生之奇遇。」云云。

韓忠獻挽詞其一

心期自與衆人殊　韓魏公慶曆中以資政殿學士知揚州。荆公初及第，爲校書郎、簽書判官廳公事，議論多與魏公不合。洎嘉祐末，魏公爲相，荆公知制誥，因論蕭注降官詞頭，遂上疏争舍人院職分，其言頗侵執政。又爲糾察刑獄，駁開封府斷争鵪鶉公事，而魏公以開封爲直。自是往還文字甚多。及荆公秉政，又與常平議不合。然而荆公每評近代宰相，即曰：「韓公德量才智，心期高遠，諸公皆莫及也。」及魏公薨，爲挽詞曰：「心期自與衆人殊，骨相知非淺丈夫。」又曰：「幕府少年今白髮，傷心無路送靈輀。」

骨相知非淺丈夫　國史本傳稱公風骨秀異，美鬚髯。子忠彦常使遼，遼主以忠彦貌類琦，命工圖之。石介云：「琦有奇骨，可屬大事，重厚如勃。」○西漢書：「誠淺之爲丈夫也。」

山無盜　京房傳：「委任趙高，政治日亂，盜賊滿山。」

其二

木稼曾聞達官怕　五行志：「成公十六年，雨木冰。劉向以爲：『冰者，陰之盛而水滯者也。木者，少陽，貴臣卿大夫之象也。此人將有害，則陰氣脅木先寒，故得雨而冰也。是時，叔孫僑如出奔，公子偃誅死。』」又曰：「今之長老名水冰爲木介。介者甲。甲，兵象也。是歲，晉有鄢陵之戰，楚王傷木而敗。」○東軒筆録云：「熙寧三年，京輔猛風大雪，草木皆稼，厚者冰及數寸。既而華山震，阜頭谷圮拆數十百丈，蕩摇十餘里，覆壓甚衆。」○唐天寶初，冰稼，而寧王死，故當時諺曰：「冬凌樹介達官怕。」又詩有「太山其頹，哲人其萎」之説，衆謂大臣當之。未數年，而司徒、侍中、魏國韓公琦薨。王荆公作挽詞，略曰：「冰介嘗聞達官怕，山頽今見哲人萎。」公薨於神宗即位之二年，年六十八。前一夕大星殞，櫪馬皆驚。

故相吴正憲公挽詞

新阡柏一行　謝靈運詩：「徂謝易永久，松柏森已行。」或謂公表中嘗云：「況遠迹久孤之地，寔邇言易間之時。」所謂「邇言」，專可指吴也。

王荆文公詩卷第五十

律詩

孫威敏公挽詞

沔，字元規。○越州人，後寓許下。治平三年，自慶徙延，道卒於鄜州。

功名一世事，興廢豈人謀。評曰：起得慨歎。○言士之立功名，休戚關於天下，非一身之計。其興廢成敗，非人力所能爲也。嘉祐間，參政王堯臣死，帝欲召公而未果。樞密使田况病，帝又屬意公，言者遂力攻公守杭及并所爲多不法，卒由此謫。重爲蒼生起，終隨逝水流。孔子在川上曰：「逝者如斯夫，不捨晝夜。」○沔三知慶州，邊人服其能。後又安撫廣南，助狄青平儂寇。英宗初，數與執政議守邊者，難其人。歐陽公言：「慶曆罷兵以來，當時更事舊人，惟孫沔在。雖中以罪廢，然棄瑕使過，正是用人之術。」乃以資政、觀文再起帥西陲，旋卒。凄涼歸部曲，零落掩山丘。鮑昭詩：「將軍既下世，部曲亦罕存。」曹子建詩：「零落歸山丘。」許國言猶在，姦諛可使羞。沔，會稽人。景祐初，爲御史，坐言事連斥。旋擢諫官，益有直名。後爲陝西轉運使，上書斥吕夷簡：「多忌，不用正人。先出鎮許昌，乃薦王隨、陳堯佐代己，專引不若己者爲自固之計，欲使陸下知輔相之位非己不可，冀復思己而見用也。今其求罷，若復不救前過，是張禹不獨生於漢，李林甫復見於今。」帝不之罪，議者以爲蹇切。

崇禧給事馬兄〔一〕挽詞二首

名中甫，廬江人，晚知通進銀臺司，提舉江寧府崇禧觀，銀臺主封駁，後改爲給事中。

慶曆公偕起，元豐我獨傷。（馬與公爲同年，卒於元豐三年冬。）兩楹終昔夢，（檀弓：「夢坐奠於兩楹之間。」）五鼎繼前喪。（孟子：「孟子之後喪踰前喪……前以三鼎而後以五鼎歟？」士祭三鼎，大夫祭五鼎。）薰歇曾攀桂，（樂天賀座主拜太常詩：「共仰曾攀處，年深桂尚薰。」○李義山詩：「酒甕凝餘桂，書藏冷舊芸。」）甘留所憩棠。（評曰：句好。○詩甘棠：「蔽芾甘棠，勿翦勿敗，召伯所憩。」○馬爲登封縣，募民鑿轘轅爲通塗。將漕淮南，言瀕江諸州民有米而無官糴，若移糴瀕江，則穀售不至傷農，而真、揚以北無湧貴之患。徙江淮發運使，自洪澤鑿渠六十里，以避長淮漕運之險。凡此皆惠政也。）素風知不墜，能世有諸郎。（君之子玕、瑊、瑲、瑞、瑧皆未聞顯者。瑊仕差遂。）

【校記】

〔一〕龍舒本、宋本、叢刊本「馬兄」上有「同年」二字。

其二

藏室亡三篋，得之公最多。漢張安世傳：「上行幸河東，嘗亡書三篋，詔問，莫能知。惟安世識之，具列其事。」按：馬未嘗爲館閣，然父亮事仁、英朝爲名臣，意中甫必諳知朝章國典，故用安世事以比之。露晞當晚景，川逝作前波。川逝，見孫威敏挽詞注。惠寄輿人誦，輿人誦，用子產事，見左傳襄公二十九年。悲傳挽者歌。西陽雜俎云：「田橫死，從者不敢哭，爲歌以寄哀。」摯虞新禮議：「挽歌出於漢武帝，役人勞苦，歌聲哀切，遂以送終，非古制也。」工部郎中嚴厚本云：「挽歌，其來尚矣。據左傳：『公會吳子伐齊，將戰，公孫夏命其徒歌虞殯，示必死也。』」竹西攜手處，漬洒〔一〕一作「清淚」。邈山河。「漬洒邈山河」，疑作「漬酒」。謝承書言：「徐穉爲諸公所辟，雖不就，有死喪，負笈赴弔，常於家豫炙雞一隻，以一兩緜絮漬酒中，暴乾以裹雞，徑到所起冢隧外，以水漬緜，使有酒氣。斗米飰，白茅爲藉，以雞置前，醊酒畢，留謁而去，不見喪主。」公此詩意蓋言道遠不能往弔也。○馬嘗一再知揚州，公必嘗與相會，故云「竹西」也。○杜牧詩：「斜陽竹西路，歌吹是揚州。」

【校記】

〔一〕「漬洒」，宋本作「漬淚」，叢刊本作「清淚」。

陳動之祕丞挽詞二首

年高漢賈誼，官過楚荀卿。賈生没時年三十三。荀卿，趙人。仕齊，三爲祭酒。仕楚，爲蘭陵令。卒葬蘭陵，故係之楚。望古君無憾，論今我未平。評曰：甚頓挫抑揚，何也？○比君荀、賈，亦可無憾耳。若眎世之庸庸躐居顯重，以君之才，顧僅止此，則不能不使人不平也。有風吹畫翣，無日照佳城。空復文章在，流傳世上名。

其　二

動之，天聖八年王拱辰榜甲科第八名。

人間三十六，追逐孔鸞飛。三十六，謂動之所得之年。以前篇「年高漢賈誼」之句考之，即可見。似欲來爲瑞，評曰：好。○唐書：「人瑞有鄭仁表。」如何去不歸？琴樽已寂寞，筆墨尚光輝。空復平生友，西華豈易依？劉峻見任昉諸子西華兄弟等流離不振，平生舊友，莫有收恤。西華冬月著葛帔練裙，路逢峻，峻泫然矜之，乃廣朱公叔絶交論。到溉見其論，抵几於地，終身恨之。公用此事，必有所指。

贈尚書工部〔一〕侍郎鄭公挽詞

苕溪胡仔云：「鄭兵部仲賢、工部文寶，不知其果一人耶？果二人耶？」趙清父云：「按國史，鄭文寶字仲賢。此當是鄭文寶也。」

地蟠江漢久知靈，左太冲蜀都賦：「近則江漢炳靈，世載其英。」通德門中見老成。鄭康成通德門。南去伏波推將略，北來光禄擅詩名。馬援爲伏波將軍。○小杜寄宣州鄭諫議詩：「五旬寧謝顏光禄，百歲須齊衛武公。」嚴武詩：「可似步兵偏愛酒，也知光禄最能詩。」光禄，謂謝莊、顏延年，皆爲光禄。王少卿塵史：「鄭工部文寶將漕陝西，經畫靈武，後謫監郢州京山縣税。過信陽軍白雪驛，作絶句，久而湮没，莫有知者。先君皇祐間尉是邑，重書於牌，後亦亡。近郢州刊工部詩，凡三百餘首，亦無之。詩曰：『得罪前朝出粉闈，五原功業有誰知？年餘放逐無人識，白雪關頭一望時。』工部在京山，又有寒食日經秀上人房詩云：『花時懶看花，來訪野僧家。勞師擊新火，勸我雨前茶。』其詩篆書刻石在縣多寶寺中。」據塵史所記，則詩所稱「將略」、「詩名」不虚矣。

密章贈襚連三組，劉禹錫爲杜司徒謝追贈表：「紫書忽降於九重，密印加榮於厚夜。」印，即章也。權載之渾瑊墓銘亦曰：「襚印易名，以尊以飾。」又王定神道碑銘云：「密印金貂，襚於墓門。」○王崇術神道碑銘云：「没代流慶，密章下賁。」○李國貞神道碑銘〔二〕云：「煌煌密章，肅肅絲言。」杜牧上周相公書：「楊僕三組垂腰，蘇秦六印在手。」楊僕傳：「懷銀黄，垂三組。」師古曰：「銀，銀印也；黄，金印也。」時僕爲主爵都尉，又爲樓舡將軍，并封梁侯，故云「三組」。畫翣喪車載一旌。翣者，車飾也。檀弓下曰：「周人牆置翣。」董勛答問曰：「翣似屏風，人持隨車前後左右也。」檀弓上曰：「銘，明旌也。以死者爲不可別，故以其旗識之。」

陰德故應多後福，後漢虞詡上疏薦議郎左雄曰：「今公卿類多拱默，以樹恩爲賢，盡節爲愚，至相戒曰：『白璧不可爲，容容多後福。』」可能生子但升卿。虞詡祖父經曰：「吾決獄六十年矣，雖不及於公，其庶幾乎！子孫何必不爲九卿？」故詡字升卿。

【校記】

〔一〕宋本、叢刊本「工部」上無「尚書」二字。

〔二〕「貞」，宮内廳本作「真」。

致仕虞部曲江譚君挽詞

同時獻賦久無人，李端贈康洽詩：「同時獻賦人皆盡，共壁題詩君獨存。」握手悲歡迹已陳。蘭亭序：「俛仰之間，已爲陳迹。」他日白衣霄漢志，杜詩：「空餘棟梁具，無復霄漢志。」暮年朱紱水雲身。杜牧詩：「水雲蹤跡去悠悠。」虚容劍几今長夜，虚容，君平生之儀也。宋鮑昭蒿里歌：「虚容遺劍佩，美兒戢衣巾。」小隱山林祗舊春。豈惜埋辭追往事，退之王適銘：「鑽石埋辭，以列幽墟。」齒衰才盡獨傷神。才盡，用江淹事。

馬玘大夫挽詞

冠蓋青門道，漢長安有青門，取以爲比。知君自少時。從容他日喜，奄忽暮年悲。江月明丹旐，湖風冷繐帷。音容雖可想，小杜祭周公文：「想像音容，思惟恩紀。」材力竟何施？公有祭玘文，稱其「割劇撥煩，爲時能吏」。

蘇才翁挽詩二首〔一〕

蘇才翁，名舜元。祖易簡，參知政事。父耆，終工部郎中、直史館，娶王文正公之女，生三子，皆有才名，而才翁最長。七歲，能爲歌詩，文正公愛且奇之，奏授同學究出身。時詔復唐進士科，而新令門選者不得與焉。君乞還所有官，應詔，不得報，乃上所著文章。召學士院試，賜進士出身，後浸顯。以弟舜欽謫死湖州，求江吳一郡。平居譚辨，唐數百年間，喜稱魏鄭公諫諍、裴晉公德業、李臨淮將兵、衛公處邊事、劉忠州通流財利、韓退之文章，類此數人而已。其議當世人物，亦以之爲標的。於人少所稱許，至有同班列，偕出入，漫不省記，以是予者益少。然涖官當事，定慮果決。所至制束強黠，敦尚風儀。其爲文不迹故陳，自爲高古。雖所不與者，亦不能掩也。

空餘一丹旐，退之祭嫂文：「水浮陸走，丹旐翩然。」無復兩朱轓〔二〕。寂寞蒜山渡，陂陀京口原。音容歸繪畫，才業付兒孫。尚有故人淚〔三〕，滄江相與翻。韓詩：「慷慨爲悲咤，淚如九河翻。」

【校記】

〔一〕「詩」，宫内廳本作「詞」，叢刊本作「辭」。龍舒本卷七十八蘇才翁挽辭僅一首，同此。

〔二〕「轓」，宫内廳本作「輪」。

〔三〕「淚」，龍舒本作「渡」。

其　二

翰墨隨談笑〔一〕，風流在弟兄。浮名同逆旅，壯志負平生。使節何年去？喪車故老迎。悠悠京口外，落日照銘旌。張耒明道雜誌稱才翁之詩與翰墨皆過子美，而世人不盡知也。范公希文嘗爲才翁作黄素小楷伯夷頌，書尾云：「書札亦要切瑳，未是處無惜見教。」時皇祐三年，才翁以度支郎中爲京西轉運使，范公爲青社。才翁又有詩謝范公及路公題跋云：「台文競耀高逾麗，化筆交揮老更閑。」

【校記】

〔一〕「笑」，叢刊本作「嘯」。

王中甫學士挽詞 王介，衢州人，嘉祐六年與二蘇同中制科。

同學金陵最少年，奏書曾用牘三千。盛名非復居人後，齊東昏侯，明帝子。帝嘗戒曰：「作事不可在人後。」賈充謂庾純：「君行嘗居人前，今何以在後？」三千牘，見史記東方朔傳。中甫仁宗時以制策登科，故詩有「牘三千」、「盛名」之句。東坡亦嘗爲作挽詩，遺其子沆之。壯歲如何棄我先？種橘園林無舊業，採蘋洲渚有新篇。種橘，用李衡事。劉長卿送李中丞詩：「罷歸無舊業，老去戀明時。」○據諸公多言介心疾，故公前詩戲以「白蘋洲渚正滄波」之句。今又及蘋洲事，疑猶前意。劉貢父在試院，因争畜字，與介忤。後與歐公書云：「某愚戇孤蹇。前在試院，不幸與小人共事，論議之間，爲所詬辱。既素知其心病狂易，都與包含隱忍，未嘗酬對。」據此，則介之心疾，似有之矣。蒜山東路春風緑，埋没誰知太守阡？

王逢原挽詞

逢原名令，廣陵人，累見前注。公嘗銘其墓。

蒿里竟〔一〕何在？死生從此分。謾傳仙掌籍，神仙傳拾遺：「木公，亦云東王父，亦云東王公，亦號玉皇君。真僚仙官巨億萬計，各有所職，皆禀其命而朝奉翼衛。故男子得道者，名籍隸焉。」○白樂天詩：「但恐長生須有籍，仙臺試爲檢名看。」誰見鬼修文？真誥：「卜商等爲地下修文郎。」蔡琰能傳業，韓詩：「中郎有女能傳業，伯道無兒可保家。」中郎，謂蔡邕，琰，其女也。言逢原無子，僅有女。侯芭爲起墳。揚雄傳：「雄天鳳五年卒，侯芭爲起墳，喪之三年。」傷心北風路，吹淚濕江雲。令葬常州武進縣。

【校記】

〔一〕「竟」，宋本、龍舒本、叢刊本作「競」。

葛興祖挽詞

名良嗣，年四十餘，始以進士出仕州縣。餘十年，窮於無所遇以死。公嘗銘其墓云。

憶隨諸彦附青雲，場屋聲名看出羣。興祖當天聖、嘉祐間，兄弟皆以文有聲赫然。屢試進士，角出其上。孫寶暮年猶主簿，孫寶傳：「御史大夫張忠署寶主簿，徙舍祭竈，請比鄰。忠使所親問：『今兩府高士，俗不爲主簿，子既爲之，徙舍甚説，何前後不相副也？』」興祖卒於許州長社縣簿。卜商今日更修文。見上注。山川凜凜平生氣，草木蕭蕭數尺墳。欲寫此哀終不盡，但令千載少知君。介甫誌興祖墓，追悼甚切。

王子直挽詞

多才自合至公卿，豈料青衫困一生。劉貢父作子直哀詞，亦云：「神峻清而骨單，吾固亦以君爲疑。」然則王之不爲公卿，亦自其骨相屯耳。太史有書能叙〔一〕事，曾子固序：「吾友王氏兄弟，曰回深父，曰向子直，曰冏容季，皆善屬文，長於叙事。深父尤深，而子直、容季皆能稱其兄也。」○司馬遷傳：「自劉向、揚雄博極羣書，皆稱遷有良史才，服其善叙事理，辨而不華，質而不俚。」子雲於世不徼名。揚雄傳：「不汲汲於富貴，不戚戚於貧賤，不脩廉隅以徼名當世。」丘墳慘淡箕山緑，門巷蕭條潁水清。握手笑言如昨日，白頭東望一傷情。

【校記】

〔一〕「叙」，宋本作「序」。

孫適〔一〕挽詞

曾南豐嘗爲適書墓，見本集。

喪車上新壟，哀挽轉空山。名與碑長在，魂隨帛暫還。檀弓：「重，主道也。」注：「始死，未作主，以重主其神也。」今人始死，結帛爲之，謂之魂帛，亦主道也。無兒漫黄卷，有母亦朱顏。俛仰平生事，相看一夢間。

【校記】

〔一〕宋本、叢刊本題作「孫君挽辭」，題下注：「名適。」

處士葛君挽詞

楚人黄歇地，據春申君所都乃故吴國，即無錫惠山上有春申君廟，疑此地近之。或言黄州十五里許有永安城，圖經以爲春申君故城，非也。晉代葛洪家。晉書：「葛洪，丹陽句容人。」〔一〕丹陽與無錫接近。據此，則黃州圖經之誤甚明。獨〔二〕一作「特」。擅山川秀，相承黻冕華。據洪祖系，吳大鴻臚。父偉，晉邵陵太守。洪位散騎常侍，領大著作。猗君有清尚，於世不雄〔三〕誇。令子能傳業，流光未可涯。

【校記】

〔一〕「丹陽」，原作「淮揚」，據宮内廳本及晉書改。

〔二〕「獨」，宋本、叢刊本作「特」。

〔三〕「雄」，宋本、叢刊本作「雍」。

追傷河中使君修撰陸公三首〔一〕

公名經，字子履。

文采機雲後，知名實妙年。銀鈎工壯麗，金薤富清妍〔二〕。韓詩：「臨風一揮手，金薤垂琳琅。」謂文彩也，非字畫之謂。批鳳多新貴，中書謂之鳳池，未見「批」字出處。李藩爲給事中，制有不便，就勑尾批「却之」。給事屬門下省，不應言「批鳳」也。據齊高帝使江夏王學鳳尾一字便工，帝以玉騏驎賜之。蓋諸侯牒奏皆批曰「諾」。諾字有尾若鳳焉。凭熊數外遷。漢制：公、列侯安車，倚鹿較，伏熊軾。又杜牧詩：「曾經觸蠆尾，猶得凭熊軒。」空令猗氏監，九域志：「河中府猗氏，以猗頓所居，因爲猗氏。」遺愛有良田。

【校記】

〔一〕宋本、叢刊本題首無「追傷」二字，「陸公」下有「挽辭」二字。

〔二〕「姸」，龍舒本、宋本、叢刊本作「研」。

其二

皖城初得故人詩，歎息龍媒踠壯時。言得詩未久，陸已亡。儲光羲詩：「君門峻且深，踠足空夷猶。」太史滯留終不偶，中郎制作遂無施。太史公留滯周南，不得與從事。中郎制作，謂蔡邕也。邕爲漢史，以被誅，竟不就。二千石禄今何有？四十車書昔謾〔一〕知。劉夢得詩：「謾讀圖書四十車，年年爲郡老天涯。」又：「醉酒一千日，貯書三十車。」又：張華徙居，載書三十車。海曲冷雲埋拱木，僖公三十二年：「爾何知？中壽，爾墓之木拱矣。」注云：「合手曰拱，言其過老，不可用。」延州空掛暮年悲。李白詩：「獨掛延陵劍，千秋在古墳。」又：「悲來欲脱劍，掛向何枝好？」

【校記】

〔一〕「謾」，宋本、叢刊本作「漫」。

其　三

前旌一幅粉書銘〔一〕，行路知君亦涕零。遂失詞人空甫里，謾留悲鶴老華亭。甫里，謂龜蒙也。華亭，士衡也。皆陸氏事。主張壽禄無三甲，管輅言：「吾額上無生骨，眼中無守精，鼻無樑柱，脚無天根，背無三甲，腹無三壬，皆不壽之驗。」樂天哭皇甫七詩：「多才非福禄，薄命是聰明。」亦此意。收拾文章有六丁。退之詩：「平生千萬篇，金薤垂琳琅。仙官勑六丁，雷電下取將。」異人記：「上元中，道士王遠知善易，知人死生禍福，作易摠十五卷。一日，雷雨，風霧中一老人叱曰：『所泄者何在？上帝命吾攝六丁雷電追取。』遠知惶懼據地。旁有六丁人青衣，已捧書去矣。」○詩話云：「嘉祐初，王文公、陸子履同在書林。日者王生一日見兩公，言介甫自此十五年出將入相，顧子履曰：『陸學士無背，仕宦齟齬多難，且壽不滿六十，官不至侍從。』皆如其言。子履死，家人夢云：『帝命同宋次道修官制，凡吾平生所著職官書，可盡焚之。』未幾，朝廷果修官制焉。」歸處僊龕應不遠，新墳東見海山青。白公詩：「近有人從海上回，海山深處見樓臺。中有仙龕虛一室，多傳此待樂天來。」

【校記】

〔一〕「銘」，宋本、叢刊本作「名」。

悼慧休

休公遂不起，難料復難忘。古詩：「易知復難忘。」玉骨隨薪盡，空留一分香。觀音經：「一分奉多寶佛塔。」

永壽縣太君周氏挽詞二首 鄧忠臣母。〔一〕

永壽開新〔二〕邑，長沙返舊塋。金葩冷鈿軸，粉字暗銘旌。薤久露難濕，蘭餘風尚清。慶鍾知有在，令子合升卿。升卿，謂虞翊，見上注。

【校記】

〔一〕龍舒本無題注。

〔二〕「新」，龍舒本作「封」。

其二

子引金閨籍，身開石窌封。選詩：「繆通金閨籍。」成二年：「辟司徒之妻，齊侯與之石窌。」靈輴悲吉路，象服儼虛容。詩君子偕老云：「象服是宜。」箋云：「象服，謂褕翟、闕翟也。」楚挽雖多相，萊衣不更縫。萊衣，老萊子戲彩之服。誰知逝川底，劍自喜相從〔一〕。退之集挽歌云：「鳳飛終不返，劍化會相從。」

【校記】

〔一〕「從」，宋本、叢刊本作「逢」。

淵師示寂〔一〕公自題云：「殊勝淵師八十餘，因見訪，問之近來如何。答曰：『隨緣而已。』至示寂，作是詩。」

寄託荒山鬼與鄰，杜牧之詩：「竄逐空山〔二〕與死期。」○參同契：「委時去害，依託丘山。循游寥廓，與鬼爲鄰。化形而仙，淪寂無聲。」一生黃卷不離身。黃卷，謂經卷。

百年薪盡隨緣去，薪盡，屢見上注。莫學緇郎更悞人。唐書崔胤傳：「胤父慎，由晚無子，遇浮圖，以術求，乃生胤，字緇郎。及爲相，其季父瀁嘗曰：『吾父兄刻苦以持門户，終爲緇郎壞之。」

【校記】

〔一〕宋本、叢刊本題作「殊勝淵師八十餘因見訪問之近來如何答曰隨緣而已至示寂作此詩」。

〔二〕「空山」，全唐詩杜牧見宋拾遺題名處感而成詩作「窮荒」。

吊王先生致〔一〕

處士生涯水一瓢，行年七十更〔二〕蕭條。老妻稻下收〔三〕遺秉，詩小雅大田：「彼有遺秉，此有滯穗。」注：「秉，把也。」稚〔四〕子松間拾墮樵。雖〔五〕有聲名高後世，且〔六〕無饘粥永今朝。窮魂散漫知何處？甬水東西不可招。史記：「越遷吴王夫差於甬東。」賈逵注：「甬東，越東鄙，甬江東也。」韋昭曰：「勾章縣東浹口外洲也。」據此，則王君必越州人。○劉得仁弔人詩：「君苦爲詩身到此，冰魂雪魄已難招。」

【校記】

〔一〕宋本、叢刊本題作「悼王致處士」。

〔二〕「更」，龍舒本作「尚」。

〔三〕「收」，宋本、叢刊本作「分」。

〔四〕「稚」，宋本、叢刊本作「弱」。
〔五〕「雖」，宋本、叢刊本作「豈」。
〔六〕「且」，宋本、叢刊本作「遂」。

哭慈照大師〔一〕

投老惟公最故人，相尋長恨隔城闉。公時已僦宅城中居。百年俯仰隨薪盡，畫手空傳浄戒身。傳燈録漳州報劬勞玄應定……云：「今年六十六，世事有延促無……有爲新不足出谷與歸源一時。」〔二〕

【校記】

〔一〕宋本、宮内廳本、叢刊本無此首。又，「慈照」，本書目録、臺北本目録作「慈昭」。
〔二〕此注「……」處有脱漏。

哭張唐公

堂一作「棠」。邑山林久寂寥，屬車前日駐雞翹。冥冥獨鳳隨雲霧，一作「知何處」。南陌空聞引葬簫。前漢周勃常以吹簫給葬事。韋應物五弦行：「獨鳳寥寥有時隱，碧霄來下聽還近。」

宋中道挽詞

宋綬〔一〕參政之子。宋長子敏求，字次道；次敏修，字中道。敏求終龍圖閣學士；敏修乃不得一館職。敏求疾革，遺奏乞官敏修之孫而不與其子，時論高之。

文史傳家學，聲名動帝除。蘭臺空作賦，金匱不讎書。勝事悲疇昔，清談想緒餘。吹簫索上去，索上，謂索水也，距汴四十里，即古索河。歸國有魂車。

【校記】

〔一〕「宋綬」，原作「宋緩」，據宮内廳本、宋史宋綬傳改。

葛郎中挽詞二首

葛源字宗聖，處州麗水人。終〔一〕度支郎中、湖北路提刑。介甫書宗聖墓〔二〕有云：「中貴人擊驛吏取所給過家，以言府，府不敢劾。公曰：『中貴人何憚？爲吾民而有陵之者，吾亦恥之。』上書論其事，中貴人坐絀。此公之爲縣於雍丘也。屬吏嘗有隙於公同進者，因譏之，公察其旨，不聽，以爲舉首。此公之爲州於南劍也。」又銘曰：「士竅以養交兮，弛官之不忌。維公之所至兮，樂職嗜〔三〕事。彼能顯聞兮，公則不晰。不銘示後兮，孰勸爲瘁？」

卷卷繐帷輕，空堂晝哭聲。檀弓：「穆伯之喪，敬姜晝哭；文伯之喪，晝夜哭。孔子曰：『知禮矣。』」衣冠餘〔四〕故物，杯案〔五〕若平生。白馬有悲送，後漢范式與張元伯爲友。及張死，巨卿素車白馬，往送其葬。赤車非古行。太常朝陵，赤車千乘。此漢制，非古也。疑後世士夫葬，亦或用赤車。低佪九原日，光景在銘旌。「古行」，疑是「吉行」。賈捐之傳：「吉行日五十里。」

【校記】

〔一〕「終」，原作「役」，據宮内廳本改。

〔二〕「書宗聖墓」，即宋本、叢刊本所載度支郎中葛公墓誌銘。

〔三〕「嗜」，原作「者」，據宋本、叢刊本度支郎中葛公墓誌銘及宮内廳本改。又，下銘文末脱「瘁」字，亦據宋本、叢刊本補。

〔四〕「餘」，宋本、叢刊本作「遺」。

〔五〕「案」，原作「按」，據宋本、叢刊本改。

其二

蠻荆長往地，湖海獨歸時。旅櫬蛟龍護，銘旌鴈鶩隨。此生要有盡，何物告無期。一片幽堂石，公知我不欺。

庚寅增注第五十卷

孫威敏公挽詞

凄涼歸部曲　杜詩：「部曲異平生。」○晉齊王攸薨，驃騎當罷營，兵士數千人戀攸恩德，不肯去。　姦諛可使羞　又温成之喪，詔樞密副使孫沔讀哀册。沔奏：「章穆皇后喪，比葬，行事皆兩制讀册。今温成追册反詔二府大臣行事，不可。」於是執册立上前，且曰：「以臣孫沔讀册則可，以樞密副使讀册則不可。」置册而退。宰相陳執中取而讀之。

虞部譚君挽詞

劒几今長夜　「怨脩夜之不賜。」注：「脩，長也。」宋之問弔人詩：「劒机傳好事，池臺傷故人。」

蘇才翁挽詩 其二

喪車故老迎　韓持國挽公詩云：「勳業經營内，賢豪許與中。遠圖宜將相，高論自兒童。」云云。

處士葛君挽詞

楚人黄歇地　史記：「太史公曰：『吾適楚，觀春申君故城，宫室盛也哉。』」下無注。索隱述贊曰：「邑開吴土，爲無錫。」無疑也。

追傷河中使君修撰陸公 其二

踠壯時　陸機辨亡論：「及虜踠跡待戮。」　太史滯留終不偶　子履得罪謫是慶曆四年，詳見三十五卷。又筆録：「陸經，慶曆中爲館職。一日，飲於相國寺僧祕演房，語笑方洽，有一人箕踞於旁，睥睨經曰：『禍作矣，僅在頃刻，能復飲乎？』陸大怒，欲捕之，爲祕演勸勉而止。薄暮，飲罷上馬，而追牒已俟於門。陸惶懼而不知所爲，復見箕踞者行且笑曰：『無苦，終復故物。』既而陸得罪，斥廢累年。嘉祐初，乃復館職。」

其三

遂失詞人空甫里　陸龜蒙居松江甫里，人號甫里先生，多所撰述，雖幽憂疾病，貲無十日計，不少輟也。文成，竄藁篋中，或歷年不省，爲好事者盗去。

悼慧休　復難忘　古詩玉臺新詠：「相逢狹路開，易知復難忘。」

永壽縣太君周氏挽詞其一　蘭餘風尚清　楚詞：「光風轉蕙，泛崇蘭兮。」薤露，見上注。

其二　吉路「遵吉路兮凶歸。」　楚挽　謝都督挽歌：「楚挽繞廬山，胡笳臨武庫。」

中經洪楊之亂，板久散佚，書亦不易得矣。余幼嗜此書，訪求十餘年，既官京師，始得之。是書自元大德刊行後，未有別槧。四庫著録，亦吾家刻本。日本有翻雕者，然中土流傳絶少。先人有言：「是書之善，不獨援據該洽，可號王氏功臣。」又引鄉賢姚叔祥語，謂藏書於家，但知秘惜爲藏，不知傳布爲藏。余悚然以是爲懼。顧原書第三十卷、第五十卷失去兩末葉，亟思蒐補，以償先人未竟之願，再謀剞劂。偶檢宜都楊惺吾參贊日本訪書志，有朝鮮活字本，完善無缺，且附年譜，亟遺書往索。既得楊君慨焉録寄，欣感交集，即思付印。會有歐美之行，事遂中止。嗣江安傅沅叔同年，自京師來訪，謂道出蘇州，見有元刊本，爲季滄葦故物，已爲余購留。展之，則第三十卷第五十卷兩末葉均存，而年譜且有撰人名氏。沅叔勸以此本影印，謂留存須溪評點，雖違先志，然不失昔人面目，亦祖庭遺訓也。余以失去他卷十餘葉，仍非足本，未遽決。友人日本長尾雨山先生謂彼國宫内省圖書寮有是書，可以摹寫，且引爲己任。不數月，以寫真版來，所缺之十餘葉，僅欠其一，復就江南圖書館所儲殘本補之。考鴈湖初作此注，有魏鶴山序。先人嘗以搜求未得爲憾，後從長塘鮑氏鈔録補刊晚印之本，多有載此序者，而吾六世祖已不及見矣。烏程劉翰怡京卿，嘗得殘宋本，其魏序固存。余請於翰怡，許我假印，冠諸簡端，亦以繼先人之志也。惺吾初從朝鮮本録示劉將孫、毋逢辰兩序，文中稱荆公爲文正，亦稍有不可句讀者，余始猶疑之。迨余本撤裝攝影時，年譜前夾綫中，忽露殘紙兩段，因悟是必劉毋兩序之餘，其足以致疑者，或朝鮮手民之誤歟。因並存之。夫以一書之微，閲數百年，將就湮没，乃有人起而緜續之，而又故留其缺憾；待百數十年後，仍假其子孫之手，使其先代所引爲缺憾者，而一一彌之，其書欲亡而卒不亡，是豈得謂造物之無意耶！抑亦血脈相承，雖更歷數世，苟精神有所訢合，而古昔之人，與生存者，固隱隱有相通之道也。歲在壬戌，距乾隆辛酉爲百有八十年，影印既竣，謹識其緣起如右，海鹽張元濟。

玉臺新咏彙校	吴冠文、談蓓芳、章培恒彙校
王梵志詩校注(增訂本)	[唐]王梵志著　項楚校注
盧照鄰集箋注	[唐]盧照鄰著　祝尚書箋注
駱臨海集箋注	[唐]駱賓王著　[清]陳熙晉箋注
王子安集注	[唐]王勃著　[清]蔣清翊注
陳子昂集(修訂本)	[唐]陳子昂撰　徐鵬校點
孟浩然詩集箋注(增訂本)	[唐]孟浩然著　佟培基箋注
王右丞集箋注	[唐]王維著　[清]趙殿成箋注
李白集校注	[唐]李白著　瞿蜕園、朱金城校注
高適集校注(修訂本)	[唐]高適著　孫欽善校注
杜詩趙次公先後解輯校	[唐]杜甫著　[宋]趙次公注 林繼中輯校
新定杜工部草堂詩箋斠證	[唐]杜甫著　[宋]魯訔編 [宋]蔡夢弼會箋　曾祥波新定斠證
杜詩鏡銓	[唐]杜甫著　[清]楊倫箋注
錢注杜詩	[唐]杜甫著　[清]錢謙益箋注
杜甫集校注	[唐]杜甫著　謝思煒校注
岑參集校注	[唐]岑參著　陳鐵民、侯忠義校注
戴叔倫詩集校注	[唐]戴叔倫著　蔣寅校注
韋應物集校注(增訂本)	[唐]韋應物著　陶敏、王友勝校注
權德輿詩文集	[唐]權德輿撰　郭廣偉校點
王建詩集校注	[唐]王建著　尹占華校注
韓昌黎詩繫年集釋	[唐]韓愈著　錢仲聯集釋
韓昌黎文集校注	[唐]韓愈著　馬其昶校注 馬茂元整理
劉禹錫集箋證	[唐]劉禹錫著　瞿蜕園箋證
白居易集箋校	[唐]白居易著　朱金城箋校
柳宗元詩箋釋	[唐]柳宗元著　王國安箋釋

柳河東集	[唐]柳宗元著　[宋]廖瑩中輯注
元稹集校注	[唐]元稹著　周相録校注
長江集新校	[唐]賈島著　李嘉言新校
張祜詩集校注	[唐]張祜著　尹占華校注
三家評注李長吉歌詩	[唐]李賀著　[清]王琦等評注　蔣凡校點
樊川文集	[唐]杜牧著　陳允吉校點
樊川詩集注	[唐]杜牧著　[清]馮集梧注
温飛卿詩集箋注	[唐]温庭筠著　[清]曾益等箋注
玉谿生詩集箋注	[唐]李商隱著　[清]馮浩箋注　蔣凡校點
樊南文集	[唐]李商隱著　[清]馮浩詳注　錢振倫、錢振常箋注
皮子文藪	[唐]皮日休著　蕭滌非、鄭慶篤整理
鄭谷詩集箋注	[唐]鄭谷著　嚴壽澂、黄明、趙昌平箋注
韋莊集箋注	[五代]韋莊著　聶安福箋注
李璟李煜詞校注	[南唐]李璟、李煜著　詹安泰校注
張先集編年校注	[宋]張先著　吴熊和、沈松勤校注
二晏詞箋注	[宋]晏殊、晏幾道著　張草紉箋注
乐章集校箋	[宋]柳永著　陶然、姚逸超校箋
梅堯臣集編年校注	[宋]梅堯臣著　朱東潤編年校注
歐陽修詩文集校箋	[宋]歐陽修著　洪本健校箋
歐陽修詞校注	[宋]歐陽修著　胡可先、徐邁校注
蘇舜欽集	[宋]蘇舜欽著　沈文倬校點
嘉祐集箋注	[宋]蘇洵著　曾棗莊、金成禮箋注
王荆文公詩箋注(修訂版)	[宋]王安石著　[宋]李壁箋注　高克勤點校

王令集	[宋]王令著　沈文倬校點
蘇軾詩集合注	[宋]蘇軾著　[清]馮應榴注 黄任軻、朱懷春校點
東坡樂府箋	[宋]蘇軾著　[清]朱孝臧編年 龍榆生校箋
東坡詞傅幹注校證	[宋]蘇軾著　[宋]傅幹注 劉尚榮校證
欒城集	[宋]蘇轍著　曾棗莊、馬德富校點
山谷詩集注	[宋]黄庭堅著　[宋]任淵、史容、 史季温注　黄寶華點校
山谷詩注續補	[宋]黄庭堅著　陳永正、何澤棠注
山谷詞校注	[宋]黄庭堅著　馬興榮、祝振玉校注
淮海集箋注	[宋]秦觀撰　徐培均箋注
淮海居士長短句箋注	[宋]秦觀著　徐培均箋注
清真集箋注	[宋]周邦彦著　羅忼烈箋注
石門文字禪校注	[宋]釋惠洪撰　周裕鍇校注
石林詞箋注	[宋]葉夢得著　蔣哲倫箋注
樵歌校注	[宋]朱敦儒著　鄧子勉校注
李清照集箋注(修訂本)	[宋]李清照著　徐培均箋注
吕本中詩集箋注	[宋]吕本中著　祝尚書箋注
陳與義集校箋	[宋]陳與義著　白敦仁校箋
蘆川詞箋注	[宋]張元幹著　曹濟平箋注
劍南詩稿校注	[宋]陸游著　錢仲聯校注
放翁詞編年箋注(增訂本)	[宋]陸游著　夏承燾、吴熊和箋注 陶然訂補
范石湖集	[宋]范成大撰　富壽蓀標校
于湖居士文集	[宋]張孝祥著　徐鵬校點
稼軒詞編年箋注(定本)	[宋]辛棄疾撰　鄧廣銘箋注

辛棄疾詞校箋	[宋]辛棄疾著　吴企明校箋
姜白石詞編年箋校	[宋]姜夔著　夏承燾箋校
後村詞箋注	[宋]劉克莊著　錢仲聯箋注
瀛奎律髓彙評	[元]方回選評　李慶甲集評校點
雁門集	[元]薩都拉著 殷孟倫、朱廣祁校點
揭傒斯全集	[元]揭傒斯著　李夢生標校
高青丘集	[明]高啓著　[清]金檀注 徐澄宇、沈北宗校點
唐寅集	[明]唐寅著　周道振、張月尊輯校
文徵明集(增訂本)	[明]文徵明著　周道振輯校
震川先生集	[明]歸有光著　周本淳校點
海浮山堂詞稿	[明]馮惟敏著 凌景埏、謝伯陽標校
滄溟先生集	[明]李攀龍著　包敬第標校
梁辰魚集	[明]梁辰魚著　吴書蔭編集校點
沈璟集	[明]沈璟著　徐朔方輯校
湯顯祖詩文集	[明]湯顯祖著　徐朔方箋校
湯顯祖戲曲集	[明]湯顯祖著　錢南揚校點
白蘇齋類集	[明]袁宗道著　錢伯城校點
袁宏道集箋校	[明]袁宏道著　錢伯城箋校
珂雪齋集	[明]袁中道著　錢伯城點校
隱秀軒集	[明]鍾惺著　李先耕、崔重慶標校
譚元春集	[明]譚元春著　陳杏珍標校
張岱詩文集(增訂本)	[明]張岱著　夏咸淳輯校
陳子龍詩集	[明]陳子龍著 施蟄存、馬祖熙標校

夏完淳集箋校(修訂本)	[明]夏完淳著　白堅箋校
牧齋初學集	[清]錢謙益著　[清]錢曾箋注 錢仲聯標校
牧齋有學集	[清]錢謙益著　[清]錢曾箋注 錢仲聯標校
牧齋雜著	[清]錢謙益著　[清]錢曾箋注 錢仲聯標校
牧齋初學集詩注彙校	[清]錢謙益著　[清]錢曾箋注 卿朝暉輯校
李玉戲曲集	[清]李玉著 陳古虞、陳多、馬聖貴點校
吴梅村全集	[清]吴偉業著　李學穎集評標校
歸莊集	[清]歸莊著
顧亭林詩集彙注	[清]顧炎武著　王蘧常輯注 吴丕績標校
安雅堂全集	[清]宋琬著　馬祖熙標校
吴嘉紀詩箋校	[清]吴嘉紀著　楊積慶箋校
陳維崧集	[清]陳維崧著　陳振鵬標點 李學穎校補
屈大均詩詞編年校箋	[清]屈大均著　陳永正等校箋
秋笳集	[清]吴兆騫撰　麻守中校點
漁洋精華録集釋	[清]王士禛著 李毓芙、牟通、李茂肅整理
聊齋志異會校會注會評本	[清]蒲松齡著　張友鶴輯校
敬業堂詩集	[清]查慎行著　周劭標點
納蘭詞箋注	[清]納蘭性德著　張草紉箋注
方苞集	[清]方苞著　劉季高校點

樊榭山房集	[清]厲鶚著　[清]董兆熊注　陳九思標校
劉大櫆集	[清]劉大櫆著　吴孟復標點
儒林外史彙校彙評	[清]吴敬梓著　李漢秋輯校
小倉山房詩文集	[清]袁枚著　周本淳標校
忠雅堂集校箋	[清]蔣士銓著　邵海清校　李夢生箋
甌北集	[清]趙翼著　李學穎、曹光甫校點
惜抱軒詩文集	[清]姚鼐著　劉季高標校
兩當軒集	[清]黄景仁著　李國章校點
惲敬集	[清]惲敬著　萬陸、謝珊珊、林振岳標校　林振岳集評
茗柯文編	[清]張惠言著　黄立新校點
瓶水齋詩集	[清]舒位著　曹光甫點校
龔自珍全集	[清]龔自珍著　王佩諍校點
龔自珍詩集編年校注	[清]龔自珍著　劉逸生、周錫䪖校注
水雲樓詩詞箋注	[清]蔣春霖著　劉勇剛箋注
人境廬詩草箋注	[清]黄遵憲著　錢仲聯箋注
嶺雲海日樓詩鈔	[清]丘逢甲著　丘鑄昌標點

篇 目 索 引

一　畫

二　畫

三　畫

四　畫

五　畫

六　畫

六畫

七　畫

八　畫

九　畫

十一畫

十二畫

十三畫

十四畫

十五畫

十六畫

十九畫

廿　畫

廿一畫

廿二畫

廿四畫

廿六畫

廿九畫